明代宦官史料长编

胡丹 辑考

上册

凤凰出版社

图书在版编目（CIP）数据

明代宦官史料长编 / 胡丹辑考. -- 南京 : 凤凰出版社, 2014.1
ISBN 978-7-5506-1952-4

Ⅰ. ①明… Ⅱ. ①胡… Ⅲ. ①宦官—史料—中国—明代 Ⅳ. ①D691.42

中国版本图书馆CIP数据核字(2013)第315534号

书名	明代宦官史料长编
著者	胡丹 辑考
责任编辑	汪允普
出版发行	凤凰出版传媒股份有限公司 凤凰出版社(原江苏古籍出版社) 发行部电话025-83223462
出版社地址	南京市中央路165号,邮编:210009
出版社网址	http://www.fhcbs.com
经销	凤凰出版传媒股份有限公司
照排	江苏凤凰制版有限公司
印刷	江苏凤凰新华印务有限公司 中国江苏南京经济技术开发区尧新大道399号,邮编:210038
开本	718×1005毫米 1/16
印张	153.5
字数	1857千字
版次	2014年1月第1版 2014年1月第1次印刷
标准书号	ISBN 978-7-5506-1952-4
定价	680.00元(全三册)

(本书凡印装错误可向承印厂调换,电话:025-68037410)

目　录

上　册

上　编

中　册

下　编

下 册

序

我和胡丹博士相识有年。2004 年他考入北京大学历史系读研究生，先读硕士学位，后硕博连读，2010 年以优秀的成绩获得历史学博士学位。作为他读研期间的导师，我对他突出的印象是思维敏捷，勤奋好学，执着学术，勇于探索。近年来，他先后在一些重要学术刊物上发表论文，是一位颇具潜力的青年学者。

明代宦官问题是胡丹博士一直关注的领域。他的博士论文就是以明代宦官研究为题。我对他选择明代宦官问题进行研究是赞赏的。首先，宦官是中国古代传统社会王权与皇权的衍生物，研究中国古代史最高层级权力的运作必然要涉及宦官问题。明朝也不例外。其次，在以儒家思想为主导的社会中，宦官往往被视为异类，有时甚至被妖魔化了，明代宦官更是这样。这可以丁易所作《明代特务政治》为代表。最后，虽然学界研究明代宦官的文章不少，但是谬违之论也甚多，除学术时政化的影响外，另一主因是一些学者不注重史料搜集，往往因袭前人观点，承敝袭舛。因此，明代宦官研究既重要，也有学术意义。

一项有价值的史学研究往往要具备“三新”，即新观点、新方法和新资料，新资料是新观点和新方法的基础，缺乏资料支撑的观点和方法如同无源之水。从我掌握的胡丹博士有关明代宦官问题已发表和尚未发表的成果看，都是建立在广博、坚实的史料基础之上。现在呈现在读者面前的这部《明代宦官史料长编》就足以说明胡丹博士在史料方面所下的工夫。我认同胡丹对明代宦官史料两个特点的分析，一是阙略，一是零散，而勾稽亦甚难。为此他花费了大量的时间，做出了艰苦的努力，整理、编写出了这部近二百万言的史料长编。这部长编是以《明实录》中的宦官史料为骨架，博采群籍，加以考辨而成。我认为，该书至少有如下两大优点：

第一，史料来源丰富，取择校勘精当。

关于明代宦官，最为重要的“史料群”，主要保存在《明实录》里。这些编年史料，绝大多数都是最接近原始档案的第一手材料。清朝官修《明史》一书，就是以实录为基础。但是实录卷帙太巨，线索沉浮不定，即便有了电子检索的帮助，也很难有效地勾稽出史料。以往也有过一些“实录钞”或“类纂”之类的作品，取实录某一方面的材料，但像《明代宦官史料长编》这样，将《明实录》里的宦官史料全部网罗出来，并加精心点校勘正，这还是第一次。它使得许多宝贵史料，以条贯、完整的方式呈现出来。

除了实录外，《长编》还广泛地从明清政书、正史、文集、野史、笔记，以及方志、碑刻中去征索史料，共同汇成一个庞大丰满、有体有要的史料群。其中大量引用了朝鲜《李朝实录》中的史料，以及过去不太为人注意的方志材料，至于所引明、清两代碑刻达千通以上，更是弥足珍贵。

编者在史料选取上不是随意的。比如宣德三年(1428)二、三月间，明宣宗给南京太监下达了几份敕谕，明人葛寅亮的《金陵梵刹志》与民国张惠衣《金陵大报恩寺塔志》二书都有收录。《长编》在选入时，就采用了敕文较为完整、更接近原状的张《志》，而不是时代较早的葛《志》，并对此加以说明。这显示了作者在判断史料价值上颇有眼光。

《长编》中的许多材料都是新的，如取自实录、方志、碑刻中的许多宦官史料，过去都不曾为人们所利用，这些新材料可以帮助我们解读过去许多难于解决的问题。比如说，明朝末年宦官人数究竟有多少？过去人们总觉得这是一个不易搞清的问题。我在一部专著中，也曾根据清余金所撰《熙朝新语》中康熙的说法认为明朝“内监至十万人”。《长编》所收资料使这一问题得以破解。我们从《长编》中可以看到南北两京的宦官人数，武宗以下列朝实录都有记载，因为内府每年要成造内官、内使的年例铺盖、冬衣、月粮，需要把人数上报朝廷。实际上，明宫宦官人数，最多时也不过两万有余，而常在一万到一万五千之间。这样的例子很多，兹不一一枚举。

第二，对史料多有考辨，颇具学术价值。

《长编》不是机械地罗列、编缀史料，而是通过把相关记载以类相聚，使事实的原委一目了然，必要时再加以考辨。这样就既保存了史料的原始性，也使读者对某些史料的性质有了清楚的认识，不至于为错误的史料所误导，或再费力去重复讨论一些已经解决的问题。

如关于东厂设立的时间，一直以来，众说纷纭，其中《明史》所载东厂设立于永乐十八年(1420)的说法最为流行。《明史》说法的史源来自明代学者王世贞的《中官考》。胡丹博士将这一问题的相关说法排列在一起，使其相互参证，再略加辨析考证，这样东厂始于永乐十八年(1420)之说的不确不言自明。从这个角度讲，《长编》有很高的学术价值。

应该指出，《长编》注意对前辈学术成果加以继承和利用。比如关于郑和七下西洋的出发及返程时间、在海外的主要事迹，记载非常多，而常常说辞不一，甚至互相牴牾。《长编》在排比原始史料时，就引用了前人一些重要的成果，使读者在阅读史料时能做到心中有数。于是繁杂的史料，变得非常清晰。

通过以上介绍，读者不难看出，这部《明代宦官史料长编》规模宏大、体例精严、史料丰富、考证详赡，值得学界重视。

我曾经撰文指出，明史研究中有四个问题需要重新认识，其中之一就是宦官问题。当下对宦官在明代历史中的地位及其影响，存在的歧误太深，尚需逐步澄清。但做这样的澄清工作，绝不是写一两篇论文就可以解决的。只有正本清源，还原宦官在明朝历史中的真实作用，才是推进明代史研究的关键。

胡丹博士所编的《明代宦官史料长编》即将付梓，这无疑有助明史研究的拓展，惠于学林。

是为序。

王天有

2012 年 7 月 17 日于北大蓝旗营陋室

明代宦官史料概览(代前言)

这既是一部关于明代宦官史料的书,就先简单介绍一下明代宦官史料的状况吧。

宦官研究,与明史研究的其他任何领域相比,都更需要先解决史料的问题。[1] 这有两方面原因:首先,宦官的历史由士大夫书写,不管那些"刑余之人"曾多么幸运地站在权力的巅峰,但在历史审判中,这些"角色"始终只能处于归恶的下流。士大夫们掌握着用笔书判,甚至是报复的权力。其次,还是出于第一个原因,宦官史料常常被刻意抹去——还有什么比荡平其遗迹,更能表达作史者抵制阉宦的决心吗?因此,尽管明代文献不可避免、或多或少会留下一些宦官史料,但总体而言,绝对是异常阙漏和零散的;许多史料还带有明显的倾向性,利用之先,尤当辨析。

大体来说,明代宦官史料分布如下:

一　政书、实录中的宦官史料

明代政书刊载宦官制度的,惟有朱元璋亲手编定的两种祖训:《皇明祖训录》(洪武六年初颁。今见为洪武十四年重颁本[2])和《皇明祖训》(洪武二十八年颁)。它们是研究明初宦官制度的重要文献。

除了两种祖训,其他政书如《诸司职掌》、《大明会典》等,均不载宦官之制,惟于诸司职掌相关处,略有载见。而其他公私纂述,即便设有"宦官志"的名目,亦不过是宦官的传记,而绝少有具体制度的记载。因此研究宦官,官制最难措手。

宦官活跃在明代的政治生活中,这从列朝实录中得到体现。《明实

---

① 参见拙作《明代宦官研究:成果、困境与思考》,《中国史研究动态》2010 年第 2 期。

② 参见黄彰健《论皇明祖训录颁行年代并论明初封建诸王制度》,台湾《"中研院"史语所集刊》第 32 本,1961 年。

录》里保存了最为丰富的宦官史料，但仍不免于阙略之弊，如宦官例不书传，十三朝实录中，仅见司礼太监怀恩一传，也不过数语而止；至于内官迁转，包括司礼太监的举用以及各地镇守内官的题差出任，基本上都不记载。嘉靖中，尚书霍韬上奏，请将宦官制度载入会典。此议虽未获准行，而嘉靖初年所修《武宗实录》所记宦官转官最详，这在列朝实录中已属绝无仅有。

实录记宦官最惜笔墨，即便一些制度兴革的大政事，如嘉靖中设置“承天守备太监”，以及裁撤镇守云南金、腾太监等，也都遗漏不书。这当然有宫府异体，外廷不能详知内府之事的限制，也不能尽责备于修史者。

二 《中官考》、《酌中志》和《明史》中的宦官史料

这三种是宦官研究中最常被利用的资料，需要特别说明。

由于实录篇幅太大，利用起来比较困难，这就使王世贞《中官考》（分11卷，王氏《弇州史料》及《弇山堂别集》均收入）的价值大大提升。研究明代宦官，《中官考》是必引之书，它也是明代惟一一种以本朝宦官为主题的编年史。

《中官考》记录了从吴元年（1367）到万历十年（1582）二百年间的宦官史事。王世贞在《序》中说，他的初意是写一本本朝宦官的全史，但最终没能完成，“今所存者，皆从《圣政记》录出之，不为一字增损，以备异日史氏去取耳”。① 所谓“圣政记”，应当就是民间私藏传抄的实录。这些抄本，脱漏和错误较多，故《中官考》亦难完备，如所记永乐元年九月己亥（二十四日）遣内官李兴等赍敕劳暹罗国王，案语云：“此内臣奉使外夷之始也。”查台湾“中研院”史语所校勘本《明太宗实录》卷二三，同月庚寅（十五日），已先命中官马彬等出使爪哇，并诏谕西洋诸番。两事仅隔数日，而《中官考》失载。《中官考》不少记事，时间与实录不合，可能也是袭抄本之谬。

《中官考》并非全本于实录，该书纪事到神宗初，如万历十年司礼太监冯保辞休疏及御史李植的参疏，或从邸报中录出。此外还杂引了一些碑刻、墓文、诰词等史料。该书所记永乐八年内官马靖巡视西北及王安监军

① 王世贞：《中官考·序》，《弇山堂别集》卷九〇，中华书局，1985年，第1721页。

等事,皆为独见,而广为人引用,大增其声价。

王世贞自称"不为一字增损",亦非实况。书中有不少考证,例如永乐十八年设东厂说,就是他的创见。王世贞还常以"案语"的形式,作出一些论断,如"中官奉使之始"、"出镇之始"等。这都使得《中官考》不仅是一部史料,还具有了部分研究的性质。

《中官考》影响很大,明末一些私家纂述,已奉其为圭臬。如徐学聚《国朝典汇》卷三三《朝端大政三十三》有《中官考》上、下,主体上便依据《中官考》而成,这从该书的史料编排以及据某些史料做出的一些论断,可以很容易判断出来。

清修《明史》,也明显存有《中官考》的痕迹。《明史》中的宦官史料主要分布在卷七四《职官志三·宦官》,卷三〇四、三〇五《宦官传》及相关传、志中。许多材料直接裁取自《中官考》,并沿袭了该书的一些错误。这些错误经过这本钦定"正史"的放大,在很大程度上造成了今人对明代宦官问题的许多误解。如"宦祸"始于永乐说,就是《明史》的基调。而此论的基础,正是《中官考》所下的诸多"之始"的论断。

《明史》的纂修虽主要参考《明实录》,但在一些问题的认识上,似乎受《中官考》的影响更大一些。从史源学的角度来说,实录的价值无疑在《中官考》和《明史》之上。后者虽然做了整理,有一些初步的研究,但挂漏及传讹之处非常多,所以研究宦官,还是应以实录为本。

由于明代典制之书不记监局之制,内府之事外人又难以窥知,这就使明末太监刘若愚所撰《酌中志》一书弥足珍贵。该书记述晚明宫廷之事,包含了大量第一手的宦官史料,并有专卷载"内府衙门职掌",为研究晚明制度不可缺少的材料。可能如清人李慈铭所云"刑余贱人,其言是非,不足深据"(《孟学斋日记》丙集),《四库全书》仅收有由吕毖据《酌中志》编次的《明宫史》,此节本大行其道,原书反而长期不为人熟悉。现在《酌中志》的价值已经得到学界的普遍重视,但在使用时却常忽略了该书所记只是明末的时制,而非有明一朝的定制。这是在引用该书时应特别注意的。

三 明人著述中的宦官史料

明人著述,除了祖训、会典、实录等官书,还包括杂史、笔记、文集、戏剧以及稗官小说等私家著作。

明代私纂史籍中的宦官材料，多从列朝实录及《中官考》中剪裁而来；然亦多“采缀野史及四方传阅”，往往有“失实”之弊。① 在使用时，不可轻易采信，需加以考辨的工夫。

与《皇明历朝资治通纪》一类的编年或纪传体私史相比，明代士人的笔记、文集等，在史料价值上似更胜一筹。一些笔记所载，出于作者的亲见亲历，如陈洪谟所撰《治世余闻》和《继世纪闻》，记弘治、正德两朝宦官史事颇多，为研究明中期的宦官问题补充了许多鲜活的事例，别具价值。

文集一般都收有集主人在朝奏议，一些重要的奏疏亦多收入《明经世文编》、《明文衡》这类总集。疏文在实录里多为简写，又多失载，查对原疏，可使我们掌握更全面的情况。比如嘉靖十八年明朝全面裁撤各地镇守太监，此事《世宗实录》竟然失载，而读《名臣经济录》所收张瓒、王廷相《题添镇守推将官疏》、《题为星变事》等疏，则首尾明白。

明代是市井文艺创作的高峰期，但艺术作品的“史料价值”常为人忽略。小说中的宦官史料更多，《金瓶梅》里描写了花太监等一批宦官及其家族成员的活动，其中有名有姓者就有 12 人。魏忠贤被诛后，书肆里随即出现一批描写魏阉的小说，如《魏忠贤小说斥奸书》、《警世阴阳梦》、《皇明中兴圣烈传》等，虽为小说家言，仍不失为了解明代宦官及社会史的一个侧面。

四 墓志、碑刻中的宦官史料

文人为有地位的宦官志墓，是普遍的现象。明人焦竑所编《国朝献征录》，专设一卷，录“寺人传”，多为宦官墓志。一些文人文集，收录如墓表、神道碑之类的应酬文字，也会保留一些为宦官所做的墓文。但交结宦官易遭人诟病，嘉靖时的大学士杨一清就因为太监张永作志而遭弹劾。因此许多文人在整理个人文集时，会有意删除为宦官所作的墓志碑文。

宦官墓志存于文集者很少见，更多的是以出土文物的形式存世。北

① “往往失实”是明人沈德符对陈建《皇明历朝资治通纪》的评价（《万历野获编》卷二五“焚通纪”）。《通纪》在明末非常流行，谢国桢《晚明史籍考》在“《皇明从信录》四十卷”条下云：“明代史学，自陈氏《通纪》流传宇内，人各操觚，遂成一时风气。”

京是宦官最为集中的地区,出土墓志也最多。国家图书馆金石组整理出版了《北京图书馆藏中国历代石刻拓本汇编》(中州古籍出版社,1989 年),其中第 51 至 59 册为明代卷,收录馆藏宦官墓志拓片数十方。由赵令扬审定、梁绍杰整理的《明代宦官碑刻传录》(香港大学中文系,1997 年)是目前仅见的宦官碑刻专题出版物,其宦官墓志即多采自国家图书馆藏拓。《新中国出土墓志·北京》卷(文物出版社,2004 年)和包括明代宦官主要来源地顺天等八府的《河北》卷,也收有不少宦官墓志。另外,明代南京、凤阳等地均置太监守备,各王府还设有名为"承奉司"的宦官机构,这些宦官死后,多葬于地方,故数十年来,各地都有宦官墓地发掘的报道,出土了一批墓志材料,其中以南京和成都(蜀藩宦官墓)两地为最多。

近年来仍不断有新志出土,2006 年北京香山南路一次即发掘宦官墓 179 座,未知所获如何(并非所有宦官墓都有墓志)。这些志石多存于北京石刻博物馆、北京市文物研究所等处,但均不向社会公开,藏碑单位又无足够的条件进行整理,史料尘封,诚为可惜。

明代宦官崇佛风气很盛,北京地区的名刹多与宦官有关,现存碑记很多,对研究宦官习俗、信仰及宫廷生活等,颇具价值。

五　方志中的宦官史料

明、清两代地方志中也存有不少珍贵的明朝宦官史料。①

方志中记载最多的就是镇守及出监地方宦官。在嘉靖中期以前,地方上已普遍形成以镇守内官、镇守总兵和巡抚都御史为"三堂"的镇巡官体制。② 明朝还在一些地方开设宦官衙门,帮助朝廷掌握各地利权(如织造、抽分、珠池及矿税等)。这些外差宦官的存在,必然在地方志中留下痕迹。

① 关于方志中的宦官史料,本文仅述一大概,可参看拙作《志书中的明代宦官史料》,《中国地方志》2009 年第 3 期。

② 事实上,在"边"的下一层次,在一些重要方面或城堡,也差有宦官与武臣之分守、守备者协同守边,称为内分守、内守备。镇守、分守、守备宦官,在边地形成了完整的体系。可参看拙作《明代"三堂体制"的构建与解体——以镇守内官为中心》,台北《"国立"政治大学历史学报》第 32 期(2009 年 12 月)。

对于明代的宦官与宦权、地方管理制度，以及经济、民族政策等，方志中存有大量可供利用研究的材料。比如说滇中为“百夷”杂处之地，设有“云南”及“金齿、腾冲”内官两员镇守，在处理朝廷与少数民族及西南各国的关系上，他们负有重责。实录的记载极为缺略。但在正德《云南志》、万历《云南通志》、天启《滇志》及清人所作《滇考》、《滇系》、《滇云历年传》、《腾越州志》、《永昌府志》等方志中，却保存了大量的史料。研究明朝在西南的边疆政策，必不能舍之不顾。地方志中有关镇守内官的史料尤多，很多是《明实录》中阙载，或“正史”不予记载的，如宦官的字号、籍贯，镇守地方所奉的敕书，以及在地方的活动等；不少地方志还列出了历任镇守内官的名录，虽然大多不够详审，却也足供参证之资。

地方志中的宦官史料，主要集中在“公署”（营建、官署）、“职官（官师、秩官）”与“艺文（金石）”诸志。“公署志”中可见镇守以及织造、市舶、珠池、矿税等内官衙署的变迁。“职官志”中常存有宦官的替任迁转。“艺文志”中往往也存有宦官史料，如一些文人为土木工程（寺庙、公署等）撰写的记，就多见宦者之名及其事迹；还有一些宦官及其家族成员的墓志碑文，官员就“宦祸”问题的建言、书论及疏稿等。

地方志中宦官史料的多寡，与两个因素有关：一是修纂者的态度。以宁夏志书为例，胡汝砺在弘治十四年修《宁夏新志》，几乎不记宦官之事，而嘉靖十九年管律在胡志基础上重修嘉靖《宁夏新志》，却补充了丰富的宦官史料。

二是宦官机构的存废及对修志的参与程度。明代的一些边、省之志，是在镇守内官的推动和资助下完成的，例如福建首部省志弘治《八闽通志》的修纂，就与镇守太监陈道的支持密不可分，故该志存有较多的宦官史料一点都不奇怪。

通观明朝诸志，在各地有宦官镇守时，方志中的宦官史料便多些，而一旦宦官裁撤，史料就明显减少，甚至如唾弃阉人一样毁掉了许多宦官史料。比较典型的是著名学者马理、吕柟所纂《陕西通志》，该志成书于嘉靖二十一年，镇守内官甫革3年，该志中的宦官遗迹辄荡灭几尽。该志所指的“陕西”，还包括延绥、宁夏及甘肃“三边”，一共4镇，自宣德以来，皆有内官镇守。单读此志，似乎这样一项重要制度从来就没有存在过。这固然是志书作者的偏见,也使该志的价值大打折扣。

清代地方志,多在前朝方志的基础上续修而成,故能保存一些有用的宦官史料,但其存灭,也取决于修志者的识见与好恶。如清修《甘州府志》在志末所附《杂纂》中,对前朝镇守甘肃内官做了一定的考证,列出 16 个人的名字及官衔。纂者钟庚起说:“明太监镇守者,率事观游、营寺庙、织造绒毼、采办方物,为军民毒害,其杰出者亦能镇遏防御,有俾封疆,而旧志概削之,其意深矣。虽然,与其去之以为快,不若存之以为防也。”他认为,宦官史料有保存的价值,但不以镇守太监入所纂志书的《官师志》,则表达了视宦官为一种弊政的否定态度。这么做当否,虽可商榷,但比起那些一概摒弃的做法,无疑识高一筹。

“旧志概削(宦官事迹)”的情形,在地方志中是普遍现象,即今人亦难去此弊。仍以《八闽通志》为例,《续修四库全书》收录该志时,注明了“修纂者”陈道的姓名,这符合将为修志提供赞助的地方主官列为“(监)修者”的惯例,然而《北京图书馆古籍珍本丛刊》、台湾学生书局《中国史学丛书三编》等丛书收录该志时,均只注录执笔者(纂者)黄仲昭,而排除了陈道,这或许便是出于忌讳陈道太监身份的考虑吧。

通过以上五个方面的梳理,可知宦官史料固然有阙漏、零散、篡改、不实等种种“先天不足”,但绝对数量仍然可观。然必先通过整理,让这些史料“活起来”,方能为学者所用。这便是我编辑这部《明代宦官史料长编》的初衷。

宦官研究积累的成果已经不少,但有深度、有新意的实在也不多。这与史料的缺乏有直接的关系。由于宦官史料未经系统发掘整理,研究者只好一再取用《明史》、《中官考》等第二手材料,自然很快“仓空米尽”,史料的“瓶颈效应”开始发挥作用,令许多研究者误以为在这个领域已经很难再有开拓。

史料与论题之间的互动关系不言自明,史料的底子薄,则论题自然有限,识见窒碍,议论也难破旧套,失之凿空,而最终千人一面,难有精彩的论述产生。

我希望《明代宦官史料长编》的出版,能为明代宦官史和明史的研究,倾入一些用得着的好材料,促发新的研究的起步。是为至愿。

凡　例

一、本编依朝代为序，总十一卷，正统、景泰、天顺合为一卷；祚短之建文、洪熙、泰昌、弘光四朝各附洪武、永乐、万历、崇祯朝后。正德以前为上编，嘉靖以后为下编。

二、本编为编年体例，史料各以其年月日相联属。凡日不详，则附于月（“是月”）；月不详，则附于年（“本年附”）；年不详，则附于卷（“本卷附”）；而通贯各朝者，则附于编（“上编附”、“下编附”）。各“附”分艺文（含碑铭、人物传记）、典制（含敕谕、职官制度）、史事（含自宫禁令、王府宦官、宦官与寺庙等）、史评等类，史料各从其下。

三、本编史料取择，凡与内府及宦官相关之敕谕、奏疏、官制、职司、宦游、文书、政务、恩命、家族、人物、行事、议论、雅好、传记、碑刻、志石等，但与体例相合者皆录，编者不以主观意见擅断其价值而去取之。

四、本编以台湾“中研院”史语所 1962 年的校印本《明实录》中的宦官史料为纲。该本以原北平图书馆红格本（馆本）为底本，参以抱经楼本（抱本）、广方言馆本（广本）、天一阁抄本（阁本）、“国立中央图书馆”藏明翰林院抄本（中本）、原北平人文科学所藏明抄本（东本）、安乐堂本（安本）、梁鸿志影印江苏省立国学图书馆本（梁本）、北京大学本（北大本）等十余种实录流传本（各本详情见实录校勘记之引据各本目录），钞校补配而成。各本文字不同，凡无关乎事实者，皆照录馆本原文，偶斟酌语义，取其优长，一般不再出注；若有必要揭出其异文者，则于行间夹小注，说明“抱本、广本云何”等。

五、为减少文繁而事湮的弊病，对部分史料作集中汇聚处理，置于各“附”。如九朝自宫禁令，入“上编附”。这样既使正文脉络益加清晰，也使史事的端委头绪更为晓畅。

六、宦官史料，颇多臆说、讹传，有必要加以考辨。本编将各书记载不一者，统汇于“【考】”中，或使相互印证，或使互为发明补充，而使谬者不攻自破，真相爽然明白。

七、本编采用现代简体字及标点符号，对多数异体字、通假字、避讳字作统一或复原，明显的错误径予改正。对某些特定的字词，如他每之每、直阁之直、段匹之段、闲熟之闲、覆议之覆、商确之确、扇惑之扇、设燕之燕等，以及猺、獞、虏、奴等字，均存原状，不作改易。

八、凡阉人姓名下皆画一横线。各年所附碑刻题名，宦官皆录；惟下编以后，列名者愈猥滥，非司礼太监及近侍太监列有详细职衔者皆从略。

九、本编遵从现代学术规范，所取史料，皆照录原文，不改写一字。正文之省字，或用“……”，或简写其概（如官员题本言八事，虽只取一事，余七事亦简写其目）。简写文字及行间所出校勘、简注、按语，字用黑体，以“（　）”注出。改正字，于讹字后以“[　]”注出；补字，字体不变，以“（　）”注出。

十、各“附”所引碑铭，凡省文皆在括号内简写其概，或注“略”字；使用“……”者，皆为碑文漶泐不清，字数亦难辨识者，否则用“□”，以明所失字数。

十一、凡录自既经点校之文献，俱从校本。凡录自未经点校之刻本或影印本，辄自句读。所有摘引史料均只注明卷次（惟实录注明页码，以便查对），版本及出版等信息皆见编末所附“征引文献”。

上 编

卷 一

太祖洪武朝 附惠帝[①]建文朝(1368—1402)

明代洪武建元以前有关宦官的记载

元至正二十年庚子(1360)

参军郭景祥总制和州,人言其子所为多不法。上遣按察书(吏)唐原嘉往察之,归言景祥逐其子,其子持稍欲杀父。上以语后,必诛此子。后曰:"吏言恐不实。况老郭止一子,杀之不实则枉矣,又绝其后。"上复遣内使佛保廉,无持稍事,遂释景祥子而杖吏。……陈友谅寇龙湾,上督师御之。后尽发宫中金帛衣服,遣内竖送于军以赏战士。(《明太祖实录》卷一四七,第2304—2305页[②])

【考】以上两事,时间实倒置。陈友谅寇龙湾,事在庚子年(1360)闰五月。先是,友谅约张士诚夹击建康。朱元璋命康茂才伪为内应,以速其来,先破之。茂才献计:"吾家有老阍者,尝事友谅,颇信之,且忠谨不泄。具书令赍以往,则必达,信来无疑。"遂遣阍者持书乘小舸往,友谅果来。(《太

---

① 建文帝朱允炆,南明弘光朝追上庙谥为惠宗让皇帝,清乾隆朝谥为恭闵惠皇帝。本编与《明史》一致,取清谥,下崇祯同。

② 后凡引自《明实录》者,只在每卷卷首的头段(一月为一段)注明出自某朝实录,后不赘出;卷及页次亦从简写,如本注省作"一四七,2304—2305",中文数字即为实录卷次,阿拉伯数字为台湾"中研院"史语所校印本页码。

祖实录》卷八）顾起元《客座赘语》卷一〇引国初禁约榜文：“官员之家火者，止许称阍者。”阍者为阉人的别称。又，郭景祥以大都督府参军出镇和州，在甲辰年（至正二十四年，1364）六月（万历《河州志》卷三《官司志·名宦列传》），洪武元年（1368）十二月调任浙江行省参政（《太祖实录》卷三七）。内竖犒军与内使刺事，附记于洪武十五年（1382）八月丙戌《马皇后传》，皆在开国前，是朱氏政权用阉的最早记录，因置于此。

元至正二十五年乙巳（1365）

七月丁卯，置尚食、尚醴二局，设大使、副使各一人。（一七，237）

元至正二十六年丙午（1366）

十一月辛巳，（吴王[①]亲笔：）初三日，内使来报捷音，已见来降头目姓名，一名名分晓。今差内使李顺赍批前去军前，教总兵官左相国徐达、平章常遇春知会，黄船到日，可差精细官人及伴当人等管伴，押解头目王、吕、朱、梁及一应大头目星夜赴宜兴，上岸锁项前来。其余小军，节次如法押送赴京，我自作区处。其贼人首目，毋得久留军中，恐防有诈。龙凤十二年十一月□□日。　　癸未，吴王亲笔：差内使朱明前往军中，说与大将军左相国徐达、副将军平章常遇春知会，十一月初四日捷音至京城，知军中获寇军及首目人等陆万余众，然而俘获甚众，难为囚禁。今差人前去，教你每军中将张（士诚）军精锐勇猛的留一二万，若系不堪任用之徒，就军中暗地去除了当，不必解来。但是大头目，一名名解来。龙凤十二年十一月初五日[②]。（王世贞《弇山堂

① 即朱元璋。朱氏于甲辰年（1364）正月，为诸将奉为吴王，但在名义上仍属韩林儿龙凤政权。

② 《弇山堂别集·诏令杂考》所收诏令，大体按时序排列，然亦间有错简。该书点校本（魏连科点校，中华书局，1985年）此条所标时间为“龙凤十二年十一月初五日”，然《四库全书》本此条作“十一年”。按“龙凤”为韩林儿宋政权年号，十一年即元至正二十五年，公元1365年。据《明史·太祖纪》：该年十一月，张士诚寇宜兴，为徐达击败，随转攻高邮。是本年张军尚取攻势。至次年形势方大变，五月间以徐达、常遇春为正副大将军，讨士诚。九月以来，数战皆胜，遂于十一月围平江。此信所书捷音，云获俘六万余人，当即此时。故以龙凤十二年为是，《四库》本误。

别集》卷八六《诏令杂考二》)

吴元年丁未(元至正二十七年,1367)

五月。是月,上(朱元璋,下同)以久不雨,日减膳素食,谓近臣吴去疾曰:"予以天旱,故率诸宫中皆令素食,使知民力艰难。往时宫中所需蔬茹醯酱,皆出大官供给,今皆以内官为之,惧其烦扰于民也。"(二三,339)【考】此语义后入《祖训录·内官》之题语。

九月丁亥,置内使监,秩正四品;设监令,正四品;丞,正五品;奉御,从五品;内使,正七品;典簿,正八品。皇门官,秩正五品;设皇门使,正五品;副,从五品。后改置内使监、御用监,秩皆正三品;各设令一人,正三品;丞二人,从三品;奉御,正六品;典簿,正七品。皇门官,秩正四品;门正,正四品;副,从四品。春宫门官,正、副同。御马司,秩正五品;司正,正五品;副,从五品。尚宝兼守殿、尚冠、尚衣、尚佩、尚履、尚药、纪事等奉御,秩俱正六品。(二五,365—366)

十二月丙寅,上以诸子年渐长,宜习勤劳,使不骄惰,命内侍制麻屦行縢,凡出城稍远,则令马行其二,步趋其一。定内使冠服制,凡内使,冠用乌纱描金曲角帽,衣用胸背花团领,窄袖衫,乌角束带。(二八下,467)

洪武元年戊申(1368)

四月丙辰,上谓侍臣曰:"吾见史传所书,汉唐末世,皆为宦官败蠹,不可拯救,未尝不为之惋叹。此辈在人主之侧,日见亲信,小心勤劳如吕强、张承业之徒,岂得无之?但开国承家,小人勿用,圣人之深戒。其在宫禁,止可使之供洒扫、给使令、传命令而已,岂宜预政典兵?汉唐之祸,虽曰宦官之罪,亦人主宠爱之使然。向使宦者不得典兵预政,虽欲为乱,其可得乎?"(三一,552—553)

八月丁丑，御史中丞刘基予告还青田。初，上之北巡也，命丞相李善长及基等留守京师，且语基督察奸恶，以肃辇毂，虽内府之事，亦宜纠举。基素刚严，凡中书僚吏有犯，即捕治之；宦者监工匠不肃，基启皇太子捕寘诸法。（三四，610）　甲午，遣内官往放元宫人，且谕之曰："元主奢淫，不恤国政，以至于亡。其宫人皆良家子，幽闭深宫，诚有可愍。尔至，即放遣适人，勿使失所。"（三四，623）

九月乙卯，上遣中使、奉御等官至北平犒北征将士。（三五，629）

十一月丙午，遣中书照磨兰以权赍诏往谕广西左右两江溪洞官民曰："……今特遣使往谕。尔其克慎乃心，益懋厥职，宣布朕意，以安居民。"以权至广西，卫镇抚彭宗、万户刘惟善以兵护送。以权将抵两江，会来宾洞人潘宗富寇掠杨家寨居民，以权谓宗等曰："奉诏远来，欲以安民，今见贼不击，是放虎于山林也，何以庇民？"乃督宗等击之。宗富败走，遂安辑其地。两江之民，由是慑服。（三六上，667—668）【考】同书卷五五，洪武三年八月戊辰兰以权小传云："洪武元年，授中书省照磨，同奉御马仲良使广西招谕左右两江诸洞，抚安边人。二年还京师，授礼部员外郎。"可知兰以权此行，尚有宦官与偕，实录于此略之。

洪武二年己酉（1369）

四月乙丑朔，遣内臣送高丽流寓人还其国，以玺书赐其王王颛曰："去冬尝遣使至王国，以玺书赐王。比因南徙幽燕之民，其间有高丽流寓者百六十余人，朕念其人岂无乡里骨肉之思，故令有司遣使护送东归。而内使金丽渊适在朕侧，自言亦高丽人，家有老母，久不得见。朕念其情，就令归省并护送流寓者还。赐王纱罗各六匹，至可领也。"（四一，815）【考】朝鲜《高丽史》卷四一《恭愍王世家四》己酉年六月丙寅录有该玺书，载明金丽渊为内使监丞。　乙亥,上闻元将纳哈出拥兵据辽阳为边患,乃遣使以书与元主……又以书谕纳哈出曰:"将军昔自江左辞还,不通音问十五年矣。近闻戍守辽阳,士马强盛,可谓有志之士,甚为之喜。兹因使通元君,道经营垒,望令人送达。所遣内臣至将军营,即令其还,书不多及。"(四一,819—820)

(元年,安南王陈日煃遣使奉表来朝。)明年(**洪武二年**)六月达京师。帝喜,赐宴,命侍读学士张以宁、典簿牛谅往封为安南国王,赐驼纽涂金银印。(《明史·安南传》)

八月己巳,上命吏部定内侍诸司官制,谕之曰:"朕观《周礼》所记,未及百人,后世至逾数千,卒为大患。今虽未能复古,亦当为防微之计。古时此辈所治,止于酒浆醯醢、司服守祧数事。今朕亦不过以备使令,非别有委任。可斟酌其宜,毋令过多。"又故[顾]谓侍臣曰:"此辈自古以来,求其善良,千百中不一二见,若用以为耳目即耳目蔽矣,以为腹心即腹心病矣。驭之之道,但常戒敕,使之畏法,不可使之有功,有功则骄恣,畏法则检束,检束则自不敢为非也。"乃定置内使监奉御六十人:尚宝一人,尚冠七人,尚衣十人,尚佩九人,(尚履八人,)尚药七人,纪事二人,执膳四人,司脯二人,司香四人,太庙司香四人,涓洁二人。置尚酒、尚醋、尚面、尚染四局,局设正一人,副二人。置御马、御用二司,司设正一人,副二人。内府库,设大使一人,副使二人。内仓监,设令一人,丞二人。及置东宫典玺、典翰、典膳、典服、典药、典乘兵六局,局设局郎一人,丞一人。又置门官,午门、东华门、西华门、玄武门、奉天门、左右顺门、左右红门、皇宫门、坤宁门、宫左门、宫右门,各设门正一人,副一人。东宫门官,春和门、东宫后门、宫左门、宫右门,各设门正一人,副一人。(四四,861—862)

十二月壬午。先是,高丽国王王颛有侄女遇乱陷没于军,使者入朝言其故,上令中使访得之。至是,赐以衣资廪饩,令其使者护归本国。(四七,938)

洪武三年庚戌(1370)

正月,(皇帝手书:)"说与华孙知道,保儿(**李文忠乳名**)、老儿做总兵官,你那里在城马军,都并过铁枪,好汉便要,不好,拘了马,选好汉骑。我这里发了三四百并了铁枪的人来,却无马,你那里并下马来时与他骑将去厮杀。拿马但是红罗山、锦川来的好人,敢并枪的,便与马骑了,支米两石。我教宋奉御来看,着保儿支分,须要一一整齐。若不依了时,从军律治你,依了我说的,明日拿了老达达时节,便见你每功劳。洪武三年正月□□日。"(王世贞《弇山堂别集》卷八六《诏令杂考二》)

四月丁卯,(皇帝手书:)"母舅(**即朱元璋**)说与保儿知道,火者狗儿将到手本一个,上面写着的皆是犯号令的人。手本上打的也打的是,杀的也杀的是,若不如此,这作歹不怕。你在那军中调守许多军马,务不要偏向,凡事都要中平服人,但有偏向,不能服众,中平人喜。……洪武三年四月九日。"(王世贞《弇山堂别集》卷八六《诏令杂考二》)

五月辛亥,命礼部考定百官及内官于皇太子、诸王前所称。礼(部)尚书崔亮等会议:"百官及内使监官于皇太子、亲王前称殿下,自称名。东宫官及本宫内使于皇太子前称殿下,自称臣。王府官及本位[府]承奉司官于亲王前称殿下,自称臣。百官在上前称皇太子,称亲王曰某王。"从之。(五二,1026)

九月庚子,置王府承奉司,设承奉一人,承奉副二人。典宝、典服、典膳三所,所设正一人,副一人。门官,设门正一人,副一人。(五六,1091—1092)　甲辰,定内仓库官品级。仓设监令,从五品,丞,从六品。库设提点,从五品,大使,从六品,副使,从七品。(五六,1093)　乙巳,命改内使监、御用监秩皆从三品,其官:令,从三品;丞,正四品。皇门官,秩从四品;门正,从四品;副,正五品。春宫门官,正副同。(五六,1093—1094)

十月壬戌,重定内使服饰之制。上谕宰臣:"凡内使监未有职名者,当别制帽以别监官。”礼部定拟:“内使监官凡遇朝会,照依品级,具朝服、公服行礼。其常服:葵花胸背团领衫,不拘颜色,乌纱帽,犀角带。其内使无品从者,常服:团领衫,无胸背花,不拘颜色,乌角束带,乌纱帽,垂软带。年十五以下者,惟戴乌纱小顶帽。”从之。(五七,1116—1117)

洪武四年辛亥(1371)

正月甲辰,吏部奏定内官散官:正四品,中正大夫;从四品,中侍大夫;正五品,中卫大夫;从五品,侍直大夫;正六品,内侍郎;从六品,内直郎;正七品,正奉郎;从七品,正卫郎;正八品,司奉郎;从八品,司直郎。(六〇,1180)　乙巳,中书省臣奏宦官月俸。初,宦者为监官,月支廪米九斗。中书议:今既为官,宜量给以月俸米三石。上曰:“内使辈衣食于内,自有定额,彼得俸将焉用之?但月支廪米一石足矣。卿等不宜开此端也。”(六〇,1180—1181)

闰三月乙丑,命吏部定内监等官品秩:内使监令,正五品,授中卫大夫;丞,从五品,侍直大夫。皇门官门正,正六品,授内侍郎;门副、尚宝奉御,俱从六品,授内直郎;尚冠等奉御、内府库大使、内仓监令,俱正七品,授正奉郎。库副使、仓丞,俱从七品,授正卫郎。局正、司正,俱正六品,授内侍郎;局副、司副,俱从六品,授内直郎。东宫门正、局正,俱正六品,授内侍郎;门副、局丞,俱从六品,授内直郎。王府承奉、门正、所正,俱从六品,授内直郎;承奉副、门副、所副,俱正七品,授正奉郎。上因谓侍臣曰:“古之宦竖,在宫禁不过司晨昏、供役使而已,自汉邓太后以女主称制,不接公卿,乃以阉人为常侍,小黄门通命。自此以来,权倾人主,及其为患,有如城狐社鼠,不可以去。朕谓此辈但当服事宫禁,岂可假以权势,纵其狂乱?吾所以防之极严,但犯法者必斥去之,不令在左右,戒履霜坚冰之意也。”(六三,1205—1206)【考】谈迁《枣林杂俎·智集·逸典·内官敕封》:"国初,内使监令等官,皆给敕命贻封,后革。"

四月己丑,申定王府官制:王相府左、右相,正二品;文、武傅,从二品。首领官:参军司参军,从五品;录事,正七品。承奉正,正六品;副,正七品。仪卫正,正六品;副,从七品。审理正,正六品;副,正七品。纪善,正七品。各署典祠正、典宝正、典仪正、典膳正、典服正、工正、医正,并正七品;典祠副、典宝副、典仪副、(典膳副)典服副、工副、医副,并从七品。牧正,正八品;牧副,从八品。引礼舍人,中书省注。(六四,1212—1213)

八月己酉,关中饥,上命陕西参政班用吉、监察御史赵术、奉御徐德等发粟赈济,凡二万五千余户。(六七,1268)

洪武五年壬子(1372)

正月丙子,置四川纳溪、白渡二盐马司,以常选官为司令,内使为司丞。(七一,1323)

五月。是月,诏天下曰:"……福建、两广等处豪强之家,多以他人子阉割役使,名曰'火者'。今后有犯者,以阉罪抵之,没官为奴。"(七三,1351—1354)【考】《大明律·刑律·杂犯·阉割火者》:"凡官民之家,不得乞养他人之子,阉割火者,违者杖一百,流三千里,其子给亲。"该律条比诏书要轻。

○朝鲜《高丽史》卷四三《恭愍王世家六》:五月癸亥,帝遣宦者前元院使延达麻失里及孙内侍来锡王(**高丽恭愍王**)彩段四十八匹。　　癸酉,孙内侍自缢于佛恩寺松树。

六月丙子朔,定宦官禁令:凡内使于宫城内相骂詈,先发而理屈者笞五十,后骂而理直者不坐。其不伏本管钤束而抵骂者杖六十,内使骂奉御者杖六十,骂门官、监官者杖七十。内使等于宫城内斗殴,先斗而理屈者杖七十,殴伤者加一等,后应理直而无伤者笞五十。其有不伏本管钤束而殴之者杖八十,殴伤者加一等。殴御奉[奉御]者杖八十，殴门官、监官者杖一百，伤者各加一等。其内使等有心怀恶逆，出不道之言者，凌迟处死；有知情而蔽之者同罪，知其事而不首者斩，首者赏银三百两。(七四,1355)　丁丑，命礼部议宫官女职之制。……遂定设六局一司：局曰尚宫，曰尚仪，曰尚服，曰尚食，曰尚寝，曰尚功，司曰宫正，俱正六品。尚宫局总行六尚之事，凡出纳文籍，皆印署之。如六局征取于在外诸司，尚宫领旨，署牒用印，付内史监。内史监受牒，行移在外诸司。……(七四,1355—1356)　癸未，上谕中书省臣曰："近者礼部奏定中宫女织[职]，遣奉御张和、蔡旺往苏杭二州选民间妇女通晓书数愿入宫者，得四十四人，其中堪任事者十四人，已俱授职……"(七四,1359)

十二月庚子，内使奏增饲虎肉，上曰："养牛以供耕作，养马以资骑乘，养虎欲以何用而费肉以饲之乎？"命以虎送光禄，他禽兽悉纵之。(七七,1416)

〇朝鲜《高丽史》卷四四《恭愍王世家七》，洪武六年七月壬子条载朝鲜使臣姜仁裕等回报，洪武五年十二月二十日早朝，奉天门下面听宣谕："我前者恁众官人每去太仓时，教开春礼部官去抬茶饭，缘故老院使并两个内侍，我见不来，想这船风浪里打将哪里去了。随后才方到来，有姓孙的内侍废了，说病死了，自吊死了。说的差呵！我问的明白了也，恁那国王着带刀的人每窗下门外看守，行里步里关防的紧呵。那火者说道：'我是本国的人，怎的这般关防我？'说呵，姓朴的宰相不容说，打了一顿，更与了毒药药死。门里不敢将出，后墙上拖出去了。特的把帽子高挂在树上，尸首吊在树下，故意怕毒药显出，等的口内生蛆，才方交百姓来报。又驾船的军人每根[跟]的也交多人关防。说与恁那国王，一年三四起家差人来进贡许多钱粮，我可无些少好勾当？因此上着老院使和两个内侍，与将些少纱罗段匹答礼，准当走一遭来。你可废那一个小火者，便有什么光彩？休道是一个，便是十个也不打紧。这个火者不是你那里与将来的，又不是躲避差发来的，是元朝那里我寻将来的。休远虑，休远虑的深了。我如今把恁放在船上，不教下岸来，恁心里如何？……我这里比你那里隔海，有倭人来，我差人也捉拿他里。为拿不的呵，将明州卫戴指挥、太仓卫徐指挥两个根[跟]的杀了。又差于指挥去根[跟]赶捉拿，将倭人年少的刺了口，更阉了它也，海上也干静了也。……前者一只船七日到来我这龙江，件件事都如此。姓李的火者并达达、回回诸色人都来推做买卖打细。李火者来了两三番也，见达达说达达话，见一般火者说高丽话，见汉儿说汉儿话。这般打细呵，怎中我！……当年恁那国王呈将文书来，不见他的侄女儿，我便使使臣到处里寻将来，与将去了。姓金的火者回来，话说的不明白，今番杀了他也，休小见识，志诚者。恁这一姓王子数百年，休教失了便好。……回去对恁国王根[跟]前说者，更休听小人言语。姓朴的宰相，姓周的女孩儿父亲亲眷，与将来者。国王根[跟]前行的火者四五个，与将来者。……我从前差去的人，你解的我意，我差人呵，不肯差汉儿人，都是你那里本国人。恁每问我这里事体动静，它不敢不说与恁。我恰三五年的国土，则是一二年的火者，这火者与我十二三年也，恁可废了他。达麻失里院使，它是元朝的火者，我头里来不要它，教它旧城里闲住来。听它精细呵，我教它内里来住了。差恁那里去来，哪里肯不说我这里动静备细。我中国使臣使将去了，打死了，我再不使将人去。恁有心呵，来。无心来呵，休来。……"【考】用高丽（朝鲜）阉人出使其本国，乃朱元璋有意为之，如朝鲜《高丽史》卷一三六《辛禑四》载其言曰："今善贡于我，即推诚以待。所以凡使三韩者，必土人阉者行，朕意正在推诚。"又曰："当初我即位之后，便差那里土人元朝火者、官人每去动问王，只想他是你土人，我这里匙大碗小都知道。"永乐后使鲜者仍多用鲜阉，则已无深意，惟循旧例耳。

洪武六年癸丑（1373）

四月戊戌，置御药局于内府，秩正六品，尚药奉御二人，直长二人，药童十人，俱以内官、内使充。设太医院御医四人，以太医院医士充。凡收受四方贡献名药及储蓄药品，奉御一人掌之。凡供御药饵，医官就内局修制，太医院官诊视御脉，御医参看校同，约会奉御就内局合药，将药帖连名封记，具本开写本方药性、治证之法于日月之下，医官、奉御书名以进。置簿历一，用中书省印记其缝，凡进药奏本既具，随即附簿年月下书名，奉御收掌，以凭稽考。烹调御药，太医院官与奉御监视，每二服合为一服，候热分为二器，其一器御医先尝，次院官，次奉御；其一器进御。(八一,1464—1465)【考】宫中遇有病者，其看视之法可参看本编洪武十四年所附之《皇明祖训录·内令》。

五月壬寅朔，《祖训录》成，其目十有三：曰箴戒，曰持守，曰严祭祀，曰谨出入，曰慎国政，曰礼仪，曰法律，曰内令，曰内官，曰职制，曰兵卫，曰营缮，曰供用。上亲为之序。(八二,1470)【考】《祖训录》中的宦官史料，见洪武十四年附。　是月，内使监典簿苏某有罪诛。(八二,1480)

六月辛未朔，御用监改为供奉司，秩从七品，设官五人。(八三,1482)【考】初，御用监、供奉司兼用外官，如《明史·宦官传一》载："尝用杜安道为御用监。安道，外臣也，以镊工侍帝数十年，帷幄计议皆与知，性缜密不泄，过诸大臣前，一揖，不启口而退。太祖爱之，然无他宠异，后迁出为光禄寺卿。"《明史》所记出自宋濂《安道堂记》(《文宪集》卷二)，《记》云："自昔真主之兴，天必生异常之才以备其一代之用。……及功成业定，上公彻侯甲第相望，辅相侍从皆当时之贤，而于近侍之中又得供奉司令杜君安道，而益知其它之皆然也。安道自上之兴，持刀镊侍左右，未尝暂违。凡上之征吴越，略淮楚，收齐鲁汴蔡，舟车所临，四五千里，虏伪王，斩骁将以百十计，帷下之谋，筹策之算，安道皆得身从而目见之。安道性慎密不泄，动称法度，为上所信任者二十二年，由尚冠郎改御用监令，至今官。"王世贞《弇山堂别集》卷九《皇明异典述四·外臣任内政官》："洪武初，杜安道以带刀宿卫授尚冠郎，迁御用监，令供奉司。今皆内臣职也。最后迁光禄寺卿。"明初内外官兼用，又如《皇明异典述四·内臣任文衔》记："洪武置定远牧监，属太仆，以中官李善为监副，胡清、董良[兴]为御良。又光禄寺卿而下用士人、内官、庖役相兼，散官照本行给授(**按：以上两事皆见洪武十年八月**)。永乐命上林苑监署正至丞簿，悉内官、文臣兼任(**事见永乐五年三月**)。若外臣任内职，则前江彬督东厂也。"然事尚不止于此。

七月己酉，更内仓监为内府仓，以内仓监令为大使，监丞为副使。内府库为承运库，仍设大使、副使，皆以内官为之。（八三，1487）　乙卯，以内官金丽渊为秦府承奉，李清为承奉副，刘寿、吴祥、刘旺、潘亨为晋、燕、楚、靖江府承奉副。（八三，1488）　丙辰，以孔殷为内使监副。（八三，1488—1489）

八月癸酉，立纪事司，秩正七品，以宦者张翊为纪事司正。（八四，1495）

九月壬寅，复置御用局[司]，秩正七品，设司正一人，正七品，司副一人，从七品。（八五，1508）

十月壬辰，命考究前代纠劾内官之法。礼部议置内正司，设司正一人，秩正七品，司副一人，从七品，专掌纠察内官失仪及不法者。（八五，1520）

○朝鲜《高丽史》卷四四《恭愍王七》：十月乙酉，（**高丽使臣如京师贺正，并进陈情谢恩表**。）谢恩表曰："……如臣者以前朝椓丧之余生，受昭代分封之始命，其为自幸，实今昔之所希，虽死靡他，惟神明之是质。然由运蹇，动辄谤兴。两内侍既联床而共眠，何从鸩杀？老院使与同舟而相恶，卒致祸延。武卫乃有国之常也，视为迎诏之不恭。宾馆无持兵之理也，诬为典客者有备。……"

十一月辛亥，更内正司为典礼司，秩正七品，官制仍旧。（八六，1526）　庚申，改典礼司为典礼纪察司，升秩正六品，设司正一人，正六品，司副一人，从六品。（八六，1530）【考】王世贞《弇山堂别集》卷一二《皇明异典述七》："置内正司，司正一员，正七品，司副一员，从七品，专纠内臣之失仪者。寻改曰典礼司，又改曰典礼纪察司，升正六品。寻止称纪察司，以李彬言等为之。"宋濂《恭题御赐文集后》（《文宪集》卷一三）："洪武八年岁次乙卯，春三月壬辰……上忽顾内史张渊曰：'汝往取新刊文集一部赐学士宋濂。'臣谨叩头谢，渊引臣至典礼纪察司，与司副李彬言，纪臣氏名于籍始颁受焉。"王氏所记盖本于宋文，李彬言应为李彬之误抄。纪察司掌理册籍书画，如明末人张丑《清河书画舫》卷七下《宋·释巨然》记："丙子（崇祯九年，1636）阳月望前二日，余同朝延世兄访吴能远氏话闲，承示宋裱巨然绢本《萧翼赚兰亭》立轴，上有宣文阁印、绍兴小玺、纪察司印。”又《真迹日录》卷四记:“宋褙米南宫草书九帖原系思陵故物……共字七百五十有二,前有纪察司半印。”1970年朱元璋第十子鲁荒王陵出土4件卷轴古画,均钤有“司印”二字骑缝半印(见山东省博物馆《发掘明朱檀墓纪实》,《文物》1972年第5期),应即加盖纪察司印的明官旧藏实物。

十二月,(西宁番族)朵只巴移驻煖州,(陕西行都指挥使)韦正料其不备,调和州卫指挥徐璟领精锐马步兵二千人夜袭甚[其]营,朵只巴单骑而遁。璟获其金银并妻子及部下番戎以归,正遣人奏闻。上怜之,遣赵内侍赍制往谕,以所获妻子送还。朵只巴已复驻西凉,赵内侍至,待之甚厚,数日令归,至乌飐岭,朵只巴遣番骑数十人追及,尽杀之。(俞本《纪事录》卷下)【考】赵内侍,疑即赵成,见洪武九年六月戊申条。

洪武七年甲寅(1374)

七月壬午,命吏部考汉、唐典制,公主府设家令一人,正七品,司丞一人,正八品,录事一人,正九品。(九一,1597)

九月丁丑,上谓廷臣曰:“草木无心,遇春而长茂,遇秋而零落。气之所感,犹之[知]荣悴,况于人乎?崇礼侯买的里八剌南来已五载,今已长成,岂无父母乡土之思,宜遣之还。”于是厚礼而归之,选老成宦者咸礼、袁不花帖木儿二人送其行,复遗其父爱猷识里达腊织金文绮及锦衣各一袭。买的里八剌辞行,上谕之曰:……又谕二宦者曰:“此尔故君之嗣也,不幸至此,长途跋涉,尔善视之。”(九三,1621—1623)

十一月壬午,改典礼纪察司为纪察司,官仍旧制。(九四,1639)

洪武八年乙卯(1375)

三月壬申,以内府钞库为宝钞库,秩正七品,设大使、副使各一人,以内官为之。(九八,1673)

五月戊辰，遣内使赵成往河州市马。初，上以西番素产马，其所用货泉与中国异，自更钱币，马之至者益少。至是，乃命成以罗绮绫帛并巴茶往市之，仍命河州守将善加抚循，以通互市。马稍来集，率厚其直偿之。成又宣谕德意。自是番酋感悦，相率诣阙谢恩，而山后归德等州西番诸部落皆以马来售矣。（一〇〇，1694）【考】《国榷》卷六，洪武八年五月戊辰："谈迁曰：此中人奉使之始。初，阉禁甚严，不令识书，有言及时政，立斥之。其河州之命，何也？可奉使，亦可镇守、监军、采榷、封贡矣。天下之患，常发于所不及料，圣祖既料之，亦未坚持其终也。"

七月甲申，礼部奏："五祀之礼，考之周、汉、唐、宋，其制不一。今拟以孟春祀司户之神，设坛于皇宫门左，司门主之；孟夏祭司灶之神，设坛于御厨，光禄寺官主之；季夏祀中霤之神，设坛于乾清宫丹墀，内官主之；孟秋祀司门之神，设坛于午门之左，司门主之；孟冬祀司井之神，设坛于井前，光禄寺官主之。四孟月之祭，则于有事太庙之日；季夏之祭祀，则于土旺之日。牲用少牢。"制可。自是五祀之礼岁率以为常。（一〇〇，1701）

十月壬子，上命皇太子、秦王、晋王、楚王、靖江王出游中都，以讲武事。诏太子赞善大夫宋濂、秦府长史林温、晋府长史朱右、楚府长史朱廉、靖江王长史赵壎等从。既行，上阅舆地书，得《濠梁古迹》一卷，命内臣驰驿以赐东宫。（一〇一，1710）【考】宋濂《游涂荆二山记》（《文宪集》卷四）："濂既游琅琊山，起行至池河驿，适邮卒递内使监公牒至，及开缄，中藏《濠梁古迹》一卷，宸翰亲题其外，令濂披访，与青宫言之。"　乙卯，诏翰林院臣考议陵寝朔望节序祭祀礼。（**翰林学士乐韶凤等奏言略**。）太常博士彭景直上疏曰："……钦惟我朝祭祀皇陵，旧仪每岁元旦、清明、七月望、十月朔、冬至日，俱用大牢，遣官致祭；白塔二处，则用少牢，中官行礼。今拟每岁元旦、清明、七月望、十月朔、冬夏二至日用大牢，其伏腊、社、每月朔望日则用特羊，祠祭署官行礼，如节与朔望、伏腊、社同日，则

用节礼。”从之。(一〇一,1713—1714)

洪武九年丙辰(1376)

二月丁亥,置王府典膳所,典膳正、副各二人,司酝二人。典宝所,典宝正、副各二人。其正副兼以中官、流官为之。门官二人,正一人,副一人。(一〇四,1743)　辛丑,置礼祭所,设礼祭正,正八品,副,从八品,以内使为之,典扬王、徐王园墓四时之祀。(一〇四,1748)

六月丙申,置尚履局。　庚子,以内侍宗亮等七十四人为司香、尚冠、尚衣等职。(一〇六,1773)　辛丑,礼部言:“……上常所往来处,其奉御、内使捧执御用之物听使令者,皆须近后取便左右行,不许随后径驰中道,违者杖一百。”从之,命著为令。(一〇六,1773—1774)　戊申,遣使召岐宁卫经历熊鼎还京。……已而遣中使赵成复召之还朝。鼎行至西凉打班驿,朵儿只班果叛,令酋长么哥答儿胁鼎还。鼎以大义切责之,遂与赵成及知事杜寅俱被害。(一〇六,1775—1776)

七月丁卯,置司佩局。(一〇七,1793)

八月己亥,置颜料、司菜、司牧、巾帽、针工、皮作六局,兵仗、绳顽二司,秩俱正六品,副,从六品。(一〇八,1799)

九月癸丑,上遣指挥佥事吴英往北平,谕大将军徐达曰:“七月火星犯上将,八月金星又犯之。占云:当有奸人刺客阴谋事。凡阅兵马、习骑射,进退之间,皆当谨备。可遍谕诸将,亦当严密,虽左右将校,勿令相近。其故元阉官,尤宜防之,惟南去者可以使令。”(一〇八,1802)

十月乙亥,金吾右卫指挥同知袁义等进大驾出入侍卫部列图。凡随驾之兵各依队伍布列……侍从大臣皆列随驾兵士之后,若有宣召,许由道左右以进。其扈从盖、扇两旁,或值衢巷,恐有冲突,则各设八尺短兵,五校以卫。至如内官,则离驾后一

十五丈随行。上曰："内官有职事者，宜稍近后行，无职事者勿令居兵卫之中，但旁行可也。"(一一〇,1822—1823)

十一月辛巳朔，上与侍臣论及古之女宠、宦官、外戚、权臣、藩镇、夷狄之祸，侍臣曰："自古末世之君，至于失天下者，常在于此。然所以启之者有渐也：女宠之祸，常始于干政；外戚之权，常始于怙恩；宦官之盛，常始于柄兵；权臣之专窃，常始于蒙蔽；至于藩镇跋扈，则由于姑息；夷狄侵暴，则由于国势不振。汉唐以下覆辙可鉴矣。"上曰："木必蠹而后风折之，体必虚而后病乘之，国家之事，亦犹是已。汉无外戚、阉宦之权，唐无藩镇、夷狄之祸，国何能灭？朕观往古，深用为戒。然制之有其道：若不惑于声色，严宫闱之禁，贵贱有体，恩不掩义，女宠之祸何自而生？不牵于私爱，惟贤是用，苟干政典，裁以至公，外戚之祸何由而作？阍寺便习，职在扫除，供给使令，不假以兵柄，则无宦寺之祸。上下相维，小大相制，防耳目之壅蔽，谨威福之下移，则无权臣之患。藩镇之设，本以卫民，使财归有司，兵必合符而调，岂有跋扈之忧？至于御夷狄则修武备、谨边防，来则御之，去不穷追，岂有侵暴之虞？凡此数事，尝欲著书，使后世子孙以时观览，亦社稷无穷之利也。"侍臣顿首曰："陛下此言诚有国之大训，万世之明法也，愿著之常典，以垂示将来。"(一一〇,1825—1826)

洪武十年丁巳(1377)

二月丁巳，以内使徐正等二十八人为尚衣奉御等职。(一一一,1846)

三月甲申，户部奏天下税课司局征商不如额者一百七十八处，宜遣中官、国子生及部委官各一人往核其实，立为定额。从之。(一一一,1848)

五月。(是月)有内侍以久事内廷，从容言及政事。上即日斥遣还乡里，命终身不齿。遂谕群臣曰："自古贤明之君，凡有谋为，必与公卿大夫谋诸朝廷，而断之于己，未闻近习嬖幸之人得与谋者。况阉寺之人，朝夕在人君左右，出入起居之际，声音笑貌日接乎耳目，其小善小信皆足以固结君心，而便辟专忍，其本态也，苟一为所惑而不之省，将必假威福窃权势以干与政事，及其久也，遂至于不可抑，由是而阶乱者多矣。朕尝以是为监戒，故立法，寺人不过侍奉洒扫，不许干与政事。今此宦者虽事朕日久，不可姑息，决然去之，所以惩将来也。”群臣顿首称善。(一一二，1859—1860)

六月丙辰，有圬者携拏至京役作病死，绳顽司以闻。上闵之，命给辖[棤]椟，与道里费，送还乡。(一一三，1863—1864)

八月己酉，置定远牧监，隶太仆寺，以宫门奉御李善为监副，御马司副胡清、尚衣奉御董兴为御良。(一一四，1873)

壬子，定光禄司官散官品秩。上即位以来，所用光禄司官，或内官，或流官，或庖人，出身不同，同于散官。至是命吏部：凡内官除授者，照内官散官给授；流官除授者，照文官散官给授；庖人除授者，卿，从三品，尚膳大夫；少卿，正五品，奉膳大夫；司丞，从六品，司膳郎；各署丞，从七品，掌膳郎；监事，从八品，执膳郎。(一一四，1873)

十二月戊申，置神宫内使监，掌太庙洒扫陈设之事；设监令，正五品，丞，从五品，司香奉御，正七品，典簿，从九品。天地坛祠祭署、神坛署，各设署令，正七品，丞，从七品，司香奉御，正八品。甲、乙、丙、丁、戊五库，库设大使，正七品，副使，从七品。及置皇城门官，端门、承天门、东长安门、西长安门、东安门、东上门、东上南门、东上北门、西安门、西上门、西上南门、西上北门、北安门、北上门、北上东门、北上西门，门设正，正七品，副，从七品。

【考】洪武中神坛署令之可考者有崔安，见徐一夔《敕赐灵谷寺碑》(《始丰稿》卷一一)，云：“有旨舍其旧而新是图，拓大其规制，令可容千僧……遂命中军都督府佥事李新、某卫指挥佥事滕聚、某卫指挥佥事袁禄、神坛署令崔安董其役。建立之日，以(洪武)十四年九月之吉。”朝鲜《高丽史·辛禑世家》载：洪武十三年七月，高丽启禀使周谊被执，幽于天界寺，“数日，中官本国人尚宝监丞崔安至，讯其事由”。此监丞崔安与署令崔安，未知是否一人。尚宝监之设，首见于今本洪武十四年《祖训录》，由《高丽史》可知，该监之设当更早。　　庚戌，以内使金吉为圜丘署令，洪文[①]、杜庆为司香奉御。(一一六，1901)

本年附

史事·宦官出使

《明史·安南传》：“十年，(安南王陈)煓侵占城，败没。弟炜代立，遣使告哀，命中官陈能往祭。”

洪武十一年戊午(1378)

三月丁酉，定东上门等名，咸给六品印，门官掌之。(一一七，1920)

十月戊申，敕谕总兵官指挥杨仲名曰：“兵以卫民，必先于伐暴，三苗不遵教化，朕命尔帅师讨之。昨已知兵行之期，今未知兵至何地，特遣内臣吴诚诣军观尔之兵。凡有方略，乘机而行，然后遣使来报。”(一二〇，1949)【考】《高皇帝御制文集》卷七《谕辰州卫指挥杨仲名》：“三苗不遵教化，朕命尔杨仲名帅兵讨之。但知兵行日期，其所到去处至今未审何处，特差内臣吴诚诣军前观兵说话，尔其遵守施行，的当消息令人来报。”语有所不同。《国榷》卷六云：“此内臣监军之始，即不预军事，恐为所怵也。”

十一月庚午朔，总兵官辰州卫指挥杨仲名讨破五开叛蛮，捷奏至京。上遣使赍敕谕之曰：“三苗不仁，自古帝王多抚之而终不遵化，是以累世为良民患。今年朕遣尔率兵进讨，果有韬略，

① 洪文，王世贞《中宦考一》作“洪斌”，疑误。按，本编所引《中官考》之一至十一，分别为《弇山堂别集》之卷九〇至一〇〇。以下仅书“考”之几，不再注其卷次。

十一月一日飞捷至京,朕甚为之喜。闻诸蛮既平,独吴面儿远遁溪洞,人事异宜,险阻异势,不必穷追。彼恶稔贯盈,自将夷灭。是命内臣尚履奉御吕玉诣军观兵阅胜。尔其尽心抚绥,以副朕意。”(一二一,1959—1960)

本年附

典制·敕谕[①]

《劳临洮卫指挥赵琦》:“西戎北虏,顽不遵化,每调兵讨,皆俘获来献。虽节次总兵官运谋筹算,及诸旧将用命,以致如是。其指挥赵琦世为藩将,累朝皆有勋而致名。今琦自归附以来,奋身将队,北征刹罕脑儿,西征甘肃,又西南追伐朵儿只巴于安定王地方,今遍南征川藏,皆从征勤劳。特差内官前去,有官羊所在,令留二百腔赐与之。所司奉行毋稽。”(《高皇帝御制文集》卷七)

《谕元丞相驴儿》:“洪武十一年六月、七月、九月,三次遣人北行,两为吊祭,一为与卿等行礼。自去至今,杳无归者。正念不知存亡,忽十月二十四日,边将送至平章完者不花。朕于边将甚是可怒,见遣使道经本处,而乃擅将平章取来,岂不失信邻邦?为此,令平章完者不花回。恐路途有阻,特差内臣一名同行,直抵丞相下处,见了才方是好。且内臣存亡,或送北行,或就彼诛戮,或使南来,卿以智量之。”(《高皇帝御制文集》卷七)

《谕安南来使敕》:“夫人必自侮,然后人侮之。洪武十一年,尔王差陪臣阮士谔来贡,朕知彼中多难,特以心腹之言敕谕阮士谔归。朕恐待王之礼薄,专命内臣与阮士谔亲往安南。何至其境,士谔星奔日驰,兼程先至。及我内臣既达尔邦,其士谔罔知所在,故以出门入户之礼排筵。席宴之间,异端非一,此果礼之诚欤?抑侮之设欤?(**下略**。)”(《高皇帝御制文集》卷八)

《谕安南国王阮廷桧归省亲敕》:“谕安南国王:前者占城之役,祗候内

---

① “本年附”所采四谕,其中第一、第四条时间不详,因皆出《御制文集》,故并置于此。

人阮廷桧行中之一尔。因尔前王[1]终于占海之滨，廷桧留于占国。思归，浮海至于岭南，有司送至。朕见净人，授以内臣之职，今六年矣。特命省亲，并养疾。若痊，王必命再至。今因廷桧，朕复谕：尚兵相加之役，自今以后，王无再举。勤修睦邻之道，以乐安南之民，其福无穷。故兹敕谕。”（《高皇帝御制文集》卷八）

洪武十二年己未（1379）

四月丁巳，置内府尚衣、尚冠、尚履三监，针工、皮作、巾帽三局，甲、乙、丙、丁四库，改尚佩局为尚佩监。（一二四，1990）

九月戊午，占城国王阿答阿者遣其臣阳须文旦进表及象、马、方物。中书省臣不以时奏，内臣因出外见其使者，以闻。上亟召使者见之。叹曰：“壅蔽之害乃至此哉！”因敕责省臣……（一二六，2016）【考】《高皇帝御制文集》卷七《问中书礼部慢占城入贡敕》载“九月二十五日午时，直门内使报：占城国王所进象驻于承天门，合无发付”云云。

洪武十三年庚申（1380）

六月。（是月）《臣戒录》成。时胡惟庸谋叛事觉，上以朝廷用人，待之本厚，而久则恃恩，肆为奸宄。然人性本善，未尝不可教戒，乃命翰林儒臣纂录历代诸侯王、宗戚、宦官之属悖逆不道者，凡二百十二人，备其行事，以类书之。既成，赐名曰《臣戒录》，颁布中外之臣，俾知所警。（一三二，2100）

七月甲辰，给事中张纯奏乞归娶。纯，潞之屯留人，上素爱其谨厚可任事，不欲其去左右，乃遣内使刘清赍钞赐纯父，俾以娶妇。入门见舅姑毕，二家共遣人送至京。（一三二，2104）

---

① 前王盖指陈煓，洪武十年侵占城，败没，其弟炜代立。见《明史·安南传》。

本年附

艺文·碑铭·赠太监云奇墓碑①

赠司礼监太监云公奇墓碑铭

南京太平门外钟山西有内官享堂一区，我太祖高皇帝所赐今加赠司礼监太监云公奇葬地也。按旧碑，公南粤人，洪武间内使，守西华门。时丞相谋逆者居第距门甚迩，公刺知其事，冀因隙以发。未几，彼逆臣言所居井涌醴泉，邀上往幸。銮舆当西出，公虑必与祸，会(**唐枢《国琛集》卷下作“急”**)走冲跸道，勒马衔言状。气方勃崒，舌驶不能达意。上怒其不敬，左右挝棰乱下。公垂毙，右臂将折，犹奋指贼臣第，弗为痛缩。上乃悟，登城眺顾，则见彼第内壮士衷甲伏屏帷间数匝，亟返棕殿，罪人一一就缚。召公，息绝矣。上追悼公死非罪，忠弗白，宜申恤典，遂赠某监左少监，赐葬兹地，命有司春秋致祭，仍给六人备岁时洒扫役。

于戏！此我高皇帝所以为天下臣民主而当祚及万世者也。公受累朝祠祀若干年，正德庚辰(十五年，1520)，守备南京司礼太监黄公伟、高公隆、芮公景贤尝一新其亭台，兵部尚书乔公宇实记堂壁。嘉靖乙酉(四年，1525)，王公堂守备之明年，偕高公巡视孝陵垣墙，道经公墓，感厥忠义，咨诸同守备秦公文，复请于朝，加今赠致祭。公获报身后，久而益彰，如是哉！祠堂视制颇闳深，前有门廊，后有池有桥，百余年来中官之没而旁祔者咸得墉护庇。

南京内官监太监杨君顺实募厥役。高、王二公既为公获兹新命，欲树碑茔域中，委君(**按，君疑应为官**)而问铭于春。春惟云公忠义皎然，冬霜秋日，高皇帝洎今上显扬之以感励天下后世臣子，于是乎在；诸公秉彝好德，为之兴感，于是乎在。铭曷敢辞。

公所遭谋逆者，旧状以为胡、蓝二党。夫胡惟庸之不轨在洪武十三年，蓝玉在二十六年，胡被诛后，诏不设丞相，至蓝十四年矣。春敢定以胡为是，以补旧碑之缺，备他日史官之考证。于戏！公之灵弗泯，其将大慰矣夫。

(何孟春撰，《国朝献征录》卷一一七《寺人》)

---

① 碑文作于嘉靖四年(1525)，因所述云奇事在废相之年，故置于此。

【考】谈迁《枣林杂俎·圣集·艺篑·张邦奇》载:"张文定邦奇作《赠太监云奇传》:'奇,洪武间以内使守西华门。时丞相蓝玉居第去门不数十武,一日诡言其第井中醴泉涌出,请上临视,而选壮士束甲伏屏帷间以俟。奇知之,将上变'云云。按:此胡惟庸事,文定宿学,不宜误,或梓人之讹。"何孟春言"旧状以为胡、蓝二党",诚是。王世贞对云奇事迹有考,见所作《旧丞相府志》(《弇州四部稿续稿》卷一四一):"入西华门(**按此指南京旧内之西华门**)数百武,更入重门,又百余武,有大门北向,其高与诸宫殿等,为三门以通。中涓指谓余:'此故丞相府也。'广廷延袤,老树嵯岈其间。已而有堂巍然南向,由堂背以入。中涓曰:'此相府后堂也。'其壮丽亦可敌诸宫殿,桧柏杂植,皆数拱余,东南一树亦老矣。曰:'此五谷树也,当初夏时,其实若稻麦者则稻麦登,为鱼形则大水。'已复由堂背入,甍栋逾[愈]壮丽。曰:'此相府庭中十桧。'皆两列,其本相距可十武,而枝樛结为门,若虬龙对攫,奇怪不可名状。曰:'丞相所植也。''丞相为谁?'曰:'故戮人胡惟庸也。'树之前数十武,有眢井,曰:'胡相于井旁凿一孔,别取甘酒转注之,诡为醴泉出,邀高帝亲幸,因而伏甲谋不轨者也。'自丞相府而西数百武,复有门,自西门而又西千武而始为西门楼,则大内矣。考之《赠司礼监太监云奇墓碑》,与中涓所称者略同。奇,南海人也,以内使守西华门。时胡丞相居第距门甚迩,而欲谋逆,诡称所居井涌醴泉,邀上幸而伏甲以待。奇侦知之,亟走当跸道,勒上马御[衔],言状气郁,舌駃不能宣。上恚甚,左右挝棰乱下。奇臂将折,犹奋指逆臣第。上悟,登西皇城楼而眺顾,见丞相第中壮士裹甲伏屏间数匝,亟发禁兵捕擒之。而后召奇,气绝矣。诏赠奇内官监左少监,赐葬太平门北中山王墓之左,有司岁时致祭。嘉靖中,守备高隆、王堂等复上其事,请于朝,特赠司礼太监,加谕祭。而少司空何孟春文其碑石,与中涓所指称正等。但考之国史,则谓惟庸以骄恣渐露,不自安,而会故所居定远里第井忽生石笋,水涌起数尺,三世冢墓火光烛天,遂以为己瑞,有非分之觊。会右丞相汪广洋以巽懦不能持正外谪,益自疑。而其子尝走马衢道中,误践人死,上怒,欲使之抵偿。惟庸请纳马赎罪,不许。于是构故相太师韩国公李善长,诸将吉安侯陆仲亨、平凉侯费聚、御史大夫陈宁、中丞涂节同谋逆,节恐事露,奏发之。尚书商暠时谪为省吏,亦发之。上亲赐鞫,皆验,惟庸与陈宁皆磔死,节坐不早告亦死,而姑宽善长。史之纪兹事详矣,第不及醴泉出,要上临视而伏甲谋为逆也。云奇发惟庸逆谋,功甚大,而史佚之,且又以府第醴泉溢为故里第石笋发井涌起数尺,何抵牾若此?第上既登城楼睹伏甲,掩捕之,得反状矣,而又何假于涂节之告变也?岂节以事发始首,故不免于死耶?然既谓之丞相府,则惟庸妻子皆居之,不应在西华门内,而堂室之为层者三,又轩敞无可藏蔽,凡内皇城直徼者一览而当悉之,亦不待云奇之告、上之登而后见也。甲士入西华门,门者岂不之觉察?将无丞相府私第始犹在故西华门外,后西华而广之,并其第录故耶?惟庸虽有宠见重,似必不先赐第于中山王诸功臣,且在禁中而又南向,其高与宫殿等。要或中涓狃旧闻,谬指以为惟庸第故耳。余故为志之,而不敢饰其疑以俟后考。”复作《后旧丞相府志》以辨胡丞相府,兹从略。按,世贞所疑者是。云奇事迹本含混难稽,即其死后,诏赠内官监左少监,即误。洪武十三年时,仍为内使监,其主官称监令、监丞,至十七年始改为内官监,主官易称太监、少监。云奇作为明代第一个忠义宦官形象,很可能与据称是靖难功臣的司礼太监刚铁(**其墓碑见后**)一样,都是后世宦者刻意塑造推尊者。云奇与刚铁之祠墓,一在南,一在北,共为两都宦官所崇礼;其烟火之尤盛,皆在世宗朝,这与嘉靖年间宦官势力大挫,或有内在的关联。

洪武十四年辛酉(1381)

二月壬戌,罢王府孳牲所及司酝。(一三五,2144)

十二月辛未,遣使赍敕谕征南将军颍川侯傅友德、左副将军永昌侯蓝玉、右副将军西平侯沐英曰:“内使罗信至,知将军调度有方,节制严整,普定诸蛮俱已摧奔。但未知此时事势何如?乌蒙、乌撒果降否?前恐蛮地无粮,符报将军,令分军回卫。今知资粮于敌军,可不必回也。” 遣内臣赍敕谕乌蒙、乌撒诸酋长。(一四〇,2212—2213)

本年附

典制·《皇明祖训录》[1]

箴戒

……凡帝王居安，常怀警备，日夜时刻，不敢怠慢，则身不被人所窥，国必不失；若恃安忘备，则奸人得计，身国不可保矣！其日夜警备，常如对阵，号令精明。日则观人语动，夜则巡禁严密，奸人不得而入。虽亲信如骨肉，朝夕相见，犹当警备于心，宁有备而无用。如欲回避左右，与亲信人密谋国事，其常随内使监官，及带刀人员，止可离十丈地，不可太远。如元朝英宗被害，只为左右内使回避太远，故有此祸。可不深为戒备？

凡警备常用器械、衣甲，不离左右；更选良马数匹，调教能行速走者，常于宫门喂养，及四城门，令内使带鞍辔，各置一匹，在其所在。一体上古帝王诸侯防御也。

凡夜当警省，常听城中动静，或出殿庭，仰观风云星象何如；不出，则候市声何如。

凡帝王居宫，要早起睡迟，酒要少饮，饭要依时进，午后不许太饱。在外行路则不拘。

凡临朝多顾问将军、守士，务要得其心。察其懦弱者，退之勿用，奸狡者斩之。勿谋多士。若顾问文臣，当言守祖法。有乘喜怒言改祖法者，斩之勿疑。

凡内使监官有忠正者，察而用之。但任以末等之职，不可委以文武之权。奸狡者，斩之。勿谋多士。

……

严祭祀

……凡祭五祀、户灶、门井，于四孟月时享太庙日，遣内官致祭。中霤，于季夏土旺戊日，亦遣内官致祭。

---

① 今存《祖训录》首冠朱元璋洪武六年五月亲作序。然据黄彰健《论皇明祖训录颁行年代并论明初封建诸王制度》(《“中研院”史语所集刊》第 32 本，1961 年)考证，今本实为洪武十四年二月至十月间修订重颁。故附于此。

礼仪

……凡五祀依时，择日致祭，用豕一，祝帛、香烛、酒果。孟春祀司户之神，于宫门左设坛，门官致祭。孟夏祀司灶之神，于厨舍设坛，典膳官致祭。季夏土旺日祀中霤之神，于宫前丹墀内近东设坛，承奉司官致祭。孟秋祀司门之神，于承运门稍东设坛，门官致祭。孟冬祀司井之神，于井边设坛，典膳官致祭。

凡兄为天子，亲王来朝，未至京师，当先遣人奏闻请谒奉先殿事。天子即命内官陈设祭物、乐器、礼仪。王既至，天子亲率其弟诣奉先殿行礼。

……凡亲王来朝，天子御正殿，王于丹陛上行五拜礼。礼毕，亲王止用自己内使二人，天子之内官不拘数目以从。……

法律

……凡亲王及嗣子，或出远方，或守其国，或在京城，朝廷凡有宣召，必须差亲信人，赍持御宝文书前去，方许起程诣阙。

……凡亲王有过，重者，遣内使监官宣召。如三次不至，再遣流官，同监官召之至京。天子亲谕以所作之非，果有实迹，以各王所差在京者及内使监官，陪留十日。其十日之间，五见天子，然后发放。虽有大罪，亦不加刑。重则降为庶人，轻则当因来朝面谕其非，或遣官谕以祸福，使之自新。若大臣行奸，不令王见天子，私下傅致其罪，而遇不幸者，到此之时，天子必是昏君。其长史司并护卫，移文五军都督府，索取奸臣奏斩之，族灭其家。

……凡王遣使至朝廷，不须经由各衙门，直诣御前。敢有阻当者，即是奸臣。其王使至午门，直门军官、火者，火速奏闻。若不奏闻，即系奸臣同党。

……

内令

凡自后妃以下，一应大小妇女，及各位下使数人等，凡衣食金银钱帛，并诸项物件，尚宫先行奏知，然后发遣内使监官。监官覆奏，方许赴户部关领。尚宫若不奏知，朦胧发遣，内官亦不覆奏，辄擅关支，皆处以死。

凡私写文帖于外，写者、接者皆斩。知情者同罪，不知者不坐。

……凡宫中遇有病者，仰御药局官唤到方脉科，或小儿科、外科等项医人，须要监官、门官、局官各一员，当直内使三名、老妇二名同医人进宫看视。

如监官、门官、局官并当直老妇不及元[原]定名数，监官、门官、局官各杖一百；当直内使、老妇各杖八十。若当直内使并各官不行引进医人，止令老妇引至者，监官、门官、局官皆斩；内使并医人、老妇皆凌迟处死。如后妃、女孩儿等病者，轻则于乾清宫诊脉；如果病重者，方许白昼就房看视，不许夜唤医士进宫，违者，并唤医者皆斩。如使数人病，轻则于王宫门看视；重则出宫赴养容堂。监官、门官、局官、内使人等同医人就彼发药医治。[①]

凡宫中妇女乘轿出外，至西华门下轿，行至门外上轿。诸官命妇朝贺等事，乘车轿者，至西华门外门亦须下轿，行至里门上轿。必令守御人见，不许朦胧抬坐出入。违者，守御本门军官杖一百罢职，内官处死，乘轿人不坐。

……

内官

凡内府饮食常用之物，官府上下行移，不免取办于民，多致文繁生弊，故设尚酒、尚醋、尚面、尚染等局于内。既设之后，忽观《周礼》，酒人、浆人、醢人、染人之职，亦用奄人。乃知自古设此等官，其来已久，取其不劳民而便于用也。其他如各监、司、局及各库，皆设内官职掌，其事甚易办集。上项职名，设置既定，要在遵守，不可轻改。

凡各衙门内官，正官皆正七品，佐贰官从七品。奉御、净人正八品，典簿正九品。

天地坛祠祭署：署令，署丞，司香奉御。

神坛署：署令，署丞。

皇陵署：署令，署丞。

神宫内使监：监令，监丞，典簿，司香奉御。

尚宝监：监令，监丞，典簿，直殿奉御。监令、丞掌御宝，昼夜常川于内宫门听候，所掌匙钥不许离身，凡有动止，谨护御宝。典簿掌簿籍。

内使监：监令，监丞，典簿。监令掌应办内府一应事务，丞为之佐。典簿掌文案簿籍。

---

① 内令上述条文，《太祖实录》卷五二，洪武三年五月乙未条载之，然文字有所不同。如曰“宫嫔以下遇有病，虽医者不得入，宫中以其证取药而已”，则与《祖训录》之文异，而与洪武二十八年《皇明祖训》之“内令”合。《实录》编者将此“内令”置于三年五月，可知《祖训录》该条款的制定时间，然所据文本当误。

尚冠监:监令,监丞,尚冠奉御。监令掌冕弁冠帽,丞为之佐。凡造冠帽、结棕冠网巾、铺翠穿珠、梳剃诸匠咸属焉。

尚衣监:监令,监丞,尚衣奉御。监令掌衮袍常服,丞为之佐。凡裁缝匠属焉。

尚佩监:监令,监丞,尚佩奉御。监令掌佩带,丞为之佐。

尚履监:监令,监丞,尚履奉御,涓洁奉御。监令掌靴履,丞为之佐。凡结棕靴、捍毡、熟皮皮匠咸属焉。

御马司:司正,司副,御马奉御。司正、副掌带鞍辔御马,昼夜轮流伺候。

兵仗司:司正、司副,锋利奉御,被坚奉御,执锐奉御,弯弧奉御。司正、副掌甲胄、戈矛、弓箭、刀剑。而造弓箭鏇[1]匠、打弓弦匠咸属焉。

典礼纪察司:司正、司副,纪事奉御。司正、副掌管内府一应礼仪,钦记御前一应文字。凡圣旨裁决机务,已未发放,须要纪录亲切,御前题奏。及纠劾内官、内使非违不公等事。而造笔墨、表背匠亦属焉。

绳顽司:司正、司副。司正、副掌治内官、内使之犯罪者。

御药局:局正、局副,典簿,尚药奉御。局正掌监同御医修合药饵,如法煎调进御,副之为(**按,之为乙**)佐。典簿掌文案簿籍并收支药料数目。凡外科接骨等医咸属焉。

尚酒局:局正、局副。局正、副掌选酒供用。凡造红曲、绿豆粉[2]、豆腐者咸属焉。

尚面局:局正,局副。局正、副掌磨面供用。造面筋者属焉。

尚醋局:局正,局副。局正、副掌醋供用。

尚染局:局正,局副,织染奉御。局正、副掌染色供用。

巾帽局:局正,局副。

针工局:局正,局副。

---

① 鏇,《洪武御制全书》点校《祖训录》作"櫇",黄彰健《论皇明祖训录所记明初宦官制度》(《史语所集刊》第 32 本,1961 年)所录《祖训录・内官》作"鏇"。但黄氏疑应作"镞"。

② 绿豆粉,《洪武御制全书》点校《祖训录》作"□[菜]豆粉"。"绿"字据黄彰健《论皇明祖训录所记明初宦官制度》所录《祖训录・内宦》补。

皮作局:局正,局副。

颜料局:局正,局副。

司牧局:局正,局副。局正、副掌牧养羊、鹅、鸡、鸭。

司菜局:局正,局副。局正、副掌种菜供用。

内府宝钞库:大使,副使。大使、副使掌出纳宝钞等,掌事掌文案簿籍、收支数目。

承运库:大使、副使。大使掌出纳宝货、金银、珠玉、段匹、纱罗、布帛等项,副使为之佐。掌事掌文案簿籍、收支数目。

内府库:大使,副使。

广积库:大使,副使。

甲字库:大使,副使。

乙字库:大使,副使。

丙字库:大使,副使。

丁字库:大使,副使。

戊字库:大使,副使。

执膳奉御,掌监造御膳供进。

各门:门正,正七品;门副,从七品。门正、门副掌各本门锁钥,晨昏启闭,关防出入。

奉先殿门,奉天门,左顺门,右顺门,左红门,前左红门,右红门,中左门,中右门,后左门,后右门,前左门,前右门,宫门,宫左门,宫右门,坤宁门,外坤宁门,午门,阙左门,阙右门,端门,承天门,东华门,东上门,东上南门,东上北门,东中门,东安门,西华门,西上门,西上南门,西上北门,西中门,西安门,玄武门,北上门,北上东门,北上西门,北中门,北安门,织锦门,长廊中门,春和门,调马门,驯马门,兴仁门,兴善门,东宫门,左宫门,右宫门,东宫北门。

东宫官:正官、佐贰官品级同前。

典玺局:局郎,局丞,纪事奉御。(典玺郎)掌玺宝翰墨之事,丞为之佐。

典药局:局郎,局丞。典药郎掌监同御医修合药饵,如法煎调供进,丞为之佐。

典膳局:局郎,局丞。典膳郎掌监造膳食供进,丞为之佐。

典服局:局郎,局丞。典服郎掌冕弁、冠帽、衮袍、常服、佩带、靴履等,丞为之佐。

典兵局:局郎,局丞。典兵郎掌甲胄、戈矛、弓箭、刀剑等,丞为之佐。

典乘局:局郎,局丞,净人。典乘(郎)掌车马,丞为之佐。

王府官:正官,从七品,佐贰官,正八品。

承奉司:承奉正,承奉副。掌管王府一应杂事。有事,呈长史司并护卫指挥司发落,与内官衙门无相统摄。

典宝所:典宝正,典宝副。

典膳所:典膳正,典膳副。

典服所:典服正,典服副。

内使六名:司冠一名,司衣三名,司佩一名,司履一名。掌服有。

各门:门正,门副。

内使:司药二名,司弓矢二名。

公主府:

家令司:家令,从七品;司丞,正八品;录事,从九品。

兵卫

……凡亲王入朝,其随侍指挥三员,长史或纪善、典宝、典仪、典服、典膳、奉祠、承奉、仪卫、医正、工正、牧官之属各一员,千户三员,百户五员,卫经历、知事各一员,内使十名,骑士五百名,步军五百名,其随从人员不拘数目。若王恐供给繁重,斟酌从行者,听。其军士、仪卫、旗帜、甲仗,务要鲜明整肃,以壮臣民之观。

……①

① 《祖训录》的研究,可参看黄彰健《论皇明祖训录所记明初宦官制度》(《史语所集刊》第 32 本,1961 年)。洪武间所修两种《祖训》,虽有承继,其间亦多不同,可参看张德信《〈祖训录〉与〈皇明祖训〉比较研究》(《文史》第 45 辑,中华书局,1998 年)及谭家齐《从〈太祖皇帝钦录〉看明太祖修订〈祖训录〉的原因》(《中国文化研究所学报》总第 44 期,2004 年)。

洪武十五年壬戌(1382)

三月甲子,礼部尚书刘仲质、典礼纪察司副唐寿等以戟氅等制度进呈,请依古制改作。上命戟氅、戈氅、仪锽氅依制改造,余悉从旧。(一四三,2253)

七月己巳,旌表真定孝妇刘氏之门。(**刘氏事迹略。**)事闻,上遣中使赐刘氏衣一袭,钞二十锭,官为送其姑丧归葬,旌表其门,复其家徭役。(一四六,2293—2294)

八月乙未,敕总兵官征南将军颍川侯(傅友德)、西平侯(沐英):"(纪事奉御)徐保至京,方知大军七月二十八日已围乌撒……洪武十五年八月十九日。"(王世贞《弇山堂别集》卷八七《诏令杂考三》)

十月丙戌,增设内使三百六十一人。(一四九,2349)

十一月丙午朔,增设内使七十六人。(一五〇,2357)　　乙丑,孝慈皇后丧百日,上辍朝,以牲醴致祭于几筵殿。是日,内使监官清晨先设祭仪毕,纪察司请御素服黑犀带行礼。(**祭仪略。**)自是,凡遇四时节序及忌日,东宫、亲王祭几筵殿及孝陵皆如之,仍以成穆贵妃、永贵妃、汪贵妃配享。其各王府所遣内官致祭几筵殿者,于殿前丹墀内随班行礼。(一五〇,2361—2362)

洪武十六年癸亥(1383)

正月……时琉球国三王争雄长,相攻击,使者归言其故。于是遣(琉球中山王之使)亚兰匏等还国,并遣使敕中山王察度曰:"王居沧溟之中,崇山环海为国,事大之礼不行,亦何患哉?王能体天育民,行事大之礼,自朕即位,十有六年,岁遣人朝贡。朕嘉王至诚,命尚佩监奉御路谦报王诚礼。何期王复遣使来谢,今令内使监丞梁民同前奉御路谦赍符赐王镀金银印一……"(一五一,2375—2377)【考】梁民,《高皇帝御制文集》卷八《谕琉球国王察度》同。实录本年九月己未条作梁珉。　　洪武十六年正月初三日,纪事奉御徐保传奉御笔圣旨:"军中要十分仔细天象,自今年六月至十一月,月犯毕三次,主军中有大战,防水中下毒,有奸谋。若军下营处,须自穿井吃水,若无粮时,不要守城。聚集大军,不问蛮子在那里,直要寻见拿了方守城。奉御徐保口传圣旨。"(王世贞《弇山堂别集》卷八七《诏令杂考三》)

五月乙卯,置内府宝钞广源库,大使一人,正九品,用流官;副使一人,从九品,用内官。内府宝钞广惠库,大使二人,正九品,副使二人,从九品,俱以流官、内官兼之。职掌出纳楮币,入则广源库掌之,出则广惠库掌之。(一五四,2402)　　甲子,孝陵殿成,命皇太子以牲醴致祭。其仪:是日清晨,执事者于殿中陈祭仪毕,引礼内官引皇太子、亲王由东门入,就殿中拜位赞拜。皇太子以下皆四拜,皇太子少前跪,诸王皆跪。皇太子三上香。执事内官以爵酌酒,授皇太子,执事内官受爵,置于案。赞读祝内官捧祝于香案前,跪读曰:"近者园陵始营,祭享之仪未具。今礼殿既成,奉安神位,谨用祭告。"读讫,皆兴,行亚献、终献毕,赞拜,皇太子以下皆四拜,执事者捧祝帛诣燎位,礼毕皆退。(一五四,2407—2408)

六月壬午,安南陈炜遣其通奉大夫黎与义等上表,进阉竖二十五人,赐以文绮钞锭。(一五五,2412)

九月己未,内官梁珉以货币往琉球易马还,得马九百八十三匹。(一五六,2429)

本年附

艺文·碑铭·宦官黄福等所立二塔铭

僧来复撰《西天善世禅师班的达公塔铭》:"(**师讳萨哈拶释哩,别称班的达,生与释迦同国。洪武七年至金陵之蒋山,寓居崇禧新寺。**)今上皇帝嘉其远来,召见奉天殿,奏对称旨,特赐银印,加以今号,俾统制天下诸山。仍移文各郡,民有从善者,许令诣蒋山受菩萨戒法,所司无禁。自是南北缁白之流来集座下，日听演说，包□填委，至无所容。虽武夫捍卒，睹师慈相，咸举手加额，善心油然而生。（**上尊信之状略**。）十四年辛酉夏五月初，师患足疾，近侍以闻，上遣官医往视之，不可，（**至廿四日坐化**。**略**。）洪武十六年，岁在癸亥，九月二十一日，菩萨戒弟子奉御崔安、大使黄福□立。”

（石在南京天禧寺。《北京图书馆藏中国历代石刻拓本汇编》第51册，第17页）

僧守仁撰并书《迁玄奘顶骨塔记》：“奘法师顶骨塔，初在天禧寺之东冈，大明洪武十九年，受菩萨戒弟子黄福灯□□□与僧普宝迁于寺之南冈，三塔之上。是岁丙寅冬十月传教比丘守仁谨志。”

（石在南京。《北京图书馆藏中国历代石刻拓本汇编》第51册，第18页）

洪武十七年甲子（1384）

二月甲午，二十六日，吉安侯（陆仲亨）、平凉侯（费聚）、南安侯（俞通源）同纪察司官于奉天门钦奉圣旨：“说蛮子每只怕马，你每到那里，大理有些银子，看有多少，就将那银子买上一万马，放在海子里看养操练，上下关都要做城子，海子里打几只船，两头来往行走。好生抚恤那里百姓。钦此。”（王世贞《弇山堂别集》卷八七《诏令杂考三》）

三月戊戌朔，曹国公李文忠薨。（一六〇，2469）【考】王世贞《弇山堂别集》卷二〇《史乘考一》：“文忠多招纳士人门下，上闻而弗善也。一日谓上：‘内臣太多，宜稍裁省。’上大怒，谓：‘若欲弱吾羽翼，何意？此必门客教之。’因尽杀门客。文忠惊悸得疾暴卒。”《明史·李文忠传》：“（文忠）家故多客，尝以客言，劝帝少诛戮，又谏帝征日本，及言宦者过盛，非天子不近刑人之义。以是积忤旨，不免谴责。”　庚子，初三日，兵部钦差镇抚周仁、翟忠传奉圣旨：“恁去说与云南、大理等处守御卫所，有发到的有罪断发军人，编入伍，着他种田；把关去处盘获有罪断发，但是曾刺字不刺字的，刺旗不刺旗的逃囚军人，拿住发与原卫所，将为首逃的废了示众。又各卫所上紧屯种，尽问军人每，若是有粮，便差内官送将家小来。钦此。”（王世贞《弇山堂别集》卷八七《诏令杂考三》）

四月癸未，更定宫官六尚局品秩、内官诸监库局及外承运等库局品职。(**六尚女官略**。)内官监,通掌内史名籍,总督各职,凡差遣及缺员,具名奏请;设令一人,正六品,丞二人,从六品,典籍一人,正九品,所掌文籍以通书算小内使为之。神宫监,掌太庙祭器及祭祀洒扫;设令一人,正七品,丞一人,从七品,奉御一人,正八品。尚宝监,掌御宝图书,凡用御宝则奏请,然后付尚宝司官用之,毕则捧入;设令一人,正七品,丞一人,从七品。尚衣监,掌御用冠冕衣服靴履;设令一人,正七品,丞一人,从七品,奉御四人,正八品。尚膳监,掌御膳;设令一人,正七品,丞一人,从七品。司设监,掌御用仪仗辇辂舆帐裀褥张设;设令一人,正七品,丞一人,从七品,奉御四人,正八品。司礼监,掌宫庭礼仪,凡正旦、冬至等节,命妇朝贺等礼,则掌其班位仪注及纠察内官人员违犯礼法者;设令一人,正七品,丞一人,从七品。御马监,掌御厩马匹;设令一人,正七品,丞一人,从七品。直殿监,掌各殿洒扫陈设;设令一人,正七品,丞四人,从七品,小内使一十五人。宫门承制,掌传奉宣召;设奉御五人,正八品。宫门守门官,掌宫门洒扫,时其开阖,讥察出入;设门正一人,正八品,副四人,从八品。内承运库,掌供御金银段匹等物;设大使一人,正九品,副使二人,从九品。司钥库,掌皇城各门管钥;设大使一人,正九品,副使四人,从九品。巾帽局,掌造内府冠帽;设大使一人,正九品,副使一人,从九品。针工局,掌造内府衣服;设大使一人,正九品,副使一人,从九品。织染局,掌织染段匹;设大使一人,正九品,副使一人,从九品。颜料局,掌烧造银朱等项颜料;设大使一人,正九品。司苑局,掌种莳蔬果;设大使一人,正九品。司牧局,掌牧养孳牲;设大使一人,正九品。皆于内官内选用。外承运库,掌收金银段匹等物。甲字库,掌收铜钱布匹颜料。乙字库,掌收衣服衾帐纸札等物。丙字库,掌收丝绵纱线。丁字库,掌收铜铁锡香茶蜡诸物。戊字库,掌收毡衫胡椒并支收军器。广源库,掌收贮宝钞。广惠库,掌收支宝钞。每库设大使一人,正九品,副使一人,从九品,皆于流官内选用，隶户部。皮作局，掌硝熟皮张，成造靴鞋鞍辔。兵仗局，掌造各项军器。宝源局，掌鼓铸铜器。每局设大使一人，正九品，副使一人，从九品，皆于流官内选用，隶工部。(一六一，2500—2504)

七月戊戌，敕内官毋预外事，凡诸司毋与内官监文移往来。上谓侍臣曰："为政必先谨内外之防，绝党比之私，庶得朝廷清明，纪纲振肃。前代人君不鉴于此，纵宦寺与外臣交通，觇视动静，夤缘为奸，假窃威权以乱国家，其为害非细故也。间有发奋欲去之者，势不得行，反受其祸，延及善类，汉唐之事深可叹也。夫仁者治于未乱，智者见于未形，朕为此禁，所以戒其未然耳。"(一六三，2523)【考】《大明律集解附例》卷二："凡诸衙门官吏若与内官（指各监内臣有名位者——括号内为原文小字，下同）及近侍人员互相交结，泄露（机密）事情，夤缘作弊，而（内外交通，将所泄露事情）符同奏启（以图乘机迎合）者，皆斩，妻子流二千里安置。"①

十二月。是月，国子助教杨盘等使安南还，陈炜复遣其臣黎亚夫等随盘进表，贺明年正旦，且贡阉竖三十人。(一六九，2580)

洪武十九年丙寅(1386)

九月癸未，遣行人刘敏、唐敬偕内使赍磁器往赐真腊等国。(一七九，2711)

十二月戊申，安南陈炜遣中大夫杜英弼等奉表贡金银酒器三十三事，并阉竖一十九人。(一七九，2717—2718)

本年附

史事

俞本《纪事录》卷下："（洪武十九年丙寅，）上敕奉御门上②及诸内使阉

① 该律原文见《大明律·吏律·职制·交结近侍官员》。

② 奉御门上，或为"宫门奉御"。

竖悉令自缢，各处王府内使亦赐以大宴，毕，令其自缢于野。张大同[①]曰：‘太祖用人立法，至慎至详。(俞)本载内使悉令自缢，何至乃尔。按黄帝治五刑，以刑余为守阍，寓有深意，此内宦之始。《周官》有内宰等名，三代已不能废，后世鉴其流祸，直以薰[熏]腐贱之。若吕强、张承业即社稷臣，何以加焉，顾人主御之何如耳。(俞)本之言曰有亲友语之而记，想以讹传讹之过。使此辈可屏绝，三代先之矣。’”

洪武二十年丁卯(1387)

四月壬午，金吾等十卫奏请增守禁门校卒，上从之，因命自今内官、内使出差，不问有无文据，须门官引奏，方许其出。(一八一,2734)

五月戊辰，皇陵祠祭署令汪文卒。(**事迹略。**)及卒，上亲制文，遣内使及仪曹官吊祭，赙恤甚厚。(一八二,2741)

十月丁卯，上谕礼部尚书李原名曰：“往者臣僚尊卑礼仪已尝定议颁降，其中节目有未详尽，宜重加考正，着为定式，申布中外。”原名乃集诸儒臣，稽考旧制，重加订定，凡二十六条[②]。(**朝参八，筵宴二，出使三，官员拜礼二，公聚序坐一。**)官员相遇八：其一，驸马遇公侯，分路而行。一品、二品官遇公侯、驸马，引马侧立，须其过。二品见一品，二品趋右，让道而行。三品遇公侯、驸马，引马回避；遇一品，引马侧立；遇二品，趋右让道而行。四品遇一品以上官，引马回避；遇二品，引马侧立；遇三品，趋右让道而行。其余官员凡遇隔二品以上官，皆引马回避；隔一品以上，皆引马侧立；品级相近，则皆趋右让道而行；其品级相等者分道而行。如有亲戚尊卑之分，听从回避。其二，凡内官出入，遇驸马于道，必须下马；遇公侯、一品、二品官，引马侧立；遇三品、四品官，分路而行。其三，凡公侯、驸

① 天启中，张大同删定俞本之《纪事录》，易名为《明兴野记》，书中多有其评语。

② 书成，名曰《礼仪定式》。

马、一品、二品官随从火者人等，非跟随本官而私自出入者，凡遇文武百官必须下马，违者治罪。(**下略**。)(一八六，2789—2793)

【**考**】沈德符《万历野获编》卷一三《礼部·旧制一废难复》："太祖旧制，内臣出外，非跟随亲王、驸马及文武大臣者，凡遇朝廷尊官，俱下马候道旁，待过去方行。今小火者值部阁大臣，俱扬鞭直冲其中道矣。"然沈氏所引，止官员相遇礼之"其三"，若合"其二"观之，太祖之旧制，内臣实与文官之三品、四品敌。

洪武二十一年戊辰(1388)

四月壬子，遣行人董绍往谕占城国王阿答阿者曰："尔居海岛中，号令群夷，以主其国。苟无恩信敷布于下，以抚驭涵育之，安能君长一方，传及子孙，保无虞邪？尔近遣子来朝，即令中使送还本国。迨还，言尔所为鲜率厥典，朕初不之信……"(一九〇，2864)

十月庚戌，改尚衣、尚膳监为司，余监仍旧。(一九四，2911)

朝鲜《高丽史》卷一三七《辛禑五》：十二月，"帝遣前元院使喜山、大卿金丽、普化等来求马及阉人。喜山等皆我国人也。礼毕下庭，稽首四拜，(高丽王辛)昌立受之。喜山等又传圣旨云：'征北归顺来的达达亲王等八十余户，都要教他耽罗住去。恁去高丽说知，教差那里净便去处打落了房儿，一同来回报。'"

洪武二十二年己巳(1389)

正月己亥，罢供奉司。(一九五，2928)

四月甲寅，诏故元诸王来降者俾居耽罗国，且遣中使往谕其国，为造庐舍处之。(一九六，2943)【**考**】《高丽史》将喜山等传旨安置达达亲王事系于洪武二十一年十二月，实录乃书于本年四月，时间有异，必有一误。

洪武二十三年庚午(1390)

三月庚午,改公主府家令司为中使司,秩正七品,以内使为之,给以印章。冠制用方帽,顶与内官之制有别。凡行移中使司,呈宗人府经历司,经历司帖下中使司。其与在外各衙门行移,俱由宗人府经历司转行。与在内衙门行移,中使司呈内官监,内官监帖下中使司。其余内府各衙门行移,俱由内官监转行。(二〇〇,3002)

闰四月乙丑,广东都司以所捕蛮獠一百二十九人械送至京,有司论当宫刑。上曰:"此辈非首恶,为人迫胁至此,宥之,谪戍辽东。"(二〇一,3011)

洪武二十四年辛未(1391)

三月己丑,诏于高丽市马一万匹,并索阉人二百人。(二〇八,3093)【考】《高丽史》卷四六《恭让王二》:四月壬午,帝遣宦者前元中政院使韩龙黄、秃蛮等来。礼部咨曰:"钦奉圣旨:'朕稽古典,三韩之地,始古至今,产马处所。即今乏马戍守,差三韩本俗阉人谓权署国事王瑶及群陪臣等,谕以分明于有职人员及富家处易马一万,令各官及富家子弟将马于辽东交割,来京关领价直。更于各官处需阉人二百名。三韩远在东溟之外,产无我供,人无我用,受命称臣,以何为信?国富民稠,于斯需索交易,不为过矣。'"

六月,靖宁侯叶昇妻舅夏姓者,首升隐藏胡惟庸家火者,上令自缢,子亦斩之。(俞本《纪事录》卷下)

七月壬子,敕谕秦府致仕长史文原吉曰:"……朕念卿,夙夜不忘,特遣中使赍白金二锭、楮币百锭、文绮帛三十匹,赐卿以养高年,至可领也。"(二一〇,3131)

十月乙丑,江西建昌府南丰县典史冯坚言九事:……六曰减省宦官以防内权。王者之居,四方瞻仰,设置宦寺守门,使之传命令、给洒扫而已。然往昔之君,多为所制,由其为左右亲近之人，故其言易入而易信，遂养成内患而不自知也。以陛下鉴察之明，乌有此事，然愿鉴诸史籍，裁择[1]冗员，不惟朝廷严重，实足以防异日弄权之患。……（上览之，曰：）“……坚之言关于政体者多，是可嘉也。”遂命吏部擢坚为都察院左佥都御史。（二一三，3149—3153）

○朝鲜《高丽史》卷四六《恭让王二》：十月己卯，遣判军器寺事金久住如京师，献火者二十人。　　十二月甲子，帝遣宦者前元承徽院使康完者笃等三人来，诏曰：“三韩之地，君臣悖乱，二纪于兹。幸尔无争城野之战，民安市乡。旧岁来告，乃王氏苗裔君主斯民。今特遣使往劳，以观署政如何。”又曰：“比闻高丽阉寺鲜少，为朕割势遣之。如有之，使禁约。”

洪武二十五年壬申（1392）

二月辛未，上敕中军都督府臣曰：“近内臣自河南还，言开封府大河济渡处宽者二十里，狭者犹十余里，水势泛溢，或天气寒冱，舟人济渡者手足皲瘃，艰苦尤甚，且使传络绎，候渡者常数百人。……”（二一六，3182）

○朝鲜《高丽史》卷四六《恭让王二》：二月辛未，遣永福君鬲、赞成事权仲和如京师谢恩，（**表文略**。）仍献火者五人。

三月己丑，遣尚膳太监而聂、司礼太监庆童赍敕往谕陕西河州等卫所属番族，令其输马，以茶给之。（二一七，3189）

五月甲辰，尚膳太监而聂等至河州，召必里诸番族，以敕谕之。诸族皆感恩意，争出马以献。于是得马万三百四十余匹，以茶三十余万斤给之，诸族大悦。而聂遣使入奏，命以马分给河南、山西、陕西卫所骑士。（二一七，3200）

六月丁卯，西平侯沐英卒。……冬十月八日，（沐）春奉柩至京，遣中使临祭。（二一八，3205—3209）

---

① 择，或应为“革”。

七月壬午，申明靴禁。(**前言军民僭越，略。**)至是事闻，诏礼部严禁之，唯文武百官并同籍父兄伯叔弟侄子婿及儒士、生员、吏典、知印、承差、钦天监天文生、太医院医士、瑜伽僧、正一道士、将军、散骑舍人、带刀之人、正伍马军并马军总小旗、教读大诰师生许穿靴，然不许用红扇面、黑下桩，与内官、内使靴同。其北平、山西、山东、陕西、河南并直隶徐州地寒，人民许穿牛皮直缝靴；校尉、力士遇上直，乐工当承应，许穿，出外不许。其庶民、商贾、技艺、步军及军下余丁，管步军总小旗，官下家人、火者、皂隶、伴当，在外医卜、阴阳人皆不许，止许穿皮扎𩋾，违者罪之。(二一九，3213—3214)【考】顾起元《客座赘语》卷一〇"国初榜文"载洪武二十六年八月榜文："为奸顽乱法事。节次据五城兵马司拿送到犯人颜锁住等，故将原定皮札𩋾样制，更改做半截靴、短靿靴，里儿与靴靿一般长，安上抹口，俱各穿着，或卖与人，仍前自便于饮酒、宿娼、行走摇摆，该司送问罪名。本部切详：先为官民一概穿靴，不分贵贱，所以朝廷命礼部出榜，晓谕军民、商贾、技艺、官下家人、火者，并不许穿靴，止许穿皮札𩋾，违者处以极刑。此等靴样传于外，必致制度紊乱，宜加显戮。奉旨：'这等乱法度的，都押去本家门首枭了，令全家迁入云南。'"

本年附

史事

顾起元《客座赘语》卷一〇"国初榜文"：二十五年九月十九日，礼部榜文一款："内使剃一搭头，官民之家儿童剃留一搭头者，阉割，全家发边远充军。剃头之人，不分老幼罪同。"

洪武二十六年癸酉(1393)

正月己酉，初三日，大龙兴寺住持僧祖儁等赴京贺正，辞回，司礼监官鲁梯传圣旨："主持僧赏五锭，散僧每名二锭，教礼部补本。钦此。"当即礼科给赏，本部补本覆奏。(葛寅亮《金陵梵刹志》卷二

《钦录集》)

〇朝鲜《太祖实录》卷三：二月丁卯，钦差内史黄永奇、崔渊等奉帝手诏来，上率百官迎于宣义门外，前导至寿昌宫，听诏行礼。……上礼毕，宴内史于殿上。内史二人，皆国人也。

五月乙巳朔，敕录《逆臣录》成，上亲作序。[①]

〇朝鲜《太祖实录》卷四：七月丙辰，升稷山县为郡。以县人火者崔渊选入中国，奉使而来请之也。壬戌，(**太祖**)如花园，宴钦差内史。八月乙亥，钦差黄永奇、崔渊等还京师，上送于西郊。

十月乙亥，大理寺奏四川民以输粮违期及移易者，坐法当诛。上曰："四川水陆险峻，输挽艮难，故有失期。彼移易者或两取便利，求无逋欠可矣，岂得遽论以死，甚失爱民之心！其悉宥之，仍给道里费遣还，病不能至者遣内官就道给赐，税粮未足者令就本处输之。"(二三〇，3359)

〇朝鲜《太祖实录》卷四：十二月己卯，朝廷使臣内史金仁甫等四人赍左军都督府咨文来，上率百官具仪卫郊迎。庚辰，赐金仁甫等父母米豆一百石。丙戌，使臣各觐其乡。

本年附

典制・榜文禁约

顾起元《客座赘语》卷一〇"国初榜文"：二十六年十二月十五日奉旨禁约："不许将太祖、圣孙、龙孙、黄[皇]孙、王孙、太叔、太兄、太弟、太师、太傅、太保、大夫、待诏、博士、太医、太监、大官、郎中字样以为名字称呼。一[②]医人，止许称医士、医人、医者，不许称太医、大夫、郎中。梳头人，止许称梳篦人，或称整容，不许称待诏。官员之家火者，止许称阍者，不许称太监。"

---

① 蓝玉党案成，朱元璋"特敕翰林将逆党情词辑录成书，刊布中外"，书名《逆臣录》。此事实录无载，该书篇首系以朱元璋亲作之序，时间为二十六年五月朔日。其中的宦官史料见本年附。

② 原文如此。疑榜文为逐款条列，每款起首均有"一"，作者摘要删写，偶存此字。

史事·《逆臣录》中的宦官史料

第一卷,“公·蓝玉男蓝闹儿”

一名蓝闹儿,系蓝玉长男。逐招于后:一招……一招洪武二十六年正月内,府军前卫刘指挥、石千户来拜父亲。有父亲使火者添受取红普鲁袄子二件,赏他两个。

一名赵帖木,高丽人氏,系蓝玉家火者。逐招于后:一招洪武二十六年二月初八日,有凉国公差令火者董景住前去临清取马十五匹,真定取马十五匹,前来骑用。有火者董景住对赵帖木言说:“本官要谋反,就领着府军前卫参随他的旧马军胜子余等一百名,都是好汉,一个当五个,在西华门听候,等上位茶饭时一同下手。”一招……

一名察罕不花,系蓝玉家火者。逐招于后:一招洪武二十六年正月二十二日,有凉国公差家人小厮定住:“你去淮西家里取甲一副、刀一把、头盔一个、弓箭一副,取来我有用。”有察罕不花言问定住:“你讨这弓箭刀甲做甚么?”定住回言:“官人要用。”一招洪武二十六年正月十八日,有火者庆孙,前去淮西取马五匹、骡子二十匹。有察罕不花言问:“你将马骡哪里去?”有庆孙回言:“将去普江养。”有不花言问:“大人每在家里做甚么?”庆孙回言:“每日安排酒,请蒋指挥在东耳房吃,酒间商量党事。”有不花问:“庆孙你早晚根[跟]着,怎么不说? 明日事犯,你每都是死的。”一招……一招洪武二十六年二月初二日,有火者庆孙回淮西讨马时对不花说:“大人正月二十五日,使伴当李三叫府军前卫百户夏保到家,安排酒与夏百户吃。大人分付夏百户:‘如今我每商量的事都停当了,你便把你管的一百马整理着,我用时将来。’夏保回言:‘马有。’当将青胸背花段子一匹、绢一匹赏与夏百户。本人接受回家去讫。”一招……一招洪武二十六年正月十三日,有本家火者庆孙差到淮西家里取马。不花言问:“庆孙,如今家里有甚么事?”庆孙回说:“我来时,我每家里大官人请鹰扬卫指挥张能吃酒,问他借马步军一百五十名,只在府军前卫听候。”一招洪武二十六年正月十六日,有蓝玉差家人祝官保:“你去淮西取讨鞍子来。”有不花言问:“祝官保,大人在家里做甚么?”祝官保回言:“在家里请府军后卫刘指挥在本家前厅上吃酒,问他借马步军一百三十名,就在府军前卫听候,要用时着人去叫来。”一招洪武二十六年正月十八日,有家人顾二回家。有不花言问:

"你回来做甚么?"顾二回言:"大人差我来看家。我来时大人在家请骁骑卫陈指挥吃酒,问他借马军一百五十名,在大通桥听候,我要用时着人来取。"一招洪武二十六年正月十七日,有火者庆孙到淮西家里,对不花言说:"我每官人西里回来时,每日在家请官人每吃酒,商量那谋反的事。不知如何。"不花言问:"请甚么官人?"庆孙回说:"请人多,我记不得。我来时又请府军前卫陈千户、刘千户吃酒。我每官人说:'你每都是我旧日伴当,如今我和众官人每商量的事已定了,你每卫里有马,着些每日听候,要用时便用。'陈千户等应允了。"不花言问:"这等事成不成?"庆孙回说:"每日这等商量,人马都在家听候,如何不成?"不花回说:"事成时便好,若不成时,我每都倒地不得。"庆孙又说:"大人使我来着二舍火速回去,要用他。"一招洪武二十六年正月十五日,凉国公差家人祝官保前去淮西取鞍子一副。有不花言问:"祝官保,官人家里做甚么?"官保回言:"官人每日安排酒,和景川侯(曹震)、茆都督、许都督、孙指挥、谢都督一同在本家吃酒。众人商议谋反。"有不花言问:"有哪个官人说?"祝官保回言:"是我每官人说起,众人都从了。"当日取鞍子与官保回京。不花随即就和本家妳妳说:"如今台里有人来,说大人每日请众人吃酒,商量谋反,怎么好?"有妳妳大骂:"凉国公老弟子,国家有甚亏你处?你想这般歹心,你反时你自死罢,只可惜儿女老小每。"

一名董景住,云南大理人氏,系蓝玉家火者。逐招于后:一招洪武二十六年正月初七日,有二舍使火者买住去请叔公蓝千户来到本家西板房里坐。二舍叫安排酒吃,中间有二舍言说:"如今我每父亲要做谋反的事,我每收拾家人、奴军、亲属,等大人来。"有叔公回说:"既是如此,我也收拾听候。"酒罢各散。一招洪武二十六年正月十四日,二舍使景住去请东川侯(胡海)。二舍来和我说话。二舍[①]回言:"我不得闲,等我别日来。"景住回家对二舍言说不来。有景住后去取马不知。一招洪武二十六年正月二十四日,有蓝玉使令火者买住、驴儿前去定远县对管家火者察罕不花说:"大人叫你去真定、临清二处讨马。"当即察罕不花差火者景住去真定取马十五匹,小厮剌真去临清取马十四匹,来家听候。事发,罪犯。

① 二舍,疑应为东川侯。

一名徐大，凤阳府临淮县人，系凉国公家管奴军百户。……是徐大明知系干谋逆，自合推阻，却不合应允，出外与总旗贾福商量，发放小旗等常川整搠，听候接应。不期党情发露，将各人伏诛了当。侥幸得免，今被火者王春童供出在官，取问罪犯。

一名丁伏五，系凤阳府定远县千秋乡第一都民，近凉国公家庄住。状招洪武二十五年闰十二月内，蒙本县差解偷盗凉国公家水磨、板木等物贼人到京，交割了当。是伏五就蓝玉家说偷板贼情由。有本官家火者，就留伏五在府，对说："如今大人要谋大事，你且休回去，在此听候，照管家务，后事成时抬举你。"是伏五喜允，一向在蓝府听候。逆谋间，不期本官败露。彼时伏五知觉走脱，沿街行走欲回，被不知名军人捉拿到官，罪犯。

"(景川侯)曹震男曹炳"

一名张海彭，年二十一岁，云南人氏，系景川侯火者。状招洪武二十六年正月初七日，有海彭根[跟]随本官在朝房内见景川侯同凉国公吃酒。有景川侯言说："我如今烧窑去，你每商量得停当着，我那里烧窑也有些军，也有些军器。"有凉国公回言："我也说与府军前卫指挥、千百户了，着他收拾下军马。你如今去烧窑，你也收拾你的军。等到二月再来板房商量，上紧下手。"

一名保住，年二十岁，云南人氏，系景川侯火者。状招……

一名兴旺，年一十八岁，云南人氏，系景川侯火者。状招洪武二十六年二月内，有景川侯和大儿子在厅上说："如今凉国公的军马都有了，我每枪刀都在船上了，我每听候。"火者兴旺在厅上照壁后面听见，再不知说甚么缘故。

一名小官童，系景川侯家火者。状招洪武二十六年二月初一日，有景川侯在船上对众火者小厮说："知道我这船上四川带来军器，都奏过了，免得久后有些长短不便。"至初五日，蓝大舍到景川侯船上，景川侯言问："大舍，你来做甚么?"蓝大舍回言："我父亲使我来对老官人说，教老官人且回家去走一遭，商量些事业。"有景川侯回说："大舍且回去，这事我知道了，我明日来寻你父亲，再有商量。"初六日，回家歇了一夜，至初七日，有火者黑子根[跟]随景川侯至晚回家。有大官童言问："黑子，老官人今日哪里去来？这早晚回来。"黑子回说："我每老官人同凉国公、汪都督在午门前直房内吃酒，火者每都赶开了，不知商量甚么事。"所招是实。

二名大官童、杨保，俱系景川侯家火者。状招与小官童相同。

一名安定，即刘利儿，系景川侯家火者。状招洪武二十五年九月内，有景川侯前到四川催粮，有徐都指挥等置酒，请到景川侯于都司后堂内，同毛指挥、苗千户、张百户众官饮酒间，将利儿等喝散，不说说话情由。至当年十一月内，景川侯起程上船，利儿见周指挥送甲一副，苗千户送甲一副，毛指挥送甲一副，左卫范镇抚送枪一十条前来。今因事发，取问罪犯。

"（鹤庆侯）张翼"

一名王信，凤阳府颍州亳县人，系龙虎卫前所镇抚王礼亲弟，见于鹤庆侯家为婿。逐招于后：……一招洪武二十四年二月二十五日，有凉国公差火者三保前来斗门桥本家，叫信前去分付：……

"（会宁侯）张温男张佐"

一名张佐，系会宁侯亲男。状招洪武二十三年六月内失记的日，因父在家饮酒，对佐并弟张祯、张礼、张禧、张裕密说："我当初见胡家有权时，同李太师（善长）、延安侯（唐胜宗）、江夏侯（周德兴）男周骥都去交结，不想事谋未成，险些儿被他累了。今番为他结果了多少好汉，我每赖祖宗得无事，到了少不得一场，但愿我早死了，免连累你每。"是佐等回说："父亲做到这地步，没来由去交结他，若是败露，全家都是死。"有父又说："我比先做差了，如今怎地好?"酒罢各散。是佐等一向在心，恐怕事发。不期洪武二十六年二月内，因事败露，钦差内官前来抄提。是佐等明知父比先交结胡党，不合心怀诽谤，于内官处言说"天网恢恢，疏而不漏"语句，致被本官奏发，送问罪犯。①

"右军都督"

一名张添保，系右府都督徐司马家火者。状招本官先于洪武二十四年间征进之时，为赏赐达军不明事，提问到京，欲要处决间，钦蒙免死，着令管领达军前往贵州都司何都督等官处交割，就彼随征。至洪武二十五

---

① 此事另见《太祖皇帝钦录》："洪武二十六年二月十九日，锦衣卫百户郝进传奉圣旨：蓝总兵通着府军前卫指挥、千户、百户、总旗、小旗造反，凌迟了。着王（按，指晋王）那里差的当人同郝进去，将会宁侯并他的儿子，都凌迟了；家人成丁的，也废了，妇女与晋府配军。"只言锦衣卫官。然与《逆臣录》并观，亦差内官。

年五月十四日，钦依又将本官取回。为因建昌卫月鲁帖木儿指挥在边谋逆，本月二十八日，又行差去收捕。本官离家之时晚，于卧房内饮酒间，对添保同大舍徐谦等言说："我日前这些事，上位将我罪责虽是一时赦了，看起这等意思，后来必是不肯饶我。如今到边上好歹同茆都督商量做事。景川侯到七月间也来四川运粮，我每就那里等众人齐时讨个分晓。四川都司官人每必是肯与我同接应，若这事成时，大家安享富贵。为你这厮老诚，休教泄露了，好生看觑家小。若事不成时，我便寻个善终，也免得累了家小。"是添保听允在心。后有大舍对母周氏说："父亲去时，发这意了，我当去照应。"就行根[跟]赶父去讫，未审作何事情，一向并无音信。后知本官在彼身死了当。今蒙取问，所招是实。

"中军都督"

一名汪信，系中军都督府同知。状招洪武二十六年二月初五日，有景川侯使令家人称要差人打草搭盖厂房为由，前来唤信到于凉国公直房内见。本官与凉国公在彼饮酒。当有凉国公言说："你如今衙门里无甚么事，且在这里吃酒。"使火者歌唱伏侍。

第二卷，"金吾前卫指挥姚旺等"

一名朱铭，即朱八子，系金吾前卫带俸指挥。状招于后：一招洪武十六年任金吾前卫指挥之时，有今在官徐质任府军左卫指挥，陈义任羽林右卫指挥，是铭一同各官时常与崔内官交相猜拳戏谑，饮酒情熟。本年失记月日，央浼崔内官引领铭等俱进西华门里板房内潜坐。至起更时分，引到女子三名，与铭等各行奸宿，至天明送出门来。以后节次入内为非，一向幸不败露。今因事发，罪犯。

第三卷，"锦衣卫指挥陶幹等"

一名陶幹，年三十三岁，凤阳府寿州人，任锦衣卫指挥佥事。逐招于后：一招洪武二十六年二月十六日，在卫署事，使令皂隶去堂子内叫吴县待诏查阿孟来与我梳头，随有皂隶就堂子内叫查待诏到来。是幹使令火者福童引他去后堂西耳房内，等我发落事了来梳头。当时引入穿堂，致被审囚官拿奏，罪犯。

第五卷，"内官梁丙进等"

一名梁丙进，系广东人氏，任内官监丞。逐招于后：一招洪武二十六年正月初一日，吕昇到梁丙进房内拜年。吕昇言问："梁官人那里监盖寺院，生活做得如何？"梁丙进回说："生活未得了，领了些囚人，都留在你孝陵做工。上位有旨，再不要领囚去。日后盖不起时，也是个死。"吕昇说："我在这里修坟，管的都是些杂人。看起来上位好生疑人，生活迟慢了，和你左右熬不出去，如何是好？"丙进言说："我这里又无亲眷，止有镇南卫何指挥是我乡人。我日前曾与他说这个艰难，他道没耐[奈]何。昨日何指挥又和我说，如今景川侯来说，有凉国公西里回来，要谋大事。若有这个动静，我每到顺着，是这等有个好处。"吕昇听允。丙进回说："我这里无工夫，你打听着，我使(白)喜山来讨分晓。"是梁丙进到寺，使喜山来家，以奏颜料为由。所招是实。一招洪武二十六年正月内，梁丙进在京回到寺。有颍州卫指挥并董千户，将羊、酒前来北赵寺探望丙进。就留饮间，丙进对说："在京城回来，有一件事。如今凉国公要谋大事将成。"指挥、千户都依允回去，听候消息接应。一招洪武二十六年正月内，有老人吕大等，引到老人一十四名，将羊、酒前来北赵寺探望。丙进置酒待毕，就与吕大说知谋逆事情。吕大等说："我年纪大了，我有小厮后生根[跟]将去。"丙进回言："我差喜山家去讨分晓，有信时报你知道，你收拾着听候。"一招二月十一日，使喜山来家，以奏颜料为由，就问吕昇："那事成不成？"一招洪武二十六年正月内，有老人王彬，将鹅、酒来临水山探望，就留饮讫。丙进言说："家里有凉国公要谋大事。"王彬回言："官人肯抬举时，小人尽向前。"丙进回言："你听候，有信时教你知道。"一招洪武二十六年二月初十日，使喜山来家，看动静，讨分晓。喜山回言："我如今去，无个缘故。"丙进言说："你如今把奏颜料进图本为由，回去不疑你。讨得分晓着回话，休走了消息。"不期事发，取问罪犯。

一名白喜山，系达达火者。除与内官梁丙进相同外，逐招于后：一招洪武二十六年二月十一日，有梁监官使喜山："你回家去时，把奏颜料进图本为由，问吕内官，我每日前商议的事如今不见信息，讨个分晓回来，你就和恁一般达达火者都说知道。"喜山回说："他众人也都抱怨难过，我若回去说时，他每都从梁监官。"又说："休要去漏了消息。"喜山到于吕昇下处，就留饮酒。喜山言说："梁监官使我来问你那一件事如何？"有吕昇就于脊背上打一下，言说："你快回去报说，不济事了。如今事发，各卫头目每都拿尽,这话再休说。”喜山因见事发,不敢说与达达火者。一招洪武二十六年二月初五日,有梁监官京城回到临水山。有旧头目王彬,将鹅、酒前来拜见。当将酒物安排,与同喘活儿、岳进、喜山共饮酒间,有梁监官言说:“如今家里凉国公和我每商量了,他收拾人马要做大事,教我寻些好汉。”王彬回言:“官人若肯抬举,小人也来出力向前。”梁监官回言:“你准备着,我使喜山回家里讨分晓去了,若有言语,便教你得知。”一招洪武二十五年以来,喜山不合时常同李士蛮等众达达火者商量:“俺在草地里走犬飞鹰,且是快活。到这里不得自在,怎么能勾熬得出去?”有李士蛮说道:“我昨日见乃儿不花说这意思。他说道没耐何,且熬着,好歹有快活的日子。”说罢各散。今蒙取问,备招前情,罪犯。一招洪武二十五年十月内,有旧头目王彬将酒物到于临水寺拜见梁监官,就行吃饮。梁监官言说:“王彬,你认得这个官人?他旧是王保保火者,落后到小达子根[跟]前,二十一年时到来。”有王彬就行拜见:“小人也是王保保的旧头目。”饮酒毕,辞别。以后本人常到寺内说话。一招洪武二十五年五月,有凤阳李都司、陈都司、周都司设筵席,请梁监官王府吃饮后,有李都司送了箭撒答一副与梁监官,就行说话,不知情由。一招洪武二十一年五月,有后使令孛罗帖木儿将骆驼两个与蓝总兵做生日。一招五月内,有蓝总兵使舍命王前来,太后、上要大答纳环二只双。一招五月内,喜山同孛罗帖木儿将公主送与舍命王,却将歹都女儿做了公主。一招五月内,有蓝总兵使人来说:“要女孩儿、妇人。”有孛罗帖木儿同也先不花将妃子失安答里送与蓝总兵,后到大宁送将出来,一发赴京了。一招五月内,有蓝总兵将绣女阿剌孙并男子要将去了。

一名李士蛮,系达达火者。除招与喜山等相同外,逐招于后:一招洪武二十六年正月内,有士蛮到乃尔不花下处,吃酒罢,乃尔不花言说:“如今一件好勾当,凉国公要做大事。他是天下总兵官,恁达达火者每都收拾随着。我对他说了,若事成呵,都着恁十分快活,你要回乡去,也由你。”说罢,有士蛮到家对众火者商量,各人喜欢听候。一招二月内,有喜山到家。士蛮等问喜山:“你来做甚么?”喜山回说:“梁官人使我来打听一件事,我和吕昇说来,他道不济了。”士蛮言说:“你则吃酒,不要题起。”取问罪犯。

一名吕昇,河南许州临颍县人,任神宫监太监。状招洪武二十六年正月初一日，前来监官梁丙进处拜节。留饮酒间，梁丙进说起在凤阳盖寺艰难。是昇亦说：“我管修坟，也熬不出去，如何是好？”丙进说：“我这里又无亲眷，止有镇南卫何指挥是我乡人。我曾与他说这艰难，他道也没耐［奈］何！昨日何指挥又和我说：‘景川侯回来，说凉国公来家收拾人马，要做大事。’若事这等，到有个好处。”是昇不合听允。梁丙进回言：“我无工夫，你听着，我到那里，使喜山讨分晓，你这里和达达火者商量，听候接应。”是丙进到于盖寺处，将喜山做奏颜料为由，来讨分晓。罪犯。

一名玉床哥儿，系达达火者，状招与喜山等相同。……

洪武二十七年甲戌（1394）

〇朝鲜《太祖实录》卷五：正月壬子，钦差内史卢他乃、朴德龙、郑澄等，赍左军都督府咨文来，上率群臣，出宣义门迎之。其咨曰：“……这等假造倭贼，又是他一次生衅，就教他将诱女真的官吏送来。钦此。”　二月戊子，幸寿昌宫，宴使臣，遗银各一锭、黑麻苎布各四十匹、鞍子各一面。己丑，朝廷使臣金仁甫、张夫介还。上撰奏本一道，就附以进，率群臣送至宣义门。　三月乙卯，使臣卢他乃等来自其乡，上设宴慰之。戊午，使臣内史卢他乃等还京师，上率群臣送至迎宾馆。　四月癸酉，钦差内史崔渊、陈汉龙、金希裕、金禾等，持左军都督府咨来，上率百官迎于宣义门外。至阙，渊等传宣谕：马一万匹、阉人及金完贵家小与将来。上跪听讫，叩头问圣躬万福，叩头受左军都督府咨。其咨曰：“洪武二十七年二月二十四日，本府左都督杨文等官，于奉天门钦奉圣旨：‘近日澉浦等处守御官军，节次解到贼人胡德等五名，供系高丽守把官差来，沿海劫掠，打听消息。恁左军文书里开写各人姓名，差人去，说与朝鲜国王某知道，教照名解来。钦此。’本府今将贼人胡德等供出后项人数开写，移咨钦依，一名名解来，合取贼人二十五名。”上与使臣行礼讫，设宴。渊等皆本国阉人。

四月戊寅，罢司牧局。（二三二，3393）

〇朝鲜《太祖实录》卷五：四月癸未，使臣崔渊等归觐其乡。甲午，钦差内史黄永奇等三人赍左军都督府咨以来，设彩棚傩礼，上率百官出宣义门，迎入寿昌宫。其咨曰：“洪武二十七年三月二十日，本府佥都督李增枝等官,于奉天门钦奉圣旨:'近日澉浦等处守御官军节次解到贼人胡德等五名,供系高丽各处守把官差来,沿海劫掠,打听消息。恁左军文书里,将续供出来的人并前日去的人姓名开写去,教(原注:上讳)长男或次男亲自解来。钦此。'本府除钦遵外,今将后项合取人数开坐移咨,照验钦依,照名解来。……"右永奇等三人,皆我国所遣阉人也。丁酉,黄永奇等三人归觐其乡。　　五月戊午,使臣崔渊、陈汉龙等还,献阉人五名于帝。上率群臣送至宣义门外,都评议使司饯于西普通楼。汉龙醉而发狂,乃曰:"前来使臣,待之以厚,今待我以薄,何欤?"遂裂衣踏之曰:"衣此粗衣,入见于帝,宁死于此!"欲自刺,诸相皆避。接伴使金立坚进执其臂曰:"天使何为至此?"汉龙欲肆毒,以立坚力强言恭,乃止。上遣中枢院事陈忠贵赍衣与之。时帝遣使皆用我国阉人,使臣到国传命讫,即归其乡,狂悖类此,州郡苦之。

〇朝鲜《太祖实录》卷六:六月甲申,使臣黄永奇等还,上撰奏本一道,就附以进,送至迎宾馆。

七月。(是月)遣中使谕陕西都指挥使司训练将士,北自延安、绥德,西自兰州,从魏国公徐辉祖等节制,候来春征讨西番。(二三四,3426)

〇朝鲜《太祖实录》卷六:七月壬子,宪司启曰:"近者,奸凶之徒,依托使臣,作弊中外。宜考迎接都监所录,一一痛惩。"从之。乙卯,宪司劾问依托使臣作弊者,开具姓名罪状以闻。上曰:"尤甚者置极刑,欲受官职者,皆充水军。黄永奇向国忠厚,请亦不多,其托永奇者勿并论。"　　九月乙巳,(**以黄诚为商议中枢院事**。)诚,永奇之父。永奇奉使而还,稍恭谨,不如诸宦横暴,故官其父。

十二月甲戌,申定议皇城门禁法。……凡内官、内使、小火者出门,须比对铜符,若本无铜符及有不比对辄放行者,守门官军治以重罪。仍密加搜检,有公差带金银段匹出者,凭勘合照验,亦须明白附写往某处公干及记所服衣服颜色件数,回日点对,有不同者即时闻奏。(二三五,3437—3438)【考】万历《明会典》卷一六六《刑部八·关防内使出入》:"凡内使监官并奉御、内使但遇出外,各门官须要收留本人在身关防牌面[1]，于簿上印记姓名字号明白，附写前去某处干办，是何事务；其门官与守卫官军搜检沿身，别无夹带，方许放出。回还一体搜检，给牌入内，以凭逐月稽考出外次数。但搜出应干杂药，就令自吃。若不服搜检者，杖一百充军。若非奉旨私将兵器进入皇城门内者，杖一百，发边远充军，入宫殿门内者绞，门官及守卫官失于搜检者与犯人同罪。"明初宫门搜检之严，朝鲜《太祖实录》所记一事可为证。该书卷七，洪武二十八年五月癸卯：阉人黄永奇、李仁敬、申用明、辛兴奇、金禾、郑澄、金希裕、李原义、崔渊等二十余人，至自京师，本国人也。上命校书少监郑浑讯其故。兴奇、禾、澄、原义、希裕等，尝觐亲而还，于赴京入阙时，或持苏合香元，或持阉人在阙中者本家书信，或持僧自超所赠随求梵书漆环。门者搜索奏闻，帝见之惊怪，命皆黜之。上遣奉常寺事金乙祥具奏以闻，请罪永奇等。卷八，洪武二十八年七月己亥：遣金乙祥赴京，奏闻曰："洪武二十七年十一月十九日，亲男（**原注：今殿下讳**）回自京师，钦奉宣谕圣旨节该：'尔国火者有一个柳条，卷过来放在髢髻上，打开看里头，有个纸捻，紧紧的卷着，不知甚么字，又有几封书缝在衣领上。又那厮我根[跟]底奏道：'本国王赏给四个银子。'既系王赏呵，就与他父母亲眷的是。他将来的意思，是尔那里教他将来？这个都是小道儿。我骂也不曾骂他一个，自家跳井死了。钦此。'卑职实甚惶愧间，洪武二十八年四月二十五日，辽东都司抄蒙礼部批文：'为差百户姚忠伴送本国奄人张夫介等二十六名，到来义州，交付还国。准此。'窃详上项奄人张夫介等，节次钦奉圣旨，起取赴京，职当小心谨慎，给事官中，不期张夫介等奸顽不肖，干犯法令。钦蒙圣慈，不即与罪，发遣本国。卑职委实惊惧，措身无地。为此随即委官，究问各人所犯情由。据委官郑浑等状启，取问到张夫介等各各供说词因，理合论罪。为缘夫介等曾侍天朝，未敢擅便处断，除夫介、辛兴奇、金希裕、李原义、金和、崔渊、金贵千等监收听候外，今将各人所供词因，逐一开坐，差判典仪

[1] 罗振玉编辑《历代符牌图录》收有多种宦官及随驾官军、勇士符牌，计有：尚衣监牙牌、御马监随驾勇士驾牌、马牌、三千营随驾官军云牌、随驾养豹官军豹牌、随驾养鹰官军鹰牌；其《后编》有：皇浦玉宝乌木牌、内官内使出门铜牌、御前答应牙牌、内使牙牌、答应长随牙牌、尚衣监牙牌、御马监官长牙牌、御马监勇士铜牌、养豹官军勇士铜牌等。这些牌面多有"严肃"、"关防"等字样。

寺事金乙祥,收领前去。”　乙亥,洪武二十七年甲戌,太祖高皇帝因梦遣奉御张伍等赍捧敕道士孙碧玉赴阙下。季冬十日,谒帝于奉天门。(任自垣《敕建大岳太和山志》卷二《诰副墨第一》)

洪武二十八年乙亥(1395)

二月丁卯,宋国公冯胜卒。……胜性勇悍善战,及为大将,驭众稍无纪律。其征纳哈出也,裨将有盗胡将马者,胜斩之以徇,然亦自掠胡马,至使阍者行酒于纳哈出之妻,求大珠异宝。(二三六,3447—3451)　庚辰,诏右军都督府榜谕龙州土官赵宗寿等。……(郑国公常)茂以病卒,其阍者赵观海等亦肆侮宗寿。宗寿乃与其把事等以计取土官印上封事,言茂已死,并械观海等至京。(二三六,3453—3454)

六月己丑,上御奉天门,敕谕文武群臣曰:“朕自起兵至今,四十余年,亲理天下庶务,人情善恶真伪,无不涉历,其中奸顽刁诈之徒,情犯深重灼然无疑者,特令法外加刑,意在使人知所警惧,不敢轻易犯法。然此特权时处置,顿挫奸顽,非守成之君所用常法。以后嗣君统理天下,止守律与大诰,并不许用黥刺、剕、劓、阉割之刑。盖嗣君宫生内长,人情善恶未能周知,恐一时所施不当,误伤善良。臣下敢有奏用此刑者,文武群臣即时劾奏,处以重刑。”(二三九,3477—3478)

九月。是月,重定宫官六尚品职及内官监司库局与诸门官并东宫六局、王府承奉等官职秩。(**六尚女官略**。)内官监十一:曰神宫,曰尚宝,曰孝陵神宫,曰尚膳,曰尚衣,曰司设,曰内官,曰司礼,曰御马,曰印绶,曰直殿。监皆设太监一人,秩正四品;左、右少监各一人,秩从四品;左、右监丞各一人,秩正五品;典簿一人,秩正六品。[①] 神宫监,掌洒扫太庙殿庭廊庑。尚宝监,掌御宝玺、

① 王世贞《中官考一》作“左、右监丞各一人,秩正六品”,乃因脱漏“典簿”致误。

敕符、将军印信。孝陵神宫监，掌洒扫殿庭及栽种果木蔬菜之事。尚膳监，掌供养奉先殿，并御膳与宫内食用之物，及督光禄司供奉宫内诸筵宴饮食之事。尚衣监，掌御用冠冕、袍服、履舄、靴袜之事。司设监，掌御用车舆床榻衾褥帐幔诸事。内官监，掌成造婚礼妆奁、冠舄、伞扇、衾褥、帐幔、仪仗，及内官、内使贴黄诸造作，并宫内器用首饰与架阁文书诸事。司礼监，掌冠婚丧祭礼仪制帛与御前勘合、赏赐、笔墨书画并长随、当差内使人等出门马牌等事，及督光禄司供应诸筵宴之事。御马监，掌御马及诸进贡并典牧所关收马骡之事。印绶监，掌诰券、贴黄、印信、选簿、图书、勘合、符验、信符诸事。直殿监，掌洒扫殿庭楼阁廊庑之事。又设长随奉御，秩正六品。各门官七，掌晨昏启闭，关防出入，曰午门，曰东华门，曰西华门，曰玄武门，曰奉天门，曰左顺门，曰右顺门，皆设官二人：门正一人，秩正四品，门副一人，秩从四品。设司二，曰钟鼓司，曰惜薪司，皆设司正一人，秩正五品，左、右司副各一人，秩从五品。钟鼓司掌祭乐及御乐并宫内宴乐与更漏、早朝钟鼓诸事，惜薪司掌宫内诸处柴炭之事。局、库九：局有六，曰兵仗，曰内织染，曰针工，曰巾帽，曰司苑，曰酒醋面；库有三，曰内承运，曰司钥，曰内府供用。每局、库皆设大使一人，秩正五品，左、右副使各一人，秩从五品。兵仗局掌御用兵器并提督匠役造作刀甲之类，及宫内所用梳篦刷牙针剪诸物，内织染局掌染造御用及宫内应用段匹绢帛之类，针工局掌成造诸婚礼服裳，付内官监收用，及造内官诸人衣服铺盖诸事，巾帽局掌造内官诸人纱帽靴袜及预备赏赐巾帽之事，司苑局掌宫内诸处蔬果及种田之事，酒醋面局掌内官诸人食用酒醋面糖诸物，内承运库掌收支段匹金银珠玉象牙诸宝货之物及同司钥库掌钞锭之数，司钥库掌各门锁钥及收支钱钞之事，内府供用库掌御用香米及内用香烛油米并内官诸人饮食（**《皇明祖训·内官》作“饭食”**）果实之类。其东宫典玺、典药、典膳、典服、典兵、典乘六局，各设局郎一人，秩正五品，局丞二人，秩从五品，惟典玺局增设纪事奉御，秩正六品。典玺局掌玺宝翰墨诸事，典药局掌同御医修合药饵、供进汤液之事，典膳局掌供进膳羞，典服局掌冕弁、冠帽、袍服、佩刀(《皇明祖训·内官》作“佩带”)、靴袜诸物，典兵局掌甲胄、戈矛、弓矢、刀剑诸物，典乘局掌车马之事。其亲王府承奉司掌王府诸事，凡事则呈长史司并护卫指挥使司行之，与内官衙门不相统摄，设承奉正，秩正六品，承奉副，秩从六品。所三，曰典宝，曰典膳，曰典服。典宝掌王之宝，设典宝正一人，秩正六品，副一人，秩从六品；典膳掌饮膳之事，设典膳正一人，秩正六品，副一人，秩从六品；典服掌冠冕袍服诸事，设典服正一人，秩正六品，副一人，秩从六品。门官二人，掌王城宫殿门启闭关防出入，设门正，秩正六品，门副，秩从六品。设内使十人：司冠一人，司衣三人，司佩一人，司履一人，司药二人，司矢(《皇明祖训·内官》作“司弓矢”)二人。又各公主位下，设中使司，掌府中诸事，司正、司副各一人，皆杂职。(二四一，3506—3514)

○朝鲜《太祖实录》卷八：十月乙卯，遣官咨礼部曰：“陪臣金乙祥回自京师，言蒙差赴京，钦奉圣旨：‘火者崔加勿带引回去。钦此。’将引崔加勿到辽东，蒙都司称有圣旨，不许护送。乙祥等徒步还来了。”……

十二月戊午，诏遣内使赵达、朱福等使暹罗斛国，祭故王参烈宝毗牙嗯哩哆啰禄，赐嗣王苏门邦王昭禄群膺文绮四匹、罗四匹……(二四三，3534—3535)

本年附

史事·宦官出使

《明史稿》列传二三《傅安传》：“二十八年，帝欲通西域，命(傅)安与给事中郭骥、御史姚臣、中官刘惟等赍玺书金币，率将士千五百人以行。”

典制·《皇明祖训》中的宦官史料

祖训首章

一、朕自起兵至今四十余年，亲理天下庶务，人情善恶真伪，无不涉历。其中奸顽刁诈之徒，情犯深重，灼然无疑者，特令法外加刑，意在使人知所警惧，不敢轻易犯法。然此特权时处置，顿挫奸顽，非守成之君所用常法。以后子孙做皇帝时，止守律与大诰，并不许用黥刺、腓、劓、阉割之刑。云何？盖嗣君宫生内长，人情善恶未能周知，恐一时所施不当，误伤善良。臣下敢有奏用此刑者，文武群臣即时劾奏，将犯人凌迟，全家处死。

……凡帝王居安，常怀警备，日夜时刻不敢怠慢，则身不被人所窥，国必不失。若恃安忘备，则奸人得计，身国不可保矣！其日夜警备常如对阵，号令精明，日则观人语动，夜则巡禁严密，奸人不得而入。虽亲信如骨肉，朝夕相见，犹当警备于心，宁有备而无用。如欲回避左右，与亲信人密谋国事，其常随内官，及带刀人员，止可离十丈地，不可太远。如元朝英宗，遇夜被害，只为左右内使回避太远，后妃亦不在寝处，故有此祸。可不深为戒备？

凡警备常用器械、衣甲，不离左右；更选良马数匹，调教能行速走者，常于宫门喂养，及四城门，令内使带鞍辔各置一匹。在其所在，一体上古帝王诸侯防御也。

……

严祭祀

……凡祭五祀、户、灶、门、井，于四孟月遣内官致祭。中霤，于季夏土旺戊日，亦遣内官致祭。

……

礼仪

……凡祭五祀，用豕一，祝帛、香烛、酒果。司户之神，于宫门左设香案，正月初四日，门官致祭。司灶之神，于厨舍设香案，四月初一日，典膳官致祭。中霤之神，于宫前丹墀内近东设香案，六月土旺戊日，承奉司官致祭。司门之神，于承运门稍东设香案，七月初一日，门官致祭。司井之神，于井边设香案，小月初一日，典膳官致祭。

……

法律

……凡亲王，及嗣子，或出远方，或守其国，或在京城，朝廷凡有宣召，或差仪宾，或驸马，或内官，赍持御宝文书并金符前去，方许起程诣阙。

……凡亲王有过,重者,遣皇亲或内官宣召。如三次不至,再遣流官同内官召之至京。天子亲谕以所作之非,果有实迹,以在京诸皇亲及内官陪留十日。其十日之间,五见天子,然后发放。虽有大罪,亦不加刑。重则降为庶人,轻则当因来朝面谕其非,或遣官谕以祸福,使之自新。若大臣行奸,不令王见天子,私下傅致其罪,而遇不幸者,到此之时,天子必是昏君。其长史司并护卫,移文五军都督府,索取奸臣。都督府捕奸臣奏斩之,族灭其家。

……凡王遣使至朝廷,不须经由各衙门,直诣御前。敢有阻当者,即是奸臣。其王使至午门,直门军官、火者,火速奏闻。若不奏闻,即系奸臣同党。

……

内令

凡自后妃以下,一应大小妇女,及各位下使数人等,凡衣食金银钱帛,并诸项物件,尚宫先行奏知,然后发遣内官监官。监官覆奏,方许赴库关支。尚宫若不奏知,朦胧发遣,内官亦不覆奏,辄擅关支,皆处以死。

凡私写文帖于外,写者、接者皆斩。知情者同罪,不知者不坐。

……凡宫中遇有疾病,不许唤医人内,止是说证取药。

……

内官

凡内府饮食常用之物,官府上下行移,不免取办于民,多致文繁生弊,故设酒醋面、织染等局于内。既设之后,忽观《周礼》,酒人、浆人、醯人、染人之职,亦用奄人。乃知自古设此等官,其来已久,取其不劳民而便于用也。其他如各监、司、局及各库,皆设内官职掌,其事甚易办集。上项职名,设置既定,要在遵守,不可轻改。

凡各衙门内官,各监官职名:太监,正四品;左少监,从四品;右少监,从四品;左监丞,正五品;右监丞,正五品;典簿,正六品。

神宫监,掌洒扫。

尚宝监,掌御宝、敕符、将军印信。

孝陵神宫监,掌洒扫并栽种一应果木蔬菜等事。

尚膳监,掌供养及御膳,并宫内食用之物,及催督光禄司造办宫内一应筵宴茶饭。

尚衣监，掌御用冠冕、袍服、履舄、靴袜等事。

司设监，掌御用车辇床被褥帐幔等事。

内官监，掌成造婚礼妆奁、冠舄、伞扇、被褥、帐幔、仪仗等项，并内官、内使贴黄，一应造作，并宫内器用、首饰、食米、土库、架阁文书、盐仓冰窨。

司礼监，掌冠婚丧祭一应礼仪，制帛及御前勘合、赏赐、笔墨、裱褙书画，管长随当差内使人等出门马牌等事，并催督光禄司造办一应筵宴。

御马监，掌御马并各处进贡及典牧所关收马骡等项。

印绶监，掌诰券、贴黄、印信、选簿图画、勘合符验、文册题本、诰敕号簿、信符图本等项。

直殿监，掌洒扫殿庭楼阁廊庑。

长随奉御，正六品。

奉天等门官职名，掌晨昏启闭、关防出入。门正，正四品；门副，从四品。

各司官职名：司正，正五品；左司副，从五品；右司副，从五品。

钟鼓司，掌奉先殿祭乐、御乐并宫内筵宴乐及更漏、早朝钟鼓。

惜薪司，掌宫内等处所用柴炭等事。

各局库官职名：大使，正五品；左副使，从五品；右副使，从五品。

兵仗局，掌御用兵器并提督人匠打造刀甲等项，及宫内所用梳篦刷牙针剪等物。

内织染局，掌染造上用并宫内一应段匹。

针工局，掌成造一应婚礼衣服完备，付内官监交收应用，并造内官人等衣服铺盖等项。

巾帽局，掌造内官人等纱帽靴袜及预备赏赐巾帽等项。

司苑局，掌宫内等处菜蔬并种田。

酒醋面局，掌内官人等食用酒醋面糖等物。

内承运库，掌一应段匹、金银、缨玉、象牙等物，并跟同司钥库掌钞。

司钥库，掌各门锁钥并收支钱钞等物。

内府供用库，掌上用香米并内用香烛油米，及内官人等饭食果木等物。

东宫官

典玺局,掌玺宝翰墨之事。局郎,正五品;局丞,从五品;纪事奉御,正六品。

典药局,掌监同御医修合药饵,如法煎调供进。局郎,正五品;局丞,从五品。

典膳局,掌监造膳食供进。局郎,正五品;局丞,从五品。

典服局,掌冕弁、冠帽、衣袍、常服、佩带、靴履等。局郎,正五品;局丞,从五品。

典兵局,掌甲胄、戈矛、弓矢、刀剑等。局郎,正五品;局丞,从五品。

典乘局,掌车马。局郎,正五品;局丞,从五品。

王府官

承奉司,掌管王府一应杂事,有事呈长史司并护卫指挥司发落,与内官衙门无相统摄。承奉正,正六品;承奉副,从六品。

典宝所,典宝正,正六品;典宝副,从六品。

典膳所,典膳正,正六品;典膳副,从六品。

典服所,典服正,正六品;典服副,从六品。

内使六名:司冠一名,司衣三名,司佩一名,司履一名。

各门官,门正正六品,门副从六品。

内使:司药二名,司弓矢二名。

公主府:中使司,司正杂职,司副杂职。

【考】《四库全书总目·明祖训一卷提要》:"皇甫录《明记略》云:'祖训所以教戒后世者甚备,独无委任阉人之禁,世以为怪。或云本有此条,因版在司礼监,削去耳。'然《永乐大典》所载,亦与此本相同,则似非后来削去。录所云云,盖以意揣之也。"

洪武二十九年丙子(1396)

正月,京师犯法文武官员女妇宥其死罪,拘用一局,令阉宦守其门。官中有垢衣,即令浣濯。其中有一妇,挽(**按,疑为娩**)子而弃其中,宦者以事闻,上疑其通外,将妇女五千余人[1]俱剥皮贮

① 局当为浣衣局。文称"五千余人"太过骇人,恐为"五十余人"之误。

草以示众，守门宦者如之。(俞本《纪事录》卷下)

四月壬子，二十五日，灵谷寺管栽种竹木僧福胜晚于左顺门奏："本寺住持见患有病，不能来奏，着臣僧来。本寺圈门里两边山上，节次奉圣旨，栽种诸般竹木在上。如今御马监官传奉圣旨：'着御马监牧马所在里面打草放马。'恐损坏树木，奏上位知道。"奉圣旨："不许放马打草。"奉圣旨："你把草木里树与我薅出来。钦此。"(葛寅亮《金陵梵刹志》卷二《钦录集》)

〇朝鲜《太祖实录》卷九：四月甲辰，宦者崔帖木儿还赴京师。初，帖木儿入侍帝所，帝命归觐。后，帝问帖木儿于我朝使臣，故遣之。　六月丁酉，朝廷使臣尚宝司丞牛牛，宦者王礼、宋孛罗、杨帖木儿至，上率百官出迎于蟠松亭。使臣至景福宫勤政殿，先传宣谕圣旨，曰："恁那里来的火者，俺这内园里到处里行走都看来。俺这里去的，到那王的内园里到处行走看一看，明日好做亲家。"又传礼部咨……

七月丙寅，上观《唐书》至宦者鱼朝恩恃功玩忽无所惮，谓侍臣曰："当时坐不当使此曹掌兵政，故恣肆暴横。然其时李辅国、程元振及朝恩数辈，势皆极盛，代宗一旦去之如孤雏腐鼠。大抵小人窃柄，人主苟能决意去之，亦有何难？但在断不断尔。"又曰："汉末之时，宦官虽号骄纵，尚无兵权，故凡所为，不过假人主之名以浊乱四海。至唐世以兵柄授之，驯至权势之盛，劫胁天子，废兴在其掌握。大抵此曹只充使令，岂可使之当要路，执政操权，擅作威福？朕深鉴前辙，自左右服役之外，重者不过俾传命四方而已。彼既无威福可以动人，岂能为患？但遇有罪，必罚无赦，彼自不敢骄纵也。"(二四六，3574)　　己巳，遣中使至桂林等府市牛给南丹、奉议等卫屯田军士。(二四六，3575)

〇朝鲜《太祖实录》卷一〇：七月甲戌，使臣宋孛罗先还京师，上率百官送于盘松亭。使臣牛牛送至留后司而还。　八月辛卯，遣宦者曹恂于义州，劳使臣宋孛罗。

十月甲午，安定卫酋长塔孩虎都鲁来朝贡马四十匹。……上嘉其慕义，厚赉之，复遣中使赍金币往赐其酋长。(二四七，3589)

〇朝鲜《太祖实录》卷一〇:十一月癸亥,使臣牛牛等诣阙谢。宦官王礼坠马发怒,鞭迎接官郑赟,接伴使敬兴尹张子忠止之,亦被辱。上闻之,下供役署丞崔得冏于巡军狱,以不闲之马进于使臣也。乙亥,使臣牛牛、宦官王礼等还京师。

洪武三十年丁丑(1397)

四月癸巳,户部上富民籍名。……命藏于印绶监,以次召至,量才用之。(二五二,3643)

〇朝鲜《太祖实录》卷一一:四月己亥,谢恩使判三司事偰长寿(**等回自京师,传礼部咨**。)偰长寿又传宣谕曰:"二月初二日,帝御右顺门,引见长寿等曰:'……尔国来的火者,我官院里走,我睡处吃的膳都管。他要看爷娘,我教他去。回来恁都打发打银子。他既有爷娘,只合赍发他爷娘,将来这里做甚么?他身上带着一介青的物、一介红的物、一介柳木圈子折,圈子里有一张纸,满写西蕃字。如今北里有些残达子,我见去征他,尔若着二万人马去出气力,我一点儿不疑,尔却肯么?'午时,宣至右顺门,曰:'先番鞍子拆开,里头写着字样。我又拆尔将来鞍子,不知如何。'众内官各将所拆鞍具进,一面雁翅板上,左右皆倒写天字,一介坐儿里书玄字,一面坐儿里画十字。帝起立亲手把看,复坐曰:'他怎么这般小道儿?我这里写文书,但是天字都题起头写,早是我不曾骑。'……鞍子,着御马监烧了……"

七月庚戌朔,置都知监,秩正四品,掌内府各监行移、一应关支勘合。设太监一人,正四品;左、右少监各一人,从四品;左、右监丞各一人,正五品;典簿一人,正六品。又置银作局,掌造内府金银器用,设大使一人,正五品,副使一人,从五品。(二五四,3661)

十月癸巳,十五日,本部官于奉天门钦奉圣旨:"近年多有征守、镇戍、海运官身故,及西平侯(沐英)、信国公(汤和)等亡故,都不曾超度。恁礼部择日,于善世寺条设水陆三日一夜普度。钦此。"钦天监选本月十九日开启,二十日满散。本月十六日,本部官于右顺门题奏,奉圣旨:"是。献佛斋供、僧人饭食,光禄寺办造;香烛着内官自送去。钦此。"(葛寅亮《金陵梵刹志》卷二《钦录集》)

洪武三十一年戊寅(1398)

四月己丑,享太庙毕,上步出庙门,徘徊顾立,指桐梓谓太常寺臣曰:“……尔等掌祭祀,宜加敬慎,且暮中使供洒扫、奉神主,恐有不虔,当以时省视,务令斋洁以安神灵。”(二五七,3713)

闰五月乙酉,上崩于西宫。上素少疾,及疾作,日临朝决事,不倦如平时。渐剧,乃焚香祝天曰:“寿年久近,国祚短长,子孙贤否,惟简在帝心,为生民福。”即遣中使持符召今上(**按,指永乐帝朱棣**)还京。至淮安,用事者矫诏即还,上不之知也。(二五七,3718)

【考】姜清《姜氏秘史》卷一:“洪武三十一年五月乙酉,太祖崩,遗诏皇太孙嗣位。诏曰”云云。建文帝乃奉遗诏继位,实录此条记事实伪。　丙戌,皇太孙令礼部定丧仪。群臣上议曰:“在京府部等官闻丧,次日素服、乌帽、黑带,赴廷听遣[遗]诏。遂于本衙门素服斋宿,朝晡诣几筵哭,仍各置素服。第四日成服,朝晡哭临,葬毕乃止。自成服始,二十七日除。命妇亦以第四日具衰服,由西华门入哭,不许金银首饰。诸王、世子、郡主[王]、妃及郡王[主]、内使、宫人等,俱斩衰三年,自成服二十七日除。凡临视事,素服、乌帽、黑带,退朝服衰麻衫,大袖圆领,不缉纱帽,麻布裹之,去翅垂带,麻绖鞋。命妇麻长衫,大袖圆领,麻布盖头,器依卤薄名数。工部及司礼监等处造神主,用栗木,制依家礼。遣人奉诏于各布政司及直隶府州,开读诏书,文武官员人等素服、乌帽、黑带,四拜跪听,举哀四拜礼毕,各置衰服,第四日成服。每旦,官僚人等于本衙门朝阙设香案哭临,三日除,大小衙门各令官一员赴京致祭,礼物备办。”皇太孙从之。(《姜氏秘史》卷一)　辛卯,葬孝陵。……(上)谨宫壶之政,严宦寺之防,杜外戚之干谒,而家法尤正,纪纲法度,彰彰明备。(二五七,3718—3720)

○朝鲜《太祖实录》卷一四:六月乙丑,朝廷使臣至瑞原郡。上令内臣李匡、通事李贤送酝迎劳,赠以衣服笠靴。戊辰,上率百官出迎使臣于盘松亭,百官具公服,迎至阙廷。使臣上殿,上跪,使臣亲受书一封,乃礼部咨。其咨曰:"为阉者申贵生复还本国事,本部左侍郎张炳等钦奉圣旨:'洪武二十五年,曾于朝鲜国索取火者数十人,入于内庭,意在授之以职,使周旋内庭,管领诸事,于内外无所不知,此所以开诚心待朝鲜如此也。是后以此人数为使者诣本国,不期王李(**原注:上讳**)者,无诚心相合之意。朕将前数十人阉者,仍发还本国,只有申贵生一名,幼而无知,留养数年,使有知,然后发还。贵生聪敏,朕之所为,无所不知,其以贵生,日不离左右。今贵生归,谕之曰:既达本国,在此间时,耳曾闻何事,目曾见何事,尽云之于尔王,毋过云,毋匿云。尔办事若干年,赐大银一个、段一对、钞二十锭。钦此。'"移咨开读讫,上与申贵生行顿首礼。上不亲劳,命赞成事禹仁烈、迎接使柳云等慰之。贵生不悦,不饮酒,臣僚皆疾贵生欺侮无礼。初,贵生至义州,凡接人,皆用华言,人不知其为本国人。指所赍物曰"赐与";迎接使柳云至,亦谓其物曰"赐与",高置桌上,坐则拔剑以守,行则驮马先驱,佩剑而随之。云老而怯,不敢详问,传报都堂曰:"使臣实是华人,赍赐物来。"都堂闻于上。及是,方知其非。贵生以其受赐之物称为赐与,云误传也,乃礼部咨告阉者申贵生复还本国事。贵生赍送咨,诈为华人,故误以为使臣。

附 惠帝建文朝

建文元年己卯(1399)

七月癸酉,上(**朱棣,下同**)曰:"谢贵、张昺防守既严,猝亦难擒,须以计致之可也。今奸臣遣内官来逮护卫官属,悉依所坐名收之,就令差来内官召贵、昺付所逮者。贵、昺必来,则缚之,一夫之力耳。"(《明太宗实录》,二,14)【考】《奉天靖难记》卷一:"时诸王坐废,允炆日益骄纵……遣宦者四出,选择女子,充满后宫";"倚信阉竖,与决大事,凡进退大臣,参掌兵马,皆得专之。陵辱衣冠,虐害良善,御史皆被捶挞"。按:《奉天靖难记》言建文帝之恶或有张大,然就此条并下之中官入营授玺钺、燕军获监军内侍及守城内官等事观之,称建文"倚信阉竖",未必尽诬。　甲午,二十六日,诏京官还,宜纳内官勘合。(姜清《姜氏秘史》卷二)

十二月,(燕王上书:)"燕王棣谨奏,为报父仇事。(**中言朝廷之过,略。**)伏望陛下体太上好生之德,莫驱无罪之人死于白刃之下,其恩莫大焉。复请陛下,但是父皇宫中曾侍病者,宫人并长随内官,又用药医官、营办葬事及监拆宫殿等官,奸臣齐尚书(子澄)、黄太卿(泰)、应有左班文职等官,发来与臣军前究问。钦愿皇帝陛下奉承皇祖之训,以安圣心,永为社稷之主,使天下人民各得其所矣。如陛下听奸臣之言,执而不发,臣请帅精兵三十五万,直抵京城索取去也。此等皆我父皇之仇,人臣必不与之共戴天。臣若不得与父皇报得此仇,是臣为子不孝也。为子不孝,此是忘大本大恩也,岂人之类!今将合行奸臣数目开列于后:一、宫中侍病老宫人;一、长随内官;一、太医院官;一、礼部官;一、葬事官;一、造孝陵驸马等官;一、奸臣齐尚书、黄太卿、左班文职;一、监拆毁宫殿工部官、内官。如上逆党,一一如数发来臣军前究问的实,即行差官赍押，司[1]具本奏闻，伏取圣明裁决。如果不发奸臣齐泰等来，臣必不已也，兵抵京，赤地千里。臣冒渎天威，无任激切恐惧之至。臣棣顿首稽首百拜，昧死谨具奏闻。”(姜清《姜氏秘史》卷二)

建文二年庚辰(1400)

四月丙申朔，李景隆军德州，郭英、吴杰等军真定，渐移近北。朝廷先命中官赍玺书赐景隆斧钺，俾专征伐。中官渡江，大雷风雨，坏舟，玺书、斧钺皆沉于水。至是复赐之。(六,61)

建文三年辛巳(1401)

正月乙丑，师次深州、真定，敌帅复以马步兵三万来邀。上先命骑兵千余遥厄其归路，而率精骑百余薄敌阵。敌势动，我军乘之，遂溃，奔还真定。为我骑兵所要，生擒监军内侍长寿并指挥以下数十人，斩首万余级，获马三千余匹，余众降者悉纵遣之。(七,77)

七月戊戌，方孝儒言于朝曰：……遂令孝儒草书贻世子(高炽)，令背父归朝，许以燕王之位，而令锦衣卫千户张安赍诣世子。世子得书，不启封，并安遣人送军前。时中官黄俨奸险，素为世子所恶，而高燧深结之为己地。及安持书至，俨已先遣人驰报上曰：“朝廷与世子已通密谋！”上不信，高煦时侍上，亦赞俨言非谬。上亦不信，语竟，世子所遣人以书及张安皆至。上览书叹曰：“甚矣，奸人之险诈！吾父子至亲爱，犹见离间，况君臣哉！”(八,100—101)【考】“高燧深结之为己地”，惟馆本实录作高燧，他本皆作高煦。考《仁宗实录》卷一：“太宗皇帝举兵靖难，奉命居守。……时二群[郡]王高煦数出从太宗皇帝，三群[郡]王高燧留佐居守。宦寺黄俨以高燧之幼，钟爱也，为媒蘖夺嫡之计，将为己利，使其党往来饰誉高燧而短

---

[1] 此处疑有缺字。

帝，又谓帝将为朝廷固守北平以拒父也。太宗皇帝以问高煦曰：'尔兄素孝，哪当有此？'高煦曰：'兄诚孝，但在太祖时果与太孙善也。'太宗不答。会朝廷用方孝儒之策，遣使持书授帝为离间，帝得之不启缄，即遣人赍书并械其使诣军前白之。而俨已先遣人驰报太宗曰：'世子与朝中通谋，使者持书至矣。'言未既，帝所遣亦至。太宗发书览之：'吾父子至爱，尚见谗间，矧君臣间而奸人不吾毁乎？"王世贞《弇山堂别集》卷九一《中官考二》："(黄)俨与江保于永乐中数为赵王（**原注：即三郡王**）倾太子（**原注：即世子**），几夺嫡。太子即位，俨、保皆伏诛。"当以高燧为是。　丙辰，定急选法。洪武中，吏部凡选官，文选司抄选，具本覆奏，附选送吏科，科目类附选簿用宝钤记，选榜亦送科收。至是定制，升除等项官员，吏部选官之日，将引选过官员就于当日从本部官自行附写；及不系选官之日，有因急文除授，并逐日实授升调等项内外官员，通类各官实授除授等项月、日、处所、职名、乡土，于选官日覆奏，附选就用宝钤，选榜送司礼监收。（姜清《姜氏秘史》卷四）

十二月辛巳，诏内官出使放纵，许有司械送于京。洪武初，内官奉使出外，约束甚严，不得与士民交。然亦恃宠放纵，有司畏之。尝有鲁内官过广信之弋阳，纵马于田，蹈食其稼。佃者不知也，击之伤足。鲁询佃者，知田主富人周也，遂遣人告之。周大惧，偿其马，倾资贿焉。鲁归，有以击马事闻高庙，竟籍周，谪戍铜鼓卫。至是，有以内官暴横为言，诏所在有司，但遇内官奉使暴横虐害士民者，即擒缚送京师以闻。于是内官夺气，密谋推戴矣。或曰靖难兵起三年，屡战多胜，冲突千里，罕能御之。然所过城邑，往往坚守不下，间克之，兵去即杀守帅，复为朝廷。及壬午，所据者惟北平、永平、保定三郡而已。至是，内官密言于文庙，直捣京师，约为内应，天下可定，文庙然之。壬午春，举兵直赴京师，不复为归计，意有所属，而朝廷不知之也。兵既入城，天下大定，内官言功不已，文庙患之。未几，诸有谋者皆为边藩镇守，假以大权，赐公侯服，侪于侯伯之上。（姜清《姜氏秘史》卷四）

建文四年壬午(1402)

四月辛巳,上命诸军攻敌营而躬率诸将先登。……生擒敌将左副总兵都督陈晖,右副总兵都督平安,右参将都督马溥、徐真,都指挥孙成等三十七员,内官四员,礼部侍郎陈性善、大理寺丞彭与明、钦天监副刘伯完、指挥王贵等一百五十员。(九上,119)

六月乙卯,靖难兵以陈瑄舟师渡江,盛庸力战,败绩,遂次于江上。帝遣魏国公徐辉祖、开国公常昇等分道御之,诸宦官喧然谓不如避位,有窃宝敕出见文庙者。李景隆已令金川门守卒解甲,而宫中火起矣。(姜清《姜氏秘史》卷五)

本卷附

史事

沈德符《万历野获编》卷一八《刑部・法外用刑》:"太祖开国时,亦有赃官'剥皮囊草'之令。遭此刑者,即于所治之地,留贮其皮,以示继至之官。闻今郡县库中尚有之。而内官娶妇者亦用此刑。末年悉除此等严法,且训诫后圣,其词危切,况臣下乎?"

沈德符《万历野获编》卷六《内监・对食》:"太祖驭内官极严,凡椓人娶妻者,有剥皮之刑。"

康熙《永平府志》卷二四《杂志》:"女伎乌氏蓬瀛,昌黎人也。东光贡士刘公直,历礼部主事、户部郎中,元季兵火,宦游过昌黎,娶之。蓬瀛向聪慧,随父读书,精通历数天文。洪武壬申(二十五年,1392),差内臣陈二仔捧宝(钞)二百锭、四表里,召授尚宫司司正,授冠佩,县岁给俸米六十石。戊寅(三十一年,1398),差内臣穆和赐一女使送还宁家。永乐即位,召二次,屡赐宝楮表里,官其子政为本县儒学训导终身。"

刘若愚《酌中志》卷二二《见闻琐事杂记》:"闽人徐𤊹《榕阴新检》所载《城山郑氏谱・女官恩遇》云:江氏名全,闽邑高惠里人,少淑慧,能记诵《孝经》、《列女传》。及笄,归城山郑琚。洪武癸亥(十六年,1383),琚早世,江守节。癸酉(二十六年,1393),诏选识字节妇,任用内府。当道以江为荐,赴内选中,授女府内品,钦赐名曰全,委掌金银各库。乙亥(二十八年,1395),因忆男女幼稚为奏,太祖高皇帝推恩,遣使来闽,挈取家属,驰驿至京,赐官房与居,免税课差役。戊寅(三十一年,1398),高庙遣内官李清送回。壬午(建文四年),文皇帝登极,复遣内官秦陪捧帛来宣,助理内政,升尚宝局正,赐月俸三石、官房五间,与男原籍居处。永乐丁酉(十五年,1417),江以年老力弱请归。旨允,重赐礼物,遣内官尹子良复送回闽。逾二年,己亥十七年,1419,以疾卒,年六十有五云。"

史事·《太祖皇帝钦录》[1]中的宦官史料

洪武十一年七月十九日,敕谕秦王文:尔到新宫,不居寝室,朕令内使令(**按,疑为内使监令**)来教说观尔。尔终不从父命,止居于门下。若此非为,权且饶尔;若久不省,自来回话。又,内使李敬来言调兵事,云《祖训录》内,凡亲王所在去处,如遇调兵,须要依《录》施行。前者为调兵征取西番,止依寻常行移,不曾照行《录》内事务。今尔仔细,遣内使驰驿赴京来奏,我甚是欢喜。然此今遍调兵,且依寻常。再后须要依《录》施行。如不依《录》,仍前驰驿来奏,大好。

洪武十二年五月十二日:尝云"用人之道,疑而勿用,用而勿疑"。此言之易也,诚之笃也。然奈何知人最难,是故使行事之间,又不可不察也。前者尔命火者安儿同流官录事张铭从苏州粜粮,此二人相同合意,以尔粮钞广买南货,以为己营,却乃托称尔用之物,着令有司要脚力。事发,问出情由,内有蒋子杰擅批脚力,上下扶同,意在瞒尔。今将合买不合买物件封去。擅批脚力一节,教子杰来回话。

洪武十二年六月十四日:六月十三日,门官福建还京,即问关内事务,对云"关中安妥"。问及府中诸事,亦云"一一停当"。但知都指挥张盖乘骑,越门而往。此粗疏不知礼者,又或偶然一时而已。闻明日典乐劾之,

---

① 《太祖皇帝钦录》是明太祖给诸王府敕谕的辑录,全文影印于台北《"故宫"图书季刊》第 1 卷第 4 期,1970 年 9 月。可参看陈学霖《关于〈明太祖皇帝钦录〉的史料》(《明史研究论丛》第 6 辑,2004 年)及张德信《太祖皇帝钦录及其发现与研究辑录——兼及〈御制纪非录〉》(《明清论丛》第 6 辑,2005 年 6 月)。以上两文均附有原件的选录。按陈文据《钦录》发现:"衔命传讯人员在洪武二十三年前多系御殿宦官","二十三年以后,主要的传达为军卫官员",因指出"太祖在洪武二十三年后鉴于宦官开始坐大,始将宦官的干政权力收缩,重用军卫将官及拥有军衔的近亲驸马,这一情况在《钦录》有充分反映"。

尔少怒，令人唤至，责在语言，不加刑法，甚为妙哉。刘指挥亦被所劾，责复如之，皆不施刑。致我欢忻万千不胜之喜。其管军官，本非礼乐之士。初犯，若责之太甚，似乎急迫。况此等皆爪牙羽翼之士，是必爱惜。凡有不尊不敬，遣人来奏，候朕命而治焉。

洪武十二年二月十五日敕谕靖江王文：朕尝设《祖训录》，防奸臣愚弄我子孙。今广西布政司官张凤公然侮慢，按察司副使虞泰暗地搬说是非，及指挥章集，本等管军人员，却乃虚诈，惑我幼孙。今张凤、虞泰各得剥皮重罪，其指挥章集，内使到日，火速命人钉解前来处治。

洪武十二年三月二十三日：朕与尔父[1]同寒微，平日所受艰辛，有不可言之苦。一旦胡元运去，朕招率义旅，开心抚人，思昔日之贫穷，虑当时英雄者众，惟恐不能保命于乱中。故有惶惶日夜，千思万想，以集众兵于江左。后因尔父长成，拨军护卫，教练威武。威武既成，令守江西。恣意放纵，视人如草木，作孽无休，其不仁者甚。夺人之妻，杀人之夫，灭人之子，害人之父，强取人财。事觉，教之不听。未几，谋奔敌国，又觉，而方囚之，然后而歿。此祸此非，皆尔父之所为，相去且不甚远。今尔自言与童瞒诈，问其所以，若依与童及章指挥、李舍三小厮所为。即是尔父初当萌恶之前，门又开矣。幸尔自觉。若不自觉，他日祸亦非浅。今特差内使陈景及校尉前去提取为非之人，朕自行问罪。尔再休与一个小人闲戏。尔父平日作孽既深，只恐鬼神之好还。尔当十分修己，自措厚德，以享大福。不然，恐尔父恶逆既多，尔又不省，或者神怒人怨。自当谨慎、谨慎。

洪武二十年二月十六日敕：今将天象昭示灾异，明白具定年月日时。四次太阴、金星凌犯诸王星，其祸必有当者。旧岁十九年，太阴、火星凌犯诸王星四次，朕忧诸子，恐有当灾者。不期周、齐、潭、鲁，一概为非，已得罪于神人。时下虽被责罚，如何消得神天之怒？若不急急改过，将后命不可活。今年太阴、金星又犯四次，此祸不知何王每日为非，激怒上天，所以二曜相犯甚急，罪恐专在周、齐、潭、鲁。为什么料想周、齐、潭、鲁当之？如周，无所不为，说不能尽。为非之甚者，夺生员颜钝已定亲，至今不还。齐擅将民间女子入宫，不用者打死，烧成灰，送出外来。潭一千皮鞭打死

---

[1] 此敕谕从孙靖江王朱守谦，所称“尔父”指守谦父朱文正。

典簿一员，铁骨朵打死典仗一员。鲁至无礼，其妃当凌迟处死。这等泼东西，一日着内官召回宫来，凌迟了。如何将民间十岁、七八岁将在宫中玩耍，三五日才方将出，阉为火者，怒及当境人民。此夫妻二人，死不可逃。又将军家营里小孩儿，拿入宫中，有放的，有不放的，吓得军家小孩儿见火者去，都藏在床下。如此教人难过。这夫妻两个，死罪绝不可逃，合当凌迟信国公女。今将大概说与各王知道。天象如此见，爱惜性命的，自保护作善，挽回天意。不然，祸不可逃。故谕。

洪武二十三年二月十日，说与第三（**指晋王朱棡**）知道：古今有智谋人，不如此泄机。俗说机事不密则害身。你如今放肆写书赴与詹茹，言袁之事，甚是不才。智人岂行如是？你如今机根浅露，轻薄妄言。即今父在，严号令，尔诸兄弟，使知警畏，保守其国。他日兄长即位，倘兄有号令，或过并不及，而乃易为含忍。古人惟恐人不言本身之过。今尔国民被扰，袁所言者一二。其老人告奏者，不止今岁，多甚连年，人所言民害。民，尔所封之民，尔被壅塞而不闻，人能使尔知之？一旦祛除民害，岂不吉哉？今观尔胡说。父已老矣，奸人刁诈者，祛除无限。尔往日军士不操，甲仗不整，孳生马不精。如尔兄秦，终岁玩妇人，为妇人所迷。护卫官军人等，乱宫者无数。今尔小人之见。因火者官真将到，尔所言者便知。尔后若不操深谋远虑，倒将为尔保国之事，以为仇人，将必不能尽善尽美矣。今老父负疮在背，略说大意，观尔心智，尚不能周知老父之机。一、……一、因见火者官真文书，如此无端僻强。即敕都察院等，所问囚徒，发回尔问。倘能精细，备究其情，则他日小人有所畏惧。设若不能，小人即时蜂起。一、所言陈指挥于周世子一节，及周府火者至，老父不提名，但问周世子他伯晋王，接到何处并拜见节次，并尔问侄缘由，皆与他所言者不同。当初尔言既至，即遣宋国公前赴汴梁，枷钉赴京。一、……

洪武二十五年五月二十五日，内使刘察生赍到无御宝记事伍件：一件，今年五月十四日，滁州卫丁指挥与千百户、卫所镇抚，不行设计验看明白，被诈伪人假持锦衣卫关文一道，调遣指挥、千百户、卫所镇抚一十四员。其掌印丁指挥即时听信，率领头目起行，三日后事发。滁州卫丁指挥等如此不才。一件，今后王府虽有御宝制书到来，诸衙门启本到来，毋得轻信。十分辨验明白，务要认得赍捧文书之人。若紧要事务，必是亲人旧人来。若紧急事务,非亲人旧人来,十分盘诘,少有参差,拿下回奏。一件,今后凡有诸事文书到日,速差人来复命,讨分晓施行。一件,御宝制书迎接之时,止是布政司、都指挥、府县官迎接,至王城门,王严宿卫,出门数十丈迎接入内。才闻有制书,先一日程,或半日程,或数十里,取副本看及辨验来使。一件,今后不问大小事务,文书到日,不可速行,须要详察仔细。若十分紧要事务,尤要十分详察仔细,差人赴京讨分晓,方才施行。洪武二十五年五月十九日。

洪武二十五年九月十四日,内使杨保到,于本月初七日早朝于西宫钦奉圣旨:你去山西讨鹰狗、养鹰狗的人每,人两匹马,重赏他每,人与钞二十锭。着军来时,也一般赏。教王自拨将来。钦此。

洪武二十五年闰十二月二十八日,内使虎儿钦赍圣旨:晋府不必换调头目。军人军官清黄,二三年方定。若这边换,那边换,又紊动黄,小人作弊。休取各卫各伍军官军人,好生利便。若调换一两员,二三万员名,贴黄又紊甚。不可调换。钦此。

洪武二十六年二月十三日,舍人冯谦、内使黄十三钦赍制谕晋王:将总兵官太师宋国公冯胜、颍国公傅友德所统河南、山西各都司马步军点视,领率塞上堤备。其总兵官宋国公、颍国公、开国公、定远侯、全宁侯,皆驰驿赴京议事。在塞官军并不取赴京诸侯等,悉听节制,如制奉行。洪武二十六年二月初二日。

洪武二十六年二月二十六日,钦差承奉刘二哥到来,本月十八日早朝,钦奉圣旨:你去王那里说与王,如今取公侯每回家,他管的屯田的,却着的当致仕官管着屯种。钦此。

洪武二十六年三月二十二日,钦差内使杨保到来,当月十三日于奉天门,奏殿下军前回不回。奉圣旨:王要回便回。不回时,领三护卫军马出哨。三都司军马交与宋国公。钦此。

洪武二十六年三月二十三日,承奉刘二哥、内使黄十三钦赍圣旨,记事二件:一件,功臣作乱的多。步军出塞一节不可。但马军出塞,亲自领至塞上,着令都指挥于彼驻扎巡哨,自将护卫马军回至本国。即目广平、顺德、大名、山西、辽州、沁州,王添锡者作贼,山西都司不行用心追捕,以致境内草贼日夜伤人。火速着定山西都司,务要追剿得获。纵出别都司地方，亦也着令拈纵追捕。一件，队伍内胡人，用心堤备。外用牢笼，内必多机以备。洪武二十六年三月十五日。

洪武二十六年三月二十四日，内官而聂、驸马梅殷传奉圣旨：说与王，把那三个侯碎砍了，家人、火者、成丁男子都砍了，家财头口交与王府，妇女王府差内使起解。钦此。

洪武二十六年四月十七日，内使刘察生钦赍圣旨，记事五件：

说与第三子㭎知道：前者汝在塞上，诸公侯亦在塞上。尔帅兵自作行营，诸公侯务要相从密近。尔曾言自有护卫军马，诸公侯回尔话：我等保驾保驾。近者，全宁侯被擒，东莞伯拿至京师。各人所供：蓝贼在四川，特地差人说与军上诸公侯，听候蓝贼到京城下手时，教各处都相接应。这等情由，是东平侯对东莞伯说。这厮每不肯相离，只称保驾，其中反意甚切。今后都司军马，至九月初各回本卫，四月初皆出塞上。行营处所，务要深谋远虑。护卫军马侍立者，更相轮换，一个时辰一班，衣甲不离身，常以千数为定。一时轮一番，人不辛苦。各卫启事人员，令透脱人审实明白，启何事务。去其衣甲，方许进见。若在战阵间，不去衣甲。一、即目世子长成，塞上调兵，令世子还国，父子更相轮替，往来塞上，帅大势军马，以练风霜。亦且父出，子守其国；子出，父守其国。根本且固，甚是停当。尔不才，尔不听父训，留世子于京师，但出塞上，国中且虑。或尔归来，军中无主，甚失计较。今秋凉，若不取世子归，直贬你到云南。一、都司孙都指挥，假以差使，令赴京来。其余者，外加抚劳，内用防闲。一、前者与尔制书，许尔点视都司军马，节制动静。此书须教二都司并护卫头目尽知，为永远之计。一、言致仕官多害百姓，若有告者，连状明出榜文，昭示屯所。此等放肆害民，皆是诸公侯暗地互相阴谋，故令如此。或令民逃，或生酷害。虽有下屯之名，务要坏损不成。幸尔不与胡战，设若与胡大战，命此等公侯为纵兵，近者人犯窥此情由，若有战时，必以诈败，故衰军势，有此反端。今为首者公侯人等，自作自犯，十去八九。纵有一二，不令总兵，明有反状，皆亲戚相碍，兼念前勋，使养老于家。练兵练将，皆尔等秦、晋、燕、周、楚、齐、湘，岁出塞上，抚绥军士，以备将来与胡大战。尔等长成，不靠外人为将。记心，记心。尔四月在国，五月在国，六月复出塞上，九月验屯所粮，十月终回国。验粮多少？人户见存多少？逃亡多少？逃亡者，皆是诸公侯密说与为首小民,故意逃亡。今若勾取,须宽缓抚绥。今夏生理,人既逃亡,不能成事。逃者,明岁务要入屯,庶免本罪。

洪武二十六年四月二十日,为抄提潞州卫指挥徐昉,内使虎儿口传圣旨:着他本卫解来。钦此。

洪武二十六年五月二十三日,内使小驴儿、陈三仔赴京回还启:五月初九日早朝于奉天门,辞上位,面奉圣旨:教王照着我前头写去的出去。当时刘承奉奏过了:五月、六月到七月里,王出去。奉圣旨:是。钦此。

同日,内使小驴儿等赍到世子启本:洪武二十六年五月初九日,早朝于奉天门,钦奉爷爷圣旨:你写启本去说与你父亲知道,着安陆侯、商都督回来。他两个是无事的。爹爹说与他两个,不要烦恼,比外公凤翔侯一般,好好的教他回来。西凉侯他是知情的,不要他知道。差人防送将来,不要枷锁他,也不要监他,只这般好好的防送将来。钦此。

洪武二十六年五月二十四日,镇抚程鹏赴京回还启:五月十四日,奉天门晚朝,奏犯人常昇、孙恪下家人一十六名,火者七名。奉圣旨:但是男子,着王那里就都废了,妻小就那里配与人。钦此。

洪武二十六年五月二十九日,钦差承奉刘二到,传奉圣旨:你去与王说,这三个指挥出气力多年,杀了可惜了他。着王放与新立卫分。他原是指挥使与他指挥使,原是同知与他同知,佥事与他佥事。孙安调镇虏卫、曹远调万全左卫,樊进调宣城前卫。

洪武二十六年十二月十三日,承奉阔节赴京回还启:于当月初三日奉天门早朝,钦奉圣旨:洪武二十三年五月初三日,通政司引山西太原府阳曲县赵温都民人郝斋川,为年七十七岁,双无目,夜梦老人教医痓可进香一万根。赏钞七锭。将这手本与你王去。当时奏这个人,无合着他来不来。奉圣旨:他要来便来,不来罢。钦此。

洪武二十八年四月初五日,内使虎儿赍捧到记事,谕第三子晋王㭎知道:秦有事,皆是宫无主,主宫者无昼夜杂处。近日酷死良家子女二名,一名传说火者埋了,一名不知所在。迩来帅兵西征,所俘所杀,将及二千。内于军中搜取女子一百五十余人入宫,又将幼男阉了若干,不知的实。古时,王者出师,务行仁义。今秦初出,乃有如此不仁。班师后,逸乐于宫。日常严饮冰水,此是服药燥使然。今服毒身死。吾观毒入之计,中在临归寝服樱桃煎，由此而亡，亡由正宫被苦。因宫禁不严，饮食无人关防计较。且如寝宫处所，尔等来朝，吾曾亲引指示吾床，周匝群宫人铺睡处，所有关防有势。秦不以吾言为法，与小人孤处，杀身之祸必生矣。老眼昏花，为诸子之计，又拭模糊老眼，还亲稿净行，以示诸子。洪武二十八年三月二十七日记事。

洪武二十八年六月二十三日，锦衣卫散骑舍人吴忠到，传说于本年六月初九日晚朝，于右顺门，内官传奉圣旨：秦府孝服，都要烧毁了。远处本府烧，近处将去秦府烧。钦此。

洪武二十八年，今将谕祭秦王祝文开写于后：朕有天下，封建诸子，期在藩屏帝室。尔樉，年次东宫，首封于秦，自尔之国，并无善称。昵比小人，荒淫酒色，肆虐境内，贻怒于天。屡尝教责，终不省悟，致殒痴身。尔虽死矣，余辜显然。特将尔存日所造罪恶，列款昭谕，尔其听之：一、……一、听信郭火者拨置，画美女图，差人赍往杭州照样寻买入宫。……一、长史之官，即是王相，职专辅导谏诤，必当以礼相待，朝夕与他议论国政。尔却听信火者典仗拨置，将长史擅自捶辱。自此之后，无人敢言。以此全不忌惮，纵恣非为，致使国无政事，遂殒厥身。……一、征西番，将番人七八岁幼女掳到一百五十名，又将七岁、八岁、九岁、十岁幼男阉割一百五十五名。未及二十日，令人驮背赴府，致命去处所伤未好，即便挪动，因伤致死者大。一、出征军士，将带儿男挑运衣粮。尔不恤军士艰苦，却将此等幼男一概阉割。如此全无仁心！……

洪武二十九年九月二十八日，千户尹让到来，该本月十九日早朝，于右顺门，内使传奉圣旨：你各王府头目回去启王知道，羊每母羊一只，一年要下羔儿两个，剪三遭羊毛，春一遭，夏一遭，秋一遭。教王好生计较整理。钦此。

卷　二

太宗[1]永乐朝 附仁宗洪熙朝（1402—1425）

洪武三十五年[2]七月壬午朔，告祀天地于南郊。其祝文曰："……允炆嗣登大位，崇信奸回，委政近侍，改更祖宪，戕害诸王。祸机之发，将及于臣。臣不得已举兵清君侧之恶，以为万姓请命。……于六月十七日即皇帝位，所有合行庶政并宜兼举：一、……一、各处守城官军有系别卫调到，并征进漫散军士见在他处者，各还原卫所，本处官司不许留难阻当。其奉差守城文武官员及内官人等，诏书到日，俱各回京。……"（一〇上，143—148）　书谕世子高炽曰：……念与尔别久，恐尔旦夕思忆，特遣海寿报尔……（一〇上，149—150）　壬辰，司礼监请如旧制，铸出入精微印。从之。（一〇上，158）　庚戌，赐书宁王权曰："吾到京即遣人将书来迎，不意为阉竖胡伯颜邀之兖州，虐害不胜，至击去其齿，焚所赍书，竟不得达。已将阉竖寘之极刑，尚虑盗贼未息，路途犹梗，是以来迎之使迩日方发。今闻已起程，如行未远，可暂还，待秋凉与宫眷同来；如已远则途中凡百谨慎，早至相见，以慰兄怀。"（一〇下，173—174）

九月壬寅，遣中官陈福童赐左军都督佥事徐凯钞二千锭。（一二下，221）

〇朝鲜《太宗实录》卷四：九月戊申，通事康邦佑来自辽东，至平壤。西北面都巡问使飞报："邦佑言：'六月十三日，燕王战胜，建文皇帝命焚奉

---

① 朱棣庙号原为太宗，嘉靖中改为成祖，今从实录。

② 朱棣建文元年(1399)起兵"靖难"，四年(1402)六月己巳即位，庚午，诏仍以洪武三十五年为纪，以次年为永乐元年。此为《太宗实录》纪年。

天殿，而自缢于殿中，后妃宫女四十人自死。是月十七日，燕王即皇帝位，遣都察院佥都御史俞士吉，鸿胪寺少卿汪泰，内史温全、杨宁等赍诏书，已于今月十六日越江而来，力士二人、本国宦者三人随来。'"

十月丁丑，命礼部铸内府午门、东华、西华、玄武四门关防条记。（一三，246）

〇朝鲜《太宗实录》卷四：十月壬戌，朝廷使臣都察院佥都御史俞士吉，鸿胪寺少卿汪泰，内史温全、杨宁，奉诏书至。省亲内官郑贵等三人偕来。上宴使臣于无逸殿。……上命左副代言金汉老馈省亲内官三人。宴罢，三人揖于上前，温全教之拜，仍言于上曰："此人等幼被倭虏，因至上国，今虽还乡，不知其父母面目，甚可怜悯。此辈又有功于皇帝，幸国王使见父母。"上曰："吾闻命矣。此人有功于帝，遣令省亲，我国亦有光矣，甚可喜也。"三人揖谢，全教之跪拜。上欲随使臣至太平馆，士吉等请辞乃止。癸亥，上如太平馆宴使臣。温全以设其坐泰下，称疾不出，上使人再请，乃赴宴。全以职居泰上，泰以奉诏命居全之上，以此二人有嫌。【考】次年使再至，有朝鲜籍宦者朱允端者私告曰："向者温全既还，诉于帝曰：'朝鲜国王性气高亢，待臣以慢，老王则不然，待之以礼。此无他，向陛下之诚，有厚薄故也。'帝反敕温曰：'尔以内臣，宜坐御史之上，反坐其下，遂致如此。非独国王之过，尔乃自取之也。'今臣等以秩卑宦官，居都指挥之上。"（朝鲜《太宗实录》卷五）据此，是永乐帝以为，温全不但当坐汪泰之上，更应坐佥都御史俞士吉之上。

十一月癸卯，遣太监郑和祭乳母冯氏。（一四，262）

〇朝鲜《太宗实录》卷四：十一月己丑，上率百官饯使臣于迎宾馆。上召力士二人于坐前而赐酒，温全曰："二人虽微，皆受帝命而来，国王不可坐而赐酒。"上曰："予今以礼慰天使四位而已。此二人，天使之从人也，若二人奉命独来，则安敢若是！又礼不可轻变，初以此礼待之，今易之难矣。"全甚惭，因有怒色。士吉起，至上前请归曰："小人已怒矣，不出则失礼多矣。"欲出，上请还坐。上出帐外而还，士吉执杯以进，上请先之，士吉曰："此何礼耶？"上曰："礼缘人情，但欲劝酒。"士吉欣然曰："事之无害于义者，从俗可也。"乃饮之。将行……欲行辞礼，上先行四拜，出帐外揖别。温全向太上殿行四拜，复与上别，露其臂指燃处曰："吾于金刚山燃臂，所以召西天佛也。"乃行。

永乐元年癸未(1403)

二月乙丑,遣司礼监少监侯显赍书币往乌思藏征尚师哈立麻。盖上在藩邸时素闻其道行卓异,至是遣人征之。(一七,310)

【考】《明史·侯显传》:"显有才辨,强力敢任,五使绝域,劳绩与郑和亚。"侯显五使绝域,以此为首,永乐四年十二月还。余四次为:永乐十一年二月,使尼八剌国。十三年七月使榜葛剌诸国。十八年九月使沼纳朴儿国。宣德二年四月复使乌斯藏、尼八剌等处。　　丁丑,以各处银场、银坑岁办科征不实,分遣监察御史及中官核之。(一七,316—317)

〇朝鲜《太宗实录》卷五:四月甲寅,都指挥高得、通政司左通政赵居任及宦官太监黄俨、曹天宝,本朝宦者朱允端、韩帖木儿等赍诰命印章敕书至。丙辰,上诣太平馆宴使臣。宦官俨等举止无礼,上意不惬,促宴而罢。戊午,黄俨、曹天宝、高得等,观猎于南郊。俨等请观猎,上命义安大君和及李叔蕃,率军士千骑,猎于南郊。俨等叹其骁勇,获禽亦多。议政府设帐幕于南大门外宴慰,暮还。己未,上宴使臣于无逸殿。黄俨、曹天宝、朱允端、韩帖木儿等至阙,上与入内。俨等欲谒妃子,上问答礼,允端曰:"使臣谒妃子,举手小屈。"上曰:"妃子不习此礼,予欲行本国礼。"乃答拜,俨等笑之。上行茶礼,乃设宴。俨及天宝性行甚倨,居任亦在坐。上每御膳,与之击目,俨等稍有不平之色。进抛球乐,东边妓中者四,西无中者。俨等乐,使人言于上:"吾边皆中,国王边如何不中乎?"上笑。每酒进,俨等劝上必饮,居任独不然,言于上曰:"己所不欲,勿施于人。"上曰:"圣天子即位,命大人驰驿万里,来锡诰命印章,我子孙当与皇孙共享富贵于千万世矣。虽不劝酒,我何敢辞!"居任曰:"惟国王常存此心。"极欢而罢。翌日,俨等遣允端曰:"吾等前日大醉困甚,国王安否如何?"上使锡命对曰:"我亦困甚,未能出见,殊失礼意。"上赠使臣衣帽及靴,唯居任不受。居任曰:"向者使于此者,皆年少之辈,沉于酒色,以辱朝廷,故今使老臣也。"其须鬓尽白。俨以衣帽不尽美少之,且常言:"国王岂不与厩马一二匹?老王与病王岂不各与马一匹乎?则四马矣。"反谓通事曰:"毋出此言。”其实欲使言之也。癸亥，黄俨、曹天宝、高得等将游金刚山，居任谓俨等曰：“君辈何欲观金刚山乎？”俨等曰：“金刚山形如佛像，故欲见之。”居任曰：“山成于开辟之初，佛之生，后于山远矣。”允端、帖木儿以访亲戚拜先坟还其乡，上以不豫，遣代言与议政府饯于门外。壬申，上如太平馆，宴使臣，赠马各二匹。黄俨、高得等至阙，谢金刚山之行。上曰：“予欲诣馆，问金刚山景概，今天使先来，中心是惶。”俨等曰：“金刚山往还，殿下使人备弓矢以捍卫，具膳羞以馈饷，吾诚感之。”上行茶礼。既还，上诣馆设宴，赠马及黑麻布、白苎布、人参花席等物，独居任不受。俨曰：“马一匹不善。”上命换以善马。曹天宝心不平，俨劝天宝饮，天宝指其案曰：“满案七十二器，无可食者。”俨曰：“国王诚心馈汝，汝言如此，与犬马无异。”天宝怒曰：“我亦承帝命而来，汝何辱我乎？”脱其帽投之俨前。俨既而言曰：“此儿安足数也！”高得谓通事曹士德曰：“赵通政不受之物，则分给上副天使可也。”士德曰：“过金郊而后知通政果不受也。”高得又言：“皇帝使吾等，欲其得物而用之也，虽多惠亦不拒。”士德曰：“帝欲得物而用之，通政何不受？”高得曰：“通政，儒者，必不受。其不受之物，赠我等可也。”

五月丁丑朔，赐岷王楩册宝，并敕谕之曰：“昔皇考封建诸子以卫邦家，而尔在建文时被收册宝，拘囚困辱，盖已极矣。朕即位之初，笃念亲亲，复尔封爵，召还京师。尔宿留不至，乃恣行威福，擅拘方面诸司印信，杀戮官属，使军民蛮夷之众惊疑不安。及至京，语言悖慢，略无敬君事长之礼。且当有事宗庙之日，沉湎酣醉，无所顾藉。至对阉竖，则俯首下气，言之可伤而冥焉。无惭如此，尚可有爵土耶！今以同气至亲，特略尔过，仍赐册宝，俾守旧疆。尚改行易虑，亲君子远小人，进学修德，用藩屏国家，毋作匪彝，以贻后悔。敬哉，毋忽！”（二〇上，353）

〇朝鲜《太宗实录》卷五：五月己卯，赵居任、高得、黄俨、曹天宝等还，上饯于迎宾馆，赠俨、天宝、得细白纻布、黑麻布各十匹；太上王赠白纻布、黑麻布各五匹；上王赠各二匹。上初各赠鞍马，临别又赠一匹，又赐伴人十马，各一匹。赵居任不受，但请纸数张曰：“欲为诗轴也。”左政丞河崙赠以人参，居任独不受曰：“不受殿下之赠，而受卿之赠乎？”己亥，上迎慰朱允端、韩帖木儿于崇仁门外。允端等回自其乡。壬寅，除朱允端族亲六十余人职，从允端之请也。上召司宪府、司谏院、吏曹、兵曹掌务，命曰："使臣之族得官者，告身明日皆署。"丙午，升林州郡为府官，金堤县为知官。林州，朱允端之乡；金堤，韩帖木儿之乡，从其请也。

六月癸丑，遣监察御史袁纲、给事中朱亮等分诣直隶府州及浙江等布政司抚按军民，曰："曩建文之政，苦害军民，朕初即位即欲与之休息，而所司不体朕心，尚肆扰害。尔等为朝廷耳目侍从之臣，熟知法度，故命以抚安之寄。其往革除旧弊，以安良善，凡事与内官、锦衣卫官协议，遇害民及奸贪不法者，就执问如律，重事奏闻区处。务在军民获安，公私不扰。遇城池颓坏，量拨军民修理，草寇生发，即调兵剿捕。盖军民人口财产皆凭城池保护，若不随时修理，后益倾圮，用功愈难；草寇生发，伤害良善，若不随时剿捕，养成猖獗之势，为患将深。此二事不得不用人力，及馈运粮草、供给军储，亦须随时调遣。其余一应事务，非奉朝廷明文，一夫不许擅差，一毫不许擅科，有故违者，具实奏闻，以法治之。"(二一,379)　　戊辰，遣内官祭中霤，自是为定制。(二一,391)【考】自是每岁季夏日祭中霤，遣内官行礼，后不赘书。　　乙亥，改旧承奉司为北京内官监，秩正四品。(二一,392)

〇朝鲜《太宗实录》卷五：六月己酉，上饯朱允端、韩帖木儿等于迎宾馆。

八月庚午，遣内官杨瑄等赍敕抚谕麓川、车里、八百、老挝、右刺[古刺]、诏闽、特令、冬乌、孟定、孟养、木邦等处土官，仍命西平侯沐晟遣人偕行。(二二,414)

九月庚寅，遣中官马彬等使爪哇，以镀金银印一、文绮彩币三十四赐其西王都马板，敕谕之曰："朕祗奉祖训，廓清内难，即位之初，尔即遣人奉表朝贡，朕用嘉之，特遣使赐尔印章仪物。尚益懋乃德，保土安民，毋怠毋骄，恒谨事大之诚，斯禄及子孙，以克永世。"复命彬等赍诏谕西洋苏门答剌诸番国王并赐之文绮纱罗。先是，朝使至占城，有爪哇三人者，为占城所虏，言于使者，遂随入中国。上曰："岛夷之人，皆朕赤子，讵可使之失所?"命优养之。至是，各赐衣服道里费，令彬送还爪哇。(二三，421—422)　己亥，遣内官李兴等赍敕劳暹罗国王昭禄群膺哆啰谛剌，并赐王文绮帛四十匹及铜钱麝香诸物，其与贡使偕行。(二三，426)【考】王世贞《中官考一》于此条纪事下加案语曰："此内臣奉使外夷之始也。"然同月已先有马彬出使爪哇之事，实非始也。

十月戊申，上谓六科给事中(**广本科下有都字**)曰："宦寺服食所需，皆朝廷给之，岂得复有私营？近有于皇城内畜养鸡牲，縻费食米。今四方蝗旱之后，民尚艰食，朕日夜为忧，此辈坐享膏粱，不识生民艰难，而暴殄天物不恤。论其一日养牲之费，当饥民一家之食，朕已禁戢之矣。尔等识之，自今敢有复尔，必罪不宥。"(二四，432—433)　丁巳，遣内官尹庆等赍诏往谕满(刺加)，赐柯枝诸国，赐其国王罗销金帐幔及伞并金织文绮彩绢有差。(二四，440)

本年附

史事·宦官出使

《海底簿》："永乐元年，奉旨差郑和、李兴、杨敏等，出使异域，前往东西洋等处。一开谕后，下文索图，星槎、山峡、海屿及水势，图为一书。务要选取山形水势，日夜不致误也。"(手抄本，泉州发现，引自庄为玑《古刺桐港》上册)

《宁波温州平阳石矿流水表》："永乐元年，奉旨差官郑和、李恺、杨敏等[①]出使异域，弓(**按，疑应为躬**)往东西二洋等处，开输贡累累，较正牵星图样，海岛、山屿、水势图画一本，务要选取能识山形水势，日夜无歧误

① 清初抄本《针位篇》残卷载永乐十九年奉旨下番，"周游三十六国公干"者，亦此三人。郑鹤声、郑一钧《郑和下西洋史事新证》(《中华文史论丛》1985年第3辑)考证，李恺即李兴。李恺，《明实录》、《明史》均无载；李兴事迹，首见于永乐元年九月己亥出使暹罗，他是最早下西洋的宦官之一。

也。”(手抄本,引自郑鹤声、郑一钧《郑和下西洋资料汇编》下册,第 253 页)

嘉靖《陕西通志》卷五《土地三·封建》:“保安王,讳尚煜,愍王之三子。年甫五岁,洪武二十二年太祖高皇帝召至南京,育于宫中,读书西庑下。至永乐元年册封为保安王,是年钦差太监张泰送之国。”

永乐二年甲申(1404)

正月癸亥,将遣使西洋诸国,命福建造海(**广本、抱本海下有运字**)船五艘。(二七,498—499)

二月庚寅,遣内官杨真童等往孟定、木邦二府颁赐土官刀名扛等彩币。(二八,510)

三月甲辰,遣内官张勤等颁赐麓川、缅甸二宣慰使司及孟养府土官思行发等彩币纱罗等物。(二九,516)

六月己丑,吏部尚书兼詹事府詹事蹇义等言:“……诸司历事监生,例应三月后授官,近因少缺,有一年未授者。而内府办事监生止是誊写奏本、查理文册、稽算数目,别无政务,比内官监奏准,半岁授官,而历事监生有政务者授官反迟。今后宜令所司,内府办事监生月日满者,定例给赏,仍令回监进学,依次历事出身。”上皆从之。(三二,570—571)

八月癸未,礼部尚书兼左春坊大学士李至刚同六部、都察院官等劾奏曹国公李景隆潜蓄奸谋,将为不轨,廷臣累发其罪,皇上曲赐生全,而景隆略不戒惧,益肆僭逾。比者其家人被盗,巡捕官临视其家,见景隆受阍者趋谒拜俯如君臣礼,盖其势渐不可长,乞正典刑以收国柄。上曰:“朕自有以处之。”(三三,586—587)

己丑。先是,遣内官杨瑄等赍敕抚谕孟定、孟养、木邦、麓川、车里、八百、老挝、古剌、诏闽、特令、冬乌等处土官。至是,瑄等道经八百、大甸,为土官刀招散所阻,弗克进。(三三,588—589)

九月壬寅,真腊国王参烈婆毗牙遣陪臣奈职等九人来朝贡方物,赐钞币表里。初,中官往使真腊将归,有从行军三人遁,索之不得，国王以其国中三人从中官归补伍。至是礼部引见……(三四，597—598)　　庚申，锦衣卫指挥同知潘谞等劾奏奸臣李景隆拘虏北京良民之子阉为火者，又僭用金绣龙文服饰器皿等物，宜正其罪。上曰："姑寘之。"(三四，602)

十月丁亥，户部尚书郁新等言：御马监索白象食谷。上曰："白象何补实用，乃欲夺民食以饲之？此古人所谓率兽食人者，勿听。"复召御马监官责曰："汝辈坐之，食膏粱，衣轻暖，岂知百姓艰难？计象一日所饲谷，当农夫数口之家一日之食。朕为君，职在养民，汝辈不令朕知而为此事，是欲朕失天下心。如复敢尔，必诛不宥。"(三五，615)

十二月戊寅，上闻中官于应天府私取工匠役之，召府尹向宝等责曰："数年军旅供给，加以权豪横肆，百姓艰难，京师为甚。既命汝牧民，当体国家爱民之意，正直不阿，矜恤保庇，庶几民可休息。宦者宫禁使令之人，非有重权，汝何用畏之而辄听其役民，略不之拒？公家凡役一夫，必先告朕，宦者擅役之而不告，何耶？为京尹，朝夕在朕左右，尚畏人如此，若在远外任小官职，当如何畏之？譬为人典守宝货，擅启藏，纵人私取，必不免责罚矣。汝擅以朕百姓作人情，可逃罪乎？今姑宥尔，若复蹈前非，必诛。"遂逮所(**按，所字衍**)私役工匠中官，责之曰："朕为天子，不敢轻役一民，汝何人，敢擅役之？百姓家僮奴亦敢不告其主，肆意自为乎？"命锦衣卫执而治之。(三七，632—633)

本年附

史事・宦官出使

郑舜功《日本一鉴・穷河话海》卷九《接使》："永乐甲申，中官郑和使日本，惟时倭寇浙江、直隶地方，故遣郑和奉敕讨贼。永乐乙酉，鸿胪寺少卿潘赐、内官王进等赍九章冕服……以赐日本王，以献所获倭寇故也。"

【考】傅维鳞《明书》卷七二《戎马志・海防之兵》："永乐二年，寇浙直，乃命太监郑和谕其国王源道义,源道义乃絷其渠魁以献。复令十年一贡,正副使毋过二百人,若贡非期入,及人船逾数,或挟兵刃,以盗论。然倭时时掠海上,不为戢。"

永乐三年乙酉(1405)

正月壬子。先是,上命翰林院学士兼右春坊大学士解缙等于新进士中选质英敏者,俾就文渊阁进其学。……命司礼监月给笔墨纸,光禄给朝暮膳,礼部月给膏烛钞人三锭,工部选近第宅居之。(三八,642—643)

五月癸卯,都察院左都御史陈瑛等劾奏驸马都尉胡观私遣阉者,诈称内使,强取上元县民女子数十人,又娶娼妇为妾,甘同污贱,且观先坐预知李景隆逆谋,皇上大恩,以亲曲加宽宥,今略无悛心,宜正其罪。上曰:"不必罪之,但罢其朝请。"(四二,675—676)

六月己卯,遣中官郑和等赍敕往谕西洋诸国并赐诸国王金织文绮彩绢各有差。(四三,685)【考】《明史·郑和传》:"六月命(郑)和及其侪王景弘等通使西洋。"宣德六年,郑和于太仓刘家港所立《通番事迹记》碑(**文见宣德六年附**)云:"永乐三年,统领舟师往古里等国。时海寇陈祖义等聚众于三佛齐国,抄掠番商,生擒厥魁。至五年回还。"王世贞《中官考一》云:永乐三年"三月,命太监郑和等率兵二万七千人,行赏赐西洋、古里、满剌(加)诸国。案:此内臣将兵之始也。和自是凡三下西洋,皆有功,人谓之三宝太监。"郑和父马哈只墓铭见本年附。　庚辰,遣中官山寿等率骑兵由枪杆岭出云州北行,与武城侯王聪等会兵觇虏,兵各赍一月粮,每三十里马五匹以备驰报。(四三,685)　癸巳,升正千户王复亨、副千户李满、总旗刘海、小旗马贵俱为锦衣卫指挥佥事(**广本作"同知"**)。初,满等由仪卫司校尉从征渡江,出使西洋,累著勋绩,故有是命。(四三,688)

七月辛亥,遣序班王孜祭故真腊国王参烈婆毗牙,命给事中毕进、内使王琮赍诏封故真腊国王长子参烈昭平牙为真腊国王，仍赐之钞币等物，遣其使奈昧等还。(四四,697)　壬子，车里宣慰使刀暹答遣头目揽线思奏请举兵攻八百大甸宣慰使刀招散，上赐敕谕曰：……遂敕西平侯沐晟，谕以车里请征八百之故，且言已遣使往谕八百，令改过自新，尔宜严兵以待，彼果悔罪输诚，即止兵勿进；其以马军六百、步军一千四百随内官杨安、郁斌。(四四,698—700)

九月甲午，上以海外诸番朝贡之使益多，命于福建、浙江、广东市舶提举司各设(驿)以馆之。福建曰“来远”，浙江曰“安远”，广东曰“怀远”，各置驿丞一员。(四六,709)【考】永乐初复设市舶司，即命宦官监之，如万历《广东通志》卷六《藩省志六·事纪五》载：永乐元年八月，“命内臣齐喜提督广东市舶，置市舶提举司。”　辛丑，赐周王橚书曰：“比浙江布政司言王府所遣内官擅调湖州官军及用箭镞烧烙无罪人，凌驾有司，虐害百姓，执其人送京。不审果是王府所遣，抑亦有司诬之，已遣人往府中询其实。所系三十余人今死已数人而报不至，若复数日不报，死者益多，此事终何以明也。”(四六,711)　癸卯，苏门答剌国酋长宰奴里阿必丁、满剌加国酋长拜里迷苏剌、古里国酋长沙米的俱遣使随奉使中官尹庆朝贡，诏俱封为国王，给与印诰，并赐彩币袭衣。(四六,711—712)【考】马欢《瀛涯胜览·古里国》载：“永乐五年，朝廷命正使太监郑和等赍诏敕赐其国王诰命银印，给赐升赏各头目品级冠带，统领大鯮宝船到彼，起建碑庭，立石云……”巩珍《西洋番国志·古里国》所载同。参以实录本条纪事，实即三年至五年第一次下西洋时事，非五年另有一次出使。

十一月辛丑，日本国王源道义遣使源通贤等奉表贡马及方物，并献所获倭寇尝为边害者。上嘉之，命礼部宴赉其使，遣鸿胪寺少卿潘赐、内官王进等赐王九章冕服，钞五千锭，钱千五百缗，织金文绮纱罗绢三百七十八匹。(四八,732—733)

本年附

艺文·碑铭·郑和父马哈只墓志

故马公墓志铭

公字哈只,姓马氏,世为云南昆阳州人。祖拜颜,妣马氏。父哈只,母温氏。[①] 公生而魁岸奇伟,风裁凛凛可畏,不肯枉己附人。人有过,辄面斥无隐。性尤好善,遇贫困及鳏寡无依者,恒保护赒给,未尝有倦容,以故乡党靡不称公为长者。娶温氏,有妇德。子男二人,长文铭,次和;女四人。和自幼有材志,事今天子,赐姓郑[②],为内官监太监。公勤明敏,谦恭谨密,不避劳勚,缙绅咸称誉焉。呜呼!观其子而公之积累于平日,与义方之训可见矣。公生于甲申年(1344)十二月初九日,卒于洪武壬戌(十五年,1382)七月初三日,享年三十九岁。长子文铭奉柩安厝于宝山乡和代村之原,礼也。铭曰:

身处乎边陲而服礼义之习,分安乎民庶[③]而存惠泽之施,宜其余庆深长而有子光显于当时也。

时永乐三年(1405)端阳日,资善大夫、礼部尚书兼左春坊大学士李至刚撰。

(碑在云南晋宁县昆阳镇。《北京图书馆藏中国历代石刻拓本汇编》第51册,第26页)

碑阴刻有郑和题记:"马氏第二子太监郑和,奉命于永乐九年(1411)十一月二十二日到于祖宗坟茔,祭扫追荐。至闰十二月吉日回还记耳。"(向达校注《西洋番国志》附录二)

袁忠彻《古今识鉴》卷八:"内侍郑和,即三保[④]也,云南人。身高七尺,腰大十围,四岳峻而鼻小,法反此者极贵;眉目分明,耳白过面,齿如编贝,

① 郑和家世还可参看经李士厚发现考释的《郑和家谱》、《郑氏家谱首序》及《赛典赤家谱》,见所著《郑和家谱考释》及论文《〈郑氏家谱首序〉及〈赛典赤家谱〉新证》(《郑和下西洋论文集》第2集,1985年)。

② 《郑和家谱》云:"永乐二年正月初一,御书郑字,赐以为姓,乃名郑和。"

③ 民庶,《郑和家谱考释》及《西洋番国志》所录马哈只墓志皆作"庶民",然碑拓字画清楚,应为"民庶"。

④ 三保,或作"三宝",诸书所记不同。李士厚以南洋地名多有作"三宝"者,且内府承运库掌大内库藏宝货,怀疑郑和曾任该库大使,"因而流俗谓之三宝太监"。说见《郑和家谱考释》。联系到宝船下西洋负有收买奇货异宝的任务,此说颇可玩味。

行如虎步，声音洪亮。后以靖难功授内官太监。永乐初，欲通东南夷，上问以三保领兵如何？忠彻对曰：'三保姿貌材智，内侍中无与比者。臣察其气色，诚可任使。'遂令统督以往，所至畏服焉。"黄省曾《西洋朝贡典录》："闻之，和貌身长九尺，腰大十围，洪音虎步。文皇帝初遣时，咨诸相者袁生忠彻。袁生曰：'郑三保姿貌才智，内侍中无俦比。'遂令统督以往，果所至畏服也。"黄文当据《识鉴》改写。

永乐四年丙戌(1406)

正月壬寅，琉球国进阉者数人，上曰："彼人亦子，无罪而刑之，何忍？"命礼部还之。礼部臣言，还之虑阻远人归化之心，请但赐敕止其再进。上曰："谕之以空言，不若示之以实事，今不遣还，彼欲媚朕，必有继踵而来者。天地以生万物为德，帝王乃可绝人类乎？"竟还之。(五〇,749)

五月壬辰，上谕兵部尚书金忠等曰："皇考之世，宦寺无敢与外廷交接。昨有一人，以私财寓外人。此虽细事，渐不可长，随已罪之。其敕各衙(**按，衙字疑衍**)门卫士，于出入之际，遵旧制，严搜检。夫防患譬如防疾，始萌而治之则用力少而易，效(**按，效疑应为待**)痼而后治则用力多而难胜矣。"(五四,802)【考】沈德符《万历野获编》卷六《内监·内臣禁约》评曰："文皇之驭中官，如此其峻。然前一年，已遣内使王琮同给事中毕进封真腊王，又遣太监郑和率兵二万七千赏西洋诸国矣。二臣若欲寓财于外，安得禁之？至八年遂敕内官马靖往甘肃巡视，如镇守西宁侯宋琥处事有未到，密与商议停当回话。按此即内臣镇守之权舆也。夫西宁为靖难勋臣，而琥又上亲婿，乃别寄腹心于宦寺。盖内难初平，恫疑未解，虽与谕金忠之言相左，不自觉耳。王振之导亲征，汪直之开西厂，有自来矣。"　丙辰，命兵仗局造铳一万七百，箭十有二万五千，备御边之用。(五四,809)【考】嘉靖《广西通志》卷二八《兵防二》："凡'胜'字天威并列下等号飞枪等神铳等项火器，俱系内府兵仗局掌管。都司卫所岁造，止是编降字号手把铳口。其各边城堡所用大将军、二将军、三将军并手把铜铁铳口一出颁降。若铳损失，并给用不数百，镇守巡官具数会奏,方许自造。若一时急缺奏请,亦从内府颁给。”　丁巳,云南腾冲守御千户所千户孟景贤等自大古剌还,土酋泼的那浪遣(头)目选马撒等偕来贡方物。初,中官杨瑄与景贤等赍诏往抚谕之,泼的那浪见使者不下拜,瑄等曰:“大明天子遣使抚谕四夷,尔迎诏使不拜,何也?”泼的那浪怒曰:“吾处此土,知受拜而已,焉知拜人?”遂徙置瑄等南难河,拘留不遣。瑄等亦不屈。其左右言于泼的那浪曰:“中国使臣以恤我来,我乃悖之,我之不直,如中国举云南全师以向我,譬以铁挝击鸡卵,能膺其锋耶?”泼的那浪惧,乃礼谢使者,先遣头目选马撒等随景贤朝贡,继遣头目独金不剌等护送瑄等还,且贡方物谢过,而大古剌所属诸酋长皆遣使朝贡。(五四,811)

八月壬子,遣内官马彬等赍敕谕占城国王占巴的赖曰:(**言命将讨安南,令其严兵境上**。)仍赐之镀金银印及纱帽金带、黄金百两、白金五百两、金织文绮衣二袭并锦绮纱罗等物。(五八,852—853)

○朝鲜《太宗实录》卷一二:八月壬辰,内史李原义、尹凤等十九人来(朝鲜),诣阙肃拜,馆于太平馆。原义等,皆本国所进宦者也。帝使还乡省亲。

十二月戊子,遣驸马都尉沐昕迎尚师哈立麻。先是,命中官侯显等往乌思藏征哈立麻,至是,显遣人驰奏已入境,故遣昕迎之。(六二,890)

永乐五年丁亥(1407)

三月辛巳,改上林署为上林苑监,以中官相兼任用。置左、右监正各一员,正五品,左、右监副各一员,正六品,左、右监丞,各一员,正七品;首领官,典簿三员,正九品。设良牧、蕃育、林衡、嘉蔬、川衡、冰鉴及典察左右前后十署,署置典署一员,正七品,署丞二员,正八品,录事二员,正九品。(六五,922—923)【考】王世贞《中官考一》曰:“不审何年革内臣。”

四月甲午，敕宁夏总兵官左都督何福曰："尔等掌边境军务，宜一切谨密，使人不得窥测，无(按，无字衍)庶无败事。比内使林清以他事至边，清无知，擅索兵马之数，尔机缄不密，而遽与之。以此观之，边备虚实，鲜不泄漏。自今慎之慎之，凡内官、内使往来无敕旨者，皆勿听信。"(六六,927)　乙未，法司奏有盗内库财物者，上曰："内库所贮皆天财，待赏有功，虽朕不敢妄费，而下人敢盗之，须按如律。"(六六,928)　丁酉，别失八里王沙迷查干遣使脱亦不花等贡玉璞及方物，且言撒马儿罕本其先世故地，请以兵复之。上命礼部宴赉脱亦不花等，而遣中官把泰、李达，鸿胪寺丞刘帖木儿[1]等赍玺书谕沙迷查干曰："宜审度而举事，慎勿轻动以取危辱。"并赐之彩币，令把泰等与脱亦不花等偕行。(六六,929)

六月庚子，上谕都察院臣曰："自昔阉宦弄权，假朝廷号令，擅调军马，私役人民，以逞威福，生事造衅，倾覆宗社者多矣。我太祖皇帝监前代之失，立纲纪，明号令，调发军马必以御宝文书。朕即位以来，一遵旧制，爱恤军民，首诏天下，一军一民不许擅差，复命所司严切禁约。去年曾命内使李进往山西采天花，此一时之过，后甚悔之，更不令采。近闻李进诈传诏旨，伪作勘合，于彼召集军民，复以采天花为名，假公营私，大为军民之害，及今炎暑之月亦不散遣。计李进所为，与昔之弄权者何异？若后来仿效益多，朝廷威福之柄下移，嗣君何以统治天下？今进所为，所在军民官都不奏来，此亦与胡、蓝、齐、黄欲坏国家事者何异？尔即差御史二员径诣山西，将李进一干为非之人鞫问明白，械送京师，必寘重法。若都司、布政司有干涉者并鞫治之，虽关皇亲亦不恕，仍令御史用心推治，不可容纵。"(六八,960—961)

〇朝鲜《太宗实录》卷一三：六月庚寅，下参赞议政府事赵璞……等于

[1] 刘帖木儿，后作"刘帖木儿不花"。

巡禁司狱,命……杂治之。初,黄俨之奉诰命而来也,大臣等启曰:“俨,宠宦也,若因俨以请于帝,使世子尚帝女,则我国之幸也。”上颇然之。于是,潜达意于俨,俨曰:“何幸,何幸!”及俨之再来,无一语及之。上悔之,已为世子定婚于前总制金汉老之家。至是俨又来,上使李玄传言曰:“皇帝待臣甚厚,臣欲亲朝,但不敢委国事而行也。世子年已稍长,且已娶,欲令代臣朝见。”俨曰:“甚善。”孔俯闻之,密谓玄曰:“世子今将朝见,若先行吉礼,似为未便。今帝女之未嫁者二三,傥得连姻帝室,虽北有建州之逼,西有王狗儿(**即镇辽太监王彦**)之戍,何足畏哉!”……上怒,命叔蕃等鞫之。乃言曰:“结婚中国,予所愿也,尚虑夫妇相得,人情所难;又必中国使者往来络绎,反扰吾民矣。昔奇氏入为皇后,而其一门杀戮无遗,安足保乎?君臣一体,然后国乃治安。今璞等私相聚会,议此大事,不使寡人知,予谁与为治乎?况予明告俨以世子已娶,尚可追改乎?”

八月丙午,周王橚遣世子有燉,楚王桢遣世子孟烷,及辽王植、宁王权、谷王橞、鲁王肇辉[恽]各遣中官祭大行皇后。(七〇,983)

〇朝鲜《太宗实录》卷一四:七月壬戌,赐弓矢甲胄于东北面都巡问使李稷。稷将行,诣阙辞,有是赐。盖惧王狗儿之逼,以备不虞,且欲城于北方也。　　八月丁亥,钦差内史韩帖木儿、尹凤、李达、金得南等,赍礼部咨来,街巷结彩,百官出迎于盘松亭。上出于昌德宫之仁政门,迎入正殿。咨曰:“本部尚书赵玭钦奉圣旨:‘恁礼部便行文书与朝鲜国王知道,取火者来,这里使用。’”韩帖木儿口宣圣旨:“朕取安南火者二千,皆昏愚无用,惟朝鲜火者明敏,可备任使,是用求索。但咨文内不限其数者,若朕有定数,而国王不能充额,则恐伤国王至诚事朕之意。”上私谓韩帖木儿曰:“帝意如何?”帖木儿曰:“不下三四百。”上曰:“此物无种,岂可多得?”遂邀至广延楼设宴,各赠鞍马。己丑,尹凤等三人至阙,谢宴也。壬辰,尹凤、李达、金得南等省亲于其乡,命各赐米豆二十石。庚子,宴韩帖木儿于广延楼,上谓帖木儿曰:“黄大人与王狗儿大人,秩孰为高?”对曰:“等尔。”上曰:“然则王大人何为尊敬黄大人乎?”对曰:“作假子故也。”上曰:“王大人何以来野人地面?”对曰:“勒兵巡塞徼,且试田猎也。”

九月壬子,太监郑和使西洋诸国还,械至海贼陈祖义等。初,和至旧港,遇祖义等,遣人招谕之。祖义等诈降而潜谋要劫官军,和等觉之，整兵堤备。祖义率众来劫，和出兵与战，祖义大败，杀贼党五千[①]余人，烧贼船十艘，获其七艘，及伪铜印二颗，生擒祖义等三人。既至京师，命悉斩之。（七一，987）【考】宣德六年，郑和于福建长乐所立《天妃之神灵应记》碑云："永乐三年，统领舟师至古里等国。时海寇陈祖义聚众三佛奇国，劫掠番商，亦来犯我舟师，即有神兵阴助，一鼓而殄灭之。至五年回。"费信《星槎胜览·旧港》："太宗文皇帝命正使太监郑和等统领舟师往诸番国，海寇陈祖义等聚众三佛奇国，抄略番商，亦来犯我舟师，被我正使深机密策，若张网获兽而殄灭之，生擒厥魁，献俘阙下。"《瀛涯胜览·旧港国》："洪武年间，广东人陈祖义等，全家逃于此处，充为头目，甚是豪横，凡有经过客人船只，辄便劫夺财物。至永乐五年，朝廷差太监郑和等，统领西洋大䑸宝船到此处，有施进卿者，亦广东人也，来报祖义凶横等情，被太监郑和生擒陈祖义等，回朝伏诛。"[②]　乙卯，命都指挥汪浩改造海运船二百四十九艘，备使西洋诸国。（七一，988）

丁巳，蜀王椿、代王桂、肃王楧、庆王㮵、靖江王赞仪各遣承奉祭大行皇后。（七一，993）　戊午，新建龙江天妃庙成，遣太常寺少卿朱焯祭告。时太监郑和使古里、满剌加诸番国还，言神多感应，故有是命。（七一，994）　庚辰，遣太监王贵通（按，即王景弘）赍敕往劳占城国王占巴的赖，赐王白金三百两、彩绢二十表里，嘉其尝出兵助征安南也。（七一，999）

〇朝鲜《太宗实录》卷一四，九月丁巳：贺千秋使卢闬等还至义州，驰报曰："帝许世子朝见，命臣等曰：'汝世子不可涉海，可由北平府路来。汝等之还，亦由此路。先视道路险易，归报国王。'帝又命总兵官王狗儿、春山二人，自辽东护世子赴京，仍监视路次供亿。又敕辽东都司，朝见之行，如有未备事件，应办护送。"上闻之喜甚。

---

① 五千，广本作"五十"。《国榷》卷一四、王鸿绪《明史稿·郑和传》皆作"五千"。《明史·郑和传》只言"大败其众"。

② 关于此役的详细考证，可参看范金民《〈卫所武职选簿〉所反映的郑和下西洋史事》（《明代研究》第13期，2009年）。该文对郑和下西洋期间的三次军事行动及参战官军（共得180余人）考证颇详。

永乐六年戊子(1408)

正月甲子,遣太监王安等往别失八里。时鸿胪寺丞刘帖木儿不花等使迤西还,言本雅失里初居撒马儿罕,后奔别失八里,今虏遣人迎立之。边将亦报谍闻本雅失里事,且云本雅失里若立,则诸虏拥之北行,必先掠边境,请选劲骑出塞觇伺,或要击之。上曰:“此虏果立,亦未能大肆其志,姑遣人潜察所向如何。”遂遣安往别失八里,而敕总兵官都督何福遣人往哈密等处买马,以觇本雅失里动静,令所遣者必与安声势相接,迤西诸卫所则发兵护送。(七五,1030—1031)　　丁卯,命工部造宝船四十八艘。(七五,1032)

二月甲午,遣使赐祭别失八里王沙迷查干。时中官把泰、鸿胪寺丞刘帖木儿不花等使别失八里,还言沙迷查干卒,弟马哈麻嗣立。上以沙迷查干能归顺朝廷,遂遣把泰等赐祭,仍遣玺书,赐马哈麻文绮衣二袭、文绮表里各十。(七六,1036)

三月戊寅,敕辽王植曰:“王在国中,素循礼法,于造作商贩之事未尝妄为。今闻所遣内人在外纵恣挠法,侵扰军民,堕王之美名,此辈必惩治之不可恕也。”(七七,1051)

四月丙戌,楚王桢遣内使李贵、百户卞旺等往云南市马,而贵等恣肆犯法,有司执送京师。桢遣仪宾耿琇奏,云已之不明,不能择人,而使丐恩宥之。上曰:“法度,祖宗所建,朕安得私?”赐书让王,并还贵等,令王自治之。(七八,1054)　　庚子,如来太[大]宝法王哈立麻辞归,赐白金彩币佛像等物,仍遣中官护送。(七八,1057)

○朝鲜《太宗实录》卷一五:四月甲午,朝廷内史黄俨、田嘉禾、海寿、韩帖木儿、尚宝司尚宝奇原等来,结山棚陈傩礼百戏,上率百官迎于慕华楼。使臣至景福宫,宣敕书曰:“敕朝鲜国王李讳。所取马三千匹已陆续送到,今赐王花银四十个,每个重二十五两,计一千两;纻丝五十匹、素线罗五十匹、熟绢一百匹。”上拜敕讫,升自西阶,就使臣前跪。俨宣谕圣旨云:"恁去朝鲜国和国王说,有生得好的女子,选拣几名将来。"上叩头曰:"敢不尽心承命!"庚子,赠黄俨、田嘉禾、海寿鞍马,以静妃意也。俨等至昌德宫入见,静妃立于东壁,俨等再拜于西壁下,上代之答拜,行茶礼而出。俨等献佛像、《真言》,上御广延楼设宴,韩帖木儿、奇原、陈敬与焉。癸卯,黄俨、田嘉禾、海寿、奇原及陈敬请游金刚山,命世子饯于兴仁门外。

六月己亥,太监王安奏:本雅失里自别失八里从他道北行,不经哈密,令其所部鞑靼十八人在哈密窥探边事,忠顺王羁之以俟命。上敕忠顺王遣人送至总兵官都督何福所,令福俟至询其实即赐赉遣之,遂召安还。(八〇,1073)

七月丁未朔,遣内官把泰、李达等赍敕往谕八答黑商葛忒郎哈实哈儿等处开通道路,凡遣使往来,行旅经商,一从所便,仍赐其王子头目彩币有差。(八一,1077) 辛亥,上服吉服御奉天门视朝……上临百官,素服,乌纱帽,黑犀带。皇孙熟布练冠,七裲,去首绖,负版辟领衰。皇妃、皇太子妃、亲王妃、公主以下皆熟布盖头,去腰绖。宗室、驸马及内官、内使熟布练冠,去首绖,负版辟领衰。内官、内使随驾,易浅淡色衣,乌纱帽,黑角带;差遣在外,素服、乌纱帽、黑角带。文武百官朝参,服浅淡色衣,乌纱帽,黑角带;退朝署事仍素服,遇朔望朝见庆贺,公服、朝服如常仪;几筵祭祀,熟布练冠,去首绖,负版辟领衰。(八一,1078) 辛未,遣中官云仙赍敕谕麓川平缅、缅甸宣慰使思行发、那罗塔等,并赐之锦绮纱罗。(八一,1091)

八月壬辰,遣中官张原赍敕往谕暹罗国王昭禄群膺哆罗谛剌,赐之锦绮纱罗,并送暹罗人孛黑还国。先是,孛黑随其国使来贡,海道遇风,漂至安南乂安府,黎贼絷之。黔国公沐晟兵至乂安,得孛黑,访其国使悉为黎贼所杀。至是晟送孛黑至京,赐衣服,资遣随原归,仍命暹罗王厚恤其国使为黎贼所杀者之家。(八二,1103—1104) 乙未,浡泥国王麻那惹加那惹(**按,此惹字衍**)乃率其妃及弟妹男女并陪臣来朝。初,麻那惹加那乃等至福建,

守臣以闻,上念其远涉海道,遣中官杜兴等往宴劳之,仍命所过诸郡设宴。(八二,1106)

九月癸酉,遣太监郑和等赍敕使古里、满剌加、苏门答剌、阿鲁、加异勒、爪哇、暹罗、占城、柯枝、阿拨把丹、小柯兰、南巫里、甘巴里诸国,赐其国王绵绮纱罗。(八三,1114)【考】关于永乐五、六年间下西洋事迹,颇有歧见。郑和等于宣德六年所立太仓刘家港《通番事迹记》及福建长乐《天妃之神灵应记》二碑均载:“一、永乐五年,统领舟师往爪哇、古里、柯枝、暹罗等国,番王各以珍宝珍禽异兽贡献。至七年回还。一、永乐七年,统领舟师往前各国,道经锡兰山国,其王亚烈苦奈儿负固不恭,谋害舟师,赖神屡显应知觉,遂擒其王。至九年归献。”据碑文,永乐五年有一次下西洋活动,七年回国,同年再下西洋。五年下西洋事,实录无载。然他书颇有记之,如《瀛涯胜览·旧港》:“永乐五年,朝廷差太监郑和,统领西洋大艅宝船到此处。”同书《古里》条:“永乐五年,朝廷命正使太监郑和等,赍诏敕赐其国王诰命银印,给赐升各头目品级冠带;统领大艅宝船到彼,起建碑庭立石。”《殊域周咨录·三佛奇》:“五年,中使郑和往西洋,还泊旧港。”《明史·外国传·占城》也谓:“五年,郑和使其国。”可是《明史·郑和传》却将郑和第二次出使记为永乐六年九月。许多人相信,郑和在永乐五年有过一次出使,这次被实录“漏载”的事件,才是第二次下西洋。但问题是,假如郑和在永乐五年下洋,六年九月时是否可能回京?又,六年九月为下令之日,正式起行之时,有三说:郑晓《皇明大政记》:“永乐七年春正月,太监郑和航海通西南夷。”陈建《皇明从信录》、谭希思《明大政纂要》所记同。《郑和家谱》:“永乐七年三月,公和奉敕命二使西洋诸国海外。”《星槎胜览》记载最详:“永乐七年己丑,上命正使太监郑和、王景弘等统领官兵二万七千余人,驾使海舶四十八号往诸番国开读赏赐。是岁秋九月,自太仓刘家港开船,十月到福建长乐太平港停泊。十二月于福建五虎门开洋,张十二帆,顺风十昼夜至占城国。”然考郑和、王贵通(即景弘)在锡兰所立“布施锡兰山佛寺碑”(**碑文见永乐七年附**),所署时间为永乐七年二月甲戌(**初一**)日。或认为此文撰于船队尚在国内之时,非在锡兰之日;或认为该日的系郑和在锡兰立碑之时。以上争论的焦点,实际在于永乐五年至七年间郑和是否还有一次出使。可参看陈得芝《郑和下西洋年代问题再探——兼谈郑和研究中的史料考订》(载祝贺白寿彝教授九十华诞论文集《历史科学与理论建设》,北京师范大学出版社,1999年)对诸说都有辨析及详细的考证。该文认为,永乐五年至七年的出使,郑和没有参与,六年下令遣使后,又因故未能成行,故七年正月再发出使之命,同时封天妃等神及布施锡兰佛寺。

十月癸巳,肃王楧献马二千匹,赐楧绮罗纱绢二百六十匹,火者二十人。(八四,1122)

○朝鲜《太宗实录》卷一六:七月十七日癸亥,海寿、韩帖木儿、奇原至阙,上辞以瘴气,不接待。　九月辛酉,海寿如丰海道,迎祁保(按,保为都知监左少监,来祭太上王李成桂)之来也。世子出饯于慕华楼。寿至碧蹄驿,以供顿有阙,鞭辱京畿都事曹由仁、程驿察访柳善、杨州府使李扬、高峰监务郭廷府等。甲戌,上如太平馆宴祁保、林观。上以素服、乌帽、白扇至馆,田嘉禾等亦与焉。使知申事黄喜赠使臣及伴人鞍马各一匹,观独不受。　十月戊寅,祁保、海寿、韩帖木儿、林观、奇原游桧岩寺,世子饯于兴仁门外。庚辰,上如太平馆,宴祁保、林观等,田嘉禾等皆与焉。赠保鞍马。乙酉,上如景福宫,与黄俨、田嘉禾等更选处女,被选者凡五人。故典书权执中之女为首,前典书任添年、前知永州事李文命、司直吕贵真、水原记官崔得霏之女次之。赐酒果,各赐中朝体制女服,皆用彩段。上还宫,谓代言等曰:"俨之选定高下等第误矣。任氏直如观音像,而无情态,吕氏唇阔额狭,是何物耶?"

十一月乙卯,赐谷王橞纻丝绢各五十匹,火者五人。(八五,1130)癸酉,赐蜀王椿火者二十人,肃王楧十人,庆王㮵五人。(八五,1132)

十二月丁丑,遣中官张谦、行人周航护送嗣浡泥国王遐旺等还国。(八六,1133)　甲申,命礼部铸五军都督府、六部、都察院、大理寺、锦衣卫印凡十四颗,印文并加"行在"二字;内府尚膳等监、惜薪等司、兵仗等局印凡十六颗,印文并加"随驾"二字。(八六,1138)　庚寅,日本国世子源义持以父源道义卒,遣使告讣,命中官周全往祭,赐谥"恭献",赙绢布各五百匹,复遣使赍诏封义持嗣日本国王,赐锦绮纱罗六十匹。(八六,1141)

永乐七年己丑(1409)

二月甲戌朔,上出一书示翰林学士胡广等曰:……遂名曰《圣学心法》,命司礼监刊印。(八八,1161—1162)

〇朝鲜《太宗实录》卷一七:五月甲戌,太监黄俨、监丞海寿、奉御尹凤至,上以淡彩服率百官出迎于慕华楼。使臣至昌德宫宣敕,敕曰:"今遣太监黄俨、监丞海寿、奉御尹凤,特赐王及王妃礼物,至可领也。特赐国王银一千两、纻丝一百匹、彩绢一百匹、马一十五匹、鞍二副;王妃纻丝、线罗、银丝纱各一十匹、彩绢二十匹。"上拜赐讫,升殿。俨口宣圣旨:"去年尔这里进将去的女子每,胖的胖,麻的麻,矮的矮,都不甚好。只看尔国王敬心重的上头,封妃的封妃,封美人的封美人,封昭容的封昭容,都封了也。王如今有寻下的女子,多便两个,小只一个,更将来。"使臣还太平馆,上随至,设宴于北楼。赠俨、寿等鞍马。丁丑,奉御尹凤还。凤,丰海道瑞兴县人也。母死逾年未葬,凤欲先行葬母而还。上率百官饯之于慕华楼,以汉城尹金谦为伴送使,命丰海道都观察使厚葬其母。凤请授昆季伯叔职,皆除西班司直司正,各因前资加一级,凡十余人。上还至太平馆,见黄俨等。海寿密谓李茂曰:"去年俨之奉使也,受赂鞍子二与新物甚多,帝已知之,今又如前,吾当奏之。与者受者,俱有罪。"丙申,黄俨、海寿还,上如慕华楼饯之。上与俨语及偰眉寿、赵玼之事,又言前年所择处女,许令婚嫁,俨许之。

六月丙辰,麓川平缅宣慰使思行发、缅甸宣慰使那罗塔等遣头目刀线挂等贡马及方物,赐钞币有差,复遣中官云仙等赍敕往赐思行发、那罗塔金织文绮纱罗。(九三,1235)

七月丙申,孟定、湾甸、孟琏等处土官遣头目通事六十九人贡方物,赐钞及彩币有差。木邦军民宣慰使司宣慰使罕宾发遣头目陶孟刀不答等四十人贡象马金银器,谢袭职恩,又遣陶孟刀不答等奏曰:缅甸宣慰使那罗塔数诱罕宾发背叛朝廷,罕宾发自念受国厚恩,不敢从逆,已力拒之,若天兵下临,罕宾发当效微劳。上嘉其忠,遣中官徐亮赍敕劳罕宾发。(九四,1251—1252)

九月甲申,遣中官黄俨赐朝鲜国王李芳远彩币五十表里,谕

令进马助国用，至则酬直。（九六，1273）

〇朝鲜《太宗实录》卷一八：十一月癸未，朝廷内史海寿至义州。西北面都巡问使驰报曰："内史海寿以十三日渡鸭绿江，至义州，无故发怒，褫牧使朴矩衣，缚判官吴傅，欲笞之而止。其行甚速，竟不言其所以来之故。"上曰："予恭事天子，只殚一心。奉使中官，虽甚不肖，予不敢言者，岂为中官哉！而乃为恶至此。"命议政府曰："海天使甚不逊，若遣宰相之有威望者为远接使，则无以肆其毒矣。"政府请遣铁城君李原，上谓代言等曰："予心畏天，故事大以诚。天子不遣朝官，乃命宦寺，其来也，或贪或暴，恣行无礼，处之如何？"对曰："此实古今之通患也。"上曰："我欲具海寿事状，实封以闻，然念中国方乱，我若如此，则或以一朝之愤，贻百年之患，予当忍之。"

十二月戊申。是日，守京城门内使言城门郎擅离所守，纵酒废事。城门郎亦言尝以母病白内使暂归即来，未尝擅离，盖尝以事忤内使，故挟私诬构。皇太子曰："城门郎无罪，内使小人纵私，上罔朝廷，下诬无罪之人，岂可复用！"命下锦衣卫治之。仍命司礼监榜示，今后内官、内使有言事不实及挟私枉人者悉寘重典。（九九，1296）

本年附

史事·内官刺事

关于永乐中开东厂，命内官领刺察，诸种史料记载如下：

《弇山堂别集》卷一五《皇明异典述十·三厂》："永乐十八年立东厂，命内官一人主，拨锦衣卫官校刺诇大小事情。"卷九〇《中官考一》："十八年立东厂，命内官一人主之，刺大小事情以闻。案，此不见正史、会典。据大学士万安奏，成化十二年增立西厂，疏内云东厂之设自文皇帝，至于今五十六年[①]，故考订于此。"

---

① 五十六年，《中官考三》引万安此疏，云"令内臣提督控制之，彼此并行，内外相制，行之五六十年"；该疏见《宪宗实录》卷二二五，成化十八年三月壬寅，亦作"五六十年"，乃粗估之数，故王世贞考订有误，"十八年立东厂"说不成立。

《明史·太宗纪》:“是年(**十八年**),始设东厂,命中官刺事。”《明史·宦官传》:“十八年,置东厂,令刺事。盖明世宦官出使、专征、监军、分镇、刺臣民隐事诸大权,皆自永乐间始。”《明史》实从《中官考》。

《罪惟录》卷三《太宗纪》:永乐七年十二月,“立东厂刺事,内官一人主之”。

《明书》卷五《太宗纪》:永乐七年“十二月,初立东厂刺事,内官一人主缉访”。

《国榷》卷一四:永乐七年十二月,“始立东厂刺事,内官主之”。卷一七:永乐十八年十二月,“始立东厂,专内臣刺事。事不见正史,而会典据成化十八年大学士万安奏罢东厂,云‘文皇帝建立北京,防微杜渐,初行锦衣卫官校,暗行缉访谋逆、妖言、大奸大恶等事。恐外官徇情,随立东厂,令内臣提督控制之,彼此并行,内外相制’云云,不知实录遗此何也?”谈迁两存其说,后一说实据《中官考》。

《明史纪事本末》卷三七《汪直用事》:“永乐中,尽戮建文诸臣,怀疑不自安,始设东厂,主刺奸。”

《明通鉴》卷一七,永乐十八年八月,“是月,置东厂于北京。初,上命中官刺事,皇太子监国,稍稍禁之。至是以北京初建,尤锐意防奸,广布锦衣官校,专司缉访。复虑外官瞻徇,乃设东厂于东安门北,以内监掌之。自是中官益专横,不可复制”。此条所附“考异”云:“设东厂,诸书皆系于是年之八月。《三编》系于是年之末。《辑览》则汇记于元年内臣出镇(**注云:设东厂在十八年。——编者按,此为原注**)。按七年令中官刺事,是厂卫之设已久,此以将迁北京,命复设耳。今增入‘北京’二字。”①

史事·《郑和家谱》所载下西洋史事及敕谕

公(**马哈只**)次子和,才负经纬,文通孔孟。特选皇廷,勤劳□□□□三朝,奉□□捧敕谕于诸番国并海外公干教化。诸番王等无不祗顺王命,共皆仰体皇仁,恪遵敕谕,摅诚来文。乃称和公之德而扬和公之行,可谓出使四方,不辱君命者矣。

随敕奉差诸官员名:钦差正使太监七员,副使监丞十员,少监十员,内

① 对明初内官刺事史料的辨析,可参看拙作《明代东厂新证三说》,《西南大学学报(社科版)》2010 年第 5 期。

监五十三员，都指挥二员，指挥九十三员，千户一百另四员，百户一百另三员，舍人二员，户部郎中一员，鸿胪寺序班二员，阴阳官一员，阴阳生四名，医官医士一百八十员，旗校、勇士、力士、军力、余丁、民稍、买办、书手，共二万六千八百另三名。以上共二万七千四百一十一员名。（**下洋船舶及所经诸国名略。**）

敕书：大明皇帝敕谕南京守备驸马都尉宋彪、襄城伯李隆：今遣太监郑和往西域忽鲁谟思等国公干，合用杠抬搬运钱粮官军，尔等即便照数差拨，勿得稽延。故谕。永乐七年三月□日。[①]

皇帝敕谕四方海外诸番王及头目人等：朕奉天命君主天下，一体上帝之心，施恩布德，凡覆载之内，日月所照，霜露所濡之处，其人民老少，皆欲使之遂其生业，不致失所。今遣郑和赍敕普谕朕意。尔等祇顺天道，恪守朕言，循理安分，勿得违越，不可欺寡，不可凌弱，庶几共享太平之福。若有摅诚来朝，咸锡皆赏。故兹敕谕，悉使闻之。永乐七年三月□日。

（李士厚《郑和家谱考释》）

艺文·碑铭·郑和布施锡兰山佛寺碑

大明皇帝遣太监郑和、王贵通等昭告于佛世尊曰：仰惟慈尊，圆明广大，道臻玄妙，法济群伦。历劫河沙，悉归弘化，能仁慧力，妙应无方。惟锡兰山介乎海南，言言梵刹，灵感翕彰。比者遣使诏谕诸番，海道之开，深赖慈佑，人舟安利，来往无虞。永惟大德，礼用报施。谨以金银织金宝幡、香炉、花瓶、纻丝表里、灯烛等物，布施佛寺，以充供养。惟世尊鉴之。总计布施锡兰山立佛等寺供养：金壹仟钱、银伍仟钱，各色纻丝伍拾匹、各色绢伍拾匹，织金纻丝宝幡肆对，内红贰对、黄壹对、青壹对，古铜香炉伍对、戗金座全古铜花瓶伍对、戗金座全黄铜烛台伍对、戗金座全黄铜灯盏伍个、戗金座全朱红漆戗金香盒伍个、金莲花陆对、香油贰仟伍佰斤、蜡烛壹拾对、檀香壹拾炷。

时永乐七年，岁次己丑，二月甲戌朔日谨施。

（碑在锡兰科伦坡博物馆，文转自向达校注《西洋番国志》附录二）

---

① 此条敕书有误，宋彪应为“宋琥”；且李隆之任南京守备迟至永乐二十二年，宋琥之任在宣德五年，皆非永乐七年。

永乐八年庚寅(1410)

五月丙戌,车驾次饮马河,上谓兵部尚书方宾、翰林学士胡广等曰:"朕为宗社生民,不得已远征逆虏,冀一劳永逸。今首恶已遁,其众败散,朕当旋师,且休兵息民,申严守备,更务屯田,使兵坚边实,虏不足虑矣。"宾对曰:"此宗社生民之福也。"遂遣都指挥李文、中官海寿赍捷书谕皇太子,遂下诏班师。(一〇四,1350—1351)

六月庚戌,车驾次宁武镇,虏余众来降者相继踵。以败阿鲁台之绩,遣都督王麒、中官柴塞[①]赍书谕皇太子。(一〇五,1362)
壬子,车驾次玉润山,上出营外见病卒,谓翰林学士胡广、侍讲杨荣等曰:"士卒从朕征战,今旋师在途,去家渐近,而病困如此,若不收恤,必致流离。"遂命中官周视营内外,将士有病者,悉给医药,仍命诸将善军士之有病者,毋令失所。(一〇五,1362—1363)

八月丁巳,遣中官田嘉禾、海寿赍敕往赐朝鲜国王李芳远白金千两、纱罗千匹、彩绢五百匹。先是芳远献马万匹助征北虏,故嘉答之。(一〇七,1389)【考】朝鲜《太宗实录》卷二〇:"(永乐八年)十月九日壬寅,内史太监田嘉禾、少监海寿奉敕书来,上(**朝鲜太宗**)率百官迎至敬德宫。敕曰:'胡运已终,天命已去。朕皇考太祖高皇帝,膺受天命,统一华夷。朕荷上天眷顾,平定内难,绍承大统,四方万国,靡不臣顺。独残胡余孽,梗化不庭,拘戮信使。朕亲率六师,往讨其罪。尔献马万匹,以资国用,眷尔忠诚,深用嘉奖。今特遣正使太监田嘉禾、副使少监海寿,以彩帑银两马匹赐尔,尔其体朕至怀。苎丝二百匹,线罗二百匹,彩绢五百匹,银一千两,马八匹。'上受赐谢恩讫,至太平馆设宴。嘉禾又示礼部咨,咨曰:'奉圣旨:"朝鲜国王进过马一万匹,恁礼部、兵部便定了价运将去。辽东都司收贮,行文书与国王差人来领。钦此。"'每匹给绢三匹、绵布二匹,共该绢三万匹、绵布二万匹。分赐段子罗绢于宗亲、议政府、义兴府、代言、台谏及近臣有差。议政府启:'马价将至,请辞之,以露忠心。'上曰:

① 柴塞,原作"紫塞",抱本"紫"作"柴",今从抱本。

‘天子有赐，则当受，不可曲意露诚。且以此援例，则必有后日之患矣。’议遂寝。”“十月二十八日辛酉，内史田嘉禾、海寿等以郑氏还京师，其父前知宜州事郑允厚。小宦二人、女史四人从之。”

九月癸酉，占城国王占巴的赖遣使济标等贡象并金银器等物，赐济标等彩币有差，命礼部遣中官马彬送济标还，就赍敕赐其王锦绮纱罗。(一〇八，1396)　　己卯，中官张谦、行人周航使浡泥国还，其王遐旺遣其叔蔓的里哈卢等百八十人偕来贡方物谢恩，赐文绮袭衣钞币有差。(一〇八，1398)　　壬辰，遣内官关僧赍书及白金彩币往西土征尚师昆泽思巴。(一〇八，1400—1401)

十二月戊戌，暹罗国王昭禄群膺哆罗谛剌遣使曾寿等贡马及方物，并送中国流移人还。赐寿贤(**按，贤字疑衍**)等钞币，命礼部遣中官张原等赍敕劳之，并赐之金织文绮纱罗。(一一一，1416)

本年附

史事·随驾北征宦官

王世贞《中官考一》：“八年，都督谭青等营有内官王安、王彦之(**按，之字衍**)、三保、脱脱。案：此内臣监军之始也，然名次青等后。其年，敕内官马靖往甘肃巡视，如镇守西宁侯宋琥处事有未到处，密与之商议，务要停当，尔却来回话。案：此内臣出镇之始也，然职尚止巡视，事毕回京。”

【考】上条纪事为实录所无，盖王世贞据所集“北征诏令”书之。《弇山堂别集》卷八八《诏令杂考四·北征军情事宜》载永乐八年、十二年两次北征时诏令多条：

说与游击将军都督朱荣、都指挥苏火耳灰、内官王安等：哨马营离大营三十里，拣好便当去处驻扎，若发向前小哨马，尔等可相度远近处置，务要昼夜谨慎，不可怠慢。假如王彦、王哈剌把都儿不发哨马在前，却令架炮之人在前，遇见贼五人，若贼有胆略，架炮之人如何不被其擒去？彼诸人只于朕前说话，谩得无缝，只会谩我，不会去谩别人。你每不要学他这等。(八年五月)初四日。

说与都指挥王哈剌把都儿、内官王彦：哨马营离大营三十里，拣好便当去处驻扎,若发向前小哨马,尔等相度远近处置,务要昼夜谨慎,不可怠慢。尔等不发哨马在前,却令架炮者在前,遇贼五人,若贼是有胆者,架炮之人已被其擒去。尔等原来是如此无用之物。来我说话,且是谩得严密,只能谩我,若谩得贼过便好。今后若再是如此无用,即斩尔辈!初四日。

说与内官王安:明日令伯十、苦术帖木儿、卯东曲列儿、脱欢留在大军下营去处听候,我来议事。永乐八年五月初五日。

说与游击将军都督朱荣、都指挥苏火耳灰、内官王安、春山等:即选拨汉军二十名,达军十五名,每人马二匹,跟随都指挥款台等往兀儿扎并斡难河擒拿胡寇声息;再选汉官一员,拨汉军一十名,达军二十名,春山处亦拨达军二十名,每名马二匹,跟随都指挥伯十往麽海秃等处擒拿胡寇声息。初六日。

说与游击将军都指挥王哈剌把都儿、内官王彦:即选拨达军八名,每人马二匹,跟随都指挥款台等往兀儿扎并斡难河擒拿胡寇声息。初六日。

说与游击将军都指挥王哈剌把都儿、内官王彦:选能干指挥一员,在哨马营暂时管事,每日哨瞭,务要昼夜用心,不许怠慢。王哈剌把都儿、王彦选好人好马一百人或二百人,或昼行夜止,往前擒拿声息,务要十分仔细,擒获达贼。如是仍前失机误事,必加重罪不赦。初六日。

说与游击将军都督刘江等:今款台已拿到胡寇人来问,知本雅失里与阿鲁台不和,自相杀散。本雅失里见在兀古儿扎,离我两程,阿鲁台见在兀儿古纳。前者尔等哨瞭不谨,在哈剌忙来,已为胡寇哨知我声息,尔等在前如此误事!前日因尔等不用心哨瞭,不能擒拿胡寇,八人不知,八人何不来报?失误事机。今紧不得,缓不得,务要昼夜用心,谨慎哨瞭,事机正在顷刻之间。我今日渡河,往兀古儿扎,擒拿胡寇本雅失里,朱荣、王安等就渡河为前哨马,王哈剌把都儿、王彦等就为左哨马,刘江就渡河为右哨马,朱得、李玉仍为后哨马。永乐八年五月初八日。

说与游击将军都督朱荣、都指挥苏火儿灰、内官王安等:……

说与都指挥朱得、指挥李玉:……**(以上两条文字皆略同刘江条,略)**

说与都督谭青、薛禄、薛斌、朱荣、刘江、梁福、冀中,都指挥苏火儿灰、王哈剌把都儿、款台,内官王安、王彦、三保、脱脱:尔等所领军马追剿胡寇,务要互相接应,务要得贼,不许失落一人。所有马驼牛羊,尽数收拾,以资军饷。永乐八年五月十三日。

说与都督谭青、薛斌、朱荣、刘江、梁福、冀中，都指挥苏火儿灰、王哈剌把都儿、款台、梁成，内官王安、王彦、三保、脱脱：尔等军回之时，沿途仔细跟随神机铜铳，及箭桦皮哈剌尔蠢袋，及一应军器，务要尽数收拾前来。军器有不堪者，可投之于河，惟神机铜铳及箭最为紧要，务要用心收拾带回。永乐八年五月十六日。

敕成安侯郭亮：前令海寿赍敕，令都指挥章安、卢整、陈景先，尚书吴中等，将运赴口温、迤都粮，只依海寿赍去敕内行开平粮三千石，不必运赴口温。尔可亲率领官军，运赴应昌，迎接大军，毋致稽缓。故敕。永乐八年五月二十三日。

敕英国公张辅、成安侯郭亮：今差内官海寿、都指挥李□赍平胡诏前去开读，尔处即应付马匹。故敕。永乐八年五月二十一日。

敕谕总兵官清远侯王友、副总兵广恩伯刘才：安远伯柳升到，即选精壮步军六千名前来围宿，都督薛禄下有精壮者亦选将来，锦衣卫选二百名，御马监选二百名，尚膳监选三百名，光禄寺带精壮厨子三十名前来，毋致稽缓。故敕。永乐八年五月二十三日。

说与总兵官清远侯王友、充副总兵广恩伯刘才、内官赵俊：但是军中所有一应骆驼，将车上神机铜铳均匀摘减，驼载回还，庶使各军轻便，易为拖拽。军中粮食，务要均匀接济各军军士。上紧先差人催督运来口温、迤都粮食，接济军士，严加禁约，不许抢散。军中所有牛羊，不问是朝廷者，是官员军民人等者，尽数拘收，将作粮食，接济军士。但有隐匿私自宰杀不将入官者，治以重罪。永乐八年五月二十四日。

说与总兵官清远侯王友、内官张泰、朱不花：但是尚膳监及光禄寺所有米面腊味枣子并一应物料，尽数给散与无粮军士食用，酒与沙糖盐酱椒不必给散。永乐八年五月二十四日。

说与游击将军都督刘江、朱荣，都指挥苏火儿灰、王哈剌把都儿，内官王彦、王安、春山等：朕今在饮马河北岸杀胡城驻扎，清远侯哨马来报，望见阿鲁台哨马离杀胡城三十里向东行，甚是相近。尔等切不可过麽海秃去，只来饮马河杀胡城寻大营，哨道前来就我，切不迤东行，以误事机。永乐八年五月二十一日。

说与清远侯王友:今发官军人等回营,沿途收拾遗下神机铳及军器,并将带多余铳,到营之时,一一与内官点过交收。永乐八年五月十二日。

说与游击将军都督朱荣、王安:哨马为大军耳目,朕令尔等在前,并不擒获声息,今日朕自拿得声息,不知尔等在前何为?累次失机,朝廷大事皆为尔等所误,似此所为,事何能成?岂欲故坏事耶,欲成事耶!尔等回将话来。永乐八年五月二十七日。

说与游击将军都督刘江、朱荣,都指挥苏火儿灰、王哈剌把都儿,内官王彦、王安:每日晚发哨马一百匹往前行八九十里,至东方动,伏下,遇有敌寇,务要用计擒拿声息。尔等哨马照依每日常行。永乐八年五月二十八日。

说与游击将军都督刘江、朱荣,都指挥苏火儿灰、王哈剌把都儿、娄鬼力,内官王彦、王安、春山:尔等将十人架炮,不见八人,只有两人,又迷失路。尔等先前失机误事,今又将无马官军在哨马里行,哨马本是轻便疾快之事,不知尔等留此步行者在哨马里何用?永乐八年六月初四日。

说与游击将军都督刘江、朱荣,都指挥苏火儿灰、王哈剌把都儿,内官王安、王彦、春山:尔等今至兀儿失温河,已入贼巢穴,务要藏形隐迹,不可使贼有所知觉,方能成此大事。今务要谨慎哨瞭,成此大事,庶可赎尔等前罪。永乐八年六月初五日。

敕成安侯郭亮:前在饮马河计算军粮,食至应昌,令尔运来,应昌迎接,前后凡十余起差人催促。今大车已回至应昌,不见尔运粮前来,若得五六百石先至,军士亦得接济,今颗粒不至,如此失误大事,以致军士乏粮,不知尔心怀何谋,主何缘故?今复差御马监少监杨春前来,即星夜火速作急儹运,毋得顷刻迟误。故敕。永乐八年六月二十四日。

敕王友、刘才:朕以全胜之师,付尔等领回,就制谕尔等,遇有胡寇,相机剿捕。尔等启行之时,朕又遣内官三保说与尔等,但遇胡寇,务立奇功头功。尔等言无妨,教朕放心。朕以付托得人,即放心矣。不意尔等去贼一程,活贼性命,不行剿杀,乃害朝廷官军,虽三尺童子,皆知其为不可。尔等舍有粮之地,而蹈无粮之处,使官军迂途,饿死者大半,不知尔等主何意何谋?夫法者朝廷公器,非朕所得私,今尔等罪恶滔天,一死不易。尔等之死,非朕杀尔等,实尔等自取其死。故敕。永乐八年七月初二日。

说与刘江、狗儿:尔二人明日来安宿处迎接,听发落。尔二人去后,令朱荣、春山来,朱荣、春山去后,令不花秃(**按,疑即不花都,王安也**)来。敕。永乐十二年四月二十二日。

说与狗儿:永乐八年,在饮马河哨见本雅失里声息,是尔误了,今哨见声息,又是你误了。我前已有号与阿鲁台,两处哨马相见,我的十一个人左旋,他的十个人右旋。今他的人既摆立,尔处哨马却不与答号,若尔哨马答号,彼必答号,若不答号,必是瓦剌之人,便须相机追赶擒拿。尔不与答号,不知尔意思如何?是故欲坏事。这罪不干别人事,皆是尔所为,论尔之罪,重如泰山,是尔自取杀身之计。故敕。永乐十二年五月初四日。

敕都督刘江、朱荣:今三保回,言尔等哨见番寇踪迹已往东路,不见尔等再差人来报的确声息。今伯失言,由此别有路径,直到土剌河北,从饮马河行,少三四程地,沿途多有水草。尔等如果哨得番寇踪迹的然往东行,朕明日径至饮马河,休息人马,以养锐气,一举而擒灭之。如番寇不曾东,由此径往土剌河,不到饮马河,道路甚远,劳乏人马气力。敕至,尔等仔细哨看,番寇有往东行踪迹,无回转踪迹,即差汉官一员、达官一员,具本来报。故敕。永乐十二年五月二十五日。

袁忠彻《古今识鉴》卷八:

内侍王安,即不花都,女直人。人物聪俊,语言清亮,五行俱正,唇红齿白,耳朝口,白过面,三停平等,背负肩圆,善骑射。靖难时,同王彦为前哨,明晓时务,识达大体,所向立大功,而未尝矜伐。永乐初,出镇宁夏,官至尚膳太监。

内侍王彦,即狗儿,女直人。五事俱小,三停平等,面麻声亮,处事急躁。每与王安同事,战阵功居多。出镇辽东,官至尚宝太监。

内侍郑和,即三保也。(**略,文见永乐三年附**)

内侍田嘉禾,旧名哈喇帖木,温州平阳人。形貌修癯,言语清亮,面洁白而鼻隆齿露,目视眄,刀鸣鹤形也。幼入潜邸,达时务,善机变,宠遇过隆。靖难时,多奇功,至尚宝太监。

内使李谦,即保儿,云南人。仪表魁岸,肩圆背负,岳渎丰深,但目神浮露,面肉横生。洪武中,侍仁庙于大本堂,太祖皇帝命为承奉。永乐初,遇于内省,忠彻曰:"公目下红紫贯天庭,归来黄气起七七日,主进职远动。”至期升都知太监，命回省母。甲午岁（十二年，1414），扈从北征，忠彻奏曰：“李谦眼下赤黑气入耳，恐致颠踣，不可赴敌。”上呼谦谕之曰：“袁忠彻相你有难，临阵慎勿轻进。”谦不信，引皇太孙于九龙口迎战，几危。上怒，急追还营。回銮，惧罪自经。

内侍孟骥，即添儿，西番人。五岳丰厚，三停平等，眉目分明，肉多骨少，上长下短。遭逢列圣隆遇。骥聪慧有智，内外莫不钦礼，为司礼太监。宣庙继统，尝言骥是福神，忠彻奏曰：“此人太宗皇帝时有保驾功，但面肉横生，近今色如紫茄，福去祸来之兆。全在圣恩宽贷。”时太监陈芜侍侧。果不满三月，禁锢而死。

内侍云祥，即猛哥不花，胡人。四渎深，五岳隆，目秀，但眉粗，声如破锣。自幼入内，靖难时有功，为尚膳监丞。同淇国公丘福等征胡寇，被掳。次年，太宗皇帝亲征，祥脱归，遂令往来阿鲁台所。后使命失礼，惧罪自经。

内侍燕琦，旧名王定住，处州人。在魏国公府侍仁孝皇后，入潜邸，专治药。忠彻谓曰：“琦骨肉相称，面部停匀，声清，但羊睛四白，凶祸之相。”以守城功为印绶左少监。后果受戮。

内侍福山，实乃儿不花之部落也。太宗皇帝居潜邸时，北达俘获福山。初幼，母失所在。山尝侍上侧，一日喜谕忠彻曰：“福山每言母辄泣，尔相其母有否？”忠彻对曰：“臣观福山天庭黄气若蒸雾，至月角归来，喜气朝三阳，异日必见其母。”后山随侍至大宁，驰射，一野鸡飞入墙院。山逾墙逐之，一妇惊出，视之，即母也。遂相抱而哭，启白其事。上命迎母以归。次年，忠彻再召，上御堂子内，谕曰：“福山果母子得见！”令其再拜，称誉相术之有征焉。

永乐九年辛卯(1411)

正月壬申，老挝宣慰使司宣慰使刀线歹遣人贡方物，赐赉其使，仍命礼部遣中官杨琳往赐刀线歹绒锦金织文绮等物。（一一二，1431）　乙酉，右春坊右庶子兼翰林院侍讲杨荣奏乞奔母丧。先是，荣闻母丧当丁忧，时车驾巡狩北京，命荣扈从，特谓荣曰：

俟朕北京还，令汝奔丧。至是荣申前请，赐钞一千贯，命中官宋成驰传送归，且敕荣速来。（一一二，1434）

二月癸巳，遣中官张谦等赍敕使浡泥国，赐其王遐旺锦绮纱罗彩绢百二十匹，并赐其头目有差。（一一三，1438）

三月癸酉，镇康州土官知州曩光遣头目刀怕楞等来朝。初，命中官徐亮等使西南夷，道经镇康，为曩光阻道，且劫夺其赐物。事闻，遣使赍敕谕责之。曩光恐，至是遣人来朝，乞贷罪。复遣给事中周让、行人方濬往戒谕之。（一一四，1453—1454）　丁亥，上谓礼部臣曰："都督吴允诚累从征伐，多有勋劳，其妻在凉州确然不为叛贼所诱，贤德克配其夫，宜加褒锡。"命遣中官赐之钞二千锭、彩币二十表里、米百石、羊三百腔，仍令所司宴劳之。（一一四，1460）

六月乙巳，内官郑和等使西洋诸番国还，献所俘锡兰山国王亚烈苦奈儿并其家属。和等初使诸番，至锡兰山，亚烈苦奈儿侮慢不敬，欲害和，和觉而去。亚烈苦奈儿又不辑睦邻国，屡邀劫其往来使臣，诸番皆苦之。及和归，复经锡兰山，遂诱和至国中，令其子纳颜索金银宝物。不与。潜发番兵五万余劫和舟，而伐木拒险，绝和归路，使不得相援。和等觉之，即拥众回船，路已阻绝。和语其下曰："贼大众既出，国中必虚，且谓我客军孤怯，不能有为，出其不意攻之，可以得志。"乃潜令人由他道至船，俾官军尽死力拒之，而躬率所领兵二千余由间道急攻土城，破之，生擒亚烈苦奈儿并家属头目。番军复围城，交战数合，大败之，遂以归。群臣请诛之，上悯其愚无知，命姑释之，给与衣食，命礼部议择其属之贤者立为王，以承国祀。（一一六，1477—1478）【考】费信《星槎胜览·锡兰山国》："永乐七年，皇上命正使太监郑和等赍捧诏敕、金银供器、彩妆织金宝幡布施于寺，及建石碑，以崇皇图之治。赏赐国王、头目，其王亚烈苦奈儿负固不恭，谋害舟师。我正使太监郑和等深机密策，暗设兵器，三令五申，使众衔枚疾走。夜半之际，信炮一声，奋勇杀入，生擒其王。至永乐九年归献阙下。”按,郑和所刻南京静海寺碑文“亚烈苦奈儿”作“阿烈苦奈儿”。静海寺残碑文见本年附。 庚戌,上以奉使西洋官军航海劳苦,且去家日久,其至京者命礼部引见赐劳,凡七百四十五人,赐钞五千一百五十锭。[①](一一六,1480) 戊午,上以官军从郑和自番国还者远涉艰苦,且有劳效,遣内官赵惟善、礼部郎中李至刚宴劳于太仓。(一一六,1483)

七月己巳,赏官军使番国还者人钞十锭,凡二十万锭。(一一七,1486) 甲戌,以满剌加国王拜里迷苏剌来朝,遣中官海寿、礼部郎中黄裳等往宴劳之。(一一七,1487) 辛巳,麓川平缅宣慰使思行发遣头目刁门奈等贡马及方物谢罪。初,中官云仙赍敕至麓州赐赉,思行发失郊迎礼,仙责之。思行发惶惧,至是来谢,且乞赦过。上贷之,仍命宴劳之,复遣使赐思行发锦二匹、金织纻丝纱罗二十匹。(一一七,1489)

十月丙午,兵科都给事中倪峻言:有内官奏千户不待朝命辄发兵捕盗者,请治其专擅之罪。上曰:“国家养兵,政[正]以除奸卫民。境内盗发,千户能率兵捕之,使民免于暴横,正是能尽其职。若必待奏报而后发兵,小则亡逸,大则势张,民受害多矣。阉竖不达事体,尔亦从其言乎?千户无罪。”峻惶恐而退。(一二〇,1517)

十一月戊辰,谷王橞还国,宴于华盖殿,赐银千两……火者百人,赐其从官钞币有差。(一二一,1528)

十二月戊戌,鞑靼太师阿鲁台使臣彻里帖木儿等辞归,遣中官云祥、指挥岳山等赍敕赐阿鲁台金织文绮表里,并送其兄阿力台及其妹归。(一二二,1537)

① 锡兰山之战,礼部及兵部所拟赏格见《太宗实录》卷七八,永乐九年八月甲寅条。功升见卷七九,同年十月壬辰条。

本年附

艺文·碑铭·南京静海寺残碑文[①]

……帝敕建弘仁普济天妃之宫于都城外龙江之上，以……

帝复建静海禅寺，用显法门，诚千古之佳胜，岂偶然之……

一、永乐三年，将领官军乘驾二千料海船并八橹船……

……清海道。永乐四年，大鯮船驻于旧港海口，即古之三佛奇。……

……首陈祖义、金志名等，于永乐五年七月内回京，由是……

……永乐七年，将领官军乘驾一千五百料海船并八橹船……

……其国王阿烈苦奈儿谋劫钱粮船只，事……

……阿烈苦奈儿并家……

永乐十年壬辰(1412)

七月癸卯，上谓都察院臣曰："比者朕虑在外诸司行事或于民有不便，间遣中官往询之，未尝有所委任。况在外有都司、布政司、按察司及巡按御史，事之当行者所司自行奏请，何与中官事？比闻中官多有干与有司事者，自今不许，即移文中外知之。"(一三〇，1611)　　戊申，遣中官吴宾等赍敕往赐爪哇国西王都马板锦绮纱罗彩绢千匹并金织文绮袭衣等物。(一三〇，1612—1613)

【考】同书卷一四三，永乐十一年九月癸未，爪哇国西王都马板遣使亚烈沙麻耶等贡方物，既还，敕谕都马板曰："前内官吴宾等还，言王恭事朝廷，礼待敕使，有加无替。比闻王以满剌加国索旧港之地而怀疑惧，朕推诚待人，若果许之，必有敕谕。王既无朝廷敕书，王何疑焉？下人浮言，慎勿听之。今赐王文绮纱罗，至可领也。"

九月丁酉，满剌加国王拜里迷苏剌侄西里撒麻兰札牙等辞归，赐钞币有差，仍遣中官甘泉往赐拜里迷苏剌锦绮纱罗彩帛。

---

① 该碑原藏南京静海寺，已残，嵌于寺西厨壁间，1936年为郑鹤声先生访得并拓存。寺随毁于战火，残碑亦失。碑文转自郑鹤声、郑一钧编《郑和下西洋资料汇编》下册，第49—50页。

(一三二,1625)

十一月丙申,遣太监郑和等赍敕往赐满剌加、爪哇、占城、苏门答剌、阿鲁、柯枝、古里、南[喃]渤利、彭亨、急兰丹、加异勒、忽鲁谟斯、比剌、溜山、孙剌诸国王锦绮纱罗彩绢等物有差。(一三四,1639)

十二月甲子,暹罗国王昭禄群膺哆罗谛剌遣使坤文琨等奉表贡方物,赐坤文琨等钞币有差,仍命礼部遣中官洪保等往赐其王文绮罗帛。(一三五,1646)

永乐十一年癸巳(1413)

正月丙午,瓦剌顺宁王马哈木等遣歹都孛罗台等贡马,且言甘肃、宁夏归附鞑靼多其所亲,请给为部属,又多所请索,而表词悖慢。时朝廷所遣使(按,使字衍)敕使舍黑撒答等在马哈木所,俱不还。上怒,遣其使者归,命中官海童等赍敕条责其罪,且曰:"能悔过谢罪,待尔如初,不然,必举兵讨罪。"(一三六,1659)

二月己未,遣太监侯显赍敕赐尼八剌国王沙的新葛、地涌塔王可般锦绮。中官杨三保等使乌思藏等处还,乌思藏帕木竹巴灌顶国师阐化王吉剌思巴监藏巴里藏卜遣侄札结等与三保偕来朝贡,命礼部复遣中官赍敕赐之锦币,并赐其下头目剌麻有差。(一三七,1665—1666)

九月甲午,遣中官李达、吏部员外郎陈诚、户部主事李暹、指挥蓝金哈蓝护送哈烈等处使臣还,就赍敕并文绮纱罗布帛等物赐哈烈、撒马儿罕等处王子,报其来贡之勤也。(一四三,1706)

十一月戊戌,车里故宣慰使刀暹答次子刀赛遣兄刀怕弄等来朝贡象马金银器。初,朝廷遣中官洪仔生赍敕往赐刀暹答锦绮等物,既至而刀暹答已卒,长子刀艮孟自立,骄慢狠愎,失其民心。无几病卒,众推刀赛权司事。至是遣刀怕弄等谢颁赐其父之恩,并请袭职。从之。(一四五,1717)

本年附

史事・宦官出使

《明史・郑和传》："（永乐）十年十一月，复命和等往使，至苏门答剌。其前伪王子苏幹剌者，方谋弑主自立，怒和赐不及己，率兵邀击官军。和力战，追擒之喃渤利，并俘其妻子，以十三年七月还朝。"费信《星槎胜览・苏门答剌国》："永乐十一年，伪王苏幹剌寇窃其国，王遣使赴阙陈诉请救，上命正使太监郑和等统率官兵剿捕，生擒伪王。至永乐十三年归献阙下。"马欢《瀛涯胜览・自序》："永乐十一年癸巳，太宗文皇帝敕命正使太监郑和，统领宝船，往西洋诸番开读赏赐，余以通译番书，亦被使末。"茅瑞徵《皇明象胥录・苏门答剌》："永乐十一年，中使郑和擒假王送京伏法，诸番震服。"福建长乐碑亦云："永乐十一年，统领舟师往忽鲁谟斯等国。"则是十年十一月为奉敕日，起行在十一年。又嘉靖二年《重修清净寺碑》（**见下附**）载：永乐十一年四月，郑和"奉敕差往西域天方国，道出陕西"。则郑和下洋，必迟至十一年年底。【考】范金民据明朝《卫所武职选簿》，考证败苏幹剌之役发生于永乐十二年闰九月，地点在苏门答腊的白沙岸。见氏撰《〈卫所武职选簿〉所反映的郑和下西洋史事》（《明代研究》第13期，2009年）。献俘见永乐十三年九月壬寅。

艺文・碑铭・西安羊市大清真寺重修清净寺碑

重修清净寺碑

赐进士第、刑部浙江清吏司观政刘序撰，吏部听选官白璋篆，西安后学刘汝麒书。

清净寺者，西域教率其徒祝延之所也。西域教自唐入中国，厥徒奉之，亟诚亟慎。乃至赵宋时，建清修寺于陕西鼓楼西北隅。会城人奉其教者萃于中，翻译诵拜，然□来林立，訇訇踵接莫能容。迨元世祖中统四年（1263）六月，肇创此寺于长安新兴坊。街西东面，名曰"清净"，分徒之半，祝延于斯。至大德丁酉（1297），陕西行中书省平章政事赛典赤乌麻儿，大崇厥教，增广饰治，视前有加。及我国朝永乐十一年（1413）四月，太监郑和奉敕差往西域天方国，道出陕西，求所以通译国语可佐信使者，乃得本寺掌教哈三焉。乃于是奏之朝，同往。卒之揄扬威德，西夷震詟。及回旆，海中风涛横作，几至危险，乃哈三吁天，恳恳默祷于教宗马圣人者。已而风恬波寂，安妥得济。遂发洪誓，重修所谓清净寺者。乃作前门四楹，门之直西为崇楼，洞门四达，重檐巨拱，峀然奇观。昧爽，则登斯楼，呼其徒而拜焉。楼之后为大殿，广五间，楹纵七丈五尺。中为教宗座，金壁光华，耀夺人目。缭以周墙，阒无尘染，讫然真一清净处也。嘉靖癸未(二年，1523)，其徒复为葺治，罨以藻绘，厥模一新，相与砻石镌文，以识岁月。掌其教者，前人姓字，多所湮汨。自哈三传马兴至赵英，英再传于哈荣，荣传于赵和，承和之裔者，今为钟文，而副之者花聪，赞之者陈敖云。

大明嘉靖贰年，岁次癸未，①秋九月吉日立。长安叶文举刻。

(《郑和史迹文物选》，人民交通出版社，1985年)

艺文·碑铭·奴儿干都司永宁寺二碑

敕修奴儿干永宁寺记

伏闻天之德高明，故能覆帱；地之德博厚，故能持载；圣人之德神圣，故能悦近而服远，博施而济众。洪惟我朝统一以来，天下太平五十年矣。九夷八蛮，梯山航海，骈肩接踵，稽颡于阙廷之下者，民莫枚举。惟东北奴儿干国，道在三译之表，其民曰吉列迷及诸种野人杂居焉。皆闻风慕化，未能自至。况其地不生五谷，不产布帛，畜养惟狗。或野人人养驾□，运□诸物，或以捕鱼为业，食肉而衣皮，好弓矢。诸般衣食之艰，不胜为言。是以皇帝敕使三至其国，招安抚慰，□□安矣。圣心以民安而未善，永乐九年(1411)春，特遣内官亦失哈等，率官军一千余人，巨船二十五艘，复至其国，开设奴儿干都司。昔辽、金畴民安故业，皆相庆曰：□□今日复见而服矣。遂上□朝□□□都司，而余人上授以官爵印信，赐以衣服，赏以布钞，大赉而还。依土立兴卫所，收集旧部人民，使之自相统属。

十年冬(1412)，天子复命内官亦失哈等载至其国。自海西抵奴儿干及海西外苦夷诸民，赐男妇以衣服器用，给以谷米，宴以酒馔，皆踊跃欢忻，无一人梗化不率者。上复以金银等物为择地而建寺，柔化斯民，使知敬顺太祖以圣□□为相□之瑞。十一年秋，卜奴儿干西，有站满泾，站之左，山高而秀丽。先是，已建观音堂于其上，今造寺塑佛，形势优雅，粲然

① 郑鹤声、郑一钧编《郑和下西洋资料汇编》第16章录有该文，题作《万历重修清净寺碑记》，文末纪年作"□□□□岁次癸未(万历十一年，1583年)"，当误。该碑立于嘉靖二年，碑文中已有说明。

可观。国之老幼，远近济济争趋□□高□□□□□□威灵，永无厉疾而安宁矣。既而曰："亘古以来，未闻若斯。圣朝天□民之□□□上忻下至，吾子子孙孙，世世臣服，永无异意矣。"以斯观之，万方之外，率土之民，不饥不寒，欢忻感戴难矣。尧舜之治，天率蒸民，不过九洲之内，今我□□□□□□□□□□□□，蛮夷戎狄，不假兵威，莫不朝贡内属。《中庸》曰："天之所覆，地之所载，日月所照，霜露所坠，凡有血气者，莫不尊亲，故曰配天。"正谓我朝盛德无极，至诚无息，与天同休。斯无尚也！无盛也！故为文以记，庶万年不朽云尔。

永乐十一年九月廿二日立。

钦差内官：亦失哈、成□胜、张童儿、张定安。镇国将军都指挥同知张旺。抚总正千户王迷失帖、王木哈里。（**下玄城、弗提等卫指挥、千百户、总旗、镇抚、都事、医士、吏等名，及蒙古女直字、钻字、来降人题名略**。）奴儿干都司指挥同知康旺。都指挥佥事王肇舟、佟答剌哈。经历刘兴。吏刘妙胜。

重建永宁寺碑记

惟天之高覆，四时行，万物生焉；地之厚载，二气合，万物育焉；圣人之至德，五常明，万姓归焉。故尧舜仁昭而于□□□所化□，无为而治，后世□闻□者。恭惟我圣朝布德施惠，昭而愈明，天下归服，隆盛久矣。是以蛮夷戎狄，闻风向化，而朝□贡者，络绎不绝。惟奴儿干国远□□之表，道万余里，人有女直或野人、吉列迷、苦夷。非重译莫晓其言，非威武莫服其心，非乘舟难至其地，非□林难处其居。风俗之异，弗能备举。洪武间，遣使至其国而未通。永乐中，上命内官亦失哈等，□锐驾大航，五至其国，抚谕慰安，设奴儿干都司，其官僚抚恤，斯民向化，遂捕海青方物朝贡。上嘉其来，赐爵给赏，劳慰还之。朝廷尤虑未善，更命造寺，使柔化之。

十一年秋，择地满泾之左，创寺塑佛，曰永宁寺。国民仰观，忻然皆曰："我地亘古以来，未□有此□□也！"宣德初，复遣太监亦失哈部众再至。以当念圣天子与天同体，明如日月，仁德之大、恩泽之渥谕抚之，其民悦服。且整饰佛寺，大会而还。

七年(1432)，上命太监亦失哈同都指挥康政，率官军二千，巨船五十再至。民皆如故，独永宁寺破毁，基址存焉。究□之，其□人吉列迷毁寺者,皆悚惧战栗,忧之以戮。而太监亦失哈等体皇上好生柔远之意,特加宽恕。斯民谒者,仍宴以酒,给以布物,愈抚恤。于是人民老少,踊跃欢忻,咸啧啧曰:“天朝有仁德之君,乃有贤良之佐,我属无患矣。”时众议西郭再建原寺,敢不复治。遂委官重造,命工塑佛,不劳而毕。华丽典雅,优胜于先。国人无远近,皆来顿首,谢曰:“我等臣服,永无疑矣。”以斯观之,此我圣朝聪明德博,道高尧舜,存心于天下,加惠于穷民,使八方四裔,多士万姓,无一饥寒者。其太监亦失哈、都指挥康政,尤能宽仁厚恕,政治普化,服安蛮夷,懿欤尚矣!伟欤懋哉!正谓圣主布德施惠,非求报于百姓也;郊望谛尝,非求报于鬼神也。山致其高,云雨起焉;水致其深,蛟龙生焉;君子致其道德,而福禄归焉。是故有阴德必有阳报,有隐行必有昭名,此之谓也。故为文记万世不朽云。

大明宣德八年癸丑岁(1433)季春朔日立。

钦差都知监太监亦失哈。御马监左少监白金。内官范桂、潘昂、阮落、阮蓝、阮通。给事中□昂。辽东都司都指挥康政,(**以下都司及海西玄城等卫武官及通事、医士、书丹、画匠、木石泥铁等匠题名皆略**。)奴儿干都指挥:康福、王肇舟、佟胜。经历:孙□。吏:刘观。

(以上两碑释读引自杨旸等编《明代奴儿干都司及其卫所研究》第三章,第45—60页)

永乐十二年甲午(1414)

正月己卯,遣中官杨三保赍敕往谕乌思藏怕木竹巴灌顶国师阐化王吉剌思巴监藏巴里藏卜、必力工瓦阐教王领真巴儿吉监藏、管觉灌顶国师护教王宗巴斡即南哥巴藏卜、灵藏灌顶国师赞善王著思巴儿监藏巴藏卜及川卜、川藏、陇答、朵甘、答笼、匝常、剌恰、广迭、上下邛部、陇卜诸处大小头目,令所辖地方驿站有未复旧者悉如旧设置,以通使命。(一四七,1725) 壬子,正觉大乘法王昆泽思巴陛辞,赐图书及佛像佛经法器衣服文绮仪仗鞍马金银器皿等物,命中官护送。(一四七,1725—1726)

三月甲申,遣奉御祝原等使真腊国。初,真腊遣人贡方物,且言数被占城侵掠,其使久留京师。至是,上遣原等送归,并赐

真腊国王参列昭平牙彩币，别以敕戒占城王占巴的赖，令安分循理，保境睦邻。(一四九，1738)

四月丙午，敕兵仗局以神机铳炮、盔甲、辟手、额项铁、马袴、马甲各二百，明甲一千送行在所。(一五〇，1745)

六月戊午，驻跸三峰山之西南，和宁王阿鲁台遣所部都督朵儿只昝卜等来朝，命中官王安赍敕往劳阿鲁台。　庚申，驻跸饮马河西岸，和宁王阿鲁台遣所部都督锁住来言有疾不能朝，上遣使指挥徐晟同中官、锁住赐之米百石、驴百匹、羊百牵，别赐其部属米五千石。(一五二，1767)

七月庚寅，驻跸兴和。皇太子遣左少监卜花、局郎进保进袍服至。(一五三，1772)

永乐十三年乙未(1415)

七月癸卯，太监郑和等奉使西洋诸番国还。(一六六，1859)　甲辰，遣太监侯显等使榜葛剌诸番国，赐国王绒锦金织文绮绫绢等物。(一六六，1859)【考】《明史·侯显传》："七月，帝欲通榜葛剌诸国，复命(侯)显率舟师以行。其国即东印度之地，去中国绝远。其王赛佛丁遣使贡麒麟及诸方物，帝大悦，锡予有加。"

九月壬寅，苏门答剌国王宰奴里阿必丁遣王子剌查加那因等贡方物，太监郑和献所获苏门答剌贼首苏斡剌等。初，和奉使至苏门答剌，赐其王宰奴里阿必丁彩币等物。苏斡剌乃前伪王弟，方谋弑宰奴阿必丁，以夺其位，且怒使臣赐不及己，领兵数万，邀杀官军。和率众及其国兵与战，苏斡剌败走，追至喃渤利国，并其妻子俘以归。至是献于行在。兵部尚书方宾言苏斡剌大逆不道，宜付法司正其罪，遂命刑部按法诛之。命兵部录官军战功，于是水军右卫流官指挥使唐敬、流官指挥佥事王衡、金吾左卫流官指挥使林子宣、龙江左卫流官指挥佥事胡俊、宽河卫流官指挥同知哈只，皆命世袭锦衣卫正千户，陆通、马贵、张通、刘

海俱升流官指挥佥事,其余千百户旗军王复亨等百四十余人升用有差。(一六八,1869—1870)

十月癸巳,中官李达、吏部员外郎陈诚等使西域还,西域诸国哈烈、撒马儿罕、火州、土鲁番、失剌思、俺都淮等处各遣使贡文豹西马方物。诚上《使西域记》,所历凡十七国,山川风俗物产悉备焉。(一六九,1884)

十一月己酉,琉球国中山王思绍所遣使臣直佳鲁犯法坐诛,遣使赍敕谕思绍曰:"比王所遣直佳鲁等来京,朕优待之。及还至福建,乃肆狂悖,擅夺海船,杀死官军,殴伤中官,夺其衣物。直佳鲁首罪,当寘大辟,已命法司如律。其阿勃马结制等六十七人与之同恶,罪亦当死。眷王忠诚,特遣归,俾王自治。自今遣使宜戒约之,毋犯朝宪。"(一七〇,1897)

永乐十四年丙申(1416)

三月壬寅,别失八里王马哈麻侄纳黑失只罕遣使哈只等贡马及方物,且告马哈麻卒无子。遣中官李达、给事中傅安等往祭马哈麻,仍以玺书命纳黑失只罕嗣为王,赐金织文绮盔甲弓刀,并赐其母彩币。上闻哈只等言别失八里与哈烈有隙,各蓄争斗之意,复赐玺书谕纳黑失只罕并哈烈,俾各释怨睦邻,保其民人,以享太平之福。又闻别失八里头目忽歹达事其主四世,国人信服,今能赞辅纳黑失只罕,亦赐玺书彩币加劳之。(一七四,1916)

五月壬辰朔,暹罗国王昭禄群膺哆罗谛剌卒,其子三赖波磨剌札的赖遣使奈世贤等告讣,且请袭爵。诏遣中官郭文往祭其父,别遣使赍诏封三赖波磨剌札的赖为暹国王,仍赐之素绮素罗白毡丝布等物,并赐其头目大库等币帛。(一七六,1923)

六月己卯,哈烈、撒马儿罕、失剌思、俺都淮等处朝贡使臣辞还,赐之钞币,命礼部谕所过州郡宴饯之,仍遣中官鲁安、郎中陈诚等赍敕偕行,赐哈烈王沙哈鲁等及撒马儿罕头目兀鲁伯等、失剌思头目亦不剌金、俺都淮头目赛赤答阿哈麻答罕等白金纻丝纱罗绢布等物有差，并赐所经俺的干及亦思弗罕等处头目文绮。(一七七，1934—1935)

七月辛亥，蜀王椿密遣仪宾顾瞻奏谷王橞谋不轨。……上得奏叹曰："朕何如待橞，乃有此心？"又曰："蜀王忠孝人，宜不见欺。且张都督尝有言矣。"遂遣中官赍敕谕橞，令送崇宁王还蜀，且察其所为。(一七八，1942—1944)

八月戊寅，中官赍敕自谷府还，言橞谋反有状，遂遣敕符金牌召橞。(一七九，1951)

九月甲辰，瓦剌顺宁王马哈木、贤义王太平等使臣观音奴、塔不塔等辞还，赐钞为道里费，命太监海童等赍敕同往，谕以逆顺祸福之道，并赐之彩币。(一八〇，1957—1958)

十一月己酉，周王橚及镇平王有爌、宜阳王有炥等还国，宴如初至，赐周王钞二万锭、纻丝三百匹、纱罗各百匹、绢千匹、兜罗锦五十二条、火者二十八人、马百匹，镇平王等及从官赐赉各有差。(一八二，1966—1967)

十二月丁卯，古里、爪哇、满剌加、占城、锡兰山、木骨都束、溜山、喃渤利、不剌哇、阿丹、苏门答剌、麻林、剌撒、忽鲁谟斯、柯枝、南巫里、沙里、湾泥、彭亨诸国及旧港宣慰司使臣辞还，悉赐文绮袭衣，遣中官郑和等赍敕及锦绮纱罗彩绢等物偕往，赐各国王，仍赐柯枝国王可亦里印诰，并封其国中之山为镇国山。(一八三，1969—1971)

本年附

艺文·碑铭·桑渴巴辣实行碑

僧道深撰《敕赐崇恩寺西天大辣[剌]麻桑渴巴辣实行碑》："西天大剌麻梵名桑渴巴辣，乃中天竺国之人。(**永乐三年，来南京朝觐太宗皇帝，命居西天寺。**)其后驾幸北京，越十一年，被召而来，居崇恩寺。寻奉圣旨，内府番经厂教授内臣十余员习学梵语真实名经诸品梵音赞叹[①],以及内外坛场,而仍日每三食,优给光禄。凡遇朝廷修设秘密斋筵,其偕无隐上师预会,或得掌坛。(下略。)天顺二年,岁次戊寅,九月九日,崇恩当代住持巴辣些纳立石。"

(碑在北京西城区护国寺街。《北京图书馆藏中国历代石刻拓本汇编》第52册,第10页)

永乐十五年丁酉(1417)

正月丁未,蜀王椿还国,赐蜀王银三千两……火者百人,其从官赐钞有差。(一八四,1979)

二月戊午朔,遣内官乔来喜等赍佛像佛经金银法器彩币等物往乌思藏赐正觉大乘法王昆泽思巴。(一八五,1981)

三月丁亥朔,上将巡狩北京,命礼部定东宫留守事宜:一、常朝于文华殿视事,其左右侍卫及在京各衙门官员人等启事皆如常仪,其在外文武衙门合奏事奏本达北京,在京衙门合奏事,具奏待报而行。一、近侍官、内官、内使传令旨处分事者,所司行之,仍具实奏闻。(一八六,1989) 乙未,别失八里王纳黑失赤罕遣使哈即哈剌罕等贡方物,且致王言,将嫁其妹撒马儿罕,请以马市妆奁。遣中官李信、指挥丁全等赍文绮帛各五百匹助之。(一八六,1991) 丙午,命汉王高煦居山东乐安州。……前此高煦所为多不法……上犹隐忍未发,及车驾南还,尽得其私造兵器,阴养死士,招纳亡命及漆皮为舟、教习水战等事。上怒甚,召至面诘之,又录示其不法数十事,褫其衣冠,囚絷之西华门内,命

① 番经厂及授内府宦官番经之石刻史料,另见成化九年僧道深撰《禅牒师塔铭》(《北京图书馆藏中国历代石刻拓本汇编》第52册,第99页):"天顺丁丑(元年,1457),命教中贵百余员"。又成化十五年四月《慈济塔碑》(《北京图书馆藏中国历代石刻拓本汇编》第52册,第142页):"天顺戊寅年(二年,1458)敕(慈济国师)于内府番经厂管教中贵官百有余员,习授西天各佛坛好事,举皆成就。"按,内府番经及汉经、道经三厂,可参见刘若愚《酌中志》卷一六《内府衙门职掌》。

中官黄俨等昼夜守之，将免为庶人。(一八六，1994—1996)　丁未，太监海童等使瓦剌还，贤义王太平、安乐王把秃孛罗遣使贡名马及方物谢罪。(一八六，1996)

四月乙丑，车驾次利国，复遣太监海童使瓦剌，指挥柏龄等副之。先是，海童自瓦剌还，言初瓦剌拒命，皆顺宁王马哈木之谋，今马哈木死，贤义王太平及安乐王把秃孛罗二人一心，其朝贡皆出诚意。至是复遣海童等赍敕劳太平、把秃孛罗，且赐之彩币表里，与其贡使偕行。(一八七，1999)　己卯，恭顺伯吴允诚卒。允诚鞑靼人，旧名把都帖木儿，永乐三年七月率所部归附，赐姓名吴允诚，授右军都督佥事，命居凉州。六年二月领军从征卜哈思之地，以捕虏功升右都督。九年四月升左都督，与中官王安追叛虏大脱赤(**抱本大作火，广本脱赤作禁里，《明史·吴允诚传》作阔脱赤**)，至把刀河(**抱本及《明史·吴允诚传》刀作力**)，获虏人口马驼牛羊而归。十年正月封恭顺伯。十二年从征沙漠，还仍居凉州。其卒也，遣官致祭，命有司治丧葬。(一八七，2000)

○朝鲜《太宗实录》卷三三：四月辛未，咸吉道都巡问使进东宁卫百户金用贵所用木牌，命藏之承文院。都巡问使启曰："月初六日，百姓廉生进告云：'以田猎事到甘音洞，见东宁卫百户金用贵、小旗刘案等六名于路中，用贵等曰：内官张童儿(**张信小名**)、陈指挥奉圣旨，率军马一千名，以白头山寺丹青事，去正月十九日，辽东离发彼土所何江边，来到造木寨，营仓库十二间，输入军饩。先送军马五百于山间，其余军马则留待雪消，四月望时入来，因此过夏。驴及农牛草地放牧事言之，授我木牌而还。'今将木牌上送。"其辞曰："钦差内官张信，窃照本职近蒙赍捧皇帝圣旨，统领辽东官军一千员名，前往白头山公干。除钦遵到来乃颜地面，安下大营，位扎军马外，差委土官头目石脱里等四员，管领旗军五百名，前去弗朱江并分春江上下山场采捕等项去后，今置牌面前去四外旧有打围处所常川悬挂。如有本处附近住坐朝鲜国地面高丽、女真人民，或山打围，或安放纲罟等项，无知恐撞遇差去官军，互相搅扰。今照天下太平，四海内外，皆同一家。虑恐中间有等不体法度小人，妄生事端，有伤侵害，不便。如遇此牌,从便打围,飞放采捕,安生乐业。如有百姓人等自愿前来拜见,往来买卖者,听从交易不阻。仍将钧旨事理,省谕各寨分住坐人民,毋得妄行惊疑。傥有辽东各卫递年逃军,潜住山林,有能悔过,自行赴官出首者,不问远近年分,与免本罪,给与粮赏,带回着役,的不虚示。须至牌者,右仰通知。"一面以女真书书之,辞则同。上曰:"张信之牌,正合事理,授承文院藏之,毋致遗失。"

六月己亥,遣人赍敕往金乡劳使西洋诸番内官张谦及指挥千百户旗军人等。初,谦等奉命使西洋诸番还,至浙江金乡卫海上,猝遇倭寇,时官军在船者才百六十余人,贼可四千,鏖战二十余合,大败贼徒,杀死无算,余众遁去。上闻而嘉之,赐敕奖劳,官军升赏有差。(一九〇,2013—2014)

八月己酉,福建沙县贼陈添保等伏诛。初,添保与县人杜孙、李乌嘴及龙溪余马郎、龙岩樊添受、永春林九十、德化张五官等聚众作乱,烧劫龙溪银场,杀中官及土民三十余人。官军捕之,四散逃匿。……至是福建守臣执送京师诛之。(一九二,2024)

〇朝鲜《太宗实录》卷三四:八月乙酉,遣知申事赵末生问安于两使臣,赠各十二升苎麻布并二十匹、十一升苎麻布并二十匹、人参三十斤、满花方席、满花寝席并十二张、石灯盏一事、念珠百贯、襦衣一袭、广绢汗衫、广绢夹裙、貂皮虚胸、貂皮冠、貂皮耳掩、貂皮里红段子护膝、豹皮里黑鹿皮靴、精具黑斜皮套、狸皮里白鹿皮分套各一。静妃命内官赠两使臣各细麻布八匹、苎布七匹,黄俨伴人黄贵等十、海寿伴人刘信等十,皆给苎麻布各一匹、襦衣一袭。丙戌,礼曹佐郎金孝贞启曰:"臣将后运各色纸到使臣馆,先告黄俨,俨曰:'纸数过多。尔通计前后总数一万张,其余尔还赍去,勿使海寿知。'海寿问纸数而促其单子,俨适入浴,故潜告俨。俨曰:'单子只书一万张可也。'故如俨言,只录一万张。俨潜使人语臣曰:"二百张,可潜置迎接都监。'且曰'殿下至诚如此,然尽纳此纸,则恐后来者必仿此数,故余纸今还'云。所入纸数,稍加单子之数,俨谓海寿曰:'所以加数者,必以某等精择也。'余纸悉还。赠厚纸各四十张于两使臣,使臣等喜甚。"俨等私自置市而罔市利,且今日求某物,明日又求某物,至于伴人亦如此。

若貂皮、麻布、席子、纸地、人参，至于酢醢，无所不求，有司不堪，上曲从之，转输之丁，至于千余名。迎接都监判官高若海禁人私通和卖，使臣大怒，杖若海。戊子，遣司译院注簿金仲渚于平安道。平安道都巡问使驰报："钦差官善财率头目二人，于本月初二日到义州，欲及黄、海两使臣未发程之日，不分昼夜而来，故遣仲渚，以审其消息。"盖督处女入朝也。己丑，使臣黄俨、海寿以韩氏、黄氏还。韩氏兄副司正韩确、黄氏兄夫录事金德章、根[跟]随侍女各六人、火者各二人从之。路旁观者，莫不垂涕。丙申，命议政府、六曹议待朝廷出来张内官便否。甲山佥节制使镇抚孟玉来告曰："今月初一日，东良北地面出来中国内官张信使送人睦好里大等六名，距甲山四日程加舍洞□子来到语曰：'张大人以良马交易及马料青石砀觅归事，军马率领，欲于今月晦时，出来甲山郡。'若张大人入来，许接与否，何以区处？"命议政府、六曹同议。启曰："磨迁来住张内官，若牛马交易及马粮，请乞依凭境内入来，则口子把截人等当语之曰：'如有圣旨，而且有国家之命，则可以许接，无圣旨而许接，不可也。'傥或强入，佥节制使使人语曰：'大人无圣旨而越境不可，予亦无殿下之命，而私相交接不可。'佥节制使毋现身进退，但略备酒肉，且将米豆各十余斗，遣可当人赠遗，仍语曰：'是吾分里物也。'若又请率来人马粮料，当应之曰：'国家米豆，虽一斗一升，为人臣者不可擅自出入。'举义答了，城子不轻守护，临机应变。"即命兵曹书二件，一件送于平安道，一件授孟玉，送于咸吉道。乙巳，遣大护军池含于咸吉道，传旨都安抚使李之实曰："龙城城子造筑，已赴役则今秋毕筑，若不赴役，则都安抚使与镜城节制使黄象率前去地理李良一，于富家狄、时原间，择城子可筑处，以龙城城子造筑军，量宜加数抄出，设木栅城，置庆源府。"盖内官张信欲于古庆源设卫，故先设木栅置府，使张信闻之也。

九月戊午，遣太监张谦赍敕往谕古麻剌朗国王斡剌义亦敦奔，并赐之绒锦纻丝纱罗。（一九二，2026）

〇朝鲜《太宗实录》卷三四：九月庚午，大护军池含来自咸吉道。含以都巡问使柳思讷之言入传，传旨于都节制使曰："童林城基领军马入归，声言来春农作，且名以城子修补，四方作标，使军士、品从，冰冻则一二日拾石。"此虚张复立庆源之声，欲使内官张信知也。

十一月戊寅，敕周王橚曰："比新安王火者领军马，假言王来朝，直抵大名围猎，因劫掠百姓。阉竖敢假王名领军马，畿内之地敢行劫掠，此非细故，可即械送其人来京惩治。"(一九四，2045)

十二月丙申，哈烈、撒马儿罕诸国各遣使随中官鲁安、郎中陈诚等来朝贡马及方物，赐文绮纱罗袭衣有差。(一九五，2049)

本年附

艺文·碑铭·郑和泉州回教先贤冢行香石刻

钦差总兵太监郑和前往西洋忽鲁谟厮等国公干，永乐十五年五月十六日于此行香，望灵圣庇祐。镇抚蒲和日记立。

(原石存泉州，碑文引自向达校注《西洋番国志》附录三)

永乐十六年戊戌(1418)

三月甲戌，太监海童、指挥柏龄等自瓦剌还，贤义王太平、安乐王把秃孛罗及弟昂克并顺宁王马哈木子脱欢及头目阿怜帖木儿各遣使奉表贡马，脱欢请袭父爵。(一九八，2072)

四月甲辰，遣太监海童、右军都督佥事苏火耳灰、都指挥程忠等赍敕赐太平、把秃孛罗及昂克、脱欢等彩币表里有差，命脱欢袭父爵为顺宁王。别遣指挥毛哈剌赐祭故顺宁王马哈木，与瓦剌贡使偕行。(一九九，2076—2077)

五月庚戌朔，遣中官杨忠等使亦力把里，赐其王歪思金织文绮彩币盔甲弓刀，并赐其头目忽歹达等七十余人彩币有差。(二〇〇，2081)

八月戊寅朔，尼八剌国王沙的新葛遣人贡方物，上遣中官邓诚赍敕往赐之锦绮纱罗，与其贡使偕行，凡所经罕东、灵藏、必力工瓦、乌思藏野蓝可般卜纳等处头目皆有赐赉。(二〇三，2097)

丙申，光禄寺卿张泌卒。泌……尝与井泉同发中官阴事，上嘉之，特诏两人有犯免死罪二次。(二〇三，2101)

九月戊申朔，哈烈、沙哈鲁、撒马儿罕、兀鲁伯使臣阿儿都沙等辞还，遣中官李达等赍敕及锦绮纱罗等物往赐沙哈鲁、兀鲁伯等，并赐哈密忠义王免力帖木儿、亦力把里王歪思及所过之地酋长彩币，与阿儿都沙等偕行。(二〇四,2103)　戊辰，遣中官林贵、行人倪俊等送占城国王孙舍那挫还国，仍赐占城国王占巴的赖锦绮纱罗。(二〇四,2104)

十二月壬午，西安中护卫百户张诚、小旗孙成告安定王尚炌反谋，并上其招募军士文书。上命内官朱兴持往示尚炌，且召入朝面诘之。(二〇七,2114)

永乐十七年己亥(1419)

正月癸丑，安定王尚炌至京。先是，西安中获[护]卫百户张诚、小旗孙成告王谤毁朝廷，咒咀魇镇，令妖巫问国休咎，推算己命，意希望大位，纵容军卒杀掠良民，占官民田土，强夺人妻女，招纳逃亡，私造印信，编立字号，付火者阮奉等招募人马，许成功之日封公侯，拟张景明为军师，张谅为大将军，阮奉、阮徐为正副总兵，千户尚彬为保驾指挥，合毒药谋杀秦王及兴平、永寿二王，以次擒杀陕西三司官，夺潼关，杀成(山)侯，往宁夏掩袭庆王及宁阳侯，掠取人马等事。至是上面诘之，尚炌皆引伏，廷臣交章劾奏，请诛之。上以秦愍王故，不忍加刑，但免为庶人，令往泗州守祖陵，升告者张诚登州卫指挥同知，孙成为义州卫指挥佥事，赐冠带衣服。(二〇八,2119—2120)　辛酉，同庶人尚炌谋逆内使阮奉等、术者张景明等，并陕西中护卫千户尚彬、李谦、百户刘瑜等二十八人皆伏诛，教授李惟则、指挥千百户石琦等知而不首，亦斩，余为从者发戍交阯。(二〇八,2120)　丙寅，太监海童自瓦剌还，贤义王太平、安乐王把秃孛罗及其弟昂克遣使贡马，顺宁王脱欢遣使贡马谢袭爵恩，俱赐宴。(二〇八,2121)

〇朝鲜《世宗实录》卷三：二月己卯，命赐入朝火者尹凤瑞兴本家米豆二十石。时凤得幸于帝,故俨请之也。

三月己酉,遣中官李信、林春[①]使哈密,赐忠义王免力帖木儿绮帛各七十匹,并赐其母及妃金珠固姑冠服并绮帛布有差,故忠顺王子卜答失里及哈密所部头目法虎儿丁等亦各赐绮帛。以朝使自西域还者言其能致礼延接故也。(二一〇,2127)

五月癸亥,十九日,礼部尚书吕震传旨:"着一如庵、进法主来见,二十日、二十一日于西华门听候。"二十一日,内官姜传圣旨:"明日二十二日是好日,着他来。"(葛寅亮《金陵梵刹志》卷二《钦录集》)　丙寅,瓦剌贤义王太平、安乐王把秃孛罗、顺宁王脱欢使臣辞归,敕赐太平等彩币表里有差。先是,太监海童自瓦剌还,言贤义王遣其子乃列忽等护送,中途遇寇,乃列忽率同行答力麻奋力击之,寇退走,上闻而嘉之。至是复遣指挥毛哈剌与其使俱往,加赐太平父子及答力麻等彩币。(二一二,2139)　己巳,以失剌思、亦思弗罕等处使臣辞还,遣中官鲁安、叶先等送之,并赍敕往劳失剌思王亦不剌金,赐之绒锦金织文绮纱罗玉系腰磁器等物,凡安所经亦思弗罕等处,其头目各有赐。及行,亦思弗罕使臣马哈木等奏愿留居京师,从之,赐赉有加。(二一二,2140)

六月辛巳,遣中官黄俨使朝鲜国,敕前国王李芳远曰:"王祗事朝廷,始终不怠,比陈年老,请以子祹嗣爵。夫继世在于有后,而传绪在于得人,王能简贤命德,俾宗祀有托,且副国人之望,朕用嘉悦。特遣太监黄俨赍敕劳王,王其优游暮年,益膺寿福。"(二一三,2141—2142)

七月庚申,官军自西洋还,上谕行在礼部臣曰:"将士涉历海洋,逾十数载(**按,载字衍**)万里,经数十国,盖亦劳矣,宜赏劳之。"于是都指挥人赏钞二十锭,指挥人十八锭,千百户卫所镇抚人十

---

① 林春,原作"林眷",广本、抱本"眷"皆作"春"。按,林春后屡见,且多与李信同事,故以春为是。

六锭，火长人等八十五锭，旗军人等十三锭。(二一四,2149)

八月癸未，交阯义安府土官知府潘僚反。僚，季佑(《明史·安南传》作季祐)子也。初，季佑事陈季扩为伪少保，大军征之，势穷，季佑遣僚诣军门降。总兵官英国公张辅承制，以季佑为交阯按察司副使，掌义安府事，亦授僚官。季死，以僚继父任。至是，为中官马骐非理凌虐，遂反于衙仪县，与土官千户陈苔等聚众焚掠州县，杀官吏，而义安卫土官指挥路文律亦从之。(二一五,2152)

九月乙卯，造宝船四十一艘。(二一六,2156)

十月癸未，遣中官杨三保等赍敕往赐乌思藏正觉大乘法王昆泽思巴、怕木竹巴灌顶国师阐化王吉剌思巴监藏巴里藏卜、必力工瓦阐教王领真巴儿吉监藏、思(达藏)辅教王喃渴烈思巴、灵藏灌顶国师赞善王著思巴儿监藏、灌顶弘善西天佛子大国师释迦也失等佛像法器袈裟禅衣及绒锦彩币表里有差，盖答其遣使朝贡之诚也。(二一七,2162)

永乐十八年庚子(1420)

〇朝鲜《世宗实录》卷七：正月戊辰，上王命黄海道瑞兴府上朝宦官尹凤本家，悉除徭役及杂贡，又命各年上朝宦官等本家，并皆完护。

四月庚申，暹罗国王三赖波磨剌札的赖遣使臣奈霭纳等八十人贡方物，赐之钞币，遣中官杨敏等护送还国，仍赐其王锦绮纱罗等物。(二二四,2207)

五月辛未，命行在兵部，凡使西洋忽鲁谟斯等国回还官旗二次至四次者俱升一级。于是升龙江左卫指挥使朱真为大宁都指挥佥事，掌龙江左卫事水军右卫指挥使唐敬为都指挥佥事，余升如例。(二二五,2211)　　庚寅，交阯右参政侯保率民兵御贼死之，左参政冯贵亦以讨贼战死。……贵，湖广武陵人，举进士，为兵科给士[事]中，从英国公张辅征交阯，总兵督饷，克效劳勤。还奏事称旨,升交阯右参议,提督金银场。升左参政,能抚辑流民,归附者众,有土兵二千余人,皆劲勇耐战斗,每出击贼辄有功。后中官马麒[骐]等嫉之,尽夺其土兵。及黎利反,众强贵剿捕,独以羸卒数百遇贼,兵寡贼众,贵力战而死。保为政廉恕,贵有材略,其死也,人皆惜之。(二二五,2213)【考】《仁宗实录》卷七上,洪熙元年二月丁未:"赠交阯布政使司左参政冯贵为本司左布政使,右参政侯保为右布政使。贵举进士,初为给事中,太宗皇帝嘉其才,升交阯布政使司参议,又升参政。贵在交阯,屡以土兵破贼,后土兵悉为中官马骐所据,贵追贼,战于瑰县,死之。保守黄江堡,贼犯堡,保力拒之数月,不支,亦死事。具《永乐实录》。至是,尚书黄福闻于上,遂有是命"。《宣宗实录》卷七,洪熙元年八月壬申:"追封交阯左参政冯贵为左布政使,右参政候[侯]保为右布政使。时尚书黄福言贵等皆奋力讨贼战死,上念方面之臣能捐躯效忠,故有是命。贵,永乐中以兵科给事中奉命从总兵官征交阯。贵还,言其地富实且产金珠,交阯赋金珠盖启于贵。然贵明敏有理才,凡所奏皆称旨,且善用人,尝得土军五百人,劲勇善战,贵抚育甚厚,每率之讨贼,所向成功。五百人后为中官马骐所夺,贵与贼战不利,遂及[与]保皆死。然贵贪侈,在交阯皆(**按,皆疑为蓄之误**)子女金帛甚富,贵死,悉为豪猾所据。保亦贪,但和厚能勤,其死也,人颇惜之。"

六月己酉,升广东布政司右参议陈诚为右参政,命同中官郭敬等使哈烈诸国。时哈烈、撒马儿罕、八答黑商、于阗诸国皆遣使贡马,故遣诚等赍敕,各赐彩币等物。(二二六,2216)

九月乙亥,遣中官侯显等使沼纳朴儿国。时榜葛剌国王言沼纳朴儿国王亦不剌金数以兵挠其境,故遣显等赍敕谕之,俾相辑睦,各保境土,因赐之彩币,并赐所过金刚宝座之地酋长彩币。(二二九,2226) 丁亥,上命行在礼部:"自明年正月初一日始,以北京为京师,不称行在,各衙门印有'行在'字者,悉送印绶监。"令预遣人取南京各衙门印给京师各衙门用。南京衙门皆加"南京"二字,别铸印,遣人赍给。(二二九,2228)

十月乙巳，古麻剌朗国王斡剌义亦敦奔率妻子陪臣随太监张谦来朝，上表贡方物，命礼部宴之，赉如苏禄国王。(二三〇,2229)

乙卯，湖广辰州府同知刘叔毖卒。叔毖，卢陵人……升北京刑行部员外郎。时置行部未久，且兵机相仍之后，庶务丛脞，而工曹尤甚，凡中外造作材物率取具焉。董作役者皆中官，气势不可近，六曹官往往被棰系，叔毖以廉勤独见礼，于事或叔毖言不可辄已。(二三〇,2229—2230)

永乐十九年辛丑(1421)

正月辛卯，礼部尚书吕震言于皇太子曰："殿下前在南京，数遣中官进保进奏牍，每至辄言殿下过失上闻，皆出其妄言，今宜疏此人。"皇太子曰："过失人岂能无，今至尊既不信之，我又何与此人计较耶?"卒寘之。(二三三,2255—2256)　癸巳，忽鲁谟斯等十六国使臣还国，赐钞币表里，复遣太监郑和等赍敕及锦绮纱罗绫绢等物赐诸国王，就与使臣偕行。(二三三,2256)【考】巩珍《西洋番国志》篇首附敕：永乐十八年十二月初十日，"敕太监杨庆等往西洋忽鲁谟厮等国公干，合用各色纻丝纱绵等物，并给赐各番王人等纻丝等件。敕至，即令各该衙门照依原定数目支给，仍令各门官仔细点检放出，毋得纤毫透漏。故谕。"然《太宗实录》卷二四三，永乐十九年十一月己卯，又敕内官杨庆等点勘南京仓粮。前后不足一年，似未暇出使，疑杨庆虽受命，并未成行。又《西洋番国志》载永乐十九年十月给内官郑和、孔和卜花、唐观保敕："今遣内官洪保等送各番国使臣回还，合用赏赐并带去银两段匹铜钱等件，敕至，即照依坐去数目关给与之。其官军原关粮赏，买到麝香等物，仍照依人数关给。该用军器等项，并随船合用油麻等物，令各该库分衙门逐一如原料数目关支，就令太监郑和眼同打发，就拨海船二只与之装载前去。仍发落各门官仔细点检放出，不许纤毫夹带透漏。故敕。一、下西洋去的内官合用盐酱茶酒油烛等件，照人数依例关支。永乐十九年十月十六日。"此次出使，洪保《寿藏铭》(**见宣德九年附**)不记。又清初抄本《针位篇》残卷："永乐十九年奉圣旨，三宝信官杨敏，字佛鼎，洎郑和、李恺等三人,往榜葛剌等番邦,周游三十六国公干。至永乐二十三年"云。[1] 严从简《殊域周咨录》:"和等领甲士,驾巨舰,自福州长乐县出五虎门航大海,西南行抵占城,正南行八昼夜抵满剌加,以达西洋古里,分䑸遍往支国阿丹、忽鲁谟斯等处。"《西洋番国志·阿丹国》:"永乐十九年,上命太监李充正使,赍诏敕往谕旨。李□到苏门答剌国,令内官周□□□驾宝船三只往彼。"《瀛涯胜览·阿丹国》:"永乐十九年,钦命正使太监李□[2]等,赍诏敕衣冠赐其王酋,到苏门答剌国,分䑸内官周□领驾宝船数只到彼。"诸书均未载具体月份,然从十九年十月敕可知,郑和这次下西洋,最早不早于十月;又或有先命他人(杨庆、洪保),临时更用郑和的可能。　三十日,司礼监孟□取新经五十函入内。至二月初一日晚,长随官人来说:"初二日早,令官人、秀才、和尚入内朝。"上御奉天门看经,有旨:"写得好。明日年老的好看。"……又敕太监孟:"十二布政司便去取匠人。钦此。"(《金陵梵刹志》卷二《钦录集》)【考】据袁忠彻《古今识鉴》卷八,孟□疑为孟骥。

三月丁亥,瓦剌贤义王太平、安乐王把秃孛罗等使臣辞还,赐钞币有差,复遣太监海童等赍彩币表里往赐之,仍降诏谕其部落曰:"往年寇边之罪已在赦前,一切不问。自今其头目人等能摅诚来归,悉授以官。"初瓦剌为阿鲁台所败,其部众流散有近我边境者,惧为边将所执,故下诏安之。(二三五,2281)

八月壬辰,太监海童、指挥白忠等还自瓦剌,言亦力八里王歪思与贤义王太平构兵,战互有胜负。上曰:"夷狄豺狼,不可信也。"敕边将严备御。(二四〇,2285)

十一月辛酉,分遣内官杨实、监察御史戴诚等查勘两京及天下库藏递年出纳之数。(二四三,2295)　己卯,敕内官杨庆、御史谭原清等点勘南京并直隶卫府州县仓粮递年出纳之数。(二四三,

---

① 引自郑鹤声、郑一钧《郑和下西洋史事新证》,《中华文史论丛》1985年第3辑。

② 《瀛涯胜览》、《西洋番国志》于"李"后皆阙一字,学者多认为应为"兴";而李兴、李恺,郑鹤声、郑一钧《郑和下西洋史事新证》认为即是一人。

2297）

永乐二十年壬寅（1422）

五月乙酉，敕户部运粮万二千石、兵仗局运火药千斤赴开平为守城之备。（二四九，2326—2327）

八月壬寅，中官郑和等使诸番国还，暹罗、苏门答剌、哈丹等国悉遣使随和贡方物。（二五〇，2344）

十月癸巳，命内官韦乔、监察御史宋准、郎中吕谦（**抱本宋作朱，广本吕作李**）等八十人盘点天下军民衙门仓粮及稽考递年出纳之数。（二五二，2354）

十二月己亥，麓川宣慰使思任发遣使奉表贡方物，谢兴兵侵南甸州之罪，仍遣中官云仙等赍敕戒之，并赐之绒锦文绮表里。（二五四上，2360）

永乐二十一年癸卯（1423）

四月己巳，乌思藏怕木竹巴灌顶国师阐化王吉剌思巴监藏巴里藏卜等使臣端岳竹巴等辞还，遣中官戴兴等赍敕与俱往，赐吉剌思巴监藏巴里藏卜等锦绮等物。（二五八，2377）

五月己丑，常山中护卫总旗王瑜王[上]变，告言：常山中护卫指挥孟贤等纠合羽林前卫指挥彭旭等举兵，将推赵王高燧为主而谋不利于上及皇太子。命下急捕贼。既悉得，遂召皇太子、赵王、公侯伯、都督、尚书、学士皆至，上御右顺门内亲鞠[鞫]之。盖是时上以疾多不视朝，中外事悉启皇太子，仁明恤下，往往裁抑宦寺，而宦官黄俨、江保（**按，应即进保**）等尤见疏斥。俨等日谗之于上，赖上圣明，父子亲爱，终不能间，然亦希得进见。而俨素厚高燧，常阴为之地，且诈造毁誉之言，传播于外，谓上注意高燧，以诳诱外人。由是贤等遂萌邪志，而钦天监官王射成与贤厚善，密言于贤曰："观天象，非久当有易主之变。"贤等邪谋益急，与其弟孟三，常山左护卫老军马恕、田子和，兴州后屯卫老军高正[1]，通州右卫镇抚陈凯等日夜潜谋，连结贵近，图就宫中进毒药于上，候上晏驾，即以兵劫内库兵仗及符宝，而分兵执公侯伯五府六部大臣。预令高正伪撰遗诏付中官杨庆养子，至期从禁中识以御宝颁出，废皇太子而立赵王高燧为皇帝。布置已定。瑜，正之甥，正密以告之，瑜力谏正："此舅氏灭族之计！"正不从，瑜遂入告。上览所伪撰遗诏，震怒，立捕杨庆养子斩之。上顾高燧曰："尔为之耶？"高燧惴栗不能言，皇太子为之营解曰："高燧必不与谋，此下所为耳。"上命文武群臣及三法司鞫治贤等。翼日，群臣奏贤等所犯大逆，具有显实，当并寘极典，籍没其家。上曰："即日皆籍之，王射成以天象诱人，速诛之。贤等更穷鞫，毋令遽死。"遂下锦衣卫研治，未几并其党悉诛之。(二五九，2379—2381)

七月壬午，朝鲜国王李祹遣使请立嫡子珦为世子，从之，遣中官海寿等赍敕命之。(二六一，2385—2386)

〇朝鲜《世宗实录》卷二一：九月丁亥，差佥知司译院事裴蕴管领小火者赴京。其奏本曰："永乐二十一年八月十八日，钦差少监海寿到国，奉传圣旨：'尔到朝鲜国和王说，选拣三五十个小火者进将来。钦此。'选办到小火者赵枝等二十四名，钦依送进。其姓名年甲：赵枝、金守命，年二十一；林贵奉，年十九；金宥、林得生、安敬、金众等，年十八；朴义、河吾大、李群松等，年十七；李善、郑隆、郑立等，年十六；崔义山、李忠进、金高城等，年十五；朴秀民、朴田命等，年十四；金禄、崔存者、姜众、李田今、申得名等，年十三；李追，年十一。"赐枝等各衣一袭、笠靴、毛冠，命蠲枝等本家一应杂徭。

十一月丁亥，皇太子闻内侍黄俨、江保数造危语，谮之于上，皆不听。皇太子召左春坊大学士杨士奇至文华殿，语之故，因叹曰："天可欺乎？非赖至尊圣明，尚得在此哉！"士奇对曰："殿下益

[1] 高正，杨士奇《东里集》卷一三《王瑜神道碑铭》作"高以正"。《明史·王瑜传》作"高正"。

宜自处尽道。"皇太子曰:"尽心子职而已,他有何道?"(二六五,2413)

永乐二十二年甲辰(1424)

正月甲辰,旧港故宣慰使施进卿之子济孙遣使丘彦成请袭父职,并言旧印为火所毁。上命济孙袭宣慰使,赐纱帽鈒花金带金织文绮袭衣银印,令中官郑和赍往给之。(二六七,2427)【考】《明史·成祖纪三》:"(二十二年正月)癸巳,郑和复使西洋"。系日于癸巳,又未载其回国。《明史·外国传》记济孙乞嗣事,却未言遣郑和出使。学者颇疑于二十二年郑和之行,在异其往返之速(正月受命,八月初回,几无可能)及出洋时日之不顺(一般冬季开洋,夏季回航),或指宣德六年太仓、长乐二碑不记此行,又谓赐酋长印这等小事,何至遣郑和亲往?管劲丞据《瀛涯胜览·旧港》所载施进卿"死,位不传子,是其女施二姐为王"的事实,推断旧港曾发生过姐弟或兄妹争袭的纠纷,遣素有威望的郑和前往,未必不可。但管氏考证的结论,却是郑和没有出使,见《永乐二十二年郑和受命未行考》。①

五月甲申,上召文渊阁大学士杨荣、金幼孜至幄中,谕之曰:"朕昨夕三鼓梦有若世所画神人者告朕曰:'上帝好生。'如是者再,此何祥也?岂天属意此寇部属乎?"荣等对曰:"陛下好生恶杀,诚格于天,此举固在除暴安民,然火炎昆冈,玉石俱毁,惟陛下留意。"上曰:"卿言合朕意,岂以一人有罪,罚及无辜?"即命草敕,遣中官伯力哥及所获胡寇赍往虏中,谕其部落曰:……(二七一,2452)

〇朝鲜《世宗实录》卷二四,五月壬寅:传旨户曹:"今来钦差内史王贤支应杂物,勿于外方各道征求。"

七月丁亥,车驾次翠微冈,上御幄殿,凭几而坐,文渊阁大学士杨荣、金幼孜侍。上顾问内侍海寿曰:"计程何日至北京?"对

① 原载上海《大公报·史地周刊》第94期,1936年7月17日。收入中国航海史研究会编《郑和研究资料选编》,人民交通出版社,1985年。

曰:"八月中可至。"上颔之。既而谕荣、幼孜曰:"东宫历涉年久,政务已熟,还京后军国重事悉付之,朕惟优游暮年,享安和之福矣。"荣、幼孜对曰:"殿下孝友仁厚,天下属心,允称皇上付托。"上喜,顾太监马云,赐荣、幼孜羊酒。(二七三,2467—2468)【考】永乐末征胡,出塞数十日不遇虏,军士困迫,大臣谏者辄锁之。太监沐敬力争,文庙骂曰:"反蛮敢尔!"敬乃仰首徐应曰:"不知谁是反蛮?"文庙大怒,命曳出斩之。敬语渐不逊,文庙舍之,乃曰:"吾家养人皆如此,何忧不治。"敬亦与谋者也。(姜清《姜氏秘史》卷四)唐枢《国琛集》卷下《沐敬传》:"太监沐敬,建文宫中人。太宗北征,四十日不见寇,兵困粮竭,六卿劝回銮,皆锁项。敬复苦谏,太宗骂曰:'反蛮。'敬举首曰:'不知,不知。'太宗怒,命缚斩之,敬言犹不已。太宗悟曰:'使我家养人悉如此,何患不好!'遂释之。"沐氏进谏并不如《秘史》所记亢直。《国朝献征录》卷一一七《寺人》亦有其小传,不著作者,内容与《秘史》略同,而称敬"建文时入禁中,貌魁伟,敢慷慨直言"。　辛卯,上崩,太监马云等以六师在远外,秘不发丧,密与大学士杨荣、金幼孜议丧,一遵古礼,含敛[殓]毕,载以龙舆,所至御幄朝夕上食如常仪。(二七三,2469)　壬辰,龙舆次双笔峰,文渊阁大学士兼翰林院学士杨荣、御马监少监海寿奉遗命驰讣皇太子。(二七三,2469)【考】《仁宗实录》卷五下,永乐二十二年十二月甲寅:"初,(杨)荣同(金)幼孜扈从北征,凡军中一切机务皆令与闻。军行累月,尚未抵贼巢,而步卒多艰,且谍言贼已远遁,遂令班师。及中途太祖[宗]疾作顿剧,已而崩于榆木川。中官马云等皆仓惶莫知所措,乃密召荣、幼孜入御幕中,首议丧事。荣等言宜循古制,用衣衾殡殓,庶为允当。众曰:'诺。'或有欲以他事写敕用宝,遣人驰报,荣等曰:'谁敢尔!先帝在即称敕,宾天而称敕,诈也,获罪非轻。'众皆曰:'此良是!'营[荣]等乃命中官备以大行皇帝崩逝月日并遗命传位之意启皇太子,云等从之。既作启,遂以属荣及少监海寿驰报皇太子。"

八月甲辰,文渊阁大学士兼翰林院学士杨荣、御马监少监海寿至自行在,致大行皇帝遗命。(二七四,2471)　乙巳,皇太子遣遗书谕皇太孙:"大行皇帝龙舆入长安岭,即令都督李谦等率山西都司及行都司随征官军回大同操备，俟龙舆至京论功行赏，遣人颁给。”皇太子遣谕大营五军总兵官及随征公侯伯等：“奉护大行皇帝龙舆，必恭慎周密，到京之日，论功行赏。”谕随驾内官马云等亦如之。(二七四，2471—2472)

〇朝鲜《世宗实录》卷二六：十月戊午，使臣言：“前后选献韩氏等女，皆殉大行皇帝。”先是，贾人子吕氏入皇帝宫中，与本国吕氏以同姓，欲结好，吕氏不从，贾吕蓄憾。及权妃卒，诬告吕氏点毒药于茶进之，帝怒，诛吕氏及宫人、宦官数百余人。后贾吕与宫人鱼氏私宦者，帝颇觉，然宠二人，不发，二人自惧缢死。帝怒，事起贾吕，鞫贾吕侍婢，皆诬服云：“欲行弑逆。”凡连坐者二千八百人，皆亲临剐之，或有面诟帝曰：“自家阳衰，故私年少寺人，何咎之有？”后帝命画工图贾吕与小宦相抱之状，欲令后世见之。　　朝鲜《世宗实录》卷三八：宣德二年十月三十日甲申，上曰：“昨日头目黄哲云：黄俨死后，被斩棺之罪，妻与奴婢没入为公贱。’曩尹凤亦曰：吕氏毒杀权氏，而被凌迟之刑，然非其罪也，俨诉之也。然则俨当太宗皇帝之时，专主宫壸，诬陷吕氏之失，灼灼明显。吕氏之死，实本国之耻，而今稍雪矣。”

附 仁宗洪熙朝

永乐二十二年八月丁未,命附马都尉沐昕掌南京后军都督府事,命太监王贵通(即王景弘)率下番官军赴南京镇守,宫中诸事同内官朱卜花、唐观保,外事同附马都尉西宁侯宋琥、驸马都尉沐昕计议而行。(《明仁宗实录》,一上,6) 丁巳,上登宝位,朝群臣,大赦天下,诏曰:……一、下西洋诸番国宝船悉皆停止,如已在福建、太仓等处安泊者俱回南京,将带去货物仍于内府该库交收,诸番国有进贡使臣当回去者只量拨人船护送前去,原差去内外官员速皆回京,民梢人等各发宁家。一、往迤西撒马儿罕、失剌思等处买马等项及哈密取马者悉皆停止,将去给赐段匹磁器等件就于所在官司入库,马驼骡匹系官给者仍交还官,系军民买办者给还原买之人,原差去内外官员俱限十日内起程赴京,不许托故稽留。一、往云南、木邦、缅甸、麓川、车里等处采取宝石等项及收买马匹等件,悉皆停罢,其给赐之物发与差来进贡使臣带去,但系朝廷差去内外官,限十日内即起程回京,官军各回原卫着役,不许稽留。一、各处修造下番海船悉皆停止,其采办铁黎木只依洪武中例,余悉停罢。一、但是买办下番一应对象并铸造铜钱、买办麝香生铜荒丝等物,除见买在官者于所在官库交收,其未买者悉皆停止。一、各处买办诸色纻丝纱罗段匹宝石等项及一应物料颜料等,并苏杭等处续造段匹,各处抄造纸札磁器,采办黎木板,造诸品海味果子等项悉皆停罢,其差去官员人等即起程回京,不许指此为由,科敛害民。一、各处闸办金银课除去煎稍[销]见收在官外,自今(并行)停止,敢有不遵法度,私自煎销者罪之。所差去闸办官员人等限十日内即起程赴京,不许托故稽留。其旧额岁办银课并差发金不在此例。一、交阯采办金珠香货之类悉皆停止,交阯一应买办采取物料,诏书内开载未尽者亦皆停

止，所差去内外监督官员限十日内即起程赴京，并不许托故稽留，虐害军民。(一上，13—17)

九月乙酉，遣镇守交阯中官山寿赍敕谕交阯头目黎利，敕曰："尔本良善，久秉归向之诚，但有司失于抚绥，致怀疑畏，潜遁山林，未遂素志。今大赦之后，尽洗前过，咸与更新，特遣人赍敕谕尔，授尔清化府知府，抚一郡之民，宜即就职，以副朕推诚待人之意。"盖寿于上前力言利与己相孚，今往谕之必来归。上曰："贼狡诈非尔所知，或为所给，则贼势日滋不易制也。"寿叩头言："如臣往谕而彼不来，臣当万死。"遂降是敕。(二中，57—58)　丁亥，命内官监右监丞吴庆修孝陵殿。(二下，65)　己亥，内官别里哥、指挥赵敬、千户张春奉使北虏还贡马，和宁王阿鲁台使者阿卜都剌把儿火者等贡马及方物，赐其使钞币有差。(二下，81)【考】别里哥或即永乐二十二年五月甲申条的伯力哥。　庚子，甘肃总兵官都督费瓛奏：安定、曲先、赤斤、密落等处有贼千余人，于必立出江黄羊川杀伤朝使内官乔来喜等，劫夺彩币马骡等物。遂遣敕一道，令瓛等差的当头目赍谕赤斤蒙古卫三道，令都指挥李英同指挥康寿赍谕罕东、曲先、安定三卫，着落挨查前项劫贼果是何簇分部落之人，或擒拿解来，或明白指实奏来，庶罪有所归。其谕蒙古等卫敕曰："比朝廷差内官乔来喜等同乌思藏等处贡使赍敕及彩币等物往乌思藏、尼八剌等处公干，至必立出江黄羊川，遇安定、曲先、赤斤、密落等处贼徒五千余人截路，杀伤使臣，劫夺彩币马骡牛等物，罪不可容。即欲调军剿捕，恐伤及良善。尔等须挨查前项贼徒是何簇分部落之人，或擒拿解来，或明白指实具奏，庶罪有所归。"(二下，83)【考】《宣宗实录》卷七，洪熙元年八月戊辰："永乐末，朝廷遣中官乔来喜、邓成等使西域，道经安定、曲先之地，番寇五千余人邀劫之，掠所赍赐币，来喜、成皆被害。仁宗皇帝临御，命英与必里卫土官指挥康寿等讨之。"两条实记一事，对读可知内官乔来喜因伤殒命，且与同行者还有内官邓成，按：永乐朝有内官邓诚，尝于十七年八月使尼八剌、乌斯藏等处,疑为一人。

十月庚戌,造御药奉御印。(三上,103)　庚申,造南京都知监、司礼监二印。(三下,118—119)

十一月癸酉,遣中官鲁安等以即位诏往谕哈密忠义王免力帖木儿并赐之彩币表里。(四上,131—132)　甲戌,遣中官别里哥、指挥赵回来的等赍敕谕和宁王阿鲁台,宥其前过,令通使往来如故,并赐王及王母彩币表里。(四上,133)　乙亥,交阯参将保定侯孟瑛、荣昌伯陈智奏黎利反事,赐敕报曰:"已有敕赦黎利罪,命为清化府知府,令内官山寿赍往谕意。待山寿至彼,尔等察其近情何如,与山寿计议停当奏来。"(四上,134)　庚辰,上谓侍臣曰:"守成之主,动法祖宗,斯鲜过举。书曰:'监于先王成宪,其永无愆。'后世为嗣君者,往往作聪明,乱旧章,而卒至丧败不救,可谓鉴戒。朕十余岁侍太祖皇帝侧,亲见作祖训,屡经改易而后成书。是时秦、晋、周世子皆在,太祖闲暇即召太孙及诸世子于前,分条逐事,委曲开谕之,皆持身正家,以至治天下之要道,为天子、为藩王能每事遵守,岂有不福禄永远者?朕寤寐不忘。今已命司礼监刊印,将赐诸子及弟侄。"侍臣对曰:"陛下此心,即太祖皇帝之心也。"(四上,137—138)　内官马骐传上旨,谕翰林院书敕付骐,复往交阯闸办金银珠香。时骐被诏召还未久。本院官覆奏,上正色曰:"朕安得有此言,卿等不闻渠前在交阯荼毒军民乎?交阯自此人归,一方如解倒悬,今又可遣耶?遣之非独诏书不信,将坏大事。此人近在内间,百方请求,左右为言再往当有利于国,朕悉不答,卿等宜识朕意。"遂止。(四上,138—139)

【考】时内官传旨而径令有司施行者颇多伪诈,虽屡有命覆奏,而所守亦不坚。如《宣宗实录》卷一九,宣德元年七月己亥:"命六科给事中:'凡内官、内使传旨诸司,皆须覆奏。'时中官奉旨传之六科,辄令径行诸司。上闻之,即下法司治,因谕给事中曰:'尔官近侍,职在记注,凡朕一言一令,或令内使传出者,尔当备录覆奏,再得旨而后可行,庶几关防欺蔽,不然必有诈伪者。尔等自今恪谨乃职，不许依阿随附。'”卷四五，宣德三年七月庚申：“上谕行在吏部、兵部臣曰：‘今后凡中官传旨除授官员，不问职之大小，有敕无敕，俱要覆奏明白，然后施行。'”卷六六，宣德五年五月戊辰：“豹坊勇士奏与民分居，上曰：‘勇士在京师皆十余年，安得今尚无居？此必民居宽好，欲舍而就彼。民艰难作一居，尔欲徒得之耶？民何罪，尔何功？'锦衣卫指挥王节奏：此人今有居在城中。上怒，命杖之一百，以五十斤枷号令儆众。召六科给事中谕曰：‘此曹敢轻易犯法者，恃中官为之救解。自今但中官传朕言释有罪人，并须覆奏始行。'”可见明代内外悬绝不通之势，实起于仁宣，宦官乃居中作弊。　辛卯，工科给事中郭永清言五事：……其三、内官内使非重事不宜轻遣出外，凡事惟责成所司，庶几不扰于民。……并从之。（四下，151）

十二月庚戌，遣中官尹凤等赐朝鲜国王李祹彩币表里，并赐其使钞币，俾随凤等归国。（五上，163）

本年附

史事

“永乐二十二年八月十七日，臣士奇新改华盖殿大学士，谢恩毕，闻惜薪司奏准循岁例，赋北京、山东枣八十万，宫禁香炭之用。士奇入将奏之，时蹇义、夏原吉奏事未退。上望见士奇，笑谓蹇、夏曰：‘新华盖学士来奏事，必有理，试共听之。'臣言：‘诏下裁两日，今闻惜薪司传旨赋枣八十万，得无过多？虽是岁例，然诏书所减除者皆岁例。'上喜曰：‘吾固知学士言有理，吾数日来，宫中事丛脞，此是急遽中答之，不暇致审。'即命减除四十万。”（杨士奇《东里别集·圣谕录卷中》）

洪熙元年乙巳（1425）

正月辛卯，遣中官杨琳以即位诏谕老挝军民宣慰使司及孟艮府土官。（六下，221）

〇朝鲜《世宗实录》卷二七：正月庚辰，贺登极使通事金乙贤[玄]回自京师，启：“皇帝遣尚膳监左少监尹凤、御马监奉御卜石（**又作朴实**）及头目十八人赍赏赐,偕李稷来。"己丑,黄海道监司以书启曰:贺登极使通事金乙玄云:"使臣尹凤言:瑞兴两亲坟墓,切欲拜扫。又于慈悲岭罗汉前烧香。"其扫坟、奠物及罗汉供物预备。丙申,远接使工曹判书李孟畇以书启:副使内官朴实云:貂鼠皮、土豹皮、青鼠皮、赤狐皮、山□皮等,欲买之。宜备待候。上使尹凤喜弟重富蒙赐衣冠、授职,曰:"重富之愚,观其貌可知。有何功而受殿下如是之恩?第以殿下上敬皇帝,下念小人之致然也,恐逾分不能保守也。"　二月辛亥,使臣内官尹凤、朴实入京,上率王世子以下群臣,幸慕华楼迎敕。至昌德宫行礼如仪,上与使臣再拜,行茶礼。凡彩棚杂戏、官门桥梁结彩,视古为盛。其敕书曰:**(略)**丙**(按,丙字疑误)**时,幸太平馆,设下马宴。申时,还宫。遣知申事郭存中赠两使臣各衣一袭、笠靴、鞍马,头目指挥千户以下亦各衣一袭、笠靴、鞍马。甲寅,右代言金孟诚问安于使臣。尹凤使金时遇潜示文契于孟诚,乃判书李彬给尹重富女奴之券也。初,凤长于彬家,遂选入于明。岁己丑,奉使而还,彬论凤幼时之劳,赠与凤弟重富婢乙德。及彬被诛,没入于官。孟诚辞,凤曰:"此婢虽属公,势可还给,则启殿下给之。"凤又曰:"瑞兴,大邑也,启殿下升为都护府。予欲以此流名万代。"孟诚将凤言以启,上议于政府、六曹,佥曰:"观李彬文契,证笔有据,还给亏乙德可矣。且昔者宁越为县令,其县人赴京,火者韩帖木儿奉使来还,请升为郡。今瑞兴本为知郡,户且一千四百四十,多于原平等都护府,宜升为都护府。"于是,命刑曹还给亏乙德于重富,又命吏曹升瑞兴郡为都护府,仍使谓尹凤曰:"吾从请矣。"左议政李原驳而止之曰:"虽使臣之请,例不当升为都护之邑,升为都护府可乎?"上曰:"左议政之言是矣,然吾既与尹凤言矣。从议政之言而中止,必谓权在于下,无乃不可乎?且户数例当为都护府。"遂命升号。甲寅,尹凤以贸易貂鼠皮价彩段二十匹、青鼠皮价彩绢十匹、极细紫绿白绵紬价彩绢十一匹、狐皮价生官绢二十匹;朴实以貂鼠皮价生官绢二十五匹、小三棱布五匹、青鼠皮价生官绢十八匹、狐皮价三绫布五匹,授迎接都监。都监受而启之,命彩段彩绢尚衣院,生绢绵布济用监收纳。乙卯,尹凤、朴实索鞍妆及靴袜等物,其余细碎之物及头目等求请不可胜记,命皆与之。丙辰,尹凤谓右副代言李台曰:"予自九岁育于李彬家,二十余入朝,迨今安荣,皆其赐也。彬自作辜,既已被刑,其妻尚在,虽暂见我,我何言,彼亦何言？幸以此启达。"丁巳，同副代言郑钦之问安于使臣。尹凤出示一簇题名二单曰："某某可任京职，某某可任平壤土官，其余望差添设。"钦之以启，上皆从之。己未，左代言赵从生问安，朴实怒谓从生曰："朝鲜使臣将布物赴京，即于翼日分行街里，从便买卖。又坐馆中而欲卖者，市人奔走和卖，故不数日尽卖所赍之物。且中国多载布物，归南方诸国，则不数日尽卖而还。今朝鲜则不然，持细布来卖者，门者坚禁不入，如有潜持细布入来者，官吏令人黜送，使头目诸人不能卖所赍之物。今后如有禁黜者，予即令人捉拿。"又曰："予自入国境至此，其接也不如黄、海两使臣，岂殿下所能知也？"小顷，出示金熊皮、人参、细布求请之书。尹凤之言亦然。庚午，尹凤诣阙拜辞，上迎入于便殿，赠凤貂裘、弓矢，头目貂皮各二十领，仍设酌。上与凤言，凤皆跪对。　　三月甲戌，使臣尹凤、朴实还京，上率王世子以下群臣幸慕华楼设践[饯]宴，赠两使内厩马各一匹。上谓使臣曰：(**略**)宴将罢，凤执盏实注酒，进上前一爵，行三拜而出。上送于门外。世子立道左，两使就前揖别，至三议政立处各行揖礼乃行。上命知申事郭存中饯于碧蹄驿。

二月辛丑朔，遣中官柴山赍敕往琉球国，命故中山王思绍世子尚巴志嗣中山王。(七上，228)　　丁未，命太监郑和领下番官军守南京，于内则与内官王景弘、朱卜花、唐观保协同管事，遇外有事，同襄城伯李隆、驸马都尉沐昕商议的当，然后施行。(七上，232)

【考】实录但云"守"，《明史·仁宗纪》则曰"(洪熙元年二月)戊申，命太监郑和守备南京。"《明史·郑和传》更引王世贞《中官考一》之案语称："南京设守备，自和始也。"已与该书《仁宗纪》"(永乐二十二年九月)戊子，始设南京守备，以襄城伯李隆为之"抵牾。《仁宗实录》卷二下，二十二年九月戊子："命襄城伯李隆同驸马都尉宋琥、沐昕于南京操兵守备。"《明史·职官志五》："永乐十九年迁都北京，命中府掌府事官守备南京，节制南京诸卫所。洪熙元年，始以内臣同守备。"武臣守备已有之，自郑和始者，乃"内守备"。　　庚戌，敕甘肃总兵官都督费瓛、镇守太监王安："尔奏沙州卫都指挥困即来报，云奄克失里等欲抢掠沙州，事具悉。此虏谲诈，未可深信，宜整搠军马，令各卫所屯堡昼夜用心谨备。其内官鲁安往哈密，如出境未远，遣的当人星驰前去，令缘途加意谨慎,不可怠忽,若起程已远,不必遣人。"(七上,234)【考】王世贞《中官考一》记:"其年二月,敕甘肃总兵官都督费瓛、镇守太监王安。案:此镇守之始见者也,计永乐末已有之矣。"世贞于此既言镇守内官为"始见",然于永乐八年敕内官马靖往甘肃巡视,已云"此内臣出镇之始也",前后断语已成矛盾。实录前已见镇守交阯之山寿及镇守南京之郑和,王安亦非"始见"。《明史·职官志三》云"敕王安镇守甘肃,而各省镇皆设镇守矣";又云"镇守太监始于洪熙",实据《中官考》写成。而考诸实录本条所载敕文,并非敕其镇守,王世贞简写过甚,《明史》因之传讹了。按,甘肃镇守内官名录见本年附。　辛酉,遣内官段忠、徐亮以即位诏谕云南、缅甸、麓州、木邦宣慰司及孟定府、湾甸州、镇康州、底兀剌等处,并赐其土官文币有差。(七下,240)　乙丑,遣敕褒谕总兵官太子太保、阳武侯薛禄及左都督吴诚,都督同知高文、程忠,都指挥佥事宫得、马兴等曰:"得奏,知虏入边境,卿等躬率将士,奋驱追之,擒捕斩馘,虏遂大败,狼狈奔溃,可谓能副委托之重。使边将皆然,何患不除,何功不立?朕甚嘉悦,特遣太监杨瑛[①]、鸿胪卿杨善以酒千瓶、羊百腔往劳官军,至京论功行赏。"(七下,243)

三月戊子,遣中官往朝鲜赐祭光禄寺卿权永均,赐其家白金二百两、文币表里各十为赙。永均,太宗皇帝贤妃之父,至是以朝鲜国王李祹言其卒,故恤典及焉。(八上,258)【考】朝鲜《世宗实录》卷二八:"洪熙元年五月甲申,使臣金满入国。乙未,使臣往光禄寺卿权永均第赐祭。其文曰:'皇帝遣尚宝监右少监金满,谕祭于光禄寺卿权永均之灵曰:(略)'永均,显仁妃之兄也。"　庚寅,遣中官洪仔生赍敕赐车里、靖安宣慰使刀双孟及八百大甸军民宣慰使刀招散文绮彩币。(八下,261)

四月庚子朔,甘肃总兵官都督费瓛奏送虏中归附人家小五十二口赴京,又奏有妇女二十七口存留,等候亲戚,待后起送。

---

① 杨瑛,原作"杨英",广本、抱本、宝训及《弇山堂别集》卷七九《赏功考中》皆作"杨瑛"。《宣宗实录》惟卷一书"杨英",余皆作"杨瑛"。故改。

上虑虏情多疑，久或生变，敕谕瓛曰："所存留妇女不问有无亲戚在后，即尽数差人送来。尔名臣子孙，为国重臣，先帝谓尔练习军政，付以边寄；朕承先志，付托尤专。不意尔比来溺于宴安而懦弱不振，低眉俯首，受制于人。大丈夫所为，固若是乎？宜痛自惩艾，奋志卓立，勉图后效，庶副朕责望之重。"盖上闻军中诸事瓛不能专，悉听中官指使云。（九上，275—276）　壬寅，升行在大理寺右少卿弋谦为行在都察院右副都御史。先是，有中官采木四川贪横厉民者，上闻之，召谦谕曰："尔素清，且其往为朕穷治之。朕自知尔，勿怀疑畏。"遂升其官，赐钞千贯。（九上，278）

甲辰，行在都察院右副都御史戈[弋]谦等陛辞，敕谕谦曰："往年采木者多先虚奏数目，及当起运之际，仓卒采办，以足虚奏之数，厉民为甚。近命内官谢安、侍郎杨和等往四川起运水次堆积之木，朕虑安等复蹈前非，特命尔往巡视。但据今实堆积水次者即起运来，如有比先虚奏之数，今已赦其罪不问，不可再采以补此数，只从实起运。如有不遵朕命，仍前劳人采补者，即枷钉差人解来，治以重罪。"　敕南京太监王景弘曰："朕以来春还京，今遣官匠人等前来，尔即提督，将九五殿各宫院凡有渗漏之处随宜修葺。但可居足矣，不必过为整齐，以重劳人力。"（九上，280—281）

五月癸酉，造嘉兴、延平、庆都三公主府中使司印。（一〇，304）

【考】谈迁《枣林杂俎·智集·逸典·中使司》："洪熙元年，封皇女六人为公主，命先为嘉兴、延平、庆都三主府造中使司印。中使司有正副，亦阉人为之，如王府之承奉，非唐家以士人充僚佐也。"　庚辰，上不豫，召尚书蹇义、大学士杨士奇、黄淮、杨荣至思善门，命士奇书敕，遣中官海寿驰召皇太子。（一〇，305）

本年附

典制·甘肃内官

明太监镇守者，率事观游，营寺庙，织造绒毼，采办方物，为军民毒害。

其杰出者亦能镇遏防御，有裨封疆。而旧志概削之，其意深矣。虽然，与其去之以为快，不若存之以为防也。名氏知者附著：

马靖，永乐八年镇甘州。　王安，永乐年，见杨荣《佑善观记》。　刘永诚，正统中，镇[征]战沙漠有功。又景泰七年修武安王庙。　王贵，正统四年，修土佛寺及医学。　蒙泰，桂阳人，天顺年修忠武王、上龙王、清源各庙及缘胜寺。　韦救，天顺元年，见上龙王庙、清源庙碑，俱称奉御。　严义，成化四年修普门寺。　颜宜世，成化年同修普门寺，称御用监，安成人。一作严姓，疑即严义。　张鉴，天顺年吴琛公议府碑称奉御监。　鲁____，缺名，成化年修山丹观音寺，又见东乐胜泉寺碑。①　傅德，弘治四年□贡狮子。　张睿，弘治四年，见山丹广化寺碑。　朱彬，正德年为张文明劾冒功。　阮和，嘉靖年祀阵亡监枪少监。　董文忠，嘉靖四年同建许公铭祠。　陈浩，嘉靖十一年出案伏罪，曾作人祖山叠水一道。按镇守府嘉靖十八年改作总兵府，疑因陈浩撤去云。

(乾隆《甘州府志》卷一六《杂纂》)

艺文·元真观记

杨荣《元真观记》(即佑善观)："宣德辛亥(六年，1431)春，甘州元真观落成。(**该观永乐七年重修。略。**)洪熙改元，夏不雨，耕者告病。人方以为忧，镇守太监王安、总兵刘广、都督李文同谒祠下，命仲真祷之，澍大作。诸公感神之灵，捐资复建玉皇祠于正殿之北，经营至今，甫克完美，乃名之曰元真观。"

(乾隆《甘州府志》卷一三《艺文上》)

本卷附

史事·宦官出使

《明史·方伎传》："永乐中，成祖遣给事中胡濙偕内侍朱祥赍玺书香

① 原文有姓阙名，查《东乐胜泉寺碑记》(见本卷附之"史事·宦官与寺庙")。所载为鲁安，事在永乐十五年，与成化年已相去数十年，应非鲁安。又，鲁安即王贵，见正统四年所附宝藏寺碑。

币往访(张三丰),遍历荒徼,积数年不遇。乃命工部侍郎郭琎、隆平侯张信等,督丁夫三十余万人,大营武当宫观,费以百万计。既成,赐名太和太岳山。"

史事·宦官与寺庙①

焦竑《澹园集》卷一九《敕赐吉祥寺重修碑》:"吉祥禅寺者,胜国时天妃庙在焉。(**略。**)永乐初,中官郑和归自西洋,增置为寺,朝廷降敕护之。"

贾静《东乐胜泉寺碑记》:"敕赐胜泉寺,永乐十五年,百户王敬跟随钦差太监鲁公(安)前往萨麻儿罕(**按,即撒马儿罕**)地和番,取讨佛骨,夜梦金身显现,回还就于东乐驿门外盖寺一所。"(乾隆《甘州府志》卷一三《艺文上·文钞》)

弘治《八闽通志》卷七五《寺观》:"(闽县)云门寺在南洋屿,宋嘉定间建。中有吸江亭、石莲。国朝永乐间太监郑和重建。"

陈敏《重修山丹发塔寺碑记》:(**传甘州有阿育王所建塔。**)永乐间,适有镇守甘肃太监王公安,尝闻经集,所在寻访古塔,盖已有年。宣德间,东巡山丹,访咨指挥杨公斌、耆旧项文贵辈,中华衣冠族也。建塔岁月既久,无文可考。(正统十三年刻,乾隆《甘州府志》卷一三《艺文上·文钞》)

---

① 宦官捐资舍宅,所建所修寺庙极多,凡有事实及人物可记者,碑文皆入"本年附"之"艺文·碑铭";而原碑漶泐磨灭,或事实甚为简略者,皆入"本卷附"之"史事·宦官与寺庙"。

卷　三

宣宗宣德朝(1425—1435)

洪熙元年六月辛丑,上(按,指宣宗,时在南京)至良乡,宫中始出遗诏,文武百官常服于午门外立班,行四拜礼,听宣读讫,举哀,再行四拜礼。太监杨英[瑛]同少保兼太子少傅户部尚书夏原吉、太子太保礼部尚书吕震捧遗诏往卢沟桥迎上,中官先于卢沟桥设幕次香案,俟上至开读。(《明宣宗实录》,一,9)　辛亥,以即位遣使赍敕谕南京守备襄城伯李隆曰:“今不幸大行皇帝宾天,亲王文武群臣军民耆老遵遗诏累笺劝进,朕以宗社生民之重,仰承遗命,俯徇舆情,已于六月十二日祗嗣皇帝位。卿国之勋臣,受先皇帝付托之重,守备南京,厥任匪轻。其免赴京朝贺,凡事同守备太监郑和、王景弘计议,昼夜用心,整肃军伍,严固守备,审察机微,以防不虞,戒戢将士,务循礼法,使军民皆安,以副国家委任之重。钦哉!”(二,31)　甲寅,襄城伯李隆言外卫官军自番国还者俱留南京听用而月粮未支,上曰:“彼涉海远还,备历艰险,安可无粮?其即按月给之,就留操备。”(二,34)　巡按浙江监察御史尹崇高奏:“朝廷近差内官、内使于浙江市买诸物,每物置局,拘集动扰,供给繁劳,朝廷所需甚微,民间所费甚大,宜皆取回,惟令有司买纳。”上谕尚书吴中等曰:“差遣中人,本出权宜,岂知劳扰如此!今诏书已罢买诸物,若买完者即令回京,未完者悉皆停止。”(二,35)

七月庚午,遣中官云仙往云南镇守,上谕之曰:“朕初即位,虑远方军民或有未安,尔内臣,朝夕侍左右者,当副委托,务令军民安生乐业。凡所行事,必与总兵官黔国公及三司计议施行,仍具奏闻。遇有警备，则相机调遣。毋擅权自用及肆贪虐。盖尔辈出外鲜有不恃宠骄傲者，若稍违朕言，治以重法，必不尔贷。”(三,72—73)　　壬申，行在工部奏：旧经阉刺银匠周阿佛等七十六人自陈老疾，乞如诏书免役，请令顺天府验视放免，若年未及六十、精力未衰者仍令赴工。上曰：“刑余之人，经历年久，其称老疾，必不妄。不必展转，可悉免其役，令于大兴、宛平二县闲住。”(三,76)　　甲戌，上念霖雨伤稼，遣中官雷春祭大小青龙之神祈霁。明日霁，复遣春祭谢之。(三,77)

闰七月丙午，行在吏部以内、外官应给诰敕封赠为请，上从之，谕尚书蹇义曰：“国家封赠之典，所以劝励百官，苟能尽职，苟(**按，苟字衍**)显亲扬名，岂不忠孝兼尽？若纵恣贪婪，旷废职业，上负朝廷，下辱父母，非朕所望也。”(五,138)　　癸丑，升行在锦衣卫千户徐英为本卫指挥佥事，仍隶御用司。(六,147)　　甲寅，周世子有爋奏父周王疾剧，上恻然，遣少监金满驰往问之，且致书世子，俾躬视药食，谨调护。(六,149)

八月甲戌，造随驾司苑局印。(七,195)　　戊寅，遣内官李敏、马骥等送神机铳炮赴万全诸边卫，上谕之曰：“尔专守护铳炮，遇有警急则用，凡军马调度征戍之事悉从总兵、守备官处置，尔不得纤毫干预，但违朕命，必罪汝。”因顾侍臣曰：“用将在专，若令此辈预兵事，必挠其权，安能成功？”侍臣曰：“诚如圣见。”自是中官送器械赴边卫者上俱赐敕戒约。(八,204)　　甲申，八月十八日，上御便殿，召僧录司右善世溥洽入见，慰劳甚至，遂奏乞还南京大报恩寺以终老。从之，赐佛像、经、钞若干缗，给驿舟，命中官护送。(杨士奇《僧录司右善世南洲法师塔铭》,《东里文集》卷二五)　甲午，太监郑和等奏，奉敕修理南京宫殿，当用金箔，请令有司市买。命于天财库支钞买用，须依时直，勿亏小民。(八,219)

九月己酉，守城门内使私役门卒饲鹅，鹅被盗，卒贫不能偿，日拷掠不已。事闻，上谕随驾司礼监官曰：“门卒专职关防，岂当为人饲鹅？且内使敢毒人于国门之内，是不知有朝廷法度，亟罪之。”(九,232)　　甲寅，建都知监于东华门外。造内府宝钞司印。(九,243)　　戊午，韩王冲烒……奏府中火者但有十人，不足于用……上命……火者俟后遣去……(九,248—249)　　壬戌，升行在锦衣卫正千户韩秀实为本卫指挥佥事，仍隶御用司。(九,255)

十月丙寅朔，遣中官祭司井之神。①(一〇,259)　　己巳，陕西行都司土官都指挥同知李英至京，进所获安定番童一十五人及马驼。上谕兵部臣曰："番人作过，不得已征之，得其首恶足矣，童子何罪？即遣还本土，无父母可依者付各卫，令善养之。马驼付御马监。”(一〇,264)　　辛巳，湖广布政司左参政恭(**按，恭字衍**)黄泽言："恭惟皇上嗣登大宝，下诏求言，以图至理。臣切惟致治之道，其要有十，曰正心，曰恤民，曰敬天，曰纳谏，曰练兵，曰重农，曰绝贡献，曰明赏罚，曰远嬖幸，曰汰冗官。凡此十者，足以端治本、救时宜，小试之则小康，大试之则大治。愿陛下纳臣之言，力行无怠，太平之效，岂不见于今日哉！夫人君一心，万化之本，古之善理天下者，存诚以养此心，故私欲不能淫，致知以明此心，故邪说不能惑，所以接贤士大夫之时多，亲宦寺宫妾之时少，忠言谠论日进于左右，而淫乐慝礼不胶于心术矣。……嬖倖之人其心险，其智深，其行谲，亲之如饮醇酒，久而不觉醉且狂也。疏贱之则易使，宠任之则擅权，是以古之宦寺不使典兵，不预国政，此圣人虑事之深，所以防微而杜渐者也。此辈深宜远绝，勿加亲信而俾之用事焉。……”上嘉纳之。(一〇,272—277)【考】黄泽《明史》有传，传文引其十事疏之"远嬖幸"言："刑余之人，其情幽阴，其虑险谲。大奸似忠，大诈似信，大巧似愚。一与之亲，如饮醇酒，不知其醉；如噬甘腊，不知其毒。宠之甚易，远之甚难。是以古者宦寺不使典兵干政，所以防患于未萌也。涓涓弗塞，将为江河。此辈宜一切疏远，勿使用事。汉、唐已事，彰彰可监。"文字与

① 冬十月朔日遣中官祭司井之神，自后为例，不赘书。

实录所录疏文不同。该传云:"当成祖时,宦官稍稍用事,宣宗浸以亲幸,泽于十事中此为尤切。帝虽嘉叹,不能用也。其后设内书堂,而中人多通书晓文义。宦寺之盛,自宣宗始。"　庚寅,行在工部尚书吴中奏:"营建献陵,先用下西洋官军一万人,皆江南属卫,便于舟楫,请于平江伯陈瑄漕运,以易山东、河南诸卫军之漕运者一万五千人,以明年春赴陵用工,庶俾两便。"从之。(一〇,289—290)

十一月癸卯,行在工部尚书吴中奏南京修理殿宇未完,请于直隶镇江等卫拨军士二万人助役。上曰:"南京闲旷,军士亦多,不须别取,其再计议。"于是中与尚书张本等议,原下西洋官军一万余人久闲,可令协助。从之。(一一,299)　乙卯,敕辽东都司赐随内官亦失哈等往奴儿干官军一千五十人钞有差。(一一,309)

辛酉,总交阯布政司、按察司事兵部尚书陈洽奏:"贼首黎利名虽求降,实则携贰,招聚逆党,拒抗官兵,攻围茶笼州,杀知州琴彭,潜结玉麻州土官琴贵及老挝酋长与之同恶。太监山寿赍敕宥利之罪,授以清化府知府,利言俟秋凉到任,今复言素与参政梁汝笏等有怨,乞解知府之职,愿得署茶笼州事。近演州土人多有从利为逆,而利又遣其党潘僚、路文律等往嘉兴、广威等州招集逆徒,日以滋蔓,望乞总兵者早灭此贼以靖边方。"上览奏,敕荣昌伯陈智、安平伯李安、都督方政及交阯三司曰:"反贼黎利包藏祸心,已非一日。始若取之,易如拾芥,乃信庸人之言,惟事招抚,延今八年,终不听命,养成猖獗之势。使忠臣无辜而罹害,良民被毒而未厌,其谁之过?敕至,陈智、方政专督进兵,务在协和成功,不许缓机误事,若来春捷报不至,责有所归。"(一一,313—314)

十二月甲戌,命内官张福赍彩币表里往赐哈密忠顺王男卜答失里等,其从行官军都指挥佥事张言等赐钞绢彩币表里袭衣有差。(一二,325)　戊寅,增设北京顺天府宛平、大兴二县工房匠科司吏一名、典吏二名。先是,二县工房设南、北科司吏各一名、典吏二名，南科管工部等衙门买办物料，北科管惜薪司等衙门夫役并在京居住诸色人匠等事，事繁不治，二县以为言，故增设之。(一二,327)【考】内府各监局衙门夫役名数，见沈榜《宛署杂记》卷六《山字·力役》。　丙戌，司设监太监莫庆奏制造器物工匠不足，比有言怀来等卫有诸色军匠四百余人，乞命所司遣人并家属发至供役为便。从之。已而复命所司，凡边卫军士止取本身，俟至京试其艺果精始取家属。(一二,333)　己丑，赐奉使苏禄等国回还官军千户汪海等九十五人钞币表里布有差。(一二,337)　乙未，岁暮享太庙，遣官祭五祀及旗纛之神。(一二,341)

宣德元年丙午(1426)

正月癸卯，孟春享太庙，遣中官祭司户之神。[①](一三,347)　丙辰，以朝鲜国王李祹贡献之勤，遣内官尹凤赍敕往劳，赐王及妃纱罗锦绮彩帛有差。(一三,360)

○朝鲜《世宗实录》卷三一：二月十五日己卯，平安道监司驰报："使臣尹凤、内史白彦等，率京城头目指挥张勇、鸿胪寺序班崔真等十八人，赍敕书及赏赐物件柜子四十来。"癸巳，上谓礼曹判书申商曰："尹凤声言至七月回还，为来事伊何？"商对曰："必求鹰子。"上曰："皇帝岂于三年内以求鹰宣谕哉？必尹凤自求而献也。"商对曰："仁宗时，内史求鹰而进献者络绎于道，中朝之俗，习以为常。"　三月十二日丙午，使臣尹凤、白彦等入京，上率世子及文武百官幸慕华楼迎敕，至景福宫行礼如仪，宫门外结彩棚。其敕曰：(**略**)礼毕，上与两使臣行私礼讫，使臣之太平馆。午时，幸太平馆，设下马宴，还宫。命知申事郭存中分赠两使臣冬衣一袭、笠靴鞍马，赐头目指挥张容[勇]、序班崔真等各衣一袭、笠靴鞍马，河让等二十二人各衣二领、笠靴鞍马。尹凤钦传宣谕曰："尔去朝鲜国对王说，年少的女儿选下者，等明春着人去取。"又钦传宣谕曰："选拣会做茶饭的女仆进献。"上即命京外禁婚，置进献色。庚申，召领议政李稷、左议政柳廷显曰："尹

① 正月孟春日遣中官祭司户之神，后为例，不赘书。

凤欲进献海青鹰子，言之甚切，但皇帝三年内无圣旨，而从宦寺之言进献未便。且中国谓本国有礼义，今进献，则中国岂无非之者？何以处之？”佥曰：“上教当矣。若使臣更请，答以此物难得，得之则必献为可。” 四月八日辛未，知申事郭存中问安于尹凤。凤请追赠三代，存中以启，命下吏曹议之。寻赠凤父信嘉靖大夫、庆昌府尹，祖丹通政大夫、工曹参议，曾祖公载通训大夫、判司宰监事。癸酉，尹凤为庆辰，进犀带角弓，诣阙陈贺。上于庆会楼设宴。上曰：“昔年进处女，元闵生钦奉圣旨来，故别差陪臣，赍进奏本。今者尊使亲传密旨，其奏本尊使赍进欤？别差陪臣赍进欤？且如此事，钦差回还时，赍奏本以进，亦有前例，如之何而可也？”凤曰：“予当回进奏本。”仍曰：“选来做茶饭婢子有旨，并修奏本以进。”上曰：“予已选二十余人矣。”辛卯，命左副代言金赭问安于两使，彦曰：“蒙殿下之德，予之族亲已曾受职，而告身不出。请毋烦启达，令所掌官斯速出给。”赭曰：“我朝之法，告身署经之际，有前职者须考前职，然后出给告身，故如此其迟也。”彦曰：“今日内须使攸司知会给之。” 五月壬戌，上率王世子及文武群臣幸慕华楼，饯尹凤，遣右议政黄喜、户曹判书安纯、知申事郭存中，饯于碧蹄驿。

二月丙子，命行在工部重建司苑局，局先被火故也。（一四，380） 庚辰，司苑局言上供蔬菜当用藁秸三千束、芦苇蒲五千余束、麻千斤，例当顺天府取给。上曰：“内用蔬菜几何而取于民如此？可三分减二。”顾谓侍臣曰：“大禹恶衣菲食，惟恐奉养之过，劳民费财，朕安可以园蔬重劳费百姓！”（一四，383） 壬午，尚膳监奏：奉先殿祭桌尊罍及黄罗帷幔销金夹袱岁久漫漶，宜修理。上曰：“祖宗神御所用皆宜鲜好，其令工部新制，不可苟简俭薄。”（一四，385—386） 壬辰，南京守备太监郑和等奏：天地坛、大祀殿并门廊斋宫及山川坛殿廊厨库俱已朽敝，请加修理。上谕行在工部尚书吴中等曰：“祀神国之大事，其祠宇皆当完固，况郊坛、山川坛尤重，其令南京工部发匠修葺。”（一四，389）

三月己亥，命行在礼部铸镇守交阯内官关防。 交阯总兵官荣昌伯陈智、都督方政讨叛寇黎利，进至茶笼州，败绩。盖政勇智怯，素不相能，内官山寿专志招抚而拥兵不救，至是遂败。尚书陈洽以闻，上遣敕切责智与政曰："叛贼黎利，本一小丑，如早能尽心掩捕，如拾芥耳！乃安坐不虑养寇遗患。今闻率兵至可留关及茶笼州，两遭挫辱，皆缘尔等平日私意忿争，两不相下，是以临事之际勇者独往而无谋，懦者畏缩而不助，安能成功？论罪岂可宽贷？今姑优容，宜昼夜同心同力，练兵蓄锐，务灭此贼，以赎前罪。"责寿曰："叛贼黎利，本一穷蹙小寇，若早用心擒捕，如探雀雏尔。乃妄执己见，再三陈奏，惟事招抚，以致养祸遗患。及方政等进讨，尔拥官军一千余人坐守义安，不往来策应，遂致误事，尔罪岂可容乎？宜深思改悔，尽心奋力，协助政等共图后效。"敕洽曰："陈智、方政皆庸才，智懦而多忌，政勇而寡谋，加以私意相竞，不相和协，再至于败。今姑优容之，使图后效，用赎前罪。尔宜尽力赞辅，俾其同心，以平此寇。古语云：'危而不持，焉用彼相。'尔宜勉之。"(一五，395—397)

四月甲子朔，遣中官祭司灶之神。[①] (一六，419)　　壬申，命司礼监移文谕太监郑和，毋妄请赏赐。先是，遣工部郎中冯春往南京修理宫殿，工匠各给赏赐。至是，春还，奏南京国师等所造寺宇工匠亦宜加赏。上谕司礼监官曰："佛寺僧所自造，何预朝廷事？春之奏必和等所使。春不足责，其遣人谕和谨守礼法，毋窥伺朝廷，一切非理之事不可妄有陈请。"(一六，427—428)　　丁丑，行在礼部奏：琉球国中山王使臣郑义才告，初来朝时遭海风坏舟，因附内官柴山舟至，今归，乞赐一舟以归，且得朝贡为便。上命行在工部与之。(一六，431—432)　　癸巳，兵仗局工匠二人老且盲，诉乞免役。上问行在工部尚书吴中等曰："匠以万计，何必此两人？古之仁者不以羸马驾车，尔等亦可谓忍人矣！其即免之，今后一应匠作老疾者准此例。"(一六，445)

---

① 四月朔日遣中官祭司灶之神，后为例，不赘书。

五月丁酉，内官马安往归自宁夏，奏庆王以府中小人造谤，离间亲亲，不能自安。(一七,451) 庚申，随驾御马监领勇士都指挥佥事薛兴坐受赇举罪人之子充勇士，得授副千户。事觉，行在刑部奏兴受财枉法，应绞。上曰："愚人，姑宥死，罚役以赎。"(一七,470)

六月甲戌，行在礼部奏：锦衣卫军杜子忠等四人永乐中从太监郑和使西洋，至锡兰山遇寇，四人被掠，今自苏门答剌国附朝贡船来归。上曰："四人以王事流离远夷，父母妻子莫知存亡，情甚可悯，其赐衣服钞布，俾还乡省亲而后复役。"(一八,480) 丁丑，设北京顺天府坝上南北二仓，各置大使一员、副使一员，专掌马房草料。(一八,482) 庚辰，上御奉天门，谕左都御史刘观等曰："中外文武诸司文卷已遣御史照刷，其内府诸衙门皆有钱粮出纳，近闻其弊甚多，即选能干御史率监生于东华门外庑下，取各监局文卷簿籍，详加磨勘，有隐匿钱粮、虚冒支给者悉以闻。"(一八,484) 壬午，改御用司为随驾御用监，命行在礼部铸银印给之。(一八,487) 己丑，永和王妃王氏薨，遣中官赐祭，命有司治葬事。(一八,490)

七月壬辰朔，遣中官祭司门之神。[①] (一九,493) 甲午，改行在刑部陕西清吏司主事刘翀为行在翰林院修撰。翀，永乐中为给事中，尝侍上讲读。有言翀之兄尝被刑，翀不宜侍近，遂改交阯九真州判官。翀会父丧归，上即位，翀服阕来朝，以为刑部主事。至是，礼部侍郎张瑛荐其才，遂改修撰，仍给主事禄，令专授小内使书。(一九,494—495)【考】此为实录儒臣内府"教小内使书"记事之始，宣德至天顺朝汇记如下：《宣宗实录》卷六四，宣德五年三月丙寅：升……行在行人司副郑雍言为河南按察司佥事，皆以任满考最，故升。留雍言于内府授小内使书。 卷七三，五年十二月甲午：授进士王一宁吏部稽勋司主事，食其禄，令于内府授小内使书。 卷八四，六年十月庚

---

① 七月朔日遣中官祭司门之神，后为例，不赘书。

申:升……兴化府儒学训导朱应、浙江杭州府昌化县儒学训导康振为行在给事中,应礼科,振吏科。福建布政司右参政张璘为应天府尹,河南道监察御史李珏为福建布政司左参议,广东按察佥事魏暹为陕西布政司右参议,山东按察佥事韩玺为本司副使,湖广道监察御史余思宽为广东按察司副使,四川道监察御史茅惟扬为四川按察司佥事,四川保宁府知府陈原武为福建盐运使,皆以九载考最也。朱应、康振、韩玺俱令于内府授小内使书。　卷一〇四,八年八月癸卯:升行在工科给事中卜谦为陕西按察司佥事,仍于内府授小内使书。　《英宗实录》卷二〇,正统元年七月庚申:擢训导陈赟、沈庆为行在翰林院待诏,于内府授小内使书。　卷六六,正统五年四月辛巳:命行在吏部考功司主事宋琰、进士钱溥于内府授小内使书。　卷一二五,正统十年正月癸卯:尚宝司少卿朱祚卒。……洪熙初用尚宝少卿袁忠彻荐,擢行在中书舍人。宣宗见其词赋,处之近密,特升翰林院修撰。秩满,升尚宝司少卿,命教中贵人书。　卷一九二,景泰元年五月辛亥:南京太常寺少卿郑雍言卒。雍言,浙江鄞县人,由进士为翰林庶吉士……宣德间命于内府教内使书,寻升河南按察司佥事,仍留内府供事。上初即位,始遣就职。　卷二六六,景泰七年五月癸未:命左春坊左庶子兼翰林院侍讲林文、右春坊右庶子兼侍讲刘定之、侍讲周宏谟、左春坊左中允兼编修黄谏俱于史馆纂修《宋元通鉴》,右春坊右中允兼编修万安、右赞善兼编修岳正、修撰刘翊、刘宣俱于内府授内使书。以文等授内使书日久,故以安等代之也。　卷二八〇,天顺元年七月庚午:翰林院修撰岳正仍于内府教内使书。卷二八〇,天顺元年七月乙丑,南京兵部右侍郎宋琰卒。琰,字廷圭,浙江奉化县人……宣德初升行在礼部主事,预修《宣宗实录》,转吏部考功,入内府授内使书。太监王振重之。正统中升河南右参政。景泰四年入为太仆寺卿,迁兵部右侍郎,以中官受业者之力也。　《宪宗实录》卷二九,成化二年四月丙辰:致仕太常寺少卿陈赟卒。赟,字惟成,浙江余姚县人,举经明行修,为杭州府学训导。秩满赴京,适朝廷选人于内书馆教内监,吏部试可,擢翰林待诏。九载升典籍,寻迁五经博士。未逾年,用学士高谷荐,升广东布政司左参议。景泰癸酉入为太常少卿,天顺乙酉致仕,至是卒,年七十五。讣闻,遣官赐祭。赟性和易嗜书,至老不倦,尤好吟咏,奉命教内监,人人得其欢心,故其去任，人恒思念之不忘。　卷四六，成化三年九月丙子：翰林院丁忧修撰王献乞终制，许之。时献闻父丧，还乡守制，有阴厚之者请于朝，乞起复献内馆教书，献不自安故也。　又黄瑜《双槐岁钞》卷五"内府教书"载："国初，设大本堂于内府，东宫、亲王读书其中。学士宋濂、祭酒梁贞、魏观等迭为讲授，而选国子生为伴读，则布衣高启、谢徽分教之。寻命功臣子弟常茂、康铎等入侍。于是诸生出就六馆，而启、徽亦各授官。永乐中，令听选学官入教小内侍[①]。正统初，太监王振开设书堂，择翰林检讨钱溥、吏部主事宋琰辈轮日入直，名为内府教书，实则与国初异矣。宣德初，九真判官刘翀服阕来朝，以旧学之臣，改主事，寻改行在修撰。会大学士陈山离间赵邸，上疏薄之，命解内阁几务，与翀同教内侍之秀慧者，开席于文华殿东庑。后益以主事王一宁、给事中朱应、康振。时有司以神童瑞安任道逊荐于朝，年才十二。上面试其书，嘉叹，俾即文华殿绩学。未几，出为国子。乙卯（宣德十年，1435）春三月，英庙改一宁为行在修撰，应、振俱检讨。未几，应卒，翀与振皆擢佥事去。独一宁累迁少宗伯兼学士入阁，盖受业者之力也。景泰时，选小内侍黄赐、覃昌等七人，俾中允倪谦、吕原教之，亦于文华殿东庑。天顺后罢之，惟于内府书堂，专命翰林官往教，遂为定例。"[②]　戊戌，行在工部奏，内官监造诸王府婚礼仪仗等物，材料缺者请于有司收买。上曰："民力正艰，见有者支用，无者暂停。"（一九，498）　己亥，左都御史刘观等奏决强盗及杀人重囚七

---

① 查继佐《罪惟录》卷二九《宦寺列传》云：王振为教官九年无绩，当谪戍，适诏"有子者许净身入内"，遂受阉入宫。此说多有流传，如赵世显《松亭晤语》："永乐末诏学官考满乏功绩者，审已有子嗣，听净身入宫训女官辈。时有十余人，后独王振官至太监"；《明记略》："王振尝为教官，永乐末以年满无功见阉"等。皆出委巷传闻，非实。四库馆臣驳之："考史载，太祖不许内侍读书识字，至宣宗时设内书堂，令翰林二三员为教习，由是此辈通晓古今，作奸为患，不言有学官考满净身之事。"（见《四库全书总目提要·赵氏连城》）然驳不得其要。读正统十一年正月庚辰条，英宗赐王振敕书便知其伪。敕云"昔在皇曾祖（永乐）时，特以内臣选拔，事我皇祖（仁宗），深见眷爱，教以诗书，玉成令器"。是王振在永乐朝入宫，侍仁宗于春宫，甫令读书，非任教官无成而入宫再"教以诗书"。《明史·王振传》云其"少选入内书堂"，近是。惟"内书堂"一说，用词稍不谨，因该书又云内书堂宣德中设。

② 可参看梁绍杰《明代宦官教育机构的名称和初设时间新证》，《史学集刊》1996年第3期。

十人,上曰:"此固法不可宥者,尔等仍再审录。"观对曰:"已屡审录无冤,今应决。"上可之,既退,遣太监王振出谕观等曰:"适令所决囚姑止,即备录所犯情罪进来,朕详阅之。"(一九,498—499)【考】此为大珰王振之首见。由其传谕可知,振宣德初年已贵。　辛丑,上谓行在工部尚书吴中曰:"前日卿奏,内官监欲取民间幼丁学匠艺,行移顺天府选取五千人。彼幼未谙事,令习技艺不能则必加督责,其父母之心如何?且人家谁无幼子,尔其体此心,速止之。"(一九,501)　乙巳,行在礼部奏,太岳太和山宫观所用降真诸香,每三岁七千斤,例于湖广、广东买用。上曰:"买于民间,岂不倍加科扰?朕初嗣位,未有恩惠及下,此事姑止,其于京库支用。"(一九,504)【考】任自垣《敕建大岳太和山志》卷二《诰副墨第一》载宣德四年五月太和山玄天玉虚宫提点"申照得原奉札付送到油蜡,各宫观点用将尽,及照油蜡十年一次送到,收顿年久,难以点明,乞照降香二[三]年一次送用便益。本年三月初十日,本部官于奉天门奏奉圣旨:'是。还着内官去买。钦此。'"可见于地方收买者皆为宦官。　行在礼科都给事中梁盛言:御马监造马鞍,支钞二千七百余锭买金箔等料。上曰:"马鞍虽当造,亦当从俭,何必华丽?其支钞减半收买。"(一九,504—505)

八月壬戌朔,(**汉王高煦反**。)上即位,赐赉汉、赵二府宝玉诸物加厚,而高煦所请求于朝廷者无虚日,悉见听允,间言及朝政,上皆虚己从之。至是,遣人奏求驼马,命中官送驼四十、马百二十往遗之,又遣太监杨瑛赐之袍服材。既行,廷有出使者还言于上曰:汉王谋反已彰,护卫军悉四出劫夺,百姓惊惧。上曰:"朝廷待之无不及者,理未应遽尔。"已而,军民上高煦反状者益众,送驼马者及杨瑛中道闻之,皆却还。上曰:"其果然耶!"而高煦遣亲信人枚青等入京约旧功臣为内应。青至太师英国公张辅所,辅暮夜絷之以闻,上亲问之,悉得其实。……上始命整饬兵备,而犹未决意讨之,遣中官侯泰赍书与高煦……(二〇,521—522)
乙丑,上以汉王叛,遣指挥黄让、内官谭顺等往淮安,同总兵官平江伯陈瑄镇守，敕瑄曰："今命指挥黄让、内官谭顺、内使陈锦助尔镇守淮安，抚绥军民，或有寇盗窃发，即与军卫有司同心戮力，固守城池，遣人驰奏。自余一切巨细事务，尤在审处，毋得一毫扰及军民。"(二〇，525)【考】王世贞《中官考一》此条加案语云："是时内臣尚列于指挥之下也。"但将指挥误作谭顺，内官误作黄让。　己巳，上将亲征，命阳武侯薛禄、清平伯吴成、太监刘顺等率兵二万为前锋。　命郑王瞻埈、襄王瞻墡居守，敕广平侯袁容、武安侯郑亨，都督张昇、山云，尚书黄淮、黄福、李友直协同赞辅。(二〇，529)【考】宣宗亲征，定"留守事宜"："凡一应事务，与太监郑和、杨瑛、赵忠、姚云、袁诚，广平侯袁容、武安侯郑亨，都督张昇、山云，尚书黄福、黄淮、金幼孜，都御史王彰计议停当施行。若系机密重事，差人星驰奏报。"(宋端仪《立斋闲录三》，《国朝典故》卷四一)中有郑和、黄福，当敕南北两京重臣。　辛未，中官侯泰自乐安州还。初，高煦闻泰至，严兵而后入之，观上所赐书毕，谓泰曰："朝廷知我举兵耶?"泰曰："虽有多人言之，皇上以殿下至亲，固不信。"高煦曰："尔旧人，宜知我举兵之故。"泰曰："不知也。"高煦曰："太宗皇帝听信谗间，削我护卫，徙置乐安州。仁宗皇帝不复我护卫，不与大城池，徒以金帛饵我。今上举口谈祖宗旧制，吾岂能郁郁久居此乎?"因命泰遍观其军马兵器，且曰："虽以此横行天下可也。吾已遣书入奏，尔今速归报皇帝，即执送奸臣来，然后议吾之所欲得。"时旁有告高煦曰："闻朝廷遣人送驼马及袍服来者，中道皆惊怖走矣。"高煦大笑曰："吾固知其怯，今朝中必胆落矣。"泰归，上问高煦何言，泰对曰："一无所言。"又问其治兵如何，对曰："无所见。"上顾谓左右曰："此小人，怀二心矣。"已而，锦衣卫官从泰往者具言其所见，上闻之曰："事定必治泰，不可恕。"(二〇，532—533)【考】《宣宗实录》卷三三，宣德二年十一月甲辰："司礼监太监侯泰有罪下狱。初，山东官吏军民奏高煦反，上命泰赍书谕之且察其所为。泰还，力言高煦无反状，上已疑泰。高煦既就执，亦置泰不问。泰后奉命于直隶选驸马，擅作威福，凌虐职官，杖义勇前卫经历董纯至死，又受罪人赃贿。事觉，上因记忆前事，谕都御史刘观曰：'渠尝力言高煦不反，几误大事者，今所犯犹末事。此人更不可用，亦不可贷。'遂下狱。" 甲申，遣太监孟骥、陈芜驰奏皇太后。遣敕谕北京文武群臣。(二〇,542)

九月壬子，南京守备襄城伯李隆奏南京操备官军多乏军器及各城门缺火器，命兵仗局给之。(二一,565—566)

十月戊辰，监琉璃厂内使以钞令督工指挥买马，指挥因敛工匠钞万贯入己，事觉，悉下法司鞫之。内使论不应，杖罪；指挥科敛，受财枉法，重罪。上曰："内使买马必亏价，故指挥假托科敛。然工匠何从得钞？近时多逃者，皆科敛逼之也，罪之源实内使，杖一百，罚种蔬终身；指挥等治如律，钞悉给还工匠。"(二二,576)

辛未，韩王冲㸅奏弟襄陵、乐平二王婚礼有期而无给使令者，请选之民间。上虑扰民，不许，遣中使送妇女二十五人、内使火者二十人与之。(二二,578) 丁亥，顺圣川牧马内官撒英奴奏："初，怀来等卫拨军四百人，人牧马十匹，共领种马四千。今马倍之，一军有养马十八九匹者，死则责其偿，由是逃者甚多。今请于附近保安等卫所量拨军士，每军养马五匹，及以大同地亩草助之，仍择保安州搢山等处闲地增置马坊为便。"上谕行在兵部臣曰："拨军孳牧，以宽人力，此则可。大同地亩草，所以备边，不可与。增置马坊，遣人相度可否以闻。"(二二,589—590)【考】《宣宗实录》卷二四，宣德二年正月丙辰："置马坊九所于保安州。初，顺圣川牧马内官撒英奴言畜马蕃衍，草地窄隘，保安州搢山等处多闲旷之地，可以分牧。命行在兵部遣官覆视。至是，兵部言其地宽广，水草便利，遂置焉"。同书卷四三，宣德三年五月壬戌："敕顺圣川牧马内官撒英奴选马，于水草便利之处牧放，约束养马官军，毋侵占军民田地及生事扰人，违者治罪"。《英宗实录》卷七，宣德十年七月丁丑："顺圣川养马内官撒英奴等奏，本川孳生马驹，欲依例选良者四五百匹送京调习。从之"。《孝宗实录》卷七七，弘治六年六月癸酉："初，大同洪州顺圣川之地洪武中尝拨民承种，其后或改设御马监草场，天顺末乃并多余田土尽给军民佃种，人二顷五十亩，各纳粮五石、草十束。成化末巡视尚书余子俊以田多粮少,人增粮至九石五斗,然徒有虚数而已。至是巡抚都御史侯恂复请令纳粮草如旧数,从之。”

十一月庚子,上御右顺门,谕行在礼部尚书胡濙曰:“昨日御马监言西番国师剌麻所进马各有高下,赏赐亦宜分等第。此言亦可采,若高下同价,则彼将谓朝廷混然无别,所进下者固喜,高者心必不平。卿等宜斟酌适中。”(二二,596)

宣德二年丁未(1427)

二月庚辰,遣镇南王徽煠及罪人徽焲归。徽焲者,岷王世子,初告镇南王诬毁仁庙、诽谤朝廷等事。上曰:“此有谲诈,须令面质。”遂召徽焲、徽煠及所连内官、内使至京面质。镇南王实无此言,皆徽焲与内使陈荣诬妄,遂斩荣于市而遣徽煠等归。(二五,663) 丙戌,行在工部奏内府甲字等库房屋年深腐坏,命计工修治,毋过用民力。(二五,670)

三月庚寅,敕再调武昌护卫官军一千人,成都护卫一千二百人,南京原下西洋精锐官军一万人,中都留守司、湖广、浙江、河南、山东、广东、福建、江西、云南、四川都司并福建、四川行都司官军三万三千人,从安远侯柳升、黔国公沐晟等征交阯。(二六,673) 辛卯,内官昌盛等赍敕往赐朝鲜国王李祹白金一千两、纻丝纱罗锦帛二百四十匹,别敕祹进马五千匹资边用,至则酬直。(二六,674—675)

○朝鲜《世宗实录》卷三五:宣德二年三月辛亥,进贺使云城君朴从愚回自北京,启:“昌盛、尹凤、白彦三使来,四月初四日过江。”上曰:“初丧,使人求处女,意实急急。然至今不率归者,岂非中国待其终制也?”申商启曰:“处女自外方来者散料,原居京者请停之。”上曰:“七月为限,散料多不过百余石,何惜其费而中止哉?” 卷三六:四月己卯,使臣昌盛、尹凤、白彦入国,上率王世子以下文武群臣幸慕华楼迎敕,至景福宫行礼如仪。城门钟楼及桥梁皆结彩,宫城门外结彩棚设杂戏。其敕曰:“敕至,王即选取马五千匹进来,以资国用,当酬以直。王其体朕至怀。故谕。”又敕曰:

“今遣太监昌盛、尹凤等往，赐王及正妃白金彩币等物，王其领之。故谕。**(礼物品类略)**”礼毕，上与使臣行私礼。丙戌，请三使臣御便殿行茶礼，更选处女。昌、白两使还馆，尹凤归于弟尹重富家，良久留连，还诣阙谢，赐重富马。上迎入行茶礼，赠貂裘及鞬箙具弓矢，分赐貂皮六十领于随来头目张勇、尹寿、尹顺(**按，此二人为尹凤养子**)。六月己未，以孔权为副司正，尹凤请也。白仁雨为司正，白春、朴真、金末为副司正，白彦请也。　七月丙午，安寿山赍去马籍奏本曰：(**略**)女儿奏本曰：(**略**)做会茶饭妇女奏本曰：(**略**)女使、火者奏本曰：今将进去女儿等根[跟]随女使、火者数目花名开坐。一、女使一十六名，(**名略**)一、火者一十名：崔海、崔原、朴顺、金忠、金敬、金雨、姜玉、韩禄、高佑、池满。　卷三八，十一月壬寅，进鹰使通事吴贞贵回自京师。工曹判书成达生以书启：处女到辽东，白彦先赴京奏达。八月二十九日回到十三山驿言：旧东宫缮修未毕，处女无下处，宜留广宁以待。臣窃疑皇帝终制未久，诸殿下皆未成婚，以无下处为辞耳。昌盛、尹凤有不豫之色，以已过广宁，九月初一日入锦州卫留连。昌盛驰往更奏，初十日，处女发程，二十六日，到北京齐化门外止留，二更只令处女入城，余人二十七日入城，馆于府军前卫。昌盛、尹凤令臣称进马使，郑孝忠以下称宰相傔从，待之之礼，与宰相无异。尹凤养子尹顺与臣言：臣女及车氏，以十月十八日择吉，于别殿梳妆，余皆以幼弱，仍留于初下处。　卷三九，宣德三年二月戊辰，进鹰使上护军李思俭回自京师启：“臣诣帝庭，奉死海青跪曰：我殿下诚求海青以进，不幸中道病死。帝曰：‘死了何害！’内官昌盛、尹凤承命到光禄寺馈饭，臣泣曰：‘我殿下自前年至诚求得海青，差小臣赍进，中道病死，回还之日，何面目见我殿下？’昌、尹答曰：‘毋泣，将奏达。’臣曰：‘赍进黄鹰何如？’昌、尹曰：‘帝常置眼前。’又传圣旨曰：‘人能言语，又能服药，病尚未愈，况禽兽乎！尔等勿忧。海青本难得，幸得则进之。其它佳鹰，亦随得以献，予欲以为游戏之玩。’”①

① 三使七月二十日还，在朝鲜停留三月，其间“求请之物，不可胜纪”，皆略去。《明宣宗实录》所记向朝鲜遣使一共5次，但实际出使者远多于此，且多为求处女、火者、鹰犬、方物之事，如宣德元年，宣宗尚还在三年丧期；出使者又都是宦官，在朝鲜所行之事甚为鄙陋。国史讳而不书，惟朝鲜史可考。参看刁书仁《明前期向朝鲜索征的“别贡”》，《东北师大学报(哲社版)》2009年第3期。

四月庚申，是日交阯贼黎利陷昌江城。……（守城都指挥李）任、（指挥顾）福皆自刎死，守城中官冯智大哭，北向再拜，誓不从贼，与指挥刘顺、知府刘子辅等俱自缢死，城中军校及男女同时死者甚众，贼纵火焚民居，劫掠一空。（二七，701—702）　辛酉，遣太监侯显赍敕往乌思藏等处谕怕木竹巴灌顶国师阐化王吉剌思巴监藏巴里藏卜、必力工瓦阐教王领真巴吉监藏、灵藏赞善王喃葛监藏、尼八剌国王沙的新葛、地涌塔王子可般、辅教王喃葛列思巴罗葛罗监藏巴藏卜等，各赐之绒绵纻丝有差。（二七，702）

甲子，以遣太监侯显往乌思藏、尼八剌等处抚谕给赐，遣人赍敕驰谕都督佥事刘昭领指挥后广等原调洮州等六卫官军护送出境，仍敕川卜川藏陇答、罕东、灵藏、上笼卜、下笼卜、管牒、上邛部、下邛部、乌思藏怕木竹巴、必力工瓦等处及万户寨官大小头目军民人等，给道里费，且遣人防护。（二七，703）【考】《宣宗实录》卷五三，宣德四年四月丙戌："太监侯显等归自乌思藏，以乌思藏所遣朝贡剌麻僧人入见，命行在礼部供给如例，其留止河州者敕都督同知刘昭如例给之"。卷六二，宣德五年正月辛未："太监侯显奏：先使乌思藏，至邛部之地，遇贼劫掠官军马牛。随行官军与贼对敌，有勇敢当先者，有齐力向前者，有擒贼者，有斩贼首级者，有阵亡者，通四百六十余人，悉具名闻。上命行在兵部：擒贼及斩首、与当先者皆升一级，齐力向前者加赐赉，阵亡者其子升用，仍恤其家"。　晋王济熿有罪免为庶人。……（济熿）骄恣暴横，虽睚眦小怨必报，一府之人被其毒害，特以宠命新隆，众莫敢言。而宫中所为尤恶，遣宦者陈贵等密于药中进毒，弑其嫡母谢氏，逼烝恭王侍儿吉祥，于济熺（**废晋王，熿之兄**）朝夕仅给粝食，蔬卜不充也。其父兄故侍从宫人多毙于摧辱。其后有恭王宫中老媪入诉，太宗皇帝召问之，又于重狱中得晋府故承奉左微问之，知济熿所构害济熺奸状，即日释左微囚，命驰驿召济熺及其子美圭。时济熺为济熿闭空室中已十年。左微者，济熿尝言其佐济熺为逆者，盖府中传言微久死矣，及至，一府大惊。微入空室解济熺缧绁,相抱持大恸,谓复见天日矣。济熿遂怨太宗,出悖逆语。……护卫军士及内使刘信等数十人并奏其擅取官仓屯粮,积之王府,及操练三护卫将士,给与官粮十万余石,欲接应高煦,并发其宫中咒诅等事。宁化王盖至是始知嫡母之死密为毒药所弑,即驰奏之。其所信用内使又连奏其谋杀济熺父子,及不忠不孝十数事。上始遣人密察之,还奏皆实。济熿知其邪谋已露,下人多叛,乃惧,奏辞王爵及护卫,不听。上遣书及敕符召之。……时文武群臣累章劾奏济熿所犯极恶,不斩之无以谢天地神明之怒,上曰:"不可以违祖训。"遂敕谕济熿曰:"往者高煦造逆,事败之后,高煦及其同恶之人皆云尔实预谋,约举兵策应,共图大事。朕念与尔至亲,素无嫌隙,不肯遽信。比来尔弟宁化王济焕及尔府中内使刘信、李名等,太原中护卫百户黄能,镇抚刘浩,舍人旗军余丁李能等,凡数十人相继来首,皆谓尔潜蓄逆谋,实与高煦同心造乱,意在谋危宗社,毒害生灵。又闻……朕念尔宗亲,未忍弃绝,今特屈法,降尔为庶人,即同宫眷于凤阳居住。古云:'祸福无门,惟人自召。'夫叛君弑母,罪孰大焉?尔尚深思前愆,痛自惩艾,体朝廷亲亲之恩,勉图迁善,毋怀忿怨以重后愆,其深省之。"既罢济熿为庶人,遣中官送往凤阳守皇陵,诛其所与同谋及妖巫数人,余协从同谋后能自首者悉宥之。遣书谕宁化王,并敕山西三司差人护送其母妻男女及侍人悉赴凤阳同处,听以合用资装悉行,敕缘途军民衙门给舟车接送,敕中都留守供给如礼。又遣书谕宁化王、平阳王,今恭王妃在晋府者令平阳王迎于平阳奉养,宫中侍人悉以从行。 命武进伯朱冕、行在兵部尚书张本抚安山西军民,遣太监刘宁等慰喻晋府宫眷,且督视其行,具务周恩意。(二七,703—710)

六月甲子,命行在兵部,凡去年八月差往各处镇守内外官皆令还京。(二八,742)

八月庚申,行在户部以宣德三年随驾御马监饲象马牛羊草,太常、光禄饲牲草分派南北直隶及山东、河南、山西、陕西诸府州，于今年地亩谷草内征纳。上曰："古者纳总纳铚，皆量地之远近，虑劳民也。宜从减省，毋困民力。"(三〇,776) 乙亥，增置坝上东马房仓，坝上北马房仓，大使、副使各一员。(三〇,784) 壬午，宁王权奏府中乏内使，上遣中官送火者二十人往赐之。(三〇,790)

九月壬辰，上阅法司所上武职旗军所犯罪状，命之曰："凡谋叛、强盗、谋杀人得财、谋杀人造意及加功、支解人为从、怀挟私仇故勘平人致死、临阵在逃、伪造印信、斗殴杀人、威力制缚人致死、夫殴妻致死、强夺良家妻女、诬告人致死、白昼抢夺伤人者，皆依律。监守自盗、常人盗仓库钱粮等物、邀截实封、受财枉法、榜例重罪、放火故烧仓库及官物、窃盗拒捕、谋杀人伤而不死、造意科敛军粮、因公擅科敛及凡流徒杖罪官、戴罪旗军俱宥罪，发随内官迤西公干，还日官复原职，旗军复原伍；笞罪官旗军俱罚输作，复职役。"是日决遣四百余人。(三一,796—797) 己亥，宥浙江按察使林硕，命复任。先是，中官裴可力督事浙江，有汤千户者以贿结之，裴惟汤之言是信，汤因势渔猎百姓，驱迫郡县，无不承顺。硕时初至，振举宪纪，旌别善恶。汤惧不容，谗硕于裴。裴亦惧，遂诬奏硕讥诽及沮格诏旨。上遣人逮硕，既至，亲问之曰："尔勿怖，但尽实对。"硕叩头言："臣本庸下，往年为御史，尝巡按浙江，小人多不便。臣今升按察使，至浙江未久，中官在彼者相见皆欢然，无片语相乖迕。盖其左右小人旧不便臣者设谋造诈，欲去臣以自便耳。臣前为七品官，陛下即位之初即超升三品，位重禄厚，臣旦夕孜孜，惟恐不能报圣恩，况敢有不忠之言？天地鬼神，鉴临在上，臣实无诽谤语。"上曰："朕固未信，是以面问汝。今既明白，汝即驰驿复任。但遇民瘼事，悉奏来，朕推诚心以待臣下，汝无他虑。汝遇民瘼不言，即是失职，罪不可逃矣。"遂降敕切责裴。上顾侍臣曰："小人造言，谗害君子，归必罪之不贷也。"盖硕初被逮，众皆危之，既见遽释之，喜动中外，颂圣德云。(三一,805—806)　乙巳,行在户部尚书夏原吉言:……又言差往奴儿干官军三千人,人给行粮七石,总二万一千石,宜循例于辽东都司支给。从之。(三一,809—810)　癸丑,遣内官张福等赍敕赐沙州等卫都督困即来等官及亦昔阔地面头目卜花伯颜台等彩币表里有差。(三一,814)

十月丙子,凉州永昌、山丹土鞑官军摆摆罗哈剌等七十家居哈密者皆思归,令怕哈木来奏,愿赴京师效力。上遣内官李信、林春赍敕谕哈密忠顺王卜答失里、忠义王第(按,第字疑衍)脱欢帖木儿,俾悉遣来。(三二,826)

十一月乙酉朔,命行在礼部左侍郎李琦、工部右侍郎罗汝敬为正使,通政司右通政黄骥、鸿胪寺卿徐永达为副使,赍诏抚谕安南。诏曰:"……今总兵者以安南头目黎利等之词来闻,谓前国王陈氏遗嗣有存,人思其先,请命承继,永奉职贡。览词恳切,良契朕怀,宜敷恩命,与之维新。凡交阯大小官员军民人等有犯罪,无大小咸赦除之。前安南王陈氏之孙,令头目耆老同具实来闻,即遣使册封朝贡,仍遵洪武旧制。总兵官成山侯王通等即率官军各回原卫所,交阯都司、布政司、按察司、卫所、府州县文武官吏军民人等各带家属回还,镇守、公差内官、内使悉皆回京。……"(三三,835—836)

十二月癸亥,内官张善伏诛。善往饶州监造磁器,贪黩酷虐,下人不堪,所造御用器多以分馈其同列。事闻,上命斩于都市,枭首以徇。(三四,863)【考】江西饶州有御器厂,嘉靖《江西通志》卷八《饶州府·浮梁县志》:"御器厂,在县治西二十里景德镇,内臣驻此,烧造器皿。嘉靖改元,诏革内臣,唯厂存。"此厂设立时间,有两说,一说于洪武二年(1369),见蓝浦《景德镇陶录》卷一《图说》;一说:"我太祖高皇帝洪武三十五年,改陶厂为御器厂,钦命中官一员,特董烧造。"见崇祯十年《关中王老公祖鼎建诣休堂记》碑刻残片。①　庚午,交阯总兵官成山侯

① 参看刘新园《关于明代洪武用瓷与景德镇御器厂设置年代》,《鸿禧文物》创刊号,1996年。

王通等既与黎利盟，又听利以陈暠表入奏，是日，通不俟朝命，遂率师出交阯，由陆路还广西，太监山寿与陈智等由水路还钦州。凡交阯三司文武官员、旗军、吏典、承差人等及家属还者八万六千六百四十人，然亦有为黎利闭留而不遣者。（三四，867）　甲戌，长随内使喜安坐诽谤伏诛。（三四，868）

宣德三年戊申（1428）

正月壬辰，遣内官亦失哈，都指挥金声、白伦等赍敕及文绮表里往奴儿干都司及海西、弗提等卫，赐劳头目达达奴丑秃及野人哥只苦阿等，嘉其遣人朝贡也。（三五，877）　癸巳，遣内官李信、林春、李贵、郭泰等赍敕及金织文绮表里往亦力把里、别失把里、亦昔阔、哈烈、马绰儿八剌、黑城、把答失罕、撒马儿罕、赛蓝城、扫郎城、达失干城、失剌思、亦思弗罕及坤城等处，赐其王及头目，盖嘉其遣使朝贡也。以信等道过沙州、赤斤蒙古二卫，并赐掌卫事都指挥佥事困即来、指挥薛迭古等金织文绮彩币有差。（三五，877—878）

二月癸亥，敕成山侯王通、都督马瑛：“得奏，知官军已回至广西南宁。前闻安远侯柳升、都督崔聚败绩，朕以尔等竭忠奋力，战斗未已，生灵何辜，肝脑涂地，欲保全之，盖朕素志。初得陈暠表及黎利与总兵者书，请立陈氏之后，深契朕心，即遣礼部左侍郎李琦等赍诏赦交阯官员军民之罪，令具陈氏子孙来闻，遣使册封，并敕尔等率领官军及镇守内官并三司官吏人等回还。盖此举非为叛贼猖獗，朝廷不能调兵剿灭，但不忍赤子久罹涂炭，尔等正宜坚守城池，以待朕命，乃辄与贼通，弃城径回。尔等虽急为自全之计，其如国体何？且失臣子之礼，岂不为蛮夷所笑！敕至，即令所领军马并黎利等送出溃散官军各回原卫所，尔等领在京官军回还，其陈暠、黎利所遣赴京之人悉听其来。”仍敕内官山寿、马骐等与通同赴京。（三六，900—901）　庚午，造御用监作房于西上北门之外。(三七,911)　癸酉,沈王模奏武乡王婚期在近,缺内使、女使,上遣赐内使五人、女使七人。(三七,914)

三月癸卯,赐哈密忠顺王使臣满剌亦蛮、忠义王使臣舍黑马黑麻等钞彩币表里纻丝袭衣有差,又遣中官赍敕及彩币金织文绮往赐二王并王子、头目人等。(四〇,986)

四月辛酉,行在户部尚书夏原吉等奏:内府供用库岁用香蜡银朱等物,凡三万余斤,当下郡县支官钱买办。上曰:"所买太多,所用大侈,其会计可省者省之。且闻买物支官钱,近时为有司克减,屡有告讦者,必令从公,毋蹈前弊。"(四一,1004)　庚午,赐辽东东宁卫女直指挥佥事木答哈者龙哥、云南老挝军民宣慰使刀线达所遣头目招扫等钞彩币表里有差,遣内官杨琳赍敕及文锦纻丝纱罗往赐刀线达等。(四一,1011)　乙亥,永平及山西民张简等自虏中逸归,上谓行在户部曰:"此皆身陷虏中数年,艰苦多矣,今获来归,可悯也。其令充御马监勇士,给衣粮以优之,仍免其原籍之家差役,著为令。"(四一,1017)

闰四月辛丑,行在礼部尚书胡濙言,昨太医院奏尚衣监当用辟虫香,请令本部遣人往福建等处,支给官钞,收买樟脑、甘松等药二万斤制用。上曰:"此非急务,止移文,不必遣人。且香药安用许多,可减其十之七。"(四二,1035)　戊申,交阯总兵官成山侯王通等还至京师,文武群臣劾奏通及都督马瑛,为事官陈智、李安、方政,布政使弋谦等,内官山寿、马骐等违命,擅与贼和,弃城旋师之罪。上命公侯伯、行在五府、六部、都察院等衙门官同鞫之。(四二,1040)　庚戌,公侯伯、五府、六部、都察院等衙门奏王通、陈智、马瑛、方政、弋谦等上违朝命,擅与贼和,弃城来归;山寿庇护叛贼,马骐激变一方,皆已伏罪,宜寘重典。命悉下锦衣卫狱。法司又奏通等于律皆应籍没其家,从之。(四二,1041)

五月辛未,赠交阯死节辽东都司都指挥同知李任为都督同知,燕山前卫指挥使顾福、昌江卫指挥使刘顺、广西桂林中卫指挥使徐骐为都指挥同知，交阯前卫指挥佥事周安为指挥同知，南宁卫正千户蔡颙为指挥佥事，燕山左卫副千户桂胜为正千户，谅江府知府刘子辅、谅山府知府易先为布政司参政，政平州知州何忠为府同知，内官冯智为内官监太监，俱赐诰命，遣人致祭给米布，且召任等子孙承袭，子辅、先、忠皆复其家。先是……贼以昌江为官军出入咽喉之地，大集兵象，用乌龟笆、吕公车、云梯来攻。……城中士卒初有二千余人，前后三十余战，至是死亡过半。贼益兵象，攻围日急，相拒凡九阅月，人力疲困，刍粮匮乏，而贼益众，以云梯登城，夺其门。（李）任复率死士三战三败之，贼拥象益兵而入，任与（顾）福不能支，皆自刎死。内官冯智、指挥刘顺、知府刘子辅俱自缢死，城中军民妇女不受屈辱自死者数千人。……宁桥之败，贼乘胜进逼城下，人心惶惧，成山侯王通诡谋与贼和，为书遣山寿家人遗贼，谓朝廷宥其罪。贼果信，引兵退。先是，密遣人奏事，俱被贼遮留，至是贼以朝廷宥罪，遣头目陈渭老等奉表谢恩，通遂遣（何）忠及千户桂胜托以奏还地方，与渭老同入朝，实欲上达贼情，请益兵征剿。至昌江，内使徐训泄其谋，忠等遂被拘留。……（四三，1057—1060）

六月甲午，少保兼行在工部尚书吴中下狱。先是，中私以官木砖瓦遗太监杨庆作私第，甚弘壮。上登皇城楼，遥望见之，问左右得其实，遂下中狱。（四四，1081）　丁酉，下内官裴宗汉行在锦衣卫狱。初，宗汉管木厂，坐盗市官木，又贿太监杨庆求免罪。事觉，付法司治，奏宗汉盗官物应斩。上命付锦衣卫狱械系之。（四四，1083）　己亥，复行在工部尚书吴中官而罢其少保之职。中坐私取官木等物以遗太监杨庆，锦衣卫指挥王裕知而不奏，事觉，命法司及群臣鞫问有验。法司论中监守盗官物，结交内官，当斩；裕不奏当连坐。上曰："中，皇祖旧臣，姑宥之，但罢其少保职，仍罚尚书俸一年。"下裕于狱，已而宥之。（四四，1084）　辛丑，遣内官洪仔生、徐亮等赍敕往孟琏及八百、大甸、木邦等处，赐土官刀怀罕等金织文绮彩绢有差。时刀怀罕等各遣人来朝，贡象马方物，故答之。(四四,1085—1086)　庚戌，敕南京守备襄城伯李隆及户部："今朝廷所出钞多，以致民间阻滞。新钞可暂停造，工匠听其休息，提举司官吏不动，各处买办桑穰已起解者令送京收贮，未解者停止。内府见贮旧钞甚多，今发去钞样，即委内官一员同户部官、御史、给事中各二员，选拣如样者收贮于库，凡一应支给俱用此钞，不堪者悉毁之。已造完新钞悉收库，不许放支，其各处解纳钞如旧收受，不许选拣，待入库后如前例选拣支用。"敕南京太监郑和、王景弘等亦如之。(四四,1095)

〇朝鲜《世宗实录》卷四一：七月丁巳，义州牧使报："使臣太监昌盛、尹凤、内史李相等赍敕书出来。"戊午，判义州牧事南宫启报："尹凤言：今赍来鹿子皮一千张，令本国皮工，熟练以进，有圣旨。昌盛言：进献巢鹰五十连或一百连，每一连，择香狗一只。且大狗三十余只，吾赍还辽东，交付委来宦官，然后还来。"遂传旨各道监司，令进鹰犬。己巳，尹凤密告知申事郑钦之曰："帝使我求贯念珠鹿皮以来，宜备三百张。"　八月丙戌，视事。上曰：……又曰："常[尝]闻太宗时，使臣黄俨纵欲求请，人皆曰贪。然俨因人讽晓，不能直达。今昌盛则贪求无厌，因予使人，颇多请之。前请未遂，又从而求，昨日既受鼠皮白纸，又求鹿皮百张。看此气像，难得之物，亦必求之，难以应矣。虽假处女鹰犬为名，实为谋利而来，贪欲甚于尹凤。所求鹿皮，与之乎否？"右议政孟思诚对曰："昌盛于所求，无欲不遂，今若不许，怨必不已，姑与十张。"上曰："此人初来，自言到国才多一二日，持鹰犬即还辽东。到国之后，多将私货，贪于贸易，鹰犬已发程，尚不偕行，欲于奏本退日填之。及贸易已毕，又不急行，中道稽留，其诬上行私，莫此若也。既无知识，又无廉耻，可鄙之甚也。"左议政黄喜曰："今昌盛之来，赏赐之柜但六，自己之柜百余。人谓俨为多欲，然其私柜多不至三四十。今盛之柜，倍蓰于俨，使臣贪利者，无如此人。"　卷四二：十月甲午，上谓代言等曰："处女今到何处？"左代言金赭对曰："已到安州。"上曰："昔黄俨陪处女而去，敬畏之至，如对皇后妃嫔。今昌盛、尹凤、李相等，甚怠慢不敬。处女中路遘疾，盛等或在马上抚其轿子之窗，或对坐执手，或请处一房。彼虽内官，甚无礼也。”代言等对曰：“内官无礼者，莫甚于此辈。”

八月庚寅，命南京守备太监郑和、王景弘等以内府见贮大绢十万匹、绵布二十三万匹，令户部遣官运赴北京。(四六，1123)

乙未，行在兵部尚书张本奏：“各处守关隘官军及巡检，职在盘诘奸诈，擒捕盗贼，今皆怠惰，近内使及军囚逃者未尝捕获一人。请揭榜戒谕，自今凡军民无文引，及内官、内使来历不明，有藏匿寺观庵院者，必执送官；仍许诸人首告，得实者给赏，里长邻人纵容不首者与犯人同罪。”从之。(四六，1127—1128)【考】《宣宗实录》卷四九，宣德三年十二月甲辰：“内官阮其、内使范台等私买僧牒，改名逃往山西陀罗山为僧，命镇守山西都督李谦捕之。”卷九八，宣德八年正月癸未：“上闻各监局小内使多为僧人所惑，有长素食者，亦有潜逃削发为僧者，召监局之长谕之曰：‘人立身自有常道，为臣必忠，为子必孝，忠孝之人自然蒙福，何必素食诵经乃有福乎？佛只教人存心于善，所论天堂地狱亦只在心，心存善念即是天堂，心起恶念即是地狱，所以经云“即心是佛”。今后汝等戒之，但存心善即是修行，敢有潜逃为僧者皆杀不宥。’复命右都御史顾佐榜示军卫有司及诸关隘，加意盘诘，有小内使祝发为僧、潜逃在外者，悉捕以来；若寺院藏匿能自首者，宥其罪，官司不诘。捕及，藏匿不首者，事觉俱论死。”　壬寅，命兵仗局给将士介胄兵器。(四六，1132)

癸卯，赏御马监勇士一千七百三十五人彩色绵布。(四六，1133)

甲辰，行在礼部以车驾将巡边，奏定留守事宜：一、在京及在外诸司凡重事遣人驰奏，常事奏本送各科，候车驾回类奏。一、各王府所进表笺，礼部以送司礼监，赍来之人即遣还。一、祭祀，有司预期具奏，待报行礼。一、远夷人来贡马，送御马监，方物送北京会同馆，俟车驾回类奏。光禄寺供馈使臣如例。一、法司所系轻重罪囚，俟车驾回具奏。一、扈从文职官给脚力马一匹，扈从官吏人等行粮马骡驴草料支给如例。(四六，1134—1135)

九月辛酉，总兵官都督谭广奏：和宁王阿鲁台遣使来朝贡马，已至宣府。命中官王贵驰往宣府劳之。(四七，1142—1143)

壬戌,遣中官孟继等以平虏奏皇太后及遣书在京诸王,敕谕北京文武群臣。(四七,1143)　　癸亥,上初命诸将索虏巢穴,约毕至则班师。至是,召文武大臣谕曰:"诸将至者今十六七,孟冬庙享之期不远,应早旋师。"群臣有言诸将未至者,宜少俟之,庙享之期如迫,请敕一亲王代行礼。上曰:"事祖宗与待将士,孰重?孔子言:'吾不与祭,如不祭。'必不可代。有如诸将更五日未至,亦可俟耶?今朕留将士二万于此以俟未至者,必以明日班师。"遂命都督任礼、太监杨庆等率官军二万留俟诸将,毕至则归。(四七,1144)

十月庚子,命内官郭敬同武安侯郑亨镇守大同。(四七,1162)

【考】此为内官镇守大同之始。嘉靖增修《大同府志》卷三《公署》:"太监公廨,在府治东,总兵官公廨在府治东南,监枪公廨在府治东。"该镇内官题名见本年附。

○朝鲜《世宗实录》卷四二,十月辛巳:"火者金城人金儒、广州人廉龙、信川人郑同、保宁人朴根先发行赴京,使臣所选也。"按:其中郑同,成化间曾使朝鲜。

十一月庚午,命镇守甘肃总兵官都督佥事刘广及陕西行都司于属卫选拣精锐官军一千人,各备马及军器,听太监王安率领,期宣德四年二月十五日以前入京。(四八,1173)　　癸酉,行在锦衣卫带俸指挥钟法保奏:臣广州东莞县大步海人,知傍海横沙、潭石等处皆有珠池,产大珠,请差内官同往采。上谕锦衣卫指挥王节等曰:"此小人,欲生事扰民以图己利,即收系于狱。"(四八,1176)

【考】明初采珠,并不始于内官,且已久罢之,如万历《广东通志》卷六《藩省志六·事纪五》载:洪武七年"秋九月,罢广州采珠。(旧志:东莞知县詹勖同官兵采珠于大海,自四月至八月,止得半斤,诏罢之。——原注)""永乐十三年,罢广州采珠。""洪熙元年春正月,诏弛珠池金银坑冶之禁。是月十五日,诏广东珠池及各处官封金银场仍前禁止外,其各处山场园林湖地坑冶及果树蜂蜜等听民采取,不许禁约。"

十二月庚寅,遣内官柴山等赍敕使琉球国,赐其王金织纻丝纱罗绒锦。(四九,1184)　丁酉,敕行在锦衣卫指挥任启、参政叶春、监察御史赖瑛同太监刘宁往镇江、常州及苏松嘉湖等府巡视军民利病,殄除凶恶,以安良善:“凡军卫有司官吏旗军里老并土豪大户、积年逃军、逃囚、逃吏及在官久役吏卒,依恃豪强,挟制官府,侵欺钱粮,包揽官物,剥削小民,或藏匿逃亡,杀伤人命,或强占田产人口,或污辱人妻妾子女,或起灭词讼,诬陷善良,或纠集无赖,在乡劫夺为军民之害者,尔等即同大理卿胡概体审的实,应合擒拿者不问军民官吏,即皆擒捕,连家属拨官军防护解京,有不服者就本都司及所在卫所量遣官军捕之,仍具奏闻。尔等尤宜公勤廉慎,夙夜尽心,以副委任,毋徇情枉法,纵释有罪,滥及无辜。”并遣敕谕概。(四九,1189)

〇朝鲜《世宗实录》卷四二,十二月癸卯:使臣金满赍赐少卿崔得霏祭文及祭物以来,上率世子及百官迎于慕华楼。……得霏,本水原府吏也。以女入朝之故,得拜少卿,然忘其微贱,倨傲无礼。　卷四三:宣德四年正月丁卯,使臣赐祭少卿崔得霏。其祭文曰:“维宣德三年,岁次戊甲,十月己卯朔,十四日壬寅,皇帝遣尚宝监少卿[监]金满谕祭于鸿胪寺少卿崔得霏:(略)”

本年附

史事

李震撰《雪轩成禅师志略》:“宣德戊申春,左善世道成入疏,乞归南京天界寺之西庵以终老。上从之,赐白金、楮币及镀金铜佛一尊。明日入谢,敕兵部给驿舟,命中官姚忠护送。”(《金陵梵刹志》卷一六《凤山天界寺》)

典制·敕谕

行在僧录司近蒙行在礼部祠祭清吏司手本,奉本部连送为度牒,宣德三年二十二十日早,本部官于奉天门口奏,本年二月二十四日,御用监太监孟继、尚义等于武英门钦奉圣旨:“南京大报恩寺佛殿、宝塔完了,说与礼部知道,着僧录司选行童一百名,与他度牒,常川点塔灯。钦此。”欲便钦遵施行,未敢擅便。奉圣旨:“是。钦此。”除钦遵外,拟合连送,仰行在僧录司钦遵，各处行童内选取能通经典、有戒行者一百名，送部看验勘中，仍取勘年籍、出家、披剃等项缘由，造册申缴，以凭出给度牒，送去常川点灯施行。施行连送到司，合用手本差办事吏陈福赍捧前去。行在僧录司钦遵施行，赍捧到司。除钦遵外，今将选取堪中行童等各年籍、出家、披剃等项缘由开坐，理合备造文册施行，须至册者，大报恩寺起工之初，监工官内官监太监汪福等，永康侯徐忠、工部侍郎张信、军匠夫役十万人，奉敕按月给粮赏。

三月十一日[①]，敕太监郑和等："南京大报恩寺自永乐十年十月十三日兴工，至今十六年之上，尚无完备。盖是那监工内外官员人等，将军夫人匠役使占用，虚费粮赏，以致迁延年久。今特敕尔等，即将未完处用心提督，俱限今年八月以里都要完成，迟误了时，那监工的都不饶。寺完之日，监工内官内使止留李僧崇得在寺，专管然[燃]点长明塔灯，其余都拘入内府该衙门办事。故敕。钦此。"

三月十一日，敕太监尚义、郑和、王景弘、唐观(保)、罗智等："南京大报恩寺完成了，启建告成大斋七昼夜，然[燃]点长明塔灯。特敕尔等提调修斋，合用物件着内府该衙门、该库关支物件造办，打发供应物料及赏赐僧人，就于天财库支钞，着礼部等衙门买用。灯塔用香油，着供用库按月送用。故敕。钦此。"

(张惠衣《金陵大报恩寺塔志·补遗》)

六月十六日，御用监太监尚义于左顺门奏："南京大报恩寺，洪武年间拨赐廊房四十二间，与常住讨房钱。自永乐十年盖寺，展拆了。如今将本寺前面的廊房照数拨与他，奏知。"奉圣旨："是。着工部、兵马司还拨与他。钦此。"

六月十六日，御用监太监尚义于左顺门奏："南京大报恩寺已完，殿宇数多，合无存留经手人匠五十六名，在寺修理。应天府拨人夫五十名，常川打扫，疏通沟渠。南城凤台街四铺总甲轮流巡缉，仍着原管工指挥刘勋带管提调。奏知。"奉圣旨："是。着该衙门拨用。钦此。"

六月二十日早，御用监太监尚义递出揭帖，开于左顺门奏："南京大报

---

① 十一日，原作"二十一日"，据明人葛寅亮《金陵梵刹志》卷二《钦录集》改。按，本附所录敕谕，《金陵梵刹志》及民国张惠衣《金陵大报恩寺塔志》均收入，而以张《志》为详，本编取之，以葛《志》对勘。

恩寺预会诵经行童金胜保一千一十三名，告要关给度牒。”奉圣旨：“着礼部南京关与他度牒，就着在那里各寺住坐诵经。钦此。”

（葛寅亮《金陵梵刹志》卷二《钦录集》）

典制·大同内官

大同边务，武备委之将官，文事委之巡抚，又特命太监镇守，无非慎重之意也。

郭敬，宣德三年。　陈公，景泰初年。　陈宣，景泰年。　裴当，景泰年。　韦力(转)，天顺年。　王春，天顺年。　覃玑，成化二年。　韦正，成化十四年。　陈政，成化年。　汪直，成化十八年。　蔡新，成化十九年。　覃平，弘治元年。　孙振，弘治十年。　刘云，弘治二年。①　陆訚，弘治十五年。　侯能，正德二年。　梁玉，正德四年。　宋彬，正德八年。　马锡，正德九年。　王觐，(字)宗尧，保定府人，□□□，历升御马监太监。□□□□正德十六年。　武忠，字世良，号葵庵，籍湖广靖州会同县人，升御马监太监。正德二年升内官监。正德十六年御马监掌印。嘉靖三年镇守大同。

（嘉靖增修《大同府志》卷七《宦迹·镇守》）

阮阿山，御用监。　罗傅。　罗振。　孙胜。　李文，都知监。　王宣。　侯能，御马监。　韦忠，司设监。　马锡。　李睿。　刘景，御马监。　福应，内官监。

（嘉靖增修《大同府志》卷九《宦迹·监枪》）

宣德四年己酉（1429）

二月戊寅，命隆平侯张信同太监沐敬浚河西务河道及修堤岸。先是，河西务要儿渡等处河岸冲决，命行在工部修筑，水急民少，久无成功。至是命信等往督发在京操备军士万五千人益之。（五一，1213）　壬午，行在虎贲左卫指挥同知李原等奏：本卫军士留南京者多，调至者少，且其间精健之人悉为神机等营所选

① 大同太监刘云，实录首见于弘治十二年五月戊子，此“二年”疑为十二年之误。

及御马监等衙门供役。所余疲软以充守卫，守卫不足，以余丁足之。臣等计议，请以本卫围子手及中军右掖营无马官军摘还守卫为便。从之，仍命行在兵部计议，如南京所留尚多，再分调以来。(五一，1215—1216)　乙未，命内官杨礼移郢靖王宫眷居南京旧内，敕太监王景弘等："凡岁时朝暮衣服饮食百需皆内府依期给之，仍时遣人省视，不许怠慢。"先是，上谓侍臣曰："郢靖王无嗣，其宫眷尚留安陆，国中无主，朕欲移寘南京旧内，庶供给皆便，于义何如？"侍臣对曰："此陛下亲亲之仁，处置当矣。"遂有是命。(五一，1223—1224)【考】嘉靖《南畿志》卷一："旧内，在都城内大中街，元南台地也。"

三月庚午，召奉使外夷中官云仙、徐亮还。初，云仙(**按，疑作仙、亮**)受命分往外夷抚谕，两人素怀忿嫉，各教诱土官相仇杀，阻遏使臣。至是，上闻之，悉召还。(五二，1256)

○朝鲜《世宗实录》卷四四：四月三日戊寅，上谓左议政黄喜曰："昨日通事金陟来启：昌盛、尹凤、李相三使臣赍赏赐而来。且传尹凤之言曰：'李相，秩卑者也，在朝时，相岂敢仰视？吾等往岁奉使而去，殿下待吾三人，其礼如一，所赠人情，亦皆无别。相与我不同等，殿下无乃不知乎？朝廷待列国使臣，但视爵位高下，以为区别。归告殿下。'予以为朝廷之待列国，视爵位尊卑以为差等，礼则然矣。小国待朝廷使臣，但以王人视之，岂以爵之高下而区别之乎？相虽职卑，为使臣则一也，在我当以使臣待之耳。行人乃中朝九品也，而奉命以来，则亦待以使臣之礼。昌、尹之言，不可行也。"　五月丁未，上率百官幸慕华楼迎敕，还至勤政殿行礼如仪。敕曰："今遣太监昌盛、尹凤赐王白金彩币等物，至可领也。(**赐物略**。)"戊申，昌盛书示进献物目：小内史八名，会歌舞小女儿五名，会做甜食大女儿二十名，烧酒十坛，松子酒十五坛，黄酒十五坛，梨花酒十五坛，石灯盏十筒，大狗五十只，皂鹰六连，笼雅骨十连，儿子鸦骨十连，鸦骨十连，笼黄鹰三十连，儿子黄鹰三十连，罗黄鹰四十连，松子五十石，诸般海菜、海鱼、鱼醢。癸丑，上谓大臣等曰："年前昌盛、尹凤谓予曰：本国所产海菜鱼物，宜进献。予以为帝若许一尝，当精备而献，乃择品美鱼物，令醎淡得中。乃进献之日，盛先尝之曰：醎味过多，不宜进献。今盛谓予曰：进献海物，味须极醎。以是观之，其意不要甘味，冀帝一尝，务欲多数，不计美恶，虽中国所产之物，亦并备之。其言与事，前后不同如此。且初谓予曰：欲择年少善歌舞者。今又曰：若歌舞则将入朝学之，虽未善歌舞，多数为最。若归而学之，则小女之在中国者亦多，何必我国之人？予意此辈窥觇帝意，自为己功，多采物产女孩，下以夸视诸路，上以求媚于帝也。且使臣曾问执馔婢子之数几何，予答曰：年前得十人以去。盛曰：又加十人。予曰：既谓执馔婢子，则当知馔饮烹调之节。今若更加十人，则非预习之人，奈何？盛曰：虽未知烹调之节，入朝可学也。予更难之。凤笑而不言，亦可见盛之意专在夸多也。"①　　六月壬午，昌盛怒护军朴絜不尽心捕鱼，杖之。壬辰，上谓左右曰："昌盛初欲进献索鞍材六件，既得之，择其一，遂私造，馆伴止之，盛乃止。去年本国所进田犬，到辽东易以他狗，今所进鞍材，必易换而献之。又进献鹰，予欲待秋羽齐，然后献之，昌盛云：七月初吉，当赍去。此不论后日之用不用，但欲见其自献之功耳。予恐帝不知盛所为，而反过我也。"　昌盛怒其造秋辔不精，杖匠人及工曹令史各三十、迎接都监录事公路十八。甲午，上谓知申事郑钦之、左代言许诚、右代言郑渊曰："今昌盛求请无厌，一有不快于心，辄鞭笞朝官，其为凌辱甚矣。何以处之？将忍辱而依旧待之乎？据义而直言责之乎？卿等审听予言，议诸两议政以闻。"黄喜、孟思诚等同议启："昌盛无知宦寺，不计礼义，专肆贪欲者也。今虽据义责之，必不惭悔，徒增愤怨矣。若含愤积憾，妄诉朝廷，则以外国而一一辨明难矣。安知不为异日之大患乎？莫若忍辱优待以遣。"

卷四五：七月癸亥，上率王世子及百官拜贺瑞兔表笺，进献使仁顺府尹权蹈兼赍以行。（**表、笺文略**。）奏本曰："宣德四年五月初二日，钦差太监昌盛、尹凤等官到国，钦传宣谕：'中用的海味等件，进将来。钦此。'备办到海味等物，差陪臣左军同知总制权蹈赍领赴京进献：一、真鱼一千八百三十尾，民鱼五百五十尾，沙鱼九十尾，芒鱼三百八十尾，洪鱼二百尾，

① 朝鲜《世宗实录》卷六二，宣德八年十月十一日庚申："（上问：）本国执馔，皆用男子，非妇女之所知。且昔者择进执馔妇女，至三年乃习其事，今者急进，则不得其人，只拣有姿色者以进为答如何？且名为执馔，其实难知，以此答说，似亦可乎？"盖宣宗名为征求执馔女子，其实亦不过渔色。

芦鱼一百尾，年鱼五百尾，大口鱼一千尾，鲤鱼二百尾，秀鱼四百四十尾，文鱼二百首，石首鱼一千尾，青鱼五百斤，苏鱼五百斤，鲫鱼五百斤，鳆鱼七百斤，古道鱼二百斤，乌鲗鱼二百斤，大虾二百斤，黄鱼鲊六桶，鲤鱼鲊一桶，土花鲊九坛，石花酢[鲊]三坛，生蛤鲊四坛，苏鱼鲊三坛，白虾鲊七坛，紫虾鲊四坛，石首鱼子鲊四坛，红蛤鲊二坛，早海菜五百斤，海菜一千斤，丝海菜三百斤，海菜耳三百斤，昆布四百斤，海衣一百斤，甘苔二百斤，海花二百斤，黄角三百斤，松子一千斤，黄酒五坛，烧酒五坛。"又奏曰："宣德四年五月初二日，钦差太监昌盛、尹凤等官到国钦传宣谕：'火者及会做茶饭的妇女、学乐的小妮子与将来。钦此。'今将选拣到火者、妇女等，差陪臣左军同知总制权蹈管领，根[跟]同钦差官等赴京。火者六名，会做茶饭的妇女一十二名，学乐的小妮子八名。"又奏曰："宣德四年五月初二日，钦差太监昌盛、尹凤等官到国钦传宣谕：'做鞍桥子的花文木并石灯盏进将来。钦此。'今备花文木并石灯盏，差陪臣左军同知总制权蹈赍领赴京进献。花文木鞍桥子六副，石灯盏一十事。"又奏曰："宣德四年五月初二日，钦差太监昌盛、尹凤等官到国钦传宣谕：'尔去朝鲜国，对国王说知，寻将狗鹰来。钦此。'今将杂鹰并大狗，差陪臣左军同知总制权蹈管送，赴京进献。雅鹘三十连，黄鹰一十连，皂鹰四连，大狗四十只。"　八月丙戌，上谓左右曰："使臣李相，甚不肖人也，所至辄打人。以本国之人，而敢肆刚愎，岂复有如此者乎？予又闻昌盛盗迎接都监银钵，又所过州县，如交倚[椅]坐子等物，见其美者便取之，又夺民间之马而去，尹凤闻而推还之。盛之贪顽无耻，不亦甚乎！"①

六月壬午，遣都指挥喜剌丁等赍敕赐哈密忠顺王卜答失里、忠义王脱欢帖木儿及都督脱脱不花、都指挥陕西丁等文绮彩绢有差。时内官李信等自哈密还，言忠顺王等能谨修臣职，恪守边疆，故有是赐。又遣指挥牙忽等赍敕往亦力把里及剌竹等处抚谕，赐其王及头目文绮彩币及绢有差。(五五，1309)　壬寅，定塌坊等项纳钞例。初，以钞法不行，命行在户部议。至是，掌部事太子

① 昌盛为宣宗青宫旧阉，宣德中始进用。其墓志(见正统三年附)称他"累使朝鲜，皆能宣布圣化，使夷人悦服，朝贡者接踵于道"。然与朝鲜史料对看，直可发人一笑。

太师郭资等条列具奏，请榜示中外：一、南北二京公、侯、驸马、伯、都督、尚书、侍郎、都御史及内官、内使，与凡官员军民有蔬果园，不分官给私置，但种蔬果货卖者，量其地亩，果株蔬地每亩月纳旧钞三百贯，果每十株岁纳钞一百贯。其塌坊库房店舍停塌客商货物者，每间月纳钞五百贯。一、驴骡车受雇装载物货，或出或入，每辆纳钞二百贯，委监察御史、户部、锦衣卫、兵马司官各一员于各城门巡督监收。一、船受雇装载，计其载料之多少，路之远近，自南京至淮安，淮安至徐州，徐州至济宁，济宁至临清，临清至通州，俱每一百料纳钞一百贯。其北京直抵南京，南京直抵北京者，每一百料纳钞五百贯，委廉干御史及户部官于缘河人烟辏集处监收。一、蔬果园并塌坊库房店舍委监察御史、户部官按月催收送库。有恃势隐匿不报、不纳钞者，地、树、船、车、房舍俱没官，仍治其罪。若其地不系种鬻取利，牛车小车止载柴草粮米及空船往回者，俱不在纳钞之例。上从其议。（五五，1324—1325）

七月丁未，置给马勘合。时行在兵部尚书张本奏："北京操备官军数年领马骑操，凡一十七万一千五百八十三匹，除事故外，今实存者五不及一。盖由关马之时无官司印信文书，故得重冒关领，得之既易，遂不爱惜，或私自交换，及至点阅，挪移雇借，作弊多端，以致亏损，数目不清。请置勘合，发北京行太仆寺收掌，每关马一匹给勘合一道，填写齿色年月日，转发五军各卫并管队者，付领马之人，执以为凭。遇倒死等项，备由陈告，就勘合注写明白，限十日内亲送北京行太仆寺比较，应偿者追视齿色，附簿开注，勘合与马，如前收领，再有事故，偿给如例。如领马人有故，马与勘合宜从所管别付人收领。如此，人难欺弊，马无侵损。"上从之，但命应偿者仍赴御马监印烙，然后给之。（五六，1328—1329）　丁卯，虏寇杀宣府守神铳内官王冠。时冠率官军送内官海寿至龙门，醉止田舍，虏谍知袭杀之，并杀千户陈谅等，掠牛马而去。事闻,上遣敕责都督谭广曰:“王冠擅出,尔为总兵,不阻之,致死贼手。冠不足责,尔老将也,怠事如此,过实归谁?特念旧勋,姑寘不问。自是当加饬励,毋蹈前失。”并敕大同总兵官武安侯(郑)亨、蓟州守备都督陈景先、密云都指挥蒋贵等警备。仍戒饬各处内官,不许自擅轻出。时内官在边者挟势恣肆,非总兵所能制,上闻知,故戒之。(五六,1340—1341)

八月己卯,行在兵部奏:大同左等卫神铳手别无指挥管领操习,欲令总兵官斟酌各卫神铳多寡,选官专领,不许别差。其各卫神铳手,宜令籍记,遇有更代,从守铳内官同总兵官选补,若老疾得代者俱留随营。从之。(五七,1350)　乙酉,命太监杨庆等率神机营铳手往蓟州、永平、山海等处同都督陈景先备御,一切军务必与陈景先计议而行,不许偏执私见误事。(五七,1359)　壬辰,监察御史李笴言:“今北京文武官及军民园圃、店舍、舟车俱令纳钞,人皆以钞为重。在外浙江、江西、山东、山西、河南、陕西等都司及属卫并直隶卫所武官,与各处镇守内外官多占田地耕种,栽植蔬果,动千百亩,俱无粮税,请令按察司、巡按御史勘实,每田一亩岁纳钞三十贯,蔬地每一亩、果树每十株,岁纳钞五十贯,隐匿及倚势不报者治罪。其地亩入官,则在外之钞亦流通矣。”命行在户部议。(五七,1364—1365)　戊戌,上念赵王高燧别久,致书,遣太监袁琦送金织文绮纱罗袍三袭。(五七,1367)

九月戊申,镇守甘肃太监王安奏请运彩色三梭布十万匹于甘肃市马,行在户部请市于苏、松二府。上曰:“近来稍有买办州县,假公营私,百倍扰民。方欲禁革此弊,岂可复扰之?止于京库减半支去。”(五八,1374)

十月甲戌朔,孝陵神宫监官苗青奏孝陵具服殿朽坏,敕襄城伯李隆及南京工部修理。(五九,1395)　庚寅,改行在礼部尚书兼华盖殿大学士张瑛为南京礼部尚书,兼职如故。命行在户部尚书兼谨身殿大学士陈山专授小内使书。　癸巳,上将阅武郊外，命各都督府整兵从卫，文武衙门各以堂上官一员、属官一员扈从。召丰城侯李贤、太子太师郭资、兵部尚书张本、都察院右都御史顾佐，命之曰："朕以农务既毕，将阅武近郊，特命卿等居守，凡大小诸事须措置得宜，遇有机密重务，计议即行，仍差人驰奏，外夷来朝者同太监杨瑛等以礼待之。"（五九，1407）

十一月戊申，敕朝鲜国王李祹曰："朝廷遣人至王国中，王待以饮食足矣，毋遗以物。王父子敬事朝廷，多历年岁，逾久逾笃，朕所深知，非左右近习所能间也，王无虑焉。"盖尝遣中官至彼，多所需求，至是上闻之，遂有是命。（五九，1411—1412）　庚戌，行在工部奏：昨内官蒙安言饶州等府、德兴等县浸炼铜铁，缺匠供役，请以彼处轮班及逃回熟铜等匠六十三人留用，准其班次。缘此等逃匠，朝廷累遣官督取，经一二年不至，今释其罪，复令就其乡用工，恐仿效成奸，无以戒后，乞取至京定夺。上曰："细民不足与校，姑从之，但后来不得援例。"（五九，1415—1416）

〇朝鲜《世宗实录》卷四六，十一月甲辰：使臣金满入京，上率王世子及百官迎敕于慕华馆，还宫行礼如仪。敕曰："惟王聪明特达，恭事朝廷。前遣人所进海青鹰犬，足见王之至诚，朕深嘉悦。兹遣内官金满赍敕谕王，特赐白磁器十五卓。王国中有好海青及笼黄鹰、大犬，寻访进来，尤见王之美意。故兹敕谕，宜体至怀。"壬子，金满求马毛秋皮、砺石、田犬，命给之。甲寅，金满求水獭皮、黑斜皮、红猍皮、合包青染鹿皮、鞍子、皮笼等物，皆与之。戊午，上谓左右曰："今闻府尹权蹈之言，今朝廷奉使于外者，皆宦寺无识之徒，嗜欲无穷，其所经过，侵渔万端。取人之物，不厌于心，则鞭挞不已，故人虽冻馁死亡，暂不矜恤。由是观之，辽东一路，不出数岁，殆尽空虚矣。中原境内尚如此，况我国境接中国，其因使臣往来，事烦民劳，何可惮也？宜殚诚竭力，预图支待之事。如是则一以成宾主之礼，一以尽小大之道矣。"时金满奉使而来，所过州县不堪支待之弊，故云然。

十二月乙酉，计禀使恭宁君𧙕奉敕回自京师，上率王世子及百官迎敕于慕华馆。敕曰："览表具悉。金银既非本国所产，自今贡献，但以土物效诚。"又敕曰："自今朝廷所遣内官、内史人等至王国中，王但以礼待之，毋赠遗以物。朝廷凡取索物件,惟凭御宝敕书应付,若口传朕之言语取索及非理需求者,悉勿听。王父子敬事朝廷,多历年岁,愈久愈笃,朕所深知,非左右近习所能间也,王无虑焉。”戊戌,上谓左右曰:“今使臣见敕书之后,未得求请,欲因赠物多受其价,语元闵生曰:岁时将近,吾欲彩段及带进于殿下,但恐回赐之小。其意欲闵生传达于予,其为赠遗,非因心之贶,尽是饵物之计也。贪而无礼,孰甚焉?又自揭其裙示之曰:吾常以绫为裙,殿下所赠之物,不足为贵。予将奚用?敕书虽到,礼仪不可如此恝然也。此则金满不知敕书毋赠遗以物之意,而溺于贪欲故也。既不得求请,欲因赠物多受价,今若听之,则后之来者,亦效满之术矣。况予不赠人而受人之赠,后虽报之,无乃不可乎?自今谕以敕书之意,而不受其赠,以断私赠之渐若何?”孟思诚、申商对曰:“宦寺不顾礼义,其欲无穷,欲尽从之,难矣。曲陈敕书之意,不受其赠,又不私与可矣。”许稠曰:“敕书以前,凡厥需索,无不曲从,赠遗甚盛。一朝顿绝赠与,又不受其赠,彼必怏怏矣。敕书虽如此,人情不可无也,且元日相赠,礼也。使臣心虽索价,苟据礼而进,得不受乎?”上曰:“若存相赠之礼则可矣,今不断绝,则后来效满者必多矣。如欲止之,自满而始可也。”

又,宣宗虽降敕“勿遗以物”,却仍然频频遣使,宦者挟势相逼,朝鲜反受其害。朝鲜《世宗实录》卷五三,宣德六年八月十日壬寅:“上曰:自己酉降敕以后,一次使臣之行,本国受弊,如此其至。赞成许稠对曰:朝廷政令不由朝官,皆出自司礼监。昔文王囚于羡[羑]里,纳赂于纣,然后得免,盖不得已也。今内官不畏敕旨,何必拘于敕谕而不赠遗乎?上曰:已知之。”辛亥,“(上曰:)前年敕书有禁私赠,辞甚恳至,吾欲遵守,卿于其时献议:中国任用宦寺,阉人用事,我国专因此辈导达诚意,不可不赠。予以礼义之邦,即逆朝廷,于义未顺,不听卿言,不赠一物,尹凤、昌盛等挟此恨,乃作今日之弊。今之敕书有辞,如弄孤儿,曾谓皇帝至如是乎?今逢如此之时,不可守正,宜从权厚慰宦寺,以救今日之弊。”是朝廷敕书如空言,宦官终逼索不已,朝鲜不得不应之。

十二月甲戌,山东泰安州税课局大使郝智言:州近泰山,田土素薄,所耕仅足以纳税粮,民多艰食。比者京师所遣中官采天麻、野味,民被虐害,兼妨农种。今后凡朝廷所取应用之物,乞不遣官，止令该部移文有司采进。上曰："朕岂以口腹累人者？"命该部凡所遣人悉召还治之，自今更不许辄遣人。（六〇，1425）　壬辰，召内官亦失哈等还。初，命亦失哈等率官军往奴儿干，先于松花江造船运粮，所费良重。上闻之，谕行在工部臣曰："造船不易，使远方无益，徒以此烦扰军民。"遂敕总兵官都督巫凯，凡亦失哈所赍颁赐外夷段匹等物，悉于辽东官库寄贮，命亦失哈等回京。（六〇，1435）

宣德五年庚戌（1430）

正月甲寅，宣府总兵官都督谭广言宣府诸卫少马，请增给五千匹。命发顺天府孳牧马二千五百往给之，余二千五百令广遣官军赴御马监关。（六一，1446）　丁卯，四川总兵官左都督陈怀奏：蜀王府中忽举炮铳，不知何为。察之，盖四川都司私与王府者，于法当问。上令行在都察院取长史、承奉诘之，敕怀：凡四川都司堂上官皆责死罪状而械送其首领官赴京。（六二，1467）

二月丁亥，上闻中官督江西泰和县采寒水石者虐民特甚，命亟召还，岁令民自采纳。（六三，1484）

三月甲辰，驻跸陵下，中官飞放还，进所获禽，上择其美者命割烹，躬调膳进皇太后毕，遂分赐文武大臣，上始食。（六四，1500）

戊午，行在工部尚书吴中奏：南京及浙江等处工匠起至北京及于随驾各监上工者，俱未有定籍，请令附籍于大兴、宛平二县，庶有稽考。从之。（六四，1513）　辛酉，宁化王济焕奏乞太原等县古城郝庄大陵城北享堂四处空地以资牧养。上从之，敕镇守大同内官郭敬等毋擅侵扰，以副优待宗亲之意。（六四，1514）
己巳，平江伯陈瑄言馈运四事：一、南京及直隶卫所运粮官军，递年选下西洋及征进交阯、分调北京，通计二万余人；又水军右等卫官军今年选下西洋者亦多，俱无军拨补。今江南民粮止运于淮、徐、临清三处，却令官军运赴北京，比之上年，须增攒运，以足岁用。然军少,加运亦艰,乞以南京并湖广、江西、浙江及直隶卫所附近府县清出远年迷失旗军见在寄留操备者,选其精壮补数。……上悉从之。(六四,1524—1526)

五月壬子,巡按直隶监察御史余思宽劾奏永平都指挥佥事萧敬纵放所部军士,不严守备,致寇入境杀掠,又不出兵追捕,贼去之后,始以三十余人追至蟒山,兵寡不敌。退还后,虽同内使马真等追贼至鸡林山下,擒获人马,亦难赎前罪。上曰:"闻鸡林颇捷,可赎前过,姑宥之,仍停俸三月。"(六六,1555—1556)　工匠有告内使韦宗盗官铜,造镀金器物与外人,其制过于御用器者。上命付法司治之如律,因谕侍臣曰:"洪武、永乐间内府所贮钱粮,内官、内使纤毫不敢动,虽东宫、亲王不得取用,欲用者必奏请。今内官敢尔,岂得不罪!"又曰:"朕近日用一木水架,工匠饰以彩色,又间贴金。朕恶其华侈,遂命易之,而小人乃敢僭拟!"遂命司礼监榜谕各监局,有盗官物及僭分者,事发处死,知而不首罪亦如之。(六六,1556)　乙丑,置云南广邑州及东山口巡检司。时中官云仙还自云南,言金齿广邑寨本永昌副千户阿干所居,干尝奉朝命招生蒲五千户向化,今干令孙阿都鲁同蒲酋莽寒叔阿类诣京贡方物,且乞于广邑置州,使阿都鲁代己掌州事,以熟蒲并所招生蒲属之;又言阿迷州东山其地冲要,夷獠贩鬻多经于此,迩因蛮寇为患,暂遣营长普觉往来巡捕,非经久之计,诸夷皆请置巡检司于东山口并请以普觉为巡检。事下行在兵部议,兵部请覆勘其实,上曰:"地在边远,既是夷人慕化,不必覆勘,其悉从之。"遂命都鲁为广邑州知州,莽寒为同知,普觉为东山口巡检,行在礼部铸印给之。(六六,1566—1567)　戊辰,二十九日,司礼监太监王振于端拱门钦奉圣旨:"恁写帖子去,说与杨庆等知道:洪保奉南京金川门外路东、西有空闲菜地二处,与静海寺、天妃宫常住僧道栽种。文书到日,拨与他种。钦此。"(葛寅亮《金陵梵刹志》卷二《钦录集》)【考】杨庆本年三月奉敕守备南京,至任数月即卒,其墓志见本年附。

○朝鲜《世宗实录》卷一二七："(宣德)五年五月，敕曰：'王事大之心，笃于诚敬，洊历年岁，弗懈益隆。眷王之贤，良重嘉悦。今特遣中官昌盛等，赍朕所御宝装绦环及刀剑银币诸物赐王，用示褒嘉。'十月，敕曰：'王至诚端恪，敬事朝廷，朕用嘉悦。今使臣回，特敕奖谕。'"按：本年昌盛出使朝鲜(七月始至)，实录失载，亦为索鹰犬之事，其情态与前无异，从略。

六月乙亥，上闻有人擅于天寿山近陵地耕种者，敕守陵太监郁彬等严禁约之。(六七,1575)　戊寅，遣太监郑和等赍诏往谕诸番国，诏曰："朕恭膺天命，祗嗣太祖高皇帝、太宗文皇帝、仁宗昭皇帝大统，君临万邦，体祖宗之至仁，普辑宁于庶类。已大赦天下，纪元宣德，咸与维新。尔诸番国，远处海外，未有闻知，兹特遣太监郑和、王景弘等赍诏往谕，其各敬顺天道，抚辑人民，以共享太平之福。"凡所历忽鲁谟斯、锡兰山、古里、满剌加、柯枝、卜剌哇、木骨都束、喃渤利、苏门答剌、剌撒、溜山、阿鲁、甘巴里、阿丹、佐法儿、竹步、加异勒等二十国及旧港宣慰司，其君长皆赐彩币有差。(六七,1576—1577)【考】《西洋番国志》篇首载敕书一道："敕南京守备太监杨庆、罗智、唐观保①、大使袁诚：今命太监郑和等往西洋忽鲁谋[谟]斯等国公干，大小船六十一只②，该关领原交南京入库各衙门一应正钱粮并赏赐番王头目人等彩币等物，及原阿丹等六国进贡方物给赐价钞买到纻丝等件，并原下西洋官员买到瓷器铁锅人情物件，及随船合用军火器纸札油烛柴炭并内官内使年例酒油烛等物，敕至，尔等即照数放支与太监郑和、王景弘、李兴、朱良、杨真、右少监洪保等，关领前去应用，不许稽缓。故敕。宣德五年五月初四日。"据宣德六年《娄东刘家港天妃宫石刻通番事迹记》，此行正使太监郑和、王景弘，副使太监朱良、周满、洪保、杨真、左少监张达。及同年长乐南山寺《天妃之神灵应记》：正使太监郑和、王景弘，副使太监李兴、朱良、周满、洪保、杨真、张达、吴忠。使者职衔

① 唐观保，或作"唐观"。

② 此次下洋宝船数目，说集本《瀛涯胜览·占城国》注作"六十三"，《明史·郑和传》作"六十二"。

与人数互可参照。　壬午，行在兵部尚书张本言今皇城四门进纳诸物有侵夺多收之弊。上命遣御史、给事中称盘，如永乐故事，庶几渐革。(六七，1580)　甲申，朝使自西域还，及西域贡使至，具言曲先卫都指挥散即思数率所部邀劫往来使臣，梗塞道路。上命都督佥事史昭充副总兵，都督佥事赵安充左参将，都督佥事王彧充右参将，同太监王安、王瑾(**即陈芜，瑾为赐名**)率兵征之。(六七，1580—1581)　丙戌，命行在户部揭榜，禁戒中官人等不许官船夹带私盐货物。(六七，1582)　壬辰，副总兵丰城侯李贤等奏总兵官阳武侯薛禄有疾，上谓侍臣曰："禄孜孜奉国，虽老犹尽心边事。"遂命中官金满同御医沈以潜以药驰往视之，仍赐敕劳问。(六七，1586)　丁酉，以木邦宣慰使罕门法、麓川平缅宣慰使思任发及缅甸宣慰使莽得剌各贡象马方物，遣中官云仙等赉敕赐之冠带彩币。时思任发、莽得剌皆奏罕门法侵占其地，掠其人畜，敕总兵官黔国公沐晟及三司官曰："麓川、缅甸皆言木邦侵掠土地人民，尔晟宜遣官与三司堂上官各一人，同云仙等往谕，如所言皆实，悉令退还，继今各安分保境，无相侵犯，如其不服，奏来处治。"(六七，1588)

七月壬戌，行在户部奏各处仓粮多有欺弊，请遣官于京城新旧大仓，直抵临清、淮安、徐州等处巡视，一应事宜俱从区画，遇有奸弊，具实奏闻。又各处仓廒收受之时，宜别委官监督，庶几关防严密，出纳分明，宿弊可革。上命行在户部侍郎王佐同内官李德巡视，员外郎杨贞、内官梁谷监督。(六八，1606)

八月丁亥，南京刑部右侍郎成均奏苏州旧积粮少，今苏州卫等衙门官并下西洋旗军缺粮支给，宜从刑部奏准例，以苏、松、常、镇四府问过囚人赎罪米，暂于本处官仓收贮，以备支给。从之。(六九，1624)　甲午，行在都察院奏：巡按江西监察御史刘伯大尝以同行监生林旻用廪给米买绵布亏价罪之，今旻告伯大枉道还宁国府泾县，又受内使轿乘等物，请罪之。上从之，因谕右

都御史顾佐等曰:“古云无诸己然后非诸人,己身不正而欲正人,得乎? 凡任风宪必以洁己为先。”(六九,1628—1629)

九月乙卯,车驾巡近郊,命丰城侯李贤、行在兵部尚书张本、右都御史顾佐等居守,命成国公朱勇曰:“朕今巡视近郊,尔与太监刘顺提督大营官军,严肃守卫,谨慎关防,一应军务公同计议而行。”是日驻跸西湖之东。(七〇,1649—1650) 己未,行在兵部尚书张本奏:总兵官宁阳侯陈懋言宁夏备御官军缺马骑操,今议于北京行太仆寺先给二千匹,候来春于御马监再给。从之。(七〇,1650)

十月丙子,上以农事既毕,将巡近郊,敕丰城侯李贤、都督张昇、兵部尚书张本、都察院右都御史顾佐等居守,曰:“朕今巡饬边备,特命尔等守北京,大小之事须措置得宜,遇有警急机务同太监杨瑛等计议允当,随即施行,仍差人驰奏。”(七一,1665) 敕太监杨瑛、林景芳、李和等守皇城内外,凡内府各监局等衙门内官、内使俱从管束,一应事务与丰城侯李贤等同心计议,毋偏执己见,以误事机。(七一,1665—1666) 丁丑,驻跸龙虎台,命军士皆先出关,命光禄寺赐扈从官酒馔。晚召英国公张辅、成国公朱勇、尚书蹇义,学士杨士奇、杨荣、金幼孜、杨溥至幄中,问郊外民事及边备。论议久之,命尚膳监赐辅等酒馔。 戊寅,车驾度居庸关,驻跸岔道,遣使赍敕谕太监杨瑛、林景芳、李和、少监苏进保等曰:“朕已率师出关,尔等宜恭谨承事圣母皇太后,务竭勤诚,不许纤毫怠忽。”(七一,1666) 己卯,敕恭顺侯吴克忠、遂安伯陈英、武进伯朱冕、太监刘顺等循例出境烧荒。(七一,1667)

丁亥,驻跸洗马林,遣敕谕太监杨瑛、林景芳、李和等曰:“朕十八日至洗马林,亲历城堡,阅视兵备咸毕,以二十一日旋师,二十五日至京。尔等宜敬谨奉侍圣母皇太后,不得出城迎接。”(七一,1669) 己丑,驻跸泥河,命都督郭义、沈清及太监袁琦率军士留宣府等处围猎,谕之曰:“非以为禽也,虑虏寇知朕还京,或为

边患。如遇有警，尔等协同备御，不可轻忽，仍戒士卒不许扰人，违者一体治罪。”(七一,1670)

十一月庚子，敕行在都察院副都御史贾谅、行在锦衣卫指挥王裕、参议黄翰同奉御张义、兴安往江西巡视军民利病，凡军卫有司官吏及富豪大户、奸民强盗为军民害者，体实擒拿，轻者就彼发落，重者连家属解赴京师，仍戒谅等务公勤廉谨，毋徇情枉法，纵释有罪及滥及无辜。(七二,1677)　庚戌，罢松花江造船之役。初，命辽东运粮，造船于松花江，将遣使往奴儿干之地招谕。至是总兵官都督巫凯奏虏寇犯边，上曰：“虏觇知边实，故来钞掠。”命悉罢之。(七二,1682)

十二月庚寅，行在兵部尚书张本言：先奉旨取外卫带操军士一万人分隶亲军，专令守卫上直。今各卫官不能抚恤，致有逃者，亦有违例别差及私役者，请遣官点视。上命监察御史、给事中同守门内官点闸。(七三,1712)　癸巳，总兵官都督佥事史昭等同太监王安等征曲先还。初，昭等兵至曲先，散即思先遁，其党答答不花等率众迎敌，昭等纵兵击之，杀伤甚众，获答答不花及男女三百四十余人，马驼牛羊三十二万有奇。至是奏至，上赐敕奖劳，仍命昭守西宁，命参将都督赵安送所俘获诣京师。(七三,1715)

本年附

艺文·太监杨庆墓志

大明故都知监太监杨公(庆)墓志铭

文林郎、监察御史陈芸撰文。征仕郎、中书舍人姜濬书丹。征仕郎、中书舍人刘素篆盖。

都知监太监杨公庆，宣德五年(1430)三月二十四日奉敕差来镇守南京，其年四月十九日到，遂病，不能视事。以七月二十二日终于三山里第，寿年六十有四。卜以八月二十八日葬于城南窑头山之原。前期，中书舍人姜孟珪率其养子杨仁等拜而求铭。辞不获，乃按状而为之铭。铭曰：

杨氏之先，派出南滇。历世显贵，簪绂蝉联。父曰寿奴，万户姚安。母曰赵氏，德容克完。是生我公，际会云龙。发始垂髫，入侍皇宫。出入内庭，谨密志诚。圣情欣悦，赐以庆字。祇奉天戈，克平内难。厥功居多，恩升太监。扈驾北征，再镇永平。胡人远遁，赫有声名。上念其劳，复怜其旧。重惟南京，命公镇守。宠锡既隆，公心实喜。胡为南来，一病弗起。吏民失望，部属感伤。公卿奔吊，车马盈廊。生既显荣，官为中贵。寿过六旬，死复何愧。吉日令辰，将以窀穸。窑山之原，是公玄宅。我本无文，忝曾荆识。中书属我，命题墓石。文虽不工，事则确实。用勒坚珉，以昭无极。

从仕郎中书舍人胡廷铉仲子彦訚镌。

（引自邵磊《明代宦官杨庆墓的考古发掘与初步认识》，《东南文化》2010年第2期）

艺文·郑和奏建南京礼拜寺所奉敕谕

宣德五年七月二十六日，公和奉命，三使西洋，有敕赐南京三山街礼拜寺一所。

敕书：敕太监郑和："尔以所造龙船，乃差内官高定住进来，果造得平稳轻妙，足见尔忠敬之心。朕甚嘉悦，就赏赐尔物件，付与高定住将来，酬尔美意。仍于南京天财库支钞十万贯与尔为下番之费，其西洋诸番国事皆付托于尔。惟尔心腹智识，老成旧人，以副朕委任之重，尔宜慎之！得尔所奏南京城内三山街礼拜寺被焚，尔因乞保下番钱粮人船，欲要重新盖造，此尔尊敬之心，何可怠哉！尔为朝廷远使，既已发心，岂废尔愿，恐尔所用人匠及材料等项不敷，临期误尔工程，可于南京内监官（**按，监官二字乙**）或工部支取应用，乃可完备，以候风信开船。故敕。"时宣德五年七月二十六日。

公和奉命三使西洋，历事三主。至宣德六年，钦封公三保太监。公以兄文铭之子立嫡，名赐，皆显宦焉。（**郑赐字恩来，家谱以其为二世祖，和后十五世世系略。**）

（李士厚《郑和家谱考释》）

【考】三山街礼拜寺即今南京净觉寺。《古今图书集成·职方典》卷六六一《江宁府部汇考·江宁府祠庙》："净觉寺，在府治三山门内，明洪武间敕赐,宣德年重修,郑和题请其子孙世守之。”

史事·郑和印造大藏经

丁亥春,冀县李杏南得明初刻本《优婆塞戒经》卷七,后刻题纪云:“大明国奉佛信官内官监太监郑和,法名速南吒释,即福吉祥。切念生适盛世,幸遇明时,谢天地覆载,日月照临;感皇上厚德,父母生成,累蒙圣恩,前往西洋等处公干,率领官军宝船,经由海洋,托赖佛天护持,往回有庆,经置无虞。常怀报答之心,于是施财,陆续印造《大藏尊经》,舍入名山,流通诵读。伏愿皇图永久,帝道遐昌,凡奉命于四方,常叩恩于庇佑,次冀身安心乐,福广寿长,忏除曩却之衍,永享现生之福。出入起居,吉祥如意,四恩等报,三有齐资,法界群生,同成善果。今开陆续成造《大藏尊经》,计一十藏:大明宣德四年,岁次己酉,三月十一日,发心印造《大藏尊经》一藏,奉施喜舍牛首山佛窟禅寺流通供养;大明宣德五年,岁次庚戌,三月十一日,发心印造《大藏尊经》一藏,奉施喜舍鸡鸣禅寺流通供养;大明宣德五年,岁次庚戌,三月十一日,发心印造《大藏尊经》一藏,奉施喜舍北京皇后寺流通供养;大明永乐二十二年,岁次甲辰,十月十一日,发心印造《大藏尊经》一藏,奉施喜舍静海禅寺流通供养;大明永乐十八年,岁次庚子,五月吉日,发心印造《大藏尊经》一藏,奉施喜舍镇江金山禅寺流通供养;大明永乐十三年,岁次乙未,三月十一日,发心印造《大藏尊经》一藏,奉施喜舍福建南山三峰塔寺流通供养;大明永乐九年,岁次辛卯,仲冬吉日,发心印造《大藏尊经》一藏,奉施喜舍天界禅寺毗卢宝阁流通供养,大明永乐八年,岁次庚寅,三月十一日,发心印造《大藏尊经》一臧,奉施喜舍云南五华寺流通供养;大明永乐五年,岁次丁亥,三月十一日,发心印造《大藏尊经》一藏,奉施喜舍灵谷禅寺流通供养。”记中遇佛字、圣字、皇字,俱空一字,年号、庙宇抬头。按《明史》郑和凡七往西洋,此所述年月多属其启程之时,盖就地排列,不依年月为次第。和云南人,故五华寺亦施一藏。五华寺与华国寺同在云南五华山巅,寺废已久矣。

(邓之诚《骨董琐记·骨董三记》卷六《郑和印造大藏经》)

【考】永乐十八年,郑和曾施舍《大藏经》一部给云南五华寺,1951年云南省图书馆在其中《沙弥尼离戒文》的卷末,发现郑和《施印大藏经发愿文》,文曰:“大明国奉佛官太监郑和,法名福吉祥,谨发诚心,施财命功,印造《大藏尊经》一藏，计六百三十五函，喜舍于云南五华寺，永远长生供养。以此殊勋，上祝皇图永固，帝道遐昌，佛日增辉，法轮常转，海宴河清，民康物阜。所冀福吉祥，凡奉命于四方，经涉海洋，常叨恩于三宝，自他具利答报，四恩均资，三有法界，有情同缘种智者。永乐十八年，岁次庚子，五月吉日，福吉祥谨题。"据此，永乐十八年，郑和分别向云南五华寺和镇江金山寺捐赠了《大藏经》，而前后赠送给云南五华寺的藏经达两部。郑和信佛，颇有其证，如《佛说摩利支天经》，经后有永乐元年八月姚广孝题记："今菩萨戒弟子郑和，法名福善，施财命工，刊印流通，其所得胜报，非言可能尽矣。一日怀香过余请题，故告以此。永乐元年，岁在癸未，秋八月二十又三日，僧录司左善世沙门道衍。"（引自冯承钧《瀛涯胜览校注·序》）[①]又2002年浙江平湖发现的明代《妙法莲华经》，其中云龙莲花纹牌记有郑和发愿文："大明国奉佛信官郑和，法名福吉祥，发心铸造镀金舍利宝塔一座，永远长生供养。所冀见生之内，五福咸臻，他报之中，庄严福寿。宣德七年九月初三日意。"这是迄今发现的写有郑和姓名的唯一一部手写佛经。[②]

宣德六年辛亥（1431）

正月丁亥，命梁王瞻垍械承奉孔勤送京。勤狠傲，屡侮慢王，至出詈语；又尝踢王所坐胡床仆地，迫逐王入卧内。王不能堪，欲拔刀自杀，左右救止之。事闻，上大怒，遣人执勤罪之。王奏乞宥其愚戆。上谕行在兵部臣曰："梁王，朕亲弟，为下人侮辱，理应罪之，而王反为救解，此必同类小人迫胁王为此奏。"遂

① 杨军《关于郑和佛经信仰两条史料的辨伪》〔《北方民族大学学报（哲社版）》2011年第1期〕对《骨董三记》所载《郑和印造大藏经》题记的真实性提出来质疑，其理由是：一，题记所载三部《大藏经》印造时，郑和正在海外；二，永乐八年、九年及十三年不具备印造《大藏经》的雕版；三，该题记与云南发现的《施印大藏经发愿文》矛盾。

② 程杰《浙江平湖发现署名郑和的〈妙法莲华经〉长卷》，《文物》2005年第6期。关于郑和的宗教信仰，可参阅李希泌《郑和印施〈大藏经〉题记——郑和皈依佛门的左证》（《文献》1985年第3期）、陈楠《三宝太监郑和奉佛事迹考》（《传统文化与现代化》1997年第6期）、林松《论郑和的伊斯兰教信仰——兼评郑氏"奉佛"、"崇道"说》（《中国伊斯兰教研究文集》，宁夏人民出版社，1988年）。

遣敕戒王,勿听群小之言,朝廷自有处置。(七五,1743)

二月壬寅,满剌加国头目巫宝赤纳等至京,言:"国王欲躬来朝贡,但为暹罗国王所阻。暹罗素欲侵害本国,本国欲奏,无能书者。今王令臣三人潜附苏门答剌贡舟来京,乞朝廷遣人谕暹罗王,无肆欺凌,不胜感恩之至。"上命行在礼部赐赉巫宝赤纳等,遣附太监郑和舟还国,令和赍敕谕暹罗国王曰……(七六,1762—1763)　戊申,监察御史伍宗源等劾奏驸马都尉焦敬纵中使阮邦擅收官马,上曰:"驸马贵戚,岂少一马,而甘为小人之行?"命下锦衣卫狱。寻宥之。(七六,1766)

三月戊辰,行在工部奏:今造北京天地等坛及钟鼓司、教坊司乐器衣服,工力不足,欲于浙江等布政司及直隶苏、松等府匠丁多者量选赴京供役,人月给粮四斗,事毕遣归,如旧更番。从之。(七七,1785)　戊寅,中官朱敬奏请故尚书夏原吉旧赐地二顷,上命锦衣卫遣官按视。时顺天府已给民人耕种。上曰:"既为民业,安可侵夺?"斥不与。(七七,1795—1796)

五月壬申,遣使赍敕抚谕老挝军民宣慰使司土官宣慰使刀线达曰:"昔我皇祖太宗文皇帝临御之时,尔能敬顺天道,恭事朝廷,恪修职贡,始终一诚,朝廷待尔久而益隆。朕恭膺天命,继承大位,一切政务悉遵皇祖之心。兹遣内官杨琳赍敕往谕,并赐尔彩币表里,尔其益顺天心,恪效勤诚,以副朕怀。"(七九,1832—1833)

六月丙午,行在兵部奏:总兵官都督谭广言都指挥唐铭再取宣府官军往开平哨备,缘先奉敕开平哨备官军选本卫一千人、宣府等处一千人及内官萧愚原领神铳手三百人,分作两班,久已选定,遣赴独石,听铭管领,更番往来。今铭朦胧重取,请治其罪。上曰:"铭武臣,姑记勿问。哨备官军依前处分,失机误事则罪之。"(八〇,1855)　丙辰,建昌府知府陈鼎奏:荆府承奉萧韶强占民家池塘土地,护卫指挥文斌纵军牧马,伤民田稼;又生事絷缚捶辱军民,掠取财物。上谕都御史顾佐曰:"朝廷待王以礼,王亦安分守藩。凡此害民，皆小人之罪，百姓未知，归怨于王，王之令德，悉为所累。其取韶至鞫之。”令江西按察司执斌治之，凡所侵夺百姓者即令退还，禾稼计亩给偿。遂遣敕谕王，使知小人之罪。（八〇，1863—1864）

〇朝鲜《世宗实录》卷五三，七月丙子：司译院注簿方致知，回自辽东启："使臣昌盛、尹凤，张童儿、张定安二行，相继发向本国。"　八月辛亥，王世子率百官迎敕于慕华馆。敕曰："王国中所产海青、黄鹰、白鹰、土豹，敕至，王令人同差去官军一同采取，就差的当人员，同差来内官昌盛、尹凤、张童儿、张定安等进来。王其体朕至怀。"又曰："今遣内官昌盛、尹凤、张童儿、张定安等，率领官军一百五十员名，往毛怜等卫采取海青、土豹等物。敕至，王即遣的当人护送，从朝鲜后门取路前去。所用粮食，烦王供给，如或天道寒冷，合用衣鞋之类。并所采海青、土豹等物，回还缘途合用肉食喂养，王亦从宜造办与之，就令人护送出境。"　九月二十四日乙酉，咸吉道监司启："序班崔真、高诚等十一人赍敕往斡木河，遣军二十名护送，又给往还粮米。"其敕曰："皇帝敕谕都督猛哥帖木儿：今遣内官昌盛、尹凤、张童儿、张定安，率领官军一百五十员名前来，尔等即令部属人等采取海青、土豹等物，差人进来，仍差人护送，至朝鲜后门，交付内官昌盛等，一同将来。"　卷五四，十月六日丁酉，昌盛率头目二十四人，发向咸吉道。　十二月癸巳，昌盛、尹凤、张定安等，率童猛哥帖木儿弟凡察及管下野人十一名、被虏唐人男妇共八十二名，回自咸吉道。（**本月携所获鹰豹回**。）

八月戊午，命御马监选马千匹给万全都司，选百匹给永宁卫官军哨备。（八二，1907）

十月乙未，命奴儿干都司都指挥使康旺致仕，以其子福代为本司都指挥同知。旺本鞑靼人，洪武间以父荫为三万卫千户，自永乐以来频奉使奴儿干之地，累升至都指挥使。至是复命往奴儿干设都司，旺辞疾，乞以福代，故有是命。（八四，1930）

十一月丙子，内官袁琦有罪下狱。（八四，1949）　庚辰，内官戎礼奏：陕西苑马寺养马军士人养牝马十四至十二三匹者，又养陕西行太仆寺孳生马，递年倒死及亏欠马驹，赔纳不足，乞选西安、平凉、巩昌、庆阳四府丁多民户分养。行在兵部言:"军士养马,已是定例,难准分给。请依旧例,令刑部、都察院及陕西布政司、按察司,凡问杂犯死罪应充军者就发陕西苑马寺充军养马,庶几少苏军士。"从之。(八四,1950—1951) 乙酉,上以内官袁琦等事觉,以其所遣在外者尚多,于是遣太监刘宁,御史张骏、李灏等往籍其赃及执其从人。宁、骏、灏往直隶苏、松诸郡,御史蒋彦广往福建,胡智往湖广,施信往江西,高超往广东,刘祯往广西,胡敬往河南,于奎往南京,郭原往河间,唐慎往直沽,梁轸往四川、云南。内官裴可烈在苏、松诸郡贪暴尤甚,特命械系至京。(八四,1951—1953) 庚寅,内使马俊公差还京,至良乡,闻袁琦事自经,有司以闻。上曰:"此正与袁琦同恶害吾民者!"命锦衣卫戮其尸,枭首于市。(八四,1956) 辛卯,中官唐受以公差南京,纵恣贪酷,民不胜其害。事闻,上命锦衣卫遣人捕至,鞫讯具伏,械赴南京,凌迟于市,枭首以示众。(八四,1957)

十二月癸巳,镇守甘肃太监王安以兰州卫军王震等藏玉石不献而私鬻于家,执送至京。上曰:"国家以民安为宝。况小人营利,亦其常情,何罪?"遽命释之。(八五,1959) 乙未,山西道监察御史卢睿等劾奏备御蓟州太监刘通、总兵官都督陈敬蒙蔽侵欺之罪。时锦衣卫指挥佥事王息归自兀良哈,以驼马入关,通等与息交通,匿马七十四匹、驼五头不以闻。上曰:"小人不足深责,但命法司封御史奏章示之,使之改过。"(八五,1960—1961) 内官袁琦、内使阮巨队、阮诰、武莽、武路、阮可、陈友、赵准、王贵、杨四保、陈海等伏诛。初,巨队等往广东等处公干,而以采办为名,虐取军民财物。事觉,下锦衣卫狱,究其所由,皆琦指使。于是籍其家,金银以万计,宝货锦绮诸物称是;又所用金玉器皿僭侈非法,皆四保与海为之。法司议罪应死,上命凌迟琦而斩巨队等十人。时内官裴可烈亦以贪暴,下锦衣卫狱死。(八五,1961—1962)【考】光绪《广州府志》卷一六一《杂录二》记阮巨队在粤事:"正统(**按**,

应为宣德)初，有中官阮巨队奉命来广征虎豹，陈谔从阮饮，求虎皮。明日草奏，言阮多用肥壮者宴客，徒贡瘠虎，使毙诸途。阮大恐，置酒谢。谔酣谓阮曰：'闻子非阉者，近娶妾，然否？'阮曰：'请阅诸室。'谔见群罐，知为金珠，佯问何物？曰：'酒也。'谔笑曰：'吾来正索此。'遂令人扛。阮哀祈，得留其半。广人至今传为谈谑。"　丙申，上谕右都御史顾佐等曰："宦者袁琦以其自小随侍，颇称使令，升太监管事。辄敢恃恩，纵肆欺罔，假公务为名，擅差内官、内使往诸处凌虐官吏军民，逼取金银等物，动累万计，致吏民含冤无诉，归怨朝廷。虽方面、风宪之官皆畏惮之不敢以闻，鬼神不容，发露其事，已悉寘极刑。尔都察院揭榜，晓谕中外，凡先所差内官、内使在外侵占官民田地及擅造房屋，所在官司取勘明白，原系官者还官，军民者还军民。中外官民人等有受内官、内使寄顿财物，许首免罪，若匿不首，事觉与犯者同罪。自今内官、内使出外，敢仍前有犯，令所在官司具奏，治以重罪，知而不奏，罪同。若中外军民人等有投托跟随内官、内使，因而拨置害人者，悉处死罪。"(八五，1962)　上退朝，御乾清宫，谕太监王瑾、吴诚等曰："朕即位以来，念内官、内使随侍勤劳，恩待甚厚。屡戒谕之，令谨守法度，勿罹刑辟，永享太平。其间有能小心忠谨，朕待之加厚。不意袁琦孤恩负德，越礼犯分，欺瞒朝廷，受人嘱托，私遣内使出外，假以干办，虐害官吏军民，百计索取，金银财物数以万计。下人衔冤，归怨于上，朕何由知？天地鬼神共怒，事乃发露，琦已伏诛。此非朕欲罪之，杀身之祸实其自取。尔等其揭榜，昭示内官、内使及小火者：能守法事上，不恃宠作威，不害民取财者，鬼神佑之。若违法越礼，惟务贪虐，鬼神不佑，国法不赦。若先尝有过，后能改悔，朕亦以无过待之。"(八五，1962—1963)　乙巳，谪锦衣卫指挥佥事徐景璜及其弟千户景瑜戍隆庆卫。初，南京锦衣卫得系囚之脱逃者，景璜与指挥使张瑛径械送北京，守备襄城伯李隆以其违例不关白，奏之。上遣内官李德赍敕，命都察院责景璜等罪状，俾戴罪还职。景璜、景瑜有倍[悖]慢语,法司奏大不敬,应斩。上谕群臣曰:“朕念开国元勋之孙,且皇祖母族侄,岂忍加重罪?姑谪戍边,俾自惩,庶几保全之道。”盖二人皆中山武宁王孙也。(八五,1967)　戊申,增设行在羽林前卫中前、中后、中中三千户所。初,御马监养马勇士及小厮三千一百余人,皆隶羽林带管,名虽隶而身不隶,且姓名多同,凡支粮赏,本卫莫能稽考。行在兵部尚书许廓以闻,上命设三所以专统之。(八五,1970)

本年附

艺文·碑铭·刘家港天妃宫《通番事迹记》[1]

娄东刘家港天妃宫石刻通番事迹记

明宣德六年岁次辛亥春朔,正使太监郑和、王景弘,副使太监朱良、周满、洪保、杨真,左少监张达等立。其辞曰:

敕封护国庇民妙灵昭应弘仁普济天妃之神,威灵布于巨海,公德著于太常,尚矣。和等自永乐初奉使诸番,今经七次,每统领官兵数万人,海船百余艘。自太仓开洋,由占城国、暹罗国、爪哇国、柯枝国、古里国,抵于西域忽鲁谟斯等三十余国,涉沧溟十万余里。观夫鲸波接天,浩浩无涯,或烟雾之溟濛,或风浪之崔嵬。海洋之状,变态无时,而我之云帆高张,昼夜星驰,非仗神功,曷能康济。直有险阻,一称神号,感应如响,即有神灯烛于帆樯。灵光一临,则变险为夷,舟师恬然,咸保无虞。此神功之大概也。及临外邦,其蛮王之梗化不恭者生擒之,寇兵之肆暴掠者殄灭之,海道由是而清宁,番人赖之以安业,皆神之助也。

神之功绩,昔尝奏请于朝廷,宫于南京龙江之上,永传祀事。钦承御制

[1] 郑和等于宣德六年所立太仓《通番事迹记》与福建长乐《天妃之神灵应记》,对于确立郑和出使年代及其事迹,具有重要价值。《通番事迹记》原碑已失,本编所载,转自向达校注、巩珍著《西洋番国志》(中华书局,2000 年)之附录三,其所据底本见明人钱穀编《吴都文粹续集》卷二八《道观》。明嘉靖《太仓州志》及顾炎武《天下郡国利病书》亦有著录。但碑文互有出入,可参看范金民《〈娄东刘家港天妃宫石刻通番事迹记〉校读》(《郑和研究》2006 年第 4 期)。

记文，以彰灵贶，褒美至矣。然神之灵，无往不在，若刘家港之行宫，创造有年，每至于斯，即为葺理。宣德五年冬，复奉使诸番国，舣舟祠下，官军等瞻礼勤诚，祀享络绎。神之殿堂，益加修饰，弘胜旧规。复重建岨山小姐之神祠于宫之后，殿堂神像，粲然一新。官校军民，咸乐趋事，自有不容已者，非神之功德感于人心而致乎！是用勒文于石，并记诸番往回之岁月，昭示永久焉。

永乐三年，统领舟师往古里等国。时海寇陈祖义等聚众于三佛齐国，抄掠番商，生擒厥魁，至五年回还。

永乐五年，统领舟师往爪哇、古里、柯枝、暹罗等国，其国王各以方物珍禽（异）兽贡献。至七年回还。

永乐七年，统领舟师，往前各国。道经锡兰山国，其王亚烈苦奈儿负固不恭，谋害舟师，赖神灵显应知觉，遂擒其王。至九年归献，寻蒙恩宥，俾复归国。

永乐十二年（**按，应为十一年**），统率舟师往忽鲁谟斯等国。其苏门答剌国伪王苏斡剌寇侵本国，其王遣使赴阙，陈诉请救，就率官兵剿捕，神功默助，遂生擒伪王，至十三年归献。是年，满剌加国王亲率妻子朝贡。

永乐十五年，统领舟师往西域。其忽鲁谟斯国进狮子、金钱豹、西马；阿丹国进麒麟，番名祖剌法，并长角马哈兽；木骨都束国进花福鹿并狮子；卜剌哇国进千里骆驼并驼鸡；爪哇国、古里国进縻里羔兽。各进方物，皆古所未闻者。及遣王男王弟捧金叶表文朝贡。

永乐十九年，统领舟师遣忽鲁谟斯等各国使臣久侍京师者，悉还本国。其各国王贡献方物，视前益加。

宣德五年，仍往诸番国开诏。舟师泊于祠下，思昔数次皆仗神明护助之功，于是勒文于石。

艺文·碑铭·长乐南山寺天妃之神灵应记①

天妃之神灵应记②

皇明混一海宇，超三代而轶汉唐，际天极地，罔不臣妾。其西域之西，

① 碑现存福建长乐郑和史迹陈列馆，原仆，后蒙建亭护之。1936年，郑鹤声、柳诒徵分别撰文予以介绍，郑文载天津《益世报》11月6日《史地周刊》，柳文载《边疆》12月第1卷第9期。本编所录引自向达校注、巩珍著《西洋番国志》（中华书局，2000年）附录三。

② 篆额作“天妃灵应之记”。

迤北之国,固远矣,而程途可计,若海外诸番,实为遐壤,皆捧珍执贽,重译来朝。皇上嘉其忠诚,命和等统率官校、旗军数万人,乘巨舶百余艘,赍币往赉之,所以宣德化而柔远人也。自永乐三年奉使西洋,迨今七次,所历番国,由占城国、爪哇国、三佛齐国、暹罗国,直逾南天竺、锡兰山国、古里国、柯枝国,抵于西域忽鲁谟斯国、阿丹国、木骨都束国,大小凡三十余国,涉沧溟十万余里。观夫海洋,洪涛接天,巨浪如山,视诸夷域,迥隔于烟霞缥缈之间。而我之云帆高张,昼夜星驰,涉彼狂澜,若履通衢者,诚荷朝廷威福之致,尤赖天妃之神护佑之德也。神之灵固尝著于昔时,而盛显于当代。溟渤之间,或遇风涛,即有神灯烛于帆樯,灵光一临,则变险为夷,虽在颠连,亦保无虞。及临外邦,番王之不恭者生擒之,蛮寇之侵掠者剿灭之。由是海道清宁、番人仰赖者,皆神之赐也。

神之感应,未易殚举。昔尝奏请于朝,纪德太常,建宫于南京龙江之上,永传祀典。钦蒙御制记文,以彰灵贶,褒美至矣。然神之灵无往不在,若长乐南山之行宫,余由舟师累驻于斯,伺风开洋。乃于永乐十年奏建,以为官军祈报之所。既严且整,右有南山塔寺,历岁久深,荒凉颓圮,每就修葺,数载之间,殿堂禅室,弘胜旧规。今年春,仍往诸番,蚁[舣]舟兹港,复修佛宇神宫,益加华美。而又发心施财,鼎建三清宝殿一所于宫之左,雕妆圣像,粲然一新,钟鼓供仪,靡不具备。佥谓如是,庶足以尽恭事天地神明之心。众愿如斯,咸乐趋事,殿庑宏丽,不日成之。画栋连云,如翚如翼,且有青松翠竹掩映左右,神安人悦,诚胜境也。斯土斯民,岂不咸臻福利哉!人能竭忠以事君,则事无不立;尽诚以事神,则祷无不应。和等上荷圣君宠命之隆,下致远夷敬信之厚,统舟师之众,掌钱帛之多,夙夜拳拳,惟恐弗逮,敢不竭忠于国事,尽诚于神明乎!师旅之安宁,往回之康济者,乌可不知所自乎?是用著神之德于石,并记诸番往回之岁月,以贻永久焉。

一、永乐三年,统领舟师至古里等国。时海寇陈祖义聚众三佛齐国,劫掠番商,亦来犯我舟师,即有神兵阴助,一鼓而殄灭之。至五年回。

一、永乐五年,统领舟师往爪哇、古里、柯枝、暹罗等国,番王各以珍宝珍禽异兽贡献。至七年回还。

一、永乐七年,统领舟师往前各国。道经锡兰山国,其主亚烈苦奈儿负固不恭，谋害舟师，赖神显应知觉，遂生擒其王，至九年归献。寻蒙恩宥，俾归本国。

一、永乐十一年，统领舟师往忽鲁谟斯等国。其苏门答剌国有伪王苏幹剌，寇侵本国，其王宰奴里阿比丁遣使赴阙陈诉，就率官兵剿捕。赖神默助，生擒伪王，至十三年归献。是年，满剌加国王亲率妻子朝贡。

一、永乐十五年，统领舟师往西域。其忽鲁谟斯国进狮子、金钱豹、大西马；阿丹国进麒麟，番名祖剌法，并长角马哈兽；木骨都束国进花福鹿并狮子；卜剌哇国进千里骆驼并驼鸡；爪哇、古里国进縻里羔兽。若乃藏山隐海之灵物，沉沙栖陆之伟宝，莫不争先呈献。或遣王男，或遣王叔、王弟，赍捧金叶表文朝贡。

一、永乐十九年，统领舟师遣忽鲁谟斯等国使臣久侍京都者，悉还本国。其各国王益修职贡，视前有加。

一、宣德六年，仍统舟师往诸番国，开读赏赐。驻泊兹港，等候朔风开洋。思昔数次皆仗神明助佑之功，如是勒记于石。

宣德六年岁次辛亥仲冬吉日，正使太监郑和、王景弘，副使太监李兴、朱良、周满、洪保、杨真、张达、吴忠，都指挥朱真、王衡等立。正一住持杨一初稽首请立石。

史事·《前闻记》所载下西洋事

永乐中遣官军下西洋者屡，当时使人有著《瀛涯胜览》、《星槎胜览》二书以记异闻矣。今得宣德中一事，漫记其概。

题本（文多不录——**按，本条括号内文字皆为原文小注**）

人数　官校、旗军、火长、舵工、班碇手、通事、办事、书算手、医士，铁锚、木艌、搭材等匠，水手、民稍人等共二万七千五百五十员名。

里程　宣德五年闰十二月六日龙湾开船，十日到徐山打围。二十日，出附子门，二十一日到刘家港。六年二月十六日到长乐港。十一月十二日到福斗山。十二月九日，出五虎门，（行十六日。）二十四日到占城。七年正月十一日开船，（行二十五日。）二月六日到爪哇（斯鲁马益。）六月十六日开船，（行十一日。）二十七日到旧港。七月一日开船，（行七日。）八日到满剌加。八月八日开船，（行十日。）十八日到苏门答剌。十月十日开船，（行三十六日。）十一月六日到锡兰山。（别罗里。）十日开船，（行九日。)十八日到古里。二十二日开船,(行三十五日。)十二月二十六日到忽鲁谟斯[①]。八年二月十八日开船回洋,(行二十三日。)三月十一日到古里。二十日大䑸船回洋,(行十七日。)四月六日到苏门答剌。十二日开船,(行九日。)二十日到满剌加。五月十日回到昆仑洋。二十三日到赤坎。二十六日到占城。六月一日开船,(行二日。)三日到外罗山。九日,见南澳山。十日晚,望见即回山。六月十四日到踦头洋。十五日到碗碟屾(《纪录汇编》本作碗碟屿)。二十日过大小赤。二十一日进太仓。(后程不录。)七月七日到京。十一月,关锡浆衣宝钞。

船号　如清和、惠康、长宁、安济、清远之类,又有数序一二等号。

船名　大八橹、二八橹之类。

(祝允明《前闻记·下西洋》,《国朝典故》卷六二)

宣德七年壬子(1432)

正月丁卯,遣中官李贵等使西域哈烈等国,敕谕哈烈沙哈卢、锁鲁檀等曰:“昔朕皇祖太宗文皇帝临御之日,尔等恭事朝廷,遣使贡献,始终一心。朕恭膺天命,即皇帝位,主宰天下,纪元宣德,大小政务,一体皇祖皇帝奉天恤民、一视同仁之心。前遣使臣赍书及彩币往赐,道梗而回。近闻道路已通,特遣内官李贵等赍书往谕朕意。其益顺天心,永笃诚好,相与往来,同为一家,经商生理,各从所便。”赐沙哈卢等金织文绮罗锦。又敕撒马儿罕头目兀鲁伯、曲列干及卜霞儿城、达失干城、沙鲁海牙城、赛蓝城、亦力把里、讨来思等处头目亦如之,悉赐金织文绮彩绢。并敕哈密忠顺王卜答失里、忠义王脱欢帖木儿、沙州赤斤蒙古二卫都督困即来、都指挥察罕不花等,以兵护送。(八六,1979—1980)

庚午,以大祀南郊,上御正朝,文武群臣受誓戒礼毕,上御斋宫,命内官、内使各谨斋戒,如有饮酒食荤及随侍入坛而唾地者

---

① 忽鲁谟斯,原作“鲁乙忽谟斯”,乃书写时误将“忽鲁”二字倒置,既为之乙正,遂将“乙”字阑入原文。今为改正。

皆罪之，令司礼监专纠察，纵容者同罪。(八六，1981) 己卯，上以内官袁琦奸贪害民，既诛之，敕天下诸司曰："朕恭嗣祖宗大位，夙夜寅恭，不遑暇逸。诚以天下者祖宗之天下，军民者祖宗之军民，军民安则天下治，天下治而后有以仰副祖宗付托之重。爰自临御以来，惟以安人为心，而内官监太监袁琦随侍日久，肆其狡险，欺慢朝廷，假干办公务为名，朦胧奏遣内官、内使在外，凌辱官员，毒虐军民，恣肆贪残，赃秽狼籍，金银以千万计，人不聊生。所在有司，坐视民患，徒怀兢惕，默不敢言。天地不容，神人共怒，发其罪恶，已敕法司榜示天下。尔等其体朕恤人之心，务隆绥抚。民者国之本也，代天理民者君，为国安民者臣，尔等勉之，必使军民皆安于下而无叹息愁恨之声，庶几尽尔等之职，不负朕委任之意。尔等勉之。"(八六，1984—1985) 丙戌，上念即位以来，四方番国皆来朝贡，惟日本未至，遂命内官柴山赍敕往琉球国，令中山王尚巴志遣人赍往日本谕之。(八六，1991)

三月辛酉，辽东都司言：诸卫屯种耕牛初皆买于朝鲜，今牛多死缺用。遂遣内官昌盛等赍敕往谕朝鲜国王李祹，赐以纻丝纱罗锦帛，令如永乐故事，选牛一万送辽东都司给军，仍遣员外郎李显运绢布五万匹偿其直。(八八，2024) 壬午，行在户部言，南、北二京赃罚库所收衣服布绢等物年久积多，恐有损坏，请本部委官同御史、给事中、内官逐一检阅，完好者验时直准给两京文武官月俸。从之。(八八，2033) 甲申，命北京行太仆寺选马驹五百匹送御马监调习。(八八，2034)

〇朝鲜《世宗实录》卷五五，三月丙戌，圣节使田时贵以书启："张童儿今向白头山野人地面捕海青而去。昌盛、尹凤、张定安亦向本国，将捕鹰于咸吉道，并赍敕书而去，乃野人地捕鹰军四百名运粮事也。" 卷五六，四月壬寅，唐人押送官唐梦贤回自辽东，启："使臣昌盛、尹凤、张定安相继到辽东；张童儿率采捕军四百，自辽东已向白头山。" 五月丙戌，上率百官迎敕于慕华馆，至景福宫行礼如仪。敕曰："近辽东都司奏屯军缺牛耕种,已敕山东布政司运布绢诣辽东附近王国之处,收顿听候。王可令国中人民选堪用耕牛一万只,赴辽东市内货卖,俱照永乐年间例给与布绢,庶几官民两便。故敕。"又敕曰:"今遣太监昌盛、尹凤、监丞张定安前来,王可于国中量发人马,委的当头目管领,与之一同采捕海青、土豹,回日令人护送,毋致疏失。故敕。"又敕曰:"近遣内官张童儿等,率领官军四百员名,往白山等处公干,约用食粮四百八十石,欲于辽东运去,人力艰难。闻王国与白山等处相近,兹遣太监昌盛、尹凤、监丞张定安赍敕谕王,王可如数差人输运,同昌盛等送至东梁地面,交付张童儿等收用。如昌盛等往来东梁地面公干,王可分付守把人等放行。故敕。"又敕曰:"王恭事朝廷,自永乐至今,前后一诚,可谓卓然贤王矣。肆朝廷待王,亦前后一诚。所遣使臣,虑其中有小人,任情轻率,不顾大体,妄有需求,凡其所言,非敕书所谕者,王勿信从。前命山东布政司运布绢于边卫,与王国人民收买耕牛,给辽东屯军。今得王奏,国中所产不多,朕已具悉,可随见有者送来交易,余即止之。但海青飞放所用,而产于国中,若遣人来采捕,王可应付。故谕。" 六月庚寅,上谓左右曰:"昌盛、尹凤等言:吾辈但传敕书而已。其牛只为半易送,或依数进献,断在殿下之心。其心以谓年前回还时语曰:牛只之事,当奏闻蠲除。今愧不如心,故乃有如是之言。" 卷五七,七月丁卯,朝廷易换牛六千只,分六运解送辽东。 八月壬辰,昌盛、张定安率头目二十九人,发向咸吉道。 卷五八,十一月辛未,昌盛、张定安回自咸吉道。 十二月丁亥,遣宣慰使中枢院副使尹重富于义州。尹凤,本国火者也。初在瑞兴甚贫贱,永乐年间被选赴京,出入禁闼,于今三世。欺诳帝聪,以捕海青、土豹、黑狐等事,连年来我,贪求无厌,恣行己欲。于瑞兴起第,将为退老之计,土田臧获,腼面求请,以备家产。使弟重富位至中枢,至于族亲,靡不受职。其蒙国家之恩至矣,犹为不足,鞍马布币,亦区区请之,无耻甚矣。本国之人,为本国之害,使吾民奔走疲毙,其于昌盛、张定安,何足责乎?自古天下国家之乱,由于宦寺,奉使而来者,皆此辈也,则上国之政,可知矣。

五月丙寅,以松花江造船军士多未还,敕海西地面都指挥塔失纳答、野人指挥头目葛郎哥纳等曰:"比遣中官亦失哈等往使奴儿干等处,令都指挥刘清领军,松花江造船运粮。今各官还朝,而军士未还者五百余人。朕以尔等归心朝廷，野人女直亦遵法度，未必诱引藏匿。敕至，即为寻究，遣人送辽东总兵官处，庶见尔等归向之诚。”(九〇，2057) 庚辰，北京行太仆寺以牡驹六百余匹送御马监，上闻之，谓侍臣曰：“此驹皆超腾，但性未驯。胡人善调马，凡新至鞑官人与一匹，俾之调习。”(九〇，2063)

六月戊申，(提督开平、独石、长安岭、永宁诸处巡逻备御宣府)副总兵都督方政奏内官萧愚亲信小人，擅作威福，私役戍兵，凡诸边务任意干挠。政欲用神铳，悉不与，至加诟詈，或擅调军出境。上降敕责愚曰：“朕以边务委总兵，大小之事悉听裁决。命尔但管神铳，凡进退缓急，听总兵约束，何敢越分挠法？论尔罪当死，今姑曲宥，俾悛改。自今惟于神机铳严密关防，一切边事听总兵处置，尔所役军士即遣归伍听调。若怙终不悛，必诛不释。”(九一，2085) 癸丑，罢内官入番买马。初，内官李信、李贵以西番多良马，请买以供国用。既次陕西治行，上以地远劳人，敕罢之。(九一，2087)

七月丁巳朔，沧州民畜官马，一产二驹，州以为祥，献于朝。上曰：“物理之常，何足异也。”命付御马监畜之。(九三，2109)

八月庚戌，怀安等卫奏请军器，乞增神机铳一百、大炮一百，于诸隘口堤备。工部请于兵仗局给军器及神铳，惟大炮减半与之。上曰：“汉时兵器藏于武库，边吏能御寇者则赐武库兵。今军器正为边境之用，大炮不可减半，其悉与之。”又曰：“造兵器亦尔之职，更须坚利，庶得其用。”(九四，2134) 壬子，释故城县丞陈铭复任。先是，上闻内官、内使差遣在外者多贪纵为民害，已尝罪其尤者。上以太监刘宁清谨忠良，命同监察御史驰往各处，尽收其资橐，并其人械送京师。既还，道经故城。县丞铭素悍暴，又时大醉而酗，闻有内官至，更不明所从来，辄奋前捽宁而手击之。御史莫能止，遂奏丞无状，逮至。上曰：“丞固可罪，朕以其一时昧于所闻而宥之。”侍臣或言铭酗酒，擅击朝使，陛下纵赦之，亦不可使复任。上

曰:"朕既释之矣,彼当因此知改过也。"(九四,2138)

九月戊午,镇守甘肃太监王安奏:"兵部移文西宁卫,官军在甘州操备者遣还守备。切思西宁虽临番簇,终是所辖,又有土官管属,纳马当差,可无他虑,请遣其步军一百二人还卫,仍留马队官军三百六十六人在甘州守备。"从之。(九五,2144) 壬戌,参政沈固上言四事:其一,大同等处先降神铳三千把,付内官、内使人等于各城操备,后分拨缘边烂柴沟等一十八处守把。盖大同地方东自烂柴沟,西至崖头墩,凡八百余里,其间可通人马之处不可数计。胡寇狡谲,往往乘间突入为患,每处不过五六十人,卒难抗御。凡缘边俱立斥堠,凡有声息,举火发炮,即整军堤备,已是常规。乞敕总兵官武安侯郑亨、镇守内官郭敬等以各处神铳取回各城团聚操练以养锐气,遇寇犯边,调兵剿捕,庶其力不分,杀贼有效。其二……上曰所言皆有理,命六部议行。时固奉敕在武安侯幕府治军机文书,故上此奏。(九五,2147—2148) 戊辰,应天府尹张璘卒。璘字文玉,湖广黄冈人,永乐中由进士擢山东布政司右参政,改山西。宣德二年调福建,考最,升应天府尹。璘聪敏,廉洁干济,所至能恤民。为京尹不谄事中官,虽屡谗璘于上,不听。未几以病死。(九五,2152—2153)

十一月壬戌,伊府校尉告王府火者陈实及千户郝恭等所为非法,河南按察司奏请治之。上令付王府自治,贻书伊王曰:"王府事若付宪司治,必尽朝廷之法。今遣回府中自治,宜令审理循公道,勿枉良善,若信小人言而害告者,则非公矣。慎之!"(九六,2177)

十二月甲午,敕南京司礼监悉送所贮五经四书及《性理大全》等书赴北京。(九七,2187)

本年附

艺文·碑铭·奉御张安等题名碑

碑阳面:"(**碑上右左分刻卫、府二字**)奉佛信官弟子承奉张安、(**右为**

□□海、李福明、杨普真，左为□□明、黄福□）宣德七年八月二十四日。"阴面："奉佛众善人等（下刻七人，名略。）"

（碑在北京房山石径山。《北京图书馆藏中国历代石刻拓本汇编》第51册，第66页）

史事

王世贞《中官考一》："七年，赐司礼监太监金英、范弘等免死诏。内弘诏略云：'克勤夙夜，靡一事之后期，致谨言行，惟一心之在国。退不忍于欺蔽，进必务于忠诚。免尔死罪于将来，著朕至意于久远。'案：太宗于光禄卿井泉、张泌皆有之，则其时内臣所必有者，但不可考耳。此见范弘墓志，史所不载也。"

宣德八年癸丑（1433）

正月庚午，陕西巩昌府通判翟霖奏："巩昌卫都指挥佥事汪寿私造店舍五百余间，停塌私茶。潼关等处纵军民客商贩带青红布帛段匹入关。又赍金牌买马内官人等亦带私货入番，又减番人马直，以易私马，又索番人贽见马匹诸物；比及出番，官马数少，私马数多，混同支给刍料。欺弊百端，请悉禁止。"上命姑记寿罪，其违法之事悉令改之，余事令都察院揭榜禁止；出番马数，令巡按御史、按察司官核实以闻。（九八，2207—2208）

三月戊辰，哈烈贡使马速等陛辞，上嘉其诚，遣中官李贵等送归并赍敕往抚哈烈，赐沙哈卢、锁鲁檀及头目彩币有差。（一〇〇，2245）　己巳，楚王孟烷奏本府火者广靖、百户陶西素号无赖，今逃入京，恐有诬词。复书曰："叔宗室亲贤，素守礼法，朕所深知，非小人能间。此人已至，洞烛其奸，下锦衣卫狱矣。叔宜安心静虑，勿有所疑。"（一〇〇，2246）

四月丙午，四川成都府郫县儒学训导王敏言：郫、彭诸县盗贼纵横，劫夺财物，杀伤人命，焚烧庐舍，益滋漫。乞命廉能之臣巡察殄除，庶几良善得安。上命行在都察院副都御史贾谅、锦衣卫指挥佥事王裕同内官兴安往会四川三司，调军捕之，仍敕谅等曰:“贼平,就于四川巡视军民利病,凡军卫有司官吏、旗军、土豪、积年逃军逃吏、役满不起吏员、年久不更隶卒、滥设弓兵,倚恃豪强,把持官府,侵欺钱粮,包揽官物,私置牢狱,杀伤人命,奸污良家妻女,捏写文状,起灭词讼,诬害良善,藏匿逃亡,纠集无赖,聚成群党,毒害军民,体审得实,皆即擒拿。轻罪就彼如律发落,真犯重罪连家属解京,不服擒拿者就所在卫所量差官军拿解。尔等宜公明廉慎,夙夜尽心,毋纵释有罪,毋滥及非辜,庶称委任之意。”(一〇一,2274)

六月癸未,辽东总兵官都督巫凯奏朝鲜国擅政[征]建州卫,请诘问之。先是,朝鲜国王奏毛怜、建州之人诈为忽刺温野人装束,凡四百余骑,犯朝鲜边境,劫杀军民。建州、毛怜二卫亦奏忽刺温野人头目木答兀等掠朝鲜人口,遇朝廷所差内官,已追还之,朝鲜谓实建州所为,故加以兵。……敕凯但谨边备而已。(一〇三,2293—2294)　壬辰,遣鸿胪少卿潘赐、行人高迁、中官雷春等使日本国,赐其王源义教白金彩币等物。初,太宗皇帝时,日本国王源道义恭事朝廷,勤修职贡。道义卒,使命不通已久,上尝赐敕抚谕。至是义教嗣爵,遣使道渊奉表来朝,并献方物,故遣赐等报之。(一〇三,2298)

七月壬戌,设武骧左右、腾骧左右四卫,以御马监养马军士实之。(一〇三,2309)　癸酉,置武骧左卫、武骧右卫、腾骧左卫、腾骧右卫经历司经历各一员。(一〇三,2314)

八月甲午,弗提卫女直指挥同知佛家奴等十七人从中官亦失哈往奴儿干还,贡方物,赐之彩币表里绢布有差。(一〇四,2328)

己亥,南京都知监请修内府各衙门,上不许,敕责右监丞张官音保(**抱本官作观**)等曰:“今军民工匠差役劳苦,朕甚念之,每不得已,有所造作,亦皆随宜,以省工力。尔不体朕心,欲大兴作,盖尔必以廨宇为名,实欲私建居宅,岂顾军民之害?今姑记尔罪,果衙门损坏,只令工部修补,不许劳民动众。”(一〇四,2331)　甲辰,行在兵部右侍郎王骥言：新置武骧左卫等四卫，专为牧马。今选原牧马指挥使高通，指挥佥事车荣、贺谦、许贵、刘昇治武骧左卫；指挥佥事冯麟、苗祥、刘斌、夏义、庞原、倪全治武骧右卫；指挥使徐贲，指挥同知张得、田景春、袁海，指挥佥事刘海、李信、王泰治腾骧左卫；指挥使冯洪，指挥同知徐贵、胡能，指挥佥事牛荣、罗铭、句真、刘义、李成、赵旻、刘聚治腾骧右卫，各给印信。从之。(一〇四，2334)

闰八月癸酉，监察御史罗闰奏："比者掌肃州卫署都指挥佥事吕昇奏镇守都督佥事王贵杖死军士，交通夷人，造军器往西番易驼马，擅宫人以充使令，占耕官军屯地，并受赇、私役军卒等事。命臣往勘其实，昇所言多妄，实者惟二三，谨以闻。"命宥之。(一〇五，2352—2353)

九月辛巳，遣内官云仙等赍敕往木邦等处，赐土官宣慰使罕门法等文锦纻丝纱罗有差。　　壬午，遣中官昌盛赍敕及彩币赐朝鲜国王李祹。(一〇六，2357)【考】此为宣德中最后一次遣宦官使朝鲜，凡朝廷无谓之赐，皆为行私。朝鲜《世宗实录》卷六二，宣德八年十月壬戌："太监昌盛、内官李祥、张奉，奉敕而来。上率王世子及文武群臣迎敕于慕华馆，还至景福宫，行礼如常仪。敕曰：'王国中有能理办膳事女子，选择十数人，付太监昌盛等带来。'又敕曰：'今遣太监昌盛等来赐王彩币。王处有好海青，可寻数连，付昌盛等带来。'"按：此行亦为求鹰犬女子，至十一月十四日归，三使在鲜之恣求略。[1]

十月癸丑，以木邦、麓川平缅、缅甸三宣慰司，孟定、景东、乌撒三府，威远、广邑、镇康、湾甸、南甸、大候、腾冲七州，潞江安抚司，干崖、茶山、瓦甸、孟琏四长官司土官各贡象马方物，遣内官云仙等赍敕往抚之，赐之纻丝纱罗绒锦有差。时木邦宣慰罕门法奏麓川平缅宣慰使思任发等据占境土，思任发及缅甸宣慰莽

[1] 朝鲜《世宗实录》卷六八，宣德十年六月丙寅："入朝火者尹凤、李祥、张奉等，奉使本国屡矣，请托亲属，皆受官职。至是除四寸外，悉令罢去。"是祥、奉亦朝鲜人。

得剌亦奏罕门法称兵入境,侵犯孟琏长官司,复奏孟定府侵占其地,上命总兵官黔国公沐晟及云南三司、巡按御史公具是非,明与剖决,复立孟养宣慰司,以故宣慰刀孟旦子刀孟塾为宣慰及同知刀玉宾同抚军民,如旧贡赋。(一〇六,2371—2372) 乙卯,命武骧左卫指挥使高通、武骧右卫指挥佥事冯麟总武骧、腾骧左右四卫养马军士,仍各管本卫事。(一〇六,2373) 戊午,谕行在工部、都察院、锦衣卫、五城兵马司曰:"今内官、内使往往在外私作居室,宜皆究实,具名以闻。其应给者给之,不应给者悉入官。"(一〇六,2375) 甲戌,南京太仆寺言:"凤阳各处每岁所偿马,皆从兵部验过,发典牧所,送御马监印烙。其间乳马胎驹,路经千有余里,过淮渡江,往复甚艰。今北直隶偿马俱从太仆寺印烙,乞循此例以便民。"从之。(一〇六,2381—2382) 戊寅,命总兵官都督刘广、镇守都督刘昭及太监王安问罕东番寇劫杀使臣之罪。先是,朝廷遣中官赍敕及赐币使西番,千户吉祥同安定卫指挥虎都卜花以兵护送,至亦党,为罕东卫番寇剳儿加等所邀,杀伤官军,劫夺敕书赐币及驼马器械。事闻,上敕广等曰:"朝廷于西宁、罕东建立兵卫,设官统属,而此辈野性不驯,见利即动,论其情罪,实难容之。尔等当审度事宜,从长规画,诘问其过,毋长寇贼,毋亏国体。"(一〇六,2382—2383)

十一月壬午,行在兵部奏:"旧制,公务急者给驿马,无符验不给。今太仆寺少卿刘宁言北经直隶永济等驿,见都指挥萧敬、指挥李英遣人于太监刘通处计事,辄署文牒,令驰驿马。且询之各驿,类此者多,以故马无停息,往往疲死,请揭榜严禁约。"从之。(一〇七,2385) 甲申,南京太仆寺送南直隶宣德五年孳生马六千三百六匹至,命御马监择其良者调习,余付顺天府民牧养。(一〇七,2386)

本年附

艺文·碑铭·非幻庵香火记

非幻庵香火圣像记

永乐丁卯（**按，永乐无丁卯，应为辛卯之误，即永乐九年，1411 年**）间，太宗文皇帝诏至称旨，究性学，穷阴阳风水，遂更衣以擢用。时有太监郑和等，忝礼亲炙，求决心要，企仰至矣。后□□复本职，主兹山，复主灵谷寺而迁化之，是庵所由作也。有师牧庵谦公继之。至宣德改元，师主牛头，时灵监公深契往谒，览兜率崖，辟支佛洞，愕然有感。乃伐木鸠材，复崇栋宇，像设起人之瞻敬。尝谓师曰："吾因经西洋番邦诸国，其往返叨安，感戴皇上佛天之呵护，出己缗，命工铸金铜像一十二躯，雕妆罗汉一十八位，并古铜炉瓶及钟声乐师、灯供具等，今安于宅，尚虑后之乏人崇诗。逮候西洋回还，俱送小碧峰退居供奉，似阙永远香火，旦夕梵修，必有暖来，送尔安寝，不至纤毫有失，及擅移他处。"所以言者，有深旨哉。盖其遗嘱，有本族□侯郑均曰义，有侄曰珩，皆目击耳闻哉。不期宣德庚戌（五年，1430），钦承上命，前往西洋，至癸丑岁（八年，1433）卒于古里国。有师宗谦，感慕曩日惠，用以追悼。节次率领孙□若干众，数诣宅建斋荐度。宣德乙（卯，十年，1435），公户侯曰义、侄曰珩，□□同先太监共下西洋，扬公惠泉，袁公普性，黄公宗泽，□公簪明，高公□□，众同商议，不违先太监公日前遗嘱之言，反将前项竖像，若灵榀钟署灯床，尽皆送付碧峰之退居供奉，以满太监公生前之愿。专祈冥福，追悼神魄，超跻净界，次□福祉，荫庇生存。

（撰于天顺元年，即 1457 年，作者佚名，附于万历刻本《三宝太监西洋记通俗演义》后。引自郑一钧《郑和死于一四三三年》，为节文，载《光明日报》1983 年 3 月 16 日《史学副刊》第 286 期）

【考】此碑文出，郑和卒年始定。又北京民族文化宫藏《郑和家谱首序》谓和"亡于王事，归葬牛首山，赐祭田万顷"。莫祥芝、汪士铎等纂修同治《上江两县志》卷三："牛首山有郑墓。永乐中命下西洋，宣德初复命，卒于古里，赐葬山麓。"

宣德九年甲寅(1434)

正月辛丑,南京太监罗智等奏有盗孝陵殿祭器者,神宫监官苗青、孝陵卫指挥萧昱等防护不谨,请治其罪。敕襄城伯李隆、佥都御史吴讷严督五城兵马捕盗,获盗然后治青等罪。(一〇八,2414)

二月辛酉,命行在都察院遣监察御史二员于光禄寺察视,凡内外官多支食粮,需索骚扰者,皆令执奏。(一〇八,2425)　壬申,兀者卫指挥佥事猛可秃等三人随内官亦失哈归自奴儿干,赐之彩币表里、金织纻丝袭衣等物。(一〇八,2431)

三月戊寅朔,遣中官宋成等赍敕往乌思藏等处给赐,敕都督赵安率兵一千五百人送之毕力术江。(一〇九,2440)　庚辰,召镇守辽东太监王彦还京。(一〇九,2441)【考】此为实录镇守辽东内官之首见。该内官驻广宁,嘉靖《辽东志》卷二《建置志·镇守太监府二》:"一在广宁泰安门西,永乐间建;一在辽阳钟楼西,为行府。"此云永乐间即开设镇守府,与《太监刘顺墓表》(**见正统六年附**)所记"丙戌(永乐四年,1406),以辽东重地,命公往镇之"合,是宦官镇守辽东之始,当在永乐初年,其名录见本年附。　壬辰,敕内府各监局内官、内使等:"凡在内各衙门创造修理,必须明白具奏,有擅为者悉处重罪。"时监局官多私役工匠造居室,上闻之,故下禁令。因谓侍臣曰:"土木之工,朕未尝妄兴,恐劳民伤财。下人乃敢纵恣如此,岂可以不戒饬!"(一〇九,2448—2449)

四月己酉,置随驾御马监御马仓大使、副使各一员,从行在户部所奏也。(一一〇,2461)

五月己丑,江西建昌千户所奏荆府承奉得祥、典仗崔胜等占据城濠养鱼,又占教场种蔬,及用城门官厅废址起店房,致城下往来不通,操练盘诘无所。上曰:"筑城置军,所以保民,岂可隳法制,奄为己有?"遂封所奏示荆王,且以书谕王曰:"小人纵恣,当寘之法,以戒后来。但念王左右使用之人,姑曲宥之,即令退还。若固吝不还,必罪不宥。"(一一〇,2480)

六月庚申，上闻蜀王友堉疾甚，又遣太监昌盛赍书劳问，并以御医盛启东驰驿往视。(一一一，2491)

七月甲申，增设腾骧右卫指挥同知一员，武骧左右二卫中右、中中二所，腾骧左卫中中所副千户各一员，腾骧右卫前、后、中左、中右四所百户各一员。时诸卫奏御马坊非一所，而监牧官少，乞调金吾诸卫旧在御马监领牧指挥、千、百户十员为助。上从之，遂调金吾右卫指挥同知陶真于腾骧右卫，余皆如所奏增设。(一一一，2501—2502)

八月庚午，敕甘肃总兵官都督刘广及太监王安："降虏多言阿鲁台已死，其故所立阿台为王者，欲依凉州境外避匿。朕虑其无所归，或生盗心，惟整兵慎防之耳。"(一一二，2524)

九月庚辰，上将率师巡边，命武定侯郭玹、西宁侯宋瑛、广平侯袁祯、都督张昇、李英掌行在五军都督府事，行在吏部尚书郭琎兼行在工部事，都察院右都御史熊概兼行在刑部事，敕之曰："朕今率师巡边，特命尔等守北京。小大之事须措置得宜，遇有警急机务同太监杨瑛等计议施行，仍遣人驰奏。务在详慎，不可偏执己见，怠慢忽略，庶副委任之重。"命太监杨瑛、李德、王振、僧保、李和等提督皇城内外一应事务，命少师蹇义，少傅杨士奇、杨荣，礼部尚书胡濙、杨溥，工部尚书吴中等扈从。(一一二，2531—2532)　乙未，故和宁王阿鲁台之子阿卜只俺等丧败无依，遣头目伯木儿等来朝，请归附。上怜之，遣太监王贵、都指挥昌英等往抚纳之，且厚赐赉。(一一二，2535)

十二月乙巳，行在工部言内府宝钱局铸钱民夫诉离家久，日给为艰，乞依修海船例，人月给口粮四斗。命给之。(一一五，2577)

己酉，严内官、内使盗官物之禁，犯者死，受寄者罪同，告实与能自首者赏。(一一五，2581—2582)　庚戌，内使冯林有罪伏诛。林出郊外调鹰，杖杀平民，民妻诉官。上怒，立命诛之。(一一五，2583)【考】宣宗素有德誉，号为"仁宣之治"，然朝鲜国史所记则大谬不然。

朝鲜《世宗实录》卷四一：宣德三年九月丁巳，"上曰：……向者尹凤告予曰：岁丙午(宣德元年，1426)，帝使内史田猎，侵扰民间，御史入奏曰：'人主不食野兽，请毋使内史猎之，使其骄恣。'帝怒曰：'尔使我勿食野兽，是野兽便于汝也。'即投畀猛豹，咥龁之不死，更斩之。凤之意以为帝非枉杀谏臣，御史自取之也。上谓代言等曰：'尹凤率尔告予曰：洪熙皇帝及今皇帝，皆好戏事。洪熙尝闻安南叛，终夜不寐，甚无胆气之主也。'知申事郑钦之对曰：'尹凤谓予曰：洪熙沉于酒色，听政无时，百官莫知早暮。今皇帝燕于宫中，长作杂戏。永乐皇帝虽有失节之事，然勤于听政，有威可畏。'凤常慕太宗皇帝，意以今皇帝为不足矣。"

本年附

典制·辽东内官

皇帝敕谕：今特命尔与总兵官一同镇守辽东地方，整理城堡，操练军马，抚恤士卒，防御贼寇。遇有贼情，相机战守。凡一应大小事务，悉与总兵、巡抚等官计议而行。不许偏执已见，乖方误事。仍命尔兼管神铳，与总兵等官相机使用。尔为朝廷内臣，受兹委托，尤须持廉秉公，正己率下，务使地方宁靖，边人安业，庶称任使。毋得徇私贪利，扰害下人，致生嗟怨。如违，取罪非轻，尔其敬之慎之。故谕。

镇守内官

王彦，建州松花江人。国初从征靖难，骈承宠锡。镇辽三十余年，累致捷功，然性嗜佛，沿边建寺庙数十，其巨者广宁普慈寺、观音阁云。卒年六十九，上遣官谕祭。　阮尧民。　宋文毅。　范英。　侯忠。　覃玑。　李良。　叶达，兼监枪。　韦朗，广东人，御马监太监兼监枪。　任良，河间任丘人，御马监太监。　孙镇，顺天府人，安静不扰民，咸称快。　梁玘，直隶宛平人，内官监太监。　朱秀，广西人，内官监太监。　岑章，广西人，御马监太监。　郭原，保定府人，御马监太监。　王忻，保定府人，内官监太监。　于喜，顺天府三河人，御马监太监。　白怀，直隶内黄人。在镇不扰，人多称之。　王纯，尚衣监太监，甚清约，去后人常思之。　王永，顺天府漷县人，御用监左少监。

分守内宦(原注:旧有,今裁革)

亦什哈。　蓝荣。　黄琰。　洪裕,都知监少监。　王秩。刘恭,都知监少监。　刘岑。　贺荣,御马监太监。　范椿。耿宗,御马监少监。　卢安。　赵瑛,御马监太监。

监枪内宦(原注:旧有,今裁革)

柏彦文,内使。　铁可赤,内使。　杨宣,内使。　阮勉,内使。　张鉴,内使。　洪义,右监丞。　郝麒,都知监右监丞。黄延,御马监太监。　吴本,御马监太监。　梁云,都知监右太监。张泰,内官监少监,裁革回京。

(嘉靖《辽东志》卷五《官师志·使命》)

宣德十年乙卯(1435)

正月甲戌,敕行在工部及南京守备襄城伯李隆、太监王景弘等:"南京工部凡各处采办、买办一应物料并营造物料悉皆停罢,军夫工匠人等当放者即皆放回,其差去一应内外官员人等即便回京,不许托故稽迟。其缘河一带运来木植悉于所至去处堆垛苫盖,毕日军夫放遣宁家,官员回京,违者重罪不恕。"敕总督采木都督任礼、侍郎魏源及各处都司、布政司、按察司、巡按监察御史亦如之。(一一五,2597)　敕辽东总兵官都督佥事巫凯及掌辽东都司都督佥事王真,镇守太监王彦、阮尧民,门副杨宣等:"凡采捕、造船、运粮等事悉皆停止,凡带去物件悉于辽东官库内寄收。其差去内外官员人等俱令回京,官军人等各回卫所着役。尔等宜用心抚恤军士,严加操练,备御边疆,以副朝廷委任之重。"(一一五,2597—2598)【考】杨宣,嘉靖《辽东志》卷五《官师志·使命·监枪内宦》:"监枪内臣,始于宣德三年(1428),太监杨宣管收神枪。"《辽东志》卷二《建置志·监枪太监府》:"在广宁城旧察院,今(嘉靖中)革,改为分司行署。"同卷《分守太监府》:"在开原城北门西南隅,分守监枪始于正统二年,改杨宣以充任。"是杨宣先监枪,后分守。

本卷附

典制·敕谕

国朝宣德五年,敕总兵官都督山云、广西都司、布政司:“今遣内使孟陶、张煎前来采买孔雀翎及蛊鸟。敕至,即照依开去名色采买,交付差来内使领回。毋得指此为由,因而生事,扰害军民,违者一体治罪不恕。故敕。”

宣德七年九月,敕广西都司、布政司、按察司:“各处库藏收贮物件,岁久积多,库役人等看收不便,特遣内官石展保、内使彭骞、给事中易善、主事李应庚赍敕前来,尔等各委佐贰官一员,同诣所属库藏,着落该管官攒库役人等,眼同将见收在库物件逐一辨验,除金银宝玉珠翠及堪中纻丝绫罗绸绢布匹并各色衣服、书籍、法帖、图画手卷、金银古铜器皿、铜□、硫黄颜料等项,与凡一应违禁之物悉用印封识,差的当人同差去人员管送赴京,其余(**下言折支略。**)”

宣德七年十一月,敕广西都司、布政司:“今遣内使韦福田前来造办蜜煎果,尔等即委的当官员,与之一同造办,所用价钞及装盛一体物件,俱令所在军卫有司应付。(**下略**)”

宣德十[四]年四月,敕总兵官都督山云及广西都司、布政司、按察司:“凡朝廷差遣内外官员人等来公干者,必须索看敕及五府六部勘合公文明白,方许施行,以防诈伪。不许凭口说辄便听从。所辖军卫有司等衙门悉令知之,违者处以重罪。故敕。”

(嘉靖《广西通志》卷一九《田赋·上贡》)

史事·宦官与寺庙

乾隆《甘州府志》卷五《营建·坛庙》:“发塔寺,城东南隅,(**略。**)宣德年太监王安、指挥杨斌继建。”

卷四上

英宗正统朝(1435—1449)

宣德十年正月壬午,上(按,上指英宗)即皇帝位,颁诏大赦天下。诏曰:……一、内府各监局递年派办物料,工部等衙门修造军器、乐器、船只等项,并一应买办、采办生漆银朱皮张竹木柴炭等项,递年拖欠屯种子粒及鱼油、翎毛、青碌、铜铁、颜料、桑穰、蔴麻、竹木、芦柴,岁进野味及买办追赔胖袄、裤鞋,试验不中弓箭及弦,并漕运漂失粮米、军器等件悉皆蠲免。如已办在官者,野味解京,其余就于所在官司仓库收贮。……一、各处买办诸色纻丝纱罗段匹及一应物件并续造段匹、抄造纸札、铸造铜钱、烧造饶器(广本饶作窑)、煽炼铜铁、采办梨木板及各处烧造器皿、买办物料等件,悉皆停罢。其差去内外官员人等即便回京,违者罪之。一、各处闸办金银、朱砂、铜铁等课悉皆停罢,将坑冶封闭,其已办完见收在官者,金银、朱砂就令差去人管领来京,铜铁于所在官司寄库。差去闸办内外官员人等即便赴京,不许托故稽留。若系洪武年间旧额岁办课银并差发金不在此例。一、各处造作,除军需外,其余尽皆停罢。今后非奉朝廷明文,一毫不许擅自科扰军民,违者罪之。一、各处打鹰及打捕鸟兽、采取虫鱼花草果木石山之类,诏书到日,悉皆停罢。差去内外官员人等即便回京,所占用官军各回原卫所管事着役,民回原籍当差,不许拘留,违者罪之。一、各处孳牧马骡驴牛羊等畜,及北京、河间、保定等处军民见养征进所获牛羊,诏书至日,只令军卫有司提督牧养,原差去管养内外官员人等即便回京,毋得托故在彼生事,重扰军民。一、惜薪司、光禄寺等衙门原坐办柴炭、芦苇、荆条等项,自宣德八年十二月以前拖欠未完者悉皆蠲免,宣德九年正月以后悉减半送纳。内官监等监局坐办土茜草、暖桦皮及桦木炭等件悉皆停罢。……一、各处原编轮班人匠内有一年一班者,今后江北人匠照旧轮班,江南人匠俱二年轮一班,其各监局在逃诸色人匠为无正身,有勾户丁二三名,止令一丁当匠,其余放免。但是该发充军行提未到者悉皆宥之。……一、差出买办、造办、采办内外官员人等,有在各处私占官民田地及起盖房屋、隐占军民诸色人等作打捕户、养户等项名色使用者,诏书到日,官民田地各复其旧,房屋入官,隐占之人俱复本役,违者治以重罪。……(《明英宗实录》,一,11—16)　　癸未,营建大行皇帝陵寝于天寿山,敕太监沐敬、丰城侯李贤、工部尚书吴中、侍郎蔡信督工,成国公朱勇、新建伯李玉、都督沈清及内府诸衙门、锦衣卫发军匠人等共十万人兴役。(一,18)　　庚寅,敕浙江等[①]处都司、布政司、按察司曰:"比遣内官张达等往彼镇守,特为抚安军民,堤防贼寇。近闻军民皆已宁帖,今取达等回京,其原拨随从之人俱发还各卫府着役。凡所辖地方一应军民人等尤宜加意抚绥,勿致军卫有司扰害,遇有草寇生发,随即量调官军剿捕,毋遗民患。尔等若视为泛常,不行用心,以致误事,必罪不宥。"(一,23)　　己亥,上谕内臣曰:"钱粮出纳,俱用清切。尔等各监局官即将递年收受用度及见贮者具数以闻,敢有纤毫隐瞒透漏,必罪不贷。"(一,31)　　庚子,敕谕沿边宣府等处总兵官谭广、参将曹俭、内官郭敬等曰:"卿等久膺疆圉之寄,著有劳绩。朕初即位,凡事一遵祖宗成宪,而于先帝所倚任之臣尤不敢忽。卿等宜体朕此意,殚乃心力,抚练士卒,遇有寇窃,即与剿除,以安边境。如缺战马,具数请给。"(一,32)　　辛丑,命户部尚书黄福参赞南京机务,赐

---

① 广本、抱本"等"下有"十三"二字。按,"十三"盖指腹里诸省,非边地,故庚子条又有敕沿边总兵、内官之谕。

之敕曰："朕嗣承大位，深惟南京根本重地，守备必须严固。卿历事祖宗四十余年，老成忠直，厥绩茂著。今特命卿参赞襄城伯李隆机务，抚绥兵民，训练军马，凡百庶物，同隆及太监王景弘等计议而行。卿其益笃乃诚，益励乃志，以副朕倚毗之重。钦哉！"(一,34)【考】先是，杨士奇奏新君即位合行事宜，内一款云："南京虽内有太监王贵通(**即王景弘**)等，外有襄城伯李隆，在彼备御，然系国家根本之地，今当特赐敕谕，使之谨慎关防，操练军马，以镇伏小人之心。更须老成忠直之人与之一同计议事务。臣切见南京户部尚书黄福老成忠直，欲请敕令黄福就彼参赞军务，仍敕王贵通、李隆等，凡一应事务俱与黄福计议停当，然后施行。"(杨士奇《东里文集》附《东里别集》之《奏对录·论初即位事宜》)

二月辛亥，赵王瞻埈奏寇入磁州肆焚掠，百户段永潜结贼首柴旺等，欲据彰德城池为叛。上复书曰："先得镇守彰德指挥曹泰等奏此贼情，已遣中官去，量调官军，相机剿捕。叔宜严加堤备，勿令凶恶得逞其奸也。"(二,49)　甲寅，敕谕南北两京五府、六部、都察院及两京内府各监局等衙门曰："朕今钦承祖宗大位，一体祖宗安养军民之心，凡事皆从简省。尔等宜体朕爱人之意，将应简省之事即从公计议以闻。其勿稽延固执以遗患军民，违者从都察院劾奏，必罪不宥。"(二,50—51)　赐镇守、守备、内外文武官白金彩币：黔国公沐晟白金一百两、彩币五表里。襄城伯李隆白金一百两、彩币四表里。驸马都尉沐昕白金八十两、彩币四表里。都督山云、史昭、刘广、巫凯、萧授、王贵、李谦、王真、谭广、蒋贵、陈敬、许亨，尚书黄福各白金五十两、彩币三表里。都指挥马昇、李达、曹俭各白金四十两、彩币三表里。都指挥王瑜、吴亮、张翥、刘斌各白金三十两、彩币二表里；高迪、韩镇、穆肃、马骥、李英、钱义、萧敬、刘铭、刘永，指挥陈震，参政沈固、刘琏，参议李毂、叶仕宁、沈升各白金二十两、彩币二表里。辽东、甘肃等处太监王彦等各赐银币有差，其视廷臣加厚者，以其勤劳于外故也。(二,51—52)　行在五军都督府言:"在京七十七卫,官军士校尉总旗二十五万三千八百,除屯田守城外,其十一万六千四百俱内府各监局及在外差用。今各营操练仅五万六千,选用不敷。况今工部人匠数多,足任役使,乞将各监局役占官军退回各营操练。"从之。(二,52—53)　顺天府奏所属州县民贫多窜,乞将惜薪司抬柴贴夫四千名、河西务堡添设接递夫八百名,量与减除,以纾民困。于是减去贴夫二千名,其添设接递夫尽革罢之。丙辰,顺天府府尹李庸奏:"洪熙元年暂起工匠户丁七十余名赴巾帽局助工,近蒙诏书放免,今内官王贤奏欲仍取赴局,恐戾前诏。"上令如诏,不许内官违扰。(二,53)　辛酉,彭城卫千户于海等往神武卫仓运粟米六十石,赴随驾内官监上纳,本仓以平斛放而监官用尖斛收。事闻,上曰:"此辈规利,当坐以法。今姑贷之,后不改行,必罪不宥。"自是内府出纳悉用平斛。(二,57)

三月癸酉朔,放朝鲜国妇女金黑等五十三人还其国。金黑等自宣德初年取来,久留京师,上悯其有乡土父母之念,特遣中官送回,且谕其国王悉遣还家,勿致失所。(三,63)【考】朝鲜《世宗实录》卷六七,宣德十年四月丁亥,"使臣李忠、金角、金福等,奉敕率处女从婢九名、唱歌婢七名、执馔婢三十七名来。上迎至景福宫,受敕如仪。敕曰:'妇女金黑等五十三名,久留京师,朕悯其有乡土之思,亦有父母兄弟之望,今遣内官李忠、内史金角、金福送回,王可悉访其家归之,勿令失所。李忠等就令展省,毕即回京。故敕。'览讫,仍跪听宣传,还降将行私礼,使臣等固请曰:'我等本国小民,安敢与殿下抗礼,请殿下向南坐,我等向北行礼。'上曰:'宾主之礼,不可如此。'使臣强之。上向东南,使臣向西北行礼讫,使臣又请殿下向南坐,受率来婢子等拜。上遂向东南坐。婢子等升站台,其衣服首饰,皆用华制,以汉礼行八拜鞠躬,低头敛手俯仰,状类舞蹈,仍俯伏叩头而降。命馈于南廊。上与使臣行茶礼,使臣归太平馆,上送至勤政门内。王世子以疾未参。迎敕各司诣太平馆行私礼。李忠,永乐六年随权氏入朝。金角,玉果人,金福,平壤人,并永乐元年入朝。"

己卯,罢浙江水寨海船守备。时有吏周颂言:"浙江沿海地方洪武间设立卫所，置造哨船，令各守分地，有警递相应援，倭贼不敢犯。永乐间，因内官王镇奉使日本国回，奏调诸卫官军驾使海船，于悬海沈家门等处建立水寨守备。后屡有倭贼登岸杀掠，皆因城守乏人及水寨海船重大，非得顺风便潮，卒难驾使，不能赴援。宜照洪武时例，各依卫所守备，改海船作快船，于巷口哨瞭，彼此应援，则倭贼畏慑，民人奠安矣。”至是，会官议，当从其言，故罢之。(三,66—67)　　己丑，旧例，赃罚金银俱司礼监收贮。至是，悉命辇送承运库。(三,74)　　辛丑，命御马监勇士谢定住还家养亲。定住，山西广昌县人，永乐间其母周氏尝为虎所得，定住年方十二，用麻鞭直前鞭虎，虎逸，其母获全。有司上其事，旌表门闾，后起为勇士宿卫。至是以母年八十二，陈情乞归养，故有是命。(三,80)

四月癸卯，命苏门答剌国王宰奴里阿必丁男阿卜赛亦的嗣为国王。先是，以公务遣中官王景弘往其国，宰奴里阿必丁遣弟哈尼者罕等来京朝贡，具奏耄年，不能事事。上嘉宰奴里阿必丁素尊朝廷，修职贡，而阿卜赛亦的乃其冢嗣，应袭王爵，故有是命，宴赉哈尼者罕等加厚。(四,83)　　辛酉，太监阮尧民、都指挥刘清等有罪下狱。初，尧民同清等督兵造漕舟于松花江，并捕海青，因与女直市，辄杀伤其人。女直衔之，尧民等征回京，女直集部落沿途攻截，骑卒死亡者八九百人。镇守辽东总兵官巫凯以闻，诏械尧民等下狱鞫之。(四,89)

五月丙子，减除南京岁费。先是，上谕南京守备臣曰：“朕体祖宗安养军民之心，凡事皆从减省，尔等宜体朕意，即便从公计议而行。”于是襄城伯李隆等计议减省内官监米秫谷草、供用库麻米茶蜡、御马监豆粟谷草凡(**广本凡作九**)十二万三千有奇，光禄寺酒箩麻索木担人夫尽行革罢，其余巡视官员、在官夫役等项悉皆减省。(五,100—101)　　壬午，行在工部奏巾帽局造靴袜诸物该用木柴八万三千八百余斤、杂草二万九千五百余斤，欲仍催征，

恐戾诏条。上命如诏勿征。(五,104)

六月壬寅,行在工部奏:"在京各厂所积芦席、芦苇、石灰、木炭之类给用已尽,今又移置甲字等库。修葺内府,费用浩大,请征河间、顺德、大名、广平四府三千人夫赴工采办。"上以民方苏息,不从。　癸卯,给镇守陕西行都司地方内官关防。(六,117)

丁未,广西总兵官右都督山云奏,已将所俘思恩州蛮贼幼男净身,欲行进用。上敕云曰:"今后再有俘获者,给与功臣之家,毋得滥刑以伤和气。"(六,119)　戊申,召巡抚浙江户部右侍郎成均还理部事,升行在户部郎中王瀹为户部右侍郎,巡抚浙江。先是,南京守备内臣言少保黄福参赞军务,又兼掌户部,职任繁剧,乞除侍郎一员佐之。上以均熟闲部事,故命均佐福,以瀹代均。(六,120)　壬子,宣宗章皇帝梓宫发引,先期遣太师英国公张辅等祭告天地、宗庙、社稷,中官祭皇城及应祀神祇,丰城侯李贤祭后土之神,工部尚书吴中祭天寿山之神,中官祭长陵、献陵。(六,121)　丁巳,南京守备内承运库大使袁诚奏请以各卫风快船四百艘作战船,令都督陈政总督操江。上敕守备太监王景弘及襄城伯李隆、少保兼户部尚书黄福等计议行之。(六,122)

己巳,行在工部奏:镇守陕西少监张福、都督同知郑铭等言:"西安左前后三卫、潼关卫军器俱缺,请给弓三千、箭九万枝,宜令陕西都司发官军来京关领;盔二万、甲二万五千、刀枪牌铳等件,俱以万千计,宜令陕西都司、布政司支官物造给,以备边警。"从之。(六,125)

七月癸酉,行在户部奏:"山陵讫工,赏赐官军夫匠绢匹、胡椒,若俟关填勘合然后给赏,必致迟误。宜先移文本部,委官于内府各库关运给赏。"从之。(七,129)　甲申,召镇守河南都督同知韩僖、侍郎王佐、内官银名,山西内官张溥(**广本溥作傅**)还京,以二处民安事简,特敕巡抚侍郎于谦兼理之。(七,138)　丁酉,少傅、兵部尚书兼大学士杨士奇等言:臣等看得镇守大同太监郭敬奏总兵官方政专权等事，未知虚实。且政自永乐、宣德年间率兵在外，皆有劳绩，况其为人，廉勤公正，善抚军士，众所共知。今才到大同，岂应遽有许多过失？闻敬在彼，专务贪利，不理边备，又素与政不合，臣等料其必设计倾陷。今日果然！宜写敕责其今后宜协和行事。从之。（七，146—147）【考】事详杨士奇《东里别集·奏对录》之《辩方政被诬》："蒙钦发下镇守大同太监郭敬题本二本，奏总兵官都督方政专权等事。臣看得所奏事件，未知虚实。盖方政自永乐、宣德年间奉命率兵在外，皆有功绩，此人实是廉勤公正，上能敬事朝廷，下能抚恤军民，众所共知，众所共推，岂有才到大同，未及三月，便有许多过失。且闻敬在彼与曹俭通同为非，专务贪利，不理边备，以致累次失机。宣宗皇帝屡遣敕切责之，仍不悛改。且郭敬初闻朝廷命方政往大同总兵，心已不喜，曾亲来文渊阁，对臣等极毁方政之短，极夸曹俭之能，臣等已料其到彼必然不合，或致设计倾陷方政，今已果然。臣伏思于今边务紧急之时，将臣可任用者朝廷当保全之，欲请敕谕郭敬，命其改过自新，自今与方政协和办事。又虑方政知郭敬奏其违法等件，虚实未明，必然心中趑趄，若不写敕去释方政之疑，令其如旧安心办事，则官军窥觎，必不听其号令，有误边备。为此，今拟写敕稿二道封进。谨题请旨。"杨文颇富细节，故录之。

八月乙卯，管银坑太监山寿奏："近奉诏书，停止银场，封闭坑冶。缘云南新兴等七场及四川行都司密勒山场俱有未煎铅矿在库，令人典守，而傍近盗起，焚毁库藏，戕害守者，劫掠铅矿，乞严加禁捕。"上以封闭银坑本图休息天下，而小人贪利，患一至此，其令总兵、三司捕诛之。（八，158）【考】此为实录首见宦官督银矿。师范《滇系》卷二《职官》载《昆明倪蜕复当事论厂务书》（清康熙中）："今天下之厂于云南为最多，五金而外，尚有铜、朱砂、水银、乌铅、底母、硝磺等厂，大小不止百余处也。今承垂问，不暇缕陈，请言银厂。历考载籍，云南之厂肇自明时，管理者为镇守太监，其帖差小阉皆分行知厂，今迤西南北衙厂，尚其遗也。初亦不立课额，以渐增至三万有余，逮峒老山空，矿脉全断，凶阉以此课款迫令摊于民田，厂俱封闭。以后或开或闭，听民为之。"

按：山寿非镇守云南太监，其管银坑，或为专差。后各省银冶事务皆由镇守太监兼管。

九月丙子，命行在光禄寺厨料悉取给于外府。时顺天府在城老人李英等奏，往时随驾内官监孳牲食用糠麸皆取给于行在光禄寺，近令臣等供应，且臣等岁供光禄寺厨料及内府诸物已为困竭，今增是课，尤不堪命。事下行在户部，议糠麸仍令京府供，而厨料宜悉令外府供。从之。(九，171—172)　癸未，敕行在工部曰："洪武、永乐间，各处府州县岁贡彩段，工部验中，方送内库，且无贿嘱及包揽之弊，故皆精密鲜明，足称朝廷赏赉，亦不虚费百姓财力。近年以来，徒见糜费民财而段匹多不堪用，此皆有司通同工匠侵盗易换，且听人包揽解纳；及至京，该部、该库官吏人等又从而求取贿赂，一得其利，遂不辨美恶，悉送内库，此积年之弊也。今特命司礼监取洪武、永乐间纻丝纱罗绫绢之类与尔工部及各布政司府县，务以此为式成造；其起送至京，令监察御史同尔工部官辨验，仍委司礼监官参视。敢有漫不知省，仍蹈前弊者，通治以重罪不宥。尔工部其榜谕各处，使咸知之。"(九，173—174)　乙酉，行在光禄寺掌寺事侍郎李郁奏：本寺见在牲畜数多，喂养不敷，欲于京城厢市坊店之家寄养，俟肥腯取用。上以民畜官物，必至厉民，不听，令送内官监收养。(九，175)

十月壬寅，上闻孝陵神功圣德碑损裂，令中官阮简同翰林院侍书程南云往同南京守备襄城伯李隆、少保户部尚书黄福等督工匠重建之。(一〇，187)【考】高拱《重修万寿禅寺戒坛记》(《北京图书馆藏中国历代石刻拓本汇编》第56册，第12页)："宣德间，司礼太监阮简复加修葺。"是简任职司礼监。　乙卯，镇守辽东太监亦失哈等奏，近者朵颜三卫纵其部落数来扰边，乞举兵征剿。上念军旅一出，必害及无辜，但敕谕三卫头目，使严加约束，毋自取灭亡之祸。(一〇，195)　戊午，有民匠诈称校尉，传旨擒琉璃厂内官李椿，籍其家。事闻，命枭首厂前示众。(一〇，198)　乙丑，锦衣卫镇抚司录见监罪囚以闻，诏释内官并自净身者十三人，其内官蒙泰及弃交阯城太监马骐、成山侯王通、右都督马瑛、布政使弋谦等，人命、妖言会宁伯李英等俱仍监之。(一〇,200)

十一月己巳，敕辽东总兵官都督同知巫凯等曰："比得太监亦失哈奏，拟将原赐奴儿干物件停贮边库者给赏招来夷人，已从其言。今尔等又言亦失哈复自备并假贷官下财帛充赏，是将以有限之财供无厌之欲，殊非制驭外夷之良策也。尔等但宜作士气，谨边防，使有备无患，余事不许擅行。"(一一,201)　乙亥，敕甘肃总兵官太保宁阳侯陈懋等曰："曩从卿等奏，调西宁阿吉等十三簇番民协助剿贼。近得镇守内官林春等奏，番民闻调，心怀疑惧。盖此辈不闲声教，朕亦预料其然，况洮、岷等八卫及陕西各卫官军足任调用。已敕春等将各簇番民抚谕，令其宁居，兹特谕卿知之。比闻卿等将兵于十月初旬前去剿贼，此时必已克捷，其即令人星驰以闻。"(一一,205—206)

本年附

典制·大岳太和山内官

提督内臣

陈野①，浙江湖州人。由尚膳监，宣德十年任。　姜和，□□□□人。由内官监，景泰元年任。　唐广，□□□□人。由内官监，景泰五年任。　韦贵，直隶武源人。由内官监，成化元年任。　潘记，贵州思恩人。由尚衣监，成化二十一年任。　李祺，□□□□人。由内官监，弘治十年任。　齐玄，□□□□人。由内官监，弘治十七年任。

韦兴，广西梧州人。由印绶监，弘治十八年任。　龚挚，江西南昌人。由内官监，正德二年任。　周景，□□山后人。由御马监，正德五年任。

刘祥，直隶保定人。由御马监，正德七年任。　吕宪，山东阳信人。

① 陈野，原作"陈埜"，或作"陈野"，"埜"、"野"通，今统一为"野"。

由内官监，正德八年任。　梁瑛，□□□□人。由御马监，正德九年任。　潘真，湖广郴州人。由御马监，正德十三年任。　赵荣，四川华阳人。由尚衣监，正德十六年任。　李瓒，直隶真定人。由内官监，嘉靖五年任。　李学，云南洱海人。由司设监，嘉靖十二年任。　王佐，直隶易州人。由文书房，嘉靖十八年任。　吕祥，直隶蠡州人。由内官监，嘉靖三十六年任。　柳朝，直隶真定人。由司礼监，隆庆元年任。①

(《太岳太和山志》卷四《职官姓名》)

陈野敕谕

皇帝敕谕尚膳监左监丞陈野：昔我皇曾祖太宗文皇帝创建大岳太和山宫观，虔奉祀事，实欲福佑我国家及天下苍生于无穷。迨至皇祖仁宗昭皇帝、皇考宣宗章皇帝临御之日，克绍先志，特将均州一千户所军余杂泛征差及屯田子粒尽行优免，但遇宫观有渗漏损坏之处，随即修理；沟渠路道有淤塞不通之处，随即整治，俾宫观永远坚固完美。兹特命尔前去，与原差礼部员外郎吴礼一同提督，凡有未修殿宇房屋及冲塌桥梁路道，就行修理。已敕吴礼知之。尔宜恪遵朕命，恭勤趋事，不许怠慢，更不许在彼生事，私役军余，虐害下人，以取罪愆。其襄阳原拨官军四百二员名，俱放回操备。故敕。宣德十年三月十六日。

(任自垣《敕建大岳太和山志》卷二《诰副墨第一》)

正统元年丙辰(1436)

二月庚子，敕太监李德："今命尔与通政使李暹提督在京太仓并象马牛羊等房仓场，巡视通州，直抵临清、徐州、淮安等处一应仓粮。尔宜用心革弊，毋令隐漏，及下人生事，虐害纳户，务在事妥人安，庶副朕之委任。"(一四，250)　己未，敕南京守备太监王景弘等及襄城伯李隆、参赞机务少保兼户部尚书黄福曰："朕夙夜惓惓，惟体祖宗爱恤百姓之心，一切造作悉皆停罢。今南京内官纷纷来奏，欲取幼小军余及匠夫，指以不敷为名，其实意在

① 王光德、杨立志《武当道教史略》第4章第1节《明朝诸帝与武当道教》附有《明朝历任提督大岳太和山宦官表》，考证详细，共列出提督宦官31人。

私用，俱不准理。敕至，尔等宜益警省，凡事俱从俭约，庶副朕爱恤百姓之心。"(一四,267—268) 辛酉，行在光禄寺卿郝郁奏所畜鸡豚之属数少，供应不敷，欲令顺天等八府给价收买应用。上以畿内人民艰难，可于在京养牲所取给，如更不敷，于内府各监局取给用之。(一四,270—271)

三月丁卯朔，敕南京守备内外官员太监王景弘等曰："比闻南京承运等八库递年收贮财物数多，恐年久损坏，负累官攒人等。敕至，尔等即会各库官员，公同拣阅，除新收堪用之物及一应军器颜料等项并堪久贮该用不坏物件存留备用，其余一应损坏及不该支销之物，悉令铺户估直，另项收贮，听候支销。"未几，又命行在户部盘点在京各库，仍以是敕之。(一五,276) 癸未，镇守大同太监郭敬奏："原给有马官军一千，内选择五百跟随，累出口提督守备。今御史、给事中奉朝命，将原跟随人马调散，乞仍付与管领，有警当先杀贼。"上命兵部移文总兵官都督同知方政等集议以闻。至是政等言，敬原领官军五百人，已选入三千营内编定队伍，宜于各卫见操有马官军内另选五百人随之。上以为然，仍令政公同操练，有警听敬率领杀贼，毋得私役出猎，如违不宥。(一五,287) 甲申，敕南京守备太监王景弘等于官库支胡椒、苏木共三百万斤，委官送至北京交纳，毋得沿途生事扰人。敕南京守备襄城伯李隆等，令编马快船，每五十只为一班，遇有官物，差拨装送。(一五,289) 行在兵部尚书王骥同公、侯、驸马、伯、五府、六部、都察院等官劾奏甘肃镇守总兵官、太保、宁阳侯陈懋失机误事，以致达贼入镇番等处杀伤官军，抢掠孳畜。副总兵刘广耻居懋下，凡事推避，军政多被沮败。虏犯凉州，懋属广援之，广引避不进击；副总兵李安与虏战，广又不助之，比虏自遁去，乃冒取所遗老弱为指挥马亮、昌英及子杰等功，受升赏。李安亦不能协心同事，虽有杀贼微功，不足赎罪。右侍郎徐晞职专参赞，既不能匡济，又不具实以闻。太监王贵、少监林寿俱偏执已见,沮坏事机,请治其罪。上以贵在边曾效劳,曲宥之;安有杀贼功,亦记其罪;懋、寿取回;晞姑释不问;亮、英削去升职,令当先杀贼立功;广父子纵贼怀奸,其械赴京治之。(一五,289—290)

丁亥,镇守独石内官韩政等奏御史吴诚数与都指挥杜衡酣饮,上命给事中廖庄往覆之得实,遂征诚至京,调陕西行都司副断事,且降敕责衡、政等,戒毋挟私忿争,以误边事。(一五,292)　辛卯,宥内官官保、阳和卫指挥佥事丘昂等死罪。先是,昂失机,上命总兵官斩其首以徇,昂乃奏官保领军巡哨,遇贼不与对敌,以致射杀官军。上命兵部移文总兵官都督同知方政等覆实。至是,政等言昂自知失误事机,罪莫能逃,却妄称官保不与贼对敌。上以官保见贼畏避,以致昂等失机,论法应斩,曲宥其死,降充内使;政等朦胧具奏,姑记其罪;昂等杖一百,谪戍大同,当先杀贼,仍于各犯名下罚米布给阵亡官军安葬。(一五,298—299)　乙未,巡按陕西监察御史曹翼奏太监王贵占种官田一百余顷,侵夺军屯水利,私役军余九百余名,又信用都指挥马亮、老军顾肆郎,亮强娶指挥妻为妾,肆郎受赂,冒报军功,乞敕该部定夺,以除边患。上以镇守官已有廪给,何得又夺边军水利,私役军人种田,命行在户部移文,悉以田地水利拨与屯军耕种,亮姑记其罪,肆郎令翼鞫治。(一五,300—301)

四月乙巳,宁夏总兵官都督同知史昭等奏:“来降达子脱罕沙言达贼卜剌赤等千余人欲来宁夏虏掠,臣与左少监来福率官军出口哨捕,领军指挥使熊震等于伯力沙子赤山、儿双山等处遇贼对敌,杀败贼众,斩获首级,生擒男妇五十余口,获到驼马骡牛等物,人口解送京师。”上命有功官军照前敕行赏,仍敕谕各处镇守官严加瞭备,毋使溃散余贼复为边患。(一六,308)　癸丑,兵部左侍郎柴车奏:“镇守甘肃太监王贵原带去达官赛因不花同兀鲁思不花窃带官马亡叛出境,泄漏边情,引贼犯边。及后走回,贵为隐匿,显有情弊。宜将贵原带去同党之人悉取回京,庶边患

得息。”上以为然，即敕贵差人伴送以来。(一六,313)

五月丁卯，遣内官赍送新编敕符簿于代、庆、宁、周、楚、鲁、蜀、肃、沈、辽、韩、唐、伊、郑、襄、荆、淮、梁、赵、秦、晋、靖江二十二王府各一扇，仍赐各王书，以易世纪元更属称换年号也。(一七,325)　壬申，罢修两京冰池、冰窨。先是，礼部奏今年藏冰，欲照旧例于内府关领夫牌锁钥，起夫修理池窨。上问行在礼部尚书胡濙等曰:“南京每岁何处用冰?”濙等奏，南京祭祀止有孝陵、懿文陵及历代帝王庙三处秋祭之时该用冰四十桶。上以南京内官监已有藏冰，令关用之，仍令两京冰池、冰窨俱不必起夫修理，用冰俱于内官监取给，庶不扰民。(一七,330)　戊子，司礼监内使范听奉命往广东盘进贡方物，因而索取民白金、线绸等物。事觉，追赃入官，付锦衣卫监禁。已而宥之。(一七,340)

闰六月己巳，诏罢陕西布政司续造驼毼。先是永乐中，以驼毼温暖，令内官于所出地方索买，且令专业者给官料织造五十匹，自后岁以为常。至是，陕西右参政年富奏:“本司原造绫绢毯毼九百余匹，复加造驼毼五十匹，民力不堪，乞免造。”从之。(一九,370—371)　戊寅，司钥库左副使龚政奏，比因减省买办，支钞数少，月进数多，缺库收贮，欲将官员折俸全支钞。事下行在户部覆奏，以为若此则支出钞多，钞法愈滞，请将两京文武官员，万全、大宁都司、北直隶卫所官军折俸，每岁半支钞，半支胡椒、苏木。从之。(一九,374)　甲申，命山海卫指挥佥事涂斌提督山海关，从备御门正福山奏保也。(一九,380)　丁亥，内官监火者宋义养逃军为奴，乘怒逼死，上命送都察院审实斩之，仍出榜禁约。(一九,381)　癸巳，选北京行太仆寺牡驹三千匹，牧于御马监。(一九,385)

七月丁酉，行在户部奏:“内府天财库钞匠有连逮者，例发他所工役，以致钞匠不敷，请敕法司，自今犯流罪而下者俱的决发本库罚工为便。”从之。(二〇,389)　己酉，运河要儿渡决，行在工部奏请令副总兵都督佥事武兴发漕运军士及近河军卫有司发丁夫并力修筑。上以漕卒不可重劳，特敕太监沐敬、安远侯柳溥、尚书李友直别为从宜区处。(二〇,393) 甲寅，遣中官阮至等赍敕往赐净觉慈济大国师绰竹藏卜金印诰命、弘慈广善国师锁南巴藏卜银印诰命及袈裟等物。(二〇,395) 庚申，行在光禄寺奏，应办奉先殿供仪及上供蜜煎，用蜜八千斤，请取之于附近州县。上以百姓艰难，命随驾内官监如数给之。(二〇,397—398)

八月丁丑，宥武安侯郑能罪。能令阍者侵占僧寺庄田，夺其粟谷，非法杖人，法司具奏，请治之。上曰："能先世颇有功，姑记之，若复不悛，必治如律。"(二一,412)

九月癸卯，命行在刑部右侍郎何文渊、行在户部左侍郎王佐、都察院右副都御史朱与言提督两淮、长芦、两浙盐课，敕之曰："近闻两淮、长芦、两浙盐运使司及各场盐课司官吏不遵成宪，肆志贪黩，纵容灶户私煎私货，及客商支给，掯勒百端。中间有名为巡捕而自兴贩者，有假托权贵而自烧煎者，有诈冒客引而沿途鬻卖者，甚至聚徒集船、排列兵器、恣行凶恶者，究其情罪，悉不可容。今特命尔等与内臣兴安等前去各处，往来提督，务要从长区处，俾盐丁得所，商贩毋滞，国课不亏，奸弊殄绝。但有不便于民者具实以闻，其沮挠盐法情犯深重者械送京师。尔等须秉心公直，为国经虑，仍严饬下人毋纤毫生事，以速罪愆。钦哉！"(二二,432—433)【考】兴安往两浙等处清盐选军，其墓志载之(见天顺二年附)，然系于正统二年。 丁巳，顺天府宛平县民诉在京二县杂役繁重，而供惜薪司役夫一千三百余人，终岁不得休息。事下行在工部会议，覆奏请量畿内各府人户多寡，均分其役，河间、永平、顺德三府供役一年，大名、广平二府供一年，顺天府供一年，更番以代。从之。(二二,446) 己未，都指挥佥事杨洪在边屡立奇功，上每敕缘边诸将辄举洪以示激劝之意，或不能无嫉忌之者，至是内官韩政、阮鸾疏洪短以闻。上敕责政等曰："命尔守边，职专火器，宜秉公心以安边境，却乃交结群小，陷害忠良。果尔愚昧，为人所指使欤？抑故为眩惑以坏事欤？原情论罪，固在不宥，且姑贷尔。敕至，即将平日与尔造谋生事之人械送京师。”(二二，448—449)　都知监太监洪保请度家人为僧，许之，凡度僧二十四人。(二二，449)【考】此为实录洪保事迹之末见，其宣德九年寿藏铭见本年附。

十月辛卯，命太监阮安、都督同知沈清、少保工部尚书吴中率军夫数万人修建京师九门城楼。初，京城因元旧，永乐中虽略加改葺，然月城楼铺之制多未备，至是始命修之。(二三，471)【考】杨士奇有《都城览胜诗后》(《明经世文编》卷一六)，述阮安之功：“正统四年重作北京城之九门成，崇台杰宇，岿巍弘壮……讽咏之余，因慨叹凡事之成，各有其时。太宗皇帝肇建北京，既立郊庙宫殿，将及城池，会有事未暇及也。已而国家屡有事，久未暇及。皇上嗣大位之五年，仁恩覃霈，海宇乂宁，始及于斯，而不日成之，岂非得其时者乎？夫得其时而不得其人，犹未也。盖尝闻之，命之初下，工部侍郎蔡信扬言于众曰：‘役大，非征十八万民不可。材木诸费称是。’上遂命太监阮安董其役，取京师聚操之卒万余，停操而用之。厚其既廪，均其劳逸，材木诸费，一出公府之所有。有司不预，百姓不知，而岁中告成。盖一出安之忠于奉公，勤于恤下，且善为画也。谓事之成，非由于人乎？嗟夫！一事之成犹必得人，则于为国家天下之重且大，不可推见乎？”《国朝献征录》卷一一七《寺人》有安传：“阮安，交阯人，清介善谋，尤长于工作之事，北京城池、九门、两宫三殿、五府六部及塞杨村驿诸河，凡诸役一受成算而已。后治张秋河，道卒，平生赐予悉上之。”

十一月丙午，镇守大同太监郭敬、总兵官都督同知方政奏：新调镇虏等卫官军时常出境巡哨，缺衣鞋、弓箭、盔甲等件计四万有余。上命行在工部照数给之。(二四，479)　丁未，敕都督蒋贵等曰：“得奏，达贼寇庄浪，内官吉祥及都指挥江源等率兵剿杀，忠勇可嘉。续闻官军战死者一百四十余人，心甚痛之。然为国死忠，名垂青史，亦复何憾。但此贼谲诈万状，甫侵我西，又掠我

东,诚不可测,尔等宜多方图之,期于一举扑灭,且兵家胜负无常,慎勿以庄浪一挫自馁也。”(二四,479—480)

十二月丙子,行在工部奏:“天下岁造军士衣鞋运纳东、西广备库,迩者点视,所贮短窄纰薄不堪用者十三四万,其典守官吏人等宜究问以戒将来。”上以罪在赦前,姑宥之,但令各备以偿官,自今令御史同部属监收以革其弊,仍令司礼监及户部、都察院委官检视其数,移贮甲字等库,改广备库为仓廒。(二五,498)

庚辰,镇守甘肃太监王贵奏巩昌等卫选操军士数多,盔甲不给。上命于兵仗局支二千副,遣内臣运以给用。(二五,502)　甲申,驸马都尉焦敬令其(中使司)司副李昶于文明门五里建广鲸店,集市井无赖,假牙行名诈税商贩者,钱积数十千,又于武清县马驹桥遮截磁器、鱼、枣数车,留店不遣;又令阍者马进于张家湾、溧阳闸河诸通商贩处诈收米八九十石,钞以千计。事觉,下刑部,昶等俱引伏。尚书魏源上其罪,请执敬治之。上曰:“姑赦敬、昶等,征其赃,人杖八十释之。”(二五,506)

本年附

史事

黄瑜《双槐岁钞》卷五“阅武将台”:“将台在朝阳门近郊。宣德中,阅武于此。乙卯(宣德十年,1435)春,英宗初御极,方议开经筵,而中官王振辈乃导上右武。于是诏在廷文武大臣,偕振阅武将台,试骑射而殿最之。振奏以隆庆右卫指挥佥事纪广第一,遂升都指挥佥事。广艺既寻常,性复庸懦,常以卫卒之守居庸者往役阉门,大见亲昵,舆论鄙之。正统丙辰(元年,1436)十月望日,车驾驻跸将台,命诸将骑射,以三矢为率。受命者万余,惟驸马都尉井源弯弓跃马,三发三中,万人喝采,声彻天地。观者羡其容貌瑰壮,艺又精绝,相谓曰:‘此福将也。’上亦大喜,惟彻[撤]上尊赐之。观者又相谓曰:‘往年太监阅武,纪广骤升三级,今日万乘阅武,岂但一杯酒邪?’然竟无殊锡。”

艺文·碑铭·洪保寿藏铭

大明都知监太监洪公(保)寿藏铭

赐同进士出身、修职郎、行人司行人广右周凤撰。征仕郎、中书舍人姑苏姜孟圭篆额。赐进士出身、前翰林院庶吉士吴门殷辱书丹。

寿藏铭者,太监洪公存日而作也。公名保,字志道,乃自叹曰:"人生在世,如驹过隙,与其身后之有为,孰若生前之早计也?"于是置地一所于京南建业乡牛首山之原祖堂禅寺之左,鸠工砌圹,上下周完。命前进士殷君辱述状请铭于余。余固辞弗获。按状,公世居云南大理之太和,祖讳长莲,娶杨氏。考讳赐,妣何氏。公生俊伟,以龆年来京师。洪武己卯(建文元年,1399),从侍飞龙于潜邸,爱其聪敏慎密,俾常随左右。永乐纪元,授内承运库副使,蒙赐前名。充副使,统领军士,乘大福等号五千料巨舶,赍捧诏敕使西洋各番国,抚谕远人。永乐丙戌(四年,1406),复统领官军铁骑,陆行使西域临藏、管觉、必力工瓦、拉撒、乌斯藏等国。至宣德庚戌(五年,1430),升本监太监,充正使使海外。航海七度西洋,由占城至爪哇,过满剌加、苏门答剌、锡兰山及柯枝、古里,直抵西域之忽鲁谟斯、阿丹等国。及闻海外有国曰天方,在数万余里,中国之人古未尝到,公返旆中途,乃遣军校谕之。至则远人骇其猝至,以亲属随公奉□□效贡。公所至诸国,尤能宣布恩命,以德威肃清海道,镇伏诸番。虽国王酋长、雕题椎服之人,闻公之来,莫不归拜麾下,以麒麟、狮、象,与夫藏山隐海之灵物、沉沙栖陆之奇宝,同贡天朝,稽颡称臣焉。

公生于庚戌(洪武三年,1370)十月二十五日戌时,弟一人,曰接。侄二人,长曰子荣,次曰子诚。从孙二人:金刚、福安。吁!公春秋六十有五,康强无恙,尚能乘槎泛海,竭忠报效,所得恩赐内帑财物,不专己用,捐舍宝钞五百千贯,修造祖堂寺轮藏一座,又建东峰庵一所,度剃十二僧。好善不倦,奉使公勤,知其有国,而不知其有身。预为此圹者,使住世弟男知所奉祀焉,遂铭曰:

猗欤皇明,统御万国。服之以威,怀之以德。极地穷天,罔不臣妾。寔维奉宣,殚厥心力。我公桓桓,合为首功。风飘海舶,远迩必通。所至披靡,孰有不从。群星共北,众流趋东。维公之力,博望骞同。牛首之下,祖堂其友。水秀山明,鬼神呵守。万古千秋,藏斯不朽!

宣德九年，岁次甲寅，孟冬六日立。

(引自陈大海《南京祖堂山明代都知监太监洪保墓考古发掘的主要收获及认识》。另可参见王志高《洪保寿藏铭综考》，均载于《郑和研究》2010年第3期)

正统二年丁巳(1437)

正月丙辰，命给各边办事官俸禄之半。旧制，办事官不给俸，时有从中贵于甘肃、宁夏书办公牒者言其在边艰苦，故有是命。(二六，526)　　丁巳，北京司钥库左副使龚政等奏："近年各处上纳门摊、户口食盐诸色钞多被奸民贸易，宜令所司包裹严密，用印封号，遣官解赴行在户部转送该库，庶革前弊。"从之。(二六，527)

二月戊辰，巡抚大同、宣府右佥都御史李仪下狱。先是仪举奏管粮参政刘琏诸违法事，琏亦讦仪淫乱等事，适参将都指挥石亨欲条奏镇守大同太监郭敬罪恶，先以咨仪，仪误封咨帖于户部盘粮主事文卷中，户部以闻，致敬、亨亦相奏讦。上以仪等俱任边寄，姑令自陈。既而敬、亨俱蒙赐敕移文戒饬，容其改正自新，琏以言不尽情，复令御史体覆，取死罪招，停俸二年。仪虽输罪，自负理直，辞颇欠婉，于是御史、给事中交章劾仪、琏，请逮治之。上命宥琏，俟仪面白听劾。至是仪至，廷讯狱成，竟以瘐死，然仪实为琏所诬，时议惜之。(二七，535—536)　　庚午，陕西都指挥同知戴旺等奏：臣备御兰县，达贼数犯边，而新调甘州中护卫官军二千人俱缺兵器。上命内府局库以铁甲五百、盔一千、弓一千、箭三万给之。(二七，537)　　乙酉，裁省海印寺收钞官属。时监察御史李匡奏：在京九门及诸处收钞已有内官同御史、主事、锦衣卫、五城兵马司官并铺户人等收受；送赴海印寺，又有太监、御史等官，监生、校尉、库子、铺户共三百余人磨算；送赴内府天财库，又有内官、御史、给事中、主事并铺户三百五十人收检。此一事经历三所，不无重复，请令九门及诸处收钞官属以所收钞径送天

财库收受，省海印寺官员人等。事下行在户部覆奏，请如所言，从之。(二七，547—548)

三月戊戌，行在兵部奏：沿边卫所投充内府各监局匠役者，其中有官军九百六十六人，今已退出，宜送行在后军都督府，委官押赴万全都司所属原卫交收，仍前哨备。上以合发回卫官军已成家业，不必动，若彼处缺军，待法司问拟罪囚补伍。(二八，559)

丙午，赏陕西官军银币。先是，镇守陕西右少监林寿奏宣德十年十月间，胡寇数百人于红寺儿斩关入，循山而南，大肆剽掠，右副总兵都督李安分遣指挥彭智、千户樊玉等追捕，至黑河西与贼遇，奋击大败之，乘胜逐北，俘获而还，宜行赏赉。事下行在礼部议，至是，尚书胡濙等请如例，指挥各赏银十两、彩币二表里，千户各银五两，百户各银四两，军旗人等各赏银有差。从之。(二八，562) 癸丑，都察院左副都御史吴讷奏："近委监察御史及户部主事各一员于内府诸监局、光禄寺、象马草场监收钱粮，缘草场三所，光禄寺又有司牲司、司牧局，各相去远甚，恐二人巡历不同，奸弊不能悉知。请依北京例，专委主事一员监督草场，又委主事一员监督内府诸监局并光禄寺，通委监察御史一员往来巡视，仍命右副都御史周铨总之，以革奸弊。"从之。(二八，567—568)

四月庚申朔，行在户部奏光禄寺岁用蜂蜜一万五千斤，请移文各处买办。上恐扰民，令于内官监支用。(二九，573) 丁卯，伊王颙炔奏："曩臣婴疾，蒙遣中官陈靖赐药，今药垂尽而疾尚未瘳，乞再颁惠。"上亟命太医院计彼地所乏药，悉给赐之。(二九，576) 戊辰，敕太监李德、都督陈怀、尚书李友直曰："京城及通州仓所系甚重，尔等提督修葺，必令完固，可以经久，毋苟且，毋偏徇，毋重劳扰。"(二九，577—578) 辛未。初，上以南京权贵怙势，占据官私田地房屋，敕御史李彝等往按之。彝等廉得中官、外戚所占田地六万二千三百五十亩，房屋一千二百二十八间。

上以田地给新调旗军之贫者，房屋召军民赁居，原系官者还官。至是，襄城伯李隆等奏："奉敕将占据田地分拨新调旗军，每人五十亩，俱自正统三年征纳子粒，请于太仆寺见在牛内每人拨与一牛耕种为便。"从之。(二九，579—580)　壬申，太监僧保、金英等恃势私创塌店十一处，各令无赖子弟霸集商货，甚为时害。事闻，上命锦衣卫同监察御史治之。御史孙睿、千户李得奏，将物货存者给主，赊负者令锦衣卫征究，有旨从之。睿、得以示指挥马顺等于外朝，顺以其事冗累己，掷还。睿怒詈之，指挥徐恭、刘源亦争论喧闹，恭杖得二十。睿、得奏诉，上特宥源，下顺、恭于狱。都察院坐顺、恭乱朝政当斩，顺、恭各诉枉，上命逮睿与辩，睿复妄告顺擅杖死火者张谷等。法司论顺仍当斩，恭当流，睿当徒。狱具，命俱系之。(二九，580—581)　甲戌，行在户科给事中吴绘等官奉命盘点内帑，列其堪用及污损不堪用者并典守官吏姓名以闻。上命堪用者收贮，待时放支，污损者以为军装，不堪用者差官覆视除豁，典守之人俱宥其罪。(二九，581)

五月丙午。初，镇守甘肃总兵、太监等官占据田亩，侵夺水利。事闻，上敕兵部侍郎柴车等官核实，斟酌田地肥瘠、各官家口多寡，量存与之，余悉发屯兵耕种。至是，奏报西宁侯驸马都尉宋琥，太监王安、王瑾，崇信伯费瓛，都督刘广、史昭共占田六百余顷，内以八十六顷存留各家官属自种食用，余田五百一十六顷拨与无地军余耕种。从之。(三〇，599)

六月乙亥，皇陵神宫监太监雷春等奏：凤阳五月大雨，淮水泛涨，白塔坟殿宇垣墙倾颓，乞俟水落修治。上敕行在工部遣官驰驿，与留守萧让、知府熊观等会议以闻。(三一，618)

七月癸丑，行在六科、十三道劾奏行在礼部尚书胡濙等罪。初，鲁王遣门正简宁，楚王遣典膳林青诣阙，俱赍王令旨，领王妃冠服仪仗，礼部辄从所请以闻。上问"先朝故事，有王府以令旨诣部领物例否"，令该司官具陈。仪制司郎中刘孟铎等奏：洪武、永乐间案牍在南京，无以检阅前例。于是给事中、御史劾濙等妄奏及王府官违制之罪。上宥濙等及王府官，令勿再犯，下孟铎等狱治罪。(三二,636)

八月丙子，敕谕尚膳监及光禄寺曰："比闻进宫中食物所用器皿、扛索，十还一二，光禄寺不以奏，尚膳监不以言，重复造用，甚费财扰民。今后凡进食物，必须印信揭帖，备书器皿、扛索之数与收领内官姓名，尚膳监如数还之，不足即以奏闻，敢隐瞒扶同者悉坐以罪。"复敕宫中六尚司知之。(三三,647)　乙酉，敕行在工部曰："今军器缺用，尔工部其会同五府、兵部、锦衣卫、司礼监，将内府各监局往年退出诸色军匠择其精壮者，令在营操备，考弱者仍送原衙门，与见在匠役成造军器。尔工部、司礼监各遣官提督，务在坚利，使可经久，宜用物料在京各库支用，勿复科派有司扰民，每季仍以造完数目具奏，以凭稽考。不得通同作弊，假公营私，以取罪戾。"(三三,650—651)

九月丁酉，以东安门外官房为顺德长公主府，命内官监工修葺之。(三四,661)

十月甲子，命中军左都督任礼佩平羌将军印，充总兵官，左军右都督蒋贵充左副总兵，左军都督同知赵安充右副总兵，兵部左侍郎柴车、右佥都御史曹翼、罗亨信俱参赞军务，率领军马剿捕虏寇阿台朵儿只伯等；仍命行在兵部尚书王骥、太监王贵监督之，而以都督李安、侍郎徐晞等居守甘肃。并敕宁夏总兵官都督史昭、监察御史郭智选军，付参将丁信统领，以俟调遣。且敕骥曰："命卿监督诸军，剪除残寇，凡百机务，悉听便宜处置。有功者赏，不用命者诛，事得专制，然后奏闻。"(三五,678—679)　戊辰，监察御史李在修等劾奏南京守备太监罗智、袁诚各纵奴杀人及贩买簰筏，恃强入关，不税其奴，已为御史韩阳擒治如律，智等当坐纵容之罪。上令智等具实自明，既而伏辜，遂皆宥之。(三五,682)　癸未，敕谕太子太保成国公朱勇、新建伯李玉、武进伯朱冕、都督沈清、尚书魏源曰:“兹特命尔等同太监王景弘等整点在京各卫及见在守备一应官军人等,选拔精锐,编成队伍,如法操练。务要人马相应,盔甲鲜明,器械锋利,操练闲熟,纪律严明,则兵可精,以守则固,以战则克,寇无不灭,功无不成。尔等宜体朕饬兵安民之心,躬勤任之,勿阿徇私情以害公道;凡有不遵号令及沮遏行事者即明白具奏,罪之不宥。尔等其钦承朕命。”(三五,691)

十一月戊戌,敕总兵官都督任礼、副总兵都督蒋贵、都督同知赵安等曰:“近得太监王贵奏,残虏阿台朵儿只伯谲诈万状,虽云纳款,终非诚心,欲与卿等合兵剿除,而以宁夏兵邀其去路。然此即朕前日所以谕卿等者,卿其遵行之,但贵慎密,几事不密则害成,卿尚念哉。”(三六,701)　庚子,停追徐州广运仓亏折粮米。初,中官银作局副使阮汝丛奏徐州广运仓官攒人等亏折粮米一万五千六百三石有奇,命行在户部移文追征。至是斗级二百七十余人诉今年水灾,人民艰食,俟明年收成,将豆麦抵斗赔偿。从之。(三六,702—703)

十二月丁丑,镇守陕西右副都御史陈镒劾奏太保宁阳侯陈懋及都指挥王永多役军余,于塞外佃牧,恐致虏抄掠;懋复藏匿阍者不以闻。上曰:“懋姑宥不问,都察院仍谕其省过而究其所匿阍者。永尝纵贼肆掠,今复牟利招寇,如覆得实,罪之。”(三七,722)

本年附

艺文·碑铭·法华寺碑记

杨溥《敕赐法华寺记》:“佛氏之教,以清静慈悲为本,以方便利济为用,所以淑人心、翼王化、达幽明,妙于无迹。然而奉其教者必为之崇祠宇、严法相,盖以广信心,期底于感通,启群迷咸归于善道也。司设监太监吴公亮等,生遇明时,叨居禁近,恩眷攸久,报称无能,愿托能仁,用酬大德。尝闻之故老，都城北百里许，古有大延圣寺，银山铁壁，岿然天成，真佛境也。历世既久，殿宇颓坠，丹青剥落，有待于好事者。比幸公暇而往谒之，瞻礼之余，深慨于中，归而谋及信官奉御福道诚等，咸发所蓄，市材鸠工，改旧易新。（**营建略。**）经始于宣德四年夏四月，告成于正统二年春二月，乃请于朝，赐额法华。施财协力者悉具名于后云。”

碑阴：“助缘信官：太监陈瑛、寿通、福山、吴昱、山寿、喜宁、朱延、裴当、陈恭。少监□□、何通、得兴、海向。监丞洪仔生、何忠、陈靖、阮洪、□保、王清。奉御陈贡、陈汝文、黎申、陈玉、陈芮、阮汝丛、喜住、杜清、罗父、黄海。（**下奉御及长随内使98人略。**）”

（碑在北京昌平上庄乡银山。《北京图书馆藏中国历代石刻拓本汇编》第51册，第83—84页）

艺文·碑铭·崇化寺碑记

杨溥《敕赐崇化寺记》：“北京都城之西山，辟龙门水流，玉河群峰拱揖，草木葱蒨，造其境者有超然远引之心。旧有清水禅寺，世传黄龙禅师讲道之所，肇建元至正中，历世既久，殿宇颓废，遗址榛芜，人用嗟咨，鲜克举之。司设监太监吴公亮，夙崇佛教，用图规复，谋及同志，翕然景从。乃发素积，乃鸠群工。（**经始于宣德九年夏四月，告成于正统二年春二月，乃请于朝，赐额崇化法相，以严祝釐。**）正统二年，岁次丁巳，四月初三日立石。”①

（碑在北京门头沟区城子。《北京图书馆藏中国历代石刻拓本汇编》第51册，第85页）

《敕谕碑》：“皇帝敕谕官员军民诸色人等：朕惟大雄氏之教，以空寂为宗，以慈悲为用，其流入中土也久矣。然而化导善类、觉悟群迷，功德所及，幽显无间，是以建祠宇崇奉之者亦无间也。故司设监太监吴亮，宣德、正统间，于京都西玉河乡城子村捐己资创造佛宇一所，赐额曰崇化；又赎居民姚三等山场田地六十四亩余，东至石墙界，南至山界，西至释迦寺界，

① 可参看正统八年倪谦撰《敕赐崇化禅寺藏殿碑记》（《北京图书馆藏中国历代石刻拓本汇编》第51册，第111页），中言购内典一藏，寺无储所，乃增建藏殿，“所费不赀，悉出公（吴亮）私帑，经始于辛酉（正统六年）四月二十日，讫工于癸亥十月十三日，少保杨公尝为记。……公夙植重厚，为五朝旧臣”。

北至山界，栽植树木，与本寺管业，备香火之用。历兹年久，被人作践搅扰。住持僧慧灯具以闻，特颁敕护持，赞为多人造福。今后官员军民诸色人等不许侮慢欺凌，一应山田园果林木不许诸人骚扰作践，敢有不遵朕命，故意扰害沮坏其教者，悉如法罪之不宥。故谕。成化十六年三月二十五日。”

（碑在北京门头沟区城子。《北京图书馆藏中国历代石刻拓本汇编》第52册，第152页）

正统三年戊午(1438)

正月庚寅，遣中官赍敕及彩段八百匹，往大同赐瓦剌使臣人等，并酬其所贡物直。敕其太师顺宁王脱欢曰：“尔遣使臣兀思塔、阿里等来朝贡马，具悉尔之诚意。兹遣正使指挥同知陈友、副使指挥佥事李全等同兀思塔、阿里等赍去回赐彩币表里，尔其领之。”（三八，732）　癸巳，召两淮、两浙、长芦整理盐法内外官员还京，敕曰：“今盐法已清，敕至，尔内官即与监察御史一同回京，其盐场事务悉令盐运司理之。有仍前科扰，通同盗卖、私贩之类，事发一体重罪不宥。”（三八，733—734）

二月乙卯朔，敕行在户部左侍郎王佐曰：“今命尔同内官李德等于在京及通州仓分监督仓官人等，公同收支粮米，往来提督象马牛羊等房及各仓场收受刍蒁，务要关防严密，出纳分明，除奸革弊，不许隐瞒透漏。尔宜体朕爱恤军民之心，禁止下人，毋得因而生事，刁蹬虐害纳户人等；凡有事务，须用区画得宜，庶副朕之委任。”（三九，749）　丙戌，命行在工部左侍郎李庸督造兵器。先是，上敕工部曰：“兵者，国之大事，不可不豫。日者边境屡言兵器不足，尔其会五府、兵部、锦衣卫及司礼监，于曩时内府各监局所省军匠拣其强壮者备操，余悉令于军器局、鞍辔局协造，兵器物料咸取给京库。工部其遣官一人专督之，三月一具数以闻，务须抚恤工匠，均其劳逸，使毋过费，毋苟作。”至是，工部言得军匠赴局者五千七百七十余人，上命庸与太监山寿等协理之。(三九,757—758) 乙亥，参赞宁夏军务监察御史郭智奏：比者，行在兵部尚书王骥等奏调宁夏总兵官都督史昭、参将丁信俱赴甘肃听调杀贼，缘宁夏亦是极边，若昭等俱往，恐鞑贼闻知，突入为患，宜留一员镇守，庶不误事。上曰："昭不必动，第令信同少监来福领军以往。"(三九,759—760) 辛巳，敕宁夏总兵官都督佥事史昭、参赞军务右佥都御史金濂等曰："近宁夏中护卫指挥曹熙家人曹芳来告庆府收买铁料，潜造兵器，又令群牧所千户董智选马韦州草场，及智不从，拷掠至死。府中见监军旗人等三百余人，每与熙商议，欲托故擒戮镇守等官，因而大举。朕以小人之言诚伪叵测，已下芳锦衣卫狱。敕至，尔等即同右少监[1]来福密切体覆，有无异谋，务在明白公当，毋得徇私构衅，使邪人得逞其奸，则尔等亦难逃其咎。"(三九,763—764) 行在兵部尚书王骥等奏："朵儿只伯潜往狼山等处，先调左副总兵都督蒋贵率轻骑杀败，过黄河遁去。臣同太监王贵、总兵官都督任礼等领马步军继进，仍行宁夏总兵官都督佥事史昭等各率精锐轻骑分路搜剿。"上敕谕骥等曰："此贼计穷粮尽，逃必不远，尔等追袭，务在殄灭，捷音至日，升赏不吝。"(三九,764)

三月丁未，山东东平州知州傅霖言："比岁军需、贡献、戎伍之类，悉遣人络绎四出督并，民罹其虐，事竟无定。爰自皇上肇登宝位，却珍奇之献，罢不急之征，命巡抚侍郎督粮储，命监察御史清军政，一切内臣悉取回京，天下官民莫不沐浴圣泽，欢欣踊跃，以为尧舜之治复见于今日。然臣切见徐州、临清等仓仍用内官收粮，淮浙等处盐场仍遣内官并锦衣卫官校缉捕。以臣愚见，各处收粮自有州县官员，巡盐已有监察御史，凡有规避，律具明宪，又何用内臣并锦衣卫官校以瘠民膏血而骇民耳目乎？"上嘉

① 宁夏内官来福，《英宗实录》卷一六，正统元年夏四月乙巳条作"左少监"。

纳之。(四〇,783—784)　壬子,兴安伯徐亨奏:“臣奉命与侍郎王佐、邵旻等经营京仓,欲增造一百三十间。臣相城内府军前卫仓旁近有空地,实新建伯李玉、太监昌盛、吴诚所有,谨图其地形以进。”上命即其地为之。(四〇,787)【考】昌盛寻卒,墓志见本年附。

四月戊午,镇守辽东太监王彦奏:“都司缺官调用,其都指挥使刘清、定辽前卫指挥同知何海等俱坐罪戍甘肃,乞宥之,俾自效。”上从之,召还,各降原职一级,备御辽东。(四一,792)　乙丑,南京守备襄城伯李隆等奏:奉敕省内府军民匠,今鞍辔局、军器局造作方殷,请发操备军匠五百人、应天府民匠四百人协造之。上以操备军不可动,民匠如所请。(四一,800)　丙寅,以败朵儿只伯功,封左都督任礼为宁远伯,右都督蒋贵为定西伯,俱食禄一千二百石;都督同知赵安为会川伯,食禄一千石;行在兵部尚书王骥兼大理寺卿,二俸兼支;行在兵部左侍郎柴车、行在都察院右佥都御史曹翼、罗亨信俱升俸一级。仍命司礼监官赍银币往赏劳之。(四一,800)

五月乙酉,监察御史郑颙奏:张家湾宣课司崇文门分司每遇商货贩到,积至数多,方差内官、锦衣卫官抽盘,不无停滞损坏。张家湾宜专委内官抽分,崇文门宜令本门收钞内官兼(**抱本兼作监**)管;其顺天府都税司并塌房课钞宜令顺天府置簿,按季填报,以凭稽考。上命但戒所司,勿致停滞,不必专委内官,余如其请。(四二,813)　癸巳,迁甲、乙、丙、丁等库于内府。初,上以各库在外,出纳不便,久欲迁移,不果。至是始迁之。(四二,817)【考】《英宗实录》卷五九,正统四年九月甲子,“行在户部言:甲字等库先设在外,今移入内府,遇各处解到物料,宜于六科领给勘合,填数照进交纳。从之。”

丙申,行在户部言:光禄寺岁用厨料,请于湖广等布政司、直隶苏松等府预给官钱买办。上以国家用度宜从撙节,内官监有蜜可取用之,余听买办,然亦不许重费以病民。(四二,818—819)　丁酉。初,秦王府内使、校尉占种陕西西安府咸宁县民地五十亩，镇守官得民诉状，欲理之。王庇校尉不遣，诬奏民妄认先王坟地为己业。上命陕西三司覆之。至是，三司奏民言有实，行在户部请以地还民，逮治占种人罪。从之。(四三,819)

六月癸亥，大同总兵官都督陈怀、太监郭敬交举为事都指挥邓瑛、指挥李文，乞复其官，以净水坪创建威远卫，由瑛、文熟其险要故也。上以瑛等以畏缩败事谪戍，不允。(四三,835)　己卯，增给军器等局老弱军匠月粮人五斗，余丁匠人四斗。时军匠老弱退出外局成造军器者，月粮止给三斗，余丁匠人赴内监局工者虽无月粮，尚有常食，赴外局者并无常食。至是各诉食用不给。上命行在户部量为增给，遂有是命。(四三,847—848)

七月辛卯，下行在户部尚书刘中敷、右侍郎吴玺等于狱。先是，官军俸粮俱于通州支给，至是中敷等令于京仓支给，于是中官讽给事中、御史交章劾之，故有是命。(四四,854)　乙未，宥行在刑部尚书魏源、侍郎何文渊罪。先是，刑部鞫奸妇韩氏与奸夫顾安谋杀其夫景申，韩应凌迟处死，累诉冤。上命多官会审，言安初尝求婚于韩不得，衔之，故杀申，实无奸状。给事中劾源等罪，上宥之。源不服，复奏请命太监及翰林院堂上官会鞫，复上其妇冤状。于是给事中、御史再劾源等罪，遂下狱，寻宥之。(四四,856)

九月丁未，少师、兵部尚书兼华盖殿大学士杨士奇等言："比者差去瓦剌使臣都指挥康能等回，备言达贼阿台朵儿只伯等已被脱脱卜花王杀死，西北之境可以无虞。然亦不可不设兵备，谨以边备合议之事具奏：一、……一、甘肃备边，除太监、内官不可轻动，其总兵官宁远伯任礼、定西伯蒋贵、会川伯赵安、都指挥朱通、参赞军务侍郎柴车、佥都御史曹翼、镇守凉州都督李安、侍郎徐晞、行在兵部尚书王骥，先因达贼随处出没，所以屡遣各官参赞行事，今达贼驱杀散亡而甘肃地方各有精锐官军操备，各官在彼数多，非惟坐食廪禄，抑且事不归一，宜令兵部会官计议斟酌，或存留或取回,列其姓名具奏区处。”上以摆堡运粮,命行在户部会议便利以闻;存留总兵官备边,敕太监王贵、尚书王骥驰驿赴京议之。(四六,899—900)

十月庚申,修南京内府丙字等四库。(四七,911)

十一月癸未,行在工部奏:先奉敕修襄王府,今内官王通等及襄阳府卫各言本处屡经旱涝,军民艰食,工力物料不给。上令附近卫所州县发军夫工匠三千人往助之,物料取诸官,不足宜市于民而官酬以直,仍令具数以闻,毋侵扰取罪。(四八,923)　万全隆庆左卫奏本卫设局造军器数多而地产物料不足,上谓工部臣曰:“武备不可缺,况边卫乎?其以内库见有军器颁给,倘无,亦与物料令自造之。”(四八,923—924)

十二月乙卯,行在工部奏:内库岁贮胖袄裤鞋等件,备边军及工匠之赏,今给赐已多,见存者少,请于山东布政司及直隶苏州等府造办输京。从之。(四九,940)　乙亥,起刘广为陕西行都司都指挥佥事。初,广以都督同知充甘肃副总兵,有罪谪戍辽东。至是太监王贵往甘肃镇守,荐广闲习边务,乞与之俱,故有是命。(四九,952)　丁丑,命廷臣太师、英国公张辅等会问辽王贵烚淫秽事,具得其实;论巡抚侍郎吴政等规避不奏,当斩。乃诏皇亲驸马议,宜遵祖训,召王至京治罪。上是之,降敕符,遣驸马都尉赵辉同内官召王,仍录所犯谕诸王,令其议拟以闻。(四九,954)

本年附

艺文·碑铭·太监昌盛墓志

神宫监太监昌公(盛)墓志铭

资德大夫、正治上卿、礼部尚书毗陵胡濙撰。会稽散人任氏仲安书并篆。

太监姓昌,讳盛,贵州都匀长官司人也。洪武辛未(二十四年,1391)

进内庭，祇事太祖高皇帝，夙夜勤劬，小心慎密，极承恩眷。越十年壬午（建文四年，1402），太宗文皇帝践祚，首用公为长随。能勤厚寡言，特加宠异，明年（永乐元年，1403）升长随奉御。事上临下，咸得其宜。由是日在左右，应对合上意，恒蒙奖谕。时交阯初平，以公才堪任使，遣奉命。凡八往返，条画措置，无纤毫过差。上益重其为人，可属大事。

永乐壬辰（十年，1412），宣宗章皇帝在青宫，遂选入随侍，凡十四年。恭勤辅相，所为一出于正，并无诡伪骄矜之失。仁庙尤器重之，委任益专。逮宣宗章皇帝登极，录其旧劳，即升神宫监太监，以优待之。凡御驾亲征及北巡，公皆前驱，鲜有疏虞。累使朝鲜，皆能宣布圣化，使夷人悦服，朝贡者接踵于道。公之功著于内外也如此。公生于洪武庚申（十三年，1380）十二月二十四日，终于正统戊午（三年，1438）九月十九日，无疾端坐而逝。讣闻于上，恻然骇叹，赐钞万缗以赡丧事，有司营葬，遣官谕祭，始终宠遇之隆，蔑以加矣。钦委提督庆寿寺庶务中贵阮公兰赍状请铭，予故摭其实而铭之。铭曰：

生于南土，长于内庭。资质厚重，性行纯诚。列圣宠任，不骄不矜。侍卫青宫，惕厉战兢。宣德改元，即受褒旌。朝鲜交阯，使命屡承。人怀其德，事克有成。始终无间，内外驰名。何啬其年，遽尔遐征。讣闻于上，宫掖震惊。恤赠有加，敕建坟茔。爰遣谕祭，备极恩荣。光昭来世，照耀泉扃。后知公者，其视斯铭。

正统三年，岁次戊午，冬十一月吉日。

（北京市出土。《新中国出土墓志·北京》第85号）

艺文·碑铭·底哇答思塔铭

程南云撰并书《故禅师底哇答思塔铭》："大明正统三年三月初一日，潭柘山龙泉寺禅师示寂，世寿九十，僧腊八十二，中贵梅公等既捐资缗构塔于寺前冈之右，卜是月七日以安真骨，复状其事而请予铭。禅师讳底哇答思，系出西天东印土……洪武初，侍师来游中国，时禅师年方二十有四。至京，太祖高皇帝召至奉天门，亲赐度牒，命随方演教……"

（碑在北京门头沟潭柘寺。《北京图书馆藏中国历代石刻拓本汇编》第51册，第90页）

艺文·碑铭·净明寺碑

胡溁撰《敕赐净明禅寺记》:“(**前记佛寺缘起,略**)元末毁于火,荒基断础,几八九十年矣。大明宣德癸丑(八年,1433),中贵阮公伯山夙慕宗乘,因游兹地,见其冈阜环抱,泉甘地肥,风水秀丽,以为有志于道者固无事于安居而饱食,然必得胜地,建立宝方,以栖其幻躯,给其奉养,使之体舒神宁而无挠乎意虑,乃能致净且明之效。于是亟谋兴作精蓝,罄倾己赀,营建前后大殿山门伽蓝丈室僧房。(**正统戊午讫工,具闻于朝,仍蒙敕赐为净明禅寺。**)正统三年,岁次戊午,秋九月甲午立石。”

(碑在北京门头沟。《北京图书馆藏中国历代石刻拓本汇编》第51册,第91页)

艺文·碑铭·均州儒学记

胡溁撰《重修儒学记碑》:在文庙门外。“均州学建于城内,兴废不一。太祖高皇帝既定天下,首崇学校之政,教育人材,作新士习,增广学额,逮今七十余年,椽摧栋朽,□□□瞻。正统三年春,尚膳监丞陈野、礼部郎中邵正,奉命至□督修太和山宫观,首谒儒学,顾瞻庙貌弊陋,学□倾圮,慨然□叹,以兴复为己任。移文本部,转奏请□□□□□鸠工集材。(**肇工于本年春,成于秋。营建略。**)”

(《续辑均州志》卷一五《艺文》)

正统四年己未(1439)

正月丙戌,行在礼科给事中刘海等奏:孟春时享太庙,陪祀官武安侯郑能、驸马都尉井源、王谊、武进伯朱冕未祭之先,于神宫监博戏自如,宜治以不敬之罪。上曰:“源等罪固不可贷,但以勋戚,姑宥之。”(五〇,960)　　己丑,镇守甘肃太监王贵奏:“向因地方警急,添差御史一员,专巡甘凉。迩来边宁事简,既有按察司分巡,又有都御史曹翼总领;至于粮草储备,既有侍郎柴车提督,又有布、按二司堂上官往来措理,乞取回御史为便。”上是之,仍命行在吏部、都察院依永乐间事例以行。(五〇,962)　　乙巳,行在工部左侍郎李庸以军器局去岁冬季所造盔甲等器六万四千有奇已给神机营及运赴总兵官任礼给边军毕,具数以闻。上曰:

“比闻所造多不如法，其于兵仗局各取一件为式，每三月一次，令给事中、御史阅其所造，敢有不如法及侵盗者，必罪不宥。”（五〇，971）

二月壬戌，应天府管马通判朱昂奏：“本府及直隶凤阳等府州县孳生、赔偿等项马驹，每岁管马官吏人等驱赴太仆寺印俵，道途阻远，农务有妨。乞用北京行太仆寺例，本寺委官同兵部委官、监察御史、御马监官遍历有马地方，公同印俵，给与近地空闲人户牧养。其牡马江南者送凤阳，江北者送徐州，俵与所属牧养，务在酌量程途，毋致劳扰，定其期限，不许耽误。选退不堪马，印俵与附近军卫老幼余丁牧养。如此则民遂安生，马获实用。”上谓行在兵部臣曰：“两京事体宜归一，况便于军民，其从之。”（五一，980—981）　癸亥，司设监太监吴亮擅役匠人在外商贩，事觉，行在都察院请逮亮究治，上命姑宥之。（五一，982）

闰二月丁酉，敕武定侯郭玹往同太监雷春、中都正留守萧让董修皇陵，复敕春等公同计议，不许怠忽。（五二，1002）　辛丑，释行在刑部尚书魏源及都察院右都御史陈智，令复职；尚宝司少卿袁忠彻令致仕；蜀府仪宾王宏及弃交阯城太监马琪[骐]、成山侯王通、左都督马瑛、布政使弋谦俱罢为民，内官蒙泰降为小火者。（五二，1005）　癸卯，修御马仓。（五二，1006）

三月己酉朔，行在户部奏南京内府供用库正统五年岁用黄白蜡、芽茶叶等物，请分派在外各布政司并直隶苏、松等府支给官钱采买给用。上以诸处岁荒民饥，姑罢之。（五三，1015）　戊午，行在兵科掌科事给事中王永和等奏：御马监军迭里米失叛逃，实太监刘顺故纵之。及执迭里米失，付锦衣卫鞫，而指挥王裕、马顺曲为掩饰，俱宜究治。上曰：“法本难容，但事在赦前，姑宥之。裕等今后鞫问不明，必重罪不宥。”（五三，1019）　己未，光禄寺奏南京内府奉先殿并诸王、公主坟园岁时祭祀，安王宫眷日逐供亿，见贮牲牢不敷，请移文附近州县营办。上以奉祀牲牢诚不可缺，但不必远取于民，惟令南京守备官于内府给直平买之；况岁不登，民亦艰食，安王宫眷日用以十分为率减其三分。(五三，1019—1020)　辛酉，兵仗局内官奏成造军器匠役不敷，乞于在京四十七卫拨取幼军余丁习学。上谕工部臣曰："军器营造有轮班匠，此奏不过欲扰人利己耳，其勿听。"(五三，1022—1023)　戊辰，南京兵仗局奏：自宣德八年成造军器火器共二百四十四万有奇，而工部下有司所市物料今尚未完，乞令追完，庶不误军需。上以民方艰食，料未输者不许催征。(五三，1026—1027)　辛未，宥辽府官属及湖广巡抚等官罪。先是，行在都察院右都御史陈智等奏荆州右卫千户曹广、辽府奉祠正马骙左使辽王无故杖死长史杜述；内使陈延诈传诏旨，巡抚侍郎吴政、巡按御史陈祚、布政司参政杨贞匿王内乱重情，俱应斩；都指挥佥事武安、按察司佥事许资知王淫秽，故不奏闻；辽府仪宾刘亨受王赐军人许俊为奴，仪宾周英璧受王赐许俊妻，与之奸；仪宾赵庆、全秉谟凡遇王诣各郡主府，设酒同酣，夜深始散，俱应杖。今遇诏赦，请释之。上以广等情重，仍锢禁之。至是，辽王削为庶人，智等又疏广等所犯系大赦以前，请裁决。上以广等论法在所不原，姑记其罪，俱令复职；周英璧、刘亨、赵庆、全秉谟俱释之，若蹈前非，必罪不宥。曹广调山西威远卫，马骙送吏部改调，陈延送南海子，吴政调南京工部，陈祚调南京都察院云南道，杨贞调山西布政司，许资调陕西按察司，武安调万全都司。(五三，1028—1029)

四月己卯，给御马监勇士马一千六十六匹，武骧等卫官军马二百五十七匹。(五四，1035)　己丑，行在户部奏："近制，在外诸司岁收钞贯，悉送南、北京内府库上纳。今诸处官吏俸给缺钞支用，请以沿河船料及两京各司钞送纳内府库，其在外诸司所收者悉听本处支用，岁终以所余剩上纳京库。"从之。(五四，1039—1040)

五月庚戌，顺天府府尹姜涛等奏："本年二月初九日，行在礼

部会试天下举人，其买办物料钞共五十七万七千八百余贯，请于内府天财库并通州商税课钞内关出给散。”从之。（五五，1050）

辛酉，宥内使张斌罪。时斌在广东典守珠池，擅作威福，扰害生民，人有奏其过恶者。上以斌罪本难宥，姑移文令其改过，如怙终，必诛不贷。（五五，1057）【考】此为实录守珠池内官之首见。广东雷、廉二州皆设珠池，命内官守之。嘉靖《广东通志初稿》卷一〇，《公署·广州府》：“珠池公馆，在郡西南镇远街西。”《廉州府治》：“镇守珠池公馆，洪武、永乐间，设于珠场巡检司之右，景泰间寇发，改迁府治前。”《雷州府治》：“珠池公馆，在府治西北一百八十里。”

七月辛酉，三个城鞑靼伯颜秃来归，命充御马监勇士，赐袭衣、布、钞、房屋诸物。（五七，1089—1090）

十一月庚午，巡守广东珠池内使王真保奏：珠池地方广阔，旁近人民居住数多，官军分守不周，乞再差内官并添拨官军巡守。上恐扰民，命仍其旧。（六一，1169）

十二月庚子，遣中官祭司库之神。（六二，1191）

本年附

艺文·碑铭·宝藏寺碑及鲁安坟地契碑

僧道深撰，胡濙书《敕赐金山宝藏禅寺记》：“……宣德初，常侍大国师屡应宣宗章皇帝宣召，每与经筵，复从讲经……（**八年，在金山口创成衡宇数楹。略。**）九年夏，掌御马钦差镇守陕西等处监督总兵官兼尚宝鲁安公王贵，参随圣驾，幸游西湖之明日，祭祀永清公主，就省其亲昭勇将军王公、太淑人吴氏之茔，偶寻访余，一见颇识，遂与骠骑将军都指挥使卢育①、高通、冯麟、刘智等，是年六月初三日，共力开山，用太史彭得清，改向靠北（**下改造略。**）捐俸若干：鲁安公弟府军卫都指挥使王观、锦衣卫指挥同知王忠、王英、塑士锦衣卫镇抚陆贵。壁画四佛并诸普觉菩萨，喜舍白金八

① 卢育“总勇士于御马监”，正统二年卒，见《明故骠骑将军都指挥使卢公神道碑》，《北京图书馆藏中国历代石刻拓本汇编》第51册，第82页。

十两:常侍阮宗、王文、画史锦衣卫镇抚王恕。殿之左掖塑安护法(**分工造建,略**。)又两翼接连转角平廊圆至前殿,殿之中端奉正法明王如来刻香戗金庄造:功德主管御用近侍大夫尚义、李童、贾亨、喜宁。其第三级角立,二楼左钟右鼓:信官王胜、添保、伏仝。其余僧舍庖廪等屋以及法幢法座器皿诸事,凡法之所备有而皆悉具者,尽情出于鲁安公之费。……大明正统四年,岁在己未,三月己酉朔,越六日记。"

(碑在北京海淀区青龙桥老府村。《北京图书馆藏中国历代石刻拓本汇编》第51册,第93页)

立地契人王玘,系府军卫指挥使司,弟锦衣卫指挥王辉、腾骧左卫千户王文,于弘治七年四月十九日,有伯祖前任御马监太监鲁　(**原碑此空一格,应为安字**)坟所,墙垣祠堂颓毁,无从措办修理,玘等通家谪[商]议,情愿将坟左空地一段计一顷五十亩,东至官地,西至龙池,南至官道,北至本山,四至分明,坐落昌平县太平里地方,央凭见人康俊、陶寅、李惠等说合,出卖与御马监太监黄　(**原碑此空一格**)为寿堂地,侄男黄荣等永远看守承继,当日议定价银四百两整。玘等亲手收讫领用,外无欠少。其地自买之后,任从黄荣等栽种树株、修砌墙垣等项,族内一应人等异言争竞、其地如有来历不明,玘等一□承当。恐后无凭,故立地契为照用者。弘治七年四月十九日。(**下立契人、见人、代书人名略**。)

(碑在北京海淀区青龙桥西娘娘府。《北京图书馆藏中国历代石刻拓本汇编》第53册,第27页)

艺文·碑铭·圆觉寺碑[①]

金英撰并书、篆《圆觉禅寺新建记》:"□□生自南交,长于中夏,躬荷太宗文皇帝抚养训诲,授以官职;仁宗昭皇帝恩加深厚,宣宗章皇帝信任委职,今上皇帝益加重任。四圣大恩,德同天地。英夙夜感戴,深切于心。自顾草茅,不能补报,思念如来之道,极其广大,包天地而无外,极其精微;妙神化以难名,前乎亿万劫不见其始,后乎亿万劫莫测其终。盖空寂以为宗,慈悲以为用,上有以阴翊皇度,下有以普济群生,称人心愿,有感必通,故莫不尊崇其教。英是以敬将列圣所赐金币并募缘资财,于仁宗皇帝所

① 以下4碑皆在北京朝阳区十八里店老君堂无极寺。

赐地内建佛寺一区，中为如来宝殿，左观音殿，右地藏殿，前天王殿，后圆觉殿，廊中图写五百罗汉像；钟鼓之楼、禅堂斋堂僧房外，有山门金副具像。延明道大师住持，领众朝夕讽诵经文，祝延皇上万岁圣寿，资益三圣天宫之福，以表涓埃之诚。经始于正统元年二月十二日，成于明年八月十二日。间以闻上，钦蒙圣恩，赐名圆觉禅寺。（**中略**。）大明正统四年，岁次己未，四月戊寅朔，初八日乙酉，奉佛弟子司礼监太监金英谨记。”

（《北京图书馆藏中国历代石刻拓本汇编》第51册，第95页）

司礼监太监金英谨题为报恩事：“臣本草茅微贱，荷蒙太宗皇帝、仁宗皇帝、宣宗皇帝抚养长成，授以官职，莫能补报，拳切于心。兹又蒙今上皇帝、太皇太后娘娘、皇太后娘娘圣德深恩，益加信任，自愧菲陋，效报无由。今将朝廷原赐武基庄田房舍树株，内有废坏古刹道场，发心重建，就将原赐田土树株布施本寺常住收用，以供斋粮，并欲请僧内朝夕讽诵经文，祝延圣寿，及答报三圣在天之灵，以表臣涓埃之报。切缘本寺僧人数少，今□行童住住（**按，此衍一住字**）持等僧等徒弟若干，未给度牒，□望圣恩怜悯，乞赐寺额及敕谕护持，并给于各僧度牒，臣不胜感戴天恩之至。为此谨题，伏候敕旨。”圣旨：“是。该衙门知道。”正统二年正月，行在礼部为寺额事：“正统二年正月二十五日早，该内官范弘传：内官金英□请寺名，……圣旨着做圆觉禅寺。钦此。”……

碑阴：“永乐二十二年十二月二十一日，司礼监右监承[丞]金英，于万寿宫钦奉圣旨：‘犯人张定名下房屋庄田□□树株都与你。钦此。’又该锦衣卫指挥使王节等于西角门覆奏，圣旨：‘是，都与他。钦此。’洪熙元年二月内，司礼监右监承[丞]奏奉圣旨：“发交阯充军犯人张定名下人口家财、他女婿田狗儿人口田地等项，都与你。钦此。”（**下刻庙产地基及四至等，略**。）成化五年四月初八日，第七代住持际弘立石。

（《北京图书馆藏中国历代石刻拓本汇编》第52册，第73、74页）

翟镐撰并书（**碑阳泐甚，文字不清**）阴刻：“弘治十二年十二月十三日，内官监太监李兴于宫内奏奉圣旨：‘重庆大长公主坟茔吉地壹段计壹顷玖拾亩，系圆觉寺供奉香火地土，今将本府田□北地五段，通计叁顷捌拾亩兑换与本寺应用。’奉圣旨：‘知道了，钦此。’钦遵。钦差御马监太监韦同锦衣卫指挥使周传奉圣旨。钦此。钦遵。计开（**下寺产四至略**。）大明嘉靖四十五年，岁次丙寅，季夏吉日立石。”

尹校撰《圆觉寺印造大藏经碑记》：“正统初元，司礼监太监金公英，奉敕建圆觉寺于都城东南，置大藏经于其中，迄今百有余年。简帙涣失，诵习无据。（**寺僧矢心募造，浸渐积累十年之久，竟如其志。**）乃推其御马监太监杨公朝用请记于予，盖杨公为众善首倡者也。（**下略。**）隆庆五年，岁次辛未，正月吉日立石。”

（《北京图书馆藏中国历代石刻拓本汇编》第56册，第125、173页）

正统五年庚申(1440)

正月壬子。初，永乐间营造，各厂所余木，工部委官提督旗校军夫看守苫盖，凡四千余人。至是，军夫悉为该管内官役占，木植暴露至有朽者，厂地废为蔬圃。上廉知之，命都察院出榜禁约，仍遣御史巡视，不许役占；其所遗田地悉拨还顺天府，给民耕种，照例起科，违者重罪不宥。（六三，1199）　庚申，上念西北边士劳苦，将有衣鞋之赐，预命大同总兵官武进伯朱冕、参将都指挥石亨、宣府总兵官都督谭广各具官军姓名以闻。冕等疏不时上，且多遗漏，不与赐者失望喧哗。冕等惧，复以所遗姓名摭他故陈之。佥都御史丁璿劾冕等职当一面，不能奉宣上意，致下怨咨，又敢肆为欺罔；其大同太监郭敬、宣府内官赵综，参政沈固、刘琏，都司都指挥文弘广、巡抚右佥都御史卢睿、巡按监察御史孙毓，或应心膂之寄，或受耳目之托，一体符同，俱合究治。上是之，命纪其过，再犯不宥。（六三，1201—1202）

二月庚辰，以营建宫殿，发各监局及轮班匠三万余人、操军三万六千人供役。（六四，1219）　庚子，监察御史魏淡老疾不任事，都御史朱与言勒令致仕。淡建言：行在文武官员亲近日月之光，皆能修省以成贤良，而南京诸司不贤者多，富而有势者私相朋蔽，贫而在下者孤立无助，若凭风宪考察，少合公论。守备太监刘宁忠直公平，乞令体访各官，或口谈仁义，心存欺诈，或听信亲朋,妄说是非,或假公营私,或以私灭公,或先贪后廉,或先廉后贪,或诡异以邀名称,或纵志不顾廉耻,月籍季上,以备圣览,则臣知恐惧,官皆贤良。上命行在都察院会官议之,吏部尚书郭琎等言:"淡任御史,受耳目之寄,既知南京有此弊病,所宜指实陈奏。乃至老疾不退,勒令致仕始言及此,显是挟忿逞私。而所言太监刘宁系内臣,臣等不敢轻议。"事遂寝。(六四,1233—1234)

三月癸卯朔,太师、英国公张辅诉其弟神策卫指挥使輗与其子瑄、斌等骂己,又殴守父坟阍者,扯其发曰:"即太师之发。"唾其面曰:"即太师之面。"上命行在锦衣卫逮輗父子究问,狱具,命固禁[1]之。(六五,1237)　　己巳,行在锦衣卫指挥佥事王裕、马顺有罪下狱。时内使张能告内官僧保违法事,逮能下锦衣卫狱,死于拷掠,裕等以病死闻。上疑之,命御史徐郁验得其情,逮裕、顺等鞫问。狱具,命锢禁之。(六五,1259)

四月壬申朔。先是,靖江王佐敬与弟奉国将军佐敏互相讦奏,上命总兵官安远侯柳溥会同巡按监察御史、三司官核之。至是,溥等廉其虚实相半以闻,上命王与奉国将军姑不问,仍命法司械其内使张信等诣京鞫之。　　癸酉,宥景陵神宫监太监陈英、内使仆林罪。初,英匿御马监小厮陈喜役于家,林挟私忿发之,且诬英娶妻。法司逮问,狱具,命固禁之。至是,有诏录囚,法司列英等情状以闻,故宥之。(六六,1264)　　丙子,行在户科给事中王弼言:各处布绢丝绵等物应进内府甲字等库交纳者,已有经收内官及监收御史、给事中、主事辨验收受,今西安门上直官军复行拣选,纳户被其扰害,宜行禁革。从之。(六六,1265—1266)

五月癸丑。先是,云南总兵官左都督沐昂、副总兵右都督吴亮、左参将都督佥事马翔、右参将都督佥事张荣、太监吴诚、吉祥奉诏征麓川贼思任发,至金齿,逗遛不进。昂等令荣率军先至芒

[1] 固禁,或作"锢禁",本编皆从实录原文,不为改易。

部等处出哨,贼窥伺至营,荣但令都指挥卢钺与之敌,致贼杀败官军,荣悉弃符验军器以遁。昂等相距甚迩,弗为策应。事闻,六科十三道交章劾之,上命记昂死罪,降都督同知,亮等械至京究治。至是,三法司会群臣鞫实,议亮等应斩,上命固禁之。(六七,1288—1289)【考】王世贞《中官考一》:"正统四年,遣太监吴诚、吉祥监督诸军讨麓川宣慰司[思]任发,败绩。此内臣总兵之始也。"然前已有郑和任"总兵太监",似不可复以吴诚、吉祥为总兵之始。

六月甲戌,陕西都指挥佥事陈玘私通义女,怒其义男亦与之通,阉为火者;又强夺军妹为妾以偿私债,卖放操军,占人田地,以私茶令军余入番贸货。事觉,上命按察司鞫实以闻。　乙亥,镇守大同太监郭敬奏:沿边自大夫山至马头山,东西百里,平坦空旷,正胡寇出没要路,宜为深沟以防奔突,更立堡,俾官军往来巡哨者得以安处。奏下总兵官武进伯朱冕等议,冕以敬言诚守边长策,请摘操练军士次第浚立。上从之,命行在兵部选委廉能都指挥董之,毋贪污虐下,以取罪愆。(六八,1304)　壬午,宥都督吴亮、太监吴诚、吉祥死。亮等坐征麓川寇失误军机,应斩,至是遇恤刑诏,法司以闻,上俱宥死,降亮为都督佥事。(六八,1307—1308)

七月壬子,惜薪司内官陶镕等二十六人坐令柴夫办纳月钱,上命俱发南海子种菜。(六九,1339)

八月庚午朔。先是,北京国子监生拨历事多弊,有敕戒谕祭酒贝泰等。至是,泰自陈伏辜,因请遵旧制定年限:三法司写本、分巡一年出身者于应该历事内取用,兵部、户部清军、写诰、天财库办事三年出身者于入监五年内取用,印绶监清黄、续黄三年仍历事二年共五年出身者于入监三年内取用。从之。(七〇,1349)

九月戊午,行在礼部尚书胡濙等奏:比者,辽东总兵官都督佥事曹义言海西哥吉河、黑龙江等处野人女直苦纳、亦里加纳等皆生拗番夷,兹者输忱慕化,欲赴京朝贡,盖由皇上化被万方之所致也。请敕镇守太监及总兵等官,如遇海西、黑龙江等处夷人

赴京朝贡，务令谙晓夷情官员伴送，加意抚恤，以悦其心，更在密切关防，毋令生衅。从之。（七一，1382）

十二月乙亥，司礼监火者贾麦儿以私事嘱吏部尚书郭琎、户部尚书刘中敷，皆从之。事觉，上命宥琎、中敷，戒勿再犯，麦儿送法司论如律，枷示于司礼监之新房。（七四，1434）

本年附

艺文·碑铭·宝光寺碑

《敕赐宝光禅寺助缘记》："京都城东南次渠村，旧有梵刹及浮图，历年深远，风雨□□□础荒基，过者感□。御用监太监尚义素崇释教，谨发诚心，倾橐营建（**中略**。）正统五年，岁次庚申，正月吉日。内臣：杨瑛、王振、僧保、王瑾、吉祥、李和、吴亮、金英、刘宁（**第一行**）、李童、喜宁、吴必、范弘、兴安、吴诚、陈亮、贾亨、唐□（**第二行**）、刘增、蔡忠、阮让、袁成、罗智、郭敬、李文、陈通、刘永诚（**第三行**）、但住、姚铎、陈牌、阮安、王安、裴当、阮昌、阮炳、尹凤（**第四行**）、李三、普宝、黄永、班祐、李福、刘宝、夏时、王彦（**第五行**）、刘通、刘顺、阿万、昌盛、唐观、山寿、沐敬、孟觉悟、张□（**第六行**）、□□、银名、阮简、阮伯山、阮宜、阮浪、吴清、陈瑶、□永（**上第七行**）、□源、□□、杨□、朱昭、阮域、宋□□、张宁、刘观、李□（**上第八行**）、（**下还有 11 行，99 人，多漫漶不清，从略**）"

胡濙撰《敕赐宝光禅寺刺血写经题名记》："京都城东南四十里次渠村，原有古刹法华寺，年深废弛，正统元年御用监太监尚公义悯兹废坠，谨发诚心，喜舍资财，重新建造大雄宝殿、定光佛舍利□□山门廊庑伽蓝禅堂僧房库庾庖厨□俱完。太监具奏，钦蒙圣恩，敕赐为宝光禅寺。举僧妙山为住持。其寺中原有募缘修建比丘圆悟，因感太监发心诚笃，罄舍金资，俾废寺重建一新。（**下略**。）正统十四年，岁次己巳，春正月吉日立石。"

（碑在北京通州次渠村。《北京图书馆藏中国历代石刻拓本汇编》第 51 册，第 99、164 页）

艺文·碑铭·广宁寺碑

杨荣撰《敕赐广宁寺记》："……尚宝监太监王公彦，事太宗文皇帝于潜邸，当靖难师举时，攻城战野，率居前锋，奇功最多。暨文皇帝入正大统，谓公之威武为远方所服，特命镇守辽东。仁宗昭皇帝改元，即召之归，抚谕赐赉甚厚。宣宗章皇帝、今上皇帝即位，尤加恩遇。公在边三十余年，适当太平无事之际，疆场安谧，军民丰富，惟洗心向佛，以图报君恩，济利民物。方数千里之间，凡道场禅宇，旧者以新，坏者以葺。曰普陀、端寂、兴福、天宁、仙灵五寺，则重建者也；曰双峰、福田、玉泉、崇兴、普慈，则新创赐名者。公今年将七十，而好善之心亹亹不倦，复出楮币若干，买地于昌平县桃峪口之阳，创立禅宇，且卜寿藏，为身后计。曰：'吾生有重信，没有所依归也。'力请于朝，于是命工市材，创三世佛殿五间，规画如创……敕赐号曰广宁，且求予为言，勒诸坚石，以昭永久。公昔之建普慈也，予尝为记其事，且叙其行业矣。……正统五年三月吉日立。"

(碑在北京昌平上苑村。《北京图书馆藏中国历代石刻拓本汇编》第51册，第100页)

正统六年辛酉(1441)

正月丁巳，惜薪司外厂监工火者邓昭用挞厂夫王友贤，友贤自经死，刑部坐昭用当赎杖，上命禁锢之。(七五，1467)

二月甲申，命右监丞吉祥镇守云南，俟麓川寇平回京。(七六，1496)【考】吉祥姓曹，时监征麓川之师，陈敬宗《赠大司马王公(骥)总督南征奏凯序》(《明经世文编》卷三〇)云："正统辛酉，皇上命将出师，往征之。一时同拜命者，监军则太监吉祥，总师则定西侯蒋公，左右参将则都督李公、刘公，给馈粮饷则户部侍郎徐公，而纠违军律则佥都御史丁公。兹六君子，皆智谋勇略之士也。"高岱《鸿猷录》卷一〇《诛曹吉祥》："内官曹吉祥，在禁地久。正统、景泰间，征麓川暨福建诸寇，吉祥皆监督戎务，号都统。"

三月壬寅，御马监故太监刘顺家人奏："先臣存日，钦赐并自置庄田、塌房、果园、草场共二十六所，其蓟州草场等十所计地四百六十八顷，谨进入官，余十六所乞留与臣供祀。"从之。(七七，1518)【考】刘顺之故在正统五年十二月，其墓表见本年附。　丁巳，宥司设监太监吴亮罪。锦衣卫奏：内使范好、火者来福同管本监外厂，私以厂内闲地役人匠五十余人，与太监吴亮等种菜，纵容人匠置饮食之具，以致火延厂房内竹木、白藤、车辆等料，一百五十余万尽焚之。把总内官福安等不行严督，亮等托言厂房自火，俱当鞫罪。上命司礼监记亮死状，宥之，福安、范好等并匠入锦衣卫杖之，令偿官物。（七七，1525）

四月癸酉，敕南京守备太监刘宁、罗智、唐观、袁诚曰："得丰城侯李贤、参赞机务兵部右侍郎徐琦奏，神宫监种菜军人周游子等首称监工官安招、李真保擅领军匠伐孝陵山后旧种柏树二十余株，作姜棚私用，又挖马鞍山下大树三株，周围见根，又伐山前大松树一株作猪槽。此事未审虚实，敕至，尔等即同贤暨琦体勘，如果实，即执安招等送都察院问明奏来，务须公当，不许枉人及宽纵有罪。"（七八，1536—1537）【考】罗智此后无事迹，其墓志见本年附。

己卯，敕南京守备丰城侯李贤等曰："所奏周游子等首安招等不法事情既实，敕至，即将周游子等释之。今已敕神宫监太监徐亮等，自后孝陵山内凡有枯树可用者，务须报知尔等及太监刘宁等公同看过，方许照例取用，仍具数以闻。敢有违例擅取用者，必罪不恕。"（七八，1540）

五月甲寅，命行在刑部右侍郎何文渊、大理寺卿王文审在京刑狱，巡抚南直隶行在工部左侍郎周忱、行在刑科都给事中郭瑾审南京刑狱，赐之敕曰："朕恭嗣祖宗大位，夙夜惓惓，上体天心，以恤民为务，凡一切科征悉皆停罢，至于蠲免逋负，赈给贫窭，恒如不及。然比年水旱蝗蝻，屡为民患，京畿尤甚。循省厥咎，致自朕躬。或刑罚之过，有伤阴阳之和欤？盖囹圄之中有淹禁三四年者、八九年者，远有一二十年者，含抱冤抑，不为伸理，天实鉴之。今特命尔等会同内官审实在京诸司重狱，大抵刑罚务在当情，有情轻而议重者，有情过而论故者，有情法不相当者，有情罪可疑者，审覆得实，并具奏闻，朕为处置。合行之事条示于后：……"（七九，1569—1571）

【考】此实宦官预热审之始，何文渊等等所会同之内官为太监兴安。详见正统十四年五月壬辰条之考辨。　辛酉,应天府奏岁歉民饥,仓粮不足赈济,请以正统六年该征夏麦量留属邑,以备赈给。事下行在户部覆奏:本府税麦共一万一千六百余石,除光禄寺、神宫监等衙门岁用一千五百二十石之外,余一万有奇许存留备用。从之。(七九,1578)

六月乙亥,南京太庙、社稷坛殿宇梁柱多有朽腐者,诏太监刘宁等修理,遣驸马都尉沐昕祭告。(八〇,1586)　庚辰,行在户部奏:御马监、光禄寺并象马牛房草束俱取办于山东、河南并北直隶府州县,缘今顺天等府蝗旱,谷草少收,先尝奏准行在后军都督府并本部差官摘拨运粮军采刈秋青草运至在京通州及花园草场收贮,今年七月至十一月应运草六十二万束,请就令运赴近便水次,坝上等八马房收积备用。从之。(八〇,1593)

七月辛亥,敕宣府总兵官都督谭广、左参将都督佥事黄真、右参将都督佥事杨洪:"往因备边及操习神铳军士,尝令尔等就彼造演箭用。今闻尔广于宣府立神铳演箭局,尔真、尔洪于独石等处亦团局造火枪、神铳等器,此器旧无在外成造之例,虑日久传习者多,必有漏泄之弊。敕至,尔等即便停止,将已造完者会同镇守内官赵琮、佥都御史罗亨信盘点贮库,具数奏闻,遇有警急,酌量取用,如后阙用,来京关领。"(八一,1624—1625)

八月辛卯,行在鸿胪寺卿杨善次子容伪为内官陈鼎手书,假金于行在工部尚书吴中,中拘容,法司问当赎杖。上怒其诈,发戍威远卫。(八二,1652)

九月甲寅,镇守辽东太监亦失哈奏:守备开原都指挥同知夏通老疾,宜令致仕;都指挥佥事胡源精壮,宜加擢用。上命源为都指挥同知,代通把总管事。(八三,1663)　丙辰,镇守辽东太监亦失哈奏:"海西等处野人女直每来市易,愿以马易牛,今官军少马,乞从其贸易。"事下行在兵部,请移文辽东总兵官曹义等体审,斟酌以闻。从之。(八三,1664)

十月癸未。先是，南京江岸累决，已命工部侍郎吴政等修筑。政等言水深，未便工力，请于农隙时疏江中沙洲以杀水势，然后用工。至是复以兴役请。上命守备丰城侯李贤、太监刘宁同政提督，仍戒其务恤军民，毋容侵扰。(八四，1677)　乙酉，宣谕内官、内使曰："今大内宫殿门庑一切新成，尔等凡供事出入，务要遵守礼法，谨慎爱护，不许磨擦点涴。敢有违者，许该管之人指实陈奏，治罪不宥。"既而宣谕六尚等女官宫人亦如之。(八四，1678)　己丑，以三殿二宫成，赐太监阮安、僧保各金五十两、银一百两、纻丝八表里、钞一万贯。都督同知沈清升修武伯，食禄一千石，子孙世袭；少保、工部尚书吴中升少师，尚书如故，各赐纻丝五表里、钞五千贯。太仆寺少卿冯春、杨青俱升工部左侍郎，各赐纻丝二表里、钞二千贯。所正工作人等各赏绢钞有差。(八四，1679)　大同总兵官武进伯朱冕奏：达贼声息切近边境，臣今与太监郭敬等领马队并神铳官军四千八百余名、马六千匹，于本月二十二日出境，往龙门伯颜山等处哨探截杀。(八四，1680)　壬辰，升行在通政司右参议朱孔易为顺天府府丞，仍于内府书办。(八四，1684)【考】《宪宗实录》卷九四，成化七年八月庚申，"尚宝司卿朱奎奏：臣母谢氏殁，乞念先臣孔易历事先朝微劳，赐祭葬以光泉壤。许之，不为例。(略)盖奎侍书于内而中贵学书于孔易者又多当道故也。"按，朱奎事见天顺八年正月。

闰十一月甲戌，下户部尚书刘中敷、右侍郎吴玺、陈瑺于狱。时瓦剌使臣朝贡，带长行马驼存留大同牧放，上问户部官存留马驼数几何？应支草料数几何？中敷等不知，无以对。中官王振言于上，执中敷等下狱，会官鞫问，论罪应斩，遂禁锢之。(八六，1721—1722)　己卯，奉御尹良差守安定门，占部军出办月钱，窃官草以供私骑。事觉，法司坐赎绞还职，上命锢禁之。(八六，1726)

辛巳，总督云南军务兵部尚书兼大理寺卿王骥、总兵官定西伯蒋贵等奏：十月初六日，大军将抵金齿……十一月初一日，臣骥及贵统兵二万余由中路至上江，初五日操舟师于江，贼伏兵四起,守兵亦悉力来拒。官军大呼奋击,斩首千余级,余贼遁入寨,围之。初六日,内官吉祥、副总兵刘聚至,初九日,内官萧保、左参将宫聚自下江夹象石至,合攻之。贼拒守益严,铳弩飞石交下如雨。……(八六,1726—1728)

本年附

艺文·碑铭·太监刘顺墓表

太监刘公墓表

通议大夫、礼部左侍郎、翰林侍读学士、国史总(裁)兼经筵官庐陵王直撰。奉政大夫、修正庶尹、礼部祠祭郎中、赐食三品禄、直文渊阁永嘉黄养正书。从仕郎、中书舍人姑苏徐瑛纂。

正统五年(1440)十二月十五日,御马监太监刘公以疾卒,年五十七。讣闻,上为之恻然兴悼,赐钞三万贯,遣官谕祭,命太监李公童主其丧事,有司治棺椁圹茔,诸物皆官给之。明年二月十七日,葬昌平县白仙庄。葬已,其姻戚羽林前卫指挥佥事潘义与其养子清等谋曰:"我公之卒也,天子嘉念劳绩,所以宠赉其终者甚厚,而少保杨公备志于幽堂矣。若又取其功德之大者,刻诸墓前之石,使人人得有所考见,岂不益彰彻显闻?"众皆曰:"然。"于是因余友礼部郎中黄养正属余为之表。

公讳顺,女直人,祖某仕元为万户。考阿哈,妣李氏。公自幼与兄通偕入禁庭,太宗皇帝奇之,赐姓刘氏,加恩育焉。年十三,精骑射,以武力著闻。于是,选拔在侍近。靖难兵起,公与诸将夺九门,鏖郑村坝,蹙白沟,大战东昌、灵壁,遂渡江,克金川门,皆有功。甲申(永乐二年,1404),擢御马监左监丞。自是益见信用。丙戌(四年,1406),以辽东重地,命公往镇之。戊子(六年,1408),备倭海上,与贼遇于安东,连战一昼夜,贼败走。己丑(七年,1409),淇国公丘福出漠北,公以兵偕。至胸胊河遇虏,福不戒,陷焉。公引兵冲虏阵而出,酋长葛孩追公,公引弓踣其骑,虏乃退,全所部而归。其后屡从上北征,皆为前哨。庚寅(八年,1410),至灭胡城,出答剌罕河,走本雅失里。复征东路克台□答答诸部。公所领兵适当敌,下马步斗,身被五十余伤而勇气弥厉,复上马进战,虏不能支,乃溃去。甲午(十二年,1414),从驾至九龙口,与瓦剌遇。公失马,步战,射杀其酋长。虏散而复合,连战破之。庚子(十八年,1420),哨开平,获虏知院满子台等十余人。壬寅(二十年,1422),征兀良哈,擒其酋长孛克扯儿等五人,射死一人,大获其羊马。以功升御马监太监。甲辰(二十二年,1424),随驾北征,遂以所部东略。回军至刁窝,护梓宫还北京。

洪熙元年(1425)六月,宣宗皇帝归自南京,公率精骑迎卫于固城。明年为宣德元年丙午(1426),前乐安州以反闻,上亲征,命阳武侯薛禄与公为前锋。时诸将多畏怯,或持两端,公与禄引兵疾驰傅城下,围之,逆徒不得逞,遂成擒。论功,赐家口二百余。丁未(宣德二年,1427),引兵出塞,败虏哈剌哈孙,生擒镇抚晃合帖木儿等百余人,获羊马二万,有金壶玉盏、彩币白金之赐。戊申(三年,1428),出古北口,至小兴州,与虏遇,杀百户猛可沙儿,生擒扯扯秃等二百余人,获羊马四万。己酉(四年,1429),复出古北口,引兵夜行,至款堆,斩虏酋脱脱口温等百余人,进至红螺山而还。赐酒三百瓶、羊百牵犒军。甲寅(九年,1434),哨至小伯颜以北,获胡虏格干完者帖木儿。其迹在东北二边为最著。

公身长七尺而心雄万夫,状貌伟然,沉毅有谋,勇决善战。临敌安闲,意气自若。又能与下同甘共苦,有功则推与之,故人乐为之用。

其奉母孝,事兄恭,其侍上左右,朝夕敬慎不少懈,有所委任,必竭忠尽诚。其典内厩马,比德齐力,所以奉乘舆、供军国之用者,无不适其宜。历事四圣,始终如一,而上之宠任益加,金玉裘马田宅人口之赐,他所不能及。

于戏!若公者可谓英伟不常者矣。自古国家之兴,天必生才以辅之,定祸乱、安生民,而建万世太平之业。我朝列圣之德合乎天,故夫内外之臣所以为股肱心膂者,皆一时之杰。其所树立,足以垂不朽而传无穷,非天其孰能与之!公之功德既已赫然于世,而平生所至,与其所立,不能以尽书,姑取其大者书之而镵诸石,百世之下有考焉。是为表。

正统七年(1442)岁次壬戌,九月庚午立石。夫人潘氏立碑。宣城张士斌镌。

(北京市昌平县东三旗西南魏家窑村出土。《北京图书馆藏中国历代石刻拓本汇编》第51册,第105页)

艺文·碑铭·太监刘通(刘顺兄)墓志

故太监刘公墓志铭

公讳通，世为三万户大族。父阿哈，母李氏，俱尚积德。公生于大明辛酉(洪武十四年，1381)七月廿九日。性刚毅，及长，勇略过人，仕为内臣。洪武丙子(二十九年，1396)，奉命开平、大宁修筑城堡，能称厥职。

初事太宗文皇帝于藩邸，时权倖用事，离间宗室。上嘉公忠谨，委以腹心，俾察外情。公广询博采，悉得其实以闻。

岁己卯(建文元年，1399)，随驾肃清内难。公奋身效劳，首平九门，攻取雄县、漠州，收捕永平刘家口，克服大宁。回还郑村坝，大战。继克大同、蔚州、广昌等处。明年庚辰(二年，1400)，大战白沟河，取济南，平沧州，定东昌。辛巳，鏖藁城，击西水寨。壬午(四年，1402)，破东阿、汶上，征小河、齐眉山，讨灵壁，攻泗州。夏五月，过淮河，伐盱眙，屠扬州，戮仪真。六月，渡大江，夺金川门，平定金陵，肃清宫禁。节次大战，屡著功能。

上登大宝，授公尚膳监左监丞。永乐庚寅(八年，1410)，扈从扫除沙漠，至静虏镇广漠，戍答兰那末儿葛克台，屯儿威河。与虏大战三日，斩馘无算，丑虏败走。公弃鞍，独骑刬马，追赶七十余里，生擒达贼二人。凯还，嘉乃茂绩，升擢尚膳监左少监。甲午(十二年，1414)，征进瓦剌，次九龙口、忽儿班慷葛剌。大战，胡寇摧遁。公独骑追及，手擒虏酋二人，得胜而还。能声益彰，特进公直殿监太监。壬寅(二十年，1422)，分统精骑，哨瞭东路，至舍儿墩遇虏，战胜，斩获人口不可胜计、马三千余匹、牛羊二十余万。癸卯(二十一年，1423)，征阳和。甲辰(二十二年，1424)，征大小出纳，累战有功。上深念之，特赐居第，以王氏之女为配，俾理家政，以奉其母，恩至厚也。

宣宗章皇帝即位，改元之初，扈从武定州，征讨不臣。三年(1428)，率神铳骑士五千随驾出喜峰口，剿捕胡寇。此皆汗马功劳之尤大者，其他功次，未易悉举。公之勇略如是，而且能孝于亲，友于弟，家众八百余口，善骑射者二百五十余人，公抚育均如己出。宣德庚戌(五年，1430)，钦承上命，镇守永平、山海等处。由是东北边境辑宁，军民乐业，公之力也。

乙卯(十年，1435)夏四月，以梓宫在庭，命公回京，以备委任。是年秋八月十四日，以疾终于家，得年五十有五。讣闻，圣心为之伤悼，赐楮币万贯为赙，敕有司给斋粮孝布，具棺椁造坟营葬，仍命僧道资建冥福，遣官谕祭，慰念深至。公弟御马监太监顺，躬执衰麻，哀毁逾节，敛祭之仪，咸克如礼。卜以本年九月己卯安厝于昌平县白仙庄之原，预以状来速铭。呜呼！生荣死哀，始终尽善，公可谓无遗憾者矣。为之铭曰：

繄惟刘氏，始自丰沛。支流繁衍，如水分派。逮公之生，性刚而毅。文武全才，殿庭伟器。早居近侍，出入禁庭。忠勤谨饬，曰为腹心。风云际会，扈从圣明。戮力敌忾，勋业卒成。权长内职，谦和不矜。四十余年，惟忠惟诚。功能既彰，孝友尤笃。克敬克恭，敦睦宗族。爰镇藩屏，边境辑宁。宸衷允惬，宠遇方增。光阴迫逼，速如过客。倏以疾终，上闻悲恻。赐棺营葬，用妥九泉。卜其宅兆，昌平之原。山高水清，实维佳城。我铭阡石，永扬厥声。

儒林郎光禄署正前乡贡进士罗浮陈骏撰、书丹。将仕郎工部营缮所丞姑苏杨春篆盖。

（北京昌平出土。《北京图书馆藏中国历代石刻拓本汇编》第 51 册，第 75 页）

艺文·碑铭·太监罗智墓志

南京守备内官监太监罗公墓志铭

中议大夫、赞治尹、南京太常寺少卿四明郑雍言撰文。正议大夫、资治尹、南京吏部左侍郎萧山魏骥书丹。朝请大夫、赞治少尹、南京国子监祭酒四明陈敬宗篆盖。

公讳智，姓罗氏，柳之迁江茂族也。曾祖讳□。祖讳□。父讳秀，母李氏。公生而岐嶷不群，警敏爽朗，性姿醇谨。年十一选入内庭，简在宸扆，攻习书史，日有进益。至于道经释典，靡不博览。年二十擢大使，掌宝藏承运库事，详于出纳，纤悉无遗。

永乐丙申（十四年，1416），掌内官监事。洪熙乙巳（元年，1425），升本监太监。钦赐龙山田地十六顷，免其税粮。宣德改元，命备守南京①。夙夜祗慎，恪勤匪懈，机务庶政，无不毕举；尤精于造作，凡陵庙殿宇城垣修创之工，必躬亲提督。制度规模，坚完壮丽，超轶往古。

① 陈循撰《龙泉长春真人祠记》（《北京图书馆藏中国历代石刻拓本汇编》第 51 册）载，真人洪武癸酉（二十六年，1393）被命召至阙下，宣德“七年三月，恳以老辞，上亲洒翰作山水图，题诗送之，遣中贵人罗智护行”。应为守备时事。

正统元年(1436),敕书褒其忠勤,赐白金一百两、彩段四表里。迄今守备二十有余年,存心平恕,处事详慎,令行在上,事集于下,军民为之安堵,京师为之帖然,其摅忠莅政如此。尝于城南安德乡购地一所,山明水秀,生气悠聚,卜为寿藏。且旁建梵刹,具章上请,赐额曰"静明寺"。择僧住持,以祝延圣寿,祈福苍生。复蒙圣恩,降护敕一道、佛经一藏,为山门之镇。宣德间,奉召至京,感王灵官之神庥,乃于城西南隅乌龙潭山肇建祠宇以□神□,蒙赐额曰"灵应观"。复塑梓潼真君像于洞神宫,建祠立碑以奉焉。其发心为善又如此。

嗟乎!公历事五朝,忠贞之志无间始终,仁厚之心老而弥笃,国家之所倚重,人民之所仰赖,正期寿考以享遐福,夫何一疾奄忽长逝。惜哉!公生于洪武乙卯(八年,1375)十月二十日,卒于正统戊辰(十三年,1448)九月二十八日,享年七十有四寿。子三人:长曰喜,次曰铭,曰祥,将□是年十一月八日葬焉。喜等具公行实来征铭镵诸石,不获辞,遂次第其事,序而铭之。铭曰:

显允罗公,天姿卓异。遭际圣明,擢为近侍。勤于德业,富有才能。识见益博,福禄悠增。历事五朝,小心翼翼。委任日隆,克殚忠赤。南京守备,机务实烦。从容处分,政妥民安。曰生曰死,夜旦常理。预卜寿藏,达生如是。下人怀德,千载不忘。刻铭贞石,于以揭芳。

(志石出土于南京市雨花台区铁心桥乡大定坊村,现藏南京博物馆。志文引自周裕兴《由南京地区出土墓志看明代宦官制度》,《明清论丛》第1辑,紫禁城出版社,1999年。还可参看邵磊《南京出土部分明代宦官墓志考释》,《学耕文获集——南京市博物馆论文选》,江苏人民出版社,2008年)

艺文·碑铭·太监倪忠寿藏记

内官监倪太监寿藏记

正统五年庚申(1440),三月朔旦,庆寿寺监临斋事中贵阮公蓝诣南宫,以内官监太监倪公忠历职事由见示,征予为寿藏记。按倪公乃贵州平越都匀长官司阳坊人。自洪武十八年乙丑(1385),其地失宁,时公甫四岁,遂离乡井。二十五年壬申(1392),进入内庭,祗事太祖高皇帝。年虽幼稚,识见超群。永乐元年癸未(1403),受知太宗文皇帝,命监造灵谷寺。丁亥(五年,1407)告成。七年乙丑(1409),命往天寿山督工。甲午(十二年，1414)工完。十四年丙申(1416)，上目其动作周旋，咸合礼度，提督工程，廉介有为，堪备任使，遂擢为内官监奉御。受职以来，夙夜小心，恪恭勤慎。十五年丁酉(1417)，奉命往南京丈量殿宇，相度规制，画图回京，悉称上意。十八年庚子(1420)，升本监左监丞，益加公谨。宣德元年丙午(1426)，春正月，宣宗皇帝重其熟于营缮，调度有方，升右少监。秋八月，升太监。公莅事之际，刚明果断而不苛。正统元年丙辰(1436)，今上皇帝命公于独树石厂督采天寿山碑象驼马等石。戊午(三年，1438)工完。四年己未(1439)，命总督修整京仓，所至事集人安，绰有余裕，官军夫匠，咸服其能。

恒每自念，年几六十，虽百岁为期，亦当预为之计。今已卜其宅兆于吉壤，欲乞一言以志之。固请至再，义不容辞。嗟夫！倪公可谓知命之君子矣。盖其历事五朝，惕厉公勤，始终一节，故能屡承天宠，名位荐臻，福禄骈集，岂无所自致哉？今复达生安命，自营寿藏，其必能生享寿考于期颐，没安茔域，历百千岁之久，以至于无穷也。故并录其履历为寿藏记。

殁于辛酉(六年，1441)十一月十一日，葬于顺天府涿州房山县独树里小西天山下。①

资德大夫、正治上卿、礼部尚书毗陵胡濙记。

(北京房山区南尚乐乡白带山出土。《云居寺贞石录》第三部分，第198页)

艺文·碑铭·法华寺碑

阎本撰《敕赐法华禅寺记》："禁垣东去逾康庄孔道，有豹房巷者，世传为朝廷蓄豹之所，因名焉。入巷不二十步，有寺曰法华者，乃直殿监太监刘公通私第也。先是，公与其弟御马监太监顺俱侍内廷，恩宠隆盛，体貌丰伟，勇而饶智。时僧录司右街大云兴公，道德高厚，名振缁流，公之兄弟乃以师礼。迨公告逝，正统庚申(五年，1440)，其弟请□为寺，延兴公为开山之主，始令领其徒德斐为住持。未几，太监顺及德斐俱相继而殁，复命宝□□□师主之。值兴公□□，师遂以兴修为己任，相之□□□□□□□檀越太监卢公□、陈□(**按，此阙字应为公**)登悉出金帛以襄厥事。(**略**。)景

① 与该寿藏记同时出土的还有买地券一块，文字与拓片图影见《云居寺贞石录》第三部分，第200—201页。

泰乙亥(六年,1455),寺方落成,朝廷颁赐藏经及玺书护持,龙章辉焕,光耀山门,佥谓师宜有纪,□用彰厥功。师以属予。予惟境因人胜,功由事显,非偶□□□□太监公舍宅之初,不过庭堂数楹而已,数年之间,规模开拓,殿宇□□,缙绅士庶咸□其能。(下略)成化十年春三月十□□□□□□□立石。"

(碑在北京东城区东四南大街报房胡同。《北京图书馆藏中国历代石刻拓本汇编》第52册,第113页)

正统七年壬戌(1442)

正月庚午,敕南京守备丰城侯李贤、参赞机务南京兵部右侍郎徐琦:"得奏,南京内府西安门内失火,烧毁廊房及簿籍器物以万计。朕惟南京国家根本之地,以尔等老成勤慎,故托以守备重务,而贻患若此,其罪曷逭!今特从宽宥,继今宜夙夜尽心,思患豫防,以勤从事,严饬内外官军人等,凡百加谨,庶可无虞。如更怠忽误事,必罪不宥。内使郭敬即送南京刑部,并其家人福顺等究问,仍同南京工部查理所毁之物,其中有应修葺者具实来闻。"(八八,1761)【考】同书卷八九,二月戊午:"命诛南京尚膳监内使郭敬。敬不谨失火,焚内府廊房六十余间,所贮物料器皿等七十二万五千五百有奇及钱粮簿籍、守卫衣甲皆为之空。南京刑部奉旨执敬鞫治,狱成以闻,命即诛之。"　甲申,敕南京守备丰城侯李贤、参赞机务南京兵部右侍郎徐琦:"今该赏云南都司等处征剿叛寇获功官军钞八万四百贯、绢一百五十八匹、布四百五十八匹,尔等即会同太监刘宁等于该库关支,与原差礼部主事刘亜量拨马船运去充赏,毋致稽误。"(八八,1771)　己丑,总督云南军务兵部尚书兼太理寺卿王骥、总兵官定西伯蒋贵奏:去年十一月初十日,既破上江贼寨,由夹象石渡下江,通高黎贡山道,闰月初至腾冲。……臣等遂同内官萧保由中路进,左右翼亦贾勇夹击,贼遂溃。……臣等于是添造攻具,画图分定地方,期以环围齐攻。且遣人赍榜招谕,贼誓以死守,拒而不纳。遂令贵攻西中门,臣骥攻西北门,都指挥李信、内官吉祥攻西南门，宫聚攻西南、江上二门，萧保、刘聚攻东北门，冉保攻东北出象门，分遣少卿李賁、郎中侯琎等往来督战。且令军士广积薪草，会西风大作，随风举火，烟焰涨天，死者不计其数，房舍库藏皆为煨烬。（八八，1773—1776） 庚寅，以平麓川叛寇功，升奉御萧保为都知监左少监（**广本左作右**），仍留镇守云南。召镇守云南右监丞吉祥还京。（八八，1777）

二月丙辰，拨腾骧左等卫官军二千人于御马监牧马。（八九，1802） 己未，尚膳监内使王彰、章叁等盗用椒果等物事觉，枷号于光禄寺门示众。（八九，1803）

五月庚午，太医院医士王敬数冒太监王振名，给得人金，锦衣卫鞫实，法司坐赎徒为民，上命戍威远卫。（九二，1860）

六月庚寅朔，升锦衣卫千户王山为本卫世袭指挥同知。山，太监振之侄也。（九三，1875） 庚戌，内官张政家人有诉愿还原籍养母者，上不准其请，令发边卫充军。（九三，1883）

八月庚寅，命兵部尚书徐晞、工部尚书王卺、锦衣卫指挥同知王山（**王振侄**）与经筵侍班。（九五，1906）

九月乙丑，大同总兵官武进伯朱冕、参将都指挥同知石亨、户部右侍郎沈固奏：比奉旨，瓦剌朝贡使臣入关者毋得逾三百人，余悉留猫儿庄以俟使臣同回。兹者瓦剌使臣朝贡在迩，切虑夷人不识王化，带来从人必多……上遣敕谕之曰："得奏，处置北虏事宜，足见用心周密。但去岁曾遣敕与脱脱不花王及也先，言不可多遣人来，今若一概又纵入关，尔后何以示信？敕至，若彼使臣至境，尔等即与太监郭敬会议，审度事情。或敬同石亨量带精锐官军前去接取，就与都指挥陈友等筹议，先令要紧之人暂于猫儿庄以里牧放，遣人星驰具奏处置，仍须用心照管，毋令失所。盖彼夷人，不知礼法，必须善谕晓之，使不惊疑；尤须整饬我军，严切堤备，及防外盗侵扰。此待夷重务，朕一委付尔等，宜熟思审处，用副重托。"（九六，1925—1926） 丁卯，命都指挥佥事纪广充右参将，协助永宁伯谭广镇守宣府；都指挥同知胡源充左参将，仍与太监杨宣守备开原；都指挥刘端充右参将，协助总兵官曹义镇守辽东；……(九六，1927)　庚辰，敕瓦剌使臣卯失剌、孛端等曰："尔等敬天道，尊朝廷，不远数千里奉使来朝，朕深嘉悦。已遣内官林寿及敕缘边镇守总兵等官如例馆待，遣人护送来京。……"(九六，1933)

· 十月丙申，管理柴炭左通政陈恭奏：比因营缮衙门于惜薪司假供应薪三百万斤，工部奏令臣如数采补。臣惟易州山厂岁办柴炭已九千四百余万，复以此加之，民实不堪，乞暂优免，后果不足用，令陆续补纳。又言惜薪司外厂四围逼军民之家，有无知者接厂作房，故尝致火，宜择隙地徙之，其柴须少积以备用，余置之宣武等门外厂，庶无他虞。上命逼厂居人天寒毋徙，余悉从之。(九七，1947—1948)　己亥，遣中官以敕符召襄、郑、荆、淮四王赴京，以太皇太后不豫日久，思欲见亲王也。(九七，1949)

本年附

艺文·碑铭·崇福寺碑

陈赞撰《重建崇福禅寺碑记》："距都城南八里许，旧有悯忠寺，建于唐贞观间，代为名刹，岁久凋弊。国朝宣德十年秋，中贵宋公文毅奉上命施佛经于诸寺，过其处，僧相瑢为道其始末，且言欲重修，工费浩繁，力莫能逮。公因慨然发心，乃告于同列阮民福、黎文遥、杜可隆等，共相协赞，鸠工市材。(**营建略**。)经始于正统二年夏四月八日，落成于正统三年二月，谨以事闻，敕赐今额，仍命相瑢为住持。公因念曰：文毅等生长南交，复处中夏，叨职禁近，历事四朝，天地洪恩，涓埃罔报。深惟佛乘之妙，有可感通，以故殚心竭虑，成此良因。(**中略**。)大明正统七年，岁次壬戌，以十月□日内侍官宋文毅、阮民福、黎文遥、杜可隆□立石。"

(碑在北京宣武区法源寺，《北京图书馆藏中国历代石刻拓本汇编》第51册，第106页)

萧镃撰《崇福寺碑》(**原碑之题已失**)："皇明受天命有天下，太宗皇帝肇建北京，于今四五十年，恩泽涵濡，民物蕃阜，是以佛老之宫日益崇盛，而凡中外贵臣必各竭其资力，有所建造，以为功德。盖自都城□□□□□山，数十里之间，宫宇相望，而城之南八里许曰崇福禅寺，则司礼监太监宋公文毅所营也。寺旧名悯忠，唐贞观间所建，历岁既久，日以圮坏。宣德□□□□焉，寺僧相瑢为道始末，且言欲修建而力不逮之故。公慨然与二三同志谋而新之。于是选材庀徒，晨夜展功，（**规划营建略。经始于正统二年四月，迄明年五月落成。事闻，敕赐今额。**）公交南演州人，世为宦族。永乐中，以选入内廷，遂蒙眷遇。历事四圣，宠渥日优。盖公为人聪敏精励而翼翼小心，未尝一日舍所事以自暇逸，故能所至有功。先是，尝奉命刊印佛道藏经及五伦书、五经四书、三教之典，动以数千万卷，咸以为是役也，未可以岁月计，而公董之，不四年告成焉。其于大者如此，则推其余力□及兹寺，宜其成之不难也。（**中略。**）所谓同志者，曰张文锋，曰黎文遥、吴得、陈安领，曰姚民福，曰杜可隆，皆尝助之资，而始终经纪者，则公也。（**中略。**）景泰庚午（元年，1450）五月初五日司礼……”

（碑在北京宣武区法源寺。《北京图书馆藏中国历代石刻拓本汇编》第 51 册，第 171 页）

正统八年癸亥（1443）

正月癸未，敕参赞宁夏军务右副都御史金濂曰：“近闻旧岁十二月达贼寇柳义沟，总兵、镇守官不即领兵截杀，惟遣人侦探。及令都指挥种兴领军出哨，畏缩逗遛，丁信、王荣率军追捕，迁途延滞，纵贼掳掠。史昭同太监来福俱拥精兵自卫，亦不催督信等进兵。尔为参赞官，亦容情怠慢。原其情罪，俱不可容。今姑记之。尔与昭等其即设法整饬兵备，务在军威振举，边境无虞，若再误事，悉罪不宥。信、荣、兴仍责其死罪状。又闻总兵等官私役精壮官军四千余名，托为围子手名色，全不差操，其下因而仿效，以致边备废弛，寇贼轻玩。尔即从公整点，收领入伍，敢有仍蹈前非者指实奏闻。尔为风宪重臣，朕委以边务，须尽心经画，不可混众徇私，欺罔误事。”（一〇〇，2027—2028）

二月戊子，云南总督军务兵部尚书、靖远伯王骥奏：“臣等原带京卫达官前来云南平除残寇，蒙赐银绢等物为路费。缘达官惟贪口腹，不知撙节，比到云南，费用殆尽，所得口粮不足养赡，不能固穷，恐生盗心。臣会同镇守少监萧保、总兵官都督沐昂、参赞军务侍郎侯琎计议，欲将诸达官在京该支本色俸米，都指挥、指挥每月扣除一石五斗，千百户、所镇抚扣除一石，俱于云南有粮去处，本色轻赍，中半兼支，每十日一次给与，官为撙节，庶无妄费，而彼之用度亦不缺矣。”上报之曰：“卿等所奏甚善，达官合用米并轻赍，卿等就彼酌量与之。朝廷除暴救民，岂惜小费？在京该支俸粮不必扣除，俟征进毕日再为区处。”(一〇一，2032—2033)　　庚寅，敕谕尚膳监内官等曰：“朝廷设尚膳监，掌供养及御膳，并宫中食用之物，必择老成谨厚之人专任其事，期于供养精洁，丰俭得宜。近者尔等视为泛常，略不经心，于供养祖宗神明，或不精洁，甚至窃取私用，不知撙节，以至亵渎神灵，费耗财物，论罪非轻。姑宥不问，自今尔等宜奉公守法，必亲必恭，用心理办，仍严饬下人一体遵守，毋得仍蹈前非，敢有犯者，重罪不恕。”(一〇一，2034—2035)　　己亥，作司礼监。(一〇一，2041)　　甲辰，敕云南总督军务兵部尚书靖远伯王骥、总兵官右都督沐昂、参赞军务右侍郎侯琎及云南都司、布政司、按察司曰：“比者右布政使戴新奏本处频年军饷艰难，已敕四川、湖广三司与户部差去郎中、主事及巡按监察御史计议，酌量起倩军民，于附近仓关粮四万石，量加折耗，不作正数，运赴曲靖仓，听尔等量宜备用。然彼两处去云南颇远，湖广尤甚，转运实难，尔等严饬曲靖收粮官员，不许生事刁蹬。其军饷果有不敷，尔等与左少监萧保会议，多方设法，于彼区画，务使人不搔[骚]扰，粮饷充足，庶副重托。”(一〇一，2043—2044)

三月乙丑，致书郑王瞻埈曰：“比念皇考同气至亲，久处封国，特召诸叔及宫眷子女来京以展亲亲之谊。不幸皇祖母遐弃，痛何可言！近叔襄王、荆王、淮王以次俱至，而叔独以疾疢不果来，予怀怅然，昕夕在念。兹特遣内官郝顺以冠服金银、彩币、鞍马诸物赍奉叔及赐世子、郡王、郡主，用表予意。……”(一〇二，2057—2058)　敕云南总督军务兵部尚书靖远伯王骥、总兵官都督沐昂、参赞军务右侍郎侯琎曰：“得右布政使戴新奏，云南在仓粮少，请查云南左等卫所去年所收屯种子粒，除军士足用外，有余则挨次攒运于冲要仓分备用。此军储重务，未审曾无与尔等计议及于彼事情当否？敕至，尔等即会同左少监萧保及云南三司、提督屯种署都指挥佥事张麟公同计议……(一〇二，2058—2059)

丙子，户部奏内府供用库所贮白熟米一十九万一千一百余石，内官、内使食用之外，羡余七万一千一百六十石有奇，恐积久陈腐，请给为守卫官并在京文武官吏人等本年四月分俸粮之用，应支一石者折与八斗。上命如数给之，不必折减。(一〇二，2066—2067)

四月丁酉，建司礼监衙门毕，遣工部尚书王卺告谢司工之神。(一〇三，2082)　戊戌，修武伯沈清卒。(**履历略**)清阿附中官王振，未有军功，以营造累升官爵，素行贪淫，不足取云。(一〇三，2083)【考】同书卷一〇六，七月己卯，沈清庶长子荣袭封修武伯。“先是，清嫡子鉴早卒，荣乃清外妇所生，收养之，清恐不得袭，预为奏请，令荣习武艺，结托中贵。至是清卒，故命荣袭之”。　镇守宣府总兵官永宁伯谭广奏年逾八十，乞致仕。镇守右监丞赵琮等奏广驭下有方，年虽老而筋力未衰，乞留视事。上曰：“边将宜用老成人，况又镇守官保留，其仍总理边务。”(一〇三，2083—2084)

六月甲申朔，出南京内府钞一十六万八千余贯、绢布一千五百余匹，赴湖广、广西赏赉有功官军。(一〇五，2122)　丁亥，翰林院侍讲刘球下狱死。球上疏，言(**修省之当先者十事**。)疏入，命五府、六部、都察院集议，咸言球所言惟择太常寺官当从之，请令吏部推举。翰林修撰董璘闻之，遽自乞为太常寺官。球坐璘累，执下锦衣卫狱，数日，锦衣指挥马顺以球病死闻，碎其尸弃之，顺承中官王振意也。(一〇五,2124—2131)　壬子,敕总兵官定西侯蒋贵等:"今得靖远伯王骥等奏,麓川残贼思机法差陶孟恭项等,以告求地方为名,窥觇动静,已留恭项等,候招赛至日处置。然此贼父子谲诈难信,已敕骥等及左少监萧保,彼中一应军务及夷人事情悉遵前敕,与尔等同心协谋,相机而行,不可偏执误事,尔等知之。"(一〇五,2144—2145)

七月甲寅朔,敕镇守蓟州等处总兵官都督同知王彧等曰:"今兀良哈三卫头目回卫,已令赍敕谕其大头目挨捕犯边贼人解京。每遇冬节或年节,或朕生旦,遣头目三五人来朝。若奏边报,则不拘时月,部属头目遇节欲进马者,许其附进。然兀良哈切近边境,反复不常,尔等宜与内官林春整饬武备,但遇扰边,相机剿捕,以清边患。"(一〇六,2147)　戊午,国子监祭酒李时勉坐伐文庙树,枷于监门。监生李贵等千余人诣阙诉时勉衰老,且言其教诸生有方,乞贷之,俾终其教。有石大用者复请代枷。上乃释之。初中官王振诣监,时勉不为之屈,振故因而罪之。(一〇六,2150)　辛酉,镇守甘肃太监李贵奏西安等卫所府州县军民谪发极边守墩瞭哨者只身缺食,累次逃窜,宜给与口粮,每月三斗。从之。(一〇六,2152)　壬午,南京守备太监刘宁奏:"先因钞法不通,户部奏准,差人于各城门征收军民人等驴驮柴米等物出入者钞贯,今钞法通行,乞敕户部免收。"从之。(一〇六,2164)

九月己未,镇守大同太监郭敬言:"大同分东西路,各遣将臣总督军马备御,其西路已命参将石亨,东路尚缺其人。今访得山西行都司都指挥使马义屡经战阵,弓马熟闲,乞令总督东路军马。"从之。(一〇八,2186—2187)　丙寅,敕谕瓦剌使臣朵脱儿、知院太尉把失罕、都指挥平章皮儿马黑麻曰:"尔等不远数千里奉使来朝,缘途跋涉劳勤,朕深嘉念。今遣内官林寿接待,及敕大同等处总兵、镇守等官应付车辆,遣人护送。尔等可从容来京,仍戒饬从人遵守礼法,缘途不可生事扰人,庶副朕眷待之意。"(一〇八,2189—2190)　戊寅,清平伯吴英、中官吴亮、范弘、金英、阮让等私

刍牧于南海子及强夺民草事觉，下锦衣卫狱监之。(一〇八，2196)

十月壬午朔，敕谕内官、内使曰："祖宗旧制，内官、内使职掌内府事务，纤毫不敢透漏。今尔等有不遵法度，与在外各衙门官员私相交结，透漏事情，或因公务营干己私，或徇亲情，请求嘱托公事，或借拨军夫役使，以致所司挪移选法，出入刑名，重劳军民，妨废公道。已往之事悉置不问，自今宜相戒饬，谨遵法度。平素安分守礼者益加谨慎，用保长久，其有徇情违法者，即洗心改过。或有不遵朕言，祖宗之法具在，必罪不宥，尔等其钦承之。"(一〇九，2199) 敕谕在京文武群臣曰："朝廷建置百官，分理庶政，必能奉公守法，庶有成绩。近者在京内外官员有彼此交通，夤缘作弊，或畏势要，或贪贿赂，遇有事务，私相嘱托，以致文武铨选不公，刑狱轻重失当，军民被其役使。或放富差贫，劳逸不均；或输粮草辄有挪移，风宪官党比不言，论罪皆不可容。今姑宥不问，继自今素守礼法者益加谨畏，以保名节；其有徇私玩法者即宜修省以图自新，毋为势要所胁，毋为贿赂所诱，毋相党比以私灭公，毋事阿附以求侥幸，毋柔懦诡随有妨正道，毋苟容邪佞有旷职掌，庶副朕委任，永保名位。敢有不知改悔仍蹈前非者，必治以重罪不宥。盖天道福善，祸淫国家，好人为善，恶人为恶，有违朕言，祖宗之法具在，必不贷也，尔等其钦承之。" 癸未，增置户部云南司主事一员，专督御马监刍豆，从户部请也。(一〇九，2201)

丁亥，内使张环、顾忠匿名写诽谤语，事觉，命锦衣卫鞫之，获环、忠亲书。上命磔于市，令内官俱出观之。(一〇九，2202)【考】《明史纪事本末·王振用事》：英宗命磔环、忠，"仍令内官出观，乃知诽谤者讦(王)振恶也"。《中官考二》："所诽谤者王振也，磔之者亦王振也。" 庚戌，敕大同总兵官武进伯朱冕："得少监林寿奏，迤北使臣所进马多瘦小不堪。敕至，可将脱脱不花王及也先所进马听其依数进来，其余使臣所进马并带进马验其堪中者进来，其不堪者听缘途发卖。"(一〇九，2202—2203) 庚子，南京守备太监刘宁言：南京各卫仓六十余处，巡视官关防不周,奸弊滋甚。近年令军士循次于有米仓分支给,又有离仓远者,其公差、运粮、操江等项军士家小关支不便。上命户部移文南京管粮都御史周铨议其便以闻,铨言以南京鼓楼为中,官军居鼓楼以南者定以南仓支给,居鼓楼以北者定以北仓支给,如此则不惟便于军士,抑且易于关防。上从之。(一〇九,2209—2210)

己酉,增置御马监仓。(一〇九,2213)

十一月乙卯,有发内官盗官物私用者,锦衣卫鞫以为诬,命戍威远卫。(一一〇,2216)

十二月戊戌,敕宣府、大同、冀[蓟]州、永平、辽东各边总兵等官永宁伯谭广等曰:"朝廷特命内官提督神机铳炮,遇有贼寇,相机取用。近闻往往分散于各墩堡,此乃机密军器,守城破敌,用无不克,分散各处则势寡力弱。自今惟要害屯兵之处量拨操习备用,他所不得仍前分拨,惟在杨洪处者仍旧。"(一一一,2238—2339)

本年附

艺文・碑铭・秀峰寺碑

黎澄撰《敕赐秀峰寺碑》:"京都之西去城六十余里,有寺曰秀峰,乃太监高公让与住持僧智深之所创也。(**略**。)相传此古宝刹之地也。深悲喜交并,誓以恢复圣境。高公闻而喜之,乃勇猛发心,倾竭财力为功德主。及与太监陈公昂、中贵黄公雄、阮福深、范觉寿、裴喜、金钊、阮觉省、郑智广、周普明、张福山等同舍己资,助师建立道场,以上祝圣躬万岁,天下太平。(**自宣德八年春起造,至正统二年冬毕工**。)太监陈公昂、阮公宗,又捐家资,印造大藏经文,庄严柜匣,留于本寺,以永其传。(**略**。)正统六年三月二十一日,太监高公让以实具奏,钦蒙圣恩,敕赐名额曰秀峰寺。(**略**。)大明正统八年,岁次癸亥孟夏,佛诞日,开山住持沙门智深立石。"

(碑在北京海淀区。《北京图书馆藏中国历代石刻拓本汇编》第51册,第108页)

艺文・碑铭・宝林寺碑

王直撰《敕赐宝林禅寺碑》:"(**前略**。)佛弟子太监王直等自念宿修深固,早预闻熏,宣德十年五月间钦承明命,提督上林苑监,夙夜拳拳,不遑寝食。窃思佛教广大深远，诱进多方，暇则遍谒招提兰若，瞻礼金容，特起建刹之心。屡因公务，不果所愿。后于正统戊午（三年，1438）之仲秋，乃于顺天府宛平县浑河西北地名冯村，原有古迹佛祠，岁久湮没，为樵牧所践。山峦峻峙，拱翼回环，复有流泉奔注，古木森严。于是谨自发心，偕众信官等各舍珍财，庸工经理，恢拓旧基，盖造佛殿两廊及诸殿宇山门禅室庾廪庖湢，凡教苑所当用者，无不完具。功既落成，皇上特赐额曰宝林禅寺，礼部札授僧人悟清充为住持。（**略**。）佛弟子太监王直等谨识。"①

（碑在北京门头沟区上岸村。《北京图书馆藏中国历代石刻拓本汇编》第51册，第109页）

艺文·碑铭·法海寺碑

胡濙撰《敕赐法海禅寺碑记》："（**略**。）大明启运，佛日增辉，普率群生，悉归正觉。御用监太监李童，以为生长太平之时，际遇圣明之主，职叨近侍，累蒙列圣宠眷洪恩，无由补报，欲建梵刹，虔奉香火，愿藉佛力，少酬答焉。谨发诚心，访择吉壤。夙夜在念，一夕梦神人示以福地。诘旦，即图梦中所得之境，遍令谙晓宫宅地形者旁求。至都城之西翠微山之阳，玉河乡水峪龙泉古寺之左，俨然梦中之境。（**遂倾资募缘兴工，经始于正统四年闰二月二十二日，落成正统八年十月**。）先蒙钦赐额曰法海禅寺，延僧福寿为住持。其同寅太监咸谓予曰：李公等遭逢之隆，创建之勤，构缔之美，不可无述，以示方来。愿为记之。窃惟太监李公等素崇三宝，亟欲仰酬列圣洪恩，祝延今上圣寿，归依象教，成此宝坊，规模雄杰，非偶然也。意其必能与同寅诸公契如来之奥旨，趋极乐之正路，岂庸常之可拟伦哉！故不辞而备书之，俾刻石以昭示永久。其施财资助者之姓氏，具列于碑阴，用同垂不朽焉。正统八年，岁次癸亥，冬十月望日立。"

碑阴敕赐法海禅寺助缘信官：

王振、刘顺、杨英、尚道因、王福得、贾觉善、吴亮、吴诚、阮安、金英、范弘、黄永、李和、刘保、阮丙、福童、李宁、寿童、周礼、罗玉、喜宁（**从右到左第一列**）、阮浪、吴清、曹吉祥、段福隆、李瓒、戴细保、韦祝、彭以得、姜山毅、范毅、杨彪、李崇、刘广、李文、兴安、班祐、阮柏山、陈谅、李福、骆善、陈

---

① 该碑阴胡濙撰《敕赐宝林禅寺兴造记》，有"宣德十年五月，内官监太监王直因奉敕提督上林苑监"，及"率诸中贵梁颖等"语。

瑶（**第二列**）、李春、阮个真、刘吉祥、刘奴仔、罗芳、杨添兴、刘宁、云仙、陈福保、高清、金得、阮简、宋文义[①]、许原、陈公、张达、来兴、杜来、张政、阮来、韦原（**第三列**）、贾保童、朱昭、李帖木、阮陶、宋荣、阮忠、王诚、武住、柏玉、李茂、黎璜、范禅、张□、杨宣、刘观、范诸、阮域、阮占、萧玄、帖木、阮个（**第四列**）、王浪、阮兰、杨静海、钟顺、刘林保、陈净善、乔普立、阮一庵、信道源、陈敏、福住、陈羽、江福通、王清宁、金忠、田茂、戴安、杨义、刘才兴、刘贤、刘智（**第五列**）、保童、阮寒、曾福、石珍、武成、廖山、裴璿、武罐、周华、德庆、阮定、李谦、马保、阮福该、谭福荣、张罗海、吴□、海住、徐诚、阮弇、邢福增（**第六列**）、福安、戴发、陈福真、杜麻礼、陈香、阮觉保、阮普义、唐通、施觉袓、吴巨除、阮岐、朱法智、尹良、翟六、赵璎、梅琼、添名、乔亮、张福、陈祚、俞住尔（**第七列**）、李保住、李祖进、郭垫、福保、阮览、林道增、陈受、顾坤、俞畴、李道希、戚奴、张能、李福全、观福海、王毅、张道广、姜羊、周璨、翟深、周坦、杨保（**第八列**）、刘真、刘敬、阮药、刘珌、韦受童、杨敬、刘住、吴显、杨旺、阮镜、范伟、连福坚、李兴住、戴文、石埙、张习、来旺、尚伦、陈敬、林甸、崔福（**第九列**）、阮福贵、吴四、陶□、张贵、阮福生、陈登、张兀、陈了林、艾潮、阮士、白凯、褚智、阮自边、阮得山、阮个林、黄福庵、景春、耿祥、刘渠、张顺、苎福吉祥（**第十列**）、阮宝贤、阮句、王直、阮罗、萧常、莫智庆、逯斌、黄豫、阮汉、阮阿山、保永、谭普应、覃福宝、贾玉、吴堂、福童、符留住、朱社保、张兴住、朱琏、张惠义（**第十一列**）、王亨、王虎、刘伟、杜幾、李谆、张勣、吴阿宗、宋阿胜、王�儿、陈广、福广、火觉清、李晚奴、韶保、邓恨、陈投、周福、梁麻、范只、连林、杜免（**第十二列**）、师通、武喜、添保、保山、杜普照、李玄、□顺、王林、周龙、范水、梁环、阮遥、阮亨、添福、阮个磊、黎春、阮急、阮郁、阮珠、阮宪、阮克名（**第十三列**）、阮琰、范名奇、王樵、申元列、范庐、王安、阮龙、丁週、普海、黄父香、阮多报、陈鲁、武颠、韦仲、赵家儿、刘梁、金泽、张名、金觉、石普昔、见吕（**第十四列**）、韦蒙、唐东、李约、赵记□、王执、杨锁儿、黄住、安福、蒙养、覃禄、覃迪、刘诚、阮福、阮黄、封斌、陈了、莫范、阮福聚、进保、阮豆、保受（**第十五列**）、谭化、来保、蒙甫、裴安产、冯福受、张荣、杜进、阮□、梁颖、陈纯、王纂、马兴儿、莫留住、

---

① 宋文义，疑应为“宋文毅”。

王瑶、邓瑜、阮汉、李原童、崔士贤、岳岩、徐曲、韦勒(**第十六列**)、张腰儿、陈寒、韩个漏、阮伦、廖记、阮招、魏福喜、阮能、黄喜、王春、杨父黄、陈兰、王兴(**第十七列**)。正统八年，岁次癸亥，冬十月望日建寺功德主太监李福善、董工中贵贺佛信、阮觉保等立石。①

(碑在北京石景山区蟠龙山。《北京图书馆藏中国历代石刻拓本汇编》第51册，第112—113页)

正统九年甲子(1444)

正月辛未，命成国公朱勇、兴安伯徐亨、都督马亮、陈怀等分统兵出境剿贼。时兀良哈三卫达贼虽阳朝贡，屡寇辽东、延安边境。上怒其反覆不常，命勇同太监僧保出喜峰口，恭顺侯吴克忠佐之，亨同太监曹吉祥出界岭口，亮同太监刘永诚出刘家口，怀同太监但住出古北口，各将兵万人，约至黄河、土河两叉口等处会合辽东及各处军马，探贼踪迹，搜捕剿杀，期于殄灭。仍戒勇等，所将皆精锐亲兵，宜加抚恤，毋得私役，违者罪之。(一一二，2256—2257)　丁丑，升大同左参将都指挥使石亨为后军都督佥事，内官韦力转为都知监右监丞。先是，达贼寇延安，亨等率兵追至金山，与贼交战，败之，生擒六人，斩首七级，获马二十五匹，弓矢铠甲等物称是。捷报至，上命亨等录有功官军以闻，故有是命，仍遣人赍敕赏劳之，其余官军令兵部覆实，论次升赏。(一一二，2261)

二月戊子，守备独石、永宁左参将都督同知杨洪奏同内官韩政等率领官军于迤西地名以克列苏等处俘斩兀良哈安出等部下贼，夺回虏去人畜器械等物。上敕洪等将牛马给有功官军，其余解送京师，仍查官军功次以闻。(一一三，2270)　丁酉，升守备独

① 本碑所开皆内官。正统八年十月(与本碑同时)吏部尚书王直撰《法海禅寺记》(《北京图书馆藏中国历代石刻拓本汇编》第51册，第113—114页)碑阴录助缘法王上师国师禅师僧官喇嘛僧众及"官员人等"369人，乃内外官员分别撰文刻碑。

石、永宁左参将都督同知杨洪为后军左都督，内官韩政为都知监左少监，右参将都指挥使朱谦为后军都督佥事，赐洪等白金、彩段表里，以克列苏等处截杀达贼功也。(一一三,2277)　戊戌，太子太保成国公朱勇等奏，同太监僧保率领军马于富峪川等处杀败达贼，斩馘首级，获到人畜军器等物。上敕勇等会合各路军马剿杀，务要成功，升赏不吝。(一一三,2277—2278)

三月甲子，兵部尚书徐晞等劾太子太保成国公朱勇、太监僧保等统领官军出境杀贼，不能会合诸路军马以成大功，却逗遛不进，旋即回师，宜治以重罪。上曰："勇等亦尝效劳，姑置之，再失机误事不宥。"(一一四,2300)

五月庚戌朔，内使陈景先送女官吴淑清还扬州，索取府卫白金、彩段等物，及干私事，越期而还。上命锦衣卫鞫实监禁之。(一一六,2333)　辛亥，靖远伯王骥等执麓川叛贼思机发男菡盖等至京，命宥菡盖等四人死，没入御马监养马，余十二人谪戍口外边卫。(一一六,2334)　己未，刑科给事中陈傅以天下疑狱既皆命官会录，请两京亦如之。上命左副都御史张琦往南京，命刑科给事中王铎同三法司堂上官录在京者。三法司复援例请内官会录，不允。既而琦在道疾甚，以刑部侍郎马昂代焉。(一一六,2338—2339)

六月己卯朔，燕山左等卫带俸都指挥使安朵耳只等一百三十九员随太监刘永诚往甘肃备御，乞借支今年未支俸，给本色五分，折色五分。从之。(一一七,2357)　丙戌，加总兵官定西侯蒋贵禄米五百石，总督军务兵部尚书、靖远伯王骥禄米三百石，各赐白金百两、彩段十表里、钞万贯。升左少监萧保为太监，总兵官右都督沐昂为左都督，都督同知冉保为右都督，都督佥事毛福寿为都督同知，各赐白金八十两、彩段八表里、钞五千贯，以征麓川功也。(一一七,2361—2362)　辛丑，赐镇守辽东太监亦失哈岁支米四十石，以其能奖率官军远涉境外斩杀贼徒，取获人口以归

也。(一一七,2371)

七月己酉,驸马都尉石璟下锦衣卫狱,以尝奏本府阍者吕宝为盗,且毁骂之,为太监王振所恶也。(一一八,2375) 乙丑,京师仰山寺僧金和尚自称王太监门僧,诈罪人金银数百两,例赎罪还俗。刑部尚书金濂言其污佛氏之清规,玷忠良之名节,鬼神共怒,阴谴昭彰,难以例论。上是之,命充铁岭卫军。(一一八,2385)

己巳,户部奏:京师土城沿河空地七十一顷有余,俱内官并平乡伯家占据,军民僧人一概仿效欺隐,请逮治之,并追其粮。上曰:"姑宥其罪,军民所种者如例输纳刍粮,内外官占种者令拨御马监种苜蓿养马。令后主守官擅拨与人,与者、受者俱罪之。"(一一八,2389) 辛未,罢江西道监察御史潘楷为民。先是,有僧导迎木佛,觅人施财,楷收其僧,付兵马司。尚膳监太监班祐奏佛乃己造,第遣僧送之寺,楷不当收。上释僧,下楷锦衣卫狱,当赎徒还官。会有言楷先任浙江仁和县学训导,尝举黜退生员鲍誉为明经儒士,得授教职,楷遂坐行止不端,送吏部罢之。(一一八,2391)

闰七月戊寅朔,命户部右侍郎王质往福建、浙江重开银场。初,洪武间福建各场岁课银二千六百七十余两,浙江岁课二千八百七十余两。永乐间,福建增至三万二千八百余两,浙江增至八万二千七十余两。宣德间,福建又增至四万二百七十余两,浙江又增至九万四千四十余两,自是地力竭而民不堪矣。上初即位,下诏封坑冶,民大苏息。至是有盗矿脉相斗杀者,御史孙毓、福建参政宋彰、浙江参政俞士悦各言复开银场则利归于上而盗无所容。事下二处三司议。福建三司附言者。浙江按察使轩輗等奏曰:"复开银场,虽一时之利,然凡百器具皆出民间,恐有司横加科敛,人心摇动,其患尤深。为今之计,莫若择官典守,严加禁捕,则盗息矣。"朝廷是輗言。已而刑科给事中陈傅复请开场,中贵与言利之臣相与附和,乃命质往经理,令福建岁课银二万一千一百二十余两，浙江岁课四万一千七十余两，盖虽比宣德时减半而比洪武时已十倍矣。至于内外官属供亿之费殆过公税，厥后民困而盗益众，至正统十四年王师戡定，民始安戢云。(一一九，2395—2396)　辛巳，工部右侍郎王佑言："臣奉敕与太监阮安往视水决河岸，自蒲沟儿至滁县二十余处，其要儿渡尤甚，乞发丁夫物料修筑为便。"从之。(一一九，2398)　甲申，户部右侍郎焦宏等奏："臣同司礼监左监丞宋文毅等奉命踏勘坝上大马房诸处草场，多被内官、内使人等侵占，私役军士耕种，甚者起盖寺庙，擅立窑冶，及借与有力之家耕种，以致草场窄狭，马多瘦损，请正其罪。"上曰："朝廷设立马场，令内官监之，而乃作弊如此，论法当罪。今姑宽贷，令速改过。其内官各赐地一顷，内使、净军各赐五十亩，已盖寺庙者勿除，余悉还官。都察院仍给榜禁约，每岁遣给事中、御史各一员巡视，敢蹈前非者必杀不宥。"(一一九，2401—2402)　壬辰，赐尚膳监太监尹奉庄田三顷一十亩。(一一九，2406)

癸巳，提督辽东军务左副都御史王翱等奏："都指挥同知胡源、都指挥使裴俊每争私忿相讦告，宜令二人分管地方，源管自青阳堡至松山堡，俊管自古城堡至铁岭曾迟堡，其原管军马门禁锁钥悉付都指挥宋真。"上命源、俊照分定地方整饬兵备，谨慎防贼，有功者具奏升赏，若怀挟私忿不相策应致误事者，俱治以重罪；仍令真同太监杨宣协力管事，但有疏虞，俱罪不恕。　镇守辽东太监王彦卒，上命太监喜宁检阅其家财，彦妻吴氏诉喜宁私取其奴仆、驼马、金银器皿、田园、盐引等物。诏宥宁罪，追取田园、盐引给主，余物悉入官。(一一九，2407)　甲辰。先是，在京内官、军民人等侵种良牧署草场及土城外沿河内外旧西琉璃窑厂等处官地凡数百顷，并凤阳府卫军民新辟地万余顷，俱未起科。至是遣官经量，悉令纳税。(一一九，2412)

八月丁巳，设甘肃译书达子通事一人，从太监刘永诚言也。(一二〇，2425)

十月己未，谪监察御史李俨戍辽东铁岭卫。俨在光禄寺监收祭物，太监王振过之，怒俨应对不跪，遂下锦衣卫狱，已而谪之。(一二二,2449)

十二月丙辰，景陵神宫监右少监阮菊擅伐陵树百余株私用，事觉，法司论罪应斩，从之。(一二四,2475)　乙丑，驸马沐昕因阍者及家奴有罪，杖死之。奉御阮伯山以闻，诏昕陈状。昕输罪，上曰："人命至重，下人果犯法，当奏送法司究问，哪得擅于私家杖杀之？昕罪本难宥，但念是国亲，姑为屈法，今后仍如此擅作威福，必罪不宥。"(一二四,2485)　癸酉，敕甘肃总兵官宁远伯任礼、参赞军务右佥都御史曹翼等曰："尔等差人伴送赤斤蒙古卫都督佥事阿速等差来千户撒因帖木儿等到京，并赍番字奏文，备言本处今岁无收，人民缺食，乞给粮接济。赤斤蒙古系朝廷近边卫分，今既艰食，宜加赈恤。敕至，尔等与太监刘永诚计议，即查甘肃近边有粮仓分，酌量支与接济，仍谕阿速等差人赴仓关领，自行运去，庶见朝廷恩恤之意。"(一二四,2489)

本年附

艺文·碑铭·白云观碑

胡濙撰《白云观重修记》："白云观在都城西南三里许，长春丘真人藏蜕之所。岁久倾圮，洪武二十七年，太宗文皇帝居潜邸时，命中官董工重建。(**略**。)宣德三年，御马监太监刘顺发心，备材命工，创建三清大殿，妆塑圣像。正统三年，(观住持)正道罄倾衣盂之资，及募司苑局内官曹铨，法名道宝，及内使康全安等，惠安伯张昇、修武伯沈清(**官名略**。)等各捐己资，建玉皇宝阁。(**略**。)正统九年，岁次甲子，春二月吉日。"

碑阴信官：御马监太监刘顺，法名三宝义成。司苑局内官曹铨，法名道宝。内使黄林、阮未、萧胜、阮巴磊、康全安、彭□、樊雍、申得明。(**下勋戚、文武官及女眷、执事道众略**。)

(碑在北京西城区。《北京图书馆藏中国历代石刻拓本汇编》第51册，第121—122页)

正统十年乙丑(1445)

正月甲申，忠义后卫仓火，毁米数多，执管粮内外官户部左侍郎李暹等下狱，令内官阮忠、户部左侍郎姜涛等代理其事。(一二五，2496)　丙申，锦衣卫卒王永为匿名书数太监王振罪恶，揭之通衢及振侄王山家，缉事者得之，刑部论以造妖言斩罪，诏即磔之于市，不必覆奏。(一二五，2504)　壬寅，升两淮都转运盐使司同知耿九畴为本司运使。九畴以丁忧去，盐商诉本司缺运使，乞起复九畴补之。中官王振言于上曰："此人廉介，众所通知。"故有是命。(一二五，2509)

二月乙卯，给御马监驼、豹、马草、豆，每月草千七百余束，豆百六十余石。(一二六，2517)

三月癸未，瓦剌使臣回还，出官山口，哨无声息。敕定西侯蒋贵、襄城伯李隆领军回京，武进伯朱冕、左参将都督佥事石亨、右参将都指挥使马义、太监郭敬领军入口操备。(一二七，2532—2533)

四月庚戌，命发辽东广宁等库收贮故衣，就于彼易米上仓，以足军用。先是，永乐、宣德间，工部及山东布政司造运青红蓝绿布绢纻丝衣，于广宁等库收贮，市易马、驼及赏赐野人。至是年久，支用不尽，至有浥烂损坏者，都御史王翱、李纯及太监亦失哈等会计上闻，故有是命。(一二八，2554—2555)

乙卯，命工部右侍郎王佑同太监尚义董修大功德禅寺。(一二八，2556)

五月乙酉，命山西行都司署都指挥佥事潘兴实授都指挥佥事，从镇守大同太监郭敬奏请也。(一二九，2570)

六月癸卯朔，故永平大长公主府中使青山言主坟在顺天府玉泉山，近有石匠数十窃取山石，恐宣泄风气，请治其罪。从之。(一三〇，2581)　戊辰，京师城垣其外旧固以砖石，内惟土筑，遇雨辄颓毁。至是，命太监阮安、成国公朱勇、修武伯沈荣、尚书王

沓、侍郎王佑督工修甓之。(一三〇,2596)

七月甲戌,顺天府府丞王铎先举霸州知州张需旌异之,已而有牧马官在霸州扰民,需置于法。牧马官诣太监王振谮毁需,遂执需下锦衣卫狱。推究举需旌异者,铎也,乃枉以收需馈送法司,坐铎赎杖为民。上宥铎复职,戒勿再犯。(一三一,2599—2600)

庚辰,敕驸马都尉井源曰:"今命尔同太监陈牌往凤阳提督修理皇陵殿宇城楼及白塔坟殿宇,该用军夫匠料已令工部官司应办,及敕奉侍皇陵太监雷春并中都正留守萧让、凤阳知府杨瓒同诣陵相看修理,务要坚完经久,其守直人户厨房宜照旧修理,不许挪盖。尔宜夙夜敬慎,表率下人,戒饬用工军夫人匠不许喧哗亵慢,严禁管工官吏旗甲,不许因而生事扰害,务俾人不知劳而事易集,庶副委托。已命钦天监择日兴工,特遣尔源告皇陵及厚土之神,凡有合行事务,须会议停当而行,尔等其钦承之毋怠。"(一三一,2603—2604)　癸巳,兵部官奏于内府选官时忘收备照底本(**抱本本作簿**),被内使收进去讫,上命锦衣卫执尚书、侍郎跪于午门前以愧之。(一三一,2612)　辛丑,镇守云南太监萧保奏:近者开设腾冲军民指挥使司,量调官军一万员名筑城,日支口粮,岁计五万四千余石,俱赴金齿足食仓关支。然山路险阻,难为搬运,请摘淮、浙、四川盐三十万五百九十引于腾冲召商纳粮,以给官军。从之。(一三一,2614—2615)

八月乙巳,遣中官祭司钟之神。(一三二,2621)　己未,锦衣卫校尉王子进等十二人奏:臣等俱蒙选于御马监控马年深,乞照例授职。上曰:"此辈希求升用,兵部遣人押往大同备边,待有功升用之。"(一三二,2629)

九月丁酉,命户部右侍郎张睿同内官阮忠等巡视提督在京及通州,直抵临清、徐州、淮安仓粮并在京象马牛羊房屋仓场粮草。(一三三,2657)

十一月癸巳,敕谕尚膳监曰:"尚膳监系供办祖宗神明祭仪之所,宜严加敬慎。今后除本监管事内官、书办内使许在内宿歇,其余悉领[令]出外居住,如遇轮该供事,许令于直房内直宿。司礼监时常令人巡察,敢有故违,治罪不宥。”　甲午,火者董留乞、栾通受人赂,冒以为义子,求充勇士。法司论赎绞还役,上命斩之。(一三五,2690)

十二月壬寅,巡按云南监察御史史濡言:“云南诸狱呈详,既于御史,复于参赞军务侍郎,复于镇守太监,中多不达刑名,各持一说,殊无定论。乞廷臣会议,使政无多门,事有所归。”上命三法司议,咸以为审刑名于御史,此定律,参赞、镇守官无着令,云南诸狱呈详宜如律。从之。(一三六,2695)

本年附

艺文·碑铭·法海寺颁大藏经碑题名

正统十年二月十五日,敕颁大藏经典一部予法海寺。碑载敕谕略。碑阴题名:东安门官王敬,御马监左少监杨保、马清,御马监太监邢朝,御用监太监赵迁,御马监太监崔用、杨锐,北安门奉御张林,惜薪司官马山、邢成,东直门官董铭,御马监太监杨朝。(**下僧官略**。)

(碑在北京石景山区蟠龙山。《北京图书馆藏中国历代石刻拓本汇编》第51册,第133—134页)

艺文·碑铭·普同塔记

胡濙撰《普同塔记》:“普同塔在顺天府宛平县秀峰寺,去城八十里。正统九年四月吉辰,中贵武偶等以清时暇日游览兹寺,爰其山川秀丽,溪流环抱,林木蓊郁,聚气藏风。复挟杖履,历壑经丘,驻秀峰之左,相其阴阳,观其向背,审其气脉,龙穴攸在,诚足为寿藏之所。爰发普心,以为独私于己,曷若与众共之。吾侪同际升平之世,共趋殿陛之间,夙夜行藏,身心休戚,罔或不同。生既如斯,亡殁亦宜聚处。盖人之生死如阴阳昼夜,乃理之常,世所难免。因追念先辈沦亡之际,间有仓卒无依而不得其所者,由是亟募众缘,佣工运甓,预建普同寿塔一座,其崇三丈有奇,俾凡后之弃假归真者悉藏其魄于内,以妥其灵。(**略**。)正统十年,岁次乙丑,七月十五日。"

（碑在北京海淀区北安河响塘庙。《北京图书馆藏中国历代石刻拓本汇编》第51册，第141页）

正统十一年丙寅（1446）

正月庚辰，以大祀礼成，上御奉天殿大宴文武群臣及四夷朝使。赐司礼监太监王振并各监太监钱僧保、高让、曹吉祥、蔡忠白金、宝楮、彩币诸物，仍命振侄林为锦衣卫世袭指挥佥事，僧保侄亮、让侄玉、吉祥弟整、忠侄英俱为锦衣卫世袭副千户。敕振曰："朕惟旌德报功，帝王大典，忠君报国，臣子至情，此恩义之兼隆，古今之通谊也。尔振性资忠厚，度量宏深，昔在皇曾祖时，特以内臣选拔，事我皇祖，深见眷爱，教以诗书，玉成令器。委用既隆，勤诚益至。肆我皇考，念尔为先帝所器重，特简置朕左右。朕自春宫至登大位，前后几二十年，而尔夙夜在侧，寝食弗违，保卫调护，克尽乃心，赞翊维持，糜[靡]所不至，正言忠告，裨益实多。兹特赐敕给赏，擢为尔后者以官。诗曰：'无德不报。'书曰：'谨忠[终]惟始。'朕眷念尔贤劳，昕夕不忘，尔尚体至意，始终一致，我国家有无疆之休，尔亦有无穷之闻。"（一三七，2720—2721）【考】《明通鉴》卷二二："予太监王振侄林世袭锦衣卫指挥佥事……中官世袭，实始于此。"　　癸未，中都留守司奏有虎入皇陵土城内，命太监雷春等量拨官军往捕之。（一三七，2724）

二月庚戌，大仆寺少卿沈升卒。……升为少卿秩满，以百金、玉带献中官王振，冀得显官。振殊不为意。已而复职，升大失所望，郁郁而卒。（一三八，2740—2741）

四月壬寅，赏云南总兵官黔国公沐斌、镇守太监萧保钞各五千贯、彩币四表里，左参将冉保、右参将毛福寿、参赞军务侍郎杨宁各彩[钞]四千贯、彩币三表里，余俱赏有差。以斌等先分往腾冲、金齿给馈饷、张声援，接取麓川贼思任发，致得其首级也。（一四〇,2770)　乙巳,复云南金齿司指挥同知柳瑛为指挥使。初,瑛为景东卫指挥同知,冒功升指挥使。事觉,革其升职,调金齿司。至是,镇守太监萧保奏瑛大候剿寇功未录,况其后获功尤多,乞加秩以劝将来,故有是命。(一四〇,2772)　乙卯,给赐尚膳监上直指挥旗军张勇等马匹、刍豆。(一四〇,2775)

五月甲午,监察御史蔡愈济奏:"有诏禁京城外西北开窑取土,而太监贾亨、僧保,内官云保山、黄义擅役军士,于清河开窑,请寘于法。"上宥亨、僧保,下云保山、义于狱,仍谕都察院申禁之。(一四一,2801—2802)　丙申,司设监太监蔡忠奏深州知州栾凤卒于官,其子与州吏狎,迁延不归;所居与臣弟邻,因有井不与汲水,忿詈臣弟,词及臣,甚不逊。事下,巡按监察御史陈浩论知州子及吏俱当赎杖。狱上,特命发戍辽东铁岭卫。(一四一,2803)

六月丁酉朔,内使阮恺盗启宝藏库锁,事觉,上命戮之于市,毋覆奏。(一四二,2805)　壬戌,镇守云南太监萧保奏:"木邦宣慰使罕盖法求麓川地方,会同总兵官沐斌、侍郎杨宁等议,麓川地方已设陇川宣抚司,建官分管矣,惟余孟止(**抱本止作正,下同**)一处,欲拨与木邦,未敢擅便。"事下兵部,请移文斌等审勘孟止与木邦相去几程及与陇川宣抚司有无干涉。上曰:"保既会斌等详议奏来,不须再勘,俟侯琎去时,会同保及三司酌量与之。如有碍,仍奏闻,朕自筹度。"(一四二,2818)

七月壬申,云南总兵官黔国公沐斌等奏:"按察佥事李瓘言宜停筑腾冲城,招抚贼子思机发,量与小职,事皆窒碍难行;其禁出境结交夷人,宜从所言。"上曰:"甃腾冲土城,起调官军,令侯侯琎去,同沐斌、萧保等从容整理,不许逼迫。并遣人去招谕思机发,令自来朝贡,朝廷推恩处置,否则调军剿杀。结交夷人者,令各守备官严加巡捕,但犯者不分官豪势要之家,如例治罪。"(一四三,2825)

八月癸卯。先是,云南广南卫千户邓镛奏:……乞照广西例，轮流前去屯守。事下兵部，行云南总兵等官会审。至是覆奏，依违莫决。上命兵部移文侯琎等将本卫强壮军编成两班，选廉干指挥提督，轮流往腾冲操备，就同本所见在军及各卫所拨去军匠相兼包砌城垣，务要尽心抚恤军士，以渐用工，不许私役剥削，致令艰苦逃窜，犯者重罪不恕。待包砌完日，琎同都司、按察司管屯官去腾冲踏看附近堪屯种田地，画图贴说，仍与沐斌、萧保等通议起调屯守方略，奏来处置，务在事可经久，人不失所。(一四四,2840)　戊申，镇守云南太监萧保言："云南永平地连顺宁府五井、浪沧江，俱系生蒲住居，野性强悍，山寨险峻，时出劫掠。今金齿司指挥使吴雄历练老成，守御永平，蒲蛮畏服，乞量升其职，使兼守顺宁五井、浪沧江等处。"事下兵部，请移文云南总兵、参赞等官会勘。上命不必会勘，准所奏，命雄署都指挥佥事兼守其地。(一四四,2842)

九月丁丑，南京内官监奏本监旧有净军煎熬上用白盐，今年老亡故者多，请佥畿内民三十人补之。事下户部，尚书王佐等言畿民煎盐非旧制。上曰："既非旧制，奈何生事扰民？"其事遂寝。(一四五,2855)【考】净军为阉人，陆容《菽园杂记》卷二云："京畿民家，羡慕内官富贵，私自奄割幼男，以求收用。亦有无籍子弟，已婚而自奄者。礼部每为奏请，大率御批之出，皆免死，编配口外卫所，名净军。遇赦，则所司按故事奏送南苑种菜，遇缺，选入应役。亦有聪敏解事，跻至显要者。然此辈惟军前奄入内府者，得选送书堂读书，后多得在近侍，人品颇重。自净者，其同类亦薄之。识者以为朝廷法禁太宽，故其伤残肢体，习以成风如此。欲潜消此风，莫若于遇赦之日，不必发遣种菜，悉奏髡为僧，私蓄发者，终身禁锢之，则此风自息矣。"然陆容只言口外卫所，其实南京孝陵、凤阳祖陵等处亦编有净军，大珰犯法者多充净军，于南海子、孝陵、凤阳等处安置。　辛卯，敕甘肃总兵官宁远伯任礼曰："尔收捕沙州，全卫来归，远猷嘉略，深简朕心。今特遣人赍敕奖谕，并赐银币，以酬尔功。朕以西陲之事悉付于尔，矧兹北虏，狡黠不测，尔宜思患预防，选拔智勇，训练精锐，无事抚以恩意，务得其心，有警资其智力,共图成绩。庶尔之勋名日著,朝廷之报称益隆,尚克勉之,毋怠前志。其出境一行将士一体升赏,并谕知之。”于是赐礼及太监刘永诚各白金五十两、彩币八表里;(下升赏略)。(一四五,2862)

十月戊戌,瓦剌来朝正使孛端、副使失兰火者等至大同,上遣敕谕之曰:“尔瓦剌尊事朝廷,遣尔等远来朝贡,缘途跋涉劳勤,朕深嘉念。今遣太监刘增前去接待,敕大同等处总兵、镇守等官应付车辆马匹,差人护送,从容来京。往年差来众使臣及从人,内有搅扰官府,打伤军民,屡尝宽宥。尔等今宜严切禁约,务要安分守法,违者尔等即量情惩戒,重者具实处置,庶副朕眷待之意。”(一四六,2869—2870)　乙巳,瓦剌也先遣其徒奄克至大同,称也先率众往兀良哈,恐回时人马困乏,索粮接济,就欲与太监郭敬相见。敬以闻。上敕敬曰:“此虏狡黠,切宜严备,设若必欲要尔相见,宜应之曰:我奉命守边,非有诏旨,不敢擅离;况我与太师皆朝廷臣子,以心相契,虽不相见,即如面会。或再言求粮,宜应之曰:非有朝命,升合不敢擅支,京师储峙如山,尔可自请。仍令传语也先曰:朝廷闻太师与兀良哈仇杀,已戒饬边将勒兵。切宜严禁部属,毋令近边,恐难分辨,务在善辞应答,毋启衅端。”(一四六,2875)

十一月戊辰,镇守云南太监萧保遣千户叶瑛诣京贡马及金宝石帽顶等物,至湖广松滋县界,风浪覆舟,止存马,余皆漂没。礼部官欲置瑛于法,上命宥之。(一四七,2886—2887)　乙亥,内使吴忠进其养子钦为勇士,已而钦教人词讼,锦衣卫鞫得状。上命俱斩之,敕内官、内使进勇士者往观焉。(一四七,2891)　己卯,命锦衣卫带俸指挥佥事李效良子荣代职。效良初以银匠供役御用监,累升是官,至是年老,乞以荣代,故有是命。(一四七,2893)

正统十二年丁卯(1447)

正月丙戌,宥镇守山西太监郭敬罪。初,敬部下军王兴欲以盔甲易外夷马,被军赵真白其事,敬衔真,欲执之,为真所奏。巡按监察御史周纪劾敬弗严关防,以致部属违法,反衔白之者,宜讯其故。上特宥敬,但命法司录状示之。(一四九,2931)

二月戊午,御用监太监喜宁奏乞河间府青县地四百一十五顷有奇,上命户部遣官覆视,内多民地,遂以荒闲者七十九顷八十亩赐之。(一五〇,2951)

四月戊戌,总督独石等处守备左参将左都督杨洪奏:"臣于附近独石、虎山墩诸处旧壕外增筑墩台瞭望,旧壕内地可耕者令官军耕种荞麦糜黍,贴饲战马,甚为便利。内臣韩正[政]插定牌橛,不容耕种,即今农事方兴,设或过时,又难效力,乞如旧令其耕种为便。"上令户部议速行之。(一五二,2975—2976)　庚子,发内库白金、彩段给赏辽东征讨有功总兵等官,太监亦失哈、杨宣复岁给米三十六石。【考】加给岁米为宦官升秩之例,刘若愚《酌中志》卷一六《内府衙门职掌》载其序为:"先斗牛,次升坐蟒。先内府骑马,次升凳杌。禄米每升一级,则岁加禄米十二石。"　辛丑,户部奏御马监并坝上马于武清县诸处草场牧放,其管马内使等官并养马官军三千五百九十四人请如例给口粮,从之。(一五二,2977)　云南总兵官黔国公沐斌言:"思机发遣夷首赍银一百五十两馈臣与太监并参赞侍郎等官,固拒之,恐生疑惧,已封识于公府。"上命易粮以备官军支用。(一五二,2977—2978)　癸卯,武功中卫指挥使华嵩坐宿娼当杖,特命髡其首漆之,枷示教坊司门,既而谪充大同军。嵩与太监王振侄林争妓故也。(一五二,2980)

闰四月庚午,太监喜宁侵太师英国公张辅田宅,辅不从,宁弟胜及其自净家奴毁辅佃户居室,殴辅家人妻堕孕死。辅诉之,宁得宥,法司鞫胜及其家奴俱当杖。上命胜赎罪,谪自净者戍广西南丹卫。胜言辅亦擅收自净奴,上宥辅罪,亦谪自净者于南丹。(一五三,2994)　己卯,刑部尚书金濂言:民以玉观音像施智化寺僧求嘱事,僧不肯,乃追取所施甚迫,论罪当杖,但其情重,难以常律处。上是之,特命发民充铁岭卫军。智化寺,太监王振所建者也。(一五三,2999)

五月丁酉。初,大同参将都指挥使马义、都指挥佥事田忠遣夜不收觇虏境外,猝遇虏被杀。义、忠就逮,论当斩。镇守太监郭敬乞释义、忠以图后效,上不允。至是,左参将都督佥事石亨言也先数犯边,及秋尤可虑,请赦义、忠为己辅。乃降义、忠为为事官,随亨杀贼立功。(一五四,3009—3010)　癸卯,以徐颐为中书舍人。颐,江阴富民子,结中官得写诰,寻进文华殿供事,至是授职。(一五四,3012)

六月丁卯,礼部右侍郎钱习礼复乞致仕,从之。时中贵用事,达官多拜谒其门,习礼耻为之屈,故以老疾辞归,物议高之。(一五五,3026)　壬申,直隶河间府青县奏英国公张辅看庄阍者别有庄田百余顷及侵占民田二十顷,于法有违。事下户部勘实覆奏,请治辅罪,给田还民。上命宥辅,余从所拟。(一五五,3028)

七月辛丑,户部右侍郎沈固奏:"臣观《天文》所载则帝座旁有宦者之星,远稽经典则《周官》设常侍之职,自古以来,代不乏人。方今文武之臣固各宣力于外,然而保护圣躬,赞翊皇化,尚衣尚冠,视膳视寝,朝夕趋将,左右供侍,加以奉命出境,和好蕃邦,统兵却敌,保障边徼,内臣效力,其功尤著。请如外臣例给赐诰敕,以为身家荣,庶尽劝奖之道。"时固在大同赞理军务,政誉无闻,以中贵炽(**炽疑为势之误**)焰方炽,故假是谄悦之。上以非祖宗旧制,不从。(一五六,3042)　己未,命泰宁侯陈瀛同右少监姜山义及工部委官提督修盖一应仓厂。(一五六,3050)

八月壬戌,修南京奉先殿工毕,命南京守备太监刘宁请六庙太皇太后神位安奉,备香帛牲醴祭告。(一五七,3052)　甲戌,御马监监丞李保住先奏武清等县草场地被人侵占,上命御史等官覆勘，有先拨与军民耕种纳粮者，又有原系工部柴场非草场地者，其余官舍军民人等侵种草场地一百四十五顷有奇。上曰："旧种地纳粮者仍旧种纳，种柴场地者亦听起科，其余侵占草场地悉退还官，后有犯者决罪不恕。"(一五七,3058)　乙亥，命造房四十余间于内府以贮《五伦》等书板，从工部奏请也。(一五七,3059)

九月戊戌，守备南京太监刘宁奏六月间南京大风雷雨，山川坛火，殿庑、乐器、祭器皆焚毁，乞集材修造。从之。(一五八,3074)

丙午，镇守大同太监郭敬、总兵官武进伯朱冕奏百户张政有勇略，尝出境遇寇，寇不敢近，今以殴死军人论斩，乞宥死使立边功；镇守辽东太监亦失哈、总兵官右都督曹义亦奏把总指挥佥事镯住马备边年久，熟知边务，今以殴死指挥温谅论绞，乞宥死使立边功。上皆许之，令充军立功赎罪。(一五八,3080—3081)

十一月甲寅，钦天监监正彭德清言：钦蒙造铸铜仪……各有长短差异。今宫禁及官府漏箭皆南京旧式，不可用。上令内官监改造。(一六〇,3120—3121)

十二月壬戌，印绶监言文官关给诰敕用轴数多，支用不敷。诏递减之，一品诰五轴，二品三轴，三品二轴，四品、五品一轴，六品以下敕一轴，三考而后与。(一六一,3127)　乙酉，陕西按察司副使张楷在边督理粮饷，镇守中官荐其博通儒书，兼晓武略，乞量升大(**大字疑误**)任以尽其才。上命召试之。(一六一,3137)

本年附

艺文·碑铭·真武庙碑

陈循撰《敕赐真武庙碑》："(**前略**。)京师都城之安定门，直北不十数里，有地曰永安庄，今御用监太监王公瑾别业也。土旷而广，林木深秀，四望平直，如见万里，盖一方之胜也。宣宗皇帝车驾时巡，每经是庄，深见嘉悦，辄命息而幸焉。徘徊顾临久之，都人相与欣庆咨嗟，以为此地荣遇之至，有非寻常所可喻者。太监公每追惟恩德，未尝不深为之感激，虑无以寓瞻仰如在、志存不忘之意，乃以其地构前后左右殿，翼以堂庑室庐门垣，而肖玄天真武之像于中，与其侍卫之属所宜有者，靡不备焉。经始于正统八年之春，落成于十一年之冬。事闻，敕赐名真武庙及道藏经，永资讽诵。(**略。**)大明正统十二年，岁次丁卯，闰四月□□日，御用监太监王瑾谨立。”

碑阴题名：杨英、李□、李德、蔡忠、吉祥、吴亮、金英、王振、僧保、范弘、尚永昌隆、吴诚、但住、贾亨、陈祥、陈牌(**第一行，从左到右**)、韦显、杨斌、丁哲、吴清、阮宜、阮浪、阮占、陈通、阮简、普宝、兴安、裴当、高清、刘才兴、陈贡、黄贵雄(**第二行**)、阮域、陈安领、白成、李崇、阮白山、刘琛、张辅、杨彪、福吉祥、智海、范教、孙清、武顺、李茂、谭五、金奉(**第三行**)、(**下 9 行，131 人，从略。**)

(碑在北京朝阳区大屯村。《北京图书馆藏中国历代石刻拓本汇编》第 51 册，第 148—149 页)

艺文・碑铭・太清观碑

胡濙撰《太清观碑》：“逾京都城西五十里，有山曰凤凰山之麓(**有观宇，正统十一年敕赐为太清观。略。**)殿中像设供具，俱蒙辅国元老太监王公振喜舍金资成造。玄天上帝暨诸从神法物纤悉毕备，焕然一新，诚足以为国家万万年祝釐之所也。遂书以为记。正统十二年九月初九日。”

(碑在北京门头沟上岸村。《北京图书馆藏中国历代石刻拓本汇编》第 51 册，第 153 页)

艺文・碑铭・静安寺记

胡濙撰《敕赐静安寺记》：“佛西方圣人也，其法自汉明时始入中国，人咸信向，崇奉甚虔，继后名区奥壤，悉为巨刹，以严□事。今京畿之内，东安县地名惠化乡团城里王力村，爽垲平旷，诚吉地也。尚膳监太监张公盛于正统四年四月十五日焚香发心，以□赐金银段匹罄竭喜舍，具财命工，创大雄宝殿及四天王殿、山门、廊庑、伽蓝、方丈、僧堂、厨库，□设庄严。以至钟鼓、香花，供佛饭僧之具，靡不毕备。正统八年四月十五日以其事上闻，□蒙赐额曰静安。(**下略。**)正统十二年，岁次丁卯，冬十月十六日立石。”

(碑在河北安次。《北京图书馆藏中国历代石刻拓本汇编》第 51 册，第 155 页)

艺文・碑铭・净觉寺碑

胡溁《敕赐净觉寺香火碑记》:"净觉寺在顺天府东安县惠化乡团城里□□□□壤大兴去京师约百里许,实畿内之支邑也。国朝宣德癸丑(八年,1433),尚膳监太监张盛拓□□□□□建大雄、天王、金刚,凡三殿,观音阁、伽蓝、祖师堂、山门、廊庑(**略**。)越四年正统丁巳(二年,1437),盛因请于上,敕赐今额。(**下略**。)景泰四年,岁在癸酉,夏四月丁巳,初八日乙未,当代住持毗陵性宗立。"

(碑在河北安次。《北京图书馆藏中国历代石刻拓本汇编》第 51 册,第 187 页)

艺文・碑铭・太监王法兴买地券

维大明正统拾贰年,岁次丁卯,捌月庚申朔,越初拾日己巳,信官王法兴致告于后土皇地祇五方五帝山川百灵:今命阴阳拣到福地,宜于顺天府蓟州遵化县兴仁乡尹家峪,迁作子癸山午丁向分金坐壬子广德龙为寿基,遂用阳钱五设九万九千九百九十九贯九文九分九厘九毫,东王公、西王母处买到选择杨救贫妙行真人长生帝旺年月行年得长命富贵利宜修营山向,选吉得尊帝二星盖照山向,其地东至青龙,西至白虎,南至朱雀,北至玄武,四至分明。书契人张坚固,牙保人李定度。修造之后,永保信官王法兴寿比南山,福如东海,官禄荣显,子侄蕃昌,百年之后,永享安乐,故气邪精不得忏怀,如违,依女青天律治罪。今立券者,右给付受地太监王法兴。准此。

(刘震《河北遵化市发现一座明太监墓》,《文物春秋》1997 年第 2 期)

正统十三年戊辰(1448)

正月辛亥,敕大同左参将都督佥事石亨:"朝廷简命内外重臣,共守边境。今尔闻声息,领军出巡,总兵镇守官武进伯朱冕、太监郭敬既不肯奏,又嗔怒尔,其曲昭然在彼,已遣敕切责之。尔今亦宜与冕、敬和睦,商确行事。盖古之良将不惟才智过人,而实德行可重,故能建立勋业。其以古良将为心,用图远大,副朕至怀。"(一六二,3150)

二月己未，修大兴隆寺。寺初名庆寿，在禁城西，金章宗时所创。太监王振言其朽敝，上命役军民万人重修，费物料巨万。既成，壮丽甲于京都内外数百寺，改锡今额，树牌楼，号"第一丛林"，命僧作佛事，上躬临幸。(一六三，3156—3157)　丁卯，辽东广宁前屯卫军党政自迤北脱归，命给赏，充御马监勇士。(一六三，3161)　乙巳，户部主事孟玘奏各草场多被附近军民侵种者，盖有年久封堆低小，或潜移置，以致界限不明，虽遣官巡视，莫能识辨故也。宜及今春暖，令监丞李保住提督各马房官军人等于各草场周围相离百内种柳一十二株，俟其长大，不惟可与所放马拴荫憩息，抑且界限分明，免致争讼。上是之，仍命玘同管栽种。(一六三，3163)

三月乙未，镇守大同太监郭敬奏左参将都督佥事石亨挟私杖指挥周忠致死及交通王府、驭卒无纪诸不法状，巡抚右副都御史罗亨信奏覆俱验。上以亨颇能效力于边，宥之。(一六四，3177)

壬寅，上亲阅举人所对策，赐彭时等一百五十一人进士及第出身有差。(一六四，3181)【考】王世贞《弇山堂别集》卷八一《科试考一》："是岁登科录，李泰书父永昌，司礼监太监。"

四月乙亥，巡按直隶监察御史周纪奏备御独石等处左少监韩政收养官军余丁，占役操备军士耕种地亩，不纳税粮；守备都指挥佥事赵玟隐占守城军，纵家人卖所部马以图利。上以政等处边方，姑贷之，戒勿再犯。(一六五，3200—3201)

五月丁亥，升山西布政司左布政使石璞为工部尚书。时考满在京，太监王振言其能，故升之。(一六六，3207)　丁酉，敕谕南京右副都御史张纯曰："南京国家根本重地，武备尤为紧要，尔须时加点闸，如法操练，俱要人马精健，队伍严整，衣甲鲜明，器械锋利，养其锐气，以备调用。仍提督各卫所官员，将军士加意存恤，俾各得所。敢有侵害，尔即究问，重者具奏处治。非奉朝廷明文，不许擅自差拨，内外大小头目俱不得私占役使。但有抚恤操练一切合行事务，尔与太监刘宁、丰城侯李贤等计议处置，务在得宜。尔为风宪重臣，参理军务，宜以廉慎忠厚存心，公平正大，从事切不可偏执己见，妨废公道，及徇私党蔽，坐视不言，以取罪愆，尔其钦承之。”(一六六，3211—3212)

六月丙辰，兵部言：“宣府总兵官左都督杨洪奏，每年草青之时，官军马匹俱往保安卫东南燕尾河牧放，路远急难调遣。青边口一带牧放近便，遇警易调，已尝奏请，准令青边等口牧放矣。而右少监赵琮又言青边口窄狭，山峻树密，不堪牧放，况路径迂曲，急难调遣。二奏不同，宜行再勘，果于何处为善。”上以边臣谋议不协，赐敕责之曰：“朝廷以边境重务委托尔等，凡事宜博采众长，计议的确，然后奏闻。今尔洪等各以所见为言，朝廷其将谁从？盖尔等不以国事为重，惟循己私，论尔矛盾，罪皆难容。今置不问，敕至，尔各具实以闻。然尔洪既以领军往青边口牧放，姑从之，仍同琮等从长计议，今后每年果于何处草场为当，毋仍各执偏见，乖方误事，尔等慎之。”(一六七，3226)　戊午，升云南大理卫指挥使郑俊为署都指挥佥事，仍掌卫事，从镇守云南都知监左监丞郝宁所荐也。(一六七，3226—3227)【考】郝宁此为实录首见，光绪《腾越州志》卷四《城署》：“（正统）丁卯（十二年，1447），总兵官黔国公沐斌、镇守左监丞郝宁、参将都督佥事方瑛偕（参赞军务侯）琎奉敕统兵万五千，驻操腾冲。”

七月辛卯，南京水军右卫指挥佥事贾福被其异姓姻戚陈玦冒争官职，南京刑部右侍郎齐韶必欲夺福官与之，大理少卿廖庄疑而驳焉。及调问，广东道御史张春、曹得、赵雯索玦与理，韶复不遣，遂杖死福。镇守太监刘宁奏之，上诏逮韶。时玦亦奏庄、春等受福赂，庄、春等与韶俱就逮，命锦衣卫鞫。指挥马顺谓韶纳玦赂，玦奏庄、春等皆妄，皆韶所嗾，且韶尝称王振太监为乡亲，锦衣卫指挥王山、王林为侄，恃势逞威，凌压部官；莅任甫一载，狱囚为淹系死者百二十余人。百户史宣侄女已被选召，受赐归，韶托驸马赵辉、兵部侍郎徐琦逼之，取为妻，又僭买永嘉大长

公主府卧床。三法司坐韶斩,玞绞,庄及春等当复职,从之。韶屡陈冤,上不允,后十余日斩于市。(一六八,3246—3247)

八月壬戌,府军卫卒赵旺等自西洋还,献紫檀、香交、章叶扇、失剌勒叶纸等物。初旺等随太监洪保入西洋,舟败漂至卜国,随其国俗为僧,后颇闻其地近云南八百大甸,得间遂脱归。始西洋发碇时,舟中三百人,至卜国仅百人,至是十八年,惟旺等三人还。上赐之衣钞,令为僧于南京报恩寺。(一六九,3260—3261)

丙寅,镇守宣府少监赵琮奏其侄礼在边效劳,乞恩授职,上命授锦衣卫带俸所镇抚。(一六九,3262)

九月戊子,内使金荣等三(**此有遗字**)变其衣帽,潜出禁门,至密云县青洞口内剃发为僧,被缉事人擒获,锦衣卫鞫实以闻,上命诛之。(一七〇,3277)　　庚子,上谕礼部尚书胡濙等曰:“宗室,国之至亲,近闻内外官员有以事至王府者多方需索,以致窘迫。自今使臣至者,止许待以酒馔,余物一毫勿与之。若有仍前需索者,三司并巡按御史体实来闻,不分内外大小官员人等,正犯处死,全家发戍边方,其三司、御史知而容隐者治以重罪。尔即移文各衙门官员人等一体知悉。”(一七〇,3283—3284)

十月乙卯,命司设监太监吴亮侄江为锦衣卫百户,因亮叙年劳以请故也。(一七一,3287)　命少监林寿赍敕往赐甘肃总兵等官任礼、王敬、王喜、刘法贵,都御史马昂等,以哨闻口北烟火众多,虑有虏寇侵边,宜整兵以防不虞也。(一七一,3290)　　丁巳,大兴隆寺工完,赐督工太监尚义纻丝一表里、钞一千贯,工部右侍郎王永和纻丝一表里、钞五百贯,内官黎贤、主事蒯祥、把总作头工匠官军各赏钞有差。(一七一,3290)　　辛酉,迤北瓦剌遣正使太尉完者帖木儿、副使平章乌马儿等来朝,上命太监刘增迎劳之。(一七一,3292)

十一月丙戌,命宁阳侯陈懋佩征夷将军印,充总兵官,保定伯梁瑶充左副总兵,平江伯陈豫充右副总兵,都督佥事范雄充左参将，董兴充右参将，刑部尚书金濂参赞军务，统率在京神机、五军及浙江、江西等都司官军，太监吉祥、王瑾提督神机铳炮，征剿福建贼，俱降敕谕之曰："福建反贼邓茂七啸聚为乱，已敕都督刘聚剿之，但贼众军寡，未易扑灭。今特命尔等率京军二万人、江浙漕运军二万七千人往，合前调南京官军捣贼巢穴，以靖地方。尔其秉公正以率部属，严号令以一人心，赏罚必明，区画必谨，毋滥及良善，毋纵容奸恶，庶副朕委任之重。"（一七二，3302—3303）【考】《中官考一》云："此监枪内臣之始也。"然永乐、宣德朝已有内臣专管神机铳炮的记载，此非始也。　丙午，南京内府供用库奏在库旧白熟粳米二千五百石，支销不尽，恐日久陈腐，乞给付南京光禄寺备用。从之。（一七二，3315）

本年附

艺文·碑铭·宝塔寺圣旨碑

钦赐礼部札付碑记

礼部为寺额事，正统十三年十一月初九日，该司礼监太监范弘传："宰塔寺钦奉圣旨，与做宝塔寺。钦此。"钦遵。传奉到部，除钦遵补本送科备照外，拟合通行除外，合行札付本僧住持恪守清规，领众焚修，祝延圣寿，补报施行，须至札付者。礼字拾肆号，札付宝塔寺住持僧德玩。准此。正统十三年十一月十二日出给。大明正统十三年十一月十五日立石。

（碑在北京西城区乐坛西夹道。《北京图书馆藏中国历代石刻拓本汇编》第51册，第161页）

正统十四年己巳（1449）

二月甲寅，敕太监阮安、陈鼎行视自通州抵南京漕运水路。（一七五，3362—3363）　乙丑，户部奏光禄寺预计来年该用厨料，已行各处办纳，惟白砂糖、龙眼、荔枝系福建产有之物，今彼盗贼猖獗，道路阻绝，良民散亡，请暂停止；又福建屡岁厨料多未完结，

请悉蠲除。中官言宗庙、朝廷用不可缺,上命征之。(一七五,3370)

丁卯,辽东总兵官右都督曹义等奏:开原镇北山墩瞭见达贼,臣同太监杨宣督领官军追至鹁鸽觜,杀败贼众,擒获男妇六十名并牛马、弓箭等物。(一七五,3372)　辛未,掌(**掌疑为赏之误**)柜子山杀贼有功官军二千四百九十八人,左参将都督佥事石亨、内官韦力转等人银十两、彩段二表里,指挥千百户等官人绢二匹、布二匹,旗军人等人绢二匹,被伤官军赏仍加半。(一七五,3377)

乙亥,辽东总兵官右都督曹义等奏:广宁沿边累报烟火,臣等同太监亦失哈、提督军务右都御史王翱率领官军出境,遇见达贼,与之对敌,将士奋勇,杀败贼众。(一七五,3379)

三月癸未,宥户部尚书王佐等罪。先是,佐等以在京各马房岁用谷草皆河南、山东并北直隶人民上纳,今彼处连年水旱蝗灾,供给不敷,与内官阮忠、侍郎张睿等议,请以通州花园见堆秋青草相兼饲马。御马监丞李保住劾佐、忠、睿等擅改旧制。至是,命六部、都察院集议,以为佐等奏用秋青嫩草兼谷草饲马,今多枯黄陈浥者,当论其罪。上曰:"户部职掌国计,宜遵旧制。永乐、宣德间岂无灾伤?在京马俱饲以谷草,今佐等辄以杂草凑用,法本难恕,姑宥之,再不遵奉旧制,不宥。"(一七六,3391)　庚寅,辽东总兵官右都督曹义等以境外屡有警,同太监杨宣各率官军分出巡哨,义兵至广平山,遇达贼,生擒四十九人,斩首一级,宣擒六十人,俱械送京师。(一七六,3394)

五月丙戌,户部奏:"顺天府所属州县夏税例运口外并御马监交纳,今旱蝗相继,二麦无收,请以该输豌豆、红花子、大麦征纳本色,小麦准纳杂豆,俱存本处,其口外粮料以江南折粮银一十万两运赴宣府籴买备用。"从之。(一七八,3433)　壬辰,大理寺卿俞士悦等以春夏二时不雨,恐刑狱不清所致,请会审刑部、都察院狱以消天变。上命太监金英同法司堂上官审之,凡情罪重者类奏请裁,其在京内外各衙门久系囚犯,亦令具闻,因事锁镣办事、输作等项官吏军民匠役人等悉宥还职役，诓骗及窃盗三犯者充军口外，枷项者悉具情犯以闻。(一七八,3437—3438)【考】王世贞《中官考一》"案语"曰："此内臣五年审录之始也。出则赍敕张黄盖，骑导，于大理寺为三尺坛，中坐，尚书以下俱左右列坐。"《明史·金英传》："正统十四年夏旱，命英理刑部、都察院狱囚，筑坛大理寺。英张黄盖中坐，尚书以下左右列坐。自是六年一审录，制皆如此。"然沈德符考云："据王弇州(世贞)所纪，以为(内臣主审录)始于英宗朝，遣司礼太监金英是矣。但英之遣热审，在正统十四年，此见之实录者，与《会典》所记正合，其说似无可疑。惟王毅愍(文)传云正统六年，命大珰兴安同王文审重囚，则不始于十四年，并不始于金英矣。先朝典制俱付之传疑，非史官之责欤？"(《万历野获编》卷一八《刑部·热审之始》)沈氏又云："谳狱专属刑部，惟朝审则上请，例以吏部尚书主笔，所谓冢宰无所不统，最为近古。至五年大审，遣大珰一人莅之，则巍然正坐，而刑官夹侍左右，殊令人短气。今人皆谓起于成化十七年四月遣太监怀恩。及阅故相王毅愍(文)传，则正统六年辛酉，命中贵兴安审录两法司罪囚，文时为大理卿，于招情矜疑者悉能背诵，兴安叹服。则似不始于成化。又景泰六年乙亥二月，帝命太监王成(**按，当为王诚**)会三法司及刑科审录在京刑狱，及南京各省皆然。按是年既非丙、辛大恤之年，且二月又非热审之候，而以内官率刑官从事，盖又属创举。而中涓预闻诏狱，已非一日矣。"(《万历野获编》卷一八《刑部·朝审主笔》)【考】正统九年五月己未，命两京法司录囚，"三法司复援例请内官会录，不允。"法司所援者，正统六年之例，既不准，而正统十四年再命内官，遂为定例。其梗概如此。　　甲午，光禄寺少卿吕泰初为南京光禄寺丞任满，南京工部右侍郎吴政，钦天监副高礼，给事中刘华甫、卢祥、刘炜、张云翰，户部员外郎张鹤俱就光禄寺贺之。泰及寺丞姜胜等擅用官物，又官器置酒，且邀尚膳监内官黄桧以宴政等。至是事觉，下南京都察院鞫实，命俱宥死，倍征所食诸物输官，复其职，泰降为太仆寺寺丞。(一七八,3439)

六月辛酉，会昌伯孙忠、太监王瑾家人何文轩等以南京户部勘合征私负于浙江仁和等县，负者诣阙诉之。事下户部，请究治，上命锦衣卫官往执文轩等并南京户部该司官鞫治。(一七九,3460—3461)　甲子。先是,太监刘宁卒,上以宁田产俱给其母。至是,其母献顺圣川庄田六所,命以为牧地。(一七九,3463)　丁卯,四川会川卫儒学训导詹英言:"曩因麓川贼子思机发复扰边陲,皇上命将出师,往正其罪,而靖远伯王骥、都督宫聚等官不体上心,惟纵己欲,行李二三百扛,动役五六百人,将带彩币等物,密散都司等官,以邀厚利。却敢故违祖训,擅用阉割之刑,以进为名,实留己用。……"(一七九,3464—3465)　戊寅,上御左顺门,谓太保成国公朱勇等曰:"宣府、大同,国家防守切要重镇,尔等选精锐马步官军四万五千人,令平乡伯陈怀,驸马都尉井源,都督耿义、毛福寿、高礼,太监林寿,率三万往大同,都督王贵、吴克勤率一万五千往宣府,俱令在彼训练,养威蓄锐,以备不虞。或遇虏寇侵轶,即与总兵镇守等官相为掎[犄]角以击之。"(一七九,3476—3477)

七月癸巳,礼部奏居守事宜合如宣德五年钦定事例:一、近差行人等官赍诏往各处开读,还日合候车驾回京,通行进缴。一、在京在外凡有紧关重事,差人赍本赴行在奏请,其余常事奏本该科编收,候车驾回日通类奏请发落。一、各王府进贺表笺,礼部具手本送司礼监交收,差来人员发回。一、祭祀,该衙门预期奏,待报行礼。一、外国四夷人员进贡到京马匹,先送御马监收养,方物送会同馆顿放,候车驾回日通类具奏进收,使臣人等光禄寺支送下程。一、刑名笞杖徒流照例发落,死罪监候奏请。上悉从之。(一八〇,3489—3490)　是日,大同总督军务西宁侯宋瑛、总兵官武进伯朱冕、左参将都督石亨等与虏寇战于阳和后口。时太监郭敬监军,诸将悉为所制,师无纪律,全军覆败,瑛、冕俱死,敬伏草中得免,亨奔还大同城。(一八〇,3490)　甲午,车驾发京师亲征。是举也,司礼监太监王振实劝成于内,故群臣虽合章谏止,上皆不纳。命下逾二日即行,扈从文武吏士皆仓猝就道云。(一八〇,3491)　辛丑,车驾至宣府,风雨大至,边报益急,扈从群臣复交章请驻跸，王振怒，俱令略阵。（一八〇，3492） 壬寅，车驾次鸡鸣山，众皆危惧。上素以诸事付振，至是振益肆其威，成国公朱勇等有所白，膝行而前。振令户部尚书王佐、兵部尚书邝野管老营，佐、野先行，振怒，令跪于草中，至暮方释。钦天监正彭德清劝振曰："虏势如此，不可复前，倘有疏虞，陷天子于草莽。"振怒詈之曰："设若有此，亦天命也。"翰林学士曹鼐劝振曰："臣下命不足惜，惟主上系宗社安危，岂可轻进！"振终不从。时我师前进，虏寇渐退伏塞外。（一八〇，3492）

八月己酉，驻跸大同。王振尚欲北行，镇守太监郭敬密告振曰："若行，正中虏计。"振始惧。自出居庸关，连日非风则雨，及临大同，骤雨忽至，人皆惊疑，振遂议旋师。（一八一，3495） 庚戌，车驾东还。是夕次双寨儿，为营方定，有黑云如伞盖覆营上，四外晴明，须臾雷电风雨交作，营中惊乱，彻夜不止。初议从紫荆关入，王振蔚州人也，始欲邀驾幸其第，既而又恐损其乡土禾稼，复转从宣府行。（一八一，3495）【考】光绪《蔚州志》卷二〇《记五·杂记》："王振归蔚州祀墓，山西布政司石璞承奉惟谨。振悦，召代王奁为工部尚书。案：振先墓在城西薄家庄，振即庄人。" 辛酉，车驾次土木。先是，每夕驻跸，必预遣司设监太监吴亮相度地势。至是，振以军失利惭恚，即止于土木，地高无水，掘井二丈余亦不得水，其南十五里有河，已为虏所据，绝水终日，人马饥渴。虏分道自土木旁近麻峪口入，守口都指挥郭懋力拒之终夜，虏兵益增。（一八一，3498） 壬戌，车驾欲启行，以虏骑绕营窥伺，复止不行。虏诈退，王振矫命抬营，行就水。虏见我阵动，四面冲突而来，我军遂大溃，虏邀车驾北行。中官惟喜宁随行，振等皆死，官军人等死伤者数十万。（一八一，3498—3499）【考】王振之死，说各不同。傅维鳞《明书·王振传》载英宗之言曰："振为寇所杀，朕亲见之。"此说亦见清人西周生小说《醒世姻缘传》第一五回："王振狠命的撺掇正统爷御驾亲征，蒙了土木之难，正统爷的龙睛亲看他被也先杀得稀烂。"然《明史纪事本末》卷二九《王振用事》载:“护卫将军樊忠者,从帝旁以所持棰捶死振。”黄景昉《国史唯疑》卷三:“闻振实为护驾将军懋忠以所持瓜捶死。”按,樊、懋或为一人。又智化寺存《英宗谕祭王振碑》云:“车驾北征,振以腹心扈从,将臣失律,并以陷没,即引刀自刎。”《明史·王振传》言:“瓦剌兵追至,师大溃,帝蒙尘,振乃为乱兵所杀。”　癸亥,时京师戒严,羸马疲卒不满十万,人心汹汹,群臣聚哭于朝,议战守,有欲南迁者。尚书胡濙曰:“文皇定陵寝于此,示子孙以不拔之计。”侍郎于谦曰:“欲迁者可斩。为今之计,速召天下勤王兵以死守之。”学士陈循曰:“于侍郎言是。”众皆曰:“是。”而禁中尚疑惧。皇太后以问太监李永昌,对曰:“陵庙宫阙在兹,仓廪府库百官万姓在兹,一或播迁,大事去矣。独不监南宋乎?”因指陈靖康事,辞甚切。太后吾[悟],由是中外始有固志。(一八一,3509)【考】《明史·兴安传》:“秋,英宗北狩,中外大震。郕王使(金)英、(兴)安等召廷臣问计。侍读徐珵倡议南迁,安叱之,令扶珵出,大言曰:‘敢言迁者斩!’遂入告太后,劝郕王任于谦治战守。或曰叱珵者,英也。也先入寇,至德胜门,景帝敕安与李永昌同于谦、石亨总理军务。永昌,亦司礼近侍也。”《英宗实录》卷二三一,景泰四年七月丙子,追记此事云:“先是,北虏之难,京师震惊,有荐(徐)珵才者,召入问计。泣曰:‘验之星象,稽之历数,天命已去,无能为矣,莫若请幸南京。’尚书胡濙、于谦、陈循等力以为不可,太监兴安厉声叱珵曰:‘祖宗陵庙在此,将谁与守?’珵大惭而出。寻有诏,凡主南迁者必处以死。”

甲子,上遣喜宁至京,同通事岳谦等赍所需金珠、彩币以往。(一八一,3510)　丁卯,司礼监太监金英传奉皇太后圣旨:“今立皇帝庶长子见深为皇太子,该衙门便整理合行事宜,择日具仪以闻。”(一八一,3512)　己巳,上命袁彬入大同城取赏赉物,得武进伯朱冕、西宁侯宋瑛、内官郭敬家赀及三人蟒龙衣并指挥、千百户所共出衣服、彩段以赐也先等。(一八一,3517)　庚午,(郕)王御午门左门,都察院右都御史陈镒合诸大臣廷启曰:“尝谓擅政专权者尚难逃于显戮,陷君误国者当速寘于严刑,论十恶莫加其罪,虽万死犹有余辜,天地不容,神人共怒。切照司礼监太监王振，本自刑余，幸居内侍，素无学问之益，岂有经纶之才，误蒙圣上眷顾之隆逾于师保，倚托之重过于丘山。为振者自合竭诚守分，以图补报，岂期恃宠狎恩，夺主上之威福，怀奸挟诈，紊祖宗之典章，每事不由于朝廷出语，自称为圣旨，不顾众议之公，惟专独断之柄，视勋戚如奴隶，目天子为门生，中外寒心，缙绅侧目。卖官鬻爵则贿赂大行，恣毒逞凶则诛杀无忌，孕妇被剖，童稚遭屠，伤天地之至和，致宫殿于回禄。迩者胡寇犯边，止宜命将讨罪，缘振乃山西人，因见大同有警，逼胁圣驾亲征，备历艰危，躬冒矢石。既欲保全其家，又欲光幸其第，增一己之威势，屈万乘之尊严。彼时文武群臣恐陷不测之祸，上章恳留，皇上畏其强愎不臣，不得已而强行。舆论皆欲驻跸宣府，被振逼胁，直抵大同。兵柄在其掌握，总戎惧其威权。亲信小人钦天监官彭德清不择善地驻扎，以致逆虏犯跸，邀留乘舆，扈从官军肝脑涂地。宗社为之震惊，臣民为之痛愤。原其罪恶，虽殄灭其族，籍没其家，亦不足以上回列圣在天之怒，下雪全师覆没之冤。况振一门贵盛，素无汗马之劳，屡肆奸回，尤甚指鹿之衅。驰马入正阳门，蓄跋扈不轨之心。度僧住隆恩寺，皆奸诈无赖之辈。擅杀谏官则刘球之忠良受害，怒诛大臣则齐韶之处决非时。兵马范质为挟私仇而枷项，御史李俨因嗔不跪而充军。及柴文显等固有难容之罪，过施惨酷之刑。指挥受其棰楚几死，内官被其非法加诛。所厚太监郭敬私遗胡寇兵器则潜为蒙蔽，所任尚书王骥远征麓川无功则略不加罪。欲使其侄王山专锦衣之柄，故遣指挥徐恭为南征之行。管家内官陈玙为其聚敛珍货，侔于府库。上天谴戒，焚其私藏，振恬不知畏，怙奸稔恶，愈肆贪婪，广置塌房、庄所、田园、马坊，侵夺民利，不输国课。信用无籍之徒，多为家人名色。倍支官盐，船挂黄旗，府县官员望风拜跪。委任匠役等辈，挟其声势出入其家，求谋请托，遂至豪富。纵侄王林等淫乱暴横，强抬良家子女，夺占邻家地基，甚至搬抬官物出入朝门，守卫官军不敢盘诘。邪佞投之则生，善良悖之则死。勋臣多结为姻亲，勇士悉布为牙爪。养群马于内厩，僭服用如尚方。侄妇之丧，孙妇之葬，越礼制而犯分，虽王者莫能及。罪恶滔天，擢发难数；怨声动地，粉骨莫偿。虽三尺之童，恨不寝其皮，饮其血；六军之众，皆欲刳其心，剖其肝。虽汉之石显，唐之仇士良，宋之童贯，罪恶未有若此之甚者也。臣等切思天下者祖宗列圣之天下也，由此奸贼，几至倾危，若不明正典刑，则亲王宗室及四海臣民皆痛心扼腕，宁无异议之可虑乎？复恐此贼潜匿偷生，乞令诸司缉捕得获，万锉其尸，以伸天下之愤，以释神人之怒。仍将其九族诛夷，籍没家产财物宝货，给付阵亡之家，发其祖宗坟墓，暴弃骸骨。庶几可以固臣民之归心，鼓三军之锐气，剿逆虏之强暴，解圣驾之拘留。宗社复安，端在于此。不然，无以警戒将来，人皆解体矣。"六科、十三道亦有言。王曰："汝等所言皆是，朝廷自有处置。"言甫毕，百官皆趋进跪，恸哭不起，扬言曰："圣驾被留，皆振所致，殿下若不速断，何以安慰人心？"锦衣卫指挥马顺喝逐百官，给事中王竑奋臂捽顺发，啮其肉曰："顺倚振肆强，今犹若此，诚奸党也！"百官争捶死顺，且请籍振家。王准言，众犹哭未退，守卫士卒亦泣下。王起入，令太监金英问所欲言，咸曰："内官毛贵、王长随(**广本作王贵、毛长随**)亦振党，请寘诸法。"遂于门隙中出二人，又捶死之。寻执王山至，众相戒勿捶死，使伏法，遂缚山赴都市凌迟处死。王令谕曰："国家多难，皆因奸邪专权所致。今已悉准所言，置诸极刑，籍没其家，以谢天人之怒，以慰社稷之灵。尔文武群臣务须各尽乃职，以辅国家，以济时艰。"百官乃拜而退，曳弃顺等尸于道，军民犹争击不已。百官请籍顺及毛贵、王长随家，王令免籍。(一八一,3520—3525)【考】高岱《鸿猷录》卷一〇《己巳虏变》："十八日，皇太后诏百官入议，命郕王权国事于午门，南面见百官启事。立皇子讳为皇太子，诏告天下。数日内外汹汹，兵部侍郎于谦等请治王振罪，王谕百官徐处之。谦等执奏：'振倾危社稷，罪恶滔天，不即典刑灭族，百官死不敢退。'因哭，声彻中外。王起入，内使将阖门，众拥谦等随入。有令旨籍没振，遣指挥马顺往。众曰：'顺，振党也，宜遣都御史陈镒。'时太监金英传旨，令百官退。众欲捽殴英，英脱身入。"众毙马顺，"又索振党内使毛玉等二人[①]，英捽令出，亦击杀之。……陈镒奉令旨籍没振并其党彭得[德]清、陈官等家。振第宅数处，壮丽拟宸居，器服珍玩，尚方不逮，玉盘径尺者十面，珊瑚高者七八尺，金银十余库，马万余匹，皆没官。脔(王)山于市，族属无少长皆斩。振暨山弟林等，皆从驾死于虏。"《宪章类编》卷三六引凌翰语曰："国家阉宦实与公孤之权相盛衰。天子早朝晏退，日御便殿，则天下之权在公孤；一或宴安是怀，相臣不得睹其面，则天下之权在阉宦。盖公孤虚侍君侧，累日积月，朝钟不鸣，章疏之入司礼监文书房，则主之可否时出于内批，公孤不得而与矣。故三杨在宣宗时言无不售，至英宗初则拱手唯命，莫如之何。盖宣宗则日临群臣，躬揽庶政，故与公孤亲，而权在公孤；英宗初政，颇事燕闲，故与阉宦亲，而权在阉宦。一人之身，前后所遭如此，国家政权所寄之由也。"　　壬申，总督独石等处备御都督佥事孙安言：先有敕，命都指挥赵玫守备独石，杨俊守备马营，夏忠守备龙门卫，署都指挥鲁瑄守备龙门千户所，臣同少监陈公总督，四处备御。即今贼势甚多，军力甚少，若分守恐难御敌。王令陈公、孙安、赵玫、杨俊率所领官军来居庸关外驻扎，为京师声援。(一八一，3526)　　甲戌，镇守宁夏太监来福及总兵官都督佥事张泰言："近奉恩例赏赐常操备敌官军银人一两，然轮流守瞭并新选随军守把门禁关隘者亦皆效劳，因不常操，不与恩例，岂不觖望？乞准补赏为便。"从之。(一八一，3530)

乙亥，总督独石等处备御右少监陈公等言：达贼万余围龙门城，云是阿剌知院遣我等来讲和，因系书于矢，射入城内。……下兵部议，佥谓虏情谲诈，不可轻信，乞行昌平伯杨洪等严饬武备，相机战守，务在合宜，以图成功。从之。(一八一，3532—3533)　　南京兵仗局启："本局见造军器一百二十六万，先为南京兵部取

---

① "毛玉"等二人，馆本实录作"毛贵、王长随"，广本作"王贵、毛长随"，《明史纪事本末》作"毛、王二人"，《国榷》作"毛贵、王某"。"玉"当为"王"之误。又景泰元年四月丙申，镇守浙江太监李德奏言，云捶死"长随内使王贵"，是"王长随"者亦名"贵"。

去军匠一千七百余名，乞仍送本局协造。”从之。　令籍没太监郭敬、内官陈玙、内使唐童、钦天监正彭德清等家，以皆王振党也。(一八一，3533)　丙子，都察院言：“本院收监犯人王振家属二百六十余口，数内多有给配不应死者，缺食将死，乞以没官米每口日给一升养赡，候发落日住支。”从之。(一八一，3535)

本卷附

史事·王振事迹

许浩《复斋日记》卷上：“一日退食入侍，问萧声，吹箫者以振至走匿。振追之，叱曰：‘尔事皇上，当进正言，谈正事，以养圣德，而乃以此淫声惑上听乎？’杖之二十。”“一内侍给上梳栉久，乞恩。上欲授以奉御，以谕振，振曰：‘官所以待有功。此贱技微劳，赏以金帛可也。’卒不与。”①

史事·宦官与寺庙

胡滢《重修大同县儒学记》：“(**右佥都御史罗亨信来抚宣、大，适正统八年春**。)乃谋于参理戎务户部右侍郎沈固，(**欲兴复儒学。略**。)复告于镇守太监郭敬，奉御葛延、马庆，总兵官武进伯朱冕、参将石亨。(**兴建略**。)今蒙巡抚重臣、镇守中贵、总戎边将通力合作，共成其功。”(嘉靖增修《大同府志》卷一四《文》)

乾隆《甘州府志》卷五《营建·坛庙》：“土佛寺，城西十里，正统六年太监王贵、指挥杨斌建。”

《八闽通志》卷七五《寺观》：“(侯官县)地平瑜珈教寺，在乌石山之北。元至正十七年建。国朝正统间镇守奉御来住重修。景泰六年奏改名法禅寺，俗呼地平堂。”

---

① 许浩谓王振“闲[闭]邪纳诲，以成英庙盛德，不为无补”。《四库全书总目提要》卷一四三《子部·小说家类存目·复斋日记》责之为“纰缪殊甚”。

卷四中

景帝景泰朝(1449—1456)

正统十四年九月壬午,六科、十三道劾僧录司右觉义龚然胜、道录司右玄义王道宏、锦衣卫镇抚周铨、匠人沈诚、小旗张伯通俱赂指挥马顺引进,出入王振家,漏泄机密事情,以致人皆畏惧,请托盈门,家道巨富。及振从征,又与振照管家财,请寘诸法。法司议罪,俱应斩。王令宥死,然胜、道宏降为僧道,铨降总旗,诚、伯通俱着役。六科、十三道复交章言宜正典刑,籍没家产。王曰:"趋振门求进者不少,若尽加穷究,不可胜诛,其姑置之。"(一八二,3543—3544) 巡抚山西右副都御史朱鉴奏:"也先诡诈百端,其所获盔甲、器械、金银、锦段、牛羊骡马等物,动数十万,到处搜山,杀掳军民男妇亦数十万。今尚在关外扎营,假以结亲为由,遣使来京,觇我虚实以报彼酋,通我达军以图内应,假以送驾为名,觊得开关迎接。我欲出兵拒抗,彼则指驾为辞,其谋既深,我虑宜远。为今之计,宜暂停中贵监军之制,假总兵以生杀赏罚之权,使为将者志无所挠,计有所施,重整漫散之兵,复募壮勇之士……曩者江南草寇生发,皆以诛王振为名,自侍讲刘球之死,中外皆以杀谏官为讳,为厉之阶,莫甚于此。古人云:'事归朝廷则治,事归宦官则亡。'自秦汉唐宋以来,丧位失国之君,未始不由于此也。中间贤如王昭德者流芳百世,恶如仇士良者遗臭万年。君纵可欺,天必不容。经曰:'开国承家,小人勿用。'传曰:'小人之使,为国家灾害。'并至诚哉,是言!昔太祖高皇帝与群臣议事,必屏去左右,恐泄事机,有妨国政。伏望圣母陛下、郕王殿下速为主张,急议边兵,选智勇之将,托忠义之臣,开直谏之路，杜权势之门，凡有军国重事，委之文武大臣，公同计议而行。如斯，事必有济。苟或仍用奸邪，复窃政柄，外寇不发，内衅必生，可不慎欤？臣闻权臣在内，功必难成，然君父之仇不共戴天，今皇上被留贼庭，臣下当死草野，岂暇顾惜身家，苟全性命哉！驰情苦谏，伏地待罪，倘或念臣愚忠，使奸邪之徒敛迹，忠良之士类兴，臣虽即刻瞑目，敢见先帝于地下矣。臣前任参政，不居言路，今忝宪台，岂敢缄默。”奏入，王嘉纳之。(一八二，3544—3547)

南京翰林院侍讲学士周叙奏：“……谨陈刍荛之言，条列于后，伏乞览鉴：一曰励刚明。君上之德贵于明而尤贵乎刚，明则物无遁情，刚则事不牵制，全是二者，乃克有济。《易》曰‘刚健’，《书》曰‘钦明’。古昔圣哲，允励乎此，故能驾驭英豪，平治宇内。前此奸臣蔽主之明，权移于下，致兹祸败。殿下睿质天赋，至刚至明，如断马顺之事，中外震慑称快，伏乞益加奋励，不懈初终。(**二曰亲经史，三曰修军政，四曰选贤才，五曰安民心，略**)六曰广言路。在昔尧舜大圣，询于刍荛，好问好察，故治底无为，人乐熙皞。诚以一人之知见有限，天下之事变无穷，能集众善则举措克当，故历代君臣听言则治，讳言则乱，史籍可鉴。前此内臣王振肆奸擅政，杀害忠良，中外屏息，不敢出口。兹遇殿下受监国重寄，系宗社生民之托，当明目达聪之时，伏乞再申教令，许人人建白，不拘忌讳，惟裁择可否施行幸甚。七曰谨微渐。臣自永乐以来，叨职班行，伏见列圣临御之时，早朝大班既退，即于门上说事，各衙门官轮流向前，商榷政务，罄尽所言，人怀畏惮而事机不泄。自正统以来，王振擅权，独立在旁，于是群臣不得召对，或有召对亦不敢详尽，以致今日之祸。恭惟殿下监国亲政，宜复旧章，凡各衙门官务令各向前说事，止与敷对者相知，他人皆不能预闻，庶得吐露肝胆，陈布嘉谋。殿下亦须秘重，毋少宣泄，或令辅弼大臣隔日随从，于皇太后帘前奏决大事，以权一时之宜，庶国是有归，中外有赖。八曰修庶政。天下一统，万机日臻，孰非当理，但事有重轻，势有缓急，况今弊政之余，尤难为功，得不思其紧切者施之哉！如选任大臣以端治本，严明赏罚以耸观听，崇奖御史以振纪纲，革罢监军以专委寄，讲求屯种以省馈饷，辑睦亲藩以厚宗支，旌表忠节以作士气，限禁僧道以来召募，革去罚赎以澄贪浊，禁抑权贵中盐以通商贾，招降各处寇盗以安反侧，修理水陆道路以便驿运，整搠腹里军马以备不虞，似此尚多，宜令预政大臣逐一详审，条列施行，则内修外攘，大仇可复，邦国奠安矣。"王嘉纳之。(一八二,3549—3553)

九月癸未，上在迤北，郕王即皇帝位，尊上为太上皇帝。(一八三,3555)　奉书叔祖岷王楩，曰：(略。)是日分遣内官奉白金、彩币表里遍告各处亲王宗室，悉如前书之言。(一八三,3562—3563)　甲申，法司疏奸恶王振同居异姓之人皆当斩，帝曰："振倾危社稷，罪恶深重。但朕即位之初，体天地生物之心，姑屈法伸恩，但系振本宗，不问大小皆斩首以徇，妇女给付功臣之家为奴，其家人、阍者宥死，杖一百，发戍边卫。"(一八三,3564)　乙酉，兵部言："辽东提督军务左都御史王翱、总兵官都督曹义、镇守太监亦失哈等奏报，达贼三万余人入境，攻破驿堡屯庄八十处，虏去官员军旗男妇一万三千二百八十余口、马六千余匹、牛羊二万余只、盔甲二千余副。义等失机之罪虽在赦前，亦难容恕。"帝曰："守边为急，且免其死，翱、义俱罚俸半年。"(一八三,3566)　丙戌，镇守大同太监郭敬下狱。初，敬素与王振厚，递年多造钢铁箭头，用瓮盛之以遗瓦剌使臣，也先每岁用良马等物赂振及敬以报之。宋瑛等阳和之败，又由敬专制所致。太上皇帝至大同，百官劾敬失机，振诈传圣旨不问。至是，敬家已籍没，敬潜回京，法司执鞫，罪当凌迟处死，命固禁之。(一八三,3567)　戊子，吏部听选知县单宇言："朝廷命将出师而用太监监军，故将权不专，反为所制，遇有贼寇，战守无计，宜尽革之。"不从。(一八三,3569)　庚寅，升巩昌府知府韩福为右佥都御史，参赞宁夏军务，从太监来福奏保也。(一八三,3571—3572)　甲午，大理寺右少卿张骥卒。……戊辰,福建、浙江盗起,命骥往抚捕,贼平,命同太监李德、新宁伯谭璟镇守浙江。是岁召还京,行至富阳得疾卒。(一八三,3578—3579)　乙未,赏南京守备并各处镇守总兵等官一百四十八人:太监赵琮等人银五十两、纻丝三表里,袁诚等人银四十两、纻丝二表里,李德等人银三十两、纻丝二表里,内官郁永等各银二十两、纻丝二表里,内使各银十两、纻丝一表里;黔国公沐斌、丰城侯李贤等、应城伯孙杰等、都督曹义等各银五十两、纻丝三表里,都督郭登等各银四十两、纻丝三表里,永康侯徐安、安乡伯张安等各银四十两、纻丝二表里,都督朱谦、都御史王文、侍郎徐琦各银三十两、纻丝二表里,都督佥事王斌、都指挥郭英各银二十五两、纻丝二表里,都督武兴、侍郎刘琏、副都御史罗亨信、佥都御史邹来学、都指挥赵玟等各银二十两、纻丝二表里,都指挥钱义、按察使曹泰、参政袁锭、参议陈敏等各银十五两、纻丝二表里,佥事姜永、寺丞李奎、郎中罗通等各银十两、纻丝二表里。(一八三,3579—3580)　丁酉,吏部听选知县单宇言:……又言轮班、住坐匠多为内官卖放,办纳月钱,乞悉送工部成造军器。疏入,命礼部会官议之。(一八三,3583)　壬寅,敕镇守宣府太监赵琮等:"尔等为朝廷守边,所当务者惟知有宗社为重而已。虏情难测,设有真情送驾,回京人马若止五七骑或十数骑,可听其自来,如或大举,必非真情。尔等从长计议,或事袭击,或用固守,务出万全,尔等慎之。"(一八三,3588—3589)【考】赵琮寻取回,升太监,掌尚膳监,成化三年卒,实录此后无事迹,墓志见本年附。　丙午,刑部主事刘锴奏乞敕都察院录王振罪恶,榜示天下,以释人心之怒。从之。(一八三,3607)

十月戊申朔,是日,虏众复奉上皇至大同东门,也先遣得知院及太监喜宁、通事指挥岳谦到城下,言今送上皇回京,若不得正位,虽五年十年务要仇杀。谦密言虏情叵测,于是知府霍瑄从水窦出见,控上皇马,献鹅、酒等物。上皇密谓之曰:"汝去,与郭登说，固守城池，不可开城门。”(一八四,3612)　　己酉，御马监少监跛儿干伏诛。跛儿干本降虏，给事宫禁数十年，及土木之败，即助虏反攻，射内使黎定，既又为虏使来，有所需索。命执而诛之。(一八四,3614)　　庚戌，造功赏牌，分奇功、头功、齐力三等，以文臣主之。凡战，挺身先行突入阵中斩将夺旗者，与奇功牌；生擒达贼或斩首一级者皆与头功牌；其余虽无前功而被伤者，与齐力牌。贼平，视此论赏。从太监兴安奏请也。(一八四,3615)　　丙辰，是日，喜宁引虏骑攻紫荆关，副都御史孙祥与之相持四日，虏潜由他道入，腹背夹攻，关破，祥死之。(一八四,3627)　　戊午，虏众奉上皇车驾次卢沟桥[1]，果园署官以果品进。上皇命袁彬作书三封奉皇太后及弟皇帝及谕文武群臣，通报虏情，俾固守社稷。遣岳谦同虏使纳哈出至彰义门外答话，谦为官军所杀，纳哈出奔回。也先遂列阵至西直门外，上皇御幄止于德胜门外。帝敕武清伯石亨、尚书于谦等：“今高礼、毛福寿领军于彰义门北杀退贼三百人，生擒一人，尔等即选精兵于教场驻扎，以便调用，自都指挥而下不用命者斩首以徇，然后闻奏。”遂敕太监兴安、李永昌往同石亨、于谦等整理军务。(一八四,3629—3630)【考】王世贞《中官考一》云：“此内臣总京营兵之始也。”　浙江奏：“处州府贼虽听招抚，然兵器未尽送官，所虏人口未尽给主，意在佯为顺服，以缓我师，恐班师之后仍肆杀掠。乞命镇守太监李德总领(抱本领作督)军务，大理寺少卿张骥为之参佐，推选能干头目领军操备。”诏李德及副都御史轩輗推选浙江都司堂上能干官一员去处州，如果贼势未靖，奏来处置。(一八四,3630)　　己未，钦天监监正彭德清死狱中，命仍斩其首。德清坐党王振，匿天变不奏，及从征，不择地利处驻师也。(一八四,3632)　　辛酉，王敬、武兴与虏战于彰义门外，兴以神铳列于前，弓矢短兵次之，报效内官数百骑列于后。虏至，以

① 卢沟桥，或作“芦沟桥”，皆从原文。

神铳击却之，报效者争功，自后跃马而出，阵乱，虏众乘之，遂败。虏逐至土城，兴中流矢死，居民皆升屋以砖瓦掷之，虏少止。王竑、毛福寿往援，虏遥见旗帜乃遁。(一八四，3635)　甲子，南京守备太监袁诚、丰城侯李贤等言："火器，军中利器，乞令每队给手铳四把，选教师演习。又军士操练皆自备军器，内府收贮者一有关支，必须奏闻，自后警急，可令随便关给，庶不误事。"从之。(一八四，3642)　丙寅，敕守备居庸关少监潘成、副都御史罗通、署都督佥事杨俊："前敕尔俊领兵来京，今贼已遁，尔俊仍在关守备，已敕运银二万两、胖袄二万副前赴罗通处给赏官军。又闻余寇近关劫掠，此必强盗假为达贼以掠人者，尔俊其擒剿之。"(一八四，3643—3644)【考】居庸关内臣乃土木之变后添设。万历《重修居庸关志》卷五《官司·守关内臣》："居庸在京师之北，自秦汉唐宋以来，惟戍以兵。洪武二十三年，都指挥吴玉镇守。正统己巳(十四年)，北虏犯顺，景泰年间乃添设都知监左少监潘成，与外镇守官协守，以镇重地。弘治初年革去镇守，改都知监太监赵宽、都指挥杨能为分守。正德己巳(四年)后，以内官监太监王兢、都指挥张柏为镇守。越一年，仍改分守。正德六年，以太监李嵩与都指挥佥事孙玺协同分守居庸。一十三年后，右少监姚政继任。嘉靖十年，巡关御史余鐍建议裁革内臣，止用都指挥一员。"又，沈德符《万历野获编》卷一《景泰初赐边臣敕》："至(八月)二十八日，令旨谕镇守居庸关内臣潘成、都指挥孙斌、员外郎罗通：'今得镇守大同等官报，虏寇围拥一人到彼城下，称是至尊，都出朝见，及与银两、缎匹赏众等因。此等无谋无知之人，听其诈诱，已令人去责他，不许再蹈前失。谕至，尔等只依前谕，不可如彼轻信。中国惟知社稷为重，尔守将等只知为国守关为重。今后若有此等不分真伪，切不可听虏诱诈。慎之慎之。故谕。'上钤郕王之宝。……罗通寻升右副都御史，总督军务，赐敕，遂居内官潘成之前矣。"

出御马监马以驾战车。(一八四，3644)　庚午，旗手卫百户朱忠奏成国公朱勇、镇远侯顾兴祖、修武伯沈荣党王振为奸，请如淇国公丘福丧师塞外例，俱族诛之。帝曰："事在赦前，其勿论。"(一八四，3648)

十一月戊寅，升浙江按察司佥事陶成为本司副使，以九载任满，镇守中官举留也。(一八五,3666)　庚辰，官军获虏谍者三人，其二人太监喜宁家奴，其一人忠勇伯把台麾下指挥使安猛哥也。宁自土木随侍上皇，把台战败降虏，俱为虏用。虏之遁去也，谋明年春夏复入寇，故使三人者来觇，且嘱猛哥潜约都指挥石连台率素所厚将军为内应。法司鞫三谍者得实，命斩之，籍宁家，把台家置不问，恐降胡惊疑者众也。(一八五,3669)　壬午，命户部左侍郎掌光禄寺事奈亨致仕。亨坐擅以御厨物供太监王振及不法等事，法司当以徒罢职。帝悯其年老，俾致仕。刑科给事中林聪劾亨险邪小人，附王振得职，亚六卿，又夤缘入其子为中书，请以党恶行诛。帝曰："事在赦前，其仍令致仕。"(一八五,3675—3676)

乙酉。先是，暹罗、爪哇、占城诸国贡使还，例遣官诣广东设宴及措置沿途饮食供应等事。至是，左参议杨信民言："广东番夷往来，既有内使专统其事，又有镇守、巡按、三司等官，令其待宴足矣，乞免差京官远行陪宴之礼。"从之。　丙戌，总兵官宁阳侯陈懋献净身幼男一百八人。(一八五,3679)　壬辰，左副都御史杨善请铸两头铜铳，每头置铁弹十枚，以继短枪，短枪尽，贼必乘隙，即举铳，所伤必众。命兵仗局铸造式样试验之。(一八五,3691)　癸巳。旧制，凡传奉圣旨诸司奉行者，以所得旨意具本覆奏送科，惟光禄寺但附录文簿。及奈亨得罪，言者谓亨常私馈太监王振，诈称奉上皇圣旨，日给振酒馔。法司查无覆本，当以诈传诏旨之罪，请自是每事覆本如诸司。本寺卿齐整言："所司事冗，中旨处分日每十余至，若逐一覆本，不惟文书不胜其繁，抑且琐碎，上烦听览，乞仍旧附录为便。"从之。(一八五,3692)　丁酉，镇守浙江太监李德往处州抚贼，贼投书言提督银场御史李俊激变状，德遂奏俊擅枭□贼，斩军士，又或割贼一耳纵去，得贼妇女即以配军，且辄笞辱军职官。俊亦自陈拒贼守城之劳，云德憾臣不善逢迎，禁其需索，故诬陷臣。章下三法司，以为处州卫官军二千余常疏俊功，请升官镇守。今德乃据贼书有是奏，恐贼反间，未可即罪，宜更命御史代俊归。命副都御史轩輗同三司核实以闻，既而具得德诬状，命两宥之。(一八五，3700—7001)　　乙巳，命掌浙江都司事署都督佥事张真实授前职，镇守浙江，从太监李德奏请也。(一八五，3706)

十二月辛亥，是日，上皇在瓦剌老营，喜宁与也先议，欲南侵。袁彬言天寒不可去，也先怒，欲杀彬。上皇使人谕也先。既而也先自率众掠宁夏，期月始回，献野味于上皇。(一八六，3717)

壬子，辽东百户施带儿见获于虏，泄我虚实，且数为虏使，张其声威。尝致虏酋意于镇守太监亦失哈。既而虏退，带儿脱归，巡按山东御史刘孜收鞫之，坐斩。孜因言亦失哈本海西人，虏犯广宁，亦失哈禁制官军不使出击之，反状昭然；况在边久，收养义男家人，隐占军余佃户，动数百计，如不早图，实遗边患。疏闻，诏坐带儿罪，置亦失哈不问。(一八六，3717—3718)　　甲寅，敕居庸关及宣府、大同等处诸边将曰："自土木师溃之后，也先累言送上皇还京……今闻又以送驾为名，显是欲来窥伺边境，倘彼复来，尔等其念宗社为重，固守城池，拒绝勿纳，毋堕虏计，以误国事。如其送上皇来，有喜宁随行，尔等先诱喜宁入城，即时杀之，枭首示彼，以见拒绝之意。如喜宁不来，必是欺诈，必无上皇，其仍前固守，拒绝勿纳。"(一八六，3719)　　乙卯，辽东广宁卫军罗绮自陈先为大理寺丞参赞军务宁夏时，为马顺希太监王振旨妄以贪淫论充军，乞暂调警急处戴罪自效。不允。(一八六，3721)　　丁巳，行人司行人陈浩奏："旧制，亲王妃并郡王妃薨逝，礼部奏遣中官致祭，行人主行丧葬礼仪；各王府仪宾歿，亦遣行人谕祭。今公务冗丛，差遣不敷，矧边务警急，驿传供亿艰难。乞敕今后亲王、郡王妃薨及仪宾卒者止遣中官并所在官司遣官致祭，俱不必遣行人。"从之。(一八六，3729)　　戊午，顺天府昌平县儒学增广生员马孝祖言四事："一、养圣心。……至于所用内臣，尤宜择谨厚者以备使令，不可用轻浮逢迎之徒以荡圣心。若先儒所谓接贤士大夫之时多，亲宦官、宫妾之时少，则自然德性涵养而气质变化矣。……”(一八六，3730—3732)　己未，吏部听选知县黎近(**抱本近作连**)言四事：“一、臣闻自昔圣帝明王必有盛德元老大臣相与坐论道德，开陈义利，以臻至治。近年上皇虽有经筵之设，不过稽颡，一讲辄退，讲者不能尽其余辞，听者不能悉其蕴奥，以故先王政教有所未举，祖宗成宪有所未修，天下利害有所未闻。及北伐罔功，天步少艰，论者始咎太监王振专权误国，则已无及矣。今内臣之贤达老成者必皆知振之罪，能惩覆车之戒而无复有所壅蔽矣。伏愿皇上日就便殿，召致文学大臣及翰林等官素有德望者，更番入侍赐坐，从容讲求天理人事之蕴，推明彝伦纲常之道，博究古今治忽之由，洞彻经纶赞化之妙，政无大小，皆断自宸衷，庶几圣德日新，睿识益广，而不复有偏见窃权之患矣。……一、我朝之初，慎重法律，各有攸司，故刑皆当罪，人无怨尤。且如风宪，本纠劾百僚之司，刑部乃问理狱讼之庭，大理寺为参驳刑狱之所。至永乐间，事之重者或送锦衣卫讯问，盖亦恐有冤耳。自太监王振专国，官无大小，事无轻重，悉送锦衣卫镇抚司拷讯，遂使掌司事指挥马顺得以阿比权势，高下其手。是以翰林侍讲刘球以直谅而死，监察御史李俨以不屈而贬，负屈衔冤，比比而有。乞今后大臣有犯重罪，或皇上亲赐推问，或命六部、都察院堂上官会勘，奏请处分，如此则刑狱清而待臣下之礼得矣。”章入，命礼部会官议之。(一八六，3733—3737)　癸亥，印绶监奏：查得七月间随营带去行在五军、六部、都察院银印并直隶巡按①等处监察御史铜印共十一颗，于正统十四年八月十五日失陷无存，乞敕该部补造送监。事下，礼部尚书胡濙等以为除巡按直隶等处监察御史铜印九颗行文铸印局补造外，其行在五军、六部、都察院银印十二颗合于内

① 直隶巡按，应作“巡按直隶”。

府给银造之。帝曰:“正统六年以前行在五军、六部、都察院印十二颗见存,今后扈驾出巡,令各衙门领用,不必补造。”(一八六,3743)　丙寅,大同左卫总旗夏回生上章,欲擒杀喜宁,及率壮士数十人出境烧荒,潜劫贼营。诏从其请,给冠带以奖之。(一八六,3745)　甲戌,升宁夏前卫指挥同知李玉、指挥佥事任信俱署都指挥佥事事,领兵备边,从镇守太监来福等奏请也。(一八六,3764—3765)　丙子。先是,虏寇陕西,镇夷总兵官宁远伯任礼、太监刘永诚遣左参将都督王喜,奉御阮和、福保,都指挥马驯、谷聪、蓝成、王祥等击之。喜违礼节制,败于临水堡西,和、聪俱死,镇守肃州卫都指挥胡麒来援亦死。于是礼等益兵属右参将都指挥刘震等于两山口截杀,虏方渡河,猝遇之,指挥阎震战死。刘震惧,收军,虏追之,震急趋墩匿焉。援兵至,震得脱,人畜为虏所杀掠者万余。诏杖喜一百,谪戍甘肃;保、祥等俱记罪,震置不问。巡按御史刘文言:礼、永诚等既知喜败,逗遛不援,震怯懦,其罪同,请俱治之。诏宥礼、永诚罪,震责死状还职。(一八六,3765—3766)

本年附

艺文·碑铭·太监赵琮墓志

明故神宫监太监赵公墓志铭

赐进士出身、奉议大夫、右春坊右庶子、同修国史、经筵官安成刘宣撰。直仁智殿、征仕郎、中书舍人洮阳任杰书。直南薰殿、征仕郎、中书舍人东吴杨杞篆。

按状,公讳琮,字廷器,姓赵氏。其先永平府滦州桥头社王禾庄人。曾大父。大父。父。[1]公早以俊秀,于洪武间选入内府,侍太祖高皇帝,小心慎密,遂授以长随。当同都督刘真往征辽东,滨海外至南京,复入内府。

① 原碑琮之父、祖、曾祖下皆空二字未刻。

太宗文皇帝念其劳,命各还其家省视,仍敕免其家之徭役。复奉敕取回京,升奉御,专掌御酒房。未几,升尚膳监右监丞,随驾迤北,征进有功。

宣德元年(1426),复随车驾克武定州。还升左监丞,掌神机营左哨兵。宣德三年(1428),复随驾征迤北,命公前锋,从喜峰口至地名乱塔黄堐,遇贼甚众,当先杀败虏寇,获其贼首、马匹、牛羊无算。复追至宽河等处,获其马匹军器,累立战功。宣德九年(1434),复命与恭顺侯出征,至双海子,生擒贼首那孩等及百人,斩获首级甚众。

回镇宣府,遂奉敕镇守宣府。公则夙夜抚捕,及会同总兵官都督谭广整督官军,沿边巡狩,直抵大同,凡周及千里。公即尽心为国,挑堑垒垣。至是,胡虏远遁,不敢侵界。正统六年(1441),都指挥陈友闻胡虏掠去使臣马匹等物,奉敕至。公同都督黄真分兵击之,生擒贼首脱花赤等二十余人,夺回马匹。升右少监,复有白金、彩段之赐。

景泰元年(1450),奉敕取回。念边境之劳,进升太监,掌尚膳监事,复有蟒龙玉带之赐,仍兼理神机营。

英庙复位,命掌神宫监。时公年已七十余,复蒙恩赐,于私第优老。于公可谓始终之恩遇隆矣,非他人之比也。生于洪武甲子(十七年,1384)十一月之初九日,享年八十有四。从侄男三人:礼,任锦衣千户;次文聪,次聚,俱早卒。孙男五:长即顺;次清,授百户;次洪,次显,次颖。曾孙男九人:钦、铎、镛、锐、钺,余幼。曾孙女五人。呜呼!公器宇魁梧,天性忠诚,其可为之铭。铭曰:

器宇之才,世不多有。有则显之,如星如斗。呜呼赵公,忠诚不乏。功名事济,宇宙之干。其何鉴焉,不朽者良。我作斯铭,千古其藏。

(《新中国出土墓志·北京》第109号)

景泰元年庚午(1450)

正月己亥,镇守大同左少监陈公奏:威远卫达贼三百余骑临城,四散剽掠,砍伤军人;探知也先见在断头山驻扎。奏下兵部同石亨等议,请令署都指挥佥事石彪领军往雁门关巡哨,探贼势多寡,相机出奇剿灭。从之。(一八七,3797)　　甲辰,陕西临洮府同知田旸(**抱本作田赐**)奏:监军内臣请止令随将讨贼,不许擅专兵

权。帝曰:"朝廷委任内臣各处镇守、备御、监军、行事,皆是祖宗旧制,不可更改。"(一八七,3805)

闰正月丁未,敕浙江左布政使孙原贞曰:"前因处州贼徒反侧不靖,已命都督等官往彼镇守,都指挥佥事萧华等分驻地方,屯兵操练,又令太监、副都御史等官调度官军民兵,克期会合,捣其巢,以靖地方。今特命尔往各处参佐谋议军事,尔须昼夜用心,操练军马,整搠器械,养威蓄锐以俟。不许因循怠荒。仍询察从化民叶仁八等受职之后有无增势长奸情由,计议从长处置。"(一八八,3807—3808) 戊申,释番僧锁南。初,太监喜宁为北使,与锁南泣别。校尉廉得宁尝邀锁南至家阅兵书图谶,诏下锦衣卫狱。至是释之。(一八八,3817) 己酉,户部奏:"内府岁用黄白蜡、芽茶、叶茶、灯草诸物,例应南北直隶并各布政使司供应。然今山东、河南供给京师,四川、湖广、江西、浙江挽运贵州、福建军饷,并选民壮代运京储;且边务方殷,凡百所需悉取给于民,若滋岁用,不别区画,民实不堪。请敕巡抚南直隶侍郎周忱量出见贮余粮于产有(**产有二字疑乙**)之家贸易供用。"从之。(一八八,3818)

总兵官武清侯石亨等奏:……仍请依先奏准事理,令臣亨与杨洪各领马步官军往大同、宣府相机行事。帝曰:"京师根本重地,宜留杨洪操兵堤备,石亨其同左少监彭以得从雁门关出,都督(**督字衍**)指挥杨能其同太监裴当从居庸关出,随去官军每人赏银一两。"(一八八,3818—3819) 乙卯,工部办事吏徐镇言二事:"……一、刑余之人不侍君侧,盖以其怙宠肆奸,故必欲绝去之也。太祖高皇帝惩汉唐之弊,不令预政,不令典兵,但使之守门、传命而已。迩者奸臣王振乘机专政,依势作威,王爵天宪,悉出其口,生杀予夺,任己爱憎;又多引用同类如郭敬等以为心腹,出监边军。皇上临御之初,乞监前失,宦官有参预朝政及监军镇守者悉令还内,各守原职,如此则宦官无召衅之端,国祚有过历之兆矣。"事下有司,以无实迹指陈,皆寝不行。(一八八,3830—3831) 丁巳,镇守居庸关内官潘成奏报泥河儿等处达贼出没，乞命都指挥佥事鲁瑄统领精锐官军五百巡哨守备，遇有寇贼，会同镇守天寿山都督同知王通等并力截杀。从之。 镇守福建右监丞戴细保奏沙尤、清流等处残贼复聚，抢杀人民，烧毁县治，总兵官宁阳侯陈懋、平江伯陈豫等统领官军数万驻扎沙县，五月余未尝出军剿杀一贼，甚至贼来劫营，亦不追捕。乞将懋等明正其罪，改命勇略大将一员及调南京、浙江、江西官军一万，委原征都指挥龚兴等统领前来协同剿捕。事下，兵部言："懋等六科、十三道尝劾其玩寇殃民，已蒙恩宥，复遣都督高礼等统兵剿贼矣。必在途逗遛，宜驰文沿途催促，兼程以进。"从之。(一八八,3834)【考】戴细保为首任镇守福建内官，福建"制使"参见本年附。 辛酉，命出内帑银一万两于陕西市马。(一八八,3839) 乙丑，镇守福建都督佥事范雄等奏："所属银坑既蒙暂免煎办，其差来内官(**抱本、中本内下有外字**)三十余人亦乞召回，以苏民困。"从之。(一八八,3844) 壬申，永宁守备奉御皇整(**抱本、中本[1]皇作黄**)奏：近日参将都督佥事杨俊差夜不收赍帖来调都指挥王林带领马步官军往怀来城守备，将永宁城四门砌塞。臣缘奉敕守备永宁，难以擅离城池。事下兵部议："前调永宁守备官军，特命内臣监督，俊既不令预知，又不与总兵官计议奏请，却乃擅出票帖改调别城，又欲将永宁城门砌塞。似此方命专权，强梁跋扈，宜执送法司，明正典刑，以为边将弃城专权之戒。"帝曰："杨俊论法本难宥，但今虏寇声息甚急，防守至重，姑记其罪，再犯不宥。"(一八八,3854—3855) 甲戌，大同总兵官定襄伯郭登逻得虏谍者，械至京，其一太监郭敬家人把伯，其一义州卫军王文，皆也先所亲信。锦衣官鞫之，云喜宁与也先议遣至京师，觇城中军马多少，大明皇帝立未立者，无能人有能人，

① "国立中央图书馆"藏明翰林院抄本，下皆简称中本。此书仅存15卷，据《明英宗实录》校勘者考证，系万历时抄本。

期今年五月送太上皇回，谋夺京师。又言把台常至太上皇所痛哭云："太上皇归，我亦归，若不归，我亦不归。"其心常在于中国。其诱也先肆虏掠者皆喜宁及小田儿。(一八八，3858—3859)

二月戊子，镇守河南内官李琮陈兵出入，取民白金、彩段等物无算，日索猪肉五百余斤，干猪二口，他物称是；家奴倶倚声势，贪暴害人。为巡按御史陈价[1]所奏，命执下锦衣卫狱鞫之。(一八九，3880)　居庸关擒得虏觇者刘玉，乃镇守独石内官韩政家人，云也先令玉来窥觇中国军马多少，石亨、杨洪有无，命锦衣卫严锢之。(一八九，3880—3881)　壬辰，锦衣卫指挥使汪瑛奏求宝源店以供日用之需，不从。　御用监太监喜宁伏诛。先是，上皇以喜宁数导诱也先扰边，命校尉袁彬与也先言，今欲差喜宁及总旗高斌(抱本、中本作高鋆，下同)、达子那哈出(亦作纳哈出)回京，也先许焉，遂遣此三人。彬承旨密书付斌，令至宣府与总兵等官设计擒喜宁。至是，宣府右参将都督佥事杨俊奏："二月十二日，万全右卫报有近边达贼三人。十四日又有五十余人，独一人至墙下说：我是总旗高斌，往北京奏事。随准总兵官朱谦委臣相机行事，臣遂于本日夜四更到右卫城内，十五日令都指挥江福、内官阮华州、陈伦往野狐岭埋伏人马，巳时分果有贼一千余人近边南行，斌仍至墙下。臣问喜宁有无？斌言喜宁在后。臣令斌去与喜宁说，宣府众官具酒礼迎接，喜宁拒之。臣等又令斌去说，不劳入关，只是墙下一会。喜宁果领贼数人近墙。臣等出关，用言给诱近前，官军奋勇，一齐突出，将喜宁并贼人火洛火孙生擒械诣京。"帝嘉俊功，升为中军右都督，仍充参将，与朱谦各赏金二十两、银六十两、纻丝三表里。高斌升副千户，赏衣一袭。喜宁之被擒也，斌实抱持之，与俱坠于城壕，故得升赏。那哈出走回虏营报知，上皇大喜曰："干戈久不息，人民被害，皆喜宁所为。今后边方宁靖，我南归亦有日矣！"喜宁至京，文武诸大臣及六

[1] 价，原作"玠"，据抱本、中本改。

科、十三道连章劾之曰:"以小人而为大奸,挟外寇而为内患,滔天之罪既著,赤族之戮宜加。喜宁猥以俘虏荐沐宠荣,受列圣之深息,居太监之重任,而乃欺天负国,背义忘恩,属奸臣之不轨,致上皇之蒙尘。喜宁回自虏中,诈传诏旨,妄指迎驾为名,重要朝廷金帛,既又乘机而复往,主令贼首以来侵扰我边境,犯我京畿,上而宗庙震惊,下而军民荼毒,虽天威所加,而数万之众遂遁,奈生灵受害而千古之恨难消。兹者天厌祸乱,鬼启其衷,喜宁又以打话为由,送驾为说,欲乘间而入寇,被守将以擒来。臣窃惟喜宁近侍内臣也,本朝廷腹心,反为丑虏腹心,本丑虏仇敌,反为朝廷仇敌。凡也先敢尔跳梁,皆喜宁为之向道[导],若不正之典刑,碎之万段,不惟无以大彰天讨,垂戒将来,亦且无以慰宗社之灵,雪臣民之忿。"章上,诏群臣杂鞫之,具伏,命磔诸市三日,仍敕沿边诸将严为守备。(一八九,3884—3887)【考】高岱《鸿猷录》卷一〇《己巳虏变》:"内侍喜宁,胡种也。"　癸巳,镇守辽东太监易信(**即亦失哈**)[1]言军中手把铳发辄不继,贼已习知,每乘隙进兵。自今手把铳须柄长七尺,上施枪头,铳尽用枪,庶不罹挫。因以木为式上闻。诏付兵仗局造之。(一八九,3887—3888)

三月乙巳朔,直隶枣强县知县张纯坐事为民,以银百两赂长随李臣儿求平反。臣儿托奉御舒良,良不从,又托长随高达转恳之,复不从,乃还纯赂三之二。纯怀出北安门,为官军所诘,奏送锦衣卫鞫之。镇抚门达不得其情,改命都察院,乃引伏。诏司礼监征臣儿赃,杖五十,降火者;纯杖一百,充辽东边卫军,余悉宥之。(一九〇,3897—3898)　癸丑,敕都督同知范广充总兵官,右副都御史罗通提督军务,巡哨宣府。时总兵官左都督朱谦奏达贼

[1] 辽东都司指挥使崔源墓志(《昭勇将军崔公墓志铭》,《文物》1978年第11期)载:"公早承师训,通故典,明习孙吴。永乐间,随驾北征,累功进升武略将军。宣德元年,同太监亦信下奴儿干等处招谕,进指挥佥事。"该墓志作于景泰元年。《英宗实录》卷一八九,景泰元年二月癸巳载"镇守辽东太监易信言",亦信即易信,亦即亦失哈。盖土木之变后,有言者指其非我族类,故改汉名。

二万攻围万全等处城池，四散剽掠。奏下兵部，同各营武臣遴选将士，佥举广、通，故有是命，并遣内官弓胜、张温领神机营神铳协广剿贼。(一九〇,3904)　辛酉，敕内官武艮、刑部右侍郎江渊、锦衣卫指挥佥事吕贵巡视紫荆、白羊口、倒马诸关隘。(一九〇,3916)　壬戌，升参谋大同军事右都御史沈固为左都御史，内使阮阿山为奉御，以太监陈公奏"顷者剿杀达贼，固与阿山俱有功，臣与郭登已蒙宠擢，而固与阿山之功未录"也。(一九〇,3917—3918)

甲子，少保兼兵部尚书于谦言："近者内官监遣内使往真定、河间采野味，直沽海口造干鱼。今真定等处当贼寇扰攘之余，公私匮乏，兼以亢旱不雨，五谷未植，徭役重繁；况时方长养，宜对时育物，以广好生之仁。乞暂停止，候秋成后酌量采取。"诏即已之。(一九〇,3919)

四月丙子，少保兼兵部尚书于谦言六事："一、南京根本之地，今灾异屡见，必有厥由。恐奸人窃发，不可不防；众心摇动，不可不虑。乞敕守备太监及文武重臣抚恤人民，整饬军马，严防奸细，固守城池，如有远近贼情，即相机行事，庶几弭患于未然。一、……一、各布政司并南北直隶以贼扰攘，及操练军马、招抚勇敢、捕盗，差内外文武官员络绎道路，迎送烦数，得无扰民。乞召还各官，其所委事务令巡抚、镇守官整理。各处镇守等项内臣，凡腹里地方，亦乞减省，庶臣下不致旷职，军民亦免烦扰。……"疏入，俱从之，操练官军人赐布一匹，惟镇守内臣如故。(一九一,3936—3938)　甲午，镇守浙江右副都御史轩輗奏：福建政和县贼首吴金八等流劫处州青田县，攻围平阳千户所，出没不常，深为民患。臣与太监李德等议调官军二万七千，分委布政使孙原贞、佥事邝彦誉统领，臣与原贞自东路进，德及彦誉自西路进，克期会剿。(一九一,3965—3966)　丙申，镇守浙江太监李德言：锦衣卫指挥马顺、长随内使王贵等罪犯深重，亦宜取断圣衷。臣闻各官乃肆奸宄，即于御前捶死之。变祖宗法度，逐朝廷正人，悖礼犯分，闻者切齿。何此时文武宿卫官员无一人遮护者？使无内臣左右侍立，各臣必生别衅，此正贼臣犯阙，不宜任用，可任用者莫如亲近。且盛称永乐、宣德间，给事中胡濙、张益、武达、王佐、由端，主事周忱、许昌朝、陶暹，御史李奇、王彰、顾佐、俞士悦、金濂、于谦、王翱、吴讷、张纯皆谨慎爱君。章下，文武诸大臣少保于谦等连章言："臣等观李德所奏，痛惟逆贼也先灭天理，悖国恩，侵犯边疆，谋危宗社，太上皇帝轸念天下苍生、国家大计，不得已躬御戎服，亲抵贼巢。不意逆贼敢抗敌王师，邀留圣驾，六军积尸于沙漠，百辟喋血于虏廷，怨气冲天，哭声动地，古今之祸未有甚于此者也！原厥所自，盖由太监王振恃宠狎恩，夺主上之大柄，怀奸狭诈，紊祖宗之宪章，每事不由朝廷出语，自称圣旨，卖官鬻狱而贿赂大行，妒贤嫉能而诛杀无忌。指挥马顺乃王振之爪牙，助其威权，煽其虐焰，谏官直言而阴被惨酷之刑，朝臣小过而辄遭煅炼之狱。长随王贵等乃王振之腹心，结构为非，交通造恶。指挥勋臣则诱其棰楚几死，内官同类则讽其非法加诛，党恶既深，遂谋不轨。大同警急，因逼车驾以亲征；土木逗留，遂致乘舆之不返。皇上监国之初，文武群臣皆以今日之祸实由王振，合词上章，请正罪恶，而马顺等犹怀党比，擅致呵叱，正李德所谓罪犯深重者。是以一时文武群臣以至宿卫军校，忠义奋发，不暇顾忌，即将马顺等三人同时捶死，是亦诛乱臣贼子之大义也。其李德乃太上皇帝简任之人，已遣在外，使当时目睹其事，亦必痛切于衷，虽寝其皮而食其肉，刳其肝而割其心，犹未能雪其愤也，岂止如此而已。奸臣既死，人心稍安，臣等以生民为忧，以社稷为重，奉表劝进，迫于至情。皇上谦让再三，乃从所请，遂正大位，用图中兴。向使虏寇凭陵、乘舆播迁之后，马顺之徒不死，王振之党不除，天下人心何由得安，国家大计何由得定?"章上，帝曰："然。诛乱臣所以卫国安民，马顺等皆王振奸党，文武群臣捶死之，俱忠义心，朕已知之。李德所言，卿等其亦置之。"（一九一，3967—3970）

癸卯，守备怀安[来]都指挥王瑾家人为达贼所掳，内官陈海等率兵夺以归，且讯问之。瑾怒骂，海以闻，诏巡按御

史逮问。(一九一,3979—3980)

五月甲辰朔,帝遣太监尹凤为正使,奉御郑善为副使,谕祭故朝鲜国王李裪,并持节册封裪子珦为朝鲜国王。(一九二,3981)【考】尹、郑二使皆朝鲜人,八月至,十一月回。其行事见朝鲜《文宗实录》:卷三,八月乙亥:"尹凤等言:吾辈辞日,皇帝面谕求海青及海物以献。前此,上闻之,已令诸道捕海青,办海物。政府启:皇帝颁诏一款,勿进鹰犬,今无敕书,安知非皇帝之意而凤等矫旨耶?请勿进上。不允。"壬午,"使臣与馆伴闲话,尹凤以手量之曰:'皇太子身长如此,但未知其终如何。然已诏诰天下。'仍言宋太祖之事,引而不发。馆伴李孟畛曰:'今上皇帝,亦有子乎?'答曰:'有,与皇太子年齿、身体等矣。'尹凤请复入朝火者崔存者、姜玉、金得、朴根户,及赵良弟赵贵守户,从之。"卷四,十一月壬寅:"凤、善贪欲无厌,国家赠遗甚稠重,然征求不已,请置第宅,且求苍赤、土田,以营产业,冒认他人奴婢者甚多,其它物不可胜记。至以圣旨求醯醢等物而还,其亲属托以求官者颇多。"　乙巳,设紫荆关、倒马关、白羊口三守御千户所,敕都指挥佥事魏忠充左参将,守沿河口迤西,实授署都指挥佥事;颜彪为都指挥佥事,充右参将,守十八盘迤北;升蔚州左卫指挥使段昇为都指挥佥事,隆庆卫指挥佥事吴得署都指挥佥事,守备白羊口。俱从内官武良言也。(一九二,3985—3986)　丁未,故太监僧保母朱氏进保所遗驼并庄田二所,命驼送御马监,庄田以归户部。(一九二,3987)【考】僧保为赐名,本名钱安,任内官监。死于土木之变[①],其父子圹志见本年附。　辛亥,以犯人王林菜园给指挥吴安。　壬子,升云南金齿守备都指挥佥事胡志署都指挥使,云南左卫指挥佥事沐璘署都指挥佥事,俱掌都司事,从镇守监丞郝宁等奏请也。(一九二,3997)　戊午,召镇守辽东太监易信(亦失哈)还京,升羽林前卫指挥使李缙为贵州都指挥佥事。时建州卫都督李满住潜通胡虏,都督剌塔散兵剽

① 英宗"土木之变"蒙尘,身边宦者死亡甚多,除钱安、范弘,如朝鲜《文宗实录》卷三,景泰元年九月丙辰载:"传旨兵曹:入朝战亡火者,砥平崔真力、公州刘得、定宁金奉、凤山张奉、永川李种等父母,皆复其户,如无父母,同产为首者一人复户。"皆一时死难者。

掠，少保兼兵部尚书于谦以信、缙皆其亲党，恐泄事机，请密为区处，故有是命。（一九二，4007）　庚申，给岷府长史司、承奉司及典仗、典宝、良医等所印各一。（一九二，4011）　壬戌，淮府伴读潘钟奏承奉南宁党奸臣王振，肆贪无厌，受贿选参政刘烈无检子垕、长史王彰宿疾子书，俱奏授仪宾。时垕、书虽得命，尚未及婚，都察院请下巡按御史收鞫械京。从之。（一九二，4013—4014）　乙丑，总兵官武清侯石亨奏："臣与太监裴当领军到大同，胡虏人马或千百，或数万，出入络绎，或临城攻围，随即退散，或四路剽掠，驰骤难追。其运粮屯堡，沿边墩台，修筑浚补未能俱完，谨以所完之事奏闻：……"俱从之。（一九二，4015—4016）　辛未，以犯人王振庄田给锦衣卫千户吴诚。（一九二，4022—4023）

六月甲戌，实授浙江署都指挥佥事王政为都指挥佥事。先是有旨，边将署职者皆实授。至是，镇守浙江太监李德以政今虽在司理事，昔尝巡海备倭，援例为请，故有是命。（一九三，4027）　乙酉，监察御史桂怡点闸内府各监局工匠，笞十余人。事闻，命怡具状。怡伏罪，乃宥之，因敕今后御史不得点闸。（一九三，4040）

陕西兰县举人段坚言二事："一曰远阍寺。迩者王振以刀锯小人，窃国大柄，卖官鬻爵，贿赂公行，狎侮朝臣，有同剧戏。士夫之顽钝无耻者依阿之立见迁擢，刚正有守者不附之辄加摈斥，公论不伸，朝野丧气。幸蒙天诛，已赤其族。彼同恶相济之人散在四方，其为害犹故。臣以为不悉正以天诛，其患恐不止也。夫自古宦官专权，国命必危，况复可授之兵柄于缘边乎？如陕西天下重镇，西宁番民杂居，今悉令宦寺监军，臣恐二处军民罹其骚攘，将帅被其掣肘，将来西北多事，未必不自此始。且宦官用事，前史具言其失，臣不欲方来之观史者亦犹今之叹息乎前也。伏愿皇上断自宸衷，征还各处监军宦寺，仍戒其凭城依社之患而复其扫除传命之役，则天下不患不平治矣。二曰辟异端。比者宦寺专权，取民膏血以创寺观。先儒有云：事佛之谨，无以逾于梁武；

奉道之勤,何以加于道君。然一则饿死台城,一则窜身夷地。他如秦皇、汉武求神仙而了无证验,楚王英敬信沙门而卒受诛夷。由此观之,尽心以事佛老,果何益哉!臣愿销天下道佛像之铜铁者以补军器,并天下僧道之少壮者以实军伍,仍以天下尼姑道姑就与匹配,如此不惟可减蠹耗,而且可丰财用矣。"事下礼部议,以为窒碍难行,寝之。(一九三,4044—4046)　丁亥,都察院奏司礼监太监金英家人李庆等多支官盐及挟取淮安府民船六十余艘载盐,因而杖死船夫,坐庆绞,余俱杖,不以劾英。刑科给事中林聪劾英怙宠欺君,怀奸稔恶,左都御史陈镒、王文,监察御史宋瑮、谢琚畏权避势,纵恶长奸。帝曰:"英朕自处之,镒等其命锦衣卫逮治。"时十三道监察御史亦以不劾英,恐及罪,俱上章自伏,皆宥之。(一九三,4047—4048)　庚寅,锦衣卫鞫左都御史陈镒、王文,监察御史宋瑮、谢琚不劾金英状,具伏。镒、文宥之,瑮等送刑部论赎杖还职。刑科都给事中林聪等复劾瑮等阿佞权要,难居宪职,赎既,宜付吏部调用。从之。(一九三,4050)　大同西路右参将都督佥事许贵奏:达贼万余骑突至城下而退,焚毁东岳庙,复率轻骑二千余来薄城。臣同内官韦力转帅都指挥周广等出城截杀,斩首二十七级,获马四十三匹。(一九三,4051)　壬辰。先是,少保兼兵部尚书于谦等言:"口外军民连岁被兵,不能种艺,恐虏寇野无所掠,拥众以送驾为由突至太原,则山西摇动而河南、淮甸之间亦可忧矣,宜选有谋略文职大臣往镇山西。"帝以命右副都御史罗通。……诏仍命通往,敕曰:"山西外控大同,内卫京师,连及河南、大名等处,实为西北重镇。况今虏寇在边,累以讲和为言,实则设诈,缓我边备。今特命尔往彼,与内官怀忠、署都指挥佥事王良一同镇守地方,提督军马,修整器械,设法训练,分守关隘,以防御之。务令寇不能侵,地方宁靖,庶尽尔职。"(一九三,4051—4052)　甲午,少保兼兵部尚书于谦等言:"比者奉命,令臣等具将士军马数目、战守方略以闻。臣会同太监吉祥计议,将各营总兵、把总、坐营头目并所统官军分定京城各门……臣谦与吉祥往来各营总督，如遇紧要受敌去处，当先督军杀贼。其土城坦平处所，铲削陡峻，令彼不得登眺观望。其正南、东南各门不系紧要，令侯伯等官守城，于舍人营、腾骧、锦衣等卫与各监局内定拨，一体给与神铳火器守备。伏乞降旨，许以升擢，晓以大义，使知进死者荣而退生者辱，则士气必振而临敌可用矣。"仍以分守地形人数绘图上闻。帝敕谦、亨等曰："自古勇智之士固难能，用其勇与智尤难，若徒能言而不能行，观望畏怯，各思自保，是为不忠，恶莫大焉。尔等务须昼夜汲汲，奖励将士，弘济艰难，大懋功绩，有功者重加赏赉，朕必不吝。古云：为政不在多言，顾力行何如耳。况用兵邦政之大者，尔等其慎重之。"（一九三，4055—4057）　庚子，肃府仪卫司余丁聊让言五事："一、近年以来，土木屡兴，异端并起，太监、番僧进贡络绎于道途，污吏贪官残虐纵横于郡邑，相臣不正其非，御史不劾其罪，遂至上下蒙蔽，民生凋瘵，胡虏侵犯边疆，上皇躬罹不测。陛下正枕戈尝胆之时，可不思举拔贤能以充任使乎？昔赵宋时宗泽、岳飞为将而胡人不敢呼名，韩琦、范仲淹出将入相而西贼闻之破胆，司马光居相位辽金夷人戒勿犯边。为今之计，武臣之有威名者使治军旅，文臣之有德望者使典枢机，又延访有智术才能之士使布满乎朝廷，如此则胡人闻之亦必畏服而太上皇车驾可指日复矣。一、臣闻大臣阳也，宦寺阴也，君子阳也，小人阴也；阳长阴消，国祚以长，阳消阴长，国祚以促。迩者日食地震，乃阴胜阳微之兆，宦寺专政乃阴长阳消之实。伏望陛下睹兹天变，总揽乾纲，痛抑宦寺，使不得专国政，遏绝小人，使不得居庶位，则阴阳顺而天变弭矣。一、臣闻天下以一人为主，人君以一心为主，君心正则天下治，君心不正则天下乱，是天下治乱之分在君心之正不正耳。彼驰骋田猎足以荡君心也，宫室崇尚足以侈君心也，宦寺妾媵足以蛊君心也。三者有一焉，君心即不正也。伏愿陛下涵养于燕居无事之时，操存于不睹不闻之际，格物以致其知，穷理以尽其性，而又一日之间接贤士大夫之时多，亲宦官宫妾之时少，则自能革奢靡、戒游佚而心无不正矣。……”诏兵部议而行之。(一九三，4063—4066)

七月丙午，减内府酒醋面局厨役一百五十名，省冗食之费，从顺天府宛平县耆老奏请也。(一九四，4074)　辛亥，以大同雷公山、代州西峨口截杀达贼功，升赏将士都指挥使郭瑛等一万二千六百四十四人有差。内获功三次者一百三十四人，人升一级；战殁者二百七十七人，子孙袭升二级；获功二次者一千五百六十人，人升一级，俱加赏。获功一次者，所镇抚以上九百三十七人，人进署职一级；总小旗以下九千七百二十四人，人进实授一级，俱不赏。其总兵官武清侯石亨、定襄伯郭登，太监陈公、裴当，参谋军事右都御史沈固、佥都御史任宁、参将都督佥事过兴、署都督佥事王良、游击将军署都督佥事石彪厚赉之，内官阮阿山、内使高友、纪友［功］兵部员外郎李山如俱升一级。(一九四，4080—4081)　甲寅，监察御史张谏言：“南京管操官员太多，既有总兵，又有参赞，有监军内臣及都御史，而又差御史不时点视。宜止用总兵一员及有智略文臣一员参赞，庶号令出一，人知所守。”事下兵部，议宜从谏言，今后南京官军止令丰城侯李贤管操，尚书徐琦参赞，其余文职官员悉令革去。诏仍旧行，不须更紊。(一九四，4085)　戊午，镇守大同太监陈公等奏：七月朔日，代王忽乘肩舆至公及都御史沈固所，言长史等官抵触状。时总兵官郭登领兵在外，王又自出城语之。……诏巡按、镇守官按问(长史李)滋等辅导无状罪，以书谕王：“继今当遵守祖宗法度，改过自新，庶可永保富贵。”(一九四，4087)　癸亥，陕西宁夏左屯卫指挥同知周瑛具疏镇守太监来福擅权贪暴诸不法状以闻，诏都察院移文巡按御史覆之。(一九四，4092)　丙寅，内织染局左副使阮伯山言：“都督刘安先守大同，因虏寇边，弃城奔还京师，及守易州，不修边备。又守备倒马关都督刘聚柔懦不才，守紫荆关都督顾兴祖老疾伤残，俱难委任，乞选智勇官代安等，庶关隘严固。”事下兵部，言宜降敕切责安，仍降聚与兴祖为为事官，或不降其官，亦降敕切责，俾其图报。帝曰：“边境得失，系干重务，不可以一人所言轻易更改。安、聚、兴祖朝廷已委用之，未见有失，俱令仍旧治事。”(一九四，4096)　　庚午，敕谕镇守宣府左（**广本、抱本左作右**）少监柏玉、总兵官左都督朱谦、参将都督同知纪广、总督边储户部左侍郎刘琏、巡抚右佥都御史任宁等曰：“各边卫所屯聚军马该用草束数多，附近人民艰窘，兼遇旱伤，一时不能供运，即今在边军士若不趁时采积，不无有误支用。敕至，尔等即便摘拨所在官军，趁今草盛及声息稍宁，广为采积，以备支给，不许因循怠忽，致误储蓄。”并敕镇守大同太监陈公、总兵官定襄伯郭登、参将都督同知方善、许贵、指挥佥事潘兴、参谋军事左都御史沈固及偏头关守备都督同知杜忠，词与谕玉等同。(一九四，4105—4106)

八月壬申朔，升文华殿写字照磨任道逊、朱奎、凌敏、汪景昂御用监写字。(一九五，4110)　总兵官保定伯梁珤奏：苗贼抢掠辰州叙浦县及沅州等处，臣会同内使龚荣、参赞军务给事中刘清议调左参将王斌等帅官军剿杀。(**擒斩状略**。)(一九五，4112)　　戊寅，山西都司令史贾斌奏：“臣闻设鞀求谏以成天下之熙皞，止辇受言能致海内之乂安，迩言虽俗，亦有可采。昔汉桓帝不任贤臣而权归宦官，唐文宗忽于良佐而受制家奴，至若宋之徽、钦从虏北行者，盖由小人道长而阉寺当权之所致。此前王之覆辙而后世人君当夙夜祗惧，不可袭其迹而蹈之也。我国家列圣相承，寰宇宁谧，几百年矣。比者胡寇犯边，未闻有一人敢奋勇督众以迎击之也。上皇被留虏庭，未闻有一人能致身致命以翼蔽之也。昔豫让能报智伯之仇，王孙贾能雪湣王之耻，颜杲卿骂禄山为羯奴，李若水诋金人为狗辈，是皆各为其主也。昨之群臣信无一人能捐生以赴之乎？恭惟皇上肇登宝位，表正天伦，宜阅唐太宗之三鉴,玩司马光之五规,举直错枉,亲贤赏功,进谏者温言以接之,阿谀者厉色以斥之,端其本而澄其源,慎其始而虑其终,则天下不臻于太平,臣未之信也。臣虽侧陋,亦尝读书,近于史传所纪历代人臣能直谏、能尽忠、能守节之士与夫累朝恃宠之宦官,撮其尤者,录成一编,分为四卷,名曰《忠义集》以进。伏望万机之暇,少垂圣览,或有可取,命工刊布,俾文武臣僚亦不得偷纵其奸宄之私。"礼部以其言有理,乞鉴纳其所编《忠义集》,不必刊行,从之。(一九五,4116—4118)　己卯,谪直隶淮安府知府程宗戍辽东,坐擅集民船六十余艘为太监金英家奴李庆等载货,且事后受其纻丝等贿也。(一九五,4119)　壬辰,司礼监太监金英家奴李庆坐罪当绞,会赦,法司以闻,诏诛之。(一九五,4139)　甲午。先是,巡关刑部右侍郎江渊言真定军器库有比先都督平安所制破阵火伞,其上制枪头,环以响铃,置火药筒三,遇敌举发,其势必能惊溃贼马以取胜,乞敕工部如式成造。命召总兵官议,皆言善,遂命兵仗局造以给军。(一九五,4140)　己亥,镇守宣府等处右少监柏玉等奏:"向因虏犯京师,蒙调前总兵官昌平侯杨洪率精骑五千赴京截杀,事宁就留三千在京,缘原系备边人数,乞仍发回,以壮疆圉。"事下兵部覆奏,从之。(一九五,4145)

九月丙午。初,太监金英家奴郭廉、赵显多支浙盐,已谪戍边卫,都察院劾奏两浙运使吴方大畏势,受赂听嘱,诏械方大至京。至是,追赃毕,发原籍为民。(一九六,4150)　庚戌,大同镇守太监陈公与总兵官定襄伯郭登素不和谐,数相非议,甚至显言排诋于公会之所。参谋军事左都御史沈固言:师克在和,今二人不和,恐误边计,乞调一人。时山西行都司署都指挥姚贵举公不法二十事,公疑登嗾贵为之,指摘登微过以闻。帝谓兵部臣曰:"大同系极边紧要藩篱,公与登如是背驰,何以严固边圉,振扬兵备?其令右监丞马庆代公还京,仍谕登俾知朕意。"(于)谦等请审勘其互讦事情,以凭究治。诏勿勘。(一九六,4154—4155)　癸丑,敕谕兵部尚书靖远伯王骥曰："南京国家根本重地，安民御寇，必得端重老成刚果之人始足以副委任。今特命尔往彼总督机务，与同守备太监袁诚等及丰城侯李贤等同心协力，整饬兵备，严督训练军马，固守城池，抚安人民。但遇远近贼寇窃发，即相机调兵抚捕，有废坏者即酌量修理，与夫利当兴，弊当革，凡百事宜，听尔会同守备官及各衙门计议区画。务在盗息民安，利兴弊革，毋或安于故常，致人嗟怨。尔受朝廷重委，必须持廉秉公，勤慎率下，毋自怠忽，有妨公道。尔其钦承朕命，勉之慎之。"(一九六，4157—4158)　甲子，迤北瓦剌使臣皮儿马黑麻以马三匹贡太上皇帝，礼部官乞送御马监交收，命给价如例，仍加赏彩币六表里。(一九六，4165)　戊辰。先是，礼部右侍郎李实自迤北还，言甘肃右参将都督佥事毛忠屡与虏通，朝廷遣人执忠赴京。至是……帝谓(于)谦等曰："忠在边效劳颇多，父子职事俱不必降，但令杀贼有功，一体升赏。仍敕刘永诚、王敬将其家属给与廪馔脚力，令人送赴京师，其余部下令敬等谕其本分，安生乐业，毋自惊疑，以蹈祸患。"(一九六，4170—4171)

十月庚寅，山东右布政使裴纶言："山东内地与边徼异，已有都御史洪英巡抚，督同三司常操军士保固城池；兼今岁禾稼丰登，流移复业，正当静以优恤，不宜烦扰。今内官唐广来镇兹土，有司日逐供给，未免动取民财，以一科十；且广随侍人不无诈冒名目，生事侵渔。请敕廷臣会议，凡非边境有巡抚官处，俱命回京，庶内臣无轻出之劳，有司免供应之扰。"帝曰："往岁各处贼寇生发，人民流散，因令内官镇守，得知事情缓急。今纶擅欲取回，主意安在？尔都察院令其陈状，如饰词，不宥。"六科给事中上章谓："镇守、巡抚内外官员俱受朝廷委托，第恐其从人需索财物如纶所言者，亦不可必其无也。"命巡按御史及按察司官廉有此等之人即执之具闻处置。既而纶陈情服罪，宥之。(一九七，4188—4189)　刑部尚书俞士悦等鞫锦衣卫校尉刘信缔结司礼监太监金英,冒升百户,常于午门外探各处事情辄报英,罪当斩,请下英于狱。命法司依律斩信,英姑宥之。　镇守宁夏太监来福、总兵官都督同知张泰互相讦奏听谗害军、怀奸玩寇诸罪,参赞军务佥都御史韩福阿徇不纠正。俱降敕切责之,令各改悔前非,勉图后善。(一九七,4189)　顺天府宛平县县丞向先奏:"宛平、大兴二县军民匠户有奸诈之徒,滥结近侍官豪校尉,凡遇科差买办,浼其嘱托,务令准免,执法不从者被其捏词,付行事校尉奏之。法司虽知其枉,又畏权势,依文加罪,是以凡遇嘱托,不敢不从,其弊不可胜言,乞敕都察院禁约。"奏下,刑部尚书俞士悦谓宜行锦衣卫禁约。从之。(一九七,4190)　　辛卯,调河南道监察御史谢琚为吉安府推官,礼科给事中张聪为均州判官,降河南道监察御史宋璞为安福县典史。俱以太监金英事,琚应奏不奏,聪代书讼稿,璞奏事不实,为法司所论也。(一九七,4190—4191)

十一月壬寅,兵科都给事中叶盛等劾奏宁夏参赞军务右佥都御史韩福坐视太监来福、总兵官张泰诸不法事,比而不言,及其既相讦奏,始摭泰罪以饰己过。况福才不胜任,宜别简命大臣往代,执福鞫之,并遣廉能监察御史按泰等罪状,回奏处分,庶使边臣知所警惧。帝以尝有敕切责泰等,寘不问。(一九八,4198—4199)　　甲辰。初,锦衣卫指挥佥事吕贵因达贼侵境,升署都指挥佥事出征,及还,贵恐调出失势,托太监金英家人锦衣卫百户金善以赂英,得辞升职,仍旧官。又索营缮所官砖瓦等料万余以造私室,赂管海子内使叶景荣,景荣以石及草与之。事觉,下都察院,论贵、善、景荣俱应斩,英宜究治。诏斩善,降调贵于边卫,景荣送司礼监别用,赃物俱追入官,执英付都察院鞫之。左都御史陈镒等言:"英纵家人倚势多支官盐,累受贿赂,升指挥韩志为署都指挥佥事,升内使汝住为长随奉御,升都指挥孙镗为都督、总兵,升校尉刘信为百户。工部尚书石璞结王振得职,英受璞赂以保其位。又准贵仍理锦衣卫事。奸恶如此,宜不拘常律,处以极刑，籍没其家。”帝命固禁英，执镗、璞、志鞫之，论罪皆应斩，命姑宥之，再犯不宥。(一九八,4201—4202)【考】《明史·宦官传一》:“金英者，宣宗朝司礼太监也，亲信用事。宣德七年赐英及范弘免死诏，辞极褒美。英宗立，与兴安并贵幸。及王振擅权，英不敢与抗。……(景泰元年)十一月，(金)英犯赃罪，下狱论死。帝令禁锢之，终景帝世废不用，独任(兴)安。”《中官考二》:“金英者，正统中司礼太监也，王振没，掌监事。景帝以其擅权，恶之，命言官论其家奴……”金英累被严劾，实由于此。按，金英墓在南京江宁，已于1953年发掘，墓志题《明故司礼监太监金公英墓志铭》，然铭文剥蚀模糊，唯“命往南京安处，以就悠闲”等语可辨识，知金英蒙宥后发南京闲住，景泰七年(1457)六月初一日卒，得年六十三岁。参见华东文物工作队:《南京南郊英台寺明金英墓清理记》，载于《文物参考资料》1954年第12期。本年附有金英传。又石璞，《明史·石璞传》:“工部尚书王卺以不能屈意王振，(正统)十三年致仕去。璞为振所善，遂召为尚书。明年……景帝嗣位，召还。论功，兼大理寺卿。寻出募天下义勇，还朝，会中官金英下狱，法司劾璞尝赂英，遂并下璞狱，当斩，特宥之。”

乙卯，升大同右参将都督佥事许贵为都督同知，右少监韦力转为左少监，都指挥使周广为后军都督佥事，官军二千余人升赏有差，以杀获达贼功。(一九八,4209)　己巳，敕工部尚书兼大理寺卿石璞曰:“今者虏虽遣使讲和，朝贡如旧，然彼重兵尚不远去，事难料度。大同一带最为重地，特命尔同内官武良往彼，会同山西各处总兵、镇守、巡抚内外官员并巡按三司官，公同计议长策。粮米从何所出，搬运用何军夫，悉从尔等便宜处置，或摆堡，或长运，咨询上下人情，从其可行之道，务在大同各卫并各屯堡粮储充足，军民不致劳扰激变，庶副朕之委托。先将计议可行之法明白具奏，毋或稽违。”(一九八,4217)

十二月戊寅，命给事中何陞、监察御史柳春同左少监彭以得提督运粮于宣府，敕之曰:“宣府粮少，今遣在京操备官军五万人并在京内外官员军民人等有驴骡牛车之家借其车于京仓支粮，运赴宣府各城。官军每人运粮一石，赏布一匹；驴骡车运粮一十二石,赏布三匹;牛车运粮七石,赏布二匹。每粮一石加耗粮四升。特命尔等提督儹运,除令居庸关并宣府、怀来镇守总兵等官差拨官军沿途接运哨瞭防护外,尔等务须公同计议,行有纪律,毋致疏虞争竞,毋致过期亏折,及戒头目人等不许科需劳扰。纳毕即放回人车,收粮者不许刁蹬留难。如违,俱听尔等究治。尔等其公勤率下,庶副委任之重。"(一九九,4222—4223)　甲申,瓦剌使臣苦秃不花等进马三百二十九匹,御马监验系下等二匹,下下等三百二十七匹,命悉照下等例每匹给赏纻丝一匹、绢八匹、折钞绢一匹。(一九九,4227—4228)　迤北瓦剌使臣兀马儿奏脱脱不花王子寄马二匹进太上皇帝,命收入御马监,给赏如例。(一九九,4228)

本年附

艺文·碑铭·钱安(僧保)父子墓志

内官监钱太监瘗衣冠圹志

太子太傅兼礼部尚书、前太子宾客兼国子祭酒毗陵胡濙撰。亚中大夫、太仆寺卿云间夏衡书。嘉议大夫、太常寺卿广平程南云篆。

内官监太监钱安,其先直隶常州府宜兴县人,因宦游北方,遂占籍蓟州西花乡。祖讳仲兴,祖妣许氏,父讳贵甫,母朱氏。太监自幼秀爽,体貌魁梧。洪武三十四年(**即建文三年,1401年**)选入内庭,周旋殿陛,仪度肃然。太宗文皇帝喜其聪慧,敦厚笃实,慎重寡言,凡应对之间,动称上意,赐名僧保。

历事仁宗昭皇帝、宣宗章皇帝、太上皇帝,累升至太监。平生孝友忠信,恒念其先考远葬山海,久缺祭扫,于正统十一年(**1446**)三月遣孙男钱寿往彼起迁骨椟,奉迎至顺天府昌平县清河东北,造坟安厝。已,尝征予为铭及祠堂记。公复于墓旁预造母朱氏并其自己寿藏二所。

今于正统十四年(1449)七月十六日随驾北征,八月十五日不幸被陷,命终于土木。老母在堂,悲号悒郁。念太监殁于战阵,不克归葬,哀伤无已,仍具棺椁,以其生前所服衣冠招魂而葬于清河厝所自营之寿圹。事虽不经，而情其可哀，是诚礼之变也。公生于洪武癸酉（二十六年，1393）七月十二日，享年五十有七。葬于正统十四年十二月二十四日。呜呼！母之于子，至其死而不克葬，何以为心也！则葬衣之举，亦尽其心而已。尔后之人，观斯志则哀斯人之不幸，而其母之情尤可悲矣夫。

（北京海淀区清河镇出土。《北京图书馆藏中国历代石刻拓本汇编》第51册，第179页）

明故处士钱公（贵甫）墓志铭

资德大夫、正治上卿、礼部尚书、前太子宾客兼国子祭酒毗陵胡濙撰。奉政大夫、修正庶尹、礼部郎中、直文渊阁永嘉黄养正书。中议大夫、赞治尹、太常寺少卿兼经筵侍书广平程南云篆。

处士讳贵甫，姓钱氏。父讳仲兴，配许氏。其先本常州之宜兴人，因宦游燕蓟，遂占籍于蓟州之西花乡。贵甫以元季扰攘之际，徙辽东义州。事平，复归寓山海。公生于元至正壬辰正月三日，终于大明洪武乙亥（二十八年，1395）七月三日，享年四十有五。娶朱氏，有贤行。生三子：长官保，早卒；次聚，次钱安。女一，妙祥，适吕氏。甥男三。聚等俱自幼选入内庭，事太宗文皇帝。小心慎密，动容周旋，悉称上意。遂以聚为尚冠长随，不幸早逝。钱安，赐名僧保，擢奉御，宠锡日隆。宣宗章皇帝继承宝位，录用忠良，重其端谨诚慤，升任太监，俾辅今上皇帝。特敕工部营建宅第于崇文门北一里许通衢之东，仍准令奉迎母朱氏，完聚侍养。迄今在堂，寿八十有四，康强无恙，母子享天伦之乐。因念先世积累之厚，致今日福泽之隆，太监祗奉母命，遣孙男寿等往山海祭告，迁父骨榇。于正统十一年三月十八日奉迎至顺天府昌平县清河桥东北之原新建茔域，于本年五月十七日安厝，状其事实，俾余为铭。诚足以见太监孝行笃至，为可尚也。乃为之铭，铭曰：

古云人子，百不为多。惟公贤嗣，有若龙梭。为国辅弼，庆泽余波。忠孝是务，其心靡佗，图报伊何。启攒山海，归窆清河。以公良配，生营兰窝。刻铭贞石，万古不磨。

（《新中国出土墓志·北京》第87号）

艺文·金英传

金英，不知何所人，官内侍。当薛瑄为王振所陷，既放免，复起为南京大理寺卿。时英奉使至南京,及还,公卿俱饯于江上,瑄独不往。英还至京,言于众曰:"南京好官,惟薛卿一人耳。"寻被召命。景帝既嗣位,意欲易储,一日语英曰:"七月二日东宫生日也。"英叩头曰:"东宫生日乃十一月二日。"帝默然。盖帝所言谓怀敏[1],英所对谓宪庙也,实与魏徵献陵之对相似。其当己巳之变,人心汹汹,徐元玉最有时名,英趋往问计,元玉以南迁对。又往问成山侯王通,通以挑筑京城外壕对。二人大为英所鄙,乃慨然宣言于众曰:"此时当竭力固守,召勤王之师于四方,足以捍虏。有以迁都为言者,上必诛之无赦。"众心乃定,卒以选将练兵、婴城固守,悉付于于肃愍公。竟能以亡为存,传业无穷者,英之决策,岂可少也哉!

(不著撰者,《国朝献征录》卷一一七《寺人》)

典制·福建内官

凡天下统兵镇戍一方曰镇守,旧制用文武大臣,永乐初或命内臣,景泰以来始专命焉。

(乾隆《福州府志》卷二九《职官二·镇守制使》)

王恭,洪武初以驸马都尉镇守。按《城池志》,洪武四年在。

周德兴,洪武间以江夏侯镇守。按《城池志》,洪武四年在。

戴细保,景泰元年以尚宝监监丞镇守,五年还朝。

薛希琏,浙江丽水人,景泰元年以刑部侍郎镇守。三年升本部尚书。四年还朝。

费钊,正统十四年以崇信伯奉命讨贼。景泰元年敕留镇守,二年还朝。

范雄,正统十四年以都督佥事奉命讨贼,景泰元年敕留镇守。二年还朝。

廖秀,正统十四年以太监监军讨贼,景泰元年敕留镇守。复征沙县。二年还朝。

来住,正统末以内使提督市舶,升长随奉御。景泰四年协同监丞戴细保镇守。及细保还朝,就留镇守。升监丞,寻升少监。未受命而卒。[2]

---

① 怀敏,应为"怀献",景帝子见济册立为皇太子未久即薨,谥为怀献太子。

② 乾隆《福州府志》卷二九《秩官二·镇守制使》题名缺来住。

孙原贞。(《八闽通志》卷三六《名宦》:**原贞以浙江左布政使升兵部左侍郎,巡抚浙江。景泰间改镇守福建。寻复巡抚浙江。**)

冯让,浙江丽水人,天顺二年以都知监右少监镇守,八年还朝。

吴昱,成化二年以都知监太监镇守,卒于官。

卢胜,成化五年以御用监太监镇守,十六年回京。

陈道,字安理,广东顺德人,成化十六年以御用监太监镇守。

(弘治《八闽通志》卷三〇《秩官·镇守》)

(以下据乾隆《福州府志》卷二九补)

邓原。梁裕。许通,俱弘治间任。张俊。商飑。崔安,汤阴人。罗籥,靖州人,司礼监太监。尚春,市舶升任。以上俱正德间任。

【考】《八闽通志》卷四〇《公署·镇守衙门》:"在福星坊内,宋尚书王祖道故宅也。国朝洪武初,驸马王恭居之。正统间遂为镇守内臣公署。其东为花园,其中门外左为供应所,右家属居室。"《公署·建宁府·上司公署》:"镇守公馆,(**略**。)凡郡所造贡献品物悉藏于此,及镇守内官按部煎销各坑银课,亦居焉。"

提督市舶内官

卓洪　范士明　俱宣德间以内使提督。

梁著　杨□　俱宣德初以内使提督。

施斌　成化初提督,十二年卒。①

韦查　成化□年以都知监少监提督,升本监太监。弘治元年卒于官。

董让　弘治二年以御用监太监提督。

(弘治《八闽通志》卷三〇《秩官·提督市舶》)

【考】《八闽通志》卷四〇《公署·提督市舶衙门》:"在光泽坊内,旧织染所地也。初建于府治西南法光寺东,成化十六年提督市舶都知监太监韦查与织染局互易,创建上三公署(编者按,包括镇守、巡抚公署),俱布政司东南。"万历《闽都记》卷六:"织染局在地平寺之东,市舶内臣公署也。

① 施斌,据《明宪宗实录》卷一五二,成化十二年四月乙未条补。斌卒后,福建巡按及三司官请革市舶专差内官而令兼属之镇守太监。上不从,遂遣韦查。

国朝洪武八年建织染局于府治东南光泽坊内,成化十六年太监尚春以其地建市舶府,移局今所。”乾隆《福州府志》卷一九《公署二》:“市舶提举司在布政司西南侯官县之西。……旧置司于泉州,后番舶入贡,多抵福州河口,成化五年巡抚都御史张瑄奏请移建于此。”“进贡厂在郡城东南河口。明初创建,凡番国贡献方物,皆贮于此,然后上进。有交盘厅及库房二门外门。正德壬申(七年,1512)督市舶太监尚春又建控海楼于交盘厅之左。”卷二〇《公署三》:“(清代)镇守福建等处将军府,在府城东门大街,旧织染局地,明为提督市舶府,后为巡按御史署。”

景泰二年辛未(1451)

正月丙午,敕提督辽东军务左都御史王翱、镇守太监宋文毅曰:“得尔等奏报,脱脱不花王亲领人马收捕野人女直,欲先到开原空城。已敕永平、山海总兵官选调精锐官军五千委参将一员管领,在开原操候,又令在京选调官军三千操备,听候策应永平、山海。尔等遇贼来到,先飞报永平等处,仍自相机剿杀,不许似前,贼已临门,犹自不信,退缩畏惧,坐失事机。如违,必重罪不宥。今命都指挥石忠来辽东伺候,脱脱不花王来近尔处,尔等即量遣人伴送石忠往与相见而归,毋或违误。”(二〇〇,4246—4247)

癸丑,直隶隆庆等卫指挥佥事等官李本等奏镇守居庸关左少监潘成以锦绣衣缔结奸臣喜宁、侵欺官物、私役军人等事。成自陈本诬之。下巡抚右佥都御史萧启核实,言本、成俱无实。诏启执本究问,谕成遵守法度,以副委任。(二〇〇,4253—4254) 癸亥,都知监左少监阮忠奏:“去冬坝上草场火,由在旷野,是以小人得肆凶狡。今各草场在旷野者尚多,乞于原差巡视仓场御史二人中敕一人专理仓粮,一人专巡草场。”从之。(二〇〇,4262)
甲子。初,行事校尉缉监察御史林廷举与盐运司同知郑崇同里,崇受太监金英家人贿,多支官盐,事露,令男以白金赂廷举,为之求解。法司鞫廷举,应徒为民,御史陈价等请命法司同六科会审，勿致冤抑。掌行事者右少监阮伯山奏价等党廷举，欲释其罪，宜究治。诏法司杖廷举一百，发戍边卫，崇为民，价等姑宥之。 重建长陵神宫监，以先毁于火也。(二〇〇,4264) 戊辰，镇守陕西内官王庄儿奏庆阳卫安边营、柳树涧鞑贼入境抢掠，守备都指挥张友等不严堤备，署都指挥佥事樊青、指挥东得、李荣等率军追贼不能奋勇向前，俱宜治罪。命巡按御史责其罪状，仍俾备边杀贼，如再误事，必罪不宥。(二〇〇,4268)

二月丁丑，吏部文选清吏司郎中李贤言："……夫正其本，万事理，臣所以忘其愚陋，献此中兴正本策，其目有十，十策既举则大本既正，天下之事可推而行之矣。今将十策开录于后：(**一曰勤圣学。二曰顾箴警。三曰戒嗜欲。**)四曰绝玩好。臣惟人主一心，攻之者甚众，能不为玩好所惑者寡矣。是以古昔圣贤之君常有所警，珠玉、犬马、珍禽、奇兽一切玩好之物悉皆罢去，此心湛然，虚明渊静。召公恐武王受西旅之獒，曰：'不役耳目，百度惟贞。'盖谓心无所主，反为耳目所使。必欲心得其职，非从事于学不可也。伏乞陛下于内侍之中择读书知义者四五人置诸左右，外听儒臣讲论经史，内与左右解说其义，心通情悦，智虑益高。静观左右之人，或以玩好来陈者，必严斥曰：尔以圣明之君待其主耶？以庸暗之君待其主耶？夫以圣明之君待其主者必以尧舜之道陈之，以开陛下之心胸，必忠臣也；以庸暗之君待其主者，必以玩好之物陈之，以惑陛下之耳目，必奸臣也。历观前代，未有明君而不法尧舜之道者，未有昏君而不溺玩好之物者，惟陛下留心省察，则行无不谨，身无不修，中兴之业不成者，臣未之信也。(**五曰慎举措。六曰崇节俭。七曰畏天变。**)八曰勉贵近。臣观前代中官，正直忠良有功于国家者不为无人，若汉唐之世，史游、良贺、吕、刘、马、严，或勤心纳忠，有所裨益，或清俭退守，无所引荐，或清忠奉公，直言切谏，或排去奸邪，委政庙堂，或以一身捍人主之难，或辞两军抗冥鸿之志，千载之下仰其芬烈，视彼招权挠政、卖弄威福、取快一时、不旋踵而遭大僇者远矣。今陛下左右内侍之臣大非前日之比,率皆小心谨畏,恪勤匪懈,守祖宗之家法,绝外人之交通,盖能以覆辙为戒也。犹望陛下时加勉励,不使怠忽。且陛下一日之间接文武群臣之时少,亲左右贵近之时多,若能辅成今日中兴之治,皆其心也,可不勉哉!果能取法于前人,兴循理好善之念,存正直忠良之心,载之方册,播令名于无穷,岂不美哉!(**九曰振士风。十曰结民心。**)”帝嘉纳之。(二〇一,4278—4287)　　乙未,锦衣卫指挥使刘源奏:“内官兴安传奉皇后懿旨:‘去岁虏寇来犯京师,将士战死于彰义、西直门等处者甚众,亦有老幼被其戕害,即今暴骨原野,实切吾心。其令锦衣卫差官率旗校拾之,苫以厂房,日逐计数闻奏,量赏赉之。’本卫差千百户石真等率领旗校连日于各战场共拾遗骨五千八百有奇。”帝曰:“掩骨埋胔,先王仁政之一也,况诸将士殒于王事者乎?其命僧道建斋醮普度,葬于内官享堂之西,每岁以祭厉日祭之,领于上林苑监。其拾骨官人赐银一两,旗校半之。”(二〇一,4309—4310)　　丁酉,户部奏:“比因天象垂戒,奉命会五府、六部、都察院、翰林院计议宽恤条件,臣等谨议七事:一、在京象马牛房草料昔止派河南、山东并顺天等八府供给,后又添南直隶府州县草束,折银赴京买用。缘顺天等府被达贼残扰,河南、山东灾旱相仍,宜除象、牛、羊及御马监驮鞍马、西马外,其余马乞拣选堪中者量存饲牧,每年四月草料住支,俱放草场,至九月全支草料,其瘦小有病可医者派与顺天府人民领养,不堪医用者送光禄寺收用。一、顺天、河间等府州县地土多被官豪朦胧奏讨及私自占据,或为草场,或立庄所,动计数十百顷,间接小民纳粮地亩,多被占夺,岁赔粮草。宜令该府州县通查丈量,除奏拨之数外,其占夺者如数退还,多余者如例起科,征纳粮草。一、坝上马房各有寄养,正统九年朵颜等卫获到牛只,草料俱人民供给,宜令俱送顺天府,给与所属前年被贼小民耕种。一、比有无赖官舍、军民人等诈称皇亲及内官家人,势如狼虎,前去河西务至是沽等处阑[拦]接客商货物，强用车辆搬运入店，稍有不从辄便殴詈，以致客商失陷财物，宜行禁约。……”诏御马监马不可轻动，亦如旧饲牧，牛其令该衙门具数以闻，余如议。（二〇一，4312—4313）

三月戊辰，户部奏各监局及各厂应役军匠俱月支粮一石，宜减半给之。命关光禄寺饭者给与五斗，不关光禄寺饭者仍给一石。（二〇二，4334）

四月庚午，赏大同总兵官定襄伯郭登银十两、彩段三表里，少监马庆、监丞阮阿山、都御史沈固、参将潘兴人银五两、彩段二表里，官军人等一千四百三十二人银、绢、彩段有差，以大同斩获达贼功也。（二〇三，4337—4338）　初，镇守福建太监廖秀奏巡按御史许仕达专权失机及耽溺游乐、需索供奉等事，诏镇守福建右侍郎薛希琏等案其状。至是，仕达亦奏希琏贪婪不法、滥署官员及纵子弟扰所部等事，诏遣给事中、御史公正者往按之。　辛未，巡按直隶监察御史郑韶奏镇守怀来内官陈海用铁剑与夷人哈册易马，命械海至京鞫之。（二〇三，4338）　己卯，奉御善增下锦衣卫狱。初，增以宠幸得预操练军马，锡赉骈蕃，房屋仆马拟于王公，朝官有拂其意者辄詈辱之，其奴隶怙势杀人，侵民田，夺商税。六科、十三道请治增罪，命执下狱，寻释之。（二〇三，4341）

【考】叶盛《水东日记》卷二“奏弹内官善增”：“景泰二年春，内官善增恃宠骄纵，势炽日甚。且闻大臣中有候其生日，结约武弁持贿拜贺其门，如往年之事王振者。季聪偕六科、十三道上言，尽暴其罪恶，乞急治之，不然必蹈覆辙。章既成，对众复增二语，曰：‘复起群邪趋附之风，大开小人奔竞之路。’盖厚嫉大臣之恰小者也。既奏上，即命锦衣捕治之。后虽复释，然迄今不复肆云。”　辛巳，京城官店塌房多为贵近勋戚所有，兵科都给事中叶盛等言贵近勋戚高爵厚禄而又侵利于国，贻害于人，乞将在京官店塌房尽数勘实籍记在官，按季收钞以资军饷。从之。（二〇三，4341—4342）　癸未，司礼监内使高显恃强夺人房屋，比党，饰词妄奏，法司坐赎杖，命禁锢之。(二〇三,4344)【考】《中官考二》记高显为司礼监太监。　癸巳，赏总督军务右都御史王来、总兵官保定伯梁珤、左监丞梁达人银五十两、纻丝五表里；内官阮黎，内使张贵、龚荣，左副总兵都督毛福寿、右副总兵都督方瑛人银四十两、纻丝四表里；左参将都督陈友，右参将都指挥安顺、李震，参赞军务兵科给事中刘清人银三十两、纻丝三表里；都指挥张任、任忠，副使邢端、李睿人银二十两、纻丝二表里。以生擒伪苗王韦同烈等功也。(二〇三,4350)

五月辛丑，道录司左玄义梅道真，御用监内官(梅)忠之兄也，数以银帛与妓者及都指挥使把罕妻奸，且干都督佥事张义拨军为仆。事觉，都察院坐赎罪还俗，并案忠纵兄犯法，义擅拨操军。诏道真谪充开平军，义、忠姑宥之。(二〇四,4357)　辛亥，镇守大同西路左少监韦力转奏："右卫城池去边止五十里，孤悬西北，通贼要路，近闻虏酋也先欲败盟南寇，所虑边饷不足，虽有良策，战守难施，乞早赐预备。"诏谕户部移文大同总兵官量起官军于本处仓运粮三万石给之。(二〇四,4367)　辛酉，升守备庄浪都指挥同知魏荣为都指挥使，仍守备，从太监刘永诚荐也。(二〇四,4378)

癸亥，太监廖秀因讨贼福建，遂留镇守，数肆暴，索诸府卫银帛，至用引马棍杖伤候官[1]知县单宇。巡按御史许仕达案举其状，械至京，罪当徒，命锢于狱，寻释之。(二〇四,4379)

六月戊辰朔，户部右侍郎兼翰林院学士江渊(具陈三事)："……一、王振专权之日，奔趋于门者非止一人，及振诛夷之后，倾诈之徒欲陷人重罪辄指为振党，致令无辜受害者甚多。乞敕法司，自大赦以后有指王振之党告讦者悉皆放免，庶狱无枉滥。"诏悉从之。(二〇五,4383—4384)　先是，总兵官武清侯石亨言近造船车蠢大，请改为偏厢车一千辆，诏各营自造。至是，亨以各营

① 候官，即"侯官"，明属福州府。

官军艰辛，愿将己所得禄米十年之数备料改造。帝不许，命内官监为之。(二〇五，4385—4386)　己巳，大同右参将都督同知许贵奏右少监韦力转衔军妻不与宿，遂杖死其军，又与养子妻淫戏，遂射死养子；又妄报家奴数人杀贼功，得升指挥、千百户、镇抚。下巡按直隶御史郑韶覆之有验，第妄报升指挥家奴者不实。都察院请命韶再覆。从之。(二〇五，4386)　丙子，罢中书舍人徐颐[1]为民。颐，直隶江阴县人，家赀累万，因拜太监王振为父，振令黄养正代写楷字以进，得除中书舍人，以疾告归。至是复至，为言官所劾。巡按御史又按其家豪横，创违式第宅千八百余间。下狱论当杖，故有是命。(二〇五，4396)　甲申，兵科都给事中叶盛(谨述弭灾防患八事)：……一、在京各卫带管军匠于监局上工者多有精壮之人，乞除成造军器战车外，其余暂送操练。……帝曰："……内府监局造作不敷，何暇摘操？遇有警时定夺。"(二〇五，4403—4404)

七月己未，校尉获万宁寺僧赵才兴等，言才兴自谓能通兵法及气候诸术，与广通寺僧真海、道人谭福通、内使萧保父萧亮刺血誓天，谋欲为乱，谓才兴赵太祖后，推为皇帝，封真海为二王，福通为三王，萧亮为四王，取素与奸者义勇卫百户女为后，立其徒如海为太子。至是真海诱集无赖数十人聚饮朝阳门外，事始觉。法司讯问，具伏命，即诛之。(二〇六，4427)　壬戌，命内官阮伯山为左少监，锦衣卫官旗刘祥等十九人俱升一级，以擒反贼赵才兴功也。　镇守永平、山海等处少监郁永奏鞑贼百数十人来犯关隘，官军以火器击却之。(二〇六，4430)　癸亥，礼部仪制司郎中章纶言十六事：……十一曰征讨不庭在专任将帅。臣惟近者贵州、广东等处征讨不利，皆因将多，又以内臣监军，偏裨以下难遵调度。今后止以文臣一人参赞，号令赏罚皆出将帅，如此则

① 徐颐，广本"颐"作"顺"，误。徐颐任职见正统十二年五月癸卯。

事专一而平蛮之功可成矣。……疏入，帝曰："信赏必罚，用贤去佞，朕自审处。讲学已设经筵，内阁已有陈循等，不必别选。御史、给事中直言极谏者职所当为，不必赐敕。灾异许诸人指陈所由。选官狱囚社学俱有定例，不必更改。文职闻丧，惟急用大臣方许夺情，否则不许。其余悉从所论。"(二〇六，4431—4435)

八月丙子。初，太监王振衔东城兵马指挥范质不为其家奴寻空宅，召至东上门，杖之数十，复令随(**随字疑衍**)毛长随、校尉发其不修道路，枷示大通桥七十余日，谪充铁岭卫军。至是，质子入京陈冤，命除其军籍为民。(二〇七，4448—4449)　戊寅，司礼监故太监吴诚妾姚氏奏诚随驾迤北阵亡，存日曾于香山置坟，今欲将诚衣冠招魂安葬。从之，仍命礼部赐祭。(二〇七，4450)【考】《万历野获编》卷六《内监·内臣妾抗疏》："按此，则内臣婺妾蒙上恩礼，已为创见。至于生前畜妾，殁后陈情，一如所请，则太祖初厉禁可直付高阁耶？古来宦官有妻者多矣，未闻买妾，且以闻之至尊，廷臣亦不以为骇怪，何耶？吴诚即世所传建文帝归阙，内侍辈辨视，云诚曾伏地舐赐脔肉者是也。"　己卯，镇守福建右监丞戴细保遣人送净身小口陈石孙等五十九名至京，送司礼监。(二〇七，4451)　己丑，南京兵部尚书靖远伯王骥按河阳卫百户周忠枉法受财罪，因言忠尝欲独擅宝船厂事，而诬退同事百户，又构词陷内官土普于死，是以愈暴横，厂内外官民俱呼为"周老虎"，役占军匠无虑数百，亲管指挥莫敢登门。法司具狱以闻，命发充口外军。(二〇七，4460)

九月戊戌，镇守宣府少监柏玉奏副总兵官都督纪广在边年久，军民悦服，乞升充总兵官。诏待有功时定夺。(二〇八，4467)　前军都督府右都督张轨下狱，既而释之。轨，太师英国公辅之弟，骄淫不奉法，尝私宫家奴二人。六科、十三道交疏劾之，诏百官参鞫，论当遣戍辽东，诏宥之。(二〇八，4468)　敕遣内官李琮同驸马都尉焦敬召广通王徽煠赴京，以巡抚湖广右都御史李实奏王叛逆，并伪造宝印、擅移出府、占住千户所故也。(二〇八，4469)

壬子，镇守宁夏太监来福以指挥周瑛及总兵官张泰奏其不法事，令养子百户福海诣京刺候之。海夺泰所差指挥许和所赍敕书，驰驿而回，诬和病不能行，使己代赍，福为奏之。事下，巡按御史甘泽论赎徒还职，奏福欺罔，请治之。帝置福不问，降海为御马监勇士。（二〇八，4475）【考】来福累被劾，虽置不问，不久即取回。考《英宗实录》卷二二四，景泰三年十二月丁巳，书复安化、安塞二王曰："向者所索内官来福房屋，已令总兵等官计议，云将前厅中厅并两厢房与安塞王，后厅后厢房并果园与安化王并二县主，颇为均平。书至，可依此分居，不可更有所争。"又成化十年五月魏佑撰《织染所真武庙记》（《北图藏石刻拓本汇编》第52册）记：景泰三年"敕有司于都城内相地建，名曰织染所，以需上用"，既而司设监少监来福莅事，建真武庙于所内西偏。则是来福当于景泰三年降少监取回，管织染所事。该碑记见成化十年附。　甲子，命故内官刘安侄孙得为锦衣卫带俸所镇抚。（二〇八，4484）

十月丁卯。先是，湖广武国[冈]州民段友洪等十余人投入广通王徽煠府为家人，导王不法。（**反状略**。）巡抚湖广右都御史李实以闻，敕遣监察御史刘孜、锦衣卫指挥卢忠与镇南王及湖广三司收鞫友洪等，遂遣驸马都尉焦敬、内官李琮征广通王，遣锦衣卫官籍友洪等家……时湖广总兵官保定伯梁珤又奏阳宗王徽熖使其家人李祥偕友洪等召诱苗兵，实与广通王共谋。奏下，都察院请驰付李实、刘孜、卢忠、焦敬、李琮从公覆实，奏闻处置。从之。（二〇九，4487—4488）

十一月癸卯，镇守福建刑部尚书薛希琏奏乞会同右监丞戴细保考察文武方面官员，吏科言："旧例，考察之任不以属内臣，希琏乃欲会同内臣考察，不惟假以媚权贵，抑且因以纵黜陟，殊失大体，有孤重任，请正其罪。"诏宥希琏不问，考察官员仍如旧例。　镇守密云内官张溥、都指挥同知赵玟等遣人出境烧荒，火延关城，人畜军器房舍多被焚。事闻，降敕切责之。（二一〇，4515）

己酉，给御马监勇士马八百十五匹，武骧左等四卫所官军马七百三十四。(二一〇,4519—4520)　丁巳,命锦衣卫带俸指挥佥事梁员世袭。先是,员养子伟已代为流官,父子俱供役御用监,至是员复以世袭请,故命之。(二一〇,4524)　壬戌,内官李琮下狱,既而释之。先是,驸马都尉焦敬与琮同征广通王徽煠,琮沿途杖辱军民官,又吓取镇南王徽煣及守备武冈州署都指挥毕通等金银五百余两,减有司供用徽煠食物,货得银百余两,为敬所奏。下都察院狱,鞫当徒,琮亦讦敬受荆州府官银,诏宥琮,并置敬不问。(二一〇,4529)　癸亥,调神机营神枪官军三百人守备雷家站,命镇守怀来内官韦源往来提督,从右参将都督佥事杨信奏请也。(二一〇,4529—4530)

十二月丙寅,削广通王徽煠、阳宗王徽焟爵,降为庶人。徽煠征至京,三法司、皇亲、司礼监官引段友洪等面鞫于庭,徽煠具服,且言与徽焟同谋。……二王反状尽白。狱具,帝曰:"徽煠、徽焟谋危宗社,论法本难恕,但念宗室至亲,屈法宽贷,其皆宥死,削王爵,降为庶人。留徽煠于京,其徽焟并两人家属,命内官陈安、内使阮僚同驸马都尉焦敬、锦衣卫指挥佥事卢忠赍金牌往岷府起取,送凤阳看守祖陵。仍敕内官黎贤往凤阳会同内官雷春并中都留守司、凤阳府修理墙垣房屋门禁,与之居住,务在坚牢,每岁各家给与食米二百石,量与柴薪。"(二一一,4531—4533)　己巳,直隶滁州知州彭光奏:"皇陵,祖宗根本之地,其东蒋山古寺基,洪武、永乐间俱不敢修葺。比年太监雷春择为寿藏之所,朦胧奏准,大兴土木,殿宇僧房,焕然一新。其后群盗骚动,达贼猖獗,诚恐动摇根本所致。伏乞拆毁此寺,以固根本。根本既固,则枝叶自无震憾矣。仍乞选老成内臣将春替回,庶几少慰宗社之灵,以回上天之意。"帝命钦天监遣谙晓地理官驰驿往视干碍皇陵风水地脉否,明白画图以闻,不许扶同妄言;雷春老成,正当侍奉祖宗,不必替回。(二一一,4535)　庚午,敕镇守松潘左侍郎罗绮曰:"得董卜韩胡宣慰使司奏,欲于旧威州保县地方开通道路，出境进贡。朕惟山川阻险，天所以限华夷也，既非旧路，岂可轻启夷人侵犯之心？况内官陈涓等曩已奏其不可，尔今即会同涓及佥都御史李匡等计议，或别有可令往来之路，相度以闻。”（二一一，4535—4536） 壬申，镇守福建刑部尚书薛希琏等奏：“臣等累次督率官军分剿沙县余贼，俱已殄灭。即今地方告宁，军民获安，乞升赏有功官军。”命升右监丞戴细保为右少监，其余官军兵部议定以闻。（二一一，4538） 甲申，升都督同知陶瑾为右都督，署都督佥事李信为都督同知，奉御阮随为右监丞，官军吏民一万二千余人升赏有差，以处州等处杀贼功也。（二一一，4543—4544）

本年附

艺文·碑铭·妙缘观碑

胡濙撰《敕赐妙缘观兴□事实之碑》：“大明景泰二年二月十七日，内官监太监陈谨于左顺门奏：‘臣先蒙拨赐住宅，在德胜门里东，内有旧真武庙一所，遂发诚心，庄严神像，修葺殿宇，添造两廊神□仓库法堂，就舍住宅为方丈，令道众居住，晨夕焚修，祝延圣寿，以报国恩。名额未曾奏请。’奉圣旨：‘与做妙缘观。礼部知道。钦此。’钦遵。拜受不胜欣跃。（**中略**。）公名谨，字曰云卿，号松谷，故安南国王宗室，越裳氏之裔。习黄老之道，修真练性，尘劳物□□以动其心，事至物来，泛应曲当，动静语默，咸适其宜，是致列圣加恩，宠荣莫比。惟其于道虽颠沛不违，始终无间。昔又尝于西山建灵应观，京都城东□□□观，皆属予为记。今并录之，以著其好善之诚、奉道之笃，而此则舍宅为观，尤□嘉尚□□为之书其兴建之由、基址深广之数，以昭示于来世也。”

胡濙《敕赐妙缘观记》：“永乐初，予为都给事中，尝稔知今内官监太监陈公谨好黄老学，号松谷，生于交南，实陈氏之宗室。永乐五年归附天朝，以材质秀爽，选入内府，令为内使，习读诗书。太宗文皇帝始见悯其先，兼喜其材，与内官监协办公务。后尝事仁宗昭皇帝，忠诚勤慎，凡所委任，多见称旨。悦其奉道虔诚，遂得用事。锡其正教执事，升为长随内侍，专于紫虚郁秀坛晨夕焚修。宣德初,宣宗章皇帝擢升典簿,委用益隆。尝于西山创建奉真仙宇,敕赐额灵应观,赐金冠霞服于内,命行醮事。复于城东创一祠宇,赐额曰玄妙观。后蒙董工,事竣,朝廷嘉其劳,升左少监。公亦愈尽心力,勉图报称。景泰元年春,今上皇帝以公耆德旧臣,特升太监,任用益专。而公奉道之心愈笃。尝以所赐第旧有真武庙,卑隘不足以奉安神像,欲拓其址。景泰二年春请命于朝,尽以居第舍为道观,赐额为妙缘观,仍赐道藏真经并材料工费以资之。悉出所赐金帛,兼募众缘,竭力营构。(**营建略,落成于是年七月**。)景泰三年,岁次壬申,秋八月望日立石。"

(碑在北京西城区德胜门内大石桥。《北京图书馆藏中国历代石刻拓本汇编》第51册,第173、178页)

艺文・碑铭・妙清观碑

胡濙撰《敕赐妙清观记》:"妙清观在都城西直门里,原系司设监太监陈日新住宅。日新奉道虔诚,自建真武堂一所,□正统十年正月舍于五华观为下院。(**略**。)景泰二年二月二十三日,今内官监太监阮仁得奏请,钦蒙敕赐"妙清"为额,实修□崇真福地,祝延圣寿道场。奈缘殿宇窄隘,未称瞻仰。内官监太监陈谨诚心奉道,默契玄元,累尝捐资创建宫观,始终一心,扶植玄教。上亦深知其故,景泰三年□月十七日钦奉圣旨:'妙清观与他物料修盖。钦此。'谨钦承上命,董督重建。(**营建略。落成于景泰六年十月**。)"

(碑在北京西城区西直门南小街。《北京图书馆藏中国历代石刻拓本汇编》第51册,第198页)

艺文・碑铭・法塔寺两碑记

胡濙撰《敕赐法藏寺记》:"京师崇文门外东南数里许,原有古刹曰弥陀寺,碑刻坠轶,莫能考其创始之由,栋宇日就摧圮。正统十年九月九日,御马监中贵裴善静、张得山、大功德禅寺住持右善世祖渊,往彼瞻礼,相视叹曰:(**因锐志兴复,首捐己资,及募众缘重修,景泰二年正月落成,敕赐法藏寺**。)景泰二年,岁次辛未,三月十五日。"

碑阴额题"檀越芳名",太监:王受、刘□、阮让。少监:阮□、阮忠、王□、林春。(**下监丞、奉御、典簿、中贵及信官、信女、信士名录略**。)

僧道孚撰并书《无量诸佛传灯宝塔记》:"(**前略**。)内监中贵信官张公得山檀越，夙修善念，见贯三才，是以于正统年间喜舍财物……色相之俨然□□为巨刹之道场矣，钦蒙敕赐其名额曰法藏禅寺，则超于今而□□□也。其□于景泰二年草□之秋，□□己资，……御马监太监刘公永诚、王公受、监丞阮公□、裴公善静等，其多施以金帛，（**略**。）内臣宰辅十方檀越长者善信之贵芳名，得□□于记后，以传□□获福之无量。景泰六年四月八日，施主裴公□□□□得等□立碑。（**记后有助缘太监等信官，碑甚泐，名略之**。）”

（碑在北京崇文区法塔寺。《北京图书馆藏中国历代石刻拓本汇编》第51册，第174—175页、197页）

景泰三年壬申（1452）

正月壬子，巡抚湖广右都御史李实及湖广三司奏镇守内官梁还[达]、内使陈灵逼索属县银两及纵厨役家人等凌虐人夫至死诸不法状，请治其罪。诏还[达]、虚[灵]姑不问，其厨役家人等令巡按御史执治之。（二一二，4565）　甲寅，镇守西宁内官保受奏河州卫黑章□簇下番民累次侵劫隆卜小簇，抢杀人畜。命镇守陕西兴安侯徐亨等差人谕以祸福，使其感悔，若执迷不听，量调官军剿捕。（二一二，4566）　丙辰，镇守广东左监丞阮能奏石康县流贼入境攻劫县治，抢掳官员、人口、印信，其守备都指挥汤节、指挥柏徵、张豫等宜皆治罪。诏巡按御史责节等死罪状，送左副总兵董兴处杀贼。（二一二，4571）【考】此为阮能于实录首见。光绪《广州府志》卷七八《前事略四》：“（正统）十三年，命印绶监左监丞阮能镇守广东。能为人奸险，唇缺貌陋，以赂得镇守广东，多为不法。民家有一佳器，必假事擒缚，得银乃释。多铸大锭，呼为‘我儿’，时以舌舔。童谣曰：‘崩口阮，要人吮。’广人苦之。”卷一六一《杂录二》：“少监阮能镇守广州，信妖僧德存，创寺于白云山半永泰泉上，指为卓锡泉。景帝改元，诏至，即称禅师出世，伪立寺额；遇圣节，辄为赛会，立天龙八部统领村民，将欲谋逆，人不敢言。及能取回，德存就擒，变乃息。”

二月庚午，镇守福建右监丞戴细保奏守备沙、尤等县都指挥同知秦敏索部卒贿,纵之歇役,请治其罪。命镇守尚书薛希琏及福建三司堂上官会鞫之。(二一三,4580)　壬午,都知监左少监阮忠奏漕挽军民例该兼输铺廒芦苇,今河道残涩,宜暂蠲除。从之。(二一三,4589)　丁亥,兵部奏定福建延平府沙、尤等县杀贼升赏,(**其获功、阵亡升赏略。**)儹运粮饷官二员,给赏不升;统领官军太监廖秀、奉御马琳、内使高敏、尚书薛希琏等四员俱请圣裁。诏内臣并希琏已升者罢,余如所拟。(二一三,4592—4593)

三月戊戌,镇守福建右监丞戴细保奏按察佥事孙振望巡捕兴化、泉、漳三府,擅毁敕封天妃宫、东岳、关王、烈女等庙,弥勒、观音等五十余寺,并碎其神像,民其僧徒,且以未毁佛寺听民僦占为业;又以劝买耕牛为名,擅罚额外并被事僧徒白金三百余两,又令居民家畜母彘一、牝鸡五,蕃息生利,而滥役有过官民为老人督之,请治其罪。奏下,都察院谓振望毁淫祠,劝民买耕牛、畜彘鸡,皆厚俗富民之道;第毁敕封庙宇及役有过官民等有戾于法,然未详虚实,请下巡按御史许仕达躬勘其状,如验即令逮治。从之。(二一四,4602—4603)　甲辰,命山西署都指挥佥事朱忠实授都指挥佥事,署都指挥使,以镇守内使杨均保奏忠视事年久,军民信服也。　命锦衣卫指挥同知毕旺采访事情,谕之曰:"今后但系谋逆、反叛、妖言惑众、窥伺朝廷事情、交通王府外夷、窝藏奸盗,及各仓场库务虚买实收关军官及吏受财卖法有显迹重情方许指实奏闻,点差御史覆体得实方许执讯,其余事情止许受害之人告发,不许挟仇受嘱,诬害良善,及将实事受财卖放,法司亦不许听从胁制嘱托,致有冤枉违法,重罪不宥。"(二一四,4608)

辛酉。初,镇守密云内官张溥奏镇守密云、古北口迤西署都指挥佥事张兴退缩失机、科敛银两等罪,兴亦奏溥占种教场、开垦城基不法数事。诏下巡按御史勘究所连者以闻,而遣敕切责溥等。至是御史张斌奏勘状有验,诏皆宥之。(二一四,4617)

四月丁卯,南京总督机务兵部尚书靖远伯王骥进阉者四人,命以二人赐驤。(二一五,4621)　壬申,故黔国公沐斌夫人徐氏奏本家南京旧有阉者四十五名,俱故黔宁王、定远王、定边伯等收获夷人,今妾孀居,抚养幼男琮,乞留二十五名给使,余二十名进用。诏留与老疾十五名,余三十名送司礼监。(二一五,4624)【考】同书卷二三一,景泰四年七月壬申,"云南三司会官拣选黔国公沐斌家阉者福住等一十六名年幼堪用,遣官伴送来京。命悉送司礼监。"　乙酉,议易皇太子。初黄玹奏下,礼部尚书胡濙、侍郎萨琦、邹幹集文武群臣议,众心知不可,然莫敢发言,迟疑者久之。司礼监太监兴安厉声曰:"此事今不可已,不肯者不用佥名,尚何迟疑之有?"于是无一人敢违者,其议遂定。(二一五,4632)　戊子,都督同知王通卒。通,陕西咸宁县人,追封宁国公真之子也。……宣德初,交阯叛,充总兵官征进,扼于内官山寿,处置失宜,地方日蹙,遂弃交州城,拥众北还。言官交章劾其擅弃城守,法司当以死罪,系狱久之,遇赦削爵为民。(二一五,4638—4639)　庚寅,镇守辽东太监宋文毅、都督曹义、副都御史寇深等奏广宁、义州等处鞑贼入境杀死官军,掳掠人畜,当治守备官之罪。兵部谓文毅等俱宜究问,诏姑记文毅等罪,录兵部奏章示之。(二一五,4639)

五月丙申,筑沙湾堤成。自河决沙湾,(**命工部尚书兼大理寺卿石璞往治之。**)璞至,以决口未易筑,浚自黑洋山至徐州以通漕舟,而沙湾之决如故。乃命内官黎贤、阮落、御史彭谊往协璞等于沙湾筑石堤以御决河,开月河二,引水以益运河且杀其决势。至是水流渐微细,始克筑塞之。(二一六,4654—4655)　甲辰,户部奏:"在京各仓收粮俱有内外官监督,内府长安等四门仓粮止是官攒自为出纳,任意支销,差内官并本部委官查卷盘粮,如有余粮就作正数,日后官攒更代,将粮盘明,方许考满,仍如在京各仓列以数报,该科按月注销,庶奸弊禁革。"从之。(二一六,4659—4660)　庚戌,直隶常熟县民马以良言二事:一、……一、苏州、松、常、嘉、湖等府每岁于内府供用库纳白粳糯米,积弊未去,折耗太多,小民竭钱买贩，鬻子女以偿负债，乞如光禄寺例，委给事中、御史监收。诏……内府收粮都察院委公正御史监视。(二一六，4666—4667)

癸丑，以册立皇太子，赐亲王(**及公主银绢**)，遣内官范堂等分赍与之。(二一六，4669)　甲寅，革武学。自多事以来，武生多袭代及调取征操，所余仅十许人，至是朝廷以学舍分赐太监王瑾及锦衣卫百户唐兴，遂革之。(二一六，4670)【考】王瑾景泰中卒，实录此后无事迹。叶盛《水东日记》卷三四《太监陈芜恩宠》："御用监太监陈芜，交阯人，永乐丁亥(五年，1407)入内府。宣庙为皇太孙，芜在左右，既御极，即升太监，赐姓名曰王瑾，字润德。又赐'肃慎'图书。武定州还，赐玉带、金鞍、厩马、金帛、宝楮。陈庐陵循志云，东夷、北虏、西戎、南蛮窃发，芜皆与征行，皆被重赐。又尝被赐诗章，及范金为图书四，曰'忠肝义胆'、曰'金貂贵客'、曰'忠诚自励'、曰'心迹双清'以赐之，且予两夫人及养子陈林一官，令亦从其姓曰王春也。其景泰中疾，命太医官八人络绎赍御药往视，中官遗金帛饮馔、问安否，不绝于道。既卒，官其族与其从者十二人，赐祭，赐帛，赐钞五十万缗，谓内臣恩宠鲜有出其右者。盖芜又有保抱皇子之功，志秘不言也。中官之宠任，肇于文皇，如孟继[骥]诸人，可知自后益盛矣。尝记童时芜过太仓，封西洋宝船，势张甚，此志所不具闻。芜性慈仁，而其下人则不可犯，盖中官通病云。"　乙卯，赏各处总兵、镇守、参赞、内外文武官太监袁诚等各银二十两、纻丝三表里，少监蒙泰等各银十五两、纻丝二表里，监丞、大使、门副、奉御等官童保等各银十两、纻丝一表里，长随、内使等官陈善等各银五两、纻丝一表里；总兵等官都督沐璘等各银三十两、纻丝二表里，都督、尚书、侍郎等官方瑛等各银二十两、纻丝二表里，都指挥等官陈达等各银十五两、纻丝一表里，给事中等官刘清等各银十两、纻丝一表里。以册立皇太子也。(二一六，4670)

六月甲子，命造大隆福寺，以太监尚义、陈祥、陈谨、工部左侍郎赵荣董之，凡役军夫数万人。(二一七，4678)【考】黄瑜《双槐岁钞》卷五"太学生进谏"："景泰初，大开言路。太学生西安姚显疏言：王振竭生民膏血，修大兴隆寺，极为壮丽，车驾不时临幸。夫佛本夷狄之人，信佛而得夷狄之祸，若梁武帝足鉴前车。请自今凡内臣修盖寺院，悉行拆毁，用备仓厫，勿复兴作，万世之法也。时方建隆福寺，不为停止。会寺成，上方议临幸，有司夙驾除道。太学生济宁杨浩疏言：陛下即位之初，首幸太学，海内之士，闻风快睹。今又弃儒术而重佛教，岂有圣明之主事夷狄之鬼，而可垂范后世者邪？会仪制郎中章纶亦以为言，上即日罢行。……自正统至天顺，京城内外建寺赐额者二百余区，谏官不言，故二生取重于世焉。”　　癸未，升镇守浙江兵部左侍郎孙原贞为本部尚书，任事如故。原贞先以剿贼功升俸一级，至是镇守太监李德为请，故升之。（二一七，4687）

七月甲午，命南京守备官同工部修大报恩寺。（二一八，4696）

壬寅，太子少师、礼部左侍郎兼翰林院学士王一宁卒。一宁，浙江仙居县人。……景泰初敕往湖广督理军饷，明年召还，升本部左侍郎兼翰林学士，命入内阁预机务，以中官王诚辈尝受业焉，报其私恩也。（二一八，4704—4705）　　丙辰，朝鲜国王李珦卒，遣使来告哀，命内官金兴、金宥往吊祭，赐珦谥恭顺，遂封其世子弘暐为朝鲜国王，赐冕服诰命。（二一八，4716—4717）【考】朝鲜《文宗实录》卷一三，景泰三年闰九月，“皇帝遣常［尚］膳监左监丞金宥、右丞监（**按，丞监乙**）金兴赐祭，赐谥曰恭顺。”二使皆朝鲜人，闰九月至，十二月回。朝鲜《端宗实录》卷二，景泰三年八月乙酉：“谕忠清道观察使赵遂良曰：道内清州入朝内史金安命，改名金兴，今奉使来，其父母存殁及同产族亲名数，开具以闻。若其父母死，则访坟墓在处，看审以启；其同产内如无颖悟者，侄子金淡，给驿上送，速令修葺家舍，若无则择族亲之家修治。又谕京畿观察使洪深曰：道内积城入朝内史金宥，今奉使来，其同产族亲名数及母家与父坟，看审启闻，择族亲中颖悟者给驿上送；且修葺家舍，给其母米豆并十五石、酱一瓮。”按，二使此行，并征海青等方物，朝鲜《端宗实录》卷三，景泰三年闰九月庚辰，“左副承旨卢叔仝问安于明使，因谓金宥曰：松菌、松子，今虽不时，当谨备之矣；若细布、龙凤席，今以谢恩进献，储贮无余。海青则圣旨以为‘若有赴京来人带送，毋得别进。’今付正朝使，已献数连，又欲于两大人之还进献。”宥曰：当从殿下指挥。次诣金兴言之,兴变色曰:我等未回前先进海青,可乎?细麻布、龙凤席则当以所备之数赍归。尹炯亦问安,宥等曰:皇帝使我等,须得海青十连而来,若数过十连,则先我进献可矣,若不授我而先进,则我将何面目得见皇帝乎?"卷四,十一月庚午,"遣姜孟卿、李边问安于金宥等。孟卿谓宥曰:……今于谢恩使之行已献,何须又进?且宣德四年敕谕曰:'口传圣旨,慎勿听从。'今听大人之言而进献,恐违朝廷之法。海青则今冬暖,未获一连,但去冬为进献所养者只有三四连。宥曰:鹰子则随所捕以进,麻布席子我等亲禀帝命而来,若不信,则当具咨文差人进献。与金兴议亦然。"　庚申,致仕南京太常寺卿徐初卒。初,字复旸,浙江会稽县人……宣德间,升大理寺卿。中官姓阮者守辽东失利,侍郎柴车按其当死者三十余人,初奏当诛首恶,勿滥及非辜。(二一八,4720—4721)

八月戊辰,镇守广东左监丞阮能奏备倭指挥佥事王俊将原获贼番货三百余担私运回家,纵贼逃遁,不行追捕,以致杀死备倭都指挥佥事杜信。事下,兵部言宜以都指挥干羽代信,令提督军务左都御史王翱执俊,究问明白,就彼枭示。从之。　镇守四川奉御陈涓奏巡抚佥都御史李匡立心奸险,处事多私,擅作威福,肆行欺罔,凭播州宣慰司舍人杨钦取出苗贼所虏军民子女五十余口,各分入已,勒要土官土军金银一千五百余两。事下兵部,覆奏:先已奉旨取匡回京别用,宜遣人通行提问。诏姑免提问,俟匡到京劾奏。(二一九,4729)　庚辰,内官阮忠谮驸马都尉焦敬僭用镀金鞍、蟒龙服及收养逃军为奴、娼女为妾,诏六科、十三道劾其罪,下法司议赎杖还职,命固禁之。(二一九,4736)

九月辛卯,南京锦衣卫镇抚司军匠余丁华敏言:"臣窃见近年以来,内官袁琦、唐受、喜宁、王振等专权误国,俱已败露,此天下所共见也。伏望皇上监前车之覆,防微杜渐,亲贤远佞,总揽权纲,以为子孙万世之法。不然,恐祸稔萧墙,奸生帷幄,曹节、侯览之害复生于今日矣!臣切恨今之在朝文武臣僚怀禄固宠,保全身家,缄默不言,臣草茅贱陋,偶有所见,不胜痛哭流涕,何惜一朝之命不安万乘之国哉！谨以内官苦害军民十事上闻，伏乞圣裁。臣切见内官收积家财，金银珠玉，动以万计，此从何而来？非盗府库之钱粮，则削生民之膏血，其害一也。内官专权倚势，侵占公侯房屋，兴工造作，役军劳民，其害二也。内官家人、义男、外亲尽是无籍之徒，肥马轻裘，纵横豪悍，任意为非，甚至纳粟补官，贵贱不分，其害三也。盖造佛寺，费用无算，以一己之私，破万家之产，其害四也。广置田庄，不纳粮刍，寄户府县，不当差徭，彼则田连阡陌，民则无立锥之地，其害五也。家人中盐，虚占盐数，转卖与人，先得勘合，倍支巨万，坏国家之榷法，夺客商之利息，其害六也。奏求塌房，邀接客旅，倚势赊卖，昏赖不还，商人受害，莫敢谁何，其害七也。卖放匠人，名为伴当，办纳月钱，内府监局乏人造作，工役烦重，棰楚不堪，其害八也。家人包揽各色物件，官府畏惧，以一科十，亏官损民，其害九也。内官监工，非法酷刑，军民涂炭，不胜嗟怨，其害十也。”事下礼部，皆寝不行。(二二〇,4746—4748)　　丁酉，敕中都留守司并凤阳府曰：“今命奉御来翟前来，与太监雷春同奉侍皇陵，兼收掌安置庶人徽熖处门禁锁钥，往来提督官军关防守护。庶人既有米粮柴薪，其厨料百姓艰难，不必与。若有死亡，令于城外空闲处所从便埋葬烧化。特谕尔等知悉。”(二二〇,4754)

闰九月壬戌，太子太保兼户部尚书金濂言节用粮储十事：一、……一、本部先经具奏，各监局厂军匠关光禄寺饭者月支米五斗，不关者一石。今一年以上，欲令无家小者住支，有者关三斗，不关饭者五斗；兵仗局添支六斗者仍五斗，老疾支三斗者如幼军例疏放。一、光禄、太常二寺厨役五千五百余名，有家小者关米一石，无者六斗。其光禄寺厨役俱关饭，太常寺虽不关饭，安闲尤甚，宜令有家小者关六斗，无者三斗，及移文南京二寺如例行。一、……一、轮班上工民匠原无月粮，自正统十四年以后为造军器，始每月人支米三斗，有增支四斗、五斗者，今工作稍缓,宜令工部通查,除原有例支食米及今修寺匠暂支食米三斗(广本三作二)外,余内外厂局民匠食米及各营拨出修寺官军添支食米三斗者俱各住支。……诏曰:“官军月粮多少查明具闻。军匠关饭者支米四斗,不关者八斗。各营操备舍人、余丁俱与月粮三斗,余悉如所拟,惟僧道勿究。”(二二一,4776—4778)　庚辰,巡按山西监察御史张蓥奏诏鞫为民右参政林厚罪且征厚所盗官物,厚于是历疏都御史年富粗暴不法,谓富昔任给事中,呼为“杠子”,继升参政,号曰“阎王”,尝用轿杠杖伤秦州李知州。取美妾五人,饮烧酒百杯,毁襄垣王为异种,陷少监韦力转于死地。又欺凌太监裴当、少监马庆,每宴辄僭坐其上,受参将都督跪拜,总兵而下俱为所制。擅以岁凶,杀山川诸祀牲物,改创斗秤,削去王祭。受都指挥唐鉴、参议郑原银数百两,出官银给贫民市牛耕种,多有侵盗。与代王私有所通,坐屏画红日,僭拟王者。事下,都察院请命山西巡抚等官覆之,诏曰:“此必厚怨富而诬之,朕以边事付富,岂听一人言而遽加辱耶。”(二二一,4790)　甲申,敕南京守备太监袁诚、兵部尚书徐琦即于南京该库支钞一百六十一万四千五百贯,绢五千三百八十匹、布四千九百三十匹,差官运赴福建、浙江、江西给赏先次征进有功官军民快共五千一百六十九员名。(二二一,4792)　丙戌,光禄寺奏:“近闻瓦剌使臣三千余人将至,会计供馈牲酒俱不足,而酒尤甚。议将钦赏内官吉祥、刘永诚、兴安、李三、陈祥、阮简、陈鼎、陈敬、王诚、舒良及翰林院官陈循、高穀、萧镃、商辂四人酒肉如旧,其余内外官员、国师禅师、僧官、医士人等凡酒醴皆住支,凡日支肉一斤半斤者如旧,其余旧支一斤以上者令皆支一斤,修书官支二斤,庶可足供馈之用。”诏循等酒馔如旧,吉祥等俱住支,待北使去后定议;内府酒醋面局当赐内官冬至、正旦节酒,俱与光禄寺用。(二二一,4795—4796)

十月辛卯,巡按直隶监察御史张晳奏太监阮仁得以事如南京,沿途多索人马,扰有司。命先提从仁得官校鞫问。(二二二,4798—4799) 丙申,南京内使范甚送上用物来京,纵其奴李容缚高邮知州李友文殴伤。事觉,命送甚司礼监惩治,容编成开平卫。(二二二,4800) 己亥,复给兵仗局造作军器民匠口粮,从印绶监奏请也。(二二二,4802) 壬寅,少保兼兵部尚书于谦奏:"访得各营军士自团营外多为权要及所管官旗私纵役使,今边务方殷,正用人之际,而将臣所为若此,国何赖焉?乞令法司究治,庶有所警。"诏太监阮简、尚书俞士悦同谦等点视。(二二二,4803)

十一月辛酉,瓦剌太师也先(等奏求白纸药材衣服刀器等物),礼部奏:"黄紫大红织金九龙段匹、黄红彩段衣服、金壶金碗系上用之物,佩刀、铁砧等项系应禁之物,俱难给与;其余药材、颜料等物,宜令司礼监依数给赐。"从之。(二二三,4819) 甲子,提督宣府军务右佥都御史李秉劾守备独石等处内官弓胜日擎鹰引犬,构事虐人,宜征回京。诏曰:"守边事重,难遽如秉言,其命巡按御史覆而处之。"(二二三,4821) 丁卯,帝以仁宗昭皇帝音容见于梦中,未御衮服,遂制衮服一袭,遣太监尚义祭告于献陵,献而焚之。(二二三,4823) 庚午,提督宣府军务右佥都御史李秉奏:"旧时宣府待使臣及内官饮食皆出卫所科敛,今宜给官钱买办。"从之。(二二三,4826) 乙亥,初命岁时致祭孝陵、懿文陵等处制帛俱于南京司礼监关用。(二二三,4831) 己卯,太监陈公杖死兵仗局百户朱成,具有验,命执公鞫之。(二二三,4837) 庚辰,敕镇守宣府少监柏玉、佥都御史李秉、总兵官都督纪广、杨能等曰:"近访得瓦剌使臣察占等带来在馆盔甲、腰刀、弓箭、把铳等物,每件有至二三百以上者,此必初入境时沿途军民贪图微利潜卖与之。今后务须关防,敢有以与之者体察得出,重罪不饶,尔等其钦承之。"(二二三,4838) 癸未,逮巡抚四川左佥都御史李匡下狱。初,四川镇守内官陈涓衔匡行事不与谋,遂同三司交疏匡为播州反贼诒以讲和,遂致其愈肆劫掠;索都指挥徐海赂不得,削海部伍；收被虏子女逾五十人，勒取土官金银累千百两；草塘战败，妄以功报。于是征匡至京。少保兼兵部尚书于谦、六科十三道交章劾匡素行不矜，弄权舞智，旁若无人。三法司鞫之，匡具伏，但不伏贪污罪。命锢之刑部而移文兵部右侍郎李贤覆焉，时贤考官于四川也。(二二三，4841)

十二月癸巳，总督军务少保兼兵部尚书于谦、总兵官武清侯石亨等议选五军、神机、三千等营精锐官军十五万，分为十营，每营置坐营都督一员、都指挥三员、把总都指挥十五员、指挥三十员，每队置管队官二员，有警分调剿贼，其余官军各委头目于本营训练，守备京师。命太监阮让、陈瑄、卢永、都督杨俊、郭震、冯宗提督，让、俊四营，瑄、震三营，永、宗如之，俱听太监刘永诚、吉祥及谦、亨等约束调遣。(二二四，4856—4857)【考】于谦《建置五团营疏》(《明经世文编》卷三三)："今五军、三千、神机等营各有总兵掌管，规矩不同，倘遇调遣，辏拨前去，非惟军将俱不相识，抑恐号令不一，误事不小。合无于五军、三千、神机等营选拣精锐马步官军一十五万，内五军营八万，神机营五万，三千营二万，分为十营，一营一万五千，用坐营都督一员，五千用都指挥一员，共用三员；一千名用都指挥一员，或指挥一员，把总共用一十五员；五百名又用指挥一员，把总共用三十员；每队用管队官二员。前项坐营、把总等官各于营内选拣廉能骁勇之人管领操练，俱听臣等往来提督。管操太监刘永成[诚]原管神机营，阮让原管三千营，取自上裁，令其提督操练；监枪内臣随同前去各营监枪。如有声息，各调官军若干，或用一营、二营、三营，就着某总兵官及坐营都督统领前去，互相策应征剿，其余官军令的当头目管领，各于本营操练，如此庶得号令归一，人易遵守，内外两得其济，临敌必能成功。"《中官考一》云："此内臣坐营之始也。"然据于谦疏，刘永诚、阮让等本在京营管操，原即"坐营"者。　以沙湾河决，久未成功，而运河胶浅，有阻漕运，复敕内官黎贤、武艮、工部左侍郎赵荣往理之。(二二四，4862)　乙卯，总督军务少保兼兵部尚书于谦奏：臣奉敕同太监阮简及监察御史、给事中整点各营官军，其官军不到者动以万数，衣甲全无，盖由总兵官及坐营、把总等官苟且因循，钤束不谨，乞量黜罚，以警将来。诏总兵等官缺军一万以上者罚俸半年，以下者罚三月，限半月内齐集，总督等官十日一点视。如仍前怠忽，必杀不赦。给事中李英等因劾谦及副都御史罗通职任总督，厥罪惟均，亦宜究治。诏宥之。（二二四，4880）

本年附

艺文·李永昌父李景春墓表

景泰三年，大学士陈循撰，太常寺卿程南云书，国子祭酒胡濙篆盖《明隐君子李君景春墓表》："顺天府香河邑，养怡安素之君子，曰李君景春者，今司礼监太监昌（李永昌）之尊甫，翰林编修泰之大父也。永乐四年（1406）六月以疾终于家，春秋五十有七。既葬之四十七年，为景泰三年，太监公痛念隐君罔极之恩，乃述其事行，求书于墓石之上。古之君子，笃于显其亲者，不于其亲之身，而于其亲之德，盖身之显有限，而德之显无穷，以有限视无穷，其所限之大小，较然明白可知，此太监所为惓惓，欲书隐君平生于墓上石，为后人鉴欤？隐君天性孝友，居乡恂恂，笃于信义，人或加以非礼，忍而不较，至于悯人之急，赴之恐后，家有余资，辄推以赈贫匮，人或有所假贷，久而不能偿者，则还其券，尤汲汲于公上之输，每事先期而积，其他罕能及也。且通当世之务，邑大夫以长者目之，凡有咨问于人，必取其言以为公论，邑人阴受其惠多矣。或劝之仕，则首肯而不应，人莫测其志也，云云。"①

（民国《香河县志》卷九《金石》）

艺文·碑铭·广善寺记

胡濙撰《敕赐广善寺记》："顺天府东安县徐村里固城庄，洪熙元年钦蒙赐与内承运库官何至渊。宣德初年，至渊钦升都知监太监，休沐之暇，往诣庄所，适见古刹荒基在庄地之内，询及故老，肇建于唐，名为灵应□□□□发心欲图兴建，即捐己资，及募众缘，市材佣工，经营构缔。凡殿

① 原编者说明："墓在县南口头社，石刻已不可考证，兹节录原文。"按，据《香河县志》卷一〇选举表，李泰是该县人明后所举第一名进士。

堂宝塔廊庑僧房，焕然一新，像设庄严□□□□，已具大方之体。正统二年二月二十二日，至渊具奏，钦蒙赐额为广善寺。延持戒僧了温为住持，请给礼部札付，晨夕焚修，祝延圣寿。(**今僧复修请文略**。)景泰三年，岁次壬申，孟□吉日立。”

(碑在河北安次。《北京图书馆藏中国历代石刻拓本汇编》第51册，第181页)

景泰四年癸酉(1453)

正月庚申，镇守居庸关左少监潘成等奏：“虏使入贡，旧制俱留宣府以俟，近者守边官辄送至本关俟候，以致下人供给不敷。乞仍旧暂留宣府，差人驰奏，然后伴送赴京为便。”从之。(二二五，4890)　丙寅，命驸马都尉石璟、内官方伯乐往陕西覆秦府诸不法事。(二二五，4894)　戊辰，镇守蓟州等处右少监郁永奏：“近年兀良哈三卫头目遣使烦数，前使未去，后使复来，名虽进贡，实则窥边。其暗受也先约束，探听中国消息，不言可知。今后差来使臣，宜令伴送二三人赴京，其余不必令其入关，敕守关等官，谕以‘朝廷因见尔等僻处边陲，过活艰难，时常入贡，跋涉劳费，故令尔等各回本处住种’。”从之。(二二五，4900)　庚辰，巡按直隶监察御史张鋆被命覆右佥都御史李秉所按内官弓胜诸不法，以为皆都指挥周贤等所构。诏俱宥不问，戒其毋竞私忿，以速罪谴。(二二五，4913)

二月戊子朔，敕保定侯梁珤：“得湖广巡抚等官奏，近日五开、清浪等处地方俱有苗贼生发，烧毁屯营，杀害官军，攻围城池。此必往者尔等扑灭未尽之贼，因见班师，复啸聚劫掠。敕至，尔珤仍充总兵官，王来仍总督军务，星驰往彼，会同内官梁达、都督陈友、都御史李实，并督湖广三司等官，速调官军人等，相机剿捕，仍令镇守贵州左都督方瑛等策应，务在克期尽绝，不许彼此推诿，致令延蔓。如违，罪有所归。”(二二六，4925)　甲辰，镇守福建右少监戴细保奏：“清湾巡检司倭贼登岸杀伤巡检叶旺，攻进城内，劫掠人财，其备倭都指挥佥事杨海、王玉俱回家，失于提督官军守备，以致把总指挥千百户周鼎等亦各不用心觇捕，宜治其罪。”命巡按御史执问如律。（二二六，4936—4937）乙巳，镇守西宁内官保受纵其家奴伪造卫印，卖放军士。事觉，宥之。（二二六，4937）　庚戌，敕南京守备太监袁诚、兵部尚书徐琦于内库支钞三百四万七千贯、绢一万二百三十四匹、布九千七百六十二匹，交付差去官员前去广东，赏杀贼有功官军指挥彭英等九千九百八十五名。（二二六，4941）　壬子，镇守大同太监裴当奏：“副总兵右都督孙镗将大同等卫精锐士马选拔，尽数统领出境巡哨，惟存留步队官军及瘦弱马匹在城。缘大同守备不可不严，恐镗倚恃平日骁勇，凭藉兵力强盛，或深入远去，遇有警急，不能应援。乞敕镗，如无紧要声息，即回还守护城池为便。”从之。（二二六，4943）

三月戊寅，命少监戴细保提督福建银场。时浙江银场因镇守兵部尚书孙原贞奏复开，户部奏福建建宁府银场与之相连，亦请并开之，故有是命。（二二七，4966）　癸未，大隆福寺工成，费用数十万，壮丽甲于在京诸寺。赐太监尚义、陈祥、陈瑾、阮仁得、少监黄钹各银二十两、罗二表里，少监谢范升太监，罗一匹；工部左侍郎赵荣银十两、罗一表里；员外郎蒯祥、陆祥俱升太仆寺少卿，纻丝一表里；郎中、主事等官、工匠、军夫各赏纻丝、绢、布、钞有差。（二二七，4970）

四月戊申，命天下诸色工匠以十分为率，四分与内官监各厂用工，六分拨各处上工，以内官韦暹督之。（二二八，4993）【考】景泰四年九月商辂撰《西山净明禅寺兴造记》（《北京图书馆藏中国历代石刻拓本汇编》第51册）云：“韦公，名暹，时任司礼监。”　己酉，右少监武艮、礼部右侍郎兼左春坊左庶子邹干等奏：“临清卫总旗刘刚原任本卫左所副千户，为事降充总旗，今愿纳米一千六百石，乞复原职；及临清县学生员伍铭等愿纳米八百石乞入监读书。今山东等处正缺粮储,乞允其请以济权宜。”从之,并诏各布政司及直隶府州县学生员能出米八百石于临清、东昌、徐州三处赈济,愿入监读书者听。(二二八,4993)　　癸丑,诏沿河有司以收贮杂木易米赈民饥,从内官武艮言也。(二二八,4995)　　甲寅,降辽东广宁备御都指挥邓铎充为事官。时达贼五十骑犯广宁,杀夜不收三人,掠马九匹,铎不即剿捕。提督军务左副都御史寇深奉旨执问奏闻,故有是罚。兵部臣因劾太监宋文毅、都督曹义及深镇守、提督,厥罪惟均,今乃第知诿罪于下而不自责,乞究治以警将来。诏宥之。(二二八,4996)

五月癸酉,南京山西道监察御史李叔义奏:“和气致祥,乖气致异,此理之自然、事之必验者也。近年南京宫殿灾地震,今年四月十九日骤风雨,朝阳门城上旗竿摧其半,石城门南边城倾圮,此盖由大臣不能燮理调和之所致也。窃观南京守备、参赞并五府、六部等官,每月朔望会同议事,各执己私,互相嫉妒。或有兴利除害之事,太监谓此事可为,或又必曰不可为;都察院谓此事可行,或又必曰不可行。彼此矛盾,纷纭执拗,事不能成,可谓乖而不和矣。又有甚者,总兵戎而威武不扬,管钱谷而奸弊不革,掌刑名者出入人罪,专造作者卖放人匠,以至居铨选、典礼仪、司喉舌、职言路、为守令者,各多不称其职,人民怨嗟,和气消沮,此灾异之所以迭见而不已也。乞命刚明大臣将各官从公考察,内有昏耄庸鄙、妨政坏事者,悉黜退之,别选贤能以补其阙;仍降诏书戒责,俾皆修省改过,抚安军民,回复和气,庶灾异可弭而祥瑞可臻。”命礼部会官议,尚书胡濙等奏宜敕戒各官,许其自新。从之。(二二九,5010—5011)

六月壬辰,太子太保兼吏部尚书何文渊、左春坊左庶子兼翰林院侍讲周旋下狱。初,文渊任温州知府,治行称最,及再起为吏部,声誉浸损。旋,温人也,见文渊屡被弹击,具疏为伸其枉。及文渊复留用,吏科都给事中林聪等攻之益力,遂并劾旋。帝命宥之。给事中曹凯廷诤曰:“何文渊奸邪,周旋党比,于法难纵。”乃俱下狱。先是,文渊与太监兴安善,其得复留,安有力焉。及是聪劾文渊,有嘱托内臣等语,意指安也。安奏请帝诘问是何内臣?聪复奏云:“文渊欲私其所亲,往往诈称内臣嘱选,因与善地,以济己私。”疏入,复诘诈称何内臣?嘱选何人于何地?聪等又言:“臣等以言为职,凡事风闻,不敢不尽其愚,非有所畏避而不敢言也。”帝乃释文渊,致仕,旋复职。(二三〇,5025—5026) 癸巳。初,守备大同西路左少监韦力转奏左副都御史年富侵盗官银,奸宿淫妇,及纵子芳往来所部,受指挥等官贿诸不法事,下巡按御史覆之。至是,御史璩安言力转衔富尝按己贪虐等罪,欲陷之,乃为是妄奏。富子芳虽未尝受贿,然纵之往来探省,法亦有违,俱当究治。诏宥之,命都察院移文示戒。(二三〇,5026—5027)

七月己巳,命陕西、宁夏中卫署都指挥佥事王勋协同左参将熊震守备宁夏西路,兴武营署都指挥佥事马鉴协同右参将王荣守备宁夏东路,西安前卫指挥佥事蒋泰提督兴武营官军操备,从镇守宁夏太监王清等奏也。(二三一,5054)【考】宁夏内官敕谕及名录见本年附。

九月丙辰,吏科给事中卢祥言:“曩者福建等处官吏非人,抚绥失道,寇贼生变,皇上特命内臣戴细保镇守福建。昨者办事吏丁昇奏乞取回细保,陛下未允所请,然其言细保违法害民,恐有激变,不可不察。臣思永乐年间克平交阯,设置郡县,夷人服从,后因镇守内臣贪虐,致失人心,竟亡其地,天下至今非议不已。若细保之过恶果如所言,诚非细故。况其事未上闻,彼犹知畏,今既上闻而不罪,彼必愈肆,将下失民心,虽悔无及,得无有损日月之明哉!伏望陛下鉴覆辙,纳刍荛,严加切责,省令守法。仍通敕各处镇守内臣,惟理机密,其余军民词讼钱粮政务悉从有司职掌,及应进果品海味之类,亦令有司供办,毋或干预;所用跟随之人,每年有司佥拨支代,毋令久占,亦不许容无藉[籍]之徒投托跟随,恃势害人。如此上不失国体,下不失人心,不惟事妥民安,抑亦可以保全内臣矣。”帝曰:“各处镇守内臣累有戒饬,不曾有犯,尔等所言俱无指实,今后但有实迹,处治不贷。”(二三三,5088—5089)　庚午,镇守甘肃太监蒙泰奏:“哈密忠顺王倒瓦答失里所遣来甘州使臣言忠顺王等往虏酋也先处议事,又言虏众已立也先为王,而以其次子为太师。虽其言未可深信,但哈密累受朝廷厚恩,乃阴结丑虏,必贻我边患。”兵部言宜行各处总兵、镇守等官整军马、谨烽堠,遇有警急,相机守战。从之。(二三三,5093—5094)　癸酉,给御马监勇士并武骧等卫官军马八百余匹。

宁夏副总兵都督佥事马让有疾,升东路右参将都指挥使王荣为右军署都督佥事,充副总兵,代让。以守备灵州都指挥佥事仇廉充右参将代荣,升宁夏左屯卫指挥佥事赵广署都指挥佥事代廉。俱从总兵官都督同知张泰、太监王清奏请也。(二三三,5094)

十月庚寅,以南京太庙并社稷坛殿宇柱栱多蛀坏,命内官监及南京工部修理之。(二三四,5104—5105)　壬辰,赏内官弓胜、陈庄、都督同知孙安、右参政叶盛各银十两、彩币二表里,都指挥、指挥二十员各银五两、彩币一表里,官军一千九百余人各银一两、布二匹,以修复独石、马营等处边城也。(二三四,5106—5107)

十一月己未,天寿山镇守左监丞陈贡等言旧教场窄狭,难于训练,请易昌平县城南民地为之,诏从其请。(二三五,5123)【考】陈贡是所知最早的天寿山守备内官,守备衔见天顺二年附《玄帝垂训碑》。天顺六年十一月敕吴昱“守备天寿山,总理三陵神宫监,护卫陵寝”,隆庆《昌平州志》称“初设内守备太监一员,专一提督各陵内外官员,守护陵寝山场”,其实吴昱为陈贡后任,非初设,弘治九年附《法云寺碑》题名即为其证。天寿山守备后为司礼监外差,《酌中志》卷一六《内府衙门职掌》:“天寿山守备太监一员,关防一颗,辖十二陵掌印、佥书、工部厂掌司等官。凡每年清明,亲率各掌印来京,奏添土木,每岁办进松花、黄莲、茶、核桃、榛、栗等果。”至崇祯七年,始改察饬,十年又改昌、宣二镇军门。顾炎武《昌平山水记》卷上："十二陵各有神宫监，在陵下或左或右，有重门厅室，内臣居之。永、昭、定、庆四陵多至三百余间。设内守备太监一人，神宫监掌印太监十二人。"按，天寿山守备内官一直存在到明亡，其职掌可参看万历四年所附武守备葛绍忠敕。　　丁卯，守备独石、马营等处内官弓胜以副总兵都督同知孙安风疾将不起，为之请代，事下协赞军务右参政叶盛勘议。盛言："安多历年所，声望素著，即今求之边城，无可代者。但其为人褊急多疑，素与胜及都指挥张林不协，抑郁成疾。若使济之以宽大，持之以坦率，勿与胜等不和，病势自当减去。即有警，臣与之坐运筹策，亦可成功。古人舆疾讨贼，以臣观之，安未宜代也。"诏从盛言，敕安存心疗疾，以副倚任；弓胜、张林务为协和，毋再乖异，仍命太医院遣医驰往视之。(二三五，5127—5128)

十二月甲申，宁夏总兵官都督同知张泰言永乐间钦降大铳重三四十斤，内装石子一百个，凡遇追贼，重大不便，止可守城。请改铸小铜铳，重八斤，内装铁弹子大者十三个，小者二十个，其发颇多，亦能持负奔远。命兵仗局同总兵官试验之。(二三六，5142)

丁亥，巡按浙江监察御史庄歙奏镇守右监丞阮随、都督同知李信因吏讦告嘉兴知府舒敬贪赃等事，辄擅执敬，请究随、信违例之罪。诏都察院录状示之。(二三六，5143)　　丙午，召镇守福建少监戴细保还京，命奉御来住代之，仍兼领市舶司事，以巡按监察御史倪敬论细保贪虐扰害诸不法事也。兵部请治助细保为不法者，诏敬执鞫之，果连细保，奏闻区处。(二三六，5152)【考】乾隆《福州府志》卷四六《名宦一》："倪敬，字汝敬，无锡人。正统十三年进士。景泰中按闽，有言闽地银坑足润国用，下户部议。敬等拜命未行，即疏引唐德宗故事，且言闽地残于寇盗，其仅完者，疲敝供亿，不宜重困之。事遂寝。镇守中官戴细保蓄苍头，挟势剥民，敬再上章，卒召戴还。闽民相庆，形诸谣歌。"

本年附

典制・宁夏内官

太监,永乐初设。镇守宁夏内官关防、起马符验一道,旗、牌五面、副。天顺间,太监王清奏改镇守宁夏太监关防。敕曰:

"皇帝敕谕御马监太监王清:今特命尔与总兵官都督同知张泰镇守宁夏地方,修理边墙,操练军马。遇有贼寇,相机战守。凡事须与总兵、巡抚等官公同计议停当而行,不许偏私,执拗己见,有误事机。尔为朝廷内臣,受兹委托,尤宜奉公守法,表率将士,早夜用心,修饬军政,俾士卒和辑,军威振举,居民安妥,外夷畏服,边疆无虞,庶副委任。不许纵容下人科扰克害及役占军士,有妨操守。如违,罪有所归。尔其勉之,慎之。故敕。"

(嘉靖《宁夏新志》卷一《宁夏总镇・藩镇・太监》)

太监宅,在城内东北隅。题名碑:

"夏虽边区,而山川险厄,人物繁庶,疆域要冲,甲兵众广,钱谷丰硕。北虏咫尺,不时窥孽,加以封建宗藩,日渐衍增。故我朝列圣相承,留意于此。自设立武卫之后,次第添置,抚之以台臣,驭之以将领,佐之以裨监,赞之以督理。尤虑安攘之术未尽,首命中臣寅同镇守,盖欲参知戎务,心腹朝廷,防闲内外之深意也。嘉靖甲申(三年,1524)春,镇守太监元城李公昕偶来顾城南居士曰:'我朝命中臣同守夏镇,先后不一其员,而钦承至托,摄莅边庭之意则一而已。凡文臣厅廨,悉有记碣,书垂名政,以示将来。我所居亦欲效式,不识可乎?'居士曰:'公有是举,良可嘉哉。'遂不拂其情而为之记。按地志载,中臣受命夏镇,自永乐初太监鲁公安始,迄今李公昕,一十有六人矣。其间政绩可称谨重醇良、不苛不黩者,鲁公安及海公寿、王公清、简公颙、张公弼,并公昕尔。此皆边乡父老相传言之。至于公昕,则居士亲见。其安静忠实,收敛亲从,雅素澹泊如也。兹亦不敢妄为之誉,然记毕窃有告焉。人生百年,受地方之重任者,富贵利达所必有也。自古宠渥隆盛,威焰赫然,所欲必称者,皆可知也。至于身后遗休名,光史简,耿耿不磨,如汉史游勤心纳忠,良贺清俭退厚,民到于今称之。孰谓中贵中无尽臣职者乎?但无几耳。呜呼!往者已矣。将来继公镇守而寓此者,必非一日一人焉。公务之暇,岂无从容伫阅此名此石之期乎?阅竟岂无感慨思齐之意乎?然感之于中者,不若形之于口;形之于口者，不若措之于行。倘念圣谕之谆谆，重地方，禁邪妄，爱军民，恤困苦，安礼度，睦僚好，亲正直，远谗诱，崇朴实，养天和，与守土文武重臣同心协力，始终不二其执，则高居厚飧，亦宜且称也，谁其非之。如此，虽不求知，而人人传播称扬，自不能已于后世矣。垂名于石，不亦愈有荣耶？若以是为迂，忽不加之意，令出事违，而人识之，虽有遗镌，亦不能移易公论乡评于将来之日也。吁，可不戒哉！城南居士张嘉谟记。”

重修公署碑：

“中原之喻，犹堂寝焉；边圉之喻，犹垣户焉。垣户克谨，堂寝斯安，固理也，亦势也。是故我太祖高皇帝注意边服，既简勋贤之臣以总戎务，而又分封亲藩监之，盖欲以同姓而制异姓，涉虑远矣；我太宗皇帝虑亲藩弊于尾大，始解兵柄，更出中禁近侍之臣，托以腹心之寄，镇守其地，盖又欲以异姓而制同姓，其为计也益远益密，善美尽矣。当是时，置公署于城之西，后请为安塞王第，今巩昌王居之是也。乃改置于城之南，寻又请为岐阳王第，今寿阳王居之是也。天顺中，始择兹东北隅之地建焉。密迩帅府，便于会议。视前之二署，此则为得。历今八十余年，虽颓废隙陋，居之者视犹传舍，略不加意。嘉靖辛卯（十年，1531），中贵岐山刘公奉简命出守，至则通民隐、疗民瘼，亟固其本，而后检士马、振士气，以除其凶。内外闲暇，岁无艰窘。（**于是扩建公署，略。**）公名玉，字崇润，云中儒族，世登进士者三，领乡荐者一。公之不苟于职，夫固有所受也。后之为政者，宜亮于斯。芸庄管律记。”

（嘉靖《宁夏新志》卷一《宁夏总镇·公署》）

镇守内臣

鲁安，太监，永乐间镇守。以勇敢称。征也先、土坚，率铁骑先至其帐内，胁降之。屡使西域，能宣布朝廷恩信，从之入贡者数十国。　王良，太监，同鲁安镇守。　海寿，太监，宣德间镇守。处身俭约。　来福，太监，正统间镇守。　王清，太监，天顺二年镇守。沉静俭约，练达军务。　龚庸，太监，成化十二年镇守。　韦敬，太监，成化十八年镇守。　简颙，太监，成化二十年镇守。以简静自处。　张睿，太监，弘治三年镇守。　张僩，太监，弘治七年镇守。　葛全，太监，弘治十五年镇守。　李增，太监，正德五年镇守。为（安化王朱）寘鐇所害。

张弼,太监,正德五年镇守。尚俭素。　张昭,太监,正德八年镇守。　颜大经,太监,正德十三年镇守。　李昕,太监,嘉靖二年镇守。同都御史张璿、总兵官种勋,潜消祸变,不避奸险。　张惇,太监,初名镇,钦更今名。嘉靖九年镇守。　刘玉,太监,嘉靖十年镇守。简静沉重。　吕洪,太监,嘉靖十六年镇守。十八年裁革。——革内镇守始此。

监枪内臣

谭应,奉御,正统间监枪。寻革之。　王喜,奉御,成化二十年复设监枪。　郝善,监丞,弘治二年监枪。　邓广,正德二年监枪,为寘鐇所害。　马良,正德五年监枪。　董忠,正德五年监枪。　李昕,正德八年以太监监枪。后升任本处镇守。　唐钊,嘉靖二年监枪。　刘宝,嘉靖七年监枪。九年革去。

(嘉靖《宁夏新志》卷二《宁夏总镇(续)》)

艺文·碑铭·太监李童墓碑

御用监太监朴庵 李君碑

太监公讳童,字彦贞,姓李氏,号朴庵。世江西之庐陵。祖宗文,父仁佑,俱隐德弗耀,乡称长者。母萧氏,贞淑慈惠,善抚诸子。永乐初,公尚幼,以其天资秀爽,举止老成,被选入寺。太宗文皇帝目其仪度端□,寘诸左右。公夙夜小心恭谨,周旋殿陛之间,罔或僭差。上益怜恤,恩赐甚厚,累随皇上出塞北巡。公皆披戴甲胄,朝夕环卫。至甲辰(二十二年,1424)御上回京。

逮仁宗昭皇帝即位,特加宠异,令参侍帷幄。公益加虔谨,竭力摅忠,数蒙赐与彩段等物。至宣德改元,扈驾武定州。征喜峰口还,宣宗章皇帝升授太监,赐第园沼,家人若干户,锡赉便蕃。

正统丁巳(二年,1437),公重念列圣宠锡洪恩,无由补报,遂将所赐段绢银钞,并罄倾己橐,易买木植、颜料、砖瓦,于都城之西翠微山,创建梵刹一所完备。太上皇帝赐额为"法海禅寺"。复于寺右建一龙泉寺,俱殿阁峥嵘,像设严整,金碧交辉,照耀山谷,四方云水者无不留意。今上皇帝嗣登大宝,宠渥尤隆,付托愈重。公亦罄竭勤劳,督工趋事。平昔绥和下士,抚以慈仁,故事集而人欢。上察其志行,嘉其勤能,赐以玉带、蟒龙衣服,以旌异之。恩宠之隆,同列罕俪。

公旧染风疾，于壬申（景泰三年，1452）秋复作，竟至危笃。令归第调养，医莫能疗，终于景泰癸酉（四年，1453）夏五月十四日，距公生洪武巳巳（二十二年，1389）四月十六日，享年六十有三。呜呼！公今卒已，历事五朝，荷蒙列圣宠眷，有隆无替，岂偶然哉！讣音上闻，深加悯念，赐钞五千贯，俾充葬祭之费。葬毕，赐白金一百五十两、钞一万一千五百贯，以备资冥。恩至渥也！其同居义嗣谭应等卜以本月二十八日□□于法海寺右，状其履历，征予表其墓。铭曰：

人之用舍，实系遭逢。乘时偶出，或跻显融。□□李君，出值时雍。周旋殿陛，仪度从容。小心慎密，竭力摅忠。护驾出入，环卫圣躬。历事五朝，职业愈崇。列圣宠眷，锡赉弥丰。胡遘艰疾，委□而终。讣音上闻，遽感渊衷。赐以宝楮，恩义兼隆。卜葬寺右，翠微郁葱。峰峦环拱，清淑所钟。承天恩泽，永贲玄宫。

景泰四年八月望日。光禄大夫、少傅兼太子太师、礼部尚书、前太子宾客兼国子祭酒毗陵胡濙撰。

（北京石景山区法海寺西南出土。《北京图书馆藏中国历代石刻拓本汇编》第51册，第188页）

艺文·碑铭·净明寺碑

商辂撰《西山净明禅寺兴造记》："都城之西三数十里，其山蜿蜒，自西北来，如拱如揖，如朝宗然，溪流激清，带萦珮锵，真胜境也。山之麓多佛氏之居，其曰净明禅寺者，前中贵阮公伯山所创建。正统戊午（三年，1438）间所敕赐额也。殿堂门庑像设已皆庄严，而钟鼓之楼未立，栖僧之舍未广，迨兹十余年，未有能增而成之者。阮公之同志韦公，迩因公务诣寺瞻拜之际，慨然以兴造为己任，遂谋诸其住持僧广用，相与倾囊金，募缘信，鸠工市材，建钟楼禅堂库房凡若干楹，备极宏壮。（**中略**。）韦公非徼福于一己，意谓生处中土，享有荣贵，皆祖父之荫、朝廷之赐也。以是兴造功德，上以祝延圣寿，下以资度先灵，庶几臣子之心，俯仰无愧矣。韦公是心，即阮公创建之心，即广用又修之心，即善信尚公诸人助施之心。（**略**。）韦公名暹，时任司礼监，敦厚忠实，其荣贵盖未可量云。景泰四年，岁次癸酉，秋九月之吉。"

（碑在北京门头沟区。《北京图书馆藏中国历代石刻拓本汇编》第51册，第189页）

景泰五年甲戌(1454)

二月壬寅，提督大同军务左副都御史年富劾奏镇守少监韦力转酷害官军，因与内使阮和有隙，乃诱参将石彪假以边务奏调分守威远，乞取回韦力转及究治彪。帝曰："韦力转不必取回，令改过，固守城池，再犯不宥。石彪亦姑宥之。"(二三八,5190)　丁未，协赞军务山西右参政叶盛奏镇守内官弓胜私役操军、广种庄田罪状。诏宥不问，但移文戒之，俾自新。(二三八,5197)

三月甲寅，帝亲阅举人所对策，赐孙贤等三百四十九人进士及第、出身有差。(二三九,5203)【考】王世贞《弇山堂别集》卷八二《科试考二》载：甲戌科"《登科录》牛轮[纶]书叔玉，司礼监左监丞。"查《明清进士题名碑录索引》，牛纶中二甲第五十二名进士。同月乙丑，纶等十八人改翰林院庶吉士。　丙辰，给御马监勇士及武骧左等卫官军马五百九十三匹，独石等堡官军马四百匹。(二三九,5204)　壬戌，监察御史王骥奏："河南、山东野多饿殍，近遣内臣、御史、太仆少卿、寺丞、兵部主事共五员俵给马匹，经过县分，迎候供给，其费甚大。缘所俵马一县不过百十匹，或二三十匹而已，乞专委御史同寺丞公同俵给，其余官员俱召还京，庶苏民困。"从之。(二三九,5207)　己巳，南京六科、十三道奏："迩见南京诸守备臣奉敕修理太庙并社稷坛，物料之费，会计百万。即今百姓艰苦，加此烦扰，恐弗能堪。乞敕公廉内臣一人来同南京守备诸臣从宜勘视，但令修葺损弊，免致縻费财力。"诏曰："太庙、社稷，朝廷重事，工部其仍令加意修理，果非重者，奏闻处之。"(二三九,5218)　丁丑，内府所用油桩槐木并石磨岁一换，有司以内府供用之物，不分地里远近、价值高低，务令小民索买，虽一物之微，计其买纳完备，费银二三百两。都给事中林聪等言："油桩石磨皆坚固之物，非用一年可坏者，况今民间疲弊已甚，不宜烦扰。可定例，令三年一换，其景泰四年以前负欠者亦宜免追。"诏是之，令自后五年一换。(二三九,5221—5222)

四月癸未，内官监太监陈谨言："西山工作处所缺少砖瓦，宜于西湖景等处建立窑厂，仍将本湖周围及正阳等九门城壕野草供给烧造。"诏从其请。户部覆奏："先因山东、河南等处连年水旱，牧草减耗，奏准摘拨官军于南海子西湖景及正阳等九门城壕采打野草，相兼供给御马监等衙门及各营马用尚且不敷，今欲将前项野草烧造砖瓦。窃惟永乐、宣德间营建北京宫殿城垣，用费砖瓦浩大，是时四方无虞，马草不供，故可采烧。即今边务未宁，而饲马之费倍于往昔，岁歉相仍，而草束之数减于常年，况宫殿城垣俱已完备，砖瓦之需或可少缓。乞将前项野草仍令本部采打，候丰稔之日付内官监，庶几两便。"诏仍从谨言。既而户科都给事中刘炜等奏："户部恳切陈乞，非敢为私，乞熟思而审处之。"诏始允户部奏。(二四〇，5226—5227)　己丑，设四川崇庆州清溪口巡检司，从镇守奉御陈涓言也。(二四〇，5229)　己酉，南京山西道监察御史李叔义奏：……臣有所见条列以闻：一、南京饭堂之设，赈济贫民，永乐间柴炭俱出内府，近年俱于上元、江宁二县买办，百姓艰难，供用不敷。今龙江、瓦屑坝递年积下抽分木植，柴炭朽坏无用，乞敕南京工部除堪用者存留，其无用者支与饭堂应用，庶无靠损京民。一、上新河并水西门近年多被势要之家侵占官地，私立塌房，凡遇客商往来，各令家人伴当邀接强勒物货到家，任其货卖，稍有不从，辄加凌辱。乞敕南京都察院禁约，庶抑豪势以便客旅。一、……一、南京神策门直抵金川门一带隍池，近年多为势要之家侵占为田池园圃，乞敕守备大臣并南京都察院堂上官公同踏勘，务遵旧制开浚，庶得城池深固无虞。一、南京御马监马匹数少，养马旗军数多，送纳苜蓿青草多被折取钱物，乞取勘见在马数，定与旗军轮班看养，苜蓿青草量数派纳，其余旗军退原卫，庶免虚费粮赏、旷役买闲。……诏以所言多有理，礼部会官详议可行者宜即行之。(二四〇，5237—5239)【考】侵占隍池之势要之家，多为阉宦。如同书卷二四八，景泰五年十二月己丑，南京监察御史邹亮奏:"南京定淮等门外城壕多被太监陈公等私占,种植莲藕禾苗。"命南京户部委官核勘,前地可栽种者召人佃耕起科,如不应栽种,禁约私占,违者罪之。

五月戊午,敕南京守备太监袁诚、陈公、周礼、保安、宁远伯任礼、参赞机务尚书张纯:"今遣长随王显送谷庶人眷属七人、齐庶人并眷属六人俱于南京安置,已令有司月支食米柴炭养赡。至日,尔等量拨城内闲便房屋二所与居,其庶人并妹侄女许令婚嫁,老妇止令随住,除系庶人婚配亲戚许相往来,其余人不许交通。若有买卖衣服饮食等物适市者,亦不许生事搅人。尔等时常访察,毋致违误。"(二四一,5246)

七月庚午,升左都督方瑛为南和伯,右佥都御史蒋琳为左副都御史,都知监左少监梁达为太监,以征草塘苗贼功也。(二四三,5291)

八月戊戌,内使田福私亡至真定藁城,锦衣卫捕得,命诛之。

己亥,升监丞阮能为右少监,署都督佥事翁信进职一级,以征泷水等县蛮贼功也。(二四四,5310)

九月戊午,少傅兼太子太师、礼部尚书胡濙奏:"道士仰弥高谙晓阴阳,精通兵法,臣尝见其讲论机略,画列阵图,深有妙理,若使协助守边,运谋剿贼,必能宣威慑虏,以成扑灭之功。"命兵部公同内臣试验,果有异能,委以责任,庶臻成效,下以纾民军征伐转输之劳,上以佐国家雍熙太平之治。事下兵部,召弥高至部,会官命题试之,不能如濙所言。……时颇议之。(二四五,5321—5322)　乙丑,调守备独石等处内官弓胜于永平(**弓胜墓志作永宁,是**),而以内官黄整代之。胜与宣府副总兵都督同知孙安交恶,屡敕谕不悛,故调之,仍降敕切责安。(二四五,5325—5326)

十月辛巳,赤斤蒙古卫都督阿速遣百户总儿吉赍瓦剌也先所与阿速蒙古印信文书至甘肃,镇守太监蒙泰以闻。其书意在逼胁诸番以为己助。事下兵部尚书于谦等议,以为宜命甘肃总兵等官遣晓夷情者往谕阿速等以朝廷恩威逆顺祸福。从之。(二

四六，5332—5333)　甲申，遣中官祭司工之神，以是日修理观星台上梁也。(二四六，5333)

十一月丙辰，守备永宁卫奉御黄整奏："先奉命领官军赴永宁卫修筑城池，起盖房屋，勤劳五年，事方就绪，其官军乞量加赏赐以慰其心。"事下户部，议官军共一千三百五十八人，人赏绵布二匹。从之。(二四七，5352)　癸亥，停免广西思恩府土军今年应纳田粮之半。以土军俱在桂林府听调杀贼，不得耕种，从总督广西军务太监班祐[1]等奏请也。(二四七，5358)　乙亥，巡按直隶监察御史张鹏劾奏镇守独石内官弓胜、都督孙安侵欺戍卒拾于河及掘地所得白金，贪秽无耻，宜究其罪。俱宥之。　巡按山西监察御史马文升按镇守雁门关内官阮谈杖死从卒，诏宥不问，但遣敕切责之。(二四七，5361)

十二月丁亥，内使阮绢阿附司礼监太监兴安，为嘱管工太监黎贤，擅于内府西海子边作佛庵及西山等处作生坟佛寺，盗用官木等料万计。事露，安惧，以状闻，委罪于绢。都察院收绢及贤，鞫得实，坐贤赎斩，绢赎绞，劾安怙恩罔上，宜寘于法。诏安不问，贤、绢亦宥其罪，所造庵寺令内官监毁之，物料入官。(二四八，5369)

本年附

艺文·碑铭·清虚观碑

胡濙撰《敕赐清虚观记》："清虚观者，内府供用库大使李琮舍宅所建之道场也。公自洪武中太宗文皇帝居藩邸时选入侍奉，迄今五十余年矣，历经永乐、洪熙、宣德、正统年间，屡受列圣录用荣宠厚恩，思无补报，欲将京都城内日中坊住宅舍为观宇，虔奉神灵，以酬国恩。其同契中贵□□□、来福、□□□□□□□、阮昭亦俱健美，不胜忭跃起敬，各舍己资，具

[1]《英宗实录》卷二五五，景泰六年闰六月甲寅条记为"总督两广军务太监班祐"。

材命工。(**营建略。景泰二年敕赐为清虚观。**)成此无量功德,则诸中贵亦必自然获福报于将来也,故书此为记,以复诸公之请。大明景泰五年,岁次甲戌,二月朔旦。"

(碑在北京西城区旧鼓楼大街。《北京图书馆藏中国历代石刻拓本汇编》第51册,第190页)

景泰六年乙亥(1455)

正月庚申。先是,以监察御史李叔义言南京抽分竹木场局皆中官监收,积弊害民,诏工部遣廉能官同事以禁约之。既而中官以其妨己,言旧制所无,请革去,从之。至是,南京工部复言叔义言是,宜设官如先,不允。(二四九,5390)　　丙寅,镇守西宁内官保受奏:"河州卫果吉思答令等簇千户竹卜等剽掠乌思藏使臣行李,且杀伤使臣一人,乞敕镇守陕西副都御史耿九畴等会议,遣官同镇守河州都指挥蒋斌亲诣该簇宣明朝廷恩威,令还使臣行李,其杀伤使臣一人依番俗偿之以牛,庶边方宁谧。"从之。(二四九,5394—5395)　　丁卯,给御马监太监阮让顺天府三河县白塔草场一所。(二四九,5395)　　癸酉,征提督白羊等口御史董廷圭、周清还京。初,以达贼犯边诸口,添御史提督修守,至是,巡按御史吴中以边报稍宁,且诸口见有内官、都指挥等官提督修守,又有兵部主事黄节等往来巡视,乞征廷圭等还京,故有是命。(二四九,5397)　　甲戌,守备独石等处奉御黄整欲以私忿杖马营协同指挥王鼎、把总管步队指挥刘俊,鼎等不服,整诬劾鼎等占役军人,事露不服惩治。兵部奏下协赞参政叶盛勘之,盛以实闻。诏姑置不问,都察院即移文,令其同心协和,勿再忿争误事。(二四九,5398—5399)

二月壬午,命太监王诚会三法司、刑科审录在京刑狱,大理寺少卿李茂等审录南京并浙江等处刑狱,赐敕谕之曰:……由是中外冤狱得减死释遣者甚众。(二五〇,5403—5404)

三月庚午，提督宣府军务右佥都御史李秉奏：臣才识粗庸，叨膺边寄，偶有所见，不敢缄默，谨条具以闻：……一、保安新城距怀来仅六十余里，柴沟堡距怀安城仅四十余里，镇守内官在怀安城则有童保、陈土，在怀来城则有田霭、韦源，每岁令此四人者轮流守备，更代不一，士卒苦其往来艰难，官吏厌其迎送频数，况所在各起房屋，劳费军民，宜令前四人者二人分守保安新城、柴沟堡，二人分守怀安、怀来，则官事简而人无所扰，委任专而责有攸归。……（下所司议：）武学、营田及镇守内官之事宜悉如其请。从之。（二五一，5438—5440）

五月癸丑，户部奏："御马监、光禄寺并象马牛羊等房岁用草束俱于山东州县征收谷草备用，比因各处灾伤，谷草停免数多，供给不敷，欲移文兵部，拨官军八千人，遣官管领，于南海子西湖景、四城壕采秋青草，各随地方堆垛，以备支用。"从之。（二五三，5464）　癸酉，命太监王诚侄敏、舒良弟玉、张永兄琮、郝义侄安、王勤侄贤俱为锦衣卫带俸世袭百户。（二五三，5475）

六月庚辰，左春坊左司直郎兼翰林院编修李泰奏："臣出继伯父司礼监太监李永昌为子，今臣满三载，例不得推封所生父，乞移赠臣故祖父母以遂孝情。"从之。（二五四，5481—5482）　己丑，镇守雁门关署都督佥事陈友奏奉御阮谈占用官军，别立教场，谈奏友隐匿军粮。巡按山西监察御史马文升言二人不和，以致边务废弛，俱宜究治。诏俱宥之，但令都察院录状以示，戒毋再犯。（二五四，5485）　丙申，诏建内官直房于思善门侧。（二五四，5488）　己亥，守备万全少监阮化州、长随严训衔千户赵昂杖已军伴，诬以罪妄奏之。巡按御史劾其不实。帝宥不问，但命法司录状示之。（二五四，5491）　辛丑，都知监左少监马琳[1]奏太监刘顺死，遗下河间府皮箱庄、杜柳墓二处田地四十五顷，乞赐臣耕

① 马琳，原作"高琳"，据广本、抱本及《中官考二》改之。

种。事下户部覆奏，欲从之。帝不允，命与民耕种，办纳粮草。(二五四,5491)　　甲辰。先是，巡抚南直隶户部尚书李敏言："应天等府县自往岁大雪穷阴，今年淫雨亢旱，民方匮食，遑遑焉无以安生。而内官令应天府采买翠毛、铜丝、铁丝、羊角、毛竹、鱼鱿以百千万计。夫以饥荒之际加此烦扰，臣恐人心动摇，致生他变。乞暂停止，以俟秋成之后采买，其翠毛宜令广东产有之所贡之。"诏以内府急用之需，不允。至是监察御史周文盛又以为请，乃免之。(二五四,5493)

闰六月甲寅，总督两广军务太监班祐奏湖广武冈州黄蓬峒㒲等寨苗贼往往越境流劫广西全州地方，比及调兵剿杀则奔避岩壑，官军一退，旋复出没，以致经年累月，军士疲于守哨，欲令湖广总兵官及守备武冈参将等官量率士马与臣等克期会合剿捕尽绝。从之。(二五五,5499—5500)

七月乙亥，镇守辽东太监宋文毅奏广宁操备都指挥佥事高飞等年已六十，例应代职，然在边年久，深知虏情，尚能披坚执锐，乞不拘常例，仍留操守。从之。(二五六,5511)　　丁亥，镇守甘肃太监蒙泰奏撒马儿罕地方使臣言亦力把里也咩力火者王领人马来劫哈密，兵部议哈密与甘肃为邻，窃恐虏扰边境，乞移文甘肃及沿边总兵官，昼夜密切哨探，以备不测。从之。(二五六,5519)

八月乙巳，降监察御史倪敬、黄让、盛昶、罗俊、杜宾、汪清、娄濬、苏廉禄、王仪、王纪、白琰、金泽、左源、朱伦俱为典史，吴节、林璟俱为驿丞。时帝以监察御史多不得人，特敕左都御史萧维桢等考察。……时监察御史王鉴尝于左顺门以正言折中官非礼，不为屈，中官讽维祯等黜之，维祯不听。惟倪敬尝指陈时政忤旨，被黜，颇为时论所惜云。(二五七,5527—5528)　　庚申，镇守甘肃太监蒙泰奏守备都指挥佥事邢端不行严禁，致火延营房，烧死军人及烧毁草束、官马、军装等物，仍受嘱不呈报，当置诸法。奏下都察院，覆奏，宜行巡按御史候春暖执问。从之。(二五七,

5535—5536）

九月癸酉朔，修内府都知监。（二五八，5543）　　壬午，修内府御药库。（二五八，5545）

十月壬子，命内供用库造大隆福寺佛会蜡烛五万七千四百枝，共用蜡一万七百八十余斤。（二五九，5555）　　丁卯，命铸简仪铜壶，从内官监请也。（二五九，5561）

十一月壬申朔，镇守湖广太监梁达奏岷府庶人徽煠家僮蒙能以从徽煠谋反，窜伏苗蛮，今伪称蒙王，诈为妖书，纠集生苗三万余攻隆里等处城。兵部请移文湖广、贵州、广西总督总兵等官，相机抚捕。从之。（二六〇，5565）　　乙亥，镇守湖广右都督陈友、巡抚尚书王永寿等俱奏苗贼攻围隆里、新化、铜鼓诸城，敌伤官军，事甚急，乞增调官军策应。事下兵部，集文武廷臣议，非谋勇素著、蛮夷畏服将臣无以成功，因举南和伯方瑛、达官指挥使白玉以闻。于是命瑛佩平蛮将军印，充总兵官；玉为署都督佥事，充副总兵；太监阮让、陈瑄监军，户部侍郎孟鉴措置粮储，调武昌护卫及湖广等处土达官军付瑛等往征之，仍命户部署郎中夏时、主事阎本先途措备粮草。（二六〇，5566）　　辛巳，给御马监勇士马一千四百七十四，武骧左等四卫官军马一千六十四。（二六〇，5570）　　辛丑，户部奏：太常寺预办明年大祀，支用黄蜡四千余斤，供用库以支尽为言，例分派民间买用。奉旨不欲劳民，令别为区画，请以各处解到折粮银易之。诏发在京并通州仓米，务依时值，两平易换，庶官得蜡用，民得米食。（二六〇，5578）

十二月癸丑，守备天城奉御胡顺奏都指挥王全结所部之号“九龙”、“十虎”者欲谋反，全亦奏顺多役军士，酷刑。下巡按直隶监察御史贾恪覆之：顺所奏俱无状，全所奏亦有诬。都察院谓顺、全俱挟私相讦，宜正以罪，更择官代其守备。诏曰：“兹正备冬之际，姑宥之。”（二六一，5583）　　戊辰，升屠宗顺为副千户，屠芝为百户，仍于御用监办事，二人专献宝石以规利者也。（二六一，5589）

本年附

艺文·传记·太监成敬传

内官监太监成公敬传

成敬,字思恭,永乐甲辰(二十二年,1424)进士,选翰林院庶吉士,改晋府奉祠。宣德时,以晋府事尽系王府官,悉论死,以敬不与事,议永远(充)军。敬自以遗累子孙,不如死,乃自乞就死。宣庙矜怜者久之,下腐刑,觊天幸不死,后果不死。

始景皇在郕邸时,敬以典宝侍讲读,既即位,升内官监太监,甚亲信任事。敬逊避不招权宠,又不乞恩泽。上尝欲官其亲属,数问亲属在京者几人,敬对曰:"亲属俱在籍里,且俱田夫,不可以官。"未几,上又问,敬又对如初。上益多其让,乃命即其籍,与吏目一人。是时吏目越者,于敬为从孙,人号为"土吏目"云。景泰四年(1453),敬乞省墓,上赐敕及墓祭费,更赐诗宠行。越二年卒,上悲悼甚,遣官护丧修坟,给葬祭,恩典殊优,一时以为奇遇云。

敬有子曰凯,字舜卿,景泰辛未(二年,1451)进士①,始第后即病,病无何死。上以敬故,知凯,闻其病且死,谕敬曰:"凯平时志欲何官?"敬泣谢,对曰:"凯愿出入禁闼,以犬马自效,顾福薄,奈何!"上叹曰:"信薄福、薄福!"遂授吏科都给事中。凯闻命卒,时年未三十也。凯俊才,善诗赋,亦时作金元人词曲,人多传之。诸诗文能立就,已即焚毁,不留稿。泾阳人御史李锦与凯善,每见凯作,辄收其稿藏之,积成集。余后问其孙举人瑗,瑗欲检故藏书报余。会瑗以事系狱,余从其家求之,无有矣。

(乔世宁撰,《国朝献征录》卷一一七《寺人》)

景泰七年丙子(1456)

正月乙亥,湖广阮州卫指挥使周勇奏:"苗贼三千余徒攻劫

① 检《明清进士题名碑录索引》,成凯为景泰二年辛未科二甲第四十四名进士。按:《罪惟录》卷二十九《宦寺列传上》有程宗,"宣德时为翰林编修,以事逮狱。宗是夕梦青鸾集五凤楼,堕二卵而去。"后果受宫刑,入侍孝恭皇后;有二子,一子后举进士云云。其事迹与成敬颇类,姓氏音近,又且《罪惟录》宦寺传纪事多误(如误覃昌为覃褒,马骐为冯麒),疑即一人。

州境，杀掳人财，烧毁房屋，臣同镇守太监梁达等督汉、达官军民壮于杨溪等处对敌，杀伤甚众，各苗遁散山箐。”命兵部即移文总兵官南和伯方瑛会兵搜剿。（二六二，5593）　乙酉，敕南京守备太监陈公、周礼、保安、平江侯陈豫、参赞机务兵部尚书张纯曰：“向因南京太庙室内失神御物，今特造完金龙珠翠燕居冠及挑结龙凤，俱盛裹如法，特遣内官领匠作赍去。尔等即选日付南京神宫监官，逐一进御，仍推南京无过名大臣一员行昭告礼，不可怠忽。庙室旧有冠坏者就令匠作如法修整，毋或稽迟。”（二六二，5597）

二月癸卯，朝鲜国王李弘暐奏：“臣久婴重疾，难理国事，叔父瑈今权署国事，措置得宜，伏望早正名号，以惬人心。”奏下礼部议之，尚书胡濙等言合允其请。帝从之，遣内臣册封瑈为朝鲜国王，妻尹氏为朝鲜国王妃，赐诰命冕服冠服等物。降敕谕之曰：“近得王弘暐奏称其质本孱弱，国用艰虞，惟尔瑈贤良，宜逊乃位，毕询于国，谓皆属心。兹特从其所逊，遣内官尹凤、金兴赍敕封尔瑈为朝鲜国王，代主国事。尔宜恪守臣节，益坚事大之诚，永固藩邦，毋忝嗣王之让。其令弘暐仍以爵闲居，尔须常加优待毋忽。”仍诏谕其国人。（二六三，5607—5608）【考】尹凤为太监、金兴为右监丞，皆朝鲜人。四月至，此行二使口传，令朝鲜进献童阉。朝鲜《世祖实录》卷五，景泰七年八月辛亥，“遣都承旨朴元亨以献童宦奏草示尹凤等，凤等曰：并录宣谕之辞，似欠效顺之义。元亨曰：如饮膳之类则可，至于人口，无宣谕则不得擅便以献。金兴拱手曰：甚善。”　丙午，命内官监造各样玉带五百条以备赏赉。（二六三，5609）　癸亥，太子少保右都御史罗通请遣太监同三法司官审罪囚之有矜疑者。诏不必遣官，但籍其罪名以闻。（二六三，5614）　南京法司论奉御、内使阮崇等守视太庙不谨，致失珠冠，罪当赎徒。诏降奉御为内使，内使为小火者。（二六三，5614—5615）　甲子，命太监吉祥、保定侯梁珤、工部右侍郎赵荣督工营建寿陵。（二六三，5615）　丁卯，总督广西军务太监班祐奏浔州府大藤峡猺贼纠集荔浦等处首贼韦

公海等劫掠县治，杀掳人畜。命总兵官安远侯柳溥等量调所在官军土兵设法剿捕。(二六三，5615)

三月戊子，礼部奏撒马儿罕地面遣使臣指挥马黑麻、舍力班等入贡……以彼顽石诈称美玉，名虽贡献，实则贪图，若俱进收，则虚费朝廷厚赐，使后贡夷人仿傚成风。乞令内臣携玉工同本部官选择，其玉堪者进收，不堪者退还，许令自与京人交易。从之。(二六四，5625—5626)　壬辰，给御马监勇士旗军马二千匹，五军等营官军马一千匹，蓟州永平等处操守官军马七百匹。(二六四，5627)

四月丙辰，开浙江丽水县岩泉山银坑，从镇守内外官员左监丞阮随等奏请也。(二六五，5634)

五月己巳朔，后军都督佥事昌英卒。(**英，回鹘人，袭父职。**)累使迤北和宁王阿鲁台、忠勇王也先土干及亦力把里、哈密诸处，历升都指挥同知。宣德十年随太监王贵(**即鲁安**)等甘肃备边，冒三岔河功升都指挥使，为兵部侍郎柴车奏革之。(二六六，5639)　癸酉，兵部奏广东新会斗峒等处山寨杀贼有功官军宜依例升赏：阵亡七人，人升二级；获功五次一百九人，人升一级；获功四次以下至一次一千二百八十四人，并督军餽运御史等官给赏；其镇守右少监阮能、总督右都御史马昂、总兵都督佥事翁信未蒙升赏，乞定夺。诏升能为左少监，昂为左都御史，信为都督同知，余如所请。(二六六，5642)

六月庚子，命张靖为正千户，倪端、周全为百户。靖等俱以匠役供绘事于御用监，至是官之，供事如故。(二六七，5665)　辛丑，提督大同军务左副都御史年富言："往时各边虽有镇守、巡抚、参赞并管神铳内外官，其数不多。自正统十四年以来，各处俱添都御史、侍郎等官，或以巡抚、提督为名，或以参赞、协赞为号，总兵之外又有副总兵、左右参将，内官则有镇守、守备之称，如天城、阳和等处，一城之内乃有内官二员，未免占役军士，生事扰人。即今边务稍宁，乞行减省。”事下兵部，言各边镇守、守备官俱朝廷简命内外重臣，不可轻动。从之。（二六七，5665—5666）镇守浙江兵部尚书孙原贞奏：“杭州西湖旧有二闸蓄泄水利，近者二闸倾圮，湖水淤塞，积有葑滩，往往被势豪之人占据，水塞不通，居民不便，而应征渔课，累年渔户赔纳。……此皆前代经理西湖大略也。迩岁势豪之徒日逐堆叠塍围，包占种植菱藕，蓄养鱼鲜，渐至湖水浅狭，加之闸石毁坏，时遇旱涝，湖已先涸，旁田既无灌溉之利而运河亦遂淤浅，公私舟船往来不通。近与镇守少监阮随询之父老，合辞陈请，仍旧置闸，蓄泄水利，革民圈占，使湖得深广涓洁，周通六井，支流运河，旁溉田亩，且免渔户赔课之扰。已令有司勘覆所占池荡，并令偿官，而修筑二闸事不可缓。尝与阮随劝借赈济之余，尚存米谷可备木石之费，及时僦工，俾令修筑，乞敕有司于农隙之时量工开浚，禁止豪右之人，不许侵占湖利，则一郡军民永远获利矣。”命该部如所言行之。（二六七，5666—5667）

七月丁亥，镇守宁夏太监王清等奏：“宁夏等卫极临虏境，严备全仗马力，勘得各营马队旗军关支豆料数少，喂养不敷，马匹瘦损，乞照甘肃例，每岁九月十六日起至次年四月十五日止，每匹日支料豆三升。”事下户部，覆奏，从之。（二六八，5685） 戊子，赐尚膳监左监丞郑善广平府鸡泽县三林泡庄田五十顷，从善奏请也。（二六八，5685） 甲午，赐尚膳监左少监刘祥直隶真定府冀州并宁晋县清水河田地共五百八十余顷，从祥奏请也。（二六八，5689）【考】刘祥见于天顺四年刻《惠明寺碑》（《北京图书馆藏中国历代石刻拓本汇编》第 52 册，第 26 页）碑阴题名，已升为尚膳太监。

九月甲午，停浙江处州等处管银场都指挥，从镇守监丞阮随言也。（二七〇，5733）

十月丁酉朔，以故太监李德所建灵福寺并园地赐锦衣卫百户李安为香火院。（二七一，5737）【考】沈德符《万历野获编》卷二一《禁卫·马顺范广》:“王振之复官与赐旌忠祠额,盖圣心已先定,而李德之劾(王)竑为贼臣,想英宗亦不以为谬。独德已前死,其庄田第宅皆为景帝所嬖妓李惜儿兄锦衣千户李安所乞。使德遇复辟,未必不大用。”按:王振复官在天顺朝,王竑为倡率群臣于午门击死锦衣卫指挥马顺者。　庚子,命浙江处州卫带俸都指挥佥事牛铎理都司事,从监丞阮随奏保也。(二七一,5738)

十一月庚午,敕内官阮谈、署都督佥事陈友:“边关驿站重在飞报军情,近者提督官奏尔等止因讦奏私忿,一年差人至二十余次,往往将驿马走伤,倘有警报,宁不误事?论罪本当究治,姑从宽贷,自今若仍蹈前非,必罪不宥。”(二七二,5750)　乙亥,给武骧右等四卫并牧马千户所官军马草,自今年十一月至明年正月终止,每马一匹月支草二十束。从御马监太监郝义奏请也。(二七二,5752)　庚辰……弋阳王微服潜出,徒行诣巡抚佥都御史韩雍诉其情,且奏宁王不法十数事。宁王亦讦奏弋阳王。帝命佥都御史余俨同内官方伯乐往会雍及巡按御史、三司官核之,具得状……(二七二,5755—5757)

十二月辛亥,升山西大同府知府霍瑄为山西布政司左参政,仍掌府事,支正三品俸。瑄任满,考称当迁,镇守大同太监等官奏保其谦谨宽惠,上下爱之,乞升秩,复掌府事。吏部具言宜从所请,故有是命。(二七三,5768)

卷四下

英宗天顺朝(1457—1464)

天顺元年丁丑(1457)

正月壬午，上(英宗)复即皇帝位。时武臣总兵官太子太师武清侯石亨、都督张𫐐等，文臣左都御史杨善、左副都御史徐有贞等，内臣司设监太监曹吉祥等，知景泰皇帝疾不能起，中外人心归诚戴上，乃于是日昧爽，共以兵迎上于南宫。上辞让再三，亨等固请，乃起升辂入自东华门，至奉天门升御座，文武群臣入行五拜三叩头礼。(二七四,5787) 命执少保兼太子太傅兵部尚书于谦、少保兼太子太保吏部尚书谨身殿大学士王文于班内，执司礼监太监王诚、舒良、张永、王勤等于禁中，出付锦衣卫狱。时谦等甫听宣谕毕也。(二七四,5788) 甲申，六科给事中劾王文、于谦内结王诚、舒良、张永、王勤，外连陈循、江渊、萧镃、商辂等，朋奸党恶，逢迎景泰，易立储君，废黜汪后，卖权鬻爵，弄法舞文。乃者景泰不豫，而文、谦、诚、良等包藏祸心，阴有异图，欲召外藩入继大位，事虽传闻，情实显著。(**乞黜逐文、谦之党。**)上曰:"汝等所言是，但朕初复位，首恶已就擒，余姑置之，以定人心。"(二七四,5791—5792) 命锦衣卫差官往执宁夏管神铳内官高平、公干云南内官阎礼、广西柳州卫千户卢忠，并籍其家以来。(二七四,5793)【考】高平、卢忠，寻被诛戮。事见同书卷二七八，五月甲子:"广西柳州卫千户卢忠、镇守宁夏太监(**当以管神铳内官为是**)高平伏诛。景泰时，忠为锦衣卫指挥，平居尚衣监，与忠厚。忠密与平合谋，令校尉李善奏上与太监阮浪(**浪墓表见本年附**)、南城内使王瑶图复位，于是浪、瑶及忠俱下锦衣卫鞫，瑶被杀，浪瘐死，忠得释，既而坐他事谪官柳州。至是，上知其状，遣人收忠、平，磔于市三日，且籍其家。”阎礼，内官监右少监，据其墓志，“(景泰)七年往滇南取其所产方物”。礼墓志著录于成化四年附。　诏曰：……大赦天下，咸与维新，所有合行事宜条示于后：……一、景泰年间有差内官、内使赍送金银等物往西宁瞿昙寺赏赐及修理殿宇寺院者，诏书到日，悉皆罢免。金银等物原系在京去者仍行照数解京，其带去食茶不分公私见数，收留彼处有司，听候支销，木植等料就彼收贮官用，人夫工匠尽行放免，内官、内使即便回京。……(二七四,5801—5902)　命召镇守大同内官韦力转、右参将都督佥事石彪还京。　校尉逯杲缚锦衣卫百户杨瑛，谓其为张永亲，且与舒良善，命锦衣卫拷讯之。(二七四,5804)　丁亥，以迎驾功，升太监曹吉祥嗣子锦衣卫带俸指挥佥事钦为都督同知，吉祥侄铉及太监刘永诚侄孙聚、蒋冕弟成、叶达兄成俱为锦衣卫世袭指挥佥事，且赐吉祥等敕书褒谕之。　召镇守辽东太监宋文毅还京，以太监范英代之。(二七四,5805)　命斩于谦、王文、王诚、舒良、张永、王勤于市，籍其家，谪陈循、江渊、俞士悦、项文曜充铁岭卫军，罢萧镃、商辂、王伟、古镛、丁澄为民。上初命群臣杂治谦及循等罪，群臣言谦与文、渊及诚、良、永、勤景泰中串同故都督黄竑构成邪议，更立东宫，寻又逢迎，黜汪后。循、镃、辂不能阻而附之，谦、文欲树私党，举文曜、伟、镛、澄进用。比因景泰皇帝不豫，在廷文武群臣合词请立皇储，而谦、文、诚、良、永、勤意欲别图，迟疑不决，已而见群情欲迎皇上，乃图为不轨，纠合逆旅，欲擒杀总兵等官，迎立外藩。循、镃、辂、渊、士悦、伟、镛、澄、文曜俱知逆谋而不告。文、谦等坐谋反，凌迟处死；循等坐谋反知情故纵，斩。章既上，越二日乃有是命。(二七四,5806—5807)　钟鼓司内官陈义、教坊司左司乐晋荣伏诛。初，景泰中荣谄事义，义承旨同荣选妓女李惜儿等先后进入宫中。至是教坊司言其事，上曰：“奸邪小人逢迎以图富贵，乃如此！司礼监其即释妓女，给其亲，荣、义等下锦衣卫拷讯之。”具伏，遂伏诛。(二七四,

5811—5812）　戊子，六科、十三道劾司礼监太监兴安窃弄威权，紊乱朝政，锁南内之门，易东宫之位，与王诚、舒良、王文、于谦等为党，明知逆谋，不能谏阻，而伺衅乘机，心持两端，观成败以为向背，乞枭其首以戒权奸。上曰："安罪本当死，姑从宽贷，令勿视事。"（二七四，5815）【考】《明史·兴安传》："也先遣使议和，请迎上皇。廷议报使，帝不怿，令安出，呼群臣曰：'公等欲报使，孰可者？孰为文天祥、富弼！'词色俱厉。尚书王直面折之，安语塞。及遣都给事中李实往，敕书不及迎上皇。实惊，走白内阁，遇安。安复诟曰：'若奉黄纸诏行耳，他何预！'及易储，诸人遂疑安预谋矣。安有廉操，且知于谦贤，力护之。或言帝任谦太过，安曰：'为国分忧如于公者，宁有二人！'"又景泰三年四月议易太子，安叱持疑者而定议。则安为景泰忠臣。然英宗复辟后，并未戮之，止令就闲散。卒于天顺三年。墓志及传见本年附。　己丑，敕工部臣曰："差拨外府轮班人匠，永乐间皆有定制，尔工部其遵行之，毋令内官兼管。"（二七四，5816）　升钦天监中官正汤序为礼部右侍郎，仍管钦天监事，从太监曹吉祥奏序与谋迎驾也。（二七四，5817）　辛卯，升工部左侍郎赵荣为本部尚书，户部浙江司员外郎刘本道为本部右侍郎，工部屯田司主事吴复为通政司右通政，专管柴炭，调户部右侍郎陈汝言为兵部右侍郎，俱太监吉祥等荐之也。命钦天监舍人汤贤、汤赞、太医院舍人徐埙俱为锦衣卫正千户，大兴县民匠钱旻、张鉴、史得、戴长孙、周福缘，宛平县民匠朱祥、袁比受、倪官音保、汪记生，光禄寺厨役蔺小九俱为锦衣卫试百户，以太监吉祥奏其有夺门保驾功也。（二七四，5821）　壬辰，升留守前卫指挥佥事李胜、沈阳右卫指挥佥事侯通俱为都指挥佥事，金吾前卫总旗汪贵为副千户，腾骧左卫舍人张林、沈阳右卫舍人侯俊俱为正千户，家人侯宣为试百户，俱调锦衣卫带俸；武成后卫正千户仝斌为指挥使，仍调原任永清右卫。以太监吉祥奏其有夺门功也。　镇守陕西内官王庄儿奏汉中府洋县有寇聚众，欲攻县治，烧栈道，占据汉中，已与守备官军设法擒其数人,解送按察司。缘本府地方广阔,逃民数多,恐乘机蜂起,乞敕镇守并都布按三司官调西安左等卫官军前去剿捕,以除民患。从之。(二七四,5823)　金吾右卫带俸正千户白琦请尽诛王诚、于谦等党及郕府旧僚,且以诚、谦等罪榜示天下。事下都察院,覆奏请如琦言,榜示郕府旧僚、诚、谦等党,宜令该部具名以闻。从之。　有卫卒缚刑部福建司署员外郎事司务李棨,谓其为王诚党,命下锦衣卫讯之。(二七四,5824)　甲午,江西道监察御史贾恪奏:"各处巡抚等官悉取回京,惟口外宣府、大同各边城堡及浙江等布政司俱有太监、内使等官,其跟随军伴、家人多积年豪猾之徒,拨置教唆,颠倒是非,甚至纵欲贪得,多畜鹰犬,广种田地,占役军士,不得操守,况日逐供给尤多,宜照巡抚事例,斟酌取回为便。"上曰:"此事朝廷自有处置。"(二七四,5827)

二月乙未朔,召紫荆关内使张诚、右都督陶瑾、雁门关内官阮谈、署都督佥事陈友、怀来内官韦源、内使田霭、署都督佥事赵辅、居庸关左少监潘成、永宁内官弓胜、蔚州内官张普还京。(二七五,5831)　总兵官忠国公石亨奏五军存操等营官军人等景泰七年以来多因内官张永、王勤等朦胧具奏,调三千营团操及拨各监局匠作,以致队伍空缺,宜俱取回原营操练。从之。(二七五,5833)

己亥,发王文、于谦、王勤、王诚、张永、舒良家属于口北开原等卫充军。　谪武成后卫指挥佥事时信戍广东海上,以其为内官张永党也。　僧录司右阐教道坚尝因故太监陈祥奏,请建大隆福寺,且假祈禳入内殿诵经,费府库财。上命斩之。已而刑科覆奏,命宥死,发充铁岭卫军。(二七五,5836)　庚子,有僧德观者,故太监王勤尝为请白金千余两修造广德寺。勤既诛,德观亦下狱。上曰:"此辈妄费内帑,其杖一百,发边充军。"(二七五,5839)

癸卯,诛司礼监太监廖官保。官保管御药房,上尝索药不得,至是诛之。　诛司礼监少监许源。源初事上于南内,至是坐讪上诛。　诛御马监太监郝义。义坐与王诚等同谋,欲发勇士擒杀吉祥、石亨等，故诛。(二七五,5842)　甲辰，内官覃吉景泰间掌内库金帛奇货籍记，郕王所赐诸妃白金三万余两、宝石万余，至是不以白。上命执送锦衣卫固禁之。(二七五,5843)【考】覃吉以东宫正学著于史，然此条为实录唯一纪事，《国朝献征录》卷一一七录不著撰者小传："覃吉，不详其出，成化间为东宫典玺局郎，温雅诚笃，识大体，通书史，讲论执方。辅道[导]东宫(**按，即孝宗**)，动作举止悉规以正，《学》《庸》《论语》皆其口授，暇则开说诸司要务及民情土俗、农桑军旅以至宦竖专权蠹政之由，尽悉其态。曰：'吾老矣，何心富贵，但得天下有贤主足矣！'每东宫出讲，必使左右往迎讲官，讲毕，即语讲官曰：'先生吃茶。'局丞张端以为过礼，吉曰：'尊师重傅，当如此也。'上赐东宫皇庄，吉晓以不当受，曰：'天下山河皆主所有，何以庄为？徒劳民伤财，为左右之利而已。'竟辞之。一日，东宫尝随他宦念事上经，吉适至，东宫骇曰：'老伴至矣！'即取《孝经》自携，吉跪曰：'主得无念经乎？'曰：'吾读《孝经》耳。'其见畏如此。"《明史·覃吉传》文字类同，而著论云："弘治之世，政治醇美，君德清明，端本正始，吉有力焉。"又按，《国朝献征录》覃吉传，疑据陆釴《病逸漫记》改写。《漫记》言其为广西人，"自云九岁入内。余(陆釴)初在内书馆教小内史，吉提督内使，因识其人"。据此，覃吉曾提督内书馆，则当任司礼监太监。　乙巳，敕户部右侍郎刘本道同太监武安等提督在京并通州等处粮草。(二七五,5845)　丁未，上谓工部臣曰："各处边关神炮神铳皆有内官掌管，内官今已取回，其无人掌管者尔工部移文所在官司，如数送赴京师，惟守城者勿动。"(二七五,5845—5846)　刑部右侍郎周瑄奏："顺天府所属蓟州、文安等州县屡年水涝，人民匮食，皇上悯念元元，命臣抚济。臣已设法赈贷，给与牛具种子，将致力东作。工部仍循例派以抬柴夫，臣恐耕播失时，今夏辨麦不收，民困益甚，饿莩流徙，必生他变，乞敕该部暂为停止。"事下工部，言柴以供应内府，日不可缺，瑄言难准。从之。(二七五,5846—5847)　辛亥，召太监裴当、都督同知郭震、都督佥事颜彪还京。(二七五,5850)　丙辰，总兵官忠国公石亨奏南京守备太监陈公召回，乞赐所遗房屋收贮岁支禄米。从之。

内官保受奏海户逃亡者几三百户，乞行民间佥补。上曰："方今百姓艰难，不宜生事，宜俟年丰补之。"(二七五,5855)　　戊午，总兵官南和伯方瑛、总督湖广军务兵部尚书石璞等奏：臣等移兵天柱，抚捕苗贼，(擒斩之数略。)上谓兵部臣曰："今虽奏捷，然苗贼叛服不常，其仍令太监阮让同方瑛镇守湖广、贵州二处，都督陈友充左副总兵，都指挥李震、安顺充左右参将，仍各分守湖广边境。内官郑忠、都指挥李贵充右副总兵，张任充右参将，分守贵州边境。陈瑄、梁达、张贵、覃包、魏荣、白玉、石璞等俱令回京。原领南北官军数内，除阮让、方瑛处各留一百人，郑忠处留六十人，其余悉令回原卫；其各处调到官军、土兵令阮让、方瑛、石璞量留分守城池，搜剿余贼，其余亦各令回原卫。其有功官军及土官土兵令石璞从公勘实，造册奏来，不许徇私滥报，如违皆重罪不宥。"(二七五,5857—5858)【考】郑忠留镇，为贵州镇守内官之始。弘治《贵州图经新志》卷三《贵州宣慰使司下·名宦》记郑忠事迹，附李贵之后："李贵，本姓苗氏，天顺间以总兵官镇守贵州，赐姓李，谋略义勇为世称重。时贵境苗夷抢攘弗靖，贵同太监郑忠竭力抚捕，未久而宁。忠亦多智有为，孜孜以便民为志，尝修创境内桥道及建谯楼壶漏以明时节，葺祠庙以求福民，奏增乡试举人名额以励后学，郡人为建生祠焉。"　　庚申，以故太监刘顺、王瑾等庄田赐太监曹吉祥。(二七五,5860)

三月甲子朔，镇守云南左监丞罗圭等奏："木邦宣慰罕落法为所部头目垠薄法等合兵攻杀，遣人求援，臣等议委南宁伯毛胜、都督胡志量调官军相机剿捕。"上曰："夷人自相仇杀，非犯我边境，如何轻动官军，贪功生事？兵部即驰文圭等，毋起边衅，如违必罪不贷。"(二七六,5866)　　乙丑，南京守备太监陈公言："南京工部已备料积工，将建山川坛，适有诏罢不急之务。臣惟山川之神，春秋有祀，殿宇不存，神无所依，非不急之务也，请如旧造完。"从之。(二七六,5867)　总兵官忠国公石亨奏五军中军、右哨、右掖二营原有白塔草场为内官阮让朦胧奏求耕种，本营马匹无地收放，乞敕该部踏勘拨还。诏还与做草场，不必踏勘。(二七六，5867—5868) 丙寅，英国公张懋奏：臣父太师英国公辅存日，原有文安县信安草场，为太监张永侵占，乞仍给还。从之。(二七六，5869) 丙子，奉书襄王瞻墡曰："……今遣太监夏时赍奉敕符及书迎请，时气清和，叔父宜从容就道，宫眷、世子、郡王宜留藩邸，其当从行之人亦随尊意带来。伫俟其至，惟叔父亮之。"(二七六，5878—5879) 丁丑，升顺天府大兴县县丞任忠为兵部职方司郎中。忠，山西沁源人，先是自奏云太监蒋冕令臣与留守右卫冠带总旗汪端随兴济伯杨善、侍郎萧璁、都督卫颍[颖]早夜采探事情，今大事已定，伏乞升赏。冕为之言，故升之。(二七六，5880)【考】英宗谓蒋冕为谗乱小人，以此远绝之。其行事见李贤《天顺日录》。

戊寅，枷内官刘茂于内府新房外。景泰间，茂尝被旨，以马载唐妃游西海子，马惊妃坠，因命茂选良马二十匹，控习之以俟。上复位，有言茂欲擒太监刘永诚，未发，遂执茂下狱，故有是命。(二七六，5882) 庚辰，升大宁都指挥使欧信为都督佥事充参将，守备广东雷、廉等处，从镇守少监阮能等奏举也。(二七六，5884)

辛巳，升后军都督同知曹钦为左都督，锦衣卫带俸；都指挥同知曹铎(**按，铎、钦皆太监吉祥侄**)为左军都督同知，俱仍带俸。 升金吾左卫指挥使杨善为都指挥佥事。善自陈："臣于景泰间从事尚膳监，凡闻内臣密谋，必达于忠国公石亨。今亨迎复圣驾，臣与有功焉。"且言圣驾初自迤北还，太皇太后时至南宫，王诚、舒良虑有他谋，乃密议俟太皇太后再至时说有旨留南宫，善以达于内臣刘成，以启太皇太后，自是不复至。章上，故有是命。(二七六，5884—5885) 甲申，修彰义门广济庵，从太监吉祥奏请也。(二七六，5887) 乙酉，署都督佥事王瑛初以奸党谪戍云南，至是其妾上章陈冤。上以瑛兄贵在先朝多效勤劳，特宥之，降为正千户带俸京卫。贵，即太监鲁安也。(二七六，5889) 己丑，命户部定拨上林苑监官吏俸粮于本监收支，从右监丞王荣奏请也。(二七六，5892)

四月乙未,命太监牛玉侄绶为锦衣卫百户。(二七七,5902)
庚子,赐司礼监故太监吴诚妻两京原住房屋并旧赐庄田。(二七七,5904)　乙巳,赐锦衣卫百户牛绶诰,封赠其祖父母,以绶所后父玉乃太监,无给诰例故也。(二七七,5909)　丁未,六科、十三道被旨劾司礼监太监陈鼎、阮简,谓鼎、简内与王诚、舒良同腹心,外以王文、于谦为羽翼,拥立郕王,废易太子,始则倡不必北迎之谋,终则造幽闭南宫之计,禁圣母往来,绝亲亲之情,抑百官朝贺,废君臣之义;倾竭府库,崇尚异端,忍令僧人清昊为魇魅,数致僧官道坚入禁闱,俱宜显戮于市,以快人心,以回天变。上曰:“给事中、御史言是,此辈负国背君,罪在不赦。但元恶已诛,余党宜从轻典。其摈鼎居南京司礼监,简守长陵,永不任用。”(二七七,5912—5913)　吏部尚书致仕何文渊卒。文渊,字巨川,江西广昌县人。……景泰初升尚书,寻加太子太保。时中官兴安任事,文渊以旧日稔熟,每彰其势,且行事阴险,物论不容,为都给事中林聪等所劾,命致仕。上复位,革去加官,文渊自以与议易太子,首发“父有天下传于子”之言,虑有奇祸。时副都御史陈泰左迁广东按察副使,道经广昌,人有传泰来抄提文渊者,文渊惧,即自经死。后为人所奏,差官启椁验之,果然。(二七七,5913—5914)
庚戌,命内官李雍等十人弟侄为副千户,王定等五人弟侄为百户,俱世袭锦衣卫带俸。(二七七,5918)【考】王定见于天顺四年刻《敕赐惠明寺碑记》(《北京图书馆藏中国历代石刻拓本汇编》第52册,第26页)碑阴之“檀越芳名”,记为司设监太监。　癸丑,敕忠国公石亨、会昌侯孙继宗总管五军营,太平侯张軏、怀宁伯孙镗总管三千营,安远侯柳溥、广宁侯刘安总管神机营,仍命太监曹吉祥、刘永诚、吴昱、王定同理各营军务。(二七七,5919)　丙辰,户部言兴利除弊八事:……一、常苏松嘉湖等府粮长纳户人等送纳糙白等粮,乞敕内府供用库等衙门如例一尖一平收受,及在外衙门一体遵守,以恤民难。……上曰:“俱准拟行,其收粮情弊,内府供用库

令司礼监，在外衙门令都察院备榜禁约。”(二七七，5922—5924)

丁巳，宥都指挥佥事胡镛罪。镛充左参将镇守山海等处，尝令所部为太监舒良、郝义市米中盐，事觉，镛妄牵都督佥事宗胜、都指挥佥事马荣。至是刑部以赦除其罪，但坐以妄奏罪杖。上念其久于守边，特有是命。(二七七，5925)　降锦衣卫都指挥佥事刘敬为山东东昌卫指挥使。敬在景泰时为指挥同知，专谄权要，频令其妻出入于唐兴、杭昱、太监张永、阮简家。妓者李惜儿景泰间入宫得幸，敬与其家尤密。及上复位，又以妄报迎驾功历升都指挥佥事。至是六科、十三道劾敬当上复位前一日，因外夷贡使来朝，多选校尉三百余人，阴欲助张永等擒杀迎驾诸大臣。遂下敬都察院鞫之，论当斩，不伏。右都御史耿九畴请集群臣杂治之，言敬当上复位时，实督校尉警跸行礼，其罪可疑。上乃宥而黜之外卫。(二七七，5925—5926)　壬戌，达贼二十骑犯甘肃放羊台，杀樵者二人，右参将署都督佥事李荣率官军追至黑山，斩贼一人，擒二人，获马五匹。镇守太监蒙泰以闻。上命实授荣都督佥事，升其子杰为所镇抚，余官军给赏。(二七七，5929—5930)

五月癸亥朔，工部言兴利除弊五事：“其一……其二，光禄寺器皿年换者已有数万，而损敝者往往倍之，请以损敝不堪者勿修，止以年换者应用。其三，在京住坐轮班匠及各山场、惜薪司采运柴炭夫多因艰难在逃，本部移文逮治。今山东并直隶河间诸郡连遭灾伤，民不聊生，请俱暂停止，所负累年柴炭亦蠲免之。其四，各处解军需物料、运柴炭到京，多被无藉之徒兜揽侵用，轮班匠赴部被把总、作头欺取钱物，请令法司及本部各榜谕禁，约违者枷示，发充边军。其五，柴炭官吏以周岁考满，既不交盘，又不守支，往往得以通同作弊。请宜如户部收受粮草例，务须守支尽绝，考满本部轮委主事专其事。”章入，上曰：“优恤百姓，朕之意也，所言皆即行之。”(二七八，5931—5932)　甲子，太仓吏妻奏太监阮通、户部右侍郎刘本道杖死其夫。命巡仓御史张琛覆之，有验。通、本道各诉琛右吏妻诬己,请更覆之。诏不必更覆,俱宥其罪。(二七八,5933) 广东遂溪县儒学教谕吴豫建言二事:一、请究幽上于南宫及易皇储之主谋者,俱宜正以春秋之义,加之赤族之诛。一、请诛窜于谦等擅权时所举文武诸重臣,若不然恐变生肘腋。章下刑部、都察院,言谦等合谋易储君者王文、江渊、陈循、萧镃、商辂、俞士悦、王诚、舒良、张永、王勤、黄玹及其奸党项文曜、王伟、蒋琳、古镛、丁澄,俱已诛窜,如更从豫言追究,恐骇人心。上曰:"然。教谕言固是,但余党已处分,无庸再究。"(二七八,5934) 辛未,襄王瞻墡奏:"本府例有乐人二十七户,已蒙拨赐。臣在京时蒙大兄宣宗皇帝特恩,除原例外另赐乐人二十户,太监阮岳传旨,未见施行。……伏乞追念大兄皇帝遗旨,如数拨赐。"上命湖广布政司于所属府州县乐户内拨二十户与之。(二七八,5942) 乙亥,工部右侍郎霍瑄先以参政掌大同府事时,尝为镇守太监韦力转怒其送回都御史年富家众,杖之十余。至是瑄奏之,且言力转宴辄命妓为戏,僭用金器如王者,复强取所部女子为妾诸不法事。上怒,遣人执之。(二七八,5951) 丙子,总督广西军务太监班祐奏古丁等峒贼首蓝茄等纠集夷众万余分劫武缘等县,渐逼南宁地方,已令参将范信等防御。事下兵部,请驰文总兵官武进伯朱瑛严督所在官军土兵设法扑灭,毋令滋蔓。从之。(二七八,5952) 戊寅,御马监太监刘永诚奏本监养马小厮二十名,合照武骧左等卫纪录勇士、小厮事例关赏银两,从之。(二七八,5954) 甲申,赐太监刘家林真定府深州田一百顷。(二七八,5961) 乙酉,监察御史杨瑄言:"直隶府县连年水涝,民饥至于相食。河间县惟一乡田在高阜,民种小麦,日望收获,而忠国公石亨令火者至彼,立标为界,悉占为己有。知府王俭阿附之。真定府饶阳县田堪耕者仅千余顷,而太监吉祥家人抑逼有司,欲俱占耕。若不严加禁革,恐效尤者众。乞命巡按御史覆勘,但有侵占,悉令退还,庶几民可安生。"章入,上召内阁臣徐有贞、李贤阅之，皆曰瑄所言公正，不避权幸，宜从其请。上曰："民方困于艰食，朕为之寝食不安，为大臣在左右者独不能体朕意乎？御史敢言可嘉。户部其即移文巡按御史覆实以闻。"(二七八，5961—5962)

丁亥，赐少监周忠良乡县田二十九顷有奇。(二七八，5962)

己丑。先是，署都指挥佥事吴瓛守备龙泉关，冒取回诸关增设官军例回京师。至是，守备倒马关都指挥佥事戎亨卒，内官卢义奏准，将瓛守备倒马兼提督龙泉。瓛将行，上章请复拨增设官军以从，兵部因发其冒例回京罪，请坐以擅离信地，希求他用。于是收下刑部，刑部为瓛辨其非欲擅离信地，但不知敕书意，故混而回京，止宜论以奏事不实，徒，例赎还职。上然之。(二七八，5963—5964)　庚寅，擢纳粟冠带官冯瑶为翰林院典籍。瑶，中官让之侄，自陈南城迎驾有功，故擢之。(二七八，5964)【考】王鏊《王文恪公笔记》有"冯瑶"条，云景泰中修《寰宇通志》，瑶求入书办，内臣舒良、王诚因谄阁臣，得各举一人。及阁臣所举皆不用，瑶独擢为典籍。

六月甲午，右都御史耿九畴、右副都御史罗绮下锦衣卫狱。初，御史杨瑄既奏吉祥、石亨侵占民田不法，上从徐有贞等言，以瑄所奏为是，命核实所侵田。于是十三道监察御史张鹏等合章欲纠亨诸不法事，兵科都给事中王铉知之，以告亨，亨入诉于上，云鹏乃已诛奸臣内官张永之侄，故结连诸御史诬己。上命收鹏及瑄，遂御文华殿，悉召诸御史面诘之。诸御史历举所劾之有验，上曰："亨诸罪如实，汝等当时何得不即劾之，乃至今始言邪？"命锦衣卫悉收诸御史下狱，且究其主使之者。至是，锦衣卫奏诸御史劾亨皆九畴、绮所讽，故并执问之。(二七九，5968—5969)

丙申，太监韦力转以工部右侍郎霍瑄奏其罪，下锦衣卫狱，遂条奏瑄尝同都御史年富侵盗官物，且行贿于都督石彪，强娶所部女子十三人为妾。都察院请收瑄，与力转质其有无。上命俱宥之。(二七九，5971)　丁酉，锦衣卫军匠赵福等自陈景泰间御用监左少监阮浪密令妆绘神像，祝延圣寿，乞量升擢，以酬微劳。不听。(二七九,5972)　　己亥,武功伯兼华盖殿大学士徐有贞、吏部尚书兼翰林院学士李贤下锦衣卫狱。初,有贞附石亨,有迎复功,既执政,以亨及吉祥贪横,欲正之,数言于上。会十三道御史亦以欲劾亨,为亨所诉,词连都御史耿九畴、罗绮,俱下狱,鞫谓其阿附有贞及贤,主使御史劾亨。上命六科、十三道劾有贞、贤欲独专擅威权,排斥勋旧,遂亦下狱。(二七九,5972—5973)【考】徐有贞七月复下狱,寻逐云南金齿。祝允明《野记三》(《国朝典故》卷三三):"徐既锡茆土,权宠倾朝。始凡批答制旨皆出阁臣,后入宦寺手。至是,徐复请归阁,宦人浸失权,嫌徐。追曹(吉祥)、石私谒徐以事,辄不从。去,自陈情于上,徐复谏止,每节缩恩典,益衔之。会御史杨瑄劾曹、石,中批令铨曹记瑄名,曹、石愈憾。上与徐多屏人语,曹、石乃令小竖窃伏得之。以闻上,上果惊,疑徐卖直。久之,上意既动,曹、石因造奏诽毁朝政,多危语,假给事中李秉彝名上之。李时已丁艰去,曹、石以貌类一人持奏入。接本小竖视其牍甚长,言大人说何事,有许多文字,其人不语,竖观悬牌吏科给事中也,奏入。明日,朝命召其人,则亡之矣。逮捕甚急,校尉妄持一人入示小竖,竖曰:'非也,昨肥而髯,今瘠无彨。'乃复大搜。常熟张廷端以写竹游都下,捕者视其貌惟肖,且无语也,取以入,加掠无状。……会承天门灾,徐遂得释,谪金齿。"　　辛丑,调给事中何玘等十三员为判官,监察御史吴祯等二十三员为知县,寻命复职。太监曹吉祥、忠国公石亨以御史言其过恶,欲钳制言路,共谮御史、给事中之短。上命吏部尚书王翱查御史、给事中年三十五以上者留任事,三十五以下者调用。得玘、祯等三十六人,俱调之。命既下,会有风雷雨雹之变,上悟,召翱等谕之曰:"给事中、御史,朝廷近侍耳目之官,何乃听人主使妄劾人?论法难容,但念职当言路,俱留任事,自后言事务须从实,否则治以重罪不贷。"(二七九,5975)

癸丑,复命侯伯及内官印俵孳牧马驹。旧制,每年印俵马驹俱遣侯伯及内官往,景泰间言者谓侯伯及内官多事贿赂,马政凋耗,宜止差御史印俵,朝廷从之。至是,南京御马监太监马琳奏宜用旧制。事下兵部,尚书陈汝言言宜从琳请,故有是命。(二七

九,5984—5985)

七月辛未,调翰林院修撰岳正为广东钦州同知。初,正言于上曰:"石亨、吉祥等恃宠骄横,恐贻后患,臣请间二人,使各怀疑贰,去之犹反掌。"因往语吉祥曰:"石亨常令杜清来此,欲何为?"吉祥曰:"致诚款耳。"正曰:"不然,彼欲觇公所为,宜谢遣之,勿容其数来。"且劝吉祥辞兵柄。吉祥、石亨因合谋去正。会承天门灾,正极言石亨将为不轨,且言陈汝言不宜升尚书,宜用卢彬为侍郎,二人俱谲悍,若同事,必不相容,乘其隙可并去之。及徐有贞系狱,正又言宜复用有贞,则天变可弭。吉祥、石亨言正党附有贞,上命调正外任。(二八〇,5998) 锦衣卫百户郭祥奏:"臣父太监郭敬于正统十四年为事下狱,死后又籍没臣家,将臣给与太监陈祥为奴,兄忠等俱发辽东充军。今臣已蒙叙用,乞将忠等开免。"上命悉除其军伍。(二八〇,5999) 壬午,赐内官邓永德胜门外田八顷、故都督同知钱贵妻陈氏河间献县田四十八顷三十亩,各从其奏请也。(二八〇,6015) 癸未,敕谕南京文武大小衙门曰:"朕惟在昔太祖高皇帝创业垂统,定鼎南京,列圣相承,笃念根本,莫不重管钥之寄,委心膂之臣。肆朕复位,恪体前猷,特命太监周礼、马琳、保安及魏国公徐承宗等专守备,纲维攸系,倚注非轻,凡有合行事宜,俱已载之旧敕。咨尔文武衙门,大小臣庶,要当上下同志,内外一心,清慎律身,恭俭惟德,毋贪墨以隳名检,毋荒怠以弛职业,毋作聪明以紊典章,毋怙势威以凌群下。苟违训戒,即速罪愆,有犯不悛,必罚不赦。其政事所当商议、官司所当约束者,悉听周礼、徐承宗等商议约束,如或执偏见以误事机,徇私情而妨公道,则责有所归。尔等其懋之敬之,务在群僚得人,百度修举,军民得所,畿甸靖安,以益巩固根本之地。钦哉!故谕。"(二八〇,6015—6016) 凤阳神宫监太监雷春奏皇陵并白塔坟正殿两庑金门碑亭及斋宫棂星门神厨库房等处俱被风雨损坏,上命南京工部委官与中都留守等官勘视修理。(二八〇,6016—

6017)　奉御韦良奏:臣奉命管领看坟六户看守仁庙恭靖贤妃坟茔,今增添恭懿惠妃、真静敬妃二坟,坟户数少,请于附近昌平、宛平二县佥拨四户看守为便。从之。(二八〇,6017)　甲申,命故太监王振家属在辽东铁岭卫充军者放回京卫充军。(二八〇,6020)

戊子,封后军右都督石彪为定远伯,子孙世袭;左都督杨能为武强伯,右军右都督李文为高阳伯,俱流伯。升后军都督同知杜忠为右都督,都督佥事江福、董斌俱为都督同知,都指挥使张鹏为后军都督佥事,都指挥佥事袁胜为都指挥同知,右少监郭闵、田霭俱为左少监,以大同威远等处累次杀贼功也。(二八〇,6022)

八月壬辰朔。先是,内府各监局军匠月支米一石,余丁不支。宣德间以军匠轮班上直,得以休息,又日支光禄寺饭,足以养赡,故月令支米六斗。景泰间又止令支四斗。至是,右少监顾恒等奏称各匠艰难,遂命军匠月支米五斗,余丁月支三斗。(二八一,6027)　己亥,改旗手卫百户张福为户部陕西司主事,仍于文华殿书办。福原充卫总旗,自陈书办有劳,得升百户。既而又陈自幼不谙武事,故复有是命。皆中官所荐也。(二八一,6033)　庚子,命金吾左卫指挥同知刘玉、武骧右卫千户贾通,锦衣卫千户钱亮、高玉、蔡英、百户杨斌、吴宁俱升一级,子孙世袭。玉等六人乃故太监刘增、贾亨、僧保、高让、蔡玉、杨瑛侄,宁,太监吴亮孙也。(二八一,6034)　辛丑,赐司设监右少监李福通州田四顷五十亩,兵仗局左副使李义真定府新乐县田四十二顷。(二八一,6034—6035)　壬寅,升太监刘永诚侄都指挥佥事聚为后军都督同知。　癸卯,给御马监勇士并武骧左等卫官军马四千二百余匹。(二八一,6035)　甲辰,后军左都督曹钦奏:臣父太监吉祥管操,乞辞臣所管游击营操,只令随父操练。上不允。(二八一,6036)　乙巳,镇守甘肃太监蒙泰奏:七月五日达贼二千余骑入镇番境内,官军杀败贼众,生擒三人,斩首四十九级,获战马一百余匹,驼十八只。兵部议:恐此虏复来报仇,宜行甘肃等处总兵等官严切堤备。从之。(二八一,6037)　　庚戌,赏征广西柳州等处贼寇有功官军人等,凡八百八十五人。太监钞一千贯、纻丝三表里,指挥各钞八百贯、纻丝二表里,千户、知州等官各钞六百贯、纻丝一表里,百户、巡检等官各钞五百贯、绢三匹,旗军人等各钞三百贯、绢布各一匹,其土官、舍人、土兵有功并阵亡不应升者倍赏之。(二八一,6040—6041)　以原赐驸马都尉井源昌平县田改赐太监尹奉。(二八一,6041)　　丙辰,御马监太监刘永诚奏都指挥卢胜等官军九十一人于正统十四年收捕沙州喃哥部下有功,奉旨待再有功然后升赏,今又于威虏城地方杀贼有功,乞为升授。上命俱升一级。(二八一,6045—6046)　　丁巳,以崇文门外民田四十八亩有奇葬故太监阮浪,除其租税。(二八一,6046)

九月戊辰,镇守广西左少监朱详等奏:"自天顺元年正月至七月,猺贼千百余起数万余众大肆剽掠,烧劫县治,杀虏居民,半年之间共计男妇六千余口,遂至田里荒芜,道路梗塞。失今不治,异日必为大患。乞借湖广、贵州二处征进官军并发在京投降达军付臣等统领,直抵贼巢,以靖边方。"不从。(二八二,6054—6055)

辛巳,命陕西行都司署都指挥佥事刘杰充右副总兵,镇守凉州。时镇守凉州右监丞福保奏副总兵萧敬失机误事,因荐都指挥使魏荣代之,而兵部尚书陈汝言举杰,故有是命。(二八二,6064)

庚寅,谪广东钦州同知岳正充陕西肃州卫镇夷千户所军。正既以忤太监吉祥等调出外补,兵部尚书陈汝言素附吉祥,密令校尉言正尝夺公主田,今命下,又迁延不行,遂征下锦衣卫狱。狱上,上曰:"正职居翰林,违法如此,罪不可宥。"故有是命,仍以所夺田与民耕种。(二八二,6070)

十月壬辰,命户部于大同召商纳马中盐,给军骑操,以银计马价,每银一两中河东、广东、海北盐十引,山东盐八引,福建盐十二引,收马至四十匹即停止,从镇守太监陈瑄等奏也。(二八三,6071—6072)　　丁酉,赐故太监王振葬祭。时太监刘恒等言振恭勤事上，端谨持身，左右赞襄，始终一德，陷没土木，岁久未沐招葬。上亦悯念振，故有是命。(二八三，6074)　丙辰，释建文君子孙，安置凤阳。敕太监雷春等曰："朕眷念宗室至亲，虽在不原，亦令得所。今遣太监吴昱管送庶人及其母杨氏等共一十八名口前去凤阳居住，每月令所司支与食米二十五石、柴三千斤、木炭三百斤。听于军民之家自择婚配，其亲戚许相往来，其余闲杂之人并各王府不许往来交通。若因衣服饮食之类，许出街市交易买卖。差去内使鲁博、黄文住、刘敬、潘成、赵玉、韦州就与庶人看守门户，出入使令。尔春等须要照顾防闲，令其安分守法，亦宜以礼优待，毋得忽慢，庶副朕眷念宗室之意。"(二八三，6079)【考】《明史·惠帝诸子》："英宗复辟，命内臣牛玉往出建庶人"。

十一月庚午，命安远侯柳溥子承庆为勋卫，会昌侯孙继宗侄瑀为副千户，玺为所镇抚，俱锦衣卫带俸；太监王受侄真为腾骧左卫百户。(二八四，6088)　甲戌，镇守延安、绥德等处右监丞王春奏神木、宁塞、高家三营堡缺官总领，因举绥德卫指挥使窦安、西安前卫指挥同知夏鼎、延安卫指挥同知柏坚俱守边年久，乞量加升擢，俾领其事。上曰："姑仍旧职守备，俟有功升之。"(二八四，6090)　乙亥，镇守庄浪奉御进保、都指挥使魏荣奏达贼四千余骑入境，径趣速罕秃营剽掠。兵部请敕镇守陕西保定侯梁珤往兰县征调秦州、巩昌、临洮等处兵，分屯要害，以遏贼冲。从之。(二八四，6091)　丙子，大同左卫管神铳内官马贵、右卫管神铳内官胡顺俱奏乞协同都督周广、参将盛广管操官军。事下兵部覆奏，皆许之。(二八四，6092)　癸未，擢习书儒士曾大龄为中书舍人。大龄，前司礼监左少监炯孙也，先以陈情乞恩，送中书舍人处习书，满一载援例乞授职，故有是命。(二八四，6095)

十二月壬辰，封太监曹吉祥嗣子左都督钦为昭武伯，子孙世袭，追封三代，本身免二死，子免一死，给诰券，以有迎复功也。(二八五，6099)【考】《中官考一》云："此内臣子弟封爵之始也。"　丙申，命来归达子奄克孛罗脱栾、平章也列不罗、参政脱古来赛因台真孛罗俱充御马监勇士。(二八五,6101)　　壬寅,命故太监郭敬侄震、禄俱为锦衣卫实授百户,以上在大同时二人尝出金币资赏劳故也。(二八五,6104)　　丁未,尚衣监军匠原给月粮四斗,各以艰苦上陈,命每月俱增一斗。(二八五,6106)　　庚戌,敕南京守备太监周礼、侯忠等:"南京所进柑橙等果,每岁皆于冬初至京供荐,今冬暮犹未至,其侯忠却二次先自来进,而岁进官果乃尔迟误,敬谨之心何在?其具实来闻。"(二八五,6107—6108)　　敕镇守宣府太监柏玉、总兵官武强伯杨能等曰:"朵颜三卫进贡,自永乐以来俱从喜峰口入,近又有从宣府来者。缘此虏狼子野心,盖欲窥探道路以逞奸谋,自今务令仍从喜峰口入,不得复经宣府,如违罪有所归。"　镇守宣府太监柏玉、总兵官武强伯杨能奏保守备龙门都指挥佥事黄瑄充游击将军,协同参将周贤调度军马。兵部以其所奏违例,劾玉、能等罪。上命玉、能具实以闻,而令巡按御史执瑄鞫之。(二八五,6108)　　辛亥,敕镇守宁夏太监王清曰:"比者,因尔处产有鹰豹,曾去取之。恐尔预先采捕以为常贡,此等之物不系紧要,若朝廷用时,自有处分,不许擅自采捕来进,以劳人力。"(二八五,6109)

本年附

艺文·碑铭·兴安墓碑及传

大明故司礼监太监兴公之碑

万寿戒坛传戒宗师兼敕赐寿光禅□□山第一代主持、奉诏内经筵校雠□藏□教金台至全撰文。赐进士出身、右春坊右中允、承直郎、侍文华殿讲读、前翰林国史修撰、经筵官东齐刘珝书丹。赐进士出身、文林郎、山东道监察御史黎阳王越篆额。

天顺己卯(三年,1459)二月十月二日,司礼监太监兴公卒。讣闻,上震悼久之,忧形于色。以公笃实之资,清慎之行,曾效勤□,敕太监韦□典葬事,特赐宝镪二万缗、白金百两,复命有司建塔彰义门真空寺东北之原。

上遣左监丞王允中谕祭,内而各监官,外而公侯伯悉行祭礼。事竣,属余铭勒诸石,传于不朽。谨按状,公讳……胤,世为显官,□人宗祀之。公自龆年,志节高尚,确乎不可拔。凡授以诗书,即通大义。父母姻戚,既钟爱之……有所为。永乐丁亥(五年,1407),□黎王不轨,抵中华。历事太宗文皇帝、仁宗昭皇帝,出入内监,小心缜密。宣德丙午(元年,1426),宣宗章皇帝以公□□□□,升长随奉御,掌库藏出纳之事。甲寅(九年,1434)岁,太监王景弘等自西洋货宝来归,公奉命往……。正统丁巳(二年,1437),□两浙苏松暨扬、泰二州清理盐法,□选军士。公而忘私,廉而益谨,事无□□,处置得宜。……上以□□之怀,□□之□,……理案牍所未明,命公决诸疑,谳订其重轻,将使枉者直之,毙者生之。公论攸从,人心允服,由是进阶左少监,寻升太监。及蟒衣玉带之赐,岁给廪禄,优礼甚隆。己巳(十四年,1449)七月,皇上统率六师,北征虏寇。公守备京师,抚安中外。于时忠肝义胆,将士如云,公谋略有方,事皆克济。尝以委任之重,辅导经纶,累膺锡赉,而宠异之。迨天顺改元,皇上复登宝位,当天下太平之日,念公垂老,俾就闲散,日给所需,眷顾如昔。

呜呼,公之绩业其大矣乎!公平生为人梗直,抗志不阿,晓喜禅学,深悟理性,视功名犹草茅,富贵如浮云。间以所获金帛,修营梵宇,创□兴梁。每岁饭僧,率以为常。其博施广济、仁民爱物之心,近世未之有也。然□□山授记,乘本愿力,乌能臻此?公生于洪武己巳(二十二年,1389)七月,寿跻七十一,官至太监。受列圣洪恩,克专厥美,始终荣幸,无以加矣。为之铭曰:

范□堪舆,以□以载。华夷一统,罔中以外。山川清澈,秀气郁积。庶物森严,罔或攸□。公自遐域,万里来朝。风云庆会,□化靡逃。侍立当□,屡效勤劳。宝鉴斯□,明察秋毫。动以□为,静以渊默。执法奉公,冰清玉洁。五朝恩宠,善始令终。胸怀□□,渤□□□。□□之原,真空之侧。千载清风,一轮明月。

工部营缮所丞陈亮、陆裕镌。

(碑在北京丰台区太平桥湾子村。《北京图书馆藏中国历代石刻拓本汇编》第52册,第15页)

兴安传

景泰七年春，尚书于谦以病在告，帝遣太监兴安、舒良日往视之。谦持身严甚，一毫不苟取，位至孤卿，先世室庐畀其弟，惟市屋数间以居。正室董氏卒时，年未五十，不再娶。以王事多艰，穷年不还私第，居止朝房，留一养子以侍，食无重味，非公燕不置酒。当在告时，安与良更番来视，见谦自奉过于简朴，叹息而去。因以闻，特为计所资用，一切上方制之，至辍尚膳醯酱蔬菜之属。为赐药需竹沥，驾幸万岁山，亲伐竹为沥，以和药丸。言官有言柄用太重者，兴安言："只说日夜与国家分忧，不要钱，不爱官爵，不问家计者，更有何人？朝廷正要用人，似此等寻一个来换却于公可也。"众为默然。

（不著撰者，《国朝献征录》卷一一七《寺人》）

艺文·碑铭·阮浪墓表

赠御用监太监阮公墓表

公姓阮，讳浪，世家交阯。永乐中，太宗皇帝因安南作乱，遣将征之，众悉归附。时公甫十余岁，特俊爽，被选入掖庭。太宗见而奇之，冀成其才，命读书于内馆。公颖敏好学，孜孜不倦，遂博通群书，颉颃儒者。然德性惇笃，能以礼自持，与物无竞，辈行莫不折已加敬焉。用是，太宗命理尚衣监事，公益敬谨小心，克勤所事。

洎侍仁宗，尤爱其才，将有宠任之渐。宣宗初，遂擢奉御，俾掌宝钞司。时官军直禁卫者，宜置金牌，特委公督治，事不日而完。宣德三年(1428)，西洋诸国进御船抵广南，有司驰报宣宗，以为封堵宝物，必得其人。命公驰往，处置周密而还，所历秋毫无犯。宣宗甚喜，赏赉殊厚。五年(1430)，宣宗念敌人弗率，亲帅六师出塞，以振威武。公扈征有功，升御用监右丞。

正统改元之初，今上以公为先朝旧臣，多效劳勩，特升左少监。侍上十有五年，恭慎不懈如一日。及上居南宫，公复以老成端谨入侍，左右事无大小悉咨委之。时景泰已易太子，奸臣觊图爵赏，构辞加害，言公欲纠众复立正统，又欲公旁引内外勋旧，罗织成状。百端拷掠，虽极其惨毒，未肯承服，遂忍恨而死，终不累人。闻者莫不酸辛。

呜呼！公能之死不变以息内外勋旧之祸，视古之剖心明诬者亦何让哉！公生于洪武某年九月九日，卒于景泰三年(1452)七月十二日，春秋若干。今皇上复位，改元天顺，首诛奸恶而深悼公之诬枉，特赠公御用监太监，赐以秘器，如礼敛之。复令所司择地为营塚圹，遣官谕祭，以妥其灵。公虽弗克享高爵于生前，而所以表公之节、白公之心、伤公之亡，宠眷已极，则公之死不为徒死，所谓有重于泰山者也。司设监丞贾公安犹虑公之行实未尽暴于世，属予为表，刻石墓道，以示不朽云。

(李贤《古穰集》卷一五《墓表》)

艺文·月潭寺记

贵州宣慰司教授王训记："(**景泰初南蛮寇边，掠地屠城，列郡流亡萧然，寺幸得存。**)朝廷声罪致讨，特遣太监阮让、梁达、郑忠监诸军事，将帅皆文武重臣，若靖远伯王骥、保定侯梁珤、南和伯方瑛挂印为总戎，大司马侯琎、石璞，都宪王来、白圭，少司寇刘清、锦衣千帅吴绶，相继为总戎，(**副参以下皆一时之选。略。**)自庚午(景泰元年，1450)至己卯(天顺三年，1459)，历十载，师凡五举，而寇悉平。中臣阮公尤爱山水，至必憩息久之，乃为营室两翼，而千帅吴公重命构亭，以便登览。(**下略。**)"

(弘治《贵州图经新志》卷一三《兴隆卫指挥使司·寺观·月潭寺》)

天顺二年戊寅(1458)

正月辛酉，镇守凉州右监丞福保奏镇守庄浪奉御进保、都指挥使魏荣及提调烟墩指挥李瑄、庄泰等失误烽火，以致达贼入境抢掠，宜敕巡按御史执问。从之。(二八六，6120)　己巳，书与庆王秩煃曰："得奏，以府中军校余丁因榜例多于太监、总兵处投充报效，欲同母与妻子赴阙哀诉等因，具悉。比者，朝廷为边备之计，故于军民之中召募壮勇，初不干于王府。今府中军校妄自投充，自宜行移该管官员分理，何乃仓皇失措，母子相继烦琐奏陈，且欲阖家赴京，以此小事搅扰朝廷，甚乖藩辅之义。今后务存大体，毋蹈前失。所奏之事已令该部处置，不许轻率来京，特书戒喻。"遂命兵部移文各处，今后王府军校毋得令投充士兵诸役。(二八六，6122—6123)　己卯，上率文武群臣奉册宝，尊皇太后为圣烈慈寿皇太后。是日早，鸿胪寺官设表案于文华门外，文武百官候皇太后行谒告礼并受宫中贺礼毕，百官诣清宁宫前门外上表，司礼监官捧表进，文武百官行庆贺礼。（二八六，6125）　丁亥，巡按陕西监察御史郭纪等奏："华州洛南等县地方军民相聚在山，私掘银矿，淘取银砂，盖由州县官吏平日不能禁革之所致也，俱宜究治。"上敕镇守太监王敏及三司官严禁，如仍怠忽，一体治罪，其州县官吏命纪鞫之。（二八六，6133—6134）

二月辛卯，巡抚南直隶右佥都御史李秉奏："扬州、镇江、常州地连大江，无籍之徒或三二十人，或四五十人，驾舟强劫往来客商货物，伪称下海官军，载私盐，悬黄旗，鸣锣击鼓，略无忌惮。宜敕扬州等府卫地方巡盐御史严督附近运卫有司，多方擒捕。"章下都察院，左都御史寇深等覆奏，宜准所言。上命太监吴昱、右监丞王允中、副都御史林聪、锦衣卫指挥陈刚往擒捕之。（二八七，6137—6138）　乙未，镇守居庸关左少监崔保占住已故都指挥李景第宅，因景侄晟弗从，殴之致死。事觉，法司请逮至京鞫问，上特宥其罪，降敕切责之。（二八七，6143）　己亥，镇守延绥等处右监丞王春奏青阳沟等处鞑贼拥众入境抢掠，当同都督杨信率领官军截杀，斩获衣红贼首一人，生擒贼徒，获其驼马、盔甲、器械等物，及夺回牛羊驴骡等畜。上命兵部移文巡按御史查有功官员升赏之。　镇守甘肃太监蒙泰奏怀安驿地方鞑贼突入抢掠，其把总守备指挥佥事雷玘等追见贼人，不行督军征剿，以致失机误事，宜治其罪。上命巡按御史执问之。（二八七，6146）　庚子，敕皇陵神宫监太监雷春等："朕念宗室之义，欲送庶人徽煠、徽焟并家下人口回岷府，缘旧有仇嫌，恐难同处，仍令在彼居住。但人口数多，日逐费用米薪器服之类果有欠缺，宜令有司措办供给。如或不缺，亦须比旧加厚，务令得所。男女长成，听其婚配，许令亲戚往来，其所增日用数目开具奏关。"（二八七，6147）　戊申，敕内官黄沁："近者王春、杨信杀败贼众，开具俘获数目来奏。尔即与春等将生擒鞑贼五名并获到军器遣人解京，马匹选壮好者送来,其余给与彼处官军骑操,骆驼就留在彼喂养,首级沿边一带枭示。尔其如敕奉行。"(二八七,6154)　司礼监太监福安奏:"永乐、宣德间云南、福建、浙江产有银矿之所,悉令采办煎销,上纳京库,此诚国家大利。近年或采或止,国用不足,请如旧制,各遣内外官员开场煎办。又永乐、宣德间屡下西洋收买黄金、珍珠、宝石诸物,今停止三十余年,府藏虚竭,请遣内官于云南等处出官库银货收买上纳。"从之。(二八七,6154—6155)　己酉,赏太监王春、彰武伯杨信银百两、彩币八表里,都督同知张钦银五十两、彩币四表里,以斩获鞑贼功也。(二八七,6155)　甲寅,镇守宁夏太监王清奏宁夏三路缺马,乞敕楚、肃二府措拨二三千匹给与官军,上曰:"王府马不必措拨,许令商人纳马中盐。"(二八七,6159)

闰二月辛酉,河南磁州民奏:"广西右参政罗绮先任刑部待郎,镇守松潘,贪图赀物,不计其数。比回京,调副都御史,因纠劾降参政,延住原籍磁州,诳言不久复职。本州同知龙约公干自京还,告绮云:当今又宠宦官,用香木镂已死太监王振形葬之。绮闻之微笑,因云:'朝廷失政,徇吉祥、张軏、石亨狡言,降出吾辈。'"诏执绮、约至京,法司奉诏鞫,依造妖言惑众律斩。上曰:"罗绮贪利坏法,却怨谤朝廷,与龙约造言惑人,情罪深重,法司其固禁之。"仍命陈所籍绮赃物于文华门前示百官。(二八八,6163—6164)　丁卯,甘肃总兵官宣城伯卫颖奏庄浪等处驿递城堡多在低洼沙碱去处,且相隔墩台窎远,瞭望不便,欲择水草便利、地土坚硬地方重新筑立,可以归并者归并,可以添设者添设。又庄浪、镇番、永昌及甘州、凉州等处俱缺官协助操备,乞敕兵部于在京推选骁勇能干、曾经战阵都指挥数员前来分领军马。上曰:"驿递墩台不必行勘,就令颖与太监蒙泰酌量缓急,随宜整理,毋得处置乖方;庄浪、凉州要协助管事官,亦令颖等详议以闻。"(二八八,6167—6168)

三月丙午,南京守备太监周礼奏:二月九日暴风拔孝陵松树及懿文陵灵殿等处，兽眷[脊]梁柱多脱落损坏。上命驸马都尉焦敬往祭告修理。(二八九,6185) 庚戌，钟鼓司太监虎儿奏："大善殿、奉先殿供用乐器缺少，南京工部见有补造乐器四百余事，及南京钟鼓司收贮新乐器二百余事，乞令取用。"从之。(二八九,6186—6187)

四月戊午朔，太监阮通奏山东徂徕等处泉源旧差主事一员管理，以济徐、吕二洪，景泰间裁革，今宜复差。从之。 镇守独石、马营等处奉御黄整等奏滴水崖、板楷峪二处冲要，宜各立屯堡，列军分守，以防虏寇。从之。(二九〇,6191) 壬戌，命中官于浙江、福建、云南三布政司闸办银课，浙江岁办银二万一千二百五十两，福建一万五千一百二十两，云南五万二千三百八十两，从太监福安奏也。(二九〇,6193) 己卯，广东石康县贼攻破广西博白县，杀典史、巡检及军民六十余人，虏去男妇千余人，左少监朱详以闻。兵部议请移文两广镇守总兵等官会兵剿捕。上曰："然。仍命与右佥都御史叶盛酌量缓急而行。"(二九〇,6201)

五月庚寅，复命巩昌卫指挥使汪钊镇守洮州。初，钊镇洮州，甚得番夷之和。后移凉州备御。陕西镇守太监王敏及三司言洮州极边，番夷杂处，乞令钊复还镇守，故有是命。(二九一,6211)

癸巳，以故太监金英开中未支两浙运司盐八千五十九引赐御用监太监傅恭，从恭请也。(二九一,6212) 甲午，以山西夏县地七顷七十九亩给还故太监郭敬侄祥。先是敬得罪，祥与其家口谪戍辽东，地没入官，拨民耕种。至是，祥蒙恩宥，还授锦衣卫百户，以地为请，故命给还之。(二九一,6213) 庚子，凉州备御把总指挥雷玘等失机，命巡按御史鞫之。总兵官安远侯柳溥、右少监龚荣言边方有警，乞罚俸免鞫。都察院劾溥等专擅，降敕切责之。(二九一,6215) 壬寅，初正统间，光禄寺日进膳于宫中，瓶坛筐篓皆发出，后往往留中，间有发出，辄为内使取去。至是，光禄寺奏供用器不给，上命进膳器皿随即发出，有隐匿者罪之。(二九一,6219—6220)　乙巳,以南京守备太监周礼、保安献南京山川形势、皇城殿宇楼阁并京城里外衙门街道等项画图狭小不明,遣敕责之,别敕太监侯忠协同礼等用大样图本画贴明白进奏,以备观览。(二九一,6222)　庚戌,京城安定门外太清观、真武庙皆中官所营,正统中赐额,命道士王道昌主之,有地一百余顷,畜牛五十余头,车五辆。天顺初,都指挥同知孙绍宗奏请得之。会有旨皇亲凭势占夺田地,俱令退还,道昌缘是诉奏。上命地亩入官,庙观、车、牛给还道昌。(二九一,6227)　辛亥,嘉兴大长公主坟地属宛平县旧免税粮,后为太监王振侄锦衣卫指挥林所占,林既得罪,地没入官,公主府阍者崔童奏复之,命仍免其夏税七石六斗、秋粮一十七石七斗、马草二百一十四束。(二九一,6228—6229)

六月辛酉。初,都察院会官鞫陈汝言,得其受镇守延安(**安疑应作绥**)内官王春、都督王祯、宁夏参将马让、宣府都督张林等赂遗状,都察院惟请执问春、祯而脱漏让、林。既而得旨,宥春、祯,余令巡按陕西御史郭纪执问,又脱漏春、祯所得旨,以故纪复请裁决春、祯。都察院乃反劾纪谬戾烦扰,执纪下锦衣卫狱问。门达等劾都御史寇深、马昂、副都御史林聪、佥都御史韩雍及承行御史高明、陈全罪。时昂为兵部尚书,聪出巡江上,全为福建佥事,明乞归省。上曰:"全、明其逮治之,深、雍令具状以闻,昂、聪宥之。"于是深、雍自输罪。六科、十三道劾深、雍怠忽疏略,颠倒错乱,累及无辜。上命姑从宽贷。而六科劾章又有洗改字。上曰:"六科自不能谨,何以纠人?"给事中刘洙等自输罪,乃宥之。已而明、全俱下狱论赎徒还职。从之。(二九二,6233—6234)【考】祝允明《野记三》(《国朝典汇》卷三三):"英庙复辟后,励精圣治,庶务综密。每览封疏,必得其情,或有一二字可疑,辄取本映日视之,曰:'是磨改者!'指示左右,莫不惊伏。"是也。　壬戌,敕谕董卜韩胡宣慰使司掌司事都指挥同知喃哩结者思叭言干巴藏卜曰:"近得镇守四川右少监等官阎礼等奏,尔申文自陈父祖以来尽忠尽孝,不敢叛逆为非等语，词意谆切，朕已洞察之矣。……”(二九二，6234—6235)　乙丑，总兵官太傅安远侯柳溥奏：五月十六日达贼犯凉州，突至城下，臣同少监龚荣等督令官军迎敌，斩首七级，生擒十一人，获驼马等畜，贼各奔散。……上命兵部勘实升赏。(二九二，6236—6237)

有遵化卫卒潜蹑北虏使臣，出境杀之，夺其所得赐物。事觉，都察院劾镇守永宁、山海等处太监郁永、都督佥事宗胜宽纵之罪。上命其自输状，乃宥之。(二九二，6237)　戊辰，司礼监太监阮简奏景泰中乞大兴县田三顷耕种，今为人所侵。下户部覆勘，内八十亩实有粮田，累民赔纳已数年矣。上命简即退还民。(二九二，6240)　己卯，是日骤雨雷震大祀殿脊吻，上命内官监修理之。(二九二，6245)

七月辛卯，宁王奠培在景泰时为弋阳王奠壏讦其反逆诸罪于巡抚佥都御史韩雍，雍同三司、巡按官以闻，朝廷遣中官方伯乐及佥都御史俞俨往覆之，军民被连者凡六七百人。既至京，遇元年赦，俱得释，第以教授游坚诱王为恶罪重，谪充甘肃军。王由是不礼貌于三司官。左布政使崔恭不平。王尝嘱以增造所焚宫殿，奏请南昌城内东西二湖，欲派岁禄于近府县，恭俱执法不从。护卫军校有犯，恭辄不少贷。王愈怒，奏恭僭造火夫号衣诸不法。御史张纲奉命覆之无验。王复奏恭谄惑纲。恭遂与按察使原杰、巡按御史周一清连章奏王私收献王、惠王所遗宫人，护卫官军生女不令婚嫁，长即收之；有衔于内官熊璧，逼之自尽；其护卫横甚，不削之虑有变。疏入，上遣太监怀忠同锦衣卫官案其事，具言恭奏王之实，王奏恭之诬。都察院请罪辅导王者，上曰：“然。王违法多护卫官校所诱，其即改为南昌左卫，以隶都司。王奏布政司官既诬，置之不问。”(二九三，6252—6253)　镇守湖广、贵州太监阮让等奏：东苗为贵州诸种蛮夷之首，负固据险，僭号称王，其他种类多被逼胁，东苗平则诸蛮莫不服从矣。臣会总兵官南和侯方瑛等计议合行事宜，谨具以闻……(二九三，6254—6255)

壬辰,宫盐徒幼男四十四名,余妇女八十口及四岁以下男女三十五口俱送浣衣局。(二九三,6255)　乙未,罚刑部尚书刘广衡等俸一年,宥大理寺卿李宾等罪,枷示郎中陈琏、署员外郎刘玭,降郎中沈和、员外郎康圭官于外。时太监曹吉祥所部达官速展哈之子歹都因其妻与人奸,约所结弟兄诱奸者至妻卧所并杀之,以首于官。奸者之兄诉焉,和、圭鞫之,论谋杀人死。速展哈称冤,调琏、玭问,琏、玭具狱一如和、圭,广衡、宾等又如琏、玭所问。速展哈告吉祥云:"刑官受赂,冤其子。"初,琏尝赂吉祥求升侍郎,久而未得,追索其所赂,吉祥衔焉。及是吉祥具道冤滥于上,上调锦衣卫门达劾琏、玭妄入人死罪,广衡、宾等不为详谳,故有是命。琏、玭寻谪戍边,仍下敕遍谕天下刑官。(二九三,6257—6258)

丙申,时御马监官军人等多以善骑射被宠,然怙势多犯法。上敕三法司:"今后御马监都指挥、指挥、千百户并勇士、小厮但为事者,不分轻重罪名,俱录情词以闻,取自上裁。"(二九三,6259)

戊申,上召内阁臣李贤至文华殿,语曰:"太监吉祥好惹闲事,朕复位初,念其随侍旧人,凡有奏请必从之。奈其心无厌足,不顾可否,辄为人请求。虽十不可其二三,然外人不知,以为其言必行,是以四方奏事者往往先造其门以通情,如此不已,甚非所宜。朕今一以公道断之,使彼之私意不得行,则造其门者自然少矣。"贤顿首曰:"愿陛下抑之以渐,幸甚。"(二九三,6264)　庚戌,命致仕都察院右佥都御史张楷督理陕西军饷。楷景泰间以贪淫黜为民,赂中官曹吉祥得复原职致仕,至是又有是命。(二九三,6266)

八月丁巳,兵部言:"镇守延绥太监王春奏,即今黄河将冻,守备兵少,乞行陕西布、按二司遣官编集延安、庆阳二府民壮,于边隘守备,待春暖河开即行放散。"从之。(二九四,6271)　戊辰,右少监龚荣等奏:"虏酋孛来、阿罗出等率众二万寇钞镇番、凉川等处,臣会总兵等官安远侯柳溥等号令三军,前后于南乐堡、黑山等处交锋，擒虏三十五人，斩首八十一级，并获驼马、军器等物。”事下兵部，以为我军虽小捷而虏势益张，乞行总兵等官毋狃于小利而失大机。从之。(二九四，6276)　壬申，镇守浙江都督同知李信奏：“处州等府山场银矿已敕太监卢永总督，又有布、按二司参议等官，及今差内官分布松阳等县闸办，又令臣兼管，倘遇警急，不无妨误，乞止令臣总督军务兼巡海道。”从之。(二九四，6278)　甲戌，都督杜忠初镇守偏头关，为都指挥袁胜发其盗鬻官草数十万，纳降者赂，为求升赏。上命给事中曹衡等往覆之，具有验，征忠下锦衣卫狱。复究得忠尝诬良民李清喜谋反，赂尚书陈汝言不下千金。狱具，太监曹吉祥为之祈恩，上特宥之。(二九四，6278—6279)

九月乙酉朔，赏大同、宣府总兵官高阳伯李文、武强伯杨能、游击将军石彪并诸将士彩段、银、绢有差。初，文等上其倚山墩、磨儿山、啼哭岭等处剿杀胡寇功状，诏礼部议赏。至是礼部请准往年大同东门获功例，其奋勇先入贼阵、生擒贼众并被伤者，总兵官二人，人银十两、彩段三表里；少监、参将十一人，人银五两、彩段二表里；都指挥二十一人，人银五两、彩段一表里；指挥六十八人，人银三两、彩段一表里；千百户等官四百七十五人，人银二两、绢二匹……从之。(二九五，6285—6286)　壬辰，户部奏：皇陵神宫监太监雷春言：庶人徽煠家眷十八口，原给米二百石，徽焟家眷二十五口，亦原给米二百石，二家各给柴薪……上悉从之。(二九五，6287—6288)　丁酉，巡抚宣府右副都御史王宇劾奏右参将都督佥事张林、内官严顺、都指挥孙素各令家奴揽纳粮草。事下都察院，左都御史寇深等谓：林等家奴揽纳，必依时直，两愿交易，非恃势者比。上曰：“林等皆内外重臣，何得俱违法，令家奴揽纳？深等明知国有重禁，何乃如是容情？今姑宥其罪，以后毋得更尔，以速罪谴。”(二九五，6290—6291)　内官杜钦以事往南京，杖死仪真卫指挥黄源。事觉，下锦衣卫狱。(二九五，6291)　戊戌，巡按湖广监察御史宋有文等案奏守备永州都指挥高昱不严防御，致苗贼肆行杀掠于龙庆诸乡村。都察院请命有文治昱罪，而敕太监、总兵更择智勇武臣代其任，且遣通事往谕贼还所掠。从之。(二九五,6292)　庚戌，镇守四川右少监阎礼等奏都指挥佥事孙斌守备保坝，坐视番贼仇杀，不能剿捕。命执而罪之。(二九五,6297)

十月己未，以已故太监马旺庄田赐太监裴当。　庚申，镇守陕西太监王敏奏河州系极边要地，本卫官军累调甘、凉等处备御，所余老弱无几；况今河水将冻，万一虏骑入寇，乏人战守。上命提督岷洮等处右都督王祯分兵一千付署都指挥佥事韩春还河州操守。(二九六,6301)　丙寅，斩内使赵荣等二人，以同谋写匿名帖告言人罪也。(二九六,6303—6304)　戊辰，鹰坊司内官以出猎请，不许，复请乃许之。临行，上戒之曰："尔辈固欲出猎，不许扰害州县。朕已遣人访察尔所为矣。"内官意谓此戒辞耳，未必实。然及至州县索禽兽于有司，有司畏其势，多于民间敛取獐鹿雉兔奉之，因以为猎所获者，差人进献。不知上所遣访察者已得其情，俟其回诘之，皆伏罪，各杖而降之。(二九六,6306)【考】然同书卷三〇二，天顺三年四月乙亥条记："奉御杜坚以捕天鹅至雄县，其从人多暴横，知县秦纮执而杖之。坚至京以闻，执纮下锦衣卫狱。都察院论纮罪当杖，请勿以常律处，县民诣阙言纮惠政。上命赎罪，调官边境。"　乙亥，陕西延安府葭州儒学学正罗中言："臣闻词讼起于不平，听断各有攸司，比者各处镇守太监、侯伯、都督等官不务固守城池，抚安军民，以尽厥职，顾恃官高，往往滥受民讼，或批发所司而嘱令枉断，或差人提取而骚扰官民，甚至视所赂之多寡而断所讼之曲直，是致刑罚不中，良善被害。乞敕都察院移文各镇守太监等官，自后不许干预词讼，仍榜禁军民人等，果有不平，第许循序赴诉所辖官司，不得辄诉镇守官处，违者治罪惟钧。"章下礼部议，以为泛言，奏寝之。(二九六,6307—6308)

十一月丁亥，巡抚甘肃右副都御史芮钊劾奏镇番、甘州、庄浪、古浪、凉州、山丹、永昌诸处镇守总兵官安远侯柳溥、武平伯陈友、宣城伯卫颖，都督过兴、雷通、毛忠、李荣、刘震、林宏，太监蒙泰、少监龚荣、监丞福保，奉御杨敬、进保，都指挥刘杰等俱失机，然其间亦有能奋勇剿贼者，乞量为劝惩。事下兵部议，为友获功倍于所丧，忠、荣功足以赎，宜置不问；溥等俱有罪无功，而溥任尤大，皆宜治罪。上命姑宥之。（二九七，6316）　壬寅，兵部尚书马昂等奏："兰县逼临黄河，路当冲要，贼若入寇，此先受害。虽有署都指挥彭智，若遇警出战，缺人守城，乞遣内臣一员同智协谋济理，庶缓急得人，战守有备。"上然之，命右少监秦刚往。（二九七，6321）　甲辰，给御马监养马军医兽人等四千九百余人衣鞋，从太监刘永诚言也。（二九七，6322）　乙巳，命凉州备御署都指挥佥事金镛守备岷州，从镇守陕西太监王敏等奏请也。（二九七，6324）　戊申，敕镇守宁夏太监王清等曰："得奏，虏酋孛来屡遣通事近墩言欲贡马来降，因虑虏情谲诈，不可令从宁夏入境。诚如所虑，若其复来，其为言宁夏道途险阻，仍令从大同旧路入，尤须严饬兵备，不可怠忽。"（二九七，6325）

十二月乙亥，御马监太监刘永诚言在监养马官军已蒙给赐衣鞋，而坝上等处官军万一千余人养马艰辛，值此隆寒，未沾圣恩，亦乞给赐。从之。（二九八，6340—6341）　壬午，镇守广西左少监朱详、总兵官武进伯朱瑛奏，议调左右两江土兵往全州、兴安等处剿贼，奈其生拗，不听约束，沿途骚扰，而泗城州为甚，乞降敕切责之。上以详、瑛自不善抚治，不允。（二九八，6343）

本年附

艺文・碑铭・太监阮公墓志

尚衣监故太监阮公墓志铭

赐进士及第、文林郎、翰林院编修吴兴陈秉中撰。征仕郎、中书舍人金台韩定书。奉训大夫、礼部员外郎、直文渊阁古虞陈纲篆。

国朝混一区宇,凡内外臣之有功者,必褒崇之。天顺戊寅(二年,1458)十二月二十八日,尚衣监太监阮公卒,内官监昭典丧仪,翰林院撰文□□□□□□□安厝。越明年二月,□征铭于余,因摭其实□□而□□□□□□□□□其□交州山□□曰名籍咸者,仕晋为□臣。后隐居□□□□□□□家于交南焉。□□□阮氏著姓□为最,为内显官者益多。□□□□□□□之父□□□不仕。公自幼奇特,重厚简默,识者知其不凡。□□□以治……慎密。历事……宣德间,由内使而升奉御。正统间,……公以勋功而升前职。……金银器皿、禄米、彩段,以褒崇公勋。又……养赡不时,……赏赉甚厚。先是,公以□不□,遣……,春秋享年六十有六。讣闻,上悼惜之,赐宝钞万贯,复命太监颜义以督其事,□□□□门外大顺屯之原,……宠遇之隆,何其至与!于□公为□□□边于人公……以泯,是用以铭。铭曰:

尚衣阮公,□内名臣。……恩顾益厚,赐赉极隆。□□与□,……。

(《新中国出土墓志·北京》第101号)

艺文·碑铭·玄帝垂训

碑阳刻《武当山玄帝垂训》,阴刻:"成化二十二年十二月初八日,侍奉香火院主次男李詠。钦差守备太监王定、都指挥杜山、解端重修。钦差守备内官监太监周常等立。天寿山守备太监陈贡等立。"嘉靖二十年补刻文字:"天寿山守备锦衣卫都指挥同知周麟,系前太监周常族孙,继守。嘉靖二十年八月初三日立。天寿山守备内官监太监韩锡更换龙幔星旗。嘉靖二十年正月初一日。"(**下果菜园四至略**。)大明天顺二年仲秋吉日。

(碑在北京昌平。《北京图书馆藏中国历代石刻拓本汇编》第52册,第8页)

天顺三年己卯(1459)

正月丙戌,敕镇守蓟州、永平等处太监郁永:"尔奏总兵官都督佥事宗胜中风疾,即保左参将都指挥佥事胡镛代之,且予夺之权,出自朝廷,非臣下当预,尔但欲示恩于人,不顾专擅之罪,其宗胜之病倘痊,置之何地?若从所奏遽代之,是使朝廷恩薄于臣下也,无知妄为,莫甚于此。论尔之罪,本难容恕,但念尔守边年久，姑从宽贷，今后宜自改过，毋得仍蹈前非，如违必重罪不宥。”(二九九，6347)　乙未，僧录司右觉义兼智化寺住持僧然胜奏："故太监王振有功社稷，赐祠额名'旌忠'，已立旌忠碑于祠前，乞赐赠谥，实万世旌忠之劝。”命礼部议之。(二九九，6351)【考】《中官考一》云："此内臣立祠之始也。”智化寺在今北京东城区禄米仓胡同，寺内存《智化寺旌忠祠记》，刻于天顺三年九月九日，僧然胜撰并正书，两截刻，上记，下刻王振像。记文见本年附。按，智化寺原存王振像、碑，清乾隆中始仆之。《清高宗实录》卷一五八，乾隆七年正月庚寅："御史沈廷芳奏：崇文门内智化寺，明英宗为逆阉王振立祀，李贤撰碑，称其丰功大节。谀阉乱道，观者发指。乞敕有司，毁像仆碑，并将英宗谕祭碑移瘗他所。得旨，如所请行。”　戊戌，六科、十三道因边臣有讦西征官军暴横者，交章复劾安远侯柳溥号令不肃，谋勇兼无，当虏骑之临城，唯闭垒以自保，殴死非辜者置之不治，妻被奸污者反枷以徇，啬夫樵妇罄作俘囚，牧马屯牛俱为椎剽；又且诟辱中官，无敬忌之心，偏听小夫，乖广览之智，虽圣明曲赐保全而国法终难再宥。上曰："卿等言是。溥欺罔贪婪，又纵下人扰害，本宜处以重罪，但已罚之闲住，姑屈法再宥。”(二九九，6352)

二月壬戌，以直隶保定府新城县空地一百五十余顷赐太监张辉。(三〇〇，6368)【考】张辉任尚膳监太监，实录此为仅见，卒于天顺七年，墓志见本年附。　丁卯，司礼监太监福安奏："永乐间差内官下西洋，并往广东买办采捞珍珠，故国用充足。今久不采，府库空虚。”上命监察御史吕洪同内官往广东雷州、廉州二府杨梅等珠池采办。　戊辰，镇守延绥等处太监王春奏达贼杳无踪迹，边境宁靖。上曰："延绥既无声息，令独石、马营官军回原处操守。”(三〇〇，6371)　己巳，致书肃王瞻焰曰："近因甘州官军缺马骑操，予以边务之重，尝致书请于府中孳牧马内选取应用。继承叔祖厚意，选马五百匹，已给官军领操，不胜至感。……特遣御用监左监丞宋胜赍送菲物，用致予意，惟叔祖亮之。”(三〇〇，

6371—6372)　己卯，降通事指挥佥事哈铭为副千户，调发贵州卫差操。初，百户李成善谑，称"沙狐狸"，自以随驾迤北有功，擅入内府求升职。上怒，命锦衣卫鞫之。哈铭与达官也先帖木儿谋欲脱成罪，一日闻上将幸太监吉祥宅，乃报也先帖木儿先期往候。比至，奏言沙狐狸有功监禁，乞赐矜宥。上问，知事由哈铭，命锦衣卫监之。至是录奏罪囚，故有是命。(三〇〇，6377—6378)

三月癸未朔，罢右佥都御史李秉为民。秉巡抚大同，持公正，总兵辈多不乐之。守备天城奉御陈例(**广本例作列**)久病，秉请代以长随罗付。上怒其专擅，征秉回京，下锦衣卫狱。(**秉被劾他罪略。**)上特命罢为民。(三〇一，6381—6382)　甲申，敕临川王磐熚："今得巡按江西监察御史等官奏称，王亲到贡院，对镇守太监叶达言府中收用女子怀孕，大妃杀了。此等闺门非理之事，皆王不能正身所致，其于名爵岂不有玷？但事已往，姑置不究。今后王宜痛自省改，守法循理，毋得仍前纵意冥行，自取过愆，庶几保全令名，不然必有后悔，王其戒之。"(三〇一，6382—6383)【考】叶达为实录镇守江西内官之首见，其名录见本年附。　镇守广西左少监朱详奏：副总兵右都督陈旺等分剿灵川、义宁县流峰、焦林等处贼徒，斩首凡三百三十五级，生擒一人，复所虏男妇三百四十一人。(三〇一，6383)　命左都督刘深充总兵官，佩征蛮将军印，镇守广西。时总兵官武进伯朱瑛有疾，左少监朱详举副总兵右都督陈旺代理其事，上怒其专擅，不允。廷臣佥举深历练老成，才堪委任，故有是命。(三〇一，6384)　己丑，敕左参将都指挥佥事胡镛充总兵官，镇守蓟州、永平等处。时总兵官都督宗胜久病，故命镛代之，且命太监郁永同镛推选都指挥使一人可代镛分守者以闻。(三〇一，6386)　壬辰，景泰间建隆福寺，命内官监拆南城翔凤等殿石阑干用之。至是，上察知其故，系太监陈谨等四十五人，下锦衣卫鞫之，既而锁项，令修补完备，各降其职。(三〇一，6388)【考】陈谨此后实录无载，卒于成化十五年，墓志见本年附。　乙未，都知监左监丞(**安乐堂本**[1]**左作右**)阮随奏："奉命巡守珠池，恒被外夷及附近居民窃取。臣访旧巡守者皆有巡哨船只，今尚存者俱朽敝不堪，乞敕有司如旧修置。"从之。(三〇一,6389)

四月乙卯，增建南内殿宇，命太监黄顺、都督佥事赵辅、工部尚书赵荣董其事。(三〇二,6396)　乙丑，工部奏内库所贮胖袄、鞋、裤数少，倘有赏赐，恐临期不足，请分命浙江等布政司并应天、直隶苏州、广德等府州明年夏秋税粮折收布花成造五十余万输送京师。从之。(三〇二,6400)　丙寅，大同阳和卫指挥葛亮等督军修筑墩台，达贼入境，杀采木军夫十二人，匿不实报。镇守太监陈瑄奏请治亮等罪。上命巡按御史收鞫之。(三〇二,6401)

己巳，进封定远伯石彪为定远侯，武平伯陈友为武平侯，加禄米一百石。升甘肃副总兵都督同知毛忠为左都督，右参将都督佥事李荣为右都督，守备凉州都指挥佥事赵英为都指挥使，守备红城子署都指挥佥事鲁鉴为都指挥同知，奉御杨敬、王亨俱为左监丞，赏彪等白金、彩币有差，以镇番、延绥等处擒杀达贼功也。(三〇二,6401—6402)　辛未，镇守广西左少监朱详奏："桂林、梧州、浔州等府州县猺獞苗贼攻劫乡村城市，杀虏军民共一千九百余口，守备右参将孙麒率兵哨火山及麻陂罗埠，斩获贼首一百三十一级，复所虏男妇百余口。章下兵部，请行总兵巡抚等官督同麒剿捕尽绝，毋贻后患。"从之。　壬申，南京守备太监周礼奏新江口操江战船岁久朽敝，请敕南京工部备料修造。从之。(三〇二,6404)

五月丁亥，敕镇守大同太监陈瑄："因尔处奏报声息，已敕宣府总兵杨能等帅师赴大同，与尔等并力图效。又命都督颜彪领京军赴雁门关，为尔声援。尔在彼守城，宜谨烽燧，多侦谍，务令计出万全，以宁边防。"(三〇三,6410)　乙未，南京守备魏国公徐

[1] 原"国立北平图书馆"藏安乐堂本，下简称安本。此本系明抄本，今仅存天顺朝。

承宗、太监周礼等奏:南京安插夷人数多,都督佥事高通独员,管束不及。访得南京右府都督同知吴良老成练达,谙晓夷语,乞令良与通同管夷人。事下兵部,尚书马昂等言:"承宗等自守备以来,惟务苟安度日,不能振作纲纪,纵使高通不能钤束夷人,自当奏请处分,今却专擅保良,非惟附下沽名,抑且罔上市恩,乞将承宗等执赴京师治罪,别选才德出众内外重臣前去守备。"上曰:"朝廷倚任承宗守备,乃敢徇私,扶同妄荐匪人,论法本当治罪,姑从宽宥,令各具实以闻。"(三〇三,6414)　庚子,敕镇守广东、广西左少监阮能、朱详[1]、总兵官左都督刘深、副总兵都督同知欧信等:"今广西流贼越过广东,攻围肇庆等处州县,劫掠乡村,为患不已。敕至,尔等宜会合计议,督调各处守备官军、土兵、民壮人等,刻期剿贼,务在同心协力,运谋设策,或捣其巢穴,或攻其要害,殄灭无遗,以靖地方。其领军官敢有畏缩误事失机者,听巡抚右佥都御史叶盛指实具奏,以凭究治,尔等慎之。"(三〇三,6415—6416)　壬寅,敕弋阳王奠壏曰:"近得镇守江西太监叶达及江西三司官奏称,王将药四包、银二两四钱,逼令本府典膳郑荣毒死内使吕信、巩喜,荣恐累及身家,将情并银、药首发在官。且王为朝廷宗室,正宜恪遵祖训,循理守法,以保名爵,如何起此恶念,用药毒人?况彼二人皆朝廷拨遣,果有罪状,亦当奏闻处治,岂可阴谋毒害?存心如此,甚非其当。教授顾宣不能辅导规谏,阍者陈庆童不当阿谀顺从,另行惩治。敕至,王即改过自省,今后务须谨守礼法,敦行善道,以全令名,如或仍蹈前愆,国法具在,朕不敢私,王其戒之慎之。"(三〇三,6417)【考】同书卷三二三,天顺四年十二月丙子,致宁王书曰:"(为弋阳王淫乱事)特遣右副使李广、驸马都尉薛桓、锦衣卫指挥逯杲审勘。"

六月癸丑,升中书舍人任道逊、凌敏、汪景昂为尚宝司丞,仍

---

① 详,原作"祥",实录或作"朱详",嘉靖《广西通志》作"朱祥",姑从"详"字。

于文华殿书办；赵璿、严璟、干信为太仆寺丞，璟、信仍于御用监书办，俱以任满九载也。(三〇四,6423—6424)　　甲子，敕谕甘肃总兵官宣城伯卫颖、镇守太监蒙泰及陕西行都司官曰："近有都指挥贺玉等迤西买马回至甘肃行都司，差舍人尹度、张瑄管送赴京，马甚瘦损，不堪骑用。已将各人送锦衣卫问罪。今后尔处但遇买来并进贡马，务差的当指挥管送赴京，沿途加意饲养，若再似前，重罪不宥。"(三〇四,6427)

七月乙酉，命镇守浙江太监卢永侄卢正于所属钱塘县附籍，从永请也。　命指挥佥事、千百户殷善等九人俱升一级，印钞局大使等官俞友文等十人为所镇抚，军匠刘晋等二十一人为试百户，革职百户屠芝仍与旧职，俱仍在御用监专理绘事。(三〇五,6435)　　丙戌，敕谕南京守备太监周礼等："近闻尔等行事不和，又与守备总兵亦相矛盾，所以荐新品物往往迟误，及至花果等树亦有枯损者。今后一应进用物件，俱不必进来。敕至，尔等各宜警省，若再不能尽心办事，朝廷岂患无人代替。尔等其慎之，毋贻后悔。"(三〇五,6435—6436)　　己酉，总理广西军务左少监朱详奏："广西右参政岑瑛先为思恩土官知府，累以战功升至今官，授从二品散官通奉大夫，乞不为常例，量迁都司军职。"上曰："瑛既历练老成，累有军功，改升都指挥同知，仍听总兵镇守官调用。"(三〇五,6442)

八月己未，敕镇守浙江太监卢永、江西太监叶达、福建少监(**安本少作太**)冯让曰："中宫原设六尚女官以纪内事，必选识字妇人以充其任。近年以来，多有放出还家及老疾不堪事者，缺人任用。敕至，尔即密切体访良家子女十五以上及无夫妇人四十以下，能读书写字并谙晓算数者四五十人，籍记姓名，待明年春暖，别遣人同尔会选，令其亲属送来，有司应付口粮脚力。体访之际，不可委用非人，因而诈骗财物，惊扰下人，尔其慎之。"(三〇六,6447)

戊辰，都察院奏镇守居庸关内官崔保、都指挥仲福阿附定远

侯石彪,宜逮治之。上曰:"姑不问,令陈状以闻。"(三〇六,6453)

辛未,镇守宁夏太监王清奏署都指挥佥事任信等出塞招抚,得达子男妇六十七人来降,乞赏其功。上命俱升一级。(三〇六,6454)

九月甲申,镇守广东左少监阮能奏:"广西流贼万余侵犯广州府界,即今珠场采办,屡被惊扰,其势猖獗,流劫乡村殆遍,若不早为区处,窃恐贻患无穷。"兵部请降敕谕巡抚两广右佥都御史叶盛并总兵、镇守等官,调度所在官军、土兵、民壮剿除。从之。(三〇七,6462—6463)【考】阮能旋罢去,代以阮随。万历《广东通志》卷六《藩省志六·事纪五》:天顺三年"十一月,镇守广东监丞阮能有罪免。能纵妖僧德存出入通贿,激变良民,又恶达官不贿己,谮于兵部尚书陈汝言,尽数取回,□此达官大哄,不肯束装。巡按御史□□以闻,达官辩免于行,而能以罪免。仍命左少监阮随代之,时称'大阮小阮'。" 都知监太监吴昱奏:"臣等奉敕往广东管束军民蜑户,采取珍珠,其廉州等府白沙珠场旧立排栅、厂房壕堑俱坏,其船只、网兜、铁扒、竹萝[箩]、珠筛等器皿亦皆缺少。臣已委都司等官成造,但彼处屡报贼情,未能一切完就。"上命工部移文三司,促令成就,以便采取。(三〇七,6463) 乙酉,兵部奏中军都督佥事杜清、锦衣卫千户刘盘等二十员俱系夺门有功人数,上命清带俸不管事,盘以下俱革新升职事,复注原卫所。兵部复奏清旧充厨役,应募报效,从石亨于大同得所镇抚。景泰间亨奏起清赴京,又随亨征进有功升千户,寻取回尚膳监,仍本官,给役大庖。及查得亨所叙功次文册无清姓名,亦宜革去新升职名。上曰:"清曾效勤劳,不必革。"(三〇七,6463—6464) 癸巳,司礼监太监福安奏:"内外衙门累年成造各王府宝册仪仗,关用黄金数多,官库收贮缺乏,乞照永乐、宣德年间差内外官员往西洋等处采买及云南等处差发课程,差人采办,进库应用。"上曰:"采买不必行,云南等处金课数亦无多,其以云南岁办差发银折收金应用。" 修造内府宝钞司库作等房。(三〇七,6466)【考】宝钞司在皇城内西苑门织女桥南。《日下旧闻考》卷四一："织女桥南真武庙，有明万历八年重修宝钞司内真武庙碑记，则真武庙即宝钞司故址也。"庙碑文见万历八年附。　甲午，下监察御史康骥锦衣卫狱。初，广东廉州府知府李逊与内使谭记相讦奏，命骥往核之，适有贼道阻，骥归过期，故下之狱。(三〇七，6467)

乙未，镇守江西御马监太监叶达奏："江西进贡果品多用递运所红船装载，恐污秽不洁，乞敕三司造匾浅船，以便进贡。"从之。(三〇七，6467—6468)

十月己未，驾幸南海子，传令营把总都指挥同知陈信言："臣闻宣德间猎围，有圣旨牌，悬者方许入场，请如故事，庶无牌者易禁止。"上即命御用监检阅，无所谓牌者，因令信呈样具以进。上曰："朝廷自有制度，信乃敢轻薄烦扰如此，锦衣卫其收信拷问之。"(三〇八，6484)　壬申，养犬马千户张名，数同奉御严杰、内使潘显等盗饲犬马豆及用吉种印马接送妓者，校尉廉得之，下锦衣卫，俱论当赎斩还职。上命诛名，枭首以徇，杰等俱倍征所盗，完日释之。(三〇八，6489)　甲戌，镇守大同御马监太监陈瑄奏："大同城中旧设巡抚、巡按、布政司、冀北道衙门四处，后以巡抚衙门改为博野王府，今巡抚官无所居止。臣见定远侯石彪遗下原住官宅空闲，可改为巡抚公署。"从之。(三〇八，6490)

十一月己亥，兵部奏："天顺元年正月十七日夺门迎驾官军，武清侯石亨下一千五百三人，都督张軏下一千二百八十九人，张輗下九百三十六人，太监吉祥下二百七十一人，俱升职有差。近者亨诈冒事露，有旨令自首免罪，缘亨、軏下官军已有陆续首送在部者，而輗、吉祥下独无一人首告，恐有朋比欺罔，宜行五军并中外都司卫所，但有冒升者限三月内首告改正，违者在内从监察御史、锦衣卫、五城兵马司，在外从巡按御史、按察司官廉察得实，不限职之大小，俱连家属谪两广、贵州充军，庶使法令昭明，人知警惧。"从之。(三〇九，6499—6500)　壬寅。初，浙江岁贡黄鱼有自常州夏港口出海采捕者，引致倭寇，备倭都督佥事翁绍宗颇绳之以法。镇守浙江太监卢永等奏其阻误进奉，绍宗坐罚俸一年。及是永复言夏港口相离浙江穹远，且非所属地方，采捕之时，不得躬亲阅视，请止于本处钱塘县赭山巡检司出海采捕为便。从之。(三〇九，6501—6502)　甲辰，敕镇守大同太监陈瑄、总兵官高阳伯李文、巡抚右副都御史王宇曰："得奏，分守西路参将盛广报达贼三骑入境剽掠而去，官军不能追剿，且达贼止三骑，广尚畏缩，倘遇贼众，何以成功？已令巡按御史究治广。然尔等岂得无罪，念今防边之时，姑从宽宥，其即整兵严备，毋或疏虞。"(三〇九，6502)

十二月辛亥，太监吉祥奏金吾右等卫都指挥同知虞得等三十一员俱冒功升三级，兵部请如例革之。上命第革其一级，不为例。(三一〇，6507)　乙卯，镇守广西左少监朱详、巡抚右佥都御史叶盛等奏："广西蛮贼出没不常，有司辄以奏报烦渎圣听，臣等请自今贼徒众至一千，或攻劫城池者以闻，其余定限一年或半年类奏。"章下兵部，议以为飞报军情，律有明条，况广西贼寇不时流劫，而详等乃欲定限类奏，若允所请，非惟朝廷无由知彼贼情，而军民受害亦将无所控诉，宜令详等遇贼即奏，及调兵剿捕，以图安靖，不得畏罪隐匿。上从兵部议。(三一〇，6508)　丙辰，金吾左等卫带俸都指挥使等官杨义等六十八员首先冒随太监吉祥迎驾功升三级，大汉千户周政等三十五员亦首冒功升三级，俱乞改正。上命第革其一级。(三一〇，6509)　革锦衣卫带俸指挥使徐甫为指挥同知。先是，甫父旸以副千户冒随太监吉祥迎驾功升指挥同知，寻升指挥使，旸卒，甫袭职。至是首乞改正，上命第革其一级。(三一〇，6509—6510)　己未，调辽东都指挥使夏霖广西都司带俸差操，谪山东佥事胡鼎隆庆州为民。霖贪淫，受部属馈遗无算，至与建州卫及海西野人交通贿赂，且盗官木以建私居，时与妓女淫亵。鼎疏其三十事以白巡抚佥都御史程信奏之。上命内官张骥、锦衣卫指挥佥事郭瑛往核之。瑛等受霖赂，报鼎所疏事有诬，且言鼎尝索部属绢绘己像。乃执霖、鼎俱下锦衣卫狱鞫。送都察院，左都御史寇深庇霖恶鼎，论霖赎徒还职，鼎不能振扬风纪，索所部绢而又增饰人过失，不可以常律处，故有是命。（三一〇，6510）　壬戌，命内官张骥、锦衣卫百户张节往籍浙江兰溪县民钱文魁家，以乡人诉其豪横故也。（三一〇，6515）　癸亥，赐太监黄顺银三十两、纻丝二表里，都督佥事赵辅、工部尚书赵荣、侍郎蒯祥、陆祥各银二十两、纻丝二表里，内官黎贤等各银十两、纻丝一表里，内官徐福、主事彭璨各银五两、绢二匹，都指挥、所丞等官及工作军士人等各赏银钞绢布有差，以成造南内殿宇工完故也。（三一〇，6515—6516）　乙丑。初，锦衣卫掌卫事都指挥佥事王喜、指挥使袁彬徇太监夏时嘱，差百户季福往江西公干。福还，上曰："福乃乳媪之夫，孰遣之？"于是喜、彬自请罪，上曰："是必有主之者，其毋隐。"喜、彬言福自求去，臣等徇之。遂下都察院狱，鞫得其受时嘱状，请下时于狱。上曰："时其宥之。"已而论喜、彬奏事不实，当赎徒还职。上从之，且戒自今敢徇内外官私嘱遣官者必杀无赦。（三一〇，6516—6517）　初，内官监为忠国公石亨造房屋大小三百八十六间，至是复入官。（三一〇，6517）

乙亥，敕镇守辽东左少监覃巩等曰："自今但有迤北脱归男妇，即遣人伴送来京，不得就彼发遣宁家。"（三一〇，6520）　丙子，选三千营官军一百人充御马监勇士养鹰。（三一〇，6521）　增盖大木厂房。初以厂房三千六百余间损坏，令内官监右监丞谢范、工部右侍郎翁世资督工修理。至是以新运木多，遣都督佥事赵辅督军夫一万名增盖四千余间。（三一〇，6521—6522）　丁丑，敕镇守延绥太监王春、总兵官彰武伯杨信、巡抚右佥都御史徐瑄曰："得奏，虏中脱归之人言虏酋孛来率众二万剽掠榆林城等处，次于沙山。此虏既近边境，必乘间入寇，其严督各城军马，昼夜防慎，贼至相机战守。"并敕宁夏、甘肃、大同、宣府等处镇守、总兵官亦如之。（三一〇，6522）

本年附

典制·江西内官

叶达,天顺初年至。　刘倜,成化三年至。　邓原,成化十二年至。　董让,弘治十一年至。　姚举,弘治末年至。　王嵩,正德四年至。　黎安,正德六年至。　许满,正德间至。　毕真,正德间至。　王宏,正德间至。　崔和,嘉靖元年至。

(嘉靖《江西通志》卷二《命使·镇守太监》)

艺文·碑铭·智化寺旌忠祠记

(前漫不可识)有曰:□□□□□□□□□大之器,可属倚任。仁宗昭皇帝凡有腹心之委,咸属于□(**按,此处与下文二阙字,应为王振之振,为人凿去**);宣宗章皇帝违豫,独荷付托之命。正统改元,辅上承继大统,十五年间,海宇宁谧,人民乐业,措天下于泰山之安,可谓有社稷之功矣!曩者车驾北征,□以腹心扈从,将臣失律,并以陷没,即引刀自刎。迨今皇上复登大宝,录旧劳,昭旷典,以笃君臣之义,以励侍从之节。即诏招灵祭葬,蟒衣玉带致赙,建祠撰碑,颁敕以旌忠义,尚全始终。猗与,盛哉,诚激劝涵煦万世纲常之盛典也!天顺己卯(三年,1452)秋重阳日。敕命继嗣香火僧录觉义智化住山旌孝然胜拜手稽首述。

(碑额篆书"皇明恩典"。碑在北京东城禄米仓胡同。《北京图书馆藏中国历代石刻拓本汇编》第52册,第19页)

艺文·碑铭·敕赐永隆禅寺碑铭

黄谏撰并书《敕赐永隆禅寺碑铭》:寺在阜成门西二里许,金元旧寺,正统改元,僧议修,"而中贵海公捐财庀工",岁癸亥(八年,1443)敕赐永隆禅寺。碑阴有"助缘十方檀信芳名"。

(碑在北京西城区阜成门外北营房地藏寺。《北京图书馆藏中国历代石刻拓本汇编》第52册,第16页)

艺文·碑铭·太监柏玉墓志及小传

明故镇守宣府内官监太监柏公墓志铭

庚午科乡贡进士清江孙丞撰。宣府前卫怀远将军胡玉书篆。

食禄锦衣卫指挥柏公珍偕诸昆季,天顺三年(1459)九月吉旦,自宣府扶其堂兄太监柏公灵柩,葬于金台西山广善禅寺之右,以来请铭。予按行状：太监公讳玉，字福圭，世家保定蠡县。自幼而孤，其世次莫考。永乐己丑岁（七年，1409），简入侍内。辛丑（十九年，1421），督工建鳌山，得式，升奉御。既而命往川蜀采办神木，极有其能。

丁未（宣德二年，1427），宣皇宠蟒衣，使入番邦撒马尔罕公干。回还，愈著其声。庚戌（五年，1430），命来守镇怀安等卫。勤于公务，爱恤军士。

己巳（正统十四年，1449），北虏犯边，因立战功，升为太监，移镇于兹。凡万全都司、宣府等一十九卫所，咸听号令，其内外官属、神机火枪皆在兼督。

至天顺改元，今皇复位，恩锡白金、彩币、蟒衣，功能益懋。今年夏五月，偶尔得疾。上命医视，未愈，七月十八日卒。讣闻于朝，命该部宣府造坟，赐赙钞一万贯，及遣祭之优。弟珍闻命，职居锦衣，不舍之情，恐失奠扫，复请于上。果允其奏，得葬金台之兆。

公生于洪武二十年（1387）二月二十三日，享年七十有三。堂弟六人，曰珍者，累建军功，任今锦衣挥佥。其五人曰琛，曰能，曰祥，曰璘，曰端。弟妇王氏、陈氏。侄男三人，曰杞，曰富，曰廉。嗣男四人：兴，任锦衣百户。纲、昇、斌，皆锦衣总旗。孙男四人：奇、亮、童、安。呜呼！若公者，诚可谓富寿荣显，中贵之极也。不可以无铭，铭曰：

有善足称，有美足许。福寿功能，历历可取。宠遇极隆，富贵莫拟。宜勒贞珉，垂示不已。

（《新中国出土墓志·北京》第 103 号）

柏玉传

中贵柏玉，在宣府尝有所干于刘侍郎琏，一切执法，不从。人谓玉必衔之。其后刘公卒，玉乃悼惜不已，每对人言，辄追念刘公，以为好人难得。询其故，曰："玉每有事干之，无一从者，然我至今思之。盖侍郎所执是，其不从我者我非是也。"及卒，语不及私，惟云："此大同，我国家后门，我乃死矣。夫后来者何人，勿坏我家事也。"可谓能以义自断而乃心国事云。

（不著撰者，《国朝献征录》卷一一七《寺人》）

艺文·碑铭·太监张辉墓志

尚膳监太监张公墓志铭

赐进士及第翰林院学士奉议大夫……。奉议大夫……。承德郎尚……。

生以摅忠报国为心,死以端坐而逝者,世所难得,……尚膳监太监张公焉。公讳辉,贯系交南,……太宗文皇帝。时甫及髫岁,小心慎谨。至……宣宗章皇帝闻,公愈克敬诚。宣德二年(1427)……春,升右监丞,累升至于太监。日观……内廷。至今亦尽厥忠,拳拳以精洁宝……上知勤劳,尤重公之老成练达,累赐金帛厚赏,卓越中贵,声扬内外。……敕赐兴福禅寺金额,并佛像伽蓝。……钦赏庄田,承恩至渥,荣显至崇,内臣若此,无以加……形于色。惟常好善乐施,安享……全等官曰:吾将归西日近矣,……上闻讣音,悼叹不已,遣官韦廷谕……敕命有司营葬如制。呜呼！可谓……七十有一,终于天顺癸未(七年,1463)四……。次曰能,娶赵氏妙莲。其以所……艮方吉地。住山门僧真月……忱,遂为之铭曰:

惟公髫□,……天庭。谨事匪懈,练达唯□。……列圣,升宠嘉荣。忠勤弗□,……恩光煊然,日近龙颜。精洁尚膳,惟心□□。……瘗龛建塔,千古□□。……大明天顺七年,岁次癸未……

(《新中国出土墓志·北京》第105号)

艺文·碑铭·太监陈谨墓志

明故内官监太监陈公墓志铭

赐进士第、翰林院侍讲、承德郎、与经筵、前国史编修长宁李永通撰。赐进士、中书舍人桐城何恂书。征仕郎、中书舍人、直内阁三山赵玹篆。

成化己亥(十五年,1479)夏六月十有一日,内官监太监陈公以疾终于私第,门道神乐观五音都提点前道录司右演法兼妙乐观住持吴玄海持状请予为之铭。按状,公讳谨,字云卿,松谷道人乃其别号也。世出交南陈氏之宗室,自永乐五年归附天朝。公秀异敦敏,太宗文皇帝怜爱之,命侍左右,试其才识超卓,遂令督营缮。公善于其职,宽恤工役,人多德之。逮事仁宗昭皇帝,尤为器重,以公素好黄老之学,能通玄范科仪,尝赐金芙蓉道冠、云霞法服,俾修设醮事。宣德初,宣宗章皇帝权任本监典薄,时被恩赉，尝于城西香山之阳，创建真武祠宇，蒙敕赐为灵应观，仍于观后营建寿藏，以为身后之计。历正统间，寻升左少监。复于京城东创建真武祠，又蒙赐额玄妙观。景泰纪元，上以公应事先朝，才德优硕，特升太监，赐以玉带蟒龙服饰，任用益专，恩赉益厚，而公操存愈谨，奉道之心弗怠。次年春以先所赐第宅舍为道观，复荷赐额为妙乐观，仍发材木赀费助之。既成，复赐道经一藏，先后奖重，其奉道之心，至于如此。

公居内监，掌营缮事，凡宫宇、陵寝、城池之修建，尽心区画，制作有法。迨英庙皇帝复登大宝，天顺间累荷赐以真武、梓潼灵官、关帅神像于所建宫观奉侍，及赐象牙、蟒龙彩绣衣服等物，仍加委任。今上皇帝嗣位以来，念其忠事列圣，为宫掖旧臣，特加优厚，复有蟒龙衣服之赐。既而以年老艰于近侍，复优赐从容于外第，屡遣内臣顾问之，且节有白金内帑之赐，及询取平昔所藏道教科仪并养生秘诀。公一一录进，上深重之。卒之日得寿九十，择以今年七月十九日启寿藏而葬之，上距所生乃洪武庚午(二十三年，1390)闰四月十有五日也。公平生为人读书明理，识见高远，居中七十余年，历事列圣，竭尽忠诚，始终不二，且志尚清虚，澹然自适，疑重寡言，不易喜怒。其立心操行，俯仰无愧，诚为有道有德福寿兼隆者也。是宜为之铭，铭曰：

南岳降神，笃生贤秀。入侍明廷，忠勤克懋。聿修厥德，不愆于仪。受知列圣，惟深眷之。早慕玄科，游心老氏。诚格神明，身服王事。宠锡弥隆，福寿其崇。其行无阙，其量有容。仰不愧天，俯不怍地。生顺死安，名垂亿世。乡山之阳，启尔寿藏。勒此铭词，永发幽光。

(北京市海淀区香山出土。《北京图书馆藏中国历代石刻拓本汇编》第52册，第145页)

天顺四年庚辰(1460)

正月癸未，造轻车五百辆，火铳、火炮各三千，从奉御韦救(广本救作政)奏御孛来也。(三一一，6525—6526)　乙巳，文武群臣言石亨诽谤妖言，图为不轨，具有实迹，论谋叛罪当斩，其家当籍。上曰："然。其令内官同御史及锦衣卫官籍之。"(三一一，6538)

二月戊申朔，镇守宁夏太监王清奏："延绥、宁夏二处虽俱召商中盐纳马，缘宁夏路远阻河，商人多不来，乞令该部定例，二处各轮一年收中，仍揭榜于陕西、河南等处，以谕各商。”从之。(三一二,6541)　　己酉，敕交城王美埦曰：“闻尔妃曹氏听仪宾张瑛拨置，侮慢尔母瞿氏。内使段兴欲赴平阳府告诉此情，尔又听张瑛计，将兴锁禁。尔居王爵，有亲不能孝，有家不能齐，亏行损名，莫甚于此。祖宗之法俱在，朕不敢私，其张瑛等已敕法司通提究问，待事情明白别有处置，特谕尔知之。”(三一二,6541—6542)【考】同书卷三一四，四月庚申：“交城王美埦妃曹氏妒而悍，王宫人生子辄加棰楚，有至死者。王母瞿氏训戒之，为其所诟，不能堪，因避居晋定王坟园。王惧得罪，召仪宾张瑛诈为母具本，称痼疾，愿守坟园，以终天年。已而母恐其侍女为曹氏所杀，因尽纵遣之，王乃迎母归，置别馆。事闻，上曰：‘曹氏不孝，当处极刑，念其亲亲，遣内臣往视，令其自尽。’”　　乙丑，给灵州千户所土官俸粮。土官俱夷人，其先洪武间归附，不支粮，自买马骑操，但人给田百亩，免纳税，岁给冬衣布三匹、绵花斤半。后渐有功，历升千百户，布、花停赏，俸粮仍不支。至是累诉贫困，愿纳田税，官给马骑操，各支俸粮。镇守太监、总兵等官言此皆骁勇堪用之人，乞赐矜恤，从其所请。上曰：“远人当优待，彼为军时尚给赐布、花，今有功升官反不支俸，岂理乎？其如例给之，纳粮给马勿听可也。”(三一二,6549—6550)　　乙亥，致书襄王瞻墡曰：“旧岁承喻，以明年例当朝觐，欲一来京，足见谨礼之意。朕念至亲久别，亦欲一会，已尝致书奉复，期在春暖之际遣人诣府专报。今遣太监王定赍奉敕符金牌，敬往迎请，可从容就道，从行之人随意带来。专书以达，惟叔父亮之。”(三一二,6553)

丙子，镇守广东左监丞阮随等奏：“广西蛮贼八百余徒流劫信宜县乡村，乘夜攻破城池，其守御千户杜英等委城逃避，纵贼劫掠。盖把总都指挥孙旺、守备署都指挥石鏴号令不严所致，请俱治其罪，为守将戒。”上命杀贼赎罪。(三一二,6553—6554)

三月辛卯，长随潘记家奴盗记银赌博，内使朱太见之，欲言于记，奴惧，自经死。太恐得罪，弃奴尸水中，谓奴因汲误坠死。记以太言闻。命司礼监执太讯之，太不以实对，上怒，命斩之。(三一三,6564)　己亥，镇守湖广、贵州太监阮让阉割东苗俘获童稚一千五百六十五人，既奏，病死三百二十九人，复买以足其数，亦阉之。事闻，降敕切责让，并责巡抚右副都御史白圭等不能救正之罪，俱令从实自陈。(三一三,6567)　乙巳，敕郑世子祁锳曰："得奏，闻知襄王来朝，路经新乡，与本府相近，已差承奉正阮兴、右长史丁宁前去迎接，是不待命而自专矣，如何又云未敢擅便？不知辞意之乖谬也。但事在已往，兹不深咎，自今以后遇有此等礼节，务要先行奏请明降，方才举行，不许仍蹈前失，有乖礼法，尔其慎之。"(三一三,6568—6569)

四月己酉，命太监卢永、罗圭、少监冯让、内使何能闸办银课。永闸办浙江各银场银三万八千九百三十两，圭闸办云南各银场银十万二千三百八十两，让闸办福建各银场银二万八千二百五十两，能闸办四川行都司会川卫密勒山银场银一万三千五百一十七两，通计三处银十八万三千七十七两。(三一四,6572)　癸丑，御马监太监刘永诚奏青草方茂，各马坊马当如例赴武清县等处草场牧放，乞赐牧马官军指挥刘贞等二千三百余人口粮。上命户部每人日给米一升。(三一四,6573)　己未，敕谕镇守浙江都督同知李信及按察使曾蒙简、都指挥同知王政、左参政黄誉、巡按监察御史阎鼐曰："今得尔等奏，云处州府所属县分先经贼首陶得二等残耗地方，人民艰苦，至今未苏，欲将闸办银课办事官七员取回，一应事宜悉听太监卢永督理。今计此贼剿平已十余年矣，岂得犹称百姓未苏，若果未苏，是尔等不能用心抚恤之过，若已苏而假此以冀朝廷之信，则是自陷于虚妄不实矣。况办事官闸办银课，永乐中故事，非新增者，但其生事扰人，宜奏罪之，如何辄欲裁省？然既是会议，必有创始立意者，敕至，即从实输情以闻，毋得托辞，得罪反重。故谕。"(三一四,6575—6576)　戊辰,御用监办事指挥同知殷善自陈年老,乞令子偕代职。兵部言善以画艺得官,例不代。上特令偕代,以后仍世袭,不为例。(三一四,6579)

五月丙戌,命御马监造赏赐缨珞二十副。(三一五,6590)　己亥,先是,奉御来僧往苏州、杭州等处督造上用段匹七千已完,至是太监阮忍(**广本忍作忠**)复奏遣内使韦肖如上年事例督造,工部如奏奉行。上以苏杭等处高手人匠不多,丝料有限,况人民艰窘,乃罢之。(三一五,6593)　乙巳,给御用监办事冠带义民朱维吉、阴阳学训术周文靖、民人赵九程食米月五斗,人匠夏葵月三斗。维吉、九程以善弈,文靖、葵以善画召至也。(三一五,6595)

七月丙子,礼部奏哈密使臣哈即马哈麻等累奏欲以自带来玉石并驼进收,请照例将玉石送内府,每十斤赏绢一匹,驼一只送御马监,赏彩段三表里、绢十匹。从之。(三一七,6607)　辛巳,赐襄王瞻墡书曰:"承喻,欲得显密佛像供奉,就令御用监成造,今已造完,共二十五轴,青织金纻丝提表、大红绢里、虎班绢遮尘、大红织金纻丝绶带、朱红漆戗金轴头全,特遣御用监太监蓝忠等赍送诣府,以副叔父好善之心,至可收领。"(三一七,6610)　壬午,致书宁王奠培曰:"今差内官打剌赤(**同书十月作打剌兀赤**)、李广、锦衣卫指挥佥事郭瑛赍敕,取临川王磐熚与其长子奠壏来京,仍令所在军卫有司应付水陆脚力,王之家眷严饬所在军卫有司看守,勿致失所,专此奉报。"并敕江西都布按三司、巡按御史用心照管,不许怠忽。(三一七,6610—6611)　丙戌,兵部奏达贼寇开原,掳去军余男妇十六人,其镇守左参将都督佥事曹广、右监丞韦朗虽出境追还十四人,终是失机,请治其罪。上曰:"姑宥之,再误不宥。"(三一七,6613)　己丑,敕镇守甘肃太监蒙泰等曰:"今得宁夏总兵等官奏报,虏酋孛来、毛里孩、阿罗出、肯者伯颜领一万五千人在谎泥山驻扎,要往宁夏迤西虏掠。虽有定向而虏情变诈难测,尔等宜严为之备,相机行事,毋或怠忽,以致疏虞。”(三一七,6614)　甲午,上视朝罢,召李贤、王翱、马昂面见,慰问良久,各赐白金并宴,命中官侍宴。(三一七,6617—6618)　广东廉州知府李逊为镇守珠池内使谭记诬奏其纵部民窃珠,下逊锦衣卫狱。逊悉发记杖人致死及强入民家敚财物诸罪状,上命执记与理。记具伏,遂锢之,而命逊复职。　先是,遣中官阮枣造纸于湖广,至是三司、府、县各奏民饥,乞停罢。工部奏请成造于无灾及灾轻州县。上命皆罢之,召枣还京。(三一七,6618)　辛丑,敕镇守浙江太监卢永曰:“尔在彼行事执拗,以此差左少监陈政赍捧旨意前去,同尔理事。政于六月十二日至彼,三司官俱出城迎接行礼,尔乃托病不出,却使人问政是何官,买办何物。此尔怀奸挟诈,不敬朝廷之罪一也。十三日方至武林驿与政相见,不请旨意行礼,不问朝廷公事,就便辞去。此尔背公徇私,不敬朝廷之罪二也。十四日又至馆驿前,因开门迟,即发怒而回,却言政尝为吾部下,且官不及吾,此尔轻慢使臣,不敬朝廷之罪三也。尔昔与张永、郝义等同类,内有典刑降用者,此时曲法宥尔,又升尔职,委镇大藩,正当赤心报国,以报再生之恩,却乃心怀奸诈,傲慢朝廷,悖礼违法。论尔之罪,正当抄提来京究治。今且将尔所为实迹封去,尔宜自看,似此所为,岂是臣子忠敬之道。看毕,尔即具实以闻。”(三一七,6621—6622)　癸卯,降工部右侍郎翁世资为湖广衡州府知府。初,上欲命中官往苏、松、杭、嘉、湖五府,于常额外增造彩段七千匹。工部奏其处巧匠多取赴内局,且丝料有限,请减增造之数以苏民困。上怒讯其主意者,尚书赵荣、左侍郎霍瑄俱称出于世资。上曰:“世资欺公要誉,锦衣卫其收鞫问,荣等姑宥之。”既而世资具伏请罪,送刑部论赎徒。赎既,故有是命。(三一七,6623)

八月甲辰朔,镇守宁夏太监王清等奏达贼数人入境,射死旗军,虏去马畜,此固守墩官之无备,亦臣等失严之所致。兵部请治清等罪,上曰:“既服罪,姑免问,再不严谨,不宥。”(三一八,6625)

丙辰，上以大同、宣府屡被虏寇入境杀掠，命抚宁伯朱永等巡边，军士从征者各给赏。巡抚右副都御史王宇与太监陈瑄请大同、宣府马队军士如例给赏。上敕戒之曰："虏寇杀掠，皆尔等不职之故，朝廷宥尔之罪，为之遣将发兵，特加赏赉。若边军能杀寇，则京师不必出军，赏赉不在京军而在边军矣。且边军艰苦，尔等止当以情上陈，听朝廷自为处置，奈何曲为辞说以求之。尔等不达事体如此，其各具实以闻。"既而宇等自陈罪，法司请逮治之，以戒边将妄言希赏者。上命宥之，再犯不宥。(三一八,6629)

甲子，镇守大同太监陈瑄等奏达贼三路入境南行，必入雁门关等处，乞增调官军策应。兵部言宜敕大同等处总兵等官高阳伯李文等严切堤备，相机截杀，及敕宣府总兵官武强伯杨能量调精兵救援。上从其言，并命总兵官会昌侯孙继宗等整搠京军，以备杀贼。(三一八,6633)　　乙丑，兵部奏达贼入凉州虏掠官马，射伤军人，副总兵刘杰、右监丞福保等始既不能哨备，后又不能追袭，请治其罪。上曰："姑不问，令其尽心剿贼，以赎前罪。"(三一八,6633—6634)　　戊辰，御马监盖造马神庙工毕，遣太监刘永诚致祭。(三一八,6635)

九月己卯，贻书郑王瞻埈曰："王世子祁锳违越礼法，弃妃立妾；泾阳王祁铣信谗，拨置世子逼人致死，是皆不知礼法之过。念叔婴疾日久，难于戒敕，今谨遵祖训，特遣太监王定、驸马都尉石璟、锦衣卫指挥逯杲赍敕符前去，取世子及泾阳王来京戒谕。书至，叔即令其同定等前来，谕毕即令回还，二处眷属宜委内使人等照管，勿致疏虞。"(三一九,6644)【考】同书卷三二〇，十月丁巳条载致郑王书，有曰："先因世子祁锳违越礼法，弃妃立妾，泾阳王祁铣信谗，拨置世子将承奉正王受杖逼身死，而乃妄奏掩饰，遣官取至京师戒谕。"卷三二四，天顺五年正月癸亥，遣郑世子、泾阳王还国，"特差内官张骥、驸马都尉石璟送回侍养。"　　甲申，守西直门右监丞王臻纵守门指挥钟敎等携妇女夜饮于城上。事觉，法司以常律奏请输赎还职。上

特命锦衣卫枷号于正阳等九门各一月。(三一九,6647)

十月甲辰,召宁府临川王磐熚及其长子奠埨至京,命内官同皇亲鞫之。(三二〇,6657) 庚戌,右少监打剌兀赤自宁府还,奏宁王奠培及各郡王、将军、仪宾诸罪。(三二〇,6658—6660) 癸丑,镇守广东左监丞阮随奏广州诸卫乏兵器,已令都司支物料成造神铳等器,给军剿贼。上怒,以其奏示工部。言随专擅,都司阿附,俱有罪,请遣锦衣卫官执治之。上命宥罪,降敕责之,命以所造神铳等器贮库,俟警急方许给用。(三二〇,6660) 丁巳,楚府仪宾方规诬奏承奉范敬等谋杀门官陈鉴及交结湖广都指挥汪泽等诸不法,法司勘之无验,当规赎徒,敬等赎杖,俱还职。上曰:"规凶顽甚,岂可以常律处之?其令戴头巾随住,敬等如拟。"(三二〇,6663) 甲子,上阅骑射于西苑,命内阁学士李贤、彭时、吕原,尚书王翺、马昂随观。时五军、三千、神机三营自总兵而下坐营、把总、管操官亦千数百人,悉召入西苑,与御马监勇士、头目俱驰马试箭,阅其优劣而品第之。(三二〇,6664—6665)

十一月丁丑,敕镇守独石、马营等处右监丞阮禄等曰:"得奏,朵颜卫来报事情达子欲从独石入境,其许之,自今凡报事情者,审实即容入境。"(三二一,6668) 庚寅,敕镇守辽东左少监覃玑等曰:"得奏,建州卫女直指挥谨捌等来报朝鲜杀虏事情,已抚待遣还,具悉。但事有轻重,今后凡奏报事情者,须令人伴送来京,审实以为区处,不得就彼遣还。"(三二一,6671—6672) 丁酉,上复阅骑射于西苑,命三营总兵官会昌侯孙继宗、内阁学士李贤等随观。先是,已阅将领,至是所阅者皆随操武臣及勇士官之备侍卫者也。(三二一,6672—6673)

闰十一月乙巳,彰武伯杨信至京,命佩征西前将军印,充总兵官,同太监王春镇守大同,召太监陈瑄、高阳伯李文还京。(三二二,6675) 丁未,召镇守怀来等处左少监田谒还京。(三二二,6676)

甲寅,命延安、绥德等处左参将都督同知张钦佩靖虏副将军

印,充总兵官,同左少监田藹镇守地方,仍命兵部选在京都指挥堪充参将者以闻。(三二二,6679)

十二月癸酉朔,命钦天监岁增造大统历五千本给司礼监。(三二三,6685)　镇守贵州内官郑忠、右副总兵都督佥事李贵等奏:“西堡蛮贼聚众焚劫屯堡,杀掠人财,臣等议调贵州所属官军、土兵及云南、四川二都司官军共三万五千余,今各启行至普定驻扎,分二路进剿,仍调土官宣慰使安陇富率土兵二万于西堡近地截杀。”上命兵部移文忠等,相机抚捕,毋纵毋滥。(三二三,6686)

乙酉,敕镇守大同太监王春、总兵官彰武伯杨信等曰:“今得偏头关械所获鞑贼间谍刘三等至京,言系石彪家人,惧罪逃往虏酋孛来处,授以伪职。八月间尝导贼入寇,今又同贼众四十余人潜来各边探听,约以黄烧饼衣针为信,及累石塔为号。但余贼尚多未获者,其严督官军及所属地方昼夜尽心挨究。况今正旦已近,尔等慎勿以声息稍缓,纵情宴乐,懈弛防守。”并敕宣府、独石、怀来、辽东、山西、陕西、宁夏、甘凉、延绥各边关守臣亦如之。(三二三,6691)　下高阳伯李文、太监陈瑄于锦衣卫狱。初,文等镇守大同,屡为虏所掩袭,且不以实奏,召还京。至是,六科、十三道劾之,遂下狱。已而兵部复劾其怀奸方命,纵寇失机,无勇无谋,虽妇人女子以为羞,不义不忠,曾豺狼犬豕之不若,乞重治其罪,以为边将误事者之戒。上以其章下锦衣卫镇抚司。(三二三,6691—6692)　辛卯,镇守广西左少监朱详等奏:十一月二十四夜,蛮贼攻破藤县北门,入城,哨守官军指挥张能等开南门而逃,贼遂纵火焚毁官民廨舍,公私财物子女劫掠无遗。事下兵部,请令镇守总兵等官严督官军捕贼及巡按御史执能等究治如律。从之。(三二三,6695)　执锦衣卫掌卫事都指挥佥事王喜、指挥使袁彬、同知张寿、佥事郭瑛、陈纲鞫于都察院……上以喜原任指挥使管工兵仗局,黜之,使仍旧职。(三二三,6695—6696)　甲午,掌光禄寺事礼部右侍郎蔚能奏中官转鬻月进食器,下之锦衣卫,论当(赎)

徒。上特命赎毕降为南京光禄寺卿，且谓少卿郦镛、刘琏等阿附不谏止能，各罚俸三月。（三二三，6697）　戊戌，锦衣卫鞫高阳伯李文、太监陈瑄失机状，具伏。送都察院，论皆斩。上特宥文死，降都督佥事，于延绥杀贼自效，瑄仍锢之。（三二三，6698）

天顺五年辛巳（1461）

正月戊午，达贼二骑入平虏城境盗耕牛，守备指挥孙广、许颙等率兵追五十里与战，败之。贼伏兵四起，颙及官军战死者五十余人，虏去马一百四十匹。兵部臣劾都督同知翁信、都指挥仇廉总兵失律，太监王清、副都御史陈翌镇守、巡抚不能协谋济理，请俱治罪。上曰："信等且不问，令从实自陈。"（三二四，6706）

二月辛巳，通政使司左参议尹旻、礼科给事中王豫、司礼监太监柴昇等奏："近捧诏书，持节往安南国封故王黎麟长子琮为国王。行至广西横州，审知琮弑前王黎濬，诡言游湖溺死，妄请求封，国人不服，令麟次子灏继摄国事，琮已自尽。臣等当还。"上曰："尹旻、王豫令回京，柴昇令送所赍物入南京库，暂住以俟后命。"（三二五，6714）【考】同书卷三一八，天顺四年八月壬戌："遣通政使司左参议尹旻为正使，礼科给事中王豫为副使，持节册封故安南国王黎麟庶长子琮为安南国王。"同使之宦官，于此乃见。次年再遣使封安南王，同书卷三三七，天顺六年二月庚寅："遣翰林院侍读学士钱溥、礼科给事中王豫为正副使，往封故安南国王黎麟子灏为王。诏之曰：……又遣司礼监太监柴昇、奉御张荣同往，就赍钱物收买应用香料等物，敕灏领价，逐一收买堪中者交付昇等以进。"柴、张二人非使者甚明，如《明神宗实录》卷二九七，万历二十四年五月庚午，兵部尚书石星云："文武体统不同，夷狄情形亦异，查得琉球出使皆用文臣，虏王颁封皆用武弁"。明朝出使之例，封琉球、安南、日本、北族皆不用宦官，惟朝鲜为例外。　壬午，镇守宣府太监王受奏：达贼十余骑自东寨台入境，掠官马四十匹，射死军士五人。右参将都督张林镇守万全，不严提督，以致失机，乞正其罪。巡抚右佥都御史韩雍亦劾林衰老无谋,请别委将臣,庶不有误边事。上命兵部推选都指挥老成谋勇者代之,先驰文召林还京。(三二五,6715)　　甲午,镇守兰县右少监秦刚奏:侦报达贼四百余骑屯黄河北岸,数十骑过河剽掠。都指挥彭智率轻骑千人追之,至苇子湾遇贼,擒四人,斩首一级,余贼奔走渡河,尽溺死,河北贼亦望风遁去,获所掠牛羊马骡凡三千。(三二五,6719)

丙申,命都督佥事颜彪佩征夷将军印,充总兵官,征剿两广猺贼。先是,镇守广东右监丞阮随等奏广西大藤峡等处猺贼出没两广,为恶累年,迩来愈甚。虽尝会兵剿捕,缘地里辽远,且两广军马不相统属,未易成功,必大举兵捣其巢穴,庶绝民患。事下兵部,请如随所言。上从之,故以命彪,仍调南京、江西及直隶、九江等卫官军一万隶之。(三二五,6719—6720)

三月壬寅朔,增置内府銮驾厂房屋。(三二六,6723)　　甲辰,敕代王仕壥曰:"近因王奏缴到定安王并居顺郡主仪宾许琮互相讦告,非理情词不止一端。王为亲父,平日不能教训子女,使遵礼法,以致骨肉仇嫌如此。及定安王与许琮俱于王处讦告,在王自合严加惩治,岂可闻于朝廷?今既举发,不可不见明白,特差司礼监左少监怀恩、驸马都尉石璟及锦衣卫千户冯瑄前来王处整理。王宜召定安王并拘许琮等一干人证到府,就同差去内外官员从公究问,虚实要见的确,缘由问毕,且令定安王并居顺郡主听候发落,先将许琮等差人押解来京处治。"(三二六,6724—6725)

夜有流星大如杯,色青白,出天乳东北,行至天市垣,宦者星三小星随之。(三二六,6725)　　乙卯,命浙江都指挥同知王政镇守浙江。时镇守都督李信卒,右少监卢永举政可代,故有是命。(三二六,6728)

四月壬申,命南京抚管夷人都指挥同知廉忠从征两广流贼。先是,上敕南京守备太监怀忠等于安插夷人内谕令愿从征者听,得四百六十六人,而抚管都指挥廉忠、韦兴不预。忠、兴上书,愿备前驱。上从之，命忠往征，兴仍留抚管。（三二七，6735—6736）癸酉，兵部言："比见镇守广东左监丞等官阮随等奏海贼撑驾船只劫掠揭阳县等地方，已委都指挥高启、左布政陈亹等抚捕。缘此等贼徒纠合势众，屠烧杀掳，为患甚大，不即殄灭，必有意外之虞，宜移文随等督并原委官员将士设法荡平。如果贼众不散，随等宜躬自调军扑灭，不可推托坐视，贻患滋蔓。"从之。（三二七，6736） 甲申，南京内府新房多朽敝，守备内臣以为言，命南京工部修之。（三二七，6740） 己丑，镇守西宁都知监左监丞陈善奏：贼犯西宁长里店等地方，臣同都指挥汪清率官军御之，至高庙，清辄先遁回，官军亦从而溃，以致阵亡四十员名，马匹甲仗甚众，乞执清治罪。清亦以善所为不法列状于朝。事下兵部，尚书马昂等言："善、清互以私情讦奏，正宜逮治，但今西宁贼寇出没之际，况所奏事情恐有诬枉，宜行巡按御史及都、布、按三司勘验实否具闻，以凭处分。"从之。（三二七，6743） 柴厂有倩役者衔内使朱勤挞之，潜置火焚其庐，延及厂房柴炭芦苇。事觉，命磔于厂前以警众。（三二七，6743—6744） 辛卯，兵部言："近得镇守广西左少监（**安本左作右**）朱详[1]等奏，梧州府北流县被贼攻破，杀虏人民，守哨千户萧直辄先弃城遁去。此盖分守都指挥李端平昔不能申严号令，以致如此，乞行巡按御史执端、直问罪，仍乞敕详等会议调兵剿捕前贼，以宁地方。"从之。（三二七，6744—6745）

五月甲辰，御用监监丞杨敬奏所统征进两广将士四百八十人，乞给与鞍马。事下兵部，尚书马昂等言两广山多水广，用马不过驮军器，宜令南京减半给与。上特从敬奏，命南京守备官人给一匹，仍人赐银三两。（三二八，6751） 乙巳，升金吾左卫带俸达官指挥同知脱火赤为都指挥佥事，仍于御马监供事。 丙午，达贼犯宣府新河口，守备都指挥孙素与战败绩。太监王受等

① 详，原作"祥"，本条下同。

言素等失机，又言参将陈安、少监阮化州、监丞阎顺(当为严顺，下同)、都指挥王祥、胡观等不即救援，俱宜执问。上命巡按御史执素等，宥陈安、阮化州、阎顺罪，令从实自陈。(三二八，6752)　辛亥，镇守凉州右监丞福保奏达贼犯白塔儿等处，会同总兵官宣城伯卫颖等各率官军追击，败之。(三二八，6756)　丁卯，兵部言："陕西河州卫奏，前调本卫马军二千从征，括马止得五百六十余匹，余不能办，乞将本卫庆安库所贮下番赏赐段匹绢布绵等物市马给军。尝移文户部区处，户部拒以禁例，今边警甚急，乞遣户部官一人会陕西三司同河州卫官查盘易马。"上从其议，遣中官李广往议行之。(三二八，6759—6760)　戊辰，广东南雄府知府刘实瘐死狱中。实在郡，切切爱民，适中官过郡，有所索弗得，怒叱左右捽之。时候役夫百余人闻之，遂大呼入，拥实以去。中官惭且益忿，上言实殴之，实亦言中官酷状。诏两逮至。上亲召至前，面诘之，得状，遂俱下锦衣卫狱鞫。中官具伏罪。实得白将出，乃病以死。(三二八，6760—6761)

七月庚子，司设监太监曹吉祥及其侄昭武伯钦等反，命怀宁伯孙镗等率官军讨之，钦败死，执吉祥下狱。初正统间，吉祥征麓川，又征福建，选达官能骑射者百十人随征。天顺初，诸达官与吉祥亲党及门下无赖随吉祥以夺门迎驾功，累受升赏者甚众，皆感戴吉祥。后石亨败，随亨冒升赏者俱自首改正，独随吉祥者不动，吉祥复日犒诸达官，月给以米、银、布，遂相与为死党。诸达官日出入其门，惟恐吉祥败而己随之黜退也。吉祥亦自以与石亨同功一体之人，亨既被诛，愈不自安。至是，钦又私自执掠曹福来，为言官所劾，锦衣卫密遣人伺察之益急。先石亨败时，预降敕戒谕朝臣，然后收系亨。至是复降敕谕，钦度不免，遂谋反。会怀宁伯孙镗奉命征西，钦使其党掌钦天监事太常寺少卿汤序择是日天未明视朝遣将，钦欲以是时举兵入。先夕召诸达官及其党群饮于家，厚赠之。时镗候陛辞，宿于朝房。达官都指挥使马亮等恐事败，自钦家逸出，走告恭顺侯吴瑾、广义伯吴琮。时瑾、琮亦以陪祀罢宿朝房，急趋以告镗，同于长安右门隙入疏以闻。上即召吉祥，缒入宫城锁系之，令皇城四门、京城九门毋开。顷之，钦以亮等逸出，知事泄，遂于中夜自往锦衣卫指挥同知逯杲宅执杀杲，遣其党杀左都御史寇深于西朝房，斫伤内阁学士李贤于东朝房，遂攻皇城。东西长安门不得开，纵火焚之。门内守卫官军拆御河岸砖石堆塞各门，贼往来啸呼于各门外。镗召太平侯张瑾同击贼，瑾不敢出。镗谓其二子曰："征西官军多从京城宣武门出，尔往号召之，曰法司强贼反狱，获者有重赏，且不可出城。"于是官军稍集，至二千人，甲兵皆具。镗谓之曰："尔等不见西长安门火耶？曹钦反矣！其党不多，当奋勇杀之，朝廷必不惜升赏。"众皆诺，从镗逐贼，至东长安门。钦去攻东安门，途遇恭顺侯吴瑾，追杀之，复纵火焚东安门。天渐曙，钦党稍稍散去。钦遇镗子軏于路，軏奋刀斫钦中膊。钦气慑，率数骑走安定、东直、齐化各门求出，门俱不得开，遂窜归其家，拒官军。镗督军与战。顷之，会昌侯孙继宗亦集兵至。时大雨如注，钦率家众及达官犹出战数次。镗令军士能杀贼获其财者即与之，于是官军奋呼而入，钦投井死，遂毁其宅，尽掠其财物。其兄都督铎、弟指挥铉及堂兄都督濬皆为众所杀，并其亲党同谋之家皆一空焉，诸达官逸出者先后皆被诛。初，逯杲依附吉祥、石亨得升官，既得宠幸，遂背之，日举石彪及亨过恶，亨等死，复举钦及吉祥过恶，遂激其反，钦首杀之。以都察院尝劾治己罪，寇深且素与杲善，故杀深，皆取其首以去。贤已被刀，伤首及耳，钦挥退持刀者，扶至东长安门，令呼守卫官开门不得，数欲杀之，得吏部尚书王翱、郎中万祺解护，故不死。钦持杲头示贤曰："我非此贼，岂有今日之举！尔可与我奏所以举兵复仇之意。"贤不得已从之，钦以此释贤去。顷之，贤闻官军围钦宅，乃上疏曰："贼虽被围，未尽擒杀，宜速晓示有能擒获贼党者即以其官与之。"上得疏，知

贤在，甚喜。明日召，贤裹伤入见，慰劳之。(三三〇，6777—6781)

癸卯，曹吉祥伏诛。上出吉祥，命群臣廷鞫之。具伏。诏磔于市，并磔钦、铎、濬等尸以徇。(三三〇，6783—6784)　丙午，太常寺少卿掌钦天监事汤序等伏诛。序始以天文生出入吉祥、曹钦家，冒迎驾功累升至礼部侍郎。后以占候天文失实降少卿，怀怨望。达官陈守忠、丁顺、白忠等亦以附吉祥冒迎驾功升都督同知等官。至是序为钦选举兵日时，守忠、顺、忠从钦犯阙，俱被执，磔于市，籍没其家。　以诛曹吉祥、曹钦，致书遍告亲王宗室。(三三〇，6785)　庚戌，以平反贼曹吉祥、曹钦等大赦天下，诏曰："我国家受天明命，以至仁大德抚有四海，列圣继统，传序在予，致治保民，盖有年矣。暨予中历艰险，赖天眷人归，复正大位。维时内官吉祥、武臣石亨偕众迎复，掩为己功，朕信之不疑，厚以爵赏，官其子弟各数十人。而彼肆欲无厌，黩于货利，结为表里，窃弄威权，少疏抑之，辄怀异志。然石亨事败，已正典刑，而优宠吉祥无异平昔。不期吉祥裹恶蓄奸，日甚一日，与侄男曹钦阴养死士，谋为不轨，乃于今年七月初二日早遽行反逆，戕害朝臣，焚毁禁门，罪恶滔天，人神共愤。朕即时命将发兵诛之，元恶授首，同恶悉除，浃日之间，都城清肃，此实上天垂佑之灵、宗社无疆之福也。(**宽恤事宜略。**)"(三三〇，6786—6787)　壬子，锦衣卫镇抚司以大赦天下，录见监罪囚以闻。诏释安乡伯张宁、兵部郎中何宜、内官刘添孙等三名，石亨等家人九名，余仍监之。(三三〇，6791)

癸丑，命天顺元年正月官军于反贼曹吉祥下冒功升三级者俱革所升，复原职役，调补外卫。　革海宁伯董兴爵，复原职右都督，往广西听调杀贼；降运粮参将都督佥事黄鉴为广西桂林中卫指挥使，以俱系反贼曹吉祥姻戚也。【考】同书卷三五六，天顺七年八月丁未，"复赐海宁伯董兴世袭诰券。先是兴与太监曹吉祥家有连，因附之冒迎复功，得升伯爵，给诰券，子孙世袭。后吉祥反，坐其党，降右都督，广西杀贼，毁其诰券。未几，以锦衣卫指挥吕贵荐，召回复爵。至是乞恩，故有是命。”　致仕南京吏部尚书曹义卒。……正统九年任满升本司郎中，寻升本部右侍郎。十四年虏寇犯边，京师戒严，义与中贵守朝阳、东直二门，又奉命独守崇文门。景泰改元，升南京吏部尚书。……(三三〇,6792)　戊午，镇守庄浪奉御进保奏达贼入寇甚急，乞兵为援。上敕守备兰县右都督冯宗佩平虏副将军印，充副总兵，都督佥事赵胜充左参将，李杲充右参将，统原选官军往击之。命兵部右侍郎白圭及起王竑为左副都御史，俱参赞军务。(三三〇,6795)　羽林前卫带俸指挥姚智等二十人坐附吉祥冒升都指挥等官下狱，按无反状，法当释。都察院等官谓其交结情密，私恩尚在，请悉革冒职，调两广边卫带俸差操。上从之。(三三〇,6796)　辛酉，命出陕西布政使司官库银三千两，付太监王清给赐征虏官军。(三三〇,6797)　丁卯，兵部奏达贼寇万全右卫等处，虏去人畜，其镇守参将都指挥佥事陈安、左少监阮化州、右监丞严顺等先次失机，已蒙恩宥，今又失机，难再宽贳，宜选人更代。及宣府总兵官陈友、副总兵董斌、太监王受、长随张遐、都督同知白玉在边镇守，不能御贼，以致误事，俱合究治。上曰：“陈安、阮化州、严顺且不代，俱令从实回奏，其余失机官巡按御史究治之。陈友、董斌、王受、张遐、白玉且宥之。”(三三〇,6798—6799)

八月辛未，锦衣卫捕获反贼曹吉祥管家并同居内使张鉴等五十三名，奏请拟罪。上以其不知反情，悉宥之。(三三一,6803)

乙亥，书复襄王瞻墡曰：“蒙遣承奉副施兴赍本问安称贺，足见叔父亲爱至情。然吉祥此贼，朕初以其旧人而待之优厚，不知其包藏祸心如此，今虽歼灭而予心犹以不能辨之于早为慊也。继今以后尚冀叔父匡其不逮，以隆宗社之福。兹因施兴还，专书以复，惟叔父亮之。”(三三一,6804)　己丑，镇守万全右卫等处右参将陈安、左少监阮化州、右监丞严顺自陈失机罪状。上曰：“且不问，令杀贼赎罪。”(三三一,6809)　辛卯，兵部言总督扬州等处备倭都督佥事翁绍宗素与反贼曹吉祥交结,乞行降调。命降为都指挥使,于贵州听调杀贼。时职方司郎中陈锜衔绍宗尝詈其父,故乘机挤之也。(三三一,6810)　乙未,赐御马监太监周喜昌平县地十一顷有奇。(三三一,6811)

九月壬寅,兵部奏:本年六月二十日,达贼二千余骑入陕西西宁卫境劫掠,镇守左监丞陈善、都指挥汪清不能备御,乞正其罪。上曰:"善等且不问,俾其杀贼赎罪。"(三三二,6813—6814)
乙巳,兵部奏镇守大同太监王春奏报近获降虏言,脱脱卜花王子领兵万余将往石头城袭杀孛来,乞敕沿边总兵等官严兵为备。从之。(三三二,6814—6815)　丙午,福建都指挥钱辂奏都指挥刘宽、永宁卫指挥干殷诸不法事。时辂家属寓永宁,殷陵轹之,辂不胜忿,即卫署执殷棰辱,因诬以罪,缚之欲赴京,中途为有司所格不果。殷令家人上诉,且诬辂缚己时闭城门二日,禁人出入,有反叛谋。上遣少监失剌帖木儿等执辂,并逮其家属俱至京,下多官廷鞫无验,第坐赃论绞,会赦当原。奏入,时宽及殷不法事尚未覆,上命姑系辂于狱,仍下镇守、巡按、三司等官从公覆奏处之。(三三二,6815)

十月辛未,参赞军务左副都御史王竑言:"……今此虏复来入寇,虽与讲和,终非久计。乞照前日用兵事宜,令副总兵冯宗统领京营并河南、山东等处官军为正兵,从兰县大路径进,复分兵一二万人以参将一员充游击将军统之,仍命文臣一员监督,各给旗牌,从宜调度,分为两翼,各路而进。如和好已成,按兵堤备,不然则与甘凉等处总兵密相纠合,或断其前,或截其后,或冲其腹心,劫其老营,使彼腹背受敌,首尾难救,如此则虏酋可擒,丑类可殄,而边民得以息肩矣。"事下兵部,尚书马昂等议:"竑意在分兵行事,以专成功,但恐我军并则有余,分则不足,万一分路进兵,为贼觇知虚实,乘机邀截,而我师前后不属,彼此失援,其为误事,庸可胜言。况总兵冯宗、内官张温、侍郎白圭等所见不

必皆同，不无龃龉，乞行宗等会议以闻。"从之。(三三三，6823—6825)

辛巳，守备柴沟堡右监丞童保、巡抚佥都御史韩雍先是互奏徇私贪酷等罪，命给事中黄甄、锦衣卫千户冯琉覆之，各有虚实。三法司请治其罪，上特宥之。(三三三，6828—6829)　戊子，命给内官监新收复工民匠口粮每月三斗，原上工军民匠月添一斗。(三三三，6830)

十一月辛丑，敕镇守湖广太监郭闵曰："得左监丞杨敬及总兵官都督颜彪奏，广东连山一带见有广西獞贼于彼住种，切近湖广江华、锦田诸处，连年出没为患，乞选调官军操习，刻期会合剿灭。已允所奏。尔即会同总兵、巡抚官督同参将等官各将所在官军、土兵、民壮选集，整饬器械，于衡、永等处操习听用，毋得推托误事。"(三三四，6837—6838)　丁巳，内官贾信、侯采同作头隐占御马监上工人匠，诏执信、采下锦衣卫鞫问，其作头人匠八十五名于监前各杖二十释之。(三三四，6840)

十二月丁卯朔，镇守蓟州等处右监丞龚荣私已死内官家赀，右参将署都指挥佥事吴得以闻，荣亦奏得欲分其所私。都察院请执治之。上命各陈其状，遂皆宥之。(三三五，6845)　戊辰，强贼劫内使闵魁家财，命执巡城监察御史张祚下锦衣卫，锦衣卫官校、兵马司官俱锁项捕贼。时京城内外多盗，因著为令。(三三五，6846)　庚午，敕镇守浙江右少监卢永等曰："得奏，宣平等县俞高山坑多有贼徒聚众强采银矿，但此等本皆编民，必因衣食所窘，故致此。若遽剿杀，恐伤仁化。尔其与镇守、巡按、三司官会议，出榜抚谕，令其退散，各安生业。果有艰窘之甚者，有司量加赈恤。如或凶顽不听抚谕，仍前结聚强采，然后设法擒剿。务在地方宁静，人民安妥。"(三三五，6847)　庚辰，降右军都督佥事刘玉为广东海南卫副千户。玉，反贼曹吉祥家人，累功升指挥佥事。天顺元年冒迎驾功升都指挥佥事，寻升都督佥事，任府事。兵部保充参将，守备广西。又充副总兵，镇守贵州。至是以吉祥事败被逮,法司论当斩。上以玉在边,不与反谋,故宥而降之。(三三五,6849)【考】同书卷三四七,天顺六年十二月乙丑,刘玉复任右军都督佥事,充右副总兵,镇守凉州。"玉,曹吉祥家人,初充右副总兵,镇守贵州,以吉祥反降调。中途宿留不赴任,内阁臣李贤荐之,遂有是命"。

辛巳,命云南布政司岁办差发银照旧征纳。先是,内承运库缺金,奏令云南岁办差发银折纳金,至是镇守云南太监罗圭奏云南原不产金,若令夷民纳金,恐因而激变,为患不细,故有是命。(三三五,6850)　戊子,陈汝言死狱中。汝言,字纳之,直隶潼关卫军余。为人险谲有口辩,奸伪鄙亵之事无不为之。既而折节读书。都御史陈镒镇陕西,道潼关,汝言献书,镒携入关,补西安府学军生。中陕西乡荐,登正统壬戌(**七年,1442**)进士,擢户部主事,升郎中。尝勘灾伤,核盐课,所至陵轹官吏,巧索财贿,同事之人为其所卖不之觉也。及预曹吉祥、石亨等谋,与礼部郎中萧聪同升侍郎,初任户部,转兵部,未几升尚书。既得志,扬扬自得,旁若无人,遇事慨然自任,攘臂放言,略无忌惮。有所施为,恐众不从,辄假称上旨。文武大臣惴惴奉承之惟谨,道路视之以目。屡于上前历诋公卿,务偿好恶,朝士有与之同年登进士者援引多至大官,有拂逆者亦必挤之,而武将中以贿得迁转者尤众。徐有贞既去,乂与吉祥等谮去岳正。既而又虑力能害己者惟吉祥与亨,于上前极言两人者过恶,不亟去之祸且不测。亨等闻之,内外协力攻之。上亦厌薄其所为,遂命言官数其恶,下于吏。后两家既败,汝言犹冀上赦己,至是竟瘐死,天下莫不称快云。(三三五,6851—6852)

本年附

艺文·碑铭·普陀寺碑

僧道深撰《敕赐普陀禅寺开山记》:"(**玉泉山寺,宣德中初筑,正统中重开山。**)遂寻获内府都知监左监丞黄公翺,偕同寅唐公慎、谭公智宝、杨公普全辈，各施金帛，并鸠诸缘，倩工兴修正殿、天王殿、伽蓝、祖师之堂（**天顺改元敕赐额曰普陀禅寺。略。**）大明天顺五年腊月八日本寺第一代开山住持圆宁立石。”

（碑在北京海淀区玉泉山北坞村。《北京图书馆藏中国历代石刻拓本汇编》第52册，第32页）

艺文·圆通寺记

圆通寺，在卫城内南，洪武中建。天顺五年，镇守贵州太监郑忠重修。寺后秀峰屹立，上建浮图，亭榭清幽，花木蓄茂，景为一郡之胜。巡抚贵州都御史秦敬记：“普定卫隶贵州都司，圆通寺创始于洪武十八年，重修于永乐六年，皆镇远侯顾公之力也。乃今六十余年，风雨摧圮，不治非一日矣。天顺四年冬，镇守贵州中贵郑公奉上命统兵征讨西堡蛮苗，驻兵普定，观其故寺，久而将废，顾瞻嗟咨，有不能释然于怀者。论于住持者曰：‘比行用师，全捷凯旋，吾当葺之。’既而公戒我师旅，如雷如霆，进厥贼穴，执讯获丑，地方以平，而功果成矣。班师回日，公即捐己赀以为之倡，普定官属乐为之助。（**营建略。**）公自幼读书明理，入侍内廷，小心绩（**按，绩疑应为缜**）密，多效勤劳，出镇贵州，累次征战，大建勋业，昭昭在人耳目耳。前后四十余年，蒙列圣眷顾之隆，满门贵显，光荣无比。公感恩图报，修寺以为祝延圣寿之宇，此亦天保臣子之意。（**下略。**）”

（弘治《贵州图经新志》卷一四《普定卫军民指挥使司·寺观》）

天顺六年壬午(1462)

正月庚子，内官周光奉使襄王，沿途杖殴官员，索取钱物，以所得马二匹献王，得赏银两。事觉，下锦衣卫狱鞫之。（三三六，6861）　辛丑，印绶监太监阮通奏：旧制，漕运遇风破舟者令所在官司覆验无伪，即令全卫所皆于通州上纳，免赴京仓，省其僦车之费，以补漂流之数。行之既久，奸弊滋甚，多有私贿沿河官司虚报遭风，以致上纳京仓者少，乞行禁革，犯者治以重罪。（三三六，6862）　癸丑，镇守庄浪奉御进保遣家人及土军二十人出境围猎，为达贼射伤数人，掠去官马十六匹。镇守甘肃太监蒙泰以其事闻，乞正其罪。上遣敕召进保还京，仍命司礼监选人代之。

丙辰，命修南京甲字等库及兵仗局库作房，共千二百间。从太监李秉奏也。(三三六,6871)　庚申，敕(赵府)汤阴王祁鏔曰："先因尔听信校尉家人李宁等怵诱为非，已将李宁等提问治罪。然尔乃宗室至亲，身居王爵，岂可听人怵诱，违越礼法？今特遣内官李广取尔来京戒谕。敕至，尔即遵行，毋得稽违。"(三三六,6874)

【考】同书卷三四一，六月庚午，致书宗室诸王曰："(先因汤阴王所为非礼)特取来京戒谕，及令皇亲、内官审问非礼之事，一一是实。盖由平日听信小人哄诱，不从教授谏止，以致如此。论罪当降为庶人，但念亲亲之义，特曲法宽贷，仍送回府，令其改过自新，以保名爵。"

二月丙寅朔，增造荐新黄船十二只，从南京守备太监怀忠等奏也。　己巳，内官弓胜奉诏捕虎，过代州崞县，索赂于知县杨庆，怒其少，欲杖之。庆不服，斥其以虎害人，且命县民舁所得虎趣之去。胜惭恚以闻。上怒，命执庆下锦衣卫狱。都察院奏其不安分，敢与内臣抗，宜重罪。上命姑禁之。(三三七,6877)　癸酉，给善射勇士福安等一百七十五人房屋。(三三七,6881)　丁丑，山东陵县知县王凯疑淮府所遣内使为诈，验之，姑释去。内使至京以闻。命执凯下锦衣卫狱，降二级。(三三七,6882)　庚寅，敕镇守四川右少监阎礼："得尔奏戎县蛮贼聚众行劫邻县，烧毁场堡。尔宜躬亲驰往，督同原委官抚治。如其势猖獗，所统官军不敷，许量调附近官军民壮并力剿捕，务除寇攘，以靖地方。"(三三七,6884)

三月辛亥，敕松潘副总兵都督许贵曰："叙州蛮贼出没为患，已敕少监阎礼抚捕。今礼又奏贼情猖獗，比之松潘尤甚。尔宜驰往四川，会礼及三司官议叙州、松潘贼情事势孰缓孰急，即将原调官军、土兵、民壮先其所急相机剿捕，务在周密允当，以副委任。"(三三八,6892)　己未，南京守备太监怀忠等奏："每年四月进贡鲥鱼须用冰辟热，然鲥鱼厂临江而取冰于内府，不便，请置冰窖于厂后。"从之。(三三八,6894)　　乙丑,升陕西布政司左参议李源为本司右参政,提督粮草。从镇守陕西少监黄沁等奏保也。(三三八,6895)

四月庚辰,修内府经厂库房。　　辛巳,礼部奏:"近者诏选皇太子妃,本部已遣官榜谕,宜遣内臣于在京在外分投选择。"从之。(三三九,6901)

五月丙申,御马监勇士福海夜集众劫郑村坝草场内使孔璟(**广本、抱本璟作景**)家白金器皿等物。法司鞫罪当斩。上命斩于勇士教场。(三四〇,6907)　　庚子,命太监裴当、牛玉于京城,颜义于直隶并山东,夏时等于南京并河南选求良家女子堪为皇太子妃者,各降敕谕之。(三四〇,6908)【考】夏时此为实录所见最后事迹,卒于成化十年,墓志见本年附。　　辛亥,顺天府涿州羊房草场庄地百余顷,旧为太监曹吉祥业,吉祥伏诛,驸马都尉石璟请其地,有司请以三分之一给赐。从之。(三四〇,6911)　　乙卯,以延安、绥德杀贼有功,升赏将士三百四十六人有差,内三十七人升一级,太监王春、总兵官杨信、佥都御史徐瑄、右参将张钦等皆给赏。(三四〇,6913)　　丙辰,巡按浙江监察御史孙珂奏:三月中浙江云和县七赤银局盗起,毁垣劫掠银课,杀死人匠,奉御阮料(**抱本料作科**)被兵伤手。(三四〇,6913—6914)　　丁巳,敕镇守大同太监王春、总兵官彰武伯杨信等曰:"得尔等奏报,孛来所遣使臣察占等已入大同馆驿安歇,而余贼仍于各边拆墙进入。可见此虏名为朝贡,心存谲诈,且又有三千人马护送在边,尔等宜用心关防,恐有内应外合之变。"复敕宣府、辽东、延绥、宁夏、甘肃总兵等官俾其知备。(三四〇,6914)　　壬戌,敕谕迤北正使察占曰:"今得大同奏报,尔领三百人来京朝贡,跋涉远路,勤劳可嘉,兹特遣太监吴昱、都督喜信前去慰劳。然天顺元年曾有敕与太师孛来,凡遣人朝贡不可过多,今三百人来,其数多矣。往年为因人多致生是非,遂失和好,今日当戒前失,以图久远。尔可与吴昱、喜信商议，将紧要使臣带领来京，其余从人俱留大同安歇，给与口粮下程，有货物交易者听其就彼交易，尔其体朕至意毋忽。”(三四〇，6915)

六月乙亥，以陕西固原州擒杀达贼功升赏将士一千一百九十二人有差，内都指挥使孙广等三十二人升一级，右少监张温、左监丞王宁、右都督冯宗、都督同知赵胜、都督佥事李杲、右侍郎白圭、左副都御史王竑皆给赏。(三四一，6921)　辛巳，以湖广绞洞、城步等处擒杀苗贼功升赏将士二千七十五人有差，内三百二十人升一级，太监郭闵、总兵官李震、左佥都御史王俭、左参将高端、右参将李文等皆给赏。(三四一，6923)　癸巳，御马监勇士指挥佥事张宣随太监帖木儿干往南京，还过凤阳夹沟驿，驿丞程端谄事帖木儿干，因以金帛赂宣。端来京，宣与宿妓家，因令端以马馈帖木儿干，许为迁官，又求金帛不已，端不与，宣数凌辱之。端忿恚，因发狂，突入御用监，言宣反，羸衣上树，大叫复走入西上门。门者获之，与宣俱下锦衣卫狱。上御玄武门楼，命都指挥门达鞫之。端历数达过恶，且云祖宗命我言。上命枷宣警众，竟死于枷。以端为狂，监禁之，寻罢为民(**广本作寻宥之**)。(三四一，6928)

七月乙未，有镇守通州都指挥同知陈逵罪。逵与通州知州卢遂、同知黄仲宽相讦奏，命锦衣卫千户高安核之。逵赂安，安具报遂、仲宽有贪淫迹而薄言逵罪。上命逵具状以闻，逵乃自伏耕种官地及勒民纳柴草豆料罪，且言太监韩亮、傅恭、裴当、李杰及内官陈政过，“臣或因役夫不给擅挞州官，或给银与州卫官，为臣置酒延款，或邀饮臣家，或知其杖杀军士不以闻，此皆臣罪。然臣实尊敬近侍内臣，伏乞赦臣罪。”事下刑部，请执逵鞫问。上曰：“逵既输罪，其姑宥之。”(三四二，6931—6932)　丙申，镇守西宁左监丞陈善与都指挥汪清有隙，相讦奏。下巡按陕西监察御史及三司核之，言善遇寇辄遁，致寇肆杀掠，及数令军出境伐木卖茶，亦为贼所杀；又自杖杀番人及军士五人，侵欺官旗俸钞货银，私占军，逐月纳银以万两计，逼役军人，致逃者几二百人。清以无子，取部属指挥家女子为妾者三人，隐匿阵亡官军不奏者数十人。上命巡按御史、按察司执清鞫之，司礼监选内官一人往代善还。(三四二，6933—6934)【考】同书卷三五四，天顺七年七月丁酉："法司论左监丞陈善、陕西都指挥佥事汪清镇守西宁，役占军余诸罪，当赎绞还职。上曰：'汪清降二级调肃州卫带俸差操，陈善锦衣卫固禁之。'"　己亥，兵部奏今年六月达贼入大同地方虏掠人畜，请治其镇守官都督佥事张鹏、监丞阮和、都指挥罗俊失机之罪。上命宥之，再误事不宥。(三四二，6935)　癸卯，致书含山大长公主曰："朕每念皇高祖所生亲王、公主四十人，而享有高寿者今惟祖姑一人，诚难得也。近者承喻用度有缺，朕心恻然，特遣太监蓝忠赍送珠翠九翟博鬓冠一顶、白金三百两、钞一万贯、各色纻丝十匹、纱十匹、罗十匹、生熟绢三十匹奉至府中，以表亲亲之义。"(三四二，6936)　甲辰，备御辽东开原右监丞韦朗奏：今年六月二十九日，官军于密城寨地方杀败达贼，斩贼首三十九级，获贼马三十三匹并器械诸物。(三四二，6937)　壬子，守备大同右少监马贵与都指挥杜鉴相讦奏，遣官核之，具得贵收浣衣局所释女妇为妻，私役军人耕猎，办月钱状。上命贵自陈，贵输罪，遂宥之。(三四二，6941)　乙卯，命都指挥佥事白全、李铨、李麟俱隶御马监勇士。(三四二，6941)

八月癸亥朔，兵部奏："七月八日达贼入独石、马营地方杀伤军马数多，其守备右监丞阮禄、都督同知汪福、都指挥佥事张杰不能捍御，并宣府总兵等官都督陈友、董斌不能策应，俱当问罪。"上命且不问，皆住俸，令杀贼赎罪。　丁卯，直隶邳州卫指挥同知郑铭先与公差内官争先过闸，殴伤内官。枷号，遇赦还职。至是，校尉复廉得铭卖放军士、办纳月钱等罪。命杖一百，发广西奉议卫充军。(三四三，6945)　甲申，兵部奏延绥总兵官都督同知张钦、左少监田霭先次失机，已蒙恩宥，今又纵贼入境劫掠,罪难再贯。上遣敕切责之。(三四三,6950)　庚寅,宣府总兵官都督同知陈友奏:"初,顺圣川牧马官军占据蔚州卫屯地,割人田禾,拆人房屋,屯军不胜其害,赴诉于臣。臣已委官勘实,移文府部定夺讫。今覆勘官御史朱绅等劾臣所勘不实,不宜为之申理,皇上令臣陈实。臣切思受命镇守一方,惟欲边人得所,彼时见牧马官军逼害屯军,恐致生变,不敢不凭实申报。缘臣智识疏庸,致烦圣问,合当有罪。"事下兵部覆奏:"绅劾友不禁下人,致有毁骂内臣者,友不输罪及此,而泛为饰词,宜执罪之。"上曰:"友固宜执问,缘职在守边,姑宥之。"(三四三,6952—6953)

九月癸丑,都察院请禁镇守、总兵官、参将之理讼者,庶无侵职。从之。(三四四,6963—6964)　乙卯,钟鼓司火者王存得(**广本、抱本得作德**)持刀戳内官二人,捕获以闻,诏磔之示众。(三四四,6967)

十月己巳,甘肃镇守太监蒙泰、总兵官宣城伯卫颖交章奏提督军务左副都御史王竑怀私奏保都指挥等官邢端等,及私役千户田胜营干家事,擅放指挥李瑾还原任河南逆其家属诸不法事。竑亦奏颖贪污诸罪。都察院请遣刑部、锦衣卫官往覆。从之。(三四五,6974)　丁亥,遣中官并太常寺官分祭各门并诸神庙之应祀者。(三四五,6979)

十一月癸巳,(**孝恭章皇后薨。**)赐进香内外人员钞,南京一品至四品官人六十锭,各王府仪宾、各公主、郡主及总兵、镇守、巡抚官差来人人四十锭,在京官民诸色人等及在外人员因事至京非特来者不在给赐之例。(三四六,6981)　甲辰,镇守独石等处右监丞阮禄等奏:虏酋孛来率众二万东掠朵颜三卫,遣使臣纳哈出等四十人来朝,贡马献捷,欲从独石入境。上命其从猫儿庄入。

己巳,敕太监吴昱守备天寿山,总理三陵神宫监,卫护陵寝,仍兼提督黄花镇军马。(三四六,6984)　戊申,内官韦亨、李才等盗内库金银器皿及玉系腰等物,事连内外官员人等三十一名,诏

亨、才监候，余人悉宥之。（三四六，6985）

十二月辛未，命锦衣卫带俸都指挥佥事阿羊加，指挥使答纳帖木儿、杨广、詹昇，指挥佥事赛因孛罗，羽林前卫都指挥使季安、都指挥同知桑斌，金吾左卫都指挥同知古儿赤，金吾右卫都指挥佥事尤俊、指挥使葛春、指挥佥事夏瑄俱送御马监充勇士供应。（三四七，6995） 癸酉，内阁臣言："臣等闻之，南京马快船只装载官物，一船可载者分作十船，却搭客商人等私货，俱要人夫拽送，动经二三百号，又阻滞粮船，深为不便。乞令南京守备官员今后若有进来品物，惟该用冰者一船只载十五扛（广本无五字），其余一应供用官物或用半船尽船装载，不许仍前多拨船只，劳人拽送。"上从其言，敕谕南京守备太监怀忠、魏国公徐承宗等如所言行之。（三四七，6996—6997） 丙子，敕镇守蓟州、永平、山海等处右监丞龚荣曰："凡内外官镇守地方，既已同事，必须同心，庶克有济。近闻尔与总兵官马荣、参将吴得、刘辅自分彼此，不肯协和，平居尚尔乖戾，临事能不失误？自今其务各省已过，用改前非。"并敕荣等亦如之。（三四七，6997） 壬午，内官韦诚奉命率领杀虎手并起集军夫于居庸关直抵大同一带杀虎，奏千户等官冯福等七名不到。诏锦衣卫擒之，枷于三千营示众。（三四七，7000）

乙酉，镇守庄浪奉御进保与都督林宏不协，屡失边机，又挟私妄相讦奏，征还下镇抚司，鞫送法司，当失机斩，秋后处决。从之。（三四七，7002—7003） 戊子。先是，宣府总兵官都督同知陈友奏独石、龙门等处守备内外官多私役军士，缺兵防守，以致达贼数入为寇。事下巡抚右佥都御史韩雍等核实，至是雍奏：五月六月，达贼凡四入寇，杀官军一百余人，掠人畜一千有奇；及右参将都督同知江福私役军六百余，右监丞阮禄四百余，都指挥佥事张杰二百九十余，奉御陈庄一百六十余，都指挥等郑祥等共几二千。因论福等职居守备，平时既不能廉以律己而役兵图利，临事又不能勇以率众而玩寇失机，宜痛惩其罪，以为将来之戒。兵部复劾之如雍言，上曰："私役军士如此，寇至宁不误事？福、禄、杰、庄尔兵部其即移文召还，另选人往代；其余失机者令巡按御史执问；不系失机者姑宥之，令退还操守。"(三四七，7003—7004)【考】阮禄此后实录无事迹。阮禄有兄名河，天顺间战死于甘肃，两人之坟在京城法华寺，碑文见本年附。

本年附

艺文·碑铭·太监夏时墓碑

司设监太监□□□□碑铭

□德大夫工……。赐进士、亚中大夫、光禄寺卿……。奉天翊卫宣力武臣、特进光禄大夫、柱国、监修国史、知经筵事、太傅、会昌侯……。

成化十年(1474)二月七日，司设监太监夏公以疾卒于官。上闻嗟悼，赐钞二万贯，彩币二十表里，白金二百五十两为丧礼费，仍遣太监钱喜等谕祭，命工部营葬事。内外诸臣以及老释之徒，亦莫不惋惜致奠。于是太……公行实，俾请□□诸墓道之碑，欲□昭示永远□予辞不获，乃为叙而铭之。

按状，公讳时，字景芳，姓夏氏，先世本凉州人。祖、父皆弗……赋……人或以事授之……以中给事选，远入内廷祇事。太宗文皇帝以之克著忠勤，升为奉御，屡随北征有功。甲辰(永乐二十二年，1424)冬，仁庙临御，升司设监右监丞，益加修慎。宣德初，从征武定州，蒙赐白金、彩币，升右少监。正统中，英宗睿皇帝以公老成谨厚，特升太监，赐玉带、织金蟒衣，以宠异之。天顺改元，复念旧劳，累赐金帛，加以禄米□□。王有自藩国入觐者，命公往迎候。公详慎周密，度事无失，远益重之，俾掌本监印。

成化四年(1468)，今上□□硕德旧臣，命总三千营军政。凡朝廷有大典礼，如选王妃、册封之类，多命公掌行，宠遇尤厚。九年(1473)，公以老乞闲。上慰谕弗许，然自是亦渐衰，忽一日退朝归，谓太监钱等曰："予老矣，平生受国厚恩，愧不能报，死后幸勿妄有所费，但从释氏之教，葬我足矣。"逾二日，果感微疾，疾数日，忽起沐浴易衣端坐……未……公生……年七十有二，葬如其言，在卒后三十五日。墓在怀柔县景山之阳。兄忠锦衣卫指挥使，弟道友舍俗从释……衣千户。公素好释教，每朝退□□诵经，孜孜忘倦，夜则跏趺而坐，至三鼓乃寐，积五十年率以为常。人或有……赐额京都住宅为成寿寺、安定门外崇化寺、景山定慧寺，万寿齐天宝塔二座，擦擦殿一座。历事垂六十年，淳笃之行，终始不渝。至其从征胡寇，往来虏庭，乘危蹈险，辛苦劳瘁，处之泰然，故公福寿高远……

（北京怀柔县北定惠寺村出土。《北京图书馆藏中国历代石刻拓本汇编》第52册，第109页）

艺文·碑铭·崇勋寺敕禁碑

皇帝敕谕官员军民人等："朕惟人臣之能效劳于国者，虽其没已久，朝廷犹追恤而褒崇之，所以示不忘也。故司设监太监夏时，及事太宗文皇帝，随征迤北，冒犯矢石，前后历侍七朝六十余年，多著劳勚。其坟茔今在景山，其存日造寺三区，一曰定慧，二曰成寿，三曰崇化，皆先朝敕建。今又特建祠堂一所，赐额曰崇勋，护敕碑亭三座，用示不忘。僧录司左觉义定宝升左讲经，僧人宗文升左觉义，宗厚右觉义，各兼本寺住持。其前后置买到顺天府怀柔县富乐里地共七顷二十亩、顺义县大亨里地共四顷三十四亩，俱与定慧寺供给香火；德胜关外土城西角地二顷零八亩，俱与成寿寺供给香火；安定关地二顷余亩，又地二顷七十亩，俱与崇化寺供给香火，其该征粮草并杂泛差徭悉与除豁。尚虑年岁久远，或有势豪横肆侵毁，兹特降敕禁约。凡官员军民人等敢有不遵敕旨，作践侵占者，必罪不宥。故谕。正德二年七月初六日。"①

（碑在北京东城区东四南大街椿树胡同成寿寺。《北京图书馆藏中国历代石刻拓本汇编》第53册，第132页）

艺文·碑铭·法华寺碑

张骏撰《法华寺记》："都城外之东南隅不数里，土阜□□□□□□□□□□□监右少监阮河、御马监左监丞阮禄，兄弟同事内府有功。天顺间，河于甘肃阵亡，奉敕取回安葬，即苜蓿园也。时僧人文觉结庵护守之。（**其徒继承不废，四方化募，增盖佛殿。**）先该成化二十三年四月廿九日，钦差司礼监太监孙、给事中吕、御史许□□□□□□□奉宪宗皇

---

① 北京怀柔区定慧寺村北亦立此碑，文字全同。

帝敕旨,原系少监阮河、阮禄坟,尚有佛殿佛像俱全,不得伤残拆毁,照旧存留。(**下略**。)弘治十七年龙舍甲子闰四月十八日。"

(碑在北京崇文区法华寺街。《北京图书馆藏中国历代石刻拓本汇编》第53册,第107页)

艺文·碑铭·圆觉寺圣旨碑及碑记

礼部祠祭清吏司案呈本部送礼科抄出钦命镇守云南都知监太监黎合(**按,合应作义**),会同钦命镇守云南总兵官征南将军太子太保黔国公沐,据云南府昆明县海西山华亭寺僧相晟承称:云南昆明海西山寺原系宋元古迹,建寺永资香火,伏望圣恩敕赐寺额,令僧住持焚修,朝夕祝延圣寿,以图补报,实为便益等情。据该通政司转奏,奉旨:"礼部知道,钦此。"钦遵。抄出送司案呈。看得镇守云南太监、镇守云南总兵官等会题,称据云南府都纲司华亭寺僧相晟乞敕寺额一节属实,本部未敢擅便,例应请旨定夺。天顺六年正月二十五日奉旨:"准其敕赐华亭寺大圆觉禅寺。钦此。"

黔城西南二十里有山曰华亭山之阳,昔有寺曰圆觉寺。(**略**。)国朝永乐初,寺僧普照继以修葺,而宏规巨观,像设彩绘,尚未之具。既三十余年,寺益颓废。时景泰癸酉(四年,1453),钦差都知监黎公义,奉敕镇守是邦,惓惓焉以上报国家,下福生民是图。睹寺之蔽,乃曰:"此祝釐祈佑之所也,撤而新之,可少缓乎?"即事经营而计费甚巨,遂出资市材,诹日鸠工,拓其址而弘其规画。(**略**。)大明天顺六年,岁次壬子,□月八日立石。

(碑在云南昆明华亭山。《北京图书馆藏中国历代石刻拓本汇编》第52册,第34、35页)

天顺七年癸未(1463)

正月丙辰,镇守湖广太监郭闵奏:"贵州洪江苗贼苗虫虾等纠集二千余徒,伪称王侯,攻劫镇远囤寨,杀虏人财,屡遣官抚谕不服,第恐滋蔓为患,宜行所辖总兵官抚捕之。"章下兵部,请行湖广、贵州镇守、总兵等官各再遣人招抚,如仍旧不悛,会兵剿捕。从之。(三四八,7015)

二月己巳,刑部员外郎范镛等覆宣城伯卫颖、太监蒙泰等及左副都御史王竑相讦事状，互有虚实。事下，尚书陆瑜等奏颖、竑俱膺重寄而挟私诋讦，甚失大臣体，泰等符同颖奏，亦非所宜，皆治以法。上命俱宥之。(三四九，7021)　　壬申，致书襄王瞻墡曰："朕念宗室至亲，惟叔父爰慕之私，未尝不往来于怀。曾制袍带数事，以奉叔父，兹特遣太监颜义、谢诚赍送府中，用表微诚，惟叔父亮之。"(三四九，7023)　　己卯，户部尚书年富奏："光禄寺岁用厨料已有定制，今朝廷供应未尝增益而本寺派物岁增，苟非侵尅入己，必将私奉权贵，请敕内臣同御史会其出纳，痛加惩治。"从之。(三四九，7027)　　乙酉，南京守备太监怀忠等官以教场演武厅房屋朽敝，乞命南京工部修理。从之。(三四九，7031)【考】怀忠寻卒，墓志见本年附。

三月庚子，宁夏协同守备西路署都指挥冯纪坐挟势预支廪米，操备都指挥刘英坐占奸义男妇，陕西按察司劾之。诏巡按御史执问，而镇守太监王清、总兵官都督同知张泰奏边情警急，乞俟宁息之日就逮，都察院以闻，遂皆宥之。(三五〇，7035—7036)戊申，以修景陵工成，赐太监傅恭、黄顺各银五十两、纻丝四表里、钞五千贯，抚宁伯朱永、都督佥事赵辅、兵部右侍郎白圭、工部右侍郎蒯祥、陆祥、内官黎贤各纻丝二表里、钞三千贯，内官童个连、推官张谅等官各纻丝一表里、钞一千贯，其主事等官吏匠作官军人等各赏绢布有差。(三五〇，7041—7042)

四月庚申朔，敕镇守广西左少监朱详、总兵官泰宁侯陈泾、参将都指挥使范信、巡抚右佥都御史吴祯曰："得梧州府知府袁衷奏，流贼攻破岑溪县及郁林州，戕杀官民，剽虏财畜，已令巡按御史逮治领军官不能防御之罪。详其所自，盖由尔等平昔号令不严所致，乌得无罪？今姑宥不问，敕至，尔等即同心比力，督调官军，刻期剿灭前贼，以赎前愆，如仍玩愒，罪不尔贷。"(三五一，7046)　　癸酉，兵部奏辽东义州、开原等边守备都指挥佟昱、皇甫英、孟贵等失机，宜令巡按御史执问，仍请治左少监覃玑、右监丞韦朗、总兵官王琮、参将曹广、刘端、右副都御史胡本惠提督不严罪。上曰:“玑、琮等且贷之,余如所议。”(三五一,7053—7054)　丙戌,命奉御来僧、内使韦肖往浙江杭州及直隶苏州等府提调织造段匹。　丁亥,敕镇守福建右少监冯让曰:“得尔奏,上杭县贼首李宗政等复聚众作耗,敌杀官军都指挥丁泉等。敕至,尔同巡按御史伍骥并三司官计议,多调官军民快,分投于上杭、龙岩、南清等县地方,合势并力,或扼其险要,捣其巢穴,务在抚捕尽绝,以靖地方,亦不可滥及无辜,冀图功赏,重取激变之罪。尔其慎之。”(三五一,7056)　戊子,敕沿边总兵、太监等官曰:“近福余卫遣使叩关,奏报虏酋孛来于今年二月间差人纠集福余等三卫人马为前驱,意在侵扰我边。福余等卫头目虽称不屑从彼,因来奏报,然孛来与三卫交通已非一日,所奏情词实难听信,预防之道在我当然。敕至,尔等各整搠士马,申严号令,以逸待劳,不可以此虏入贡,怠于边备,尔等其慎之。”(三五一,7056—7057)

六月辛未,镇守福建右少监冯让奏:官军征剿上杭等县叛贼,直抵巢穴,斩获无算,余皆抚顺,惟李宗政未获。事下兵部,言宗政首为乱阶,今虽远遁,恐其复聚散亡,为患不已,宜令让等严兵搜捕,务令得获。从之。(三五三,7072)

七月戊子朔,密云县大雨,山水骤涨,坏密云卫军器文卷,房屋悉冲没。镇守内官及巡按御史以闻,并劾其指挥等官不能防护罪。上宥之。(三五四,7077)　己酉,升吏部郎中万祺为太常寺卿。祺素以星命交结曹吉祥等,因见知于上,欲擢用久矣,至是特命中贵传旨升之。(三五四,7085)

闰七月戊寅,镇守湖广太监郭闵等奏蛮酋苗虫虾等不服招抚,欲来攻天柱等处地方。敕贵州、湖广总兵官会兵剿之。(三五五,7104)　壬午。先是,代府镇国将军仕埭淫乐妇高桃儿,又杀州民田泰,私瘗井中。事觉,仕埭负黄袱,执兵驰马,欲赴京。至洪洞县普润驿,为州官劝请回府。上敕内官李广征仕埭及事内

所连者赴京，仍书谕代王，命速发之。(三五五,7105)

八月丙午，兵部奏：闰七月十九日，西宁番贼入犯庄浪地方，杀伤官军，掠去马匹，请治守边者失机之罪。上命罪其指挥千百户弃军在逃者，其镇守西宁奉御张鉴、都指挥湛清、镇守庄浪长随李顺、都指挥赵英、守备红城子都指挥鲁鉴并甘肃、凉州镇守等官俱宥之。(三五六,7110)

九月乙丑，兵部奏："于兵科译出女直忽剌温海西呕罕河卫都督察(**按，察字疑衍**)阿奴哥、建州左卫都督董山等番文奏辞内有请命内官白全通市(**广本市作事**)等情，及令通事审核，阿奴哥等皆言未尝具奏，而董山亦未尝到京。此辈夷人言语不通，无从推究，宜令通事都督同知季铎等，今后凡遇外夷投进番文，必须研究明白，然后奏闻。"从之。(三五七,7117—7118)

十一月乙丑，敕镇守蓟州、永平、山海等处右监丞龚荣等曰："近年兀良哈三卫遣人进贡不绝，恐此贼谲诈，假此为由，往来探听虚实，或带迤北人在内。已谕令自今不得无故遣使，兹特遣通事、序班一员往尔处专验其番字奏文，若非时进贡及非奏报声息者毋令入境。"(三五九,7141)　丁卯，协同守备大同东路阳和等处都知监右监丞阮和娶妻纳婢，私役军士耕种，又拷掠之甚酷，为其所诉。锦衣卫官密察之，具得实。上命和自陈，和输罪，遂宥之。(三五九,7142)　掌锦衣卫事都指挥佥事门达权势隆赫，同列皆下之，惟都指挥佥事袁彬恃恩不为之下，遂有隙。彬妾父千户王钦藉彬势诓人财，达廉知之，欲因以倾彬，奏请下彬狱。法司论彬赎徒还职，达犹未快。适有赵安者得罪在鞫，安初为锦衣卫力士，尝役于彬，后谪充铁岭卫军，遇赦还，改府军前卫。达因令安言其改府军也，彬为之请托而得。于是复捕彬拷讯之，因讦彬尝受石亨、曹钦及诸干谒者馈遗多，用官木造私居，索内官督工者砖瓦，夺人子女为妾诸不法事。狱已成，未上，军匠余丁杨埙素为彬所爱，赴登闻鼓为彬诉屈，语侵达。事闻，并收埙付达，达拷讯之曰："汝岂知为此，必有教汝者。"埙知达意，即指学士李贤以对。先是贤闻达令校尉察鸿胪寺序班二十余人求索朝觐官财物，尽执下狱，谓达曰："罪一二人足矣，何太多也。且此辈求索不过得银十数两，若锦衣卫官校乃取于人以千万计。"后达又差官校出外访诈校尉，贤谓达曰："校尉得财，故人诈为之。"达因是恶贤，且以其势与己抗，恐其于上前言己过恶，故欲害之。至是得埙言，喜甚，奏请三法司会鞫埙于午门外，上遣中官裴当监鞫。达欲执贤与对，当曰："大臣不可辱，况此小事耶！"埙亦吐实，言达嗾我指贤。于是贤得免执，彬历言达所受赂遗尤多，凡馈彬者必倍馈达。法司畏达，不敢以彬言闻，论彬赎绞，埙斩。狱上，上特命彬赎毕调南京锦衣卫带俸闲住而禁锢埙。(三五九，7142—7144)

戊辰，镇守云南等处右监丞黎义奏："臣欲往云南寻取宝石并装封槟榔、礼物、马匹等件进贡，以效微勤，缘无公廨居住，臣见云南城内原有参赞官遗下公廨空闲，乞与臣顿放进贡礼物为便。"从之。(三五九，7145—7146)　己巳，郑王瞻埈奏世子祁锳妃张氏因挞婢有伤，惊惧自缢。上览奏，疑其事有不实，遣中官往察之。中官言世子实嬖于婢，妃为所谮，置别室不相见四年，及是纵群婢凌逼至死。上怒，命太监萧敬持敕符往召祁锳。(三五九，7146)　庚午。初，监察御史田斌与钦天监漏刻博士单诚友善，斌巡按四川，诚以事至蜀府，日相过饮。适夹江等处盗起，斌委都指挥佥事徐钦督同指挥朱昭等讨之，钦等不设备，遇贼兵败。镇守右少监阎礼等劾钦。钦度都察院必令斌按之，乃干诚以黄金赂斌，觊得减罪。事下，斌论钦杖罪，未得报，辄遣钦等出，校尉伺察觉之。上命锦衣卫遣官往追其赃并械斌、诚、钦等以来。往者搜斌无所得，拷之极惨酷，斌言所受金其半寓于诚，半寄进表参议冯諲来京，付其家。斌、诚、钦等既至京，下狱，諲以所寄金首于官，亦下狱。命三法司、锦衣卫会鞫之，议斌、诚当充军，钦赎徒，諲赎杖，俱还职。上曰："田斌、单诚还加拷讯，令具报御史、行人、进士差出似此受赃者有几人？若问不出，原问官亦罪不宥。钦等如所议。”(三五九，7146—7147)　丙子，敕镇守宣府太监王受、总兵官海宁伯董兴等曰：“近得大同奏报，孛来遣使臣千余来进贡。然前此累敕孛来令少遣使臣，今愈增多，岂其诚心，不过假此以生衅端耳。若我边将谋勇，士卒精强，虏虽变诈，奚能为患？尔其体朕此意，整搠军马，严谨瞭备，如其侵犯，即为相机勦杀，毋畏缩以贻边患。”并敕辽东、代州、延绥、宁夏、紫荆、倒马、偏头各边关守臣亦如之。(三五九，7149—7150)

十二月丁亥，敕镇守大同太监王春、总兵官彰武伯杨信等曰：“得奏，朵颜三卫进贡使臣共四百余俱至大同。然三卫往年皆从东路入，今乃随孛来使臣一路入，殊非常例。尔等其谕以此意，令其头目三四十人赴京，其余俱留大同，仍须加意防闲，毋令漏泄事情。”(三六〇，7153)　戊子，修理南京御用监厅屋库房共六百九十间。(三六〇，7154)　庚寅，魏国公徐承宗卒。承宗，直隶凤阳人，正统十三年袭兄显宗爵，尚志读书，以门第自重。天顺元年奉敕守备南京，廉谨自持，镇静不挠，不泛交接，不私役部下一人，凡事务循公道，虽与中贵同事，事有不可，亦不少附焉，上下翕然悦服。(三六〇，7154—7155)　癸巳，命锦衣卫带俸指挥佥事陈喜同充御马监勇士供应。(三六〇，7156)　癸卯，命守备河州署都指挥佥事韩春移守岷州，升河州卫指挥使蒋王为署都指挥佥事，代春守备，从陕西镇守、总兵、巡抚等官举也。(三六〇，7160)　庚戌，命浙江守备温州都指挥同知王宇总督海道，备倭都指挥佥事许寿代宇守备，从镇守、总兵等官奏举也。(三六〇，7162)

本年附

艺文·碑铭·太监怀忠墓志

钦差南京守备司礼监太监怀公墓志铭

赐进士、朝议大夫、南京国子祭酒、前翰林侍讲安城吴节撰文。赐进士、资德大夫、正治上卿、参赞守备机务南京兵部尚书庐陵萧维祯篆盖。赐进士出身、通议大夫、资治尹、南京工部侍郎汝南郝璜书丹。

天顺七年(1463)三月十七日卯刻,钦差南京守备司礼监太监怀公卒于莅政之官署,同僚官属具公行事始末为状来成均征铭。按状:公姓怀,讳忠,字秉直,世为交南大姓。永乐初入侍内庭,荷蒙圣皇抚育,深沐宠荣。宣德中,奉旨简拔,命从翰林讲习,以待擢用。

皇上嗣登大宝,正统初,授奉御之职。凡内殿经筵,区画事机,谋谟治道,公晨夕居左右,躬侍讨论,竭忠劳已有年矣。由是台阁儒臣咸加礼敬。

正统己巳(十四年,1449),奉敕镇守山西,声誉益振。未几回朝,擢升内织染局副使。天顺元年(1457)春,升司礼监左少监,寻升太监。信任尤重,顾待愈隆。天顺三年(1459)冬,奉敕南京守备,综理内外政务,训练军马,护守城池,文武庶职咸服其公,合属军民皆被其泽。

公尝诣太学,见先师孔子圣位年远蠹损,即命工更新制造,加彩严饰,用昭祀享。都城之外,旧有神祠,曰天妃宫,永乐初奉敕创建,典守不谨,厄于回禄。公念其神显灵洋海,护国庇民,具疏请于朝,捐平昔恩赐之赀,市材鸠工,鼎新盖造,复募两京内外重臣、官员士庶舍财以成其事,可谓乐善好施者矣。公赋性聪敏,忠鲠不阿,达古今之典,通书史之要。事上以诚,待人以恕,功著国家,名扬遐迩,内臣之中卓荧有为,荐于大义者也。

以癸未(天顺七年)春得疾而卒,寿六十有六。京师上下之人,闻者莫不痛伤焉。内外守臣具闻于上,深加恻悯,遣南京司设监右少监陈鲁谕祭,赐宝钞十千贯,复命所司造坟于应天府江宁县龙山之阳,择是年五月初九日安厝。其始终兼全,恩荣备至,如公者鲜矣。是宜铭之曰:

发迹交南,归于中土。位列内臣,为国匡辅。识达古今,博通书史。初授奉御,恭勤帝所。出镇太原,遏绝戎虏。归司内监,制精纂组。少监荣升,雍容天府。遂陟太监,聿为心膂。守备南畿,军民按堵。崇重神明,奖劝文武。困苦颠连,咸获绥抚。六十六年,溘然仙举。都城有山,嵯峨伊阻。归窆于兹,永奠千古。

(志石出土于南京市雨花台区西善桥乡天堡桥,现藏南京博物馆。志文引自周裕兴《由南京地区出土墓志看明代宦官制度》,《明清论丛》第1辑,紫禁城出版社,1999年)

天顺八年甲申(1464)

正月甲寅朔,镇守广东左监丞阮随奏:"广西流贼攻破新兴县及乐民千户所,守御指挥席珍等皆委城而遁,致贼大肆劫掠,烧毁庐舍,杀虏军民千余人;又破石城千户所,杀十二人,虏去五百七十人。把总指挥马政督官军、民壮战败之,斩首八十二级,尽复其所虏人口,余贼溃散。"章下兵部,请治珍等弃城失机之罪,及移文镇守、总兵、巡抚官,责其号令不明,提督失律,令尽心剿贼,以盖前愆。从之。(三六一,7167)　戊辰,广西流贼夜入广东清远卫,守备指挥王瓒等委城走避,都指挥尹通、按察佥事王鼎为贼所执,指挥马龙被杀,军民死者甚众,贼烧毁城楼,尽劫官库及民财而去。既而通、瓒、鼎俱用银赎回。镇守左监丞阮随以贼攻破城闻,并乞治瓒等失机之罪。章下兵部,请令江西清军御史驰往广东,同巡按御史执问如律。从之。(三六一,7171)　镇守广西左少监朱详奏:"蛮贼破怀集县及守御千户所,烧毁公廨,劫去官民财物,又破梧州府,杀县丞、主簿、学官。臣同总兵泰宁侯陈泾等驻兵梧州,督官军战却之,斩贼首一百八十五级,官军死伤者八十余人。今柳州、宾州、上林、怀远、罗城、柳城等府州县俱有贼流劫,道路不通,势甚猖獗,臣等提督无方,罪当万死。"章下兵部,以详等失机,法不可逭,但时方两广会兵,宜记其罪责,令相机剿捕,务在殄灭无遗,以赎前罪。从之。(三六一,7171—7172)

己巳,上大渐,召皇太子及太监牛玉、傅恭、裴当、黄顺、周善至榻前,谕之曰:"自古人生必有死,今朕病已深,傥言有不讳,东宫速择吉日即皇帝位,过百日成婚。皇后钱氏名位素定,当尽孝养,以终天年。德王等王俱与善地,俾之国。殉葬非古礼,仁者所不忍,众妃不要殉葬。敛时须沐浴洁净,棺内装用袍服,系腰绦环,皇后同东宫自选带皮鞓者易以绦鞓衣服,不须多,纵多亦无用。择好地建陵寝,皇后他日寿终,宜合葬。惠妃亦须迁来,以后诸妃次第祔葬。此言俱要遵行毋违。"　庚午,上崩。(三六一,7172)【考】英宗崩,次日“有圣旨,命太监刘永诚、夏时、傅恭、牛玉,会昌侯孙继宗,怀宁伯孙镗,尚书王翱、李贤、年富、马昂,侍郎陈文并(彭)时为计议官,公同计议,处置军马重务,遵宣德十年例也。”(彭时《彭文宪公笔记》,邓子龙《国朝典故》卷七二)

本年附

艺文·碑铭·太监姚铎谕祭碑及墓表

谕祭

维天顺八年,岁次甲申,四月癸未朔,初三日乙酉,皇帝遣太监张温赐祭于都知监太监姚铎曰:“惟尔随侍先朝,多历年岁,勤慎之心,久而愈笃。朕方任用,胡遽云亡。抚今追昔,良深悼念。特隆恩典,遣官谕祭。仍命有司为营葬事,尔灵不昧,尚克歆服。”

都知监太监姚公(铎)墓表

赐进士、翰林院编修、文林郎、经筵讲官西蜀……。奉议大夫、修□□尹、光禄少卿淮南……英宗敕旨□□楷书东吴孙……。

天顺八年(1464)四月二十五日,葬太监姚公于昌平县中□□之原。公讳铎,其先□西□直人,自髫岁,洪武二十五年(1392)……内府,随侍太祖高皇帝,□□□□,敬□无□。洪武三十五年(建文四年,1402)守金陵城,益尽勤劳,升奉御。永乐十二年(1414),同总兵官安远侯……太宗文皇帝迤北□□□□哨有功,□监丞。□□年,又奉上……。二十二年又征虏□□。宣德间,近侍宣宗章皇帝,□□□□,□□不倦。升少监。至正统间,侍卫带刀……都知监……带刀,管内……焉。累蒙列圣……钦赐宝……遇英宗睿皇帝□□天位,思□□□于国功多,天顺元年二月初三日,□恩升□子□贵任锦衣□□□司右所世袭百户。

□公□恙,调治弗愈。讣闻痛悼,遣□□祭。呜呼!公□□七十有九,为人诚□□谄,进止有仪,福寿荣□,□以康宁,又得□□□□□□以□□崇善积德……也。子二人,长即贵,为锦衣官;曰姚福,守公墓。孙男四人,长曰□,曰敬,曰顺,曰聪。惟敬□勇敢擢…功升…孙女一人,曾孙男一人,□孙女一人。盖公所积余庆□□□□□之日,凡宗族少□皆……

前，用表公之出处于碑，□□芳名硕德于千万载……。大明天顺甲……"

（北京昌平中滩村出土。《北京图书馆藏中国历代石刻拓本汇编》第52册，第38、39页）

本卷附

史事·王府宦官①

卷一，宣德十年正月庚子，郑王瞻埈奏内使施阿正侮慢出恶言，乞罪之。上复书曰："叔宜自治，但勿寘之于死可也。"　　卷八，八月丁巳，灵丘王逊烇奏本府使令乏人，上给以内使四人，并敕有司于大同府给厨役五人、校尉四十人。

卷三四，正统二年九月壬寅，辽王贵烚遣内使阮奇等拥骑卒，鸣金鼓，往沣州华阳王墓伐取竹果，一岁再至。有奏之者，上诏巡按御史覆实，贻王书，令自治奇等罪，且谕都察院曰："荆去沣逾三百里，辽府岁差内使再至其处，惊扰如是，湖广三司及巡按御史何得不以闻？其移文责问之。"

卷三五，十月壬戌，书复梁王瞻垍曰："所喻郢靖王守坟内使王顺轻慢事备悉，既而王顺至京，言叔府中承奉阮刘令人于坟园内掘去牡丹花一株，又抬去兽头飞仙海马等物，又伐木植。朕惟祖宗律令，伐他人坟内树木者皆有罪，况郢靖王为国至亲，坟园之物岂可毁伤？阮刘等皆不可恕，叔可自行究治，庶警其余，惟叔亮之。"

卷三九，正统三年二月乙亥，贻书辽王贵烚曰："近荆州左等卫送（**按，送字衍**）军人姚关受等告王府中内使陈贤、进保、小旗刘敬等强夺本家有夫之妇入府，朕以事须面质始明，已令都察院逮问贤等。书至，可发遣来京，王勿异也。"　　卷四四，七月壬寅，韩王冲烒奏府中火者、妇女不足以备使令，上复书曰："所喻缺火者、妇女使令，其妇女听于府中护卫军校之家有情愿者备财买用，火者数年以来事故者多，亦无处取用，宜将府中见有者量分与郡王、郡主使令，专此以复。"

卷五一，正统四年二月辛酉，周府宜阳王有𤊟尝令火者高海帖木擅买

① 根据明朝制度，"王府宦官"与在京内府衙门不相统摄，本附汇集了《英宗实录》正统、景泰、天顺三朝所有关于各地藩府宦官的纪事，以便通览。

民间女子入府。事觉，上令女子归宗，下高海帖木于狱。至是，周王有燉奏有拂乏人使令，乞释之。不允。　卷五二，闰二月己卯朔，陕西咸宁县民徐四奏居近秦愍王坟园，内使占据其地四十余亩。上令三司、巡按御史覆视得实，给还之。　壬辰，襄王府再被盗，王怒侍卫不谨所致，不时捶挞之。仪卫正金聚等白湖广三司，诣京奏王不法十四事。其一言王于万寿圣节日，令内使施兴、女户徐亮拜焚表章，呼道士萧道真扶鸾，有"天数玄玄，妙不可言"等语。上命行在锦衣卫体实以闻。王抗章陈诉。襄阳卫指挥同知汤震又奏王令仪卫司、群牧所擅出批文，遣军校执器械，夤夜于城内外擒捕行人搜检，军民惊惧。事下行在都察院覆奏。上以聚等所告于法难容，特念亲亲，姑置不问；其兴、亮、道真事及震所奏未知虚实，命行在锦衣卫遣人执送法司鞫之，擅出批文官吏及军校下巡按御史逮治，仍以书戒谕王。既而锦衣卫鞫兴等，事连韩、宁等王府内外官校军余，法司请通行究治，上命监禁兴等，余置不问。　卷五四，四月癸未，楚府寿昌王孟焯奏府中火者、家童抗拒不服，上遣书谕王曰："火者、家童已令锦衣卫收问，治之以罪。朕惟王生长贤藩，德义之训，闻之有素，继今宜以暴怒为戒，嘉纳善言，体念人情，用全令德，以副朕亲亲之望。"　卷五六，六月丙戌，书复宁化王济焕曰："所谕火者陈英、张彪造言诬罔，欲免内使白敬逮问。朕惟是非曲直，须面质始明，书至，其将白敬等发来。且叔祖贤明，奉法循理，朕所素知，此非小人之言所能污辱，惟叔祖亮之。"　卷五七，七月辛酉，书复宁化王济焕曰："曩火者陈英、张彪告镇国将军美塔伪为诏书，自称三太子，咒诅朝廷，及欲拥兵诛贼臣诸罪状，令法司逮问，具得其妄。已坐英、彪造妖言罪，斩，余所连俱如律问遣。叔祖自今宜恪守祖宗法度，勿纵无赖人在府结构是非以累清德，仍戒饬镇国将军奉法循理，勿与小人戏谑以启祸端，庶副朕眷念亲亲之意。"

卷六四，正统五年二月辛丑，书复周王有爋曰："所喻承奉等官缺员，今除内使王信、康福为承奉副，金成、舒宁为典宝副，李正(**广本正作政**)、吉海为典服副，惟叔祖亮之。"　卷六七，五月甲辰，镇守陕西都督同知郑铭奏："保安王府内使杨坚诉本府小旗徐斌擅开官仓，盗粟易驴。斌亦诉坚与内使王聪、典仗朱九思买民净身，称为内使，擅选仪宾，隐占校尉，非法用刑。俱宜究治。"上命都察院械坚等至京鞫之。　卷六八，六月戊寅，书谕靖江王佐敬并各辅国将军、奉国将军曰："朝廷封建宗室，禄米已有定制，曩因王及各将军每遇岁征，先令火者人等下县，不收本色，加倍折钱，民用诉告。先皇帝曲贷不问，但谕令改过，仍敕广西布、按二司、巡按御史，但有再犯者执送京师，无非欲其知警而图保全之道也。今按察司奏辅国将军赞亿复令家人杜胜、雷椿收兴安等县禄米，每石逼折钱七百文，甚至一千五百文，比时价加三四倍，民何以堪？且法令乃祖宗之法令，百姓乃祖宗之百姓，今弃法令虐百姓如此而求保全，殆不可得已。令按察司将胜等解京发落，继今宜痛自警饬，严戒下人，谨守法度，仍遵先皇帝敕旨，勿差人扰害州县，庶几可以长保富贵，以副朝廷亲亲之意。"　卷七〇，八月庚寅，宣宁王逊烊奏同弟怀仁王逊焴俱缺教授及内使，上命除教授二员，遣内使四名，分给二王府。

卷八一，正统六年七月庚子，永和王济烺令总旗贾旺守母妃坟，旺数有侵盗，且出怨言。王欲罪之，旺诣阙言：内使李诚自宫不净，永乐十五年与王宫人通，王夫人杖死所通宫人，诚以他事诱王殴死夫人及其母；后数有欲发其事者，王辄杖死以灭口。千户李珙为王治私宅，以居所奸妓者，妓者生女甫三岁，珙即求以其幼子为仪宾。又言庆成王美埥令总旗徐旺诱妓者与奸，因奏升旺为典仗，有欲告者，王假他事杖死之。二小旗尝为盗，王隐之，而召其妻与奸，逾年始出之。余所连者尤众。法司逮治俱服，论贾旺绞，诚斩，珙等俱赎杖复职；二王所坐在赦前，宜勿论。上曰："然。第珙所犯重，其调之边卫；仍以书谕二王，今后戒慎，庶小人无得藉口。"

卷八五，十一月癸卯，书复沈王佶焞曰："承喻府中缺人，今特遣内使四名前去，以备使令，惟善遇之。"　卷八七，十二月壬寅，巡按山西监察御史严敬奏阳曲王美垙容留逃军在府私役，又以私忿杖火者焦亨、吴文致死。上以事在赦前，置不问，但移书谕王，戒以再犯不宥。

卷九〇，正统七年三月丙寅，晋府门副陆旺初因晋王薨，榆社王幼稚，谋以事陷承奉张泰而代之，王不从。旺辄挟制抗拒，时乘醉詈王。王及方山王不平，各奏其恶。法司论当绞。从之。　丁卯，贻郑王瞻埈书曰："顷闻叔患风疾，已二次遣医去视。今闻叔疾增剧，必医者药未进服，左右侍奉未至，以致迨今未愈。叔宜善自保爱，定心安意，不可因小事辄生眩惑，勉进药食，早遂痊安，用副予亲亲之望。"仍书谕王子祁锳曰："尔为叔嫡长子,今特命尔整治府中一切之事,须同母妃谨事叔疾,勿致惊疑,早晚劝进药食,不可顷刻怠忽。已升内官阮机为本府承奉正,阮我为承奉副,令辅导尔理事并钤束内官、内使人等,照管一切器用财物,不许纤毫疏失,敢有放肆不遵法度者,即具奏处治。向有搬去财物者,俱令追究送府,匿不发者亦即奏闻。及敕长史司并仪卫司等官,令其提督钱粮,严切门禁,不许侵费透漏。凡府中大小事务,皆令承奉司与长史司官公同计议,启尔施行。尔亦宜禀复母妃,□确处置,务在得宜。”　卷九一,四月壬子,代世孙仕壥奏本府承奉司缺印年久,凡有事务行文未便,乞照例给赐。上如其请。　卷九三,六月辛卯,书复秦王志𡐤曰:“承喻,府中缺承奉等官,内使刘全等堪用。今悉如所喻,授全为承奉正,解澄为承奉副,田宝为典宝副,侯介为典膳副,文企为典服副,杨兴、杨澄、陶碧俱为门正,赵余、阮林、戴知、阮东俱为门副,令各就职,叔其亮之。”　丙午,书复枝江王贵熠曰:“承喻,府中缺内使,今遣内使阮源等四人来备使令,其善遇之。”　卷九四,七月戊寅,伊王颙炔奏府中缺内使及宫人,上遣内使四人给王使令,其妇人女子听于护卫及仪卫司军校家择谨厚无依者二十人入府使用,量给以直。　卷九五,八月戊戌,书复益阳王贵烰曰:“承喻府中乏内使,今遣阮成等四人往供使令,其善遇之。”

卷一〇二,正统八年三月壬午,书复平遥王佶煟曰:“承喻府中缺内使,今遣范吹等四人来备使令,其善遇之。”　卷一〇三,四月辛卯,衡阳王贵□、沅陵王贵燸奏府中缺内使,上各遣四人给与,仍谕王善遇之。庚戌,陵川王佶熢、黎城王佶燏奏府中缺内使,上各遣四人给与,仍谕王善遇之。　卷一〇四,五月甲子,梁府承奉副阮留奏梁庄王瞻垍逝,乞赐文立碑,以表亲亲;本府礼生多缺,请行安陆州佥发四人补之;宫人年老残疾者六十一人,宜放从亲,欲于本府军校之家买幼女二十余人以备使令。上命礼部议,尚书胡濙等言:王无立碑例,礼生宜补二人,宫人年老残疾听放依亲,欲买幼女亦无例。上从之。　丁卯,致书庆王秩煃曰:“今真宁王奏,欲令指挥张锦管军备边,然锦先已有处置。又奏承奉等官李玉、周弘等拨置行事,叔祖其审察之,玉等如果有实迹,宜从公区处。继自今始,宜加友爱,以隆兄弟和睦之好。”　卷一〇七,八月庚寅,书复唐王琼炟曰:“得奏,护卫百户徐信因守门不严,被责仇恨,捏奏府中修盖宫院寺庙及乘轿选女子等情，具悉。信奏章未到，已命巡按御史及河南按察司官先将信并干对内使苏海拿问明白，有罪者解京惩治。予以诚心推念亲亲，必不为小人诬罔之言所惑，叔祖亦勿以琐屑谗言为意。"【考】同书卷一一二，正统九年正月甲寅，书复唐王琼炟曰："比者护卫百户徐信奏府中不应事，已敕法司审覆明白，信已发戍辽东，妻子随住。内使苏海、魏兴、刘厚，典仗李亨俱还职役。专此奉复，叔祖亮之。"　　卷一〇七，八月庚寅，书复庆王秩煃曰："得奏，安化王府内使陈福等用言抗拒曾叔祖母，已令巡按御史同陕西按察司官执问。府中内使陈圭、护卫指挥刘璟系干对人，亦令提对明白，庶几人服其罪。分封地方所司言系祖宗时封建，予亦念叔祖与安化、真宁二王同气至亲，今岂可以小忿遽欲分处？又得所奏高安赍牌打草等情，及安化王亦奏前事，俱命御史等官通行问理。承奉李玉、裴冕姑免提问，待御史等官奏来，果有干碍，再为处置。"又以书复安化王秩炵曰："得庆王奏，今年七月初一日，王令内使陈福求养马草湖，庆王即以三塔儿湖令王与真宁王共用，王不从，及听王自用，亦不从。复有内使高安等累于庆王养马草场内采草，与刘璟、陈圭争闹，于庆王母前用言抗拒，及言王欲写本捏奏等情。然不知此事果皆出于王意，抑或小人造言生事，已令巡按御史等官将陈福、高安并陈圭、刘璟执问明白，依法惩治。继又得庆王及王所奏事情，俱令御史等官通行问理。予惟宗藩礼有定分，宜谨守以图长久，不可以小事启衅，尤宜戒饬下人，毋令交构是非，离间亲亲，叔祖其审处之。"【考】同书卷一一三，正统九年二月辛丑："安化王府内使陈福教王求草湖于庆王，庆王与一湖，福以其远，教王不受，令内使高安等径采草于庆王别湖，安等又自侵其半。庆王令其内使陈圭、指挥刘璟遏采草者。往来交构，遂成间隙，各以其状并诸不法事交奏。事下，巡按陕西监察御史、按察司官收鞫福等，狱成，坐福、安绞，圭、璟杖，且劾其长史周弘、教授胡侃辅导瘝职。上以福造间骨肉，命械京处置；安等即彼论遣，弘、侃姑不问，仍以书谕庆王，量与安化王湖近府者，戒饬安化王谨礼法，勿故戾国典。既而安化王复自陈罪，乞贳福，上重违亲亲之谊，特释与之。"卷一七〇，正统十三年九月甲午，书复安化王秩炵曰："前者宁夏送府中军人韩仲温来京，命法司审实，逮内使陈福等对理。继得叔祖恳奏，仲温奸诈，实诬累福等，且言仲温弟让素刁泼，助兄为恶，复命法司鞫问明白。今将仲温、让俱杖一百，谪戍辽东边卫，特宥福等罪，令回府中仍旧使令。此固小人无知妄为，然亦有以召之。盖府中军旗不满百人，供给柴薪之类尚有不敷，又令办纸做烟火之戏，于事何益？其召外议，亦必有所嗟怨而然。叔祖自今宜以礼自度，以恩抚下，庶不损令德，亦免小人之议。古人云：不作无益害有益。又云：止谤莫如自修。惟叔祖亮之。”

卷一二六，正统十年二月己巳，襄王瞻墡奏内使阮贤损坏器皿，因而在逃，今既寻获，欲解京治罪。上复书止之，仍谕王宜宽贷保全，使感恩图报，尤见盛德。　卷一二八，四月庚戌，秦府审理正秦弘、纪善陈彬等交章奏承奉正刘全、内典膳侯介等十七人从谀王，凌辱府属，捶死军校诸不法事。上命都察院遣锦衣卫官并弘等执鞫之，仍以书谕王。　卷一三三，九月壬申，书与秦王志𡌶曰：“先因纪善陈彬等奏承奉刘全等从谀不法事情，已提全等至京，命法司审实，姑举其尤者言之：山川坛奉神之所，乃拆其兽吻修盖殿宇；宜川王至亲，不容入府拜庙启事；仪宾为国贵戚，发冢开棺，焚其尸骸；承奉副系王府内臣，逼抑自缢；纪善辅导之官，拔其须发；并侯介殴死军余四人及哄诱军民子弟自宫之类，不可悉数。刘全、侯介皆国法所必诛者，余悉从宽，以全其生。然全等恃恩玩法，挟势作威如此，未审王知否也？不知则为不明，知之则为纵恶，皆于祖训有违。朕念王宗室至亲，素称恭谨，兹必小人蔽惑所致。复览奏章，具见追悔至情，今特置不问，自今宜谨遵祖宗大法，恪履先王大道，亲近正人，嘉纳善言，无惑于群小，无自蹈非义，庶有光藩屏，保国于悠久，亦不致下人持议，此朕保全亲亲，言出至爱。其兵马指挥刘鉴姑宥其罪，令回府中成礼，并内使郭缙等十一人俱免罪遣还，以备使令。均此奉报，惟叔亮之。”　卷一三六，十二月壬子，广昌王府总旗徐礼告内使阮通匿国课，盗军储，且擅与山西署都指挥佥事江洪宴饮。内使范玉、典仗丁惠皆有衔于通，因礼告通，资之路费。事下巡按监察御史熊璘核实，广昌王亦奏礼刁诈。上命杖礼，发戍边，玉、惠、通俱杖释之。

卷一四〇，正统十一年四月甲辰，肃王赡焰奏府中使令缺人，命给与内使六人。

卷一五一，正统十二年三月己卯，书复方山王美垣曰：“得奏虑府中被提人李从诬陷内使、教授、典仗人等，叔欲亲诣京分诉。然朝廷法度至公至明，凡无辜者必不至于冤抑，况远道跋涉非易，叔宜止之。已命法司讯从，依法处置。其教授李春先令巡按御史究问，姑亦记罪还职，罚俸三月，微示警饬。专此以复。” 庚辰，襄陵王冲炑奏子女七人俱已成婚出居，乏人使令，上遣中官送内使十四人往分赐之。 卷一五三，闰四月癸未，肃王瞻[赡]焰为其子洵阳王禄埤择婚，得甘州中护卫指挥樊俊女，已奏封矣。俊所亲赵瑛言俊有恶疾，承奉辈受赂，择其女。事下礼部，以为俊有恶疾，可废无疾之女乎？此不足听，宜遂其婚。上是之。 卷一五七，八月癸酉，书复秦王志墀曰：“承谕，世子及临潼等王、延川等郡主并第四女俱乏人使令，今发内使阮宽、庞通等十六人往供事，其各善遇之。”

卷一五八，九月戊戌，山阴王逊煁奏父代简王坟园缺人奉祀，欲令本府内使二人看守，从之。

卷一六二，正统十三年正月乙巳，书复沈王佶焞曰：“承喻，府中止有典膳正杨音，其余承奉等官皆缺，请以音及年深内使何保等九人补之。特从叔祖所言，升杨音为承奉正，授何保、阮吾俱为承奉副，梁成为典服正，黎乏为典服副，范巨（**广本、抱本巨下有尺字**）为典膳正，张能为典膳副，张神保为典宝正，黎兰为门正，杨福全为门副，令各就职供事。” 卷一六六，五月丁亥，保安王公鍊奏：镇国将军公镀，受封醴泉、同官二县主婚礼在迩，俱缺内使阍者随侍。上命各遣二人分给使用，仍致书谕令善遇之。

辛卯，韩王范坝奏：“祖考坟在南京向山之原，奉仁宗皇帝命存留仪宾王荣等看守，今俱病故老疾，欲令内典宝正凤翥、安东中护卫百户彭富代守。”从之。 卷一七〇，九月己亥，书复韩王范坝曰：“承喻，典宝姜谧、内使傅鉴因醉欲殴内使张玟，误伤叔体，已杖责监系仪卫司，以朝廷拨赐之人，未敢自专等情，具见叔谦谨之意。然此辈在府当夙夜小心，勤慎供事，乃敢放肆如此，法实难容。本当擒来重加惩治，特从叔发落。书至，叔宜严刑痛治，明正其罪，庶俾其余知所畏惧，不敢侮慢，叔其亮之。”

卷一七四，正统十四年正月丁亥，复书襄王瞻墡曰：“承喻，内使田贵抗拒不服，已命都察院逮治之。然此细事，叔宜安心自处，勿劳忿怒，庶几保养体履以膺福祉，叔其亮之。” 卷一七五，二月壬子朔，书复安化王秩炵曰：“承喻，内使孙信嗜酒游荡，不安分守法，径往太监来福处告称报效解京，恐捏词诬罔，欲躬来陈情。曾叔祖母亦言此事，词皆恳切。此盖彼愚戆妄为，已令法司依法惩治，朝廷必不听此虚诈之言，矧宗室至亲乎?”

卷一八八，景泰元年闰正月戊午，书复沈王佶焞：“得奏，以世子及亲王俱已出阁成婚及居外读书，无人随侍。今遣去内使一十二人，至可拨用。专此奉报，惟叔祖亮之。”

卷二〇一，景泰二年二月庚寅，敕褒城王范埍、通渭王范壄曰：“近韩王奏王等来府，径由中门中道而入，门官冯贵启谏，王乃怒令官校殴打。朕惟祖宗垂训，礼分秩然，为子孙者皆当谨守而行，岂可分毫逾越？王为郡王，于亲王府入中门，驰中道，已越礼矣，又殴门官，是无法也。今姑置不论，自今王等务在安分循礼，共保富贵。如怙过不悛，祖宗之法具在，朕不敢私，王等其省之。”　卷二〇三，四月丙戌，书复蜀王悦荧：“承喻，要保府中使令熟闲内使吴善等二十四人充承奉正等官，今悉准所保，授善承奉正，阮通、陈焘承奉副，其余授典宝、典服、门正等官。”　卷二〇七，八月庚寅，赐书郑世子曰：“得奏，府中人少，分用不足。今特拨与内使陈文朗等五名，仍准于本府仪卫司、群牧所军校内选取寡妇并买丫鬟二十人入府使用，不可过多。”

卷二一三，景泰三年二月丙戌，诏各王府内官、内使、家人、小厮审其年貌乡贯，造册付长史司，凡有出入，给与文凭执照。各王世子、郡主既长，自能饮食，乳母不许复入。若军民人等投充家人，影射差役，将窝藏同正犯一体治罪。　卷二二三，十一月辛未，致书庆王秩煃曰：“所言典宝等官缺员，欲以内使等升除，悉如所拟。”　卷二二四，十二月己酉，致书通渭王范壄曰：“比奏，欲宽在逃内使高安并张狗儿等罪，及欲亲自赴京陈情，具悉。高安、张狗儿等已令法司发落，叔宜恪遵祖训，固守藩屏，不可轻易来京。”

卷二二八，景泰四年四月庚子，书复靖江王佐敬曰：“得奏，以府中承奉等官久缺，欲将署职内使贾良等实授管事。悉准所言，今除贾良为承奉正，张贵承奉副，王忠典宝正，吉庆典宝副，张福典膳正，陈羲典膳副，马俊典服正，王柏典服副，专此以报。”

卷二四〇，景泰五年四月癸未，新野王芝城奏：“……臣所居地方最为偏僻，商旅少至，货物艰贵，乞准令内使一人带校尉二人往苏州等处两平收买,回府应用。"从之。　　卷二四一,五月癸亥,敕秦王志壈曰:"得长史汤福等奏,承奉刘全、典膳侯介因谏拂意,屡遭酷罚,迨今减其衣食,禁其出入,福亦以谏为王疏弃。朕惟进言人臣之职,所言过失在王有则改之,无则加勉,何至纵情肆忿,困辱无罪之人,而疏弃直言之士乎?王自今宜遵祖训,凡事必以礼自处,而虚心听言,以蓄令德,庶几永保富贵。王其省之。"　　卷二四七,十一月戊午,山东按察司劾鲁府内使王茂以失盗为名,擅率军校吓取平民财物,本府左右长史职专辅导,隐默不言,俱宜究治。从之。　癸亥,赐怀仁王逊焴、秦王志壈、周世子子垕内使各四人,以各王奏府中缺人故也。

卷二五二,景泰六年四月辛丑,韩府承奉正永寿等奏襄陵王冲烁恃叔祖之尊,屡欺侮韩王,强占本府宫人及占使军匠、侵夺园池等状。帝命陕西巡按御史会同三司覆实奏处之。　　卷二五九,十月丙辰,岷王徽煠奏母坟在南京,岁久享堂墙垣倾圮,乞守以内使一人,从之。

卷二六四,景泰七年三月丙申,岷王徽煠奏新佥斋郎、礼生、厨役、乐舞生皆无住宅,及奉祠、典仪、良医、纪善、典宝等衙门俱未营建,乞将抄没犯人房屋改用。从之。　　卷二六六,五月戊寅,舞阳王芝址奏府中缺人使用,给赐内使唐贤等二名,仍复书谕王善遇之。　　卷二六八,七月丁丑,晋王钟铉奏:"叔祖母高平怀简王妃王氏年七十九无嗣,老疾日侵,其府中内使、校尉人等及地亩子粒缺人掌理,渐觉消散。臣欲令一内官往掌理之,以慰其心。"从之。　癸巳,舞阳王芝址奏:"母妃宋氏薨逝,蒙遣本府承奉赐祭母,臣思母存日孝谨无过,且居家长,虽蒙天恩赐祭,而承奉系本府仆属,未称圣皇隆亲之意,乞遣中官行礼,庶存没均被宠光之至。"从之。

卷二七八,天顺元年五月己巳,新野王芝城、汧阳王公鐕各奏府中缺人,上分遣内使各二名给之。　辛卯,淮王祁铨奏府中缺人,上遣内使张修等四名给之。　　卷二七九,六月辛亥,伊王颙炔奏本府典宝等官员缺,上命升内使连芳为典宝副,王骝为门副,遣书复之。　临潼王公铭奏府中乏人,上遣内使阮延等二名给之。　庚申,荆王祁镐奏府中缺人,上遣内使张政等四名给之。　卷二八〇,七月丁亥,洛阳王勉埅奏,欲于本府军校之家择取谨厚无依妇人并女子以备使令。上不许,命司礼监拨内使二人与之。

卷二九一，天顺二年五月丁亥朔，命唐府内使阮禄为典服副，张洪为典膳副，姚保、王祉为门正，陈良、路福为门副，从唐王琼炟奏保也。

卷三〇一，天顺三年三月己丑，赐宁河王内使王义帽带，以王奏其年久小心故也。　丙申，湘阴王贵煟奏故伯父湘献王下内官白通已故，所遗家人俱交阯人，乞拨付臣府应用。事下户部，以无例，令附籍有司为民当差，从之。

卷三二五，天顺五年二月己丑，户部奏代府怀仁王迁霍州，山阴、襄垣王迁蒲州，宣宁、隰川王迁泽州，灵丘王迁绛州，各王宫眷、将军、夫人、县主宜令沿途官司如数量办厨料米面下程，仪宾、兵马、内使、教授、典仗、典膳日支廪给米五升，厨役、校尉、医士日支口粮米一升。从之。　卷三二九，六月庚辰，韩王徵钋奏："蒙封弟徵鍉为汉阴王，择教授周恂女为妃，婚期在迩，思先祖宪王墓在南京安德门外向山之原，欲令承奉副吴斗中赍香币往祭告之，未敢专也，请赐明训。"上曰："据礼止可于家庙祭告，不必往坟所，礼部其移文长史司启王知之。"

卷三五八，天顺七年十月丙午，宁府仪宾程焘数召妓者饮，火者常永清谏之，焘忿言景泰亦尝与妓者饮食卧起，妓亦有为后者。永清奏之，下焘锦衣卫，鞫送都察院论罪，比妖言律当斩，从之。

史事・宦官与寺庙

陆容《菽园杂记》卷五："京师巨刹，大兴隆、大隆福二寺为朝廷香火院。余有赐额者，皆中官所建，寺必有僧官主之。中官公出，必于其寺休憩。巧宦者率预结僧官，俟其出，则往见之，有所请托结纳皆僧官为之关节。近时大臣多与僧官交欢者以此。京卫武学之东智化寺，太监许安辈以奉王振香火者。"英宗以来，宦官建寺渐多，如沈榜《宛署杂记》卷一九《言字・僧道》所记："(京城)寺庵宫观庙堂祠，共五百七十五处。"此尚仅宛平县境者。这些寺院多为宦官所建或重修。[1]

萧铉《重建长春观记》："皇上即位之三年，是为景泰壬申之岁(三年，

① 北京宦官与寺庙的研究，可参看陈玉女《明代二十四衙门宦官与北京佛教》(台湾如闻出版社，2001年)、何孝荣《明代北京佛教寺院修建研究》(南开大学出版社，2007年)。

1452)，总戎都督同知沐公璘(**出白金倡修，巡抚郑颙经营劝募以相成。略。**)时都知监左监丞罗公(圭)、右监丞黎公(义)方出镇于此，闻之而喜，各捐资以助。"(景泰《云南图经志书》卷一〇《今朝文》)

陈文《新建南坝闸记》："(**前人谋造石闸，以蓄泄水，不果。**)景泰癸酉(四年，1453)，今总戎继轩沐公(璘)乃图于参赞思庵郑公(颙)，议定而后会焉。时镇守都知监左监丞罗公(圭)、右监丞黎公(义)、布政司左布政使贾公、按察司……暨二三同志，皆力相之。"(景泰《云南图经志书》卷一〇《今朝文》)①

陈敏《重建土佛寺碑记》："正统庚申(五年，1440)，镇守甘肃太监王公贵，选拔沙门缁流精修其道者智莹号秀峰住持是寺。(**正统六、七年重修。**)先是，镇守甘肃太监刘公永诚巡省于边，瞻礼喟叹，归请于朝，赐额土佛，金书其门。"(景泰六年立石，乾隆《甘州府志》卷一三《艺文上·文钞》)

梁璟《重建卫学记》："正统己巳(十四年，1449)，因兵燹而暂革边方学校，巡抚都御史滠县董公方奏准铨选教职、降还印信。(**巡抚李敏等改建之，**)分守太监陆公訚、参将张公玺、秦公恭，相继置祭器，修理废堕，视昔焕然维新。"(嘉靖增修《大同府志》卷一四《文》)

张瑄撰《敕赐普恩禅寺碑记》："天顺初，司设监太监夏时买故太监尚义宅，施为大功德寺下院。"(成化十三年刻，碑在北京西城区羊皮市胡同。《北京图书馆藏中国历代石刻拓本汇编》第52册，第132页)

乾隆《甘州府志》卷五《营建·坛庙》："二郎庙清源殿，城东南隅，天顺三年镇守太监蒙泰、宣城伯卫颖修。"

《闽都记》卷六："怀德坊，旧名延平。宋司业郑南居之，改曰儒宗。国朝天顺间，镇守少监来住寓地平寺，重建更名。内有永安坊，与怀德坊相直，西通山兜尾，北通板桥亭，常丰仓前，亦来住所建"。

李贤《新建大同义学记》："(**韩雍巡抚宣大，欲作武学**)遂与镇守太监王公春、总兵官彰武伯杨公信协心合虑，创建义学。(**略。**)经始于天顺六年(1462)四月十二日，讫工于是年八月十五日，相其成者，副总兵都督同知曹公安、守备监丞阮公阿山、长随罗公付、巡按御史李君蕃。(**下略。**)"

---

① 天启《滇志》卷一九《艺文志》十一之二亦收录该文，却将监丞罗、黎二人删去。

(嘉靖增修《大同府志》卷一三《文》)

杨杞《重建龙泉寺碑记》:天顺六年(1462),功德主内官监太监刘原捐资。(弘治二年刻,碑在北京门头沟区清水涧。《北京图书馆藏中国历代石刻拓本汇编》第53册,第5页)

祁顺《山海关天妃庙记》:"天顺癸未(七年,1463),太监裴公珰[当]以王事驻节山海,谂神之灵,就谒祠下,顾瞻咨嗟,语守臣及其属曰:'天妃显应,功利闻天下,而庙貌若兹,非所以崇明祀也,盍撤其旧而新是图。'遂施白金三十两以倡于众。时镇关兵部主事杨君珺暨参将吴侯得,各捐资为助,而凡好义者亦皆致财效力,以后为愧。(**肇工于八年甲申七月,落成于是年冬十月**。)"(康熙《永平府志》卷二二《艺文上》)

卷　五

宪宗成化朝（1464—1487）

（天顺八年正月乙亥，宪宗即皇帝位，遂颁诏大赦天下，诏曰：）"其以明年为成化元年，大赦天下，与民更始，所有合行事宜条列于后：一、……一、自天顺七年十二月终以前各处岁造、织造纻丝纱罗绫细曾经起解，该库验退追赔者并节次原派浙江等布政司、直隶苏松等府织造、改织纻丝纱罗等项及内织染局节次坐派织造上用供用赏赐用纻丝纱罗绫绢丝线经纬等件，已完者照数起解，见织未完者织完解京，已征丝料者准作岁造之数，未征者悉皆蠲免。差去内官人等诏书到日即便回京，违者罪之。一、……一、内外各衙门递年坐派柴炭数多，军民采运艰难，宜从撙节，以十分为率，量减五分。天顺七年十二月以前拖欠未完者尽行蠲免。其惜薪司抬柴人夫存留二千名，其余放免，易州等厂采运人夫量减三千名，以苏民困。一、……一、南京内府各监局司库成造一应物件及工部成造马槽、马桩等项，诏书至日，悉皆停止，以后缺用，在京该衙门成造。两京成造光禄寺器皿及喂养牲口槽□、锅、桶、磨盘等件，自天顺五年以前拖欠未完者悉与蠲免。一、江西饶州府、浙江处州府见差内官在彼烧造磁器，诏书到日，除已烧完者照数起解，未完者悉皆停止，差委官员即便回京，违者罪之。一、……一、南京马快船只赴京公干，除例该听候半年外，其余有装运物料前来到京者，许令总小甲将原领勘合批文赴部投收，俟有内外差使官员奏开合用船只数目，该部方许依数差拨，以遵旧制。一、浙江、江西、福建、陕西、临清镇守内外官员，诏书到日即便回京。其各边镇守内官，正统年间原有者照旧镇守，原无者即便回京，不许稽延。一、差去下番内外官员人等，诏书到日，即便回京，原赍钱粮交与镇守等官收贮，随后差人送来。一、各处内外官员人等今后不许进贡马匹、花木、鸟兽、水陆品味及本处所产物件，庶免扰人，违者罪之。一、差去各处采办物件头畜及缉访事情等项内外官员旗校人等，诏书到日，即便回京，敢有延迟者，治罪不饶。一、……诏告中外咸使闻知”。(《明宪宗实录》,一,11—23)　丙子，命内外衙门造大行皇帝丧仪。(一,23)　戊寅，镇守陕西少监黄沁等奏：岷州管内熟番纠聚生番，屡焚毁寨堡，杀掠军民财畜，乞调兵应援。上命巡抚右副都御史马昂督守备岷州署都指挥佥事韩春等率军抚捕之。(一,25)　壬午，先是天顺七年十一月十三日，大藤峡贼夜入梧州城，时总兵官泰宁侯陈泾驻兵城中，会太监朱详、巡按御史吴璘、按察司副使周璹、佥事董应轸、布政司右参议陆祯、都指挥杜衡、翟政、土官都指挥岑瑛等于城中议调兵。是夜三更，贼驾梯上城，泾等不之觉，贼遂入府治，劫官库，放罪囚，杀死军民无数，大掠城中，执副使周璹为质，杀死训导任璩。泾等拥兵自卫，不敢发一矢，随军器械并备赏银货等物皆为贼所有。致仕布政宋钦时家居，挺身出，以大义谕贼，为所害。黎明，贼声言官军莫或动，动则杀周副使。泾等乃遣人与贼讲解，晡时纵之出城。贼既出，乃纵璹还。时官军数千，贼仅七百而已。至是，掌都司事都指挥邢斌奏始至。上曰：“梧州蕞尔小城，总兵、守镇、巡按、三司俱拥重兵驻城中，乃为小贼所蔑视，况遇大敌乎？尔兵部其区处之。”(一,27—28)　典玺局局丞王纶事上于东宫，事多专擅，一时群小希进用、觊后福者多与交通。而翰林侍读学士钱溥以尝奉命教内书馆，纶尝受学焉；时尚宝司丞朱奎以幼童陪读馆中，相亲昵，俱交厚。至是，先帝不豫，溥意纶必典机务，预有入阁之喜，密遣奎通纶于禁中。纶因偕奎造溥家，执弟子礼，坐溥上坐，饮至晡而去。溥邻居内阁学士陈文知其事。及帝崩，奎持晋州知州邹和所馈纶书以入，或曰：“此溥密草遗诏也。"纶亦以例当柄用，骄矜恣肆。而司礼监太监牛玉恐其轧己，玉侄春坊赞善牛纶所厚中允刘珝与溥有隙。会帝大殓，纶衰服袭貂裘，于外观望，上见而恶之。玉因数其过恶，劝上执下狱，又嗾人发其交通事，并逮溥等。法司依律拟斩，以赦例特从轻典：纶降内使，发南京闲住；溥降顺德县知县，奎盐课副提举，和云南澜沧卫经历，凡平日与纶交通者因纶词供及皆降调外任。于是兵部右侍郎韩雍降浙江左参政，顺天府尹王福降两浙盐运使，治中丘晟调福州府同知，通政司右参议赵昂瑞州府同知，南宁伯毛荣都督、马良谪广西，都督冯宗、刘聚谪广东，各听本处总兵官调遣杀贼；锦衣卫掌卫事都指挥同知门达、指挥同知郭英、陈纲、指挥佥事吕贵俱调贵州边卫，达都匀，英安南，纲赤水，贵平越，皆带俸差操云。(一,29—30)【考】《明史·陈文传》："侍读学士钱溥与文比舍居，交甚欢。溥尝授内侍书，其徒多贵幸，来谒，必邀文共饮。英宗大渐，东官内侍王纶私诣溥计事，不召文。文密觇之。纶言：'帝不豫，东宫纳妃，如何？'溥谓：'当奉遗诏行事。'已而英宗崩，(首辅李)贤当草诏，文起夺其笔曰：'无庸，已有草者。'因言纶、溥定计，欲逐贤以溥代之，而以兵部侍郎韩雍代尚书马昂。贤怒，发其事。是时宪宗初立，纶自谓当得司礼，气张甚。英宗大殓，纶衰服袭貂，帝见而恶之。太监牛玉恐其轧己，因数纶罪，逐之去。溥谪知顺德县，雍浙江参政……雍亦文素所不悦者也。"

二月丙戌，营建大行皇帝陵寝于天寿山，荐名裕陵，敕太监黄顺、吴昱、抚宁伯朱永、工部尚书白圭、侍郎蒯祥、陆祥督军匠营建。(二,35)　丙申，以曹吉祥、曹钦等家属六十三名给配公、侯、伯家为奴，以久禁遇赦也。(二,46)　庚子，太监牛玉传奉圣旨，司礼监人匠姚旺升工部文思院副使。(二,53)【考】《明史·宪宗本纪一》："二月庚子，始以内批授官。"　癸卯，清明节，遣驸马都尉石璟祭长陵、献陵、景陵，文武衙门各分官陪祀。遣内官祭恭让章皇后陵寝。(二,54—55)【考】以后逢恭让后忌辰及清明、中元，及十月朝、冬至、正旦、万寿圣节前一日，皆遣内官告祭恭让后陵，不再赘录。

辛亥，赐南京参赞机务并各处巡抚、镇守、守备内外文武官白金、彩币，永康侯徐安、泰宁侯陈泾、成山伯王琮、彰武伯杨信、海宁伯董兴、宣城伯卫颖、都督同知沐瓒白金各三十两；南京兵部尚书萧维祯、左都督毛忠、右都督李荣，都督同知曹安、张钦、张敛、张泰、欧信，都督佥事张瑀、李杲、刘玉、李震、卢能、胡志白金各二十五两；左副都御史轩輗、王竑、贾铨、胡本惠，右副都御史刘孜、王越、项忠、陈价，左佥都御史李匡、王俭、陈泰，右佥都御史吴琮、叶盛、吴祯，都督同知……指挥使汪钊白金各二十两；整饬松潘兵备四川按察司副使王用、都指挥使柯楫，都指挥同知陈逵、石瑞、阴杰、冯纪、蒋泰、刘刚，都指挥佥事段昇、石鏕、张智、吴玉、谷登、王荣、李文、李延，指挥同知张顺白金各十五两；太监王敏、李秉、王春、王受、王清、蒙泰、罗圭、梅忠，少监侯忠、阮化州，监丞龚荣，门副王宣，奉御张铨、曹广等各赐白金有差，以上彩币俱二表里，其视廷臣加厚者，以其勤劳于外故也。(二,57—58)

三月甲寅朔，减南北两京供用库及司苑等局岁用白粮、豆、麦、茶蜡各十之三。(三,62)　乙丑，命抚宁伯朱永、太监黄顺等提督官军匠作六万余人营建山陵。寻以工程大，复乞添拨官军二万。从之。(三,80)　乙亥，上因太监陶荣乞寺额，敕礼部臣曰："京城内外寺院已多，而内外有势力之人往往效尤，增修不已。或豪夺民居，或诡称古额，假名为国祈福而实自欲徼福，假名为民禳灾而实因以生灾。今后更不得妄自增修，辄求赐额，尔礼部官宜以朕此意通行晓示。"(三,87)

四月庚寅，兵部尚书马昂等言："兵政乃国家重事，将帅实士卒司命，苟非委任责成，戎务何由克济。况奋武等十二营坐营、协赞俱系侯、伯、都督等官，倘有违慢失误，必须比较戒约，非假朝廷威命，军令无由而申。乞赐敕太保会昌侯孙继宗等，令其遵守行事，庶政令归一而偏裨有所禀命，兵将协和而临事不致失误。”上从之，敕继宗等曰：“朕惟国家以武备为重，武备以练习为先，今于五军、神机、三千营选拔壮勇官军一十二万，分为一十二营，各命侯、伯、都督等官坐营团操，特命尔等同太监刘永诚总管提督，必须严纪律，整部伍，坚利器械，鲜明盔甲，如法演习武艺，以备调用。坐营官员不许虚应故事，如有偏私违拗，违犯号令，及科敛役占军士者，指实参奏黜罚。其五军、神机、三千大营存留军马，尔等仍照旧提督操练，以备战守。尚其勉副朕怀，毋怠毋忽。故谕。”(四,98—99)　　壬辰，都督佥事赵辅奏五军、三千、神机等营原选一等官军团操，其奋武等十二营监枪内臣十二员乞注定职名，令赴该营监枪。上注太监周中奋武营，右少监王亨耀武营，太监唐慎练武营，右少监林贵奉显武营，太监张温敢勇营，右少监赵永果勇营，奉御郑达效勇营，右少监来童鼓勇营，右副使高廉立威营，奉御王璇伸威营，右副使张璘扬威营，奉御张绅振威营，仍命太监刘永诚与太保会昌侯孙继宗等提督操练。(四,100—101)【考】《中官考一》云：“此内臣分坐十二营之始也。”　设裕陵祠祭署奉祀一员，祀丞一员，给裕陵卫神宫监印信，并夜巡铜牌。(四,101)　　乙未，国子监生封澄奏：广西大藤峡渌水、横石等山，藤县太平等乡，猺獞啸聚掳掠，甚为民害，乞选良将，多调官兵、狼兵攻灭之。下兵部议，请申饬镇守、总兵、巡抚等官阮随、陈泾[泾]、叶盛等急督将官，量调官军、土兵人等，设法抚捕。从之。(四,105)　　己亥，敕巡抚四川左佥都御史陈泰会同镇守右少监阎礼等访察四川都司并所属卫所中，选举廉能智勇官，俾管军政；仍督操军马，抚恤士卒，固守城池，遇有盗贼生发即督官军相机抚捕，不许互相推调，因而纵贼殃民。仍令陈泰、阎礼督修城垣未有者，因地设置，坍塌者用工修筑，务在人不告劳，事有成绩，且禁约所司官吏毋得乘机生事，科扰害人。若所在三司并军卫有司官敢有似前怠慢误事，害军虐民，纵恶长奸者，宜从泰同巡按、清军监察御史指实劾奏，必罪不宥。(四,106—107)

五月癸酉，南京给事中王徽等言四事①：“(**一曰开言路。二曰重大臣。三曰选良将。**)四曰保全内官。切惟自古人君禁庭侍御未有不用内官者，然其中贤良者虽有而奸邪者恒多，人君因多有委以国政、授以大权，致使坏乱大事，几败国家，然后治以重刑，戮于朝市。远观赵高、李辅国之徒，近观王振、曹吉祥之辈，是皆始因爱之而终则杀之，非所以保全之也。伏望皇上更化之始，以保全内官为心，悉遵太祖高皇帝旧制，今后内官不许在外管军，亦不许置立田产房屋，其家人义男悉令所司究其来历，发回原籍当差，亦不许文武官员、僧道人等与之私相交接。凡朝廷事无内外、政无大小悉断自宸衷，或召馆阁大臣与之计议，不可使内官得与其谋。然此非欲疏远于彼也，正欲保全其终身也。至于奉侍左右，亦惟择谨厚者为之。且彼之所欲者不过富贵而已，陛下惟当厚其赏赉，使之丰足有余，无复外望，如此非惟天下睹清明之政，蒙至治之休，而宦官亦享悠久之福，无诛夷之患矣。”上多采纳之。(五，134—135)【考】《明史·王徽传》：“宪宗即位数月，(南京刑科给事中王徽)与同官王渊、朱宽、李翔、李钧疏陈四事。”戴冠《濯缨亭笔记》卷一详录该疏，实录未书者有云：“自古人君禁廷侍御未有不用内臣者，内臣出入左右，能勤谨顺承，奉迎意旨，多为人君之所亲爱，遂委以国政，授以大权；操舍与之询谋，刑赏任其憎爱，致使坏乱大事，几败国家，然后治以重刑，戮于市朝。远览赵高、李辅国之徒，近观王振、曹吉祥之辈，皆始爱之，而终杀之，非所以为保全之道也。今之内臣，有管军者则私役军丁，管匠者则私役人匠，放闲在外，办纳月钱。乃其事迹发露，未免治以重刑，此不能保全之一也。又有起造房屋，置立田产，乃无籍之徒投为义男家人，或总兵等官送与小厮伴当，俱各悬带匠人牌面出入内府。在外则假借声势，放肆百端，虐害小民，甚有不轨如曹钦者。及其事迹发露，未免治以重刑，此不能保全之二者。其在京文武官员、僧道人等，多与之交接，甚有无耻大臣，或行

① 据戴冠《濯缨亭笔记》卷一，王徽等实言五事，其一为“览史书”，下四事同。又同年十一月丙寅王徽等复上疏言事，亦谓“臣等已于今年四月内陈言五事”。

叩头之礼，或有翁父之称。内臣因而嘱托，鬻狱卖官，擅作威福。及其事迹发露，未免治以重刑，此不能保全之三也。伏望悉遵太祖旧制……保全内臣之道，岂有加于此哉！”

六月甲辰，晋王钟铉保升承奉副张泰等二十员为承奉正、副等官，皆预定其职以闻。上不允，仍以书戒王曰：“得奏，欲以承奉副等官张泰等二十员升授承奉正等职，既以定拟职名，复何奏请？且升除王府内官出自朝廷，若遇员缺，只宜具实并开相应者奏知，以凭升补。王乃擅自定职，泛滥升除，是何理也？此必下人拨置。今皆不准，亦不究问，特书戒王。王宜自省，今后行事当遵祖宗法度，毋得任情妄为，庶可保全令名，王其戒之慎之。”(六，158—159)

七月己卯，兵科给事中秦崇言：“兵戎国之大事，京师天下之根本，宜并用文武，以协心济事。今南京参赞机务则有尚书，各边同理军务则有都御史，而京营操练独委武臣，非所以慎谋猷、重根本也。请简命文职大臣才望素著者一员，与诸总戎武臣协同总督军务，以备缓急。”事下兵部议，尚书马昂等谓正统己巳多事之秋，实尝命前少保兵部尚书于谦以总督军务之任，天顺改元，尽归各营，已敕太监刘永诚、太保会昌侯孙继宗等提督矣。今欲参用文臣，未敢专决。上曰：“姑置之。”(七，173)

八月癸未，奉御穆青奏皇陵及白塔坟殿宇岁久不葺，又厨库锅台俱已损坏，不堪供祀。事下工部，请命守臣按实修理铸造。从之。(八，177)　　辛卯，命工部右侍郎吴复致仕。复，福建闽县人，由知印任仓官，历主簿、知县、工部主事，于易州山厂管柴。天顺初夤缘得升右通政，贿赂中贵，无所不至，寻升侍郎，人鄙恶之。至是乞还乡省墓，令致仕。(八，183)　　癸卯，废皇后吴氏，居于别馆。初，上在东宫，英宗为择配，榜谕中外，分命中官往采，得十二人皆至。英宗亲选王氏、吴氏、柏氏三人留于宫中，初意在今皇太后，会章皇后崩，既而英宗崩，左右窃有不利之疑。上即位，皇太后复命礼部榜谕京师采择，三人者仍在选，而立吴氏,王氏、柏氏皆入副宫。俄有旨,牛玉坏朝廷大婚,下都察院狱,并吴熹鞫之。玉、熹皆太监也。玉辞连后父都督同知俊,逮俊及其子雄下狱。狱词谓将立后时,玉以王氏非其所选,说太后欲易之,而俊、雄以玉尝选吴氏,因熹赂玉,故卒立为后。具以闻,上重其事,命多官集议。于是公、侯、伯、都督、尚书、侍郎、都御史、通政使、大理寺卿、给事中、御史等官孙继宗等皆谓吴氏系先帝所退,且有过,决不可共承宗祀,遂白太后废之。敕谕后曰:"朕惟皇后所以共承宗祀,表正六宫,非德性淳淑、礼度闲习者不足以当之。尔言动轻浮,礼度粗率,留心曲调,习为邪荡,将何以共承宗祀、表正六宫?其上皇后册宝,退处别宫。"仍谕文武群臣曰:"朕勉遵先帝之命,册立皇后,不意太监牛玉偏徇己私,朦胧将先帝在时选退吴氏于母后前奏请,立为皇后。朕观吴氏轻浮粗率,诗云'靡不有初',初尚不谨,何以克终?朕负天下之重,处礼之变,册立中宫,为风化之原,不幸所遇如此,岂得已哉?敷告群臣,悉予至意。"遂谪玉、熹南京孝陵种菜。俊戍登州卫,雄随之。后立未逾月而废,当时传言或谓后宫先有擅宠者,被后杖责,故及。然宫禁事秘,莫得而详。又谓有恶牛玉之专者,欲夺其权,有所承望而然,故罪独归于玉云。(八,187—189)　甲辰,罢三千营总兵官怀远侯孙镗闲住,除太常寺少卿兼侍读牛纶、吏部员外郎杨琮名。镗,牛玉姻家;纶,玉之侄;琮,其甥,以科道官劾玉并及之也。(八,189)【考】《明武宗实录》卷三,弘治十八年七月壬辰,致仕南京太常寺少卿牛纶卒传云:"伦[纶],顺天府涿州人,景泰甲戌(五年,1454)进士,改翰林院庶吉士,授编修,升左春坊左赞善。天顺甲申(八年,1464),升太常寺少卿兼侍读。成化壬寅(十八年,1482),改南京太常寺少卿。弘治改元致仕。至是卒,与祭一坛,以尝充宪庙东宫官并经筵日讲故也。伦为人滑稽,又以太监玉之侄,善张权要,为士论所鄙。"按,牛玉寻掌南京司礼监印,卒于弘治十三年,墓志见本年附。

十月庚寅,工部言:"轮班人匠各监局厂凡有内臣董役者听其自点，本部所属营缮诸所委堂上官一员点之，或遇事剧则委诸司公正官一员点之，如有私役卖放，罪及主者。”上是之。(一〇，215)　庚子，南京都察院右佥都御史高明言：“陛下即位以来，罢贡献，革宿弊，宜天道，无不顺者。今南京自春徂夏，气候愆和，阴晦霪雨。《洪范五行传》曰：‘阴气强积，生雨水之灾。’臣请以理推之：君为阳，臣为阴，恐权下移欤？朝廷为阳，宫禁为阴，恐女谒众欤？君子为阳，小人为阴，恐佞人多欤？外官为阳，内官为阴，恐阉宦盛欤？又闻今年三月，扬州人民无故惊疑，扶老携幼俱南奔，两日方定，此亦异之大者也。乞修人事以回天意。”事下礼部，尚书姚夔言：“皇上即位以来，万机独断，庶政修明，而犹有阴雨之灾如明所言者，实臣下失职所致，乞敕两京文武群臣各加修省。”兵部尚书王竑亦言明所言扬州人民惊疑，老稚南奔，虽曰虚惊，亦非美事，且扬州密迩南京，升平日久，居安思危，而武事不可不讲，乞敕南京守备等官修饬武备以防意外之虞，专官巡视以究军政之弊。上皆从之。(一〇，223—224)

十一月己未，礼部奏冬至节例赐百官宴，请命光禄寺治具，上命给节钱钞，免宴。祖宗以来，凡遇圣节、正旦、冬至皆赐群臣宴，官卑禄薄者给以钞，免宴，谓之“节钱”，俾均惠其家属。自正统以来，内臣用事者畏侍宴久立，遂罢宴，皆给以钞，因而成例。(一一，239)　丙寅，南京六科给事中王徽等言二事：“一曰明刑罚以正朝纲。臣等切惟人主之治天下，在明号令、修纪纲；号令行、纲纪振，由人主操赏罚之柄也。苟赏罚不明则号令不行、纲纪不振，欲求天下之治难矣。伏惟皇上嗣登大宝，初遵先帝遗命，册立皇后，盖以继承宗祀为重，岂意贼臣牛玉大肆奸欺，横贪贿赂，朦胧进退，其意欲固宠于内，擅权于外，包藏祸心，深不可测。幸赖陛下圣明，废退吴氏，盖亦出于不得已也。然遇此大变，处此非常，朝野腾喧，中外骇听，以为吴氏既退，则牛玉之罪必万死无疑矣。今不意牛玉得放南京，全首领。夫牛玉故违先帝之命，其罪当死一也；谋立皇后，其罪当死二也；欺侮陛下，其罪当死三也；使陛下负废后之名，其罪当死四也。凡此四不韪者，人臣之大恶，而牛玉兼有之，明正典刑，枭首街市，以明号令，以正纪纲可也。今乃将牛玉轻放者，臣等知陛下用心仁慈，不忍加刑也。《书》曰：'刑期无刑，辟以止辟。'今陛下不忍杀一牛玉，则今后侍陛下左右者恣肆无所劝惩，天下之人谓陛下好行姑息，诚恐号令自此不行，纪纲自此不振。然臣等非欲启陛下好杀之心，亦非与牛玉素有睚眦也，但为朝廷号令纪纲惜耳。然奸臣之恶固所当诛，而内阁大臣不能无罪，且册立皇后，将以奉承宗祀，表正六宫，辅助君德，母仪天下，岂有居内阁者如越人视秦人之肥瘠，恝然不加之意哉？方牛玉肆奸之初，婚礼尚未成也，掌礼之官畏其权势而阿附，及牛玉事发之后，王法不可恕也，执法之官念其旧情而苟容，李贤等坐视成败，不出一言。其初不言者是党牛玉也，其后不言者是畏牛玉之后复有如牛玉者而祸己也。党恶欺君，莫此为甚。伏望陛下刚毅明断，即将牛玉明正典刑，枭首示众，仍将李贤等明正其罪，以警方来，如此则号令斯行，纪纲斯正，中国服义，外夷畏威矣。二曰鉴往事以防后患。臣等切惟人主之治天下，不贵于能处患而贵于能防患。夫患已成而后处之，处之虽善，亦未免忧烦朝廷，惊骇中外，亏损国体，贻笑后世。患未萌而先防之，防之惟谨则自然灾害不生，祸乱不作，朝廷无事，君臣同休。仰惟皇上嗣登大宝，精意图治，屡颁诏书，大开言路，臣等已于今年四月内陈言五事，内一言保全内官，正欲陛下防患于未萌也。处置之道未闻而牛玉之祸果作，然既往者不可谏，方来者尤当谨。陛下勿谓牛玉之后再无牛玉也。臣等不敢远引汉唐故事，请以目击之事为陛下言之。正统末年，王振专权，使先帝远播，宗社几危，其祸已惨。天顺年间，曹吉祥专权，举兵焚阙，欲危宗社，其祸尤烈。今日牛玉专权，谋立皇后，欺侮陛下，其祸尤为非常。是皆贻笑四夷，取议万世者也。当时朝廷以为王振之后必再无有如王振者矣，岂意曹吉祥复兴；曹吉祥之后必再无有如曹吉祥者矣，岂意牛玉复作。自兹以往，若再不以牛玉为鉴而思所以预防之，安知后日之祸不有甚于牛玉者哉！然预防之道非使之远去左右也，亦不过三事而已：一不许内官与国政，二不许外官与内官私相交结，三不许内官弟侄在外任事并置立产业。然此三事非臣等一己之见，实太祖高皇帝成法也。《诗》曰：'不愆不忘，率由旧章。'陛下果能行之，非惟国家之福，亦内官之福也。臣等披沥肝胆为陛下明言之，自古内官贤良者万无一人，无事之时似为谨慎，一闻国政，便作奸欺。彼如闻陛下将用某人也，必先卖之以为己功；闻陛下将行某事也，必先泄之以张己势。人望日归，威权日盛，而内官之祸起矣。此臣等所以劝陛下不许内官与闻国政者此也。内官侍奉陛下，未免朝夕在于左右，文武大臣不知廉耻者多与之交结，有馈以金宝珠玉，加以婢膝奴颜者，内官便以为贤能，朝夕在陛下左右称美之。有正大不阿不行私谒者，内官便以为不贤，朝夕在陛下左右谗谤之。陛下天纵圣明，固不为惑，日加浸润，未免致疑。称美者骤跻显位，谗谤者久居下僚，怨不归于内官而归于朝廷，恩不归于朝廷而归于内官，贿赂日行，威权日盛，而内官之祸起矣。臣等所以劝陛下不许外官与内官交结者此也。内官弟侄人等授职任事，倚势为非，聚奸养恶，家人百数，赀货万余，田连千顷，马系千匹。内官因有此家产所以贪婪无厌，奸弊多端，身虽在内，心实在外，内外相通而祸乱所由起矣。此臣等所以劝陛下不许内官弟侄在外管事并置立家产者此也。陛下果能鉴彼三人于既往，行此三事于方今，则祸乱自然不作，灾害自然不生。倘或不然，则祸起萧墙，患生肘腋，深有不可测者矣。然臣等今日之所言乃众人之所讳，臣等虽愚，亦知避祸，但受恩朝廷，无以为报，居官言路，不可苟容。若陛下能行而无疑，臣等虽死而无悔，惟陛下听察之。"奏上，诏曰："牛玉坏大婚礼，众人无预，朝廷已有处分。

徽等不知情，实妄言要誉，希求进用，令吏部俱调官远方。”于是徽等俱调州判官，徽普安州，王渊茂州，朱宽潼川州，李翔宁州，李钧绥德州，奏草盖钧笔云。(一一，241—247)

十二月癸未，巡抚甘肃右佥都御史吴琛奏：“(**言镇守、总兵等官相机战守，然大要在将得其人。**)设或镇守、总兵等官不得其人，许巡抚、巡按官指实参奏拿问，如此则守边之道庶助一二。”上嘉纳之。(一二，253—255)　丁亥，分守延绥西路左参将都指挥同知房能陈三事：“一、除潜寇以靖边疆。臣所守地方迩年胡寇潜入其内，夜则隐伏近边，旦则拥众突入，劫截道路，抢杀人畜，若不豫为区画，诚恐养成边患，亟难芟除。窃见宁夏总兵官都督同知张泰在边年久，练达老成；镇守宁夏太监王清曾搜河套，师行有纪；巡抚延绥右佥都御史徐廷章临机应变，刚果有为。请敕在廷文武大臣从长计议，专命张泰、王清总制三边号令，而以徐廷章赞理军务，臣愿受其节制，当春初河泮草枯之时，量调宁夏并偏头关军马，各从便路过河，及调延绥一带边堡头拨敢勇官军并知识道路夜不收付臣等统领，量赍粮料，会合并进，声势相接。臣先启行，遍历河套搜寻，所在并力擒捕，捣其巢穴，绝其种类，如此军威远振，边境获安矣。一、……”上以所言有理，命兵部计议以闻。(一二，256—258)　壬辰，太监柴昇传奉圣旨，升左正一孙道玉为真人，给诰命。道士乞恩膺封，夤缘受赏，自此始。(一二，264)

本年附

史事

乾隆《甘州府志》卷二《世纪下》：“三月，总兵官宣城伯卫颖、巡抚都御史吴琛等讨巴沙巴哇等族逆番，平之。(甘州)城西南隅旧设公议府，有平番亭，都御史吴琛碑记略曰：(**逆番作乱。**)乃奉命兴师，总戎宣城伯卫公源正同巡抚都御史吴琛统军至骆驼山，左都督毛忠同巡按御史张海、镇守西宁奉御张鉴、都指挥湛清统军至写你冲，右都督刘玉同镇守凉州监丞福保统军至他你卜花，都指挥赵英同守备永昌都指挥朱能统军至思于隆，镇守庄浪长随李顺同都指挥赵英、鲁鉴统军至捏都儿，分道进兵，直捣贼巢平之，西土始为宁谧云。”

诗文·碑铭·牛玉墓志

明故两京司礼监太监牛公墓志铭

赐进士出身、资德大夫、正治上卿、太子少保、吏部尚书、侍经筵官、前翰林院学士、同修国史钱塘倪岳撰。赐进士出身、中顺大夫、通政使司左通政江东王敞书丹。赐进士出身、资善大夫、礼部尚书、掌通政使司事汤阴元守直篆盖。

公讳玉，字廷圭，姓牛氏，别号退思居士。其先世居龙门，吴元年(1367)始徙实京师，占籍涿州。曾大父郎，大父道兴。考德川，妣王氏。德川生三子，长贵，季瑄，仲即公也。公生而资性颖敏，自为童子，动止老成，不为嬉戏，乡长者多鉴赏之。甫十岁，母忽媾疾，甚危，迎医问药，殆忘其劳，夜则焚香吁天，祈以身代。疾良愈，时称孝童。

永乐十一年(1413)以俊秀选入内庭，隶名司礼监。宣德二年(1427)，进本监长随，主管内外章奏，仍命从大学士杨文定公授[受]经学，日有进。七年(1432)，升奉御，充英庙伴读，仍职章奏。十四年(1449)秋，圣驾亲征北虏，命公提督宫壶事宜，兼典机务。八月，景皇帝践阼，命公随侍宪庙于春宫，历升本监监丞。

天顺改元，英庙复辟，公以翊戴功进太监，命掌监印，加赐蟒衣、玉带、貂裘，岁加禄米，掌理中外章奏。翼翼小心，咨决庶务，率称上旨。委任日隆，宠赉优渥。五年(1461)七月，曹钦反，率众犯阙，公主昼(**按，昼疑为画之误**)于中，随机应变，罪人既得，京师肃清。上嘉公功，特赐金币诸物及河西务马房羊房庄田二千余顷以酬之。公辞，不许。

八年正月，宪庙嗣登宝位。初政之行，仪度备举，率公总絜纲维，内外井井。寻罢归南京，未几复命掌南京司礼监印①。居久之，公浩然有故乡

① 《宪宗实录》卷一八五，成化十四年十二月辛丑，“前太常寺少卿兼翰林院侍读牛纶奏：臣起进士，擢编修，累至前官。以臣叔太监玉有罪，夺职闲住。今玉蒙恩复任，乞念臣讲读旧劳，量授一官，与玉相依，以终余年。疏入，命为南京太常寺寺丞。”是墓志所称“未几”，实在14年后。

之思。弘治六年(1493),奏乞归闲,皇上念公旧劳,优诏许之,俾佚老于京,兼赐人夫供役。盖八年于兹,始以微恙卒于所居之第。上闻讣悼惜,命内官监太监王福、谭朗经纪其丧,赐祭者三,命工部营坟建享堂以葬,皆殊恩也。

公平生孝友,喜读书,不近佛老,虽久处重任,始终谨密,避远权势,若儒生然。遇贤士大夫,情意周洽,与论理道,亹亹忘倦。恒居无他玩好,至老手不释卷,尤喜吟咏。居金陵久,山川胜概,登临题品,所至有之。事兄友弟,情爱甚笃,教诸子侄极有法,积诗书,延良师,俾与之游。诸侄若纶,遂以明经登景泰甲戌进士,入翰林,累官太常寺少卿;若绶,尤谨厚,公请于英庙,立以为嗣,官至锦衣百户①;若纲,从公南都,为应天郡痒生,奉命供事中书,授官有日,皆贵出也。若纹,归守先茔,瑄出也。诸孙诚、让、赞、访、谅、谏、谨、峦、誴、证,曾孙杰、儒、英,森然兰桂,皆承公义方之训,循循雅饬有可观者。

公生于永乐七年(1409)二月十日,卒于弘治十三年(1500)九月七日,春秋九十有二。兹绶将以卒之年十月十六日奉公柩归葬于涿之鹿头里之原,乃具公事行,偕纲诣予,泣请为铭以葬。惟公历侍七朝,居官几八十载,荣名寿考,可谓备矣,是宜铭。铭曰:

王畿育秀,贤俊挺生。出入禁闼,巍然老成。恭侍七朝,荐被宠荣。参决大政,用赞治平。声望之著,洽于两京。德偕年进,福与寿盈。贻孙诗书,绍休簪缨。有启其先,斯后之嬴。恤命之优,贲于新茔。我则铭诸,永昭令名。

(河北涿县北十公里东鹿头村东南老公坟出土。保定地区博物馆:《明两京司礼监太监牛玉墓发掘简报》,《文物》1983年第2期,第76—80页)

成化元年乙酉(1465)

正月戊午,兵科给事中秦崇言:"师克在和,方今夷虏陆梁,

① 牛绶以玉事降调改卫,成化末年复锦衣卫。《宪宗实录》卷二五七,成化二十年十月辛未,"命山东莱州卫带俸百户牛绶还锦衣卫。绶,南京太监玉之侄,以玉罪被调,至是乞还。许之"。

边郊多垒，正文武大臣戮力同心之日，窃恐其中镇守者有善谋而巡抚者或言其否，巡抚者有奇策而总戎者或指为非，进止殊途，战守异见，自相矛盾，何以成功？乞敕各处镇守、巡抚内外文武等官，临事必须互相咨度，惟善是从，脱或谋虑未宜，更当从容斟酌，务俾计出万全，然后见诸行事，则战胜攻取，事定功成，而蕞尔小丑不足以廑九重之忧矣。"章下兵部，以崇言实中边臣之病，乞通行天下镇守、巡抚等官，令遵守之。上曰："人各有长，朝廷所以参用文武内外之臣以任边寄，正欲其彼此相资可否，相济以共成王事耳，苟或各怀私妒，护己之短，沮人之长，几何不遗边患？大抵天下之事同则成、异则败者，皆然也；戒其异而勉于同，岂特边臣为然哉！"(一三，277—278)　庚申，迤北马可古儿吉思王子及其太师孛来等差使臣平章孛罗赤等二千一百九十四名来朝贡马，至大同境。敕太监叶达等往迎之，辨验入境，存留十之七，给与口粮下程，在边牧放，仍命守臣防护之。(一三，278)　庚午，命镇守怀来等处都指挥同知阴杰为参将，以镇守监丞弓胜言杰所属各城哨守官皆都指挥，与杰比肩，难以调度故也。(一三，287)

监察御史杨琅言："迩者皇上躬祀南郊，先日狂风大作，至日天气晴朗，及夫大驾还宫而风雨如故。天意昭格，岂偶然哉！盖皇上即位之始，大降明诏，如罢花木、鸟兽、水陆品物之贡是节嗜欲以厚民也，罢江浙烧造瓷器之役是薄自奉以恤民也，罢缉访官校知其擅威福以害民也，罢各处镇守内外官知其凭宠灵以虐民也。凡此皆皇上恭俭仁恕之所形，是以人心和于下而天心应于上，不诬也。然作法非难，守法为难，谨始非难，保终为难，皇上既作之于始矣，愿保其终。"上曰："御史言是，朕当慎焉。"(一三，288)

癸酉，镇守独石、马营等处奉御进保奏："独石临边之地，备御官军一时不可暂缺。近以轻罪，往往逮至宣府系狱，恐猝有警急，缺人守御。请自今军中词讼必须自下而上，轻则委官鞫问，重则亲临自理。"上曰："立法正不宜泥于常而忽于变，恒有警急之地，岂可以常法处之？其悉从进保言，著为令。”(一三,294)　丁丑，赐迤比来朝使臣平章孛罗赤等宴于礼部，命太监裴当、尚书姚夔待宴。(一三,304)

二月己卯，内官监请佥补旧所省香烛军匠一百八十六人以应工役，兵部尚书王竑言军匠自宣德十年减省，已经三十年之久，何可复佥。工部尚书白圭亦以为言。上令已之。(一四,305)

丙申，给鲁王内使四人，世子及诸王各一人，从所请也。(一四,321)

三月甲寅，巡抚湖广右佥都御史王俭奏内外镇守等官违例(**广本例作制**)置买庄田铺店，役使军民，侵夺民利，又多养马匹，虐害军民，乞行查追入官，严加禁约。上曰：“镇守内外官种田养马不必禁，但不许役占军士，侵人田土，所养马许给四匹草料。”(一五,334)　戊午，后军都督府带俸右都督刘聚自陈叔父太监刘永诚年老，愿辞所居官职，专意侍养。上命聚仍带俸侍养。(一五,335—336)　甲子，兵部尚书王竑奏：镇守四川右少监阎礼、户科都给事中童轩等奉敕抚剿盗贼，失机误事，以致领军都督何洪、指挥杨瑛等被贼杀死，两月之余方才告报，其余失陷蒙蔽之事必多，比扶同隐匿，科道已连章纠举，法当究治。上特宽宥之。(一五,338)　丁卯，兵部奏宣府总兵官颜彪、右副总兵张瑀、镇守太监王受、巡抚都御史叶盛督备不严，以致达贼入境抢掠，请治其罪。上曰：“姑宥之。”(一五,339)

四月丁丑朔，巡按直隶监察御史祝祥奏：永平、山海内外守备官俱在沿边关营驻扎，独镇守密云奉御黄整、指挥佥事王荣在密云城内驻扎，离其所镇古北口等关颇远，遇警难以策应。上曰：“镇守内外官驻扎既有定处，如何辄擅更调？祥独任己见，姑恕不问。”(一六,343)　庚子，赐工部尚书白圭、都督佥事李宸、内官郑忠人钞二千贯、彩段四表里，并职官旗军、土官土人钞锭、彩段、绢匹有差，录平贵州东苗等处功也。　南京守备太监王敏奏

南京内府城堞及报恩寺塔各为雷雨所损。命南京工部会内外守臣兴工修补之。（一六，354）

五月癸酉，都察院请逮治吏部尚书王翱、侍郎崔恭、尹旻，特宥之。初，仓大使李添瑀官满，考验不称，例降杂职。有陈名者五人为贷银千两，赂内官郭聪，为营美选。聪以手帖嘱翱求嘉兴盐仓批验所大使。翱受帖已，即叱其人使去，顾侍郎崔恭、尹旻佯为不从语，乃置嘉兴而注添瑀湖广倚北湖河泊所，盖倚北湖之缺亦添瑀前所拟者，其地比盐仓尤善。后陈名等以分赂不均，事发及翱。翱上奏自解且认罪，有旨："既认罪，姑贷之。今后有以帖子嘱托者随即奏闻，不许隐匿。"至是狱具，都御史李秉劾翱隐情饰诈及劾恭、旻等依阿不为救正，皆当逮治。上俱贷之。（一七，367—368）

六月辛丑，巡按广西监察御史方佑等奏：永康县土官杨雄杰纠合峒贼二千余人擅入宣化县地方劫虏，不胜残酷，且伪署官职，阉割人民，又虏去典史等官。上命总兵官赵辅等擒治之。（一八，375）

八月癸未，兵部奏：七月二十八日，虏犯天城瓦窑口，守备右少监刘安、都指挥佥事孙泰、参将都指挥佥事郑俊追贼寡谋，损失士马器仗；哨备指挥王辅、百户葛诚哨守不谨，致贼乘隙入边；分守参将范瑾、右少监阮和策应不力，镇守太监王春、总兵官彰武伯杨信、都督佥事张鹏、巡抚都御史王越督属不严，俱宜重治，以为守边误事者之戒。上是之，命逮刘安、孙泰、郑俊、王辅、葛诚下锦衣卫狱，范瑾、阮和命巡按御史责死罪状，王春、杨信、张鹏、王越降敕切责之。（二〇，399—400）　辛卯，太监傅恭传奉圣旨，升文思院副使李景华、陈敩、任杰为中书舍人，御用监书办。景华等以夤缘内侍入内府，数引技术之士进用，宠幸日加，始以杂流躐升清华之职。（二〇，404—405）　兵部奏两京太仆寺开报南北直隶及山东、河南等府州县天顺八年分孳生马驹共二万八千四百九十七匹，例遣侯伯及内官分往印烙。上曰："今岁养马处多被灾民困，姑俟来年并印之。"(二〇,405)　壬寅，宥辽东总兵官武安侯郑宏、都御史滕昭、太监李良等罪。先是，东宁等卫军余私出境外采取人参，多为建州女直所伤虏，有二十三人逃入朝鲜境，朝鲜国王令资送来归。及三万都各处沿边地方数为女直入境剽掠人畜器物，分守指挥、千百户皆匿不报。既而宏等送二十三人赴京，并奏指挥以下失误军机之罪。事下法司、都察院拟议，因劾宏号令不严，昭等容隐不举奏之罪，请逮治之。皆得宥。(二〇,408)　癸卯，守备怀安等卫内官李顺奏守备署都指挥佥事周隆酗酒，不操练，用官木营私居等罪。刑部请下巡按御史问状，有旨锦衣卫差官往会御史鞫之。(二〇,409)

九月丙午，浙江提督市舶内官福住居宁波，所为多不法，役占匠作人以千数，横取公私财贿无算，别筑公馆于杭州，为害大略如宁波。所至骚扰，军民苦之。宁波知府张瓒颇禁戢其下，住因诬奏瓒，瓒遂列奏住诸不法事。下布、按二司核实，于是布政使李颙等具实会奏，并以具狱上。法司覆奏，上以住年老，悉宥其罪，但加戒饬而已。(二一,413)　癸酉，分守大同东路地方参将都指挥使范瑾、协同分守右监丞阮和、总兵官彰武伯杨信、参将都督佥事张鹏、巡抚右副都御史王越累坐失机罪，兵部议宜究治，为守边误事者之戒。上皆宥之，仍令尽心杀贼以赎前罪。(二一,426)

十月己卯，镇守辽东太监李良奏泰宁、朵颜二卫夷人千余近边围猎，恐将入寇。上命沿边镇守总兵官严堤备之。(二二,429)

辛巳，录四川官军平反贼赵铎功，升都知监右少监阎礼为太监，右佥都御史汪浩为左佥都御史，参将都指挥使周贵为署都督佥事，仍充参将，俱赏以彩段、宝钞；巡按御史曹英及为事官按察司副使刘清，佥事陈僎、严正，布政司布政使郑宁，参政陈述，都指挥张瑛、宰用复其官，亦加赏；民快孔伯玉授百户，王志恭赠百户，其余官军人等俱论功升赏有差。（二二，430）　辛丑，两广总兵官赵辅等奏："臣等奉命统兵征广西大藤峡蛮贼，师次全州，适报湖广阳洞等处苗贼从融江出兴安等县劫掠，已进兵剿杀，生擒贼徒四十五人，斩首五十四级，其余遁入山箐，死者不可胜数。今岭北一带地方宁靖，各处所调土兵俱集。臣等会议广西山峒，大藤峡最险，为蛮贼巢穴，而以修仁、荔浦为之羽翼，今大军压境，首破阳峒，军威大振，拟欲乘胜长驱，先剿修、荔等县以夺其气，因而直捣其巢穴，先声所至，彼已胆破，不暇支持，尅期可以扑灭大藤峡。既破，然后分兵尽剿广东地方流贼，庶几用兵有序，大功可成。"奏上，下兵部议，请敕辅与监督军务太监卢永、陈瑄、赞理军务都御史韩雍等俱依所拟以行。从之。（二二，441—442）

十一月辛亥，广西猺贼夜入广东廉州、高州二府城，劫去守珠池内官敕书并府印、库物。兵部劾奏把总都指挥张浩、指挥许祥、知府饶秉鉴等失守城池罪，并劾巡按御史陈相。上命逮张浩等问如律，陈相罚俸一年。（二三，448）　己巳，后军都督府右都督刘聚奏：臣蒙恩后府任事管操，缘臣叔太监刘永诚总督京营，理宜回避。上曰："刘聚既自陈，准其回避。"（二三，456）

十二月丁酉，兵部尚书王复等奏："先因四川总兵官芮成、都御史汪浩及贵州镇守内官郑忠、副总兵李安等互奏失机，已遣给事中秦崇、御史吴瑞、锦衣卫镇抚赵璟往彼核实，且命璟星驰回奏，命崇等就会诸将议兵讨贼。今璟已回奏而崇等亦有奏至，事下臣等看详，其芮成、李安所奏各有虚实，而成及汪浩又杀降要功，激变贻患，俱宜逮治。然自成等退军后，永宁等处又有贼情，欲行成等仍督诸将会兵讨贼，待事宁并勘回奏，以俟裁处。"从之。（二四，471—472）　癸卯，命抚宁伯朱永佩靖虏将军印，充总兵官，都督同知喜信充左参将，都督佥事鲍政充右参将，统率京营及山东下班官军一万五千，以太监唐慎、右少监林贵奉监军，工部尚书白圭提督军务，讨荆襄反贼。（二四，478—479）

本年附

艺文·碑铭·通济渠记

项忠撰《新开通济渠记》:“(**西安水苦,宋人引龙首渠水入城。**)迨今世远物迁,堤倚高原,日见削损,水仅一脉。城中军民多于晨昏争汲汰清,然后日用,讵能望其环城而为金汤之固也?天顺间,镇守都知监右少监黄沁辈屡欲大鸠工修治龙首渠,计费亿万,弗果。(**今工成,略。**)成化元年,岁次乙酉,仲秋月之吉立。”

(碑在陕西西安。《北京图书馆藏中国历代石刻拓本汇编》第52册,第48页)

成化二年丙戌(1466)

正月甲辰朔,虏三万余屯安边营近境,督军太监钱喜以闻。上敕喜及大同、宁夏、陕西、延绥各边镇守、总兵等官严兵备之。(二五,481) 辛亥,巡抚大同右副都御史王越劾奏参将李英、右少监韦力转、都指挥焦谦故违约束,怠慢军机,请治其罪。上命姑宥之。(二五,489—490) 甲寅,镇守陕西左少监黄沁奏虏拥众入庆阳环县境抢掠。上敕总兵官宁远伯任寿等相机截杀,并敕太监钱喜、大同总兵官杨信等会兵剿之。(二五,492) 丙辰,司设监奏本监住坐各色军民工匠久逃者计四千五百三十二名,乞行工部拘解应役。从之。(二五,493) 乙丑,南京守备太监王敏等奏:“近委把总都指挥丁玉等将兵分投巡捕盐徒,缘巡船修造未完,欲借马船一十六艘暂以充数。”从之。(二五,502)

二月庚寅,南京守备太监王敏奏:浙江安吉县贼徒千余劫掠宁国县居民财物,逼近南京地界。事下兵部,请敕浙江巡按监察御史设法缉捕,以除民害,兼敕南京守备太监等官并巡按直隶监察御史用心防范,毋容滋蔓。从之。(二六,520)

三月辛亥,复南京官吏户口食盐之半,其数毋逾十五口。先是,以两淮运司盐课多缺,暂将南京官吏户口食盐停止。至是守备太监王敏等言京师盐价踊贵,请复其旧,户部请折半与之,故

有是命。(二七,533)

闰三月丙戌,提督仓场印绶监太监阮通奏:“先因漕运参将袁佑建言儹运事宜,原定每石加耗米五升,今臣等会同户部尚书等官张睿等将运到糙粳米平斛量出一石外加耗米五升,晒晾半日,止得九斗六升,通折九升内亏正粮四升,恐后愈加亏折,累罪非轻。”户部覆奏,命加八升收受。(二八,556)

四月丁未,赏太监郭闵彩段八表里、新钞四千贯,并职官旗军、土官土人六百三十四员名彩段、钞锭、绢布有差,录其平贵州西堡等处功也。(二九,567) 辛亥,治大同边将失机罪。时总兵官杨信奏虏入城东军屯,都指挥焦谦与把总指挥缑谦帅骑兵三百追击之,李英率步骑一千五百为之应援。谦等先追贼出境,英从安子墩出口追二十余里,见虏可千余骑攻围缑谦等军,英督兵进战,贼稍解。缑谦等溃围以出,复战,贼乃退。至暮,都指挥秦杰引兵至。明日,守备都指挥范斌亦至,贼遁去。焦谦军战死者三十二人,缑谦军被伤者八十六人。章下,兵部奏劾总兵等官失律丧师,法不宜贷,秦杰、范斌及总哨千户李英、守墩百户张珍宜令巡按御史执治之。奏可。又言都督李英、少监韦力转系分守地方,彰武伯杨信、都督张鹏、都御史王越系镇守总兵、巡抚重任,俱宜罪之。有旨宥英等而下杰等于狱。(二九,570—571) 癸丑,湖广苗贼纠合广西猺獞在在攻劫,焚毁溆浦县治,杀掠军民男妇一千三百五十余人。兵部参奏镇守太监郭闵、巡按御史王瀛、三司掌印等官汪泽等及分巡、分守官俱失机误事,宜寘于法。瀛及泽等先因荆襄误事俱已停俸,其分巡、分守官亦宜如之,闵乃内臣,取旨裁决。上是其言,令闵用心殄贼以赎前罪。(二九,572—573) 辛酉,荆襄贼平,靖虏将军抚宁伯朱永及总督军务工部尚书白圭等执千斤刘等以献。永等上捷,奏云:“迩者荆襄弗靖,首贼千斤刘即刘通伪造妖言,聚众作乱,荼毒生灵。臣等奉命徂征,首有南漳之捷。询之土人,谓贼之巢穴在万山之中豆沙河之境，于是决策深入，以南漳贼冲，宜留兵守备。时臣永偶有小疾，因留居以控扼之，臣圭同太监唐慎、都督李震、都御史王俭自南漳进兵潭头坪，少监林贵奉、都督鲍政自远安进兵马良坪，都督喜信、都指挥王信自房县进兵浪口河，都御史王恕、都指挥刘清自谷城进兵洞庭庙。……谨以捷闻。”(二九,574—577)

五月庚寅，巡抚辽东左佥都御史滕昭等奏：“虏寇累入开原境抢掠人畜，巡守指挥孙昱、千户尹敬、百户彭俊等怠于巡瞭，备御都指挥同知孙能不能督属堤备，参将曹广、右监丞韦朗防范不密，又匿不以闻，当治其罪。”奏下兵部，因劾昭及镇守太监李良、总兵官武安侯郑宏号令不严，亦宜究问。上曰：“都指挥以上姑宥其罪，余令巡按御史杖而释之。”(三〇,602)　丙申，谪广东都指挥佥事张浩戍贵州边卫。浩守廉州府，流贼夜入城杀掠，为守珠池内使所奏，下御史鞫实定罪。至是遇赦，都察院援例奏请区处。上以浩情犯深重，不宜轻宥，故谪之，家属随住。(三〇,609)

戊戌，工部奏：“内官监请促办年例物料，若松木墨、煤、西红土、白面石等物共七百七十七万有奇。缘四方水旱相仍，民困已甚，若复征需，似乖初年明诏与民休息之意。”有旨：“小民贫困，正当宽恤，令内官监斟酌其急于用者出内帑银市之，不急者姑已之。”(三〇,610)　镇守四川太监阎礼奏：今春初，松茂垒溪所辖白草坝等寨番猓聚众五百人，越龙州境剽掠。事下兵部，论奏镇守松茂等处都督佥事卢能等不能抚治番夷，请姑记其罪，仍移文礼等督属剿捕，及能等善加抚治，以赎前愆。从之。(三〇,610—611)

六月甲辰，两广贼寇平，命监督军务太监卢永、总兵官都督同知赵辅班师，仍命太监陈瑄镇守广东，游击将军右都督和勇统达军留广东驻扎，巡抚两广左佥都御史韩雍提督军务，抚剿残贼。(三一,613—614)【考】陈瑄所镇者广东，尚未加总镇两广之衔，有之，自六年十一月始。　戊申，巡抚辽东太监李良、右佥都御史滕昭等奏虏入灰山等处剽掠人畜，守备宁远都指挥使孙璟不能督属防守，请逮问之。兵部因劾良等号令不严，法亦当治，上俱宥之。(三一，615)　　壬子，制谕彰武伯杨信佩平虏将军印充总兵官，统京营兵，往延绥讨虏寇。……又敕（都督同知赵）胜充副总兵，都督佥事湛清充参将，都指挥同知秦杰、守备柴沟堡署都指挥佥事许宁充游击将军，俱赴延绥。若贼势众大，则宁夏、陕西等处附近人马悉听信调发节制，并力防御。令太监裴当监督军务，右少监廖亨监管神枪，又以延绥总兵官都指挥同知房能职与把总官相等，难以行事，升为署都督佥事，又敕遣户部官一员措置粮草，御史一员禁约纪功。(三一，618—619)　　丁卯，敕巡抚陕西右副都御史项忠提督军务，与太监裴当、总兵官杨信协谋剿贼。时征剿河套，忠累请命文臣为总督，遂以委之。(三一，628)

七月丙子，虏寇入宁夏境，镇守太监王清奏都指挥何琳守备失机，而副总兵张荣领兵不进，参将王安号令不严，请皆罪之。上贷荣、安罪而命琳戴罪杀贼。(三二，632)　　壬午，司礼监奏请遣官往浙江等处督造纸札，给事中黄甄、监察御史赵敔等言：近年以来，水旱相仍，人民饥困，遣官督造，恐重为烦扰。上特命止之，惟敕所司督造而已。(三二，636)　　己丑，镇守宁夏太监王清等奏总兵官都督佥事李杲怀奸畏缩贪暴等罪状，杲亦奏清与副总兵都督佥事张荣、巡抚右副都御史陈价等罪。上以杲所犯情重，命逮杲及其部下都指挥李玙等赴法司推问，清、荣、价姑置之，令改正回奏。(三二，639—640)　　庚寅，兵部奏："两京太仆寺报各府州县两年未印马驹，总计五万六千一百四，例遣内官及侯伯印记。今诸处水潦相仍，民困未苏，请因都御史刘孜所奏，例选差廉能御史往印之。"上可其言。(三二，640—641)　　镇守四川太监阎礼奏泸州地方被蛮贼聚众杀掠民财。命总兵官芮成等发兵剿捕之。(三二，642)　　壬辰，兵部奏："辽东花儿营等处虏寇入境，按伏指挥张斌、分巡指挥毛钦、守堡百户胡荣防守失策，备御都指挥裴显督属不严，而镇守太监李良、总兵官武安侯郑宏、巡

抚都御史滕昭不能申严号令，俱请治罪如例。”命皆治其罪，李良、郑宏、滕昭姑贷之。(三二,643)

八月丙寅，锦衣卫官校副千户安顺等奏：“臣等从少监金鉴缉事，屡获妖贼并妖书，乞依前例升用。”命升顺为正千户，试百户董璋为副千户，总旗李贵、李信俱所镇抚，小旗张远等三名俱总旗，校尉杜旺等六名俱小旗，十名各赐衣一袭、钞一千贯。(三三,669)

九月癸酉，镇守宁夏太监王清等奏：七月三十日虏众过沟，入境抢掠官马，总兵官李杲统指挥苏谅等官军三百余往与交锋，斩获贼首。又调指挥顾缘等官军二百余并力剿杀，贼奔溃，得其辎重。报至，兵部议以此贼深入腹里，虽曾剿杀，未足以摧其锋，宜移文沿边内外大臣，严饬武备，相机战守，以图成功。从之。(三四,672)　癸未，南京御用监火，守备成国公朱仪以闻，下法司究问火起之由。(三四,681)　敕镇守湖广太监唐慎(**广本作王植**)、提督军务尚书白圭、总兵官抚宁伯朱永速将贼首石和尚剿捕殄灭，仍具贼势多寡强弱状以闻。(三四,681—682)　辛未，监督军务太监裴当等奏：“巡抚延绥都御史卢详自奉命以来，申严号令，振作兵威，有处繁理剧之才，今引年陈情致仕，然精力未衰，熟谙边务，乞仍留巡抚，以慰一方之望。”上允之。(三四,684—685)　辽东总兵官武安侯郑宏等奏：“福余卫胡寇三千自黑岭等墩入境，又有五百自他道入，抢掠人畜，杀伤官军。其分巡、守堡官军俱已如律治罪，左参将曹广、右监丞韦朗因循怠惰，纵贼劫杀，亦宜究治，以为守边者戒。”事下兵部，议宜行整饬边备左都御史李秉核广等失机误事罪，仍行总兵等官整搠军马器械以固守边方。上皆允之。(三四,685)　丁酉，命整饬兵备都察院左都御史李秉总督辽东军务。时秉奉敕整饬大同以东兵备，从镇守太监李良请，故有是命。(三四,687—688)

十月庚子，虏入延绥，东路右参将署都指挥汤胤勣率兵御之，为所杀。……兵部劾奏参将湛清分守东路，不发兵策应，监督太监裴当、总兵官杨信、巡抚都御史项忠领兵在彼，又不为堤备，俱宜究治；胤勣没于王事，宜量加赠祭，以励其余。上允之，裴当等姑不问，湛清令自陈。(三五，690—691)　总督辽东军务左都御史李秉奏开原地方虏寇屡入境抢掠人畜，杀伤官军，皆由太监李良、武安侯郑宏等平日不能申严号令所致，宜加究治，为将来者戒。有旨："李良、郑宏姑不究治，令自陈以闻。"(三五，692)

癸卯，平虏将军总兵官彰武伯杨信奏："迤东红山儿墩炮火不绝，暖泉山墩虏寇千余入境，俱往迤南三眼泉等处抢掠。臣与太监裴当、都御史项忠、总兵官房能会兵分讨，其贼突至，遂并力大战。良久，贼众奔溃，生擒五人，斩首五级，夺获马匹、衣甲、器械以百计。"上降敕奖谕之。(三五，692—693)　乙卯，修理内府六科廊等房。(三五，699)　巡按辽东监察御史魏瀚奏："辽东石峰山等处贼众屡入境抢掠，杀伤官军，分巡指挥孙昱、巡督指挥蓝全、守堡指挥佟昱等失机误事，其备御署都指挥佥事周俊不能督属战守，及镇守太监李良、总兵官郑宏平日不能振作士气，俱宜究治，为守边者戒。"事下兵部，议拟以闻。有旨："李良、郑宏待自陈来区处，蓝全令巡抚官逮治，韦朗遣人代之还京，周俊备御未久，姑宥之。"(三五，699—700)　丙辰，监督军务太监裴当等奏：今年九月谍报贼首阿老出等拥众入边抢掠，毛里孩率众袭其老营，尽掠其人口孳畜，阿老出同其子及头目十余人俱遁去。奏至，兵部议以此贼久居河套，侵犯我边，吞噬党类，势益滋长，不可不严为堤备。宜移文总兵等官佥议区画，相机战守，务在事无一失，以堕贼计。上从之。　命御马监勇士马匹有倒伤二次者姑宥之，三次者追赔不宥，从太监刘永诚等奏请也。(三五，701)　丁巳，传奉圣旨，升尚宝司司丞凌敏本司卿，汪容少卿，太仆寺寺丞季淳、周庠俱光禄寺少卿，中书舍人金溥、王恒、顾本俱光禄寺寺丞，王颐、张颀、夏文振、董序俱大理寺左评事，匠人徐端、锦衣卫所镇抚朱贵营缮所所丞。初宣德间,文华门东廊置中书舍人数员写门帖聚扇之类,后杂进者多,遂与中人相凭结,写佛经道书以希宠,其类渐盛。自是而后,升进滥矣。(三五,701—702) 丙寅,镇守辽东太监李良等奏:女直哥木列等卫传报三卫虏贼欲率众分道来开原等处抢杀,又言哱儿哱太师到河东时拥众十万,往大同等处抢掠。上命沿边镇守总兵等官整兵,严为备御。(三五,704)

十一月癸酉,总督辽东军务左都御史李秉奏:广宁、辽阳、开原等处俱要冲重地,宜选将守备,则缓急可保无虞。臣会同镇守、总兵、巡抚等官佥议,得指挥使崔胜、傅海、陈烈、王谐(**等,量地方缓急令备御城池**)。事下兵部覆奏,以为宜。上从之,命升崔胜、傅海、王谐为署都指挥佥事,以三人尝为秉等会举也。 镇守辽东太监李良、总兵官武安侯郑宏奉旨自陈失机罪状,有旨:"李良、郑宏既服罪,宥之,宜用心御寇,以赎前愆。"(三六,706) 辛巳,临泉王府内官奏王违法二十事,下都察院狱,会刑部、大理寺请行山西巡抚、巡按等官勘实。从之。(三六,712) 癸未,锦衣卫革职百户王敏诉其叔王诚景泰中任司礼监太监,后被诬死,乞照于谦恩典一体优恤。礼部覆奏,命赐诚祭一坛,复敏职。(三六,713)

十二月甲辰,巡抚宣府佥都御史叶盛、巡按监察御史展毓俱奏镇守独石内官进保苦害边军等罪,下都察院,奏请逮至京师廷鞫之。上曰:"姑不问,令其自陈,然后处分。"(三七,724) 丁未,都督佥事李杲有罪,谪充广西南丹卫军。杲先为总兵官,镇守宁夏,私用官物,索取货赂,且不设守备,数有达贼入境不能御,为太监王清、都御史陈价所奏。(三七,728) 癸丑,总督辽东军务左都御史李秉奏:"十月二十四日,虏贼千余骑入湖口……其总兵官武安侯郑宏、镇守太监李良、指挥金荣、百户全鼎等上下偷安,累失军机,宜置于法;及副总兵施英、参将孙璟、周俊领军追贼,宜计出万全,分投进剿,今乃舍门廷之寇,盗掠虏营之老弱,所获无几，失利居多，俱当究治。”上命记宏等罪，俾立功自赎，再犯不宥。（三七，734—735） 丙辰，赏左少监覃玑银十两，都指挥佥事韩斌银四两，彩段各二表里。辽东官军人等六百四十四员名，共银三十二两，绢八百二十九匹，布五百一十九匹，以天顺六年征辽获功故也。（三七，739） 辛酉，顺天府坝上比[北]马房草垛火，焚官草二十三万八千二百余束，纳户草四百六十车。时户部主事邓球、内官张安等于纳草者多征其附余，颇招人怨，又不能严于防视，致奸人纵火。球、安等皆坐罪有差。（三七，743） 癸亥，御马监太监李棠自陈闻辽东缺边储，欲令家人运米于三万等仓中纳成化二年存积淮盐五万八千引，有旨许中万引。既而户部尚书马昂以为宜如吕铭例，俟本年盐课通关至日通并开中。（三七，744—745） 镇守开原右监丞韦朗坐失机召还，以监丞张鉴代之。于是辽东属卫指挥王纶等诣镇守太监李良保留，良因奏：“朗失机置于法，固宜，但胜败兵家常事，昔武侯失利街亭，韩琦丧师西夏，自古用人未尝以一事之失而遽弃之者。韦朗之事，揆之古人，迹相似而情实轻。今为纶等保留，乞令戴罪杀贼。”兵部覆奏，谓武侯汉之名臣，韩琦宋之贤相，街亭、好水川之败，以马谡、任福违节制，非武侯、韩琦之过也。朗私役军人围猎，因误事机，岂得援以为比？且良先劾朗有罪，兹复为朗乞留，前后反覆，朝廷常法具在，宜勿许。内批：“韦朗既为良等保留，仍旧开原守备，张鉴回李良处监枪，俾各用心御寇。”（三七，745）

成化三年丁亥（1467）

正月庚辰，兵部奏：“巡按辽东监察御史魏瀚奏虏寇人辽东硷场堡及鸦鹘山屯、梁家台等处纵火焚堡门营舍，大肆杀掠而去，按伏指挥金荣、高通、守备巡视等官千户李杰、百户刘兴等俱失机致寇，宜正其罪。”镇守太监李良亦奏副总兵施英、左参将孙璟、周俊俱失应援，亦宜究治。但施英及金荣等尝因失机停俸立功,高通等罪与荣等,或逮问如律,或令自赎如荣等例。上曰:“高通等亦记罪,令立功自赎。”(三八,756—757)　庚寅,巡按广东监察御史潘稹奏:广东为事都指挥石鏴……失机致寇,宜逮问如律。事下兵部,言鏴固宜罪,若都御史韩雍、都督和勇、太监陈瑄者,俱以重臣出镇,流贼攻劫,匿不以闻,其罪尤大。上是之,令韩雍、和勇、陈瑄具实自陈。兵部复言:“曩因巡按广西监察御史端宏等屡劾总兵等官赵辅、都御史韩雍等妄奏邀功,旋师太早,致余寇陆梁,攻掠浔州等处;参将孙震弛备失机,与知府孙暐等隐蔽,罪不可宥。但辅等被劾,已得旨裁处,而孙震、孙暐等尚宜究治如律,以为后戒。”上曰:“然。赵辅、卢永、陈瑄、韩雍、和勇既经裁处,不必问。”(三八,764—765)

二月己亥,镇守独石、马营内官进保奏守备赤城都指挥刘政托疾不会议边事。刑部尚书陆瑜等请行巡按御史究治其罪,从之。(三九,775)　庚子,赐德王岁用米盐等物。王累奏本府日用白熟粳米、食盐及内官、内使每月柴米并养马料草俱在内府关支,今将之国,一时难于措办,乞敕有司仍旧关用,候庄田成收日停止。上允王奏,令今岁拨与白熟粳米二百八十三石有奇,食盐岁与一百引,马草料到府日为始给五阅月,内官、内使于所在官仓每月人给米四斗,以资食用,五阅月而止。(三九,776—777)　甲辰,命太子少保户部尚书马昂、右副都御史林聪、右给事中潘礼、陈钺清理京营军士。时六科给事中言:“边城既屡有警,京师根本重地,尤当戒严。其京营军士强壮可用者多为权势役占,乞敕刚正大臣一员检册清理,训练听用,庶虏寇闻风知惧而民心可安。”上允其奏,下兵部具大臣衔名上请。上以命昂、聪等,又命擢刚正给事中二员,佥以潘礼、陈钺应命。于是礼部尚书兼翰林院学士陈文等言:“五军、三千、神机三大营总统内外官军计数十万,顷缘虏贼小警,遣将分兵二万援之,号召旬日,不能具数,因命昂等大阅壮勇一十五万人,以俟继举。然今承平日久,卫所空虚，军士多为权豪势要之家占恡私役，按月纳钱，必得内臣刚方练达者与昂等共事，然后可以划除宿弊。今司礼监太监怀恩为中外所服，宜敕令同昂等协力奉行，庶几有济。”上从之，乃敕昂等曰：“朕以在京五军、三千、神机等营军士大率有名无实，视其名则案牍充盈，究其实则队伍空虚，关粮之际填塞仓衢，受赏之日溢满禁途，及至欲收集部曲往赴边鄙，累旬日不能得数万。盖总兵等官纵之归休，役之私用，接受货贿，买闲者有之，应付权豪占用者有之，其弊甚多，难以枚举。今特命太监怀恩会同尔等按籍查考，除已调之数不与，即将见在军士点闸，且以十五万实数来报。其有仍蹈前非，隐蔽不报，抗拒不服，听尔等会议处治，重则奏闻，拿问削夺。清理之后仍别立为良法，以备调用。夫朝廷劳天下之民以养兵，而耗天下之兵于奸弊，兵民日困，奸弊日深，及至有事之时，尔等付之长叹息而已，则曷若今日尔等不避怨怒，尽搜其弊源而窒塞之，以复我祖宗时兵制之盛乎？简任惟笃，期于见效，尔等其钦承朕命。故敕。”(三九，781—783)　庚申，诏宁夏以淮浙两运司盐召商中马。时宁夏内外守臣王清等奏：“宁夏三路旧马一万三千九百余匹，选调亡失之余，止存六百，罢驽半之。虽令以灵州盐课中纳，自沿边被掠兼以盐池寇盗所经，商旅罕至。今边圉多事，正用马之秋，傥倚池盐，缓不及事，乞预为区画，或给银价于陕西等处收买，或以淮浙场盐召商中纳。”事下兵部，议宜令户部定例开中，并行陕西布政司量给官库赃罚银买补。从之。(三九，794—795)　甲子，镇守广东太监陈瑄等奏：去年十月，海寇入临高县港掠民财，县丞陈瑛仓卒率众御之，为所杀。上命兵部行令瑄等速追捕之，并巡按御史查勘失机将士，奏闻究治。(三九，798)

三月戊辰，镇守辽东太监李良等奏：二月内达贼屡入边境杀虏官军人畜及器械财物，又探报老营达贼欲乘隙入寇。上命镇守、总兵、巡抚等官整兵御之，仍命监察御史核实以闻。　内官唐慎、林贵奉从荆襄征进还，道经淮安府板闸，其随从人有索米于收料府知事谷渊者不得，激怒之，慎令缚渊，褫其衣，沃以水杖之七十，遂死。至京，上奏求宥。事下都察院，行巡按官勘报，具得其实，都御史贾铨等请治其罪。上以慎等付司礼监区处，其随从人命法司鞫之。(四〇,806)　　壬申，御马监太监刘永诚等奏赏赐各王府仪宾马匹不敷，乞行太仆寺令于各处解到寄养备用马内选四百匹送监收养，预备给赏。从之。(四〇,808—809)　　辛巳，内承运库会计岁用赏赐之费不给，请于浙江等处旧罢银坑内如例采之。事下户部覆奏，上以军民贫苦，闸办之数但准天顺二年例从省取之，其浙江、福建二处各遣内臣一员往督其事，四川、云南二处即令镇守内臣兼督之，仍谕以敕书，令无得扰害军民。盖天顺二年前四处银坑岁办十万二千两有奇，比之常赋为省。既而六科、十三道交章言方今国家赋急民穷，银坑封闭有年，乃复采取，未免劳人且贻患地方，乞暂停止。诏以采办银课乃祖宗旧制，已从减省，不必停止。(四〇,812)　　丁亥，升御马监把总都指挥使李玉为都督佥事。　　戊子，遣官谕祭已故司礼监太监舒良。良，景泰中给事司礼监，天顺初石亨辈诬以迎立外藩，坐死，谪其弟玉戍口外。至是玉上疏为良雪冤，得复旧职，故赐祭云。(四〇,822)　　癸巳，上以北虏毛里孩等遣使朝贡，敕太监顾恒、抚宁侯朱永统官军一万驻代州，仍命左参将刘聚领官军五千驻大同，右参将鲍政领官军五千驻宣府，遇有警报，悉听朱永调度，俟虏使还，核其情实奏闻，以凭区处。(四〇,826—827)

四月辛丑，太子少保户部尚书马昂、都察院右副都御史林聪等奏："臣等同太监怀恩于五军、三千、神机营选过一等官军五军营得七万九千三百四人，三千营一万四千八百六十人，神机营四万九千七百四十五人，共一十四万三千九百有九人，俱系京卫外卫见在操练并放班之数。"上曰："一等官军数多，仍旧分十二营操练，兵部其会举坐营官以统领之，仍推举文武大臣各一员总督其事，务在得人。”(四一,833)　癸卯，镇守辽东太监李良等奏：三月以来，虏贼攻围通远堡，抢掠人畜，射伤土兵、官军；及懿路、开原、锦州等处虏贼二千余骑在边窥伺入寇。上敕良等整兵堤备，仍命巡按监察御史覆实以闻。(四一,836)　癸丑，重立十二营，改工部尚书白圭为兵部尚书，太子少保如故，仍命不妨部事同定襄伯郭登、太监裴当提督十二营操练，复令太监刘永诚、傅恭并五军、三千、神机营总兵，每月三次(**广本、抱本三作二**)赴团营会操，遇有调遣，公同计议。　命辽东开原备御右监丞韦朗、左参将都指挥使孙璟同分守开原。(四一,841)　乙卯，设十二营坐营官，以平江伯陈锐坐奋武营，都督同知赵胜耀武营，都督佥事王瑛练武营，右都督刘聚显武营，都督同知鲍政敢勇营，都督同知白玉果勇营，左都督和勇效勇营，都督同知马良鼓勇营，都督佥事武忠立威营，都督佥事湛清伸威营，都督同知张钦扬威营，都督佥事李昶振威营，每营仍令内官一员(**广本一作二**)协同管操。(四一,842)　戊午，虏贼入弯秋树等地方杀夜不收四人，镇守蓟州等处右少监龚荣、巡抚右佥都御史阎本等以闻，且自劾其号令不严失机误事之罪。上曰：“论法固当究治，然既引罪自劾，姑宥之。”(四一,845)　庚申，兵部左侍郎程信等奏虏贼入辽东抚顺、懿路、开原、辽阳、铁岭地方节次抢掠人畜，巡视、守瞭、守堡、巡空、备御等官都指挥康显等失机误事，法当究治，请令各官住俸，戴罪杀贼，以赎前罪；镇守、总兵、巡抚等官太监李良等不能运筹决胜，且号令不严，以致下人怠忽误事，亦宜究治。上曰：“然。良等姑宥之。”(四一,849)　癸亥，镇守甘肃太监颜义等奏游击将军都督同知赵英擅放备御官军。都察院请行巡按御史逮问。上以用人之际，姑宥英，仍令移文使知警惧。(四一,851)

五月乙丑朔，兵部左侍郎程信奏：大同西路达贼拥众深入抢掠，而右少监韦力转、参将都指挥使秦杰防守不谨，左少监覃玑、修武伯沈煜、都督佥事张瑀、右副都御史王越号令不严，以致失机误事,俱宜究治其罪。上是其言,仍姑宥韦力转、秦杰等。(四二,855)【考】韦力转此后实录无事迹,其侄韦胜夫妇衣冠合葬墓志见本年附。　丁卯,镇守大同左少监覃玑奏:"达贼大势入境,官军分为四路,都指挥李恺等为左哨,都指挥马仪等为右哨,修武伯沈煜、都督佥事张瑀由中路,臣偕都御史王越等随后策应,屡与贼战,杀败贼众,生擒一十二人,斩首二十七颗,获鞍马一百二十匹,弓箭什物无算。"诏覃玑等三员俱升一级,沈煜等三员宜从厚赏,余官军升赏有差。(四二,856)　庚午,镇守独石、马营等处奉御进保擅作威福,虐军取赂,稍不顺者辄捶死之,事连宣府副总兵黄瑄、独石马营左参将李刚,俱逮治之。都察院鞫实,进保坐斩,瑄等赎杖还职。(四二,857)　丁丑,录平四川戎县蛮功,升总兵官都督同知芮成为右都督,巡抚左佥都御史汪浩右副都御史,纪功给事中秦崇、监察御史吴瑀俸二级,贵州巡抚右副都御史李浩亦升俸一级,左监丞郑忠为右少监,官军升赏有差。　己卯,太子少保户部尚书马昂等奏:"臣等同太监怀恩选过五军、三千、神机营一等官军,已奉旨分拨十二营,其次等者一十八万六千三百七十六员名仍存本营操练备用,年老残疾者四百八十八员名宜送回该管卫所,官月支俸米一石,余俸减半,旗军每月止与食米三斗。"上是之。(四二,860)　甲申,提督太岳太和山宫观奉御韦贵等言:"本山宫观岩庙凡三十有三处,殿宇房舍岁久不葺,损者十六七。臣等顷已勘修,其绘饰所需欲取之旁近郡邑。"奏上,工部请命湖广布政司委堂上官会勘区处。从之。(四二,864)

【考】韦贵为司礼监奉御,其奉命提督宫观在成化元年九月。任自垣《敕建大岳太和山志》卷二《诰副墨第一》:"皇帝敕谕奉御韦贵:昔我皇高祖太宗文皇帝,创建大岳太和山宫观,虔奉祀事,实欲福佑我国家及天下苍生于无穷。迨至皇曾祖仁宗昭皇帝、皇祖宣宗章皇帝、皇考英宗睿皇帝临御之日,克绍先志,特将均州一千户所军余杂泛差役及屯田子粒,尽行优免,专一供应宫观洒扫修理之役。今特命尔与湖广布政司右参议王豫,率同玉虚宫提点、均州千户所千户提督军余，时常洒扫洁净，但遇宫观殿宇有所渗漏损坏及桥梁道路有所坍塌淤塞，即便修理完整，务为永远香火之奉。尔宜恪遵朕命，公勤趋事，不许怠慢。如敕奉行。故谕。成化元年九月十七日。”

六月乙巳，兵部奏：辽东虏贼入境抢掠，杀死官军，镇守太监李良、总兵官武安侯郑宏、分守辽阳副总兵裴显等失机误事，请究治之。诏李良、裴显杀贼赎罪，郑宏姑宥之，停禄半年。（四三，879）　癸丑，改宣化驿驿丞张苗为顺天府都税司副使。苗，太监敏之从子。敏以苗在外不得朝夕见，请于上，故有是命。自是近幸希恩泽者多援苗例云。（四三，886）【考】张敏于实录只见恩泽，无事迹。张敏对孝宗有“保护”功，《明史·孝穆纪太后传》载：纪妃有孕，“（万贵妃）使门监张敏溺焉。敏惊曰：‘上未有子，奈何弃之？’稍哺粉饵饴蜜，藏之他室，贵妃日伺无所得。至五六岁，未敢剪胎发。……成化十一年，帝召张敏栉发，照镜叹曰：‘老将至而无子。’敏伏地曰：‘死罪，万岁已有子也。’帝愕然，问安在。对曰：‘奴言即死，万岁当为皇子主。’”帝闻言大喜，即日迎皇子，是即后来的孝宗。而张敏遂触贵妃之怒，“惧，亦吞金死。敏，同安人。”然据新近发现的《张氏族谱》，张敏一直活到成化二十一年，一生荣宠，仕至司礼太监；其兄弟三人：弟张庆、张本，皆为权珰。[①]　辛酉，四川戎县山都掌蛮贼聚众作乱，制谕襄城伯李瑾佩征夷将军印，充总兵官，升兵部左侍郎程信为兵部尚书，提督军务，太监刘恒为监督，调四川贵州官军剿捕之。（四三，894）【考】刘恒时任御用监太监，见成化五年闰二月姚夔撰《敕赐证果禅寺重建碑》。碑文见该年之附。　癸亥，镇守辽东太监李良奏：“辽阳以东一带地方屡被建州女直纠合毛怜等卫贼徒抢掠，臣偕总兵官卫颖、副总兵裴显率奉集堡等处按伏指挥王昇等遇于西湖屯，伏兵四起，与贼对敌，显父子身先士卒，奋勇大战，生擒贼二人，斩首十六颗，获马三十二匹，夺回男妇二百五十二人，马、牛、驴一百九十有奇。”奏至，

① 参看陈支平《新发现的明代太监张敏资料释读》，《史学月刊》2011年第6期。

上赐敕嘉奖。兵部请移文巡按御史查良、显功以赎前罪,仍行巡抚都御史张岐将有功并阵亡官军造册缴报,以凭升赏。从之。(四三,894—895)

七月甲子朔,以大同地方虏寇远遁,召还监督军务太监叶达、左参将都督刘聚所统兵。(四四,897)　丁丑,太监黄赐传奉圣旨:章璠改太仆寺少卿,别举一人巡抚陕西。(四四,908)　辛巳,赏大同有功官军八百六十员名彩段、白金、布绢有差,其镇守少监覃玑等进官一级,总兵官修武伯沈煜、赞理军务都御史王越等赏赉视常例有加。(四四,911)　壬午,降陕西都指挥佥事夏鼎为指挥佥事,指挥佥事郑泰为副千户,俱边卫守哨。初,鼎守备延绥,会达贼入黄河套,鼎等不能防,又纵军余千人出城采草,为所杀。镇守少监秦刚奏之,下御史顾浩核实,都察院拟坐斩,特命降鼎三级,泰二级,俱发边卫守哨。(四四,913)

八月庚子,镇守广东太监陈瑄等奏:贼入化州城,杀知州黄智,掠官民男妇二百五十四人,牛、马八十七头,劫去州学印记及官银钱钞,焚毁册籍、房舍,守备指挥黑畯等避贼失机。上命巡按御史究治之。(四五,928)

九月甲子,巡抚宣府右佥都御史叶盛陈边务事宜:一、凡虏中走回男子例送御马监,验充勇士,不堪者发回原籍。所司不知怜恤,致其生悔,复走虏中为孽。间有挟虏马来者,例该进奉,然其马或走伤或倒死,负累公私,今后发回原籍者免其杂差,所挟马听其自卖,如此则被虏之人非惟闻风感慕而亦可以保无他虞矣。……疏入,上曰:"中国人不幸陷虏中,既而来归,其情义可嘉。……盛言有理,所司其详议以闻。"(四六,945—946)　辛未,南京司礼监太监覃包等奏:建庶人、吴庶人自天顺初安置凤阳,其带来帐幔靴履岁久敝尽,又其人口一十八名,岁给布缣绵絮,后死亡者五人,因减给,而今所买女奴六人,俱无衣布应用,宜量为修补以广恩待之意。事下工部,请仍命包等勘议给赐。从之。

(四六,950)　癸酉,户部会六部等衙门官议漕运总兵及各处巡抚等官所言事宜,条奏:一、……一、王府婚丧大事,每岁朝廷三五次遣官行礼,馆谷赠遗未免浩费。请自今亲王、郡王并妃如旧差在京内外官行礼,其将军、县主以下应差京官者以命布政司官,应差内官者以命本府承奉。一、……上皆准议行之。(四六,953—954)

十月丁酉,追赏天顺六年擒获江西长河峒贼朱绍纲等功,镇守太监叶达、巡按御史吕洪,都指挥余春、乐昇、冯广,布政使黄琛、按察使张蓥、副使余复、知府顾曜及军士彩段、楮币有差,以巡按御史勘实奏至也。(四七,970—971)　甲寅,提督辽东军务左都御史李秉奏:臣同武靖伯赵辅征剿建州虏寇,所统官军分为左右哨掖,九月二十四日从抚顺关出境,历贼张打必纳等寨俱空。……及左哨右监丞韦朗等各统官军亦抵戴咬纳等寨,于九月二十九日四散冲击。(**及左掖副总兵王瑛等战功与俘获皆略**。)捷至,上命赐敕奖谕。(四七,975—977)　辛酉,南京司礼监内官家人阮权盗南京太庙神御珠冠、金盆等物,事觉伏诛。(四七,978)

十一月丁卯,建州俘虏董阿兀等十人反狱逃匿,事闻,兵部请逮治监守官军并劾镇守太监李良、总兵官宣城伯卫颖[颖]号令不严之罪。上曰:"李良、卫颖[颖]且不问,令戴罪捕贼,不获不宥。"(四八,985)　丁亥,镇守四川太监阎礼奏:大坝山都掌蛮贼复聚众为恶,攻烧九寨、上下罗,计一十三寨,杀死人民,虏掠男妇甚众,蹂践田禾,抢杀粮夫,势甚猖獗。兵部覆奏,宜行提督军务尚书程信、总兵官襄城伯李瑾督四川、贵州总兵、巡抚等官速为剿灭之。(四八,991)

十二月乙未,南京司苑局副使韦父田(**广本父作文,下同**)等有罪,命韦父田、来兴降内使,黄力远、韦陆、王迪充净军,孝陵种菜;韦住降奉御,守东华门。俱坐纵家人窃太庙并内府财物也。(四九,993)　丁巳,御马监太监叶达奏:臣先以征江西长河峒有功,蒙赐宝钞币帛，臣愿辞还，乞升臣兄锦衣卫千户叶成官。事下兵部，以为前无此例，宜勿许。上特从达请，升成原卫指挥佥事。(四九，1009—1010)

本年附

艺文·碑铭·韦力转侄韦胜夫妇衣冠合葬志

明故明威将军韦公暨太宜人常氏合葬墓志铭

赐进士第、奉直大夫、户部山东清吏司郎中京口赵祥撰文。赐进士出身、承直郎、刑部湖广清吏司主事四明徐智书丹。文华殿直、吏部验封清吏司员外郎、进阶奉直大夫、□□庶尹云间张骏篆盖。

明威将军韦公吉夫，世为广西柳州西□□人，以功随驾居京师。天顺戊寅年(二年，1458)，吉夫随太监、总兵官屡战获奇功，后以勇敢，没于王事。春雨□霜，屡关寒暑，太宜人常氏秉节抚孤，六十有六，获疾弗起。其子锦衣□□诚携同官王志学所为行实，泣而诣予请曰："家君墓木已拱，尚未有铭。不肖罪戾□□家母病卒，□乞铭于相知。"予稔吉夫之行谊，又久获交诚，其何能辞。

谨按状，公讳胜，字吉夫。□□英□□何氏。吉夫伯有讳源、讳力转者，永乐间以人才选入内廷，积勚勤劳，有年于兹。源升都知监丞，力转历升都知监太监。太监虽居中贵，刚介有为，奉敕镇守大同。于时吉夫随侍左右，凡区处边务，纤悉无遗策。吉夫多……安枕而夷虏帖服，朝廷无北顾之忧者，多其力也。景泰间，北虏跳梁内侵，太监公□军□□□□力当先罔后。尝赞公曰："用兵之□，既进不可或退，既胜不可不追。"遂乘胜夜袭，直至□□□□□□扫烟尘，捣其巢，奏凯而还。捷闻于朝，吉夫以功升锦衣所镇抚。是年冬，北虏复肆猖獗，吉夫奋不顾身，歼□□□，获其辎重，贼□遁散。□获奇功，由镇抚而升副千户。天顺丁丑(元年，1457)，太监公录其功，闻于朝，□□锦衣卫前千户所管事。是年秋，受诰赠其祖为武略将军，妣为太宜人。吉夫封武略将军，母封宜人。是年冬，□□□□□随龚太监(荣)、安远侯柳公(溥)，奉命征进。次年夏，在凉州突遇贼众，对敌数十，力不能支，饮恨而死。殆[迨]贼平，朝廷念其功，追赠明威将军、指挥佥事。其配常氏，十八岁归吉夫，克尽妇道，□□外奉祭

□和妯娌□□客，闺门之内犹堂陛，下至臧获媵妾，待之咸有恩礼。吉夫方奋□□功名，不暇顾其家，太宜人综理家政，家日以裕。年三十六而夫亡，然其教子，尝曰："汝父竭忠□国，□于王事，没而有光。汝能务树立以增光前人，庶慰汝父于地下矣。"为择良师，□与俱，诚拔尘脱颖，必能建节封侯于万里之外也。

成化丁未（二十三，1487）六月，太宜人忽遘疾，诚惊惶无措，叩地吁天，无所用，诚遂兹将衣冠合葬焉。吉夫生永乐庚子（十八年，1420）正月十七日子时，卒天顺戊寅（二年，1458）五月十七日。宜人生永乐壬寅（二十年，1422）十一月十三日子时，卒于成化丁未十月初五日未时，寿六十有六。□□□即诚，今为锦衣卫前所正千户，娶郭氏□董氏□。女三：长适故光禄寺丞沈憼长子节，次□□□指挥使张质，又次适羽林前卫理刑镇抚王镆。孙男一，名武，甫八岁，董氏所出。呜呼！□□为人□□而宜人贞顺不渝，皆可铭。铭曰：

桓桓将军，万夫之雄。生有功勋，□有□□。□□□□，贞静懿淑。母范森严。闺闱整肃。都城□□，□□□□。离离宿草，郁郁新阡。合葬于兹，福泽永□。我铭□□，来者考焉。

（北京出土。《北京图书馆藏中国历代石刻拓本汇编》第52册，第195页）

艺文·碑铭·善果寺碑记

《敕赐善果寺记》："（**宣武门外有古刹。**）尚膳监官□□□□暨内外官庶发善心，各舍己资，集料命工，盖造殿□□门，雕□诸佛众像并钟鼓幡花供器，次第严饰。今悉完美，勒于金石，用垂不朽。然则奏请金额事由，已载太监陶公荣碑文，兹不复赘，亦不重列作记、书篆之衔，切因常公恒思内外官庶有舍……者，有施财作像者，有化募助结良缘共成胜事者，然皆福报有归，宜录芳名于左，其余僧众善士十方檀越……。昭永久之不泯耳。（**碑左列"官众"200余人略。**）大明成化三年龙集丁亥孟夏月癸卯吉日立石。"

（**碑题漶失。**）

翰林院修撰、儒林郎盱江严安理撰记。□敕□赐习楷书东吴孙天济书丹。司礼监内官临川陈温篆盖。

都城宣武关外，去西南三里许，地志□宛平县白纸坊，乃南梁汉兴元府之唐安寺，废弛岁远，基址尚存。东有报□相依，西有……古刹之胜境也。天顺甲申(八年,1464)春,尚膳监太监陶公荣,一日游览至此,遽兴作善之心,施财庀料,鸠工鼎建。(**营建略**。)是岁正月吉日奏请金额曰善果寺,征予为记。予闻公世系安南国□家子,永乐丁亥年(五年,1407)至京,进内随侍太宗文皇帝。迨永乐癸巳(十一年,1413)随驾,小心慎密,克尽忠勤。累侍仁宗昭皇帝、宣宗章皇帝、皇太后、英宗睿皇帝。惟公忠敬,悉罄勤劳,历官年□,升至尚膳监太监,掌巾帽局事。今侍皇上尤嘉宠。顾公怀列圣洪恩,思无报本,由斯鼎建梵刹,感荷赐额,诚遂所愿,(**下略**。)

(成化三年刻,碑在北京宣武区善果寺胡同。《北京图书馆藏中国历代石刻拓本汇编》第52册,第57、58页)

张天瑞撰《重修善果寺碑记》:"佛以慈济为善教,人以布施为善果,善教在学人而能济者为善知识,善果在恒人而能施者为大檀越。夫施之善者……有感者也。若夫不募众缘而慨然独任其成者,岂不谓之大檀越哉!观诸内官监太监姚公,可谓称是名者。公名训,自幼进入皇城,忠信诚笃。天顺间事英宗皇帝,甚所钟爱。历事宪宗皇帝及孝宗皇帝,而信任益专,升擢益贵,赏赉益厚矣。公愈自俭约,不事奢侈,恒欲作福,以图报称。乃于弘治十六年冬,因所修善果招提日久倾颓,欲为鼎新之计。□□□□□□□□□朝之暇,上御便殿,公见天颜有喜,从容向前,稽首顿首,面自称奏,曰:'臣年衰老,荷蒙累朝厚恩,赏赐充积,未尝私自妄费。窃见都城西南敕赐善果寺,岁久荒废,愿捐己资,重为修理。未敢擅便,伏望圣恩怜悯。'帝即俞允,既遣内官监太监邓永等总领诸色人匠往莅其事,复赐兼金,以助其用,仍谕中宫及春宫各赐金助之。自兴工以至毕工,俱遣官祭告,品物出自大官。(**下略**。)正德三年,岁次戊辰,正月吉日立。"

李绅撰《重修善果寺碑记》:"都城宣武关西三里许有寺曰善果,虽系古刹,天顺间尚膳监近侍姚训等暇日过此,悯其殿宇卑陋,规模狭隘,尝率众捐财以鼎新之[1]。至今几五十年,公今历升内官监太监,见其墙垣倾圮,且无廊庑,欲发心重修,未敢自专,乃于弘治十六年冬具奏,节奉孝宗皇帝圣旨,差内官监太监彭喜等监临其事,仍赐白金以助其费,皆异数也。比至择日兴土,以及破土定磉、竖柱上梁,亦皆遣官祭告,又异数也。自弘治

[1] 据下文,"天顺甲寅尝鼎新,亦赖中贵成良缘"。但天顺朝无甲寅,有戊寅(二年,1458)和甲申(八年,1464)。

癸亥（十六年，1503）冬十二月经始，越二年乙丑（十八年，1505）冬十月告成，大约经营费用以日计之，凡七百余日，以银计之，万有余两。（**寺规制略**。）是役也，百费俱出于公，而综理周悉，防范严密，名下内臣张公通之力居多。奏请虽出于公，而遣官赐祭颁金降香，皆出自恩典。公以其律僧成坚处事精详，历练老成，领札而住持之，迨[殆]与敕建宫寺同例。由是而观匪公诚敬足以动天，忠勤足以结主，曷克以致是哉！公为斯举，上以祈赞皇图，祝延圣寿，下以荫资众善，为民造福。寺成之三年，公弟锦衣千户安以同僚户侯周衷、林复为介，征予文为记。（**下略**。）正德三年，岁次戊辰，秋九月吉日立。"

（碑在北京宣武区善果寺胡同。《北京图书馆藏中国历代石刻拓本汇编》第53册，第137、144页）

成化四年戊子（1468）

正月戊辰，朝鲜国王李瑈遣陪臣高台弼来献建州俘。（**朝鲜国助征李满住略**。）命礼部从厚赏赉，诏加赐锦四段、西洋布十匹，并赐领兵有功官白金、彩段有差。遣内臣金辅赍与之，敕瑈曰……（五〇，1017—1018）【考】据朝鲜《世祖实录》，与金辅同使者还有姜玉，且姜列名尚在金前，皆朝鲜人。金辅为金兴养子。使者二月起程，四月至鲜京，七月还。　戊寅，应天府府尹毕亨奏：南京原差内外官于江浦等县督采修造红土，扰民不便。上命俱取回京，今后只令本处有司陆续采办。（五〇，1020—1021）　癸未，禁内外公差官员不得役占官船夫并例外需索供给。时应天府府尹毕亨奏上元、江宁两县被内外往来公干官员多占夫役，需索工匠器用，供给折纳银钱，留占驿递夫船，骚扰殊甚。兵部言此天顺初已有禁例，后因内官秦刚家人给驿取钱事觉，又复申禁令，所奏无指实姓名，难于究治，宜谕所司再申禁革，而有司官吏阿附祗应者一体究问。从之。（五〇，1024—1025）　乙酉，提督两广军务左副都御史韩雍引疾乞致仕。章下吏部，言雍疾未剧，且镇守太监王定奏雍才识优长，谙晓军务，正用兵剿贼之际，宜留理事。诏从之。

(五〇,1025—1026)　庚寅,论平建州虏寇功,加太监黄顺米岁二十四石,升少监张璘为太监,右监丞韦朗为右少监;加左都御史李秉太子少保,仍旧职;进武靖伯赵辅为武靖侯;转右佥都御史张岐为左佥都御史,支正三品俸;升都督佥事王瑛、王铨俱为都督同知,……其余有功将士俱令兵部视擒斩迤北虏寇例定拟以闻。(五〇,1027—1028)

二月癸巳,命太仆寺于顺天府所属寄养马内选大马五千匹送御马监牧养应用。时御马监传旨,欲选万匹,兵部以尝遣官选给京营数多为言,故减其半。(五一,1031)　庚子,镇守陕西左少监黄沁奏都指挥同知司整侵欺官物,敛取军钱。整因奏沁占种田亩,折收廪给,并贪暴诸事。俱下巡按御史等官按问多实,并拟罪以闻。诏司礼监差人代沁还京,整令赎罪还职,调贵州属卫差操。(五一,1034)　癸卯,提督四川军务兵部尚书程信等奏:臣等奉命出师……乃决策克期令都督芮成由戎县进,都御史陈宜、参将吴经由芒部进,都指挥崔旻由普市、水脑进,留参将郭贵护守城池,四川总兵官毛荣为左哨,由李子关进,都御史汪浩、参将宰用为右哨,由渡船铺进,臣与太监刘恒、总兵官李瑾居中节制,左、右游击将军罗秉忠、穆义由金鹅池进。(下斩获略)上命降敕奖谕,所遣赍奏百户升副千户,舍人授所镇抚。(五一,1037—1039)

甲辰,巡抚陕西右副都御史陈价奏:"陕西、四川各边镇守、总兵、参将内外等官遣使入京赍奏,往往多挟私货,重损驿马,且或改写关文,增添上马、双马者,深为民患,乞行禁治。"兵部覆奏,从之。(五一,1039)　戊申,敕南京右佥都御史高明仍同太监王允中清理两淮等处盐法,召锦衣卫指挥佥事冯珤还京,以明等奏沿江盐徒巨盗陆续捕尽故也。(五一,1041)　镇守四川太监阎礼等奏:"松茂等卫所属白草坝等番拥众屡寇安县镶门坝、石泉县大方关等处,焚庐舍,杀掠男妇二百余人,钱谷牛马无算。盖因各城军士俱调征都掌,松茂等处关隘多失巡守,而守安县指挥王璟备御不谨。"事下兵部,言王璟并各关巡守等官宜行巡按御史逮问,仍移文副总兵卢能等委参将一人率兵协同阎礼等御寇。从之。(五一,1041—1042)　　癸丑,云南总兵官黔国公沐琮奏:"太监罗圭、梅忠二人同镇云南,今圭卒,乞免更差。盖二人同事,往往相持不决,反致违误。忠明敏不偏,可以独任。"事下兵部,议其言可从。有旨不必差官,令写敕与梅忠,用心总镇。越四日,内批召忠还,而以御用监太监钱能往代之。能,迤北人,兄弟四人俱居内侍,用计谋出镇云南,自此多事矣。(五一,1044)【考】钱氏兄弟实喜、福、能三人,又从兄弟义一人,见成化八年所附之《最胜寺碑》。丙辰,敕户部臣曰:"各边粮草不敷,皆因盐法废弛,弊出多端所致。今后内外官员之家不许占中盐引,侵夺商利,亏损边储。其两淮等处盐法今遣太监王允中、佥都御史高明整治,尔户部还将兴革利弊事宜,逐一斟酌以闻。"于是户部奏:(**谨以兴革利弊事宜具奏请旨**。)奏入,上是其议,命揭榜示众,其两浙、长芦,候两淮事毕以渐行之。(五一,1045—1049)　　庚申,镇守延绥等处左少监秦刚奏:天顺五年虏众渡河剽掠,躬督官军追讨,屡败之,乞视当时有功官军事例升赏。上以刚既自陈督兵杀贼有功,准升一级。(五一,1050)

三月壬申,镇守辽东太监李良自陈有疾,不能任事,乞遣官更代。上曰:"李良、卫颖同守边方,如何相继称疾?其令巡抚、巡按官核实以闻。"　镇守四川太监阎礼(**礼次年春卒,墓志见本年附**)等奏:"白草坝等寨番蛮纠合各种番族攻劫龙州、江油等处,指挥陈琦等不严守备,参将李文等不时督视关堡,致贼劫掠,事属失机,俱当究问。"上命镇守、总兵、巡抚等官严督所属整兵剿抚之,且命巡按御史逮问琦等如律,李文等姑记罪杀贼。(五二,1055)

四月癸巳,兵部尚书白圭等奏:"湖广宝庆、武冈、彰宁等处苗贼聚众抢虏人畜,焚毁房屋,大肆凶恶,总兵官李震、参将高端不能申严号令,以致失机误事,镇守太监郭闵、赞理军务都御史罗篾不严加督属，况又徇情隐蔽，请俱治其罪。”上是之，姑宥震等，令尽心剿贼。(五三，1066—1067) 戊戌，兵部奏：“南、北直隶递年解送太仆寺转发顺天府寄养备用马，近岁折征价银解部，转送太仆寺，无官库收贮；且今御马监并大同见缺马，尚未给领，乞令太仆寺委官赍送价银赴大同巡抚官处交收买马，其御马监亦许支去易买，庶为两便。”上从之，命以后折征价银，令工部及顺天府于太仆寺建官库收贮之。(五三，1070) 丁巳，上以天旱不雨，特降旨法司，监问囚犯恐有冤枉，宜从宽恤，遂命司礼监太监徐浩公同三法司堂上官详审之，其重囚并情罪有可矜疑及见枷号者命具录来闻，徒流以下减等，就便发落。于是罪当死而情可矜疑者枷号，而期限未满者皆得充军，徒杖以下皆递减一等即放遣之。(五三，1084) 刑科给事中虞瑶言：“比者承运库奏称赏赐段匹不足，令浙江、福建及应天府存留税粮支买一万，赃罚等银倍买足之。夫税粮与银所以为赈济之资、不虞之备，今乃悉归措买之用，设再旱涝，将何以为赈济乎？又言浙江处州府处于万山之中，地险民悍，易于生变，往年陈鉴、胡仁、叶宗留之徒实为明鉴。近数年间帖然无事，正以银场不开，有司无扰故也。近者太监卢永承命往闸银课，由是有司不恤民艰，乘时射利，剥削无已，寇盗复兴，或争铆而杀人，或出境而行劫，意外之事，不能保其必无也。织造已有常数，税课亦有定额，若陛下量入为出，节而不费，岂有不足之患哉？伏望念天下之多事，悯小民之艰难，体大易制节之理，以万方惟正之供，段匹、银课暂且停止，太监卢永即行取回，则民困以苏，国用自足矣。”事下户、工二部。户部覆奏，以为京师及各边费用不给，所出银课恐难停止，宜敕浙江布、按二司选委廉干官从轻采办，其取回太监卢永宜如所言。工部亦以为欲如所拟，恐岁用不敷，宜于本部原派买办彩段共三万匹内减其半。议上，诏卢永不必取回，银课依减轻则例采之，其买办段匹亦如议减半。(五三，1084—1085)

五月乙丑，山西按察司提调学校佥事胡谧请颁《大明一统志》于天下，礼部乞于司礼监关领原本付福建布政司，下书坊翻勀[刻]印行。从之。　丙寅，命南京守备太监安宁、成国公朱仪、尚书李宾会同三法司审录狱囚。时南京亦久不雨，应天府府尹毕亨以缓刑弛力为言，故有是命。(五四,1094)　壬午，楚王均鈋奏本府内官、内使数少，乞于正旦、冬至节遣仪宾、指挥、千百户等官赍进表笺。从之。(五四,1105)

六月癸卯，尚膳监太监潘洪奏：两淮运司积有余盐五万九千引，乞令其侄潘贵中纳关支。时已得旨，户部覆奏，言先有诏旨禁防盐弊，凡内外食禄之家不得占中，以侵商利，损边储。今洪所请不惟沮坏定制，抑且启在位逐利之心，不宜赐允。上曰："朝廷存积盐课以待边用，祖宗明有禁例，食禄之家尚不可中，况内臣乎？内臣给事内廷，凡所以养生送死皆朝廷为之处置，固不必营利以殖生，况乃损国课以益私家乎？其勿与。"(五五,1116)【考】《中官考三》："成化二年已准太监李崇开中辽东盐万引矣，自是赐太监陈铉万引、潘午[牛]万引。"　甲辰，镇守广东太监陈瑄等奏：今年三月十二日夜四更，琼州府地震，未震之先，有声从西南起，遂大震，既而复震，良久方止。事下礼部，谓地道以安静为体，动则为异，厥象为兵。今广东贼情未息，不可不为之备，宜行镇守、巡抚等官，戒饬所属，严加修省，操练军马，守护城池，堤防贼寇，修明政事，以消灾咎。从之。(五五,1117—1118)　辛亥，镇守陕西太监刘祥等奏："开城县土达满俊即名满四等三百余人抢掠苑马寺官马，杀死土官指挥满璹所带官舍十七人，旬日啸聚一千余徒，披明甲，执弓矢，吹响器，势已猖獗。"上命祥同宁远伯任寿、右副都御史陈价等量度贼情速抚剿之。(五五,1120)

七月己巳，兵部尚书白圭等奏："陕西镇守等官复报固原土达满俊等反，半月之间遂有四千余众，况陕西地方诸夷杂处，恐其扇惑结构，为患不细。"命镇守太监刘祥、总兵官宁远伯任寿、巡抚都御史陈价会同巡按、三司等官计议,协从者设法招抚,首恶者亟行剿捕。(五六,1144)　癸酉,命太监刘祥监督军务,巡抚陕西右副都御史项忠总督军务,都督同知刘玉佩平虏副将军印充总兵官,都指挥同知夏正、刘清充左、右参将,统调京营及延绥、宁夏、甘凉等处军马共一万三千征剿固原反贼满俊。先是,兵部已请命镇守、总兵、巡抚等官相机抚捕,至是廷臣会议,以为陕西重地,贼渐猖獗,宜别推文武重臣统兵剿灭以靖地方,故有是命。(五六,1145—1146)　庚辰,召太监王允中、南京右佥都御史高明各还京。允中、明被命清理盐法,利弊颇见兴革,至是以岁旱河梗,商盐积滞,居民灶户多疫死者,奏言宜加存恤,不宜用法逼迫,恐致激变,且乞令已还京。上曰:"两淮盐法既清理有渐,可俱令还京。"(五六,1151)

八月甲午,下怀柔伯施鉴于都察院狱。有锦衣卫校尉随内官领挽青镘红细车将出城,道遇鉴,前呵不避,鉴怒杖三十。锦衣逻卒执其行杖者送浙江道治罪,因奏逮鉴下狱,坐赎杖还爵。诏免赎,停禄三月。(五七,1159—1160)　己亥,南京浙江道监察御史孔儒上言四事:"(**一任辅臣。一纳谏言。一节财用。**)一罢泛贡。国家贡赋已有常制,近年内官在外者多取方物食品作贡,其于上贡者不过十之三四,而为私馈者乃有六七,采造之费,转运之劳,皆民财力,不胜其苦,伏望一切停罢。"上命所司看详,采其可行者行之。(五七,1161—1162)　己酉,论平山都掌蛮贼功,加太监刘恒米岁二十四石,升左少监赵永为太监,岁加米十二石;兵部尚书程信兼大理寺卿,进襄城伯李瑾为襄城侯,封左都督罗秉忠为顺义伯,升都督佥事穆义为都督同知,监察御史方汉为南京通政司左参议,兵部郎中俞钦为太常寺少卿,户部郎中李田为广东布政司左参议,兵部主事陈渤、户部主事刘杰俱为郎中。左少监郑忠、南宁伯毛荣、右副都御史陈宜、都督佥事宰用、都指挥同知吴经俱给赏。(五七,1168)　乙卯,定襄伯郭登奏:征西总兵官都督

刘玉声望未著，宜别选重将以图成功。事下廷臣会议。命抚宁侯朱永整兵操候启行，仍遣内官一员监军。（五七，1170）

九月己巳，十三道监察御史康永韶等亦奏：……祖宗以俭立国，嚬笑不轻，近年赏既过滥，用亦太奢，一美珠而偿银数百，一宝石而累价巨千，倾府库之财，易无益之物，设有缓急，何以备之？况后宫供奉倍增，光禄常供不足以给，则又和买于外，如唐宫市。民心惶惶，怨言盈路。伏望节珠宝之费，减宫闱之供，则民心悦矣。昔汉文帝辍百金之露台，惜十家之常产。陛下即位之初，放鹰犬、罢土木，海内欣欣。近日以来似闻稍异，土木既已渐兴，鳌山又闻预建，劳民伤财，亦召天变。伏望痛自损抑，于凡不急之务悉令罢去，其采办银矿、印马内臣已去者取回，未去者停止，则民困可舒矣。……上曰："所言有理，所司即议行之。"（五八，1179—1183）

十一月壬戌，总督军务右副都御史项忠奏：臣等奉命征剿逆贼满四，以十月九日军分七路，臣与太监刘祥、总兵官刘玉、都御史马文升等由金佛沟进，都御史王锐、参将胡恺等由李俊沟进，伏羌伯毛忠等由木头沟进。（**下进军及斩获略**。）项忠、刘祥、刘玉等皆降敕奖谕之，令用心平贼，毋或因胜而怠。（六〇，1219—1220）

甲子，巡按福建御史吴璘奏："闽浙之交有贼徒三千余于浙江泰顺县长山降尾新坑强采银矿，杀民快十五人，劫官库器物，及掠沿村居民财畜，扰害地方，乞敕浙江都、布、按三司速为扑灭，勿使滋蔓。"事下兵部覆奏。上命太监卢永镇守浙江，吴昱镇守福建，仍兼理银场，会同三司等官设法抚捕。（六〇，1223）

十二月庚子，巡按辽东监察御史侯英劾奏辽东总兵官赵胜、太监叶达、左参将杨玙号令不严，以致指挥胡珍等为虏所害，宜逮治其罪。兵部覆奏，以为巡抚都御史彭谊亦宜并逮。上曰："叶达、赵胜、彭谊、杨玙皆姑宥之。"（六一，1240—1241）　壬子，调监察御史邵有良为四川蒲江县知县。时有良巡视光禄寺，以光禄多积弊，费出无经，谕所司具报实数，署吏迟之不以报，有良杖之。中官回保素恶有良执法不便其私,诬奏有良包藏祸心,索报各宫日用之数,事涉不敬。上大怒,令自陈状,有良具道所以。上以其不谙大体,且不输情引罪,命杖之,调外任。(六一,1253)

上遣太监郑同、崔安往朝鲜国册封故国王李瑈世子李晃为王,太监沈绘致祭。既行,巡按辽东监察御史侯英奏:"辽东连年被建州虏寇侵扰,去岁东征,至今疮痍未起,民穷财尽,今复禾穑不登,米价踊贵,军士缺食。太监郑同等所领随从下人沿途劳费百端,臣查得先年曾遣翰林院编修陈鉴等素有学行闻望者出使其国,今同与安俱朝鲜人,祖宗坟墓、父兄宗族皆在其地,于其国王未免行跪拜之礼,进嘱托之辞,殊轻中国之体。且朝鲜虽称外国,其人多读书知礼,苟使臣非人,必为所轻。伏乞追寝成命,于翰林院官或六科给事中推选一员及行人司官一员往使为便。"会山东分巡辽海按察司佥事俞璟亦以为言,礼部以闻。上曰:"英所言良是,今后赍赏遣内臣,其册封等礼仍选廷臣有学行者充正、副使,庶不失中国大体而亦可服远人之心。"(六一,1253—1254)

【考】《中官考三》案云:"此内臣不封王之始。"然宦官仍遣,如成化六年再遣金兴封朝鲜王,是此诏实未行之。三使成化五年闰二月至鲜京,考朝鲜《睿宗实录》卷八引锡王敕云:"得奏,尔父讳薨逝,朕甚悼惜。兹遣太监郑同往尔国中谕祭,遣太监崔安、沈绘诏示尔国人,封尔为朝鲜国王。"此与《明宪宗实录》所记不同。按,明朝遣使多不和,因备极丑态,大损国体。朝鲜《睿宗实录》卷五,成化五年五月乙酉,"分礼宾寺官,饯崔安等于洪济院。沈绘与安因忿相诘,而泣极口骂,安解衣攘臂欲殴之,头目等止之。绘以靴尖踢安养子孙,恕[怒]曰:'我当回奏皇帝,必杀汝。'安曰:'吾视汝不啻如草芥,汝何能为?'遂大哄,不饮饯而去。"沈绘为司设监太监,后因不法坐死罪,见成化九年四月己卯条。此事朝鲜《成宗实录》卷四六,成化十年八月乙未条亦载之:"近者中朝宦者沈绘谋欲免罪,先白万氏(**万贵妃**),事觉得罪,终年拘囚,治罪甚严。"沈绘从此史无载。

本年附

艺文·碑铭·奉御陆应墓志

南京司设监官奉御陆公墓志铭

中书舍人槜李罗麟撰。乡贡进士姑苏伊承书。容台印史四明杨准篆。

公姓陆氏，讳应，别号清昭，世家苏之长洲望族。祖福，母吴氏，父讳思恭，母施氏，兄安，公行二。洪武初，徙实京师应天之上元。永乐初选入内廷，钦蒙太宗文皇帝抚育长成，诲以经书子史，咸通大义，渐蒙恩宠。永乐中有荐公以精通文翰、小心诚确于上者，屡蒙升擢，至南京司设监奉御。公自任以来，勤于政事，恪然守法，侍五朝，蒙以恩宠，赏赉甚厚。天顺改元，奉命守龙江关，廉勤公恕，慎于出入。政务之暇，诸书无不博览，且识达古今，存心忠厚，遇事辄竭其才，始终如一。况乐善施惠之心，孜孜不已，而下人蒙恩惠感戴者犹多。其于供佛饭僧，救济贫苦，无不尽心，真可谓仁人君子、处心忠厚者矣。

公生洪武乙亥（二十八年，1395）十月十二日，没成化戊子（四年，1468）十月二十六日。姊妙净适王宗完。侄通，娶徐氏。甥一，曰俊，娶顾氏。孙男一，孙女一，俱幼。成化戊子八月（**按，原碑此处空两格**）日葬聚宝门外德恩寺之原。通等泣血请铭其墓，予固不辞而为之铭，铭曰：

烨□陆公，出自名都。表仪魁伟，挺若碧梧。选入内廷，以长以教。博观诗书，渐臻成效。遭时宠用，政化以成。迨至晚年，优游昇平。存仁积善，阴德屡施。令名耿耿，勒之璠玙。宣扬德誉，万古光辉。

（江苏南京市出土。国家图书馆藏拓：墓志 5443）

艺文·碑铭·太监阎礼墓志

都知监太监阎公墓志铭

四川等处提刑按察司按察使云中郭纪撰。四川等处承宣布政使司左布政使广平马显篆盖。四川等处承宣布政使司右布政使余姚杨文琳书丹。

公讳礼，字廷节，姓阎氏，直隶广平府邯郸县人。父敬，母任氏。早岁入侍内庭。景泰改元之初（1450），授织染局大使，兼管近侍。寻掌神机营右掖三司。五年（1454），升内官监右少监。七年（1456），往滇南取其所产方物,民无所扰。

天顺改元(1457),迁都知监左少监。六月,以四川为西南大藩,地接吐蕃羌夷,……公来镇其地。四年(1460),……督理行都司会川卫密勒山银场课。五年(1461),松潘番寇阻绝粮道,勒兵以抚□之。六年(1462),叙戎苗贼侵扰边境,率兵以征剿之。十月,攻松茂黑虎等寨,倾其巢穴。八年(1457),讨近邑逆贼悟昇、赵铎,歼其凶党。嘉其功,升本监太监。

成化改元之二年(1466),荆襄贼石和尚流劫夔州等处,同藩宪、都阃官剿捕,郡邑获宁。三年(1467),往会川银场检其额课,贡于京师。七月,以都掌夷寇叛服不常,屡为民患,疏奏朝廷,遣内外文武大臣出师征剿。公保固封守,会计兵费,不越月而还师。

五年(1469)春,疾作,经□弗愈。朝廷命还京师就医,而公已捐馆矣。是年五月二十一日也,上距所生之年永乐甲午(十二年,1414)九月七日,享年五十有六。

弟杰,字廷英,锦衣卫正千户。侄男二,曰武,曰文。侄女四:长适指挥董瑁,次适应袭指挥舍人巨洪,次在室。官具舟楫以归其榇,卜期葬于宛平县香山乡新庄村之先茔。廷英复来请铭诸墓。惟公以笃厚和易之资,聪敏练达之才,涉猎经史,崇尚儒雅,居宫庭之职,简在宸衷。出镇大藩,体宽仁之心,施公平之政,居守攻伐,深识事机,有益于国。捐馆之日,兵民感泣,为之罢市,亦可谓难也已。是宜铭之,以垂不朽。铭曰:

于惟阎公,内臣之良。近侍宸严,端确诚庄。出镇西蜀,闿亮公方。靖安边圉,慎固封疆。兵民怀惠,口碑载扬。璞全而终,厥名永藏。归正丘首,香山之阳。勒铭贞石,有炜其光。

(《新中国出土墓志·北京》第111号)

艺文·碑铭·云峰寺碑

张福撰《敕赐云峰禅寺碑记》:“(**云峰寺在都城东北百余里。**)钦差镇守密云等处中官崔真、都指挥佥事王荣等同发诚心,各舍资财。(**下营建略。**)成化四年,岁次戊子,孟夏四月八日,开山第一代住持……”

(碑在北京密云溪翁庄黑山寺。《北京图书馆藏中国历代石刻拓本汇编》第52册,第62页)

艺文·碑铭·正觉寺碑

陈鉴撰《敕赐正觉禅寺碑记》:"(前略。)惟我圣朝,若御马监太监韩公谅[①],诚忠节义,文物□正,操履端庄,而尤夙慕西来的意了悟大乘以志弘接物利生□圣恩,思无以补报,将原赐宅舍一所在于顺天府宛平县发祥坊之处,施与善人郑道明,于成化三年春开山创刹一所,次第营修。(略。)本年秋,太监韩谅奏闻皇上,特赐额曰正觉禅寺。(下略。)成化四年冬十二月上□吉日住山沙门净寿同善人郑道明立石。"

(碑在北京西城区正觉胡同。《北京图书馆藏中国历代石刻拓本汇编》第52册,第63页)

艺文·镇东堂记

刘元撰《新建镇东堂记》:"广宁于辽东为都会,辽东为卫二十有五,其戎政悉听于监军、总兵、巡抚,而听政之堂曰'镇东',则于是乎。在其外朝鲜、女直、奴儿干、乞列迷苦兀者种落,岁帅贡职,通译上谒者又以百数,故于是堂之制必壮伟宏耀,然后有以重威焉。今上(宪宗)即位之四年,以松阳叶公达为监军,都督同知凤阳欧公信为征虏前将军,握兵柄;副都御史东莞彭公谊为巡抚,赞理军务。三人者,皆有文武材,既至,欢然相得于一堂之上,偲偲然惟以政未修,威未备是惧。(略。)今三君子相与处久矣,于边议一时或争可否,卒从容商榷,惟国之计匪躬之念,未尝有猜阻疑贰之衅。"

(嘉靖《辽东志》卷二《建置志·公署》)

【考】同书卷二《建置志·公署》:"镇东堂,广宁城鼓楼西,巡抚王翱建。"《会府》:"即镇东堂改建。"镇东堂即辽东镇巡等官会议之"会府"。李时撰《重建会府记》:"今天子(世宗)御极之十有五年,监军少监王君永、征虏前将军马君永、总督中丞任君洛将上命出镇辽土,柔远能迩,绩用续成,以广宁会府诸议事者萃焉。"

成化五年己丑(1469)

正月丁卯,巡抚贵州右副都御史陈宣[宜]奏:"少监郑忠、南

① 韩谅见于天顺四年刻《惠明寺碑》(《北京图书馆藏中国历代石刻拓本汇编》第52册,第26页)碑阴之"檀越芳名",时为尚膳监太监。

宁伯毛荣各带京官舍人随行，纵其役占军伴，办纳月钱，奴辱有司，营求货赂，大为军民之害。顷者太监钱能出镇云南，道经贵州，从行官舍怙势横行，需索百端，民吏骇窜，道路如此，属境可知。且云贵居民半系蛮獠，威刑所迫，恐致惊疑，宜将忠等所带官舍悉取回京。”兵部因言：“近奏准镇守内外官许带随从人皆有定数，在云贵者五人，惟钱能十人，乃特旨。所定难以取回，宜行令二处巡按御史严加禁治，不许数外多带及禁约勿使仍前恣横为害。”从之。(六二，1264)　甲戌，命署都指挥佥事都胜镇守仪真并提督扬州、通、泰等处军马。时兵部因锦衣卫指挥佥事冯瑶言沿江上下诸郡宜置武臣镇守，行令南京守备内外官安宁等举可任者。宁等言沿江巡视各有官守，惟仪真控临长江，为四方商旅之会，寇盗出没之区，宜得人往镇。时胜方总南京诸卫漕运，佥谓胜廉介有守，都御史滕昭尝举镇其地，用胜为宜。议上，从之。(六二，1267—1268)

二月癸卯，南乐王祁鉷以内使苏买的儿酗酒纵肆，乘怒杖杀之，入奏请罪。上宥之，仍赐敕戒谕。(六三，1286)

闰二月辛酉，天寿山守备太监周常奏：“长陵等三卫官军共二千八百四十九员名，岁分二班调黄花镇守备，但山后火起，无人扑灭，乞自后每班止轮五百赴镇守备，余留永安城操练及备修理工役，遇警易于调遣。”兵部言：“边关陵寝，俱不可缺人防守，宜量存八百守陵，余仍轮番守镇。”上令三卫官军仍委永安城内外守臣管领操练，如旧轮番守镇。(六四，1297—1298)　甲子，南京都察院致仕左都御史石璞卒。璞，字仲玉，河南临漳县人。……璞在江西，振扬风纪，断决疑狱，甚有时誉，虽儿童妇女皆知有石廉使名。后迁山西，太监王振，蔚州人也，乞恩祭扫祖茔，璞极力奉承之，振还，遂升为尚书。天顺初，随例勒致仕。四年复起，掌南京都察院，耄荒谬滥，始终如二人焉。(六四，1300—1301)　丁卯，镇守广东太监陈瑄等奏：两广稍宁，从征达军思归，乞令分班

赴广操守,脚力口粮有司供给。事下兵部,议……(六四,1301—1302)

三月戊戌,赏少监郑忠、南宁伯毛荣、右副都御史陈宜并旗校官军及随征文职官员人等彩段、钞、绢有差,以贵州等处杀贼功也。(六五,1315)　庚戌,录平逆贼满四等功,加太监秦刚米岁一十二石,升右副都御史王锐、马文升俱为左副都御史……(六五,1319)

四月丙辰,赐江川王徽煝内使二人,从其请也。(六六,1323—1324)　甲子,录工部右侍郎黎叔林子世荣为中书舍人。叔林,交趾[阯]人,父澄,季犛之子,苍之弟。以俘至,大宗文皇帝赦之,授以官,专督造兵仗局铳箭火药,终工部尚书。叔林继之,仍督造军器。至是请官其子世荣于京便养,上念其远人,俯从之。

乙丑,御用监左监丞龙闰娶南和伯方瑛妾许氏为妻,事觉,上曰:"在昔帝王以内官给事内廷,以其绝生道,无外觊也。今闰在外娶妻,何异常人?其即离异,闰仍送司礼监处治之。"(六六,1329)　庚辰,司礼监奉御韦贵奏:"奉敕修理太岳太和山宫观及桥梁道路,乞免守御所旗军差役,兼同余丁专给工役。"上允其奏,仍敕贵及参议王豫督工,务在完固,其调用官军一应差役悉与优免。(六六,1336—1337)【考】韦贵随升监丞,任自垣《敕建大岳太和山志》卷二《诰副墨第一》载敕书:"敕内官监右监丞韦贵:得尔奏彼处官观房屋、桥梁道路年久损坏数多,其均州千户所正军,多系先前习学木石等匠,要乞挠[优]免征差,兼同余丁专一修理等因。今特准尔所奏,命尔同参议王豫提督本所官军并余丁,将前项损坏官观房屋、桥梁道路,陆续用工修理。合用砖灰木料,预令官军余丁,设法烧采措置应用。尔等务在用心提督,使劳逸相均,工程有序,坚固完美,足以经久。毋或虚应故事,徒费财力,及科需克害,致人嗟怨,如违罪有所归。工完无事之日,仍提督正伍官军,操守城池,防御盗贼,或本处并邻近府县草寇生发,本所官军相应调用,听参将等官与尔等计议斟酌施行。其余一应杂泛征差并运粮屯田及边方征调等项,一体优免。尔等其如敕奉行。故敕。成化五年五月二十四日。"按,此为提督太和山内官预军之始。

五月庚寅，升南京锦衣卫冠带总旗李智为所镇抚。智，太监李秉弟，先以军功得总旗，至是秉言智尝入粟，授从九品散官，乞量授武职。事下兵部，言智所授散官非实职，今获功一级，于例止宜升冠带总旗而以散官终身。上如秉所乞升之。(六七,1341)

乙未，太监许安传奉圣旨：译字教师光禄寺署丞梁能升礼部员外郎，鸿胪寺主簿张春、沈达、译字官沈铨俱中书舍人。(六七,1343)　丁酉，录平两广蛮贼功，赏太监陈瑄、王定，右副都御史韩雍、右都督和勇、都督同知欧信、都督佥事廉忠，都指挥夏鉴、葛宗荫、佥事陶鲁俱从厚，余获功、阵亡、被创官军、土兵、民快人等凡四千二百六人升赏有差。时两广地方连年用兵，田里荒芜，人民凋弊，猺獞千百成群，如入无人之境，而守土官军动以捷奏，虚张名数，升赏日加，而盗贼纵横如故云。(六七,1344)　己亥，兵部奏：去年冬虏寇入河套，时延绥精兵调征固原未返，宣府游击将军署都指挥佥事许宁提孤军，猝与寇遇于孤山堡等处，三败之，自是贼势稍衰，竟渡河以北。时太监秦刚、署都指挥佥事房能率兵策应，户部主事李雄奋勇督阵，其余斩首、当先、阵亡、被创官军共二千五百人，俱宜论功升赏。上命实授宁都指挥佥事，赏秦刚、房能及李雄，其余官军俱升赏有差。(六七,1345)　辛丑，命礼部左侍郎万安兼翰林院学士入内阁参预机务。(六七,1345)【考】《明史·万安传》："成化初，(安)屡迁礼部左侍郎。五年命兼翰林学士，入内阁参机务。同年生詹事李泰，中官永昌养子也，齿少于安。安兄事之，得其欢。自为同官，每当迁，必推安出己上。至是议简阁臣，泰复推安曰：'子先之，我不患不至。'故安得入阁，而泰忽暴病死。"按：泰非李永昌养子，乃其过继子。　丙午，复瑞州府同知赵昂通政司右参议，闲住。昂以交结内侍王纶罪调瑞州，至是援钱溥、朱奎复官例奏请，故有是命。(六七,1349)

六月甲子，广西流贼入广东阳春县城，烧毁庐舍仓库，杀虏官军人民，镇守广东右都督冯宗以闻。兵部言失机指挥佥事李盛等俱宜论罪如律，其冯宗及巡抚都御史陈濂、镇守太监陈瑄、游击将军都督廉忠号令不严，罪亦难恕。上是之，惟冯宗等姑记罪，令用心剿贼，再犯不宥。（六八，1354—1355）　甲戌，巡按直隶监察御史张琎奏："居庸关、隆庆、涿鹿中卫、守御白羊口后千户所其地俱近京师，军人小有争讼，辄相告讦，所逮人众，久未结证，有妨守备，乞自后词讼俱送巡关御史问拟。"事下刑部议，以其言可行，但其间有不妨守备者，仍须本部问拟，或事系违法重情，及预巡抚、镇守、巡按等官者，本部参详处治为便。从之。（六八，1359）　丙子，录大同杀贼功，升奉御张普林、都指挥佥事张瑛俱一级，赏太监覃玑、韦正、彰武伯杨信银十两、彩段三表里，都督佥事徐恕、右副都御史王越银五两、彩段二表里，都指挥以下官及旗军人等共三千八十六员名各升赏有差。（六八，1360）

七月甲申，镇守云南太监钱能奏："云南所属卫所军马、钱粮、屯田之属自来任官分理，必由总兵官会议而行。比年掌印、管屯、管马、管操官员独令巡按御史推选，及边夷土官袭职，布政司径为处置，总兵全不得与，深为不便。"奏下吏部，尚书姚夔等覆奏，谓先有诏，云南、贵州、广西、湖广、四川土官袭职者本部移文三司核实，定名会奏，方许袭职，如有徇私不公，听巡按御史纠举，罪坐原核官。遵奉诏旨行之已久，今能又以为言，请进止。上曰："仍如诏例行。"（六九，1362—1363）　丁亥，兵部奏："广西断藤峡及忻城八寨等处流贼累次攻劫乡村，杀掠人畜，总兵官都督同知马良、左右参将夏鉴、张寿、镇守太监王定、巡抚左佥都御史张鹏不能摅忠效力，息盗安民，俱请罪之。"上曰："马良等坐视寇盗纵横，本当逮问，姑记其罪，令用心剿贼，若再误事，不宥。"（六九，1364）　庚戌，广东守珠池奉御陈彝奏："今岁五月，有黑船十余艘泛青婴、杨梅池，窃采蚌珠，闻其语音，乃交阯夷人，请敕安南国王禁治。"户部议以所云夷言得于剽闻，未可遽信降敕，宜令所在有司禁防。既而巡抚都御史亦以为言。适安南国王黎灏遣

使朝贡,曰:"就令赍敕往谕之。"(六九,1373)

八月戊午,广西道监察御史李瑢言:"臣巡视甲字等库,看得各处解纳钱粮有数少而其来自远者,如四川仪陇县解成化四年分生漆二斤,五倍子十斤,其直为银不逾四钱,而间关道路凡四阅月,其费将十倍。请自今凡课程数多者,许州县径解,少则送府或布政司类解。"又言:"甲字等库大使贾铭告称,比者天财库夜尝有盗,盖因各库不用库夫之过。库夫之设,所以使之出纳钱粮,慎固防守,其额多者百二十人,少亦三四十人。旧尝有两番直宿之令,今存者无几,而夜宿每库不过一二人。遇有出纳,令解户雇倩市井无赖,号为'小脚',搬运窥阚,夤缘为盗。请备将原额库夫清出,给与印烙字号木牌,俾之搬运防守,则盗贼可息而积弊以消。"事下户部议,以为宜从之。瑢又言:"臣观内库所藏弓矢,动以亿万计,其间弓之漆角脱解,矢之翎干蛀蠹者既多,积于无用而有司续解者亦惟取具文移,以致吏民并缘为奸,弓矢多不犀利,有警何所资藉以为用哉?臣请申饬所司,必使用心如式造解,仍于岁办额内量减什之一二,或取其直解库为修整之费,或征其材归公为成造之资,庶上下财用不乏而内外之奸弊可除矣。"事下工部,覆奏以定制不容增损,惟命所司如式督造而已。(七〇,1375—1377)　辛酉,内官莫海守备永宁,私役边军,多纳贿赂,又令家人以布分所部而倍收其粟,指挥、千百户刘谨等四十九人皆为之出纳,同守备指挥马刚实从谀之,为千户郤铭所奏。事下巡抚都御史郑宁,委巡按御史逮治刚等,乃劾海等俱当逮治。都察院以闻,诏海自陈,谨等四十九人命会镇守等官各杖三十释之。(七〇,1377—1378)　戊寅,斩内使杜衡、匠人缪谅于市。先是,衡盗内府金二两、银二百两有奇,谅知而为之支费。锦衣卫鞫得其实,送都察院拟罪,都御史林聪等论衡罪当斩,例得赎,谅当徒,例拘役。奏上,命皆斩之。(七〇,1384—1385)

九月丙戌,甘肃总兵官定西侯蒋琬等奏:"赤斤蒙古卫指挥敢班等赍番书五纸入关，报成化五年七月初六日瓦剌头目拜亦撒哈拥众至苦峪地方抄掠，敢班等亦率众追至莽东川，互相仇杀。恐此贼因而得计，窥犯我边，不可不严为之备。”上命琬及镇守太监颜义、巡抚都御史徐廷章同议方略，整饬边备，以防御之。(七一，1390—1391)

十月辛酉，镇守福建太监吴昱奏处州流贼越过福安、寿宁等县盗银矿，杀伤民快；镇守浙江太监卢永亦奏贼徒千余往温州泰顺等县坑场窃矿劫掠。事闻，上命昱等同巡按御史并三司等官会议抚捕方略及严谨守备地方。(七二，1403)

十一月己亥，命太监陈瑄总镇两广；起复右副都御史韩雍，升右都御史，总督两广军务，兼理巡抚；南宁伯毛荣佩征蛮将军印，充总兵官，镇守两广。升都指挥夏正署都督佥事，充副总兵，镇守广西。都指挥同知杨广充左参将，分守高、雷、廉、肇，马良代毛荣镇守贵州，冯宗召还。巡抚都御史吴琛等俱令还京，都察院理事。兵部尚书白圭等言：近设总府于梧州，以大臣总督，命臣等会多官议且举其人。臣等会太保会昌侯孙继宗、吏部尚书姚夔等议，广西浔、庆等处宜立副总兵一人，雷、廉、高、肇宜设参将二人，总兵冯宗、马良宜召还别任，且举副都御史韩雍等以闻。故有是命。(七三，1416)【考】此为两广总镇开设之始。两广总镇内官及广西镇守内官名录见本年附。万历《广东通志》卷六《藩省志六·事纪五》：“初命御马监太监陈瑄总镇两广，开府于苍梧，谓之‘军门’，总镇、总督、总兵并建，号为‘三堂’。”①

十二月壬戌，太医院办事府同知吴衡乞致仕，诏不许，仍升顺天府治中，入御药房。初衡以崇仁县医官入太医院，后升翰林院典籍。天顺初，清翰林院官属，升补外任，衡得处州府同知，改徽州，以朝觐被考老疾致仕。太监许安传奉圣旨留衡太医院办

① 万历《广东通志》卷六《藩省志六·事纪五》误置此条于天顺八年。

事,寻请给俸,户部议如同知例,于本院给之。至是乞致仕而又得升职云。(七四,1423—1424)　乙丑,守备万全右卫少监顾雄言:臣守备万全右卫,而所隶城堡亦名守备,职任不同而嫌于同名,乞为镇守以别之。上命兵部以例闻,遂诏万全右卫、怀来、独石、庄浪、凉州内外官俱改为分守,仍听宣府、甘肃镇守、总兵节制。(七四,1425)　壬申,禁京城九门并通州等处抽分内外官不得违例多取商税,违者治以重罪,命都察院榜示之。(七四,1428)　诏黄花镇一带官军仍听居庸关守臣统领。初,居庸迤东黄花镇、驴鞍岭,分京军一千五百守御而统于居庸关。后给事中程万里奏罢之,以长陵三卫士卒代戍。既而天寿山守备太监周常言陵寝尤重,遂命还驻永安,以次分戍黄花镇。至是,镇守居庸关太监崔保奏兵不专一,难于调遣。兵部尚书白圭等言边务委任贵专,一军而两属,恐缓急误事,惟圣明裁处。诏仍令居庸关内外官统理,周常等毋有所预。(七四,1429)【考】崔保次年卒,墓志见本年附。

甲戌,右军左都督刘玉自陈天顺四年与内官郑忠征贵州西堡蛮贼,平之,招抚阿姜等七十九寨,征剿狮子孔等二十九寨,后郑忠等俱进官而臣以副总兵镇守凉州,未蒙升授。事下巡按御史核实,兵部以闻。上曰:"刘玉升职未久,然既有西堡功,其加俸一百石。"(七四,1430—1431)　镇守宁夏太监王清奏,欲撤回应援延绥兵,不许。先是,敕宁夏选兵三千赴花马池,并防御延绥。至是,清奏虏欲入寇,而降人猛哥报虏七千驻百眼井,乞追还前军守御。兵部言:"延绥散漫,虏易出没。宁夏前有黄河限阻,后有贺兰山隔绝,况见兵三万余,自足守御。而花马池与延绥接壤,选调前军,非独为延绥应援,亦为宁夏保障也,其勿许所请。"从之。(七四,1431)

本年附

艺文·碑铭·太监崔保寿藏碑

大明都知监太监崔公寿藏碑

万全都司儒学训导、前辽东都司儒学训导张升撰文。湖广黄州府知府、前刑部陕西清吏司主事丘霁书丹。

公讳保，字永昌，河间之盐山人。生甫三月，得宫□。时制严，所司不敢匿。永乐丙申（十四年，1416），公年四岁，即疏名春官。癸卯（二十一年，1423），召入禁阁，祇事太宗文皇帝。甲辰（二十二年，1424），与事仁宗昭皇帝。皆以勤慎获选。

洪熙改元，迁事中宫，以资质敦厚，体貌俊伟获选。宣德丙午（元年，1426），公时年十四矣，受两宫眷顾，特命为长随。庚戌（五年，1430），命为内官。

正统丙寅（十一年，1446），使陕西。己巳（十四年，1449），使山西。皆以谨重不辱获选。景泰庚午（元年，1450），受银作局大使。癸酉（四年，1453），奉敕修醮武当。甲戌（五年，1454），升尚宝监左少监。

天顺丁丑（元年，1457），改都知监，出镇居庸关。在镇气势虽盛而不骄，岸畔虽高而不险；遇急遽则神闲志定，临威武则义正辞严。不迩□邪，不惑佞伪。喜延儒雅，教化子弟，门堂奥塾，无不吟诵之声。时移坐中庭，亲为诸幼总角，礼度有乖，亦或出正救之言，诸□凛凛相劝以力。贫难者四时束修，皆为代出。居庸郡庠既废，乃以便宜措置材木，修盖社学一所，伦堂斋阃，垣级庐舍□其后。复请为郡庠，建先圣庙极严整。又于永安城构禅庵一所，每病者给与医药，贫而有丧者给与棺木，见人之急难以拯之，老者矜之，孤者恤之，如恐不及。至如舍资造像，印经建佛，事□资窘，岁无暇日，边人多感之。甲申（八年，1464），承召回监。

成化乙酉（元年，1465），今上即位，以居庸为国阃关重地，进公太监，复命镇守。又四年，公春秋五十六矣，乃于关南一舍花塔村□山之阳，近宝岩古刹，鬻昌平何氏之地，营寿藏一所。开穴其中，下施石椁，外缭石垣，前设享堂，中绘大士像，制极工丽。其左建佛寺，右建禅堂，寺下购隙地为蔬圃，以供寺僧自给，盖寺所以寓僧而僧所以供异时之菽水也。其好尚虽有长短，其设心可谓密矣。经始于成化丁亥（三年，1467）三月，落成于己丑(五年,1469)十月。

公父喜,母齐氏,生公兄弟三人,公最长,曰鉴,曰洪,皆弟也。二叔,曰谨,曰从,皆□之同母弟也。谨生子□:曰福寿,曰福成;从生子五:曰端,曰旺,曰琳,曰广,曰宣。诸侄,曰璋,曰玉,皆鉴所出也;曰瑁,曰琏,皆洪所出也;曰瑛,曰理,皆福成所出也;曰琇,曰珩,端所出也;曰瓒,曰珪,曰玹,曰珧,旺所出也;曰瑀,广所出也。此皆公之同祖群从,共饮爨者也,其他多不能悉。公无继,立从子璋以承。璋从予学,以予尝客公馆下最久,知公之详,谋先事请为寿藏碑记,故为之词曰:

盐山濒海汇,气凝天地清。生才乃所钟,褓褓闻掖廷。千姿遇时俦,被选常多荣。偲偲谨厚心,凛凛忠孝诚。居无越履为,出能振奇□。官中贵已极,志不为骄盈。人皆讳归化,彼独前经营。视此安乐丘,不减古佳城。遥遥后来人,千古有余情。

成化庚寅(六年,1470),岁孟夏吉日立。

(北京昌平桃洼花塔村和平寺出土。《北京图书馆藏中国历代石刻拓本汇编》第52册,第76页)

典制・两广内官

总镇两广内官

陈瑄,字德新,御马监太监,成化元年监督军务,征剿两广盗贼,事平留镇广东。六[五]年开设总府,加总镇两广。十一年卒。　顾恒,内官监太监,成化十二年至,十八年回京。　刘倜,司设监太监,成化十七年至,二十二年回京。　韦眷,字效忠,内官监太监,成化二十二年至,弘治二年回京。　王敬,司设监太监,弘治三年至,十七年回京。　韦经,字大伦,御马监太监,弘治十七年至,正德元年回京。　潘忠,字世贞,御马监太监,正德元年至,九年卒。　刘璟,字世明,内官监太监,正德十年至,十一年回京。　宁诚,字克敬,御马监太监,正德十一年至,十二[三]年卒。　王堂,字时升,内官监太监,正德十四年至,十六年回京。[①]　韩庆,字元吉,印绶监太监,正德十六年至,嘉靖二年卒。

① 以上总镇内官名录,与嘉靖《广东通志初稿》卷七《秩官上・国朝・总镇》所列全同。

郑润，字承泽，内官监太监，嘉靖三年至，六年回京[1]。　张赐，字承恩，郁林人，内官监太监，以贤荐总镇两广，嘉靖七[八]年至。　马广，内官监太监，嘉靖十七年九月至，十八年闰七月复革回京。[2]

（嘉靖《广西通志》卷六《表四·秩官·总镇》）

【考】两广开府沿革，万历《苍梧总督军门志》卷一《开府》载："明兴，既平两广，各设都指挥使司、布政使司、按察使司领之。永乐始于广西置镇守内官、总兵武臣，正统末广东并置；是时文臣有以侍郎、都御史巡抚或赞理军务者，然亦止理一省耳。太子太保、左都御史王公翱虽尝总督两广军务，而事已即归，又非永设者。迨成化元年，宪皇帝念诸夷煽乱，久弗靖，命征夷将军都督赵辅、游击将军都督和勇充总兵讨之，而以浙江左参政韩雍有文武才，升都察院右佥都御史赞理军务；太监陈瑄监督之。贼平，留瑄镇守，以雍提督军务，兼理巡抚。旧两省巡抚皆革之。雍以地远，请于两广各复都御史巡抚，而雍专理军务。寻以忧去。五年冬，广东巡按监察御史龚晟、按察司佥事陶鲁、林锦奏言两广事不协一，故盗日益炽，宜设大臣提督兼巡抚，而梧州界在两省之中，宜开府焉。于是起复雍为右都御史，总督两广军务，兼理巡抚；平江伯陈锐挂征蛮将军印，充总兵官，与瑄开府于梧。两省巡抚都御史复革。自是，而两广兵权悉归于三府矣。"[3]同书卷一《历宦·总镇》："天顺以前，二省各置镇守内臣，而总镇两广则自瑄始。嘉靖八年始革。嘉靖十七年，武定侯奏复，寻亦罢。"同治《梧州府志》卷五《公署》："成化初，议设三大府于梧州，以都御史韩雍总督两广军务兼理巡抚，以勋臣平江伯陈锐挂征蛮将军印充总兵官，与太监陈瑄开府于梧。府有四：一曰总镇府，镇守内臣居之；二曰总督府，总督都御史居之；三曰总兵府，总兵武官居之；四曰总府，为三府会议会燕之所，皆营建于成化之六年也。"嘉靖《广西通志》卷二二《公署》："总府在梧州府城中土阜之上，成化六年总督韩雍鼎建，以为三府会同节制号令之所。""总镇府在梧州府城东南，成化七年建，总镇太监居之。（**略**。）东隙地有燕居之室，曰静

---

① 六年回京，据万历《苍梧总督军门志》卷一《历宦·总镇》补。

② "马广"条据万历《苍梧总督军门志》卷一《历宦·总镇》补。

③ 可参看韩雍《开设总府记》（《襄毅文集》卷九。苍梧志及梧州府志皆著录该文）及伦文叙《三府题名记》（《苍梧总督军门志》卷二八《碑文》）。

庵。韩雍记总督两广御马监太监陈公德新作庵于苍梧府第之东,扁曰静庵,因取以为号。"

镇守广西内官

班祐,御马监太监,景泰壬申年(三年,1452)任。　朱祥,御马监左少监,天顺乙亥年[①]任。　王定,司设监太监,成化乙酉年(元年,1465)任。　黄沁。　王举。　刘昶,御马监太监,成化辛丑年(十七年,1481)任。　蔡用,御用监太监,弘治辛丑[②]年任。　王濂[廉],御马监太监,弘治庚戌年(三年,1490)任。　张瑄,内官监太监,弘治壬子年(五年,1492)任。　蔡昭,司设监太监,正德丁卯年(二年,1507)任。

陈彬,内官监太监,正德辛未年(六年,1511)任。　傅伦,都知监太监,正德丙子年(十一年,1516)任。

(嘉靖《广西通志》卷六《表四・秩官・镇守广西》)

【考】嘉靖《广西通志》卷二二《公署》:"镇守太监府在(桂林)府西南,即旧府学基址。万祥题名记:洪惟我太祖高皇帝(**略**。)列圣相承,益懋继述。夫承平日久,衅孽旁生,正统、景泰间,先皇帝深惧其患,招陈群策,欲为久安长治之术。妙运宸衷而独断之,参以京师二厂之宜,特示诸藩,增置镇守,择以中官之才且贤者领之,重以玺书,尤隆腹心之托,总诸司,董百官,上下承德,罔有不率。广西西南大藩,远国都万里,素号难治,上廑宸虑。景泰三年,乃擢御马监太监班祐,奉上命来镇抚民夷。继而左少监朱祥,太监王定、黄沁,右少监王举,太监刘昶、蔡用、王廉、张瑄、蔡昭、陈彬,先后绍休,治功克成。迨正德越九岁,陈彬以久镇,奉宣还朝。皇上以四方有事之秋,轸念遐陬,宜加之意,遴选周至。佥以都知监太监傅伦才充而猷克壮,贤劳懋著,中外推重,由是敕命宠颁,申以推毂之荣,以明年入桂。方公之抚镇也,号令严明,威行而恩亦至。坐阅大小教场,时操练,习骑射,张弛步骤惟谨。暨以官军观德之陋,非旗号无以警束人心,因易故桅,张旗而新之。遂抡材两建牌坊,东曰'威震百蛮',西曰'气雄八桂',

① 天顺朝无乙亥年,乙亥为景泰六年(1455)。朱祥,或作"朱详",实录首见于天顺元年九月戊辰。

② 弘治无辛丑年。蔡用弘治元年戊申奉旨往广西查访孝宗母族,疑事毕即改镇守,然实录无纪。

巍然焕然，所以耀威而示远也。至于府城楼铺之维新，门堞旗械之殚饬，武学兴而荫袭知方，军营徙而缓息有备，匪扬武略而已。凡在儒绅，深惟雅意，勤义劝道，抑奸御侮，而民被其泽，大得镇静之体。（**下略。**）”

艺文·碑铭·观音寺碑

刘文撰《敕赐观音禅寺记》：“（**前略。**）上林苑监内官覃公盈，性雅好善，崇尚释教，一旦发心，于都城西南里名御菜园白纸坊得其古灵刹吉地，遂捐资鸠材，命工建正殿三间，檐楹甍飞，塑像端严，金碧辉映。（**下略。**）大明成化五年，岁次己丑，孟春吉旦日立。”（**碑阴漫漶，题名略**）

（碑在北京宣武区广安门外大街。《北京图书馆藏中国历代石刻拓本汇编》第52册，第65—66页）

艺文·碑铭·弥陀寺碑

林文撰《鼎建弥陀禅寺碑记》：“（**前略。**）顺天府昌平县汤山之古刹，岁远倾堕，惟遗基址。天顺癸未（七年，1463）秋，幸遇司设监少监吴公瑛，一日游览于斯，观其御马之厩在于西，沙河之水流于□，秀气环绕，诚为栖禅之所。公喜发心，倾资及募好善众官庀料鸠工，鼎建殿宇、山门、廊庑、钟鼓楼台、方丈僧舍（**略。**）祝帝躬万寿，海宇清宁，百姓安和，年丰国泰，俾愚迷以归乎善道，更冀少监公福庆咸臻，高升禄位，及存殁凡诸有情，皆沾恩霈。然则施资众官芳名暨其监造成□者，兼以本山僧序四至规模次第列于金石之阴，请予记其始建终完岁月，同垂亿世之不泯。大明成化五年，龙集己丑三月上吉之日立石。”

（碑在北京昌平汤山马坊村。《北京图书馆藏中国历代石刻拓本汇编》第52册，第70页）

艺文·碑铭·报恩碑

姚夔撰《报恩碑记》：“（**前略。**）御用监太监刘公恒，江西兴国□人，身长玉立，端厚纯谨，入侍内朝四十余年，荷列圣宠眷，日加隆渥，每自谂曰：委身事上者职也，感恩思报者心也，职有限而心无穷，将竭□□□□□□□涓埃之微，何裨于□荡之广，将推此心（**下略。**）成化五年己丑闰二月望日立石。”

（碑在北京石景山区八大处秘魔崖。《北京图书馆藏中国历代石刻拓本汇编》第52册，第68页）

艺文·碑铭·证果寺碑

姚夔撰《敕赐证果禅寺重建碑》:"(**去都城一舍许曰西山,有旧寺**。)天顺改元,尚衣监太监金公忠奏请英宗皇帝,赐名证果禅寺。命僧广贤住持,领众焚修,□犹旧也。御用太监刘公恒□上乘味,乃与金公同发大愿,□殿宇敝陋弗称,无以侈上恩而祝国釐、崇觉慈而祈民福,并力一心,共图鼎建。(**下略**。)大明成化五年己丑闰二月望日立石。"

(碑在北京石景山区八大处秘魔崖。《北京图书馆藏中国历代石刻拓本汇编》第52册,69页)

成化六年庚寅(1470)

正月乙酉,巡抚陕西左副都御史马文升等奏:"比闻去冬虏寇入延绥保安、安塞二县,分道剽掠,焚营堡,杀军士,居民男女、钱谷、牛羊,扫境一空,良可悯念。其宁塞、安边二营巡哨守备都指挥陈英等俱闭门坐视,宜加惩治。"巡抚延绥右副都御史王锐等亦奏:"自去冬以来,虏屡入保安等县、宁塞等营及葭州等处杀掠男妇共三百余人,牛羊畜牧四万余,钱谷器用无算。知州等官孟泰等不先如约移民入堡,守堡指挥盛铭、隋能等捍御无策,复隐匿不言,俱当有罪。"事下兵部,并劾锐及镇守太监秦刚、总兵官署都督佥事房能罪。上曰:"州县官不系统兵守备之任,且方给军需,难于概问。若边将弛备之罪,良由法令不振而然,陈兵[英]等兵部宜行巡按御史,俟寇退之日严加究治,其有功劳可赎者仍据实来闻,秦刚、房能、王锐姑宥之,令杀贼赎罪。"(七五,1438—1439)　壬寅,巡抚大同右副都御史王越等奏:延绥三路俱系虏寇出没之所,比令许宁军出西路龙州、镇靖等堡,范瑾军出东路神木、镇羌等堡,越与太监秦刚军据中路榆林城以为两路应援。(七五,1448—1449)

二月辛亥,太监姜玉奏乞安肃县大麦洼地七百三十四顷有奇,与之。　朝鲜国王李晃薨,封其从子娎为朝鲜国王。晃病革，以所生止一子，幼而病废，娎乃其兄故世子暲之子，孝弟好学，可付后事，因令权署国事，遣陪臣权瑊等以闻，并献马及方物请封。乃命内官金兴、行人姜浩吊祭，赐晃谥“襄悼”，就封娎为朝鲜国王，娎妻韩氏为王妃，并赐诰命。(七六，1457)【考】据朝鲜《成宗实录》，二使二月二十九日发，五月初一日至鲜京。　　癸亥，守备洮岷等处都指挥使黄钦奏：“番贼聚众千余，攻陷塞堡，劫掠财畜，守备西固城指挥使张翰等率巡兵四百人遇之于平定关，与战失利，以致千户李盘等败没。翰轻率失机，罪宜究治。”兵部言：“张翰丧师失律，诚不可宥，宜行令所司逮问。”从之。时镇守太监刘祥等复奏：“钦逗留不进，失于抚捕，并宜究治。”上以钦奉命而往，甫及一月，巡历尚未能遍，难独加罪，置不问。(七六，1461)

辛未，郑王祁锳奏内使孟成不听约束，且搜出私匿妖书等物，请治以罪。上命所在官司械至京鞫之。(七六，1469)　　乙亥，六部、三法司等衙门尚书姚夔等奏：“比奉敕谕，命臣等条具政事未善、刑罚失中可更张者，并惠利可兴举、冤抑可伸理者以闻。臣等愚昧无知，谨会议如左：一、……一、南京马快船往往利人雇直之赀，所载官物无多，而私货倍之，沿途扰民，其弊不一。自今乞谕所司禁约，巡河御史纠察，凡所载如马槽之类，止令工部自造，罢南京转送。一、……一、诸州县岁造段匹不中用者倍征之，乞暂赐停免。苏、松、杭、嘉、湖五府织造局止令各府掌印官提督，原遣内官、堂长等暂取回京。一、白河抽分竹木局去京三十里，非商旅所由，止抽细民柴炭，间有至广积局重抽者，乞罢白河之局。一、芦沟、通州二抽分局积弊最多，自今乞工部、都察院各遣一官同内官抽分，敢复欺隐者论之以法。一、……一、在京巡逻官校访察阴事，间有报复私仇，中以飞语，亦有为人诬连被掠首服者，法司因而罪之。乞自今一一详覆，务得其情，庶几冤抑得伸。……”疏入，诏曰：“庄田子粒不必定数，但不许多取。军职坐事带俸差操并文武官有罪在逃及马槽、清军等事循旧例行。

段匹免倍征，督造官取回一员，堂长等留之。白河抽分局不必革，通州五处每处止遣主事、给事中、御史各一员，内官罢遣。其余皆如所议行之。”(七六，1472—1477)

三月庚辰朔，镇守四川太监梅忠等奏：曲山关等处蛮贼纠众出没，杀虏人民，守关兵少，难以防御。兵部请令忠会巡按、三司等官量拨成都五卫见操官军协助，候春水泛涨，回卫差操，仍令镇守松潘等处都督佥事湛清督同参将、守备官连兵抚捕。从之。(七七，1481—1482)　　甲申，赏太监郭闵、右都督李震、都御史罗篪各钞二千贯、彩段六表里……以湖广靖州、贵州赤溪等处杀贼功也。(七七，1484)　　庚子，巡抚延绥左副都御史王锐言：榆林一带营堡俱系新设，递年送到军器多不堪用，请于榆林城立局，起取延绥、庆阳三卫局匠以便成造。上已可其请，会镇守陕西左少监黄沁、工科都给事中张璿各言起取不便，事下工部计议，竟如锐请。(七七，1501)　　壬寅，命抚宁侯朱永佩平虏将军印，充总兵官，都督刘玉、刘聚充左、右副总兵，太监傅恭、顾恒监督军务，右副都御史王越参赞军务，往延绥备虏。时谍报迤北虏酋将纠众寇边甚急，兵部会廷臣计议战守事宜，太傅会昌侯孙继宗、吏部尚书姚夔等议：“延绥地方阔漫，贼出没路多，各堡守备官军数少，近虽调拨陕西腹里官军协守，然多系舍余民壮，而山西操候官军三千今亦未集，宜添调京营并甘凉等处军马，选委内臣一员为监督，文职大臣一员为总督，武职大臣一员佩印充总兵官，二员充副总兵，请给制敕，往彼酌量事情，调度官军，相机战守。然又必得军马精锐，庶可克敌成功。”上是之，命京营选精锐骑步官军一万，大同、宣府各调官军五千，命永等充总兵等官，即给制敕与之，仍令速启行毋缓。敕曰：“自去冬以来，虏酋阿罗出纠率丑类，潜住河套，时出剽掠，延、庆二府人民被害为甚。今特命尔等至彼，同心计议，申严号令，振作军威，量度贼情事势，运谋设策，调度官军，相机而行。若贼人马疲敝，有可乘之势，即分布营阵，各路出境，刻期合剿；如贼势尚强，亦宜分兵据守要冲，毋令突入。凡一应军机事务，悉从尔等便宜处置。其陕西、延绥、宁夏镇守、总兵、巡抚等官并游击官军悉听节制调度。尔等受兹简任，体朕安边保民之意，尽心所事，以图成功。仍戒约下人，毋或骚扰居民，重为患害。用兵之际，尤宜审密慎重，毋或轻忽，堕贼奸计，必使贼寇殄除，人民安妥，斯副委任之重。”（七七，1502—1504）

四月癸亥，兵部尚书白圭等奏：“虏寇纠合各种丑类久住河套，扬言草青马肥之时入境抄掠。今年三月以来，故遣轻骑出没，拆毁小南川椑栅，虽被我军拒杀出境，即今俱在边外屯聚，意图乘间窃发，防御之策不可不谨。请令监督、总兵、参赞并守土等官计议长策，严督官军剿杀。”从之。（七八，1515） 甲子，重修南京十庙完，守备太监安宁、成国公朱仪等请令词臣撰文刻石，以纪其事。上命吏部尚书兼文渊阁大学士彭时记之。（七八，1516）

丙子，太监黄顺等奏：安定、西直二门城垣修理工程浩大，人力不敷，恐后雨水时行，难以用工，乞拨官军并工修理。上命三大营拨官军五千人与之。（七八，1525）

五月甲申，兵部录延绥崖窑川、马连要、鸦儿巷、黄甫川等处战功，奏请升赏官军以示激劝，且言巡抚延绥左副都御史王锐及都督佥事房能、太监秦刚近以所属失机，有旨令杀贼赎罪，而巡抚大同右副都御史王越及游击将军都指挥使范瑾、都指挥佥事许宁皆特调督战将臣，其升赏未敢擅拟。诏升越为左副都御史，瑾为都督佥事，宁为都指挥同知，能、锐、刚准其赎罪，余官军四千九百七人各升赏有差。（七九，1530—1531） 乙酉，镇守蓟州、永平、山海太监龚荣奏：福余卫平章遣赤劳温等至大喜峰口。（**报虏情及兵部所议略**。）（七九，1534—1536） 丁酉，兵部言：镇守延绥等处太监秦刚等奏，四月二十九日马神山并河西梁诸墩瞭见虏寇，或百十余骑，近墩驻止，或三百余辈往南前行。此必寇趁今草茂马肥，图为窃掠，故遣轻骑近边窥觇虚实，不可不谨。上命监督、总兵、参赞军务并延绥镇巡等官饬兵防御之。(七九,1546)　丙午,参赞军务右副都御史王越等议上剿贼安边事宜:分遣诸将操守地方,(左副总兵以下分兵驻守略。)臣越同太监傅恭、顾恒、抚宁侯朱永统骑步兵一万二千有奇军于榆林城,总制中路,其东西二路有警则随城剿杀,附近营堡并力夹攻,并驰报。臣等督同镇守太监秦刚、署都督佥事房能发兵策应,务图成功。(七九,1553—1554)

六月乙卯,镇守陕西太监刘祥奏洵阳、商县及湖广郧县俱有盗起,势甚猖獗。命陕西、河南、湖广镇守等官议捕之。(八〇,1559)　辛未,命总兵官赵辅、工部尚书王复、太监黄顺督官军修理九门城垣,疏浚诸巷水道。(八〇,1567)

七月戊寅,平虏将军总兵官抚宁侯朱永奏:虏寇阿罗出等久屯河套,拥众犯边,官军于张厚家川、苏家寨等地遇贼,转战十余合,败之,生擒二人,斩首十五级,获马四十五匹,器仗九百二十六事,夺还被虏人畜甚众。兵部请敕太监傅恭、顾恒、总兵官朱永、都御史王越、副总兵刘聚、游击将军范瑾等以奖励之。上从其请,赐之敕曰:"得奏,具悉尔善于用谋,官军勇于效力,致此克捷,诚为可嘉,特兹降敕奖谕。敕至,尔等尤宜从长计议,酌量人情事势,相机战守,毋恃此而怠,致堕贼计。慎之慎之!"(八一,1573—1574)　己酉,奉安孝庄睿皇后神主于太庙。是日,上不视朝,具浅淡服,诣几筵行祭告礼如仪。司礼监官奉神主如太庙,上随行至庙门,具祭服奉安神主于寝庙,祭祀如时祭仪。(八一,1576)　戊子,上谕吏、兵二部臣曰:"五城兵马多不称职,尔吏部会兵部并锦衣卫官简其不胜任者改调外任,别选有风力者代之。"于是尚书姚夔、白圭等选指挥张宁等八员堪任,其傅润等二十二员不堪任。因言兵马之设,职专防察奸宄,禁捕贼盗,疏通沟渠,巡视风火,其责颇重。迩来内外官及诸势要不循旧制,凡事无分公私大小,皆属干理,又从而凌辱之,且占役夫甲,弊非一端,乞严禁前弊,稍重其权。仍增置副指挥二员,分理其事,有不职者黜之。上可其奏，命自今兵马司务遵旧规行事，内外官不得擅自差遣及占役夫甲，违者许径自奏闻。未几复奉圣旨，京城内外盗贼纵横，兵马司、锦衣卫应捕官校不用心缉捕，前事姑不问，有再犯者降调边方，有功者赏劳之。于是指挥张宁等复奏："内外官家属并勇士、匠作人等往往恃势不肯坐铺，兵马、火甲为杂差所扰，如刑部验尸、锦衣卫分拨房屋、市曹决囚、南海子巡视及神木厂、惜薪司、大慈仁寺各处守门、巡厂、扫除，皆有事其间，至于内官放河灯之类，往往追呼兵马，急于星火，稍不如意，辄市辱之。一日之内，奔走无时，官少事多，不得职专巡捕，乞每城增吏目一员、弓兵二十名，容令各官朔望朝参，专理巡街、巡夜。"兵部覆奏："宁等所言皆是，宜严禁之。官旗、匠役之家丁多者皆令坐铺，市曹决囚、锦衣卫分拨房屋，止许委官一员同事。"奏入，上皆从之。且诏自今兵马职任既专，若复怠慢误事，必重罪不宥。时议者谓京城坐铺一事甚为居人之害，盖每铺立总甲一人，以丁多者充之，率三月一更，每旦受事官府，至晚不得息。一月之间，所经衙门二十七处，谓之"打卯"，官中供应皆取之更夫，谓之纸笔、灯烛钱，不足总甲辄出私钱补之。锦衣卫旗校夜巡，需索酒食，即不得，辄加棰楚，害甚于盗，贫民苦之，多卖屋僦居，以图免坐铺；而中外有势者各庇其私人，当坐铺者尽为奏免，守更之夫皆雇丐者充之。夜闻盗起，皆反关不敢出，明日止报某处有盗，或劫财或伤人与否而已。虽曰因宁言其弊故，在今则愈甚矣。（八一，1578—1580）　己丑，监察御史郑己坐罪谪戍边。己巡按甘肃，颇矜傲，文移有"总兵等官一体遵守"等语。时定西侯蒋琬为总兵官，憾之。及己检阅军士，谓琬与镇守太监颜义多役占，当究其事。未举而语泄，琬乃奏己与随行吏人受属卫赂遗及往来肃府仪宾高嵩家饮酒，嵩多用乐妇歌唱侑饮，且嵩有所受业师亡而娶其妾赵氏，俾出见奉觞。又谓己所至骑从鼓吹甚盛，数笞辱下人，责其不能承奉诸事。因命官往勘，械己等至京，仍命法司会问。己、嵩初俱拟为民，诏以己不遵宪体，特谪充边卫军，琬所奏受贿、侑饮事皆诬，置不问。(八一，1582—1583)　庚寅，兵部奏："大同胡柴沟等处杀贼有功官军共一千九百五十六员名宜加升赏，但其中总兵官彰武伯杨信、副总兵都督佥事徐恕、参将都指挥同知张瑛乃是守边将帅，职在运谋设策，指麾将士，以破敌立功，其捕一虏、斩一馘乃士卒之事，岂可与之混同报功，殊失大体。然信等及太监韦正、监丞罗付、陈政俱督战内外重臣，非臣等所敢专拟，请自上裁。"上曰："杨信、徐恕、张瑛本不当混同报功，但既能败贼，与韦正仍从厚给赏，罗付、陈政升一级，余皆依例升赏有差。"(八一，1584)　甲辰，平虏将军总兵官抚宁侯朱永奏：虏贼万余自双山堡分为五路往南深入，臣等会议，太监傅恭居中调度，都御史王锐固守城池，永与太监顾恒、都御史王越督同太监秦刚、署都督房能率京营、大同、宣府官军出城，增调都指挥康永等兵往截贼之西路，通调游击将军都督范瑾、参将都指挥神英与副总兵都督刘聚等兵往据贼之东路，又调把总都指挥等官各据分地，驻兵听用。(**战事、功次及奖敕略。**)(八一，1589—1592)

八月丙午朔，赐秀王食盐岁一百引，两淮运司支给；本府内官、内使随王之国者许于河南汝宁府官仓每员月支米四斗，五月而止。从王请，视德王初之国例也。(八二，1593)　癸亥，兵部奏："虏寇突入辽东河口基，杀掠人畜，都指挥田纲等防御不谨，都指挥崔胜提督不严，请命巡按御史逮问。其镇守太监叶达、总兵官赵胜、赞理军务都御史彭谊号令不振，宜俱参究。"上曰："崔胜姑恕之，叶达等不问，但令用心提督防御。"(八二，1608—1609)

丙寅，巡按云南监察御史郭瑞奏："镇守太监钱能刚果有为，政务归一，先尝奏乞专命镇守，已蒙恩许，今能有疾，恐召还京，伏乞圣恩悯念，永令镇守。"上命所司知之。能时恃宠罔利，云南人大为所苦，而瑞乃奏留，附势无耻，士论鄙之。(八二，1609—1610)

九月丙子朔，延绥双山等堡被寇杀虏，报事军人把总都指挥王玺等官领军追捕，夺回贼马、兵器。总兵官都督房能以闻，上曰："今秋高马肥，正当防秋之际，兵部其行镇守、总兵、巡抚内外官佥议御寇奇策，整兵堤备。"（八三，1617）　丁亥，锦衣卫指挥佥事冯琉卒。琉，浙江丽水县人，叔父让为内官。景泰间，琉纳草冠带，营入史馆书办。天顺初，凡预书办者不复用，琉独以南城功得为翰林院典籍。明年乞恩升锦衣卫副千户，理镇抚司刑。成化二年升指挥佥事，管卫事。尝奉敕捕扬子江盐徒，获其党六十余人，至京诛之。琉起闾阎布衣，藉其叔父雄资，获官禁卫，虽气习所染，不免侈肆，然亦不甚以声势凌人，卒后未几，家产荡折云。（八三，1620）　己亥，太子少保、兵部尚书兼文渊阁大学士彭时等奏：京城米价高贵，莫甚此时。……奏入，上嘉纳之，谕户部臣曰："京城米价踊贵，民艰于食，尔户部即发京、通二仓米五十万石，平价粜之，每粳米一石收银六钱，粟米一石五钱，命侍郎陈俊同太监韦焕、尚书薛远总其事，仍差科道官分理之。其文武官吏俸粮可预给三月，以平米价。"（八三，1622—1624）

十月己酉，巡抚延绥左副都御史王锐等奏：九月十三日，抚宁侯朱永等调遣总兵官署都督佥事许宁、游击将军孙钺等领兵往平夷、波罗等堡按伏截杀，遇贼迎敌，转战二十余合，官军被围，永等随调本城并东西营堡兵往援之，贼遁出境。兵部议：先该太监傅恭等奏欲班师，臣等以贼虽败遁，势犹猖獗，未可轻易退军，奏行各官议处，今则果然。上曰："边方未宁，班师岂可轻易？"乃敕恭等，令朱永、王越仍在彼调度官军，相机剿贼，不可遽回，傅恭、顾恒、刘玉、刘聚先行回京。（八四，1631—1632）　癸酉，内官传奉圣旨：御用监人匠杨玘、徐谦、张保儿、董安、张福、孙刚、徐宗、周政、孙牛儿、戈昇、蔡仁、戴政、陈贵、周旺、金亮、袁林俱升文思院副使。（八四，1644）

十一月丁丑，奉旨升太监怀恩侄马瑛为锦衣卫百户。（八五，1645）　己丑，太监许安传奉圣旨："近者发粜官粮以济饥民，却被奸贪之徒买去,高价要利。其令锦衣卫官校缉访,但有停积在家,不依原定价粜卖者,俱枷项示众,追米入官。再将官仓粟米发粜五十万石,每石收银四钱。”户部请命原遣官晓谕军民,仍将粟米从缓发粜,以逮明年麦熟。从之。(八五,1649—1650)

十二月戊午,太监黄赐传奉圣旨,升尚宝司丞汪景昂、任道逊俱为本司少卿,仍旧办事。(八六,1664)　癸亥,南京礼科给事中常显奏:近例,凡指挥等官,其军士逃亡十名以上者递降一级。今查考南京诸卫军士新解未及一年而逃窜者一百三十余人,其指挥杨荣等宜降级如例。既而,守备南京太监安宁等官奏近例立法太严,乞以律科治。事下兵部,言:“近年主兵者多尅削军士,逃亡递降,所以杜其侵渔之渐也。然法贵得中,太宽则废,太严则人不堪,若逃者十人而递降一级,恐逃者无穷而官职不胜其降也,指挥杨荣宜以律治之,如受赂则以例降。”从之。(八六,1671—1672)　乙丑,陕西纪功郎中范文等奏:五月二十一日,虏寇康家岔,都督刘聚率兵追至黄草梁境外……七月初六日,虏数万自双山堡分五道入寇,总兵官朱永、太监顾恒、都御史王越调诸路兵分哨刻期并进。……事下兵部议升赏:生擒、斩首、当先、阵亡等官军共一万二千八百六人,当升且赏者三十三人,当升者一千四百七十二人,当赏者一万一千三百一人,(都指挥许)宁与(孙)钺虽有罪,然其劳亦当赏。且言太监傅恭、秦刚、都督房能、参将神英俱临战阵统调,兵部郎中范文、主事章甫、纪功户部郎中万翼、员外郎谷琰、督粮储参政庞胜、副使王朝远随军供给,副使宋有文、参议严宪运刍饷俱有功。上是之,命傅恭、顾恒岁加米二十四石,朱永与世袭,刘聚进右都督,王越右都御史,秦刚、房能厚赏,范瑾升都督同知,神英署都督佥事,范文、章甫、万翼、谷琰俱升俸一级,庞胜、王朝远、宋有文、严宪俱加赏。(八六,1672—1675)

辛未,免顺天府成化七年惜薪司柴夫四百五十名。(八六,1677)

癸酉,管理柴炭工部右侍郎王诏言:“惜薪等司诸项柴炭年增一年，如今年坐派之数已运二千五十三万九千余斤，未运者尚有二千二百五十余万斤，俱候来年人夫补运。然今顺天、真定、保定俱被灾伤，而顺天为甚，下民饥窘如此，救死犹恐不赡，焉能应役。乞敕工部行文内外诸司，自今合用柴炭预为撙节减省，以节民力，以副圣心，仍以三府灾重州县柴炭夫自明年正月起依例全免，其灾轻之处减半征解，如此则民困少苏，供应亦不至误也。”从之。(八六，1680—1681)

成化七年辛卯(1471)

正月戊寅，兵部奏：成化六年冬，虏入云州堡杀掠人畜，守备指挥谢春等既不严督哨守，又不速兵追剿，请令巡按御史逮治；而分守左参将李刚、左监丞刘祥钤束不严，镇守右少监弓胜、总兵官都督颜彪、巡抚都御史郑宁号令不振，亦宜究治。上曰：“是，内外总兵等官姑恕之。”(八七，1685)　甲申，总督漕运兼巡抚淮扬等处右副都御史陈濂奏：“运河一带济宁居中而南北分流，久不疏浚，蓄水不多，况两京往来内外官多不恤国计，不候各闸积水满板辄欲开放，以便己私，而南京进贡内臣尤甚，以此走泄水利，阻滞粮运。今欲会同山东巡抚守臣计工挑浚，且请旨禁约。”事下工部覆奏，从之。(八七，1688)　癸巳，调南京监察御史沈源外任。初，南京佥都御史高明言守备军士宜时令给事中、御史阅视，诏不从，后竟从给事中徐鉴等言。及源当阅视时，队长受赂，军伍多缺，且守备官役占尤多，源乃令各卫悉具名数并本军年貌按之，将尽革其弊。于是成国公朱仪及太监安宁等不悦，因上疏言：“南京国家根本，军机朝廷密务，今源视为常事，诘问名数；且操练之时，御史忽至，则军士纷然出候，使事体不专，军机不密，诚为非宜。”上然其言，以御史更易不常，何乃更张扰乱如此，命械源至问理，仍命自今只令内外守备、参赞官阅视，著为令，凡御史预军事者俱罢之。至是源至下狱，刑部拟罪以闻，有旨赎罪改外任。源之被调也，南京御史、给事中交章论其事，以为源既受委阅军，宜究其数，以革其弊，不为漏泄。仪等直以不便其私奏之，若以此得罪，则军政之弊日甚，不可复革矣。刑科给事中虞瑶等亦以为言。上以事既施行，皆不听。(八七，1692—1694)　己亥，守备永宁等处奉御莫海、分守参将都指挥阴杰以纵军出境采薪被贼掩杀，兵部奏请究治，命贷之。(八七，1700)

二月己酉，锦衣卫狱囚五人皆强盗当死者，夜穴墙而逃，狱卒走报守正阳门官。黎明门犹不启，守门内官以闻，有旨问其故。都指挥袁彬等始具奏并自陈伏罪。诏责其不能严密关防，皆有罪，姑宥之，看监百户等付都察院鞫治。(八八，1709)

三月甲申，封后军都督府左都督刘聚为宁晋伯，岁支禄米一千石，本色折色中半兼支。聚本御马监太监永诚之侄，历官右都督。前此充副总兵，与抚宁侯朱永御虏于延绥，尝失利黄草梁，被创几死，而我师转战，亦擒斩虏级，夺获贼马。论功进升左都督，聚不满意，累自陈其功，辄为兵科所驳。谓延绥之地贼情未宁，士马疲敝，馈运耗竭，尚劳宸虑，而聚乃论功不已，宜正其罪。上不听，而进聚伯爵，不世袭。祖宗之制，公、侯、伯之爵皆论功定议，盖积其前后之功无官可赏然后加爵，非如百户一级可至千户，千户两级可至指挥也。自都督同知赵辅征两广回，大肆赂遗，得封伯爵，人始不以得爵为难，或袭以为例，无复旧制矣。(八九，1725—1726)　丙申，镇守宣府少监弓胜奏：三月达贼屡入松林口等塞，隤墙毁栅而进。兵部言守备龙门指挥使吴昇等兵备废弛，致贼出入如履无人之境，宜命所司究治。从之。(八九，1739)

四月甲辰，上以延绥边备废弛，下镇守太监秦刚、巡抚都御史王锐于狱。时总兵官都督房能以病获免，于是兵科给事中章镒等劾之曰："国家之制边方，以文臣巡抚，以武臣总兵，而内臣纲维之。事体相须，职位相等，胜则同其功，败则同其罪。今延绥总兵房能在边方多事，称疾求归，其罪甚于王锐、秦刚。"监察御史杨守随等亦劾之曰："房能专持兵柄，非特如内臣之总理，文臣之兼督也。自能守延绥，胡虏出没岁无虚日，而一筹莫措，每与秦刚逞其私忿，被虏者百不报十，获敌者十常纪三，及边事日急，托疾而回。况秦刚失机蔽贼，多房能在边时事，今秦刚、王锐下狱而能安处于家，恐非大公至正之道。"诏并下能于狱。刑部各拟合坐者律，应谪戍为民。上念能等在边年久，准纳赎，俱与冠带闲住。(九○，1745—1746)　戊午，户部言："鞍辔局军匠已食粮四斗者欲增一斗，印绶等监民匠原无粮者欲给粮，各援例奏请。缘匠役劳逸不同，且今岁歉粮少，亦难比例。但各告贫窘，宜暂准增给，俱起四月，尽六月而止。"上命民匠月食粮二斗，军匠增一斗。(九○，1751)

五月戊子，致仕户部尚书张睿卒。睿，字志通，河南鄢陵县人。宣德庚戌进士，授吏科给事中，升都给事中。未几拜户部右侍郎，提督内外仓场粮草。……睿为都给事中，遇太监王振于道，跽之，振喜其貌伟而礼恭，适有户部侍郎之缺，乃命所司举睿。睿为人质直，不事表襮，虽无大建明，然亦谨慎自持，以守其职云。(九一，1763—1764)　辛卯，太傅会昌侯孙继宗等奏：五军、三千、神机等营官军赴工内官监者五千人，修理芦沟桥岸者五千人，修盖养济院者四百人，趋事日久，乏人更替，况值炎夏，灾疫盛行，请令轮班更替，以苏人力。上谕兵部曰："各处赴工官军姑暂停止，修理堤岸官军令轮流更易，务在亟成。"(九一，1768)

八月癸丑，巡按辽东监察御史费臻奏："辽东杀贼有功官军五百八十八人俱蒙给赏，其镇守等官太监叶达、都督同知赵胜、右副都御史彭谊平昔训练防御，岂得无功；及都督同知欧信因奉敕往代，中途遇贼，调遣官军按伏夹击，遂以取胜，俱宜赐赉以示奖劝。"上允之，赏达等白金、彩段有差。　乙卯，镇守陕西太监刘祥等奏盗入汉中府西乡县，纵狱囚，杀虏官民财畜。兵部言：汉中地与四川、湖广接壤，比闻流民潜伏犹众，恐群盗越境诱胁，易于动摇，宜令守备汉中都指挥佥事钱兴等速为擒捕，及湖广守臣严加防守。从之。(九四,1805)　癸亥，镇守云南太监钱能等奏："初缅甸宣慰卜剌浪奏称贡掌、孟养二地旧为所辖，欲争据之，寻奉旨往勘。贡掌系木邦、陇川分治，孟养系思洪发所掌，非缅甸地，难从所请。"事下兵部，议宜令云南守臣移文戒饬诸夷。从之。(九四,1810)

九月己卯，内官监太监黄顺奏请以团营次拨官军一万赴西湖景、城壕等处采办芦薪，烧造砖瓦，以备修理之用。从之。(九五,1818)　壬辰，户部议覆顺天府宛平县老人曹鸿等所奏事：一、甲字等十库夫多者一百二十名，少亦三十余名，及遇晒晾盘库，则又起取民夫，多或六七十，少亦十五、二十名，而每库又有辨验试箭诸项名色，虽云重复，然辨试等役盖有不可缺者。其余盘库晒晾，乞视原数以三分为率，去一用二，事毕宁家。如有不敷，则于各库量取八九名，彼此互相贴助，庶一少纾民力。一、京城九门原收车辆及驴骡驮载货物钱钞佥点检钞夫役共四十四名，每名一季雇人用银十两，一年通计一千六七百两，其银俱于大小铺户征敛。后虽裁减，每门止留三名，然敛括夫钱之弊尚在。今照钱钞既难停收，检钞夫役亦难再减，则宜选佥殷实铺户，令其正身应役，不许敛钱雇请，违者罪之。一、天财库先因烧毁不成张片钞贯，大兴、宛平二县共起夫一百二十名，一年敛括夫钱银二千余两，只今各处解到钞贯，本部先已检验到库，烧毁数多[少]，其人夫止宜留八十名，其余四十名暂放宁家。议上，诏悉从之，仍命各库各门内外官严加禁革，违者不贷。(九五,1826—1827)

闰九月庚戌，敕辽东镇守、总兵、巡抚官太监叶达等："今后建州毛怜等卫夷人来朝贡者，先遣通事谕以利害祸福，必赍本卫印信文书，方许上京，如有诡姓名者，定行追夺赏赐，别行处置。"(九六,1830)　壬戌，授习字儒士仲兰为中书舍人。近时习字中书者非大臣子不得与，而兰以其伯父任太医院判，供事内御药

房，故夤缘乞恩，诏特许之，不为例。(九六，1834)

十月壬申，杀江西吉安府知府许聪。(**聪事及累次勘问略。**)聪之死，说者谓其凶暴致祸固宜，但系比律，不许覆奏，又乘夜行刑，则以司礼监太监黄高纳其所厚吉安人洪僧官以聪尝棰辱其徒，至以瓦擦其首流血积恨之谮所致，人不能无私议云。(江西按察使牟)俸得召为太仆卿，亦高之力也。(九七，1840—1842)　乙亥，改南京刑部左侍郎王恕为刑部左侍郎，奉敕总理河道；升工部员外郎郭昇为郎中，山东按察司佥事陈善为副使，与工部郎中陆镛分理之。时太监韦焕等奏运河淤浅，请量增昇等京职，专理河道。事下户部，会同吏部尚书姚夔等议拟覆奏，以为……(九七，1843)

辛巳，参赞军务右都御史王越奏：今年闰九月以来，达贼二万余骑入黑土圪塔侵掠，臣等议同总兵官朱永、许宁、镇守少监张遐、右副都御史余子俊、游击将军孙钺等统率官军分投追剿，入高坡，生擒一人，斩首十三颗，追至中山，又斩首九颗，获达马七十八匹，弓箭盔甲等物共六百余事。报至，上嘉其功，降敕奖谕之。(九七，1848)　丙戌，总镇两广太监陈瑄等奏："两广自成化元年大军削平之后，奏留南北二京达官，每遇征剿，藉其骑射之力，当先破敌。近日尽数取回休息。今两广猺獞不时出没，有警恐致误事。乞将南北直隶、山东、浙江、福建等处各卫安插达官旗舍军余内调，选与臣等调用。"事下兵部议，谓宜于南京选调年力精壮、弓马熟闲者五十人，浙江一百人，福建并南直隶共五十人，许携家属赴两广安插随住；仍敕会同南京守备等官并督同各该都司卫所官依拟选调，给与军装脚力，量为犒劳，仍严加钤束，送赴广东分投安插，听游击将军调度杀贼。从之。(九七，1856)

十一月辛丑，太监黄赐传奉圣旨，升太监梁方[1]弟瑄为锦衣

[1] 梁方，《宪宗实录》俱书如此，《孝宗实录》则作"梁芳"。考成化九年其自撰《敕赐胜泉寺佛殿碑铭》(《北京图书馆藏中国历代石刻拓本汇编》第52册，105页)，当以"芳"为是。芳岭南人，官御用监太监，《明史》有传。

卫所镇抚。(九八,1861)　己未,左都督刘玉卒。玉,字仲玺,河南磁州人,太监刘回寿侄。从征麓川,授副千户,又以军功升指挥佥事。(**累以军功升左都督,卒赠固原伯,子袭指挥使,注锦衣卫。**)玉勇力过人,善御士卒,用兵所向克捷。其平满四也,说者谓土达鸷悍关中要地,未平之先,人心汹汹,使其得势,则大有可忧者,而论玉功,止进官一级,较之赵辅、刘聚以赂得伯,不能无不平云。(九八,1875)　辛酉,总督军务右都御史项忠、镇守湖广右都督李震等陈荆襄便宜十事:……一、旧以湖广荆、襄、德安三府分属巡抚右副都御史杨璿、分守右参将王信统之,然湖广既有巡抚右佥都御史吴琛、镇守太监王定,所治去荆襄非远,而总兵李震亦尝往来其地,以是统体紊乱,事机牵制,大小诸司艰于遵守。今流民既平,乞敕兵部行令湖广镇守、总兵、巡抚官如旧往来荆、襄、德安,督令巡守抚民诸官严杜流民窃掠之害,南阳则仍令巡按河南御史督三司巡守官防守,庶事体不繁而政务修举。……奏入,上命悉如所处行之。(九八,1876—1882)【考】此为镇守湖广内官之首见。嘉靖《湖广图经志书》卷一《建置沿革》:"正统后设总兵以督军,设都御史以巡抚兼赞理军务,后设太监以镇守。总兵治所旧在辰州,太监在常德。成化以来,与巡抚、巡按三司并建治于武昌府。"《公署》:"镇守府,镇守太监居之。按辰州(**按,前云常德**)亦有镇守府,盖正统中设太监府,初驻于此。成化以后,始移居省城,在布政司南一里。成化十年建。正德十二年太监杜甫拓此重建。"又《公署》:"帅府,镇守总兵官居之。按总兵初设开府辰州,后为镇守太监所据,遂移常德。成化以后,始移居省城。"上同书三说稍异,又万历《湖广总志》卷一三《建置·总镇府》:"初开府辰州,后设镇守太监于辰,遂移常德,成化以后遂移省城。"太监初驻常德说疑误。按,湖广镇守内官名录见本年附。

十二月壬午,辽东镇守太监叶达等奏女直打隆加云近边山寨都督你赤、宁哈答、产察等欲纠众入寇开原。章下兵部,言:"你赤等连年入贡,凡我边备道里悉为所窥,传闻入寇,固未可信,第今适当朝贡,而此虏尚无一人至边,亦为可疑。然宁哈答等顷以擒送犯边虏寇，蒙降敕酬赏。宜趣达等速送分守开原右少监韦朗、参将周俊处，令伺夷人到边，计招宁哈答等至，谕以国家恩意，俾之效顺。果招之不至，饬兵备之，遇警相机剿杀。”上是之。(九九，1886—1887)　　庚辰，太子少保吏部尚书兼文(渊)阁大学士彭时等言：“比者彗星见于天田，(**皇上戒谕群臣同加修省。**)臣等备员近辅，无以少裨，实深愧惧，谨采修德大端、安民大要条陈如左：一曰正心术。夫天下之道，正与邪而已。正者，帝王之道也；邪者，异端之教也。邪正之间，治乱系焉。皇上聪明圣智，岂不知所决择，而颇留意佛事者，聊以试之，非诚信之也。然闻者窃议，以为内府一次修斋，街市一次骚扰，伏望皇上留心圣学，毋信异端，减去内府修斋，如遇节令，止于在外寺观举行可也。二曰谨命令。夫命令之出不可不慎，祖宗以来，凡传旨必专任人，故责有所在，事无虚假。近来旨意行光禄寺、内府各衙门者，传奉不一，政出多门，人多诈伪，将来之弊有不可言。皇上凡百事宜惟令司礼监官传旨，庶几命出于一，事有可稽而无弊矣。三曰亲接见。自古贤君及我祖宗列圣，未有不接大臣议论政事者，君臣情通，政是以和。今皇上视朝即退，不一接大臣，天下军民利病何由尽知？伏望皇上日御便殿，召文武大臣忠直有识者面议政事而可否之，则听览日熟而治道成矣。四曰慎赏罚。夫赏罚者人君治天下之大柄也，慎赏罚莫先于循旧章、守成宪。近者道路传言，谓：赏典太滥，近幸无故而受金帛者多，工匠无功而冒官职者众；用刑太深，有法不该充军而充军者，有罪不至死而死者，此非旧章成宪所宜也。伏望皇上节赏慎刑，惟旧典成宪是循是守，则公道彰、治法正矣。五曰纳谏诤。夫日有万几而事有万变，非兼听博采，何由一一当理？伏望皇上虚心屈己，听受群言，勿恶其切直，勿忽其迂远，苟有当理，即赐施行，如此则官赏政刑不至乖失而下情得以上通矣。(**六曰励官守。七曰恤军民。**)”奏入，上曰：“具览所言，事皆切实，朕自处置。卿等宜勉力佐理，以副朕怀。”(九九，1892—1896)

辛巳,文武大臣并六科、十三道、英国公张懋、太子少保兼吏部尚书姚夔等上言:"(**星象示变,伏听圣谕,命条举时政以闻。**)一、天田系畿内之田,彗见,或由于此。近顺天等八府民田并五军等营草场,无籍之徒往往称为空地,投献内外权要之家,请为庄所。军民嗟怨,无所控诉。宜令巡视、巡按等官督有司审覆,凡成化元年以后奏讨者,果系民田,退还原主,若是自来无人耕种空闲之田,亦定与亩税五升,无得过取。一、皇城禁门至为紧要,守卫官军视为泛常,其中多有倩人应点,随即散去,以致行术并买卖诸人诡他名色出入内府,奸宄莫辨。今后务遵榜例,严加搜检,但有无名之人及假带牌面者执送法司究治,纵容者一体治罪。其守卫官员,该部并科道宜各差官一员不时点阅,有不在及诡冒者径自参奏拿问。一、内帑所储皆取之民,以备缓急,祖宗未尝轻用。近内府兴造、修斋写经并赏赐器皿、金豆、银豆之类,费耗不可胜计,今后乞特加爱惜,非赏功及军国急用不宜轻动,内庭修斋等事俱宜停止。一、宝石珍珠不过为器皿玩物,饥不可食,寒不可衣,今货卖之家率高其直,以一估十,以百估千,动支官银以千万计,皆致巨富,实国之蠹,宜悉停罢。一、内府监局各有工匠,今金箔一贴市直止银五分,官司辄与钞七十贯,直逾三倍,宜止令匠役于御用监或银作局自造,庶不损官作弊。一、光禄寺牲口每岁该派猪、羊、鸡、鹅十万,比朝廷念民艰困,凡庆贺大宴皆免,其余牲口宜其积多,顾买办供应常有不及,今后除上用膳羞并各宫日用如旧制供办外,其余岁时内宴并不时之需有可减省者宜悉减省。一、内府药材有各布政司岁办,又有外国进献,宜足于用。近复行文于各处采办,此系一时之用,不可为常,乞停免之。一、户部先因钞贯不敷,奏遣主事督收各处船料钞贯,盖出一时权宜,宜悉取回,止令各府收解。一、朝廷所用之物,遇有买办,必于土地所产之处,不可一概坐派,致民倍直转鬻。一、内外军民困于水旱已极,乞创造寺观塔庙等不急之役皆宜停罢,仍戒内外官不得私创。一、京军宜蓄养锐气以备警急，毋令杂役使之，终岁不得休息，饥苦万状。一、各监局军匠有逃亡者，止宜行该部查补，毋得径拘京卫所官杖并勒之出钱买免。一、内外法司强盗、人命、妖言等狱未明，不能归结者，乞在内三法司会同锦衣卫堂上官，在外从巡按御史、按察司分巡官审录奏处。一、……一、易州山厂柴炭夫每岁用一万九千九百二十人，内顺天府该一千七百三十三人，惜薪司成化八年抬柴夫用三千人，内顺天府该一千人。乞暂停顺天府下年柴夫，止令见在厂者陆续采运，所存人户以应惜薪司次年抬柴之役；仍乞敕内外所司量减节用以纾民力。一、光禄寺供应龙凤等器、该用朱漆等料，民办艰苦，近年取用不时，视旧加倍。乞出旧器，一一验视，堪用者加料修理，不堪者计料成造，不得诿以遗失不存，庶免妄费。一、京畿之民荐被旱涝，生理萧疏，其抽分竹木局五处给事中、御史、主事共一十五员，不无虚旷。乞俱取回，仍旧制，专责之各局原设官攒，但每季差御史、主事一人巡察之；其湖广等处抽分员外郎、主事亦各宜取回如旧，命各该府官收报。一、各监局所市物料多系宛平、大兴二县各铺行贷之京城富家，富家营谋给钞，利至三五倍。乞凡有所市，止令顺天府同御史等官估以时价，两平收市送用。一、诏条止蠲成化六年以前加倍追赔各处岁造织造诸彩段之未完者，而七年十一月以前之未完者例未载，乞概与停免。一、……一、苏、松、嘉、湖水灾，所遣中官织造蟒龙等段匹者乞取回，其丝料以充岁造之币。一、……”上曰：“卿等所言皆切时弊，在内者朕自减省。荆襄抚出流民仍令项忠等檄原籍官司安插，毋令失所。在京抽分，每处止遣御史一员。织造蟒龙等段匹丝料且收贮在官。各营见操并守卫守门官军将军查数以报，其余所司即举行之。”(九九，1897—1903) 光禄寺少卿陈钺因星变上言时弊五事：“一、黜无益以养圣德，谓近来虫蚁房并清河寺等处畜养猴、豹、鹰、犬之类不下八千有余，计其费每岁肉三万七千八百斤、鸡一千四百四十只、鸡子三千九百六十枚、枣粟四千六百八十斤、粳稻等料七千七百七十六石，直银通数千余两。今民多流移饿殍而使此羽毛之微得食人之食，是爱物之心重于爱民，乞俱放散以省食费。一、停不急以节财用，谓匠人倪忠等画佛雕像，食米岁费五百六十余石，工银岁费三千五百余两，况又多以技艺升官，乞俱裁罢。一、遵圣制以革奢弊，谓岁时及斋醮等事所用果品曩皆散撮，近乃黏砌，皆用尺盘，往用八斤，近增至十三斤，试以二十卓计之，尺盘合用一千余斤，卓数斤，数日见加增，且郊祀庙享俱用散撮，何独修斋乃独增加？况佛乃夷狄之神，求福求嗣，祈雨祈晴，俱无实效，断不可信。乞念岁歉民贫，励精治道，谨修人事，不宜崇此无益之事，以费有限之财。一、……”上命所司省之。(九九，1903—1905)　癸未，太子少保、吏部尚书兼文渊阁大学士彭时等言：“兹者天象垂戒，古今罕见，外人不知皇上忧勤在心，窃谓遇此灾变，视如泛常，未尝降颜一接臣下，询访民情，议论汹汹。臣等欲于明早朝退，诣便殿请见，一以宽圣心，一以息群议。”明日，上退朝御文华殿召时等见。(九九，1905)【考】《明史·万安传》：“七年冬，彗见天田，犯太微。廷臣多言君臣否隔，宜时召大臣议政，大学士彭时、商辂力请。司礼中官乃约以御殿日召对，且曰：‘初见，情未洽，勿多言，姑俟他日。’将入，复约如初。比见，时言天变可畏，帝曰：‘已知，卿等宜尽心。’时又言：‘昨御史有疏，请减京官俸薪，武臣不免觖望，乞如旧便。’帝可之。安遂顿首呼万岁欲出，时、辂不得已，皆叩头退。中官戏朝士曰：‘若辈尝言不召见。及见，止知呼万岁耳。’一时传笑，谓之‘万岁阁老’。帝自是不复召见大臣矣。”　诏抚宁侯朱永还京，命右都御史王越等总督延绥诸路兵。时兵部尚书白圭言河套虏寇窥边，虽间窃发，累为我师追击，未尝获利。迩者传报孛罗忽与乩加思兰欲东西分行过河，意其势甚困，必不敢大举入寇。总兵官朱永乃京营提督重臣，宜召还，仍命右都御史王越总督诸路见兵，同少监张遐、总兵许宁设计防御，诸路参将、游击悉听越、宁节制。上从之，命即赐永敕召还。(九九，1905—1906)　丙戌，吏部覆议在廷文武群臣陈言内一事：工匠之技艺精巧可取者自今宜量与赏赐，不必升官。诏允其议。是时工匠任文思院副使等官已二百八十余员，升中书舍人等官已二十余员，其后乃有以奇巧托监局官进献，辄乞传奉，一岁三四迁至太常卿、通政使者，每朝会宴飨杂班行中，与公卿伍，其余冗滥无虑千百人。（九九，1909—1910）　军器局民匠戎瑛奏："本局原设官军民匠五千七百八十七人，内官一员、工部官一员董其事，四时成造军器盔甲，数有定额，完则会官试其堪中，贮局备用。近年以来，人匠逃故者多，在役止三千二百七十四人，而内外督工官乃至一十九员，官多事冗，工力不敷，恐误工作贻累。乞敕司礼监会工部官议留内外官各一人，其余冗食皆为裁省，以苏劳困。"事下工部覆奏，请从瑛奏，量减内官。上曰："官不必动，但不许其多占人匠。"（九九，1910）

庚寅，太监许安传奉圣旨：闲住都御史李实即写敕取来。（九九，1913）　左春坊左谕德王一夔言："陛下因彗星之变，命大臣、科道陈言时弊，乃徒举细事塞责，于天下大可忧之事不敢一言及之，何以回天变哉！臣敢疏五事：（**一曰正宫闱以端治本**。）二曰亲大臣以询治道。臣见皇上自退朝及经筵进（**广本进作日**）讲外，罕与大臣接见，凡四方章奏不召内阁大臣裁决，惟付之左右内臣而已。夫左右内臣深居禁内，其于闾阎、行伍、人才、政事何能知之详而处之当乎？伏乞退朝罢讲，时御便殿，召内阁及文武大臣，出示四方章奏，少霁天威，面与商确裁决，则凡政事处之无不当矣。（**三曰开言路以决壅蔽。四曰慎刑狱以广好生**。）五曰谨妄费以足财用。臣惟京师连年创建寺宇不绝，报国寺之工甫毕，崇国寺之役又兴，所费动数十万计。谓奉佛可以徼福，则梁武往辙可鉴，何必竭府库有限之财为此无益之事？又京民涂宗顺恒以宝石进献，酬直不可胜算。夫府库宝石尽足充后宫之用，又何必费此有用之财而买此无用之物？乞一切罢斥，则财不妄费而府库充矣。"疏入，上批答曰："此皆陈腐之言而妄自张大，本当究治，但系用言之时,姑宥之。”(九九,1914—1916)　刑科等科都给事中白昂等言:“……一、官店输纳税钱以供国用,今皆归于权要之家,宜仍还官。一、……一、天下镇守官并采造诸物之人,除旧例如常,余宜悉依天顺八年诏旨召还,以全大信。一、……”奏上,命司其事者各知之。于是吏部等衙门各议拟条上:……召还镇守官伏乞圣裁。奏入,上从其议,惟黜陟大臣、召还镇守、点闸三营、取回官店四事俱命已之。(九九,1916—1919)【考】兵部覆见同书卷一〇〇,成化八年正月丁未,“兵部议覆都给事中白昂等陈言修省内三事:一、神机、三千、五军营多役占鬻放之弊,宜命文职大臣二员,遇操之日分行稽考。一、正统以后各处镇守内外官宜遵即位初诏召还,以全大信……上俱命已之”。　辛卯,分守万全右卫右参将署都督佥事蒋良与右少监顾雄、协同署都指挥佥事张顺俱以虏寇杀掠边军,为镇守等官所奏。法司以时方用人,宜姑记其罪为请。从之。(九九,1920)

癸巳,兵部上智勇任将帅者五十人。先是,太监许安奉旨,令兵部于诸营武职中举智勇可领军马者四五十人以闻。于是……(九九,1921)　乙未,兵部奏:“总兵官朱永奏虏寇由花马池、定边营入寇宁夏萌城等处,右都督白玉亦奏虏寇拥众入庆阳圉砦堡,余众西行者已二日尚有未尽。缘此寇潜住河套,日久困甚,臣等已料其必入寇。今总兵等官虽云于迤西按伏截杀,然贼情贪诈,恐复有东行剽掠之谋。宜驰谕右都御史王越与右少监张遐、总兵官许宁议之,如贼近边未遁,即会宁夏并陕西总兵等官速调诸路军马并力截杀,仍令越究虏所从入及诸领兵官有无失机,具奏处治。其宁夏总兵、镇守、巡抚官亦行令遇警相机杀贼,不许畏缩误事。”从之。(九九,1924—1925)　兵部奏:“近宁夏报花马池、兴武、灵州、鸣沙州及贺兰山诸处俱有虏众寇钞,烟尘不绝……意者虏酋乩加思兰欲乘冰北遁,故分遣部落窃掠而去。宜移文总督军务右都御史王越会延绥镇守少监张遐、总兵官许宁议之,若虏复入寇,即督所部兵及增调陕

西、宁夏兵，或分或合，多方邀击，仍令越究虏所从入及各守边官失机与否以闻。”从之。（九九，1926—1927）

本年附

典制·湖广内官

我朝之制，洪武初间设都、布、按三司，而岁令御史监察之。迨四郊多垒，设总兵焉；欲兵粮画一，设巡抚焉；托以心腹，设镇守焉。皆正统以后事也。要之，布政司则汉之州牧、宋之转运、元之行省也；都司则唐之都尉之类也；按察则唐之采访、观察，宋之提刑、提点，元之肃政廉访也；巡按御史则周之樿人，汉之直指也；总兵则车骑元帅之职；巡抚都御史则周之方伯，宋之安抚也；镇守则唐宋监军、观军容之使也。其历宦姓名今以可知者具列于左，以见国朝一代官制之略云。（**巡抚湖广、抚治郧阳都御史、巡按、总兵官皆从略**。）

镇守太监：

王定。曹德。开泰。曹整。刘雅。张忭。赵荣。王润[1]。杜甫。李镇。李景儒。潘贞。

（嘉靖《湖广图经志书》卷一《历官》）

成化八年壬辰（1472）

正月庚戌，命提督团营太监裴当、抚宁侯朱永、定襄伯郭登通阅各营马步官军，凡马军之贫弱者退为步军，步军之精壮殷实者补为马军，其马军把总官有巽懦无为者亦就步军把总选骁勇有能者代之。从尚书白圭等言也。（一〇〇，1938—1939） 壬子，镇守四川太监梅忠等奏：荣县有盗八十余杀人攻县，劫库放囚，寻破犍为县及三虎驿，官兵捕之，多为所杀。事下兵部，尚书白圭言：“往者四川贼赵铎、悟昇等聚众流劫，所司不能以时扑灭，酿成大患，至再用兵。今疮痍甫定而盗复生发，不急治之，恐如

① 王润，实录亦偶作“王闰”，“润”是。

前贻患。请敕忠同巡按御史严督三司官剿之，责以程限，违则停俸戴罪，令获贼以赎。果兵力不支，宜疾报威茂、永宁分守等官，领兵协助，必剿灭乃已。”报可。(一〇〇,1939—1940)　戊午，镇守广西右少监黄沁奏：猺獞贼首黄公刚等千百余人劫宾州及上林县等村峒，杀掠人畜，烧毁庐舍，男妇所为虏者以千计。事下兵部，请敕总督两广军务右都御史韩雍等官详议方略，如贼势众大，增调官军、土兵并力进剿，仍令雍查究杀虏之数及失机误事官以闻。从之。(一〇〇,1944—1945)　致仕南京吏部尚书魏骥卒。……骥端慎廉约，雅有德望，正统中，虽太监王振蔑视士大夫，于骥亦礼重之。……(一〇〇,1945—1946)　己未，工部奏：漕运总兵官杨茂先乞修通州至大通桥旧河石闸，以免官军车运之费。有旨命户部尚书杨鼎等勘报。鼎等报云……上命依原拟量拨官军四万，令总兵官赵辅、郭登统领，先浚京城壕堑，仍以太监黄顺、工部尚书王复兼董其役，其通州一路俟工完以闻。(一〇〇,1946—1947)　庚申，升冠带舍人韦正为所镇抚。正，右监丞韦贵家人，以献荆襄俘例升冠带小旗。至是复诉已先入粟授七品散官，乞加升职，特许之。(一〇〇,1948)　癸亥，(**皇太子薨**。)礼部因上仪注曰：……令内官监、工部造铭旌明器、坟茔圹志等数如制，以书讣告天下诸王。……(一〇〇,1949—1950)　乙丑，镇守宁夏太监王清等奏靖虏诸处虏寇犯边，旋已出境，势难邀击，又有归自虏地者报云虏酋欲掠高桥儿诸处。章下兵部，言：“镇守、总兵等官王清、沈煜、副总兵林盛、东路参将罗敬、游击将军张翊、都督白玉、参将周海徒拥重兵，纵虏出没，未闻画一计、剿一寇，乃明言虏寇出境难击，其畏敌而不畏法可知。宜命总督军务右都御史王越究清、煜等拥兵纵寇之故及查玉、海并守备等官获功失机与否以闻。”从之。(一〇〇,1951—1952)　丁卯，设罗汉洞关寨，调抚宁、卢龙、东胜左三卫官军六十余人守之。洞在永平府界岭口关西八里，其外山势坦漫，地连松林站、大冲谷，无险可恃，镇

守永平、山海等处太监龚荣等以闻，故有是命。(一〇〇,1954)

二月己巳，镇守陕西太监刘祥奏："去年十一月虏入固原海剌都，至黄嵩坪，杀仓官等五人。十二月入通渭县，杀民三百余人，至稠泥河杀苑马寺圉长、军余二十人，掠官私畜产七百余以去。今年正月又入固原，直抵平凉、白水诸处。"章下兵部，劾宁夏总兵、副、参、游击等官沈煜等守御不严，右副都御史马文升、佥事杨冕筹画无法，罪当逮问。第虏势方炽，请令总督军务右都御史王越究其失机之故以闻。……从之。(一〇一,1956) 辛未，织染所永乐年间额设军民匠役七百五十八名，后渐逃故，仅存其半，惟设大使一员管领。及移本所于内府织染局带管，止差内臣一员监督。其后岁有添差监督二人，因改别衙门莅事，遂挟其原随匠役三十七名以往。至是监督多至九员，役占人匠益多至二百余名，每作见在不过五七人，人少工多，劳苦不息，各匠连名奏乞如旧例，止留内臣二员监督为便。工部覆奏，不允。(一〇一,1957—1958) 乙亥，延绥西路左参将都指挥钱亮奏："正月初，虏众数万自安边营入境，即引兵追之，至师婆涧被围，与战五日，昼夜不息。都指挥蔡瑄等拥兵不救，粮饷俱绝，我军死者十三四，都指挥柏隆、陈英俱中流矢死，止收余卒一百五十人而还。"事下兵部，尚书白圭等劾亮寡谋丧师，都御史王越、余子俊、少监张遐、总兵官许宁等不能救援，俱宜核实治罪，且请敕户部于延缓[绥]要害诸处加积粮饷。上命会官集议。(一〇一,1959—1960) 壬午，镇守密云等处内外守臣各奏古北口南北城垣并三门月城及潮、白二河堤坝俱被水冲塌，请兴工修筑。已得旨，至是又言工程浩大，军夫逃亡数多，欲将密云并该管屯所寄住并义勇后等卫及本卫指挥、千百户下空闲舍余，每三名朋作一名，相兼修筑，工完之日照例疏放。工部覆奏，俱从之。(一〇一,1964) 丙戌，代府镇国将军仕塈尝詈其兄襄垣王仕壥，为所奏，累戒不悛。至是僭越尤甚，王复奏，欲赴京诉冤。上乃命驸马都尉周景、太监罗祥赍敕切责仕塱，革禄米，冠带闲住，仍移敕各王府知之。(一〇一,1968)　　辛卯，管兵仗局事太监顾恒用匠役谮言，以公事杖千户齐钊至死。事觉，刑部既罪其谮者，仍请逮恒鞫问。上以恒缘公事笞人，事已处置，令勿问。(一〇一,1973)　　壬辰，镇守延绥右少监张遐、右都御史王越、镇守总兵官许宁、巡抚右副都御史余子俊复议搜河套，以为延绥二十五堡粮草欲尽，又虏马瘦弱，自一挫之后悉远边塞，大同诸路兵马已暂罢遣，宜令越及时赴京面议粮草兵马及凡军中机务，以图大举搜剿。章下，兵部臣言："区画粮草顷已命侍郎陈俊，若虏情贪诈，虽被我小挫，未可即谓无事。今已命侍郎叶盛往会越等详议方略，宜俟奏闻，仍令俊预积粮草，以备出战。"上是之。(一〇一,1973—1974)

三月甲辰，镇守陕西太监刘祥奏："陕西三边有警，连岁饥馑，而巡抚副都御史马文升以奉命往守环庆，顾彼失此，乞令署都督白玉专领环庆兵马，文升仍还陕西为便。"事下兵部，言陕西固所当恤，而环庆为虏要冲，尤不可轻，宜令文升视边警缓急往来巡视。从之。(一〇二,1982)　　丁巳，镇守四川太监梅忠奏："都指挥佥事马云等督兵缉捕荣、犍等县强贼，至赖河赖坝，贼皆奔遁。又追至嘉定、井研界上，已斩首五级，生擒五十六人。第原劫荣昌县贼未获，云等仍留兵百五十人协土兵捕之。"事下兵部，以为贼党未尽，请移文忠等迹捕。从之。(一〇二,1993—1994)

丙寅，宁晋伯刘聚奏乞封谥故叔御马监太监刘永诚并乞祠堂赐额。事下礼部，言无封谥内臣事例，惟故司礼监太监王振祠堂蒙英宗赐额旌忠，今永诚所乞未敢擅拟。有旨赐祠额曰"褒功"，仍命内阁议拟封谥。大学士彭时等言："王振辅翼英宗年久，又死国事，英宗复位，非不欲重加褒恤，因无旧例，止赐祠额。今刘永诚得照例赐额，已为过矣，若又加封谥，出于王振之上，则轻重不伦，人心不服，将来守边等项如永诚者将纷然比例陈乞。变祖宗之法，必自此始。况今多事之际，正宜恪守成宪，以慰人心，不可轻易更改，致生外议。”于是事寝不行。(一〇二,2005)【考】刘永诚卒于上月，墓志见本年附。

四月戊寅，复陕西行都司署都指挥使刘刚职。先是，巡按御史侯英奏刚酷暴，兵部请罢之。至是，刚自陈久任无过，年力未衰，颇知边情缓急，道路险易，意规复职。尚书白圭等乃移文镇守甘肃太监颜义等勘之。义等皆言其性实酷虐，然为人骁勇，通练甘、凉，偏裨罕出其右，犹可任用。上以刚既材有可用，命复职，仍于本司带俸，听调杀贼。(一〇三,2012)　　己卯。初，陕西洮州卫指挥使陈钦奏生番星吉乩等累犯边，今入贡将还，请治其罪。事下巡抚都御史陈价会问，罪应斩，遂拘锢岷州卫狱中。既而镇守陕西太监刘祥等累奏吉星(吉星乙)乩等虽出没剽掠，未尝敢抗官兵，况远夷向化入贡，亦可比劫盗自归之律，宜释之使还以弭边患。兵部先已议令祥等审处之，事久未报，至是星吉乩及熟番板的宗等五人越狱遁去，祥等因劾岷州卫指挥叶森等守护不严，而守备都指挥后泰亦失于防范，请治其罪。兵部议从之，又虑贼怀疑惧，复谋寇扰，请移文谕祥，遣人至其本簇，晓以恩威利害及宽释初意。上从之，而贷泰不治。(一〇三,2013—2014)

癸未，命詹事府詹事兼翰林院侍讲学士李泰复任。泰以伯父司礼监太监永昌为父，故不为所生母终丧，而止乞假襄葬事，至是去三月余还朝，时论少之。(一〇三,2017)【考】李泰寻卒，《宪宗实录》卷一一〇，成化八年十一月己酉有传：“泰，字文通，顺天府香河县人。正统戊辰进士，改庶吉士，授编修。景泰间进左春坊左司直郎兼编修，再升右春坊右中允。英庙复辟，改尚宝司丞兼编修。既而以侍东宫讲读升侍读。上即位，升侍讲学士兼经筵官，寻侍文华日讲。修《英庙实录》成，升詹事府少詹事兼侍讲学士。未几进詹事，兼职如故。至是卒，年四十三，赠礼部左侍郎，赐祭葬。泰，继伯父太监永昌后。永昌在正统中掌章奏，泰初应乡试，京尹进录，英庙问左右‘李泰中否’，见其名甚喜。及官翰林，颇向学，矜己自足，不事华侈。但生长富贵，性狷僻，与人寡合，而所与者则相朋比汲引，士论以是薄之。”　乙酉，上谕三法司曰：“在京在外衙门见监问罪囚中间恐有冤抑,两京命司礼监太监黄高、南京司礼监左少监宋文毅同三法司堂上官逐一审录,在外差官会所在巡按御史并三司官一体审录之,死罪情可矜疑者奏请,徒流以下减等处治。"(一〇三,2018—2019)　甲午,镇守甘肃太监颜义等奏:锦衣卫带俸指挥使李俊,故甘肃副总兵荣子也,生长边陲,谙晓兵务,乞量加署职,铨注陕西行都司管操听调。事下兵部,言宜令俊赴甘肃总兵官焦寿所听调杀贼,须有功则升之。报可。(一〇三,2025)

五月癸卯,太监黄赐传旨:腾骧等卫副千户武海、韩能、左进福、丘茂、张顺、黎福、试百户刘刚、锦衣卫百户施良地儿俱令世袭,武骧卫勇士陈逮、程羊和阎顺各升本卫试百户,俱令带俸。(一〇四,2032)　甲辰,南京守备成国公朱仪会兵部尚书程信等以星变奉诏上言时政:"一、内官等监于龙江、瓦屑坝抽分局取竹木等料二十三万八千有奇,经今五载,所运未及三分之一,又需红土五百万斤于和州及江浦、六合二县,河涸民艰,起运为难。……一、南京各卫快船修造物料,近例以十分为率,官给六分,驾船军自备四分,各卫所官缘此为奸利,经年不完。今宜依旧例,于龙江提举司成造,以十年为则,坏者官给物料,未及十年者令自修之。又马快船本为进贡而设,近年以载马槽板枋不急之物,沿途骚扰,今宜止载上供器服、荐新品味,其马槽等物在京各厂自有木料,宜就彼造之。一、龙江、瓦屑坝二抽分局大使、副使各二员,每月轮差内官、内使四员同御史、主事抽分,官多事扰。今后内外监视官止各差一员,不支廪给,其二局每年抽分木料等物,宜令监督官会盘见数,以待支给,其收支簿书宜依光禄寺例送南京都察院按季照刷。一、南京工部修造军器,物料科派关支既已过当,每季上工匠役通八百余名,本部又给工价银一千余两,虚费实多。宜令试验军器给事中、御史并本部委官会计,定为则例。又工部岁收各处皮铁等物,交纳之际,铺户作弊多端，及本部所收没官军器并赃罚铜铁器物，俱宜按籍检阅，俟敛散之时，委正副官监视，仍于内府注销，庶得实用。一、福建、江西、浙江等处俱有织染局，各随土产茧丝，岁造段匹，以充高下之用。近年俱赴南京织造，以致价直腾贵，况委官赍银，多有侵克，宜各令本处依旧织造。一、……”上批答曰：“仪等所言有可行者，所司详议行之。”（一〇四，2033—2036）　辛亥，停免陕西、山西市马。先是，御马监太监钱喜以随朝马并披甲马少，奏行陕西、山西、辽东买补。至是，巡抚陕西都御史马文升言陕西已买马二百七十八匹，费公帑银五千五百两有奇，今虏贼扰边，公私匮乏，乞暂停免。事下兵部覆，以为宜有旨特免陕西、山西而辽东仍旧。　壬子，兵部言：裕陵神宫监原有神马一百匹，遣旗军二百一十二人牧养，今马止存十七匹，宜留十七人牧养，其余退出宝山工作。有旨留二十人。（一〇四，2039）　戊午，以擒获荆襄逆贼功，升右监丞韦贵为左监丞，右都御史项忠为左都御史，右都督李震为左都督，监察御史刘洁为浙江按察司副使，检讨张宽为云南佥事，都指挥以下从兵部所拟赏格……（一〇四，2046）

六月己巳，诏云南银课止如旧例煎办。先是，镇守太监钱能奏各场矿脉微细，军民赔纳甚艰，乞暂停采办，以纾人力。至是户部连引前此采办数例以请，故有是命。（一〇五，2052）　戊寅，定安王长子聪滈有罪，命守大同祖坟。聪滈居山西沂州，先坐罪停封，益纵恣不法，时出狎游，遇不引避者辄重杖之，或罚夺其财畜。民有奏其事者，下巡按御史会三司具实。御史遣指挥赴州逮其左右听理，聪滈因奏言指挥殴己，其弟镇国将军聪潜亦奏兄被殴状。于是命内官罗祥、锦衣卫指挥赵能往会巡抚等官按之，具得其事，而聪滈兄弟所奏皆诬。都察院会法司议拟覆奏，上曰：“聪滈不能改过，愈肆非为，宜迁守祖坟。聪潜其降敕切责之，余左右之有罪者从法司所拟。”（一〇五，2055—2056）　己卯，工部左侍郎蒯祥六年满考，吏部言祥年七十有五，已逾致仕之期。

上以祥内官监督工年久，命复职，仍旧办事。(一〇五，2056)【考】蒯祥恩例，如《宪宗实录》卷一四一，成化十一年五月庚戌："升工部左侍郎蒯祥正二品俸，仍于内官监管工，以九年任满也。"卷一七七，十四年四月壬子："工部右侍郎蒯祥再任三年考满，吏部言祥年八十有一，已逾致仕之期，宜令其去。上命复任，仍旧内官监督工。"　辛巳，下四川都指挥使刘芳于狱。先是荣县盗起，镇守太监等官委芳率兵偕布、按二司官剿捕，芳托疾不行，为所奏。兵部因以失机误事劾之，命锦衣卫官执芳至京师，下都察院，坐临敌后期律斩。狱上，有旨芳免死，降官三级，发茂州卫带俸差操。(一〇五，2057)　甲申，命以浙江、江西等布政司、应天并直隶苏州等府成化八年存留税粮支买花素段二万匹，以内承运库供应不给故也。(一〇五，2058)　丁亥，录大同等处杀贼功，升赏将士有差。成化七年闰九月至八年正月，大同、宣府、山西、延绥、宁夏等处官军先后斩获首虏共一百五十六级，兵部覆实，拟上升赏之例，得旨允之，而令调度领军等官俱从厚给赏。于是总兵官抚宁侯朱永、都督许宁、都御史王越、余子俊、少监张暹各赏银十五两、彩段三表里，游击将军都督范瑾等五员、参将都督神英等三员各银十三两、二表里，督饷郎中谷琰、参议严宪各银八两、一表里，把总都指挥王玘等三十二员都指挥各银八两、一表里，指挥各银七两、一表里……(一〇五，2061—2062)

七月丙辰，分守延绥参将署都指挥岳嵩率兵出境，至定边营大沙头，袭破虏营，射死贼马百余。镇守少监叶信等以闻。上降敕褒之，仍赐彩段二匹。(一〇六，2074)　癸亥，广东守珠池奉御陈彝奏：南海县民为风飘至安南国，被其国王编以为军，其后逸归，言中国人飘泊被留及为所阉禁者百余人。奏下户部，请移文巡抚、镇守等官禁约军民人等，毋得指以商贩，私通番国，且令守珠军人设法堤备。从之。(一〇六，2078—2079)

八月己巳，宣府镇守等官奏报七月虏数入境剽掠，兵部请行总兵官颜彪等严兵防御，其失机内外官左监丞（广本左作右）刘祥、奉御曹广、左参将李刚及守备指挥陶洪等俱宜治罪。诏祥、广刚姑宥之，令严备击贼，余皆逮问。（一〇七，2081—2082）

九月己亥，镇守宣府右少监弓胜奏："比者虏入永宁荆子村等境内杀掠，其地逼近陵寝，守备永宁指挥韩晟、提督山口指挥周谨、后昇等及分守参将阴杰、守备永宁奉御吴[莫]海俱宜究问。"事下兵部，议以方秋寇警，须人防守，晟、谨、昇宜夺俸一年，令戴罪立功，杰、海则当究治。上是之，而宥杰、海罪。（一〇八，2096）　壬子，分守万全右卫右少监顾雄、右参将署都指挥佥事蒋良等奏虏贼剽掠小窟、岑屯等处，守备指挥吴信、詹佑等误事失机，法宜究治，雄等亦自劾。事下兵部，言方系防御之际，若概逮问，恐缺人为用，信等宜停俸半年，令立功赎罪；其守备奉御田真、协同都指挥使孙素并顾雄、蒋良等亦宜究问，但雄等皆引咎，取旨裁决。命宥之。（一〇八，2108）　乙卯，巡抚陕西右副都御史马文升奏："虏寇犯边，势将深入，比命议调大同、宣府、甘凉诸军征剿，今年四五月间北虏出没榆林左右，六月初复大掠花马池、安边营境内。其大同游击将军范瑾方充宁夏总兵，使能闻命即趋，率兵至高桥屯驻；延绥总兵官许宁闻贼西行，率军至安边营按伏，虏众知我有备，岂敢长驱直至巩昌？而瑾延至八月方抵宁夏，宁徒拥重兵深居清平堡内，虽受总兵赵辅督责，终不能到安边。及分守庄浪都督同知鲁鉴、凉州副总兵赵英、都指挥姜盛、甘州副总兵马仪，或遇虏退避不战，或率师逗遛不行，太监刘祥、右都督白玉并臣等俱不能镇抚，致此寇攘。请先将臣等治罪，仍令科道官备劾宁等六人，重加刑宪，庶警将来。"事下兵部，言："许宁与白玉等先已令戴罪杀贼，今边务方殷，难概更易，宜并行给事中郭镗访察闻奏；其太监刘祥不总兵务，难以责备，马文升不能防患御寇，及见事不能支，方纠举诸人并引咎自解，不为无罪。宜行文升，令与白玉等合谋御寇，务图成功，勿更疏虞，以罹宪典。”奏入，从之。(一〇八，2113—2114)　　庚申，巡抚辽东右副都御史彭谊等奏：“八月间虏众杀掠刺榆埚并核桃山等处修筑边墙军士一百六十余人，都指挥邓钰、王昇等不领军防护，副总兵韩斌亦失躬亲巡督，致误事机，俱宜究治。”事下兵部，言钰等宜行巡按御史逮问，韩斌论法亦宜究治，但恐此虏乘胜复来，缺人防守，宜行令戴罪杀贼以赎；而太监叶达、总兵官都督同知欧信及都御史彭谊等擅兴工役，不严守护，罪亦难宥，取旨裁处。上曰：“韩斌、叶达等姑宥之。修筑边墙，守边要务，今后用工之际，务严谨防护，不许轻忽。”(一〇八，2117)

十月己丑，镇守居庸关太监吴旺奏：“黄花镇地近，已有都指挥邹宏守备，其余如驴鞍岭隘口二十余处属居庸者，道里隔越，难于提督，恐临事违误，兼旧掌神枪火器在镇，俱乞处分。”而宏亦言枪炮未敢轻用，欲乞取回。事下兵部，言黄花镇迤东隘口宜令邹宏防御，迤西令居庸关内外守臣防御，枪炮则量留在镇，余如宏奏。上曰：“枪炮不必取回，仍遣内官一员同邹宏守备。”(一〇九，2131—2132)

十二月戊寅，巡抚宣府右佥都御史郑宁等奏：“比者虏众远遁，初调京兵一万三千余人，供馈浩穰，乞量留五千，命一人统领防守，余悉掣回。”事下兵部，议令游击将军刘清统领分守，其太监张琳、总兵官赵胜等宜率余兵以还。奏入，命官军止留三千人，令刘清统领防守。(一一一，2162—2163)　　庚辰，内官传奉圣旨，起复丁忧尚宝司卿朱奎、光禄寺寺丞顾本、儒士杜昌于内府写书。(一一一，2164)　　壬午，宥掌锦衣卫事都指挥同知袁彬、指挥同知焦寿、佥事赵能、朱骥罪。初，本卫千户高安奉命往按内官张庆家人张伦杖杀大使索赂罪俱实，械伦还京，伦至芦沟桥而遁，安惧罪自经，彬等以病死闻。上命官检阅，彬等伏罪，宥之。(一一一，2164)

本年附

艺文・碑铭・太监刘永诚墓志

明故御马监太监刘公墓志铭

皇明御马监太监，奉敕总督五军、神机、三千、十二营，腾骧等四卫军马刘公永诚，自以年老任重，两朝七辞，皆不赐许。成化丁亥（三年，1467）八月，又具列圣所赐两京内外田宅、内侍禄米、仆从工匠之类辞之，亦不即许，许解任颐老私第而已。入谢，上不忍遽舍，慰留久之。比出，随颁物段，亲御宸翰称美，悬曲妙如大造，体物莫可形状。其药石之资，则有白金、彩币、宝镪百千；怡寿之具，则有组金龙衣、琱玉镂金云龙筇杖。公今年壬辰（八年，1472），寿八十二，占疾日笃，自度不起，又具前辞未尽许者以辞。疏凡三上，上感其诚，许辞其半，半听处业，成公志也。自是医问交道，觊公复朝，乃二月十有七日甲申告逝。上痛悼不已，命有司给葬具，工部造茔域，僧道作法事，大官给馔，礼部谕祭，赙及两宫，金银布粟，皆累千百。仍命太监白俊、韦玺等监护，异数稠沓，国朝以来一人而已。

公魏人，世家清丰留宁里。祖讳八老，考讳大老，俱赠特进、荣禄大夫、后军都督府右都督。祖妣杜，妣马，俱赠夫人。生于洪武辛未（二十四，1391），越十二年入侍大内。长而颀身，昂准虎步，仡仡久职御厩，便习骑射。当是之时，太宗皇帝用武靖难，内外之臣多勤战略，公尝共事。又三扈北征，遍历斗辟，其于兵事，习见而闲。宣德初元，汉邸造逆，公假使侦察，亲征功成，于公多助。大宁数叛，三帅师讨，直捣乌梁海而走之，卓沁仅以身免，获其清河元帅印章，俘馘生口，类以万计。妖人李宣、张普祥党煽乱磁相，公任捕执，实时靖肃。先帝践阼，得公绥辑，南京中都，众心帖然。甘凉国门，公出监镇，耀兵境外者二。东出镇蕃[①]，抵捕鱼儿海子，西出西宁，远至大山之阴。再拒敌人，击扬根敦，追北至额齐讷克之于三城儿卫喇特，入酒泉，鏖于临水堡，擒其首哈沙特穆尔等，克呼库春惧，遁出塞，蹑至金塔寺乃还。先是，瓜沙首领齐勤纳木喀实喇哈扎尔南奔，各

① 此志据文渊阁《四库全书》本《类博稿》。蕃，本应作“番”，清人讳改之。以下地名、人名多类似，读者鉴察之。

萌叛志，公轻兵肆讨，先后举之，虏其全部匹畜不遗。景泰辛未(二年，1450)，召还总督京师军马，计今廿年。南城之谋，公乃按甲，独以满盈求退，子姓受教，辞去职任，不干戎政，家口累千，遣三之二。杜谢造请，泊如素门，先帝嘉念，宠以肺腑，至任将相，谋或及焉。

公二兄，伯贵，赠特进、荣禄大夫、后军都督府右都督；仲宽，赠昭勇将军、锦衣卫指挥使，俱早世。贵子聚，即推恩赠公祖父母者，累勋进爵宁晋伯，子四：禄、祥、福、祯，各幼未任。女嫁吴氏，为嗣清平伯玺夫人。宽二子：长珊，百户，故，子纲嗣，致正千户；次海，正千户，故，子纪纲致指挥使，俱籍锦衣卫。他如支属、麾下僮圉僧道，鼎贵都位者不能枚举。经事五朝，七十余年，动辄如意，家极贵富。呜呼！固公福履天幸，亦人品警敏，在伸能屈者欤？宁晋少孤，公所抚立，报服以父加，又宗嫡，实主公丧礼也。葬以今年三月念有五日，通州安德乡北五里原，公预卜墓田也。前进士、陕西按察佥事唐封李君用宾状公生平，宁晋奉以问铭，辞不可得，为之铭曰：

兵国制命，易戒勿用。矫矫刘公，督监厥容。三锡是宠，保有令终。我最铭之，诏告世忠。吁嗟来世，式瞻方中。

(岳正《类博稿》卷一○《明故御马监太监刘公墓志铭》)

艺文·碑铭·太监阮□寿藏碑

御用监太监阮公寿藏碑

……先帝□旨……世□报德尚□者观……司设监太监阮公可知其实……公抚教辛劳，□□如同父母，今……龙颜，升如公职，盖以有感乎。怀……云裔，父讳文。永乐初□□秀选入……太宗文皇帝小心谨笃，未……仁宗昭皇帝亦喜勤慎，宣宗章皇帝尤□□成，敕……升……。英宗睿皇帝嘉□宠顾……当今皇帝褒美□□诚……耶，非……金石□□□久复……崇儒……内相阮公名德……

(**碑阴**)留芳永古。僧录司掌西天宗主……普照寺住……。□□(**按，疑为“名下”二字**)列职：□□局右副使□□。右副使□良。钟鼓……。奉御□□。尚膳监奉御……尚膳监……针工局……得。长随□□。同家中官王催、李永、周瑛、韦达、傅员、梁恭、孟介、何容、韦□、□□、□□、福□、妙弟、张建、□□、王胜、梁□。御马监勇士陈信、陈□、陈□、陈□、陈祥。

大明成化八年(1472)八月吉日立。

(北京海淀区大觉寺北山坡出土。《北京图书馆藏中国历代石刻拓本汇编》第52册,第93—94页)

艺文·碑铭·太监张瑛墓志

故织染局右副使张公墓志铭

赐进士、奉政大夫、通政参议、前翰林编修广阳赵昂撰。赐进士、中顺大夫、鸿胪寺卿、前监察御史新城杨宣书。文林郎、前军都督府都事尧封寇林篆。

成化壬辰(八年,1472)四月廿三日,织染局右副使张公卒于私第。其子鉴哀泣请铭,以垂永久。按状:公姓张,讳瑛,字廷光,山东济南常山世家。祖父以上,皆隐德不仕。考讳浩得,母乔氏,积有德善,笃生四子,公最季者。性姿沉重,举止不凡,孝友忠信,克尽于己,读书知大义。年才弱冠,入侍内庭,小心慎密,见知列圣。景泰丙子(七年,1456),升奉御。天顺丁丑(元年,1457),英庙念公旧人,进内织染局右副使,赏赉益隆。屡以重务委公,而竟以疾辞。于是,专督外厂,井然有条,人心称服。

公善经营,有余赀不己私,或修葺公廨,或赈恤贫寒,动以万计。尝于城南黄村造一僧刹,敕题其额"华藏寺"。垂老之年,罄其所有,又于城西田村创建梵宇一座,金碧辉映,壮观京畿。以其名上请,诏特赐"寿宁寺"。其始终遭遇之盛,非侪辈可同日而语也。迹其所自,盖公平生忠诚谦谨所致,岂若他人侥幸苟且于其间哉!良可嘉也。

公生于永乐戊子(六年,1408)五月十二日,春秋六十有五。鉴乃公之弟之子,义官,因其贤,继公之后。卜以今年五月十八日,葬公城西田村建寺之侧,遵治命也。铭曰:

忠以律身,义以恤贫。敬恭谦慎,名重朝绅。田村之原,梵刹之邻。安此玄宅,于千百春。

(《新中国出土墓志·北京》第115号)

艺文·碑铭·护国寺题名碑

明宪宗御撰《乐助善缘之记》:"大明成化七年,皇帝自出金帛,僦工市材,重建大隆善寺,加额曰:'护国。'于是内侍太监等臣钦惟皇上至善深仁,发乎圣心,不胜欣跃,亦各乐助私财,共成胜事。兹已毕工,特镌名于

下方,以示久远者。成化八年十二月初二日。"记下为题名:

夏时、刘恒、姜玉、覃祥、郑同、钱义、韦久、郑永、金兴、班祐、杨寅、苏诚、徐英、张轩、广童、赵永、韩禋、刘保、韦秀、林贵奉、刘宾(**第一行,从右到左**)、傅恭、怀恩、陈持、廖屏、黄高、韦鲜、张敏、吴福、李棠、陈喜、梁旺、黄衷、沈绘、李瑾、高廉、高义、郑强、仇政、侯忠、韦琮、杜坚(**第二行**)、裴当、许安、钱喜、黄赐、韦泰、覃文、潘洪、廖恭、邓瑢、何瑀、金辅、陈贵、陈瓒、韦恽、尹福、王亨、阮安、金胜、张璘、戴义、潘瑛(**第三行**)、黄顺、喻辉、覃勤、覃昌、钱福、吴忠、孙清、韦四、黎春、开泰、韦玺、梁芳、陈玹、白俊、潘记、陈祖生、张善、徐海、王允忠、樊坚(**第四行**)、(**下还有13行,从略。**)

碑阴:"朕自登大宝以来,奉天敬佛,无不诚心。近闻禁城西隅有佛刹曰大隆善寺,宣德年间奉佛敬僧,将香殿一座,数十余间,修盖佛殿僧房,于天顺年间倾颓。朕念佛地,乃出帑金,募财结缘,以成胜事。命太监二员黄顺、覃勤,谨率监督内官杜坚等十三员及侍郎等官蒯祥等、各色巧匠千数余人,自成化七年九月初八日兴工,次年十一月初二日毕工。黄顺、覃勤等承命以来,夙夜匪懈,今幸落成,不可无纪。复志碑阴,庶使后来感圣恩之隆渥,思报本于万一云。计监造太监一员杜坚,内官:郑真、杨旺、周怀、王庞、卢连、曹桧、杨春、麻俊、吉英、杨旺(**或为同名**)、陈鉴、林厚。本寺住持左觉义常秀、右觉义思忠。"

(碑在北京西城区护国寺街。《北京图书馆藏中国历代石刻拓本汇编》第52册,第96—97页)

成化九年癸巳(1473)

正月己亥,清勾兵仗局逃匠四千五百三十七名。(一一二,2172)

壬寅,南京刑部覆奏御史吴禋劾右副都御史毕亨擅入南京内府,已鞫其从人得实,当治亨罪。亨亦具疏自陈,以咨访盐法误入内府伏罪,且以禋奏其素有贪名自辩其枉。上宥之。(一一二,2172—2173)　戊午,掌内灵台事内官监左监丞苏奇奏成化九年中历后上朔日该注丁巳,而钦天监司历陈旸误作辛巳。事下礼部,劾旸并监副田蓁等俱当究治。上命下旸锦衣卫狱而宥蓁等。(一一二,2180)　己未,太监黄赐传奉圣旨,升钦天监五官灵台郎马贵为秋官正,漏刻博士贾信为五官司历,天文生范英为漏刻博士。(一一二,2182)　辛酉,宣府协同分守都指挥孙素、右参将蒋良、左少监顾雄以虏寇入境杀掠人畜,失于堤备,兵部奏请究治,命姑宥之。(一一二,2184)

二月乙丑,给尚衣监民匠食米月三斗。　守备龙门所奉御曹广、分守独石左参将李刚、左监丞刘祥等以虏寇入境不能备御,兵部请治其罪,上命贷之。(一一三,2186)　辛巳,镇守凤阳太监高廉奏白塔坟殿宇、廊庑、神厨为淮水淹浸,墙外壅以泥沙,坟内积水无由消泄,欲于近县量起人夫于墙外别筑圩坝,以防水患。事下工部覆奏,以为宜行守备、巡视等官勘议可否。从之。(一一三,2199)　己丑,彭城等卫指挥使等官林英等并御用等监、工部文思院副使王林等二十二人俱请给牙牌,命所司增造给之,时传奉官寖多故也。(一一三,2204—2205)

三月戊戌,郑府左长史江万程等奏郑王祁锳疏薄世子,屡谏不从,反怒移臣下。上命太监王允中、英国公张懋赍敕往谕之,因核实其事,谕允中等曰:"尔至,可谕王,若能改过迁善,亲爱世子,礼待辅臣,庶可永保富贵,如或稔恶不悛,将有不测之事。尔更宜斟酌人情事势,随宜处之。"允中等诣府宣谕敕旨,并以祖宗大法及国家亲亲之恩、人伦父子之道晓之,王遂具奏谢罪。允中等亦奏郑王禀性急躁,喜怒不常,且好使酒,世子性亦刚烈,子道少尽,是以父子相失。今王虽改过,难保将来,宜征世子至京读书,习知忠孝之道,俾王日自省改,庶得区处之宜。事下礼部覆奏,上曰:"郑王既自言修身改过,世子不必取来,姑验其亲爱之实。若此后不如所言,朝廷别有处置,仍移文长史启王知之。"(一一四,2209)　乙巳,黄花镇西水峪等处野火,延烧山林,逼近陵寝。天寿山守备太监李良以闻。上命都督佥事李昶领团营官军万人速往救之。既而风返,火延出西北境外,遇雨而灭。巡按御史劾镇守居庸关都指挥佥事宋英、守备黄花镇都指挥同知邹宏、奉御孙鉴不亟扑灭，罪宜逮治。命俱宥之。(一一四,2213—2214)

丁未，兵部奏："二月二十四日，虏入宁边墩杀掠人畜，分守右参将都指挥张瑛阻军纵贼，失误事机，且其人贪婪残忍，众所共恶，请命巡按御史逮治之；分守太监韦正、守备少监陈政、罗振轻信瑛言，总兵官彰武伯杨信失于调度，俱宜究治。"命瑛如所奏，正等姑宥之。(一一四,2214)　丁巳，敕广东守杨梅等池奉御陈彝兼管永安珠池。(一一四,2219)

四月戊辰，命以武清县河东地五百四顷一十亩仍给郕府管业，河西地三百五十二顷二十一亩仍给御马监为牧马草场。河东地乃太监刘永诚辞退而更授郕府者，河西则见侵于永诚而混占于郕府，其初实草场也，故各仍其旧给之。(一一五,2226)【考】刘永诚所献庄田多改为"皇庄"。如《宪宗实录》卷一〇六，成化八年七月庚戌，大学士彭时等言："皇庄之名，自古无有。景泰存藩邸之旧，皇上因东宫之余，庄名曰'皇'，固已非理，然事因其实，犹为有说。近闻故太监刘永诚所献庄田亦欲立为皇庄，深骇人情，居者惧于骚扰不已，耕者惧为征科过旧，而街谈巷议，咸谓四海之内，莫非王土，何独以此谓之皇庄？臣等窃闻外议如此，恐不足为圣德之光，乞以刘永诚庄田令户部籍之，俾居民仍旧耕种，以息外议。"上批答云："刘永诚还官地朕自处分，余令所司议行。"

己卯，司设监太监沈绘下狱，拟斩罪。绘恃宠稔恶，后为上所疏斥，常怀怨望。奉御贾祥因教其私造兵器，使家僮演习，以备不虞。有畏祸者遂发其平日多盗内帑金银器物诸不法事，并言其弟千户广贪淫邪伪，不时披甲出入皇城，莫测其意。下法司推问皆实，命绘、祥斩，广绞，皆如所拟律，仍下狱监候；其党二十一人免赎，送司礼监奏请处治。(一一五,2232)　庚辰，兵部奏宣府镇守右少监弓胜、总兵官都督同知颜彪、巡抚左佥都御史郑宁不严兵备，致虏入青边口杀掠人畜，请行究治。上以边务方急，姑贷之。(一一五,2232—2233)　辛巳，仍增修理京城河道桥梁等役腾骧左等四卫石匠五百余人口粮月二斗。(一一五,2233)　　癸未,巡按辽东监察御史王衡奏:“三月初六日,广宁左卫西小台迤西被虏毁墙入寇,杀伤官军一百二十八员名,总兵官欧信防御失策,及镇守太监叶达、巡抚都御史彭谊等俱宜究治。”事下兵部,尚书白圭等言:“信等近有兴中、小孤山、麦州等处之捷,方蒙赐敕奖劳,今奏前罪,乞裁处。”上曰:“信等既有后功,许赎前罪。”(一一五,2236)　　甲申,中都留守司署副留守李谦等奏:“旧例凤阳惟内官一员奉事皇陵,近因灾异,又命太监高廉协同守备。今廉已故,而地方无虞,况有奉御林眼在陵奉事,乞如旧例。”上命仍差一员奉事皇陵兼守地方。(一一五,2237)　　戊子,太监黄赐传奉圣旨:营缮所正张忠、所副陈礼、所丞吴山、文思院副使朱员保等十六人俱升一级。明日吏部拟升俸一级以闻,诏从之。(一一五,2239)

五月癸巳,工部右侍郎王诏奏:“近已奉旨量减柴炭人夫,而木厂额派柴炭未蒙减除,人少役重,纵有蓄积,难以输运。请敕工部以该运柴炭量为减免,通行内外典司其事者撙节用度,凡一应柴炭俱暂停之。”事下工部,请如所奏。上命惜薪司勿减,光禄寺、御马监等衙门量减一二,其余内外衙门杂派者悉停免一年。(一一六,2243—2244)　　庚子,太监黄赐传奉圣旨,升都督佥事李玉、白玉为都督同知。(一一六,2245)　南京司礼监等监奏:三月十五日夜风雨,拔太庙、社稷坛树。礼部以去秋风雨摧损各坛庙树及垣宇,已令有司修理,事尚未完,乞令各官通行修理。从之。(一一六,2245)

六月乙亥,录榆林、宁夏等处征剿虏寇功。纪功兵部郎中刘洪奏:“总兵官武靖侯赵辅、宁晋伯刘聚等征剿乩加思兰等虏寇,擒斩有功官军共六千七百五十九员名,宜录其功以振士气。”事下兵部覆请,命升刘聚世袭伯,王越左都御史,张遐左少监,余子俊左副都御史,神英实授都督佥事,户部右侍郎陈俊、兵部郎中刘洪、员外郎张谨、户部员外郎黎逊、主事李炯然俱增俸一级,其余如所拟升赏有差。(一一七,2262—2263)　丙戌,镇守蓟州等处太监龚荣等奏:六月十七日,虏寇犯边,与右参将李铭各率兵追剿,失夜不收三人,皆由分守奉御李俊、总兵都督冯宗、巡抚左佥都御史张纲失于严督,请治其罪,且俱自劾。兵部言:遣兵哨贼,分所当为,因而罪之,恐后规避误事。命姑贷之。　右参将都指挥佥事李铭犯隐匿军情等罪,为巡关御史王濬奏发。铭因奏濬挟私妄言。命官推问,拟铭降充总旗。已而镇守太监龚荣等奏铭守边,部下人多悦服。命特宥之,止停俸三月,濬亦置不问。(一一七,2266)

七月己亥,给司礼监并织染局军匠五十余人食粮月一石。旧例诸司军匠月粮五斗,近岁边军有结中贵以希用者,被旨召入监局,称其技艺精巧,特优给之。(一一八,2274)　丙辰,镇守云南太监钱能奏金齿司委官指挥同知侯勇、指挥佥事卢安等不避艰险,抚退贡章等处仇杀夷兵,而卢安屡取宝石入贡,其劳尤著,请量加升赏。兵部覆奏,上可之,特升安署指挥同知。(一一八,2280—2281)

九月庚寅,南京守备太监安宁为其弟靳顺乞官,特旨授所镇抚,锦衣卫带俸。(一二〇,2308)　辛卯,镇守浙江内官李义杖杀宁波卫指挥马璋,上宥之。初,义至宁波,璋馈以白金二十两,意不足,左右激之怒,遂杖杀璋。时巡按御史姚明以审囚至,璋母赴诉,不敢听,乃讼于朝。都御史李宾等请差官往按之,有旨但命义以实自陈。义言缘公事杖璋,璋以病死。宾等复请移文巡抚都御史核其实。上以义既以实回奏,特宥之,并其左右皆置不问。(一二〇,2309)　丁未,录辽东义州将士功,以副总兵都指挥佥事韩斌督军深入虏境,进一级;太监叶达、右副都御史彭谊、总兵都督同知欧信、守备都指挥同知崔胜俱加赏,余将士升者七十一人,赏者二千一百九十八人。(一二〇,2318—2319)　癸丑,户部言:"比者,内承运库太监林绣奏本库自永乐年间至今收贮各项金七十二万七千四百余两、银二千七十六万四百余两，累因赏赐，金尽无余，惟余银二百四十万四千九百余两，今欲册封及后赏给，俱合储金备用。但天下屡奏灾伤，既无官钱支买、税粮折纳，且湖广金场以课少而闭，云南折银以民穷而止。今宜行令浙江、福建、云南镇守、巡抚、三司等官于闸办银课内，浙江折金三百两，福建二百两，云南五百两；仍以浙江等处折粮银改折，浙江金四百两，松江、常州俱一百五十两，苏州三百两，其云南所逋岁办差发金银及各处赃罚金尽数差解，以应急用。”疏上，诏令所拟折纳各倍其数，仍于产金地斟酌取之。（一二〇，2326）

十月乙亥，巡抚山东左佥都御史牟俸奏："易州山厂供用柴炭，始皆用人采输，所以惟取山东、山西、北直隶夫役而不及河南、江南者，盖以南方之民轻财赋而重力役，北方之民轻力役而重财赋，故各就其所便役之。今诸山采取殆尽，柴炭类输银价，犹独取给于山东、山西、北直隶之民，而江南、河南财赋所出之地乃不之及，殊于立法初意不侔。姑以山东一处言之，岁额夫二万八百八十四人，人征价三两，共六万二千六百五十二两，此地累年灾伤，小民救死且犹不赡，其何能堪？近者虽量加减免，其该征者尚未能给，请并免之。”上命输惜薪司、光禄寺、御马监者再免一分，输内官监、兵仗局者一年俱免。（一二一，2341—2342）

十一月癸巳，赏辽东义州从征有功官军太监叶连[达]等二千四百九十七人银、段布有差。（一二二，2347—2348）　庚子，太监黄赐传奉圣旨：尚宝司卿朱奎、任道逊，光禄寺少卿李淳，户部郎中张福，尚宝司少卿汪景昂、汪容、程洛，光禄寺寺丞金溥、王恒、顾本，礼部员外郎王颐，中书舍人张苗、徐淮俱升一级，监生张奎除中书舍人，儒士杜昌除鸿胪寺序班，人匠姜斌除文思院副使。……奎等俱以职官带俸诸司而于文华门东耳房书办，官久不得迁，适朝廷命翰林儒臣考订《资治通鉴纲目》上呈，付奎等缮写翻刻，至是以工完，俱进秩。（一二二，2350—2351）　乙卯，镇守湖广太监王定奏长沙、湘潭盗起，杀指挥韩辅。兵部议遣近臣一员往治之，上曰："但敕镇守、总兵官、巡抚等官严督缉捕。"(一二二，2357)

本年附

艺文·碑铭·太监杨云寿藏铭

南京内官监太监杨公寿藏铭

赐进士及第、进阶正议大夫、资治尹、礼部侍郎致仕、前翰林学士、侍文华殿讲读、直东阁、兼修国史钱塘倪谦撰文。赐进士、福建等处承宣布政司参议东吴卢雍书丹。征仕郎、翰林院中书舍人嘉禾罗麟篆盖。

南京内官监太监杨公预营冢圹于城南安德乡瑞云山之麓，尝语其(**此处疑遗一子字**)泰曰："死生者，昼夜之道也。有昼必有夜，有始必有终，天地间一阴阳聚散之所为，乃古今不易之常理，未见有超然独免者也。吾是以顺吾之常，为是以待。尔其求当代名笔，为吾作志，及吾未瞑，□□一见焉，岂不乐哉！"泰遵命惟谨，乃琢石为寿藏志，谒予以铭为请。予闻而叹曰："世之□以后事为讳者多矣，公独能视若昼夜而为之地，岂非达生知命之君子哉！"乃为叙其履历之概，俾刻之。

公名云，姓杨氏，世为吉安永兴巨族。祖计一，父友生，皆有隐德，乐善好施，乡称长者。母温氏，以贤淑闻。公生而岐嶷，性敏好学，年十二选入内庭，攻习书史，学日有进，以其余力于道经梵典，亦皆博览。公旧名学云，太宗皇帝嘉之，赐今名。永乐丙申(十四年，1416)，擢内承运库右副使，典司宝藏。尽心厥职，出纳惟谨。丁酉(十五年，1417)，调司礼监奉御。甫二年，上以其练习旧章，俾复原任，升左副使。庚子(十八年，1420)，升大使。

英宗皇帝御极，以其历年滋多，老成缜密，效劳者久，召赴庭面加奖谕，特升南京内官监太监，兼掌库事。寻赐白金一百二十两、楮币二万七千贯、彩段四表里。上以远夷慕化来朝者众，乃出内帑白金五千斤，付公南还，织买彩段，以备赏赉之费。其为朝廷信任如此。公详加阅较，罔不精良，国用有济。

公尝伏念，荷国厚恩，无由上报，乃择山水明秀之地，悉罄己赀，创建梵刹，为国祝釐，为民祈福。规制宏丽，辉映林壑。具疏以闻，赐额“普应寺”。后则公营圹之所也。公为人端慎小心，公勤不怠，事上以忠，待人以恕。自幼至老，深居禁掖，历事六朝，居官莅政近六十载，竭诚奉公，罔有疏慝，是致列圣眷顾，恩宠日荐，功成名立，终始克全，不易得也。

公生于洪武辛未（二十四年，1391）十月二十三日，今年己丑（成化五年，1469），寿七十有九。子三人：曰霆，曰沾，曰泰。嗟夫！古人于年之渐老，必预为终备，故六十岁制，七十时制，八十月制，九十日修，盖虑仓促之变也。公之为备若此，可谓周矣。其卓见远识，夫岂常人所能及哉！是宜铭已，铭曰：

城南有山，瑞云是名。风气完固，储祥□灵。维公相之，卜云其吉。乃开绀园，乃成窀穸。乃树松□，蔚乎相缪。千岁厌世，归兹乐丘。达人大观，洞然无累。贤闻无穷，昧者知愧。

卒于成化癸巳（九年，1473）二月十一日申时，享年八十有三。大明成化九年岁次癸巳二月十二日，金陵杨□刻石。

（出土于南京市雨花台区铁心桥尹西村，现藏南京市博物馆。志文转引自周裕兴《由南京地区出土墓志看明代宦官制度》，《明清论丛》第1辑，北京紫禁城出版社，1999年）

艺文·碑铭·左监丞黎阴墓志

司礼监左监丞黎公墓志铭

正议大夫、资治尹、礼部左侍郎南昌……太常寺卿、直文渊阁、经筵侍书南郡……太常寺少卿、直文渊阁、经筵侍书杭郡……

公名阴，其先广西柳州□城安湘之明镜里人，累德积庆，世为名……循于中，以英伟暴于外。适太宗文皇帝缵□，南畿载新，寻命选入内府，给事帝阍。未几，随驾迁都北燕……监，历研深几，□□□□□□□高明，誉日彰彻。于时大营宫宇，以公善书，上命……考工程，能靡有……嘉纳之。太宗亲征北虏，□守□□□□器□武有整肃之略。仁宗昭皇帝即位改元，□公□□，拜官内使。□宣宗章皇帝□□武定□□□□□□云密□帝命祗□守□门□肃然，□□赫弈。师还，上召奖勤劳□□□□□□□□□□□□□于守御，密命如□□□□□□□□□才识，捍卫益□。景泰庚午（元年，1450）□□□□□□□□□蔑□□□□□□京城内外□然靡宁，公于是督同太监兴

安，举□政□□□□□□□□□□内固门禁，外张皇武，虏不得肆其□，民得以安其生，天下得以靖其难。……①

（《北京图书馆藏中国历代石刻拓本汇编》第52册，第102页）

艺文·碑铭·胜泉寺佛殿碑

梁芳撰并书《敕赐胜泉寺佛殿碑铭》："惟上帝隆□，命于皇明，历□余年，海宇晏然。予幸逢盛世，入侍禁闱，荷皇上厚德深仁，偎加宠眷，不数年间擢为御用监太监，赐之织金蟒衣及玉带。揣分奚堪，日夜感激，思竭驽钝，以报称万一而未有由。乃闻佛大慈悲，能为人增福田，因修城西敕赐胜泉禅寺，高弘壮丽，视旧有加，俾僧众早夜焚修，以祝圣寿，祈皇图于百千万年也。谨拜手稽首为之颂。辞曰：（**略**。）大明成化九年，岁次癸丑，十月之吉。御用监太监岭南梁芳谨书。"②

（碑在北京丰台区西便门外打靛厂村。《北京图书馆藏中国历代石刻拓本汇编》第52册，第105页）

艺文·太监郑忠兴建二记

"成化间太监郑忠重高建五十尺，周五十步，敻出闾阎，俯瞰一郡，上置壶漏钟鼓以节晨昏。尚书白圭记：'皇明有国，度越千古，（**略**。）都知监太监涞水郑公忠，以先朝之命，作镇于兹，历十五年，是为成化之癸巳（九年，1473）也。维时百谷告登，三边无警，民不知劳，财有所措。公于暇日访求郡之故老，得其故址于城北正街，盖自前元尝为顺元都元帅府所建土城之楼，国初展其城于今北门而夷其址，历兹世远人亡，无以考其沿革。公则创以是役，谋于巡抚都宪宋公钦、总戎都督吴公经、巡按侍御梁公泽，既协其谋，而又可否于都、布、按，佥以为然，遂经始于是年四月八日，（**兴建略**。）讫工之日是为明年甲午五月七日也。（**又命工制铜壶滴漏。总戎吴公乃介其弟锦衣千帅孟章**③**求予为文**。）今郑公以中臣际遇圣明，出领边镇，又得贤都宪、元戎□□为之僚寀，三司方岳相与辅相之，有以奉宣天子

① 碑左漫漶甚，难以卒读，从略。

② 成化九年，并刻由阁臣彭华所撰《敕赐胜泉寺重修记》（《北京图书馆藏中国历代石刻拓本汇编》第52册，第108页），其文载：胜泉寺，天顺初赐额，"成化六年，御用监太监梁公重修，越四岁告成"。

③ 即锦衣卫千户吴绶，用事于太监汪直者，孟章是其字。

德意，以怀柔远人；至于承平，乃能以其绪余谋及钟鼓之事，创百尺之楼台，以系一方之观听，其所建制足以振后而光前，可谓丰功伟绩、烈烈轰轰，垂之不朽者也。自非其有迈世之材而操可为之势，能若是乎？盖可书以告将来者也，于是乎书。'"

（弘治《贵州图经新志》卷二《贵州宣慰使司中·谯楼》）

"永祥寺在治城内西南隅，旧名潮音，成化间镇守太监郑忠建，寺址高阜，殿阁翚飞，竹树掩映，溪流萦绕，为郡胜概。敕赐今额，学士万安记：'（**略**。）今都知监太监涞水郑公忠，天顺初以征苗功衔命来镇兹土。下车之明日，首先谒寺，睹其痺[庳]隘，不足以妥佛灵，慨然欲重修之。（**兴建略**。）是役经始于成化四年五月，成于十年四月，先期公恳辞请乞额名，诏为永祥寺，仍赐玺书护持。命至之日，祠宇为之改观，缁流为之欣跃。公乃望阙拜，稽首称谢讫，窃惟寺之建专以上祈利于国家，下祈利于生民，幸荷天宠汪涵，命名赐敕，若此苟无文演其说，何以垂示将来邪？于是状其始末，介诸子锦衣百户表特诣京师，属笔于予。（**说理略**。）公以简命守镇斯藩，地方安危所关，军民休戚所系，顾所为善初不止此，尚于号令政事之布施，悉与巡抚、巡按以及藩臬有司商确之，务求上合天理，下合人心，可以经久无弊者而后施布之，是能耿□之善为已之善，其为善也不亦广且大乎？然将见一藩之内，下焉人心协和，上焉天心庇护，四时顺序，五谷丰登，百姓享饱食暖衣之天，诸夷无兵革战斗之虞，则祥祉毕降于一藩者可既言耶？圣明赐额之意，诚在于兹，而佛书为善获报之说，抑亦殆相合欤？予特书之于后，俾将来为继公镇斯藩者观此惕然有感而图称委副，以召延祥祉云。'"

（弘治《贵州图经新志》卷二《贵州宣慰使司中·寺观》）

成化十年甲午(1474)

二月癸亥，云南总兵官黔国公沐琮等奏：木邦宣慰司夷妇曩罕弄等聚众杀掠陇州宣抚司多歪孟境内，累抚不悛，复纠结缅人攻劫贡章等处，已遣人往谕缅人毋助乱招悔，并行南甸干崖芒部等长官司整兵救援。事下兵部，请令琮会同太监钱能并巡按、三司等官抚谕诸夷退兵自保，倘冥顽不服，宜所议举行。从之。（一二五,2385—2386)　丙寅,调工部主事解敏为直隶徽州府通判。敏督修京仓,忤监仓内官高建,因奏敏用官银倩人上工,以给私役,下敏狱。得旨:"敏不谙事体,行止粗疏,难任京职,其令调除外任。"(一二五,2387)　己卯,太监覃昌传奉圣旨:真人孙道玉故父德祥追赠太常寺寺丞,母沈氏赠安人,赐敕命。(一二五,2394)

三月丙戌朔,命总督两广右都御史韩雍致仕。先是,镇守广西右少监黄沁讦奏雍坐视猺贼出没,隐匿不报,以致断藤峡贼复啸聚滋蔓,流劫郡县;且贪欲饮宴,滥赏妄费,事多违法。及副使范镛、佥事叶淇督调军马,不能防御,互相隐匿;武靖州知州岑铎无控驭之才,太平府知府郭本有贪淫之行,皆当究治。事下兵部,奏差礼科给事中张谦、刑部郎中蔡麟往按,以其词虚实各半覆请。上免雍罪,命致仕;镛、淇、铎俱宥之,本坐除名。雍在两广,威令素行,沁不得恣其欲。时布政使何宜迂而固,按察副使张斅贪而暴,不为雍所礼,乃与沁媒蘖其短,攟摭其事攻讦之。及差官往核,适委宜、斅行勘,竟酝酿以成其罪。盖雍未督军之前,贼势甚盛,不独毒岭南,且越江西、湖南界,雍至,贼势大衄,虽不尽遏绝之,然功多于罪。至是为内侍所奏黜,公论为之不平,而两广人至今思之不置。(一二六,2397—2398)　工部奏:"崇王府第已奏准因秀怀王旧府在河南汝宁府者增修之,近遣内官监右监丞高远、工部员外郎陈舒会勘,以为制度狭小,已奉旨更造。但王之国有期,欲于附近军卫有司多起夫匠,昼夜并工。"奏上,上命别遣官一员驰驿以往,督工修完,不许迟误。于是特敕郎中项文泰便宜行事,仍戒毋得似前苟简迁就。(一二六,2398)　戊子,晋王钟铉因本府内官赵显与妖言人李铎交结为非被获,王惧罪,乃自陈钤束不严。上致书谕之曰:"得奏,具悉。王自今宜戒约下人,务令谨守法度,不许仍蹈赵显等所为,其管屯、管店人等亦须以理处之,勿因小利,致贻后悔。"(一二六,2399)　乙未,南京守备太监安宁奏:成化九年十月以来,天暖无冰,恐误祭祀进鲜之用。礼部请移文所在有司，将旧积之冰撙节供应，毋得妄费误事。从之。(一二六，2403)　戊戌，修真武庙工完，内官监太监宿政奏：先时公差御史、给事中、锦衣卫等官常于庙前、庙内集众理事，诚为亵渎。事下礼部，乞命都察院揭榜禁约，仍如例禁军民妇女入庙搅扰。从之。(一二六，2405)　庚子。初，大应法王劄实巴死，有旨如大慈法王例葬之，中官遂请造寺建塔。工部言：大慈法王惟建塔，未尝造寺，况今岁歉民贫，寺费难给，宜惟建塔。上是其言，命拨官军四千供役。(一二六，2406)　癸卯，诏给承运库各匠铺户月粮二斗，从太监林绣请也。　甲辰，命太监覃勤同傅恭总督五军营操练。(一二六，2407)　戊申，命致仕南昌府知府王诏复任。诏六年考满诣京，以疾久不还任，巡视侍郎原杰奏罢之……旧例，内外官被考核去任无复用者，而诏以纳赂太监覃勤独得复任，然终不合公论，未几亦罢去。(一二六，2409—2410)

四月癸亥，宁晋伯刘聚卒。聚，直隶清丰县人，太监永诚之侄。从永诚出征，得锦衣千户，历官至都督，充副总兵。征河套，进宁晋伯。后虏合众大入寇，代武靖侯赵辅充总兵官，克捷得世袭。至是卒，谥威勇，祭葬如例，子禄嗣其爵。聚虽以势家子冒报功籍得升伯爵，然亦屡经战阵，黄草梁之战尝为虏所厄，势危，其赖家僮及麾下数十人极力捍卫得脱于难云。(一二七，2416)　庚午，南京守备成国公朱仪奏：(**京城工役繁兴，军士疲劳嗟怨，乞暂停止，常操军士视京营事例分班更代**。)兵部尚书白圭以仪言诚切，宜令守备、参赞等官会工部减免工役以苏兵力，使得专事操练；其轮番之例，太监覃包已尝奏允一岁止操五月，隆寒盛暑俱得休息，若京营官军，虽寒暑之际亦令十日一操，惟十二营军马以数多，许得轮操，事体少异，取旨裁决。复命南京守备内外官定议以闻。(一二七，2422—2423)

六月甲子，录延绥等处战功，命总兵官署都督佥事许宁实授，仍升署都督同知；左少监张暹升太监，游击将军都指挥使周玉升后军署都督佥事,把总都指挥使刘宠升右军都督佥事;左都御史王越加太子少保,升俸一级;左副都御史余子俊升右都御史,纪功兵部署郎中张谨实授,及督饷户部郎中李炯然俱升俸一级……(一二九,2449—2450)　壬申,南京户部奏请会同内臣盘皇城各门仓粮,奉御梁鉴等与户部员外郎张顺会盘,过期不至,有误卫卒日食。成国公朱仪以闻,下南京刑部究治,请坐顺罪而宥鉴等。上从其拟,仍命南京户部遇盘各门仓粮各委一官分理之。(一二九,2453)　戊寅,监察御史沈浩言:"京城西南一带地势洼下,且被居民侵占街道,壅塞沟渠,凡遇霖潦,水无所泄,淹坏庐舍,人受其患,乞命内外臣董督疏通。"事下工部覆奏,上命内臣张端、工部右侍郎刘昭督团营官军三千及时疏浚,有故违者奏闻区处。(一二九,2454—2455)

闰六月甲申朔,兵科右给事中章镒等劾奏太傅会昌侯孙继宗……近者太监覃勤提督营伍,审核继宗私役军士千余,虽朝廷置而不问,岂可恬不知愧,复总兵柄乎?……伏望陛下解其兵柄,赐之闲居……得旨:姑已之。(一三〇,2459—2460)

七月癸亥,隆庆长公主初奏求武清县草场三百余顷,与之,既而又奏乞滦州及玉田、丰润二县闲地四千余顷。事下顺天府勘报。主家僮诬府官枉勘,民又群殴之。户部言当别遣官覆勘,上乃命内官会同御史及户部官以往,合奏前地多军民所耕种纳税者,惟芦苇地一千八百七十顷六十三亩为闲也,府官勘有未明,民亦无殴主家僮状。上命以闲地一千顷二十亩赐主,余且留之,而宥府官及家僮罪。(一三一,2475—2476)　庚午,镇守陕西太监刘祥等奏总督军务都御史王越病势渐增,乞令回京调治。允之。(一三一,2477)　辛巳,湖广岳州有贼杀指挥卜马翔等,及蕲州有贼,亦杀掠人民。巡按御史张诰奏捕盗都指挥王贵,蕲州指挥李广、陈浚、姚瑜,千户陈斌、蕲州知州庄澈不能设策擒捕,守备都指挥陈昶、分守参议刘观、分巡佥事邵宗、黄州知府王霁坐视贼患，俱宜逮治；其都指挥使王英、左布政使今升工部侍郎杜铭、按察使李敏及镇守太监王定、总兵官都督李震、巡抚都御史吴琛、巡按御史王宾皆不奏闻，亦宜究治。兵部覆，上是之，自英以下俱宥其罪。（一三一，2483）

八月丁亥，命太监刘恒同都督赵胜简阅军马，遇警即行，以虏寇乩加思兰近边也。（一三二，2488）　辛卯，命太监刘恒、覃平监督军务，都督同知赵胜佩平虏将军印，充总兵官，领兵一万征剿虏寇。（一三二，2489）　甲午，升镇守辽东少监韦朗为太监，都指挥佥事周俊为都指挥同知，其都指挥以下升一级者十七人，升署职一级者五人，给赏者四百七十八人。以朗等率官军击虏于创忽儿河有斩获功也。　命提督九门内官巡视城池，且榜禁沿河居民毋得秽污，从襄城侯李瑾言也。（一三二，2492）　戊戌，宥镇守蓟州、永平、山海太监龚荣等罪。先是，荣等奏虏贼入境，杀伤军人，荣率建昌营官军击之，都御史张纲来策应，右参将李铭、奉御李俊复追出关，总兵官冯宗亦来策应。既而巡按御史于大节奏贼入境时，荣往迁安访张纲，相去一百余里，把总等官不能督兵防御，致贼深入关内，杀掠人众。奏上，得旨："边报正急，龚荣何以远离地方？兵部其看详以闻。"尚书白圭等劾荣不能御贼而擅离所守，且匿其所被杀掠，谬为追击掩饰之词，与冯宗、张纲等同肆欺罔，而李铭、李俊亦不以实闻，俱宜究治。得旨："荣等俱不问，令用心调度，杀贼赎罪。"（一三二，2493—2494）　宣府镇守等官奏报虏贼入德胜口关，把总指挥倪文等率兵击之，败死。兵部劾奏都指挥王祥轻率骤进，指挥舒清、刘永不督军策应，宜令戴罪杀贼；镇守太监弓胜、总兵都督刘清、巡抚都御史殷谦各拥重兵，未闻发一策以破贼，俱宜罪之。上从其奏，宥胜、清、谦，令严督杀贼。（一三二，2494）

十月庚子，给内帑钞三百三十一万贯有奇，偿大兴、宛平二县铺户买办物料之直。近年内府缮造物料有缺，多令二县铺户买办,然无见直,必积久乃得,类支钞于内帑。其后买办日多,价直益贵,而帑钞寖乏,始于此矣。(一三四,2520)　宣府西路守备指挥同知张文等初以防守不严,领哨都指挥王祥等不为应援,致虏杀伤指挥倪文等。分守参将周贤、太监顾雄、协同都指挥使孙素及镇守太监弓胜、总兵官刘清、巡抚都御史殷谦皆奉旨戴罪杀贼,俟事宁处治。至是,兵部谓祥、文等宜得巡按御史逮问,令停俸杀贼;贤等功不掩罪,胜等才不胜任,法亦宜治;又指挥倪文死有可矜,宜令谦等覆勘以闻。上是其议,免贤等三人逮问,各停俸半年,而宥胜等。(一三四,2520—2521)　癸卯,巡抚辽东右副都御史彭谊等奏:"近户部移文于辽东地方,复开黑山碾砂淘金旧场。访得父老言永乐十三年太监王彦等官督夫六千名于此开场淘金,计工九十日,止得金八两,费多得少,久已停止,宜罢其役。"从之。(一三四,2522)

十一月壬子朔,太监黄赐传奉圣旨,升锦衣卫百户李克宣为世袭副千户。是日赐又传奉圣旨,升高士喻道纯为真人,左演法胡守信为左正一,神乐观提点聂彦良为右正一。(一三五,2529)　戊午,镇守大同太监覃巩奏十月虏入师婆寨,射伤墩卒二人;守备偏头关都指挥使戴广亦奏十月上旬以来,瞭见境外烟火非一。事俱下兵部,右侍郎滕昭等言:"比者朵颜卫使臣传报满都鲁孛罗忽西行进川,乩加思兰则往东胜境上。盖东胜切近大同、偏头关等处,今详巩、广所奏,则乩加思兰实引丑类在彼屯聚,况朔州抵偏头关地方散漫,恐乘虚而入,不可不虑。而河套乃此虏久处之所,甘凉迤西亦其故巢,今河冰已合,皆所当备。"上以为然,遂敕巩、广及镇守代州都督佥事刘宠并延绥、宁夏、甘凉、庄浪等处镇守、总兵、巡抚等官整兵防御。(一三五,2530—2531)　庚申,土鲁番使臣之自朝贡还也,初议留暂处甘凉,后恐其泄漏事情,复议候李文还自哈密日方许出关。其留甘州者十余人乘隙逃去,甘肃镇守、总兵、巡抚等官太监颜义等以闻,兵部言义等防范不严，俱当究治，又请行巡按御史令究甘州北关通事千户哈只马黑麻等罪。上是之，而宥义等不治。（一三五，2531—2532）　壬戌，泰宁卫都指挥安塔木儿等进贡，内挟朵颜卫夷人一名纳哈出，锦衣卫官校缉知之以闻。事下礼部覆奏：镇守、巡抚、参将并守关等官太监龚荣等失于督察，俱宜论罪。上曰："荣等俱宥之，自后务严谨关防，毋得轻忽。"（一三五，2532）　甲子，太监许安传奉圣旨，升锦衣卫官带总旗宋敬为本卫百户。（一三五，2532）　庚午，镇守广西太监黄沁等奏：去年七月以来，南丹州土官莫必胜率众攻劫荔波县，杀民人二千七百有奇，虏男妇三千六百有奇。累趣右参将及分巡守臣查核，事久未报，稽于具奏。又贼首韦万什等二十余党流劫天河、怀远、桂平、罗城、义宁、雄县、武缘、柳城、岑溪、古田等县，杀虏人民，烧毁庐舍，夺掠财畜，不可胜计，俱左、右（广本无右字）参将所守地方，亦已累督相机抚捕。章下兵部，右侍郎滕昭言："彼地贼势旁午，而沁及副总兵署都督佥事夏正未闻出一策剿之，顾乃归罪参属。又其奏视三司所奏不同，中多隐匿；且盗起逾年，而总镇太监陈瑄、总督军务都御史吴琛、总兵官平乡伯陈政亦无一言闻奏，有负重寄，宜以敕切责瑄、沁等，俾合谋剿贼，仍详处莫必胜兴兵事情，奏闻区处；参将等官失机与否之故，则宜行巡按御史核勘。"从之。（一三五，2534—2535）　壬申，虏寇之入独石、马营也，分守左监丞刘祥、左参将都指挥使李刚率兵败之，生擒四人，斩首六级，夺获旗马器械等物。兵部请升赏有功官军，以励其余。上从之，降敕奖谕，升祥为右少监，刚署都督佥事，及官军升者二十七人，赏者八十六人。（一三五，2538）

十二月丙戌，总镇两广太监等官陈瑄等奏："去冬以来，广西贼首韦万什等越界劫广东新会县，那虔上下二洞贼人郑迟等近构新兴县那假塘宅等地贼人流劫阳江麻罩等村，佥事陶鲁领兵抚之，执迷不服。"章下兵部，言瑄等隐蔽土官莫必胜叛乱重情，而总督军务都御史吴琛虽践任未久，不能论劾，亦依违妄奏，宜并究治;又新会贼徒既已啸聚,恐后渐滋蔓,宜移文瑄等,令督广东游击三司等官画谋剿捕。上曰:"瑄、琛等姑贷之,令亟弭贼,不得怠玩。"(一三六,2545)　戊子,内官传奉圣旨,命吏部移文取丁忧太常寺掌寺事礼部左侍郎万祺。(一三六,2546)　癸巳,调南京兵科给事中吴杰、户部主事柳琰于外任。先是,琰往淮安府监督仓粮,与内官王增福、王刚同事,琰颇自专,不听其所为,民有侵仓地为屋者皆撤之,使复旧,怨者甚众。适江都县民输税于仓,以琰家仪真,为同郡,而杰亦江都人,适丁忧家居,因索书求庇,琰拒不纳。增福等微闻之,执问其人。其人方怨琰,即诬伏通书纳赂,增福、刚遂奏于朝,命锦衣卫官往会巡按御史按之。狱成,械杰、琰等至京师重鞫,皆坐杖当赎还职。诏赎罪毕,俱调除外任:杰,湖广沔阳州判官;琰,河南南阳府通判。(一三六,2549)

乙未,宁夏镇守太监王清等奏:自十一月以来,虏寇累入榆林沟等地,虽未得利而去,恐有复入之谋。兵部议行清等,令副总兵王玺与游击将军祝雄领兵往会参将、守备等官于花马池、高桥儿等处设伏扼险,又行延绥守臣督属防御。报可。(一三六,2554—2555)　戊戌,升广西柳州卫指挥佥事孙震、桂林中卫指挥使鲁绍俱为广西署都指挥佥事,听调杀贼,以镇守太监黄沁举也。(一三六,2557)　乙巳。初,虏入赤城将军庙、三岔口等处,协同分守独石、马营都指挥佥事孟玺领兵御之,斩首三级。至是论功,玺从厚给赏,调兵官右少监刘祥等以近已升职,量给赏,其余有功官军一百七十四人升赏有差。(一三六,2562)

本年附

艺文·碑铭·真武庙碑

魏祐撰《织染所真武庙记》:"景泰三年春正月,朝廷敕有司于都城内相地,建名曰织染所,以需上用。既而命司设监右少监来公福以莅其事。期年之间,事集而政举,……北极真武庙于所内西偏,盖将以祝圣寿,延景贶于无穷也。不日讫工(略。)成化十年甲子……奉命继其任,公事毕,敬谒拜庙宇,周历遍览,喟然为……杨公旺曰:昔之来公若是好善之诚,用心之……盍假名笔识其颠末,庶来公虽逝,泉壤亦……来公创始之仁,而又重韦公不没人善……成化十年夏五朔旦,礼部尚书郎……中书舍人东吴魏祐记并书篆……监工内使沈明、李海……"①

(碑在北京西城区小新开路通明寺。《北京图书馆藏中国历代石刻拓本汇编》第52册,第115页)

成化十一年乙未(1475)

正月壬子,太监黄赐传奉圣旨,以内官监太监李瑾弟瓒为锦衣卫所镇抚带俸。(一三七,2569)【考】李瑾事迹实录仅此一见,卒于正德十一年,墓志见本年附。　　壬申,命取兵仗局逃故军民人匠一万六千一百八十名。(一三七,2575)　　癸酉,兵部奏大同镇守太监覃玑、总兵官彰武伯杨信、先巡抚都御史董方、副总兵署都督佥事孙钺不能严饬边备,以致虏寇入境,掠去人畜,请行究治。命俱贷之。(一三七,2576)　　己卯,兵部奏:"甘肃地方诸夷杂处,反侧不常,虽尝命都督同知李文、右通政刘文赴彼区处,莫克济事。……虽有总兵、巡抚官而名位稍轻,恐未足以慑服安辑,宜别推武职重臣才望素著熟知边务者一员往会处之。"上以重臣未可轻遣,乃敕镇守甘肃太监颜义、总兵官都督同知鲍政、巡抚右副都御史朱英曰:"近闻土鲁番差来使臣哈只马黑麻等密议,欲侦察中国事情,盗夷人马驼逃归,报速檀阿力率众来寇边,临行又欲焚城中草场。切计腹里安插及寄住夷人动计千余,狼子野心,反侧不常;近又传说瓦剌人马切近哈密地方驻扎,万一速檀阿力与之构结,扰我边境,则腹里寄住等项夷人未免因而为奸,内外势合,猝难防范。敕至,尔等即同副参等官熟思审处何法可

① 该碑下半部文字皆漫失,碑阴题名亦泐甚。

以安其反侧,何策可以消其后患,务使枢机周密,计虑万全,外而夷人信服,内而境土安静,庶副一方重寄。仍一一条具奏闻。若尔等难于处置,亦须驰奏,别为之处。尔等其钦承勿怠。"(一三七,2580—2581)

二月辛巳,命内官监左监丞张端、工部右侍郎刘昭俟修城毕,以所督军夫修玉河堤岸。(一三八,2583)【考】张端其后实录无事迹,卒于成化十八年,墓志见本年附。　乙巳,兵部奏:"前次红盐池等处有功将士间有斩获妇女幼小首级者,例不当升,已各定议给赏矣。今镇守太监张遐等又为乞恩加升,下情虽悦而名器太滥,难从其请。"上曰:"所言良是,前所升赏已加厚矣,何为又复陈乞?今[令]张遐等省谕诸将士,务使用心杀贼,以俟后功。"(一三八,2592)　己酉,守备永宁等处奉御莫海以失火焚毁敕书符验,兵部请治其罪,上贷之。(一三八,2594)

三月庚戌朔,兵部以守备大同右卫城都指挥周珍、守备朔州城都指挥宋澄、右少监陈政、分守右参将李镐、太监韦正、镇守太监覃玑、总兵官彰武伯杨信不严备御,致虏入境杀掠人畜,请究治其罪。命俱贷之。(一三九,2596)　辛未,少保、吏部尚书兼文渊阁大学士彭时卒。(**履官略**。)太监刘永诚以军功谋欲封伯,引成宪阻之。或言宋童贯尚封王,伯何足惜,时折之曰:"童贯封王在徽宗末年,此何等时邪?"遂不果封。……(一三九,2604—2606)

四月乙酉,兵部以宁夏镇守太监王清、总兵官都督范瑾、巡抚都御史张鹏纪律不严,边境被寇,奏请究治。命姑宥之。(一四〇,2613)

五月庚申,锦衣卫致仕带俸指挥使柏珍(**太监柏玉弟**)有赐给庄田,私占军人守视,内官刘琰弟刘玉、张鉴弟张肆率众诈称官校,缚其守者占夺之。奏交上,刑部请差官按之,论珍私占军余,琰、鉴不能约束下人,欲逮治其罪。上俱宥之,戒毋再犯。(一四一,2628)　辛酉,敕云南总兵黔国公沐琮等移文晓谕安南国王黎灏。先是，镇守太监钱能令指挥郭景赍敕往安南国，不由广西旧路，径自云南以往，于是其国亦遣陪臣何瑄等赍疏缴奏，且以解送广西龙州犯人为名，随景假道云南赴京，索夫六百名，并咨云南总兵等官。沐琮等备咨以闻。事下兵部，议云南自祖宗朝以来不系交人通贡道路，今欲递解囚犯，于礼难从。请琮等移文晓谕彼国，所解犯人既系龙州土人，是乃广西所辖地方，宜解广西监候，奏请惩治，不必假道，动众远解来京。仍令琮等练兵守境，以备不虞。从之。盖安南贡路旧率自广西，今因钱能与交通，故欲自云南以避龙州之怨耳。（一四一，2628—2629）　癸亥，总镇两广太监陈瑄乞还南京养病，总兵官平乡伯陈政等仍奏留之，兵部请敕遣医治，瑄疾愈，仍前总镇。从之。（一四一，2629）　丁卯，敕礼部："朕皇子年已六岁，未有名，其与翰林院定议以闻。"既而拟进，上亲定睿名"祐樘"，下宗人府书于玉牒。皇子即今上也，母纪氏，生时失传于外，廷臣不及致辞奉贺，至是已六年矣。因乾清宫门灾，上欲显示于众，乃命司礼监太监怀恩等至内阁计议。佥议未定，良久，学士商辂曰："若降敕于礼部，以拟名为辞，则众不言而自喻矣。"恩等欣然从之，请于上，遂有是命，于是中外人心无不欢悦。越数日，上出皇子于文华门，召文武大臣进见。又数日，上御文华殿，召辂及学士万安、刘珝、刘吉至御座前，温言问曰："皇子既出，将何如处之？"辂等顿首对曰："皇上即位十年，储副未立，天下人心望此久矣。今皇子出，实宗社之福，当立为太子。"上曰："即举行乎？"对曰："今天气向炎，各衙门亦有行造，俟秋凉举行。"上曰："然。"安复曰："皇子饥饱寒暖之节，须劳圣虑。"上颔之曰："朕知悉矣。"辂等退，赐酒饭于文华殿（**广本抱本殿作门，应是**）外，命太监怀恩、覃昌待之。（一四一，2629—2631）　癸酉，代府镇国将军仕埭讦奏其兄襄垣王仕壥淫乱违法事。都察院请遣内臣并皇亲及锦衣卫堂上官往会整饬边备刑部左侍郎杜铭、巡按御史林荣按之。上命少监樊瑛、驸马都尉石璟、指挥赵璟从公勘实以闻。(一四一,2632—2633)　丙子,三千营管操太监廖屏奏举武进伯朱霖、都督佥事李俊堪补本营诸司缺员,兵部请会总兵等官公举之。于是抚宁侯朱永等言霖在国学读书习礼而俊曾经战阵,皆可用。上命用俊而罢霖。(一四一,2633)

六月壬午,四川镇守太监梅忠等奏:守备龙州都指挥邹瑄、分守土官副使李胤实屡被蛮贼入境杀掠人畜无算,虽有斩获,得不偿失,宜治其罪。兵部请令巡按御史俟边境稍宁逮治之,诏可。(一四二,2636)　戊戌,大同总兵官彰武伯杨信等奏迤北虏酋满都鲁等各遣使臣桶哈、阿剌忽平章等男妇一千七百五十余人备马进贡,兵部以闻,上曰:"使臣许五百人来京,马择其良者送京,余给边军骑操,仍敕太监覃平、通事都指挥詹昇往抚谕之。"(一四二,2641)　癸卯,太子少保、吏部尚书兼文渊阁大学士商辂等言:"臣等闻皇子之母病已沉重,若有不讳,一应礼节须宜从厚,仍乞即命司礼监官奉侍皇子过宫问视及制衰服行礼。"上是之。先是,皇子母病,上命内医日往视疗,至是病剧,汤药弗能进,命司礼太监黄赐赴阁下议后事,故辂等有此奏。(一四二,2643)

七月癸亥,工部覆奏疏浚杭州西湖,许之。(**西湖之水,动辄告灾。**)至是,浙江左布政使宁良、按察副使杨瑄等佥议钱塘门左、涌金门右,其间有九渠之一,宜因其旧迹,疏浚为河,构石为桥,以通湖水;外置一闸,时其启闭,以御横流,庶几水利可复。镇守浙江太监李义上其议,其事得行,民颇利焉。(一四三,2652)

八月癸巳,太监黄赐传奉圣旨,追赠真人喻道纯父宗敬为太常寺寺丞,母杨氏为安人。(一四四,2659)

九月己酉,命满都鲁王及乩加思兰进贡使臣平章桶哈等九十二人为指挥使等官,俱与冠带,及还,仍命太监覃平、都指挥佥事詹昇至大同馆送之。(一四五,2664)　丙寅,降襄垣王仕壥等为庶人。初仕壥负弟镇国将军仕埭银二百余两,令与其婢景妙福通,仕埭因欲得之,而仕壥索以重赀,不果,妙福遂缢死。于是仕埭讦奏仕壥与弟仕墭、子成银、成钻渎乱聚淫并纵舍人萧杰、校尉孙清、白谅等通淫妃及宫人等事。命官核实，拘系至京，诏令皇亲等官会审不诬，遂降仕壥、仕埭、仕墭、成银、成钻为庶人，仕壥父子留居京，仍敕太监罗祥送仕埭、仕墭归守墓，妃及宫人责自尽，杰、清坐斩，谅等五人绞，命宥谅等死，杖之百，械送广西边卫永远充军，家属随住。(一四五，2675—2676)　辛未，户部会官议巡抚漕运官所陈事宜：一、……一、孝陵神宫监、内府御马等监及南京中军等衙门各属草场所收稻草，例派浙江嘉兴及直隶苏、松等府运赴南京户部交纳，所司以大江险阻，征价以往，其草一包数止十五斤而所征价有米七八升者，或银三四分至一钱以上者，而包揽诓诈，为弊多端。宜定与则例，每草一包，或银或货，估不过三分，听令纳户赍赴南京近地买草送纳，且严禁包揽挟诈之弊。一、……(一四五，2677—2678)

十月己卯，敕英国公张懋等曰："近闻北虏满都鲁僭立名号，吞并别部，驱散朵颜三卫，设或被其逼从为之向导，遗患非小。尔等其悉心训练官军，仍会议军中因革事宜，奏闻区处。"懋等会太监傅恭等议，请于各营内抽拨马步兵精锐者不时训练，官添给养马费。从之，复诏懋等戒严以待。(一四六，2683)　丁亥，尚衣监太监姜玉奏乞故太监郑善所遗永年、鸡泽二县地四百余顷。事下广平府勘报：郑善原种庄田止五十顷，及家人郑山多种鸡泽牧马草场二十顷七十五亩，今玉所乞者多是民人纳税之地，但与善庄地相邻耳。上曰："善原所种地令以赐玉，其民间税地仍以给民，俾各耕种，为赔买官马之用。"(一四六，2684—2685)【考】姜玉、郑善皆朝鲜人。善成化五年前已卒，且回葬朝鲜，该年郑同、沈绘等使朝鲜，曾往该国广州郑善坟致祭。见朝鲜《睿宗实录》卷四。

十一月丙午朔，太监黄赐传奉圣旨，升道录司左正一胡守信为高士，右正一聂彦良、左演法昌道亨俱为左正一，左演法威道珩为右正一，右至灵郭道诚为左演法，左玄义侯智和为右演法，右玄义杨志贤为左至灵，右玄义王道昌为右至灵，灵济宫道士来弘善、大德显灵宫道士吴道然、阮永清俱为左玄义，朝天宫道士宋志衡、刘良辅、灵济宫道士邵得源、延祐观道士杨全中俱为右玄义。旧制，道录司官止八员，有缺则听所司以资次选补，至是皆出自中旨云。(一四七，2691)　　丁巳，内官传奉圣旨：锦衣卫正千户黄宾升指挥佥事，仍与世袭。宾，太监赐弟也。(一四七，2704)

庚午，太监黄赐传奉圣旨，升太常寺少卿孙广安为本寺卿。(一四七，2706)

十二月戊寅，太监黄赐传奉圣旨，升太医院院使方贤为通政司左通政，仍掌院事；院判金谅为院使，御医蒋宗武、李端、钱恒、刘英俱院判。前此杂流升四品官带俸者止于太常、太仆少卿及顺天府丞，以通政官带俸者自贤始。贤得宠尤甚，尝为赐盖寺，以修衙门为名，罚纳药材户及听考医生银人至数十两，募匠易木，所费不赀，人莫敢非议云。(一四八，2709)　　丙申，命甘肃指挥使等官马瑢、马溥、汪钊、梅琛俱进署都指挥佥事，以甘肃镇守太监颜义奏举也。　　庚子，太常寺奏恭仁康定景皇帝陵寝旧祭用少牢，遣内官行礼，今既上尊谥，其祭仪并遣官请如长、献诸陵。从之。(一四八，2721)

本年附

艺文・碑铭・太监李瑾墓志

明故神宫监太监李公墓志铭

赐进士出身、奉议大夫、司经局洗马、经筵讲官、国史纂修官建安滕霄撰文。中顺大夫、太常寺少卿、直文渊阁经筵、预修国史官东吴刘棨书丹。奉议大夫、礼部员外郎、直内阁经筵、玉牒官太原乔宗篆盖。

正德丙子(十一年，1516)秋九月六日，太监李公以疾卒于咸宜坊之私第。讣闻，上遣御马监等监太监田公春、崔公文治其丧，悉如礼制，赐赙如例。窀穸卜期九月二十八日，窆公榇于顺天府宛平县香山乡小南庄之原。

公之弟侄，自具事状来请铭，志于玄堂，庶幽潜之德不泯。

状曰：公李姓，讳瑾，字廷玺，广西梧州府郁林州博白县盘邻乡石脚庄人。怙恃早失，系莫详记。父讳东圭，循礼尚义，才雄于乡。母刘氏，女行婉婉，贞淑贤良。公生正统己巳（十四年，1449）七月十七日，幼而丰神磊落，态度清奇，乡长钟爱之。

天顺戊寅（二年，1458），时方甫岁，辟于大廷。己卯（三年，1459），禁中从事。恭慎谨密，夙夜匪懈。成化丙戌（二年，1466），宪宗纯皇帝见而怜之，赐牌、帽，擢为奉御。本年十月，升兵仗局右副使。丁亥（三年，1467），迁左副使，署局事。是年冬，历升内官监太监，赐蟒衣玉带。寻许禁行乘马。天恩洊被，萃于一时，同列者鲜俦。辛卯（七年，1471），给岁禄十二石。乙未（十一年，1475），获佥监事。丁酉（十三年，1477），委命精专，应对敏捷，再赐蟒衣，加禄至三十六石。累膺钦命，仰感皇上之洪恩，益悚寸心之惕栗。丁未（二十三年，1487），葺理仁寿宫并奉慈殿。本年十月，恭尚孝宗敬皇帝即位册宝，赉捧与列。

弘治庚戌（三年，1490），奉敕与平江伯陈公锐、尚书贾公俊修筑都城。工竣，劳有殊典。甲寅（七年，1494），转御马监佥事。戊午（十一年，1498），被玺书前往山西等处公干。己未（十二年，1499），复奉敕前往湖广、江西等处公干。屡应经遇途陆，往还一无所扰。有司服德，民怀其惠。

正德初，而公以年高志倦，乞优散地，诏俞允。方晏然薄暮，遽疾长逝，其享春秋而度六十八霜。有弟一人，曰瓒，惟公绩，授锦衣副千户。居官尽职，绰有能声。侄三人：长洪，亦以公贵，授锦衣百户。次涝，次淳，率皆卓立，皆公平昔训迪之启也。生平赋性爽恺，志意轩昂，礼以接交，宽以御下，历侍三朝，亹亹一致。其受锡也，衣至蟒，带至玉，马至乘于内，禄至倍于显。内府监局之官，获一者亦足以为荣，况公兼之者乎？呜呼！若公生享尊荣，没复何憾，保全臣节者矣，宜铭。铭曰：

惟天降才，赋禀斯异。百粤钟英，公生兹地。毓秀髫年，丰神秀丽。辟于大庭，简为中侍。恪秉忠贞，弗辞劳勚。天子嘉之，宠光日裕。视事藩邦，劳谦谨饬。简在帝心，骈繁是锡。遘疾无何，竟然长逝。赙有殊典，颁白于庭。具此众美，为身后荣。南庄之原，有峞者坟。有铭昭之，百世攸存。

(《新中国出土墓志·北京》第187号)

艺文·碑铭·太监张端墓志

大明赠内官监太监张公墓志铭

赠进士第、资政大夫、太子少保、户部尚书兼文渊阁大学士、知制诰、经筵官、兼修国史玉牒青齐刘珝撰。奉天翊卫推诚佐理守正文臣、特进光禄大夫、柱国、太子太傅、威宁伯黎阳王越书丹。奉天翊卫推诚宣力佐理武臣、特进光禄大夫、右柱国、太子太傅、保国公睢阳朱永篆盖。

成化壬寅(十八年,1482)九月二十四日,署典玺局丞张公卒于正寝。讣闻,上恻然,赠今官,赙宝镪万缗,遣官谕祭于第,工部官营葬域于都城西香山之原,仍遣司设监太监刘公广襄事。皇太子痛念老成,亦赙文绮、白金各若干。内自怀(恩)太监而下,咸往致祭。噫!公可谓死无遗憾矣。

其生则永乐己亥(十七年,1419)二月二十一日,得寿六十四,以甥锦衣千户庆为后。前此,珝偕宫僚进讲,每春坊前揖公,见其动静有节,绪论合理,又质干魁伟,毅然不苟,佥曰:"斯人宜乎东宫处供事,朝廷委用当矣。"至是卒,罔不叹惜。庆来征志铭,不得辞,乃志曰:

公名端,怡春居士,其号也,浙之嘉兴平湖人。上世以来,代有显者,中经兵燹,谱牒莫存,无可逆考。考讳真一,乡善士。母舒氏。公儿时俨如老成人,喜读经史,通其大意。稍长,克励于行,不为他子弟绮丽之习。

宣德甲寅(九年,1434),选入禁庭,即自树立,慎言进学,习知古今典故,老宿咸奇之,曰:"此子可用。"时范太监(弘)建永安寺于香山①,其山水环回襟带,他匠作所图皆不惬范意,惟公经画规模,某宜居,某宜门,一一合矩,寺乃成,遂大有贤誉于时。

景泰庚午(元年,1450),柬司兵仗,庶务一新。英庙复辟,升奉御。未几,典宝于秀府,升承奉,凡府中一切事,咸公可否之,务不失王国体统。后奉王国于汝宁,沿水陆之用,取给而已,一毫不以扰民。王既薨,取回,升内官监左监丞,叠沐恩宠。公感上知遇,多所建明。都衢大小,何啻千

---

① 见商辂《香山永安寺记》,成化五年立,载于沈榜《宛署杂记》卷二十。按,永安寺创自李唐,正统间司礼太监范弘重建,赐额颁敕。景泰中,太监王诚"继志修葺"。成化四年冬,御马监太监郑同复请敕谕禁护,乃作记。

百，军民室庐傍午，致俾狭隘，车马艰于来往。有司奏请内外大臣督工整饬，上以命公。命不亟不徐，弗刻弗纵，在在定为例，而人大称便。功就绪，升右少监。成化乙未（十一年，1475），建储，转署前秩。公益淬励，悉心辅导。退则手不释卷，惟嗜古简，旁通内典，一时咸以远大期之，讵意遽不起也。是宜铭，乃铭曰：

生于江浙，长于禁苑。弗图侈靡，惟嗜古简。供奉□□，□五十霜。荐升重职，贤誉诞彰。颂德在人，遗行在己。晚事□□，预讲经史。众方期公，愈远愈隆。奄乘大化，外内忡忡。□□□□，粤葬粤祭。粤锡厚赙，畴其若俪。香山之麓，郁郁兹丘。埋玉泉室，万古千秋。

（《新中国出土墓志・北京》第126号）

艺文・碑铭・五华寺碑

倪让撰《敕赐五华寺重修记》："都城之西寿安山之北，有古刹圆殿，历久隳圮。于宣德初，有僧成公东洲禅师，登莅于此，见其地□幽僻，山水环绕，诚修□□之所，遂卓庵于此，坚志苦行，经历年久，内外民庶供奉不缺。有大功德主中贵官黄分（**按，分疑为公之误**）、觉净，遂涓[捐]己资，并募众缘，庀工起□□廊庑悉皆完备。众檀恭请成公禅师为开山第一代禅师，却之不已，遂登坐说法。正统辛酉（六年，1441），蒙尚膳监官杨益传奉圣旨，敕赐五华寺，仍命礼部札文性成为本寺住持。（**略**。）距宣德初经始，迨今已五十年，栋宇腐□，绘秣尘翳，垣界木植日见凋敝。主僧每自任责，若不葺修，向□来欲募十方大众，再营一新。适崇德府中贵官赵公斌、韦公亨过寺瞻礼间，二公首倡欲为王国香火院，为国祝禧，为众祈福。归启王国，遂允其请，僦工营之。赵公、韦公共任其事。（**下略**。）大明成化十一年岁次乙[己]未，三月吉日立石。"

尾补刻："御马监太监署乙字、供用等库王宝、龚世暹。时嘉靖三十七年八月吉日，内府功德主信官窦玥等重修。"

（碑在北京海淀区卧佛寺樱桃沟。《北京图书馆藏中国历代石刻拓本汇编》第52册，第121页）

成化十二年丙申（1476）

正月丙寅，太监黄赐传奉圣旨：儒士许瀚、金钥授鸿胪寺序班,仍旧书办。镇守凤阳太监廖贵奏寿春等王坟为淮水淹浸,乞遣官修理。事下工部,以为宜责镇守、巡抚等官相度修理。从之。　庚午,太监黄赐传奉圣旨:太常寺协律郎吴道亮升本寺寺丞,刘道宁升博士,赞礼郎杨世华升协律郎。(一四九,2729)

二月丙申,军器、鞍辔二局军匠二千九百九十二名诉月粮四斗食用不给,乞如内府军匠例月加一斗,署局事太监宁英以闻。命如例与之。(一五〇,2741)【考】宁英实录中仅此一见,卒于弘治六年,墓志见本年附。　己亥,五府六部等衙门英国公张懋、吏部尚书尹旻等以南京灾异,奉旨修省上言:"……一、自古遇灾沙汰冗员,近内府诸艺役之官至五百余,滥名爵,糜廪禄,自今止宜赏物,毋辄与官;其京职有事简员多者亦宜令各司自陈裁减之,以节冗食。一、……一、光禄寺岁买牲口果品数多,近大宴俱免,宜有积余,而供办常苦不足。乞上供并各宫日用如例,其余时节之费量省之以苏民困,苟有不时之需,必由司礼监传旨供应,使政令归一。一、内帑金帛皆取之民,以资国用、备缓急,祖宗非大事不苟用。近内府造作及修斋醮、写经咒并不时赏赉,费耗甚多,宜特加爱惜,使府库不虚。一、……一、朝廷每有喜庆,内外总兵、镇守诸重臣辄进马以贺,科扰之害非惟在部曲,抑且及沿途,宜一概止之。一、各边总兵、巡抚、副参、游击掌握兵权,安危所系,中有老迈精力衰惫者宜令其自陈裁处之;其分守副将、参将、协同、游击等有老疾者听镇守、总兵、巡抚大臣奏代,不许徇情。一、奉先殿祭器并日用器,正统、天顺间岁换不过八九千,损坏者仍付出修用。成化以来,两京岁造六万三千三百,视前十倍,光禄寺犹屡以缺少奏,损坏者亦不如例付出,此皆假修斋宴会,弃毁侵盗。自今宜岁令工部造一万,新故兼用,每斋宴毕,即如数并损坏者付回光禄寺收贮。一、光禄寺柴炭岁例一千三百一十三万四千斤,成化七年以来定借下年之数,今成化十二年未及三月,预借又将尽矣。惜薪司柴炭岁二千四百万斤,御马监岁二百万斤，每万斤领买者价银二十两，比送纳辄数倍称收，致鬻卖田产子女以偿。又军士例纳杂柴，近必索柴之顺者，杂柴随地可采，顺柴须敛银买之，艰窘特甚。宜敕光禄寺并惜薪司务撙节支用，称收公平，毋仍加增，军士听纳杂柴。一、……一、供用库粳米岁止输四万六千石，今新增四千石，光禄寺果品厨料岁止供一百二十二万八千余斤，今增派三万一千五百斤，宜量与除免。一、番直官卒多老弱，兵仗多损敝，东西长安门禁亦皆不严，宜令兵部选少壮以易老弱，其衣甲亦易以鲜明，仍敕二门守卫官军，每早先入常朝并见辞等官，然后验牌放进各监局匠役人等，敢仍搀混者即奏罪之。一、……一、京卫余丁岁采秋青草束以给勇士，然军营素无草场，各以已赀市草给之，而勇士每草三十束必索其银六七钱至八九钱，宜如户部定与骑卒草价例，每三十束折银三钱，卫所备其数送兵部给与之。一、各处驿递差奏人员数多，苦于供应，而南京马快船尤为劳扰。宜申前例，镇守、总兵、参将等有重务各具本共差一人驰奏，常事必积至五六，类差一人；王府亦如例，重务驰奏，余亲王乞恩诸事岁春秋各差一人，郡王、将军、中尉岁春秋启本府亲王，与类奏；南京守备内外官进物，务酌定柜杠船数，给事中、御史如例阅视，必满载乃发。兵部仍具数以闻，往还俱不得私载盐货，违则俱重罪之。”其言别立一卫以养牛羊及停止京军役与给事中奏同。诏曰：“卿等所言皆为国为民之事，策免大臣先已处置，其供应传旨、惜府库修斋醮，朕自有处；光禄寺等柴炭厨料、供用库粳米、养牛月粮草价、官军工役，所司更定议之；进马仍旧，余俱允行。”(一五〇，2747—2753)

三月壬子，命减内府供用物并定军士粮草。户部奏：“近以南京灾异，命诸司议政事当兴革者，建议者以为内供用库旧例岁用白熟粳米四万六千石，光禄寺岁派果品一百二十二万八千余斤，后以用度不足，米增四千石，果品增三万一千五百斤，欲悉除新增之数。今宜各减其半，俟丰年复旧。……勇士所支秋青草束,议者欲给以银,宜每草三十束折与银三钱,令自买用。"奏上,悉从之,惟果品止减一万斤。(一五一,2758)　甲寅,顺天府府尹邢简以灾异修省条陈本府事宜:"(一、分豁重役。)一、比例便民。内府各监局并各部、光禄寺颜料、纸札等件岁以万计,俱坐宛平、大兴二县并通州各项铺户预先买纳,然后估价领钞,铺户之贫者不免称贷应用。比及关领,利归富家,民受侵损。虽经议奏,令随即关与,缘钱钞俱在内库,关领甚难,况用脚价赔补益多。今在外司府俱有官库收贮钱钞,以备公用,乞于本府亦设官库,铨除库官二员掌管出纳,每年就拨本府所属户口、商税等项钱钞于此上纳,数若不足,则令户部别行拨补,遇有买办,随价支给,具数呈部,以防侵欺。"下户部议,以所奏有便于民,从之。(一五一,2760—2761)

丁巳,命守护陵寝旗军月粮仍支一石。先是,长陵等四卫军自景泰六年裁减月支粮八斗,至是守备太监李良奏各军贫苦,乞全支如旧。从之。(一五一,2762)　戊午,强盗宋全伏诛。全,武骧左卫勇士,善骑射,膂力绝伦。以山后女直人,故又称宋达子。与都指挥滕云相结为盗,往来京城外劫掠人财物,多所杀伤,并强奸妇女。道间传闻,行者相戒,数年官校莫能捕。后云竟被获,全恐人识,更削发为僧状,为盗如故。于是法司揭榜于市,督捕益急。全知不可免,将北走虏地,已而为千户李端等所获。上以其积恶已甚,命内官临斩,仍枭首示众。(一五一,2763—2764)

壬戌,湖广总兵官左都督李震等破靖州苗贼报捷:震等统兵次靖州,右副都御史刘敷、太监王定、左右参将高端、彭伦、都指挥刘斌各领一军,分为五道而进,三月之间凡破寨六百二十一,擒贼四百有奇,斩首八千一百二十二级,获贼属男女一万六百七十余,其堕崖溺水死者不可胜计。捷至,上命遣敕奖谕之,升赍奏者各一级。(一五一,2765)　丁卯,申荆、襄等处流民入山之禁。时巡抚湖广右副都御史刘敷等奏:"比年荆、襄流民复聚,且有外郡安置回回、达达结合成群,假以贩马为名,侵扰道路。宜令提督太岳太和山监丞韦贵兼抚流民，防奸戢盗。”兵科给事中以敷等欲推利害于人，参驳之。事下兵部，尚书项忠等承望内旨，覆奏以为：“荆襄诸山连接陕西、河南、四川各境，缘彼此不相统摄，故敷等欲以贵兼理，意在责成一人，以近就近，易于遍历。虽其词似乎推利害于人，终是防微杜渐之意，宜从所请，令贵分守湖广荆、襄二府所属州县，兼管附近南阳所属淅川、内乡二县之境。”制可。(一五一,2767)【考】此为太和山内官分守地方之始，敕谕见《大岳太和山志》卷二《诰副墨第一》：“皇帝敕谕右少监韦贵：近该湖广镇守等官奏称：荆、襄二府山深地广，先因流民啸聚，为恶百端，虽经调兵祛遣，然亦有去而复来者，诚恐日渐众多，难于抚治等因。今特命尔不妨原管事务，兼分守荆、襄二府所属州县并卫所，各该山场哨堡巡司，兼管附近淅川、内乡二县，常川操练官军民壮，修理城堡器械，抚治流民，缉捕盗贼。凡合行事宜，并久安长策，俱照节次禁约事例，会同各该守备都指挥并布、按二司抚民官员，从长计议，斟酌停当而行。有应与镇守等官计议者，亦须会同计议，应奏请者，具奏定夺。务俾事妥人安，盗贼屏息，地方保无他虞，庶副委任之重。尔其钦承毋怠。故谕。成化十二年四月初二日。”

四月庚辰，兵部议覆英国公张懋等陈言修省，欲免旗军养牛、种菜事：“臣等移文得报，尚膳监所畜牝牛取乳者见存一千八百五十二只，牧牛官三员，卒四百人，牧羊卒二百二十人；司苑局种菜卒一千四十三人，藕户四十人。其养牛、种菜二役，各卫所每诉劳扰，今后取乳牝牛宜依尚膳监见存之数，永为定额；牛死赔偿，每牛定价银二两五钱，以十分为率，卫所出七分，养牛者出三分；种菜之卒多有逃亡而名役不除，卫所赔纳工价，甚为窘迫，今宜清理拨补，其逃亡工价亦宜减半，庶公务下情两为利便。”诏可。(一五二,2771)　乙未，巡按福建监察御史叶稠及都、布、按三司奏：“市舶提举司专理琉球一国贡物，事务不繁，内官施斌既卒，宜勿更差而兼属之镇守太监卢胜，庶民不扰。”上不从，即敕内官韦查以往。(一五二,2780)

五月丁巳，兵部奏甘州等卫净军王彪等七十六人以遇赦放宁家至京，内王中等三十八人越关而逃者例应死。上曰："王彪等既遇赦，俱发南海子种菜。"既而宁夏等卫净军陆表等二十二人亦越关逃至京，兵部引近例请旨，上命通查中等以闻。有旨："此辈私擅越关事宜究问，姑宥之，俱编充海户。"(一五三，2792—2793)　丁卯，太监黄赐传奉圣旨，升工部左侍郎万祺为本部尚书，仍管易州山厂。(一五三，2794—2795)

七月戊申，南京五府、六部等衙门成国公朱仪等以修省事奉旨陈言：一、……一、南京工部奏准修理太庙并内府各监局，宜量为停止。一、马快船近年困于差役，宜自后除进贡及各衙门急用物件外，余乞二年或三年一运。一、……一、江西、湖广、福建等处岁造段匹，例用土产蚕丝，近年于南京、苏州收买，遂致价直太高，乞如旧仍于本处织造。一、南京内官监先因编造竹筛等器，倩军五百余人以助匠作，乞令发还原卫差操。一、……一、湖广、江西、福建频年织造、买办，所费动经万计，常赋不足，辄于民间科扰，乞量加裁省。……疏入，下所司知之。(一五五，2821—2823)

八月丁丑，太监黄赐传旨：内承运库历事监生袁庆祥送吏部，仍令国子监肄业。时庆祥历事内府，亲见帑藏虚耗，一岁所入不足以供一岁之用，而售宝石者给与价直月无虚日，乃上章极言其弊。遂忤旨，命杖五十而遣之。(一五六，2844—2845)　乙酉，户部尚书兼翰林院学士商辂等奏："祖宗创为郊祀，岁一举行，极为慎重。迩者传闻皇上推广敬天之心，又于宫北建祠，奉祀玉皇，取郊祀所用祭服、祭器、乐舞之具，依式制造并新编乐章，命内臣习之，欲于道家所言神降之日举行祀礼。臣等窃详皇上为此，无非欲上为母后祝釐，下为生民祈福，圣心诚敬，人所共知。但稽之于古，未为合礼。昔傅说之告高宗曰：'黩于祭祀，时谓弗钦；礼烦则乱，事神则难。'况天者，至尊无对，尤非他神可比，事之之礼宜简而不宜烦，可敬而不可渎。今乃别立玉皇之祠祀，并用南郊之礼乐，则是相去一月之间，连行三祭，未免人心懈怠，诚意不专;且郊祀所用执事并乐舞生皆神乐观道士为之,但系刑丧病疾之人,一切不预,祖宗制礼,盖有深意存焉。皇上为天之子,其于事天之礼岂可不斟酌典故而致有纤毫之不谨乎?伏望圣明将所建神祠停罢,神像送宫观侍奉,祭服、祭器、乐舞之具送太常寺收贮,凡内廷一应斋醮悉宜停止,勿为亵渎,庶几天心昭鉴,可以变灾而为祥,转祸而为福矣。"疏入,上命拆其祠,祭器等件送库收贮。(一五六,2849—2850)　　丁亥,都察院左都御史李宾言:(**议用战车**。)乞命所司会臣计造并选阅精兵五千为用,命内臣并文武大臣各一人统领教练,俟警调用,更谕令各边俱如式制造,以备战守。事下兵部,尚书项忠言……(一五六,2853)

九月己酉,妖人李子龙等伏诛。子龙本侯姓,名得权,保定易州民,幼名立柱儿,为狼山广寿寺僧,更名明果。稍长,游方至河南少林寺,遇术士江朝,推其命后当极贵。又遇道人田道真,传与妖书,有云陕西长安县曲江村金盆李家有母孕十四月,生男名子龙,有红光满室、白蛇盘绕之异。得权得其说,遂更名子龙,蓄发往来真定间,交结不逞之徒。又有术士黑山者,批其命"若遇猴鸡凤凰交"之语,得权以与朝所言符,信之。又遇道士方守真者,引至京,寓军匠杨道仙家。先是,道仙有伪朝章勘合并勾筹符印,散与内使鲍石、崔宏,长随郑忠、王鉴、常浩,左少监宋亮,右副使穆敬,得权乃得夤缘出入内府,石、忠等皆为所诳,敬信之,时引至万岁山观望。羽林卫百户朱广素与石、忠相识,密言其事,广遂同小旗王原访得权,称有贵相,乃传于亮等,日久情稔,往还各遗以鞍马服用等物。石尝报织染局内官韦寒,设馔具以待,每入内府,石、忠等称为上师,北面拜,得权不为礼,势日张大。既而为锦衣卫官校所发,执得权等下狱,将送都察院。出卫门忽报曰:"韦寒死矣。"都察院鞫实,得权及道仙、山、广、石皆伏诛,余党俱发充军。已而刑科给事中雷泽等言:"得权、鲍石等内外交通,阴谋不轨,酝酿祸乱,死有余辜,乃止将得权等五名处死，余党王原等九名俱获宥免，刑罚太纵，恐无以谢神人之怒，彰朝廷之法，乞追究，悉诛之。”上以事既行，不听。兵部言锦衣官校孙贤等俱都指挥袁彬提督，能捕获妖贼，例应升赏。诏命升彬俸一级，赏白银十两、彩段二表里，贤等各升一级。(一五七，2867—2869)　庚申，升赏征靖州苗有功将士有差，加太监王定岁米二十四石；封总兵官左都督李震为兴宁伯，岁禄米一千石，米、钞中半兼支；升右副都御史刘敷为左副都御史，参将都指挥使彭伦为都督佥事，巡按御史方中为河南按察司佥事。擒斩三名颗并阵亡伤死官军人等四百四十八人俱升一级……(一五七，2878)　丁卯，镇守松潘副总兵尧彧遣人行取董卜韩胡宣慰使司道官头目剳巴坚灿等五十余人至灌县，欲诣镇守、巡抚等官计禀边事。太监梅忠等初不与知其至也，乃令彧抚而遣之，复以闻。章下兵部，言：“董卜韩胡所属番夷性行狡猾，虽许其不时入贡，然未尝轻易拘审，今彧擅取道官人等入我境内，必有私弊，法宜究竟。第已抚还，宜姑记彧罪，令尽心设备。自后军务，须会四川守臣熟计而行，若复任情启衅，必不轻贷。”报可。(一五七，2880—2881)

戊辰，诏岁调甘州兵五百赴肃州备冬。初，巡按御史许进言肃州兵备单弱，宜摘甘州兵一千、凉州兵五百往彼备御，兵部移文甘肃守臣议处之。至是太监颜义等言：肃州镇夷等处僻处西陲，道路悬隔，自初至今，未尝分兵戍守，矧速檀阿力自占夺哈密之后，累谋窥边，诚宜增兵防御。但凉州兵亦不足，难以分调，而甘州所备者众，其兵亦未可调，且彼地给饷亦难，宜审处之。乃议调甘州马军三百、步军二百，每岁以十月初旬至肃州守备，明年二月中放还，仍选都指挥一人往来提督，凡遇警急，听参将刘晟调遣杀贼。(一五七，2881—2882)

十月辛未朔，太监黄赐传奉圣旨：监生李英、儒士顾经、郭亨、万爚、蒋钊、张钦、陈蕡、杨清、周冕、陈鉴、孙士端、沈葵、李瀚、刘钟、涂昭、谢汝明、解纶、赵晢、包铭、邬存敬俱冠带，中书科食粮，御用监办事。英等谄事太监梁方[芳]、韦兴，转相附结，遂得进用，往往取释老书及小说不经之语缮写成帙，标为异名以进，骤至美官，有一岁三四迁者。经父玒以巫起为太常卿，爚工部侍郎祺养子，存敬初名栋，为驿丞罢官，至是改名。其它多宦家子及市井无赖云。(一五八，2885)

十一月癸卯，太监黄赐传奉圣旨：大隆善护国寺灌顶清心戒行国师班卓儿藏升灌顶大国师，大能仁寺觉义结瓦领占升禅师，锁南舍辣升右讲经，龙兴寺僧继科升僧录司觉义，大德显灵宫道士张道本、王文彬、王应琦、刘应禊、灵济宫道士杨志亨、陈宗然、太和山住持道士毛守玄俱升道录司右玄义，提点雷普明升左至灵，显灵宫神附体童顾纶与冠带。时僧道官传奉寖盛，左道邪术之人荐至京师，吏部尚书尹旻等无旬日不赴左顺门候接传奉，每得旨则次日依例于御前补奏，后内官亦自讳其烦密，谕令勿复补奏，至废易旧制而不恤云。(一五九，2904—2905)

十二月癸酉，太监怀恩传奉圣旨：南京礼部左侍郎倪谦升本部尚书，翰林院侍读学士钱溥升南京吏部左侍郎，国子监祭酒周洪谟升礼部右侍郎，仍掌监事。(一六〇，2919—2920)　　甲申，太监黄赐传奉圣旨，升锦衣卫正千户万通为指挥佥事，副千户万达、军人邵宗、王敏为正千户，俱世袭。通、达，皇贵妃之弟；宗，宸妃之弟；敏，顺妃之弟也。(一六〇，2923)

本年附

艺文·碑铭·太监宁英墓志

明故尚膳监太监宁公墓志铭

光禄大夫、柱国、少傅兼太子太师、吏部尚书、华盖殿大学士、知制诰、经筵、国史官眉山万安撰。赐进士第、奉议大夫、户部山东清吏司郎中京口赵祥书。赐进士第、征仕郎、中书舍人义兴储材篆。

公讳英，字廷秀，别号看云道人，宁其姓也，世为福建延平之沙县昭宝山巨族,曾大父以下皆隐德弗耀。公生而异常,稍长即知礼让。正统间,简入内庭供事,侪辈中以勤慎见称。天顺丁丑(元年,1457),宪宗纯皇帝居春宫,时英庙知公之贤,命公随侍左右。甲申(天顺八年,1464),升奉御。未几,升兵仗局右副使。成化改元(1465),升左副使。丙戌(二年,1466),进尚膳监太监。忠勤益力,上赐以金织蟒衣、玉带,以旌其劳。甲午(十年,1474),钦命提督军器、鞍辔二局事。

弘治改元(1488),当今圣天子嗣登大宝,任贤使能,励精图治,公以耆旧,老成练达,宠眷益隆。公感荷厚恩,夙夜匪懈。公赋性聪敏,端谨朴实,不尚华靡。乐善好施,赒恤匮乏,拯济颠危,惟恐不及。所居惟经史图书,暇日参究古今得失及嘉言善行,靡不讲贯,人莫不服其贤。

历事五朝,忠悬一致。尝曰:"人之有生必有死,理数之自然,奚可逃乎?"遂预择葬地,为寿藏,征文勒碑以纪之,诚所谓达生委命者矣,可不重乎?距生宣德壬子(七年,1432)七月二十二日,弘治癸丑(六年,1493)闰五月二十一日以疾卒,春秋六十有二。讣闻于上,赐宝镪五千缗,遣内官监太监陈良谕祭。呜呼!公之生荣死哀,诚无憾矣。侄男二:长曰洪,尝输粟赈边,朝廷荣以冠带;次曰德通。以卒之年六月廿九日,葬于阜城[成]门西二十五里黑山会玉河乡所卜寿藏之原。先期,洪等虑公之德,久而湮没,衰绖持状,泣拜请铭,志诸墓石,用垂不朽,是以序而铭之。铭曰:

伟哉宁公,世系延平。早由选拔,入侍禁宫。礼义是尚,诗书是崇。历事五朝,惟勤惟忠。蟒衣玉带,宠渥优隆。寿逾六帙,以正而终。玉河之乡,松柏参空。我铭昭之,千载无穷。

(北京市石景山区八宝山出土。《新中国出土墓志·北京》第139号)

成化十三年丁酉(1477)

二月甲戌,减宁王奠培、乐安王奠垒禄米。初,乐安王奏宁王惨酷贪淫不轨等事,命太监罗祥、驸马都尉石璟、刑部侍郎杜铭、锦衣卫指挥赵璟往勘多实,惟不轨之事涉虚。至是仍命皇亲、文武大臣议拟,各坐罪。(一六二,2956—2957) 丁丑,迤北虏酋满都鲁、乩加思兰各遣使入贡,命太监覃平、指挥杨铭奉敕往大同会同镇守、总兵等官译待来京，仍敕各关镇及京营将臣整兵防护之。(一六二,2957)　　福建建宁卫指挥同知杨晔，故少保荣之曾孙也，与其父致仕指挥同知泰暴横乡里，戕害人命，为仇家所奏。命刑部主事王应奎、锦衣卫百户高崇往勘未报，晔潜至京营解，主于锦衣卫百户韦瑛家。瑛绐晔，尽得其所投营解情，因倾取其赀，执送西厂行事太监汪直，词连及其叔父兵部主事仕伟、姊夫礼部主事董序。直令瑛夜入仕伟家搜捡财物，拷讯惨毒，刑及妇女，由是京师汹汹然矣。韦瑛本一市井无赖，因投内官韦其姓者为家人，从征延绥，冒功升百户。汪直，昭德宫内使也，年幼最得宠，升御马监太监。去岁九月，因黑眚之异、侯得权之诛，命出外诇察物议。初出，布衣小帽，时乘驴或骡，往来京城，内外人皆不之重。至是得瑛执晔以取信于上，且谤及诸大臣，上益委任之，遂权宠赫奕，都人侧目。时惟吏部尚书尹旻好结中官为内助，都御史王越因西征识瑛，欲倚以济事，皆密遣人预通情款云。(一六二,2957—2958)【考】此条为实录汪直之首见。汪直其人，朝鲜《成宗实录》卷一三六，成化十七年十二月壬戌载："汪直，本在南方一万里之地，其父能举千斤，故名曰千斤。尝叛焉，中朝讨平，而宫汪直。皇帝甚宠待，使之总兵。然能进退人物，号曰'小皇帝'。人称直之为人，不轻言，体弱而善射。"《明宪宗实录》卷一六五，四月甲子，定杨案："法司拟福建建宁右卫致仕指挥同知杨泰罪，坐斩。时泰子晔既为太监汪直所获，下狱死，上命太监钱喜及百户韦瑛往籍晔家并械泰及其同居男女百余人至京。狱具，命泰依律处斩，其余拟罪有差，财产悉入官，独祠堂与田三十顷给还泰家属。于是泰弟兵部主事仕伟调台州府通判，婿礼部主事董序调河间府通判，从弟中书舍人仕儆亦坐是调惠州卫经历。原勘官刑部主事王应奎、锦衣卫百户高崇皆受泰赂，为直所遣官校在道搜得之，亦下狱。崇瘐死，应奎发边卫充军。后泰以审录宥为民。"按：西厂之设，《中官考一》云："十二年，命御马监太监汪直立西厂，领敕刺事。案：此立西厂之始也。"《明史·宪宗本纪》云："(十三年春正月)己巳，置西厂，太监汪直提督官校刺事。"

己卯，太监黄赐传奉圣旨：道录司闲住右玄义仰弥高升左至

灵管事,南京神乐观道士刘绍仙升右玄义。(一六二,2959)

闰二月乙丑,太监黄赐传奉圣旨,升钦天监五官保章正潘泰为秋官正,挈壶正李华为灵台郎,天文生刘琮为保章正。(一六三,2970)

三月庚午,修御马监大马厂房并贮金鞍等房,共一百九十九间。(一六四,2974)　乙亥,锦衣卫旗校捕宁晋县人王凤等,谓与瞽者康文秀于临清县人于源家谋逆,拜受妖书、伪职。以缘事知县薛方、致仕通判曹鼎与凤同县有连,预其谋,发隶卒围其家,搜检无验,榜掠诬伏。至是方、鼎先后令子婿击登闻鼓称冤。鼎,故学士鼐之弟。事下法司。时西厂行事旗校以捕妖言图官赏,无籍者多为赝书,诱愚民而后以情告行事者捕之,加以法外之刑,冤死相属,无敢言者。(一六四,2974—2975)　癸未,命慎妖言之罪。分守怀来奉御廖礼信部下军余妄报妖言,因及平人,收系甚众。时巡抚都御史殷谦、参将都督佥事周贤、巡按御史何鉴并镇守太监弓胜、总兵官都督佥事刘清、副总兵都督佥事周玉、指挥佥事周隆、尹昇亦皆扶同奏报。事下都察院问,拟妄报者坐斩,并请治礼等罪。上曰:“礼轻信小人,致成大狱,本当执问;谦、贤等不行审实,扶同奏报,俱当究治,但边方用人之际,姑宥之。”且谓:“法司似此虚情,不与辩理,不知前此被枉者几何。朕念人命至重,自后但遇冤抑者,必从公推情审辩,不许顾忌,戕害无辜”。(一六四,2976—2977)

四月庚子,太监黄赐传奉圣旨:大隆善护国寺住持定常、龙华寺住持圆和俱升僧录寺右觉义,玄极观住持经宗浩升道录司右玄义。　辛丑,兵部劾奏辽东分守开原太监韦朗、右参将都指挥同知周俊提督不谨,以致虏贼拆墙入境,劫掠人畜,宜治其罪;而镇守太监叶达、总兵官都督同知欧信、巡抚右副都御史陈钺亦合究问。上俱宥之。(一六五,2983)　癸卯,太监黄赐传奉圣旨,以太监高义弟礼为锦衣卫百户带俸。(一六五,2984)　壬子,刑部郎中武清广西勘事还，至通州，西厂官校言其有所赍载，太监汪直执而系之厂，讯鞫无实，已而释之，竟不以闻。（一六五，2991）

丁巳，太监汪直令百户韦瑛执太医院判蒋宗武下西厂狱。

庚申，礼部郎中乐章、行人张廷纲同使安南还，太监汪直遣百户韦瑛执送西厂狱。　　辛酉，浙江左布政使刘福起复，至京听选，有构其事于西厂者，太监汪直执而絷之西厂狱。（一六五，2993）

五月丁卯朔，发监察御史黄本为民。本往云南、贵州清军兼刷卷而还，百户韦瑛承太监汪直风旨，就其寓舍搜检，得象笏等物，送锦衣卫究问，遂以罪坐之。（一六六，2997）　　庚午，都察院左都御史李宾等奏："有旨命臣等看详太监汪直所遣官校韦瑛等缉访事情，瑛等访得官员人等舟经运河，倚恃势豪，于滨河州县多索人夫、皂隶，为害甚酷。御史郭瑞巡按北直隶，在其境内不能禁约，反令官府奉承，宜加之罪。且公差人所驾马快船用一索十，多至百余艘，往往夹带私盐重货，所经之处尤被扰害，至于势豪违法中盐，侵夺民利。其京官又多不顾名节，交通府县，若收粮者卖法取利，克减官粮，其弊多端，并宜禁约。臣等议直所奏深切时弊，请揭榜晓谕，御史郭瑞合依律问罪。"从之。（一六六，3000—3001）　　甲戌，太监汪直令百户韦瑛执掌太医院事左通政方贤下西厂狱。（一六六，3001）　　丙子，太监怀恩传奉圣旨：都指挥使袁彬升都督佥事，管前府事。（一六六，3002）　罢西厂之缉事者。时太监汪直行事，官校势益横，公私骚扰，道路以目，朝臣亦皆惴惴不自安。内阁大学士商辂、学士万安、刘珝、刘吉言："近日伺察太繁，法令太急，刑网太密，官校拘执职官，事皆出于风闻，暮夜搜检家财，不见有无驾帖，人心汹汹，各怀疑畏。内外文武重臣，托之为股肱心膂者也，皆不安于位；百司庶府之官，资之以建政立事者也，皆不安于职。商贾不安于市，行旅不安于途，士卒不安于伍，庶民不安于业，承平之世岂容有此？盖缘陛下委听断于汪直一人，而汪直者转寄耳目于群小，汪直之失虽未为甚，而群小之中如韦瑛者，自言亲承密旨，得专予夺，百官进退，尽在掌握，擅作威福，虚张声势。其间同恶相济如王英者，则以附己而荐之，稍存公论有所谏正者则以异己而黜之，如狼如虎，肆无忌惮，伤害善良，亏损国体，大为圣德之累。陛下若谓防微杜渐，不得不然，则前数年间何以帖然无事？往者曹钦之反，皆由逯杲生事，有以激之，人所共知，可为明鉴。伏愿皇上体天道之包容，勿察察于事情，遵祖宗之成宪，勿屑屑于改易。旨意必经于六科，防将来之假冒；奏诉必由于通政，杜滥受于他门。责政事于府部而严课功核实之权，付刑狱于法司而申三覆五奏之令。收回伺察之人，诛逐奸邪之辈，其有谋逆奸细并贪赃坏法重情，悉依旧规，委任历练老成之人管理。如此则谗言不入于耳，自足以颐情而养神；苛政不加于下，自足以安邦而定国。延圣寿于万年，保皇图于不拔，其端皆在于此。不然此风日长，众口嗷嗷，国之安危，未可知矣。臣等谨条陈大略以闻：一、旧设行事人员，专一缉访谋反、妖言、强盗、人命及盗仓库钱粮等大事。今西厂搜寻细故，凡街市斗殴骂詈、争鸡纵犬，及一时躲避不及者，或加棰楚，或烦渎圣听，置于重法，以致在城军民惊惶不安。一、职官有犯，缉访得出，请旨拿送，经该衙门问招明白，有罪者奏请发落，供明者请旨还职，系是定制。今闻西厂将广西勘事郎中武清自通州，听选方面官刘福自歇家，俱拿到厂监禁数日，辄又释放。且武清系五品官，刘福系正三品官，擅拿擅放，恣意所为，紊乱朝政，莫大于此。一、官员犯罪追赃者，法司自有成规，今西厂擅封兵部武选司门，以后遇官员有犯，未曾问招，先将本家门封闭，或夤夜越墙进入，搜检财物，或将命妇剥去衣服，用刑辱打，被害之家有同抄札。若从此不止，后或有奸人强盗假名害人者，真伪何由而辨？一、京营管军头目俱系朝廷托以重寄之人，其公私勤惰，朝廷自有赏罚。今闻西厂不论有无事情，一概令人跟缉钤制，以致各怀危疑不安。一、各处镇守、总兵等官乃一方安危所系，既被选用，当任之无疑，待之从厚，其或有事，不得不差人体察，事毕即已。今闻西厂各处差人采听事情，彼其闻知，宁不虑恐祸及，退缩自保？误事非轻。一、各布政司多有王府所在，今西厂差校尉分投去彼行事，不但官司惊疑，各王府亦未免自危，恐事生不测。一、河道系两京各处钱粮货物经由之路，要在通行，不宜阻滞。今闻西厂官校分布沿河一带，遇有船到，即加盘问，间有公差官员被其搜检，以致往来客商军民人等闻风惊疑，有未起程停止不来者，有在中途寄放回还者，以此货物不通，将来京师公私费用何以仰给？抑恐奸盗假此搜船劫人，卒难禁止。一、朝廷威福不可下移。自立西厂之后，汪直每日出外，随从之人数多，但遇官员人等，无不喝令下马，虽大臣亦谨回（**按，此下遗"避，如兵部尚书项忠，当早朝鼓响伺候之时，汪直令校尉就"等字，据原疏补**）左掖门下呼叫，项忠不得已，朝罢被校尉拥逼而去，其欺凌大臣如此。至如法司，郎中、御史等官，每遇吊查文卷，俱要亲赍赴厂，竟日伺候，不得一见。又如东、西两长安门牌上用黄纸贴写"太监汪传奉圣旨"，不书其名，见者无不惊骇。一、百户韦瑛系无籍小人，夤缘行事，又引进谲诈小人王英，结为心腹，专一讦人阴私，以固信任。凡前项拿人放人、擅封门户、搜检家财、凌辱妇女、惊动人心、紊乱朝政等项，俱二人所为。一、臣等切详此等事情，非惟与治体相关，又与天道灾异相关。何也？去岁七月以后，有妖物伤人，当时人言必有应验。及立西厂，惊动人心，一如妖物伤人之时，以此观之，天道预先示儆，不可不虑。今汪直年幼，未谙世事，止凭韦瑛等主使呈报，中间固有一二似为禁革奸弊，奈非祖宗旧制，所革未多，其失人心则已甚矣。若不早为除革，一旦祸兴，卒难消弭。伏望皇上断自宸衷，革去西厂，罢黜汪直闲住，以全其身；将韦瑛、王英拿送法司，会同锦衣卫推问明白，治以重罪，如此则人心可安，天意可回矣。"疏入，上震怒，命司礼监太监怀恩、覃昌、黄高至阁下，厉色传旨，谓辂等曰："朝廷用汪直缉访奸弊，有何坏事？尔等遽如此说，是谁先主意？"辂等对曰："汪直违祖宗法，坏朝廷事，失天下人心，辂等同心一意，为朝廷除害，无有先后。"恩曰："不然，圣意疑此奏未必四人同，然下笔必有先之者。"安曰："汪直挟势害人，人人要说，但不敢耳。某等同受朝廷厚恩，同一主意，谁独为先？"珝奋然泣曰："某等奉侍皇上于青宫，迨今几二十年，幸而朝廷清明，四方无事。今忽汪直为害，使远近不安，何忍坐视？某等誓不与彼共戴天。"吉曰："汪直之罪，纵使某等不言，不日必有言之者。今既奏入，贬谪黜罚，亦惟命耳，所不避也。"于是恩降辞色，徐曰："朝廷命恩等问具奏之由，今皆执论如此，当具实回话。倘上召问，幸勿变前言。"辂等曰："唯。"恩等去，辂举手加额曰："众先生肯为朝廷任事如此，辂复何忧！"盖安等三人皆随侍青宫，辂以先朝旧臣，恐上疑己，且虑三人者或不同心，故云然也。已而恩等复至传旨曰："卿等所言良是，汪直坏事，朕实不知。今便革去西厂，散遣官校，卿等各安心办事。"辂等皆顿首谢，恩曰："先生不知，吾辈数人者已钳其二。"问为谁，曰："黄赐、陈祖生也，皆阑在东华门外不容进见矣。"汪直谤其福建人，与杨晔通，上疑此奏出二人所使。翌日，兵部尚书项忠具奏草，会诸部院大臣共上之，奏留中不出，遂罢西厂，召恩数直罪而责之，退还本监，调韦瑛于边卫差操，散诸旗校还锦衣卫。锦衣卫因奏直所遣旗校在外者二十人，日久未还，命都察院移文，令巡按御史随处出给告示晓谕，不得留滞。人心快之，然上意犹未释然也。初，尚书项忠具奏草，令武选郎中姚璧持赴吏部尚书尹旻，请署名。旻曰："本兵部所撰，当以兵部为首。"璧曰："公六卿之长，以次当吏部为首。"旻怒曰："今日才认得六卿之长！"既署名，即遣人报韦瑛曰："兵部所写，某但以次居首尔。"又数日，都御史王越遇珝与吉于早朝，越曰："汪直行事尽公道，如黄赐专权纳赂，非直谁能去之？且商、万二公在任久，是非多故，有所忌惮。二先生入阁几日？况直又扶持，何为亦论列乎？”珝默然，吉曰：“不然，某等言事为朝廷，非为身谋也。设使汪直行事皆公道，朝廷置公卿大夫欲何为，天下后世谓此为何等时邪？”越无以应，遂与吉疏。（一六六，3002—3010）　初，西厂所执人既多，皆无案籍行法司可证，至是厂革罢，其人各散去，有太医院判蒋宗武者囚服到家，家人犹不知觉。（一六六，3010—3011）【考】焦竑《玉堂丛语》卷四《侃直》：“成化中，太监汪直新坐西厂，立威拟至尊，内外官卧不帖席。商文毅公（辂）疏直十罪以闻，且云：‘用此人实系天下安危。’上恚曰：‘用一内臣，焉得系天下安危？’太监怀恩传旨，讦责甚厉。文毅正色曰：‘朝臣无大小，有罪皆请旨收问，渠敢抄札三品以上京官。大同、宣府，北门锁钥，一日不可缺人守者，渠一日擒械数人；南京，祖宗根本重地，留守大臣，渠敢擅自收捕；诸近侍，渠敢擅自换易。此人不黜，国家安乎危乎？’怀恩闻之，咋舌而退，即日撤去西厂。”　戊寅，谪司礼监太监黄赐、陈祖生于南京。（一六六，3011）【考】《宪宗实录》卷二七一，成化二十一年十月壬寅，有“故太监”黄赐家属蒙恩事，赐当卒于该年。黄赐《献征录》有传，见本年附。　辛巳，太监覃昌传奉圣旨：文华门书办尚宝司卿汪景昂、太常寺寺丞金溥、王恒、礼部郎中王颐俱改在京别任。吏部拟授景昂礼部郎中，溥礼部主事，恒工部主事，颐顺天府治中。从之。（一六六，3011—3012）　掌太医院事左通政方贤谪戍辽东。先是，西厂未罢时，太监汪直恶贤，遣人就其家搜检，得片脑、沉香等药，并以为盗之官库者，且家藏御墨并龙凤瓷器，俱属违法，故得罪。御医史斌以附贤，亦发为民。是日贤奏辩，以百户韦瑛尝从索药不得，为此以报私怨，请加推问。不允。　壬午，谪尚宝司卿朱奎为四川保宁府同知。时太监黄赐以罪谪南京，奎在文华门书办，与赐善，故亦谪之。（一六六，3012）　辛卯，太监怀恩传奉圣旨：锦衣卫副千户吴绶令于镇抚司同林峦问刑，千户杨瑛仍还本所治事。绶貌陋而心险，颇通文移，善词翰。时西厂虽革，上犹密召汪直察外间动静，且令访能文事者以为之辅。有一军卒报直,云锦衣千户吴绶其人能写本、通行移,直遂召至,令拟三批答,封进称旨,遂有是命。绶后以银壶一谢其荐己者云。(一六六,3019)

六月辛丑,礼部郎中乐章、行人张廷纲既下西厂狱,鞫其使安南时挟货贸易,多受馈遗诸事,刑部问拟为民。命俱冠带闲住。(一六七,3023)　甲辰,革兵部尚书项忠职为民。忠既具奏草,令郎中姚璧请各衙门堂上官署名,奏革西厂,汪直衔之。忠不自安,乃乞归养病。未行,直嗾东厂官校发江西都指挥使刘江与指挥黄宾奸私事,谓宾为求于其兄太监黄赐,使镇抚尤鉴属忠并武选司郎中姚璧,得由京卫选江西都司。事方下都察院,而左给事中郭镗、监察御史冯贯等亦交论忠违法事,词连其子锦衣卫千户绶及兴宁伯李震、守备靖州指挥使庄荣、甘肃参将都指挥同知刘文、宁府仪宾王允寿并及彰武伯杨信等十三人,皆与忠平日交通。上命三法司、锦衣卫会问于廷,忠抗辩不服,然众知出直意,无敢违者。狱成,左都御史李宾等具奏,忠竟黜为民,璧调外任,宾为民;赐降长随,震降左都督,南京闲住;荣降指挥同知,文降署指挥使,绶调湖广九溪卫带俸差操,仍差官往江西逮江及允寿至京鞫问而宥信等,余罪悉如所拟。(一六七,3024—3025)　丁未,太监怀恩传奉圣旨,命吏部召福建泉州府惠安县知县康永韶来京。(一六七,3025)　庚戌,监察御史戴缙言:"近年以来,灾变荐臻,伏蒙皇上谕两京人臣同加修省。夫何训诰彰彰而听之藐藐,未闻大臣进何贤才,退何不肖,以固邦本;亦未闻群臣革何宿弊,进何谋猷,以匡治理。惟太监汪直缉捕杨晔、吴荣等之奸恶,高崇、王应奎等之赃贪,又如奏释冯徽等冤抑之军囚,禁里河害人之宿弊,是皆允合公论,足以服人而警众者也。奈其部下官校韦瑛等不体圣心,张狂行事,已得大臣奏蒙俞允,即将西厂革罢,又以见皇上此心即古帝王从谏如流之盛心也。伏望皇上推诚任人,及时修政,务俾宿弊革于下,善政清于上,然后天意可回。谨因条陈时政事宜以闻：一、自古人臣一遇灾变，辄自修省，以回天意，乞令两京大臣自陈，断自圣衷，可否惟命。五品以下敕两京吏部会都察院并科道官仿成化四年事例从公考察，在外镇守、守备侯伯、都督等官亦令自陈，庶奸贪怠政者知所警惧。一、顺天、永平、河间、保定四府科役重繁，民困已极，乞将杂派物料及抬柴夫悉与除豁，若有拨用，令河南、湖广、山东出办，以苏畿民之困。一、近来御史多为罪人诬奏，被逮下狱，遂使强横得志，风宪失职，宜痛加禁革。一、近年内官多以原籍弟侄及无籍之徒冒称家人，得授武职，如太监黄赐弟宾虽已究治，其余类皆习以成风，请敕内府各监及锦衣卫禁治之。"上悦其言，命所司详议，多施行之。时西厂方革，人心稍安，缙九年考满不得升用，久益无聊，探知西厂虽革，汪直犹幸，乃假灾异建言，颂直功德，以觊幸进。先以奏草示直所厚锦衣卫千户吴绶，直得之，为言于上，然后奏之。于是直复开西厂，诇察益苛，人不堪命，至有破家毁族者，势焰熏灼，天下闻而畏之，其祸端实肇于缙。又缙奏内自陈一事，尤迎合直意，盖直尝谤杨晔投大学士商辂、都御史李宾、尚书董方求缓其罪，上信之而难于施行，缙言适中机会，故尤为直所喜云。(一六七，3026—3028)　丙辰，兵部奏："临清为京师喉襟之地，旧有文武重臣巡抚、镇守，近皆改命他往，惟存太监刘倜一人。今岁凶民饥，宜仍备巡抚、镇守之职，以防后患。"上曰："巡抚、镇守俱不必置，其令刘倜往镇江西。"(一六七，3030)　辛酉，湖广德安守御千户所舍人朱亮奏发千户赵威阴事，都察院拟遣刑部官一员会巡按御史勘问。诏不从，特命御史戴缙。缙初为太监汪直所知，故有是命。(一六七，3031—3032)

七月乙亥，巡抚云南右都御史王恕等劾奏镇守太监钱能罪及其从行指挥卢安等，都察院覆奏，差刑部署郎中钟蕃往会三司官按其事并逮能还京通治之。诏能果有罪，奏来处分。初，能遣指挥使郭景奏事京师，以安南国有捕盗夷兵犯境为劫掠者，请敕国王戒约之，朝廷因命景赍敕以往。旧制，使安南者道必由广西，而景乃取道云南。能以玉带、宝绦、蟒衣、罗段、犬马、弓箭、鞍辔诸物附景私遗安南王，遂由云南至其国，受馈遗甚夥。及还，诱其贡使，仍道云南，至中途，给以他语先行，及贡使至云南边境，守者阻之不容入，边民以为安南人入寇，相率惊疑，欲避之。总兵、三司官遣人谕贡使至再四，其人始还，朝廷未之知也。后三年，有一男子自安南来归，言尝见一指挥从三十余人至安南，以犬马诸物馈王。诏下巡抚、巡按官究问，盖景自安南还后，能屡遣与指挥卢安、苏本、百户杨能等遍历诸夷干崖、孟密等宣抚司求索。景获其宝货，至逼淫曩罕弄孙女，许以开设衙门治事。还至金齿被逮，遂投井死。于是恕同巡按御史鞠景同行者，得其本末，始奏于朝云。(一六八，3042—3043)【考】《明经世文编》卷一一七《寺人·钱能传》："三原王公(恕)既回钱塘，吴公诚代之。太监钱能遣指挥胡亮迎宴于平夷，回问亮曰：'比王某何如?'亮曰：'甚好，知敬重公公，与王某不同。'能微笑曰：'王某只不合与我作对，不然这样巡抚，只好与他提草鞋耳。'夫以能之怨王公，而本心不泯如此，为士大夫者可胜慨乎?"　己卯，兵部覆奏监察御史戴缙陈言内一事，欲禁内官弟侄家人恃势害人，而未及中外文武大臣子弟，因两持其说以请。得旨："内官并文武大臣子侄及凡功升、钦升任事者，兵部与锦衣卫严加拣选，间有廉能者任事如故，余惟养之以禄，是后不许滥补员缺。"掌锦衣卫事都指挥牛循意有顾忌，复言戴缙止为黄宾一人事败，遂欲令罢各官任事，今任事者未有累及中官之罪，且虑拣选之时，玉石难分，进退舛错，自取罪戾，乞曲加宽贷。复得旨："从公拣选，不许徇情。"循又诿言到任日浅，各官贤否未能周知，乞敕兵部同任其事。于是侍郎滕昭与循以千户赵承文等三十三员廉能，令如旧任事，罢千户朱昇等十三员见任，从之。(一六八，3044—3045)　丁亥，兵部言三事："一、各边镇守、总兵、巡抚等官，地方安危所系，必同心协谋，庶克济事。迩闻宣府总兵官刘清、副总兵周玉、游击将军吴瓒，平居行事，尚相矛盾，寇至攻战，必致误事，请将各官更调为宜。一、大同、宣府虏若入寇，必赖京军策应，取给临时，未免缓不及事。宜令团操精选士马二万，预备驮马兵仗，仍命内臣、总兵各一员，如遇边报，兼程而往。一、……"命周玉佩镇朔将军印，镇守宣府，刘清镇守永平、山海等处，召都督冯宗还京，以大同右参将都指挥使康永充宣府副总兵，余俱如议。（一六八，3049—3050）　英国公张懋等言三事：一、……一、各营侯伯、都督有公勤材武堪任职事者，有老疾庸懦不克胜任者，有职专宿卫难兼操调者，其把总都指挥、指挥等官亦有老弱可退者，宜令新宁伯谭祐等仍旧任事，忻城伯赵溥等专领宿卫，隆平侯张祐等七员并所退把总等官俱如例随操，许更择人以补其缺。其协同坐营太监、长随等官贤否，听其提督太监处分。又闻各边总兵、副将、参将、游击等官互构仇隙，致误边事，乞敕兵部详察，退其不任者，以为边将不和之戒。一、……一、官军旧有甲胄器械，岁久损坏，不堪御敌，每有征调，奏给延久，有误事机。乞敕兵仗局预籍二万之数，一遇调遣，即时给领；仍敕户部备银，以俟给赏，庶得便于起行，不致误事。一、……（一六八，3050—3052）

八月乙未朔，太监怀恩传奉圣旨，授太医院医士钱宗嗣、胡廷寅、聂整、许观为御医。（一六九，3055）　己亥，定西侯蒋琬疏军中合行事宜：一、……一、敕兵仗局预备神机营所用铳炮火药等具。一、……诏报曰："兵仗并给赐等物，所司即如数备用车辆人夫，视事缓急具之；衣鞋令预给散，余皆如所奏。"（一六九，3055—3056）　壬戌，东厂官校发云南百户左昇私事，词连通政司掌司事工部尚书张文质及他官，锦衣卫遂并执文质系狱。左通政何琮等以掌印请，上始知之，即命释文质，仍掌印，而责问锦衣卫官。于是指挥使朱骥自陈伏罪，上曰："骥不谙事体，擅系大臣，当寘之法。今既伏罪，姑宥之，仍停俸三月。"（一六九，3070）

九月庚午，镇守辽东太监叶达等奏朵颜三卫虏骑远去，恐从西北大虏为患。事下兵部，右侍郎马文升会英国公张懋等议：……乞戒敕边臣，勿以时无寇盗废弛武备。从之。(一七〇,3076)　乙亥，江西都指挥使刘江坐罪充军，革宁府仪宾王允寿冠带。江初在京卫带俸，其选江西也，乃夤缘内官黄赐，嘱兵部得之。至江西，与允寿结为亲戚，得其馈遗金带诸物，又乞贷银百两。既而东厂官校发江前事，赐及尚书项忠并得罪，锦衣卫逮江并允寿等至京，下都察院鞫治。江罪当赎徒，例为民，允寿当杖，例赎。诏江免赎罪，发边卫充军，允寿赎罪，革冠带。(一七〇,3079)　丙子，镇守广西内官黄沁在镇所为不法，多纳赂遗，军士有小过辄杖杀之，夺占靖江王府莲塘草场，为王所奏。沁亦讦奏王饮酒用妓乐，并私收阉者，且诬以他事。命官往按王奏，以为所按非实。改命总镇太监顾恒、巡抚都御史朱英会盘粮给事中等官覆按之，以具狱奏。至是，法司请逮沁及其下有罪者至京重鞫，有旨："黄沁令顾恒等执送南京法司监候，其下四人则械至京重鞫，通行奏处。靖江王所为违法，以书切责之。"(一七〇,3080—3081)　己卯，巡抚宣府右副都御史殷谦等奉敕言备边事：一、……一、永宁城四海冶堡守御皆调怀来等卫官军，乞查怀来等卫原取在京军匠，发遣守御，而以所调官军回守本处。(**兵部议**：)怀来等卫军匠行取年久，多内府役占，亦难起送，余宜如所言。从之。(一七〇,3083—3084)　庚辰，太监覃昌传奉圣旨，升礼部带俸员外郎梁能为山东布政司右参议，中书舍人沈达、张春、沈铨为鸿胪寺寺丞，序班王哲本寺主簿，百户赵洪副千户，镇抚段庆百户，人匠汪斌、钱洪、汪义、孙昇、郑宗、颜英文思院副使，儒士王轨、蒋声、郑周、柳琪、邵清、马兴、应钺俱与冠带，中书科食粮，仍旧办事。(一七〇,3084)　壬午，巡按云南监察御史甄希贤等劾奏镇守太监钱能及都指挥方明、周佐、布政司参议金酝、按察司佥事翁遂等罪，都察院请下希贤等逮治明等，能俟再勘，至日处分。诏可。先是，能左右时至矿场，有所求取，会有言守矿千户三人私矿银者，能不奏请，辄遣人械系之。三人者惧，共以官课千两馈能，能意不满，召明、遂同临问，以巨梃杖之，死者一人。明使其属以病死报，乃委遂偕酝竟其狱，复以赃罪诬死者。既而佐至矿场，以余课赐死者同事人，于是死者家人讼其事于朝。命锦衣卫官往会刑部审刑官暨巡按御史鞫得其实，通劾能等。事下都察院，都御史王越畏能势，故独缓其事云。（一七〇，3085—3086）　丁亥，吉王府内使杨传以私忿杖人致死，刑部执传家人鞫治，传惧，匿其实，求王解之。王时将之国，为上奏申辩。刑部覆奏。诏以王既请贷其罪，令传出银十两畀死者家。（一七〇，3087）　戊子，四川按察使彭韶言三事：一、亲王、郡王薨逝，皆遣官致祭，缘各府事殷，使臣络绎，人夫劳扰，自后惟亲王如旧，其郡王初丧遣官一祭，余祭并遣本处官为便。一、凡王国母妃之丧，俱遣内官致祭，今宗妇众多，各布政司有镇守太监处宜遣就彼行礼。一、凡王国营葬，例该夫妇同穴，遇有丧葬，不分先后，一体兼造。其初遣之，恃工费浩大，或兆位未安，所以遣官监修选择。今后遇有开圹葬者，乞免差官，惟令本处官司提调及阴阳学择日。事下礼部议拟覆奏，上曰："王妃祭礼如旧遣官，余悉如议行之。"（一七〇，3087—3088）　辛卯，太监覃昌传奉圣旨：锦衣卫指挥佥事张玘、百户袁林、刘俊、李璇俱升一级，林俊世袭，御用监画士祝瑁、朱伟、刘节、谢昂、张静、人匠王刚等五人俱为文思院副使。（一七〇，3089—3090）

十月庚戌，巡抚四川右副都御史张瓒等奏："松茂南一带番蛮反叛不常，臣等议分兵进讨，令副总兵尧彧往松潘，右参将孙暠往茂叠威，两路夹攻，且以其间修河西旧路为浮桥，治月城以避偏桥栈道，则粮道无阻。"兵部因请假瓒及太监梅忠以便宜之权，且言兵贵神速，使彼麦熟，则难以困守，乞速其进兵。从之。

甲寅，太监怀恩传奉圣旨：鸿胪寺随堂办事鸣赞贾斌、齐佑升本寺左、右寺丞。(一七一,3097)　乙卯,巡按山东监察御史梁泽请革临清管粮内官,不许。泽奏德州、临清各有水次仓,每岁户部委属官监督出纳,其事体无异,而临清独增设内官二员,故各州县输纳皆愿于德州而不愿于临清,乞为裁革,庶民不被扰。户部覆奏,诏令仍旧。(一七一,3097—3098)　壬戌,调南京守备太监覃包于神宫监,孝陵司香。时百户韦瑛既得罪去,其弟瓒营入西厂,声势不下于瑛。太监汪直差瓒往贵州等处缉事,至南京住关文,潜住龙江驿,访知闲住都督李震与包交结,私通贿赂,及震乘势侵占官街,役军造屋数事,密记之。其关文诈称韩姓,亦颇有识其韦姓者,驿官因瓒两姓,遂疑其伪,乃言于包,得其所缉包、震事情密帖二纸。收之,下瓒南京锦衣卫鞫问。瓒受刑,亦妄服为伪。械至京,直为白其事。上遣直往南京数包等罪而责之。既还,锦衣卫请治包等罪,遂调包神宫监,令震回京闲住。(一七一,3100—3101)

十一月丙寅,严文武官乘轿之禁。太监汪直言:"洪武、永乐间人臣无敢乘轿者,正统时文官年老或乘肩舆,景泰以来,师保既多,延至于今,两京五品以上无不乘轿者。文职三品,年六十以上,可许;武职宜一切禁止。"从之。本稿吴绶所撰也。是时都御史王越、尚书尹旻及戴缙、吴绶皆为直心腹而学士刘珝为越所诱,亦与直通,数人者,凡有谋议,直径达于上,辄见施行,人皆畏惧,虽司礼当道亦谨避之云。(一七二,3103—3104)　己巳,驸马都尉黄镛、顺天府府尹胡睿各乘轿马于习仪处所出入,为缉事者所发,下锦衣卫狱。俱宥之。(一七二,3105)　壬申,命忠义前卫指挥使丁固宗于南京锦衣卫管事,从太监汪直以都御史王越言为之请也。(一七二,3107)　丙戌,太监汪直言:"近日累获盗贼,多四方逋逃军民潜住京师者,诈冒投托,游荡为非,无所不至。因无籍贯,难以查考,欲令官校访执,未免惊疑扰众,乞敕都察院移文该管官司,听其一月之内赴官,首告者仍发原卫所州县着役,免究其罪，若隐匿不报，缉访得出，迁发极边，罪连所主之家。果有贫难不能还乡者，审其来历无碍，编注京卫军食粮，使其得所。诈充内官家人游荡无籍之徒，听所主之家及邻佑人首报。”都察院议其所言当理，乞通行晓谕。从之。(一七二，3111)

十二月辛丑，更定京军月支京、通二仓粮例。旧例，每岁官军俸粮间月于二处支给，至是太监汪直以春夏雨水泥泞而官军又多差役，往通州支不便，宜更定其例。户部遂议，自三月至八月支于京仓，余于通州。从之。(一七三，3123)　乙巳，巡抚辽东右副都御史陈钺言：(**请募兵讨建州三卫。**)诏是之，敕钺等戒严进讨。时汪直权倾中外，既兴大狱，欲立边功，钺揣知其意，故屡建征讨之议云。(一七三，3124)　壬子，太监覃昌传奉圣旨，升鸿胪寺序班杨瑢为司仪署署丞，儒士宋昂、齐富、刘玘中书科食粮，仍旧办事。(一七三，3129)

本年附

艺文·太监黄赐传

朝廷凡三法司谳狱，必命司礼中贵一人主之，意必正统以后之因袭也。成化间，黄赐尝膺此命。时陆公瑜为司寇，王恭毅公概为廷尉，二公名臣，持论侃侃，初不因黄有所低昂。有兄与人争，弟庇之，因殴其人致死者。法司奏当以死，黄欲从末减，二公持不可。黄大言曰：“同室之人有斗者，尚披发缨冠而往救之，况其兄乎？正在矜疑之列！”二公无以应，卒免死戍边。乃知宦官揽权，必其才术有足动人者，非特左右承顺而已。

(《国朝献征录》卷一一七《寺人·黄赐传》)

艺文·碑铭·汉寿亭侯庙碑

商辂撰《敕修汉寿亭侯庙碑》：“汉寿亭侯庙在都城西北隅，盖洪武中建。(**列圣于祀典具有著令。**)成化丁酉春二月初吉，皇上申命内官监太监宿政董众工，发群材，重加修葺，朽者更之，腐者易之，欹者正之，缺者补之，漫漶者增饰之，涂以丹漆，傅之藻绘，于是正殿两廊重门皆焕然一新。(**略。**)庙后嫌于窄隘，复命太监金辅赍内帑白金若干，偕宿政市居民房地展之,并付本庙永奉香火。内植松柏,外列垣墉,规模广大,观者起敬。政等以竣事闻,上深嘉悦,命臣辂撰文,勒之穹碑,垂示永久。(**下略**。)大明成化十三年六月十三日立。”

(碑在北京西城区西皇城根白马关帝庙。《北京图书馆藏中国历代石刻拓本汇编》第52册,第129页)

成化十四年戊戌(1478)

正月丙子,太监覃昌传奉圣旨,升太常寺协律郎丁永中为本寺寺丞。(一七四,3140)　乙酉,兵部尚书余子俊等奏申明条例十事:“(**一、谨选法。一、严纪功。一、重爵赏**。)一、息争端。在外总兵、巡抚恒以位次相争,合令左、右都督与左、右都御史并,都督同知与副都御史并,都督佥事与佥都御史并,俱文东武西,独伯爵以上则坐于东而内臣居中,则争端自息。一、革吏弊。各处镇守内臣许于所在精选能书军余二名,总兵、分守、监枪、守备等官止一名,俱令于公文内一体佥书,以防欺弊。一、重敕令。如烧荒等项,止许镇守、总兵、巡抚请敕,其分守、守备等官听其誊黄转行,毋得一概泛请。(**一、重地方**。)一、顺夷情。如四川、云南、贵州、湖广、广西等处土官争袭官职地方者,镇守、总兵、巡抚务委三司官督同亲勘,不许别委属官,展转迟误,致夷情不通。一、省驿传。各处分守副参等官俱关符验,假公营私,分扰驿传,自后止许南京、凤阳守备官并在外镇守、总兵、巡抚等官关领。(**一、谨军政**。)”奏上,诏皆从之。(一七四,3144—3145)　丁亥,敕宣府、大同、延绥、宁夏、甘肃镇守、总兵、巡抚等官戒严,以镇守大同太监覃巩等奏虏欲入寇故也。(一七四,3146)　戊子,命南京沈阳右卫指挥佥事崔钰守御浦子口。守御缺人,南京守备太监安宁等以钰荐。兵部言守御乃都指挥之任,钰未有军功,例难拟升,宜令钰以旧官守御而以都指挥体统行之,往来文移于都指挥则用手本,于所部指挥用帖文,所部指挥于钰则用呈文,各处把总俱视此例,著为令。

奏入，从之。(一七四，3147)　　癸巳，刑部郎中钟蕃等勘报巡抚云南都御史王恕所奏镇守太监钱能遣指挥郭景以玉带蟒衣并狗马私通安南国王，又遣卢安、苏本等与干崖、孟密诸夷交通等事皆实，都察院请逮能等至京治罪。上特宥能，降敕切责之曰："法司奏鞫尔违法事皆实，及尔所奏巡抚官事皆诬，罪状显著。本欲械尔至京，依律问拟，但念尔在边岁久，姑曲法宽贷。尔须以镇守职任为务，以地方人心为重，严束下人，毋得于所属军卫有司骚扰。况土官化外之人，祖宗以来，但俾其以时纳贡，羁縻之而已，比之内地不同。今后有事，须与黔国公沐琮并巡按御史、三司官公议，委三司廉干官员抚谕勘问，毋得任情擅遣无籍之徒，仍前需索诈骗，以起衅召乱。万一有失，咎将谁归？尔其戒之、慎之！"(一七四，3151—3152)

二月庚子，兵部以虏犯辽东叆阳堡，杀掠甚众，劾奏镇守太监叶达、总兵官欧信、赞理军务都御史陈钺方命罔上，致副总兵等官韩斌等失机，宜遣指挥吴俨赍敕督责，仍令俨具所见边情军务缓急以闻。从之。　　命都指挥佥事武瑛备御江西南、赣二府，从镇守太监刘僩、巡按御史沃頖等奏请也。(一七五，3154—3155)

丁未，钦天监奏观象台内原设测验晷景堂，俱已损坏，乞工修理。事下工部，言："观象台所置浑仪、简仪是皆测候观象之器，一时匠作无谙晓者，且本台之下原有圈券接连城墙，难于移动，乞敕内官监相度为便。"上是其言，命取简仪于内官监修理，其余工部主之。(一七五，3157)　　甲寅，太监怀恩传奉圣旨，升钦天监五官灵台郎康永韶为本监监正。(一七五，3161)

三月戊辰，录陕西岷州擒斩番贼功，加镇守太监刘祥米岁二十四石，升巡抚右都御史余子俊、右佥都御史秦纮、按察使吴玘、副使左钰俸各一级，都督佥事白玘为都督同知，余如兵部议拟，升赏有差。(一七六，3171—3172)　　妖言人陈广平伏诛。广平，山东济宁州民，假以黄冠，私习兵法，遍历秦汴楚蜀间，伪为星象、阵图惑人,交结不逞之徒,潜谋不轨。至南京,为都督府都事卜马翊诱获之,执至京,下都察院狱鞫之。恐有隐匿,奏请差官勘实。上命太监汪直、锦衣卫指挥陈玺会南京守备内外官拘事干证佐者械至京并鞫之。至是,得广平奸恶罪状,坐死,监候听决。都察院论其情犯比常妖言不同,诏即诛之,余坐累者罪各有差。(一七六,3172)　辛未,敕兵部左侍郎马文升等往辽东招安建州三卫夷人。时巡抚辽东右副都御史陈钺同总兵官欧信等屡奏建州夷人犯边,请益兵征讨。有通事王英者密说太监汪直曰:"建州三卫系祖宗朝设立卫分,世受官赏、修职贡,岂肯背叛?止因近时侍郎马文升奏准差行人伴送,禁其买卖,心怀怨望,故尔。且都御史陈钺不务招安,惟欲贪功生事,近闻执其报事及投降之人,禁锢凌虐,欲寘之死以为功,甚失远人心。宜请于上,往彼抚谕及体察钺等所为,革其情弊,英愿备前驱。"直喜,以闻。上命太监怀恩等至阁下议其事。学士万安等力阻之,曰:"直在京城,尚动摇人心如此,若令至边地,陈钺必不能保全,诚恐各边巡抚、总兵等官从此闻风,皆各忧祸,及无复能尽心防守之事矣。必欲差官,宜遣大臣。"恩等曰:"然。"具以其语复命。上乃敕文升并通事都指挥詹昇曰:"尔等往辽东会同镇守、总兵、巡抚等官,从长商确,选委熟知夷情官员同通事径往三卫招其头目到边……"(一七六,3174—3176)　甲戌,盗起福建上杭县,敕镇守福建太监卢胜、巡按御史戴用等督捕之。(一七六,3177)　丁亥,江川王音埈薨,无嗣,岷王奏保其弟镇国将军音埑袭爵。王妃刘氏不欲,乃谋于内使陈诰等,令宫人王氏伪为遗腹,密取异姓小儿入府养之,又赂岷王为奏报。音埑奏发其事,下镇守、巡按会三司官勘问未报,音埑辄出城,欲赴京诉之。至是勘至,刑部具始末以闻,上以刘氏听人拨置,抱养异姓之子,紊乱宗支[①],革去妃号;岷王

① "紊乱宗支"下62字据广本、抱本补。

扶同欺罔，革去禄米之半；音埜擅出城，违祖训，姑宥之。仍降敕切责音埜曰："该镇守太监王定会同巡抚等官勘报，刘妃抱养异姓之子，紊乱宗支。尔既遣人具奏，自合听候诏旨，顾乃辄逞私忿，擅开门锁出城，欲自赴京。观尔所为，是不有祖训，不有国法，本当究治，但念亲亲，姑从宽宥。自今以后，尔宜深自省悔，谨守礼法，慎于出入，毋蹈前愆，以保禄位。不然成宪具在，朕不敢私。"(一七六，3184—3185)　辛卯，太监汪直言：高邮、邵伯、宝应、白马四湖每遇西北风作，则粮运官民等船多被堤石桩木冲破漂没，宜筑重堤于堤之东，积水行舟，以避风浪。工部议合行漕运总兵、巡抚等官相度增筑。从之。(一七六，3186)

四月甲午，太监覃昌传奉圣旨：太医院医士施钦、张复兴、曾濂、徐德美、丘钰俱升御医。(一七七，3187)　丁未，兵部定拟镇守、总兵、分守、守备内外官员军伴，凡镇守内外官各三十六名，分守内外官各二十六名，守备内外官各一十六名，管操指挥各四名，管队千百户各二名，俱先取余丁拨用，分班养马，不许按月纳钱，遇有警急，依旧操守。报可。(一七七，3196—3197)

五月己卯，兵部尚书余子俊等议上武举科条。时太监汪直用事，欲以建白为名，然素不知书，附之者多为作奏草。至是吴绶为撰草，奏请武举设科，乡试、会试、殿试欲悉如进士恩例。得旨："兵部即集议以闻。"于是子俊会英国公张懋等文武大臣暨科道官议之，众皆心知其不可，亦不敢违，遂议上科条，大略欲选武臣嫡子就儒学读书习射，乡试以九月，会试以三月，初场试射，二场试论、判语，三场试策。殿试以四月一日，赐武举及第、出身有差，恩荣次第、录名、勒碑亦如进士科制。初令会议时，学士万安窃计曰："汪直所言出吴绶建白，可听而不可行，然沮之必有祸。何也？武举选材，其号则美，非不可也。宜有以处之。"及奏上，内批："武举重事，未易即行，令兵部移文天下，教养数年，俟有成效，巡按、提举(**抱本举作学**)等官具奏起送处之。"(一七八，3207—3208)

丙戌，吉王见浚……奏：“长沙府地西临大江，水势汹涌，岸无回曲，往来客舟湾泊，多为风涛所损。闻府外西南原有通江一港，年久淤塞，不便舟楫。今左少监唐宏、员外郎刘琛奉敕于此营造府第，工完之日，宜令督工疏通之。”工部议以宏、琛事完即当复命，其疏浚河道，宜移文巡抚等官核实，令有司行之。上曰：“事果无碍，当从所请。”(一七八，3212)　己丑，巡按山东监察御史王崇之奏：“辽东自本年正月以来累有虏贼从鸦鹘墩等处入境杀掠居民，残破地方，副总兵韩斌、右参将崔胜、都指挥李宗等既累失机，都御史陈钺、总兵官欧信、太监叶达亦俱误事，并宜治之。”下兵部看详，谓钺等累奏捷音，今御史乃言贼屡入境会，无一人御之，则钺等罔上饰辞、冒功掩罪甚明，宜从究治。但今侍郎马文升方奉敕招抚，若遽易诸将，不免致彼疑惧，待事宁之后通核各官功过以定赏罚。报可。(一七八，3212—3213)

六月癸卯，命太监汪直领通事百户王英往辽东处置边务，赐直敕曰：“朵颜三卫自其父祖以来作我藩篱，近宣府走回人口报称虏酋满都鲁人马东行，去彼寻杀，倘其为贼所袭，实乃撤我藩篱。尔与镇守等官议照上年事例，许令将家口辎重近墙住牧，以避戕害，其贫甚者量给米物，以结其心。尤须督令沿边将官，整搠军马，昼夜堤备，毋令乘机入寇。建州三卫达子被我官军征剿之余，不得安生，已令马文升等往彼招安，其余仍复犯边，虽被官军杀戮，彼犹不从抚谕。尔与镇守等官并文升及通事詹昇等量度事机，或令王英等赍敕赴彼开读晓谕，俾知朝廷体上天好生之心，不忍加兵殄戮，仍来听抚，悉宥其罪，许其革心，听其朝贡。倘或执迷不悛，即严督兵马，分据要害，俟其入寇，夹攻邀击，俾大遭挫衄，不敢复犯。此外别有长策，听尔便宜行事，会奏裁处。海西各卫女直附近者已听招安，穹远者令王英等遍历各卫招出晓谕，俾知世受朝廷厚恩，不得为他寇所诱，为我边患。尔为近臣，受兹委托，须与镇守等官及马文升等用心计议，务使边情妥贴，地方宁靖，斯为尔能。毋偏执己见，有坏边事，构患地方，责有所归。尔其勉之慎之！"初王英谋欲往辽东抚谕诸夷，会遣马文升，不得遂。至是闻文升等招安功垂成，复嗾直而佐之行，其意谓建州虽安，朵颜三卫宜抚，欲因是以为己功且沮詹昇之进。后英竟得升千户而文升之祸肇于此矣。(一七九，3221—3223)【考】《明史·马文升传》："春，(辽东巡抚陈)钺以掩杀冒功激变，中官汪直欲自往定之。帝令司礼太监怀恩等七人诣内阁会兵部议。恩欲遣大臣往抚，以沮直行。(兵部左侍郎马)文升疾应曰："善。"恩入白，帝即命文升往。直不悦，欲令其私人王英与俱，文升谢绝之。疾驰至镇，宣玺书抚慰，无不听抚者。又请前以也先乱失授官玺书者十余人，得袭官。事定，直欲攘其功，请于帝，挟王英驰至开原，再下令招抚。文升乃推功与直，然直内惭。文升又与直抗礼，奴视其左右，直益不喜。而陈钺益谄事直，得直欢，日夜谮文升，思中之，未有以发也。" 甲辰，英国公张懋等奏："京营军马所以威服天下，安危所系。迩来有所营造，须工程有不可已者，然后拨用，盖一时之权宜也。今大圆通等寺乃当此天热连雨之日，动拨官军修造，下情不堪，况今边报迭至，正宜养锐蓄威，以备非常。乞暂止工役，以休养士卒为便。"上谕工部曰："懋等所言有理，但寺乃朕皇祖考所建，年久倾圮，已命内官监修理，料物具备，惟假人力一运，工程至秋可成，不必止也。"(一七九，3223—3224) 癸丑，监察御史林埥巡视内库，因言收折粮布尺丈斤两俱有定则，凡拣退十匹以上者追赔问罪，今官司解纳，多纰薄不中用，其解户又多过期，亦或因而逃回。宜行究问，以其人逃日为始，官吏停俸。又承运库收丝绢，每丝二十两或十八两折绢一匹，亦有定则，其被拣退逃回再纳者，有司徇私故纵，仍不中用。宜申明定则，治以故违之罪。又各库收受钱粮物料，其铺户俱系大兴、宛平二县佥充，已满三月不依例代去，而候缺者贿嘱佥补，乞严行禁约，许巡库御史指实拟奏，治以重罪。疏下户部，议以为可行。从之。(一七九，3225—3226) 丁巳，巡抚甘肃左佥都御史王朝远奏上边方事宜：……一、今边将有以都督为右副总兵，都指挥反为左副总兵者，有以都指挥为右参将，指挥使反为左参将者，如遇公会序坐，副参以左右为次而官职失次矣。又同一副参，或称分守，或称镇守，名位相轧，嫌疑滋生。今宜以官职高下定副参、左右，其副参等凡受人节制者止称分守、协守，革去镇守之名，庶名分以正，争论自息。……奏上，下所司知之。(一七九，3227—3229)

七月癸亥，江西人杨福诈称太监汪直，事觉，问拟斩罪。福尝奴事崇府内使，随入京，既而背之还。过南京，遇所识者，谓其貌似直，福乃诈称为直，而所识者伪为校尉先导。自芜湖县乘传食廪，历常、苏，由杭州抵绍兴、宁波诸府，有司皆承奉恐后。市舶司内官亦信而畏之，官民多持词讼往诉，或为之理。至台、温、处州及建宁、延平，皆操兵盘粮以张威，所过虽假廉以取信，然为伪校尉所得者已多。及抵福州，称有敕旨，自三司官而下迎候惟谨，小官忤意者即杖之。竟以无符验为镇守太监卢胜等所察知，执问如律。时直势振天下，故小人乘之以扰害人如此云。(一八〇，3233)　乙丑，镇守云南太监钱能等奏：临安府石屏州自去年三月以来，强贼不时出没，攻击数寨，劫掠居民，又围建水州乡村。事下兵部，言贼发半年，能等始会奏，其旷职怠事可知，宜降敕切责，令各记其罪，而三司官掌印、佥书者俱停俸，有曾分巡于此并所在军卫有司掌印、佥书者俱令停俸戴罪，不许更代。敢有仍前轻玩者，听巡按御史举奏执问，庶人知所畏而盗可息灭。从之。(一八〇，3233—3234)　戊寅，巡按广西监察御史谢显等奏：郁林州容县等处数被贼徒李康、胡公明等杀掠，死者及被虏者甚众，其提督副使张敩、分守参将马义并哨守指挥等官李刚等十有六员宜治其失机之罪。兵部谓敩已逮问，义等宜行巡按御史究治，而副总兵都督佥事白玉、总镇太监顾恒、总督右副都御史朱英、总兵官平乡伯陈政俱号令不严，宜并治之。命如所奏，玉等宥不问。(一八〇,3240—3241) 己卯,守备独石指挥同知绳律领兵修边,至瞭远墩,遇贼五百,与战,军有死者。分守右少监刘祥、署都督佥事李刚得报,统兵来援,复为贼所围,人马死者伤者益多。宣府太监弓胜等劾律寡谋轻进,祥等往援无功,亦自劾守备无状,又谓阵亡千户康宣等宜量加升赏,以励将来。事下兵部,议谓律宜行巡按御史逮治,祥、胜等亦宜治罪,死伤官军宜俟功册至日如例定拟,仍行宣府守将整兵防御,团营总兵、提督等官严饬听征士马以俟有警启行。上是之,以边方警急,方用人,宥祥、胜等不治。(一八〇,3241—3242)【考】弓胜本年卒于任,其墓志见本年附。 戊子,禁人于西山凿石。内官监太监宿政奏:正统间有旨不许军民于西山凿石,今岁久,人不知禁,宜揭榜示众。都察院覆奏,谓西山形势天造地设,环拱京师,千万载灵长之气会聚于此,政言宜从。命再犯者杖八十,依律拟罪如旧制。(一八〇,3248)

八月癸巳,守备独石指挥同知绳律奏虏之入瞭远墩也,实尝躬率士卒与战,杀贼数人,士卒死者二人。久之,参将李刚、守备马营都指挥李英始领兵来援,皆为贼所邀,乃亡卒八人、马三十八匹。会镇守宣府太监弓胜等亦奏:“虏之入境,止于千骑,而刚等飞报,虚张至万,使人疑惧,以致此败,宜治其罪。”事下兵部,言胜等始奏贼情,同词欺诈,既荷恩贷,乃以实闻,宜行巡按御史究其误事之故,仍请敕切责,令各以忠勤自效,欺罔为戒。得旨是之,仍令御史通行覆按,具实奏处。(一八一,3252) 庚子,户部尚书杨鼎等奉旨议上救灾事宜:……一、光禄寺果品及内府供用库黄白蜡、京库折色颜料,顺天府、北直隶户口食盐钞贯,山东、河间、长芦运司消折盐课,宜令所遣官勘系灾重去处俱暂停止。……上悉从之,且命所遣官尽心理事。(一八一,3257—3258)

六科给事中张海等以灾异上言:“……一、光禄寺供应果品、猪羊等物,外有司府州县岁办,内有上林苑监孳畜,一岁之入足够一岁之用。近乃增添买办,大约一季用钱三四百万文、钞一二百万贯,今后除上用膳羞及宫中日用外,其余一应支应宴赏等项悉从减省,将买办钱钞革罢,仍敕本寺爱惜,不许轻费。一、……”时十三道御史屠滽等亦皆以此为言,且言冗官宜汰:“近年各色工匠或自叙斧斤微劳,或造奇巧玩物,希求恩典,辄授官职,非惟名器太滥,抑且廪禄虚糜。乞敕吏部查照工匠出身,官员止与冠带,以荣终身,而裁去其月俸。”又言刑赏宜慎:“近年以来,官军捕获妖言乃其职役之所当为,今不论事体轻重,一概升官,况所获者多有诬枉,往往称冤,刑赏过中,物议不息,灾异之来,未必不由于此。乞敕该衙门计议捕获妖言,鞫问明白,止加给赏而不升以官职。”二疏同入,上曰:“……今后捉获妖言者惟给赏不升,其余事各司详议行之。”(一八一,3260—3261)　工部奉旨议上救灾事宜,乞将易州山厂柴炭夫暂免一年,直隶河间府抬柴夫一千六百名暂免起派,北直隶、山东、河南、江西、湖广被灾州县各色颜料及该修理工役俱合停止。诏改派河间府柴夫一千名于灾轻地方,余如议行。(一八一,3263)　甲寅,执巡抚苏松等处都察院右副都御史牟俸下锦衣卫狱,事连翰林院侍读学士江朝宗、浙江按察司佥事吴瑞、镇江府知府黎福、常州府同知柳演、苏州府推官华清,吴江等县知县冯衡、孟瀛、宋端,驿丞甘仲瓛、义官王祥、民人吴伯昌等。时惟朝宗在,并下狱,余命锦衣卫差官逮问。初,太监汪直欲往辽东诇察事情不果,巡抚都御史陈钺闻之惧,及后往,钺遣人赂朝臣与直相厚者祈为之解,既又令人自广宁抵山海关一带讽其居人候直过,群伏道左,告保巡抚官行事公当,惠及军民。时直左右已有纳钺赂者,因加称赞,直信之不疑。至广宁,钺便服杂仆从中,朝夕左右,惟直所命,直遂喜,与之合。钺因谮侍郎马文升及俸。俸巡抚山东时,钺为布政使,有隙。及巡抚南直隶,行事多不合人心,如禁索私租、劝富家出赈济谷动以千计、绝京官请托之类,由是怨谤喧然。适汪直南京公干,有造诬于直者,直归,犹未

发也。至是俸议事至京，直还朝，钺因嗾直发之。(一八一,3274—3275)

乙卯，太监覃昌传奉圣旨，升锦衣卫故带俸百户施良子仁为实授百户，百户王英为带俸正千户。(一八一,3276)

九月己巳，前延绥参将钱亮坐失机谪戍怀来卫，至是其母王氏疏陈年老，乏人侍养，而亮叔故太监僧保茔域亦乏人展祭，乞调亮编伍京卫为便。从之。(一八二,3286)　甲申，锦衣卫副千户张庆自陈为故太监裴当之侄，当累效军功，尝荫授臣弟荣为百户，今荣死，乞以荣职并升与臣。遂命升庆二级。(一八二,3292)　乙酉，镇守云南太监钱能为指挥姜和、李祥乞恩免罪，从之。初能在云南，数使其下往孟密等处索取金宝等物，为巡抚都御史王恕所奏，命官勘实。上既宥能罪，止罪其下九人，而和、祥尤怙势潜匿，不肯就逮。有旨令巡按御史就彼追问。至是能复为二人求宥，称其不避艰险，有劳边方，且以恕等诬陷为词，竟从其奏。(一八二,3292—3293)

十月辛丑，追降韩府汉阴王徵鍉为庶人，王母平氏、妃周氏及冒封郡王、县主者皆赐死，凌迟妃父周恂，及其妻妾子皆斩之，籍其家。先是，王有疾，恂入问，窃与王曰："王疾病，当不可讳，无后奈何？何不取家人子名之，以奉王后？"王以为然，令二宫人假若有娠者，韩王及诸王来问疾，俱以托焉。王薨，恂与王母及妃谋取其妻之女及他人男，前后令妾与子抱纳宫中。既长，请于朝，俱受封。既而恂之姻家以私忿发其事，下镇守内官暨巡抚、巡按会都、布、按三司官按之，得其本末。恂罪当斩，余坐罪有差。刑部尚书林聪等以具狱覆奏，上曰："恂阴谋主使王母平氏、妃周氏同其妻妾子乞养异姓男女冒封，紊乱宗支，罪恶深重。恂凌迟处死，财产没官，妻妾子俱斩之。知其事者内使刘通等五人各杖一百，充边军。冒封男女及平氏、周氏俱赐自尽。徵鍉追降为庶人，余悉准拟。其令太监李荣、驸马周景、锦衣卫指挥赵璟往治其事，仍命自后各王府并将军等处不许闲杂人等出入，构引为非,违者及内外官皆重罪不宥。其录狱词写书各王府知之。”乃致书于各王。(一八三,3299—3301)　乙卯,镇守辽东太监韦朗奏:“比者兵部行令巡抚、巡按慎选守备等官而不及镇守、总兵官,但巡按御史岁一更代,境内不暇遍历,官属贤否,岂得周知?或听信未明,反致颠倒。其镇守、总兵临驭既久,验试必真,乞仍令会议进黜,庶几得人。”事下兵部,言:“御史朝廷耳目所系,内外政治俱得预闻,岁一更代之制,正以防日久稔熟之私。迩者在外镇守、总兵等官多不律己,凡遇守备、守御员缺,视为奇货,酌量美恶,先为定价,以俟营求。其获选之人,掊克万端,偿其所费,虐军误国,贻害日深。欲革弊端,事须御史。今朗等既欲亲预,宜行在外镇守、总兵、巡抚、巡按等官会议奏举,明开举主姓名,犯赃连坐。”从之。(一八三,3305—3306)

十一月甲子,太子少保兵部尚书余子俊奏:“比者镇守兰县署都指挥佥事刘瑛奏,兰县近升为州,乞改旧敕。窃见今边城将佐,凡主将据总要之路、当节制副参之任,宜称镇守;副参以下有与主将同居一城,有独员分守一路者,皆称镇守,犹或近似;至于都指挥、指挥守备一城、一堡,亦称镇守,如分守固原等处参将,守备兰县、洮州等处都指挥等官,及甘州副总兵、参将,总名镇守,凉州副总兵却称分守,则是守备属官与主将相等,参将比副将责重,是致职制紊乱,号令不行。今宜改敕署都指挥佥事刘瑛为守备兰州,于义为当。但因袭已久,宜从所请,许仍镇守旧号,俟更代之日改正;余若副将、参将与主将同在一城者名为协守,副将、参将、都督独守一路者名为分守,都指挥、指挥独守一城一堡不受主将节制者亦名为分守,受节制者则名守备,同事内臣称号如例,凡一切僭称名色,交代日悉宜更定,以正名分。”上可其奏。(一八四,3309—3310)　壬申,太仓米麦积蓄岁久,蒸浥自焚,至百余石。命典守者皆执送镇抚司问罪,以太监高通并户部尚书翁世资等提督不严,防范不周,亦当究治,姑宥之。(一八四,

3311—3312)【考】高通此为实录仅见，卒于成化十五年，墓志见本年附。

癸未，总镇两广太监顾恒奏："往者梧州总府列坐，臣居中，总督两广军务右副都御史朱英居左，总兵官平乡伯陈政居右。今政因兵部定议，凡镇守、总兵、巡抚等官列坐，总兵系伯爵以上者居左，巡抚系佥都御史以上者居右，遂欲据左。而朱英称系总督军务，与巡抚事体不同，争论未决。"事下兵部，言总兵、巡抚列坐，累有奏行事例，但成化二年间敕令总督、提督军务等官职自佥都御史以上俱坐于总兵官侯、伯之左，列名于前，已有定制，今朱英系总督军务而总兵官陈政争坐，以紊成规，宜令序次如旧。上谕曰："朱英止令巡抚两广，改敕与之。"(一八四，3314)　乙酉，南京内官监太监覃力朋进贡还，有马快船百艘，多载私盐，役民夫牵挽，且遍索州县驿递，得银五百余两，钱帛称是。至甲马营，巡检司申报武城县，县遣典史率人盘诘，力朋以其众拒击典史，折其齿，射一人杀之，伤者甚众。内官汪直廉得以闻，逮力朋等治，得实。刑部坐以私盐拒捕律，当斩，从之。其后力朋竟以倖免。(一八四，3314—3315)【考】清修《御批历代通鉴辑览》卷一〇六，称覃力朋(《辑览》书为"力明")为"南京镇监"，即南京守备太监。

十二月癸巳，升巡抚两广右副都御史朱英为右都御史，仍总督军务兼理巡抚，并赏镇守太监顾恒、总兵官平乡伯陈政等。兵部尚书余子俊奏："比因英、政争坐，事议上，被旨令英止巡抚两广。窃见英等俱奏，自两广兵革之后，招抚猺獞，逋逃复业之人，共为户四万三千六百丁，口一千五万，科复田粮一万五千有奇；又建立永安州治，边徼靖安，方欲以英等及部下勤劳官属请旨，论功行赏。且两广夷民杂处，叛服不常，往缘镇守、巡抚等官颉颃不一，设立总督之称，使上下协和，易于控制。英代居其任，悉心所事，渐有成功。今忽解去总督之柄，恐诸夷轻视，反侧复生，兵备一隳，难于再举。"奏入，上曰："国家悬爵赏以待有功，诚所不吝，但不可以冒滥而得。顾恒、朱英、陈政既有招抚劳效，边徼靖安,英升右都御史,仍总督两广军务兼理巡抚,恒、政各赐彩段四表里、银三十两,降敕奖励。”既而子俊复言:“恒等往奏参将都指挥同知杨广,都指挥佥事王辅,署都指挥佥事马议、孙震,左参政袁恺,右参政黄埙、车宁,副使陶鲁、范镛、张敩、林锦、孔镛,右参议谢绶,佥事罗明、赵弘,都指挥佥事潘椿,梧州府知府吴中,高州府通判陈纲等,俱奉宣德意,招抚安辑,效劳官属,内鲁、镛、敩、中、纲、辅、震等冲冒瘴厉,涉历险阻,功勤尤大。窃见英比[等]已进秩,恒及鲁等更乞裁处升赏,以为后劝。”命俱赏彩段二表里,鲁等仍加银十两。(一八五,3318—3319) 戊戌,太监黄高传奉圣旨,升鸿胪寺卿施纯为礼部右侍郎,仍旧任事。(一八五,3321)

壬寅,右少监刘祥、左参将都督佥事李刚同分守宣府独石、马营等处,六月以后,虏寇数入境掠夺守墩卒衣粮,射死逻卒一人,皆匿不以闻,为宣府总兵等官所奏。兵部请逮下都察院狱鞫治,祥等诉辩不服。都察院请遣锦衣卫官往重勘之,有旨不必再勘,刘祥降奉御,李刚降义勇左卫正千户,闲住。未几,刚自陈原任指挥使乃其父所遗世袭旧职,命复本卫指挥使。(一八五,3322)

庚戌,辽府宁福乡君仪宾杨纲贷辽靖王银二百两,过期不偿,王怒,杖之。纲因与乡君谋,奏王府诸不法事。诏下镇守湖广内官会巡抚等官按治,事多诬,独仪宾刘达从父潮尝赂王杖杀其侄妇并王府占民田租、罚民财物数事得实。都察院以具狱覆奏,有旨:“此等情犯深重,潮如律处决;纲赎罪,革冠带;内使王勤解京处治;道士曾习言等十三人各杖八十,充广西边军;达与仪宾段恺、蔡涌各徒杖如所拟,王府罚收财物田租仍令给主。”(一八五,3326—3327) 甲寅,监察御史王崇之巡按辽东,守备铁岭卫都指挥王英举呈指挥王宗[琮]受财枉法诸事,琮亦讦英私用官铁。崇之方按问,会太监汪直廉得其事,因奏执崇之并英等下锦衣卫狱,且言崇之尝以公事杖杀人,受都指挥廷参不为礼,所部卫卒有馁死逃窜者皆不能抚循之,故并以为罪。刑部以崇之因公殴人致死，罪当徒，例赎；英等拟罪有差。大理寺以具狱奏，诏崇之赎罪毕调除外任，余悉如所拟。吏部拟崇之浙江金华府推官，特命改边郡，遂调陕西延安府。崇之尝劾奏都御史陈钺启衅冒功之罪，直与钺比，故憾而去之。（一八五，3328—3329）　丙辰，革嘉蔬千户所。时司苑局太监唐德累言立所之后，种菜军士逃亡数多，乞如永乐旧制，仍于各卫摘遣，庶缺役易于清补。事下兵部，言立所未久，难议改革，乞更给军二百为助。上以德累奏不便，革之，增设官吏别用。（一八五，3329）

本年附

史事・兴学

"本城东山义学，明洪武初年立，在城之东南隅，负山倚城，峰峦掩映，擅一城之胜。后毁于兵。成化十四年（1478），司礼太监廖某[①]重建。盖自明宪宗宠任宦官，若辈希延清誉，遂使修学立教之事，竟出于奄竖刑余之手。"

（《怀来县志》卷八《学校・义学》）

艺文・碑铭・太监高通墓志

明故内官监太监高公墓志铭

资德大夫、正治上卿、太子少保、吏部尚书兼谨身殿大学士淳安商辂撰。中顺大夫、直文华殿、顺天府府丞金陵张福书。征仕郎、直南薰殿中书舍人东吴杨玘篆。

公讳通，字大用，姓高氏，三代隐德，不希闻达，俱弗叙名。永乐辛丑（十九年，1421），公以俊秀，自陕右进皇城，时甫四岁。太宗龙眸视之曰："此子异常，后必贵显。"敕礼部钦爱，十有余年，至于弱冠，以通为名，果能发言中节，识见出类。信乎，文皇帝有预见之明！实公际遇，非偶然耶。逮奉宣宗章皇帝，夙夜勤慎，□□设内馆，□廷臣□□□宫授诲，以至成立。英宗睿皇帝即位，嘉公有出类才能。天顺戊寅（二年，1458），敕往土

① 考《宪宗实录》卷一六四，成化十三年三月癸未条，分守怀来内官为奉御廖礼。

木启设普庆大斋。明年己卯，又敕广东海内采取，得取□珠。既□□，上再命复采。克罄辛劳，以遵恩宠。天顺甲申(八年，1464)，奉敕湖广，谕祭楚王。成化己未[①]，密敕山西大同，设法处置定安迁府，王乃服从，人咸惊悚。六年庚寅(1470)，敕公总督设放京粮，均粜赈济，虽有给事、锈衣，罔敢擅较。七年辛卯，又敕公率领官军匠余修筑卢沟桥四岸堤口，不数月工毕。是岁冬，复赍金帛钦赏河南、襄阳等处各王。公荷特旨，于鳌山前宣扬《烟火诗》，音响句清。累受钦赉，升至太监。乙未年(十一年，1475)敕往南京，直抵湖襄等处，总催各样木植。诸司协心，并足呈贡。成化丁酉(十三年，1477)冬，钦差总提督京通等处仓场。不意一载有余，忽疾而逝。公生永乐丁酉(十五年，1417)九月二十二日，卒于成化己亥(十五年，1479)三月二十一日，犹子福等扶柩安厝于顺天府昌平县清河里之阳宜。为之铭曰：

出自西安，童稚俊秀。文皇惠爱，良教抚就。成立摅忠，累展厥功。历皆应名，宠顾益隆。敕谕总提，掌握非征。声扬遐迩，足表光辉。耳顺余龄，遘疾弗兴。扶柩安厝，千载后荣。

(北京昌平区清河出土。据北京大学图书馆古籍特藏库藏民国拓片录文)

艺文·碑铭·少监杨忠墓志

大明故南京内官监左少监杨公墓志铭

嘉议大夫、南京吏部左侍郎、前国志总裁、直文华殿、赐一品服东吴钱溥撰。敕南京守备、掌中军都督府事、成国公凤阳朱仪书。敕参赞机务、南京兵部尚书、前都察院右都御史、资善大夫三原王恕篆。

公姓杨，讳忠，字□遵，其先交南世家。生而气清质粹，闲于诗礼。永乐十九年(1421)被选入内廷，侍太宗文皇帝，小心慎密，眷顾日隆。仁宗昭皇帝目公秀异，命从学于翰林，气质丕变，异于侪辈。宣宗章皇帝时，加奉御之职，奉敕巡察内外奸邪，益深付托。英宗睿皇帝命掌内务数年，尤得上之欢心。景泰间，□命往南京尚膳监恭祀宗庙，祇诚寅畏，夙夜罔懈。成化九年(1473)，今上皇帝特升南京内官监左监丞。十二年，命侍孝陵，掌神宫监事。十三年，仍升内官监左少监，兼管大报恩斋供一切事，及修

---

① 成化无己未，五年为己丑(1469)。

大庖厨，咸著成绩，人众皈仰。

享年六十有八而卒，生永乐辛卯（九年，1411）十一月廿七日，而□则成化戊戌（十四年，1478）十月廿一日也。公天性淳俭，不□侈靡，涉猎子史，能达大义。临□简约□决，无有壅滞，挥翰敏捷，处□老成。□□谦和，待人不以贵贱而有异，诚愿□物□以□□□□□□人皆乐从而信向。故其没也，人争哀悼而吊惜之者甚众。其犹子福，成化□□年十一月□五日□厝于德恩寺后，乞司礼监奉御梁公端为状，托都指挥彭铸来请铭。余不能辞也，为之铭曰：

维楚有才，晋实用之。公生交南，□际盛时。恭侍列圣，委以重寄。勤慎有加，率谐睿意。□□南都，尚膳是专。祗事宗祐，夙夜惟处。历升监佐，守大报恩。祝釐万寿，深结善因。乐比浮生，逾六望七。一朝千古，□□世隔。都城之阳，梵刹之傍。室坚且好，于焉永藏。

朱大用镌。

（志石藏南京博物馆，志文引自周裕兴《由南京地区出土墓志看明代宦官制度》，《明清论丛》第1辑，紫禁城出版社，1999年）

艺文·碑铭·太监弓胜墓志

明故都知监太监弓公墓志铭

赐同进士出身、翰林院庶吉士临淮李经撰。吏部听选监生雁门解牲书。吏部听选监生华亭朱佐篆。

镇守宣府等处都知监太监弓公以疾卒于治，总戎周公以同事之故，为延吾友关静之、朱用吉经纪其丧。既含敛而殡之，君以总戎公之意贻书具事状京师，请铭其墓。公于予有官临宾礼之义，不可辞也。谨按其状而书之。公讳胜，字以德，世为济南之武定人。宣德间备命宫闱，辄以敏慧勤慎受知，待官奉御，综理内帑，兼领神机营。己巳变故以还，北虏内寇，薄都城。公偕主帅御之，卒败以遁。紫荆之捷，公亦与焉。公初名本，上以其屡战屡捷，为易今名。进司钥库右副使，盖异数也。景泰初，独石八城失□，公与都督孙安奉敕往镇抚之，人复其旧。寻奉敕守永宁。既而还京，佩刀侍卫，仍领神机营。天顺己卯（三年，1459），出镇代州。未几移镇怀来。成化己丑（五年，1469）进少监，遂有宣府之命。继赐蟒衣，进今职。公历事四朝，小心殚力，未始有过。其受命出也，事资同事文武诸公以行，不任己为更张。人或忤其意，一怒而罢，不宿于中。始予在诸生间，公过而顾之。予以其地弗敌,不敢有所报。公不予计,且益有所爱也。今年春,予窃科第,方将以书报公知爱之私而公不可起矣。呜呼,惜哉!公生永乐辛丑(十九年,1421)八月十六日,卒成化戊戌(十四年,1478)九月二十五日,春秋五十有八。其家之人以公之丧归葬都城西十五里黑山会之原,是年十二月十日也。铭曰:

圣明御极,内庭供职,公始出也。御帑司直,戎务整饬,公荐历也。歼寇摧敌,克捷非一,勋伐立也。圣心载怿,名以胜易,恩宠锡也。出镇北域,外攘内辑,众宁谧也。处满戒溢,谦恭是执,孰犊轹也。乘云跨蜺,八极挥斥,不可即也。我铭贞石,来者之式,匪公惜也。

瑞阳李廷纲勒。

(北京市石景山八宝山何家坟村出土。《新中国出土墓志·北京》第119号)

艺文·碑铭·许老老墓志

明故老老许氏墓志铭

赐进士出身、观都察院政四明杨文卿撰文。登仕郎、鸿胪寺序班会稽许瀚书丹。登仕郎、鸿胪寺序班古鄞金钥篆盖。

成化十四年,岁在戊戌,六月戊申,老老许氏卒。上闻,悯其服劳有年,赐彩段六表里、白金一百两;中宫皇后赐彩段四表里、白金五十两;皇贵妃赐彩段四表里、白金五十两,为敛葬费。命御用监太监吴公忠莅其事。吴公承事,惟恭惟虔,度材为榇具,袭衣为敛,迎殡于私第,用浮屠严修荐之。敬相地于通州安德乡之原,冈隆水深,土厚而坚,卜日得是岁七月初八日丁卯,距卒之日,凡二十日。公将以是日奉柩即窆于是原,先期亲状其履历事行寿年,遣人问铭于文卿,且曰:"忠甫五龄时,与今镇守云南御用监太监钱公能辈俱选入内。孝恭章皇后轸念童幼,命老老抚之,寝兴服食,视保惟谨。及忠辈备员中贵,老老恒戒以廉谨奉公,故忠辈能以兢业事上。老老之训,与有力也,不可以无述。"

谨按状,老老姓许氏,讳江。父恭,母程氏,生于洪武丙子(二十九年,1396)十月八日,享年八十有三。世家山西平阳之临汾。洪武间,恭以闾右起实京师,占籍应天之江宁,遂为江宁人。幼警慧闲淑,女则修整,年十七选入掖庭,祇事仁孝文皇后。勤慎详密,靖恭有为,应唯进退,周旋疾徐,不失仪规。以至缝纫描模剪刺,罔不工缜。用是皇后遇之以恩,而一时嫱嫔媛姬，莫不让其贤而师其能焉。岁永乐丁酉（十五年，1417），车驾巡狩，留北京，乃挈其父母以居赐第于日中坊。推恩官其父为锦衣卫右所百户。自后历事诚孝昭皇后、孝恭章皇后、孝庄睿皇后，迨今中宫皇后，积有劳勤，终始靡懈，而德与寿俱，宫中咸以老老称之。夫妇德主内，固非若男子见于外，其善言懿行可举而书，矧惟深居禁掖，又孰得显然列而识之以示于人。惟视吴公之所述，则其贤可知矣。呜呼！微老老之贤，无以廑吴公之述；微吴公之述，无以彰老老之贤。吴公其无负于老老也，一字育之仁，公且不负，又宁肯负其君也哉！然则贤若老老，信为可传，而德在吴公，亦有不可诬焉者，即其不可诬者论之，则其可传者益信也。乃序而铭之，铭曰：

有籍于禁，有锡自天。维德之懿，而又有年。相彼封丘，不亢不污。不昧维神，过者无哗。

（北京市朝阳区半截塔出土。《北京图书馆藏中国历代石刻拓本汇编》第52册，第139页）

成化十五年己亥（1479）

正月辛酉，手敕加太子少保吏部尚书尹旻为太子太保，盖太监汪直为之请也。旻上章辞免，上批答曰："卿任事有年，练达老成，特兹加升，所辞不允。"（一八六，3333）　壬申，改参赞机务南京兵部尚书王恕为兵部尚书兼都察院左副都御史，巡抚苏松等处。……时吏部疏苏松巡抚缺官，先后举四人，俱不许，诏特改恕巡抚，盖恕前此为钱能所谮而又数上章忤旨，故释其参赞之柄。（一八六，3334—3335）

二月癸巳，诏内官监右少监张志等督官军三万人修筑芦沟桥堤岸道路，计二千七百五十余丈。（一八七，3344）　己亥，太监怀恩传奉圣旨：中书舍人仲兰御药房办事。（一八七，3345）　丁未，太监汪直奏："迩来京畿截路强贼多系各屯堡安插达官达舍，往往潜住出入，事发纠众拒捕，宜命三千营严督分管屯堡都指挥等官统束擒捕。"从之。（一八七，3349）

三月甲戌，致仕南京礼部尚书倪谦卒。……景泰中，别选内宦之聪慧者数人俾谦教之，后俱柄用，谦踬而复起者此数人力也。(一八八，3355—3356)

四月丁亥朔，太监李荣传奉圣旨：“吏部听选官李孜省升太常寺寺丞。”孜省初为布政司吏，受贿，既历京考得冠带，其事始发，当为民。以罪匿京师，闻时所尚在道法，乃从人学雷法，私托太监钱义、梁方[芳]以符箓进，宠幸寖加，因与方[芳]等相表里为奸，恶盖始于此。(一八九，3361)　　辛卯，治辽东守臣太监叶达，都督同知欧信，都指挥韩斌、崔胜、陈雄、叶广、罗雄、文宁、常凯、白祥、李宗，定辽等卫指挥夏时、王鉴、张宏、田俊、刘旺、石俊、萧凯、傅斌罪，各降级罚俸有差，而宥都御史陈钺、太监韦朗、都指挥周俊。初，达镇守辽东，信、斌充正、副总兵，胜充参将协守，雄、广、罗雄分守备御，宁、凯、祥、宗、时、鉴、宏、俊、旺、石俊、凯、斌各听调遣，守堡设伏，钺巡抚辽东，朗镇守开原，周俊充参将分守。虏贼屡入辽阳、开原、叆阳堡等处虏掠，杀伤官军，达等不能御，为监察御史所劾。时信、斌已受代回京，下都察院狱复命。定西侯蒋琬、刑部尚书林聪同太监汪直往按之，各疏其功罪以闻。诏以斌等失机误事，贻患地方，论法当重治，但各有微劳，姑从轻处治，斌降三级，信、达降一级，俱闲住；雄降二级，胜、广、雄、宁、凯、时、鉴、宏、俊、旺、俊、祥各停俸半年，宗、凯、斌一年，钺、朗、俊以功赎罪，仍各赐敕切责之。直等之征东虏也，甫入塞而虏已随寇诸堡，边将为直故，匿不敢报，及直等还朝受赏，始以闻。劾者亦不敢并言直，直请与琬、聪偕往勘，冀掩其罪。前此未有尚书随内臣出外勘事者，聪不能辞，而所勘复多徇直意，故论者于聪独责备焉。(一八九，3363—3365)　　丙午，太监李荣传奉圣旨：僧录司右觉义戒缙升右讲经，惠昇左觉义，住持定暟、如昶左、右觉义。(一八九，3370)　　庚戌，命太监刘恒、汪直，总兵官朱永、蒋琬，尚书王越简阅京营官军及选用把总官，用直言也。(一八九,3371)【考】朝鲜《成宗实录》卷一〇二,成化十五年三月壬戌,"上引见(正朝使李坡),问曰:'中朝用事者谁也?'坡对曰:'万安为翰林院大学士兼太子太傅,王越为都御史兼兵部尚书,时方用事。又太监傅恭、刘恒、汪直、金辅、郑同亦得权幸,而汪直年少聪慧,帝尤眷爱。'上曰:'王越之年几何?'对曰:'年可六十。不厉而威,真君子人也。'"　壬子,驸马都尉马诚私通使婢,淫乱无度,为太监汪直发其事,下锦衣卫鞫治得实,请置于法。上以诚不守法律,分外妄为,姑从末减,革去冠带,令戴平巾,送国子监读书习礼,仍停其禄米五百石。(一八九,3372)　乙卯,命在京各营骑操马于今年牧放,上操时添给草束两月,银草间支。前此凡上操时自十月至明年三月止,仅支两月,至是太监汪直欲通支六月,户部查计草数不足,故止加两月。(一八九,3373)　太监李荣传奉圣旨:道录司右玄义禹贡洪升左至灵,道士罗崇敬升右玄义。(一八九,3374)

五月壬戌,太监汪直执兵部左侍郎马文升下锦衣卫狱。(一九〇,3376—3377)　甲子,升监察御史吴道宏为大理寺右少卿,抚治郧阳等处流民。时分守湖广行都司太监韦贵奏乞量升道宏京职,付以便宜之命,抚治郧阳等处。吏部覆奏,以为荆襄流民为患日久,近命都御史原杰于此抚治,始郡县其地,设行都司以控制之。杰卒,乃命巡抚湖广、河南都御史刘敷、李衍同管,然地方隔远,有事猝难会同。御史吴道宏巡按其地,军民累次保留,但其历任未及两考,请为裁处。上曰:"河南、湖广巡抚官既难兼管郧阳等处流民,吴道宏升大理寺右少卿,令尽心提督抚治。"(一九〇,3377—3378)　乙丑,镇守大同太监韦正等奏:四月十九日,虏犯大同玉林等处,右参将卢钦等督兵与战,败之,斩首一颗,获马一匹。越二十三日,分守奉御罗振等复将所部兵出塞剿贼,连战数十合,斩首二十九颗,获马四匹,牛三只,兵仗三百三十五事。捷闻,上赐敕奖励之,赏报捷人新钞各五百贯。(一九〇,3379)
丙寅,驸马都尉樊凯私淫使婢,纵暴致伤人命,为太监汪直发其事,下锦衣卫狱鞫治得实,请置于法。上以凯不守法度,恣意非为,姑宥其罪,令戴平巾送国子监读书习礼,仍革去禄米五百石。(一九〇,3379)　戊辰,谪都察院右副都御史牟俸戍边,调翰林院侍读学士江朝宗于外任,其余为俸连坐者罪各有差。俸与朝宗既下狱几半年,浙江按察佥事吴瑞等始逮至会鞫。理刑指挥吴绶承太监汪直意,备极拷掠……奏上,上以俸职司风纪,容通私贿,谪戍湖广镇远卫;朝宗调广东市舶司提举,余如所拟。俸至戍所,逾年卒。俸四川巴县人,由进士擢监察御史,升福建按察佥事。政尚严刻,进江西按察使,召为太仆寺卿,改左佥都御史,巡抚山东。值岁大侵,道殣相望,俸多为区画,民赖以济。既而调抚南畿,任情自恣,下多怨谤,卒及于祸。俸为按察使时,知府许聪之死与有力焉,已不为公论所与,至是狱竟,人皆知其为直所陷而无恤其冤者。(一九〇,3380—3381)　庚午,谪兵部左侍郎马文升戍四川重庆卫。初文升奉敕往辽东抚谕夷人,时太监汪直亦往按事,巡抚都御史陈钺谮文升于直。直还朝,会兵部尚书余子俊有参陈钺本,钺疑文升所为,遂嗾直奏文升专擅行事,怀奸不忠,抚安无方,致启边衅。盖建州、海西夷非一种,文升招抚之多顺服,间有未服而犯边者,故直以此陷之。锦衣卫指挥吴绶承直意,傅会成狱,刑部不敢违,比依指挥、千百户致所部军人反叛者律,遂命谪戍,人皆冤之。(一九〇,3381—3382)　癸酉,内官奉旨宣谕六科、十三道曰:“牟俸职居风纪,大肆贪婪;马文升抚安无方,用致边患。科道官胡为互相容隐,缄默不言?可自陈状。”于是给事中李俊等二十七人、御史王濬等二十九人合词请罪,诏廷杖之,人二十。时文升谪不以罪,俸赃证未明,俊等莫有论列,及承诘责,而又不敢辩明,冀以巽辞获免,竟被挞云。(一九〇,3384)　己卯,调锦衣卫掌镇抚司事指挥吴绶于南京锦衣卫,以指挥赵璟兼掌司事。绶初附汪直得用,事后知不容于公议,凡文臣下狱非其罪者颇庇之,不加棰辱,遂忤直意,为所恶而斥云。

(一九〇,3388)

六月丁亥,宥分守凉州副总兵都督同知赵英罪。先是,英部下指挥李谦将赴京奏其违法事,英执谦,收其奏疏,遂与内官李瑄同奏谦不法。下巡按御史治罪后谦始奏英前事,复下御史勘问,多诬,但英收奏疏,遇赦不首,当坐罪。上以边方用人,特宥英而调谦别卫。(一九一,3393)　辛卯,带俸指挥佥事金玉等并旗校九十一人联名奏随太监汪直于辽东、海西等边抚夷有功,乞升职,上命各升一级,内家人七名给冠带。七人者,皆市井小人,投充直之仆从也。(一九一,3395)

七月癸酉,命太监汪直行边。辽东、宣府、大同总兵等官屡报虏贼犯边。兵部言:京师以辽东为左臂,宣府、大同为北门,今虏酋满都鲁僭称可汗,癿加思兰自称太师,各边报虏将有南侵之谋,不可不备。但辽东连年用兵,宣府、大同储偫不足,师未可遽兴,宜遣官觇虏缓急奏报,以俟调发。得旨:"辽东但敕镇守等官严加堤备,大同、宣府即遣人以往。"兵部复请其人,上乃命直往。(一九二,3407)　庚辰,巡按辽东御史杨徽奏:虏入抚顺蒲河边境虏掠人畜,请治备御都指挥罗雄、陈玺等失机之罪,并劾副总兵吴瓒、镇守太监韦朗、总兵官缑谦、巡抚都御史陈钺亦宜究治。得旨:"罗雄、陈玺令戴罪剿贼,余皆贷之。"(一九二,3410)

九月甲寅朔,户部奏江西府县卫所地方累岁水旱灾伤,人民饥窘,盗贼窃发,宜为之计。上曰:"江西地方连年荒旱,民穷盗起,难保其无。思患预防,经国大计。镇守、巡视等官其加意区画赈济,毋令失所。"(一九四,3419)　戊午,太监怀恩传奉圣旨,授司礼监人匠刘能等十六人为文思院副使。(一九四,3420)　乙丑,致仕右副都御史夏埙卒。埙字宗成,浙江天台县人,景泰辛未进士。初为御史,出按广西、福建,俱以风采闻。天顺初奉敕清军江西,时镇守太监叶达怙势凌物,三司官俱下之,惟埙能与之抗,尝条奏达不法数事以闻,故达终埙按治时不敢肆。天顺六年擢广东按察使，转右布政使，甚得民心。寻迁江西，人咸喜曰："是能抗叶太监者。"(一九四，3424—3425)　丁卯，太监怀恩传奉圣旨，升太医院院判蒋宗武为院使。(一九四，3425)　戊寅，宥巡抚宣府都御史张颐等罪。时虏寇西高山台，杀虏人畜，事闻，诏鞫治百户陈演、指挥张琏、胡玺不能堤备之罪，而分守参将都指挥孙素、右监丞张义、镇守总兵官周玉及颐皆宥之。(一九四，3431)

庚辰，太监李荣传奉圣旨，升禅师结斡领占为国师，冠带监生卢英为鸿胪寺序班。　调刑科都给事中赵艮为四川卢山县知县。太监汪直奏艮先为给事中时上言不谨，有失大体，且行事轻浮，难居言路。命吏部调外任。时礼科给事中王坦欲升刑科而以艮年劳居先，不得如志。坦，山东人也，直此奏盖出尚书尹旻、学士刘珝之意云。(一九四，3431)

十月丁亥，命太监汪直监督军务，抚宁侯朱永佩靖虏将军印，充总兵官，讨建州夷。时巡抚辽东都御史陈钺希直意，奏……(**大意为掩其不备，捣其巢穴。**)事下兵部，尚书余子俊等以为驭夷之道，守备为本……今钺等历数其罪，意欲捣其巢穴，此军国大务，非臣等所敢专。诏下廷臣会议，于是掌中军都督府事英国公张懋、吏部尚书尹旻等复上议曰："辽东为京师左掖，恒宿重兵，正欲守臣随宜战守，以分宵旰之忧。但勤兵于远，难以妄动。今钺等以伏当加等二百余人声言要来犯边，遽欲命将出师，似非备边本意。然恐其或有所见，未敢逆料其非，乞命重臣一人往辽东，随机战守。其建州、毛怜、海西有未尝犯边者，亦须分别，勿令惊疑，庶万全可图，一方可靖。"时钺附太监汪直势而司礼、内阁又有结为心腹者，故竟主钺奏，而有是命。然直弄兵之祸，实始于此云。(一九五，3437—3438)　辛卯，蠲大同军士孳牧马。太监汪直言永乐、宣德时大同十五卫有孳牧马一万六千，其后相继死亡，经三十余年乃令追补，至有典卖妻女者。命蠲之。(一九五，3441)

戊申，守备山丹都指挥佥事赵杰坐虏入境杀掠人畜，命巡按御史鞫治其罪，而镇守甘肃太监覃礼、总兵官都督佥事王玺、副总兵康永、参将刘文皆宥之。（一九五，3447）　己酉，命巡抚辽东右副都御史陈钺参赞东征军务。初，建州之役，其谋实起自钺，而都御史王越亦有垂涎之意。兵部尚书余子俊以钺开边衅，恶之。既而上命汪直、朱永将兵而不及钺，钺疑为子俊所沮，乃言本朝未尝有武职节制文职大臣者，且征讨重务，岂可无文臣总督。意盖自荐。于是子俊言前命出于圣断，不可复移，今钺自以风宪大臣，不受节制，故为沮挠，宜敕其协济共谋，毋分彼此。而钺以直故，且以计沮越，竟得参赞之命云。（一九五，3447—3448）　庚戌，太监李荣传奉圣旨：僧继晓升僧录司左觉义。以邪术进也。（一九五，3448）　壬子，升工部郎中杨恭为通政司右通政，仍管河道。恭管理北河，直抵济宁一带河道。六年考满，漕运总兵等官奏保升职，仍旧任事。吏部议拟通政司参议，诏曰："恭既管河勤能，准升右通政。"恭在河道，承奉太监汪直，故有不次之擢也。（一九五，3449）

闰十月戊午，宥锦衣卫指挥佥事赵璟、卫镇抚李琏罪。时内官蒋琮管海子，尝潜留私宅者二日，东厂太监尚铭发其事，命执付镇抚司鞫问。璟等以琮情罪覆奏，铭参其徇情，复命璟等从实回奏。于是璟等言稽东安门籍，琮出入尚多，而覆奏不之及，宜有罪。上曰："璟等职专理刑，乃不用心妍[研]审，法当究治。既伏罪，姑宥之。"（一九六，3453）　丙寅，太监李荣传奉圣旨，升中书舍人仲兰为尚宝司司丞，仍于御药房办事；医士李思勉、周经、徐鏔、章渊、孙泰俱为御医。（一九六，3454）　录大同葫芦海子等处战功，赏镇守太监韦正、总兵官范瑾、巡抚都御史李敏及奉御王喜、参将卢钦彩段表里有差，监枪奉御罗振、副总兵孙钺俱升一级，余一千一百二十四人升赏有差。（一九六，3454—3455）　云南按察司副使陈骐忤镇守太监钱能意，能因镇抚俞铨奏其不法，从而挤之，且以巡按御史陈斌[珷]与骐交通为奏。遣刑部员外郎徐霖等勘问,俱诬,仍坐骐尝笞死人并斌听其请托罪。事下都察院覆奏,得旨发铨广西边卫立功,骐既酷刑,赎罪完日,原籍为民;俟斌代还,执问如律。(一九六,3455)　　壬申。初,汪直、朱永之讨建州也,兵部尚书余子俊等建议,诸夷有来朝不犯边者勿令惊疑。至是,直等以其所拟示弱损威,乃遣使招诱建州夷人郎秃等四十人来贡,欲寘之死;且言建州三卫法当殄灭,若今日纵还,明日复为边患,欲进兵征剿,恐兵部复以为杀来朝者家属,俟进止。诏曰:"郎秃等既招诱来贡,且拘留于边。"仍敕汪直等便宜行事。至是,直等械郎秃等至,遂令都察院锦衣卫禁锢之。(一九六,3456—3457)　　丙子,太监李荣传奉圣旨,升鸿胪寺主簿王哲为中书舍人,仍旧办事;儒士周惠畴、张烈,中书科食粮;大慈恩寺国师乳奴班丹为灌顶大国师,觉义绰吉坚参为国师,大隆善护国寺灌顶大国师班卓儿藏卜为佛子,国师著乩领占为灌顶国师。(一九六,3458)　　己卯,兵部推举指挥同知詹钦于中都留守司管军政,既而西厂管事针工局副使宗秀访钦素行不谨且短视,诏令(余)子俊等回奏。子俊上疏待罪,言钦乃会官所举将材而疏误用印。上怒其不谨,且以将材虽会官所举而选用之际不加详察,侍郎以上俱停俸一月,命锦衣卫逮治所司官吏,罢詹钦,以大兴左卫指挥同知高伦代之。(一九六,3459)

十一月己亥,太监李荣传奉圣旨,授听选官袁昇、江怀为鸿胪寺主簿,御用监办事;升光禄寺署正李景华、陈敩、任杰为尚宝司丞,鸿胪寺序班李纶、通政司知事严勋翰林院侍书,文思院副使王刚、高明锦衣卫所镇抚,冠带监生李英中书舍人,冠带儒士顾经等六名俱鸿胪寺序班,儒士丘伦与冠带,中书科食粮。(一九七,3466)　　丁未,命筑宁夏沿河边墙。镇守宁夏太监龚荣奏:"宁夏东路自花马池至黄河,东至平山墩,西至黑山营,中间相去几二百里,虏所出没。说者以为前有黄河可恃。然春夏之时,河可恃也。如冬月冻合,实焉可忧。今欲沿河修筑边墙,使东西相接。其西路永安墩至西沙嘴，旧墙低薄损坏，欲改筑高厚，庶可保障地方。"事下兵部，覆奏以为便，遂役一万人筑之。(一九七，3470—3471) 靖虏将军抚宁侯朱永等袭败建州夷，上章奏捷……诏授其奏捷舍人李珍、监生陈澍俱为锦衣卫百户。珍，太监李荣侄；澍，陈钺子也。(一九七，3471)

十二月丁巳，太监金兴、内官曹奴儿等四十五人私占光禄寺厨役，办纳月钱，为厨役孙福等所奏。下锦衣卫，奏行都察院委巡视本寺御史会户科给事中查勘不诬，命兴等具实自陈，奴儿送司礼监处治，福等仍送法司拟罪。于是光禄寺卿艾福具奏伏罪，上曰："福阿从中官，私役数多，而不举察，法所难贷，但既输情，姑宥之。"(一九八，3477) 庚午，命进坐营都指挥使马俊、杨玉署都督佥事，都指挥佥事阮兴署都指挥同知，指挥使马能、指挥同知吴俨署都指挥佥事。时有敕太监汪直、抚宁侯朱永等黜陟坐营官，直言俊等可任故也。(一九八，3481) 辛未，给提督广东市舶提举司太监韦眷均徭余户三十名。先是，眷奏广州等府、番禺等县每岁编充均徭，余剩空闲人户数多，所司往往以为私用，乞行布政司于空闲数内依均徭例岁拨人户六十名采造进奉品物。上允其请。命下，左布政使彭韶奏："市舶司额设殷实户八十名，别有人夫，足供役使，今又益以人户六十。窃见内官差遣在外者多，若有比例陈情，难于应付。眷所奏余户宜量与，一年以后乞且停罢。"又言在京在外文武官二品以上该得额数皂隶，亦望量减，在内已给本年者，在外不许更佥；内臣差委在外，视官高下，定与跟用皂隶名数。有旨："每岁止与三十名(**广本、抱本三作二**)。"先是内官在外者无额设皂隶，时或于所在有司毕词求乞，自韶奏定名数，各处镇守内官纷然陈乞，乃至有与一(**广本、抱本一下有二字**)百名者，遂为定例云。(一九八，3482—3483)【考】《明史·彭韶传》："十四年春，迁广东左布政使。中官奉使纷遝，镇守顾恒、市舶韦眷、珠池黄福，皆以进奉为名，所至需求，民不胜扰。韶先后论奏。最后，梁芳弟锦衣镇抚德以广东其故乡，归采禽鸟花木，害尤酷。韶抗疏极论，语侵芳。芳怒，构于帝，调之贵州。”　录平建州功，加太监汪直食米岁三十六石，韦朗十二石，升右副都御史陈钺为右都御史，领兵官右监丞蓝莹，都督同知马仪、都督佥事……(一九八，3483)　壬申，太监李荣传奉圣旨，升大能仁寺右讲经劄巳宗奈为国师。(一九八，3484)　乙亥，太监怀恩传奉圣旨：太医院御医张福兴、施钦升本院院判。(一九八，3485—3486)　戊寅，太监李荣传奉圣旨：天文生韩昂、李孟䩄、刘瑄、于寿俱为钦天监漏刻博士。(一九八，3487)

本年附

艺文·碑铭·万寿寺谕禁碑

皇帝敕谕官员军民诸色人等：朕惟佛教肇自西方，流传东土，慈悲利济，功德无量，故皇度□□□□，群迷资其觉悟，自昔有国家者未尝不崇奉焉。都城之西有胜刹曰万寿禅寺，实古迹道场，天下僧俗受戒之处，正统年间鼎新修建，仍旧开立戒坛，导诱愚蒙，使皆去恶为善，迩来四十余年矣。其界东至石山儿，西至罗堠岭，南至南山，北至车营儿，山林田园，果树土产，递年给办香火供献之用。近被无藉[籍]军民人等牧放牛马，砍伐树株，作践山场，又有恃强势要，私开煤窑，挖通坛下，将说戒莲花石座并折难殿积渐坼动。司设监太监王永，具悉以闻，特降敕护持之。升住持僧德令为僧录司右觉义，仍兼本寺住持，俾朝夕领众焚修祝赞，为多人造福。今后官员军民诸色人等不许侮慢欺凌，一应山田园果林木不许诸人骚扰作践，煤窑不许似前挖掘。敢有不遵朕命，故意扰害沮坏其教者，悉如法罪之不宥。故谕。成化十五年六月二十二日。

(碑在北京门头沟区戒台寺。《北京图书馆藏中国历代石刻拓本汇编》第52册，第144页)

成化十六年庚子(1480)

正月丁酉，命太监汪直监督军务，兵部尚书王越提督军务，保国公朱永佩平虏将军印，充总兵官，率京兵万人赴延绥御虏。

其参将等官即令直等推举以闻，并速具从征什物，待报启行。时镇守延绥太监张遐奏：传闻虏贼拥众渡河，潜图入寇。及巡按陕西监察御史徐舟亦言靖虏等处虏贼入境，但今河冰将解，宜速遣人觇其去留，倘此虏尚留河套，乞下廷臣杂议战守机宜闻奏。事下兵部，内阁臣有言者，谓今新正已半，虏未见动静，虽防患预图，但当戒饬沿边将官，俾各慎固封守，贼至并力捍御而已，未可轻易用兵也。而尚书余子俊探知汪直等意，不敢违拒，奏请会官廷议，且言往时各边有警，朝廷命将出师，多因整治什物迁延，以致缓不及事，今宜议定，早为措置。上是之，遂会官议上合行机务并请命监督、提督、总兵等官，故有是命。(一九九，3494—3495)

丁未，兵科给事中孙博言数事：一、……一、东西二厂缉事旗校多毛举细故，以中伤大臣。旗校本厮役之徒，大臣则股肱之任，岂旗校可信反有过于大臣？纵使所访皆公，亦非美事，一或失实，所损实多，乞严加禁革。……奏入，上曰："孙博不谙事体，所陈皆浮泛之辞，本当究治，姑恕之。"时汪直闻博奏涉西厂事，怒甚，呼博面加诘责，仍奏令纪功，引与偕往，人皆为博危之。(一九九，3498)　　庚戌，斩建州夷人哈速等五人，发郎秃等七十四人编戍两广、福建。哈速等听太监汪直招抚入贡，行至海州，见人马东行，觉有异，遂惊疑而遁。伴送者追之，为所杀，官军袭获之，至京具狱。上以哈速等五人情犯重，命斩之，余免死，严加防护，悉发远戍。(一九九，3503)

二月戊午，赏广西镇守太监顾恒、巡抚右都御史朱英、总兵官平乡伯陈政、都督白玉各彩段二表里、银二十两，参议谢绶、知府杨冠、知州罗杰各彩段一表里、银十两，并都司卫所官军民快土兵等共二千三百一十七人彩段表里、钞贯、绢布有差，以富禄德谨等峒杀贼功也。(二〇〇，3507)　　己未，户部臣奏："近准尚衣监太监姜玉买支两淮余盐二万引，但前后卖盐，价银或一两，或九钱、八钱，多寡不同，宜行巡盐御史等官估计时价，上纳支给。"

诏准九钱，价就彼上纳，后不为例。(二〇〇,3507)　　庚申，巡抚陕西右副都御史程宗奏："虏贼从宁夏中卫深入靖虏、会宁等处四散杀掠，其沿边守御、瞭望指挥、千百户等官祝祯、门启、陈泰等弛备失机，及分守宁夏左参将张翊、镇守固原等处参将都指挥使田广、守备署都指挥佥事甘泽、整饬兵备按察副使王继等不能督属御寇，乞治其罪。"事下兵部，言祯等宜先行巡按御史逮问如律，翊、广、泽、继亦宜究治，如事连太监覃平、署都督同知白玘及宗，并宜奏闻区处。上是之，姑宥翊、广、泽、继，令用心杀贼。(二〇〇,3508—3509)　　辛酉，降监察御史李敬为贵州查城驿驿丞。初，敬自陕西巡按回京，以疾未复命，遣人赍奏启本投进。久之疾愈，随例入朝，即奏劾都御史屠滽不法事。奏留中不出。时相传滽、敬尝交恶，故敬先发之，而西厂及都察院前后举敬托疾不朝并酗酒无状，请勘其罪。诏不必勘，降边远驿丞。(二〇〇,3509)

癸亥，升河间府富庄驿驿丞喻铭为鸿胪寺序班。铭，真人喻道纯之侄，夤缘内侍，故得更任也。(二〇〇,3511)　　丁卯，河间府知府滕佐等以御用监太监陈喜公干道其地而赈济于外不能供应，为喜所奏，命执赴京拟罪有差。(二〇〇,3511—3512)　　壬申，镇守云南太监钱能奏："成化十五年闰十月，安南国遣夷兵八百余人越云南蒙自县境，结营筑室，称欲扼险以捕盗，虽责令撤还，然恐其反侧未安，宜加禁制。"事下兵部，言宜令云南守臣严兵备御，徐观其所为，奏闻区处。从之。(二〇〇,3513)　　乙亥，戒谕诸王及仪宾赴京陈情。湖广镇守太监王定等奏："辽府长阳王妹宁福乡君与仪宾杨纲擅出府城，欲赴京奏事，已令人劝阻回府。近华阳王申鉎、镇国将军申錮又因小忿，辄复赴京，宜悉禁治，仍敕各王府自后凡有应奏事情，止许差人具奏。"下都察院，以定等所言宜从，仪宾赴京者许巡抚、巡按并分巡官参奏。从之。(二〇〇,3515)

丁丑，闲住云南按察司佥事张宽初从都御史项忠征剿荆襄，杀戮既惨，乡人衔之。及为佥事，退黜居家，有乡人发其违法诸事。抚治郧阳大理寺右少卿吴道宏追捕甚急，宽不胜辱，使其弟宁击登闻鼓奏道宏挟仇等情。事下都察院，改行巡抚都御史吴诚、巡按御史杨谧会官勘问。于是诚等会勘宽僭用禁物、强占田土、刁奸友妾诸罪及道宏违制事。都察院具狱以闻，诏宽罪恶数多，编发贵州镇远府为民，道宏令御史逮问。后镇守太监韦贵以地方多事，请贷道宏罪，从之，命停其俸一月。（二〇〇，3518）

己卯，以朝鲜国王李娎奉敕讨建州虏寇有功，遣太监郑同、姜玉赍银币往赐之及其有功官军，仍以敕奖谕之。（二〇〇，3520）【考】郑、姜为正副使，皆朝鲜人。朝鲜《成宗实录》卷一一八载朝鲜成宗问姜玉："上问皇帝受朝时，侍卫太监几人？答曰：数至三百，而尤近侍者百人。"　庚辰，兵部臣奏：顷者太监汪直奏乞追征成化二年以后军卫有司亏欠孳生马驹，照例四匹折偿一匹，因检查累年尚有四万八千余匹未完。臣等以四方旱涝民饥，恐难一概追并……（**兵、户二部所议略。**）（二〇〇，3521）

三月乙酉，太监李荣传奉圣旨：道录司左玄义王应裿、右玄义经宗浩俱升左至灵，右玄义陈应褙升右至灵，右玄义蔡应祯、张景房俱转左玄义，大德显灵宫道士张用仁、朝天宫道士杜永祺、灵济宫道士孙玄禧、刘永浩、薛元宁俱除右玄义。（二〇一，3523）

丙戌，监督军务太监汪直、提督军务太子太保兵部尚书兼都察院左都御史王越奏威宁海子之捷，云："自二月二十二日选调京营、大同、宣府官军二万一千，出自孤店关，夜行昼伏。二十七日至猫儿庄，分为数道，值大风雨雪，天地昏暗，急趣前进。黎明去威宁海子不数里，虏犹不觉，因纵兵掩杀，生擒幼男妇女一百七十一，斩级四百三十七，获旗纛十二，马一千八十五，驼三十一，牛一百七十六，羊五千一百，盔甲、弓箭、皮袄之类一万有奇。"捷闻，上以直等能运谋出境杀贼，即赐敕奖励之而升其报捷者人二级：锦衣卫副千户汪钰为指挥佥事，百户王时为正千户。钰，直之养子；时，越之子也。越既贵显，欲得封爵而无名，会有边警，遽嗾直出师。比命下，越恶保国公朱永先征建州不为己地，又闻河套有虏潜住，河开则移于威宁，乃以计诒直，奏令永率大军由南路，己与直将轻骑由宣府、大同往会于榆林。既至大同，闻有虏营在威宁海子，劫之可树勋以自固，乃说直，尽调两镇劲兵，冒险袭击。时威宁虏自以不为寇，不虞官军之至，壮者仓卒，或裸体得马而避，老弱者多被杀掠，而直等乃以大捷闻，永独不与，盖有自云。(二〇一，3523—3525)　丁亥，监督军务太监汪直、提督军务太子太保兵部尚书兼都察院左都御史王越奏称虏寇宁息，乞班师，上特允之。(二〇一，3525)　己丑，户部尚书陈钺等奏："尚膳监太监徐英据近例乞纳银关支仪真余盐二万余引，缘前盐已尽，况自后余盐奏准给与各王府及南京光禄寺等衙门领用，今英复奏请，何以给之？切惟盐之为物，日用而不可缺者，因食之者众，故得利也博，所以贪利之人往往违犯禁令，奏开占中。使不禁止，将见援例者接踵，乞恩者沓至，渐启弊端，亏损国课。伏望皇上念盐课之重，毋轻赐与，庶军国大用不致乏绝。"上深然之。(二〇一，3526)　庚寅，御马监右监丞吴雄以所得妖书示军人朱谦，内有黑眚字，谦言往岁京城有物伤人，即是此类。已而复创邪妄语惑人，为缉事者所发。上命雄送司礼监处治，谦发戍边卫。(二〇一，3527)　壬辰，提督广东市舶内官韦眷奏总督两广军务都御史朱英专权自恣，玩忽贼情等事。命给事中会巡按御史审勘，劾英莅官虽勤，处事或错，眷罔察虚实，遽尔陈奏，皆当究问。奏上，有旨："二人既无重情，姑宥之，仍命兵部移文，务令协和，无贻边患。"(二〇一，3529)　戊戌，敕吏、户二部臣曰："汪直、王越出境剿杀虏寇有功，直岁加食米四十八石；越封威宁伯，世袭，太子太保仍旧。"　提督牛房太监刘祥奏："比因创立蕃牧所之后，乳牛多死，军士买补不给，逃亡者众。乞仍令养牛军士散归四十二卫食粮，庶买补者易于协助，逃亡者便于佥补。"事下兵部，言："初各卫养牛军士既无余丁贴役，亦无地亩耕种，每月止支官粮八斗，侵克其余，以济耗费。今自立所之后，得全支月粮一石，贴役余丁二人，草场三百八十余顷，累经勘议，公私两便。今祥等欲复散归原卫，窃恐人牛耗减之数彼此互相影射，公私掊克之计上下益肆奸欺，且以奉行之不职，归罪立法之不善，则纷纭改作，率无定期。”奏入，上从之，曰：“蕃牧所不必革罢，仍增拨养牛军士一百名与之。”（二〇一，3531）　甲辰，录威宁海子杀虏功，加镇守大同太监韦正食米岁十二石，升奉御孙胜、韦敬，总兵官都督同知范瑾、副总兵都督同知孙钺、右参将都指挥同知卢钦、宣府副总兵都指挥同知江山、游击将军都指挥佥事阎斌俱一级，左参将署都指挥佥事周玺实授都指挥同知；巡抚大同右副都御史孙洪为左副都御史，支正二品俸；纪功兵科给事中孙博为山西按察司佥事，督粮山西右参政李岳为左参政。其余有功官军人等二万八百余人内，加升者二千九百八十六人，给赏者一万七千九百二人，各有差；其应加赏者，人再加绢一匹，应给赏者，官加绢一匹，军士人加银一两，共费银五万三千四百七十两、绢五千八百二十九匹、布三万三千二百九十二匹。博之从（汪）直行也，大被窘辱，博亦曲为承顺。及归，又附奏誉直，竟与同功受赏，不复有所辨白云。（二〇一，3534—3535）　丙午，增给修理城垣内官监工匠三百三十六人食米，人月一斗、盐一斤，从太监黄顺请也。（二〇一，3535）　己酉，命给内库铜钱四百万文、钞一百七十五万贯付光禄寺夏季分收买品物。先是，每季所支钱钞各五十万余，至是提督本寺太监杨鹏请减其数，从之。（二〇一，3535—3536）　复录太监汪直所奏大同深涧及宣府龙门、红崖儿等处擒斩虏贼功，赏直及王越人银二十两、纻丝二表里，太监韦正、总兵官范瑾、副总兵孙钺、奉御孙胜人银五两、纻丝一表里，宣府总镇太监廖亨银十两、纻丝一表里，升宣府总兵官都督佥事周玉、游击将军李镐、参将都指挥孙素、署都指挥佥事杨伸俱署职一级，巡抚右佥都御史张颐为左佥都御史，奉御李穆，左监丞吉英、崔荣俱一级，其余官军人等四百六十七员名各升赏有差。以兵部尚书余子俊言大同、宣府两处三次功少人多，恩难概施，宜酌量旧例定拟升赏故也。(二〇一,3536)

四月乙卯，中书舍人徐璒等令监生代写官扇，内有擦污截短者，司礼监欲劾之，璒等因自陈请罪，命锦衣卫杖之二十，监生杖一十，皆释之。(二〇二,3541—3542)　己未，户部奏内库乏钞，欲令九门并都税宣课司、河西务、临清、淮安等处商税及天下户口盐钞俱征本色一年，以备赏赐支用，从之。(二〇二,3542)　癸亥，宥宣府镇守太监廖亨、总兵官都督佥事周玉、巡抚右佥都御史张颐等罪。初，西阳河堡及柴沟、怀安诸处虏贼入寇，杀掠人畜，兵部请究治亨等失机之罪，上以边方有警，特宥之。(二〇二,3546)

壬申，升赏大同、宣府有功官军二百二十四人。初，大同镇守太监韦正、巡抚都御史孙洪、总兵官范瑾等以官军斩获虏贼之功及杀伤阵亡者具奏，兵部请下巡按直隶监察御史查勘，至是覆奏，故有是命。(二〇二,3548)　癸酉，都察院右佥都御史汪霖卒。霖，字润夫，直隶六安州人……霖温恭俭素，不立崖岸，在大理时亦仅仅循常辙。惟巡抚京邑时，汪直势焰可畏，所经行处，守臣极力奉承之，惟恐后。屡往辽海，道霖部内，霖待以常礼。直怒，有不平语。或以语霖，霖待如初而不改其常。直见其有常，怒亦解。其后奉承者多因之以败，君子以是多霖。(二〇二,3548—3549)

乙亥，命湖广荆襄等卫所备御清浪等处官军各留其半，以备差操，其备御有缺，即于清浪等屯军内以次选补。初，镇守太监王定、总兵官王信、巡抚都御史吴诚、荆襄分守太监韦贵、抚治大理寺少卿吴道宏等各执存留备御之见，久不能决，至是兵部议上，遂有是命。(二〇二,3549)

五月壬午，敕分守庄浪署都督同知鲁鉴充左参将，兼守西宁地方。西宁初无守将，至是太监覃礼奏请，故有是命。(二〇三,3551)　丙戌，命都指挥同知董昇天城管操。初，昇以罪罢职，将三年。至是大同镇守等官太监韦正等保奏，下兵部议，乃有是命。(二〇三,3552)　　庚寅，命官庄征租如开垦荒田例。先是官庄多在河间府东光县地，管庄人征粮无度，令亩二斗，民情骚然。于是六科给事中齐章等言："天子以四海为家，普天率土，莫非所有，何必置立庄田，与贫民较刀锥之利哉？且财尽则怨，力竭则怼，今东光之民失其地土矣，而赋敛比之公田又三倍其数，民困如此，非死即徙，非徙即盗，亦可知矣。"十三道监察御史谢显等亦上言其事。上命每亩征五升三合五勺，如开垦荒田则例。是时中官贵戚庄田遍于郡县，其弊不独东光为然也。(二〇三,3553—3554)　　壬辰，镇守宣府太监廖亨、总兵官周玉、巡抚都御史张颐合奏守备张家口诸处指挥胡玺等隐匿边情，兵部请下巡按御史逮问，并劾亨、玉、颐总制不严，亦当治罪。上命逮问玺等，亨、玉、颐俱宥之。(二〇三,3555)　　丙申，敕云南总兵、镇守、巡按、三司等官及两广总镇、总督等官严饬边备，以交阯与老挝宣慰司仇杀，防其入寇也。(二〇三,3555—3556)　　丙午，命镇守云南太监钱能还南京，以镇守陕西太监覃平代之。能在云南屡启边衅，所为多不法，至是知罪不自容，因称病乞还。科道官交章言之，故有是命。(二〇三,3558)　　丁未，虏入蓟州界岭口等关，官军死者四十人，马以百数。兵部奏请究治镇守太监赵永、总兵官李铭等罪，命宥永、铭而下参将王宣等七人于狱。(二〇三,3559)

六月乙卯，户部奏开中盐课……时太监汪直奏边饷缺故也。(二〇四,3564)　　戊午，巡按辽东监察御史强珍奏："建州班师之后，虏即入叆阳、清河二堡之境，四散杀掠男妇五百余名，头畜无算。实由前巡抚都御史今户部尚书陈钺启衅邀功，以致虏报复旧怨，其守堡指挥王英、白祥及分守副总兵都指挥吴瓒、右参将崔胜等俱不能防御，而镇守、总兵等官太监韦朗、都督缑谦等又各畏罪贪功，隐匿前事，直待朝廷论功升赏。陈钺回京之后，始以奏闻，实为欺罔，请皆逮问，以正其罪。"兵部尚书余子俊等覆奏,引《皇明祖训》参钺累犯死罪,不宜再纵,当从珍言。上命吴瓒、崔胜戴罪杀贼,韦朗停岁赐食米半年,缑谦、陈钺各停俸一年,余皆属珍逮问之。(二〇四,3565—3566)　己未,再宥宣府镇守太监廖亨、总兵官署都督同知周玉、巡抚都御史张颐等罪。先是,亨等尝再失机,获免,至是虏入葛峪堡劫掠人畜,不能防御。兵部劾奏,上仍贷之。(二〇四,3566)　甲子,太监李荣传奉圣旨,锦衣卫所镇抚梁瑄升本卫百户,义官梁德授锦衣卫所镇抚。瑄、德俱太监梁方[芳]族属也。(二〇四,3569)　丙寅,兵科都给事中吴源等劾奏辽东镇守太监韦朗、总兵官缑谦、旧巡抚都御史陈钺等启衅冒功、失机匿罪,以祖宗法度为不足畏,生灵血肉为不足恤,不忠不仁,莫此为甚。虽为御史强珍所劾,不过停俸戴罪,情重法轻,公论未惬,恐边将效尤,视失机为等闲,以匿罪为得策,请重加惩治,为人臣欺罔之戒。监察御史许进等亦以为言,且谓钺如宋黄潜善、贾似道,其罪尤甚。上曰:"尔等所言皆是,朗等本当重罪,但事已处分,其已之。"既而太监汪直自辽东还,憾珍奏其事,乃奏珍行事乖方,妄参被虏人畜名数过多,请治其欺罔之罪。命锦衣卫千户萧聚往勘,如珍奏不实即械至京鞫之。(二〇四,3569—3570)

七月庚辰,宥宣府镇守太监廖亨、总兵官署都指挥同知周玉、副总兵都指挥江山、巡抚都御史张颐等罪,停分守独石、马营左参将杨伸俸三月,余悉逮问之。先是,亨等屡尝失机获免,至是虏又入赤城堡等处杀掠人畜,不能防御,兵部劾奏其罪,上竟宥亨等。(二〇五,3577)　丁酉,遣御史同两京太仆寺官印马,以直隶、山东、河南等处灾伤,不遣侯伯、内臣也。(二〇五,3584)　丁未,升巡抚河南右副都御史李衍为户部右侍郎,巡抚宣府右佥都御史张颐为工部右侍郎,工部右侍郎胡睿为本部左侍郎。时户部右侍郎俱缺,诏吏部各推二员以闻,所拟独衍与焉,颐、睿乃出内批,二人盖素结太监汪直者也。(二〇五,3588)

八月癸酉,谪监察御史强珍戍辽东边卫,降辽东都指挥佥事王宗三级，带俸差操。先是，珍巡按辽东，劾镇守太监韦朗、总兵官缑谦、巡抚右副都御史陈钺失机罪，委宗查勘被虏人畜名数。钺等既坐停俸，太监汪直奏珍欺罔，命锦衣卫千户萧聚往勘，械珍及宗至京。直先执珍于御马监拷掠，然后奏闻，命会官廷鞫之。珍坐奏事不实，宗坐违制，各当赎杖还职。内批："朝廷于风宪参奏事情未尝不以为实，如珍之怀奸欺罔，诬人重罪，难循常例处治，谪戍辽东边卫，宗降三级差操。"寻以兵部及科道官先尝妄劾钺等，都察院奏差御史不当，俱令回奏，皆服罪。上责都御史王越等不谨，姑宥之，仍戒再犯不宥，停兵部及科道官俸各三月，钺等旧所停俸皆免之。时论为之不平，然皆悯默无敢言者。(二〇六，3602—3603)　乙亥，太监李荣传奉圣旨，以仪真批验所盘掣私余等盐三万引赐太监梁方［芳］。(二〇六，3603)

九月乙未，命太监汪直、保国公朱永、威宁伯兼左都御史王越往辽东备虏，未行而罢。时辽东守将奏报谍者称虏酋近边追寻朵颜三卫，而三卫人马亦于近境潜住，已行边将戒严。事下兵部尚书余子俊及总兵官朱永等议，遣都督冯昇、马俊领骑卒五千往助边将战守，其山海关以西宜令都指挥二员领兵协守。既奏可矣，继得都御史王宗彝奏，言虏众势迫，见兵不足，以分守要害，复请防御之策。事下兵部看详，子俊等乃议出师，上遂命直监督军务，永充总兵官，越提督军务，太监傅德管领神枪，都督白瑜、李俊充左、右参将，庄鉴、马俊充游击将军，领兵一万往辽东，会合征剿，仍令郎中马孝祖总督军饷。复虑虏西犯大同，命太监刘恒监督军务，定西侯蒋琬充总兵官，都御史孙洪参赞军务，太监张善管领神枪，白全充参将，杨玉充游击将军，领兵一万往大同，会合邀击官军，人赏银二两，仍令都督冯昇、刘能各领兵三千往山海关，直抵居庸关，协同战守，人赏银一两。命既下，未行也。越数日，辽东总兵官都督缑谦奏北虏虽拥众入开原境上，止是寻杀朵颜三卫，未尝深入内地，今已远遁，三卫夷人避难在边者亦已遣之出境。上即命直等罢兵勿行。时直怙宠弄兵，盖永、越辈以利诱之，因以为己利，既滥爵赏，犹不属厌，一遇警报辄欲出师，而三边屡报警急，亦欲希旨以幸功也。此举虽已罢之，至腊月大同之警，又复行矣。(二〇七,3608—3610)　丙申，道录司右至灵连克彰以民地与太监张璘所施与地相近，欲并吞之，反诬民侵占其地。事下户部，遣官廉得其实，奏请治克彰罪，诏特宥之。(二〇七,3610—3611)　闲住都指挥佥事韩斌用银三百两托太监汪直所任指挥尹通谋管事。事露，逮斌下刑部，拟罪坐徒当赎，特命免赎释之。(二〇七,3611)

十月丁未朔，命太监汪直同傅恭、刘恒于神机营把总，仍提督十二营。(二〇八,3619)　丁巳，太监汪直奏："九月朔，虏众二万入开原境，烧毁关门营堡，分守少监蓝莹、参将周俊、镇守太监韦朗、总兵官缑谦、都御史王宗彝俱隐蔽不以实闻，当治其罪。"事下兵部看详，得旨数俊等罪而贷之，仍降敕切责。(二〇八,3625—3626)　戊午，太监汪直奏："九月中，逆虏获我屯卒，纵之使还，令报我边守将，勿与朵颜三卫通和交易，否则至冬仍至边仇杀。虏情若此而开原兵备单弱，乞敕廷臣议处方略。"事下英国公张懋、吏部尚书尹旻等议，谓辽东守将已多，第恐马多耗损，请选顺天府寄养马千匹给之，仍支马价万两给新选游兵买马千匹。又请敕京营提督大臣再阅听征骑兵五千，俟东西二边有警，即令启行。又请行辽东巡抚官整治城堡粮草，又言辽东出战骑兵贫窘已甚，请给赏赉，作其锐气。上俱从之，命出战骑兵人赏银一两。时太监汪直狃于战伐而王越等附之，每有奏请，廷臣心知其非而莫敢驳议云。(二〇八,3626)　庚申，给赐辽东官军五万五千五百四十人衣鞋，从太监汪直请也。(二〇八,3627)　乙丑，太监李荣传奉圣旨，升高士戚道珩为真人，左正一王道昌为高士。(二〇八,3628)　丙寅，太监李荣传奉圣旨：锦衣卫指挥同知倪端、张玘，指挥佥事宛亮，正千户周全，副千户袁林、刘俊、李璥，百户赵福，府军前卫指挥同知殷偕，百户殷顺，金吾右卫百户董永昌俱递升一级，序班许旸升锦衣卫百户，文思院副使毛祥、刘节、蒋茂升大使，舍人倪钺、张锦、袁俊、马赟升锦衣卫镇抚，董继宗、王锡升金吾卫所镇抚，儒士陈蕡、郚存敬授序班；庙官顾伦升太常寺博士，带俸；儒士沈禄授冠带，于中书科食粮；人匠杜林等八名俱文思院副使。（二〇八，3628—3629）　晋府方山王钟铤有罪革爵，并削故镇国将军钟鏕封号。初，钟鏕无嗣，夫人张氏与其父瑁及母孙氏谋，收弟妇之有娠者入府生子，以为己子，钟鏕亦与其谋。方山王为扶同奏请，赐名奇湨，已而得封。至是为人发其事，且及王近狎乐妇、杖死无辜，暨纳赇等罪，命太监尚亨及刑部郎中张锦等会官核实，下都察院具狱以闻。命革钟铤爵，钟鏕已故，削其封号，瑁及孙氏皆斩，张氏、奇湨赐自尽，余皆坐罪如律，仍下敕切责钟铤。（二〇八，3631）　庆成王府镇国将军奇涧、奇漖、钟鍻奸占乐妇，夺人财产，钟鈌、钟铛、钟钥、钟钘、钟鏞、钟鑰、奇洤、奇漠侵害夫役，邀夺粮马，巡抚右佥都御史秦纮劾之。庆成王钟镒奏，为奇涧等饰罪，且诬奏纮诸违法事。并行太监尚亨、刑部郎中张锦等会官核实。下刑部，具请裁处，各拟罪有差。（二〇八，3631—3632）　丁卯，万全都司言：“本司旧与游击将军移文往来，皆由经历司转达。顷游击将军都指挥刘宁辄用札付，则都司必当具呈，于事未当。”兵部议行宁等并各处偏将如旧施行，因言镇守内臣并总兵、巡抚等官于副、参、游击将官俱宜待以僚佐之礼，从之。（二〇八，3633）　己巳，辽东守臣奏：“七月二十九日，虏骑数百入抚顺境，都指挥罗雄领兵与战，为贼矢所伤，官军伤者四十人。八月初三日，虏骑数百入铁岭境，杀掠男妇六十三人，雄与虏战虽伤，然能御敌，情罪可恕。而铁岭守哨百户丘清、遇宁，指挥金德胜，都指挥林胜守备不谨，分守参将周俊，右少监蓝莹号令不严，俱当坐以失机之罪。”事下兵部覆奏，请移文责雄，勉图后效，逮清等治之而记俊等罪。上宥莹、俊不问，清等亦免逮，命戴罪杀贼。(二〇八,3634)　甲戌,监察御史谢显言:"臣奉命清理人匠,移文内官监及工部查勘原额、见在、逃故数目,各称卷籍岁久无存,事属欺蔽,俱宜罪之。"上曰:"内官监、工部既掌营造,何无人匠额数?姑不问,令具实自陈。"既而尚书刘昭等具陈伏罪。上复曰:"汝等于人匠因循不立文案,法宜逮治,姑宥之。自今务以实数明白造册,以备核实。"(二〇八,3635—3636)

十一月壬寅,虏寇之入大同西路也,参将都指挥使卢钦等两率兵与战于天桥儿、傅家岭等处,凡生擒一人,斩首四十七级。至是论功……钦及左少监陈政以督战功多,各升一级,钦进都督佥事,政已进太监,移镇延绥,乃岁加食米十二石。太监韦正、总兵官右都督范瑾、巡抚左副都御史孙洪、副总兵都督佥事孙钺以总制功,赏彩段二表里,督战功差少者左监丞等官三人亦以次赏之。(二〇九,3651)

十二月癸丑,兵部奏:"大同总兵官右都督范瑾等奏报十一月二十五日虏众入威远墩等处,西路参将卢钦等率兵邀击,斩首一级,遂遁去。然钦所报虏退之期与侦卒所报不同,必有隐匿情弊,宜治钦等怠弛失机之罪,且敕西北二边守将整兵防御,或仍遣太监汪直等如旧所拟,往制边事。"上曰:"大同失机事情须御史勘奏,至日处治。钦等姑令戴罪自效,直等亦不必往,诸边严加堤备,其亟遣敕谕之。"(二一〇,3655—3656)　己未,武靖侯赵辅上疏自叙……末复谓皇上即位以来,首命内官卢永征南蛮,继命黄顺、汪直诛东夷,继命直剿北虏,皆莫大之功,宜付之史官。章前后数千言,大抵觊加禄米从卒,并欲其子莅事锦衣卫而已。上谓其多泛言往事,下所司者详。于是兵部尚书余子俊等言:"朝廷待辅甚厚,每录其功而略其过,今复希求无已,宜寘于法。"科道亦交章劾奏辅罪。得旨:"辅假陈言以希求恩典,本宜究治,第念卧病已久,其姑置之。"(二一〇,3658—3660)　辛酉,河南道监察御史陈瑸巡按云南,西厂缉事校尉访其枉法纳赇诸事,下锦衣卫狱鞫治，追其赃不得。久之，斌乃称寄于原籍亲识，遣官往追完之，刑部拟坐绞罪。上宥其死，发充口外军，家属随住。（二一〇，3661） 丙寅，北虏入大同，命太监汪直监督军务，保国公朱永佩平虏将军印，充总兵官，威宁伯兼左都御史王越提督军务，太监傅德管神枪往击之。时大同都督范瑾等奏：十五日，虏众从威远卫坟岭等墩入境，即日遣游击将军朱鉴领游兵三千人，副总兵孙钺等领兵三千余人，瑾及太监韦正、左副都御史孙洪等领兵四千余人起程继进，仍调东路分守将官率阳和、天城骑兵继后应援，相机追杀。奏入，上谓此虏累钞境内，扰害边方，命直等统原阅听征官军会兵剿之。（二一〇，3665—3666）

本年附

艺文·碑铭·广济寺碑

孙添济撰《敕赐广济寺碑》：“（**前略。**）洪惟当今皇帝临御以来，愈兴显密之教，泛建精蓝，连甍接栋，比于历代不侔矣。矧广济旧址，即神宫监太监刘公嘉林钦蒙赏赐官宅，成化乙酉（元年，1465）仲秋具题，愿与崇化大应法王为下院；又幸功德主尚膳监太监刘公祥、内官监太监高公通，相洎法王贤弟子扎失列会同开山，各捐资财协助，庀料鸠工，盖造正殿、伽蓝、祖师殿、天王殿、山门、方丈、廊庑、厨湢，以至旌幢供器，凡宜有者，斩次而作。又得太监王志、林文得、王斌、刘宁等增造殿堂圣像，以壮规模。告工既毕，太监刘公嘉林请额，帝闻法王下院，敕赐曰广济寺，仍令扎失列领南宫札文为第一代住持。（**后略。**）成化庚子岁五月上吉日，施宅太监刘公嘉林、功德主太监刘公祥、□□成造太监高公通、典簿安杰等……”

碑阴题名：□□监太监□□。司设监太监□□。尚膳监右少监康泰、长随王昌。都知监监丞董荣、长随□□。内官监太监赵新（**下少监、监丞、奉御、长随等内官及僧众略**）。

（碑在北京西城区旧鼓楼大街。《北京图书馆藏中国历代石刻拓本汇编》第52册，第155—156页）

成化十七年辛丑(1481)

正月壬午，太监怀恩传奉圣旨：太常寺卿刘岌升礼部左侍郎，仍理寺事；少卿朱福铭升本寺卿，寺丞顾玒、丁永中俱升少卿。福铭、永中由乐舞生，玒由庙祝，欲得员缺，故递升之也。

戊子，分守凉州右少监李瑄、副总兵都督同知赵英以虏寇入境，提督不严，为兵部所劾，上宥之。(二一一，3676)　　丙申，太子少保兵部尚书余子俊以母丧去任。子俊以参陈钺隐匿失机及用兵非宜，为钺所衔，钺百计构之于汪直，且谓其为牟俸乡人，与万学士连姻。直欲陷之而不果，以有解之者故也。子俊栗栗危惧，至是守制去，人以为不幸之幸云。(二一一，3682)

二月戊申，太监李荣传奉圣旨：儒士华岳、周幹、陈狱、张伸、董昂、欧阳铁、孙完、覃瓒、刘谦、陈清、刘瓒悉与冠带，中书科食粮，仍旧办事，三年照例出身。时内府各监局及在外诸寺观皆有书办人员传录道书、佛经及词曲小说，所至有近幸内官一二人领其事，书成上进，侑以珍玩，随其轻重辄得恩典。(二一二，3685)　　丁巳，提督上林苑海子太监蒋琮奏乞修海子行殿房屋、桥梁、墙垣，得旨摘拨官军，差委内外官员提督。而琮又言先拨官军人匠用工急遽，不能坚固，乞发法司徒杖囚犯，相兼应役，遇有倒塌，即为修葺。工部请命锦衣卫堂上官一员同本部委官及管海子官提督用工，先修墙垣，完日然后会官会计物料，修理殿宇、桥梁。上是其言，命指挥孙瓒不妨卫事，与琮提督。(二一二，3688—3689)

己未，分守开原右参将周俊、右少监蓝莹、备御都指挥郭通以虏寇入境，失于防御，为兵部所劾，上贷之。(二一二，3690)　　癸亥，朝鲜国王李娎遣陪臣韩名浍等贡马及方物，且奏继妃尹氏失德，废置外第，奉承宗祀，不可久缺，乞继封副室尹氏。从之，赐其陪臣宴并彩段、袭衣，遣太监郑同、金兴往封尹氏为朝鲜国王继妃，赐以诰命冠服并纻彩、罗段、西洋布等物。(二一二，3692)【考】二使皆朝鲜人。朝鲜《成宗实录》卷一〇〇，成化十五年正月丙寅：“太监

郑同，奸佞人也”。　乙丑，太监李荣传奉圣旨：尚宝司卿仲兰令同左通政蒋宗武等管太医院事。(二一二,3693)

三月己卯，太监怀恩传奉圣旨：太子太傅英国公张懋、太子太傅保国公朱永经筵侍班。(二一三,3698)　辛卯，论大同征进将士功，升赏监督军务太监汪直、总兵官平虏将军太子太傅保国公朱永、提督军务太子太保威宁伯兼左都御史王越等有差。先是，直等奏二月初八日虏从海东山等墩入境剽掠，臣等分布官军截杀，追至黑石崖等处，生擒虏贼十人，斩首一百十三级，获马七百二十九匹，器械六千二百余件。上命降敕奖励之，升报捷锦衣卫指挥使汪钰为都指挥同知，指挥同知王时为都指挥佥事，正千户朱暟为指挥同知。暟，永之子也。至是，又以俘献，下兵部论功，直岁加食米三百石，永世袭公爵；越加升太子太傅，岁增禄米四百石，本色三百石，折色一百石，掌前军都督府事，总五军营兵，提督团营操练，仍荫其一子为锦衣卫世袭百户；领神枪太监傅德岁加食米十二石，镇守大同太监韦正准子弟一人为锦衣卫世袭百户，监丞孙胜、陆訚、奉御邹玉各升一级……旧制，内臣至太监无秩可升，但加食米，以岁十二石为一级，直顿加至三百石，前此所未有也。直怙宠好功，窃弄兵柄，一时贪冒邪妄之徒竞趋附之，献谋画策，惟恐弗及。边方小警，辄讽守将重报之，兴师动众，殆无虚月。而越等尤巧为奸计，每出师必讨内官当道及近侍者家人弟侄挟之以往，有事则资之以弥缝，有败则藉之以掩饰，或少有斩获，辄张大其功，以图升赏。而膺金紫、典禁兵、职侍卫、据津要者比比皆是，甚至造言兴事、妨废政务者有之。是行所献俘十人，皆老幼孱弱，乃以为奇功。其他大率类此。纪功者惟命是从，惴惴不敢出一语，至升赏优厚。执事者心知其非，亦不复敢参核。始建州，次威宁海子，次大同，报三大捷，实开三大衅于边，自是边境无宁日，士马疲弊，馈运耗竭，公帑私蓄皆赤立，边民荼毒有不忍言；而武阶冗滥，亦不可胜纪，非复祖宗朝之旧矣。(二一三,3702—3705) 乙未,赐内官陈显定兴县庄地三百九十顷八十三亩。 改上林苑监录事汪宪为试百户,于锦衣卫带俸。宪先以医从总兵官朱永,因永得通于汪直,遂有是命。(二一三,3708) 戊戌,太监怀恩传奉圣旨,升都察院右副都御史戴缙为右都御史,右佥都御史屠滽为左佥都御史。(二一三,3709) 己亥,升右都督范瑾为左都督,都督同知孙钺为右都督,都督佥事卢钦、朱鉴俱为都督同知。瑾等皆大同守将,以失机戴罪,既而太监汪直等出师报捷,上其功,当与升赏。有旨俟核实其功罪议拟之。至是直还,言其情罪可矜,请录其功,命俱升一级。(二一三,3710)

四月乙卯,升巡抚河南左副都御史孙洪为右都御史,巡抚如故。先是,洪巡抚大同,与总兵官范瑾同以失机戴罪,太监汪直报捷上其功,且为请录之。命各升一级,故洪得右都御史。(二一四,3721) 壬戌,兵部奏宣府镇守太监廖亨、总兵官周玉、巡抚都御史郭镗、分守右监丞张纲、右参将孙素不能防守,以致虏寇入境,宜究治之。上贷亨、玉、镗,命记纲、素罪。(二一四,3724) 戊辰,命太监怀恩会三法司审录罪囚毕,因敕谕法司曰:"朕承祖宗鸿业,为天下万民主,惟法天道用刑,以防奸慝,以安民生。特简命尔等典司刑狱,冀各尽心职业,用辅朕之治理,奈何中间有等,或听断苟且而鞫问不明,或议拟迎合而比附不当,或任意妄为出入,或徇私恣为重轻,以致人罹冤抑,淹禁岁久,是以怨讟繁兴,有伤天地之和。朕念及此情,甚恻然,已敕司礼监太监怀恩同尔等审录清理之。夫既往者悉不追究,将来者岂可不痛自警省乎?今后尔大小官员务以钦恤存心,明慎用狱,不可轻忽,不可淹滞,可矜疑者即与辨析,有冤枉者即与伸理,毋过于姑息,毋失于惨刻,庶几刑罚得中,人心惬服,足以副朕治理,用召天地之和矣。倘不此之虑,使刑罚枉滥,害及无辜,则国有常典,罪可逃邪?尔等其钦承之。"(二一四,3727—3728)

五月庚辰，减浙江泰顺县银课。初，县地有新发银矿，民争采取，提督银场太监卢永等请官煎炼，以杜民争。至是矿脉渐微，仅得银九百九十余两，所司乞减原额，自后止以今岁银数解纳。从之。（二一五，3732—3733）　乙未，前纪功监察御史刘璧核报大同总兵官范瑾、副总兵孙钺、巡抚都御史孙洪、游击将军朱鉴、右参将卢钦、监丞蔡新等失机之罪。兵部议功罪不相掩，恩威当并施，瑾等有劳辄录，而累次失机皆蒙宥免，今宜重责，俾边臣知所劝惩。得旨："瑾等屡被贼入境杀掠人畜数多，宜加重罪。但边陲有警，姑贷之，仍停其俸。瑾、钺、洪半年，鉴、钦一年，新记罪，俱赐敕切责之。"（二一五，3736）　戊戌，镇守密云等处监丞许常重建宋杨业庙于古北口关外，请庙额，赐名曰"灵威庙"。（二一五，3738）　停太仆寺卿杨䆲等俸。三月初，太监汪直立四户马法，每马一匹敛价银二十五两，轮太仆寺官为买马。定远县马户赍价赴京买马而太仆寺官不为当官收买，致奸民张兴以驽易良。事觉，兵部覆奏。命下兴等于法司，令䆲等自陈。皆伏罪。有旨："马政重务，䆲等失于关防，本当究治，姑贷之，仍停俸三月。"（二一五，3738—3739）　己亥，命太监汪直监督军务，威宁伯王越佩平胡将军印，充总兵官，率兵三千赴宣府调度击贼。时宣府总兵官周玉等驰奏："是月二十九日，缘边有警，参将吴俨等追虏出独石山泉墩南，寻调骑兵策应，比暮不还。"上已命直、越将兵往击，未发而虏中逸归者传报虏酋亦思马因等窃议与小王子连兵，欲寇大同等边。诏兵部与总兵等官议，皆言丑虏横行朔漠，窥伺边鄙，固难保其无患，但今北方岁凶民困，设有警急用兵，恐边患未除而民力先惫，宜行缘边守臣治战守之备。诏各边戒严，直、越往调度，而团营精兵选练一万以俟。至是，玉等复驰奏："俨等为虏所围而西路亦有警报，议令副将江山等率兵千余往中路设伏，以为俨援，且备西路，而自将兵三千继之。"诏兵部议，以俨等被围，望援甚急，必如前诏，恐缓不及事，宜敕直、越等量率轻骑往与玉等合兵攻剿，以解其围，其所选练精兵，预命大将一员统之，闻报即发。乃诏直等先驰赴之，仍令太监傅德管领神枪，都督同知白瑜充左参将，都督佥事庄鉴充右参将，署都督佥事杨玉充游击将军，率兵继进，以听调遣，俱赐敕遣之。(二一五，3739—3740)

辛丑，上以边报日急，命太监刘恒监督军务，保国公朱永佩平虏将军印，充总兵官，太监张善管领神枪，都督白全、李俊为左、右参将，马仪为游击将军。又以太监金辅监督宣府军务，新宁伯谭祐充总兵官，太监刘保管领神枪，都督凭[冯]昇、刘能为左、右参将，马俊为游击将军，分为二路，各率官军五千严备，以待二方报至启行。(二一五，3741)　癸卯，太监汪直至怀来，奏宣府西路虏骑千余入境杀掠，参将孙素等战却之。镇守太监廖亨奏新开口失机，请治守边指挥武勇、蔡陞、千户顾永等罪，而素及右监丞张刚亦宜逮治。兵部并以闻，命勇等姑令戴罪杀贼，并素、刚俱俟核报处之。既而总兵官周玉与亨复奏参将吴俨、少监崔荣于五月十九日追虏出境，至赤把都地，为虏所遮，兵分为三，俨、荣占据北山，困甚。游击将军刘宁逗遛不前，赖守备指挥张澄率兵应援，已解其二，俨、荣不知也，至夜二鼓，乃弃士卒，乘健马沿山北遁，稍折而东，匿于边墩，数日始还。其夜士卒溃围而出，死者几半。兵部议治俨、荣罪，仍简命二人代之，其分守官吴玘、苏俊、韩洪亦宜究治。而兵科又劾刘宁误事及玉与亨等节制不严之罪。上是之，曰："俨、荣锦衣卫遣人执问，玘、俊、洪令巡按御史究治，宁既在独石防守，免核，亨、玉姑宥之，而澄命以彩币、羊、酒犒赏。"(二一五，3743—3744)【考】荣、俨之处治，见同书卷二三二，十八年九月壬寅："分守独石、马营右少监崔荣、署都指挥佥事吴俨先以虏寇犯边，追敌被围，弃士卒逃还。上闻之怒，令逮至京下狱论斩，荣托中贵近幸者为之营救，至是乞免罪。上意解，乃曰：'荣、俨轻率寡谋，折损军马，法当处死。但念尝出境追敌，与坐视者不同，俱降四级，荣送司礼监发令守门，俨边卫差操。'"

六月乙巳，命巡按山西监察御史胡敬治偏头关守御千户张澄等罪，并逮按察司佥事郝志义鞫之。初，澄令所部军余李让等越黄河捕山羊，虏执让，驱为前导，过河剽掠。百户曹雄守滑石涧堡，匿不敢出。既而守备都指挥郭瑄督兵追虏，虏乃杀让而去，澄惧罪，复令夜不牧周能投让尸于河以灭迹。事觉，敬令志义核之，事久不报。至是，敬具奏澄、瑄、雄罪且劾志义怠事，并及太监刘忠、巡抚都御史何乔新、参将支玉。兵部上其奏，上命执澄等鞫治而记忠等罪。(二一六，3747—3748)　戊申，赏出征都督同知等官白瑜等彩段绢布，从太监汪直请也。(二一六，3749)　甲寅，赐司设监太监王助淮盐一千引建寺。初，助建寺于西直门外，以工料不足，请存积官盐二万引。事下户部，尚书翁世资极言盐课之难，禁约之例，且言边事方殷，恐用不足。乃命与一千引，后不为例。(二一六，3753)　己未，兵部言：镇守大同太监陈政奏虏入大同平山儿墩杀掠而去，守墩百户程荣、把总指挥梅林等，参将周玺、左监丞陆訚等失机怠事之罪，俱宜究治。上命治荣等罪而宥玺、訚。(二一六，3754)　镇守山西太监刘忠等奏：山西平阳等府州、太原等卫所雨雪愆期，麦禾无望，乞暂停免该输柴炭。掌后府事襄城侯李瑾亦以为言。上曰："百姓足，君孰与不足？今山西民贫困如此，其忍复令供赋税耶？柴炭价银虽国家急务，可暂免秋冬二季，以后年分仍征之。"(二一六，3754—3755)　丙寅，遣官赍银五万两送大同以备边需，又赏大同朔州城等处布置按马官军都督白瑜等二千二十五员名共绢七百余匹、布一千四百五十余匹，从太监汪直请也。是时虏自威宁被劫之后，恒来犯边，报复前仇，军马钱粮、赏赐调度，略无虚日，而边吏每以失机奏报，犯罪降谪者亦接踵不绝云。(二一六，3755)

七月己丑，宣府总兵官都督同知周玉等奏："宣府左卫指挥同知朱勇、守墩副千户陈全不能堤备，致虏入境杀掠人畜，法当究治。"事下兵部，并劾分守右监丞李穆、左参将朱谦及玉。命执勇、全鞫治，穆、谦姑宥罪，玉且勿问，仍赐敕切责之。敕曰：“宣府为古上谷，实用武之地，朝廷聚精兵于此，以遏虏冲，非他处比。使主将号令不严，则偏裨必不用命，而兵威损矣。玉受边寄已久，而虏出没其地视若无人之境，欲辞其责，得乎？第念边方多事之秋，并穆、谦姑置不问，俾图后功，勇、全其执问之如律。”(二一七，3761—3762)　　辛卯，赐大同邵家堡按马官军都督宋澄等八千二百五十七人绢四百六十七匹、布七千八百五十八匹，从太监汪直请也。(二一七，3762)　　甲午，命太监汪直总督军务，威宁伯王越佩平胡将军印，充总兵官，征剿北虏。赐制敕曰：“近者北虏屡犯边境，特命尔等统京营精兵，分路征剿，所在镇守、总兵、巡抚等官俱听尔节制。其剿获贼级，俱送纪功官验实，不许妄冒。敢有临阵退缩，不遵号令者，听尔等以军法处治，然后奏闻。”　　乙未，华阳王申鏳先以有罪革爵，复强取妇女三人，法当遣还其家，申鏳自言皆尝生子并有娠者，不当遣。下镇守湖广内官按验皆妄，申鏳惧，始遣出。事闻，都察院论其罪，请下敕切责之。制可。(二一七，3764)

八月甲辰，监察御史谢秉中巡按浙江，岁满当代，杭州府卫军民诣镇守内官告愿更留一年。内官具奏于朝，都察院为覆请，从之。(二一八，3769)　　乙卯，太监怀恩传奉圣旨：鸿胪寺右少卿贾斌升本寺卿，左寺丞齐佑左少卿，右寺丞孙绳左寺丞，序班陈宗右寺丞。(二一八，3773)　　都察院左副都御史张瓒卒。瓒字宗器，湖广孝感县人，正统戊辰进士。……瓒在部属有时名，守宁波，尝条奏中官之监市舶者不法事，声称籍然。在广、浙二藩，名日益损。……(二一八，3774—3775)　　丙辰，太监李荣传奉圣旨：上林苑监左监副李孜省升通政司右通政，仍管监事；开化县县丞刘珣器太仆寺丞，冠带人匠张荣营缮所副，儒士刘钟鸿胪寺主簿，听选官李应序班，乐舞生王福广太常寺协律郎，陈惟泰、王日敬俱司乐，文思院副使朱伟、陈溥大使，人匠孙政、何清、韩景阳俱文

思院副使，儒士颜珏、孙景与冠带，中书科照例食粮。(二一八，3775)

辛酉，太监覃昌传奉圣旨：赞礼郎崔志端、杨遇清升太常寺寺丞管事。(二一八，3776)　　己巳，注布政司右参政孙中于河南，管河。中为户部郎中，从太监汪直督大同军饷，预威宁海子功，命升参政，至是始铨注之。(二一八，3782—3783)　　庚午，调云南按察司佥事萧奎于贵州。初奎为员外郎，管神木厂，尝忤中官。至是其人言于上，以奎不宜提调学校，故调之。(二一八，3783)　　辛未。先是，真宁王邃塀欲袭庆王爵，诬奏庆王邃塀尝杀兄婢有娠者，不当为嗣，由是邃塀同母妃孟氏俱讦奏邃塀。事下镇守宁夏内官暨巡抚佥都御史贾俊等按之，得其状，乃府中良医林锐交构其事，而长史辈不能辅正，遂致兴讼。都察院以具狱覆奏，有旨："真宁王诬奏人命，庆康王妃孟氏及庆王各奏事不实，俱宥之。林锐交构兴讼，发河南卫充军，余人解京重鞫。"(二一八，3783—3784)

九月己卯，户部奏内库银数少而成造各王府宝册及妆奁之类用金尤多，请移文各布政司并直隶有司，先以在库之金起解及查各库所积银数，量取其半，每金一两以银七两易之，并行浙江、福建、云南三布政司，闸办银课亦各以其半易金。奏入，上俱可之，惟闸办银不许易金。(二一九，3787)　　辛巳，命大同总兵官左都督范瑾管中府事，罢分守怀来参将周贤，以太监汪直言瑾衰惫，贤罢软故也。(二一九，3787—3788)　　壬午，太监怀恩传奉圣旨，调通政司右通政王昶为太仆寺少卿，鸿胪寺少卿翟瑛为尚宝司少卿，升尚宝司少卿李璋为本司卿。昶因李孜省升通政到任，以其杂流，颇不加礼貌，孜省进密帖于内，瑛因宣读欠明，故调之。(二一九，3788)　　己亥，太监李荣传奉圣旨，升文思院副使张喜为大使，授司设监人匠陆阿原等十七人为副使。(二一九，3799)

十月甲寅，太监怀恩传奉圣旨，进封庆云伯周寿为庆云侯，升锦衣卫指挥使周彧为都督同知，千户周忠为指挥佥事，舍人周整、周海、周让、周成、周刚、周礼为锦衣卫百户，俱世袭，彧世袭指挥使。(二二〇,3806)　太监李荣传奉圣旨,升僧录司右阐教周吉祥为右善世,左觉义慧玄右讲经,右觉义德庆、净颐俱左觉义。(二二〇,3806—3807)　戊午,巡按广西监察御史戴中奏蛮贼屡寇梧州、博白、藤县杀虏人畜甚众,因劾参将马义及指挥丁瑞等不饬武备之罪。兵部并劾副总兵白玉,诏夺玉俸三月,义等逮问。已而中又奏广西猺獞方公强等共五十余处所虏人口财畜动以千计,劾失机守备都指挥梁泰等二十八人。兵部并劾太监顾恒、都御史朱英、平乡伯陈政、都督白玉、副参将欧磐之罪。诏玉既夺俸,仍记罪,磐、泰逮问,恒、英、政姑宥之。(二二〇,3808—3809)

壬戌,太监覃昌传奉圣旨,升道录司右至灵邓常恩为太常寺卿,右正一雷普明寺丞,右至灵毛守玄博士,法师成复亨乐舞生,赵继宗协律郎,锦衣卫正千户杨辂本卫指挥佥事,所镇抚杨辉百户,武功中卫百户陈全锦衣卫副千户,通政司经历何瑾锦衣卫百户,文思院副使张广等七人俱锦衣卫所镇抚带俸;冠带儒士王轨等七人鸿胪寺序班,廪膳生员徐祥、儒士黄本道等八人俱与冠带,中书科食粮三年,照例出身;人匠阙璋等二十三人俱文思院副使,仍旧办事;左演法郭道诚左正一,道士蔡宗理、卢道庆俱右玄义。(二二〇,3809—3810)　庚午,调刑部主事萧玛为云南广南府通判。玛坐沛县知县马时中奏内使郭文经过索取、殴伤人命事,为文所讦,并下刑部狱,俟勘未结,玛时提狱禁,暂许时中出外取冬衣。原问官主事范吉闻将为缉事者所发,呈于本部举奏之,下玛锦衣卫狱,论赎杖还职。上曰:"玛徇情听嘱,放囚出外,难居法司,命吏部调外任。"既而吉亦坐呈玛放出时中而不及其皂隶丁鉴,亦论赎杖还职。上以吉为原问官,亦调外任,吏部拟云南、广西府通判。得旨,调陕西凤翔府。(二二〇,3811—3812)【考】马时中奏内使郭文事见《宪宗实录》卷二二四,十八年二月戊申:"内使郭文自南京还,道沛县,怒知县马时中供应不时,榜掠其子,致溺于水。时中赴水救之起,呼冤。文褫时中衣,絷以行,老人及水夫等皆愤,绕船大呼。

文吡之不退，乃令家人田福顺率众以兵器乱击，杀死老人邓山等二人。章交上，上命锦衣卫官往勘，械时中等至京并鞫之，法司不敢直时中，坐奏事不实，赎罪还职。有旨降一级，调广西边任，为庆远卫经历；福顺如律抵死，文纳赎毕，送司礼监发落。”

十一月丙子，肃府汾川王贡鏓以父简王薨，代治府事。有承奉副霍兴者，恃旧宠专恣，甘州中护卫经历朱盛以术出入王府中，数为兴所挫辱。良医副丁南，王所任用者，亦与兴有隙。各言兴素所为不法事于王。兴益骄横，王怒，遂缚兴禁锢，绝其食。镇守太监李杰、署都指挥佥事刘瑛从王言，检阅兴所积财物，各奏闻。既而兴饿死狱中，王惧，饰言病死。上命太监萧敬、大理寺少卿冯贯、锦衣卫指挥孙瓒往会镇守、巡抚等官按之，得实状。都察院为覆奏，上以盛、南教王禁死职官，杖之百，发四川松潘边卫充军；贡鏓不准进封，革禄米之半。下敕切责杰、瑛，宥之，余各坐谪。（二二一，3814） 戊寅，命内官监太监陈贵、泰宁侯陈桓、工部右侍郎张颐督工，修大德显灵宫。（二二一，3815） 己卯，太监汪直、威宁伯王越乞班师，不许。直等奏：臣到宣府，分兵守要害，虏知有备，遁去，近边无复烽火，士马久在边，坐耗刍饷，宜班师还京，如有警则兼程往赴之。有旨：“今冬月正当堤备，直等且不必回，京营官军宜于有粮草处暂驻，大同、宣府预备粮饷，户部区画以闻。”会巡抚宣府都御史秦纮奏虏数出没近边，有旨令边臣严备。已而直等复奏，欲撤还京军，尚书陈钺谓宜如所请。上以边务方殷，兵部遽拟撤回京军，是不以边务为重，本欲加罪，姑宥之。（二二一，3815—3816） 丁亥，江西新昌县民毛凤与同里民徐均仁以争田有旧怨，相讼久不决，会朝廷遣南京刑部侍郎金绅巡视江西，凤乃嗾人诬均仁频年在乡劫杀拒捕，且赂其县官，妄报于绅及镇守太监王［刘］倜、巡按御史段正，同檄三司及分巡、分守官遣南昌前卫百户叶俊往捕之。凤又以白金五十两赂俊，密谋害均仁一家以快私忿。俊率兵四十人，凤集其族人并佃户佣工二百七十人，操火铳兵器以从。围均仁家，纵火焚之，家属死者二十三人，杖死者五人，尽缚其未死者二十六人，送于府，转达于巡按御史，皆信之。独按察司疑均仁等称冤，杖伤已重而无盗赃，其事必诬，令府县重鞫，死于狱者又十七人，存者徐细仔等三人令人诉之新巡按御史熊翀。翀奏其事，上以凤等挟仇聚众，诬害一家人命，命刑部郎中奚昊、锦衣卫千户潘旺往会镇守、巡按等官核勘得实，凤等及俊坐凌迟处死，仍籍俊家；从者俱处斩，并责问分巡、分守等官境内有大狱，久不究理，令具闻处治。后俊死于狱，命磔其尸于市。(二二一,3818—3819)【考】问理诸官之处分，见《宪宗实录》卷二二七，成化十八年五月壬午，"以江西新昌县恶党毛凤等既诛，宥镇守太监刘倜罪，停巡视侍郎金绅俸一年，降浙江按察司副使段正为广西柳州府同知，福建右布政使钱琎甘肃行太仆寺卿，江西按察司佥事沈锐云南广西府通判，布政司左参政祁顺贵州石阡府知府，佥事朱谦云南嵩明州知州，襄阳府同知董循四川汉州知州，临江府同知谢凤云南禄劝州知州，袁州府通判高圭四川合州同知。正先为巡按御史，琎为按察使，谦、顺、锐为分巡、分守官，循以南昌府通判为勘问官，皆坐不能辩理冤抑，谢凤署府事，圭署县事，又不力为擒获恶党；及左布政使王克复、参政黄缙、按察使陈炜、副使李芳、都指挥段晟等十四人俱尝为分巡、分守及原问等官，刑部郎中奚昊、锦衣卫千户潘旺、巡按御史熊翀劾其皆合坐罪。下都察院，言昊、旺、翀独不劾倜及绅，亦有罪。今昊已病故，余请并治。有旨宥倜，停绅俸，降正等各二级，顺等各一级，克复等亦停俸一年，旺、翀命锦衣卫执问；复以刑部、锦衣卫差官不当令具状以闻，俱宥其罪，都察院堂上官停俸三月，该道御史、刑科给事中失于参驳，混同容隐，各杖二十。仍命备行天下镇守、巡抚、巡按、三司、府州县官，凡有强盗人命重事，务即从公问断，毋似江西各官，坐视不理，酿成民患，有伤治体。"卷二三六，十九年正月丁巳："锦衣卫千户潘旺以勘瑞州民毛凤事被逮，东厂官校因缉其受司府赂遗，又为人请托，赃至银千五百两，坐受财枉法论死，例当立功五年。至是刑部以具狱上，有旨：'旺情犯深重，难循常例，发充广东边卫军。'"　戊子，取太仓银三十万两入内承运库供用。先是有旨令五府、六部、都察院各具在官钱谷数闻，至是又命户部核太仓银，凡九十余万两，遂取三分之一。盖是时赏赐用度寖广故也。(二二一,3819)　　丁酉，守备紫荆关兼提督易州右少监钟庆恶易州知州李宪慢己，杖之，遂讦奏宪先以非法杖死部民等事。命锦衣卫官同巡按御史勘问，坐宪酷刑致死人命及侵盗官银，论斩；保定知府沈纯、同知张本先勘宪事徇情；庆擅杖五品职官，俱宜逮问。奏上，宪如所拟，纯、本令巡按御史执治，庆宥之，余坐罪有差。(二二一,3821)　　戊戌，升光禄寺寺丞杨惇为少卿，典簿徐敏、署正王佐为寺丞。提督本寺太监杨鹏言惇等俱有干局，各拟升职以请。从之，命后不为例。(二二一,3821)

十二月壬寅，太监覃昌传奉圣旨，改锦衣卫百户何瑾为尚宝司司丞。瑾随太监陈善(**广本、抱本作陈喜，是**)引进群小，纳赂求官，而已因得厚利又获转职也。　宥镇守山西太监刘忠罪。先是有泽州民李鞭子投忠为家奴，以忠滥受词状，因而挟诈财物。事觉连忠，都察院请究其罪。宥之。(二二二,3823)　　乙巳，太监覃昌传奉圣旨，升鸿胪寺序班凌中为中书舍人，文华殿办事。戊申，太监李荣传奉圣旨，升大隆善护国寺禅师劄石竹为国师，剌麻班卓劄失右觉义，锁南伦竹都纲，中书科冠带儒士李銮鸿胪寺序班，儒士白英等七人与冠带，中书科食粮；人匠姚敬等七人俱文思院副使，仍旧办事。(二二二,3825)　　癸丑，太监李荣传奉圣旨，升鸿胪寺主簿刘钟为本寺右寺丞，序班黄大经尚宝司司丞；文思院副使刘宁、序班儒士李宣之等三人与冠带，中书科食粮；李钦礼部司务，人匠金瑄文思院副使，仍旧办事；义官杜濬中书科食粮，御用监办事。(二二二,3826)　　庚申，命威宁伯王越佩征西前将军印，镇守大同，仍与太监汪直提督京营、宣府各路军马，防御虏寇。时大同总兵官孙钺病故，兵部请代者，故有是命。(二二二,3828)　　壬戌，密云城门铳被盗去，巡关御史李经劾奏镇守左监丞许常、都指挥同知王荣钤束不严，请究其罪。命宥之。

(二二二,3829)　甲子,孝陵神厨火,焚毁宰牲亭,南京守备太监安宁劾奏神宫监太监韦清等提督不严,及南京太常寺少卿刘宣、寺丞牛纶失于提调。刑部覆奏,请各究其罪。命俱宥之。(二二二,3830)

本年附

艺文·碑铭·太监张广墓志

明故都知监太监张公墓志铭

赐进士、奉政大夫、兵部郎中太和杨绎撰。将仕佐郎、鸿胪寺序班四明金钥书。光禄寺署正、前中书舍人东吴杨杞篆。

成化十七年(1481)五月二十八日,钦差守备紫荆关兼提督易州等处都知监太监张公以疾卒于官。讣闻于上,甚悼恤之,命有司具脚力送棺柩还京以葬,所以酬其劳也。其侄义官斌卜于都城西直门外香山乡昭应村之原,营公之墓,将以是年七月十二日葬焉。谓不可以无铭,乃具衰绖请于予。

按状,公讳广,字世为,顺天府固安县之紫屯人。其先皆有世德,父讳緟,母潘氏。公于正统间以俊秀选入掖庭,公自幼及长小心谨慎,恪恭不怠,历侍英庙,克尽其心。景泰初,升长随。公任职益谨,服劳不渝。至今上登极,进为奉御。察公忠勤可任重寄,升都知监左监丞,遂命守备紫荆关。公至镇,开诚心,布公道,内外之事措置得宜。兵民服,商旅不病,边境宁谧,烽烟不生。公勤弗懈,遂加升右少监。未几,上甚嘉其能,复升今官,特赐玺书奖谕,敕兼提督易州等处,安民禁盗;仍加赐以蟒衣,恩至渥也。惜哉,偶以婴疾弗起,距其生永乐庚子(十八年,1420)四月十六日卯时,卒于成化十七年五月二十八日酉时,享年六十有二。于乎!公可谓生有荣名,殁有恩命,生荣死哀,瞑目无憾矣。序而铭之,铭曰:

惟公之生,质粹才英。早膺俊秀,选入内庭。忠勤是效,委任匪轻。蟒衣玉带,恩遇宠增。香山之原,公之佳城。玄堂幽闭,体魄永宁。

(北京市西城区二里沟出土。《北京图书馆藏中国历代石刻拓本汇编》第52册,第167页)

艺文·碑铭·常乐寺及自来塔碑

商辂撰《重修古刹常乐寺碑》："(**京都宣武关外，有金寿昌年间所建古刹，**)名曰常乐，惟遗基址。至我大明洪武及天顺间，老僧智明结庵独居。成化七年春，内官监中贵刘山，道号宝山，观其照映万寿戒坛山景况，见旧迹宽平，遂捐己资置买，初为园圃，次发鼎新之念，雕庄释迦牟尼佛、药师琉璃佛、接引阿弥陀佛，并阿难、迦叶侍立左右。又得针工局副使杨真过刹，忽瞻金像，遽兴宿植善因，愿作功德之主，托奉御康胜督工，盖造山门、天王殿、佛殿、钟鼓楼台、方丈僧房、云厨供器幡盖宜有者悉具，请僧善定为重开山第一代住持，晨夕领缁焚修，祝赞圣皇万岁、太子千秋、宫闱衍庆、国泰民安、年丰物阜、教法兴隆。(**下略。**)大明成化庚子岁(十六年，1480)黄钟月吉日，重开山大功德主中官杨真、刘山、住持善定等立石。"

《表扬自来塔记》："(**前略。**)都城宣武关外七十里许，有古刹，寺曰常乐，岁久荒废，遗址仅存。本山古有自来塔一座，隅有石龛，勒寿昌年号，内安奉观音，凡有所求，无祷不应。我圣朝中贵官刘公山，宝山乃法名也，宿植善本，乐道好施。过而见焉，顾瞻徘徊，不胜感慨。遂捐己资，募众缘，鸠工集材，鼎建殿堂，金碧交映，焕然维新，端为祝延圣皇万岁、国泰民安。(**下略。**)大明成化辛丑岁(十七年，1481)季春吉日。本寺大功德主中贵官杨真、刘山、康胜、住持善定等立石。"

(碑在北京房山区崇各庄常乐寺村。《北京图书馆藏中国历代石刻拓本汇编》第52册，第161、163页)

成化十八年壬寅(1482)

正月乙亥，以两淮运司成化十七年存积盐五万引赐御马监太监梁方[芳]。方[芳]最宠幸，进献宝石奇玩，通同无赖估价，盗府库银以数十万计，不足又以盐给之，真国之大蠹，人虽为之切齿而莫如之何也。(二二三，3835)　　甲申，太常寺少卿丁永中，寺丞蒙以聪、崔志端在大祀殿东神库门限上，背神帛祝文，位南向坐。内官宗秀缉访以闻，诏俱罚俸一月。(二二三，3836—3837)

丙戌，户部议巡抚宣府都御史秦纮所奏边备事宜："一、……

一、先镇守太监廖亨奏借官草,候秋成补还。缘是草皆官员侵用,今万全右卫军马按伏数多而收积草少,请令改拨征纳,以济急缺。一、宣府往年以银易粮,其势要官多诡名冒领,人不下三四千两,今经年既久,犹有未纳者,请令每银二分折征草一束,纳于独石、马营。一、镇守、分守、守备内外等官多通同各仓官攒揽纳粮草,宜禁其弊,且令各官按伏、巡行所在应支粮豆草束务挨陈支给,不得挟私凌虐官攒,违者听巡抚、巡按官参奏。一、宣府各城堡势要官房族多招逋逃,占种庄田,虐害军民,而宣府军余则困于征役,无以为生。请行万全都司查勘,自钦赐功臣家人及军官亲男外,凡房族并投闲之人俱挨报在官,如遇边患,缺乏粮草,则量起车牛,借债僦运,若挟势隐匿并不服者,依律充军,房族解原籍当差。"议上,从之。(二二三,3837—3838) 戊戌,太监覃昌传奉圣旨:顺天府通判沈政升太常寺少卿。政以绘事供事内府故也。(二二三,3845)

二月辛丑,太监李荣传奉圣旨,升营缮所副沈智为锦衣卫副千户,文思院副使周贵、周六一、刘荣、冯宇为百户,人匠蔡怡孙等八人为所镇抚。(二二四,3847) 壬寅,镇守山东太监韦焕奏:日照县诸处盗起,潜入大山,已成巢穴。事下兵部议,请增设巡抚官及暂免不急征敛。上曰:"民饥盗起,事势必然。有司者不能抚字于无事之时,岂可不防御于有警之日?宜令焕暨巡按御史督同三司等官责限擒捕,巡抚官姑不设,科征国用所需,仍征之。" 癸卯,升锦衣卫带俸都指挥使汪钰为后军都督佥事。钰报太监汪直、威宁伯王越捷,得升是职。报捷人升都督者,前此所未有也。(二二四,3848) 乙卯,赠秀怀王之女生母陈氏为夫人,遣内官祭之。(二二四,3852) 庚申,命太监汪直总镇大同、宣府等处。初,直与王越受命征迤北,既而命越镇守大同,至是召回游击、参将、京营等官而独留直与越共事,盖上已知其向者交构欺罔之状,渐疏之也。初直与越选军,相处久,交最密,直时忘怀，泄禁中语，越识之，间以语其所厚者，皆不介意。及征建州，直纳陈钺谮，欲窘越，越以其语挟之，直不敢动。威宁之还，有盗夜越皇城入西内窃衣米者，时索之急，东厂校尉缉获之，太监尚铭以闻。上喜甚，厚赐赉。直闻而怒曰："尚铭者，吾所引用之人，尔乃敢背吾独擅其功！"思有以倾之。而铭惧，欲访其事，适越所厚者已反目，潜以其语语铭，铭达于内，因发其交构事，直遂见疏，而越亦被斥云。(二二四，3854—3855)　　辛酉，工部臣奏："先因太监汪直请，改獐鹿房、神木厂为仓场。既奉旨于京城内别相隙地，今司苑局及牛房、安仁、器皿三厂并旧獐鹿房地广俱堪改造。"上从其请，以牛房地为仓场，獐鹿房地为草场，命尚书刘昭、太监张兴、广宁伯刘璇督官军供役。　　乙丑，命总督大同、宣府太监汪直专镇守大同，调大同太监陈政镇守延绥，延绥少监韦敬镇守宁夏，令龚荣还京师。(二二四，3855)

三月庚午，敕巡抚苏松等处都御史王恕、淮扬等处都御史张瓒赈济饥民。时南京六科给事中刘玑等言：苏、松、常、镇、淮扬、凤阳去岁春夏不雨，秋冬霖潦，米价腾踊，民不聊生……南京十三道监察御史李珊等亦言：凤阳卫所久缺军粮，苏、松、常、镇义仓亦皆有名无实，请以江西、湖广起运南京粮量拨接应放支为便。上阅珊等奏有讹字，命户科看详。给事中刘昂等言："其引《书》'民惟邦本'之文，以惟为为，而奏词又多牵强生涩，宜究其罪。"于是上以珊等皆明经出身，如何写别字，且辞多牵强，不谨之甚，命南京锦衣卫执诣南京午门前各杖二十，且令南京镇守太监安宁监视之。玑、珊等二疏皆下户部议……(二二五，3857—3858)

壬申，复罢西厂。太监汪直既在大同不得还，六科、十三道交章奏其苛察纷扰，大伤国体，请仍罢西厂。得旨："朝廷自有处置。"于是内阁臣太子太保万安约太子少保刘珝曰："西厂为害久矣，今科道欲革之，朝廷不从，吾辈岂可坐视！当有以劝上，宜从众言。"珝不然曰："西厂行事，有何不公道也？"安曰："公不欲，吾自为之。”乃自署名，题曰：“仰惟太宗文皇帝建立北京，防微杜渐，无所不用其极。初令锦衣卫官校暗行缉访谋逆妖言、大奸大恶等事，犹恐外官徇情，随设东厂，令内臣提督控制之。彼此并行，内外相制，行之五六十年，事有定规，人易遵守。往年京城妖狐夜出，人心惊惶，载劳圣虑，添设西厂官校，特命太监汪直提督缉访，用戒不虞，所以权一时之宜，慰安人心也。自是事情纷扰，臣不赘言。兹者汪直已受敕镇守大同地方，京都大小官员以及军民人等众口一辞，皆谓朝廷革去西厂为便矣。伏望圣明洞察事机，俯顺下情，将西厂特颁敕旨革罢，官校悉回本卫，庶旧制以复，人心以安。缘西厂存革实于人心治体关系最大，臣不敢缄默。”疏入，上乃罢西厂，中外欣然，珝有惭色。(二二五，3859—3861)

【考】王世贞《弇山堂别集》卷二五《史乘考误六》：“中外欣然，珝有惭色。刘文和(珝)之识何前后自相矛盾如此？余意秉史笔者不相谋，或不能无掩饰，既而知其果诬史也。当商公(辂)之初上疏，直方起，孺子暴贵用事，顾亦知恶之，故其辞特恳切。而王威宁(越)、尹恭简(旻)甚私直而善珝，直之用兵决胜，或有以服珝心，而势力亦似可倚。至于十八年出师宣、大，寻止留镇大同，而威宁同事，复移远之，守延绥。直事可知矣。安素交结内臣，其于尚铭之流间、梁芳辈之忌嫉、怀恩之公恶，皆密得之。珝北人，尚犹以为无恙也。仅逾年，而直及威宁败。又逾年而文和罢，又逾年而恭简免。然则汪直之两罢西厂，商公尚矣，项公次之，余俱不足道也。”　筑江西广信府永丰县诸家墩、乌岩山、翁付山三堡，调广信、铅山二所官二员、军余二百、民壮三十更代戍守，以防盗贼窃矿，从镇守太监刘倜等言其地当闽浙之冲故也。(二二五，3861)　癸未，罢京操达官，令还原卫。初达官无轮班京操之例，汪直始奏取保安(广本、抱本安作定)等五卫五百十五员赴操，颇致嗟怨，至是用兵部议罢之。(二二五，3865)　乙酉，勒兵部尚书陈钺致仕，右军都督马仪南京闲住。仪奏钺巡抚辽东时，奸贪欺罔，倚法弄权，克取官银，营求升职，用指挥监造器皿，役千户入京诇事，擅杀进贡夷人而侵其方物，隐匿俘获男女而择其有色者二人与子澍分收之。御史强珍尝劾其失机隐匿，侍郎马文升欲废[发]其激变夷情，钺辄报与太监汪直，诬陷二人谪戍。御史王崇之不从其滥报有功，亦被诬陷降官。其子澍冒授锦衣千户，亦恃势为非。事下都察院，请遣官按之，上以仪所奏钺事情本宜追究，但多经处置，亦有不实，又连及者众，免其勘问。钺、仪皆难任大臣，钺令致仕，仪闲住，并调澍永平卫左所带俸差操。(二二五,3866)　辛卯，太监李荣传奉圣旨，升尚宝司司丞李景、华仁杰为本司卿，陈敩太常寺少卿，翰林院侍书严勋尚宝司司丞，光禄寺署正杨杞太仆寺寺丞，鸿胪寺主簿严章通政司经历，序班金鑰、许瀚通政司知事，营缮所副姚兴锦衣卫副千户，所丞陈全所副，所丞盛能锦衣卫实授百户，文思院大使毛祥锦衣卫副千户，大使潘福营缮所副，副使彭性大使，人匠朱敬、刘福广、楚保保俱锦衣卫所镇抚，徐福、殷朗、俞逵、王豫、马林、张显、汪惠、阴洪俱文思院副使，仍旧办事。(二二五,3867—3868)　甲午，命镇守四川太监梅忠还南京闲住，以镇守行都司太监蔡用代之。(二二五,3868)　乙未，太监覃昌传奉圣旨，升大理寺右评事张苗为太常寺寺丞，鸿胪寺序班杜昌中书舍人，顾经通政司知事，冠带儒士李宗义授礼部司务，儒士朱宏、蒋德润、傅佐、张淳俱与冠带，中书科食粮习字，太常寺协律郎赵继宗见任管事，余皆仍旧办事。(二二五,3868—3869)　丙申，锦衣带俸都指挥佥事万通卒，命有司给赙并葬祭视常例有加。通，贵妃之弟，行二，时不称其官，惟以行第称“万二”云。通少贫贱，与兄俱以负贩为业，一旦骤贵，初犹畏惧，不敢恣肆。既而闾巷恶少见其势焰方起，争趋附之，诱以为奸。时方尚宝石器玩，小人之乘时射利者作为奇技淫巧以邀厚利，内外交通，互相估价，取直至百千倍，府库已空而偿其直犹不足。其所制造者，皆无用之物，然亦无甚奇异者。一时进奉者毋虑数十家，第宅服用，僭拟王侯，穷奢极侈，每一给直，车载银钱自内帑出，道路络绎不绝，见者骇叹。在内则仗内臣梁方[芳]，外则富民争庀工制为新巧，托通以进，分其利。通为人淫暴戾黠，放荡无节，平居未尝衣冠。有徐达者妻美而艳，通见而悦之，因收达为家人而纳其妻，令达在两淮中盐。通遘疾时，达适归，通闻达与妻私语，哽咽而至于死。达后亦挟所得通余赀，得为锦衣卫任事指挥。(二二五，3869—3870)

四月癸卯，太监李荣传奉圣旨，升锦衣卫带俸都指挥同知万喜为都指挥使，指挥佥事万达为指挥使，舍人万祥为百户，带俸百户徐达为正千户，校尉刘惠为百户。　升锦衣卫副千户叶通为正千户，叶雄为所镇抚。通，故太监达之侄也。(二二六，3872)

甲辰，太监李荣传奉圣旨：中书舍人凌中升太常寺寺丞，天文生朱义、秀才萧瓒授钦天监漏刻博士，仍旧办事；儒士杜汝楫、刘荣与冠带，中书科食粮习字。(二二六，3872)　丙午，太监李荣传奉圣旨：锦衣卫故都指挥使万通并妻王氏应得诰命俱给与之。(二二六，3874)　壬戌，太监李荣传奉圣旨，升锦衣卫百户万祥为本卫副千户。(二二六，3882)

五月庚午，太监李荣传奉圣旨：太医院院判张福兴、施钦升院使，御医张徵、章渊俱院判，医士李熊、钱钝授御医，仍旧供事。

太监覃昌传奉圣旨，升冠带舍人王臣为副千户，王完、王钊及文思院副使姚敬为百户，俱锦衣卫带俸；臣、完、钊世袭。四人后皆从太监王敬差往江南，臣跛一足，人呼为“王瘸子”。(二二七，3885)　乙酉，太监李荣传奉圣旨：道录司左玄义来弘善升左演法，右玄义陈宗然右演法。(二二七，3892)　庚寅。先是，太监汪直奏各边镇守、总兵、巡抚并分守、守备官员不肯尽职，姑息废事，请令巡按御史岁究其所行事迹来，上察其勤怠，以行劝戒。至是，巡按湖广御史柳淳以镇守湖广及抚治郧阳等处内外官所行事迹来上。上以章付所司，命自后考察毋及内官。(二二七，3893—3894)　壬辰，太监覃昌传奉圣旨，升锦衣卫所镇抚梁德、梁顺为百户，舍人梁敬、梁海为所镇抚，德仍与世袭，皆太监方［芳］家属也。（二二七，3896）　甲午，太监李荣传奉圣旨，升鸿胪寺主簿陈敔升中书舍人，袁昇光禄寺署丞，序班蒋钊本寺主簿，礼部司务丘伦工部营缮所丞，宋裕文思院大使，彭诚、张礼、韩伏顺俱通政司知事，锦衣卫百户王纲、盛能俱副千户，冠带儒士包铭、谢汝明、解伦，生员杨源、俞文辉，冠带舍人段杰、姚旬、杜恒、姚通，典吏鲍怡、周琎俱鸿胪寺序班，儒士薛宁、顾让、徐英，生员刘瑭俱冠带，中书科食粮三年，照例出身，俱仍旧办事。时传奉盛行，名器愈滥，左右近习各立门户，恃宠斗胜，而太监梁方［芳］尤甚，每一传奉，除拜满纸，谢恩私第者相踵前后，无虑千人。（二二七，3897）　丙申，太监李荣传奉圣旨：锦衣卫带俸指挥使钱通理卫事，济阳卫舍人王友为锦衣卫百户。通，太监钱喜侄也。（二二七，3899）

六月壬寅，虏寇入延绥河西清水营等处，监督军务太监汪直、总兵官威宁伯王越调兵分御之，宣府游击将军都指挥使刘宁败之于塔儿山，生擒四人，斩首百六级；参将都指挥同知支玉、右副都御史何乔新等败之于天窊梁中觜，斩首七十七级；千户白道山等败之于木瓜园，斩首十五级；延绥总兵官署都督同知许宁等败之于三里塔等处，生擒二人，斩首百一十九级；大同参将周玺、游击将军董昇、镇守太监陈政、巡抚右佥都御史郭镗、总兵都督朱鉴等败之于黑石崖等处，斩首三十级。时太监傅德管领神枪，分守阳和卫右少监陆訚、山西副使蔡麟领军策应，御史刘绘纪功，户部郎中冀绮、员外郎高弼、山西右参议傅允、副使石玉督饷。至是，绘以大同、宣府官军功籍来闻，兵部议上赏格……赏有差。因言直等赏功之典宜自上裁；訚旧以烧荒坐罪，宜以功赎，而官军当先且被伤及当先至三者凡千五百八十七人，近例升赏不同，未敢擅定。上是之，加直米岁二十四石，越岁禄五十石，并政、鉴、昇、镗、弼、允、石、玉各赏彩段二表里，镗以上五人加银十两,升刘宁都督佥事,玺署都督佥事,支玉都指挥使,乔新左副都御史,麟左参政,纶、绮俸一级,仍赏宁有加;闾以功赎罪,仍量赏;当先又被伤者亦进级如阵亡,当先至三者署级如督阵。仍命趣巡按御史亟上延绥官军功籍。是役也,斩获最多,盖由尚书余子俊铲削边墙,虏入为官军所逐,漫散而不得出路故也。然自是无敢复轻犯边者,延绥军民颇得息肩云。(二二八,3902—3904)

癸卯,太监萧敬传奉圣旨,授故太监刘斌从子政、敏俱为锦衣卫世袭百户,家人刚、和俱所镇抚,升永清左卫所镇抚刘均玉为百户,文思院副使刘福、徐名为大使,儒士李昶、刘瀚、蹇弘、井材、燕瀛、金瑄、张源、杨鉴、黄智、丘锐、李圭十一人俱中书科食粮办事,三年如例出身。(二二八,3904)　丙午,太监怀恩传奉圣旨:南京闲住太监钱能同安宁等守备。能自云南回,罪重罚轻,至是复以进奉获用,时皆不平。(二二八,3905)　庚戌,太监覃昌传奉圣旨:御医刘文泰、丘钰升太医院院判,医士宁铨、刘宗序、王玉俱御医。(二二八,3906)　壬子,提督东厂太监尚铭言:锦衣卫旗校李玉等累执妖贼,请量加职役,以偿其功。诏递升一级,以铭提督有劳,升其弟百户镛为指挥同知,舍人璘为百户,俱锦衣卫世袭。(二二八,3906—3907)

七月辛未,太监李荣传奉圣旨:太常寺赞礼郎杜日融升本寺寺丞,司乐王日敬协律郎,中书舍人李纶尚宝司丞,鸿胪寺序班邬存敬中书舍人,锦衣卫指挥使李昺都指挥佥事,府军前卫正千户李杰锦衣卫指挥佥事,世袭;文思院副使顾羊保、孟林俱锦衣卫百户,神乐观乐舞生张日庆、汪日茂、樊日东赞礼郎,刘日渊、孙志镛、金应钟、黄禹通司乐;儒士漆兰、高琦与冠带,中书科食粮三年,照例出身;御用监办事人匠杨锷、杨埙、余阿真锦衣卫所镇抚,俱仍旧办事。(二二九,3922—3923)　癸酉,分守大同右卫右监丞杨雄、右参将卢钦、守备都指挥张安、曹绅等以烧荒失机,分守左卫右监丞邹玉以私役守墩台军,俱坐罪,狱久未结。至是,兵部以请，命雄、玉与钦戴罪杀贼，余逮问如律。（二二九，3923—3924）　戊寅，守廉州珠池左监丞韦助乞往来琼、廉、高、肇四府，会巡守备倭等官督兵捕盗，不妨本职。事下兵部，言助奉敕守理一事，难以侵守臣之职，请移文勘议可否。上特许之，命勿勘。（二二九，3925）　甲申，直隶泰州民李文昌上疏，自称曾遇异人，授以铅汞炼银之术，上命中官监试之，凡五阅月竟不就。上曰："文昌不务安分，妄为欺罔，锦衣卫其杖之五十，发回原籍，令所在官司严加钤束。"是时中官宠幸者每引进邪术异端见用，文昌知世之所向，故敢为缪妄而不惧云。（二二九，3927）　乙酉，太监覃昌传奉圣旨：义官袁熹升中书舍人，冠带儒士殷珌礼部司务，锦衣卫舍人何冲世袭其伯父晟副千户，儒士许厚、朱琦、华琇、杨允中俱鸿胪寺序班，乐舞生刘复洋、杜居暹俱太常寺司乐，道士王景通、骆永清与冠带，充庙官，太常寺月支米一石。熹，都督彬之子，珌，尚书谦之子也。（二二九，3928）　甲午，太监覃昌传奉圣旨：守道高士王道昌升真人，右演法王应裿、左正一[玄义]吴道然、左至灵阮永清俱右正一，左玄义蔡应祯左至灵，右玄义杨云纲、刘洞虚、张通玄俱左玄义，道士王云罍、苗云崇、刘云嵲、陈云山、刘云徽俱右玄义。　是日，昌又传奉圣旨，升都指挥佥事张玘为都指挥同知，指挥佥事袁林、刘俊、李璥为指挥同知，正千户赵福、董永昌为指挥佥事，太常寺少卿陈敩为卿，博士顾纶为寺丞，尚宝司卿李景华为太常寺少卿，司丞李纶、严勋为尚宝司少卿，文思院副使戴昇、陈忠、吴斌为营缮所所丞，画士傅隆、江淮为锦衣卫所镇抚，匠人翟受、王成、张海、钱智、段伏俚、蒋伏二、傅友儿为文思院副使。（二二九，3929—3930）

八月己亥，太监萧敬传奉圣旨：太监樊坚从子泰授锦衣卫带俸百户。【考】樊坚事迹实录仅此一见，其墓志见本年附。　兵部言：南北养马郡县多被灾伤，请如近例，止遣御史二人同两京太仆寺官印记。有旨遣侯、伯、内臣如故。于是兵部复申前请，言诸处水患比诸往年尤甚，私产荡然，孳牧何在？纵遣内外重臣，徒劳无益，且甚小民供亿迎送之苦。从之，仍令明年遣官如故。(二三〇，3931)

辛丑，太监李荣传奉圣旨：钦天监五官灵台郎李华升监副，冠带阴阳人郑垲、赵华、陈俊，天文生董荣、李璿、刘云，人匠张义漏刻博士，阴阳人吴祥、毛景、章寿署漏刻博士，舍余陈瀛、张继、陈简、朱昂、吴钦、沈清、李茂、王宏俱冠带，充天文生，月支米一石。(二三〇，3935)　壬子，户部奏长芦运司解到盐价银计一千四百两，乞送承运库，及后次盐价银一千八十两亦促令起解之，时内帑缺用故也。(二三〇，3938)　癸亥，太监覃昌传奉圣旨：御医胡廷寅升太医院院判。(二三〇，3941)　乙丑，南京尚膳监奉御董庆率官船载荐新品物，行及沛县，其下殴伤县人。至济宁南旺湖复执人笞之，悬于墙而死。管河右通政杨恭奏其事，命刑部郎中朱守孚等往勘，因言恭与工部郎中顾余庆、监察御史朱钦俱以巡河为职，不能疏通禁约，皆当究治。命宥之，停其俸二月，守孚等奏内误及御史赵英，亦置不问。(二三〇，3941—3942)

闰八月庚午，太监李荣传奉圣旨，升锦衣卫百户韦泉为副千户。(二三一，3944)　辛未，中都留守司指挥使郭玉等言：中都守备内臣往往信用奴隶，擅断公事，诸司行事为之掣肘，宜如旧勿设为便。有旨："凤阳根本重地，内臣守备已久，此曹何为辄欲更改？所司其知之。"于是兵部论奏玉等，请下巡按御史逮问，仍请行左少监蓝蕙，谕以前时守臣不能约束奴隶之故，令知所戒。报可。(二三一，3944—3945)　壬申，停通政使何琮等俸。时武成后卫仓副使应时用建言六事……又谓饶州烧造御器，必命内臣监督，自后宜止降式，委诸有司，以免供给之费。……奏上，命锦衣卫执问之，以通政司官不行参驳，令自陈。于是通政使何琮等七人皆服罪，停其俸三月。既而锦衣卫坐时用以希求进用罪，且谓御器为供用之物，内臣为遣差之人，安敢妄言及此，加以"欺公玩法"等语。法司拟以赎杖还职，命调任甘肃。(二三一，3945—3946)

丙子，兵部奏虏入柴沟堡等处，执军丁数人，守备都指挥佥事王祥，指挥佥事王琬，守瞭把总副千户彭玉，管墩百户师杰、崔玉坐失机逮问，而守备奉御金广、分守右监丞张纲、右参将孙素俱约束不严，亦当并治，命姑记其罪。(二三一，3946—3947)　丁丑，镇守大同太监汪直奏副总兵朱鉴私役守卒，于近边采草，以致虏寇入境杀三十四人以去，宜治其罪，以为后戒。而鉴部下都指挥马谦、指挥宁钺私以官军阿其将领，且不能追剿小寇，守备都指挥马昇、把总指挥贺通等或守瞭失职，或约束不严，宜并罪之。事下兵部，请逮鉴至京处治，余行巡按御史鞫问如律，从之。已而逮鉴至，下锦衣卫狱，法司坐斩罪。鉴上奏自辩。诏宥其死，降都指挥佥事，原卫差操，谦、钺亦各降一级。(二三一，3947)　庚寅，太子少保刑部尚书林聪卒。……聪平居恂恂不为崭绝之行，遇事则正色谠言，确不可夺。景泰中论谏之臣以聪为称首。及居显位，持大体、秉公论，为治不严而肃，盖亦一时之名臣。但晚年与汪直鞫辽东守臣之狱，不能无偏徇责备者，颇有异议云。(二三一，3952)　壬辰，调威宁伯王越镇守延绥，都督同知许宁镇守大同。时汪直与王越既俱留镇大同，内阁大学士万安等议，恐直为越所诱，以求复用，乃言于上，调越，以宁易之。太监李荣传奉圣旨，命锦衣卫正千户杨瑛掌所事，升鸿胪寺序班金銮、周惠畴、李銮为主簿，生员盛旸、儒士冯泽、钱惠、姚宁、钱亨为序班，金铎、宋让、李庆于中书科食粮办事。(二三一，3953)　癸巳，升锦衣卫百户顾玘为副千户。玘，太监雄之侄，以军功授百户，至是雄言赏不足以酬功，故升之。(二三一，3954)　甲午，镇守蓟州等处太监赵永奏北虏二十余骑入拿子谷关夺掠人畜。事闻，下兵部覆奏，命移文巡按御史治把总指挥等官吕荣等罪，分守参将阮兴、守备奉御高孜皆戴罪杀贼，惟永及总兵官李铭寝不问，仍命行京营提督重臣悉心练习，以备调发。(二三一，3954)　大同镇守太监汪直等奏："八月中，虏三骑入黄土坡墩，伤夜不收一人，又三十余骑入牛岭墩，杀掠军丁三人，请治守瞭所镇抚等官李宽等罪，而牛岭墩杀掠之数分守参将卢钦、右少监陆訚隐匿不发，罪亦难贷。”上谕兵部臣曰：“虏入境内再肆杀掠，才数十骑耳，宽等尚不能御，使彼拥众而来，其将何以制之？不寘于法，无以示戒。钦、訚宜即服罪，顾隐匿不发，冀以幸免，是重其罪也。尔等其行巡按御史俾究问其故，彼将何说以自解乎？”(二三一,3954—3955)

九月丁酉，太监覃昌传奉圣旨，升羽林前卫副千户李通为正千户，锦衣卫百户李贵、金吾右卫百户王良俱副千户，文思院副使周昂等六人俱大使，人匠张大肚等十四人俱文思院副使，灌顶国师著乩领占为灌顶大国师，觉义达哩麻悉提为讲经，都冈班麻劄失端竹劄失为觉义，剌麻公葛巴锁南巴三竹领占、公葛汪秀领占巴俱为都冈，寿安寺住持僧悟然僧录司左觉义仍兼本寺住持。(二三二,3957)　壬子，太监李荣传奉圣旨，授太监杨鹏侄永、旺为锦衣卫百户，升冠带阴阳人张景芳署漏刻博士，人匠邵智等四人文思院副使。(二三二,3962)　宥古北口立功锦衣卫百户柴润复原任。润，故太监昇之侄，以赃罪发古北口立功，五年未满，奏乞回京守昇坟，遂宥之。(二三二,3962—3963)　甲寅，太监李荣传奉圣旨，升太常寺寺丞凌中为少卿，文思院副使杨善光禄寺监事，锦衣卫所镇抚徐贵副千户，仍旧办事；鸿胪寺序班华英本寺主簿，生员徐祥等八人俱序班，中书科办事。(二三二,3963)　癸亥，太监覃昌传奉圣旨，升锦衣卫副千户汪端为正千户管事，舍人高顺为锦衣卫百户，鸿胪寺序班刘炼、中书科儒士周文玉俱鸿胪寺主簿，生员孙震，儒士谢瑛、杨钺俱鸿胪寺序班，吏李元文思院副使，画士张俨等与冠带，朝天宫道士俞文礼为右玄义。(二三二,3965—3966)　乙丑，太监李荣传奉圣旨，授浙江秀水县民姚福员为锦衣卫千户，太监喻辉义男喻福为百户管事，舍人邵铭为所镇抚。(二三二,3966)　录延绥清水营等处功，少监韦敬升太监，总兵官署都督同知许宁实授都督同知，副总兵都督佥事李玛署都督同知，俱加赏；巡抚右佥都御史吕雯赏彩段一表里、银十两，右参将都指挥佥事郭镛系赎罪官，其功颇优，升署都指挥同知；陕西按察司副使张伟馈饷有劳，赏彩段一表里，其余官军人等六千三十五人升赏有差。(二三二，3966—3967)

十月己巳，太监李荣传奉圣旨，升工部营缮司主事蒯纲为本司郎中，文思院副使潘俊、张文清大使，顺天府知事周礼兴升一级，钦天监漏刻博士陈鼎五官司历，阴阳人杜瓆漏刻博士。(二三三，3969)　丙子，诏取太仓折粮银四十万两并各衙门去任官皂隶柴价银三千四百四十余两入承运库供用。(二三三，3970)　巡抚辽东右佥都御史王宗彝等奏："今年八月间，虏贼两从铁岭、古城墩等处入境杀掠，其守墩百户赵庆、守堡指挥马兴、巡视千户刘鉴及备御指挥何忠、分守右少监蓝莹、右参将周俊等俱宜究问。"事下兵部，言："庆等失于瞭守，固宜罪，莹、俊虽防守要害，难于概及，然亦宜薄示责罚，以警将来。若镇守太监韦朗、总兵官缑谦、巡抚右佥都御史王宗彝各膺重寄，失机日久方奏，复不引咎自责，俱属有罪。"命庆、兴、鉴、忠俱逮问，莹、俊仍记其罪，朗、谦、宗彝姑宥之。(二三三，3970—3971)　戊寅，兵部奏太仆寺收过成化十一年至十八年马价银共一十四万二千四百两有奇，以备三边及京营市马之费，上令取三万两入承运库供用。(二三三，3971)

壬午，詹事府詹事彭华为其乡人所讦，诏宥其罪，停俸半年。华同县民伍沂者，其祖故尝与彭氏构讼，有世仇……有高绘者老而健讼，因沂讼彭氏，别纠四十一人讼之。奏交至，于是彭氏二家亦讦沂、绘不法等事。上命刑部左侍郎张蓥、锦衣卫指挥刘良往江西会镇守内官暨巡按御史、都布按三司官杂治，得其本末，狱所连几千人……(二三三，3971—3972)　丙戌，太监覃昌传奉圣旨，免南京济川卫军章瑾役，令回京。瑾以人匠贩进宝石得官，盗关库银，家财累巨万，贿赂中官，无所不至。先坐罪充军，至是复以幸还朝，士无耻者或与之交，及藉其资助焉。(二三三，3973)

戊子,太监李荣传奉圣旨,升太常寺丞张苗为本寺少卿,仍旧办事;锦衣卫镇抚司副千户方应旺正千户,武功右卫所镇抚杨敬、张庸、赵观俱本卫百户,人匠叶广等十四人俱文思院副使。(二三三,3974)　甲午,太监怀恩传奉圣旨,升锦衣卫冠带总旗宁瓌为本卫世袭正千户。瓌,太监瑾弟也。(二三三,3975)

十一月甲辰,太监覃昌传奉圣旨,授听选仓副使高凤为工部司务,钦天监阴阳人董旺、胡瑄俱漏刻博士;朱绅与冠带,月支米一石;生员刘贞等四人俱鸿胪寺序班,锦衣卫冠带小旗李景,舍人陈璋、沈礼俱锦衣卫所镇抚,儒士洪迪礼部司务;唐辅等十三人俱与冠带,中书科食粮,仍旧办事。又慈恩寺灌顶大国师劄实坚锉、乳奴班丹俱升西天佛子,赐诰命、衣帽等物。(二三四,3978—3979)　丁未,太监覃昌传奉圣旨,赐御用监太监刘通淮盐一万引。　己酉,太监覃昌传奉圣旨,升掌太常寺事礼部左侍郎刘岌为本部尚书,仍掌寺事;太常寺少卿丁永中本寺卿,寺丞蒙以聪、崔志端俱少卿,通政左参议陈政右通政,右参议毛伦左参议,鸿胪寺右寺丞齐章本寺右少卿,礼科右给事中张以弘本科都给事中。　太监覃昌传奉圣旨,授太监韦兴义男韦钟为锦衣卫所镇抚。兴,梁方[芳]齐名得宠者也。(二三四,3982)　庚戌,太监李荣传奉圣旨,赐司设监太监王包淮盐六千引。(二三四,3983)乙卯,太监覃昌传奉圣旨,升鸿胪寺主簿高铨为本寺寺丞,序班何洪、儒士黄钺俱鸿胪寺主簿,锦衣卫副千户徐甫正千户,义官刘聪等九人俱序班;文振、王鉴俱与冠带,中书科食粮;画士王继先等六人俱文思院副使,儒士李觃通政司知事,道士张永和太常寺司乐俱仍旧办事。(二三四,3984—3985)　戊午,太监李荣传奉圣旨,赐锦衣卫千户徐达淮盐三万引。达,万通之家人也。　是夜,南京国子监火,焚监生号房八十七间,守备内官暨成国公朱仪等各奏其事,因劾掌监事南京太常寺卿刘宣及典簿、巡风诸人罪。有旨宥宣,余俱逮治之。(二三四,3985)　癸亥,太监怀恩传

奉圣旨，升锦衣卫百户邓成为本卫世袭正千户，腾骧左卫勇士邓能本卫百户。(二三四，3988)

十二月丁卯，锦衣卫指挥同知赵璟卒。璟字廷章，山西阳曲县人，太监陈芜家人。从征福建，以功授锦衣卫百户。乙亥征湖广苗，升副千户。成化乙酉理镇抚司刑。己丑升正千户。癸巳命佥指挥事。丁酉复命兼理刑。戊戌进同知。至是卒，讣闻，谕祭如例。璟掌禁狱，遇事颇明断，亦伸理冤抑，士大夫或赖之。如易州知州李宪非法杖死部民事发，当道者纳宪赂，以嘱其乡人巡按御史李延寿为出之。既而守备紫荆关内官钟庆讦其事，得宪托其乡里太监弥缝，有"怀公公知道了"之语，以闻于怀(**盖指司礼太监怀恩**)。怀太监怒，奏提宪及勘官至京，下锦衣卫狱鞫之。当道者惧，遂拟升济南府知府王璟为参政。王璟者，璟之甥也，年深欲一转不得，至是始得之。璟喜，遂隐其连及之词，止坐宪罪。而王璟遣人驰谢璟，璟语之曰："是举多赖刘阁老、尹尚书，吾已报之矣。"其意盖指宪事而云。(二三五，3991—3992)　庚午，录克复哈密功，升哈密卫右都督罕慎为左都督，仍掌卫印，总理国事，赏彩段十表里、银一百两，其余协助擒斩、阵亡并攻城有功官舍夷兵都督佥事昆藏等一千六百九十余人升赏有差，镇守太监覃礼、总兵官王玺、巡抚都御史侯瓒俱赏彩段二表里、银十两，左、右副总兵都指挥使康永、刘晟，监枪奉御屈杰，巡按御史李经俱彩段一表里、银五两。……(二三五，4000)　戊寅，江西鄱阳县民王莹十二以多田横恣乡里间，民有程成宗、曹晶七者与为仇敌，莹十二数陵轹之，每岁俟其种莳既成，辄率众蹂其田。其后程、曹二家亦聚众追斗，王氏死者四人，讼数年未决。会上司遣千户姜辅、陈奎捕盗乡中，程族人故有被人告强盗者，莹十二令人给千户以众往捕，身率子弟僮仆间从攻程氏，入其家，杀十有四人，且赂千户以强盗拒捕报上司。程氏讼冤于巡按御史，下分巡佥事逮捕莹十二等，皆亡去，令家人诉冤阙下。命刑部郎中冯兰、锦衣卫千户杨义往会巡按御史等官即讯莹十二等，捕得皆服，并得其平日贼杀人以十数，他所犯小法不可胜纪。当莹十二罪，凌迟处死，余当斩、绞及徒杖有差，因劾镇守太监刘倜，先巡视南京刑部侍郎金绅已故，及巡按御史段正、熊翀，都指挥段晟、张泰，布政使王克复，参政黄缙，参议宋纳、陈迁，按察使侯英，佥事叶稠、黄诏及知府、推官、知县等皆承行迟误，或失于觉举，俱有罪。都察院以具狱覆奏，有旨："王莹十二及莹[晶]七等十八人俱依律处决，姜辅、陈奎并从者三人俱发贵州边卫充军，黄缙承行未久，并刘倜免之，失于觉举者黄诏、宋讷、张泰、段正、熊翀、段晟、王克复、侯英俱停俸六月，余悉坐罪如律。"(二三五，4006—4007)　辛巳，岷世子膺鉟居父顺王丧不循礼，日与伴读钟宁并群小博戏饮酒。会新除承奉刘忠到府，见世子多过失，屡有所禁制。世子积不能平，他日自外醉归，遇忠，遂捽其首痛殴之，锁之膳房二旬，谋于校尉万义隆并钟宁等殴杀之。仪宾夏隆先尝启请释忠，为世子所怒，至是奏之朝，并发其毁坏金册、奸淫诸事。命太监萧敬、大理寺丞张锦、锦衣卫指挥刘纲往会镇守、巡抚、巡按等官杂治，得其状奏之。都察院以具狱覆奏，有旨："膺鉟狎信群小，谋死职官，奸父妾母，毁坏金册，有违祖训，革去冠带，不许请封，仍下敕切责。万义隆故用凶器，加功殴死平人，即斩之。钟宁等拨置陷害，杖一百，发原籍为民。知杀人而左右之者一人，同博戏者四人，俱发广东边卫充军。夏隆奏事不实，准拟。敕萧敬等如旨施行。"(二三五，4009)　丙戌，太监李荣传奉圣旨，授神宫监太监尚亨弟兴为锦衣卫所镇抚。(二三五，4010)

本年附

艺文·碑铭·太监刘宾谕祭碑

维成化十八年，岁次壬寅，五月己巳朔，初六日甲戌，皇帝遣御马监太监王祎谕祭于内官监太监刘宾曰："尔自弱龄，被选禁内，历事列圣，勤慎著称，方兹委用，胡遽疾婴。讣音来闻，良切悼惜。特赐以□□□葬域，尔灵有知，庶其歆服。”

（碑在北京房山区南韩继西瓦井。《北京图书馆藏中国历代石刻拓本汇编》第52册，第168页）

艺文·碑铭·太监樊坚墓志

明故司设监太监樊公墓志铭

赐进士第、嘉议大夫、礼部右侍郎、掌国子监事、前翰林学士兼修国史、经筵讲官琼台丘濬撰。亚中大夫、太仆寺卿、直文华殿东吴朱奎书。中顺大夫、光禄寺少卿、直南薰殿云间干信篆。

成化十八年(1482)七月四日，司设监太监樊公卒。朝廷念其历事列圣，有劳于国，命工部营葬域，特命中贵监其丧而赐以白金、彩段、宝钞各若干，复敕词臣作文谕祭之。将以是月二十四日葬于宛平县白纸坊之原，此盖公治命所作寿藏也。

公讳坚，广右柳州人，自宾之迁江，徙上林。父亮，隐居不仕。母韦氏，有贤行。公年甫十三即入禁掖，时宣德辛亥岁(六年，1431)也。寻以俊选读书禁中，学馆书读数过即成诵，不劳教督，在侪辈中恂恂谨密，见者知其老成。正统丙寅(十一年，1446)，始授职为奉御。忠实无他肠，未尝有过举。成化乙酉(元年，1465)，以年劳升局副使。丙戌(二年，1466)，奉命监造大慈仁寺，规画有方。逾年厥功告成，升司设监监丞。明年升少监。又明年升太监。每有任使，咸惬圣心，屡有蟒衣、玉带、禄米、厩马之赐。寻以忠勤，选侍皇太后宫。朝夕奉事惟谨，尝护亲王之国，水陆往还，常廪之外，一无所取。沿途郡邑驿传闻公至，喜曰：“福人来也！”在内臣中最为忠谨，心慈仁而量弘大，遇人有贫苦者，辄恻然怜之，施贷不少吝。感荷国恩，每以不能报称为念，夙夜孜孜图所以尽其职者，未尝少懈。恒自念曰：“人皆有父母，我独无，不能事之于生，尚当报之于死。”每岁时祭荐物，极精洁诚敬。公有侄二人，曰泰，曰禧。公以泰承其后，恐其久而忘其所自出也，手画宗支图以授之曰：“此吾樊氏世系也，汝其保之。”先是监工慈仁寺，特爱其近地，风气环合，指谓人曰：“吾百岁后，藏我体魄于此。”又恐其一旦不讳而贻累于人也，乃预作寿藏，间录其身后当行之事，一一条析，付泰兄弟暨诸门下贵竖，俾谨识之。比疾革，呼张监丞福，谓之曰：“我自幼鞠汝,汝曹于我有子道焉。众中惟汝长且贤,我死,以形骸累汝,汝其尽心。”张丞泣对曰:“唯!”公遂奄然而逝。公生永乐己亥(十七年,1419)十一月十三日,至是卒,享年六十有四。予与公素昧平生而义闻其贤名,兹以田侍御尚贤状来乞铭,乃序而铭之。铭曰:

阳谷之旁,日光斯晃。河流之润,必先近壤。天日之下,恩泽滉瀁。优游其间,陶铸薰养。有懿斯藩,世居西广。一闯掖廷,遽变其曩。气随居移,德与年长。质朴而温,心开而朗。三圣四朝,屡承恩奖。带以玉狮,衣以金莽[蟒]。选侍长乐,益虔而敬。赞慈资孝,克全其两。世皆而人,天下安享。胡为不禄,居然长往。内外闻之,孰不惘惘。我铭其藏,有征匪谎。

(北京市宣武区广安门内乐培胡同出土。《北京图书馆藏中国历代石刻拓本汇编》第52册,第170页)

艺文·碑铭·灵威庙碑

赐进士及第、资善大夫、礼部尚书、经筵讲官、前翰林侍读学士、南京国子监祭酒蜀人周洪谟,赐进士及第、兵科给事中仰昇,赐进士及第、户部员外郎白玢,钦差蓟州等处整饬边备兼巡抚顺天等府地方都察院右副都御史李□□,钦差巡按直隶监察御史李□,钦差镇守密云古北口等处御马监左监丞许常、右监丞吴雄,钦差镇守密云古北口等处都指挥同知王荣立石。

周洪谟《灵威庙记》:“灵威庙在密云县古北口城北一里,祀宋赠太尉大同军节度使杨公者也。苏辙诗‘行祠家[寂]寞寄关门’者是已。国朝洪武八年,太傅徐公达重建,□今百年,日就凋圮。成化辛丑(十七年,1481),镇守左监丞许公常、都指挥王公荣图与重葺,且请于朝,赐今额,令每岁从宜设祭。(下略。)时大明成化十八年壬寅冬十月初三日立。”

(碑在北京密云古北口镇。《北京图书馆藏中国历代石刻拓本汇编》第52册,第173页)

成化十九年癸卯(1483)

正月丁酉,分守大同东路左监丞杨雄、左参将都督同知卢钦以私忿相讦奏,降敕切责之,敕曰:“尔雄言钦专恣,尔钦言雄挟私，法司议尔等俱合逮治。朕以西北重镇，急在用人，姑从宽贷。夫天下之事，和则成，不和则偾。今尔等承分守之托，无事之时，矛盾如此，倘遇警急，岂不误事？今后务改过，协心济理边事，以副委任。若再蹈前非，必罪不宥。”因通戒各边内外将臣，务相协和济事。（二三六，4017—4018）　　辛酉，太监覃昌传奉圣旨，升大能仁寺灌顶大国师结斡锁占为佛子。（二三六，4022）

二月庚午，太监怀恩传奉圣旨，升锦衣卫指挥使朱骥为都指挥佥事，署指挥同知刘良实授指挥佥事，仍署同知，俱莅事如旧。（二三七，4023）　　乙亥，召甘肃左副总兵康永还京。永与总兵署都督同知王玺不相能，每自言有心疾，镇守太监覃礼等以状闻，故召之还。（二三七，4025—4026）　　丁丑，太监覃昌传奉圣旨，升尚衣监太监廖屏侄贤为锦衣卫正千户，百户廖福兴为副千户，故内官监太监王瑄侄顺为锦衣卫百户。（二三七，4027）　　戊寅，太监覃昌传奉圣旨：生员秦瑁等八人俱与冠带，中书科食粮；承差余夔授鸿胪寺序班，仍旧办事。（二三七，4028）　　辛巳，给工部文思院大使等官罗祥等八十五员牙牌，从太监黄顺奏请也。初，顺奏下礼部，言文思院大使共九百余员，俱升自传奉，请给牙牌者已过半矣，且牙牌本为朝参而设，非工匠所当得。上命与之，不为例。（二三七，4029）　　乙酉，太监覃昌传奉圣旨，授儒士汤瑄、李琪为鸿胪寺序班，吏薛政礼部司务，人匠王濬、李俊文思院副使，生员杨承恩等四人俱与冠带，中书科食粮，仍旧办事。　　丙戌，太监杨信奏修筑卢沟桥堤岸兴工有日，礼部及太常寺失行祭祀。礼部尚书周洪谟、侍郎徐溥自劾，并劾祠祭司员外郎王傅等及太常寺官，命堂上官姑宥之，该司官吏锦衣卫逮治，太常寺官其勿问。　　丁亥，太监李荣传奉圣旨：舍人崔广、虞景，民人张贤俱为锦衣卫所镇抚。（二三七，4030）　南渭王音戴先奏永州卫指挥刘正等罪，已下巡按御史会湖广三司官按问，坐罪有差。上以王奏亦有不实，下敕责之。王乃以其事复奏，并诬布、按二司官罪，改命镇守内官同巡抚、巡按等官覆按如前，都察院再请敕责之，有旨："南渭王何得将已勘虚情增诬奏扰？不必写敕，其即移文，俾革心改过。"(二三七,4031)　　庚寅，太监李荣传奉圣旨，升钦天监漏刻博士郑恺为五官挈壶正，冠带天文生张继五官司历，刘瓒等五人俱五官司辰，署漏刻博士潘泰实授，民人董玉等十人俱漏刻博士，贾瓒等六人署漏刻博士，道士冯宏逸升道录司右玄义。(二三七,4032)

三月癸巳朔，宥光禄寺卿艾福等罪。前此有厨役死于井并沸汤者，既得旨宥罪，因戒以再不谨必罪不宥。至是复有内官家人缢于寺中，诏令福等对状，皆服罪。有旨："若等不以膳羞处所为重，关防不谨，屡有死人秽污，法当逮治，既服罪，姑再宥之。"(二三八,4035)　　戊戌，太监怀恩传奉圣旨，赠故锦衣卫指挥佥事邵宗为指挥使，仍与三代诰命，升其子华为世袭指挥同知，舍人邵安、邵喜俱为锦衣卫百户。　太监覃昌传奉圣旨，升刑部主事郭宗为尚宝司少卿，听选官唐胜中书舍人，儒士仝泰与冠带，中书科食粮；并鸿胪寺主簿周惠畴等四人俱令文华殿办事。宗起进士，善刻印章，为中人所引，日与市井无赖者趋走供事，心独愧悔，渐以成疾，不久竟死云。(二三八,4036—4037)　　庚子，禁势家中盐以侵商利者。时内官王钿奏令家人中支河东官盐二万四千引，上曰："开中盐课，例该召商，以备边储。近来内外官往往奏扰，所司看详以闻。"于是户部覆奏："势要之家奏请官盐，动经万计，以致中纳者怀怨。况各边仓廪空虚，粮草缺乏，此诚国计所系，不可不虑。今王钿违例中盐，宜下法司治罪。"上曰："祖宗之制，内官不许私置产业，矧敢违例中盐，与民争利。且其服食之需，皆自内给，今钿营利于外，将焉用之？论法本不可轻贷，姑恕之。户部仍查例揭榜禁约，后有犯者必罪不宥。"(二三八,4038)

壬戌，敕巡抚四川右副都御史孙仁曰："得尔与太监蔡用奏，火掌坝番蛮纠聚为患，尔等恐将来酿成大患，阻绝粮道，难于控守，欲调汉土官军万人,候瘴消之日攻剿。该部覆奏,已从所言。但动调大军,不可无大臣节制,除蔡用留守成都,听节制别项警急外,兹特命尔亲赴彼处节制军事。然朕详尔等言,此贼止是报仇截路,不曾流劫乡村,况所称招讨高文林、杨芳辈有忠孝礼义等语,若果如此,尔到彼即提兵压境,切勿轻动,先遣人往宣朝廷恩威杀伐利害,设法擒献,罪止其人,免令地方受害。谅必听从,如此弭除边患,较之用兵劳费,首恶未必能得,徒伤无辜,致生他变者,不其伟欤?如蛮众不肯听从,然后照该部所拟,进兵未晚也。尔宜从长干济,必公必慎,毋惑群议,务使地方宁靖无意外之虞,斯不负任使,尔之功亦有在焉。尔其钦哉!"时番夷小入,蛮本为报复私仇窃掠,而蔡用欲兴兵以邀功,嗾孙仁共奏其事。兵部覆请,业已许其用兵矣。上复疑之,故敕,意专责成于仁。及后招讨司果擒其首恶十余人以献,枭以示众,地方宁谧,迄不用兵,亦无他患云。(二三八,4049—4050)

四月癸亥朔,太监李荣传奉圣旨,升太常寺司乐徐启端为协律郎,监生吴美中书科,冠带儒士杜濬、礼部司务李宣之、颜班鸿胪寺署丞,天文生范祥、孔英、五官司历金濬、顾琳漏刻博士;儒士蔡瑛、万漳、董惠与冠带,中书科食粮;人匠赵玘等九人俱文思院副使,仍旧办事。　太监怀恩传奉圣旨,升皇亲故右都督王镇弟锐为锦衣卫世袭正千户。既而锐乞改注南京锦衣卫,许之。(二三九,4051)　壬申,封朝鲜国王李娎长子㦕为世子。上谕礼部臣曰:"娎敬事朝廷,与他国不同,宜厚与之,其世子赐金织纻丝纱罗各四表里。"仍降敕谕娎曰:"朕惟有爵土者莫不为长世之图,立嫡长所以系群情之望,古今然也。今特命太监郑同为正使,金兴为副使,往封尔长子㦕为朝鲜国王世子。于戏!朝廷之命,王其承之;藩邦之器,世子其主之。知天地之分不可逾,益循事上之诚,知继体之道不可忽,罔替秉礼之训,若是则本愈固、誉愈隆,王国享福讵有穷邪!"(二三九,4054—4055)【考】二使七月至鲜京。

朝鲜《成宗实录》卷一五六，成化十九年七月癸巳，引敕书云："兹遣太监郑同等往王国，封立世子，以从王请，以慰国人之望。同等事竣而回，王于本国小火者中，拣选资质清秀易于使令者数人，付同等带来，足见王忠诚事朕之意。""上曰：'火者之数，敕书内只说数人，未有定数，我不知当取几何，请大人言之。前日大人云：预选年少火者二十以待。故已令选取，但不知当否耳。朝廷记我小邦，虽火者之微，亦令选进，十分感激，今尽心选择，然安有聪明爽利如大人者乎？请大人选择之，其数之多少，在大人决定。'上使曰：'只要年少者拣取耳。'"又据朝鲜《成宗实录》卷一六一，成化十九年十二月壬申条，郑同归国未久即卒。　癸酉，沈府辽山王幼壂奏：臣妃秦氏故，乞免遣内官致祭，恐臣年老子幼，不能祗奉获罪。上曰："王府丧礼，遣官致祭，国之常典。而王以不能祗奉获罪为辞，岂以为厉己邪？今所遣者成礼而已，无他也，王其勿辞。"

行人司行人王皋为镇平王掌丧礼，至开封府，公馆夜火，皋所领精微批焚焉，因自劾请罪。镇守太监、巡抚都御史皆为之请。宥之。(二三九，4055)　　甲申，罢闲佥事张宽先以贪淫事发贵州镇远府为民，既而逃回，又诬奏抚治郧阳大理寺右少卿吴道宏挟仇诬陷及贪暴等事。上仍命原差内外官萧敬等会勘。襄阳卫镇抚苏忠先因委勘宽事，挟取宽财物，亦被奏发；梁府内使陈鉴侵盗本府财物，亦坐累。敬等俱鞫得其实，各拟合坐者律，都察院以闻，上以宽、忠情犯深重，谪柳州卫充军，鉴发本府守坟，道宏赎杖还职。(二三九，4057)

五月癸巳，巡抚大同右佥都御史郭镗等奏：虏入大同双山墩，把总指挥郭荣、守墩千户高鉴卖放墩军，乏人瞭望，守备都指挥张安不能追虏，右参将庄鉴、右少监陆訚提督不严，皆当究治。兵部覆奏，命执荣、鉴鞫之，安姑记罪，鉴、訚俱贷之。　丙申，太监怀恩传奉圣旨，升太常寺少卿顾玒为本寺卿。玒，大德显灵宫庙祝，自幼扶鸾，假神降言祸福，夤缘中官以达内庭，遂得幸。二子传其术，亦皆得官。(二四〇，4062)　　庚子，镇守大同太监汪直等奏："左参将卢钦、右监丞杨雄不能御虏，累致入境杀掠人畜，又匿不以闻，法当究问；其守备等官陈怀、左敬、曹绅、谢端、谷英、郭鉴、张浩亦当逮问，并自劾不能节制之罪。"兵部覆请，诏："卢钦既累失机，情犯深重，并杨雄俱执来京；自陈怀以下令巡按御史究治，直等误事，姑记其罪。"　壬寅，虏酋亦思马因为迤北小王子败走，所遗幼稚，朵颜三卫携往海西，易军器。道经辽东，巡抚都御史王宗彝等知之，议以为马市之设，正欲革海西与三卫互市之弊，今若使其得以人口易军器而不豫为杜绝，他日必将纠合以为边害，乃遣译谕之，凡携幼稚来市者倍偿其直。至是以所市男女九人来献，兵部请如降虏处之，俟其长，遣寘两广。上命不必遣，乃以分赐司礼监太监怀恩等。(二四〇，4063)

己酉，巡抚大同右佥都御史郭镗等奏虏再入双山墩杀掠，请治守墩百户段安、哨备指挥孙俊、守备监丞邹玉、都指挥张远罪，因复劾参将庄鉴、少监陆訚虽有夺获微劳，亦难辞责。兵部请旨裁决，诏治安、俊、远等罪，鉴等仍记之。　庚戌，太监覃昌传奉圣旨：生员张浃升鸿胪寺序班，儒士康玉、江洪、薛鉴、唐福俱冠带，中书科食粮三年，照例出身；福，文华殿办事。典史曾仁、伍瓒、熊灿与冠带，照例选用；舍人梁真升锦衣卫所镇抚，道录司右至灵连克彰太常寺寺丞，右玄义张富安右至灵，道士赵以明右玄义。(二四〇，4066)　癸丑，镇守大同太监汪直等驰奏："有自虏中逸归者传报，北虏小王子欲纠率部落，大举复仇，恐众寡不敌，乞将直旧所统达官头目都督卢深等千一百人兼程赴援。"上命兵部参酌以闻，尚书张鹏等议："时方盛暑，师难久戍，计大同各边士马数及四万，使内外守臣戮力齐心，兵亦足用，直所请姑勿许。宜敕大同、宣府等处守将合兵御虏，仍令永平、山海并辽东、宁夏各边严谨堤防。"且言京师武备所以控制四夷，必须养威蓄锐于闲暇之时，方能折冲御侮于有事之日。迩来困于差役，锐气消沮，恐一旦警急，难以调用，宜悉停其役。诏可，乃敕直等曰："今虏贼沿边住牧，必有入寇之举，防御之计不可少缓。尔等宜照前敕，定委副、参、游击等官，统领原选官军，常时操习，仍严饬沿边官军，用心瞭探。如虏入寇，即分路截杀。尔等须发兵策应，不许坐视，倘在宣府交界之处，急须移兵，并力攻剿，亦不许自分彼此推调，重取罪愆。如贼众军少，则驰奏区处。尔等其钦承毋忽。”(二四〇，4067—4068) 丙辰，赠宫人韩氏为恭慎夫人，命内官赐祭，工部造坟。(二四〇，4070) 辛酉，特赐太常寺寺丞赵玉芝母敕命。玉芝初用左道托内臣以进，历任未及半年，遂得敕命。(二四〇，4070)

六月壬戌朔，太监覃昌传奉圣旨：僧录司左觉义定宣、右觉义圆洪俱升右阐教。(二四一，4071) 戊辰，致仕太子少保户部尚书翁世资卒。世资，莆田县人，登正统壬戌进士第。……世资体貌丰硕，有干局，才思亦通敏，但颇事侈靡，不饰小节，不为君子所多。其进官得恩既骤且厚，皆倚乡里中官为助云。(二四一，4072—4073) 乙亥，调镇守大同太监汪直于南京御马监。巡抚大同都御史郭镗奏：“直与总兵官许宁共事以来，宁恐直之见陵，直忌宁之相轧，互生嫌隙，不相和协。试举其五事为证：宁令士卒分曹攒槽饲马，直以为拘留一处，下人不便，一也；宁、直嫌于共事，预将人马分为四营，营二千人，人自为战，自分彼此，何以御敌？二也；宁欲将人马拨野口、宣宁、黑山、怀远四处，直欲拨沙河、红寺二堡，往返数次，尚未定议，三也；直以右卫游兵调大同者止有五百，而把总官乃有四员，官多军少，欲令二员回卫，宁以为业已调至，不必取回，下人惶惧，无从遵守，四也；游击将军叶昇近在天城截杀，直以为地方无事，可以取回，宁以为调去未久，宜留勿取，争论数日，尚未能决，五也。他如此类，未能悉数，平居如此，猝遇大敌，岂不丧师偾事？此臣所以忧也。”事下兵部看详，尚书张鹏等言：“今边务方殷，必将官协和，乃克有济。直、宁屡被戒谕而执迷尚尔，若不早为处分，恐贻后患。”上曰：“直、宁不以边寄为重，互逞私忿，事多幸违，万一有警，何以御敌制胜？昔廉颇、蔺相如尚知先国计而后私仇，直等顾不此之思耶？今姑宥其罪，降敕切责，直可调南京，太监蔡新调大同，简颙调宣府，务令协和行事，仍命司礼监太监李荣往谕直而遣之。"初直之出使也，厌健马不乘，常御骡车，日夜驰逐，有司追候不及，动遭棰挞。有定州知州裴泰者预为馔具以待，直至，仆从皆醉饱欣欣，直心识之。至是既被调，道经曲阳县，有司皆闻风畏避。直至，闲寥困卧公馆中，孤灯荧然，适泰以曲阳上司迎谒，直喜甚，求食。泰以所挟饮馔进，直遂忘己汝待之，且曰："吾非复前比矣，吾南行，上意犹未可测，明发但得车马备办，起程足矣。"泰曰："诺。"至明趣驾而去，声势寂然。人以其小人得丧之态，可为世戒云。（二四一，4074—4075）　　庚辰，大同总兵官都督同知许宁等奏："比得降虏言，虏酋小王子等拥众近边，密遣人觇入寇之路，及大同东中西三路俱有虏报，恐地方广漫，兵力不足，乞调延绥官军五千协同战守。"事下兵部，尚书张鹏等请如所奏，命监督军务、总兵等官同太监金辅、新宁伯谭佑[祐]等阅视原选官军，待报启行；永平、山海等处亦令练兵以俟，领兵官定拟以闻。既而佑等以所选官军五千不足调用而刍粮必先预备，乞仍遣文职重臣参赞军务。上命增兵五千，军务委大同、宣府都御史参赞，刍粮委户部分司官整备，先令游击将军马俊帅兵三千协助，先发者人各给银一两，寻命安顺伯薛珤[瑶]驻永平，都督同知白瑜驻密云，各领兵三千，复令都督同知白全充右参将。（二四一，4078—4079）　　甲申，太监萧敬传奉圣旨：道录司右玄义高宗谅升右至灵，蔡宗珵左玄义，道士史宗信、郭道文、赵守正、刘景晖右玄义，义官龙应魁、丁洪，生员萧玉、陈符、李从周、刘昕，儒士解绘、翁澄、李聪、陈洪俱鸿胪寺序班，画士傅实、李宾文思院副使，舍人刘志锦衣卫所镇抚，龙骧卫百户李仿改锦衣卫百户管事。（二四一，4080）

七月甲午，太监萧敬传奉圣旨：右至灵高宗谅革职，发原籍当差；右玄义史宗信拘收度牒为民；左玄义陈得静降道士，本宫焚香；序班龙应奎革冠带为民。时宗谅等因扶鸾，伪为丹药，云神人所降，服之可长生不死，将以进御，为内侍觇知其事，遂败。所犯情重而罪轻，人皆愤其幸免云。(二四二，4083—4084)　　乙未，大同总兵官许宁等奏："分守左参将刘宁、左监丞石岩被命至阳和，又二日，虏入其境杀掠人畜，虽治事日浅，亦系失机当罪。"事下兵部，言二人自宣府移守，甫及信宿，罪难概论。上曰："兵部议是。士卒非素所拊循则不识，将意难以为用，宁等顷自宣府移守阳和甫二日尔，号令未行，威爱未立，部下之勇怯、地理之险易俱未究治，而因一挫即以军法定罪，可谓不酌人情、不较事势而欲以服人心，其难矣。俱贷之，令勉图后功以赎前罪。"(二四二，4084—4085)　　丙申，唐府仪宾庞玟主使家人凌轹内使，坐赎杖还职。巡按御史以玟情重律轻，奏请裁处。有旨革玟冠带，令戴民巾。　　丁酉，宣府总兵官周玉等奏，请治都指挥王祥、右监丞张刚、右参将孙素、奉御金广等提督不严，致虏入境杀掠之罪。诏祥等法当究治，但边陲有警，姑记其罪。　　戊戌，太监覃昌传奉圣旨：太常寺寺丞赵玉芝升本寺卿，照旧办事，即与诰命。(二四二，4085)　　甲辰，增置四川布政司参议一员，提督银课。前此会川卫密勒山银场岁课一万三千五百两有奇，矿夫六百余名，后皆停止。至是复开，兼开沙卧山银场，矿夫视旧增十之一。而会川离四川三司又二千余里，太监蔡用言必得参议一员领敕提督，庶银课无亏。户部覆奏。从之。(二四二，4086—4087)　　辛亥，太监覃昌传奉圣旨：道录司左正一杨志贤升高士，照旧管事；左演法来弘善左正一，右演法陈宗然右正一，右玄义杨志亨右至灵，延福宫道士刘玄哲、严大容、傅思茂俱左玄义。(二四二，4089)

丙辰，大同总兵官许宁等奏：虏酋小王子于本月十一日率三万余骑寇边，东西连营五十余里……臣等乃先设伏截其归路，遂扬兵西北，虏见尘起，相顾骇愕，而周玺等复鼓勇向之，虏遂奔北，尽弃所获而去，复为参将庄鉴、少监陆訚等据险邀击，虏惊溃还，走出境。计连战二日一夜，生擒一人，斩首一十七颗，获马五十四匹，衣甲、弓箭等物九百七十余，夺回牲畜一万六千六百余，我军亦阵亡五百八十六人，被伤一千一百一人，射死马一千七十，而石岩等亦败虏三百余骑于江家屯。……按宁等此时兵败失利，乃更以捷闻，词多掩饰，朝廷一时未究其详，故降敕云尔。宥参将李玙等罪，方大同警报之急，上命驰敕赐延绥内外守臣陈政、王钺[越]、吕雯等，令李玙将精兵三千赴援，赍敕者稽违程期，而玙复淹缓旬日始就道。至是，兵部尚书张鹏等劾之，并劾政等。上命贷玙与政等罪而命雯执赍敕者笞之。(二四二,4091—4092)　　已未，命保国公朱永佩镇朔大将军印，充总兵官，将兵出大同征虏。时边报复急，故命永等击之，仍敕太监蔡新监督军务，右佥都御史郭镗赞理军务。于是永奏虏若散漫劫掠，必资轻骑追剿，若聚众迎敌，必藉步军障援，请益步军一万以行。复荐左都督范瑾素习边事，堪任参将。上从之，诏永部署先发，瑾将步军五千继进。寻命都督同知李俊充游击将军，其宣府地方令金辅、谭佑[祐]、冯昇以原选军马训练堤备。(二四二,4093)

八月癸亥，南京应天府府尹鲁崇志卒。崇志字懋功，浙江天台县人，故佥都御史穆之子，登甲戌进士第。擢吏科给事中，升南京太仆寺少卿、应天府尹。中贵人王敬至南京，怙势黩货，有司莫敢违，欲以盐数万斤售畿民，以规重利。崇志不从，至厉辞色以拒之，民用不扰。(二四三,4098)　　乙丑，大同总兵官许宁等奏虏贼复拥众犯边，上命兵部会官议，因请敕宣府总兵周玉将兵二千驰赴大同合击之，仍敕太监简颙、都御史秦纮练兵防守，参将白全帅兵二千暂驻柴沟堡防备，游击将军李俊先引兵三千赴宣府协守。总兵官朱永兵出居庸关，左参将范瑾兵出紫荆关，永至大同，周玉仍还宣府，而沿边一带关隘宜选委重臣二员，一自居庸关抵龙泉关,一自古北口抵山海关,敕令轻骑遍历,视其险易而区画之。议上得旨,俱赐敕,令速赴援,仍敕侍郎李衍、何乔新巡历边关。(二四三,4099) 丁卯,守备紫荆关内官郭聪等奏:本关距大同、宣府四百余里,恐虏乘胜突至,城堡隘口缺人守御,请亟取真、保、定等卫所下班官军,先期赴关守御。上命兵部参酌之,尚书张鹏等言:"卫所星散,猝难齐一,请选委指挥二人驰驿,分督官军期五日内赴关。"上是之,仍命倒马关亦要冲之地,即区画以闻。(二四三,4100—4101) 壬申,降南京御马监太监汪直为奉御;除威宁伯王越名,安置安陆州;革南京工部尚书戴缙、锦衣卫带俸指挥吴绶职,俱原籍为民;工部右侍郎张颐致仕。初立西厂,以大臣言而罢,缙为御史,上章极称汪直可用,复用之。越为都御史,绶为锦衣卫千户理刑,内外交结,朋比为奸。未几,缙升都御史,绶升指挥,仍于锦衣卫缉事。时巡抚辽东都御史陈钺诬执夷人入贡者,以为犯边,诸夷忿,将乱。诏兵部右侍郎马文升往抚之,直复请自往视。至辽东,钺谄事直,命其子父事之,因进谗于直,文升及牟俸皆得祸。既而钺捏报辽东有警,直请同抚宁侯朱永出兵,至辽不见虏,因杀无辜,掘死人髑髅以报捷。师还,直加禄米,永封保国公,钺升尚书。被巡按御史强珍发其事,遂逮珍谪戍。未几,西北边有警,直遂与越出大同,因伺虏近边住牧者夜袭其营,斩获其老幼妇女以归。颐为巡抚都御史,倾府库以媚之,皆以功报。直又加禄米,越封伯爵,颐亦升侍郎,诸家子侄奴仆随征者如毛伦、汪钰俱升都督,王春、周彝、萧聚、王宏、陈世弼、汪宪等各升指挥、千百户等官。时直势焰熏灼内外,稍忤之者辄祸及,自俸等后如尚书项忠、御史陈斌、黄本皆其诬构者。及虏数犯边,以报仇为词,上已出越、直守边,渐示疏斥。寻复调直居南京,遣太监李荣趣其行。至是科道官乃交劾其八罪:一孤负圣恩,忍心欺罔。二妄报功次,滥升官职。三侵盗钱粮,倾竭府库。四排斥良善,引用奸邪。五擅作威福,惊疑人心。

六招纳无籍，同恶相济。七交结朋党，紊乱朝政。八轻挑强虏，擅开边衅。命官会议，俱请逮治。诏曰："直等结党乱政，欺罔弄权，开启边衅，排摈正直，引用奸邪，本当置之重典，姑从轻发落。"乃降黜直等，仍追夺越诰券，编发伦、钰、春、世弼为民，彝、聚、宏湖广边卫充军。时俸已故，命文升、珍、忠复职致仕，珷、本冠带闲住，惟陈钺已致仕，并永、宪不问云。越，字世昌，直隶濬县人，景泰辛未进士。初授御史，擢山东按察使，升右副都御史，巡抚大同。会虏自河套累入延绥寇掠，朝廷命将征讨，越尝参赞军务，以崖窑川、开荒川、柏油川之捷，三转至左都御史。寻以虏酋西寇，乘虚率轻骑自榆林出塞，昼夜疾驰三百八十里，直抵红盐池，袭其老营。虏悉奔溃，斩首三百五十余级，获其驼马杂畜器械无算，焚其庐帐而还。自是虏远遁，越以功加太子少保，升俸一级，命总督三边。后徙居固原，心甚怏怏。乃移疾乞还京，寻莅院事。又命提督十二营操练，与汪直选军，每以河套劫营功大，将士赏不酬劳，讼诉不已。奏请，所司覆奏升赏之，诏以越首谋成功，特升兵部尚书，仍加俸一级，余职如故。已而进太子太保。见朱永邀功辽东，升国公，亦欲觊其封爵，乃因延绥小警，嗾直请出师，而己提督军务。侥幸威宁之捷，封威宁伯，仍兼左都御史，莅院事。又与永、直等帅师往大同，以黑石厓之捷进太子太傅，岁加禄米四百石，掌前军都督府事，为五军营总兵，时成化十七年春也。是年直渐见疏，至秋，命越出宣府击虏，乞班师不许。明年遂命留镇大同。以清水营之捷加禄米五十石。又命移镇延绥，至是竟为言者所论，与直俱败。上遣锦衣卫指挥陈玺赍敕往谕之，越闻丧魄，几欲自尽。及闻敕有从轻之言，始变色，诸子以功荫报捷得官者皆除名，今上临御得放还自便。越聪慧过人，见事明敏，书一读即了其义，其于文艺不学而能，用兵能料敌。但喜夸诈，急功利，比之匪人，不复顾惜。其为台长，于大臣有不悦者，阴嗾台官击去之。惟与保国公朱永、大学士刘珝极相厚,终皆反目。威宁之役,虏忿恨,报复不已,得中国人肆其惨毒,大为边害者数年,皆越所致也。初越廷试时,疾风卷其试卷,扬空而去,所司以闻,命更卷与之。至是一败涂地,人皆谓先兆云。钺,字廷威,直隶献县人,天顺丁丑进士。授兵科给事中,升光禄寺少卿,不徇近幸求取,大革奸弊,名声甚著。升山东右布政使,阻巡抚牟俸庇其已故乡里刘佥事赠赙之私,进右副都御史,巡抚辽东。会太监汪直欲诇察其事于辽东,钺惧,谄事直,诱直用兵,得迁右都御史。未几召入为户部尚书,改兵部尚书。直稍失宠,都督马仪奏钺阴事,乃命致仕。后为东厂官校发其赃及收降虏子女,逮至京,坐黜为民。钺为人机警有才辩,遇事敢为,然悻戾险狡,既得志,益恣肆,士大夫有不合者辄中伤之。内结直,外结大臣之宠任者以为腹心,相与朋比,挤余子俊以攘其位,窜马文升、牟俸以泄其忿,御史强珍、王崇之皆以言钺得罪。其在辽东,激变边夷,侵克边储,恶不可一二数。其黜也,军民闻之,莫不痛快云。缙,字子容,广东南海县人,成化丙戌进士。授御史,满九载,需选于吏部。时当道用人非有攀附不得进,缙恐外迁,欲求一京秩不可得,乃与锦衣千户吴绶谋,欲起直,倚以为奸,具疏言直行事公当不可罢。先以示直,乃进。于是复立西厂,直大柄用,因德之。讽吏部升缙京职,意在都宪。吏部佯若不知,拟升尚宝少卿。上从之。七阅月即以内批升右佥都御史。未逾年升右副都御史,未及再期,又升右都御史。寻以直宠衰,出为南京工部尚书,仅五月而直败,革职为民。缙自幼不谨细行,然性最警,见事敏捷,临机应变,遇事敢为。其为御史,巡按浙西,锄击豪强,扶植善弱,声称籍然。其在都台,不过与王越辈朋比为奸,以奉承汪直而已。然外貌响响恭逊而其中殊不可测,盖柔奸也。直之复用,以祸士大夫而毒痛生灵,缙为孽魁云。颐,字养正,直隶江都县人,由戎籍领山西乡贡,天顺庚辰进士。改庶吉士,除翰林院检讨,秩满升修撰。擢佥都御史,奉敕巡抚宣府。汪直帅师出征延绥，道经宣府、大同，颐卑谄阿附，甚得直意。回即用为工部侍郎，寻被劾致仕。颐颀身劲气，才本可用，但急于功名，始终以附势骤进，此所以不能保其士节云。绶，湖广江夏县人，贵州总兵都督经之弟。成化初以湖广总兵李震荐其有文武才，授锦衣卫所镇抚，从都御史白圭征贵州，充前锋，升副千户。绶形貌寝陋，性倾险，变诡多端，能以术御人。谄事汪直为其心腹，得升指挥佥事，理刑镇抚司。缙绅士夫初多与之交，其后亦有被其祸者。既得志，招权纳赂，赃滥不赀。直觉其奸，乃奏调南京锦衣卫，仍旧职。虽已失势而人尤畏其复来，直败乃除名。绶初为李震所荐，其后卒倾震，至是败露，天下快之。(二四三，4106—4113)　　乙亥，命太监怀恩、户部尚书余子俊阅视团营官军。定西侯蒋琬奏：(**言团营将领上下交征，致军士缺伍，京兵不足**。)上曰："朝廷积年费粮赏以养兵，今乃减耗如此，兵部即参酌以闻。"尚书张鹏等言琬之所陈，曲尽时弊，但团营之置，欲备警急调用，如琬所陈，则是减耗将半，武备之弛诚如圣虑。但今边方多事，立法救弊，宜急先务。请敕五军、三千、神机营内外官员凡上下一应占役及下场工作者，尽令归伍，其倒死马亦如例买补。官军在外则敕巡按御史等官清理，在内则简命内臣及给事中、御史各一员拣选送操；而究其本源，尤在总兵，毋徒委罪将领。上曰："私役军士，令太监怀恩与户部尚书余子俊督同给事中、御史从公阅视，不许隐占，马急买补，军匠且勿选。今后各营总兵当以朝廷军务为重，正己律人，除革奸弊，勉副委托，不许懈怠。"遂敕恩等曰："国家兵备，寄之三大营、十二团营，昨者虏酋侵掠大同、宣府，朕命大将征剿，拣选精锐，旬日仅得万余，盖由总兵等官纵之归休，役之私用，或赂贿买闲、应役权要者。今特命尔等督同给事中、御史按籍点阅，除出征外，敢有隐蔽占恡不发，听尔等会议处治，重则奏请削夺。"(二四三，4113—4115)　　大同总兵官许宁等奏：七月二十八日，虏贼复拥众薄大同城马铺山，东西长百五十余里。参将刘宁率兵三千至聚落站西,遇虏三百余骑,迎敌击却之。明日进至三十里铺,复遇五百余骑,力战败之。比暮,至怀仁顿兵。八月初二日,虏复由水峪村南入内地抄掠。宁等随遣诸将,督兵分路邀击,自将兵由马铺山出,遇虏一百余骑,战于红墙儿村。刘宁兵至聚落站,复遇二千余骑南驱,乃与左监丞石岩合兵击败之,追至大沟口。虏见宣府副将江山、京营游击将军马俊援兵骤至,遂惊溃北遁。游击将军董昇、少监孙胜兵至沙窝村,遇虏一千余骑拒战,我军击退之。游击将军宋澄兵至厚子口,遇虏八千余骑,鏖战十余合,虏败而遁。参将庄鉴、少监陆訚兵亦与虏一千余骑遇于牛心山,战数十合,虏乃引去。凡七战,计生擒一,斩首十五,夺获马一十八,弓箭等仗二百二十九,夺回牛马二百三十三,我官军阵亡二,被伤二百二十四,射死马一百三十六。奏至,得旨:“奏事人赏新钞一千贯,即驰敕赐宁等,令协谋分剿。”(二四三,4113—4116)　戊寅,巡抚宣府右佥都御史秦纮等奏:十一日,虏骑千余驻兴宁口,肆行抄掠。臣令都指挥张澄等分兵为三部,而臣纮与太监简颙等将兵一千居中节制。(**与虏战及斩获略**。)奏至,上命赏奏捷人新钞五百贯。(二四三,4117)
壬午,宣府总兵官周玉奏:十一日,虏贼二千余深入顺圣川等境,分路抄掠,臣乃会大同士马合击之。分守监丞石岩、参将刘宁引兵驻古城沟,臣等将兵四百驻定安营,分遣指挥等官……(**与虏战及斩获略**。)事闻,上命赏奏捷人衣一袭、新钞一千贯。(二四三,4118)

己丑,镇朔大将军保国公朱永等奏:虏贼复侵扰大同等边,臣永等督兵击之。初十日,都指挥刘鋐等与战于石佛寺。越二日,指挥赵伯章等败之于陈家堡。参将刘宁等伏兵三千于白登等村,仍会宣府总兵官周玉等兵于十二日战败之。……而监丞左敬与周玉、副将江山等亦皆击败虏众于大鹁鸽峪等处。共计生擒八人,斩首七十五级,获马一百九匹。奏至,上曰:“诸将既能屡擒斩虏贼,其敕朱永等令尽心调度,奏捷人升一级。”(二四三,

4124）

九月壬辰，诛妖人王臣，传首江南示众。臣任锦衣卫千户，以妖术为太监王敬所信任。敬奉使苏、常等府，奏请臣及百户王完等十九人以从，所至陵轹官吏，毒害良善，诈传诏旨，括取奇玩之物，皆出臣所为。臣又多取美女，因为淫乱。既还京，为太监尚铭发其事，下都察院鞫治得实。狱上，上曰："民情常患于不能上达，王臣等在外矫诈为奸恶，使东南赤子重罹荼毒，朕安得知之？罪状既露，非重戮不足以谢天下，亟斩之，仍枭首于被害州县。王敬充南京孝陵卫净军种菜。王完等发开原、肃州二卫充军，家属随住。"（二四四，4127—4128）【考】王敬骚扰激变状，见《明史·王恕传》："中官王敬挟妖人千户王臣南行采药物、珍玩，所至骚然，长吏多被辱。至苏州，召诸生写妖书，诸生大哗。敬奏诸生抗命。恕亟疏言：'当此凶岁，宜遣使振济，顾乃横索玩好。昔唐太宗讽梁州献名鹰，明皇令益州织半臂褙子，进琵琶杆拨镂牙合子诸物，李大亮、苏颋不奉诏。臣虽无似，有慕斯人。'因尽列敬等罪状。敬亦诬奏恕并及常州知府孙仁，仁被逮。仁，新淦人，由进士历知府，为人方峻，敬至不为礼，以是见忤。恕抗章救，三疏劾敬。会中官尚铭亦发敬奸状。乃下敬等狱，戍其党十九人，而弃臣市，传首南京。仁亦得释归，后积官至巡抚宁夏右副都御史。"王恕时巡抚南畿，其疏《论中使科扰民所得物件奏状》（《明经世文编》卷三九）言："臣惟自古人臣之事君，以声色货利、珍奇方术为容悦以取宠幸者，未有不坏天下之事而为社稷之忧也。切见内官监太监王敬，前来江南采取药饵，收买书籍，朝廷止赐盐七千引公用，止可直银八千余两，却发盐一万五千五百引与宁国等府卫，逼要银三万二千五百两，不知余盐八千五百引从何而来，多取价利作何花销？又有盐数十船发去江北庐州等府卫、江西南昌府等处官卖，不知又得银几千万两。至苏、常等府，刑驱势逼官民，取受银三万六千余两，玩器药饵等物并跟随人员私下取受者不在其数。又令苏州府织彩妆五毒大红纱五百余匹，每匹直价银十五六两，止给银六两五钱。及其交纳，每匹反勒要机户解扛银五两，亏民数多，使之破家荡产，含冤莫诉。其在江西、浙江二布政司并南京及沿途索要官民金银并玩器等物，不知又有几千万数。臣闻千户王臣，本非勋贤，叨享禄位，专弄左道邪术，岂知经国大体。而太监王敬听伊拨置,刻剥军民,舳舻相衔,满载而归,以觊宠幸,殊不知取之不义,得之不以其道,所以失人心者在此,所以损国体者在此,所以伤和气而致灾沴者亦在此也。若但见其易而不思其难,乐其有而不恤其无,往者过而来者续,用日侈而财日屈,非民之福,亦非国之福也。况各人假公营私,明取暗受者多,使朝廷担其名,此尤不可之甚者也。"后敬虽败,苏州诸生亦不能脱罪,《宪宗实录》卷二四六,同年十一月丁未:"直隶苏州府儒学生赵汴等二十人俱以骂太监王敬坐罪。初,敬与千户王臣等以购书为名,乘传南至苏州府,令生员抄录所谓《子平遗集》者。初以为献御,皆不敢违,后复使抄录他书不已,众以妨废学业辞,敬即令有司迫遣至驿中乱棰之。于是汴等骂曰:'汝辈扰害百姓不已,又欲害吾儒生耶?'敬还京,遂诉于上,以诸生不遵礼法,恣肆放诞为词。命下巡按御史执问具奏。至是,二人事以败,特拟诸生以赎杖罪奏上,从之。"

己亥,云南木邦宣慰司下孟密曩罕弄奏累为木邦所扰,乞别立安抚司。事下兵部,尚书张鹏等言:"太监覃平、都御史程宗抚谕各夷,已有成绪,仍敕二人往金齿,亲召曩罕弄母子与木邦宣慰谕之,谓尔等连年构怨,守臣请兵殄灭,朝廷以天兵一临,恐横及无辜,故遣大臣谆复抚谕,俾各安生。若各夷听命,孟密仍隶木邦,或其势不可复合,别设安抚司,或别有长策,令具以闻。"诏从之,因敕平、宗等曰:"曩罕弄等所奏,自述累年敬顺之诚,历数木邦侵杀之害,欲别设衙门,不受木邦管束。朕曩敕尔等,所谓格心听抚,即须议处,盖谓此也,而迄今未见定理。原彼初心,岂敢不听抚谕,但被奸人中沮尔。兹者又来进贡,情已明白。敕至,尔等即与总兵官黔国公沐琮、巡抚都御史吴诚并巡按、三司等官议定方略,候瘴消之日,尔平、尔宗偕往金齿,会同太监王举,督三司原委官并序班苏铨、通事人等先往彼处抚谕。……抚谕之事,先后敕内该载不尽者,听尔等便宜而行。万一此夷不听抚化,别有长策,亦须计处来闻。尔等内外大臣,同受阃外重寄,必同心协虑,若人怀异同,酿成祸害,责有所归。倘有奸人仍复阴谋沮坏其事,指实奏来,重罪不宥。"(二四四,4131—4133)　甲辰,太监覃昌传奉圣旨，升广东韶州府巡检司巡检刘璋为锦衣卫所镇抚，仁智殿书办儒士汤圭为鸿胪寺序班，文华殿书办上林苑监录事邵义为苏州府通判，管事。先是，传奉者虽得京秩，皆置散地，至是始俾理民事。(二四四,4135—4136)　癸丑，停都察院右都御史李裕、右副都御史屠滽俸半年。裕等奏劾太监汪直偏信兵部尚书陈钺、锦衣卫指挥吴绶之言，报复私仇，摈斥良善。时与都御史牟俸不协，诬俸谪死，且累其亲翰林院侍读学士江朝宗调远任。巡视辽东兵部侍郎马文升、巡按御史王崇之、强珍俱以奏钺辽东冒功，致忤直意，谪戍调官。至于给事中赵良、张善吉，工部主事方宾，御史沃頖、张锐、陈遵毅，按察司副使王齐皆以忤直官校，被诬枉下法司。绶文致其罪，或除名，或远调。今直等罪露，前事已明而犹有未满人望者，乞复各官原职并赐召还。上以事已处分，裕等烦扰，且其人有非直所诬者，命从实陈状。既而奏上，又以其不输情，命锦衣卫先执首领官鞫问，遂下经历李晟于狱。至是宥之，各停俸半年。(二四四,4142—4143)　甲寅，巡按山西监察御史陈英奏：虏二十余骑入马峪虏掠人畜，分守参将支玉、守备指挥陈隆不能防备，因并劾太监刘政、都御史边镛等复委罪于守隘千户周广、分守指挥高举。上以虏数不多，越关掳掠，边臣不能遏杀，广、举、隆皆鞫问，政、镛、玉宥之。　乙卯，太监覃昌传奉圣旨，授中书科冠带儒士周熊、钱元禄为鸿胪寺序班，儒士唐锐等五人俱与冠带，中书科食粮；御用监办事僧人祖能升僧录司右觉义。(二四四,4143)

十月庚申朔，太监覃昌传奉圣旨，授中书科冠带儒士梁铠为太常寺博士，陕西竹林关巡检司巡检董纪为上海县主簿。(二四五,4149)　壬申，召保国公朱永还京。永既奏虏酋远遁，且言大同东西延袤，千里平漫，居民星散，无险可守……(**言宜乘暇修治边墙及筑堡，又言大同客兵事，及部覆皆从略。**)但永及所统官军未敢轻议，取旨裁决。诏马俊、白全所统者令太监蔡新、都御史郭镗节制,永召还京。(二四五,4154)　庚辰,太监萧敬传奉圣旨,升通政司右通政李孜省为左通政,鸿胪寺寺丞刘钟工部营缮司员外郎,管器皿厂事。(二四五,4156—4157)　壬午,太监李荣传奉圣旨,升僧录司左觉义继晓为左善世,惠昇右善世。(二四五,4157)　甲申,司礼监太监怀恩、户部尚书余子俊等上所阅团营官军之数,共一十六万八千有余,且言:"兵戎国之大事,国初定制,恩典独厚,官皆世禄,有罪非奉旨不得执问,士卒平居月有粮、岁有布花,征进有赏,凯还有升,有罪不刺字,恩礼无以复加,以死图报,犹恐不称。近年以来,上下交相徇私,不思国家兵戎为重。皇上洞见其弊,命内外官严加拣选精锐者,第为二拨,列奋武等十二营,简命总兵等官操督,复命给事中、御史不时按阅,仍定占役逃窜之罪,立法可谓至矣。近以边方颇静,十二团营或借以兴土木之役,此源一开,所司乘机作弊,不可胜言,所以上廑圣虑。今既阅实,更无隐弊抗拒占恡之弊,造为三册,分送兵科、兵部及十二团营收照,头拨专一在团营操,遇有急切工役,止于三大营次拨官军内量拨,仍乞敕内外衙门毋得擅自拟奏,轻动团营官军,沮坏军法。"上曰:"京营官军点选已定,今后内外提督等官务尽心操备,振扬威武,痛革宿弊,抚恤下人,毋仍怠玩,兵部仍具前后事例以闻。"(二四五,4159—4160)　乙酉,录十二年陕西克大墙堐番簇等战功,太监刘祥、户部尚书余子俊赏银各十两、彩段二表里,都督同知白玘、指挥佥事赵宁、指挥李隆俱升一级,余将士升赏者一百四十七人。十八年克满松族功,陕西镇守太监欧贤、兵部右侍郎阮勤赏银各十两、彩段二表里,按察使叶淇、都指挥佥事刘琥升一级,策应官军参议韩文银五两、彩段一表里,余将士升赏者八十九人。(二四五,4160)　戊子,太监覃昌传奉圣旨:锦衣卫指挥佥事杨辂升指挥同知,仍世袭正千户;徐璘升指挥佥事,副千户李直升正千户,百户杨辉升副千户,太常寺协律郎成复亨升博士,庙官王景通升太常寺赞礼郎,序班朱宏升中书舍人，中书科儒仕[士]傅佐、黄本道、顾纯、赵靖、姚鉴升序班，致仕知县于宝升太常寺少卿，儒士叶瓒、李椿、陈帽、刘本洪中书科食粮，黄谦升御医，医生郑瑾、曾震升太医院吏目，道士周洞然、宋景暄、唐友信俱升道录司右玄义，人匠陶鉴、周铭、曾泰升工部营缮所所丞，生员王浍升兵部司务，朱宏中书科办事。（二四五，4161—4162）

十一月癸丑，太监萧敬传奉圣旨，升太常寺少卿凌中本寺卿，通事序班舍诚夺情，仍旧办事。（二四六，4170）　录宣府柴沟堡守战功，太监简颙岁加食米十二石，右佥都御史秦纮升左佥都御史，分守、监枪官右监丞张刚、郑喜、丘成，奉御金广各升一级，右参将署都督佥事孙素实授，纪功监察御史程春震、供给刍粮郎中汪洪各赏彩段一表里，当先、被伤官军并督阵旗牌官五十五人升署一级，三次当先七十三人加赏，余升赏共九百三十五人。时得首级九颗而已，兵部以为虏酋小王子势方炽，颙等乃能以寡敌众，少挫其锋，亦可嘉尚，故升赏有加焉。既而程春震上虞台岭功，兵部以为功少人众，名器可惜，合为减杀。诏是之，为首斩获首级五人各升一级，为从并领军官八人给赏，余督阵并奋勇当先八十九人加赏给赏，张刚、孙素仍赏银二十两、彩段二表里。（二四六，4171—4172）　巡按大同监察御史程春震劾总兵官许宁等夏米庄之败，损折士马太多，当时众寡不敌，固当宥以殊恩，而主将用兵失律，亦当治以军法。兵部亦言，使宁等号令严明，封守慎固，虏岂敢长驱而入，实宜治罪。上曰：“宁等临敌轻率寡谋，多丧士马，法当究治，但先已宽宥，宜令戴罪杀贼。将士有功者升一级，阵亡者优恤其家。参将庄鉴、少监陆訚、右监丞石岩所部士卒独完，各赏银十两、彩段一表里。”（二四六，4172）

十二月甲子，都知监右监丞左敬，山西都指挥佥事陈怀、曹绅守备天城、阳和等处，坐不能御虏，问拟戍边。命俱宥之，怀、绅各降一级，敬姑记其罪。（二四七，4175）　丙寅，太监覃昌传奉圣旨,升道录司左正一吴道然、阮永清为真人,右正一刘绍仙、王文彬、右至灵戴景安俱高士,太常寺寺丞顾纶本寺少卿,太常寺寺丞连克彰提督城隍庙事。(二四七,4175—4176) 丁卯,太监萧敬传奉圣旨,升鸿胪寺序班包铭等七人为太仆寺主簿,冠带儒士沈禄等五人俱鸿胪寺署丞,喻经中书舍人,见任;张继、孙玉与冠带,中书科食粮;御用监办事锦衣卫所镇抚张通、百户画士李景芳等十二人俱锦衣卫所镇抚,仍旧办事。(二四七,4176) 甲戌,太监覃昌传奉圣旨,升僧录司左阐教戒璇为左善世,僧德端左讲经,人匠尹旺等十一人俱文思院副使。(二四七,4180) 戊寅,太监李荣传奉圣旨,升鸿胪寺主簿陈溥、朱伟、李銮为右寺丞,文思院副使李聪等五人俱锦衣卫所镇抚,漏刻博士房瑾五官挈壶正,锦衣卫百户匡成副千户,儒士李宗仁工部司务,人匠林祥等二十人俱文思院副使;工部主事孙佐都水司员外郎,中书科食粮;儒士金铎等十二人俱序班;陈政等六人俱与冠带,中书科食粮出身;羽林前卫见任正千户曹锐转锦衣卫左所;钦天监五官挈壶正杨忞升太医院御医,御药房办事;通录司左至灵宋志衡右正一,右玄义杜永祺右演法,道士刘得皡右玄义,神乐观乐舞生陈守瑄太常寺司乐,俱仍旧办事。(二四七,4181) 庚辰,太监怀恩传奉圣旨,升通政司知事张礼为锦衣卫副千户,与世袭;丘伦尚宝司司丞,鸿胪寺主簿蒋钊、陈蕡、署丞叶琛俱光禄寺寺丞;序班杨清等四人俱中书舍人,儒士朱祚、王玘钦天监五官司辰,鲍应时、李禄序班,画士安夔、舍人孙晟等八人俱锦衣卫所镇抚,人匠张浩等五人俱文思院副使,听选官伍瓒、熊璨命吏部即依资格选出,道录司右演法刘良辅左正一,右玄义张守中、左至灵李谷泉、萧景清俱右至灵。(二四七,4183) 辛巳,太监怀恩传奉圣旨:冠带舍人覃南升广西庆远卫正千户,李季锦衣卫正千户,萧泰福建延平卫正千户,锦衣卫冠带总旗萧谅升百户俱世袭。(二四七,4184)

甲申,太监萧敬传奉圣旨:冠带舍人韦淳升广西庆远卫副千户，锦衣卫小旗郭玉升副千户，舍人郭璘升所镇抚，俱世袭；舍人岑业升中书舍人，锦衣卫百户陆永升副千户，舍人吴祥、张瑄升所镇抚管事，监生唐靖、儒士马骢、陈南金升鸿胪寺序班，儒士萧鏓、闻忠升工部司务，吕选升通政司知事，人匠谢贵、侯福升文思院副使。（二四七，4183）　丙戌，太监覃昌传奉圣旨，降于宝、凌中为寺丞，邬存敬中书舍人，李孜省左参议，仍旧办事；刘珣器、黄谦、孙佐、钱通、刘钟、邵义、董纪、周琎、洪迪俱夺职，各回原籍、原卫应役，不许在京潜住。以宝等多因事冒籍更名，朦胧授职，欺诈尤甚。时命下，朝市翕然称快云。（二四七，4188）　丁亥，录宣府常梁战功，将士斩获为首者五人各升一级，余加赏、给赏二百二十四人，太监简颙、都御史秦纮以先加禄米及升职，各赏银十五两、彩段二表里，监枪、守备右监丞郑喜、奉御金广赏银十两、彩段一表里。（二四七，4190）　录大同宣府累次战功，实授总兵官署都督同知周玉为都督同知，署右都督；升左参将都督佥事刘宁为都督同知，实授；副总兵官署都督佥事周玺为都督佥事，升左参将都督佥事朱谦为都指挥同知，少监李穆、右监丞石岩各升一级，副总兵李玙、江山，游击将军宋澄，右少监孙胜，监丞左敬、张成各赏银五两、彩段一表里，总兵官保国公朱永赏银二十两、彩段二表里。余将士升赏者二千三百七十九人，则以八月以来石佛寺、白登村等处战捷也。（二四七，4191）

本年附

艺文・碑铭・北镇庙记

王宗彝撰《重修北镇庙记》："（**辽东广宁有北镇之神庙，日渐倾朽。**）先是，守臣以边事劳瘁，不暇及。乃者成化戊戌（十四年，1478），今镇守太监韦公朗自开原分守而迁是任，到任之三日谒庙，历睹之，惕然不宁，谓前巡抚都宪陈公钺、总戎侯[缑]公谦曰：'吾辈奉命守是方，为是方所依，今一方山镇之神庙坏而弗安，则守镇之臣岂得自安乎？是当急为修葺，斯不失为政之务也。'二公是之。于是命官董其事,鸠工庀材,凡殿宇及左右司门墙之属,腐朽者撤而易之,倾斜者扶而正之,损者修之葺之,废者营之补之。得监枪监丞八闽洪义、总储郎中安东金迪、协守参将郡人崔胜,咸加赞襄之力,财用不取于所司,工力不劳于军余。经始于是年秋九月,落成于成化癸卯(十九年,1483)夏四月,庙貌焕然一新。太监公此举,使神居以宁,则神力上而为朝廷御灾捍患,下而使东土奠安,所及者博矣,固非要福于己也。告成之日太监与总戎请余纪其事以垂于后,用是记之。"

(嘉靖《辽东志》卷二《建置志·祠祀》)

成化二十年甲辰(1484)

正月己亥,巡抚大同右佥都御史郭镗等奏:虏人定安山墩,掠守墩军士以去,宜治哨备指挥义志及守备都指挥马昇、右监丞邹玉、分守右参将庄鉴、右少监陆訚提督无方,复互相隐蔽之罪。事下兵部,言义志等宜行巡按御史究治如律,马昇等仍记其罪,俾图自效。诏可,昇等俱宥之。(二四八,4200)　　壬子,东厂行事司礼监太监尚铭有罪,黜往南京,寻遣官校追械之还,将穷治之。既而有旨:"铭管理东厂不公,欺心罔上,大肆奸贪,赃滥显著,有坏成法,当置之死刑。姑从轻处治,不必来京,仍令押赴南京守备太监,杖之百,充净军,孝陵种菜。"铭本汪直所荐,自直见疏,独擅权势,甘言悦色以钓取名誉,而内肆阴狡,卖官鬻爵,无所不至。闻京师有富室,辄以事罗致之,得重赂乃已。又谋入司礼监,与当道者相埒,人知其必败。至是,籍其家,得赀数万,辇送内府者累日不绝云。(二四八,4203—4204)【考】尚铭罢,继之者陈准,有传,见本年附。　　癸丑,吏科都给事中王瑞等奏:"比东厂太监尚铭有罪,已蒙皇上置之于法,京城内外,人人大悦。臣等以谓,不去其党,将来之患未可知也。盖尚铭旧为太监汪直所引,得入东厂,近为太监李荣、萧敬所引,得入司礼监。且司礼监乃朝廷机密重地,岂可同恶相济,引用匪人,以损圣治耶?臣等又闻荣昔使大同，尝党汪直，隐蔽边情，以致胡虏大举入寇；敬使湖广，所过贪残无厌，用贻数千里之患。即此二者，则其立心可知，其他隐恶固未易悉数也。且天下大事，以众贤人治之而不足，以一匪人坏之而有余，荣等既党汪直，坏事于前，又党尚铭，坏事于后，祖宗大业，岂容小人屡坏之耶？京城之人皆言当汪直开西厂之前，既有黑眚之异，当尚铭入司礼监之后，又有地震之异，此皆天心仁爱之深意。若非皇上早见而勇去之，后日坏事，或不止此，更望并去荣等，以绝其党，则宗社生民之幸也。"疏入，上曰："李荣、萧敬朝廷自有处置。"(二四八，4204—4205)　丙辰，六科给事中、十三道监察御史奏云："尚铭既以赃败，宜追究其通赂之人。盖内臣犯法，既不能免，若外臣之趋附者置之不问，则内外之事不均；小臣有过，尚不可容，若大臣之通赂者舍之不究，则轻重之伦全失。外臣所以交结内臣者，无非需求于小臣；小臣所以奉承大臣者，无非剥削于下民。惟察外臣结内臣之奸，下民受上官之害，痛加追究，庶国法昭明，朝纲振肃。"奏入，上以其无指名，怒甚，召各官于朝，欲杖之。既而意解，乃命太监怀恩数其罪而责之曰："铭犯赃罪，朝廷已处治矣，在京在外官因铭势逼及请求者何限？尔等言事既无指实姓名，何可混说烦扰？且免究治，今后有再及铭事者，必罪不宥。"(二四八，4208)　锦衣卫军余贵铎击登闻鼓，诉太监尚铭因索金珠宝石不得，诬其子宗源以杀人罪，用刑讯鞫，备极惨毒，又受其赂金百两、银三千两及他奇宝，其下人悉获重赂，得免死充军。事下都察院，以铭已被罪去，宜令铎与其党对辩。有旨："宗源犯人命，法司问结，已免死发遣，且铭赃已入官，连坐者其置勿问。"铎业巫祝，家素贫，与内局匠人凌安、徐茂辈市青红石饰，为奇巧首饰器用，托内侍之亲幸者以进，互相估直，得利百十倍，岁费内帑金巨万。数年来府库殆空，诸人暴至富贵，屋舍服用，穷极奢侈，京师人多效慕之。一时侈物价贵，多于往时，不可计略云。(二四八，4208—4209)

二月壬午,巡抚大同右佥都御史郭镗复奏成化十九年冬,虏入三尖山墩等处杀掠军民财畜,把总指挥义志、张淮等提督不谨,守备左卫城右少监(广本、抱本作右监丞)邹玉、都指挥马昇、朔州城奉御王喜、都指挥滕瑾等废弛误事,俱合逮问,及分守右少监陆訚、参将庄鉴号令不严,亦宜有罪。事下兵部,言指挥等官义志等宜行令巡按御史侯边警宁日鞫问如律,马昇等姑记其罪。俱从之。(二四九,4223—4224)　癸未,治尚铭党都指挥使刘福、指挥使尚镛、张傅,千户尚璘、孙仁、王宪、李季,百户汪宪、镇抚李凤及军民叶刚、于成、田广、杨浩、周冕、王俊、林凤等,皆附铭为奸利,事发执送锦衣卫鞫之。刑部拟罪奏上,上以此辈倚恃铭势,侵盗官物,揽纳钱粮,害人肥己,情犯深重,难依常例处治:刚、成、广、浩各杖一百,押发贵州;福、宪、仁、宪、镛、冕、俊、凤押发广西,俱编戍边卫,家属随住;璘革职.妇女十六人递发原籍,不许在京潜住;季降百户,带俸;傅赎罪还卫,余悉如所拟。(二四九,4224)　丙戌,巡按辽东监察御史张西铭勘报成化十九年三月虏入定远堡境杀掠人畜,指挥千户等官俱宜鞫问如律,备御都指挥佥事李洪、参将周俊,少监蓝莹,按伏都指挥吴琮、王泽,游击将军罗雄俱弛备玩寇,复相为隐匿,并镇守太监韦朗、总兵官都督同知缑谦、前巡抚右佥都御史王宗彝亦各失于防察,奏报不明,俱宜论罪。事下兵部,言李洪等宜逮问,蓝莹系内臣,罗雄亦尝领军追寇,乞降敕切责;韦朗、缑谦等情罪亦轻,取旨裁处。上曰:“蓝莹、罗雄令戴罪杀贼,韦朗、缑谦、王宗彝等姑宥之,余如所拟。”(二四九,4225—4226)　调镇守延绥太监陈政于大同,宁夏太监韦敬于延绥,宣府太监简颙于宁夏,命太监孙振镇守宣府,蔡新回京。(二四九,4226)

三月丙申,清勾兵仗局逃故军民人匠八千二百七十三名,从工部请也。(二五〇,4231)　己酉,兵部尚书张鹏等奏:虏中逸归人言,瓦剌虏酋克失欲与迤北小王子连和,俟秋高马肥,拥众入寇，不可不备。乞于京营总兵官预择一人，佩大将军印，充总兵官，定拟调兵若干，督同白瑜、李俊原领军马，待报启行；及监督军务并监枪内臣均乞早为裁处，更简命将臣一人往代白瑜，备御密云兼提督黄花镇、古北口一带关堡。议入，上曰："虏贼欲乘秋入寇，诚宜预备，尔等其将原选听征官军严加训练，令太监张善监督军务，定西侯蒋琬佩印充总兵官，内官宋祥监枪，待报往赴大同、宣府，与总督军务尚书余子俊同提调各路军马剿杀。堪充右参将并备御密云等处将官，再各推举以闻，邻境应调官军，仍令余子俊酌量其数及虏情缓急、应否出师日期，奏闻区处。"既而，兵部复举左军都督佥事王义堪充右参将，东宁伯焦俊堪备御密云。俱从之。（二五〇，4235—4236） 庚戌，修长陵神宫监。（二五〇，4236）

四月戊午，天寿山守备太监李良、巡抚都御史李田[1]言："长陵等三卫官军三千员名轮守黄花镇者，往往有缺无补，不若于两班数内选阅精锐一千五百人，常令在镇守御，余留备陵寝洒扫役使，庶事体两便。"从之。（二五一，4241—4242） 己未，兵部臣言："比巡按直隶监察御史程春震覆实去年七月镇守大同太监蔡新、总兵官都督同知许宁、巡抚右佥都御史郭镗、副总兵署都督佥事周玺、左参将都督佥事刘宁、左监丞石岩、宣府游击将军都督佥事宋澄马铺山红墙儿等处御虏功，计前后共斩首一十五级，生擒一人。今议：自斩首二级以下、奋勇当先、被伤官旗军舍等共四百六十二员名，例应升赏外，内蔡新、许宁、郭镗方戴罪，比者石佛寺之功不允升赏，今蔡新、许宁俱取回京，郭镗调辽东巡抚，周玺、刘宁亦蒙略其过，一得实授都督佥事，一升都督同知，石岩升右少监。据今所报各营斩获之数，惟刘宁、石岩部下七级，宋澄部下四级，余多一级而已，其升赏等差并户部郎中张伦督运有

[1] 李田为"整饬蓟州、山海等处边备兼巡抚顺天、永平等府右副都御史"。

功,合赏与否,俱取旨裁处。”上曰:“此举功次不多,调度、游击、督运等官并斩获一级者俱无升赏,石岩、刘宁、宋澄各赏纻丝二表里,其余有功者各准拟升赏有差。”(二五一,4242—4243)　庚申,遣驸马都尉周景、王增祭告长陵、献陵、景陵、裕陵,遣太监黄顺祭后土司工之神,以将兴工修理也。(二五一,4243)　癸亥,总督大同、宣府军务户部尚书余子俊奏:宣府游击将军宋澄堪任守将,东路右参将柳春、万全都指挥同知张玺任以战守,无往不宜;分守大同西路右参将左军都督佥事庄鉴粗率虐下,兼与少监陆訚同事不睦,宜取还京,带俸别用,或以柳春、宋澄更易,或令张玺往代庄鉴。事下兵部,言宜令柳春改任宣府游击将军,宋澄改任右参将,分守宣府东路;张玺举充右参将,分守大同西路,庄鉴取回别任。从之。(二五一,4246)　丙寅,宣府总兵官署右都督周玉等奏:“今年三月间,虏屡于西路新河口及永宁堡等处杀掠民畜,其守墩百户李住、刘守,原提督墩台指挥王永、守备指挥董斌失于瞭望防守,俱宜逮问,分守左监丞张刚、右参将孙素总督不严,亦当有罪。但李住等情罪稍轻,宜姑记其罪。”俱从之。丁卯,有盗伐皇陵山木者四人,为守备凤阳内官所获,中都留守司鞫实,罪当徒。都察院按榜例,拟以处死。有旨贷其死,于近山人众处枷项一月,满日押发浙江沿海卫分充军。(二五一,4248)

己巳,巡抚山西右佥都御史边镛等奏:“三月间,虏贼拥众从东路入水泉营等处,分守代州右参将都指挥支玉即率都指挥高昇、郭瑄等官军分道按伏,力战拒之。虏觇我东路有备,复从西路滑石涧等四散突入。寻遣支玉等会兵六道夹攻,臣与镇守太监刘政整兵为援,斩首一十五级,夺其马七十余匹,弓箭甲仗等物二千二百余事,虏众溃散。”事下兵部,乞降敕奖励,其有功并阵伤官军候勘报升赏。从之。(二五一,4249)　庚午,总督大同、宣府军务户部尚书余子俊奏:“大同边境比之宣府及偏头关,地势平旷,无险可据,追逐虏贼非马军莫能。今略计京营听征及宣府、大同、偏头关马军共二万七千九百，陕西、延绥、宁夏、靖虏、固原一带马军共三万七千九百，彼地俱隔黄河，窃计春暖冻间，虏必难犯。今欲酌量调遣参将等官俱至大同预备，但未及与今监督、总兵等官张善、蒋琬等面议，乞敕善等并所举参将等官，将应领马队之数暂为处分，俟六七月间别有警报，奏闻上请。”上览奏曰：“兵部即与今所遣监督、总兵等官酌量所领从征军马之数以闻，其延绥并固原等处拟调边将，俱降敕往谕之。”（二五一，4249—4250）

五月乙未，宥宣府分守左监丞张纲、参将孙素，令戴罪杀贼。先是纲等尝四次失机，皆获宥免，至是兵部劾其罪难再恕，上竟宥之。（二五二，4262）　己亥，以分守湖广行都司太监韦贵侄绍为湖广均州千户所百户，从贵奏乞也。（二五二，4264）　壬寅，大同总兵官都督同知许宁、巡抚右佥都御史郭镗、镇守内官蔡新俱有罪下狱降官。时镗调辽东巡抚，宁、新被召还京，上以去年大同失机，命三法司、锦衣卫执宁、新于午门前问状，锦衣卫即遣人执镗以来。于是给事中交章劾奏，并劾副总兵周玺、游击将军董昇等。得旨：“宁、新已下狱，若辈如何复以为言？尔等其勿问①。”镗至，三法司会鞫之，以具狱奏。有旨：“宁等俱受边方重托，却轻率进兵，折损官军，致虏贼肆无畏惮，剽掠边民，情犯深重。本当处死，姑从轻发落，宁、镗各降官六级，新到任未久，降三级。”宁降羽林左卫带俸指挥同知，镗降四川射洪县知县。初，宁与威宁伯王越更调镇守也，郭镗送越行，越曰：“许宁虽经战阵，守己抚下，然非统驭才，朝廷重用之必坏事，公其慎之。”宁至大同，因与太监汪直争坐不和，每事违拗，悻悻自用。及闻虏警，直纳众言，欲出兵于边，令偏裨分据要害按伏以待而已，与宁屯重兵以遏虏冲。宁不从，镗曰：“今虏众必至，凡战守机宜，公当申明号

① “复”下之“以”字，及“尔等其勿问”5 字，据广本、抱本补。

令,以一众志,庶有备无患。”宁曰:“自古御虏,兵无常势,人自为战,安可预图?”镗默然,犹以其为宿将,不之虑,但以不和奏调汪直于南京。既而虏酋小王子率众大至,烽火日夜不绝,宁乃遣刘宁、董昇营于西山,周玺屯于怀仁,己与镗及蔡新等敛兵城守,欲伺虏入掠势分,各相机邀击之,此固数十年来边将邀虏报功之常态也。是时虏酋驻边外,犹惩往年之败,惧不敢入,及觇知宁无能为,遂入大掠。而代王以己庄所被害,屡促宁出兵,宁犹不听。适有人自京来者,服色颇异,守门卒报云:“京师行事校尉来矣!”宁不得已,乃与新、镗出军,去城二里许,各率所统兵分为三哨。虏见,伏精兵于禾稼深处,遣骑十余,去营约五里,解鞍牧马以诱之。新麾下见之,果禀新驰往掩捕。宁将士见之,亦曰:“太监人已获功,吾辈反出其后。”遂相率扬旗驰马而出,宁不能禁。既至,虏骑四合大战,将士死者千余人,虏亦多死者,横尸蔽野。宁奔夏米庄,镗、新疾驰入城,刘宁、董昇闻兵败,督众自守。虏围之数重,几不支。军中火器有名大将军者,昇亟令试之,一发震天地,落王子帐前,人马辟易,死者枕籍。王子大惧,适周玺兵至,遂引退。虏众驱其所掠人畜弥野而去,经过西路,参将庄鉴等抄掠其余骑,乃各以捷闻。时当道者皆闻其败,以新调汪直、王越非计,恐责有所归,乃谬以调兵未集,众寡不敌为辞,请降敕奖励之,而科道官亦无一人言及者,冀宁勉图后效以掩前罪也。而宁自夏米庄入城,被阵亡之家,其妇女号呼诟詈,掷以瓦砾,萎薾丧气,不复有一矢之捷。至是月久,人心积不能平,有以其实上闻者。上怒,遂执而罪之,并责科道官不早言。镗既降,道宁之事甚悉,且越服(**按,越服乙**)之先见。(二五二,4264—4267)　甲寅,兵部尚书张鹏等奏乞命云南镇守、总兵、巡抚等官覃平等督令车里、八百、老挝等宣慰司,孟艮、元江等府各慎固封疆,整饬武备,以防交人入寇,不得轻与文移,咨衅纳侮。从之。　兵部奏乞敕总督大同、宣府军务尚书余子俊提督偏头、延绥、宁夏、甘肃、辽东、紫荆等处，严兵以防虏寇，及差团营指挥一员往探虏情缓急以报。上从之："指挥且不必差，前所拟马俊、白全亦待余子俊奏至始遣，仍以监枪内官一人参之。"(二五二,4272)

六月庚申，总督大同、宣府军务户部尚书余子俊以虏入张家口、野狐岭诸处，攻围墩台，杀死官军，参奏把总指挥王永、守备指挥董斌不能督军固守，分守右参将孙素、左监丞张刚提督无方之罪，且言总兵官周玉、内官孙振、都御史秦纮亦宜连坐。事下兵部，议如子俊言，上切责永等，待事宁治罪，玉等仍阅实以闻。(二五三,4276)　戊辰，录土沟子、平山墩等处杀贼功，升游击将军都指挥使董昇为署都督佥事，赏副总兵周玺，参将刘宁、庄鉴，少监孙圣[胜]、陆訚等银各十两、彩段二表里，游击将军马俊、参将白全银各五两、彩段一表里，其官军斩首、阵亡及当先被伤、督阵者俱从兵部议拟升赏有差。(二五三,4278)　庚午，光禄寺卿艾福、户科给事中田景贤、巡视光禄寺御史倪进贤等七员坐提督光禄寺太监杨鹏以预备酒曲，擅给行户钞一百五十万贯，依阿不为可否，事觉诏令自陈，皆服罪。上曰："尔等职司出纳，凡百钱谷，宜悉心经理。乃敢朦胧顺从，法本难容，姑从宽宥，其各停俸一月。"(二五三,4278—4279)　丙子，命京营游击等官马俊、白全等所领官军人给银一两，与监枪内官纪能先往大同、宣府，总兵官定西侯蒋琬等仍待再报警急乃行，以总督军务户部尚书余子俊奏也。(二五三,4282)　戊寅，徽王府校尉李还政等从承奉李佑指使，殴人至死，佑以其人故自杀启王。王为奏于朝。命刑部郎中同锦衣卫官往会官验问，实还政杀之。王信佑前语，复奏言所问非实。状下巡抚都御史重鞫不诬，得旨："还政依律处决，李佑并长史俱令巡按御史逮治其罪。"于是王复上奏，请贷还政死，并请免承奉、长史罪。都察院具本末覆奏，有旨："既王奏请宽恤各犯，李还政减死，重杖一百，发陕西榆林卫充军；李佑听王从重处治，长史董彝、严良能各停俸二月。"(二五三,4282—4283)　庚辰，天寿山守备署都指挥佥事杜山为都指挥佥事，从太监黄顺奏保也。　辛巳，阳曲王府房山县主仪宾王镗前与县主忿争，县主自经死，王执镗杖而锁之。镗惧，入银二百两得释，以病死闻。至是，王府因乞养异姓子相讦奏，遂发镗事，下山西按察司分巡官验问不诬。镗罪当徒，都察院以具狱覆奏，有旨："王镗与县主不和，致令自经，又行赂求免，违理殊甚。免赎罪，下镇守内官杖八十，革仪宾职。"(二五三,4284)

七月丙戌，宣府镇守等官太监孙振等奏：大白阳守墩百户杜永、提调指挥单英不严瞭望，致虏入寇，及委守指挥白振俱各有罪。事下兵部，遂并劾近日镇寇墩亦尝被虏，其管千户强勇、提调指挥潘玘及委守指挥张广不行应援，罪与永等同，乞先逮问永等，仍追究永等失误之罪。从之。(二五四,4287)　壬辰，敕辽东镇守太监韦朗、总兵缑谦、巡抚都御史马文升等严督分守副、参、游击等官练兵防虏，并行蓟州、永平、山海、密云、古北口、黄花镇、居庸等关共为堤备，京营提督总兵等官练兵俟调，及安顺伯薛瑶[瑶]、东宁伯焦俊听候启行，以辽东广宁西路边报日急，从兵部奏请也。(二五四,4290)　乙未，大监覃昌传奉圣旨：锦衣卫带俸都指挥佥事昌佐守备临清。(二五四,4291—4292)　己酉，升赏云南抚夷官军巡抚云南都御史程宗等，以曩罕弄退还所占村寨境土奏闻，命加赐太监覃平、王举食米岁十二石，程宗升左副都御史，加俸一级，黔国公沐琮赐彩段二表里，御史汪山一表里，序班苏铨升鸿胪寺主簿，其余都指挥佥事周佐等四十九人各给银并布帛有差。(二五四,4298)　庚戌，大监覃昌传奉圣旨：右正一王应裿复升凝虚守道演教高士，右演法陈应循复升左正一，左正一兼朝天宫住持刘良辅高士，道士陈德静、常复诚左玄义，李思玄、黄大中右玄义。(二五四,4298—4299)　癸丑，太监覃昌传奉圣旨：儒士李成升中书舍人，道录司右至灵萧崇玉升太常寺寺丞，俱仁智殿办事。崇玉以术由太监陈喜以进，居真武庙，常以

赏赐物为酒色资，一日忽遁去，久乃归，竟置不问，而且宠以是官。(二五四,4301)

八月乙丑，太监覃昌传奉圣旨：江西庐陵县革职为民中书舍人周琎即移文取来，送御用监办事。琎，罢闲赃吏也，以星命谒太监梁方[芳]，倾心谄附，后倚方[芳]势出入权贵之门，请托公事，又随方[芳]诣河南、山西开银矿并采办，所至为害，得馈遗颇厚。时东厂官校缉知其不法数事，密具以闻，黜为民，乃潜匿方[芳]家，不逾半年复有此命。(二五五,4307—4308)　丁卯，太监覃昌传奉圣旨：工部司务高凤升本部都水司员外郎管事。凤以星命夤缘而进。传奉官为部曹，得见任者自凤始。(二五五,4308)　癸酉，太监怀恩传奉圣旨：御医周经升南京太医院院判，署院事。(二五五,4310)　辛巳，总督大同、宣府军务户部尚书余子俊奏大同西路新修墩台俱不如法，合治总兵官周玉、镇守太监孙振、巡抚都御史秦纮等罪。上以玉既调宁夏，并振、纮俱宥其罪，移文戒饬之。(二五五,4313)　壬午，录广西荔浦诸处平蛮功，加镇守太监顾恒食米岁二十四石，刘昶一十二石，总兵官平乡伯陈政禄米一百石，总督两广军务右都御史朱英升俸一级，官旗人等三千三十三员名升赏有差。(二五五,4314)

九月丙戌，太监覃昌传奉圣旨，授儒士于翔为锦衣卫所镇抚，李惠等五人俱鸿胪寺序班，黄铎等三人与冠带，并冠带儒士陈奎俱中书科食粮；人匠沈璋、郑茂文思院副使，仍旧办事；真觉寺讲经答儿马悉提国师，剌麻麻尼、星葛纳悉提俱都纲，南京僧录司左讲经道香右善世，僧戒琛右觉义。(二五六,4319)　辛卯，户部左侍郎潘荣奏："近太监赵阳奏乞两淮官盐三万引，黄沉、刘关各二万引，李昶一万引，俱未关支。近奉旨榜禁内外势家中盐，况今西北用兵，东夷有警，山、陕、河南等处灾伤，备边救荒无从措置，为臣子者正当各加修省，撙节用度，上纾宵旰之忧，今赵阳等奏乞官盐，动以万计，俱属有违，伏乞裁处。"上曰："盐课国家重计,不宜轻费,势家中纳已有明禁,况可以乞请而得乎?此曹朦胧累奏,偶曲从之,实非朕意。原其故违榜例之罪,本当究治,赵阳、黄沉姑宥之,刘关、李昶盐皆不许支,今后再有奏扰者,必罪不宥。”(二五六,4323) 丁酉,复左都督李震兴宁伯,仍闲住。震坐尚书项忠为太监汪直所构革爵,南京闲住,复为直党舍人韦瓒所缉,被逮至京,至则直已败,忠亦还职致仕。震陈被诬之故以请,事下所司看详,乃有是命。(二五六,4326) 戊戌。宁夏总兵官右都督周玉前镇守宣府时,万全右卫致仕指挥胡观奏其恣肆奸邪、欺公违法、阴结虏寇入境杀掠、冒报功次数事。刑部请差官按之,得玉抵换官马、侵用官草、私役军人等状,而又听其亲属都指挥佥事慕勋、指挥佥事解洪、百户张祥冒报功次,玉子镇误射杀人。事连巡抚都御史秦纮、分守内官张刚钤束不严,致虏入境伤人,守备指挥蔡昇、方铎失于追剿,巡按御史刘瓒、纪功给事中孙博、兵部员外郎梅愈、山西按察司副使苏盛不能详审功次,妄奏升赏,请各治以罪。刑部尚书张蓥等具闻,勋、洪、祥、镇各坐罪有差,观诬告人罪,革职发开原卫分为民;玉以镇守边方宥之,停其俸一年;纮、刚记罪,昇、铎执问,盛、瓒各停俸两月,博以致仕置之。(二五六,4329—4330) 壬寅,敕监督军务太监张善,总督大同、宣府军务户部尚书兼左都御史余子俊,总兵官定西侯蒋琬兼护偏头关兵马,山西镇守、巡抚等官悉听节制。(二五六,4332) 癸丑,太监怀恩传奉圣旨,授驸马都尉樊凯子琦为锦衣卫百户。(二五六,4336)

十月丙辰,太监覃昌传奉圣旨,授医士张有庆、许英、吴煜、邹智、陈瑛俱太医院御医,御药房办事。(二五七,4337) 取各布政司内府逃匠一千三百四十七人,从工部奏请也。(二五七,4338) 丁巳,刑部员外郎林俊以言事降云南姚州判官。俊言太监梁方[芳]招权黩货,贡献淫巧,引用妖僧继晓,以左道惑上,建永昌寺,倾竭府库,贻毒生灵,请诛二人以谢天下。命下锦衣卫狱,狱具，上曰："俊不守本职，分外泛言，杖之三十，降边方州判。"时欲建寺西市，逼买居民数十家，工役甚巨，而二人势方炽，无敢言者，俊上此章，闻者壮之。(二五七，4338—4339)　戊午，巡抚山西右佥都御史叶淇奏今山西、陕西、河南岁歉民饥，各王府有王妃薨逝，俱乞免差内官，令本府承奉代之。诏可，丰年仍旧例。(二五七，4339)　戊午，巡按广西监察御史荆茂覆勘太监顾恒、右都御史朱英、平乡伯陈政等剿杀廉州等府猺獞功，凡擒斩二千七百八十有奇，夺回被虏男妇四百四十六人，因奏谓此功已逾三年，官军人等存亡不齐，其间妄冒诸弊皆莫能验，升赏之典未可概施。事下兵部，议上赏格，惟阵亡官军人等三十九人升秩一级，余官军自擒斩六人以下者凡一千二百有八人皆给赏赉，又官军二千七百九十有五人以功薄人多不论，恒等亦以近尝进禄，已之。(二五七，4341)　庚申，太监覃昌传奉圣旨，授儒士钟宏、孙瓒为工部司务，王栻等四人俱鸿胪寺序班，军人赵秀锦衣卫所镇抚；儒士陈福与冠带，中书科食粮；左至灵陈崇仁左演法，道士张通信、史宗信左玄义，宗师法信僧录司右觉义，僧信理左觉义。(二五七，4341—4342)　甲子，降备御开原等处辽东都指挥佥事陈受、指挥千百户严灏等七员各一级。先是虏再入开原境内，掠官军九人以去，受等不能御，为巡按御史所劾，并及分守右参将都指挥使周俊、右少监蓝莹、游击将军都指挥同知罗雄。上宥俊、莹、雄，令戴罪杀贼，而命逮治受等，至是皆降之。(二五七，4343)　己巳，太监覃昌传奉圣旨，升百户冯宇、沈达为副千户，文思院副使张旺、段抚俚(**亦作段伏俚**)、钱昶为百户，小旗贵宗浩、匠人钱通、朱名、董亮、号保、谭浦为所镇抚，俱锦衣卫；匠人金宁、崔端、魏鉴、李政、张礼、熊能、张兴、李福、贾盛、孟善、阮安、孙礼、何全为文思院副使；冠带儒士孙聪为礼部司务，于中书科办事；道士方绍端、阎得昱、崔永宣为右玄义，住持僧定保为右觉义，色长樊安为右司乐。(二五七，4344)　壬申，虏入宣府新开口等堡,执逻卒以去,守臣以闻,命治把总指挥使等官倪镇等罪,分守右参将孙素、左监丞张刚、守备都指挥佥事张俊约束不严,皆宥之。(二五七,4348)　乙亥,太监覃昌传奉圣旨:画工杨鉴等二十八人于锦衣五所食粮,月一石,送御用监供事。(二五七,4349)　丁丑,太监覃昌传奉圣旨,升太常寺寺丞雷普明为少卿,博士毛守玄寺丞,中书舍人金钥、许瀚俱尚宝司丞;鸿胪寺主簿华容中书舍人,文华殿办事;序班曹以山中书舍人,仁智殿办事;儒士刘本洪等四人俱序班,钦天监天文生袁鋐漏刻博士,锦衣卫副千户徐贵正千户,所镇抚吴祥、章瑄百户,舍人徐瑾所镇抚;见任人匠刘玉等五人俱营缮所所丞,仍旧办事。(二五七,4349—4350)

十一月丙戌,太监覃昌传奉圣旨,升大慈恩寺西天佛子……(**所升藏僧略**。)冠带儒士唐锐等五人俱为工部司务,孟会、赵轨鸿胪寺序班;凌贵与冠带,中书科食粮出身;锦衣卫冠带总旗杨瑀营缮所所副,徐茂、何瑞俱锦衣卫百户,锦衣卫舍人冯济本卫所镇抚,僧继云、惠聪俱右觉义。(二五八,4353—4355)　壬辰,太监怀恩传奉圣旨,进太子太保吏部尚书尹旻为太子太傅,取丁忧中书舍人杜昌文华殿书办。凡加大臣保、傅皆赐敕,旻独出传奉,又与杜昌同受命,前此未有也。(二五八,4358)　万全右卫百户韦瑛有罪伏诛。瑛先任锦衣卫,从太监汪直用事,及罢西厂,调外任,居万全。欲邀功以希起用,因诒巫人刘德兴道虏入寇事,既不遂,乃自撰妖言以诬德兴等十余人皆谋不轨,走报监督军务太监张善。善令左右助瑛捕获,瑛加德兴等毒刑,有稍富者遂录取其家资,无不诬服。善等以闻,命官会鞫,具狱皆诬,宜反坐。上曰:"除恶务本,曩者瑛罪固当死,朕已从轻谪调,而稔恶不悛,岂容再赦?宜亟斩之,仍枭首于被害处。"其恶党论罪有差,被诬者皆释之。瑛初附直为恶,直败,其党多窜死而瑛反不及,人皆疑之。既而自致死地,天下闻而快之。(二五八,4358—4359)　庚子,总督大同、宣府军务户部尚书余子俊言虏已远遁，请班师以省储费。命太监张善、定西候蒋琬悉统京营官军还京，子俊暂留总督，俟冬末具奏而还。　壬寅，太监怀恩传奉圣旨：户部尚书殷谦，礼部尚书周洪谟、施纯、刘岌，兵部尚书张鹏，刑部尚书张蓥，工部尚书刘昭，都察院右都御史朱英，俱加太子少保。（二五八，4361）

癸卯，太监覃昌传奉圣旨，升指挥同知马瑛（**太监怀恩侄**）为指挥使，勇士马琳为副千户，舍人马宗信为百户，俱锦衣卫带俸，而瑛与世袭如故。（二五八，4361—4362）　壬子，太监覃昌传奉圣旨，升文思院副使葛信、王贵、顾珙为锦衣卫所镇抚，匠人章政等十二人为营缮所所丞，舍人夏宣、韦勉为锦衣卫总旗，乐工王成等三人为右司乐。（二五八，4363）

十二月丁巳，升云南右卫指挥佥事沐详为锦衣卫带俸署都指挥佥事，充右参将，协同太监王举镇守金齿、腾冲地方。详，故参将沐诚弟也，诚卒，时云南镇守太监覃平等言两卫军马王举足以守之，参将宜勿设。有旨谓"诚父子总守此地，今何为遽欲罢之"，仍命移文举可任者以闻，平等乃举详，遂有是命。（二五九，4367—4368）【考】此为实录镇守金、腾内官之首见。光绪《腾越州志》卷一《建置沿革考》："景泰五年增镇守。"　甲子，太监覃昌传奉圣旨，升锦衣卫所镇抚王福为副千户，舍人王永为所镇抚，尚宝司少卿杨杞为卿，通政使司经历干浩为鸿胪寺右寺丞，中书科儒士干源为兵部司务。杨时、王钺、姚恕、李泰与冠带，中书科食粮出身。御用监供事匠人夏英、乔春俱文思院副使。（二五九，4372—4373）　丁卯，太监覃昌传奉圣旨，升左正一来弘善、陈宗然为真人，左玄义刘玄哲、严大容、傅思茂俱右至灵，右玄义汪致滨左玄义，道士徐玄昇等四人俱右玄义，人匠顾小保等十三人文思院副使。（二五九，4373）　辛未，太监怀恩传奉圣旨，升掌太医院事左通政蒋宗武为通政使，左参议李孜省、院使施钦俱左通政，院判刘文泰院使，御医王玉院判，俱仍旧办事。（二五九，4375）　太监覃昌传奉圣旨，升锦衣卫带俸指挥使傅庆为都指挥佥事，命同朱远等于镇抚司管事；小旗傅贵百户，舍人傅玘、傅顺、勇士李回儿所镇抚，百户韦钟正千户，带俸指挥佥事孙贤管南京锦衣卫事。远旧以指挥使掌镇抚司印，既升庆，乃请掌印者，复升远都指挥佥事，仍掌司印。(二五九，4375—4376)　癸酉，陕西巡抚右副都御史郑时等奏："境内灾伤，盗贼蜂起，宜令都督同知白玘专守固原、靖虏等处，令太监欧贤专于陕西城内操练军马，兼历州县，赈饥捕盗；延绥等处边务宜各责之守臣，庶不误事。"事下兵部，言虏贼已入河套，大同游兵尚调于榆林、偏头等处，况陕西密迩之地，难以遽分彼此，请敕时等声援相接，互为策应；又环、庆乃要害之地，仅有协守副使，宜增设守备军职一员。诏皆从之。(二五九，4377—4378)

甲戌，升陕西耀州判官张善吉为兵科都给事中。善吉初为兵科左给事中，坐累调外，任满待选吏部，久之不调，因以养生之术托太监高英转闻于上，得召见赐对。至是自陈乞进，且历疏给事中谪官叙迁之例。命下，士论嚣然。(二五九，4378)　丁丑，巡抚宣府左佥都御史秦纮言："诸边镇守、分守内外官往往请以官舍自随，营私作弊而无益于事，宜一切革之。"事下兵部，言边方守臣须人任使，已往者且不必革，惟自今损其人数为便。上曰："军法莫先于戢下，今各处随行官舍既多，容有奸弊，宜为之制。镇守内外官止与五人，分守等官与三人，其余仍取还京，著为令。"(二五九，4379)　戊寅，虏寇入大同西路，分守右参将张玺、右少监陆訚领兵御之于玉林山墩，斩首二级，生擒一人。继入代州境，分守右参将都指挥使支玉领兵御之于寺坞等处，会太监刘政以兵策应，斩首十有四级。至是论功，訚、玺赏彩段一表里、白金十两，政岁加食米十二石，玉升署都督佥事，监督军务太监张善、户部尚书余子俊、总兵官定西侯蒋琬各赏彩段二表里，兵部纪功郎中朱绅、山西督运右参政谷琰各彩段一表里，余获功、阵亡、当先官军五百八十三人升赏有差。(二五九，4380)　己卯，镇守浙江太监张庆言:“提督操练指挥黄华、督造军器指挥同知戴恩与属卫名位相埒,体统不便,乞稍迁署职。”事下兵部看详,言武职无功不得滥升,而恩顷奉内批升指挥使矣。得旨升华为署都指挥佥事,本司管事,后不为例;恩升职未久,已之。(二五九,4380—4381)　庚辰,上谕兵部曰:“团营之设,本居重驭轻之计,屡遣官阅视,恐有遗缺,而镇守、守备等官徇于请托,往往奏请随行,脱有缓急,误事非小。自今不得覆奏,违者罪之。”　太监覃昌传奉圣旨:锦衣卫正千户徐达与世袭,于本所管事;指挥使刘昇于驯象所管事;升百户刘惠为副千户,舍人王政、徐成为所镇抚,儒士俞贵为序班,俞祥为文思院副使,于东上南门内司礼监作房供事。(二五九,4381)　辛巳,太监覃昌传奉圣旨,升锦衣卫都指挥佥事朱骥为都指挥同知,卫镇抚杨纲、章瑾俱为指挥佥事,命同骥管事理刑如旧。　分守代州等处右参将支玉奏:虏三千余骑由二边及青麋子沟、毛旗、庄窝入境,臣等分兵御之,令都指挥郭瑄领兵由搭连、庄窝进,都指挥陈钟领兵由青麋子沟进,臣及太监刘政统兵由寺坞等处进。遇虏于长柳坞等处,与战数合,我兵势益振,会游击将军柳春统兵至老营堡,闻战驰援,虏遂败走,夺旗二面,斩首五级,并获马匹器械等物。　虏寇入宣府境,杀百户一人,军余五人。龙门卫守备都指挥等官王玉等三员、灵州堡守备指挥等官周伯熊等六员坐守御不严逮问,分守独石等处左参将朱谦、左少监李穆、守备右监丞张成亦坐号令不严,诏贷之。(二五九,4382)

本年附

艺文·东厂太监陈准传

陈准,不知何许人,为人清俭平恕。先是,东厂大阉尚铭怙宠弄权,纵官校骚扰无辜,缙绅大为所罗织,一事辄连引数十人,黩货无厌。一日事觉夺职,因以准代之。准下令曰:“凡事系大逆不道者告我,非此则有司之事,我无与焉。”京师始得安枕而卧矣。

(不著撰者,《国朝献征录》卷一一七《寺人》)

艺文·碑铭·太监钱义墓志

大明御用监太监钱公墓志铭

光禄大夫、柱国、太子太傅、吏部尚书兼华盖殿大学士、知制诰、经筵官眉山万安撰。赐进士及第、通议大夫、礼部右侍郎兼修玉牒、前翰林院学士豫章谢一夔书。奉天翊卫推诚宣力武臣、特进荣禄大夫、柱国、前征夷将军、太子太保、襄城侯历阳李瑾篆。

初,公以足疾,乞假调摄。一日,痰忽作,上命医诊疗,至则不可复治,急舁出禁城西私第,已瞑目矣,实成化甲辰(二十年,1484)七月廿二日甲时也。距其生宣德甲寅(九年,1434)十二月廿七日,得年五十有一。上闻,悼惜再四,赐白金百两、纻丝六端有副,楮币万缗,为殡葬资。皇太后、中官、皇太子俱有赙。命礼部谕祭者再,遣太监郭润、柯兴二公襄事,恤典稠叠焉。公尝奉敕建真觉寺于都城西香山乡,语润、兴曰:“身后务瘗我于斯,使体魄有依,尔等识之。”至是,润、兴卜以是岁八月十八日,扶柩葬于寺侧,从夙愿也。乃具状介公诸子锦衣指挥钱通征铭纳诸幽,予弗获辞。

按状:公钱姓,讳义,其先河西巨族。正统丁巳(二年,1437),与其兄太监喜、福、能,同被选入内垣,时公年才四岁。三代祖考妣,莫知其详。赋性警敏,嗜学。稍长,动静每取法于监局前辈。前辈见者咸奇之,且曰:“是子将来必大显贵。”天顺丁丑(元年,1457),英庙复辟,日见近幸,升奉御。寻选侍今上于东宫,夙夜执事,罔敢少怠。有暇,辄取儒书读诵。或有诮之者,答曰:“不犹愈于闲坐乎?”闻者韪其言。甲申(八年,1464),上嗣统,超升御用监左监丞。明年成化乙酉,进太监。公仪观瓌伟,言动详雅。自是,宴四夷,简命主席;聘王妃,命与司礼监掌礼。且通释老经典,命祈祷,累有感应。用是渊衷简在,蟒衣玉带,禄米金币,宝镪、图书、玩器,不一赉予也。盖公宅心醇厚,事上恭谨,与诸兄处,爱敬交至,犹善礼待贤士,宽驭仆役,人有见侮,略不与校,有私谒,悉拒不纳。矧操履廉介,每令评物价,纤毫无所私。凡古今奇异器物,名公书画,人所不识者,一目悉知其详,且能品题其高下。朝廷凡有制造,必经与工艺者商确,然后称旨。其生而累荷宠遇之厚,没而重承恤典之颁,岂偶然哉!据状备述于右，且系以铭曰：

公性警悟，公资瓌伟。自入禁籞，业习勤祇。瘁力供奉，皇用载憙。晋升既崇，锡予曷已。近臣遭逢，伊谁堪比。岁嗟在辰，大造罔止。皇恤以恩，士吊以诔。佛祠之旁，营魂实倚。为勒墓铭，传示千祀。

（《新中国出土墓志·北京》第129号）

艺文·碑铭·太监龚昇墓志

大明御用监太监龚公墓志铭

尚宝司司丞会稽许瀚撰文。中书舍人、直武英殿姑苏顾经书丹。尚宝司司丞四明金钥篆盖。

公讳昇，字彦明，姓龚氏，其先贵州石阡府人。幼以兵燹，流于蜀之播州。未几，没入京师，选备□中职，时景泰五年（1454）八月十三日也。公方幼，仅能记忆州郡、姓氏，至于父祖所自出之详，皆不能知。及入内，稍长，好读书，知君亲大义，授之事惟谨，咸器重之。天顺八年（1464）七月初七日，升长随。公资状清丽，选俾学琴，用心精密，指法雅妙，上听之悦。

今上成化元年（1465）十月，公以材识推升奉御。二年闰三月，升御用监右监丞。八年十月，升左监丞。十一年十一月，升右少监。十二年十一月，升左少监。十三年十一月，升□□□□。公练达不羁，而御下仁恕。其事上一以□□，故宠遇日隆，赉赐频数，蟒服优异，荣耀之极。人皆侈之，公自处淡如，人益知其廉静。方拟□□，忽遘疾，医诊弗瘳，岁甲辰（成化二十年，1484）十二月二十三日，卒于正寝。以闻，上加悼惜，命御用监右少监□□、奉御那安，往治丧事。乙巳（二十一年，1485）正月二十六日，卜葬于都城西宛平县香山乡之原，享年四十有六也。以义子顺为祀，具状请铭于墓。惟公生于遐裔，少历多难，乃致显庸、成终始，岂偶然之故哉！呜呼！是可铭也。铭曰：

有岗石阡，笃生才贤。中叶其迁，入侍御前。倚任日专，恩渥自天。蟒衣其翩，俦其与骈。二竖构愆，一疾弗痊。当宁惊怜，士类惜焉。德音以宣，珉琰以镌。藏幽瘗泉，百千万年。

（《新中国出土墓志·北京》第130号）

成化二十一年乙巳（1485）

正月丁亥，复云南姚安军民府判官林俊为员外郎，师宗州知州张黻为都督府经历,俱改南京。俊、黻既以言被谪,至是星变,梁方[芳]、继晓谓二人祸由己作,恐言者及之,遽乞内降复其官。吏部承旨,拟改俊南京刑部,黻南京左军都督府。从之。(二六○,4388)　戊子,命太监傅恭仍总制三营军马兼提督十二营操练。(二六○,4389)　己丑,大臣及科道等官应诏条奏时事。吏部尚书尹旻等言二事:一、在京文职额外增多及传奉升授写经书儒士、匠官等通计二千余人,其俸禄、皂隶皆出于民,不可胜算,宜如正统四年放还冗官例,悉记名放回,待缺取用,匠官则选留其精于艺者,余并革之。……上批答曰:"传奉文官除勋戚、功升、荫授录用不革外,其余如所奏内有为事、妄冒并乞恩升授者,查究定夺;匠官艺精者留之,支半俸。"户部尚书余子俊等言八事:一、……一、在京诸仓场内官数多,非正统间旧有者,宜悉取回。上批答曰:"……仓场内官已令司礼监查取……余皆如议。"礼部尚书周洪谟等言九事:一、……一、成化十七年以前,京城内外敕赐寺观至六百三十九所,后复增建,以至西山等处相望不绝。自古佛寺之多未有过于此时者,宜申严著令,敢有增修请额及妄称复兴古刹者罪之。一、光禄寺正统间每岁牲数止四万,成化元年定数不过十万,近又加十万,犹不足用,且以猪易鸡鹅,民力益困。今除上供外,乞查成化初例,凡增派浪费,悉宜停止。一、……上批答曰:"禁奢侈已行矣……(**净身人见上编所附'自宫之禁'**。)余皆如议。"兵部尚书张鹏等言五事:一、成化元年以来,传奉升授军职八百有余,月支俸给、岁支银绢,锦衣卫指挥、都指挥又有皂隶雇直,所费不赀。除勋戚荫叙并额设外,宜悉令冠带闲住,待缺奏补;其有匠艺不可缺者,月支米一石。今后非有军功陈乞军职者,宜加裁抑。一、……一、各处镇守、监枪、守备内外官除边防外,其余内地凡非正统间原有者悉宜取还。一、在外镇守内官于所在佥设皂隶等役,悉令巡抚、巡按官查发宁家,以后不得佥报。在京、在外文武四品以上官,成化二十一年皂隶暂免一年,以纾民困。一、京营提督内臣军伴一百名，掌营内臣与总兵官各六十名，各处镇守内外官三十六名，以下降杀有差，俱近所奏允，非祖宗旧制。今官多军少，况百人所给，每岁米一（广本一作二）千二百石、布二百匹，而总为一官供役之需，诚为太过，宜以次裁省。提督内臣与掌营内臣及总兵官军伴各二十名，坐营官六名，把总官二名，各处镇守内外官各十二名，分守内外官各八名，守备内外官各四名为当。上批答曰："传奉军职除勋戚、功升、荫授、录用不革外，其余令冠带闲住，有缺取用，内有为事、妄冒并乞恩升授者查究定夺，匠官艺精者留之，令支半俸。……内地镇守、监枪、守备等官具名以闻，京营及各处镇守等官军伴查先年及今人数来奏，余皆如议。"刑部尚书张鎣等言六事：一、……一、京畿连年灾伤而赋役多端，甚于外郡，如惜薪司柴夫役钱实繁且重，光禄寺买办，诸铺户价直久稽不给，民困已甚，宜减免夫役，撙节买办。他如贵戚、内官家人或因管庄私自抽分，或因开肆奏请店额，侵夺民利，悉宜禁革。……一、近来官职日增，镇守、总兵亦多滥设，且五品以上官律应奏请，今有请敕四品、五品等官径行逮问者，实欲挟势求赂，为弊尤甚。宜依天顺八年正月诏例，浙江、江西、福建、陕西、临清镇守内外官及各处镇守等官，量地缓急，从宜去留，其留者所请敕书不当得者即令奏缴。上批答曰："惜薪司柴夫、光禄寺买办已行矣；镇守内官已令兵部查奏定夺，有奉敕干预词讼者今不许，止依前敕行事，后敕缴回，余皆如议。"工部尚书刘昭等言三事：一、太平、荆州、杭州抽分材木专造光禄寺供应器皿，清河、卫河二提举司专造粮船，以省民间科派。近年每遣内官印烙，起运杂用，沿途劳扰，宜悉取还。一、易州厂管工诸人每侵克柴炭价银，致误解纳，宜行本厂趣之。今后司府州县价银宜差官解厂验收毕遣还，不许私留管工，违者罪之。一、光禄寺柴炭旧例每年一千三百一十三万四千斤，近被役人侵克，以致乏用，移借预支，民受其弊。又惜薪司每岁柴炭共二千四百万斤，所领价银赴官交纳，称收加倍，民多赔补。宜惜民脂膏，撙节用度，公平称收，以免加增预借之困。上批答曰："如议。"都察院右都御史朱英等言八事：一、江南运白粮民赴内外诸司交纳，所司留难邀利，又多取之，有一石止准纳三斗者，民皆饮泣贷补，又倍息以偿，多至破产。其在内府无御史监收者，宜令户部委官同收，依例一夫一平，毋容多取。一、投献田土者宜依例谪戍，其受献者若贵戚，奏请处治，军民职官即逮治之，以所受田土计赃，抵罪革职。一、各处总兵等官每遇节旦贡马，多藉为克剥，或窃官马以应用，或又以私马随行售利，沿途供亿，内帑给赏，无益于上，有损于下，宜止令进表，毋容贡马，以免此弊。一、各处镇守、总兵等官不许置立庄田及占屯田草场以病军民。一、近来有称烧丹、扶鸾、符咒，一切左道惑正之术，依托势要希求进用者，并所引荐之人，俱宜治以重罪，且令巡城等官逐捕之，其潜留者谪发戍边。一、各处进贡土产果品、药材等物，宜止令镇守一人采办，其分守、监枪并管珠池等内官不许假公营私，重为民扰。其赍香帛、赏赉等事及岳镇山川等祭祀，宜从礼部差官，不必再差内臣，以烦道路。一、……一、在京仓场、马房、蕃育署等处内臣，近或增至一二十人(抱本作一十二人)，役占科率，不可胜计。宜依旧量留，余悉取回，以省军民劳费。上批答曰："内府白粮不必委官监收，止依例一夫一年收纳。投献地土及仓场等处量留内官管事，已有处分。各处总兵官遇节进马，副、参等官不许进土产，止许镇守官一人进之，余不许。今后赍香帛内官不必差。文官降黜者置之。邪术之人尔等备榜禁约，余皆如议。"通政司掌司事尚书张文质等言四事：一、……一、各处内外镇守官家人或挟制官府，或侵渔地利，宜令巡抚、巡按等官纠治之。一、……上批答曰："废弛政令者无所指名，其置之，余皆如议。"大理寺卿田景旸等言四事：(略。)吏科都给事中李俊等言六事，谓：今之弊政最大且急，曰近幸干纪也、大臣不职也、爵赏太滥也、工役过烦也、进献无厌也、流亡未复也。天变之来，率由于此。且近侍之设，国初皆有定制，今或一监设太监一二十员，或一事参内官五六七辈，或分布藩郡享王者之奉，或总领边疆专大将之权，或依凭左右以援引憸邪，或交通中外以投献奇巧。司一钱谷则法外取财，兵民坐困，贡一方物则分外求赂，官吏被殃，杀人者得见原而不死，偾事者得请托而逃刑。如梁方［芳］、韦兴、陈喜辈不可枚举，往往缮写经书，布满寺观，进奉金玉，遍索闾阎，内耗府库之财，外夺军民之利，所以亏圣德而招天变者，未有不由此辈。惟皇上刚断痛抑，无令干纪，司钱谷者量为减去，任镇守者量为取回，则近幸戢而天意可回矣。今之大臣其未进也，非夤缘内臣则不可，其既进也，非依凭内臣则不安，此以财贸官，彼以官易财，是无怪其赂受四方而转输权贵，计营三窟而官及弟男也。如户部尚书殷谦、兵部尚书张鹏、礼部侍郎艾福、刑部侍郎杜铭、南京礼部尚书李本、工部侍郎刘俊俱老懦无为，刑部尚书张蓥、大理寺卿田景旸、南京刑部尚书张瑄、礼部侍郎尹直、太仆寺少卿李温俱清论不惬，所以亏圣治而招天变者，未有不由此辈。惟皇上独奋乾刚，大彰黜罚，则大臣知警而天意可回矣。且爵以待有德，赏以待有功，人主驭天下之具也。今或无故而爵，一庸流秩迁崇品，或无功而赏，一贵幸货直万金，祈祷雨雪者得以规美官，进奉金宝者得以射厚利，方士以炼服之术，伶人以曼延之戏，以至吏胥之徒皆叨官禄，俳优僧道或玷班资。……上批答曰："梁方［芳］、韦兴、陈喜姑已之，殷谦、张鹏、艾福、杜铭、李本、刘俊、张蓥、田景旸、张瑄、尹直、李温，尔等言此辈不职，但人才难得，俱留治事，令各修省以尽厥职。李孜省降上林苑监左监丞，邓常恩本寺寺丞，继晓革去国师为民，令巡按御史追取护敕诰命，其余已处分矣。"浙江道监察御史汪奎等言十事：一、……一、近时内官建寺徼福，掊克于民，而糜费于此。妖僧继晓结太监梁方［芳］建寺，又给与度牒二百，江南富僧一牒可售数十百两，当此凶荒之年，留赈饥民不犹愈于继晓一人用乎？乞罢建寺而治梁方［芳］之罪，取回继晓，追夺度牒，斩首都市，以谢天下。一、近年亡命负贩之徒、工艺方术之辈，传奉通政司、太常寺、鸿胪寺、锦衣卫、中书科、文思院官者不可胜数。且如顾贤、顾祥、顾兰、顾果、顾俊，太监顾恒之侄也，有何勋劳，而俱升锦衣卫指挥、千百户、镇抚之职？李孜省缘事之吏也，有何才能，而滥授通政之官？似此之类，难以悉数，俸禄之费，岁以万计，执役之人动以数百，日甚一日，无有纪极。宜令所司悉究传奉之官，尽发原籍闲住，以去冗滥。一、……一、近来各处增镇守、守备内官，比天顺年间不啻数倍，如河南并兰州，天顺间皆无内官，今又增蓝忠等数人镇守，又如淮安、临清等处仓场，亦至数人。凡内官所在，每卫所则勒拨军伴以取月钱，每州县则逼佥皂隶以取银两，驿传供给，兼索折银，又擅作威福，凌虐所在，如镇守浙江太监张庆、四川太监蔡用俱受词讼，得逮治四品以下官，所谓虎而翼者也。宜查正统年间所无者俱取回以革弊政。一、近来坐营、监枪等内官增置太多，将无专任，军多私役，每员已有正数军伴，又有办纳月钱者，多至二三百名，少亦七八十名。其总兵、把总等官亦皆仿效占役，以致精壮多归私门，在营惟存老弱，武备废弛，莫甚于此。宜查正统前例，于提督坐营内官量留一二，余悉革之，役占军匠俱令赴操工作。在外镇守内外官役占军士，亦行巡抚、巡按及清军御史查究，俱发原伍操守，以修武备。一、近年勋戚、内官权势之家，奏讨开中盐利，驾马快官船多至二三百艘，于长芦等处满载南行，张揭钦赐黄旗，虽有巡盐、巡河等官，莫敢谁何？在两淮关支者每引勒多五六百斤，以致盐课亏折，商旅不行。宜敕委风宪大臣，假以重权，更新整治，务臻实效，以备边储。一、……上批答曰："谪调考察官、推大臣理盐法，俱已之。镇守等官已令兵部查奏定夺，蓝忠、张庆、蔡用还移文使知之……提督坐营内官仍旧。内外官占役军匠，令科道官查究。……各处误事官且不究。继晓赍去度牒，令巡按御史追取缴来，其余已处分矣。"(二六〇，4389—4411)

庚寅，以星变赦天下，诏曰："……(**治效未**

著，灾沴迭兴。）祇承乾元资始之仁，诞敷宽恤之典，所有合行事宜条具于后：一、……一、山西成化二十一年分该征柴炭价银全免一年，山东、北直隶量免半年，内外衙门年例供应柴炭以十分为率，暂减二分。……今后柴炭止依正价派办，分外不许多科，违者许巡抚、巡按官员问罪黜职。其山西都司并直隶卫所成化二十一年分该派柴炭亦暂停免。一、惜薪司各处抬柴人夫、易州厂采运军夫人等，自成化二十年十二月以前拖欠在逃、病故、缺工及违限罚纳柴炭者，悉与宽宥。其各色失班人匠俱免罚工，止当正班，以苏民困。一、……一、杭嘉湖苏松等府自成化二十年十二月终以前除岁造纻丝、纱罗、绫䌷等项外，其内外衙门奏准差人前去坐守织造者，诏书到日暂免三年，已织完者照数起解，已征料者交与所在官司，准作岁造之数。差去内官人等即便回京，违者罪之。一、……一、茶盐之利，国用所资，近年以来，召商不肯上中，皆因势要之人搀支搀卖及夹带私贩，侵夺其利。今后开中盐茶，不许势要及内官、见任官员之家上中及夹带贩卖侵夺民利，违者治以重罪，茶盐入官。一、……一、各处镇守内外等官贡献方物，悉照天顺三年以前例行，不许因而科害军民，及沿途往来骚扰，致人嗟怨。一、勋戚势要之家不许霸占关厢、渡口、桥梁、水陂，及开设铺店、贩卖钞贯、抽要柴草、勒措摆渡牙保水利等钱，侵害小民，违者许巡城、巡按并该管地方官员捉拿参奏。……（二六〇，4411—4420）

己亥，五军都督府掌府事太子太傅英国公张懋等应诏言事：一、……一、各处边城、沿海等衙门内外文武官员迩来添设数多，军民被扰，请查例减革。一、京卫拨军种菜养牛，先因不便，议立嘉蔬、蕃牧二所，今嘉蔬所立未半年旋复停革，各卫差拨烦扰艰难，宜仍立之。一、京城九门内官添差数多，妨占军士，宜查照旧数量为存革。一、京城各门课钞旧有定例，迩来无籍之徒驾称权势，强卖钞贯，多取人财，宜申明约束，严加禁止。上批答曰："……边城、沿海内外文武官添设者，兵部查奏，取旨定夺。京城九门及京通仓场、各马房、蕃育等署增添内官数多，司礼监查照正统年间旧数量留莅事，余皆如议。”(二六一，4423—4425)　戊申，军器局军匠金福郎奏：“正统年间，本局官、军民匠五千七百八十七员名，止有太监一员，内使一员，工部侍郎一员提督。近年以来，人匠逃亡、事故，止余二千余名，而监督内臣乃增至二十员。除占用、办纳月钱，视旧已去十之七八，而其中之精于艺者又为各官取以私用，止存其不堪者分班应役，以致缺人成造，未免雇倩外人，岁计其直，用银二千余两，其各官占用者月粮仍旧关支。乞敕廷臣会议，一如旧例，减去提督冗员，清出占用工匠为便。”事下工部，议其言有理，宜如近日户部奏准取回各仓场内臣事例，量为存留监督，定拟每日该班匠役名数、关支口粮而退出占用者，庶军器无缺。从之。(二六一，4427—4428)　己酉，兵部尚书张鹏等奏：“迩者本部陈言谓内地镇守等官可以量减，五府陈言谓边城沿海添设官可取别用，刑部及十三道陈言又欲查照天顺八年正月诏书，通行斟酌镇守等官地方缓急，量为去留。大概皆为官多民扰，恐累地方。有旨令本部查奏定夺，今查自天顺八年以前接管已定者难以轻动，不复开具，谨将八年至今各处添设镇守等官地方事情繁简上陈，伏乞圣裁。”有旨：“尔等既言地方有事，今河南亦有流民，江西盗贼，浙江、福建俱边海，镇守内外等官姑存之，但令安静行事，禁约科扰，违者治罪不宥。”(二六一，4428)

二月乙卯，兵部尚书张鹏等以陈言奉旨查京营及各处镇守等官军伴人数，具奏裁处。上命京营提督内官与五十名，掌营内官及总兵官三十名，坐营官十名，把总官五名，各处镇守内外官二十名，分守内外官十五名，守备内外官十名。(二六二，4434)

丁巳，工部臣言：“镇守福建御用监太监陈道奏福建阻山带海，易生不虞，其漳、泉、建、汀等卫所城垣俱因风雨损坏且仓廪空虚，救荒无备，不可不预为之图，欲如旧例以盐课、番货并劝借银物在官库者十分为率，内拨六分修理赈济，而户部以为不宜。章下臣等议，缘思患预防在福建诚不可后，修理仓廪储积，有司自有常规，宜行镇守、巡抚、巡按、三司等官会议，除赋税、盐课国计所资不宜轻动外，其余收贮在官者悉从斟酌支用，仓廪不实亦令先事储积，务俾一方可保无虞。”议上，从之。(二六二，4434—4435)

己未，吏部又奏内府各监局及工部匠官其精于艺者一千二百九十二人皆宜存留，其老疾者三十五人皆宜黜退，司礼监留七十九人，御用监三百七十九人，尚衣监八十七人，内官监三百六十五人，司设监七十一人，内织染局一百十人，针工局三十八人，兵仗局九十九人，银作局二十三人，御马监三人，巾帽局五人，供用库一人，工部三十三人。俱允之。(二六二，4437)　兵部奏列传奉升除者，除勋戚、功升、荫授、录用外通得五百三人，勋戚异姓外，亲升授者六，内官弟侄家人升授者一百二十，军民人等升授者六十六，为事罢黜妄冒升用者一，军民人等乞恩升授者九，技艺工匠升授者二百六十，皆具其出身履历以闻。于是御笔点阅之，如文职例，留者三百九十四员，余皆令闲住。(二六二，4437—4438)　丙寅，旗手卫军曹铭奏：“午门门官内使员数繁冗，不严门禁，惟事贪求，巧立网巾、煤炭名色，逼取守卫军士铜钱。本卫以一岁计之，共为钱十一万二千八十文。卫所将领顺承科敛，月粮直米粜卖无余，门禁关防全不整肃。”事下兵部，请禁治之。有旨：“守门内官俱处治矣，自后官军敢有似前科敛贿送侵克者，官降一级，军调边卫，仍通行各门守门、守卫内外官军人等遵守。”(二六二，4440)　庚午，分守万全右卫等处右参将都指挥同知高昇、左监丞张刚、守备右少监金广以虏寇入境失防御，令戴罪杀贼。(二六二，4441)　辛未，长陵卫千户王刚奏：“长陵神宫监宣德、正统间原设太监等官不过二三员，今增至十二员，多役守陵旗军，或办纳月钱，或种田养马，岁无休期，人多逃窜。乞照旧制，量为去留以苏军困。”事下兵部，尚书张鹏等请敕司礼监查例奏请。有旨：“祖宗陵寝所在，亦须用人管理，设置既定，俱不更动，但查各人役使旗军数目以闻。”(二六二,4441—4442)　壬申,巡抚辽东左副都御史马文升应诏言十事:“一、……一、今镇守太监、总兵及分守内臣等官多占役军士,有二三百名者,宜定与军伴名数,数外占役者依例五名以上降级有差。一、……一、内府及光禄寺所用柴炭旧皆北直隶、山东、山西等处采办,近又派及陕西、河南,有一州县出柴夫银千余两者,各处人夫岁用柴价银不下数十万两,加以抬柴等夫,用银尤多。宜令湖广有司佥夫于沿江山林采办,令递运所马船及商舟带至扬州转发,官民诸船顺带至京。”奏至,命所司议行之。(二六二,4442—4445)

三月己丑,南京吏部尚书陈俊合诸大臣应诏言二十事:“一、……一、近闻太监梁方[芳]遣镇守[抚]梁山等乘传至两淮支钦赐官盐五万引,令运司备包,索船钱用银数多,督迫殊甚,亟宜罢给。一、宜令南京漆园、棕园、桐园军丁开漆剥棕及雇倩作油,径送工部备用,毋令各府差官拨夫及内官监视。一、南京兵仗局有特差内官四人督造朝仪所用兵仗五万七千余事,三年未就,不胜烦费,今宜停止,以待丰年。一、南京御用等监岁运竹木板枋数多,川途劳费,亦宜停止,一二岁以后减半运之。一、两京寺院增加数倍,宜严禁私建及请寺额。一、……一、今南京龙江关差太监、奉御六人,大胜关内官、内使七人,皇城各门或十余人,都城各门或五七人,内府九库,库或十三四人,宜悉依正统间额数,余并革之。一、……一、内府针工、巾帽二局岁遣内使二人押布绢等物至南京染色,还京制成衣被巾帽以给内官,给南京内官者复赍以来,骚扰甚多,宜令两京各自染作以给南北内官为便。一、南京冰窨挑冰扫窨军余、民夫过多,止充典守者私役,悉宜革退,止留百夫扫窨而令操军挑冰,免致科扰。一、……一、南京御马监岁运苜蓿种子至京,皆南京养马军卫、有司办纳,今北方已种六七十年,宜免运纳,以省科扰。一、江西浮梁县景德镇有内官监造瓷器,其买办供给夫役之费岁用银数千余两,俱出饶州、广信、抚州之民。计其所费已敌银器之价，宜暂停三五年，以苏民困。一、云南、福建、浙江等处银冶盗多民扰，况镇守太监每于冬月自往各府监督煎银，尤为劳费，宜止令专理银场，专委布、按二司官，岁督银课为便。”俊等既陈事，宜复言灾异迭见，皆臣等不职所致，乞罢归田里，别任贤能以回天意。上批答曰：“文武医匠等官、取回支盐内官家人并禁造寺观、降调官员，已处置矣。板枋免运一年，大胜等关官军令南京守备太监定拟以闻。……造给衣帽、起运苜蓿，俱仍旧。守厂军余量留二十人，瓷器俟烧完停止，其余俱如议行之。陈俊等不允退休，其令悉心供职。”（二六三，4449—4453）【考】同月戊戌，工部议覆陈俊等应诏陈言内二事：“其一言差去内臣、匠作成造摆朝军器者宜如所言取回，已派物料令南京兵仗局造完解京。其二，直隶苏、松等府买办年例供应物料及四川布政司岁办折纳皮张等物……奏上，上曰：‘差去内官匠作都取回，军器造完者就令解来，未完者令守备太监督造，陆续解京。买办物料俱准议行。’”　南京工科给事中丘璐等应诏言十二事：一、……一、近习之臣用事中外者宜审察忠邪、裁抑冗滥、罢革贡献。一、陕西、山西、河南、山东及荆襄之境连年灾伤，其镇守、巡抚、三司及各府官不能救焚恤患，俱宜究治。一、南京守卫官军宜循旧制，遣官点阅，以革奸弊。一、南京织造内官烦费，不可胜纪，宜依苏、杭事例暂行停免。一、南京军匠多为权要占役，宜敕南京兵部、都察院会同科道查究，军令归伍，匠令工作。一、浮梁烧造瓷器，民困已极，宜暂停免，后令饶州等三府量出财力自造进京。一、南京芦场宜遣官勘处，使豪强不得占据。……上批答曰：“刘昭、吴道宏、于冕俱留治事，余事多已行矣，所司知之。”（二六三，4453—4455）　南京河南道御史邹霶等应诏言十事：一、……一、上元、江宁二县民为织造内官科率烦扰，宜依苏、松（**广本松作杭**）例停止之。一、南京各卫军籍实计兵一十五万，今操备者不过四万一千三百，其在漕运者不过二万一千，驾马快等舟者不过一万八千，其余多为内外势要官私役纳贿，支粮数多,操备数少,宜令兵部、都察院及科道官逐一查核以清宿弊,其内外总兵、坐营等官依在京例拨与军伴,余各遣归营伍。上批答曰:“所条时事多已行矣,置之。”下其章于所司。(二六三,4455—4457)　庚寅,命御马监太监李良监五军营兼提督十二营操练。(二六三,4457)　甲午,南京中军都督府掌府事成国公朱仪等应诏言事:一、……一、工匠以充造作,军士仍备操练,此盖一定之制。迩来南京内官监于各卫操军内奏取琉璃匠二百名,筛簸匠一百九十八名,乞退还操练。事下兵部覆议。诏可,琉璃、筛簸匠仍各留一百名。(二六三,4459)　乙未,工部奏:“南京外罗城周围一百三十余里,城门一十六座,旧例俱属南京工部修理。景泰六年,守备太监袁诚始奏行应天府属上元、江宁、句容、溧阳、溧水五县暂借人夫兼用。至成化九年,府丞白昂又因二项人役推调,以致经年不完,建议自驯象门起八门属应天府修理,沧波门起八门属工部修理,其工料各备,两无相关,甚为便益。今府尹于冕奏欲将本府该出工价以十分为率,内八分改派苏、松等九府。缘各府俱有城池,兼之差役有简有繁,势难均一,惟镇江、宁国、太平、广德等府州原系国初恩例减免钱粮之处,又与南京相近,除太平已有抽分夫役,宜令镇江、宁国、广德每年各出银六十两送应天府收贮,以备分工修理。”从之。(二六三,4461—4462)

辛丑,神机营坐司监枪太监邓瑢等二十三员以近减军伴,止与十人,奏乞增益。上命各增十人。(二六三,4464)

四月丙辰,太监覃昌传奉圣旨,升太常寺少卿康永韶为礼部右侍郎,仍掌钦天监事。(二六四,4474)

闰四月乙酉,太岳太和山有盗入神殿窃金银供器数事,提督太监韦贵、潘记,布政司右参议李谦皆坐误事有罪,命俱宥免,特令严督捕盗,期在必获。　丁亥,升云南按察司副使董俊为按察使。初,俊九年秩满当迁,为镇守太监覃平、黔国公沐琮所荐,复留任事。至是,按察使缺,乃擢之。(二六五,4488)　戊子,工部言："大名府柴夫半出工价，本部已准收送惜薪司以充雇直。近太监廖恭等奏所雇之人多出京师游食无赖，出入禁门，不可不虑，有旨令会议。缘前项夫役系朝廷日用供应，诚不可缺，但有司官吏往往缘以为奸，多科重敛，又多抵换原银，以致不堪雇役。今宜依拟每夫一名，每年征银一十四两四钱，永为定例，敢有擅自增减者参究治罪，仍委官管押赴部，转送惜薪司。其出本部代支足数者，亦如此例管押运送，庶门禁有所稽考而供应不至违误。"从之。(二六五，4489)　辛卯，太监覃昌传奉圣旨：内官监太监李荣镇守山东兼莅临清等处地方，代太监韦焕还京。既而复荣司礼监，命往南京守备，焕仍山东镇守。(二六五，4490)　是日，昌又传奉圣旨，升羽林前卫副千户杨玉为锦衣卫正千户，御用监太监廖恭从子玘为锦衣卫百户。(二六五，4490—4491)　癸巳，分守开原等处右少监蓝莹、都督佥事巩寿坐不能严督备御，致虏入境剽掠人畜，有罪，命姑宥之。(二六五，4491)　丙申，增京、通二仓太监军斗，总督人三十名，监督人二十名。前此总督一百五十，许留三十，监督一百，许留二十，至是太监杨寅以役使不足请，故有是命。(二六五，4492)　丁酉，守备独石都指挥绳律、守备柴沟堡指挥杨瑄，分守独石左参将朱谦、分守西路右参将高昇俱以虏寇入境，夺俸三月；分守左监丞张刚、守备右少监金广俱戴罪杀贼。　守备天城都指挥陈怀、右监丞左敬，分守右少监石岩以虏寇入境不能御，命戴罪杀贼。(二六五，4493)　乙巳，户部奏：庄浪、西宁二仓缺粮，今宜稍如巡抚都御史鲁能言，将两淮盐运司成化十九年太监梁方[芳]奏请住支见盐五万引并拨二十年存积官盐十万引行令巡抚都御史唐瑜斟酌时价，定立则例，召商中纳。上是其议，惟梁方[芳]所请者姑置之。(二六五，4495)　丁未，有强盗席英先为达官指挥使，犯法避罪，达舍王永者亦杀人亡命，以骁勇善射，相结行劫于固安、霸州诸处，从之者复数人。一日忽骑马露刃，白昼入京城，寻其仇不得，去而愈肆。锦衣卫指挥使陈玺令正千户赵承章捕之,二人皆无谋,率众遽往,旗校二人为所杀。上怒,降承章为副千户,令玺等戴罪追捕。继又降玺为指挥同知,本卫带俸,命指挥同知刘良代领其事,通谕中外悬赏待捕。英、永欲走出关不果,其党渐获,势亦孤,乃遁去,久之不获。后东厂太监罗祥缉知英有亲在河南,差千户王英往迹之。英、永匿新乡县人唐庆、唐恕家,庆、恕以报宁山卫指挥臧纶、知县王素合兵擒之。适隰川王逊燂亦遣校尉王彪往捕,同以槛车械至,命廷臣会鞫于朝。上以其罪恶深重,非他盗比,命凌迟于东西市三日,不必覆奏,籍其家,妻子给功臣家为奴,父母兄弟流窜如谋叛律。兵部议上获贼功状,上以书谕答隰川王,赏彩段四表里,罗祥二表里,河南镇守太监蓝忠、巡抚都御史赵文博及王英各一表里,王彪银五两,唐庆、唐恕升冠带小旗,臧纶、王素各俸一级。(二六五,4497—4498)

五月丁巳,广东左布政使陈选奏:"近奉诏例裁省贡献,掌市舶司事太监韦眷先所奏乞均徭余户六十人添办方物者宜悉停免。"上谕户部臣曰:"广东近有风雹之变,坏民庐舍,死者甚多,海隅之民良可矜念。贡献方物既已裁省,添办余户自今宜减半与之。"遂减六十人为三十人。然人数虽减,岁纳银十八两。至是眷乃倍征之,人纳银五十两,反为广人之害云。(二六六,4501—4502)　丙寅,锦衣卫带俸指挥张庆奏臣以从父裴当恩升职,今本卫镇抚司指挥使钱通已管卫事,乞迁补其缺。事下兵部,言通事出特恩,不可援以为例。上特许庆同朱远等管镇抚司事。(二六六,4506)　己巳,命王福坚复任锦衣卫百户。福坚乃御马监内官王允中养子,传奉升百户,后以灾异陈言罢职。至是允中同监内官李聪乞复福坚职,复有是命。(二六六,4508)

六月庚寅,南京兵部尚书王恕等奏:"奉旨查南京武职不由军功升授者,除保升等官不具外,余皆乞恩升授,率多内官养子、家人,内一家有升一员、三员者,有五员、八员者,计锦衣一卫共二十七人，名器冗滥，均乞圣裁。”得旨，俱不必动，令任事如故。(二六七，4516)　甲午，太子少保户部尚书杨鼎卒。鼎字宗器，陕西咸宁县人……天顺改元，升左侍郎。中贵牛玉(传)谕旨，欲转江南折粮银入实内帑而以他物充武职俸，鼎从容开谕乃已。牛马羊房草缺，议欲征什二，鼎具以民艰沮之。(二六七，4518)　己亥，调南京锦衣卫千户张臻于福建永宁卫管事，不世袭。臻乃南京守备太监张本之弟，以恩得官，至是本殁，乞还福建原籍以便祖茔祭扫。从之。(二六七，4519—4520)　壬寅，锦衣卫舍人沈震援例奏请纳粟补官，不许。初，大学士万安议令山西、陕西所在军民舍余人等纳粟补武官者听巡抚官定拟卫所。既而巡抚大同都御史左钰奏：今在京河南、山东、北直隶人俱许纳粟补官，以实大同边储。户部议在京除锦衣卫外，余如钰奏行之。时工部尚书刘昭、镇守陕西内官欧贤、都督同知白玘下舍人刘绮、欧山、欧全、白珍俱于陕西纳粟补锦衣卫千百户等官。至是震乃援绮等例自陈，愿纳粟补官锦衣卫。上命所司看详以闻，户部言刘绮等官由兵部定拟，乞自圣裁。上谓锦衣卫乃近侍，遂不许震(**按，震疑为衍字**)。户科参称户部所奏纳粟补官事例最为著明，刘绮、欧山、欧全不应补官锦衣，白珍隶籍锦衣，不应纳粟，今皆越例补官，事属蒙蔽，使震得以藉口，宜从纠正。于是兵部左侍郎阮勤等言：“万安所奏山西、陕西纳粟事例日月在前，左钰所奏不许锦衣卫纳粟事例在后，且止是大同一处，况绮等纳粟实在陕西，初非越例蒙蔽。”且依违其说，欲调绮等于别卫。上谓绮等铨注已定，不必调，其余不许。(二六七，4520—4521)

七月庚戌，镇守湖广太监开泰奏乞定皂隶名数。事下兵部，言镇守内官旧无皂隶，成化年间始间有之，迩因灾异陈言，会官议奏革去未久，而泰首先违例奏请，宜勿许。上令所在官司拨四十名给之。(二六八，4525)　丙寅，陕西布、按二司以属地连年旱荒，公私窘乏，条陈救荒备边十事，内一事请暂停各夷并镇守等官年例贡献,候岁丰举行。礼部以各夷进贡诚所当停而镇守等官年例进贡惟上裁处,诏镇守等官暂停今一年。(二六八,4534)　乙亥,太监韦泰传奉圣旨:沂州知州朱义升南京工部郎中。时太监梁方[芳]被旨往山东开银矿取丹砂,义事之惟谨,方[芳]还,誉之于上,乃有是命。(二六八,4538)

八月庚辰,升锦衣卫副千户梁顺为正千户管事。顺,太监梁方[芳]家僮也。(二六九,4541)　壬午,太监萧敬传奉圣旨,升锦衣卫都指挥同知万达为后府带俸都督佥事;副千户万祥为指挥同知,正千户徐达为指挥佥事,二人俱世袭;舍人万安、万泰、王贤俱百户,金吾卫小旗陈亮改锦衣卫食粮,复其家。(二六九,4542—4543)　丙戌,太监韦泰传奉圣旨:守备西宁都指挥佥事王义令协同田广管事,守备临清都指挥佥事昌佐令守备仪真兼管扬州、高邮等处。(二六九,4543)　庚寅,守备凤阳太监李棠奏:故吴庶人姊年八十六岁,近卒于高墙内,乞令所司为营葬域。上闻之恻然,命礼部移文所司,营葬如例。(二六九,4546—4547)　乙巳,赏太监陈玹两浙盐一万引。(二六九,4552)

九月壬子,锦衣卫千户安贤公差辞朝失仪,纠仪御史俞深、刘让、序班望玘皆不举劾。东厂官校发其事,深等始请罪。上命锦衣卫各杖二十释之。(二七〇,4556)　庚申,太监韦泰传奉圣旨:鸿胪寺带俸主簿万熻、通政司知事万焘俱升中书舍人。(二七〇,4558)　辛酉,延绥总兵官署都督佥事岳嵩、巡抚都御史吕雯、镇守内官韦敬、左参将署都指挥佥事陈云、把总都指挥郭鏑、杨泰、王纲及领军指挥十一人以年例率兵出境烧荒,遇虏众,各部人马多被杀掠,雯、敬因劾奏嵩等失误军机之罪。兵科参雯与嵩事体相同,罪亦当治。兵部请下巡按御史问状,得旨俱不问,待边事稍宁以闻。及明年虏众再入境,嵩等会游击将军董昇御敌,战于单塔儿地,败之,斩首三十四级,获虏马兵器以闻。朝廷下敕奖励。于是兵部以边事既宁,请治嵩等前罪,命置嵩、雯、敬，而下陈云等狱，巡按御史各坐罪有差。都察院覆奏，且言嵩等三人及郭鋐俱有后功，然亦不足以赎前罪，请下巡抚陕西都御史郑时逮治之。有旨："若等既有功，韦敬免之，岳嵩停俸三月，吕雯一月，陈云、王纲及指挥二人损军数少，并郭鋐亦有后功，俱赎米复职。杨泰等六人损军多者，各降官一级，指挥二人损军尤多，降二级，余如御史所拟。"（二七〇，4560—4562）　　壬戌，升南京锦衣卫中所百户殷瓒为副千户，仍世袭。瓒，左监丞忠侄也。（二七〇，4562）　　甲子，太子太保、户部尚书兼谨身殿大学士刘珝致仕。（**珝书奏及上慰敕、恩礼略。**）初，珝侍上春宫讲读久，及即位，屡进清秩，入内阁，任益崇重。至是前一日申刻，太监覃昌传旨，召学士万安、刘吉赴西角门，珝欲往，召者止之。安等至，昌出纸一缄，其上朱书一"封"字，乃御笔也。启视则人讦珝阴事者，曰"刘珝嗜酒，贪财好色，与太监某认亲，纵子奸宿乐妇。纳王越银，谋与复爵。朝廷若不去珝，必坏大事"等语。安等惊曰："此即匿名文书告言人罪者，律有明禁，朝廷何不火之？召安等看何为？且珝在内阁，与安等同出入，暧昧之事何由而明？其子之过，虽珝或有不知也，惟冀太监扶持为幸！"昌曰："某扶持久矣。向科道官劾汪直本上，已讶无其名，今圣意坚不可回，二先生若不作计处，明旦行事本发出则无及矣。"安等曰："必不得已，珝亲已老，俟其亲终守制而回，何如？"曰："不能待也。"曰："不然，令珝自陈休致，厚加恩典，以为儒臣遭际之荣，以全君臣始终之义。"昌曰："上意正如此，可达刘先生，以亲老为辞，速进本来。"遂各退。翌日珝进本，上怒无养亲字，命昌问。安等曰："此本乃珝于四月间，闻人言其过失于上而预先撰就者，昨因仓卒不暇改写，遂填月日以进。"昌回奏，上意解，特允之，加恩从厚。盖上圣度汪涵，笃念旧臣，于珝曲赐保全如此。匪直珝感恩无穷，凡为大臣者，苟无大故，终上之世，信任无间，其或有故，不得已去之，多从轻典，无不感激云。（二七〇，4562—4565）　　丙寅，赐太监潘牛仪真官盐一万引。（二七

○,4565)　癸酉,命增给锦衣等卫带俸指挥等官柳纯三等百四十二员月米五斗。纯三等皆内府工作,糜费不赀,以灾异减俸,至是夤缘乞请,故有是命。　甲戌,宥锦衣卫指挥同知刘纲罪。四川布政司解生漆当输御用监,纲家人代输,因入水漆中。内官验却之,遂劾奏纲。诏纲对状,纲上奏,自言不能钤束家人,服罪。有旨:"纲本当逮治,既服罪,姑宥之。"　乙亥,命太监潘记同督均州官军操守。初记主太岳太和山香火,至是自陈权轻,不能服人,欲兼提督正伍官军操守城池。兵部言操守之任已有太监韦贵及总兵、都御史,宜命记专焚修,无以他事分其志。诏特许记请。(二七○,4570)【考】本年十月初四日敕谕太监韦贵:"今命尚衣监太监潘记前去,与尔一同管事"云云,详见任自垣《敕建大岳太和山志》卷二《诰副墨第一》。

十月己卯,太监韦泰传奉圣旨:鸿胪寺主簿徐生、医士曹源、常行、陈公贤俱升太医院御医。　守备凤阳太监李棠奏:"近例,各处驿传必令所司验实挂号而后行,但凤阳岁贡时新及陵寝急务,恐因此迟滞。"事下兵部,请如所奏,其非时新急务者仍令验实。有旨,俱不必验,但不得一概滥给关文,仍移文各处镇守、守备、分守内外官知之。(二七一,4573)　癸巳,致仕太常寺少卿吴道亮卒。道亮,应天府句容县人,永乐间选充乐舞生。正统中授太常寺司乐,历升寺丞。上立玉皇祠于内,召道亮教内臣习乐。年七十有五,请老,特升本寺少卿致仕。至是卒于神乐观,年八十。(二七一,4578)　丙申,太监韦泰传奉圣旨,升僧录司右阐教定宣为右善世,右觉义定任左讲经,右阐教圆洪命管事,演庆寺僧本庆升左讲经,大功德寺僧定鲁左觉义。(二七一,4579)　戊戌,沈康王妃韩氏薨,遣内官致祭,命所司营葬。(二七一,4580)

壬寅,升南京锦衣卫指挥佥事黄琳为指挥同知,与世袭;百户黄灏副千户,所镇抚黄渌、校尉黄润、百户黄泽、黄淇、所镇抚黄澧、黄溶、冠带总旗黄瑛袭为百户,俱管事;黄玉等六人充御马监勇士。琳等以故太监黄赐家属乞恩也。　尚宝司丞许瀚道遇太监邓才护，不之避，为其从人持杖击之，碎瀚所悬牙牌。奏闻，才护并从人及瀚俱下锦衣卫狱，才护送司礼监发落，瀚亦杖三十释之。(二七一，4581)　癸卯，太监覃昌传奉圣旨，升道士刘太极为太常寺丞，舍人陈世英文思院副使，鸿胪寺序班傅佐、姚鉴、赵靖、顾纯取来办事，儒士高良臣升序班，画士王士欢锦衣卫所镇抚，俱仁智殿办事；上林苑监左监丞李孜省通政司左通政，太常寺丞邓常恩复职，与诰命；锦衣卫副千户冯宇正千户管事，小旗张玉百户带俸，文思院副使高清锦衣卫百户，支全俸。先是以星变降黜传奉官，至是才数月，渐复进矣。(二七一，4581—4582)　丙午，太监韦泰传奉圣旨：闲住鸿胪寺序班刘本洪、蒋英、太医院吏目曾震俱命吏部移文取来，送御用监办事。(二七一，4583)

十一月丁巳，永和王钟铗有罪，革禄米之半。先是，王府仪宾王英子铎出入宫闱，烝淫宫女，诱王出府挟妓歌饮，又计害旗军张端、李清教，王监禁拷讯之而吓取其财。二人忿，因诬奏王奸淫不法诸事，词连仪宾黄庆、叶济贪淫违法，兵马邓安朦胧主婚，教授郭鼒不能辅导。王亦诬二人暴横诸罪。奏行镇守太监刘政、巡抚都御史叶淇及巡按御史、布按二司官会勘覆实，都察院具闻。上以永和王出府歌饮，信任非人，又宫禁不严，奏事不实，有违祖训，革去禄米一半，遣书切责；铎渎乱宫闱，处死，宫女令自尽；庆欺奸亲属，杖八十，济、安俱革职，令戴民巾；清、端各杖一百，调甘肃边卫充军；鼒械至京再鞫，仍降敕令政、淇等处治。(二七二，4588)　辛酉，广东左布政使陈选奏："据番禺县呈鞫犯人黄肆招称，县民王凯父子招集各处客商，交结太监韦眷，私出海洋通番交易，谋财杀人，惊扰乡村，至今屯聚未散。"都察院请行巡抚都御史宋旻督同巡按御史勘问，诏可，仍令旻等会同差去官李行、宋鉴从公勘实具闻，毋或偏徇。(二七二，4590—4591)
癸亥，太监韦泰传奉圣旨，升通政司左通政李和为南京户部右侍郎,礼部郎中黄景为左通政。(二七二,4591—4592)　丁卯,调镇守延绥太监韦敬于宁夏,镇守宁夏太监简颙于延绥。敬之在延绥也,狠愎自用,与总兵官岳嵩、都御史吕雯屡争小忿。敬会客,坐雯于西,坐嵩于下,而自据上坐。其下有边刚、黄让者,招权纳赂,所在侵牟,商贾不敢至其境。雯尝令人之市买布不得,因言于敬曰:“商人不至,皆由太监下人和买而然。”敬忿然曰:“和买者岂独我一人?”以此积不相能。兵部尚书余子俊以其事闻,上以边臣不和,赐敕切责乃调敬于宁夏而以颙代之,边刚、黄让谪戍广西南丹卫。(二七二,4592—4593)　癸酉,给崇府青庄坡等处地九百余顷。初,崇王见泽奏军民张迪等占种庄地二百余顷,上命太监罗禄、指挥孙瓒往勘,兼得军民欺隐田地七百余顷,奏上,并与之。　命分守辽阳副总兵都指挥佥事韩斌、右少监洪义戴罪杀贼,坐虏寇抚顺关失机也。(二七二,4594)

十二月壬午,太监韦泰传奉圣旨:分守西宁卫都指挥使王义升都督佥事,协守宁夏西路;都指挥使吴玉充甘肃游击将军。(二七三,4597)　癸未,太监韦泰传奉圣旨,升太常寺卿丁永中、鸿胪寺卿贾斌俱为礼部左侍郎,仍掌寺事。(二七三,4598)　丁亥,太监韦泰传奉圣旨,升舍人马玉为锦衣卫百户,僧录司左讲经贞理为左阐教,锦衣卫都指挥使倪端给皂隶四人,会州卫千户胡宣、画士张见等十五人,人匠吴鉴等九十四人俱锦衣卫带俸食粮。(二七三,4600)　乙未,太监韦泰传奉圣旨:太监黎春侄黎茂升锦衣卫百户,僧录司左觉义如庆理司事。　初,镇守延绥太监韦敬之调宁夏也,怨兵部尚书余子俊发其事,因奏子俊怀奸擅权,以私忿调副总兵周玺、总兵周玉,以私恩保举总兵岳嵩。事下兵部,左侍郎阮勤等具引成案,言前事非由子俊。上以韦敬既奏发子俊出入边将,兵部乃引旧事为之遮饰,命再议以闻。勤等不复敢言,仍奏请遣官推按,上是之。时工部侍郎杜谦、给事中吴道宁、御史邓庠往勘子俊事,命并勘之。(二七三,4604)　己亥,太监覃昌传奉圣旨，升太常寺寺丞凌中为本寺卿，鸿胪寺通事署正张志通本寺左寺丞，通事张瓒、儒士王杰序班，俱仍旧办事；浙江杭州前卫指挥王溥仍旧把总运粮。（二七三，4605）　丙午，太监覃昌传奉圣旨，升庄浪卫指挥使鲁麟为都指挥佥事。是日又传奉圣旨，升太医院院判张伦为院使，御医钱纯、许观俱院判，听选官万隆中书舍人，御用监办事；人匠刘俊等九人俱锦衣卫所镇抚。（二七三，4608—4609）

本年附

艺文·碑铭·广州永泰寺碑

江朝宗撰，彭韶书丹，闵珪篆额《敕赐永泰禅寺碑记》："太监韦公（眷），钦奉上命，提督广东市舶司。兹者，建寺既成，疏于上，敕赐名永泰。公属予记之。惟太监公自幼选侍中禁，于兹五十余稔矣。事体日闲，忠勤日著，岿然为当时老成，故能遭际圣朝，屡荷宠赉。一旦俯而思，仰而叹曰：'吾致身荣显，能无一念之诚以上答圣恩于万一邪？'肆于广州城东门外四里许姚家冈，市不耕之地，坐震向兑，营建佛寺。（**其形胜及规模略**。）经始于成化丙申冬十月，告成于庚子夏六月。命僧戒玉住持，徒弟定选、定通、定逾、定延、定镛，番、南二县置田五顷九十亩零，以为常住。臣子报国之心，无往而不在也。太监公建立佛寺，俾僧徒阐扬教典，祝圣寿于万年，有生诸物，咸享太平之福于悠冬[久]，其报国之心，得不于是乎验耶？公名眷，字效忠；弟韦泉，字朝宗，锦衣卫正千户，西广宜山人。成化二十一年，岁在丁[乙]巳，秋九月吉日立。"

《敕谕护持永泰寺碑》："皇帝敕谕官员军民诸色人等：朕惟金仙氏之教，以圆明空寂为体，利济慈悲为用，化导众生，觉悟群迷，功德所及，诚有资于治理。肆自汉以来，流行中国，洎朕祖宗列圣，咸崇尚之，而中外善士尊信崇奉，亦无间焉。总镇两广内官监太监韦眷，先是提督广东市舶提举司事时，尝捐所受累岁赏赉，于广东广州府番禺县永泰乡，市得善地，创造佛宇一所，陆续置买田园房屋地塘若干区亩，俱与本寺，以供赡僧供佛、斋膳香油之费。恐年滋久，被人侵占，樵牧作践，奏乞玺书护持之。朕念韦眷捐资作寺，无非为国祝釐，为民祈佑，其心善矣。特允其请，既赐额曰永泰寺，复护以敕，俾僧众自在焚修。凡官员军民诸色人等，毋得欺慢侵凌，及昏占田土池塘，污毁佛殿僧房，以沮其教。敢有不遵朕命者，论以重法。故谕。成化二十三年五月二十五日。"

(同治《番禺县志》卷三一《金石四》)

成化二十二年丙午(1486)

二月己卯，巡抚宣府等处右副都御史李岳等奏：去年十二月，虏入宣府西路杀掠守墩军士，西阳河堡守台千户周隆、提调指挥徐瑄、龙门所管墩镇抚胡忠、提调千户戴玉失于瞭望，事宜究问；委守指挥蒋瑛、守备都指挥姚信、分守右参将都指挥杨彪、盛忠，太监张刚、杨聪、守备右少监金广、张成总督不严，亦当有罪。事下兵部覆，请命周隆、徐瑄、胡忠、戴玉俱逮问，余俱宥之。(二七五，4621—4622)　癸未，升分守庄浪等处左参将都指挥使田广为都督佥事。先是广于成化九年从征榆林，获功一级，勘报未结，累上章陈乞。事下兵部，言近奉旨远年功次不许奏扰，今广所陈已经十三年，且近累失机，亦核勘未报。有旨特允升一级。广，太监张敏之亲也。(二七五，4624)　甲申，兵部尚书马文升等言："南直隶凤阳、庐州、淮安、扬州四府，徐、滁、和三州俱腹心重地，比年荒旱，人民缺食，流离转徙，村落成墟。近闻所在饥民聚众行劫，况通、泰濒海之处，盐徒巨盗出没不常，须倍加安辑，以备不虞。乞降敕三道，一令总督备倭署都指挥同知郭鋐暂居通、泰、盐城以为海道防御，一与总督漕运兼巡抚凤阳等处左副都御史李敏，一与守备太监李棠，严督所属，整饬兵饷，赈恤军民，凡弭盗备荒之策，许得便宜举行。"从之。(二七五，4624—4625)　癸巳，太监韦泰传奉圣旨：太常寺卿陈敩、锦衣卫都指挥使倪端、张玘、都指挥同知殷偕、都指挥佥事袁林、刘俊，每员添与皂隶四名；指挥同知李璥、指挥佥事赵福每员添与皂隶二名，正千户蒋茂与皂隶二名，都指挥佥事周全、指挥同知董永昌、指挥佥事殷顺、刘节、正千户李直、沈澄、王谦、副千户张锦、吴立宗、赵瑛、李宽、朱俊德、吴琏、罗杰、董继宗、高明俱与世袭，副千户马赟升正千户，百户赵麟、柳佾、赵贤俱升副千户，所镇抚蔡杲、王铁、李景芳、傅隆、赵敏、江淮、戴昙、计珍俱升百户，文思院大使张靖、副使杜林、张鉴俱升锦衣卫百户，太常寺少卿李景华、右通政任杰俱升通政使，中书舍人顾经升通政司右参议，鸿胪寺序班安昱升中书舍人，儒士倪翊、王轼俱升鸿胪寺序班；金吾右卫所镇抚王锡转锦衣卫所镇抚，令支全俸，送御用监照旧；办事舍人李鼎送国子监充监生，照例出身。(二七五，4628—4629)　甲午，(**户科等科都给事中等官刘昂等、河南等道监察御史朱钦等，劾奏都察院左都御史余子俊**。)疏并入，上命该部议其事以闻。既而杜谦等勘报还奏，以为子俊在边未及二年，费用官银一百五十万余两、粮料二百三十万石，虽因供给军马、修筑墩台、置造兵器、优赡阵亡，皆出公用，然亦劳民伤财，不为无罪。复下户、兵、工三部会议覆奏，上曰："余子俊受朝廷重托，不审事势，偏执己见，处置乖方，费用钱谷数多，姑置不问，革太子太保，令致仕去。"初子俊欲修边墩，会边境连年灾荒，兼值农候，众皆难之，以有当道者力主其事，上亦任之不疑，遂不能止。既而镇守延绥太监韦敬怨子俊奏调之宁夏，其所亲内援有为之构于上者，上始疑之。适子俊奏欲回京，遂改命留镇大同，敬复讦其出入边将诸事，科道亦乘间言之。及谦等往按其事皆无所得，乃获致仕云。(二七五，4629—4632)　丙申，镇守河南太监奏赵府镇国将军见溥因患风症，屡出街市扰害居民，请敕赵王拘禁，令医疗治。从之。(二七五，4633)　庚子，太监韦泰传奉圣旨：锦衣卫指挥同知邵华升指挥使，百户邵安、邵喜俱与世袭，僧人克绍升僧录司左觉义。(二七五，4633—4634)　辛丑，太监韦泰传奉圣旨：太常寺寺丞连克彰、江怀俱升本寺少卿，中书舍人李成升太常寺寺丞，鸿胪寺序班张钦升中书舍人；太常寺协律郎王日敬，赞礼郎张日庆、汪日茂、樊日东，通政司知事彭城、宋裕，锦衣卫见任副千户王纲、带俸所镇抚梁振俱复职仍旧；鸿胪寺主簿路廷美，序班李禄、盛鉽、华岳、陈南金、杨旻、沈会、李惠，中书科冠带儒士覃瓒、郭义俱复职，御用监办事。(二七五，4637—4638)　巡抚宣府右副都御史李岳等奏："今年二月，虏近边东行，传闻与朵颜连和，欲合势入寇，事宜堤备。已尝入境掠去官马，守堡百户苑茂、雷玘、提督指挥倪镇俱宜究治，守备指挥王泰、梁海、分守右参将都指挥佥事杨彪、太监张刚督令不严，不能无罪。"事下兵部，议宜行大同、宣府、辽东一带镇守等官视常加谨，苑茂等三人令巡按御史逮问如律，守备、分守等官王泰等四人俱屡尝误事，取旨裁处。上令茂等逮问，泰等俱记罪。(二七五，4638)　甲辰，太监韦泰传奉圣旨：御医庄元升太医院院判，锦衣卫副千户段瑁升正千户，冠带总旗张纲升百户管事，银作等局人匠胡济等六人升文思院副使。(二七五，4640)

三月丙午朔，巡按陕西监察御史汪舜民劾奏镇守甘肃太监覃礼、总兵官左都督范瑾、监枪奉御屈杰、分守甘肃[肃州]右参将李俊俱号令不严，备御无法，致虏入境杀掠，又轻举丧师，内俊职专分守，情罪尤重，欲行究治。都察院具闻，上命执俊鞫之，礼等姑记其罪。　戊申，太监韦泰传奉圣旨：肃州右参将署都指挥佥事李俊、凉州右副总兵都指挥使刘晟俱升都督佥事，仍旧分守。(二七六，4643)　降锦衣卫百户罗谦为山海卫总旗。谦，东厂太监罗祥家人，假为祥书，挟势遣人于两淮中盐事觉也。(二七六，4643—4644)　庚戌，太监韦泰传奉圣旨：大德显灵宫真人王应裿兼本宫住持，高士陈应循、刘绍先俱升真人，(**下僧、道录司官略**)。(二七六，4644—4645)　癸丑，太监韦泰传奉圣旨：义勇后卫前所副千户吴林、金吾前卫前所百户霍政、金吾左卫中所百户王永安俱转锦衣卫带俸，旗军苏志等九名、画士牛琰等一百四十五名、人匠龚礼等七十六名俱令于锦衣卫五所，人月支食粮一石，光禄寺人日支粳米八合，俱送御用监上工。(二七六，4645—4646)　太监覃昌传奉圣旨：朱骥督率官军缉事有劳，升都指挥使，仍掌卫事；副千户覃缘升正千户，百户叶广副千户。(二七六，4646)　戊午，太监韦泰传奉圣旨：锦衣卫副千户弓聚令复职管事，礼部司务李宗义升锦衣卫百户，鸿胪寺序班姚通升锦衣卫所镇抚，儒士毛廉、于錞、沈钟、王佐、梁鼎、钱庆、严辅、杨昊、历事监生许宗俱令中书科月支食粮一石，照例出身；太仆寺主簿杨源，鸿胪寺序班杜恒、鲍怡，中书科冠带儒士刘瑭、高琦、杨浩，儒士郑潮、宋贤，监生李浦俱取来，照旧送御用监办事。(二七六，4650)　壬戌，巡抚陕西右副都御史郑时奏："今年正月，虏贼深入临洮、金县杀掠军民三十余人，牛羊畜牧以万计，守备兰州太监蓝蕙、署都指挥佥事于昇弛备召寇，畏缩敛兵，俱属有罪。"事下兵部，言兰州等处自去冬以来累有虏警，尝令巡按御史核蓝蕙、于昇罪，今虏复深入，所过杀掠又不知其几千万数，而两月之间不闻边将遣一人一骑少遏其锋，宜行巡按御史并加勘究，自兰州、安定一带被虏之地失误提督、守瞭、墩台等官，悉从逮问，守备太监蓝蕙等亦系失机，而都指挥于昇情罪尤重，俱宜究治。且兰州自黄河迤北，西至凉州、庄浪，东接宁夏中卫，相去三百余里，为虏贼屯牧之场，河南自州界东连靖虏，亦三百余里，俱缺墩堡守瞭，宜行令镇守、巡抚等官督属按视，某处可设城堡屯聚兵粮，某地可修筑台窑拘收人畜，凡一切御虏安边之策，驰奏举行。上是之，曰："于昇情罪尤重，可逮问；蓝蕙令戴罪杀贼。兰州、安定地方务令通查失误之人，究问明白以闻，勿有所徇。"未几，时复言虏自去冬十一月乘冰渡河，先遣黠酋伪为僧窃入兰州，觇我无备，是以深入兰州、安定境内杀掠军民男妇及马牛羊畜一万三千有余，去而复来，无复畏忌。提督哨守千百户等官李春等十六人俱闭门自守，漫不经意，罪宜究治，因复劾蓝蕙、于昇既不能慎固封守，防诘奸细，又不能整饬兵备，捍御生民。时昇、蕙已得旨裁处，兵部谓李春等十六人俟核实安定失机之人,俱宜并问如律。从之。(二七六,4652—4654)　甲子,改南京礼部左侍郎尹直于兵部,升通政使何琮为兵部右侍郎。时兵部左右侍郎俱缺,命吏部拟奏。初拟琮等四人,复令于两京堂上官再举,再举者又四人,独用琮而特批召直。盖直内附当道中贵而外则少傅万安为之力援也。(二七六,4655)　乙丑,太监韦泰传奉圣旨:太医院御医金玺升院判管事,钦天监冠带天文生钱邻升漏刻博士,锦衣卫副千户王瑾升指挥佥事,所镇抚冯济、舍人王瑛升锦衣卫百户,俱带俸;副千户王福升正千户,仍旧任。　巡抚顺天等府地方右副都御史彭韶劾奏先镇守密云、古北口等处都知监右监丞陶弘及镇守都指挥同知王荣,各以私忿讦奏,请究其罪。上命锦衣卫差人执荣至京,与弘等对问明白以闻。(二七六,4656)　己巳,太监覃昌传奉圣旨:太常寺寺丞李成照近例给皂隶四人,鸿胪寺主簿周文玉、序班华琇、余明善、张成俱取回,仁智殿办事;锦衣卫百户吴祥升副千户,仍旧任;僧录司右觉义法性令管事。(二七六,4657)　庚午,兵部言:"巡按陕西监察御史核实成化二十年冬虏入镇番、双井儿等处杀掠人畜,镇番卫指挥佥事王玺、提调墩台指挥使李杰失于巡守,事宜逮问;及分守凉州太监张睿、右副总兵都指挥使刘晟号令不严,亦难辞责。但方用人之际,乞量加罪罚。"命张睿、刘晟戴罪杀贼,王玺等逮问如律。(二七六,4660)

四月丁丑,太监覃昌传奉圣旨,升锦衣卫所镇抚张颢为百户,舍人张伦、张溢为所镇抚,俱带俸;尚宝司卿仲兰为通政司右通政,太医院御医李思勉为院判,俱办事如旧。(二七七,4663)　宥镇守甘肃太监覃礼、总兵官左都督范瑾、副总兵都督同知鲁鉴等罪,以虏入硷滩等墩杀掠,不能备御也。(二七七,4663—4664)　戊寅,太监覃昌传奉圣旨:大能仁寺灌顶大国师劄巴藏播升佛子,国师锁南加升灌顶国师,讲经锁南班丹升禅师,剌麻锁南朵只领占、窝些领占、宁播盆铿巴俱升都纲,僧录司右觉义本隆升左觉义，俱仍旧；道录司右演法李永华升高士，左至灵陈永仁升右演法，右玄义孙玄禧、刘永浩升右至灵，马志昂、张永新、堵崇、德贤、永昇、陈永福、邢崇源俱升左玄义，俱令管事；道士孙得弘、董得明俱升右玄义。（二七七，4664）　庚辰，太监覃昌传奉圣旨：太仆寺卿朱奎升大理寺卿，太常寺少卿任道逊升本寺卿，俱支从二品俸；中书舍人杜昌升大理寺右寺丞，唐胜、华英升尚宝司丞，鸿胪寺主簿周惠畴、序班高岱俱升本寺右寺丞，余遂升中书舍人，工匠陈宽为文思院大使，何旺、朱昇、胥成为副使，俱仍旧治事。是日，昌复传奉圣旨：锦衣卫副千户陈全、姚兴、百户吴斌、钱昶、刘荣、所镇抚刘钊、营缮所丞王伏三、文思院副使赵通俱令支全俸；武功左卫所镇抚谭贵升锦衣卫百户带俸，记名工部司务孙瓒取来御用监供事，舍人郭文政升锦衣卫百户管事，文思院大使徐刚、陈谦、锦衣卫所镇抚郭成、姚安俱锦衣卫百户，工匠李通、刘钊、阎亨、王宇、祁福保、钱顺、史学、赵聪、陆洪、魏纲、赵文浩、彭彤、潘文二、杨友、陆成、郝兴俱锦衣卫所镇抚，俱带俸，仍旧供事；钦天监冠带阴阳人傅荣升漏刻博士。（二七七，4665—4666）

辛巳，大同总兵官署都督同知王玺等奏："今年三月间，虏贼屡入边疆杀掠守墩军士，哨守指挥翁钺、赵全、守墩千百户王斌等怠弛误事，宜加究治。守备太监左敬、监丞邹玉、都指挥萧幹、分守参将李杲、太监石岩、陆訚提督不严，俱属有罪。"事下兵部覆奏，命翁钺等逮问，左敬等姑记其罪。（二七七，4667）　甲申，太监韦泰传奉圣旨：太医院判丘钰升通政司左参议，仍旧办事。（二七七，4668—4669）　壬辰，太监韦泰传奉圣旨：儒士刘吴、蹇弘仍取来，及陶成、袁浦俱令食粮中书科，余丁高志等三十名俱依燕祥例于锦衣卫五所，月给米一石，光禄寺日支米八合，俱送御用监办事供役。（二七七，4671）　戊戌，巡抚贵州右副都御史谢昶等奏：……（**苗贼杀掠，乞量调四川、湖广、播州等处官军、土兵协力进剿。**）事下兵部，言蠢尔小夷，殄灭为易，但恐三军所至，戮及无辜，宜敕昶等且抚且捕,如必不得已,欲动调大军,更为议奏。乃敕昶、镇守太监张成、总兵官都督佥事吴经、右参将都督佥事彭伦及巡按御史、三司官曰:(略。)(二七七,4673—4674)　镇守福建太监陈道奏乞每州县佥拨皂隶二人,事下兵部,言:"内外守臣皂隶革罢未久,近已有奏允者,至如道奏,计福建所属州县应得一百余人,取旨裁处。"命所司佥拨六十名与之。是时上在位久,左右多见信任,中官恣横殊甚,其在外者则纳赂于内以固其任,在内者则进言于上以庇其外,由是内外夤缘,凡有奏请,无不允行。然亦有上意不得已而从之者,人皆知其实而莫敢谁何也。(二七七,4676)　辛丑,分守陕西凉州太监张睿、右副总兵刘晟其部下千户何政、王玉探望设伏,不行严谨,致虏犯境。事闻,都察院请俱逮治。有旨:"睿、晟姑记罪而执问政、玉。"(二七七,4678)

五月乙卯,虏寇入大同中分岭等墩,杀军余数人,按伏指挥谷振以兵追之,为流矢所中。至是守臣勘报,守墩千户李安、谭震、总哨千户吴英、曹钺皆坐罪逮问,振坐追贼失利,守备都指挥曹绅、萧幹、太监左敬、分守参将李杲、太监石岩坐号令不严,诏姑宥之。(二七八,4683)　辛酉,太监覃昌传奉圣旨:通政使蒋宗武升礼部左侍郎,太医院使任仪、胡廷寅、张伦俱通政司右通政。(二七八,4684)　癸酉,内官监太监韦洛奏:奉旨同鸿胪寺署丞海滨伴送撒马儿罕地面使臣怕六湾马黑麻至广东,滨沿途教诱使人需索纷扰,后期始至。总镇两广太监亦奏怕六湾马黑麻道经山东东昌府,买军民子女为妻妾。事俱下礼部,覆奏宜寘滨于法。上命锦衣卫执讯之。(二七八,4690)

六月己丑,镇守山西太监刘政奏山西平阳等府并泽潞等州县连岁灾伤,百姓饥窘,乞将递年拖欠夫价银两暂为停免改派。事下工部议,以山西地方灾伤,大约十有四五,宜将成化二十年以前所欠夫价量为再减一半,其余移文布政司行令正官核实灾轻州县,验里分派,以济供应。从之。(二七九,4704)　壬辰,命守广东珠池都知监左监丞党钿提督广、潮二府地方。时钿具陈沿海居民窃珠之患，因请兼治廉、潮、高、肇、琼五府。户部覆奏，上命止兼二府，余不听，仍以敕赐之。(二七九,4706)　丙申，虏入凉州等卫柔远等墩杀掠军民数十、牛羊数千，镇守甘肃太监覃礼等以闻，遂劾提调墩台指挥佥事等官陈源等防范不谨，而分守庄浪左参将田广、分守凉州镇番等处太监张睿、右副总兵刘晟等号令不严，请治其罪。事下兵部覆奏，上是之，报曰："甘肃境内数被虏贼纵横，杀掠人畜，实镇抚官平时不能严饬堤备，临事不能调度，剿杀所至，礼等其俱令首实，晟及诸官军之失误事机者并加逮问，睿罪姑记之。"(二七九,4709)

七月辛酉，太监覃昌传奉圣旨：太常寺寺丞萧崇玉奔丧事毕，仍来办事。(二八〇,4721)　致仕少保、吏部尚书兼谨身殿大学士商辂卒。……癸巳，内官监皇庄者害民，辂言天子以天下为家，何以庄为，上嘉纳之。……丙申，加进太子少保，改吏部。时幸臣有欲于掖庭建玉皇祠，每岁以内臣执事，如郊祀仪祭之者，辂力言止之。……丁酉，命兼谨身殿大学士。时汪直开西厂行事，大肆罗织，屡起大狱，势焰熏灼，人不敢言。辂偕同列上疏极言之，会六部大臣亦以为言，遂革西厂。由是见憾于直，会故大学士杨荣曾孙晔有罪不就逮，赴京避罪，为直所发，语连辂。辂遂乞致仕，诏进少保，赐玺书给驿以归。至是卒。(二八〇,4722—4723)　丙寅，太监覃昌传奉圣旨：太常寺少卿顾伦母丧，免丁忧，令照旧办事。(二八〇,4726)　丁卯，南京工部奏："先因皇陵等处白塔、寿春等王坟殿庑廊门年久损坏，奏乞修理，得旨俟修孝陵完日以闻。今陵已完，宜遣官偕内官监官同中都留守司并凤阳府卫官再行核实，具陈区处。"事下工部，请如所奏。从之。(二八〇,4727)　戊辰，广西猺贼自正月以来累入庆远境内，虏军民五十余人，杀千户二员、旗军六十三人，烧毁仓房三百八十余间。其时分守参将王玺拥兵坐视，哨守指挥张玑等逗遛不进，分守参议潘洪、分巡佥事萧苍托故避罪。至是巡按御史程春震按实,请究治之。事下兵部,并劾镇守太监刘昶、都督佥事王受调度无方,罪亦当治。有旨:“玺等俱逮问,昶、受姑记其罪。”(二八〇,4727—4728)　庚午,太监覃昌传奉圣旨:“近来黜退人员俱是赃罪明白,已从轻区处。今给事中张雄、刘昂、刘清不守职分,妄议朝廷得失,如侍郎谈伦侵欺官钱甚多,中外共知,雄等乃缄默不言。本当逮治,姑宥之,吏部俱降其官一级,调之边方。”(二八〇,4729)

八月癸酉朔,改调巡抚江西都察院右佥都御史闵珪为广西按察使。时南安、赣州等府盗贼窃发,圭及镇守太监邓原、巡按御史张鼐各奏其事。下法司会议……奏上,从之,且命原、鼐严禁捕盗之人不得诬害平民,违者重治,仍通究盗所杀掠之时巡守、巡捕等官名来上,以珪不能弭盗安民,改调别任。(二八一,4733—4734)　甲戌,甘肃守臣勘报永昌、庄浪二处被虏杀掠军士数多,命按伏指挥俞宏等皆逮问,分守内官张睿仍记其罪。(二八一,4734—4735)　戊寅,太监韦泰传奉圣旨:巡抚陕西右副都御史郑时先年以事降出之人,今既升用巡抚,连年灾伤,民不堪命,不能尽心抚恤,才识不称,令吏部即调别任。于是吏部调时为山东布政司左参政,劝农兼理水利。上以“时坐不职,既令改任,吏部何不斟酌,辄拟山东管理水利,甚为不谙事体,其调贵州”。时尝上言时政,留中不出,故调之。(二八一,4735—4736)　癸未,太监韦泰传奉圣旨:道士璩惟贞、李景华升道录司左至灵,吴志贞、平复高左玄义兼本宫住持,太常寺协律郎赵继宗本寺寺丞管事,赞礼郎王景通本寺博士,鸿胪寺序班姚鉴、太常寺博士刘谦取来复职,御用监办事。景通、鉴俱与全皂隶,儒士丁钺与冠带,中书科食粮,照例出身。(二八一,4738)　丙戌,灵台管事太监杨昌等奏钦天监冬官正朱纬、五官司历刘玉将成化二十二年御览颁行亲王及民历合朔日辰字俱差错,有旨:“朱纬、刘玉令锦衣卫逮问,

礼部、钦天监堂上官俱令从实回奏。”(二八一,4743)

九月戊申,太监韦兴奏灵济宫重建已成,旧额庙户二十户,老弱不堪洒扫,乞令佥易而原赐田地亦别拨佃户十户,给复其家,使专守庙。户部议行顺天府如奏佥点,从之。　兵部奏请敕陕西镇守、总兵、巡抚等官、太监欧贤等每岁预选洮、岷、河三卫精锐马步官军三千,分布安定、会宁、兰州诸处,协同各该守备备冬等官,以防河套之虏;仍行大同、宣府、延绥、宁夏镇守、巡抚等官相为策应,不得临期误事。从之。(二八二,4755)　逮广东左布政使陈选来京,卒于途。太监韦眷监管广东市舶司事,以番禺县知县高瑶发其遣人下番贸易事恨之,因奏瑶违法事,事连选。初,选既革眷役夫余户,且事多与忤,眷已不堪,及瑶发眷事,选复为具奏,眷以为选阴庇之也,积怨益深。至是命官会勘,竟坐瑶以赃罪,得选不当擅革役夫并秦[奏]灾失实、罚物赈济等情,余皆诬。狱成,俱械赴京,选卒于江西。瑶初拟为民,特命编戍湖广而眷镇守如故。(二八二,4755—4756)　壬子,江川王音埅奏:“岷府自从顺王薨逝,世子膺鉟缘事,藩邦无复纲纪,蒙命安昌王膺铺暂主祭祀,未几病故。臣见膺鉟自革冠带至今四年,悔悟自新,略无过犯,乞赐恩宥,复其冠带,统率臣僚,俾得奉守藩国。”下礼部覆奏:“江川王及岷府长史、教授等官自成化二十一年至二十二年已十疏乞复岷世子,今江川王所奏,情词迫切,请自圣裁。”上以膺鉟既悔悟自新,命复世子,管理国事,降敕谕之曰:“先该司礼监太监等官萧敬等会奏,尔混同群小,狎戏酣歌,谋死职官,奸淫无度,毁坏金册,又指以进贡,勒要乐舞生、校尉银两,以出城祭扫,挟令守备官拨军摆路等因。……兹允所奏,遣司礼监左监丞郭敬赍敕来府,复尔冠带,令尔仍管理府事。……”(二八二,4758—4760)　辛酉,复江西布政司左参政张琳、按察司佥事李辙、署都指挥佥事谢智俸。初,琳等以强盗周信等九十六人未获,俱停俸捕盗。至是镇守太监邓原奏琳等所捕未获者止二人,事下兵部议，乃复之。(二八二，4779)　乙丑，太监韦泰传奉圣旨：锦衣卫指挥使黄英升都指挥佥事，本卫带俸；舍人黄住、黄伍为锦衣卫百户。俱内官监太监黄顺亲及其家人也。(二八二，4780)

丁卯，太监韦泰传奉圣旨，改都察院右都御史屠滽于南京都察院，命吏部移文取致仕都御史刘敷。敷，江西永新县人，巡抚湖广，致仕已久，至是取之。(二八二，4781)　己巳，哈密都督罕慎遣使臣火者阿里麻等来朝贡方物，因奏瓦剌阿力古多王欲与和亲，乞赐彩币诸物。又乞遣使臣出境处置边事，又举赤斤蒙古卫都指挥同知苦鲁思格有劳，乞为加职。事下兵部议覆，有旨不必差官，令阿里麻等赍敕及诸赐物谕罕慎勿与和亲，升苦鲁思格为都指挥使，并敕赤斤、罕东二卫，亦赐彩币，仍命镇守太监覃礼差人同给之。(二八二，4782—4783)　庚午，太监韦泰传奉圣旨，升工部带俸郎中杨通为太仆寺少卿，所副戴能、万涌俱所正，顺天府推官蔡铭本府通判，经历周礼兴本府推官，知事潘俊本府经历；内官监人匠王锦等四人文思院副使，钦天监冠带阴阳人倪应祥漏刻博士，俱仍旧办事。(二八二，4783)

十月癸酉，太监韦泰传奉圣旨，升灌顶大国师释迦哑而塔为西天佛子，禅师津答室哩为国师，剌麻麻的室哩为觉义，国师剌呱扎为大国师。(二八三，4785)　戊寅，命江西都司署都指挥佥事谢智守备南安、赣州二府，从镇守、巡抚等官太监邓原等奏举也。(二八三，4787)　庚辰，上令太监覃昌谕旨耿裕、黎淳铨选不公，既为科道纠劾，朝廷曲加宽宥，如何朦胧谢恩，可自陈状。裕等引罪，命姑宥之而杖文选司官吏。先是裕等自劾，又为科道交奏，凡再得旨，当先后谢恩，裕等并谢，故责之。(二八三，4787—4788)

太监覃昌传奉圣旨，升大慈恩寺西天佛子舍剌星吉、大隆善护国寺西天佛子著乩领占、朵而只巴为法王。　壬午，太监韦泰传奉圣旨：舍人周璋、周瑛、周瑾、周瓒、周瑭、周瑨、周孝俱升锦衣卫带俸正千户，仍与世袭。　是日，泰又传奉圣旨，升锦衣卫正千户宁瓌为本卫带俸指挥同知，冠带小旗宁顺为见任副千户，俱世袭；太监黄叹义男黄顺为带俸所镇抚。　泰又传奉圣旨，升大慈恩寺讲经领占孙卜、觉义领占绰为灌顶大国师，讲经罗纳发剌、戒师公葛朵而只为国师。（二八三，4788—4789）　庚寅，太监覃昌传奉圣旨：锦衣卫百户王敖升本卫指挥同知，仍旧致仕。是日，昌又传奉圣旨，升西宁卫瞿昙寺灌顶大国师班卓儿藏卜西天佛子。（二八三，4795）　癸巳，申广西备御官军失班之禁。初，总镇两广太监刘倜奏湖广长沙等卫领军指挥张钰等过期不到，欲照例罚班，仍扣违限月日停支俸粮，及追究各卫所掌印官不行促代之罪。事下兵部，议宜如倜言，故有是命。　甲午，太监韦泰传奉圣旨：锦衣卫带俸百户施仁、韩全俱升本卫正千户，仍与世袭。（二八三，4796）　丁酉，太监覃恩［昌］传奉圣旨：锦衣卫致仕指挥同知王敖令带俸，正千户施仁、韩全俱令管事。（二八三，4797）　复建大永昌寺。先是，寺建于西市，已有成绪。及国师以星变被遣，寺亦随废。至是太监梁方［芳］请更择地建之，乃令工部左侍郎杜谦等相度地基，得故广平侯袁瑄宅。时瑄家已失侯，瑄妻因请以宅献而托方［芳］请袭侯，方［芳］言于上而许之。既又市其旁民居数十家，大兴工役，视旧寺益加广矣。（二八三，4797—4798）　戊戌，太监覃昌传奉圣旨，升灌顶大国师班麻扎失为佛子，灌顶国师答儿麻悉提、大崇教寺兼住禅师绰藏领占为灌顶大国师，禅师端竹札失端竹罗卓为国师。（二八三，4798）　己亥，太监韦宁传奉圣旨，升大慈恩寺灌顶大国师喃渴领占、星吉藏卜为西天佛子，禅师参加班丹、星吉扎失、都纲南渴扎失、锁南藏卜、觉义舍剌扎失为国师。（二八三，4798—4799）

十一月丙午，太监覃昌传奉圣旨，升大能仁寺灌顶国师锁南加、讲经领占竹为灌顶大国师，（**下升藏僧略**）。（二八四，4802）　丁未，命已革传奉官锦衣卫副千户孙通复职管事。通，太监清侄也。（二八四，4802—4803）　戊申，太监覃昌传奉圣旨，升大能仁寺禅师公葛坚参为灌顶大国师，都纲桑加星吉谨敦坚锉为国师，剌麻端竹坚锉、星吉藏卜参丹札失为禅师。(二八四,4803)　己酉，敕甘肃镇守太监覃礼、总兵官东宁伯焦俊、巡抚副都御史唐瑜严督各该分守、守备等官，严饬兵备，以防虏寇。仍敕陕西、宁夏、延绥各镇守、总兵、巡抚等官整兵策应，以甘肃哈密累报警急也。(二八四,4804)　乙卯，停分守独石右参将盛忠俸半年，守备马营都指挥高钺三月。初，兵部参奏忠私役钺等官军出猎，致虏射死，而分守太监杨聪、守备太监张成督令不严，法宜连坐。上罚忠、钺而宥聪等。(二八四,4807)　丁巳，太监覃昌传奉圣旨：徽府群牧所军余岳秀升锦衣卫带俸正千户。(二八四,4809)　己丑，治甘肃失机罪，太监覃礼戴罪杀贼，总兵官东宁伯焦俊调宁夏，以宁夏总兵官都督周玉代之，俊与都御史唐瑜各停俸半年。　以营建大永昌寺兴工，遣内官祭后土之神。(二八四,4810)　丁卯，太监韦泰传奉圣旨，追封已故西天佛子端竹领占为法王，赐祭一坛；(**下升藏僧略**)。(二八四,4812—4813)　己巳，太监韦泰传奉圣旨，升通政司左通政施钦为通政使，右通政任义、胡廷寅左通政，太医院判钱钝院使，御医施鉴、陈公贤、徐生院判，俱仍旧大医院办事。　太监韦泰传奉圣旨，升西天佛子卜剌加为法王，(**下升藏僧略**)。(二八四,4814)

十二月辛巳，太监韦泰传奉圣旨：锦衣卫百户郭文政升正千户，画士何宽等十人锦衣卫所镇抚，俱支全俸。(二八五,4819)　甲申，太监韦泰传奉圣旨，降广西横州知州敖毓元为县丞，调云南边方。吏部拟授临西县，从之。初，毓元为进士时，以星变言时政，辞甚激切，疏留中不出，后循例放归。至是就选，得横州，未几复有是命。(二八五,4819—4820)　内官熊保奉命往河南，以鸿胪寺带俸右寺丞黄钺等二十人自随。道出兴济县，怒挽船夫不足，杖皂隶一人致死，又多载私盐，强抑州县发卖，所过辄求索财货。至河南，三司、镇守官及王府馈遗甚厚，保得银五千三百余两、马三十三匹、骆驼一，金玉玩器书画称是。钺得银八百两余，各有所得。还京，为东厂缉事官校所奏，下锦衣卫狱讯之，具伏。刑部论保罪绞，钺徒，余悉坐罪有差。上曰："熊保擅作威福，沿途贪暴，致死人命，不畏法度，免运炭，发南海子充净军种菜；黄钺等五人拨置害人，罪恶尤甚，俱押发辽东铁岭卫充军；其余俱杖八十，发遵化厂炒铁。"是时中官打死人者多不偿命，后遂以为常，虽有言者卒不听云。(二八五，4820—4821)　乙未，命广东分巡海南道按察司官须及一年于本道交代，方许回司。初，总镇两广太监刘倜等奏乞增设副使一员，专守琼州，事下兵部，议不必增设，故有是命。(二八五，4825)　丁酉，太监韦泰传奉圣旨：锦衣卫百户张福成升副千户，所镇抚张彪升百户，百户张昇令管事。(二八五，4825—4826)　戊戌，太监韦泰传奉圣旨：锦衣卫百户王钦、樊琦升副千户，蔡遇、杨玺、马良升锦衣卫带俸百户。遇等皆公主子也。(二八五，4826)

本年附

艺文·碑铭·隆教寺碑

《谕旨碑》："皇帝敕谕官员军民诸色人等：朕惟佛氏之教，流传东土也久矣。以□□为宗，以普度为用，上以阴翊皇度，下以觉悟群迷，功德所及，幽显无间。故世好善之士崇奉之者遐迩，亦无间也。今司设监左监丞邓鉴，于京城西寿安山，以古刹年远倾圮，乃发心捐累次赏赉银币，市材佣工，修盖寺宇。其山场东至五华观，南至门头村，西至滴水岩，北至今泉穴。续买顺天府宛平县香山乡民侯增等地二顷二十亩有畸，以资寺僧香火之需。特赐额曰隆教，命僧录司右讲经本谅领众焚修于内，仍颁敕护持之。自今以往，凡官员军民诸色人等，毋得侮慢欺凌，及侵占田土，以沮坏其教。敢有不遵朕命者，论之以法。故谕。"

万安撰《敕赐隆教寺重建碑》："成化庚子(十六年，1480)，今司设监太监邓公鉴，于香山之原廓旧庵作寺，洎乙巳(二十一年，1485)，渐克就绪，因召对以闻，且请额。上赐名'隆教'，又颁玺书护□。(**下略**。)呜呼！皇上命名之心在于为民，而太监公建寺之心在于为上，是可书以告来者，系之诗曰：(**文略**。)大明成化二十二年，岁次丙午，十一月吉日立。”

碑阴题名：太监：陈润、覃文、段喜、周海、白让、罗照、晏宏、冯政、李岩、刘端、林茂、陈玹、李荣、覃昌、韦鲜、蓝安、曹整、林绣、郭润、黄观、潘鉴、张杰、高英、黄昱、刘广、增司、苏胜(**第一行，从右到左**)、李其、陈逵、陈宽、傅容、梁义、刘清(**第二行**)、韩琦、魏钦、孙震、张喜、傅茂、刘文、谢亨、郑信、□福全、张阜、杨信、辛荣、石通、金铭、胡新、张受、刘钦、张□、谢敬、傅绂、佛保、樊春、贺用、田文、王供、□□(**第三行**)、高铭、牛喜、阿沈、李春、唐弟、郭能、傅凡、刘山、王蔼、郭添、韦皋、杨胜保、宋海、阿赶、阿喘、陈连、邓怀、王清、阿押、汤英、王缙、陈盛、贾咨、许通、冠荣(**第四行**)、何俊、王真、安岐、桑英、冯学、骆强、张福、董越、刘荣、徐鸾、王锐、白仲和、王傅、孙喜、白果、阿大、阿胆、阿伟、高满仓、杨月、常鉴、田永、张璘、吴英、姜泰、梁芳、李□(**第五行**)、吴瑛、张原、杨川、蔡成、郑怀、马昇、高连、郭安、班贵、郝大用、丁宁、王铭、布通、王达、田畴、韩庆、王佑、翁福、吕宪、白怀、刘玉(**第六行**)。(**下住持、首座、藏主名略**。)

(碑在北京海淀区香山五华寺。《北京图书馆藏中国历代石刻拓本汇编》第52册，第158、188页)

成化二十三年丁未(1487)

正月丁未，太监韦泰传奉圣旨，升锦衣卫正千户王福为指挥佥事，人匠史敏等十六人为文思院副使。(二八六，4829)　辛亥，皇贵妃万氏薨。……成化丙戌(**二年**)，生皇子一人，上为遣内官诣山川寺观挂袍行香，以祈阴佑，因封贵妃。皇子未晬而薨，妃亦自是不复娠育，数年储嗣未兆，中外以为忧。言者每劝上恩泽当溥，然未敢显言妃之妒也。惟给事中李森言及之，而宠益甚。初居昭德宫，后移安喜宫，进封皇贵妃，服用器物穷极僭拟，四方进奉奇技异物皆归之，一门父兄弟侄皆授以都督、都指挥、千百户等官，赉赐金珠宝玉无算，甲第宏侈，田连州县。中贵用事者一忤妃意辄遭斥逐，而佞幸出外镇守、内备供奉者如钱能、覃勤、汪直、梁方[芳]、韦兴辈皆假以贡献买办，科敛民财，倾竭府库而不恤；委以行事，擅作威福，戕害善良，弄兵构祸而无已，皆由妃主之也。(二八六,4830—4831)　乙丑，镇守陕西太监欧贤之奏虏入庄浪也，已命边将戒严，既而镇守甘肃太监覃礼亦来告急，且欲调陕西官军备御。兵部以陕西方有警，兵不可撤，宜令延绥策应，仍令大同游击将军董昇驻清水营，以为延绥声援，宣府游击将军柳春驻宣府境上，以为大同声援，俟河开而罢。有旨："董昇、柳春只于本处操备，延绥令镇巡官严加堤备，有急始调昇。"至是，巡抚甘肃都御史唐瑜等复奏虏大众聚境外，日遣轻兵掠边，声言也先儿速台王、阿尔端帖木儿丞相引虏三万将入寇，其势甚炽，宜有以御之。上命京营指挥使颜玉赴边，会镇巡等官体量虏势缓急以闻，且令所司选士马具粮饷以俟。(二八六,4839)　工部议覆南京守备太监钱能等奏："南京兵仗局已造完摆朝盔甲，陆续起解赴京，止有明钢甲叶，工费不多，亦已就绪，其各衙门借拨人匠宜俱放回，雇工银俱宜停止。"从之。(二八六,4839—4840)　丙寅，太监韦泰传奉圣旨，升锦衣卫中所正千户王荣为指挥同知，舍人王钦为正千户，僧善清为僧录司左觉义。(二八六,4840)　己巳，镇守陕西都督同知白玘等以去年冬虏二百余骑入合家坝，遣都指挥同知廖斌等击败之，斌分士马为五，追至锁黄川，虏还迎战，官军发矢毙其一酋，虏遂奔北。斌先令千户陈善、指挥李鉴伏兵于野鹊沟，虏至，火箭礌石齐发，共斩首一十八级，获马三十五匹，刀箭器械甚众，余虏号哭而去。玘与太监欧贤等以捷闻，上以贤等能调度士马，追虏出境，其功可嘉，赐敕奖励，报捷舍人赏钞一千贯。(二八六,4842)

二月癸酉，太监韦泰传奉圣旨，升鸿胪寺寺丞朱伟为本寺右少卿，钦天监漏刻博士皇甫政五官挈壶正，武功左卫百户燕鹏锦衣卫副千户，锦衣卫所镇抚姚敬百户，俱带俸；御用监人匠华柏等三十五人俱文思院副使。(二八七,4845)　丙子，太监韦泰传奉圣旨，锦衣卫百户金海、金忠俱为副千户，武骧左右卫勇士金荣、金广为所镇抚，僧录司右觉义从果为左觉义，大能仁寺都纲奔聂干塔为觉义。(二八七,4847)　乙酉，韩府有朝廷所赐内使四人亡归京师，王奏其状，命下锦衣卫、五城兵马缉捕得之，付锦衣卫镇抚司杖讯。四人者因出奏章讦王饮酒典膳家并杖杀内使事，镇抚司以闻，有旨："此等不守法度，擅离王府，摭拾细事，污蔑亲王，渐不可长。各痛杖五十，送都察院牢固押还本府著役。"都察院覆请差人押送陕西按察司转送本府。从之。(二八七,4852—4853)

壬辰，虏屡寇辽东杀掠人畜，守臣劾都指挥王远、徐珍、指挥王忠失机罪，因并劾分守参将周俊、少监蓝莹。有旨："防秋后议之。"至是虏又入掠，杀士卒十人，守臣劾珍等，命逮珍等治之，夺俊俸三月而宥莹不问。(二八七,4857)　丙申，光禄寺卿杨惇卒。惇，庐州府六安州人，举进士，知浦城县。以卓异举，一时并举者多得为御史，惇独迁光禄丞，颇觖望。盖时光禄苦供亿烦苛，且内臣以公事至者辄有所征需，稍不副其意，动加姗侮，人多不堪之。惇通敏有才，处事有方，因此得誉，不数年累升至卿，其荣进反视他途为速云。(二八七,4858—4859)　己亥，太监韦泰传奉圣旨，命吏部移文取江西南昌县省祭官杨立授中书舍人，文华殿办事。(二八七,4860—4861)

三月己酉，锦衣卫掌镇抚司事指挥同知顾贤挟私欧伤平人致死，事觉，下刑部拟罪如律。上以贤殴伤人命，法当处死，但因其家人拨置，宥之，杖之百，谪戍永宁卫。贤，太监恒之侄也。(二八八,4866—4867)　庚申，查解兵仗局逃故军民匠八千四百二名。(二八八,4871)　癸亥，提督广东市舶司太监韦眷奏："广州府东莞县西湖等村各有埠场，居民于此发卖鱼盐，而被官豪擅收其利，乞禁革，征收在官，以备入贡之用。"事下户部覆议：宜令巡抚、巡按等官督同布、按二司分巡、分守官勘报，严加禁约，委官监收，按季类解布政司，令韦眷会计进贡之费，同布、按二司支用，若有羡余，以备赈济。疏入，诏仍会韦眷立与定规，务俾商民两便。(二八八，4873)　甲子，巡抚南直隶右副都御史李嗣奏：上元、江宁二县原拨南京光禄寺并惜薪司抬柴人夫宜改派各府州县并邻近布政司佥解。守备南京太监钱能等参奏，以为南京祖宗陵庙所在，岁时供祀膳羞俱属大庖造办，柴炭日不可缺，其抬柴夫洪武年间坐派应天一府，原额三千名，以后减至三百名，皆派南京二县，今若改派他处，恐供应后期。光禄寺亦呈本寺抬柴夫虽例取南京二县，其脚价银则取于句容、溧阳、溧水三县，今二县领出雇夫尚累年拖欠，若又改派，愈加迟滞。工部覆议，从之。(二八八，4874—4875)　丙寅，宥河南镇守太监蓝忠、巡抚都御史赵文博、左右布政吴节、张谨、按察使刘珂罪。先是，忠等移文郑州，收买古铜玩器进用，知州郭定因而多取隐匿，后定以侵欺赈济官银事发，勘问得实，锦衣卫请逮问忠等罪。时文博已回原籍闲住，节升副都御史巡抚山东，谨降山西参政，珂升广东布政，俱去任，上皆宥之。(二八八，4877)　丁卯，天方国回回阿力以其兄纳的游方在中国四十余年，欲至云南访求之，因自备宝物累万，于满剌加国附行人左辅至京进贡，而为内官韦眷所侵克，奏乞查验。礼部请估其贡物酬以直，而许其访兄于云南。上曰："阿力实以奸细窃携货物，假进贡索厚利，且在馆悖言肆恶。念其远夷，姑宥不问，锦衣卫其速差人押送广东镇巡官收管，遇便遣回。"(二八八，4877)

四月辛未，太监韦泰传奉圣旨，升太医院院判章渊为院使，御医郑文贵、黄绶、孙泰俱院判，医官钱宗甫、吴绶、王槩、方叔和、张序，医士蒋宗儒、何凤春、朱佐、杨汝和俱御医。(二八九，4883)

南京工部奏修理皇陵并白塔、寿春等王坟，物料宜行应天府，令上元、江宁二县先以修理孝陵余银支给买用，不足则以本部寄贮芦柴银补之，其余处所，有出产者采用，无者给价买办，其夫匠仍旧分派中都留守司及直隶凤阳府起取。事下工部，请如所议。

诏可,且谓皇陵重事,宜即令太监郑强、平江伯陈锐、兵部侍郎白昂驰驿往督之。(二八九,4883—4884)　庚寅,太监韦泰传奉圣旨,授河南钧州民米忠四品散官,原籍闲住。外议谓忠善黄白吐纳之术者。是日,泰又传奉圣旨,升尚宝司卿杨杞为太仆寺卿,中书舍人杨清尚宝司司丞,锦衣卫正千户李荣指挥佥事,副千户陆永、沈智正千户,百户李俊、张旺、周贵、朱敬、王通副千户,所镇抚于忠、朱杰、姚文、尤善、冠带舍人韦金管事,总旗韦冕百户,文思院大使王岩营缮所所副,副使徐义等六人俱大使,舍人韦让等二十九人俱锦衣卫所镇抚,带俸闲住;府军右卫副千户萧旺、锦衣卫所镇抚钱通俱复职,锦衣卫所镇抚董让,文思院副使王善、刘宽俱支全俸,仍旧办事;太医院院使刘文泰升通政使司右通政,御医潘铎院判,医士彭辅御医。(二八九,4892—4893)

五月丁未,以河南左布政使李昂为都察院右副都御史,巡抚江西。时镇守江西太监邓原等奏:"二月二十八日,流贼五百余人至广昌县境,肆行劫掠,知县庄英率众御捕被害,贼因乘胜突入县治,放狱囚,掠官库,公私罄尽。察其语音,率多近境汀州之人,请敕福建镇守等官严加剿捕。"事下兵部,言:"贼聚众至五百余,盖非一日,使为牧守者能遏绝于窃发之初,必无今日之祸。今贼势既张,方行申达,而又委罪他人,玩寇殃民,旷职误事,岂宜轻贷?请檄邓原等选委三司官严督府县卫所兵民剿获贼徒,否则如例停俸,仍移文湖广、广东镇巡等官互相缉捕,且江西比岁灾荒,所在盗发,请简命巡抚宪臣一员,以专委任。"上责守备、巡守等官如兵部言,复以三司掌印官坐视其患,令邓原等究贼发日为始,俱如例停俸,令急捕贼,命所司举堪任巡抚者以闻,乃以命昂。(二九〇,4898—4899)　戊申,太监韦泰传奉圣旨:锦衣卫锦衣中所百户黄冕升副千户,仍旧寄名放还;司务李钦准复原职,令工部管事。(二九〇,4899)　贵州丰宁长官司土官杨泰与把事杨和有隙,诱至广西泗城州农兵九千于铁坑等一百一十七寨,杀掠子女，焚毁庐舍。守臣遣人拘治不伏，巡抚都御史谢昶移文兵部处分。时昶已被劾去任，兵部请移贵州、广西镇巡等官究治，上然之："泰等即令二处守臣拘治，不许纵恶。"因责问贵州镇守、巡按等官不亟驰奏之故。已而太监张成、总兵官都督佥事吴经、巡按御史王鉴之咸伏罪，且言勘处未明，未敢轻奏，昶乃不俟核实辄动移文兵部，诏谓"勘处边事，不会同具奏，法当究治。但既伏罪，姑宥之。成仍驰敕切责，经、鉴之俱停俸三月，其事速令完报"。(二九〇，4899—4900)　丙辰，敕谕文武群臣曰：(**上天示戒，兹条示合行事宜，令内外衙门从实举行。**)……一、各处内外镇守官贡献除常例外，其余不急之务暂且停止。(**净身人事见上编附。**)(二九〇，4903—4904)　改绍兴府知府袁清于郧阳府。先是，清为刑部员外郎，勘事浙江，陵轹藩臬，比还，得绍兴，惧不敢往。奏乞改任，至累章不已。上令吏部看详以闻。吏部奏："清侧媚狡谲，张狂妄诞，旁若无人，由郎署而骤迁牧守，已逾涯分，今乃假以微嫌，希求改调，请付有司治罪。"遂下清锦衣卫狱。既而有旨："清不必拟罪，准调别用。"乃调郧阳。先是，清阿附学士万安，通同太监郭闰挟势造言，谗害良善。吏部尚书李裕因其公差，特奏选绍兴而清不欲往，累干安及闰嘱裕，欲准其奏。裕不从，安乃邀尹直为援，直嗾李孜省为之。及下狱，方致疑，忽得旨调任，直扬扬言曰："报道是龙人不信，果然夺得锦幖回其意。"盖盛赞孜省之得君也。(二九〇，4905—4906)　戊午，巡抚大同都御史叶淇等奏："四月二十六日，守墩百户王瑀为虏射死，请治把总千户张英之罪，而分守太监石岩、参将都指挥使李杲、守备太监左敬、都指挥佥事萧干宜并治之。"上命治英罪，杲、干停俸二月，岩、敬姑宥之。(二九〇，4907)　丙寅，兵部左侍郎何琮等奏："正统之季，在京职官皂隶例于山东、河南、山西、北直隶郡县佥派，共计六千五百九十二名，后以额外新升都督等官张晟等增派七百五十名以给之。至是复升太仆寺官杨玘等一百十二员，而前项郡县岁比

(按,岁比乙)凶荒,民力困竭,实难增科,宜令各处巡抚、镇守等官俱于所部佥取而以其所遗留者分给玘等,庶几民无重扰。"从之。(二九〇,4917)　升校尉黄涎为南京锦衣卫所镇抚。涎,南京守备太监黄赐家僮也。(二九〇,4918)

六月庚午,诏湖广均州盐钞、农桑丝绢并皮张、鱼油、翎鳔折银悉留修理大岳太和山宫观,从提督太监潘记请也。(二九一,4923)

乙亥,巡抚宣府右佥都御史张锦等奏:镇西墩戍卒有被虏者,请治守墩百户胡杰、提调指挥李溥怠职之罪,而守备指挥张广、秦宣、太监张成、参将都指挥绳律、太监杨聪等并宜治之。诏杰、溥姑勿治,仍停俸一月,余记其罪。(二九一,4925)　壬午,吏部奏:"传奉中书舍人韩曦、鸿胪寺序班汤婺尝因灾异放免,今又称太监陈魁等奏准留内府办事,已及三年,再乞录用,取旨裁处。"上曰:"韩曦、汤婺既被放回之人,不遵前旨,乃尔烦扰,本当逮问,姑宥之。"曦,举人,婺,国子生,夤缘入内府书写得官,士论尤鄙之。(二九一,4930)　丙申,升宁夏副总兵锦衣卫署都指挥佥事刘文为署都指挥同知。初,文父玉以从父回寿为御马监太监,得隶籍锦衣,屡报斩获功,历升左都督。文亦藉父力,累因战功升锦衣卫署指挥同知。比玉殁,文复袭父指挥使职,继由军功升今职。至是自陈父子相继在边效劳,乞追录前功。事下兵部,侍郎何琮等言:"武职父尊子卑,制许弃子职而袭父职,不与重职。如文所陈,非例。"上以文父子相继在边年久,特升之。(二九一,4934)

七月庚子,命故锦衣卫带俸都指挥佥事周全侄广袭为指挥佥事。全,故司礼太监金英养子,初以军功升锦衣卫百户,以事降小旗,调边卫。后屡奉内旨,历升至都指挥佥事。至是全殁,广为之后,求袭职。兵部言:"都指挥流官,例不当袭,自指挥而下非军功升授者亦不得袭。今广揆之例,宜令补小旗。"奏上,特旨授指挥佥事。(二九二,4937)　己酉,守备凤阳太监李棠等奏:

"幽闭庶人磐㸌所遗老稚妇女王氏等一十人乞释之以从其便。上从之,王氏等自称已生子女抚育成人,虽居囹圄,得遂天伦,不忍分离,愿乞完聚。"上复许之。(二九二,4948)　丁巳,太监韦泰传奉圣旨,序班孙绍祖令复职,升听选官张深为序班,冠带医士汪辂御医,锦衣卫所镇抚黄秀百户,冠带舍人王宣、匠人孙文俱所镇抚。(二九二,4951)　辛酉,诏京城九门复种苜蓿地。先是,东厂太监罗祥奏正阳等九门外旧有苜蓿官地一百余顷,递年种植,以饲御马,今皆为御马监太监李良、都督李玉等占种。上宥良而停玉俸三月,且命司礼监左少监孙泰、户部尚书李敏、郎中李绅、给事中吕献、御史许锐等勘报。敏等覆奏:"其地除作皇庄及官用三顷外,其余地皆良及太监任秀、锦衣卫指挥刘纪等与军民人等占种并建寺造坟,而玉及指挥彭麟、白鉴职专提督把总,不能觉察,俱宜坐罪。"有旨:"苜蓿官地,提督把总官何得容人侵占?本当执问,姑从轻典。李玉、彭麟、白鉴俱停俸三月,任秀、刘纪等亦当执问,但因循日久,悉宥之。寺及无主坟免拆毁平治,查出地御马监督令官军仍种苜蓿饲马,给事中、御史如期巡视,毋或怠玩。"(二九二,4953—4954)　癸亥,命锦衣卫指挥同知王玉子鉴代其父职。玉,太监王定之弟,以军功由舍人历升指挥佥事,后定辞食米恩,乞并升玉指挥同知。至是玉以老当代,兵部言恩升非军功,鉴止宜代指挥佥事,上特命为指挥同知。(二九二,4955)　丙寅,命南京内官监太监郑强督工修皇陵并寿春等王坟,仍遣强致祭皇陵及各坟,平江伯陈锐祭后土,南京兵部左侍郎白昂祭司工之神。(二九二,4965)

八月戊辰朔,太监韦泰传奉圣旨:尚宝司司丞黄大经升太常寺少卿,锦衣卫百户宋福、卢福得升副千户,镇抚王靠升百户,文思院大使彭性升营缮所副,副使田顺等七人俱大使,御用监工匠吴信等十七人俱升所镇抚,冠带官宋辂升工部司务,儒士王辅、李全与冠带,俱送御用监办事。是日,泰又传奉圣旨:锦衣卫世袭指挥佥事李杰升指挥同知，指挥使李应祺升都指挥同知，正千户冯宇、沈达与世袭，百户王纪、谭贵升副千户，御用监匠人余祐等十一人俱所镇抚，礼部司务杜浚，序班蒋宏、冯泽，冠带儒士徐昌取来御用监办事。(二九三,4967)　镇守江西太监邓原奏旨，以安南等处盗贼杀掠所在具巡守、巡捕等官名上，且以分巡佥事钱山、分守都指挥谢智、右参政秦民悦、守备指挥戴贤并巡捕等官获盗未尽，俱宜治罪。命山等且免问，仍停俸缉捕。(二九三,4968)

辛未，太监韦泰传奉圣旨，升太医院医士贺京为御医，道录司右玄义钱云美为右至灵。(二九三,4970)　分守延绥右参将署都指挥同知郭镛坐不能御虏，并以私忿杀人及与神木县知县刘崇德饮酒淫乐等事，遣官会问不诬，命如所拟斩律；以先镇守太监韦敬知镛误事，失于参奏，下敕切责；及先巡抚都御史吕雯、巡按御史陆渊、张淮、副总兵陈辉各停俸两月，总兵官岳嵩、巡守右参议梁谨、佥事陈忠已取回点退养病，依例宥之，其余为镛连坐者拟罪有差。(二九三,4970—4971)　丁亥，户部尚书李敏奏："永清公主守坟家人刘源与嘉祥公主家人郭端互争东安县庄地八十余顷，本地原系给赐永清公主管业，宣德八年公主薨逝，被太监王振家人侵占，后没入官。今二家累诉不已，合执送法司问断。"有旨："刘源、郭端锦衣卫执问，明白以闻。"　己丑，上崩。(二九三,4977)

本年附

艺文·宦官阿丑传

阿丑事宪庙为侍中，善诙谐，每于上前打院本，颇有方朔风。时汪直专恣，势倾中外，人屏息不敢语。丑思有以折之，一日于上前作醉人骂酒者，一人曰："某官来。"骂如故。复曰："驾来。"又骂如故。复曰："汪太监来矣。"骂者惊怖帖帖。旁一人曰："天子驾至不惧，而惧汪太监，何耶?"对曰："今但知有汪太监，不知天子也。"自是直宠少衰。时两都御史王钺

[越]、陈钺者，交媚直，结为死党。丑于上前作直状貌，持双斧趋跄而行，旁一人问故，直答曰："吾将兵惟仗此两钺耳。"问钺何名？曰："王钺[越]、陈钺也。"上颔而笑。时有勋戚掌团营，私役兵二千营造居室，丑为垓下之戏，口称"六千兵散楚歌声"，或人争曰："当为八千！"丑曰："尔不知耶？此二千人为其侯家造房未回也。"宪庙密遣尚铭侦之，侯家即撤工矣。一日，于上前作六部差遣状，命精择其人，既得其人，问姓名，曰："姓公名论。"主者曰："公论如今无用。"次一人，问其姓名，曰："姓公名道。"主者曰："公道如今难行。"最后一人，问其姓名，曰："姓胡名涂。"主者忻然曰："胡涂如今尽去得。"上微哂而已。梁方[芳]卖官鬻爵，动以传奉为名，一日设宴，丑设主客二人相见状，主曰："客从何来？"曰："从船上来。"曰："船行安稳否？"曰："止苦木虱扰人，不得安眠耳。"曰："何不将被褥日中曝晒之，可除也。"曰："不然，都钻入船缝中去矣。"其人沉吟曰："除是斫却梁方[芳]，自无船缝矣。"闻者悚然。又设为病者问医曰："我胸前肿起，无头无脑，痛不可言，何以疗之？"医曰："我有方不费一钱。"病者问何药？曰："此为无名肿毒，但得五更不语，唾涂其上，则自消矣。"病者曰："此甚难得。"医曰："汝弗知邪？今五府、六部、黄门、乌台职当言路者，都是不语之人，何谓难得哉！"嗟乎，今之仕者有愧此寺人之言多矣！

（不著撰者，《国朝献征录》卷一一七《寺人》）

本卷附

史评

陆容《菽园杂记》卷四："洪武中，内官仅能识字，不知义理。永乐中，始令吏部听选教官入内教书。正统初，太监王振于内府开设书堂，选翰林检讨、正字等官入教，于是内官多聪慧知文义者。然其时职专办内府衙门事，出差者尚少。宣德间，差出颇多，然事完即回。今则干与外政，如边方镇守、京营掌兵、经理内外仓场，提督营造、珠池、银矿、市舶、织染等事，无处无之。尝在通州遇张太监，交阯人，云永乐年间，差内官到五府、六部禀事，内官俱离府部官一丈作揖；路遇公、侯、驸马、伯，下马旁立。今则呼唤府部官，如呼所属；公、侯、驸马、伯路遇内官，反回避之，且称呼以翁父矣。"

史事

陆容《菽园杂记》卷四:"宋景濂先生以文学际遇高皇,礼眷特优。洪武十四年,其孙慎犯罪,举家当坐重辟。上不忍,特赦景濂,安置四川茂州。未至,殁夔府,葬莲花池山下。成化间,墓坏,巡抚都御史池州孙公仁为迁葬成都,适蜀王府宋承奉昌新作寿藏于成都东门外,孙公令人求以葬先生。承奉以其同姓名人也,慨然许之,因以葬焉,计其直可费白金千两。"

乾隆《福州府志》卷四六《名宦一·刘钎传》:"都指挥佥事钱辂与其长刘姓有隙,刘密白镇守中官,诬以罪,乘夜以兵围其第。辂觉,而中官遽以辂反闻。廷议遣官会钎核其事。钎奏解得释。辂曰:'微刘御史,吾族矣!'"

乾隆《福州府志》卷四六《名宦一·何乔新传》:"福建市舶中官死,镇守者分其资,遗三司。(副使何)乔新独固辞,不得,输之于库。"

史事·宦官与寺庙

乾隆《甘州府志》卷五《营建·坛庙》:"普门寺,(甘州)城北门内,明成化四年镇守太监严宜世、巡抚徐廷璋、总兵蒋琬等修。"

陈宜《东岳庙记》:"镇守少监郑公忠惟以爱民报国是念,顾兹弊[敝]毁,乃惕然于怀,(略。)遂谋于总戎南宁伯毛公荣暨藩臬诸君子,各捐己赀。(**经始于成化四年十月,毕工于明年六月癸丑**。)太监郑公镇守是邦,则以恤民阜物为心。"(弘治《贵州图经新志》卷二《贵州宣慰使司中·祠庙·东岳庙》)

张嵩《建广化寺碑记》:"维时钦差镇守凉州副总兵刘公晟、太监张公睿各捐俸廪以助之。(**经始于成化六年四月,落成于成化二十二年七月**。)"(乾隆《甘州府志》卷一三《艺文上·文钞》)

商辂《显功庙记》:"(**都御史李宾募义敛材,即山海卫治之西建徐达庙**。)兴造聿始,适巡抚左佥都御史张纲下车,锐意倡率,时镇守太监龚荣、总兵右都督冯宗、参将刘辅、李铭,悉以俸资来助,用底完美,实癸巳(成化九年,1473)春三月也。纲告成于上,赐额'显功'。"(康熙《永平府志》卷二二《艺文上》)

赵昂《重修龙兴寺碑记》:"密云古曰檀郡,龙兴寺在唐初鄂国公尉迟敬德之所建造也。寺之创始固久，而中之兴废不一。今镇守边帅王公荣鸠工庀材，劝义率善，(**重修之**。)时协公始谋者，监军中贵吴中[公]雄、许公常，相率卫县而为乐助焉。”(成化十年刻，民国《密云县志》卷七之一《文上》)

刘珝《大同府重修兴云桥记》：“成化十三年丁酉(1477)，右副都御史李公公勉巡大同，重修桥……镇守太监韦公政、总兵都督范公瑾……奉御罗公振，皆协谋于公勉。”(嘉靖增修《大同府志》卷一二《古今文章》)

郭登《大同新钟铭》：“于时太监裴公(当)、少监马公(庆)，左副都御史年公(富)、监丞阮和、参将潘公暨予小子实镇是邦，重惟亲藩封建之地……”(嘉靖增修《大同府志》卷一二《古今文章》)

吴谦《敕赐崇庆禅寺重建碑记》：内府内官监中贵郎觉智等倡修捐资。成化十五年九月刻，碑阴附捐资太监唐洪等题名，然文字多漫漶不清。(碑在北京丰台区右安门外释迦寺村。《北京图书馆藏中国历代石刻拓本汇编》第52册，第146—147页)

弘治《贵州图经新志》卷一四《普定卫军民指挥使司・寺观・石佛庵》：在卫城东二十五里，“成化十六年镇守云南太监钱能改建殿宇僧房廊庑山门，为一大兰若矣”。

张文宪撰《新建土地神祠碑记》：“昔成化庚子(十六年，1480)仲春望日，内官监右监丞张嵩于京都阜则坊□南隅创造土地尊神启像一座”。(嘉靖四十五年七月立，碑在北京西城区柳树胡同都土地庙。《北京图书馆藏中国历代石刻拓本汇编》第56册，第128页)

刘吉《阳和庙学记》：“(**学校兵燹后废**。)时巡抚其地则右副都御史襄城李君敏、分镇是方则御马监右监丞东鲁杨君雄、左参将东安周君玺，相与谋曰：(**各捐俸资，倡集义士**。)讫工于成化己亥(十五年，1479)孟春七月，落成于壬寅(十八年，1482)孟秋。而赞襄其事又若分守东路都知监中贵蔡君新、御马监陆君訚……”(嘉靖增修《大同府志》卷一四《文》)

周洪范《杨令公庙碑记》：“成化辛丑(十八年，1482)，镇守左监丞许公常、都指挥王公荣图与重葺，请于朝，敕赐今额，令每岁从宜设祭。”(民国《密云县志》卷七之一《文上》)

《八闽通志》卷五八《坛壝》：“(武烈英护镇闽王)庙旧有田二百一十六亩有奇，为守庙郑广者私以入其户。成化九年，镇守太监卢胜复之。后广之神[①]复展转诉讼,冀以售其欺。十六年,镇守太监陈道令知府唐珣复核,实而正之。""郡祠(**祠山祠**)之已久,颇著灵迹,郡人敬事之。岁大比,士子多谒梦于此。成化十八年,镇守太监陈道重修。""弘仁普济天妃宫在水步门内之左城垣下。(**略**。)又水步门外河口亦有此庙。俱成化间镇守太监陈道重修。"

《八闽通志》卷七五《寺观》:"九仙观在府治东南。(**略**。)国朝永乐间太监郑和、正统间内使柴山、左布政使周颐俱尝修建。成化十八年,镇守太监陈道复修建一新。""(侯官县)神光寺在乌石山之麓。(**略**。)国朝两经回禄,随复建。成化十九年镇守太监陈道重建"。"(侯官县)南涧报国寺,在神光寺之左。(**略**。)国朝景泰三年灾。成化十九年镇守太监陈道重建。"

《闽都记》卷五:"九仙观,(**宋崇宁二年建**。)永乐、正统、成化间,太监屡修建。""天妃宫,(**宋时建**。)成化间镇守太监陈道重修"。

---

① 万历《福州府志》卷一六《祀典三》及乾隆《福州府志》卷一四《坛庙一》所载闽越王庙籍田记,均作"广之子神"。